DIREITO
DOS SEGUROS

ANTÓNIO MENEZES CORDEIRO
CATEDRÁTICO DA CLÁSSICA DE LISBOA

DIREITO DOS SEGUROS

2.ª EDIÇÃO
(REVISTA E ATUALIZADA)
Reimpressão

ALMEDINA
2017

DIREITO DOS SEGUROS

AUTOR
ANTÓNIO MENEZES CORDEIRO
1.ª edição: Janeiro, 2013
EDITOR
EDIÇÕES ALMEDINA, SA
Rua Fernandes Tomás n.os 76-80
3000-167 Coimbra
Tel.: 239 851 904
Fax: 239 851 901
www.almedina.net
editora@almedina.net

PRÉ-IMPRESSÃO
EDIÇÕES ALMEDINA, SA

IMPRESSÃO E ACABAMENTO
PAPELMUNDE

Abril, 2017
DEPÓSITO LEGAL
405110/16

Os dados e as opiniões inseridos na presente publicação
são da exclusiva responsabilidade do(s) seu(s) autor(es).

Toda a reprodução desta obra, por fotocópia ou outro qualquer processo,
sem prévia autorização escrita do Editor,
é ilícita e passível de procedimento judicial contra o infrator.

Biblioteca Nacional de Portugal – Catalogação na Publicação

CORDEIRO, António Meneses, 1953-

Direito dos Seguros – 2.ª ed., rev. e atualizada

ISBN 978-972-40-6428-4

CDU 347

Em memória de João de Menezes Cordeiro Trindade Soares (26-abr.-1991/18-fev.-2005).

Outras obras do Autor no domínio do Direito dos seguros

Direito dos seguros: perspectivas de reforma, em *I Congresso Nacional de Direito dos seguros*, Lisboa, 2000;
Manual de Direito comercial, I, 1.ª ed., Coimbra, 2001, 544-616;
Contrato de seguro e seguro de crédito, em *II Congresso Nacional de Direito dos seguros*, Lisboa, 2001;
Anteprojecto do Regime Geral dos Seguros, RFDUL, 2001;
Leis dos seguros anotadas, com a colaboração de Carla Teixeira Morgado, Coimbra, 2002;
Da reforma do direito dos seguros, em *III Congresso Nacional de Direito dos seguros*, Lisboa, 2002;
Manual de Direito comercial, 2.ª ed., Coimbra, 2007, 725-832;
Direito comercial, 3.ª ed., Coimbra, 2012, 819-837;
As sociedades anónimas de seguros, RDS 2012;
Direito dos seguros, 1.ª ed., 2013.

ADVERTÊNCIAS

As citações e as abreviaturas seguem a técnica habitual. Os nossos *Direito das obrigações* (1989, reimp.), *Tratado de Direito civil* (dez volumes publicados), *Manual de Direito do trabalho* (1991), *Direito bancário*, 5.ª ed. (2014), *Direito das sociedades*, 1, 3.ª ed. (2011) e 2, 2.ª ed. (2007), *Direito europeu das sociedades* (2005), *Direito comercial*, 3.ª ed. (2012) e *Leis dos seguros anotadas* (2002) são citados, apenas, pelos títulos respetivos.

Os artigos sem indicação de fonte pertencem, consoante o contexto, à Lei do Contrato de Seguro (LCS), aprovada pelo Decreto-Lei n.º 72/2008, de 16 de abril ou ao Regime Geral da Atividade Seguradora (RGAS), aprovado pela Lei n.º 147/2015, de 9 de setembro.

A presente edição está atualizada com referência a elementos publicados até setembro de 2015. Apesar do cuidado posto na sua revisão, nem o Autor, nem a Editora se responsabilizam pelas indicações legislativas: os práticos são convidados a confrontar, com cuidado, as precisas leis em vigor.

Lisboa, outubro de 2015.

ÍNDICE GERAL

Outras obras do Autor no domínio do Direito dos seguros 7
Advertências 9
Índice geral 11

PARTE I – **PRELIMINARES**

CAPÍTULO I – **O DIREITO DOS SEGUROS**

§ 1.º **Introdução**

1. O Direito dos seguros 33
2. Os três pólos 34
3. Divisões básicas e sistema de exposição 35
4. Papel e importância 37

§ 2.º **Estado atual**

5. Situação jurídico-científica 40
6. Bibliografia lusófona 42
7. Bibliografia estrangeira 45
8. Revistas e *internet* 48

CAPÍTULO II – **EVOLUÇÃO HISTÓRICO-DOGMÁTICA**

§ 3.º **Antiguidade e Direito romano**

9. As origens 49
10. Antecedentes orientais; a Babilónia 50
11. A Grécia antiga 52
12. Roma; o *phoenus nauticum* 54
13. Esquemas assistenciais 58

§ 4.º A Idade Média e a Idade Moderna

14. A origem medieval 59
15. A proibição da usura 61
16. A Idade Moderna; expansão comercial e bases científicas 63

§ 5.º O surgimento contemporâneo do Direito dos seguros

17. As dificuldades jurídico-culturais 68
18. A experiência francesa 71
19. A experiência alemã 73

CAPÍTULO III – A HISTÓRIA DOS SEGUROS NO ESPAÇO LUSÓFONO

§ 6.º Das origens às codificações oitocentistas

20. D. Dinis (1293) e D. Fernando (1371) 77
21. A Feitoria da Flandres, as misericórdias e o escrivão dos seguros (séc. XVI) 80
22. Pedro de Santarém e o Tratado dos Seguros (1552) 83
23. Do ofício de corretor de seguros (1578) à Nova Casa dos Seguros 85

§ 7.º As codificações comerciais

24. A pré-codificação 89
25. O Código Ferreira Borges (1833) 93
26. O Código Comercial brasileiro (1850) 98
27. O Código Veiga Beirão (1888) 100

§ 8.º A doutrina lusófona e a evolução legislativa

28. Aspetos gerais; os clássicos 103
29. As leis mutualísticas 106
30. Os seguros obrigatórios 109
31. A supervisão dos seguros 112
32. A experiência brasileira 114
33. A experiência angolana 116
34. A experiência cabo-verdiana 118
35. A experiência macaense 121
36. A experiência moçambicana 122
37. A experiência santomense 123
38. Conspecto geral 124

CAPÍTULO IV – SISTEMAS DE SEGUROS E DIREITO EUROPEU

§ 9.º Sistemas de seguros

39. Generalidades; o Direito inglês	127
40. O Direito alemão	130
41. Os Direitos francês e italiano	132
42. Síntese	134

§ 10.º Direito europeu dos seguros

43. Bases gerais e evolução	136
44. As fontes comunitárias na área da supervisão	139
45. A reforma de 2009/2014 (Solvência II)	143
46. A Autoridade Europeia de Supervisão (EIOPA)	148
47. Organismos e entidades internacionais	150
48. O Direito material dos seguros	151
49. Um Código europeu dos seguros? Os PEICL	153

PARTE II – OS SEGURADORES

CAPÍTULO I – AS ENTIDADES SEGURADORAS EM GERAL

§ 11.º Evolução histórica

50. As primeiras companhias (séc. XVIII)	161
51. O século XIX	163
52. O século XX e a supervisão	165
53. A nacionalização de 1975	170
54. A reprivatização	174

§ 12.º O regime vigente

55. Conspecto geral	177
56. O objeto das seguradoras	179
57. A exclusividade; natureza financeira; atividades conexas	183
58. O objeto das resseguradoras	184
59. A capacidade	185

§ 13.º Autorização, registo, vicissitudes e supervisão

60. Autorização e registo	189

61. Vicissitudes e supervisão 189
62. Situações especiais e papel das sociedades anónimas 190

CAPÍTULO II – AS SOCIEDADES ANÓNIMAS DE SEGUROS

§ 14.º Fontes e elementos essenciais

63. Fontes; o papel do Código das Sociedades Comerciais 193
64. A firma 195
65. Objeto e constituição 196
66. A sede e as formas locais de representação 199
67. O capital social 202

§ 15.º A administração e a fiscalização

68. O relevo da administração 206
69. O papel da fiscalização 207
70. Os modelos 211
71. Os membros dos órgãos 212
72. Sistemas de governação e códigos de conduta 214

§ 16.º A dissolução e a liquidação

73. As regras gerais 219
74. A caducidade e a revogação da autorização 220

§ 17.º As sociedades seguradoras portuguesas

75. As empresas de seguros existentes 222

CAPÍTULO III – AS MÚTUAS DE SEGUROS

§ 18.º O mutualismo

76. Da tradição medieval ao mutualismo oitocentista 257
77. O movimento cooperativo 259
78. O Direito atual 261
79. A confluência com as mútuas de seguros e as caixas económicas; óbices... 266

§ 19.º **As mútuas de seguros**

80. Constituição, forma, objeto e fontes 268
81. As normas do RGAS aplicáveis 269
82. As mutualidades existentes 269

CAPÍTULO IV – AS SITUAÇÕES INTERNACIONAIS

§ 20.º **Empresas portuguesas na União**

83. Generalidades; o passaporte comunitário 271
84. Notificação e comunicação 272
85. Início de atividade e natureza das sucursais 273

§ 21.º **Empresas da União Europeia em Portugal**

86. Condições gerais 275
87. Início de atividade, alterações e contribuições 276
88. Sucursais, em Portugal, de seguradoras europeias 276

§ 22.º **Empresas exteriores à União Europeia em Portugal**

89. Autorização prévia específica 285
90. Procedimento e mandatário geral 285
91. Outras regras e empresas suíças 287
92. Sucursais existentes 287

PARTE III – A SUPERVISÃO DOS SEGUROS

CAPÍTULO I – A SUPERVISÃO DOS SEGUROS: NOÇÕES BÁSICAS E EVOLUÇÃO

§ 23.º **A regulação em geral**

93. A regulação económica 291
94. Origem e evolução 293
95. O teor e as modalidades 296
96. O conteúdo da regulação 299
97. Prós e contras 300
98. A Lei-Quadro dos Reguladores 301

§ 24.º Necessidade e evolução

99. As insuficiências do mercado 305
100. O surgimento da supervisão dos seguros 306
101. Níveis europeus 307

§ 25.º A evolução em Portugal

102. A supervisão dos seguros até 1982 309
103. O Instituto de Seguros de Portugal 313
104. As supervisões integrada e complementar e a evolução do RGAS 320
105. As reformas de 2009, 2010 e 2011; balanço 322

CAPÍTULO II – O REGIME DA SUPERVISÃO

§ 26.º Quadro básico

106. O RGAS de 1998 327
107. Os Estatutos da Autoridade de Supervisão de Seguros 328
108. O RGAS de 2015; objetivos 328
109. Segue; o conteúdo 329
110. A dispersão sistemática e a reconstrução dogmática 333
111. A natureza pública 338

§ 27.º A Autoridade de Supervisão de Seguros e Fundos de Pensões (ASF)

112. O ex-Instituto de Seguros de Portugal 340
113. A orgânica do ex-ISP 342
114. A supervisão do ex-ISP 344
115. A Autoridade de Supervisão de Seguros (ASF) de 2015 345
116. O Conselho de Administração da ASF e a supervisão 346
117. Aspetos orgânicos 348

CAPÍTULO III – A DINÂMICA DA SUPERVISÃO DOS SEGUROS

§ 28.º As vicissitudes das seguradoras

118. A constituição 351
119. As participações e as suas transmissões 353
120. A supervisão complementar 355
121. Alterações e extinção 358

SECÇÃO I – O RGAS de 1998

122. Relevo 360

§ 29.º As garantias prudenciais no RGAS de 1998

123. Quadro geral 360
124. Provisões técnicas 361
125. Margem de solvência 363
126. Fundo de garantia 365

§ 30.º Fiscalização e insuficiência das garantias financeiras

127. A fiscalização 366
128. O risco de insuficiência 367
129. A situação de insuficiência 367
130. Dimensões transfronteiriças 369
131. A revogação da autorização e a insolvência 370

§ 31.º As garantias prudenciais das resseguradoras

132. Aspetos gerais 372
133. As garantias das resseguradoras 372
134. A fiscalização, o risco de insuficiência e a insuficiência 373

§ 32.º O endividamento

135. Princípio e regime geral 375
136. Regime especial 376
137. Outras regras 377

SECÇÃO II – O RGAS de 2015

§ 33.º Condições financeiras das empresas de seguros

138. O RGAS de 2015 379
139. Regras gerais 380
140. Avaliação dos elementos do ativo e do passivo 381
141. Provisões técnicas 381
142. Fundos próprios 382

143. Capital de solvência e capital mínimo 382
144. Investimentos 381

§ 34.º Supervisão de grupos

145. O RGAS de 2015 384
146. Noções básicas 385
147. Condições financeiras e sistemas de governação 387
148. Medidas para facilitar a supervisão 387

§ 35.º Recuperação e liquidação

149. Panorama geral do RGAS de 2015 389
150. Prevenção e recuperação 390
151. A liquidação 391

CAPÍTULO IV – A SUPERVISÃO DOS CONTRATOS DE SEGURO

§ 36.º A regulação dos contratos

152. A necessidade de regulação 393
153. O sistema do RGAS de 1998 395
154. O RGAS de 2015 396
155. Os limites 397

§ 37.º As áreas de regulação

156. Generalidades; a tipicidade dos ramos 399
157. Os seguros obrigatórios e os restantes 400
158. A conduta do mercado; a concorrência 401
159. Transferência de carteira e sigilo profissional 403

PARTE IV – A MEDIAÇÃO DOS SEGUROS

CAPÍTULO I – A MEDIAÇÃO EM GERAL

§ 38.º Noções básicas e evolução

160. Noções básicas 407
161. Direito romano e Direito intermédio 409

162. Os Direitos nacionais modernos 411
163. Codificações civis e comerciais; justificações da figura 414

§ 39.º A especialização

164. Mediação mobiliária; intermediação financeira 417
165. Mediação dos seguros (remissão) 419
166. Mediação imobiliária 419
167. Mediação monetária 425
168. Mediação de jogos sociais do Estado 426

§ 40.º Dogmática geral

169. Aceções e modalidades 427
170. Mediação civil e mediação comercial 429
171. Mediação típica e mediação atípica 431
172. Figuras afins 432

§ 41.º Regime e natureza

173. Requisitos 435
174. Cláusulas típicas e boa-fé 437
175. A retribuição 439
176. A cessação 442
177. Características e natureza 443

CAPÍTULO II – A MEDIAÇÃO DOS SEGUROS

§ 42.º Generalidades, Direito europeu e evolução lusófona

178. Aspetos gerais 445
179. Direito europeu 447
180. Evolução lusófona 450

§ 43.º As fontes em vigor

181. A Lei n.º 10/2006, de 4 de abril 454
182. O Decreto-Lei n.º 144/2006, de 31 de julho 455
183. A regulamentação do ex-ISP 456

§ 44.º **O Decreto-Lei n.º 144/2006, de 31 de julho**

184. Sistema e alterações 458
185. Disposições gerais 459

§ 45.º **Os requisitos dos mediadores**

186. O acesso 462
187. A especialização e o acesso 464
188. O exercício 466
189. O registo 468

§ 46.º **Supervisão, sanções e outros aspetos**

190. A supervisão 471
191. As sanções 472
192. Disposições finais e transitórias 473
193. Problemas de aplicação 475

PARTE V – O CONTRATO DE SEGURO

CAPÍTULO I – O DIREITO MATERIAL DOS SEGUROS

§ 47.º **Parâmetros gerais**

194. Contrato de seguro e Direito material dos seguros 479
195. Direito material dos seguros 481
196. A integração de lacunas; o Direito subsidiário 484
197. O título de aplicação do Direito civil (ou comercial) 486
198. A interpretação e a aplicação 487
199. O papel das condições gerais dos seguros (cgs) 489

§ 48.º **Direito internacional privado dos seguros**

200. Os valores internacionais privados e a sua renovação 491
201. O DIP dos seguros; a evolução europeia 494
202. Roma I (2008) 501
203. Evolução lusófona 505
204. Síntese: a aplicação temporal do DIP dos seguros 508

§ 49.º **As normas imperativas**

205. O princípio geral da autonomia privada 510
206. A imperatividade absoluta 512
207. A imperatividade relativa 514
208. Seguros proibidos 516
209. Práticas discriminatórias 519

CAPÍTULO II – **OS ELEMENTOS DO CONTRATO**

§ 50.º **As partes e os terceiros**

210. O segurador 525
211. A representação aparente do segurador 527
212. O tomador do seguro 528
213. O segurado 530
214. Os (outros) beneficiários; cautelas terminológicas 533

§ 51.º **O risco**

215. O risco no Direito civil 535
216. O risco no seguro 537
217. A falta ou a supressão do risco 541
218. Outros pontos de relevância do risco 544

§ 52.º **O interesse**

219. Generalidades; quadro terminológico 546
220. O interesse no Direito civil 551
221. O interesse no Direito dos seguros: origem e evolução 557
222. Evolução subsequente; o interesse restrito 560
223. A evolução lusófona 563

CAPÍTULO III – **A RELAÇÃO DE SEGURO**

§ 53.º **Prémio, cobertura de risco e indemnização**

224. Generalidades 569
225. O prémio 571
226. A cobertura do risco 572
227. O sinistro e a indemnização 577

§ 54.° A relação global de seguro

228. Generalidades; o *instrumentarium* disponível 579
229. Uma relação duradoura 582
230. Os encargos (*Obliegenheiten*) 584
231. Da relação complexa à relação geral 590

§ 55.° Função e natureza do seguro

232. A função do seguro 594
233. A natureza sinalagmática 596
234. A onerosidade e a aleatoriedade 599
235. Dimensões parafiscal e financeira 600

CAPÍTULO IV – A FORMAÇÃO DO CONTRATO

SECÇÃO I – OS DEVERES DE INFORMAÇÃO

§ 56.° O sistema de fontes relativas à informação

236. Generalidades; a *culpa in contrahendo* (*cic*) 603
237. Os diplomas dos seguros 605
238. As condições gerais, a tutela do consumidor e os contratos à distância 607
239. Quadro geral das informações em Direito 610
240. A articulação das fontes e a sua dogmatização 612
241. Natureza e limites; o direito à legítima ignorância 616

§ 57.° Os deveres de informação do segurador

242. As informações a prestar 618
243. O modo de prestar informações 621
244. O dever especial de esclarecimento 623
245. O incumprimento; a aplicabilidade do Direito civil 624

§ 58.° Os deveres de informação do tomador ou do segurado

246. Generalidades; as reticências (Código Veiga Beirão) 627
247. A declaração inicial do risco 631
248. Reticências dolosas 635
249. Reticências negligentes 639

SECÇÃO II – **A ADESÃO ÀS CONDIÇÕES GERAIS DOS SEGUROS**

§ 59.º **Os seguros e as condições gerais**

250. As condições gerais dos seguros; funções	641
251. Dogmática básica e perigos envolvidos	644
252. Evolução geral; leis específicas; Direito europeu	646

§ 60.º **A Lei de 1986**

253. Antecedentes, aspetos gerais e evolução	654
254. Âmbito e inclusão nos contratos singulares	659
255. Cláusulas prevalentes e cláusulas excluídas	666
256. Interpretação e integração	668

§ 61.º **Condições gerais nulas e proibidas**

257. Nulidade e proibição; sistema geral	671
258. A proibição por contrariedade à boa-fé	675
259. As condições gerais proibidas	678
260. A ação inibitória e a sua importância	684
261. As regras legais específicas	687
262. A prática portuguesa	688
263. Os contratos de seguros pré-formulados	689

§ 62.º **Contratação eletrónica**

264. A contratação por computador e pela *internet*	694
265. Seguros à distância	700
266. Balanço	703

SECÇÃO III – **CONCLUSÃO E FORMA DO CONTRATO**

§ 63.º **A conclusão do contrato**

267. A técnica seguradora; a "proposta"	705
268. O silêncio do segurador	706
269. A mediação	708
270. A representação aparente	710
271. As mensagens publicitárias	711

§ 64.º A forma do contrato e a apólice

272. O regime do Código Veiga Beirão (1888) 714
273. Forma e apólice no Direito vigente 717
274. Emissão e entrega; a consolidação 718
275. Redação, língua e texto 720
276. Apólice nominativa, à ordem e ao portador 721

CAPÍTULO IV – O CONTEÚDO DO CONTRATO

§ 65.º Princípios gerais

277. O conteúdo 723
278. A tipicidade dos ramos 725
279. O risco e o interesse 728
280. Condições gerais, especiais e particulares; exclusões 729
281. Atos dolosos 731
282. Seguro por conta própria e por conta de outrem 732
283. Dever de sigilo e comunicações 736

§ 66.º O prémio

284. Noção e características 738
285. Aspetos gerais e evolução 740
286. O regime do Decreto-Lei n.º 142/2000 (versão 2005) 743
287. Modo de pagamento 745
288. Vencimento e mora 748
289. Prescrição 750

§ 67.º O sinistro e a indemnização

290. Noção 751
291. A participação 752
292. A indemnização (pagamento) 754
293. A sub-rogação do segurador 757

CAPÍTULO V – VICISSITUDES E CESSAÇÃO DO SEGURO

§ 68.º As vicissitudes

294. A alteração do risco 761

295. A transmissão do seguro 762
296. A insolvência do tomador ou do segurado 764

§ 69.º **A vigência**

297. Produção de efeitos e duração 765
298. Prorrogação 765

§ 70.º **A cessação**

299. Modos de cessação e efeitos 767
300. A caducidade 768
301. A revogação 769
302. A denúncia 770
303. A resolução 772
304. A livre resolução pelo tomador 774

CAPÍTULO VI – **A PLURALIDADE DE PARTES**

§ 71.º **O cosseguro**

305. Evolução recente 777
306. Noção, apólice única e regime de responsabilidade 778
307. O cossegurador líder e o funcionamento do cosseguro 779
308. O cosseguro comunitário 781

§ 72.º **O resseguro**

309. Noção, forma e regime subsidiário 783
310. Efeitos perante terceiros 784

§ 73.º **O seguro de grupo**

311. Noção e disposições gerais 785
312. A cessação 786
313. Seguro de grupo contributivo 787

PARTE VI – OS SEGUROS EM ESPECIAL

314. Ordenação e sequência 791

CAPÍTULO I – OS SEGUROS DE DANOS

§ 74.º **Princípios gerais**

315. A noção de dano 793
316. O dano no seguro; danos morais 795
317. A identificação; vícios da coisa e seguro conjunto 797
318. Afastamento e mitigação do dano 799

§ 75.º **O princípio indemnizatório**

319. Conspecto geral; a materialidade 802
320. Os salvados 803
321. Interesse seguro e autonomia privada 804
322. O sobresseguro e a pluralidade de seguros 806
323. O subseguro e a atualização 808
324. A sub-rogação pelo segurador 809

§ 76.º **Seguro de responsabilidade civil**

325. Noção, âmbito e cobertura 811
326. Defesa jurídica, dolo e pluralidade de lesados 812
327. Bónus e agravamentos 814
328. Regresso contra o tomador ou o segurado 816
329. Prescrição dos direitos do lesado 818
330. Seguros obrigatórios 819

§ 77.º **Seguro de incêndio**

331. Generalidades e antecedentes 821
332. Noção; seguros obrigatórios 823
333. Âmbito e apólice 823

§ 78.º **Seguro de colheitas e pecuário**

334. Seguro de colheitas; noções gerais; fontes 825
335. Seguro pecuário 826
336. Apólice 827

§ 79.º Seguro de transporte de coisas

337. Generalidades e antecedentes 828
338. Âmbito, legitimidade e período de cobertura 829
339. Apólice, capital seguro e pluralidade de transportes 830

§ 80.º Seguro financeiro

340. Aspetos gerais e antecedentes 832
341. O seguro de crédito e o seguro-caução 834
342. Reembolso e remissão 835

§ 81.º Seguro de proteção jurídica

343. Noção e âmbito 836
344. Contrato, menções e arbitragem 837

§ 82.º Seguro de assistência

345. Noção e exclusões 838

CAPÍTULO II – OS SEGUROS DE PESSOAS

§ 83.º Princípios gerais

346. Generalidades; o objeto 839
347. Declarações e exames médicos 840
348. A apólice 842
349. Pluralidade de seguros e sub-rogação 842

§ 84.º Seguro de vida

350. Noção e âmbito 843
351. Informações e apólice 843
352. O risco e o seu agravamento; exclusões 845
353. Direitos e deveres das partes; a transmissão 846
354. Designação beneficiária e pagamento do prémio 847

355. Participação nos resultados e captação de aforro 848
356. Operações de capitalização 849

§ 85.º Seguro de acidente e de saúde

357. Seguro de acidentes pessoais 852
358. Seguro de saúde 852

CAPÍTULO III – O SEGURO DE RESPONSABILIDADE AUTOMÓVEL

359. Enquadramento 855

§ 86.º Problemática geral dos acidentes de viação

360. Motorização, sinistralidade e Direito 856
361. As imputações básicas de responsabilidade 860
362. A aplicação da comissão (501.º, do Código Civil) 860
363. A responsabilidade pelo risco 865
364. Os beneficiários da responsabilidade 868
365. A exclusão de responsabilidade 869
366. A colisão de veículos 870
367. A solidariedade 871
368. Limites máximos e o seguro obrigatório 872

§ 87.º Evolução e Direito europeu

369. O seguro e a sua evolução 874
370. Direito europeu 877
371. O Decreto-Lei n.º 291/2007, de 21 de agosto 880

§ 88.º O seguro obrigatório

372. Âmbito, contratação e prova 883
373. A regularização de sinistros 885
374. O Fundo de Garantia Automóvel 880

§ 89.º O montante da indemnização

375. O problema; a tutela da Constituição 891

376. A série negra	893
377. A Portaria n.º 679/2009, de 25 de junho	896
378. Dados jurisprudenciais recentes	898
Índice de jurisprudência	903
Índice onomástico	915
Índice bibliográfico	929
Índice ideográfico	967

PARTE I

INTRODUÇÃO

CAPÍTULO I
O DIREITO DOS SEGUROS

§ 1.º INTRODUÇÃO

1. O Direito dos seguros

I. O Direito dos seguros sistematiza as normas e os princípios conexionados com os contratos de seguro. E em paralelo, a mesma expressão designa a correspondente disciplina jurídica, nas vertentes teórica e prática.

Por seu turno, no contrato de seguro, uma pessoa transfere, para outra, o risco da verificação de uma eventualidade, na esfera jurídica própria ou alheia, mediante o pagamento de determinada remuneração.

Existe, neste domínio, uma linguagem consagrada, ainda que tendencial. A pessoa que transfere o risco, assumindo o pagamento da remuneração, diz-se o tomador ou o subscritor do seguro; a que assume o risco e recebe a remuneração, é a empresa, entidade ou companhia seguradora; a pessoa cuja esfera jurídica fica protegida pelo seguro (e que pode, ou não, coincidir com o tomador do seguro) é o segurado; a eventualidade, caso ocorra, é o sinistro; a remuneração da seguradora, devida pelo tomador do seguro, é o prémio.

II. Em termos formais, o Direito dos seguros centra-se no contrato de seguro, nas empresas seguradoras e nos poderes de supervisão que o Estado exerce sobre essas empresas e, em geral, sobre o sector dos seguros[1]. Materialmente, o Direito dos seguros rege a gestão científica do risco, usando técnicas de reparação e de garantia[2].

---

[1] Manfred Wandt, *Versicherungsrecht*, 6.ª ed. (2015), 1.
[2] Bernard Beignier, *Droit des assurances* (2011), 1.

III. A materialidade visada pelo Direito dos seguros, mesmo em enunciação sumária, logo deixa entender que este opera em sociedades economicamente avançadas, com instituições adequadas, capazes de gerir fluxos significativos de moeda e dotadas de elevados níveis de especialização e de interação.

Um seguro isolado surge como um contrato aleatório: quiçá uma mera aposta. O segurador ganha se não houver sinistro ou enquanto ele não ocorrer; perde logo que se concretize o risco coberto. Inversamente: o tomador/segurado perde na falta de sinistro; ganha caso ele se verifique. Mas uma carteira alargada de seguros apresenta-se como uma atividade comercial estruturada. Desde que se estime, com correção, o risco envolvido pelos sinistros potencialmente possíveis e se calculem, com critério, os prémios, todos lucram. Os tomadores não se preocupam com a eventualidade de sinistros nem têm, em função deles, de tomar precauções, aforrando riqueza. As seguradoras têm uma margem de lucro condigna, vendo retribuídos os serviços acessórios que prestem.

Tudo isso requer dimensão, conhecimento, exigência e uma organização jurídico-social capaz de dar consistência aos delicados circuitos económicos subjacentes.

2. Os três pólos

I. O Direito dos seguros lida com três pólos distintos:

– o Direito do contrato de seguro;
– o Direito das empresas seguradoras;
– o Direito da supervisão pública.

O Direito do contrato de seguro rege as relações que se estabelecem entre o tomador do seguro, o segurado e a seguradora. Não é um mero Direito contratual especializado: aborda múltiplos domínios legais e acompanha uma série de vicissitudes que transcendem o contrato de base: bastará pensar nos temas do dano e da sua imputação, da causalidade, do cálculo da indemnização e do seu pagamento. Poder-se-ia, com propriedade acrescida, chamar-lhe o Direito material dos seguros. Hoje, ele está codificado na Lei do Contrato de Seguro (LCS), aprovada pelo Decreto-Lei n.º 72/2008, de 16 de abril e alterada pela Lei n.º 147/2015, de 9 de setembro.

II. O Direito das empresas seguradoras ocupa-se das sociedades que exerçam o comércio dos seguros, tradicionalmente ditas companhias ou empresas seguradoras. Rege a constituição e os requisitos mínimos dessas sociedades, a sua articulação em grupos, o seu funcionamento interno e as suas vicissitudes, incluindo a insolvência. Manifesta-se, neste campo, uma particular influência comunitária. Também aqui podemos contar com uma codificação bastante avançada: o Regime Geral da Atividade Seguradora (RGAS), aprovado pela Lei n.º 147/2015, de 9 de setembro.

III. A atividade seguradora, tal como sucede com a bancária e com a mobiliária, exige uma especial confiança do público. As pessoas, designadamente os tomadores de seguros, confiam o seu dinheiro às seguradoras porque creem que elas dispõem de honorabilidade e de meios materiais para, havendo sinistro, honrarem os seus compromissos. Além disso, qualquer quebra ocorrida com uma seguradora poderia ter efeitos sistémicos, projetando-se nas demais. Pior: a interpenetração existente entre os sectores segurador, bancário e mobiliário cedo conduziria (ou poderia conduzir) a um contágio alargado, com corridas aos bancos e com um *crash* na bolsa. A esta luz, e no termo de uma evolução pautada por crises sucessivas, ao longo de séculos, o Estado veio a regular o sector dos seguros. Seja diretamente, seja através de organismos públicos autónomos (hoje e entre nós, a Autoridade de Supervisão de Seguros e Fundos de Pensões – ASF), o Estado dispõe de um conjunto de meios destinado a fiscalizar as seguradoras, verificando não só o cumprimento dos seus deveres básicos como, também, a observância das boas regras da arte asseguradora. Trata-se da supervisão dos seguros, também presente no Regime Geral da Atividade Seguradora e, ainda, nos Estatutos da Autoridade de Supervisão de Seguros e Fundos de Pensões (ASF), aprovados pelo Decreto-Lei n.º 1/2015, de 6 de janeiro.

3. Divisões básicas e sistema de exposição

I. O Direito dos seguros desenvolve-se em torno dos três pólos acima referidos: contrato de seguro, companhias de seguros e supervisão dos seguros. Mas a partir daí, as divisões básicas da disciplina e a sua exata extensão dependem de fenómenos de absorção estrutural, teleológica, institucional, linguística e histórico-cultural[3]. Os contornos de uma área

---

[3] *Direito bancário*, 5.ª ed. (2014), 54 ss. e *Tratado* VI, 2.ª ed. (2012), 53 ss., para mais desenvolvimentos, quanto a estes fenómenos.

jurídico-científica nunca são lógicos e inteiramente racionais. O Direito, embora aspire a uma aplicação científica, corresponde a um fenómeno da cultura. Nessa medida, ele tem uma compleição dada pela História. A multiplicidade de fatores capazes de, nele, intervirem, não é, no patamar atual dos conhecimentos disponíveis, abarcável pela Ciência. Manifesta-se uma complexidade causal que nos obriga a aceitar o Direito como algo que existe em si e a progredir a partir desse elemento ontologicamente fixado. Assim, os pólos básicos do Direito dos seguros podem ser enriquecidos pela aportação de elementos externos, por razões diversas.

II. Sem preocupações de exaustão, vamos aprofundar o tema, com recurso a exemplos ilustrativos.

A absorção estrutural manifesta-se quando fenómenos que, à partida, não tenham a ver com um contrato de seguro, dele se aproximem pelo tipo de gestão do risco que pressuponham. Tal sucede com os denominados seguros obrigatórios, do sector automóvel ou do dos acidentes de trabalho.

A absorção teleológica opera perante institutos que, não se prendendo com seguros, acabem, não obstante, por estar ao seu serviço. A mediação dos seguros, de grande relevo, é arrastada para o Direito dos seguros, por esta via.

A absorção institucional traduz o poder de atração dos grandes pólos dos seguros. Regras próprias do Direito das sociedades preenchem, a essa luz, o regime das empresas seguradoras. O mesmo sucede com regras da responsabilidade civil.

A absorção linguística implica o contágio de regras jurídicas, mercê da proximidade vocabular das denominações dos institutos. O seguro de crédito ou o seguro-caução podem, na pureza dos princípios, ser considerados puras garantias obrigacionais. Todavia, a presença do termo "seguro"[4] arrasta-os para o universo dos seguros.

A absorção histórico-cultural obriga a encontrar, na História, muitas das ligações que dão corpo ao Direito dos seguros. O tratamento conjunto dos seguros de danos e dos seguros de pessoas são, disso, um ilustrativo exemplo.

III. Os fenómenos de absorção, nas suas diversas manifestações, podem atuar de modo positivo ou negativo. Positivo quando enriqueçam

---

[4] Porventura dobrada pelo dado institucional de serem praticados por empresas de seguros.

o Direito dos seguros com elementos que lhe escapariam, pela pura lógica conceitual; negativo sempre que, dos seguros e a favor de outras disciplinas, retirem tecido jurídico-científico que lhe deveria competir.

No concreto campo dos seguros, dominam manifestações positivas. Estamos perante uma área jovem, especializada e impressiva. Com naturalidade, atrai segmentos do Direito comum.

IV. Com estes dados, pergunta-se como organizar um sistema de exposição, coerente e funcional, de Direito dos seguros. Os compêndios dos vários países ilustram diversas orientações possíveis[5]. Na presente edição desta obra, vamos partir do princípio de que o objetivo último do Direito dos seguros é o de reger a situação jurídica individual. A pessoa é, sempre, o fim último da nossa Ciência. Nessas condições e visando um desenrolar funcional da matéria, iremos considerar:

– as seguradoras;
– a supervisão;
– a mediação dos seguros;
– o contrato de seguro;
– os seguros especiais.

A exposição desses pontos vai ser antecedida por uma parte introdutória. Como sói a uma disciplina universitária aplicada, há que conhecer a origem e a evolução dos seguros, o Direito comparado mais relevante, o Direito europeu dos seguros e a situação jurídico-científica atual.

4. Papel e importância

I. Os seguros, em conjunto com a banca e os transportes, constituem o tríptico fundamental dos níveis funcionais das sociedades industriais e pós-industriais. O Direito bancário rege o dinheiro[6]. O dos transportes ocupa-se da teia imensa que, através do Planeta, permite colocar, em qualquer ponto, pessoas ou bens[7].

---

[5] *Vide* Pedro Romano Martinez, *Direito dos seguros/Relatório* (2006), 24 ss., 32 ss. e 84 ss..

[6] *Direito bancário*, 51 e Hans-Peter Schwintowski, *Bankrecht*, 3.ª ed. (2011), § 1.º (2).

[7] *Direito comercial*, 3.ª ed. (2012), §§ 67.º ss..

O desenvolvimento harmonioso de qualquer atuação humana, no plano coletivo ou no individual, pressupõe a eliminação do risco ou, pelo menos, o seu controlo. Particularmente visado é o risco exterior ao coração do negócio em jogo. Uma transportadora aérea deve absorver o risco de maior ou menor procura de passagens aéreas[8]. Mas já lhe escapa o risco de acidentes ou a obrigação, daí derivada, de indemnizar os passageiros. Impõe-se, nesse plano, o recurso ao seguro.

II. O ser humano, no seu percurso na Terra, atravessa várias fases: a da infância e a da aprendizagem, em que fica fundamentalmente a cargo da família, a da vida ativa, em que provê à sua subsistência e à dos seus e a da retirada dessa vida, em que depende das economias efetivadas e, eventualmente, de novo da família. As realidades atuais levam a assegurar o risco da morte ou o da doença dos profissionais ativos e a providenciar quanto ao período de reforma, de modo a libertar as famílias, em declínio económico-social, desses encargos. O sector dos seguros é chamado a intervir.

III. Determinadas atividades envolvem riscos que o Direito pretende ver cobertos, por razões político-sociais. Impõe, por isso, seguros obrigatórios: assim surge o regime jurídico da responsabilidade civil automóvel, adotado pelo Decreto-Lei n.º 291/2007, de 21 de agosto, alterado pelo Decreto-Lei n.º 153/2008, de 6 de agosto e o regime de reparação de acidentes de trabalho e de doenças profissionais, incluindo a reabilitação e a reintegração profissionais, aprovado pela Lei n.º 98/2009, de 4 de setembro.

IV. Tudo isto e muitos outros aspetos circundantes colocam as seguradoras no centro da vida das pessoas e das empresas. É imperioso que funcionem e que se saiba que vão funcionar, o que logo acarreta a formação do Direito das seguradoras e a do Direito da supervisão dos seguros.

Os seguros popularizaram-se. Qualquer cidadão, mercê do jogo dos seguros obrigatórios, vê-se parte em contratos de seguros. Se pretender aprofundar a sua vida sócio-económica, será levado a celebrar diversos outros seguros. Produtos financeiros básicos, como o de um financiamento para adquirir habitação própria, surgem associados a seguros: o banqueiro exige, muitas vezes, aos mutuários, a celebração de seguros: seja pessoais (de vida), seja de danos, relativamente ao imóvel dado em hipoteca.

---

[8] Esse risco, de resto, também é segurável.

A indústria dos seguros dispõe de um largo campo de captação de fundos: toda a população e todas as empresas contribuem. Cerca de 10% do produto interno bruto fica afeto aos seguros.

A nível mundial, os seguros regulam cifras colossais, em termos de riqueza. O seu estudo justifica-se, também por este plano.

§ 2.º ESTADO ATUAL E BIBLIOGRAFIA

5. Situação jurídico-científica

I. O Direito dos seguros tem grandes tradições, na literatura lusófona. O primeiro tratado de Direito dos seguros, embora publicado em Florença, deve-se a um Autor português: Pedro de Santarém[9]. O seguro era praticado, no campo marítimo, desde o século XIII, tendo ficado, como referência, a lei dos seguros de D. Fernando. A larga tradição que, daí, poderia ter resultado, foi batida, perante o influxo britânico e nórdico, nesses domínios. Aliás, os Direitos latinos, com o francês na dianteira, foram parcos no desenvolvimento dos seguros. Ficaram, desde o início, muito atrás do inglês e do alemão, numa incipiência que tem vindo a ser recuperada.

II. Todo o incremento industrial e pós-industrial dos seguros deu-se, entre nós, à luz do Código Comercial de Veiga Beirão (1888)[10]. Este Código incluía, no seu seio e entre os diversos contratos, o de seguro. As regras sobre as companhias seguradoras e a supervisão desse sector foram surgindo, mas sem estudos teóricos conhecidos a antecedê-los. Finalmente, o influxo europeu conduziu a uma luxuriante legislação avulsa, de redução dogmática complexa.

O panorama legislativo dos seguros esteve, largamente, sob o signo da prolixidade legislativa e do desencontro dos preceitos. A este estado de coisas deve somar-se a ausência de um ensino universitário dos seguros[11]. Desde logo e praticamente até ao final do século XX, nem eram ensinados os contratos comerciais. Os programas de Direito comercial quedavam-se pelos atos de comércio, pelos comerciantes, pelas empre-

---

[9] Petrus Santerna, *Tractatus perutilis et quotidianus de assecurationibus et sponsoribus* (1552). *Vide infra*, 83 ss..

[10] Quanto à evolução dos seguros, *infra*, 49 ss..

[11] Quanto aos (poucos) elementos existentes: Pedro Romano Martinez, *Direito dos seguros/Relatório* cit., 23 ss..

sas e, com desenvolvimentos de fortuna, pelas sociedades comerciais. De seguida, verificou-se que a matéria dos seguros funcionou como parente pobre do Direito bancário e do Direito mobiliário: ambas estas disciplinas, mau grado a escassez do espaço académico, tinham uma visibilidade que acaparou alguns espíritos.

III. Como consequência, não surgiram lições ou manuais universitários sobre o Direito dos seguros. A literatura lusófona, para além de escritos clássicos que abaixo referiremos, entrou, no século XXI, sem qualquer exposição sistemática da matéria.

As necessidades práticas e os compromissos europeus levaram, todavia, a que a primeira década do século XXI fosse rica em leis de seguros: alteraram, profundamente, uma situação que vinha de longe. Recordamos:

- o Decreto-Lei n.º 144/2006, de 31 de julho, sobre a mediação de seguros;
- o Decreto-Lei n.º 291/2007, de 21 de agosto, quanto à responsabilidade civil automóvel;
- o Decreto-Lei n.º 72/2008, de 16 de abril, que aprovou a Lei do Contrato de Seguro, substituindo, finalmente, o Código Comercial de 1888;
- a Lei n.º 98/2009, de 4 de setembro, que regulamentou o regime de reparação de acidentes de trabalho e de doenças profissionais;
- o Decreto-Lei n.º 1/2015, de 6 de janeiro, que aprovou novos estatutos para o ex-Instituto de Seguros de Portugal, redenominando-o Autoridade de Supervisão de Seguros e Fundos de Pensões (ASF);
- a Lei n.º 147/2015, de 9 de setembro, que aprovou um novo regime jurídico de acesso e exercício da atividade seguradora e resseguradora (RGAS), substituindo o anterior RGAS, adotado pelo Decreto--Lei n.º 94-B/98, de 17 de abril, republicado pelo Decreto-Lei n.º 2/2009, de 5 de janeiro.

IV. No rescaldo desta revolução legislativa, descontando o excelente comentário à lei do contrato de seguro organizado pelo Prof. Pedro Romano Martinez[12], algumas monografias e escritos de divulgação, continua a faltar, entre nós, uma exposição sistemática do Direito dos seguros.

---

[12] Pedro Romano Martinez e outros, *Lei do contrato de seguro anotada*, 1.ª ed. (2009), 533 pp. e 2.ª ed. (2011), 625 pp..

Vamos quebrar este estado de coisas, disponibilizando, à academia de língua portuguesa e ao público interessado, uma exposição sistemática do Direito dos seguros, agora em segunda edição atualizada, tornada especialmente necessária pelas reformas ocorridas em 2015.

6. Bibliografia lusófona

I. *Portuguesa, anterior a 1888*

Pedro de Santarém, *Tractatus de assecurationibus et sponsoribus mercatorum*, Florença, 1552, com múltiplas edições subsequentes; existe uma tradução em português, por Miguel Pinto de Menezes, com introdução de Moses Bensabat Amzalek, sob o título *O tratado de seguros de Pedro de Santarém* (1958); está ainda disponível uma reimpressão, no latim original, com traduções em português, em inglês e em francês, 2.ª ed., Lisboa, 1971;

José da Silva Lisboa, *Princípios de direito mercantil e leis de marinha para uso da mocidade portugueza/destinado ao commercio, divididos em oito tratados elementares, contendo a respectiva legislação patria, e indicando as fontes originais dos regulamentos maritimos das principais praças da Europa*, tomo 1, Bahia, 1798 e 2.ª ed., Lisboa, 1815;

Roberto Stevens, *Ensaio sobre avarias e outras materias connectas com o contracto dos seguros marítimos*, trad. António Julião da Costa, VIII + 196 pp., Liverpool, 1824[13];

José Ferreira Borges, *Commentarios sobre a legislação portugueza ácerca de seguros marítimos*, II + 178 pp., Lisboa, 1841;

Diogo Pereira Forjaz de Sampaio Pimentel, *Annotações ao Codigo de Commercio Portuguez*, V (1866), 50-153.

II. *Portuguesa, posterior a 1888 e anterior a 2008*

Alvaro da Costa Machado Villela, *Seguro de vidas (esboço historico, economico e jurídico)*, 225 pp., Coimbra, 1898;

Jose Caetano Lobo d'Avila Lima, *Soccorros mútuos e seguros sociaes*, XXIV + 492 pp., Coimbra, 1909;

---

[13] Trata-se de uma obra inglesa; todavia, a sua divulgação em língua portuguesa justifica a inclusão nesta bibliografia.

Fernando Emigdio Silva, *Seguros mutuos*, XV + 642 pp., Coimbra, 1911;
Adriano Antero, *Comentario ao Codigo Commercial Portuguez*, II (1915), 122-226;
Luiz da Cunha Gonçalves, *Código Comercial Anotado*, II (1915), 496-657;
Alberto Souto, *Evolução histórica do seguro*, XX + 67 pp., Coimbra, 1919;
Albino Lapa, *Seguros em Portugal (Estudo de história)*, 182 pp., Lisboa, 1939;
Aureliano Strecht Ribeiro, *Código Comercial Português actualizado e anotado*, III (1940), 5-86;
Arnaldo Pinheiro Torres, *Ensaio sobre o contrato de seguro*, com um prefácio de Marcello Caetano, 231 pp., Porto, 1939;
Pedro Martinez, *Teoria e prática dos seguros*, 595 pp., 2.ª ed., Lisboa, s/d (mas 1964);
José Carlos Moutinho de Almeida, *O contrato de seguro no Direito português e comparado*, XVI + 474 pp., Lisboa, 1971;
A. H. de Oliveira Marques, *Para a história dos seguros em Portugal/Notas e documentos*, 299 pp., Lisboa, 1977;
José Vasques, *Contrato de seguro/Notas para uma teoria geral*, 452 pp., Coimbra, 1999;
Arnaldo Filipe da Costa Oliveira, *A protecção dos credores de seguros na liquidação de seguradoras/Considerações de Direito constituído e a constituir*, 409 pp., Coimbra, 2000;
Eurico Heitor Consciência/Teresa Roboredo Consciência, *Sobre seguros/ Casos práticos*, 3.ª ed., 241 pp., Coimbra, 2002;
Rui Leão Martinho, *A regulação e a supervisão da actividade seguradora e de fundo de pensões*, Lisboa, 2004;
José Vasques, *Direito dos seguros/Regime jurídico da actividade seguradora*, Coimbra, 2005;
José Vasques, *Novo regime da mediação de seguros*, 261 pp., Coimbra, 2006;
Pedro Romano Martinez, *Direito dos seguros/Relatório*, separata da RFDUL, 139 pp., Coimbra, 2006;
Pedro Romano Martinez, *Direito dos seguros/Apontamentos*, 159 pp., Lisboa, 2006;
Rita Gonçalves Ferreira da Silva, *Do contrato de seguro de responsabilidade civil*, 303 pp., Coimbra, 2007.

III. **Portuguesa, posterior a 2008**

Luís Poças, *Estudos de Direito dos seguros*, 255 pp., Porto, 2008;

José Carlos Moitinho de Almeida, *Contrato de seguro/Estudos*, 288 pp., Coimbra, 2009;

Paula Ribeiro Alves, *Contrato de seguro à distância/o contrato electrónico*, 376 pp., Coimbra, 2009;

Maria José Rangel de Mesquita, *Direito administrativo dos seguros*, em *Tratado de Direito administrativo especial*, coord. Paulo Otero e Pedro Gonçalves, 2, pp. 375-505, Coimbra, 2009;

João Valente Martins, *Contrato de seguro/notas práticas*, 254 pp., 2.ª ed., Lisboa, 2011;

Margarida Lima Rego, *Contrato de seguro e terceiros/Estudo de Direito civil*, XVI + 957 pp., Coimbra, 2010;

Pedro Romano Martinez e outros, *Lei do contrato de seguro anotada*, Coimbra, 1.ª ed., 533 pp., 2009 e 2.ª ed., 625 pp., 2011.

IV. *Portuguesa, posterior a 2011*

João Calvão da Silva, *Banca, bolsa e seguros/Direito europeu e português*, 1, 3.ª ed., 407 pp., Coimbra, 2012;

Margarida Lima Rego (coord.), *Temas de Direito dos seguros*, 330 pp., Coimbra, 2012;

António Menezes Cordeiro, *Direito dos seguros*, 1.ª ed., 916 pp., Coimbra, 2013;

Luís Manuel Pereira Poças, *O dever de declaração inicial do risco no contrato de seguro*, 961 pp., Coimbra, 2013;

Ana Serra Calmeiro, *Das cláusulas abusivas no contrato de seguro*, 110 pp., Coimbra, 2014;

João Espanha/Leonor Futscher de Deus/Sara Botelho de Almeida, *Colectânea de legislação de seguros – Ramo vida*, 1357 pp., Coimbra, 2014;

Francisco Ribeiro Alves, *Direito dos seguros/Cessação do contrato. Práticas comerciais*, 2.ª ed., 236 pp., Coimbra, 2015.

IV. *Brasileira* [14]

Marcelo da Fonseca Guerreiro, *Seguros privados/Doutrina, legislação, jurisprudência*, 2.ª ed., IX + 275 pp., Rio de Janeiro, 2004;

---

[14] Faltam, na literatura brasileira (tal como na portuguesa) manuais ou tratados gerais, de tipo universitário, do Direito dos seguros. Existe, depois, uma vasta literatura técnica sobre aspetos práticos. Optamos por indicar alguma bibliografia posterior a 2002: o Direito brasileiro do contrato de seguro foi remodelado precisamente pelo novo Código Civil, dessa mesma data.

Walter Polido, *Seguros para riscos ambientais*, 638 pp., São Paulo, 2005;
Wladimir Novaes Martinez, *Manual prático do segurado facultativo*, 133 pp., São Paulo, 2006;
Leonardo Viseu Figueiredo, *Curso de Direito de saúde suplementar/Manual jurídico de planos e seguros de saúde*, 526 pp., São Paulo, 2006;
Pedro Alvim, *O seguro e o novo Código Civil*, 217 pp., Rio de Janeiro, 2007;
Ricardo Bechara Santos, *Direito de seguro no novo Código Civil e legislação própria*, 2.ª ed., XVIII + 836 pp., Rio de Janeiro, 2008;
Voltaire Marensi, *O seguro no Direito brasileiro*, 9.ª ed., XIII + 658 pp., Rio de Janeiro, 2009;
Rafael Tárrega Martins, *Seguro DPVAT/Seguro obrigatório de veículos automotores de vias terrestres*, 4.ª ed., 271 pp., Campinas, 2009;
Gabriel Schulman, *Planos de saúde/Saúde e contrato na contemporaneidade*, 426 pp., Rio de Janeiro e outras, 2009;
Sergio Ruy Barroso de Mello (coord.), *II Congresso brasileiro de Direito de seguros e previdência*/AIDA – Associação Internacional de Direito de Seguros, 149 pp., Curitiba, 2009;
Lione Trida Sene, *Seguro de pessoas/Negativas de pagamento das seguradoras*, 2.ª ed., 215 pp., Curitiba, 2009;
João Roberto Parizatto, *Seguro/teoria e prática*, 2.ª ed., 242 pp., São Paulo, 2010;
Melissa Cunha Pimenta, *Seguro de responsabilidade civil*, VIII + 174 pp., São Paulo, 2010;
Voltaire Giavarina Marensi, *O seguro/a Vida e sua Modernidade*, 2.ª ed., XVIII + 391 pp., Rio de Janeiro, 2011.
Ivan de Oliveira Silva, *Curso de Direito do seguro*, 2.ª ed., 311 pp., São Paulo, 2012.

7. Bibliografia estrangeira

I. *Alemã* (posterior a 2007[15])

Ernst Bruck/Hans Möller (org.), *Versicherungsvertragsgesetz/Grosskommentar*, 9.ª ed., 9 volumes, 10 000 pp., Berlim, a partir de 2008;

---

[15] A nova lei do contrato de seguro alemã data de 23-nov.-2007; elementos anteriores, sempre interessantes, podem ser confrontados a propósito das diversas rubricas. Merecem, todavia, menção especial o dicionário de seguros organizado por Dieter Farny/Elmar

Erwin Deutsch, *Das neue Versicherungsvertragsgesetz*, 6.ª ed., 350 pp., Karlsruhe, 2008;
Peter Schimikowski, *Versicherungsvertragsrecht*, 4.ª ed., XXII + 301 pp., Munique, 2009;
Hubert W. van Bühren, *Handbuch Versicherungsrecht*, 4.ª ed., 2856 pp., Frankfurt, 2009, com a participação de 26 autores;
Dirk Looschelders/Petra Pohlmann, *Versicherungsvertragsgesetz/Kommentar*, 2.ª ed., 2300 pp., Colónia, 2009;
AAVV, *Münchener Kommentar zum Versicherungsvertragsgesetz*, 3 volumes, 4500 pp., Munique, 2009-2011;
Hans-Peter Schwintowski/Christoph Brömmelmeyer (org.), *Praxiskommentar zum Versicherungsvertragsrecht*, 2.ª ed., 2668 pp., Münster, 2010;
Manfred Wandt, *Versicherungsrecht*, 5.ª ed., XXXI + 547 pp., Frankfurt, 2010;
Wilfried Rüffer/Dirk Halbach/Peter Schimikowski, *Versicherungsvertragsgesetz/Handkommentar*, 2.ª ed., 1952 pp., Baden-Baden, 2011;
Michael Terbille, *Versicherungsrecht*, 2.ª ed., XLVII + 1962 pp., Munique, 2011;
Wolfgang Römer/Theo Langheit, *Versicherungsvertragsgesetz*, 4.ª ed., XXXII + 1411 pp., Munique, 2014;
Erich R. Prölss/Anton Martin (org. iniciais), *Versicherungsvertragsgesetz*, 29.ª ed., XXVIII + 2887 pp., Munique, 2015;
Roland Michael Beckmann/Annemarie Matusche-Beckmann (org.), *Versicherungsrechts-Handbuch*, 3.ª ed., LXXXI + 3360 pp., Munique, 2015.

II. *Francesa*

Bernard Beignier, *Droit des assurances*, XIV + 716 pp., Paris, 2011;
Yvonne Lambert-Faivre/Laurent Leveneur, *Droit des assurances*, 13.ª ed., XVII + 930 pp., Paris, 2011;
Sabine Abravanel-Jolly, *Droit des assurances*, 334 pp., Paris, 2013;
Muriel Chagny/Louis Perdrix, *Droit des assurances*, 3.ª ed., 528 pp., Paris, 2014;

Elten/Peter Koch/Reimer Schmidt, *Handwörterbuch der Versicherung/HdW*, XXVIII + 1365 pp., Karlsruhe, 1988, com muito material e a obra coletiva publicada por Heinrich Honsell, *Berliner Kommentar zum Versicherungsvertragsgesetz*, 5 volumes, no total de mais de 2500 pp., Berlim, 1998-1999.

François Couilbault/Stéphanie Couilbault-Di Tommaso/Virginie Huberty, *Les grands principes de l'assurance*, 12.ª ed., 425 pp., Paris, 2015.

III. *Inglesa*

John Lowry/Philipp Rawlings/Robert Merkin, *Insurance Law/Doctrines and Principles*, 3.ª ed., LXXVII + 539 pp., Oxford, 2011;
John Birds, *Modern Insurance Law*, 9.ª ed., LV + 463 pp., Londres, 2013;
Özlem Gürses, *Marine Insurance Law*, XXXI + 343 pp., Londres, 2015.

IV. *Italiana*

Dario di Majo (org.), *Diritto delle assicurazioni private*, 592 pp., Nápoles, 2010;
Luigi Farenga, *Codice della assicurazioni*, 15.ª ed., 1086 pp., Piacenza, 2015;
Sandro Merz, *Manuale pratico e formulario dell'assicurazione della responsabilità civile*, XXXV + 1237 pp., Milão, 2015;
Luigi Farenga, *Manuale di diritto delle assicurazioni private*, 4.ª ed., XIX + 311 pp., Turim, 2015.

V. *Espanhola*

Abel B. Veiga Copo, *Tratado del contrato de seguro*, 1011 pp., Pamplona, 2009;
Fernando Sánchez Calero (org.), *Ley de contrato de seguro*, 4.ª ed., 2914 pp., Pamplona, 2012.

VI. *Direito europeu*

Heinrich Dörner, *Internationales Versicherungsvertragsrecht*, XV + 164 pp., Berlim, 1997;
Jürgen Basedow (org.), *Europäisches Versicherungsvertragsrecht*, 3 volumes, os dois primeiros, 1584 pp. e o terceiro, de textos, 442 pp., Tübingen, 2002;
Anton K. Schnyder, *Europäisches Banken- und Versicherungsvertragsrecht/ /Eine systematische-vergleichende Darstellung*, 230 pp., Heidelberg, 2005;
Frank J. Püttgen, *Europäisiertes Versicherungsvertragsrecht*, 526 pp., Baden-Baden, 2011.

8. Revistas e *internet*

A generalidade das revistas de Direito comercial tem relevo direto para os seguros. Indicamos, por isso, apenas alguns títulos especializados:

a) *Portuguesas*

Jornal dos seguros (JS); já não se publica;
Seguros/Revista cultural e técnica (Seguros) ; já não se publica;
Forum/Revista semestral do Instituto de Seguros de Portugal (Forum).

b) *Alemãs*

Die Versicherungspraxis (VP);
Versicherungsrundschau (VR);
Versicherungswirtschaft (VW);
Versicherungswissenschaftliches Archiv (VersArch);
Zeitschrift für die gesamte Versicherungswissenschaft (ZVersWiss);
Zeitschrift für Versicherungsrecht, Haftung und Schadensrecht (VersR).

c) *Francesas*

Responsabilité civile et assurances (RCA);
Révue générale du Droit des assurances (RGDA).

c) *Italianas*

Diritto ed economia dell' assicurazione (DEDA).

CAPÍTULO II
EVOLUÇÃO HISTÓRICO-DOGMÁTICA DOS SEGUROS

§ 3.º ANTIGUIDADE E DIREITO ROMANO

9. As origens

I. A defesa dos filhos apresenta-se como um dado básico para a preservação das espécies. Por isso, ela documenta-se em múltiplos animais, mesmo fora da ordem dos mamíferos. Por idêntico tipo de atuação instintiva, em diversas espécies, os indivíduos unem-se para a defesa da comunidade, chegando a sacrificar-se para a sobrevivência do conjunto.

No ser humano, o problema torna-se mais complexo. Ao contrário do que sucede noutros animais, o *homo sapiens* depende da aprendizagem para assumir condutas coerentes, em defesa dos outros. Apesar de viver em comunidades, das quais depende, ele conserva uma liberdade de raiz que lhe permite, no plano individual, as mais variadas opções: mesmo as mais gravosas para a sociedade a que pertença. As atuações solidárias advêm da socialização, através da submissão ao Direito e a outras ordens normativas.

Não obstante, existe uma natural predisposição para condutas socialmente solidárias. Documenta-se, na pré-história, a sobrevivência de grandes inválidos: uma eventualidade só possível através da entreajuda de todos os membros da comunidade. Estará, aí, a origem antropológica da *venia debilium*[16].

II. A sedentarização do *homo sapiens* permitiu alargar o âmbito das comunidades que poderiam acudir, em caso de necessidade. De modo mais ou menos informal, surgiram agremiações para as quais todos contribuíam e

---

[16] *Tratado* IV, 485.

que, em caso de necessidade, providenciariam quanto a pessoas atingidas por acidentes ou por doença. Temos o fenómeno das mutualidades, que se revelou, por diversas vezes, na China, no Médio-Oriente, na Grécia e em Roma.

III. Paralelamente – embora, porventura, em data mais recente – apareceram "seguros" relativos a mercadorias. Cumpre esclarecer que não se trata de "seguros", no sentido atual do termo: antes, tão-só, de esquemas destinados a amenizar o risco de determinadas operações. Assim, enquanto a solidariedade própria da *venia debilium* pressupunha simples comunidades humanas, os "seguros" de mercadorias já postulavam a existência de um mercado, com trocas de mercadorias, com transportes e com dinheiro.

Justamente neste domínio o Direito foi, primeiro, chamado a intervir. A mera exteriorização da solidariedade humana já não era suficiente.

10. Antecedentes orientais; a Babilónia

I. Podemos considerar o domínio do fogo como a maior descoberta da Humanidade. Ela permitiu, ao *homo sapiens*, sobreviver à última glaciação. Além disso, o fogo abriu as portas à conquista da natureza e a todo o progresso subsequente. Por seu turno, a escrita fica como a maior invenção do ser humano. Ela permite armazenar informações fora do cérebro, sem limites, pondo, à disposição de todos as ideias e as inovações de cada um. Além disso, a escrita faculta a comunicação dessas informações, no presente e no futuro.

A escrita começou por retratar objetos concretos, através de desenhos estilizados. Depois, passou, por convenção, a traduzir ideias, qualidades e ações. Enquanto se complicava, pela ampliação das suas capacidades comunicativas, ela sofria um processo de abstração simplificante. Na experiência egípcia, os hieróglifos passaram a hieráticos e, depois, a demóticos, à medida que se tornavam acessíveis e práticos. A sua dependência de adequada aprendizagem ia-se acentuando. A grande revolução, devida aos fenícios, consistiu na adoção de uma escrita puramente fonética. Surge o primeiro alfabeto, do qual derivou o grego e, depois, o latino, que ainda hoje usamos[17].

---

[17] *Vide* Larissa Bonfante e outros, *La naissance des écritures/Du cuneiforme à l'alphabet* (1994), com estudos de diversos autores. Hoje, no extremo-oriente, o alfabeto latino é dito "alfabeto inglês".

II. Nos seus primórdios, particularmente no que toca à versão cuneiforme suméria, anterior à egípcia, a escrita visava fins contabilísticos[18] e, portanto, comerciais. A multiplicação de operações mercantis rapidamente ultrapassou os limites da memória humana e, por maioria de razão, as possibilidades de comprovar os atos, perante as próprias partes e terceiros. Havia que recorrer a sinais gráficos permanentes, que os perpetuassem. Nasceu a escrita e, com ela, começou a História.
A escrita surgiu mercê de necessidades comerciais e contabilísticas. E através dela, podemos hoje reconstituir as antigas regras comerciais.

III. As cidades da Mesopotâmia foram pioneiras no uso da escrita e, daí, na documentação de atos e de regras comerciais. E desde o início, encontramos normas relativas ao risco, em certas operações comerciais: aí estarão os antepassados longínquos dos contratos de seguro[19-20]. O Código de Hammurabi (1800 a. C.) comporta troços ilustrativos[21], quanto à assistência e à repercussão do risco em quem financiasse caravanas[22].

O Código de Hammurabi (ou Hammurapi, 1792-1750 a. C.) foi descoberto em Susa, em dez.-1901 e jan.-1902. Por oferta do Shá, conserva-se no Museu do Louvre. Existem várias edições, com relevo para a edição bilingue babilono-francesa, de Emile Szlechter[23], aqui usada.

---

[18] Jean-Guy Degos, *Histoire de la comptabilité* (1998), 7; vide o nosso *Introdução ao Direito da prestação de contas* (2008), 15 ss..
[19] Giuseppe Salvioli, *L'assicurazione e il cambio marittimo nella storia del diritto italiano/Studi* (1884), VI + 290 pp., 4 ss..
[20] A literatura portuguesa sobre seguros, do período a que chamaremos clássico, desenvolve, com algum pormenor, a evolução histórica dessa matéria, desde a Antiguidade Oriental e até ao século XIX; assim, Álvaro da Costa Machado Villela, *Seguro de vidas (esboço historico, economico e juridico* (1898), 225 pp., 17 ss.; José Caetano Lobo D'Ávila Lima, *Soccorros mútuos e seguros sociaes* (1909), XXIV + 492 pp., 8 ss.; Fernando Emigdio da Silva, *Seguros mútuos* (1911), XV + 642 pp., 120 ss.. Ainda aparentado a este ciclo: Alberto Souto, *Evolução histórica do seguro* (1919), XX + 67 pp., 27 ss..
[21] Gianfranco Purpura, *Ricerche in tema di prestito marittimo*, em AUPA XXXI (1987), 93-239 = *Studi romanistici in tema di diritto commerciale marittimo* (1996), 185-335 (cita-se por este último local), 198 ss..
[22] F. Büchner, *Grundriss der Versicherungsgeschichte*, em Walter Groste/Heinz-Leo Müller-Lutz/Reimer Schmidt, *Die Versicherung*, 5 volumes (1962-1964), 1 (1962), 2295--2312 (2299).
[23] Emile Szlechter, *Le Code de Hammurapi*, SDHI XL (1974), 329-400 e SDHI XLII (1976), 303-400.

O Código de Hammurabi versa o empréstimo comercial, regulando o seu funcionamento, perante as diversas situações que se pudessem verificar: §§ 100 a 107[24].

Dispõe, designadamente, o § 105[25]:

> Se, ao executar a viagem de negócios, o inimigo lhe fizer perder tudo o que o comissário [ou viajante (šamallûm)] levava, este jurará sobre o Deus e ficará liberado [de toda a responsabilidade].

O risco corria, pois e nessa eventualidade, pelo financiador.

IV. A solução de associar o prestamista aos riscos da viagem funcionava num pano de fundo de responsabilidade do comissário: apenas em ocorrências extraordinárias ele ficaria liberado. Já se tem pretendido que essa solução teria nascido no Indo[26]. Ela corresponde à natureza das coisas, justificando uma remuneração mais elevada para os prestamistas. Seria, ainda, de funcionamento automático. Parece admissível que ela tenha surgido em várias zonas e épocas históricas distintas, de modo espontâneo e sem ligação especial entre elas.

Isto dito: a hipótese de uma conexão Oriente/Mesopotâmia/Fenícia e Grécia, tem sido apresentada pelos especialistas[27].

11. A Grécia antiga

I. Na Grécia antiga, pelo menos a partir do século IV a. C., documentava-se já a prática do empréstimo marítimo[28]. Regulado fundamen-

---

[24] O seu texto pode ser visto em Emile Szlechter, *Le Code de Hammurapi* cit., SDHI (1976), 320-327; uma versão em italiano desses mesmos preceitos consta de Gianfranco Purpura, *Ricerche in tema di prestito marittimo* cit., 199, nota 29.

[25] Emile Szlechter, *Le Code de Hammurapi* cit., 321.

[26] Gianfranco Purpura, *Ricerche in tema di prestito marittimo* cit., 201; Julius von Gierke, *Versicherungsrecht/unter Ausschluss der Sozialversicherung* (1947), 11.

[27] Vide Jean Dauvillier, *Recherches sur un contrat caravanier babylonien et sur les origines du prêt à la grosse aventure dans l'Antiquité grèque*, Mel. Marty (1978), 341-381.

[28] Amelia Castresania Herrero, *El prestamo maritimo griego y la pecunia traiectia romana* (1982), 217 pp., 19 ss.; mantém-se atual o estudo clássico de Ugo Enrico Paoli, *Il prestito marittimo nel diritto attico*, em *Studi di diritto attico* (1930), 7-137.

talmente pelos usos e pelo Direito consuetudinário[29], o préstimo marítimo tinha natureza comercial[30], sendo praticado relativamente a cada viagem por mar. Distinguia-se o mútuo αμφοτεροπλουν [amphoteroploun], quando cobrisse a ida e volta e o ετερόπλουν [eteroploun], referente, apenas, à ida[31].

II. Encontramos uma descrição pormenorizada do empréstimo marítimo praticado na Cidade de Atenas, em Demóstenes (nascido em 384 a. C.)[32].

Demóstenes, nas suas alegações contra Lacritos, dá-nos uma série de elementos sobre um contrato de mútuo marítimo celebrado entre Androcles de Sphettos e Nausicrates de Caristos, como mutuantes e Artemo e Apollodonus, ambos de Phaschis, como mutuários. Por esse contrato (συγγραφη ou syggraphê), os mutuantes emprestaram, aos mutuários, 3.000 dracmas de prata, para uma viagem ao Bósforo, com regresso a Atenas, ao juro de 225 dracmas por 1000; mas esse juro seria de 300 dracmas se vendessem a mercadoria do Ponto até Hieron. Em garantia, eram dados três mil jarros de vinho de Mendê. Previam-se, depois, várias eventualidades[33].

III. O empréstimo marítimo ou ναυτικός τοκος (nautikos tokos)[34] visava financiar viagens marítimas. Estas, na Antiguidade e embora limitadas ao Mediterrâneo, eram arriscadas. Justificava-se, por isso, um juro elevado. O empréstimo era garantido pela mercadoria e, eventualmente, pelo navio. Caso ambos se perdessem, o mutuante perdia a sua garantia[35]. Ficava, assim, associado à fortuna do mar. A doutrina discute se a atribui-

---

[29] *Idem*, 15 ss..
[30] *Idem*, 24 ss..
[31] *Idem*, 25.
[32] Julie Vélissaropoulos, *Les nauchères grecs. Recherches sur les institutions maritimes en Grèce et dans l'Orient ellénisé* (1980), VIII + 381 pp., 304 ss. e Stephan Schuster, *Das Seedarlehen in den Gerichtsreden des Demosthenes/Mit einem Ausblick auf die weitere historische Entwicklung des Rechtsinstitutes: dáneion nautikón, fenus nauticum und Bodmerei* (2005), 245 pp., 25 ss..
[33] Demóstenes, *Contra Lacritos*, 10 = *Obras*, IV, *Private Orations*, XXVII-XL, versão bilingue grego/inglês, trad. de A. J. Murray (reimp., 1965), 283-285.
[34] Klingmüller, *Fenus*, PWRE 6/2 (1909), 2187-2206 (2200). Vide, ainda, Julie Vélissaropoulos, *Les nauchères grecs* cit., 301 ss..
[35] Fritz Pringsheim, *Der Kauf mit fremden Geld/Studien über die Bedeutung der Preiszahlung für den Eigentumserwerb nach griechischem und römischem Recht* (1916), 180 pp., 22 ss..

ção do risco ao prestamista era um elemento essencial do contrato[36]. Esse ponto tem um sentido dogmático atual. Na época, podemos apenas dizer que tal atribuição ocorria.

Evidentemente: a figura pouco ou nada tem a ver com um verdadeiro contrato de seguro. De todo o modo, esteve na origem de ulteriores contratos romanos, que deixavam já antever uma especial suportação do risco[37].

12. Roma; o *phoenus nauticum*

I. Nas suas origens, a civilização romana era de índole continental. A expansão mediterrânica foi tardia, seguindo as pegadas dos fenícios e dos gregos, com mútiplas receções de elementos helénicos[38]. Deste modo, o empréstimo marítimo ou *phoenus nauticum*[39] surgiu por influência grega[40].

Em compensação, o espírito jurídico romano, mais preciso e analítico, permitiu isolar a assunção autónoma do risco.

Tito Lívio, no âmbito da II Guerra com Cartago, relatou contratos de transporte marítimo. Os transportadores solicitaram que as cargas ficassem a risco do Estado, no caso de sobrevirem inimigos ou tempestades. A cláusula foi aceite[41]. A prática da assunção pública de riscos do mar, perante

---

[36] Arnaldo Biscardi, *Pecunia traiecticia e stipulatio poene*, Labeo XXIV (1978), 276-300 (280).

[37] Harold Ernst Raynes, *A History of British Insurance*, 2.ª ed. (1964), VI + 394 pp., 1; este Autor explica que o berço do comércio europeu se situou, precisamente, no Mediterrâneo Oriental e que o instrumento de base foi o empréstimo marítimo. Refere, em termos ilustrativos, o contrato relatado por Demóstenes.

[38] *Vide* Emmanuelle Chevreau, *La lex Rhodia de iactu: un exemple de la reécption d'une institution étrangère dans le droit romain*, TS 73 (2005), 67-80 (69 ss.), Arnaldo Biscardi, *Pecunia traiecticia* cit., 280 ss. e Pietro Cerami/Aldo Petrucci, *Diritto commerciale romano/Profilo storico*, 3.ª ed. (2010), 337 pp., 282.

[39] Usam-se, também, as expressões *phenus* e *fenus*; como abaixo será referido, ela é tardia; a locução mais corrente é *pecunia traiecticia*: Wieslaw Litewski, *Römisches Seedarlehen*, IURA 24 (1973), 112-183 (113).

[40] Max Kaser, *Das römische Privatrecht* I – *Das altrömische, das vorklassische und klassische Recht*, 2.ª ed. (1971), 532.

[41] Tito Lívio, *Ab urbe condita*, Liv. XXIII, Cap. XLIX = *Livy* VI, Liv. XXIII-XXV, ed. bilingue latim/inglês, trad. Frank Gardner Moore (reimp., 1966), 164-165. No original, cuja tradução levanta dúvidas:

> (...) ut quae in naves imposnissent ab hostium tempestatisque vi publico periculo essent.

ataques inimigos e tempestades, ocorreu, provavelmente com frequência, nas guerras púnicas[42].

Cícero, anos volvidos, refere a prática asseguradora em Laodica: para salvaguarda do transporte naval, tencionou-se aceitar seguranças (*cautum*) por todos os dinheiros públicos, de tal modo que quer o nauta, quer o povo, ficassem sem o risco de perigo[43].

A prática de prover ao interesse comum através de garantias (hoje ditas) estaduais, como forma de assegurar fornecimentos públicos, manteve-se, sob o Império. Cláudio (41 d. C.), confrontado com a falta de trigo e visando facilitar a sua importação para Roma[44],

> garantiu aos mercadores a certeza do lucro, assumindo o custo de qualquer perda que pudessem sofrer de tempestades (...)

A *pax romana* já permitia afastar os perigos de ataques inimigos. Mas o interesse público justificava o "seguro do Estado"[45].

II. Explicam os romanistas que, inicialmente, o *phoenus* é o ganho ou o produto (*Ertrag*)[46]. Surge utilizado no préstimo marítimo, em similitude com a expressão *pecunia traiectia*[47]. O nauta, tendo recebido o valor, obriga-se a restituí-lo: uma criação consuetudinária[48], com influên-

---

[42] Tito Lívio, *Ab urbe condita*, Liv. XXV, Cap. III, 10 = *Livy*, ed. cit., 348-349.

[43] Marco Túlio Cícero, *Epistulae ad familiares*, II, XVII, 25 = M. Tulli Ciceronis, *Epistulae*, I – *Epistulae ad familiares*, ed. W. S. Watt (1982), 70. Este texto é considerado, por Paul Huvelin, *Études d'histoire du droit commercial romain/Histoire externe – Droit maritime*, publ. Henri Lévy-Bruhl (1929), VI + 298 pp., 96-97, como "obscuro". Na trad., de nossa autoria, confrontámos também Harold E. Raynes, *A History of British Insurance*, 2.ª ed. cit., 3. Quanto ao original de Cícero:

> Laodicae sua praedes acceptarum arbitror omnis pecuniae publicae, ut et nihi et populo cautum sit sine vecture periculo.

[44] Suetónio, *De vita caesorum*, V – *Divus Claudius*, XVIII = Suetonius II, ed. bilingue latim/inglês, trad. G. P. Goold (1979, reimp.) 2, 36-37. No original:

> Nam et negotiatoribus certa lavra proposuit suscepto in se damno, si cui quid per tempestates accidisset (...)

[45] Stephan Schuster, *Das Seedarlehen* cit., 198.

[46] Klingmüller, *Fenus* cit., 2187.

[47] *Idem*, 2200; vide o troço já referido de Wieslaw Litewski, *Römisches Seedarlehen*, 113.

[48] Alfredo Pernice, *Zum römischen Gewohnheitsrechte*, SZRom 20 (1899), 126-171 (132 ss.).

cias greco-orientais[49] e que veio a ser acolhida pelo pretor (*receptum nautarum*)[50].

Associado ao *phoenus nauticum* estava, muitas vezes, uma cláusula penal[51]: o prestamista assumia riscos graves, pelo que mais se justificava o cumprimento[52]. Encontramos, aqui, o antepassado do dever de diligência e de boa-fé do tomador do seguro. O acordo seria concluído por uma *stipulatio*, que fazia surgir, na esfera do armador, o dever de restituir o capital e os juros, com o retorno da nave[53].

Segundo Modestino, a propósito da *traiectia pecunia*[54],

> Naturalmente, também as mercadorias viajam a risco do credor; o dinheiro é efetivamente *traiectia*.

Esse perigo começa a correr no dia em que, segundo o acordado, o navio deixe o porto[55]. A responsabilidade do armador surgiria pela aceitação da coisa[56], sendo inicialmente ilimitada[57].

---

[49] Christoph Heinrich Brecht, *Zur Haftung der Schiffer im antiken Recht*, SZRom 62 (1942), 391-396 (com elementos orientais e gregos) e *Zur Haftung der Schiffer im antiken Recht* (1962), VI + 163 pp., 82 ss. e *passim*.

[50] F. Ude, *Das receptum nautarum, ein pactum praetorium*, SZRom 12 (1891), 66-74 (67); Max Kaser, *Das römische Privatrecht* cit., 1, 2.ª ed., 585. *Vide*, ainda, L. Goldschmidt, *Das receptum nautarum, camponum, stabulariorum/Eine geschichtlich--dogmatische Abhandlung*, ZHR III (1860), 58-118 e 331-385 (352 ss.), pondo a hipótese do seu alargamento aos transportes terrestres.

[51] Heinrich Siber, *Interpellatio und mora*, SZRom 29 (1908), 47-113 (95).

[52] Karoly Visky, *Das Seedarlehen und die damit verbundene Konventionalstrafe im römischen Recht*, RIDA 16 (1969), 389-419 (393).

[53] Wieslaw Litewski, *Römisches Seedarlehen* cit., 137 ss.; Gianfranco Purpura, *Tabulae Pompeianae 13 e 34: due documenti relativi al prestito marittimo*, em *Atti del XVII Congresso Internazionale di Papirologia* (1989), 1245-1266; H. Ankum, *Tabula Pompeiana 13: ein Seefrachtvertrag oder ein Seedarlehen?*, IURA XXIX (1978), 156-173.

[54] Modestino, D. 22.2.1 = Rolf Knütel e outros, *Corpus iuris civilis/Text und Übersetzung* IV (2005), 107; no original:

> et interest, utrum etiam ipsae periculo creditoris navigent: tunc enim traiecticia pecunia fit.

[55] Modestino, D. 22.2.3 = Rolf Knütel e outros cit., 107. *Vide*, quanto a este e outros textos próximos, Paul Huvelin, *Études d'histoire du droit commercial romain* cit., 98 ss.; Wieslaw Litewski, *Römisches Seedarlehen* cit., 120; A. J. M. Meyer-Termeer, *Die Haftung der Schiffer im griechischen und römischen Recht* (1978), 290 pp., 73 ss. e 147 ss.; Amelia Castresania Herrero, *El prestamo maritimo* cit., 62.

No período subsequente (início do século III), a *traiectia pecunia* foi integrada no mútuo[58]. Deve-se ter presente o pano de fundo: a progressiva decadência das instituições económicas do Império. A *traiectia pecunia* operava perante "empresas" náuticas, dotadas de organização interna e capazes de mobilizar meios[59].

III. O *phoenus nauticum* visava, simplesmente, financiar um transporte por mar: eventualidade perigosa, mas que, quando bem sucedida, proporcionava lucros elevados. Em termos económicos, ela assume parte da função do seguro marítimo[60]. Noutros termos: na falta de verdadeiros contratos de seguro, as associações e as parcerias entre capitalistas e empresários, no florescente comércio marítimo da Antiguidade, preenchiam esse papel[61].

IV. Em moldes jurídico-científicos, os romanos não foram longe, na análise do *phoenus nauticum*. Desde logo, verifica-se que ele corresponde a uma figura tardia, surgindo no *codex*, em fragmento intitulado *de nautico fenore*[62]. De seguida, trata-se daqueles institutos, típicos do comércio e que funcionam por si: o mercador que não os respeite ver-se-á, simplesmente, afastado do mercado, numa sanção meramente social, mas muito eficaz. Não se torna necessário reduzi-los a leis nem, a seu respeito, tomar medidas de natureza pública.

---

[56] Christoph Heinrich Brecht, *Zur Haftung der Schiffer* cit., 112 ss..

[57] András Földi, *Ammerkungen zum Zusammenhang zwischen der Haftung ex recepto nautarum cauponum stabulariorum und der Haftung für custodia*, RIDA XL (1993), 263-291 (265).

[58] Pietro Cerami/Aldo Petrucci, *Diritto commerciale romano*, 3.ª ed. cit., 284-285.

[59] Quanto às empresas romanas, no sector naval, Pietro Cerami/Aldo Petrucci, *Diritto commerciale romano*, 3.ª ed. cit., 221 ss. e Cesare Maria Moschetti, *Gubernare navem, gubernare rem publicam* (1966), VII + 269 pp., 80 ss.. Vide, ainda, F. P. Bremer, *Zur Geschichte des Handelsrechts und der Handelspolitik im Anfang der Römischen Kaiserzeit*, FS Heinrich Thöl (1879), 39-78 e András Földi, *Remarks in the legal structure of entreprises im Roman Law*, RIDA 43 (1996), 179-211.

[60] Max Kaser, *Das römische Privatrecht* cit., 1, 2.ª ed., § 124, III (532-533).

[61] Theodor Mommsen, *Römische Geschichte*, I (1888), 852.

[62] C. 4.33.2.95 = ed. Paul Krüger (1892), 173/II (*traiecticiam pecuniam, quae periculo creditoris datur...*). Quanto ao *phoenus* sob Justiniano, Gianfranco Purpura, *Ricerche in tema di prestito marittimo* cit., 318 ss..

13. Esquemas assistenciais

I. Se no *phoenus nauticum* é possível discernir um (muito) longínquo ascendente do seguro a prémio, também em Roma encontramos traços de "seguros" de tipo assistencial.

No estrito campo civil, o Direito romano previa esquemas de tutela e de curatela, para proteção do *furiosus*, do mudo ou do surdo[63]. Não ia muito mais longe, confiando nas comuns relações familiares e na entreajuda daí resultante.

II. O instituto da *donatio propter nupcias* surge referido como tendo um cunho assistencial. No fundo, ele visava já providenciar para a subsistência da viúva[64]. Também os *collegia*, os *collegia funeraticia* e as *soladitates*[65] compreendiam, nas suas funções, papéis de entreajuda e de assistência mútua, relativamente aos seus membros[66]. Por via empírica, já seria praticada a técnica dos pequenos contributos para uma caixa comum, apta a acudir em casos de desastre. Seria necessário o desenvolvimento de várias ciências, incluindo a matemática, para se possibilitar um verdadeiro seguro de pessoas. Para tanto, houve que aguardar pelos progressos da matemática, no século XVII[67].

---

[63] Ulpiano, D. 26.5.8.3: *Furioso et furiosae et muto et surdo tutor vel curator a praetore vel praeside dari potest* [Um tutor ou um curador podem ser dados, pelo pretor, ao furioso ou à furiosa, ao mudo e ao surdo].

[64] Heinrich Braun, *Geschichte der Lebensversicherung und der Lebensversicherungstechnik* (1963), XXIV + 449 pp. (3).

[65] Recordamos o clássico Theodor Mommsen, *De collegiis et sodaliciis romanorum* (1843) e *Zur Lehre von der römischen Korporation*, SZRom 25 (1904), 33-51 (póstumo); outros elementos em *Tratado* IV, 550 ss..

[66] Paul Huvelin, *Études d'histoire du droit commercial romain* cit., 95.

[67] *Infra*, 66.

§ 4.º A IDADE MÉDIA E A IDADE MODERNA

14. A origem medieval

I. A doutrina reconhece, hoje, que o seguro corresponde a uma criação jurídica relativamente recente[68]. As diversas tentativas feitas, nos últimos duzentos anos, para descobrir contratos de seguro, no Direito romano, não foram concludentes. Como vimos, vários esquemas conseguiam, na prática, uma dispersão do risco. Mas não se apurou um tipo negocial que, de modo expresso e assumido, a isso se destinasse[69].

A queda do Império Romano e o enorme retrocesso jurídico-cultural a ela associado vieram ampliar a pobreza dos elementos existentes. Aliás, ainda antes do fim da Antiguidade, convencionalmente fixada na data do fim do Império, com a tomada de Roma por Odoacro (476 d. C.), já se apontava uma decadência do préstimo marítimo[70].

II. Ao longo da Idade Média, o seguro veio a surgir, em duas frentes muito distantes: a assistencial e a negocial, também chamada seguro a prémio[71].

---

[68] Paul Huvelin, *Études d'histoire du droit commercial romain* cit., 95 ss., apontando embora situações de tipo do seguro, em Roma, Nicola Gasperoni, *Contratto di assicurazione (in generale)*, NssDI IV (1959), 563-609 (566/II) e Karl-Heinz Ziegler, *Die antike Belege für den Versicherungsvertrag bei Grotius und Pufendorf*, FS Karl Sieg (1976), 589-592 (589), com indicações.

[69] Além dos elementos já referidos: Albert Chaufton, *Les assurances: leur passé, leur avenir*, 1 (1884), XXV + 817 pp., 348; Georges Hamon, *Histoire générale de l'assurance en France et à l'étranger* (1900), 768 pp., 16 ss.; Joseph Hémard, *Théorie et pratique des assurances terrestres* 1 (1924), XX + 704 pp., 145; Antigono Donati, *Trattato del diritto delle assicurazioni private* 1 (1952), 542 pp., 56.

[70] Gianfranco Purpura, *Ricerche in tema di prestito marittimo* cit., 278.

[71] Dieter Schewe, *Geschichte der sozialen und privaten Versicherung im Mittelalter in den Gilden Europas* (2000), 344 pp., 28.

No plano assistencial, verificou-se que o comunitarismo próprio de povos germânicos manteve uma natural solidariedade entre os membros do grupo. A (relativa) monetarização da economia, ocorrida com a (também relativa) acalmia dos séculos VIII e IX permitiu que as guildas e irmandades dessem apoio, nos casos de incêndio e de naufrágios[72].

Carlos Magno, em 779, proibiu as guildas, numa medida que tem sido explicada seja como um ir ao encontro da doutrina cristã da condenação de juros, seja como uma afirmação do poder central, adverso a demonstrações de organização económica local[73]. Não obstante, elas ter-se-ão mantido, reaparecendo nas idades históricas subsequentes.

III. Os seguros especialmente contratados vieram a (res)surgir nas cidades italianas, a partir do século XIII[74]. Teve relevo a (infeliz) IV Cruzada, que conduziu à tomada de Constantinopla (1204) e graças à qual Veneza enriqueceu.

A prática de contratos de seguro marítimo já se havia iniciado[75], designadamente em Génova, em Palermo[76] e em Florença[77]. No século

---

[72] Horst Peters, *Die Geschichte der Sozialversicherung* (1959), 160 pp., 15-19; Heinrich Braun, *Geschichte der Lebensversicherung und der Lebensversicherungstechnik* cit., 13 ss..

[73] F. Büchner, *Grundriss der Versicherungsgeschichte* cit., 2300 e Dieter Schewe, *Geschichte der sozialen und privaten Versicherung im Mittelalter* cit., 32.

[74] Harold Ernest Raynes, *A History of the British Insurance*, 2.ª ed. cit., 5. Entre vários: Antonio Scevola, em Sebastiano Castagnola e outros, *Nuovo codice di commercio italiano*, IV (1889), *Del contratto di assicurazione*, 7 ss.; Albert Chaufton, *Les assurances: leur passé, leur avenir* cit., 1, 350 ss., embora com poucos elementos; Georges Hamon, *Histoire générale de l'assurance* cit., 22 ss.; Giuseppe Valeri, *I primordi dell'assicurazione attraverso il documento del 1329*, RDComm XXVI (1928) I, 601-641; Gian Piero Bognetti, *Sui primordi dell'assicurazione*, RDComm XXVIII (1930) I, 274-279; Livio Plattoli, *L'assicurazione contra i danni dei transporti terrestri nel medievo*, RDComm XXXII (1934), 422-436; Antigono Donati, *Trattato del diritto delle assicurazioni private* cit., 1, 61 ss..

[75] Muito curioso: Enrico Bensa, *Le forme primitive della polizza/Ricerche storiche con documenti inediti* (1925), referindo espécies dos finais do século XV.

[76] Panayotis Perdikas, *Versicherung in den Dokumenten des Notars Rustico de Rusticis in Palermo*, FS Reimer Schmidt (1976), 325-353

[77] F. Büchner, *Grundriss der Versicherungsgeschichte* cit., 2300; Harold Ernest Raynes, *A History of the British Insurance*, 2.ª ed. cit., 5. O primeiro contrato documentado data de 1287 e foi feito em Palermo; o segundo, de 1317, em Pisa; *vide* Antigono Donati, *Trattato del diritto delle assicurazioni private* cit., 1, 61 ss..

XV, o seguro a prémio praticado em Veneza atingia um afinamento considerável[78].

Em termos práticos, o subscritor (segurador) recebia um prémio equivalente a uma percentagem do valor seguro: entre 10% e 20%, dependendo dos riscos da viagem; como contrapartida, assumia os riscos derivados da natureza ou de inimigos[79].

IV. Os mercadores italianos levaram o seguro a prémio aos portos mediterrânicos e aos portos do mar do Norte: Inglaterra e Países Baixos.

No essencial, os contratos de seguro a prémio assentavam, simplesmente, nos usos comerciais[80-81]. Os seus textos eram aperfeiçoados pelos notários e, tendo aplicação quando, para eles, as partes remetessem. O (bom) nome dos comerciantes era a melhor garantia para as diversas operações, enquanto os não-cumpridores se viam afastados de um meio rendível e com largo potencial de crescimento.

15. A proibição da usura

I. Ainda no período medieval, os seguros nascentes defrontaram-se com um problema grave: o da proibição da usura, isto é: do empréstimo remunerado, que desse lugar a uma perceção de juros. Trata-se de um ponto sensível, que retardou também o desenvolvimento do Direito bancário, sobretudo nos países do Sul.

---

[78] Karin Nehlsen-von Stryck, *Die venezianische Seeversicherung im 15. Jahrhundert* (1986), XVI + 467 pp., onde podem ser confrontadas múltiplas fontes (contratos) da época – idem, 377 ss.. Tem muito interesse a obra de Giuseppe Stefani, *L'assicurazione a Venezia dalle origini alla fine della serenissima*, dois volumes (1956), 319 + 321-627 pp.: uma bela espécie bibliográfica.

[79] Vide, ainda, A. H. de Oliveira Marques, *Para a História dos seguros em Portugal/ /notas e documentos* (1977), 15 ss..

[80] Giovanni Cassandro, *Assicurazione (storia)*, ED III (1958), 420-426 (421/II e 422/II), falando numa criação original do mercado e na sua determinação pelos *usus mercatorum*.

[81] Alguma literatura fala em "costume". Todavia, de acordo com a metodologia que defendemos – *Tratado* I, 566 ss. e 573 ss. – o costume implica regras imperativas, ao passo que os usos (só) funcionam quando, para eles, remeta a vontade das partes. Trata-se, pois, de usos.

Na origem da proibição dos juros temos os textos sacros do judaísmo e do cristianismo, a que se juntaria, mais tarde, o Corão. Eles tiveram o apoio da Filosofia.

O pensamento grego, na vertente aristotélica, considerava o dinheiro estéril: logo, não poderia originar juros. A lei judaica, por seu turno, só permitia a cobrança de juros nas relações com estranhos: não entre judeus. O Novo Testamento contém, igualmente, apelos à gratuitidade dos empréstimos. Toda esta tradição tem um fundamento histórico: o mútuo, nas comunidades humanas primitivas, era uma demonstração de relações de entreajuda e de solidariedade básicas: exigir remuneração equivalia à exploração da necessidade alheia, introduzindo um fator de quebra social.

Compreende-se o pensamento cristão: partidário, em rigor, de uma pura e simples distribuição igualitária dos bens, o cristianismo primitivo nunca contemporizaria com juros. Esta posição foi reforçada com a confluência das escrituras e do pensamento aristotélico. O Direito canónico conduziu uma luta secular contra os juros, e isso desde o século IV[82]: uma posição retomada em múltiplos concílios, sendo a violação da proibição, visada com a pena máxima da excomunhão.

A proibição dos juros não atingia os não-cristãos: assim e ao longo da Idade Média, o comércio bancário veio a deslizar para as mãos das comunidades judaicas, com entraves para o comércio em geral.

Também o Corão proíbe a prática de juros[83], dentro da tradição das grandes religiões.

II. O seguro, particularmente nos seus inícios, no campo marítimo e na tradição que remonta ao *phoenus nauticarum*, era articulado como um empréstimo remunerado. O juro justificava, economicamente, o risco que o mutuante corria, caso o navio e ou as mercadorias se perdessem.

Quando o empréstimo marítimo (res)surgiu, o Papa Gregório IX, em 1236, equiparou-o à usura e proibiu-o[84].

No imediato, a proibição foi contornada com recurso ao câmbio marítimo (*cambium nauticum*). Tudo se passava como se de um empréstimo não-remunerado se tratasse; simplesmente, o pagamento inicial e o

---

[82] Mais precisamente, desde o Concílio de Niceia, no ano 325.

[83] Alcorão Sagrado 2, 275: (...) *Deus permitiu a venda mas proibiu a usura*; na trad. de Max Henning, *Der Koran* (2006), 65. Quanto à proibição corânica dos juros, no quadro da evolução dos seguros: Kilian Rudolf Bälz, *Versicherungsvertragsrecht im den Arabischen Staaten* (1997), XVII + 244 pp., 17.

[84] *Decretal Navigandi*, em *Decretalium Gregorii Papae Noni Compilatio*, liv. V, tit. XIX, De usuris, cap. XIX, em *Corpus iuris canonici*, ed. Lugduni, 1614, col. 668.

retorno eram feitos em moedas diferentes; dada a inexistência de "cotações", o "juro" ficava disfarçado[85].

III. Mais tarde, o seguro foi considerado como um contrato misto: a parte do "empréstimo" era constituída sem juros; o restante equivaleria ao preço por serviços prestados e pelo risco assumido. Trata-se de uma construção que vamos reencontrar em Pedro de Santarém (1552), no momento histórico seguinte.

16. A Idade Moderna; expansão comercial e bases científicas

I. A Idade Moderna, oficialmente iniciada com a queda de Constantinopla (1453), ficou marcada pela deslocação da civilização ocidental: do Mediterrâneo para o Atlântico. As viagens marítimas tomaram outra dimensão. E os lucros por elas facultados subiram, em proporção: tal como os riscos.

No plano dos seguros, para além de um natural incremento, verificaram-se alterações de fundo.

II. Em primeiro lugar, a matéria começou a interessar a comunidade organizada e os Estados. Foram elaborados os primeiros regimentos dos seguros e adotadas determinadas regras.

No início, as disposições legislativas que surgiram tinham a ver com o Direito marítimo em geral. Por vezes, as leis marítimas abrigavam regras sobre seguros que, com o tempo, vieram a ser generalizadas. As leis marítimas anteriores ao século XVIII, muitas delas com interesse para os seguros, foram publicadas, entre 1828 e 1845, por Jean-Marie Pardessus. Trata-se de uma obra imensa, que alimentaria a generalidade das rubricas históricas sobre seguros, até aos nossos dias[86].

---

[85] Harold E. Raynes, *A History of British Insurance*, 2.ª ed. cit., 8.

[86] Jean-Marie Pardessus, *Collection de lois maritimes antérieures au XVIII siècle*, 1 (1828), LXXXVIII + 524 pp., com a Antiguidade, Bizâncio, cruzadas e diversas leis do Norte, 2 (1824), CXXXI + 558 pp., com o *Consulat de la mar*, o *Guidon de la mer* e as leis hanseáticas, 3 (1834), com o Direito da Escandinávia, dos países bálticos, da Prússia e da Rússia, 4 (1837), 609 pp., com os Países Baixos, a Inglaterra, a França, Génova e Florença, 5 (1839), VIII + 554 pp., com as Leis de Veneza, dos Estados Pontifícios, do Reino das Duas Sicílias, da Sardenha, da Catalunha, de Aragão, de Valença e de Maiorca e 6 (1845),

Em 1435, uma Ordenação de Barcelona reuniu algumas regras codificadas sobre seguros[87]. Traduzida em castelhano, em italiano, em francês e em alemão, o original catalão influenciaria as leis subsequentes, por toda a Europa[88]. Outras regras se seguiram, para além da evolução portuguesa, abaixo referida. Merecem focagem a *Ordonance de la Marine* (1681), de Luís XIV e a de Hamburgo (1731)[89].

No desenvolvimento do Direito marítimo, foi importante o *Llibre del Consulat de Mar*. A sua origem é discutida[90]. Pensa-se que seja posterior a 1283, data em que Pedro III de Aragão concedeu, à Cidade de Valência, uma jurisdição própria para o comércio marítimo. As versões que correm compreenderão, provavelmente, aportações de anos sucessivos. O *Llibre* principia pelas palavras *Açi començen les bones costumes de la mar* e arruma-se em 297 capítulos, correspondentes a artigos[91]. Surgem, aí, referências ao dever do mercador de emprestar ao patrão do navio, em caso de necessidade (LXI)[92], ao pagamento, pelo mercador, da indemnização por avaria (LXVII)[93], ao risco da perda da mercadoria, que corre pelo empresário (CLXVI)[94] e a diversas situações similares. Mais próximo de um seguro ficará a comunhão de riscos entre os mercadores, no caso de naufrágio (CL)[95].

Embora muito citado a propósito dos seguros, o *Llibre del Consulat de Mar* é, de facto, uma recolha do Direito marítimo, limitando-se a repercutir certos riscos.

---

671 pp., com as Leis da Espanha ocidental, de Portugal, de Malta e das Índias (orientais). A obra de Pardessus teve uma reimpressão, em 1997, da Schmidt Periodicals GmbH.

[87] Os Estatutos de Barcelona foram impressos por Jean-Marie Pardessus, *Collection de Lois Maritimes* V (1839); existe uma ed. de Ernest Moliné y Brasés, de 1914.

[88] Bernard Beignier, *Droit des assurances* cit., 6-7; Harold E. Raynes, *A History of British Insurance* cit., 11; Giuseppe Salvioli, *L'assicurazione e il cambio marittimo nella storia del diritto italiano* cit., 39; Antigono Donati, *Trattato del diritto delle assicurazioni private* cit., 1, 64.

[89] F. Büchner, *Grundriss der Versicherungsgeschichte* cit., 2301.

[90] Em Jean-Marie Pardessus, *Collection de lois maritimes* cit., 2, 1-48, podem ser confrontadas diversas opiniões.

[91] *Idem*, 2, 49-368.

[92] *Idem*, 2, 109.

[93] *Idem*, 2, 114.

[94] *Idem*, 2, 187; a matéria é depois desenvolvida: o patrão exonera-se de responsabilidade se tiver respeitado as regras que lhe são aplicáveis; há, sim, uma repercussão do risco.

[95] *Idem*, 2, 166; *vide* Pardessus, *Collection* cit., 369, a propósito do *Guidon de la mer*.

O transporte, por terra, de mercadorias, em especial de Itália para a Flandres, levou a alargar os seguros marítimos. Designadamente em Florença, surgiram seguros terrestres.

III. Outra inovação importante teve a ver com o aparecimento das grandes sociedades de seguros. A primeira terá surgido em Génova, no ano de 1424[96]. Outras se seguiram, em especial nas cidades do Norte, que se desenvolviam à margem do sistema feudal[97].

A partir do século XVII, o poder económico desloca-se para portos ingleses e holandeses. Em Londres, surgiu o hábito social de tratar de negócios em cafés. Em 1662, o proprietário de um café, Edward Lloyd[98], teve a ideia de publicar um jornal, três vezes por semana – o *Lloyd's News* – que indicava os movimentos dos navios, nos portos mais importantes. Mais tarde, o jornal foi substituído por simples inscrições a giz, num quadro preto. Isso permitia que os seguradores e os corretores se juntassem no seu café, ajustando os negócios. Em 1720, uma carta real deu corpo a uma sociedade de seguradores, iniciando-se um período de expansão do negócio[99].

IV. Ainda neste período, cabe referir a divulgação dos seguros nos meios urbanos, designadamente no que toca aos seguros contra incêndios. Como marco de referência, fica o grande incêndio de Londres: deflagrou no Domingo, dia 2-set.-1666, na padaria do Rei e durou uma semana, queimando 13 200 casas (incluindo o café de Lloyd), 87 igrejas e a Catedral de São Paulo. Daí resultou a primeira companhia de bombeiros e, em 1684, do *Friedly Society Fire Office*, considerado a primeira companhia de seguros contra incêndios[100].

Outras companhias de seguros contra incêndios surgiram na Europa, designadamente em cidades do Norte da Alemanha e em Paris[101].

---

[96] Bernard Beignier, *Droit des assurances* cit., 6.
[97] Harold E. Raynes, *A History of British Insurance*, cit., 2.ª ed., 17 ss., com indicações.
[98] Tratava-se da *Edward Lloyds Coffee House*, em *Tower Street*. Tem interesse ver Cesare Vivante, *Una nova teoria dei contratti di assicurazione*, RISG XI (1891), 161-190 (166 ss.).
[99] John Lowry e outros, *Insurance Law*, 3.ª ed. (2011), 1-2.
[100] Harold E. Raynes, *A History of British Insurance*, cit., 2.ª ed., 70 ss. (74).
[101] A *Chambre Générale des Assurances* data de 1754 e a *Compagnie Royale d'Assurances*, de 1787.

V. O século XVIII ficou marcado pela constituição de grandes companhias de seguros marítimos e pelo aparecimento da primeira companhia de seguros de vida[102].

Em 1653, um banqueiro napolitano, Lorenzo Tonti, concebeu a ideia de criação de agrupamentos de aderentes, por um período limitado de tempo (em geral, 15 anos); esses aderentes pagariam cotizações que seriam capitalizadas; no termo acordado, o capital seria repartido entre os sobreviventes. As "tontinas" tiveram um certo êxito, tendo sido precursoras dos seguros de vida[103].

As experiências inovadoras recuperavam, de certo modo, a tradição das guildas e das fraternidades[104]. Elas tomaram uma nova consistência com o desenvolvimento do cálculo aturial.

O tratamento científico do seguro, particularmente o de vida, foi possível com os avanços da matemática. Em 1654, Blaise Pascal (1623-1662) e Pierre de Format (1601-1665) criaram as bases do cálculo de probabilidades[105]: um esforço depois retomado pelo holandês Cristiann Huygens (1629-1695) que, em 1657, publica uma obra sobre o cálculo dos jogos de azar[106]. O suíço Jacques Bernouilli (1654-1705) apura as leis dos grandes números[107], que permitem o estabelecimento das primeiras tábuas de mortalidade. Antoine Deparcieux (1703-1768), em 1746, publica a primeira tábua de mortalidade, em França[108].

---

[102] Harold E. Raynes, *A History of British Insurance*, cit., 2.ª ed., 135 ss. e 113 ss.. Embora anteriores ao século XVII, as companhias só floresceram no século XVIII: Giovanni Cassandro, *Assicurazione (storia)* cit., 426/I.

[103] Yvone Lambert-Faivre/Laurent Leveneur, *Droit des asssurances*, 13.ª ed. (2011), Nr. 6 (5).

[104] Vide Gerald Schöpfer, *Soziale Schutz im 16.-18. Jahrhundert* (1976), 238 pp., 58 ss. e 71 ss..

[105] Claude Dellacherie, *Pascal et Fermat/La naissance du calcul des probabilités* (s/d), 8 pp..

[106] Cristiann Huygens, *De ratiociniis in ludi aleae* (1657), no tomo XIV das *Oeuvres complètes*.

[107] Jacques Bernouilli, *Ars conjectandi* (1713), póstumo.

[108] Antoine Deparcieux, *Essai sur les probabilités de la vie humaine* (1746), tendo sido recebido na Academia das Ciências.

§ 4.° *A idade média e a idade moderna* 67

Paralelamente, em Inglaterra, Edmond Halley (1656-1742) dá à estampa, em 1693, um artigo sobre tábuas de sobrevivência, na base das pesquisas de Caspar Neumann (1648-1715)[109].

---

[109] Edmond Halley, *An Estimate of the Degrees of the Mortality of Mankind, drawn from curious Tables of the Births and Funerals at the City of Breslaw; with an Attempt to ascertain the Price of Annuities upon lives* (1693). *Vide* Jonas Graetzer, *Edmond Halley und Caspar Neumann/Ein Beitrage zur Geschichte der Sterbetafeln* (reed., 1901).
Sobre toda esta matéria: Ian Hacking, *The Emergence of Probability/A Philosophical Study of Early Ideas About Probability, Induction and Statistical Inference*, 2.ª ed. (2006), 246 pp. e Andreas Hald, *A History of Probability and Statistics and their Applications before 1750* (2003), 586 pp..

§ 5.º O SURGIMENTO CONTEMPORÂNEO DO DIREITO DOS SEGUROS

17. As dificuldades jurídico-culturais

I. O Direito dos seguros, enquanto disciplina jurídico-científica condigna, só surgiu no século XIX. Várias causas para tanto contribuíram: no essencial, de natureza jurídico-cultural. Nos diversos países, elas apresentaram feições distintas. Vamos considerar, de modo sucinto, o sucedido em Inglaterra, em França e na Alemanha.

II. Em Inglaterra, apesar de um desenvolvimento considerável no terreno, que já referimos, tardou a jurisdicização da matéria. Inicialmente, não havia seguradoras propriamente ditas: os mercadores agrupavam-se e repartiam os riscos, sem especialização. As disputas que porventura surgissem nem eram reconhecidas pela *Common Law*: faltavam precedentes e vias de ação. Em 1601, os mercadores conseguiram a criação de uma câmara de seguros, fora do sistema normal. Com a chegada de Lord Mansfield a *Chief Justice*, em meados do século XVIII, os tribunais de *Common Law* passaram a ocupar-se dos seguros.

Em 1906 surge o *Marine Insurance Act*: um epílogo para a proeminência natural que os seguros marítimos assumiram, desde o Lloyd's, no século XVII. O alargamento de regras marítimas aos outros sectores dos seguros não foi considerado muito satisfatório[110].

III. O seguro marítimo obteve, em França, uma regulamentação avançada, através da *Ordonance de la Marine* (1681)[111], mais precisamente, no seu Livro III, *Dos contratos marítimos*, Título VI, *Dos seguros*[112].

---

[110] John Birds, *Modern Insurance Law*, 9.ª ed. (2013), 1-3.
[111] Bernard Beignier, *Droit des assurances* cit., 8.
[112] *Ordonnance de la Marine du mois d'Aoust 1681*, ed. Paris, 1714, 248 ss..

§ 5.° O surgimento contemporâneo do direito dos seguros

A doutrina francesa do século XVIII, com relevo para Robert-Joseph Pothier (1699-1772), estudava o contrato de seguro com clareza e algum desenvolvimento[113], sublinhando a sua especial importância no campo marítimo[114].

Todavia, no seu artigo X[115], a *Ordonnance* proibia o seguro de vida: ele especularia com a vida humana. Essa proibição, que só cessou em 3-nov.-1787[116], obteve o apoio de juristas como Pothier e como Portalis (1746-1807)[117]. Explica Pothier, na linguagem da época (1776)[118]:

> La raison est, qu'il est contre la bienséance et l'honnêteté publique de mettre à prix la vie des hommes. D'ailleurs la nature du contrat d'assurance étant que l'assureur se charge de payer l'estimation de la chose assurée, la vie d'un homme libre n'étant susceptible d'aucune estimation, elle ne peut par conséquent être susceptible du contrat d'assurance.

Mas prossegue :

> Ces raisons n'ont point d'application aux esclaves (…)

Os escravos poderiam, pois, ser objeto de seguro[119].
Quanto a Portalis[120]:

> Nous savons qu'il est des contrées où les idées de la saine morale ont été tellement obscurcies et étouffées par un vil esprit de commerce, qu'on y autorise les assurances sur la vie des hommes [em nota, refere a Inglaterra].

---

[113] Robert-Joseph Pothier, *Traité du contrat d'assurance* (1776, póstumo), em *Œuvres de Pothier*, publ. Jean-Joseph Bugnet, VII (1847, reimp., 1993), 265-344.

[114] *Idem*, 269.

[115] *Ordonnace de la Marine*, ed. cit., 257: *Defendons de faire aucune assurance sur la vie des personnes*.

[116] Por decisão do Conselho de Estado ; no dia seguinte, por influência do Barão de Breteuil, o Rei autorizou a constituição da *Royale Vie*.

[117] Jean-Etienne-Marie Portalis, *Discours, rapports et travaux inédits sur le Code Civil*, publ. Visconte Frédéric Portalis (1844).

[118] R.-J. Pothier, *Traité du contrat d'assurance* cit., 277.

[119] *Vide* Wilhelm Ebel, *Über Sklavenversicherung und Sklavereiversicherung*, ZVersW 52 (1963), 207-330.

[120] Jean-Etienne-Marie Portalis, *Discours* cit., 245.

Mais en France de telles conventions ont toujours été prohibées. Nous en avons la prevue dans l'ordonnance de la marine de 1681, qui n'a fait que renouveler les defenses anterieures.

L'homme est hors de prix: sa vie ne saurait être un objet de commerce; sa mort ne peut devenir la matière d'une spéculation mercantile.

Tudo isto teve repercussões nos códigos de Napoleão, civil e comercial, demorando o lançamento da nova disciplina jurídica.

IV. Na Alemanha, não obstante um crescimento prático da matéria, os seguros depararam com dois tipos de dificuldades: a persistência de um pensamento clássico de tipo ingénuo-antiquário, que teve dificuldade em lançar-se para uma matéria inteiramente nova e os atrasos na unificação, que demoraram a feitura de grandes codificações.

Vamos centrar-nos, agora, no primeiro aspeto: muito interessante e um tanto desapercebido, na vasta literatura disponível. Retemos Grócio que, embora holandês, teve influência na Alemanha, e Pufendorf.

Grócio (1583-1645), no seu *De iure belli ac pacis* (1625), vem a incluir a *assecuratio* nas relações de permuta[121]:

> Facti cum facto permutatio innumeras habere potest species pro factorum diversitate. At facio ut des, aut pecuniam, atque id quoque in factis quotidianae utilitatis locatio conductio dicitur, in facto praestandae indemnitatis circa casus fortuitos aversio periculi, vulgo assecuratio, qui contractus olim vix cognitus nun cest inter receptissimos;

Grócio refere o seguro noutros locais da referida obra. Diz, designadamente[122]:

> Contractus avertendi periculi, quem assecurationem vocant, omnino nullus erit si contrahentium alter rem, de qua agitur, aut salvam quo destinabatur pervenisse, aut periisse sciverit: non tantum ob paritatem quam exigit contractuum permutatoriorum natura, sed quia própria materia hujus contractus est damnum sul ratione incerti. Periculum autem hujus pretium ex communi aestimatione petendum est.

---

[121] Hugo Grócio, *De iure belli ac pacis libri tres*, Liv. II, Cap. XII, § III, 4 (*De contractibus, acto permutatorii*, II, 12, 3); na ed. de Leipzig (1758), 413-414.

[122] *De iure* cit., Liv. II, Cap. XII, § XXIII (ed. cit., 428).

Grócio menciona, a tal propósito, clássicos como Suetónio e Cícero[123].

Também Pufendorf, no clássico *De iure naturae et gentium libri octo*, refere o seguro, agora entre os contratos que contêm uma álea (*De contractibus, qui aleam continent*)[124]. Nesse contexto, cita clássicos, como Tito Lívio[125].

Já se tem feito notar que este apego dos jusracionalistas aos clássicos romanos impediu-os de desenvolver uma teoria do contrato de seguro: figura corrente no seu tempo[126].

V. O grande motor capaz de afastar os diversos bloqueios ocorridos foi a revolução industrial do século XIX. Levados pelas necessidades práticas, surgiram ou afirmaram-se três pontos concretos[127]:

– a constituição de numerosas empresas de seguros;
– o nascimento do resseguro;
– a supervisão do Estado.

O papel decisivo da nova ordem económica, nascida da industrialização, não deve, todavia, fazer esquecer os antecedentes. Todos eles acabariam por se repercutir nas leis da atualidade.

18. A experiência francesa

I. A experiência francesa ficaria marcada pela suspeição, relativamente aos seguros de vida. Apenas nos finais do antigo regime, como vimos, o Conselho do Rei, em 27-jul.-1788, veio permitir a instituição da *Royale Vie* e da *Royale Incendie*. As peripécias da Revolução Francesa, que levaram à morte de Étienne Clavière, o grande mentor dessa experiência e a hostilidade de juristas, como Portalis, explicaram o escasso entusiasmo das leis de Napoleão, relativamente aos seguros[128].

---

[123] *Idem*, 428, em nota.
[124] Samuel von Pufendorf, *De iure naturae et gentium libri octo*, Liv. 5, cap. IX, § 8 (*de contractu assecurationis*); na ed. de Frankfurt (1684), 763.
[125] *Idem*, 763.
[126] Karl-Heinz Ziegler, *Die antiken Belege für den Versicherungsvertrag bei Grotius und Pufendorf*, FS Karl Sieg (1976), 589-592 (592).
[127] F. Büchner, *Grundriss der Versicherungsgeschichte* cit., 2308.
[128] Bernard Beignier, *Droit des assurances* cit., 8-9; François Couilbault/Stéphanie Couilbault-Di Tommaso/Virgine Huberty, *Les grands principes de l'assurance*, 12.ª ed., (2015), 19-20.

O Código Civil de Napoleão (1804) dispunha, no seu artigo 1964.º, a abrir o título XII – contratos aleatórios – do livro III – formas de adquirir a propriedade:

> O contrato aleatório é uma convenção recíproca cujos efeitos, quanto às vantagens e às perdas, seja para todas as partes, seja para uma ou várias de entre elas, dependem de um evento incerto.
> Tais são: o contrato de seguro, o empréstimo à grande aventura, o jogo e a aposta (e) o contrato e a renda vitalícia.
> Os dois primeiros regem-se pelas leis marítimas.

II. No Código de Comércio (1807), cabe lidar com o seu livro II – Do comércio marítimo. Aí surgia um título X – Dos seguros (artigos 332.º a 396.º). A matéria ordenava-se em três secções:

I – Do contrato de seguro, da sua forma e do seu objeto (332.º a 348.º);
II – Das obrigações do segurador e do segurado (349.º a 368.º);
III – Do abandono (369.º a 396.º).

Os diversos preceitos traçam o seguro marítimo nos seus elementos mais característicos, de acordo com os conhecimentos da época. A possibilidade de resseguro vinha consagrada (342.º).

III. Os tempos da Revolução Francesa e das subsequentes guerras napoleónicas foram pouco propícios a seguros: multiplicaram-se os danos e a devastação, fora de qualquer cálculo comportável de riscos. A situação mudou com a restauração[129]. Proliferaram, então, as iniciativas empresariais no domínio dos seguros. Em 1816, os banqueiros Lafitte e Delessert criam a *Compagnie Royale d'Assurances Maritimes* a qual, em 1820, estende as suas operações ao ramo incêndio e, em 1830, ao ramo vida. Em 1848, cai a monarquia: a companhia muda de firma para *La Nationale*. Ainda antes de 1830, surgem quatro grandes companhias no ramo incêndio: *Assurances générales*, *Phénix*, *Union* e *Soleil*. Também as mutualidades se multiplicam. Um Decreto de 22-jan.-1868 vem reger a constituição de sociedades de seguros.

---

[129] Sobre todos os elementos subsequentes, Yvone Lambert-Faivre/Laurent Leveneur, *Droit des asssurances* cit., 13.ª ed., 7 ss..

III. A responsabilidade civil assentava na *faute*[130]. Parecia razoável que quem suscitasse tal censura não pudesse alijar a responsabilidade, através de um seguro a tanto destinado. Os seguros de responsabilidade civil foram, por isso, algo titubeantes. A multiplicação de situações de responsabilidade objetiva, designadamente nos casos de incêndio, de acidentes de circulação (ainda que só houvesse tração animal) e de acidentes de trabalho levou ao desenvolvimento dos seguros de responsabilidade civil. Na evolução ocorrida, tornaram-se, mesmo, obrigatórios.

19. A experiência alemã

I. A experiência alemã beneficiou, desde cedo, da expansão dos seguros nas cidades hanseáticas e das regras que, a tal propósito, nelas se foram estabelecendo[131]. Apontam-se iniciativas empresariais no Schleswig-Holstein, logo em 1537. No ano de 1731, é adotado um regulamento de seguros, em Hamburgo. E ainda nesta cidade, entre 1765 e 1807, surgiram 37 companhias seguradoras. Temos seguros contra incêndios em Berlim (1812) e em Leipzig (1819).

II. No plano legislativo[132], cabe referir a lei de Frederico II da Prússia, de 1766: *Assecuranz- und Haverey Ordnung für sämtlichen königlichen preussischen Staaten*. Esta lei esteve na base do largo desenvolvimento que o *Allgemeines Landrecht* prussiano, de 1794, dedicou aos seguros: cerca de 400 parágrafos[133-134].

---

[130] Quanto à *faute*, ao seu alcance dogmático e às dificuldades da sua tradução: *Tratado* II/3, 317 ss..

[131] Quanto aos elementos subsequentes, F. Büchner, *Grundriss der Versicherungsgeschichte* cit., 2301 ss. e Julius von Gierke, *Versicherungsrecht* cit., 14 ss..

[132] Ralph Neugebauer, *Versicherungsrecht vor dem Versicherungsvertragsgesetz/ /Zur Entwicklung des modernen Binnenversicherungsrechts im 19. Jahrhundert* (1990), VI + 207 pp., 17 ss., 27 ss. e *passim*.

[133] Peter Koch, *Zur Geschichte der Versicherungsvertragrechtlichen Kodifikationen im Deutschland und Österreicht*, FS Reimer Schmidt (1976), 299-323 (303 ss.).

[134] Quanto ao texto do ALR, utilizamos a ed. anotada de H. Rehbein/O. Reincke, *Allgemeines Landrecht für Preussischen Staaten*, III, 5.ª ed. (1894), 951-987.

O seguro era, aí, apresentado nestes termos (§ 1934):

> Por um seguro (*Versicherung oder Assecuranz*) assume o segurador, contra a entrega de uma determinada retribuição ou prémio, o pagamento de um certo perigo que atinja a coisa segura.

O seguro não era necessariamente marítimo, embora se sucedessem os preceitos que visam essa eventualidade. O § 1952 explicitava:

> Os seguros podem ser concluídos relativamente a tudo o que possa ser objeto de um contrato válido.

Os diversos meandros do seguro surgiram, depois, com regras muito atuais.

O articulado do ALR teve influência nas subsequentes leis alemãs dos seguros: desde cedo o Direito alemão dos seguros sobressaiu, no panorama europeu.

III. O Código Civil austríaco (ABGB, de 1811) foi parco, no tocante aos seguros. Também ele considerou os seguros como um negócio especulativo ou de sorte (*Glücksverträge*), concedendo-lhes os §§ 1288 a 1291[135]. Outros códigos e projetos alemães se lhe reportaram[136].

Muito interessante foi a preparação do primeiro código comercial alemão (o ADHGB, de 1861): discutiu-se, nessa ocasião, a natureza e a ordenação dos seguros não-marítimos. Todavia, os comercialistas alemães optaram por não os acolher, no código comercial em preparação[137]: oficialmente, por se tratar de matéria difícil, ainda não suficientemente sedimentada[138]. De facto: havia, ainda na altura, diversas tradições nos Estados alemães que se puseram de acordo para a preparação do ADHGB. Além disso, a doutrina já estava demasiado desenvolvida para considerar o seguro não-marítimo como um mero contrato, entre outros. O ADHGB

---

[135] Quanto ao ABGB, *vide* Heinz Krejci, em Peter Rummel, *Kommentar zum ABGB*, II (1984), §§ 1288-1292 (2112-2114), sublinhando a escassa importância dada ao seguro, que hoje consta de lei própria.

[136] Ralph Neugebauer, *Versicherungsrecht vor dem Versicherungsvertragsgesetz* cit., 39 ss., 47 ss. e *passim*.

[137] *Idem*, 67 ss..

[138] *Idem*, 72-73; Peter Koch, *Zur Geschichte der Versicherungsvertragrechtlichen Kodifikationen* cit., 317 ss..

§ 5.° O surgimento contemporâneo do direito dos seguros

limitou-se, deste modo, no seu livro sobre o comércio marítimo, a inserir um título 11 relativo ao seguro contra os perigos das viagens por mar (artigos 782.° a 905.°)[139]. Essa matéria aproveitou, fundamentalmente, o Plano Revisto dos Seguros Marítimos de Hamburgo, de 1-jan.-1853[140].

O HGB alemão, de 1898, seguiu nas mesmas pisadas. Os seguros surgem na secção 10 do livro sobre o comércio marítimo (§§ 778 a 900), alterado pela Lei de 30-mai.-1908. Hoje, as cláusulas contratuais gerais do seguro marítimo[141], absorveram todas as regras imperativas contidas nessa lei, de tal modo que os comentários ao HGB deixaram de publicar a referida secção 10[142].

IV. Cabe sublinhar o interesse que o espaço jurídico alemão sempre dedicou à supervisão dos seguros.

Inicialmente, todas as sociedades anónimas estavam sujeitas a um princípio da concessão, para adquirirem personalidade coletiva. A liberalização alcançada nos anos 70 do século XIX não se estendeu, no tocante aos seguros, a vários Estados alemães e, designadamente, à Prússia[143]. A regulação manteve-se firme[144]. E quando, finalmente, se logrou passar a uma codificação dos seguros, começou-se pela Lei da Supervisão dos Seguros, de 12-mai.-1901 (*Versicherungsaufsichtsgesetz* ou VAG); só em 30-mai.-1908 chegou a vez do contrato de seguro (*Versicherungsvertragsgesetz* ou VVG). Estes diplomas serão abaixo referidos, a propósito do Direito vigente[145].

---

[139] H. Makower, *Das allgemeine Deutsche Handelsgesetzbuch nebst den in Preussen ergänzenden Bestimmung* (1871), 499-559. Vide Stephan Gerhard/Otto Hagen//Hugo V. Knebel Doberitz/Hermann Broecker/Alfred Manes, *Kommentar zum Deutschen Reichsgesetz über den Versicherungs-Vertrag* (1908), XXXV + 818 pp., IX.

[140] H. Makower, *Das allgemeine Deutsche Handelsgesetzbuch* cit., 499, nota 1.

[141] Conhecidas pela sigla ADS, de *Allgemeine Deutsche Seeversicherungs--Bedingungen*.

[142] Assim, Heinz Prüssmann/Dieter Rabe, *Seehandelsrecht*, 2.ª ed. (1983), 815; o texto dos §§ 778 a 900 do HGB pode ser visto em Georg Schaps/Hans Jürgen Abraham, *Das deutsche Seerecht/Kommentar und Materialsammlung*, II, 3.ª ed. (1962), 1329-1350.

[143] Julius von Gierke, *Versicherungsrecht* cit., 20 ss..

[144] Hans Christoph Atzpodien, *Die Entwicklung der preussischen Staatsaufsicht über das private Versicherungswesen im 19. Jahrhundert unter besonder Berücksichtigung ihres Verhältnisses zum Wirtschaftsliberalismus* (1982), IV + 113 pp., 67 ss. e 85 ss..

[145] *Infra*, 130 ss..

CAPÍTULO III
A HISTÓRIA DOS SEGUROS NO ESPAÇO LUSÓFONO

§ 6.º DAS ORIGENS ÀS CODIFICAÇÕES OITOCENTISTAS

20. D. Dinis (1293) e D. Fernando (1371)

I. Com a tomada de Lagos (1249), chegou ao fim a reconquista cristã do território português. O País conheceu um surto de desenvolvimento, freado, nos meados do século XIV, pela peste negra e por diversas desordens sócio-políticas que se lhe seguiram. No âmbito desse surto, assistiu-se a um desenvolvimento do comércio marítimo, conduzido por mercadores portugueses. Tonelagem portuguesa percorria as rotas de Lisboa ou do Porto, até aos portos ingleses, flamengos, franceses e castelhanos[146].

Nesse quadro, em 10-mai.-1293, D. Dinis veio confirmar um acordo entre vários mercadores do Reino de Portugal, que previa uma cativação para um fundo comum. Destinava-se esse fundo a financiar empreendimentos do comércio português no Norte da Europa e em outras zonas.

Segundo o documento[147], os navios que carregassem em portos do Reino, com destino à Flandres, à Inglaterra, à Normandia, à Bretanha ou a

---
[146] Fernanda Espinosa, *Antologia de textos históricos medievais* (1972), 361 pp., 311 ss., quanto à revolução dos transportes.
[147] *Descobrimentos Portugueses/Documentos para a sua História*, publicados e prefaciados por João Martins da Silva Marques, vol. I (1147-1460), (1944), doc. n.º 29, 21-22. Diz o original (*idem*):
   Don Denís pela graça de deus ERey de Portugal e do Algarve A quantos esta carta uirem faço saber que como os mercadores de meus Reynos entendessem ffazer hũa pustura entre ssj que era moyto a seruiço de deus e ao meu e aprofeytamento da mha terra, a qual pustura e a tal. que todalas Barcas que fossem de Cen Tonnées acima e carregassem nos portos dos meus Reynos pera eu ffrandes ou pera Engra-

La Rochelle, pagariam, a uma bolsa comum, 10 soldos se tivessem menos de 100 toneladas e 20, se tivessem 100 ou mais. Do fundo obtido, 100 marcos de prata ou equivalente ficariam na Flandres, sendo o restante distribuído pelos locais escolhidos pelos mercadores. Quem não cumprisse, pagaria uma multa de 10 libras.

Não seria um seguro, em termos técnicos[148]: permitiria, no entanto, acudir a imprevistos. Não sabemos, por falta de arquivos que tenham chegado até nós, como funcionou o esquema aprovado por D. Dinis[149]. Todavia, ficou documentado o interesse, quer dos mercadores, quer do Rei, por esquemas coletivos de segurança.

II. Também no tempo de D. Dinis se documenta o surgimento de irmandades e confrarias.

Assim ocorreu com a autorização régia, dada a 28-jul.-1297, para a constituição de uma confraria entre os proprietários e mercadores de Beja[150].

III. D. Fernando veio, em 1371/1380, confirmar e ampliar a tradição das bolsas marítimas, datada, já então, de cem anos[151].

De acordo com a crónica de Fernão Lopes, D. Fernando deu privilégios aos que comprassem ou fizessem naus[152]. Estavam em causa diversos benefícios fiscais. Isto posto,

---

terra. ou pera Lormandia. ou pera Bretanha. ou pera arrochela. que paguem víjnte soldos destillíjs no frete (...)

E eu entendendo que esta postura que elles entre ssj faziam que era a serviço de deus e ao meu e gran profeytamento da mha terra. e querendo llis fazer fazer graça e mercéé mando e outorgo e confirmo llis esta pustura assj como em esta carta e conteúdo. (...)

[148] A. H. de Oliveira Marques, *Para a História dos seguros* cit., 22.

[149] *Idem*, loc. cit..

[150] Henrique da Gama Barros, *História da Administração Pública em Portugal nos Séculos XII a XV*, V, 2.ª ed. (s/d), 112-114; *vide* o resumo em Oliveira Marques, *Para a História dos seguros* cit., 23; *infra*, 239-240, daremos pormenores sobre esta iniciativa.

[151] Henrique da Gama Barros, *História da Administração Pública* cit., IX, 2.ª ed. (1950), 358. Não é fácil datar as leis de D. Fernando, quanto aos seguros. Fernão Lopes não refere datas. A. H. de Oliveira Marques, *Para a História dos seguros* cit., 25, explica que, em 1380, ela já existia, com base em documentos da época. Datará, pois, de entre 1371 e 1380; Gama Barros, ob. e loc. cit., sugere o ano de 1377.

[152] Fernão Lopes, *Chronica de El-Rei D. Fernando*, ed. 1895, II, cap. XC (104 ss.).

§ 6.° Das origens às codificações oitocentistas 79

Mandou que se escrevessem, por homens idoneos e pertencentes, todos os navios tilhados [com cobertura] que em seu reino houvesse, desde cincoenta tonéis para cima, assim como os que ahi então havia com os outros que depois houvesse, e isto em Lisboa e no Porto e nos outros logares onde os houvesse (...)[153].

E prosseguia:

E de tudo quanto esses navios percalçassem de idas e vindas, assim de fretes como de quaesquer outras cousas, pagassem para a bolsa d'essa companhia duas corôas por cento; e que fossem duas bolsas, uma em Lisboa e outra no Porto, e terem cargo de ter estas bolsas aquelles a quem el-rei deva cargo de taes estimações e avaliamento, para do dinheiro d'ellas se comprarem outros navios em logar d'aquelles que se perdessem, e para outros quaesquer encargos que cumprissem para prol de todos.
E quando acontecesse que algum ou alguns navios perecessem por tormenta ou por outro cajão, e isto em portas ou seguindo suas viagens, ou sendo tomados por inimigos, indo ou vindo um acto de mercadorias, que esta perda dos ditos navios que assim perecessem se repartissem por todos os senhores de outros navios, por esta guisa (...)[154].

IV. Eram ainda tomadas medidas para evitar que, com a mira do reembolso, os armadores não curassem do devido apetrecho das naves[155].
O Estado também intervinha[156]:

E acontecendo de el-rei haver guerra com reis seus visinhos ou com outras gentes, e armando cada uns d'aquelles, navios para sua defeza e ajuda, e perecendo d'elles em taes armadas, sendo feitas por prol communal, que fossem pagos dos bens communs de seu senhorio e fossem primeiro pagos pelo seu thesouro, para seus donos fazerem logo outros ou os comprarem; (...)

Além disso, o próprio Rei entrava para a companhia com doze naus[157].

---

[153] *Idem*, cap. XCI (107).
[154] *Idem*, 107.
[155] *Idem*, 109.
[156] *Idem*, 109-110.
[157] *Idem*, 110.

V. Torna-se difícil, sempre à míngua de arquivos, apreender o preciso funcionamento das bolsas de seguros, determinadas ou confirmadas por D. Fernando. As guerras com Castela deverão ter perturbado o seu funcionamento, elevando desmesuradamente os riscos.

Sabe-se que, nas cortes de Coimbra (1394-95), os procuradores do povo pediram a D. João I a manutenção da bolsa de seguros dos mercadores que negociavam em França, no que foram atendidos. Em 1397, a vereação do Porto pede, ao mesmo Monarca, a reintrodução do dever de pagar a percentagem fixada para a bolsa e que deixara de ser cobrada. D. João I remeteu a resolução do problema para a Câmara, que deliberou, por maioria, o seu restabelecimento[158]. Vê-se, por tudo isto, o interesse prático da matéria dos seguros e a consciência que deles tinham os agentes económicos.

VI. Resta acrescentar que as leis fernandinas dos seguros vêm referidas pelos estudiosos estrangeiros mais atentos, com exemplo em Giuseppe Salvioli[159]. Para tal conhecimento, contribuiu a inclusão do trecho relevante de Fernão Lopes na recolha de Pardessus[160]. A falta de doutrina e de ensino relacionados com essa matéria explicarão a decadência subsequente.

21. A Feitoria da Flandres, as misericórdias e o escrivão dos seguros (séc. XVI)

I. D. João I reconstruiu, nalguns pontos, as bolsas de seguros que advinham da I Dinastia. Todavia, as leis de D. Fernando não tiveram repercussão nas Ordenações: nem nas de D. Duarte, nem nas Afonsinas. Haverá, subjacente às falhas jurídicas, razões substanciais, tanto mais que, na época, começaram a proliferar, noutros países, iniciativas legislativas atinentes aos seguros.

---

[158] A. H. de Oliveira Marques, *Para a História dos seguros* cit., 25-26, onde pode ser confrontada a pertinente documentação.

[159] Giuseppe Salvioli, *L'assicurazione e il cambio marittimo nella storia del diritto italiano/Studi* (1884), já citado, 40; diz esse Autor que a Lei não foi encontrada, mas que, na base de Fernão Lopes, acredita na sua existência.

[160] J. M. Pardessus, *Collection de lois maritimes* cit., 6, 304-308.

Dois pontos podem ser retidos, como explicação. Em primeiro lugar, verificou-se que o comércio marítimo de longo curso foi passando para mãos estrangeiras[161]. Numa fatalidade histórica, o País vai criando riqueza que, depois, entrega a terceiros. Seguidamente, iniciara-se um período de expansão ultramarina, levada a cabo pela Coroa. O risco passou a ser publicamente assumido pelo Rei.

II. A prova documental existente, relativa à prática de seguros, é fraca. Sabemos que, ao longo do século XV, continuou a existir a bolsa da Flandres: um alvará de D. Afonso V, de 1459, determina que, de então em diante, todo o estrangeiro que, em Bruges, carregasse em navios portugueses, pagasse para a bolsa portuguesa. Outras medidas foram sendo tomadas, perante repetidas falhas nos pagamentos[162].

Ao tempo de D. João II (1483), há documentação que mostra a prática de "tomar ou dar em câmbio, quer a risco, quer terra em salvo"[163]. Trata-se, fundamentalmente, de um esquema que, contornando a proibição formal da usura, permitia o empréstimo de dinheiro, com garantia sobre o navio ou a carga. O dador só receberia de volta o capital e o acréscimo encoberto sob "câmbio", se a viagem tivesse êxito. Por "terra em salvo" significaria que não havia risco, sendo dispensado o plus.

III. Noutra frente – a das mutualidades – verificou-se uma proliferação das misericórdias[164], no Continente e no Ultramar.

As misericórdias derivaram de confrarias cristãs surgidas no dealbar do segundo milénio. Elas floresceram em Portugal logo no início da nacionalidade sendo, umas, assentes em ordens terceiras (franciscana, dominicana ou trinitária) e outras, por membros de corporações medievais.

No fundamental, seriam albergarias, hospitais, gafarias e mercearias (Silva Correia). No período dos descobrimentos, multiplicaram-se situações de desamparo e de viuvez: as misericórdias acudiram.

---

[161] A. H. de Oliveira Marques, *Para a História dos seguros* cit., 26-27.

[162] A. H. de Oliveira Marques, *Notas para a História da Feitoria Portuguesa na Flandres, no século XV*, em *Ensaios de História Medieval Portuguesa Portuguesa* (1965), 307 pp., 217-267 (239 e *passim*).

[163] A. H. de Oliveira Marques, *Para a História dos seguros* cit., 28-29, com indicações documentais.

[164] Fernando da Silva Correia, *Misericórdias*, DHP IV (reimp., 1979), 312-316, com muitas indicações.

As misericórdias implicavam a prestação de socorro aos seus confrades, assumindo uma função mutualística. Regidas por regras próprias, que escapavam à contratação pura e simples, as misericórdias terão desempenhado as funções que, noutras latitudes, competiram a companhias privadas. Também nesta particularidade se tem visto um fundamento para o não desenvolvimento dos seguros. Assinale-se ainda que, no sector marítimo, surgiram denominadas confrarias de mareantes, numa específica configuração das misericórdias[165].

IV. Entretanto, a bolsa da Flandres, transferida nos finais do século XV de Bruges para Antuérpia, enfrentava dificuldades. Os mercadores provenientes de Portugal recusavam o pagamento devido e isso apesar da sua aprovação por D. Manuel I (1512), ratificada pelo próprio Imperador, Maximiliano I (1512) e confirmada por Carlos V (1517).

Diz-nos Oliveira Marques que, ao longo do século XVI, se prolongaram os episódios de não-pagamento, de confirmações régias e de inobservâncias das regras tradicionais, incluindo as que se relacionavam com o uso a dar ao dinheiro[166].

V. As desventuras da Feitoria da Flandres, imagem da desorganização do funcionalismo consular da época, poderiam ter contribuído para a dinamização dos seguros privados. Alguns elementos depõem nesse sentido.

Uma carta régia de 15-out.-1529 veio criar o cargo de escrivão dos seguros. Diz ela[167]:

> Dom João, etc. A quantos esta minha carta virem faço saber que, vendo eu quão necessário é haver nesta cidade de Lisboa escrivão dos seguros que os mercadores e outras pessoas de suas mercadorias fazem (...) por os muitos mercadores que (...) continuamente fazem os ditos seguros (...)
> Hei por bem de criar novamente o dito ofício de escrivão dos seguros (...)

Não se conservaram, infelizmente, as notas do primeiro escrivão dos seguros, então nomeado por D. João III (Brás Eanes), nem dos seus

---

[165] José Cipriano da Costa Goodolphim, *A previdência. Associações de Socorro Mútuo, Cooperativas, Caixas de Pensões e Reformas, Caixas económicas* (1889), 188 pp. (39 e 79-80).

[166] A. H. de Oliveira Marques, *Para a História dos seguros* cit., 30-34.

[167] O texto integral pode ser visto em Oliveira Marques, *Para a História dos seguros* cit., 35-37.

sucessores. Provavelmente, permitiriam documentar inúmeros contratos quinhentistas de seguros, celebrados em Lisboa, à semelhança do sucedido, na época, em outras cidades portuárias europeias.

Apenas a partir de 1573 se conservam, na Torre do Tombo, atos notariais relativos a seguros[168]. Eles permitem apurar a presença, em Lisboa e nessa altura, de catorze seguradores: fundamentalmente espanhóis, cristão-novos e judeus. O velho e infeliz preconceito das elites nacionais contra o comércio terá tido, aqui, o seu peso.

22. Pedro de Santarém e o Tratado dos Seguros (1552)

I. O século de quinhentos ficou ainda marcado, no plano dos seguros, pela publicação da primeira obra, sistematizada e completa, sobre essa disciplina jurídica. Ficou ela a dever-se a um grande jurista português: Pedro de Santarém ou Petrus Santerna.

>A biografia de Pedro de Santarém é pouco conhecida. Resulta, no fundamental, das observações que ele próprio faz no seu *Tratado dos seguros* e das pesquisas de Moses Bensabat Amzalak (1892-1978)[169].
>
>Pedro de Santarém viveu no reinado de D. Manuel I (1495-1521), desconhecendo-se as precisas datas dos seus nascimento e morte. Pelo nome que adotou, terá nascido em Santarém. Foi agente de negócios (cônsul) de Portugal em Florença, em Pisa e em Liorne. Terá escrito várias obras em latim, das quais apenas o *Tractatus perutilis et quotidianus de assecurationibus et sponsionibus mercatorum* chegou até nós.

II. Pedro de Santarém dividiu o seu *Tratado* em cinco partes, sem títulos[170]. Em termos sintéticos, temos o panorama seguinte[171]:

---

[168] A. H. de Oliveira Marques, *Para a História dos seguros* cit., 64-76, com transcrições importantes e onde se analisam alguns deles.

[169] Moses Bensabat Amzalak, *Pedro de Santarém, Santerna, jurisconsulto português do século XVI* (1914), 67 pp. e *O Tratado de Seguros de Pedro de Santarém*, separata dos Anais do ISCEF, XXVI (1958), 2, notas a anteceder o texto do *Tratado*, traduzido em português, 9-26.

[170] Cada parte tem um sumário, em termos que podem ser confrontados em A. H. de Oliveira Marques, *Para a História dos seguros* cit., 45-63.

[171] Pedro de Santarém, *O tratado de seguros* (ed. cit. de Moses B. Amzalak, trad. port. de Miguel Pinto de Meneses), 27 ss., 41 ss., 54 ss., 97 ss. e 138 ss..

Parte I: versa a admissibilidade do seguro, a sua natureza inominada, o seu carácter não usurário e a licitude da aceitação de um risco.

Parte II: ocupa-se da causa, de limites ao jogo, de condições e de vários aspetos do jogo.

Parte III: pondera o costume e o seu papel, as declarações, a natureza condicional do seguro, a interpretação de certos termos, os casos fortuitos e certas eventualidades do mar.

Parte IV: examina o risco, a interpretação desse termo e diversas eventualidades.

Parte V: considera diversos pontos complementares, como o cálculo do prémio e a situação de não-cristãos.

III. Em termos jurídico-científicos, o *Tratado* de Pedro de Santarém surge como uma manifestação pioneira da primeira sistemática: humanista e periférica[172]. Esse Autor procede a uma ordenação da matéria de acordo com lugares comuns ou próximos, usando, como elementos aglutinadores, ora ideias simples, como o risco, o jogo ou a usura, ora palavras, ora efeitos práticos. O texto não se restringe a seguros, antes se alargando a conceitos éticos e a ideias práticas.

Apesar destas limitações, o *Tratado* apresenta-se como uma obra verdadeiramente pioneira, para a época: quer por usar um método que transcendia largamente o tradicional *mos italicus*, atreito a glosas e comentários referentes a textos clássicos, quer por sistematizar a matéria dos seguros.

IV. O *Tratado* de Pedro de Santarém conheceu uma grande divulgação. Após a 1.ª edição, de 1552, ocorreram, nos cem anos subsequentes, pelo menos mais vinte e três edições[173]. Com o tempo, o *Tratado* foi sendo suplantado por outros escritos; todavia, ele é referido de modo enfático, como pioneiro, pela doutrina estrangeira da especialidade[174]. Infelizmente,

---

[172] *Vide* a nossa introdução à ed. port. de Claus-Wilhelm Canaris, *Pensamento sistemático e conceito de sistema na Ciência do Direito* (1989), LXIII e, de modo resumido, *Tratado* I, 126 ss..

[173] A. H. de Oliveira Marques, *Para a História dos seguros* cit., 43-44; Moses Bensabat Amzalak, *O tratado de seguros de Pedro de Santarém* cit., 13-19 identifica, por seu turno, dezoito edições, nesse mesmo período.

[174] Por exemplo, W. Endemann, *Das Wesen des Versicherungsgeschäfts*, ZHR IX (1866), 284-327 (302-303), Levin Goldschmidt, *Universalgeschichte des Handelsrechts*, parte A do *Handbuch des Handelsrechts*, 3.ª ed. (1891, 2.ª reimp., 1973), 356-357, nota 72, Rudolf Gärtner, *Die Entwicklung der Lehre vom Versicherungsrechtlichen Interesse von den Anfängen bis zum Ende des 19. Jahrhunderts*, ZVersW 52 (1963), 337-375 (337, nota 2

Santarém não se ocupou dos seguros em Portugal: poderia ter-nos legado preciosas informações sobre tal matéria. Deixou-nos, todavia, um marco imperecível, que apenas seria retomado passados duzentos e cinquenta anos, por Silva Lisboa.

23. Do ofício de corretor de seguros (1578) à Nova Casa dos Seguros

I. O desenvolvimento dos seguros levou D. Sebastião, em 15-fev.-1578, a criar o cargo de corretor de seguros. Lê-se na competente carta[175]:

> Dom Sebastião, etc. Faço saber aos que esta minha carta virem que, havendo respeito a nesta cidade de Lisboa não haver corretor dos seguros como há nas praças dos outros reinos, e haver somente escrivão deles, e para que, daqui em diante, corram com melhor ordem e mais segurança das partes;
> Hei por bem e me praz de criar novamente o dito ofício de corretor dos seguros e, pela confiança que tenho de Gaspar de Faria (...) tenho por bem e lhe faço mercê do dito ofício de corretor dos seguros desta cidade (...)

Não fica clara a articulação entre o corretor dos seguros e o escrivão do mesmo nome, os quais constituem a (velha) Casa dos Seguros. Os precisos termos da instituição da Casa não são relatados nos escritos da especialidade.

---

e 339) e Peter Koch, *Theorie der Versicherung*. A – *Anfänge der teoretischen Beschäftigung mit der Versicherung, Handwörterbuch der Versicherung/HdV* (1988), 1365 pp., 861-865 (861). Lamentavelmente, Wilhelm Ebel, *Glücksvertrag und Versicherung/Zur Geschichte der rechtstheoretischen Erfassung des Versicherungsverhältnisses*, ZVersW 1 (1962), 53-76 (63), vem dizer que Pedro de Santarém é italiano. A falha cultural surpreende, tanto mais de que se trata de um Autor reputado. Porventura mais grave: Ebel nem terá aberto o *Tratado*; se o tivesse feito, leria, logo no início do texto:

> Variis, atque assiduis mercatorum ille cebris adductus, ego Petrus Santernus Lusitanus utriusque Iuris Doct. vt Opusculum de assecurationibus (...)

ou seja:

> Eu Pedro de Santarém, português, Doutor em ambos os Direitos, instado várias e frequentes vezes por mercadores meus amigos para fazer um opúsculo sobre seguros (...).

[175] A. H. de Oliveira Marques, *Para a História dos seguros* cit., 77-78.

II. De acordo com o costume da época, os ofícios eram propriedade dos nomeados, transmitindo-se por morte. E assim, nos quase dois séculos subsequentes, sucederam-se dinastias de escrivães e de corretores, com pouco rastos, nas fontes, das suas atividades. Pressupõe-se, por diversos incidentes, que se assistiria a uma forte concorrência estrangeira, às margens dos canais oficiais dos seguros.

No consulado filipino (1609), foi proibido dar dinheiro a risco nas naus da carreira da Índia[176], numa proibição alargada às diversas carreiras ultramarinas[177]. Já se viu, nestas medidas, a expressão do desinteresse hostil da coroa espanhola, pelos assuntos portugueses[178]. A Restauração de 1640 revogou essas medidas (1655)[179]. Um alvará de 1757 limitou a 5% o dinheiro a risco para o Brasil[180].

III. Mau grado o exemplo de Pedro de Santarém, a disciplina dos seguros tardou a ser reconhecida. As Ordenações Filipinas não se ocuparam dos seguros.

Encontramos, todavia e em obras práticas, referência a interessantes questões de prática seguradora. Retemos a de Gabriel Pereira de Castro (1571-1632)[181], também citada em Oliveira Marques[182].

Eis o caso. Duarte Fernando Solis deu a risco, ao capitão de uma nau com destino às Índias Ocidentais, 600.000 moedas, ao juro de 30%. Fez segurar o dinheiro na Casa dos Seguros. Entretanto, a nau é tomada por piratas, que tudo despojaram, deixando, todavia, seguir o navio. A nau foi reaparelhada no porto mais próximo e seguiu viagem. O tomador do seguro reclamou o seu valor: os seguradores recusaram, alegando que a nau não se perdera. O Senado de Lisboa resolveu a favor de Solis.

---

[176] José da Silva Lisboa, *Princípios de Direito mercantil e Leis de marinha*, 2 (1818), 294-295.
[177] *Idem*, 296-297.
[178] Fernando Emídio da Silva, *Seguros mútuos* cit., 185 ss..
[179] José da Silva Lisboa, *Princípios de Direito mercantil* cit., 296-297.
[180] *Idem*, 297-298.
[181] Gabriel Pereira de Castro, *Decisiones Supremi/Eminentissimi que Senatus Portugaliae ex Gravissimorum Patrum Responsis Collectae* (1621), 283-286; há uma edição de 1745.
[182] A. H. de Oliveira Marques, *Para a História dos seguros* cit., 99-101.

§ 6.º Das origens às codificações oitocentistas

IV. A documentação que se conserva[183] dá nota de uma iniciativa de 1641, do francês Nicolas Bourey, de lançar um seguro de vida mútuo, tipo tontina: sem êxito. Sabe-se que, em meados do século XVIII, funcionava em Lisboa uma companhia seguradora contra incêndios, a qual foi acionada na sequência do terramoto de 1755.

Dá-se ainda conta do que parece ser um mau funcionamento da Casa dos Seguros, o qual levou a que cidadãos estrangeiros, designadamente britânicos, pretendessem ficar libertos de recorrer ao esquema oficial português. Em 17-mai.-1707, o Rei ordenou uma devassa às desordens da Casa dos Seguros e permitiu que os interessados, nacionais ou estrangeiros, pudessem livremente tratar dos seus seguros. Com isso, a Casa dos Seguros entrou em decadência: acabou destruída, com o seu arquivo, no terramoto de 1-nov.-1755[184].

V. No rescaldo do terramoto, em 1758, José Vienni propôs, pela Junta do Comércio, a criação de uma nova Casa dos Seguros de Lisboa[185]. Esta congregaria comerciantes de bom nome, que quisessem operar como seguradores. Além disso, regulavam-se as apólices e os temas dos seguros, o seu funcionamento e um esquema de arbitragem. Surgia, ainda, um modelo de apólice[186]. A proposta mereceu acolhimento. A (nova) Casa dos Seguros foi instalada e funcionou[187], ainda que sempre na margem permitida pela concorrência estrangeira, designadamente a britânica.

O desenvolvimento da Casa dos Seguros foi perturbado por questões legais: surgiu o sucessor do antigo "proprietário" do cargo de corretor, sem preparação adequada, a exigir a entrega do cargo, para o qual fora designado o próprio José Vienni. Contrapunham-se, pois, duas culturas: a antiga, assente em privilégios hereditários e a nova, legitimadora da competência. Os poderes públicos não lograram ultrapassar o problema,

---

[183] A. H. de Oliveira Marques, *Para a História dos seguros* cit., 101-107; pode, aí, ser confrontado o texto da proposta de Nicolas Bourey.

[184] *Idem*, 109-114.

[185] A proposta, que tem muito interesse, é transcrita por Oliveira Marques, *Para a História dos seguros* cit., 116-122.

[186] *Idem*, 122-123.

[187] Data de 30-out.-1773 a apólice mais antiga. Quanto à regulação da Casa dos Seguros da Praça de Lisboa, de 18-ago.-1758, *vide* Albino Lapa, *Seguros em Portugal (estudo histórico)* (1939), 182 pp., 14 ss..

o que contribuiu para a decadência da nova Casa dos Seguros[188]. Documentam-se, todavia, importantes contratos, deste período[189]. Nos finais do século XVIII, surgiram diversas companhias de seguros: quase todas soçobraram com as invasões francesas e com a crise que as antecedeu[190].

---

[188] As inerentes peripécias podem ser confrontadas em Oliveira Marques, *Para a História dos seguros* cit., 179-205.
[189] *Idem*, 207-239.
[190] *Idem*, 241-257.

§ 7.º AS CODIFICAÇÕES COMERCIAIS

24. A pré-codificação

I. O Direito dos seguros não teve, na época, consagração universitária. Alguns práticos referiam casos de seguros, mas sem uma preocupação sistemática geral.

É certo que Pedro de Santarém, em meados do século XVI, inscrevera a doutrina portuguesa à cabeça dos seguros, com o seu *Tratado*. Este, porém, fora escrito em latim e editado no estrangeiro. Terá tido pouca influência *intra muros*.

A matéria foi animada com a criação, em 1759, da Aula do Comércio. Daí terão resultado Lições de Comércio, anónimas, datadas, segundo Oliveira Marques, provavelmente, de 1766[191]. Surge, nelas, uma *Lição 7.ª, Dos seguros*, que se apresenta como um pequeno tratado, em vernáculo, dessa disciplina[192]. Verifica-se, nessa fonte, que os seguros eram fundamentalmente regidos pelos usos e costumes, ainda que com determinadas leis. São dadas as noções básicas, os requisitos das apólices, os diversos tipos de seguros e curiosos elementos históricos e comparatísticos.

II. A promulgação da Lei da Boa Razão (18-ago.-1769)[193] veio, a prazo, ter uma especial influência no Direito comercial e no Direito dos seguros. No que tange ao Direito mercantil, essa Lei, no artigo 9.º, remetia para:

> (...) aquella *boa razaõ*, que se estabelece nas Leys Politicas, Economicas, Mercantîs, e Maritimas, que as mesmas Nações Christãs tem promul-

---

[191] A. H. de Oliveira Marques, *Para a História dos seguros* cit., 131.
[192] *Idem*, 132-177: o texto da Lição 7.ª, em causa, que se conserva num manuscrito da Universidade de Coimbra, pode, aí, ser confrontado, devidamente corrigido.
[193] Incluída na *Collecção das Leys, Decretos e Alvarás*, II, 12 pp..

gado com manifestas utilidades, do socego publico, do estabelecimento da reputaçaõ, e do augmento dos cabedaes dos Póvos, que com as disciplinas destas sabias, e proveitozas Leys vivem felices á sombra dos Thronos, e debaixo dos auspicios dos seus respectivos Monarcas, e Principes Soberanos: Sendo muito mais rationavel, e muito mais coherente, que nestas interessantes materias se recorra antes em cazos de necessidade ao subsidio proximo das sobreditas Leys das Nações Christãs, illuminadas e polidas, que com ellas estão resplandecendo na boa, depurada, e sãa Jurisprudencia; (...).

Nesse mesmo ano, o assento da Casa da Suplicação de 23-nov.-1769, veio complementar que as obrigações dos comerciantes e as suas formas, não havendo sido reguladas pelas leis do Reino, devem reger-se pelas leis marítimas e comerciais da Europa e pelo Direito das gentes e prática das nações comerciais[194].

Decorridas algumas décadas de vigência de tal esquema, os litigantes haviam-se tornado hábeis na citação de leis estrangeiras, sem se atender à falta de unidade daí decorrente e à pura e simples inadequação de muitas delas. A situação era tanto mais gravosa, quanto é certo que, nos domínios comerciais, é bem importante a previsibilidade das decisões jurídicas. O Direito e a Jurisdição comerciais chegaram, assim, a um estado lamentável[195].

Quanto ao modo por que eram tidas e sentidas as *leis mercantis*, à luz da Lei da Boa Razão, dê-se a palavra a Corrêa Telles[196]:

> As Leis Mercantis são todas as que respeitão ao negocio: taes como as que tratão das qualidades, que devem ter os Negociantes e Mercadores; dos seus privilegios; dos seus livros de negocio, e prova que fazem; das Sociedades, e Companhias, Balanços e Contas; das Letras de Cambio, e seus Protestos; das quebras dolosas, e de boa fé; dos Corretores, Comissarios, e Carreteiros; dos contrabandos & C.

---

[194] Casa da Suplicação, 23-nov.-1769 (Cunha), confrontável no *Auxiliar Jurídico servindo de Appendice à Decima Quarta Edição do Codigo Philippino*, por Cândido Mendes de Almeida, vol. I (ed. Rio de Janeiro, 1869, reimp. C. Gulbenkian), 254.

[195] Barbosa de Magalhães, *José Ferreira Borges*, em *Jurisconsultos Portugueses do Século XIX*, 2.º vol. (1960), 202-311 (278 ss.), com múltiplas indicações.

[196] *Commentario critico á Lei da Boa Razão, em data de 18 de Agosto de 1769* (1836, ed. aqui citada; há ed. de 1845 e de 1865), n.º 141 (61).

E, mais adiante[197]:

> Como as nossas Leis sobre taes assumptos não bastem para formar hum Codigo regular de Commercio, justamente ordenou a nossa Lei, que nos casos omissos recorressemos ás Leis das Nações civilisadas da Europa, com preferencia ás Romanas, porque os Romanos sobre estes artigos tiverão vistas muito curtas.

Prosseguindo[198]:

> Porém podendo, e devendo com justa razão ter-se por civilisadas todas as Nações da Europa, só se exceptuarmos a Turquia; e tendo cada huma os seus Estatutos; muitas vezes nos acontece o acharmos disposições encontradas sobre o mesmo caso. Eis aqui aberta a porta ao arbitrario dos julgadores, que podem conformar-se a esse ou aquelle Estado, como lhes parecer. E sendo tantas as Nações da Europa, e tão diversas as linguas, he muito difficil, por não dizer impossível, que os nossos julgadores possão comprehender tantos e tão varios Estatutos, dos quaes apenas temos em lingoagem os poucos que inseriu nos seus principios de Direito Mercantil *José da Silva Lisboa*.
> 145. Melhor fora talvez, que a uma Lei nos casos omissos mandasse recorrer ás Leis Mercantis, e Maritimas de tal ou tal Nação (...)

Nestas condições, o advento do liberalismo tornou premente a reforma do Direito comercial.

III. O Direito comercial lusófono, com inclusão do Direito dos seguros, ficou assim muito sensível a influências exteriores. Compreende-se, a essa luz, a importância que teve a obra de Robert Stevens, traduzida em português no princípio do século XIX[199].

No plano universitário, a reforma pombalina determinou que passasse a ser ensinado o Direito pátrio. Todavia, o competente plano de estudos não especificava nem o Direito comercial, nem os seguros[200].

---

[197] Ob. cit., n.º 143 (62).
[198] Ob. cit., n.º 144 (62).
[199] Robert Stevens, *Ensaio sobre avarias e outras materias conectas com o contracto dos seguros maritimos*, trad. António Julião da Costa (1824), VIII + 196 pp.; este escrito comporta indicações sobre leis de outros países (167 ss.).
[200] *Estatutos da Universidade de Coimbra*, II (1772), 283-284.

O ensino do Direito privado ficou dominado pela figura de Pascoal de Melo. Nas suas *Instituições* e, mais precisamente, no Livro I, reportado ao Direito público, esse Autor dedicou o Título VIII ao comércio[201] e o Título IX, às leis marítimas[202]. Todavia, é no Livro IV, Título III, relativo aos contratos, que encontramos referido o contrato de seguro (§ XXII)[203].

Pascoal de Melo define o contrato de seguro como a convenção pela qual se aceita, mediante certo prémio, o incómodo de risco de mercadorias a transportar para outro lugar. Também admite o seguro de pessoas, "no caso de elas serem aprisionadas pelos piratas".

O Autor faz ainda algumas referências à figura do seguro e cita Coccey, Strykio e a *Ordonnance de la marine*.

É patente uma ligação ao seguro marítimo, sendo ainda de sublinhar a inclusão dos seguros no capítulo dos contratos, entre os contratos aleatórios e o empréstimo marítimo (*nauticum foenus*).

Mais relevante foi a obra de José da Silva Lisboa, Visconde de Cayrú (1756-1835)[204], sobre os *Princípios do Direito mercantil*[205].

José da Silva Lisboa repartiu a sua obra em oito tomos[206]. No primeiro, cuida da formação do contrato de seguro, da sua dissolução e da sua execução; no segundo, do câmbio marítimo e das letras de risco; no terceiro, das avarias; no quarto, das letras de câmbio; no quinto, de vários contratos ou negócios mercantis; no sexto, de navios e tripulações; no sétimo, dos tribunais de comércio.

---

[201] Pascoal José de Melo Freire, *Institutiones Juris Civilis Lusitani cum publici tum privati*, Liber I, *De jure publico*, ed. Inácio Freitas (1815), 101-123; na trad. port. de Miguel Pinto de Meneses, BMJ 162 (1967), 61-88.

[202] *Idem*, 123-131; na cit. ed. port., 89-100.

[203] *Idem*, Liber IV, *De obligationibus et actionibus*, ed. 1845, 37-38; na cit. ed. port., BMJ 168 (1967), 74-75.

[204] *Vide* Luís Bigotte Chorão, *A comercialística portuguesa e o ensino universitário do Direito comercial no século XIX/1 – Subsídios para a História do Direito Comercial* (1998), 33-34, nota 1.

[205] Mais precisamente: José da Silva Lisboa, *Princípios do Direito mercantil e Leis da Marinha para uso da mocidade Portugueza/destinada ao commercio dividido em oito tratados elementares, contendo a respectiva legislação patria e indicando as fontes originais dos regulamentos maritimos das principais praças da Europa*, publ. na Bahia, em 1798 e em Lisboa, de 1815 a 1819. Usa-se esta última edição, em oito tomos.

[206] Assim, na 1.ª ed. de 1815: I, 245 pp.; II, 52 pp.; III, 88 pp.; IV, 123 pp.; V, 82 pp.; VI, 163 pp.; VII, 86 pp..

IV. Para além dos elementos citados, a pré-codificação comercial ficou entregue a Ferreira Borges: mais precisamente, aos escritos que ele preparou, tendo em vista a elaboração do primeiro Código comercial lusófono, também por ele levada a cabo.

Com (algum) relevo no domínio dos seguros, temos, todos de José Ferreira Borges, a assinalar os escritos seguintes:

Commentario sobre a legislação portugueza ácerca de avarias, Londres (1830), *Diccionario Juridico-Comercial*, Lisboa (1839); há uma 2.ª ed., póstuma, de 1856; *Commentarios sobre a legislação portugueza ácerca de seguros maritimos*, Lisboa (1841), XX + 178 pp.. Este livro está organizado por termos, segundo uma ordem alfabética: como um dicionário.

Estas duas últimas obras foram publicadas já depois do Código Comercial de 1833; todavia, nos seus elementos básicos estariam já, anteriormente, à disposição do seu autor.

Com as apontadas exceções, o Direito dos seguros era, antes das codificações, um sector essencialmente assente nos usos e nos contratos. Recordamos Borges Carneiro, citando um alvará de 1771[207]:

Especialmente os negócios mercantis se decidem mais pelo conhecimento pratico das maximas, usos e costumes do maneio do Commercio, que pelas regras do Direito e doutrinas dos Jurisconsultos.

25. O Código Ferreira Borges (1833)

I. O novo sistema, de tipo liberal, implantar-se-ia sobre os escombros do Antigo Regime: incapaz de, seguindo o modelo de evolução britânico, se adaptar à nova realidade, de modo a superar a destruição material, cultural e humana causada pelas invasões francesas.

No plano legislativo, um último sinal foi dado pela Nova Regulação da Casa dos Seguros da Praça de Lisboa, aprovada por D. João VI, no Rio de Janeiro, a 30 de agosto de 1820[208]. Os tempos não estavam propícios

---

[207] Manuel Borges Carneiro, *Direito civil de Portugal* 1 (1826), 56 (§ 15, 2).
[208] José Ferreira Borges, *Commentarios sobre a legislação portugueza ácerca de seguros marítimos* cit., IX-XX; Albino Lapa, *Seguros em Portugal* cit., 27 ss..

ao tratamento científico do risco, pelo que o êxito da medida foi escasso. A própria Casa dos Seguros deixou de existir, em 1833. E nessa data, perderam-se, formalmente, os traços da anterior evolução centenária dos seguros. O novo sistema assentaria, fundamentalmente, em fenómenos de receção.

II. O Código Ferreira Borges dedicou, aos seguros, o título XIV da sua Parte II, Livro único, *Do commercio maritimo*. Fá-lo em 140 artigos (1672.º a 1812.º), assim dando azo a um tratamento muito completo. Além disso, o título XIII do mesmo Livro único visava os contratos de risco (1621.º a 1671.º), no que pode ser considerada uma modalidade histórica de seguro. Principiemos por este último.

Segundo o artigo 1621.º do Código Ferreira Borges,

> Contracto de risco, ou *cambio maritimo*, é uma convenção d'emprestimo de dinheiro ou de cousa estimavel a dinheiro, na qual o emprestador, que se chama *dador a risco*, estipula do mutuario, que se denomina *tomador*, um interesse por preço dos perigos de mar, que toma sobre si, ao qual se chama *premio*; – acceita, e adquire hypotheca ou responsabilidade especial no objecto, sobre que recáe o emprestimo, e sujeita-se a perder todo o direito á somma emprestada, perecendo o objecto hypothecado no tempo e logar, e pelos riscos convencionados: reconhecendo que só terá direito á restituição do capital e cobrança do premio, no caso único do complemento feliz da especulação maritima projectada.

Seguiam-se diversas regras: o contrato devia ser escrito, incluindo uma série de elementos (1622.º e seguintes); implicava que o dador tomasse, sobre si, alguns dos riscos do mar (1627.º), sendo nulo quando tais riscos já tivessem sido tomados por outrem ou recaíssem sobre objetos segurados por seu inteiro valor (1628.º); na falta de cláusula restritiva, ele reportar-se-ia a todos os riscos marítimos (1630.º); a fixação do prémio é livre, não podendo, depois, ser aumentada, salvo cláusula em contrário (1631.º); o empréstimo venceria apenas quando cessados os riscos (1634.º), sendo nulo no caso de fraude do tomador (1638.º). As regras sobre seguros podiam ser aplicadas supletivamente (1671.º).

Temos, aqui, um descendente do antigo *phoenus nauticum*: um misto de mútuo com seguro, traduzido num sobrecusto do crédito. A figura corresponde ao *contrat à la grosse* (*aventure*), constante dos artigos 311.º a 331.º do *Code de Commerce* francês, nos quais é possível ver influências diretas em Ferreira Borges. Trata-se de um negócio praticado desde a Antiguidade e que caiu em desuso, no princípio do século XX[209]. No fundo, implicava um misto de mútuo com um assumir de risco pelo mutuante: não havia a assunção do risco através de uma indemnização, como é característico do seguro.

III. Passando aos seguros, cabe reter a sistematização do título XIV, aqui em causa. Assim[210]:

Secção I – Do contracto de seguro, sua natureza, objecto e fórma (1672.º a 1697.º);
Secção II – Das pessoas, que podem segurar, e dos objectos, que podem ser segurados (1698.º a 1727.º);
Secção III – Da avaliação dos objectos segurados (1728.º a 1735.º);
Secção IV – Do começo e fim dos riscos (1736.º a 1749.º);
Secção V – Dos direitos e obrigações do segurador e segurado (1750.º a 1788.º);
Secção VI – Do abandono (1789.º a 1806.º);
Secção VII – Dos direitos e obrigações dos corretores em matéria de seguros marítimos (1807.º a 1812.º).

IV. A definição básica constava do artigo 1672.º[211]:

O seguro é um contracto, pelo qual o segurador se obriga para com o segurado, mediante um premio, a indemnizal-o d'uma grande perda ou damno, ou da privação d'um lucro esperado, que possa sofrer por evento incerto.

Como logo se vê, nada há, aqui, de especificamente marítimo. E de facto, logo o artigo 1673.º especificava:

---

[209] Jean Dauvillier, *Recherches sur un contrat* cit., 341.
[210] *Codigo Commercial Portuguez seguido dos appendices*, ed. Coimbra, Imprensa da Universidade (1856), 323-351.
[211] É curioso confrontar esta definição com a noção de contrato de seguro dada pelo próprio José Ferreira Borges, *Commentarios sobre a legislação portugueza ácerca de seguros maritimos* cit., 78:

O contracto de seguro é em geral aquelle, pelo qual uma pessoa individual ou collectiva que se chama *segurador* se obriga para com outra, que se chama *segurado* mediante um certo preço denominado *premio* do seguro a protegê lo dos accidentes ou perdas, que podem sofrer por caso fortuito os objectos mencionados.

O seguro póde entre outras cousas ter por objecto:
Os riscos do mar.
Os riscos de transporte por terra ou agua.
Os riscos d'incendio.
Os riscos de colheitas por intemperie d'estações.
Os riscos de captiveiro.
A duração da divida [da vida?] d'um ou mais individuos.

Ferreira Borges, provavelmente por influência inglesa, alarga as hipóteses de seguros. Apesar de a matéria se incluir numa rubrica sobre seguros marítimos, verifica-se que estão previstos diversos seguros "terrestres" e, até, seguros de vida. Com isso, transcende-se o *Code de Commerce* que, pelo teor, se ocupa apenas do seguro marítimo[212]. Ao longo do século XIX, os seguros "terrestres" franceses desenvolveram-se simplesmente com base na autonomia privada[213].

V. Deve reconhecer-se que o texto de Ferreira Borges está muito desenhado sobre o seguro marítimo. Mas comporta interessantes preceitos de ordem geral, de flagrante atualidade. O conhecimento desses preceitos não deve perder-se, pelo que passamos a transcrevê-los:

1674.º O segurador em nenhum caso é responsavel por damnos ou avarias causadas por vicio próprio, ou pela natureza intrinseca dos objectos segurados.

1675.º Se aquelle, por quem o seguro é feito, não tem interesse na cousa segurada, o seguro é nullo.

1676.º A má fé d'uma ou outra das partes, ao tempo da celebração do contracto, torna o seguro nullo.

1677.º Toda a falsa declaração, ainda que feita de boa fé, que possa influir na appreciação dos riscos, torna o seguro nullo.

1678.º O contracto de seguro é nullo pela reticencia de factos e circumstancias, conhecidos pelo segurado, que teriam podido influir, no dizer d'expertos, sobre a existencia do contracto, ou sobre a quota do premio.

1679.º Não se póde, pena de nullidade, fazer segurar segunda vez, pelo mesmo tempo e riscos, objectos já seguros em seu inteiro valor, salvo nos casos abaixo declarados.

---

[212] Vejam-se os artigos 332.º e seguintes do *Code de Commerce*.
[213] Bernard Beignier, *Droit des assurances* cit., n.º 26 (33-34).

1680.º Excedendo o seguro o valor do objecto segurado, só é válido até á concorrencia d'esse valor.

1681.º É nulla e de nenhum effeito a renúncia, feita ao tempo do contracto ou na sua duração, das disposições imperativas ou prohibitivas do presente titulo.

1682.º O contracto de seguro deve ser escripto. O seu instrumento chama-se – *Apolice de Seguro*.

1683.º A apolice de seguro deve ser datada do dia, em que se conclue o contracto, e assignada por cada segurador. Na data deve declarar-se se antes, se depois do meio dia.

1684.º Toda a apolice de seguro deve enunciar:

1.º o nome e qualidade do que faz segurar: a apolice de seguro não póde ser concebida ao portador;
2.º a natureza e valor dos objectos segurados, salvo o caso do art. XVIII; [1689.º]
3.º a época, em que o risco deve começar e acabar;
4.º os riscos, contra que se faz o seguro, todos, ou quaes;
5.º o premio do seguro.

E em geral todas as circumstancias, cujo conhecimento pode ser d'interesse real ao segurador; bem como todas as estgipulações, pactos e condições convencionadas pelas partes, taes, como a sujeição ao juizo d'arbitros, tendo convindo 'nella.

1685.º As apolices de seguros maritimos devem além d'isso enunciar: (...)

Fora do âmbito necessariamente marítimo, temos os artigos 1686.º (fogo), 1687.º (transporte por terra), 1689.º a 1697.º (gerais), 1698.º (quem pode segurar), 1699.º (objeto do seguro), 1728.º (avaliação dos efeitos segurados) e 1807.º a 1812.º (corretores de seguros).

Retemos o artigo 1699.º, cuja generalidade deve ser enfatizada:

Póde ser objecto do contracto de seguro todo e qualquer interesse appreciavel a dinheiro, e sujeito a algum risco, não sendo excluido por lei.

Ao longo da exposição do Direito positivo vigente, regressaremos a Ferreira Borges para indicar as origens nacionais de muitos dos preceitos em jogo.

26. O Código Comercial brasileiro (1850)

I. O Direito dos seguros brasileiro tem os mais altos pergaminhos: recordamos José da Silva Lisboa, Visconde de Cayrú (1756-1835), com os seus *Princípios de Direito Mercantil* especialmente dedicado aos seguros[214] e cuja primeira edição surgiu em 1798, na Baía.

Após a separação entre os dois Reinos, ocorrida em 1822, o Brasil teve um especial cuidado com as suas leis comerciais. A Lei n.º 556, de 25-jun.-1850, aprovou o Código Comercial. Seguiram-se alterações adotadas pelo Decreto n.º 3.257, de 10-abr.-1899.

II. De acordo com a prática da época, o Código Comercial brasileiro repartia-se por duas partes: uma primeira, sobre o comércio em geral (artigos 1.º a 456.º) e uma segunda, sobre o comércio marítimo (artigos 457.º a 796.º)[215].

Na segunda parte temos a assinalar:

Título VII – Do contrato de dinheiro a risco ou câmbio marítimo (633.º a 665.º);
Título VIII – Dos seguros marítimos (666.º a 739.º).

O contrato de dinheiro a risco ou câmbio marítimo pressupõe um mútuo com um prémio, com hipoteca especial sobre o navio; o mutuante sujeitava-se a perder o capital e o prémio se o objeto vier a perecer por efeito dos riscos tomados (633.º). Seguiam-se várias regras, sendo o regime dos seguros marítimos subsidiariamente aplicável.

III. Os seguros marítimos obtiveram um certo desenvolvimento. O respetivo título arrumava-se em cinco capítulos, nos termos seguintes:

Capítulo I – Da natureza e forma do contrato de seguro marítimo (666.º a 684.º);
Capítulo II – Das coisas que podem ser objeto de seguro marítimo (685.º a 691.º);

---

[214] *Infra*, 101.

[215] A terceira parte, sobre quebras, foi revogada pela Lei das Falências aprovada pelo Decreto-Lei n.º 7.661, de 21-jun.-1945. Ainda pela versão inicial do Código: José Xavier Carvalho de Mendonça, *Tratado de Direito commercial brazileiro* VII (1916), 576 pp..

Capítulo III – Da avaliação dos objetos seguros (692.º a 701.º);
Capítulo IV – Do começo e fim dos riscos (702.º a 709.º);
Capítulo V – Das obrigações recíprocas do segurador e do segurado (710.º a 730.º).

Tem interesse consignar os artigos 685.º e 686.º:

685.º Toda e qualquer coisa, todo e qualquer interesse apreciável a dinheiro que tenha sido posto ou deva pôr-se a risco do mar, pode ser objeto de seguro marítimo, não havendo proibição em contrário.

686.º É proibido o seguro:
1. Sobre coisas cujo comércio não seja lícito pelas leis do Império, e sobre os navios nacionais ou estrangeiros que nesse comércio se empregarem;
2. Sobre a vida de alguma pessoa livre;
3. Sobre soldadas a vencer de qualquer indivíduo da tripulação.

Como se vê, na linha da doutrina francesa do início do século XIX, ficava vedado o seguro de vida.

IV. O Código de Comércio brasileiro de 1850 manteve o seguro no campo marítimo. Não obstante, é patente o desenvolvimento da matéria e o seu progressivo distanciamento relativamente ao Direito do mar.

O Código Civil de 1916, preparado durante boa parte do século XIX[216], veio ocupar-se *ex professo* do contrato de seguro, completando o dispositivo comercial. Ele surge entre os diversos contratos, num capítulo XIV repartido por cinco secções:

I – Disposições gerais (1432.º a 1448.º);
II – Das obrigações do segurado (1449.º a 1457.º);
III – Das obrigações do segurador (1458.º a 1465.º);
IV – Do seguro mútuo (1466.º a 1470.º);
V – Do seguro de vida (1471.º a 1476.º).

No fundamental: alarga-se o objeto do seguro e admite-se o seguro de vida.

---

[216] *Tratado* I, 244 ss..

27. O Código Veiga Beirão (1888)

I. A discussão sobre a reforma do Código Comercial de Ferreira Borges começou logo após a sua aprovação[217]. A parte dos seguros não foi especialmente visada. Todavia, também ela operou como objeto de estudo e de ponderação. A iniciativa de reforma, finalmente levada a cabo por Veiga Beirão, levou a que a parte dos seguros, avarias, arribada, abalroação e assistência fosse confiada a José Pereira, conselheiro. Elaborado um primeiro projeto, confiou-se o campo das cooperativas, operações de bancos, contratos, seguros, transportes e empresas a Frederico Laranjo[218].

Frederico Laranjo (1846-1910) foi professor da Faculdade de Direito. Teve intervenção política, como membro do Partido Progressista. Notabilizou-se pelas suas obras sobre economia e pelo escrito sobre as cooperativas[219]. Na segunda fase da sua vida académica, dedicou-se ao Direito constitucional.

II. Tem interesse referir o Código Comercial italiano de 1882[220], que exerceu influência na reforma Veiga Beirão. O contrato de seguro obteve,

---

[217] *Direito comercial*, 101 ss., com indicações.

[218] As vicissitudes da reforma de 1888, que conduziram ao Código Comercial de 1888, ou Código Veiga Beirão, podem ser seguidas no próprio relatório, de Veiga Beirão, DCDep. 1887, 599 ss., publicado, também, no *Appendice ao Código Commercial Portuguez approvado pela Carta de Lei de 28 de Junho de 1888*, 3.ª ed. (1906), 5 ss.. Refiram-se, ainda, J. F. Azevedo e Silva, *Commentario ao Novo Codigo Commercial Portuguez*, Fasc. 1.º, *Introdução* (1888), 95 ss., Eduardo de Almeida Saldanha, *Estudos sobre o Direito Commercial Portuguez* I (1896), CL ss., Eduardo Alves de Sá, *Primeiras explicações do Código Commercial Portuguez de 1888*, vol. I (1903), 12 ss., José Caeiro da Matta, *Direito Commercial Portuguez* (1910), 114 ss., José Gabriel Pinto Coelho, *Direito Commercial Portuguez*, vol. I (1914), 13 ss., José Barbosa de Magalhães, *Princípios de Direito Comercial* (Lições, por Assumpção Mattos) (1933), 56 ss., e Guilherme Braga da Cruz, *A Revista de Legislação e de Jurisprudência/Esboço da sua História*, vol. I (1975, separata), 219 ss., nota 561. Para uma referência exaustiva aos antecedentes do Código Comercial, cumpre citar Veiga Beirão (referido F. Beirão), *Codigo Commercial/Apontamentos para a historia das suas fontes*, O Direito 41 (1909), 305-306, 42 (1910), 273-274 e 43 (1911), 2-4, 33-36, 49-52, 81-84, 161-163, 193-195, 273-276 e 289-292, incompleto, com a morte do seu Autor. Outros elementos foram, por ele, publicados na Revista do Direito, tomo III, n.ºs 77 ss., de acordo com informação dada em O Direito 41, 305.

[219] Frederico Laranjo, *Sociedades cooperativas* (1885), 62 pp..

[220] Trata-se do *Codice di commercio del Regno d'Italia*, promulgado por Humberto I em 2-abr.-1882; este Código foi revogado pelo Código Civil de 1942.

aí, um título próprio (o XIV), no âmbito do Livro I, sobre o comércio em geral. Eis a sistematização da matéria[221]:

Capítulo I   – Disposições gerais (417.º a 422.º);
Capítulo II   – Do seguro contra os danos:
　Secção I – Disposições gerais (423.º a 439.º);
　Secção II – De algumas espécies de seguros contra os danos (440.º a 448.º).
Capítulo III – Dos seguros sobre a vida (449.º a 453.º).

No Livro II, sobre o comércio marítimo, temos[222]:

Título V – Do empréstimo a câmbio marítimo (590.º a 603.º);
Título VI – Do seguro contra os riscos da navegação:
　Capítulo I – Do contrato de seguro e das obrigações do segurador e do segurado (604.º a 631.º);
　Capítulo II – Do abandono (632.º a 641.º).

Como se vê, os seguros alcançaram uma autonomia formal perante o Direito marítimo, em linha com a evolução entretanto processada. Também foi possível sintetizar a matéria, erradicando preceitos gerais desnecessários.

III. O Código Veiga Beirão, no seu Livro II – *Dos contratos especiais de comércio*, veio inserir um Título XV – *Dos seguros*. Comporta o sistema seguinte[223]:

Capítulo I – Disposições gerais (425.º a 431.º);
Capítulo II – Dos seguros contra riscos:
　Secção I   – Disposições gerais (433.º a 441.º);
　Secção II – Do seguro contra fogo (442.º a 446.º);
　Secção III – Do seguro de colheitas (447.º a 449.º);

---

[221] Vide Antonio Scevola, *Del contratto di assicurazione*, em Sebastiano Castagnola e outros, *Nuovo codice di commercio italiano*, IV (1889) e Cesare Vivante, *Trattato di diritto commerciale*, IV – *Le obbligazioni*, 5.ª ed. (1929), 334 ss..

[222] Vide, com algumas indicações, *Codice di commercio del regno d' Italia*, ed. G. Barbèra, Editore, 7.ª ed. (1909), 262 ss..

[223] Luiz da Cunha Gonçalves, *Comentário ao Código Comercial Português*, 2 (1916), 496 ss..

Secção IV – Do seguro de transportes por terra, canais ou rios (450.º a 454.º).
Capítulo III – Do seguro de vida (455.º a 462.º).

No Livro III – *Do comércio marítimo*, temos[224]:

Título II – Do seguro contra os riscos do mar (595.º a 615.º);
(...)
Título IV – Do contrato de risco (626.º a 633.º).

A influência do modelo italiano é patente, ainda que, preceito a preceito, surjam diferenças por vezes apreciáveis.

O regime do contrato de seguro adquiriu uma dimensão emblemática. O artigo 595.º manda aplicar, ao seguro contra riscos do mar, as regras gerais do contrato de seguro[225].

IV. Os preceitos sobre seguros constantes do Código Comercial vigoraram até à LCS de 2008. À sua luz firmaram-se os diversos pontos doutrinários dos seguros, ainda que acompanhados por múltiplos diplomas avulsos.

Apontaremos as diversas soluções de Veiga Beirão, a propósito do Direito positivo.

---

[224] Luiz da Cunha Gonçalves, *Comentário ao Código Comercial Português*, 3 (1918), 319 ss. e 379 ss., respetivamente.
[225] *Idem*, 320 ss..

§ 8.º A DOUTRINA LUSÓFONA E A EVOLUÇÃO LEGISLATIVA

28. Aspetos gerais; os clássicos

I. O Direito dos seguros exige uma elaboração jurídico-científica especializada. Por isso, tão importante como conhecer as leis e a sua evolução, é apreender a doutrina a elas subjacente.

A doutrina portuguesa estreou-se, da melhor forma, no campo do Direito dos seguros, através do *Tratado* de Pedro de Santarém. Não era ainda lusófona, uma vez que essa obra foi publicada em latim.

O primeiro escrito doutrinário publicado em português surge nas *Lições de Comércio*, anónimas, datadas de meados do século XVIII: provavelmente, segundo Oliveira Marques, de 1766[226]. Surge, aí, uma *Lição 7.ª, Dos seguros*, que se apresenta como um pequeno tratado dessa disciplina[227]. Verifica-se que a matéria era, então, fundamentalmente regida pelos usos e costumes, ainda que com determinadas leis. Dão-se as noções básicas, os requisitos das apólices, os diversos tipos de seguros e curiosos elementos históricos e comparatísticos.

II. De seguida, cabe referir José da Silva Lisboa, cujos *Princípios do Direito mercantil* já acima foram esquematizados[228]. No primeiro tomo encontramos uma exposição extensa e muito clara sobre o contrato de seguro. O Autor principia o seu estudo nos termos seguintes[229]:

> Comprehendendo-se aqui os usos, e costumes de todas as Nações Comerciantes, póde-se considerar como materia do Contrato do Seguro toda a propriedade, que tem perigo de deteriorar-se, ou perder-se, assim

---

[226] A. H. de Oliveira Marques, *Para a História dos seguros* cit., 131.
[227] *Idem*, 132-177: o texto da Lição 7.ª, em causa, que se conserva em manuscrito, pode, aí, ser confrontado, devidamente corrigido, como foi dado nota *supra*, 87.
[228] *Supra*, 90.
[229] José da Silva Lisboa, *Princípios de Direito mercantil* cit., I, 1.

no transporte de hum lugar para outro, como na conservação della em lugar determinado e permanente. Daqui nasce a divisão genérica de *Seguro maritimo* e *Seguro terrestre*; pois se podem segurar não só os effeitos, e quaesquer bens circulantes, que se transportão por mar, ou rios navegáveis, senão tambem os que se traspassão por terra para algum lugar destinado, e ainda os que se achão guardados, ou fixos nas casas, e fundos territoriaes, que são sujeitos aos perigos do fogo, invasão de inimigos, e outros infortunos extraordinários.

Silva Lisboa usa bibliografia inglesa, italiana e francesa, e refere os diplomas portugueses da época. A sua obra merece um estudo crítico, tendente a determinar as fontes usadas e o contributo pessoal do Autor, que é de monta. Só nos finais do século XIX voltariam a surgir, em língua portuguesa, obras de fôlego comparáveis com o velho *Princípios de Direito mercantil*.

III. No rescaldo do Código Ferreira Borges, temos as anotações de Diogo Pereira Forjaz de Sampaio Pimentel, autor de um Código Comercial de Ferreira Borges anotado. Dedicou notas interessantes ao contrato de seguro, permitindo apreender o pensamento jurídico então dominante[230]. Explica, designadamente, que o contrato de seguro não visa, apenas, os riscos do mar[231]. Vários aspetos práticos são abordados.

IV. Também o Código Veiga Beirão deu lugar a anotações significativas, com especial relevo para Luiz da Cunha Gonçalves[232]. Este Autor divulga, em termos claros, a doutrina latina da época, adaptando-a ao texto em vigor. Como sucede com as anotações: todos os preceitos acabam por ser referidos, com ganhos para o tratamento extensivo da matéria. Num plano de menor desenvolvimento, cabe ainda referir a anotação de Aureliano Strecht Ribeiro[233] e a de Adriano Anthero[234].

---

[230] Diogo Pereira Forjaz de Sampaio Pimentel, *Annotações ao Codigo de Commercio Portuguez*, V (1866), 50-153.

[231] *Idem*, 51.

[232] Luiz da Cunha Gonçalves, *Código Comercial Anotado* II (1915), 496-657.

[233] Aureliano Strecht Ribeiro, *Código Comercial Português actualizado e anotado*, III (1940), 5-86.

[234] Adriano Anthero, *Comentario ao Codigo Commercial Portuguez*, II (1915), 122-226, num texto com diversidade.

V. Ao longo do século XIX, foram surgindo preocupações sociais, motivadas pela revolução industrial e pela pressão ideológica e doutrinária própria da época. Surgiram as primeiras obras sobre mutualidades e sobre cooperativismo[235].

A radicação de novas correntes de pensamento, de tipo positivista e sociológico, na Faculdade de Direito de Coimbra[236] suscitou um interesse especial por temas de seguros, designadamente os ligados às mutualidades, aos seguros sociais e aos seguros de vida. Temos, nesse domínio, importantes monografias de professores de Direito.

Álvaro da Costa Machado Villela (1871-1952), depois notabilizado pelo seu *Tratado de Direito internacional privado*[237], publicou, em 1898, uma monografia destinada a um concurso para um lugar de substituto de professor: *Seguro de vidas (esboço histórico, económico e jurídico)*, 225 pp.. A obra comporta uma interessante parte histórica, sendo de especial interesse o quadro relativo à evolução do tema no século XIX e em Portugal; o seguro de vida é tratado à luz dos elementos então disponíveis.

José Caetano Lobo de Ávila Lima (1885-1956), levou à estampa, em 1909, uma monografia que deu corpo à dissertação de doutoramento: *Soccorros mútuos e seguros sociaes*, XXIV + 492 pp.[238]. Dispensa-nos uma interessante parte histórica, acompanhada por muitos elementos comparatísticos. A parte relativa à evolução portuguesa (pp. 149 ss.) tem o maior relevo, o mesmo se podendo dizer do Direito vigente na época em que Ávila Lima escreveu. As considerações dogmáticas, muito finas, acompanham a doutrina da época.

Fernando Emigdio da Silva (1886-1972) é o autor de outra dissertação de doutoramento: *Seguros mútuos* (1911), XV + 642 pp.. Como muitas vezes sucede com temas que, no momento, ganhem atualidade científica ou social, surgem obras em crescendo, sobre eles. Emigdio da Silva é credor de uma parte histórica muito desenvolvida, dedicando-se, com pormenor, à

---

[235] Com um relevo especial para Costa Goodolphim (1842-1910), *A previdência/ Associações de soccorro mutuo, cooperativas, caixas de pensões e reformas, caixas económicas* (1889), 188 pp.; *vide*, aí, 3 ss. (cooperativas), 73 ss. (socorros mútuos) e 139 ss. (caixas económicas).

[236] Designadamente por via de publicistas, como José Joaquim Lopes Praça (1844-1920).

[237] Mais precisamente: Álvaro da Costa Machado Villela, *Tratado Elementar (Teórico e prático) de Direito internacional privado*, I – *Princípios gerais* (1921), 720 pp. e II (1922), 775 pp..

[238] Está publicado o sumário, em 26 pp., Coimbra, 1909.

experiência portuguesa e à sua evolução (pp. 171 ss.). Muito interessante é o estudo das leis vigentes (pp. 304 ss.), figurando, nas últimas cem páginas, o contrato de seguros mútuos (pp. 552 ss.).

No rescaldo deste importante surto de literatura sobre seguros, surgiram outros escritos significativos, ainda que de menor fôlego.

Alberto Souto, *Evolução histórica do seguro* (1919), XX + 67 pp.; principia pela Antiguidade Oriental, e tem um especial relevo quanto a elementos nacionais relativos ao século XIX (50 ss.).

Albino Lapa, *Seguros em Portugal (estudo histórico)* (1939), 182 pp., com um rico apanhado sobre a evolução dos seguros no País (77 ss.): uma obra que só teria repto com Oliveira Marques, em 1977.

No seu conjunto, estas obras representam o período clássico da literatura lusófona sobre seguros. Todos estes trabalhos, embora acompanhados, em regra, por ricas observações jurídicas eram, fundamentalmente, escritos de história, de doutrina social e de pensamento económico. De resto, fez época a introdução ao Direito dos seguros através da estatística[239], das empresas[240], da economia e de formas de previdência[241], da "Filosofia dos seguros"[242], das seguradoras[243] e das teorias económicas[244]: justamente o tipo de literatura mais divulgada, na época, entre nós.

29. As leis mutualísticas

I. O mutualismo, assente na tradição das irmandades medievais, das misericórdias e do pensamento filantrópico do século XIX, tardou em ser legalmente reconhecido.

---

[239] Albert Chaufton, *Les assurances: leur passé, leur avenir* 1 (1884), já cit., 3 ss. e 10 ss..

[240] Cesare Vivante, *Il contratto di assicurazione*, 2 – *Le assicurazioni marittime* (1890), VIII + 543 pp., 7 ss..

[241] Ulisse Gobbi, *L'assicurazione in generale* (1898), XII + 307 pp., 1 ss. e 40 ss..

[242] Georges Hamon, *Histoire générale de l'assurance en France et à l'étranger* (1900), já cit., 7 ss..

[243] Lorenzo Mossa, *Compendio del diritto di assicurazione* (1936), 143 pp., 27 ss..

[244] Joseph Hémard, *Théorie et pratique des assurances terrestres* 1 (1924), já cit., 25 ss..

Após toda uma preparação, o Decreto de 28-fev.-1891, usando a autorização dada pelo Decreto com força de lei de 10-fev.-1890, veio aprovar um regime para as associações de socorros mútuos.

No preâmbulo formalmente redigido como apresentação da matéria ao Rei, pode ler-se[245]:

> Este diploma, se for acceito por Vossa Magestade, inicia uma serie de medidas regulamentares tendentes a ajudar, a nobilitar e a proteger o operariado portuguez, garantindo não só o seu trabalho productor mas todos os seus esforços de mutua protecção: associando-se, instruindo-se, soccorrendo-se.
>
> Desde o principio d'este seculo, Senhor, desde que a machina, pela força do seu enorme poder accommodaticio, e successivamente accommodado a todos os motores industriaes, conseguiu substituir e transformar, em grande parte, o que tradicionalmente chamavamos – *mão de obra* ou *manufactura* – pelo seu poder machinal, as condições do trabalho soffreram uma alteração radical, que logo se traduziu n'um desequilibrio incommodo.
>
> Ou viram, ou pareceu aos operarios ver, que os donnos das fabricas, fortalecidos com a machina, pretendiam depreciar os seus serviços, que não dispensavam, e, com elles, a sua dignidade. Veiu d'aqui organisar-se, contra a verdadeira ou supposta guerra dos emprezarios, a reacção do trabalho. D'este estado, não de guerra, mas de luta, vem a retracção do capital.
>
> Este é, Senhor, a traços fugitivos, o estado da questão.
>
> Destruida a familia da antiga officina crearam-se n'ella duas autonomia. Surgiu d'ahi um regimen de desconfianças, de exigencias, de negativas perigosas, de concessões não voluntarias, e por isso nem agradecidas.
>
> Erro fundamental é esse que desune elementos essenciaes ao trabalho, isto é, á prosperidade das nações. É preciso, é essencial congraçal-os, irmanal-os para o bem commum e para o bem d'elles, na certeza de que nada póde o trabalho sem o capital e nada vale o capital sem o trabalho.
>
> Desde o principio d'este seculo se occupam da resolução d'este problema, tão simples na apparencia, os governos dos paizes cultos.
>
> Entre nós a lucta não se tem até hoje accentuado como n'outros paizes. Póde isso em parte attribuir-se ás boas e justiceiras condições que presidem ao trabalho nacional, e também póde ser devido a que por ora não temos uma industria poderosa.
>
> É certo que ella tem atravessado um periodo longo de desalento; mas o seu renascimento afigura-se-nos auspicioso. O seu incremento será rapido

---

[245] COLP 1891, 78-84 (79/I).

se podermos harmonisar, como é, mais que conveniente, de justiça, os elementos do capital e do trabalho.

Desde 1880 os governos, que se teem succedido no poder, acompanhados e secundados pela iniciativa parlamentar, vão produzindo trabalhos que já começaram e continuarão a transformar-se em leis e regulamentoas.

As providencias relativas ás associações de soccorros mutuos, que são muitas, já hoje, e valiosas em Portugal, seguir-se-hão os regulamentos dos tribunaes arbitros-avindores e o do trabalho das mulheres e dos menores; temos esperança tambem, Senhor, de que igualmente serão reguladas em breve as associações de classe, e a responsabilidade pelos desastres no trabalho.

(...)

II. As diversas regras agrupavam-se nos termos seguintes:

Capítulo I   – Da natureza e fins das associações de soccorros mutuos (1.º e 2.º);
Capítulo II – Da organisação e constituição das associações de soccorros mutuos (3.º a 12.º);
Capítulo III – Das vantagens de que gosam as associações de soccorros mutuos legalmente constituidas (13.º);
Capítulo IV – Da administração e fiscalisação (14.º a 19.º);
Capítulo V   – Das assembleias gerais (20.º a 23.º);
Capítulo VI – Da dissolução e liquidação (24.º a 27.º);
Capítulo VII – Dos tribunaes (28.º);
Capítulo VIII – Do conselho superior e dos conselhos regionaes das associações de soccorros mútuos (29.º a 32.º);
Capítulo IX – Penalidades (33.º a 37.º);
Capítulo X   – Disposições especiaes (38.º a 43.º);
Capítulo XI – Disposições geraes e transitórias (44.º a 47.º).

O artigo 1.º do diploma define:

As associações de soccorros mutuos são sociedades de capital indeterminado, de duração indefinida e de numero ilimitado de membros, instituidas com o fim de serem prestados auxilios mutuos entre os socios para:
   a) Soccorrer os socios doentes ou impossibilitados temporariamente de trabalhar, e fazer o funeral aos que fallecerem;
   b) Estabelecer pensões para os socios permanentemente inhabilitados de trabalhar;
   c) Estabelecer pensões para os herdeiros dos socios fallecidos;
   d) Qualquer outro fim proprio das associações de previdencia.

§ 1.º As associações de soccorros mutuos podem ser instituidas para um ou mais dos fins indicados n'este artigo, segundo for designado nos seus estatutos.

§ 2.º São taxativos os fins expressos nos estatutos, não podendo nunca ser esses fins ampliados ou cerceados sem approvação do governo, em novos estatutos.

§ 3.º Não são consideradas associações de soccorros mutuos, nem para os deveres nem para os direitos prescriptos ou concedidos n'este decreto, as sociedades constituidas para alguns dos fins acima indicados, que adoptarem na sua organização qualquer das fórmas prescriptas no codigo commercial.

III. Como se vê, não está diretamente em jogo a celebração de contratos de seguros. Todavia, a técnica previdencial subjacente tem a ver com seguros de acidentes de trabalho e com seguros de vida. Reside, aqui, uma importante escola de cultura dos seguros, nas áreas de pessoas.

30. Os seguros obrigatórios

I. Os seguros obrigatórios destinam-se, em primeira linha, a assegurar que o beneficiário de certa prestação (em regra de tipo indemnizatório ou assistencial) a recebe, com efetividade. Arreda, pois, os riscos de uma insolvência do responsável ou da sua má-vontade. Mas além disso, eles podem visar a viabilidade de companhias seguradoras em planos sensíveis. Havendo seguro obrigatório, elas têm uma clientela assegurada.

II. Historicamente, encontramos seguros obrigatórios na Idade Média: recordemos as Leis de D. Fernando, sobre a bolsa marítima[246]. Contudo, só nos tempos modernos o fenómeno ocorre em termos técnico-jurídicos próprios dos seguros.

A primeira área a apontar é a dos acidentes de trabalho. A Lei n.º 83, de 24-jul.-1913 consagrou a responsabilidade objetiva dos empregadores. Dispunha o artigo 3.º, § 2.º, dessa lei[247]:

§ 2.º As entidades responsáveis pelas pensões e tratamento clínico poderão passar a sua responsabilidade para sociedades mútuas de patrões ou

---
[246] *Supra*, 76-78.
[247] DG n.º 171, de 24-jul.-1913, 2754-2755 (2754/III).

companhias de seguro autorizadas; e para associações de socorros mútuos, pelas indemnizações e tratamento clínico, devidos em caso de incapacidade temporária.

O passo seguinte foi dado pela Lei n.º 1:942, de 27-jul.-1936. Basta atentar nos seus artigos 11.º e 12.º[248]:

> Artigo 11.º As entidades responsáveis pelos encargos provenientes de acidentes de trabalho e doenças profissionais podem transferir a sua responsabilidade para sociedades legalmente autorizada a realizar êste seguro.
>
> Artigo 12.º No caso de não ser feita a transferência de responsabilidade, as entidades patronais que exerçam algumas indústria, em estabelecimento adequado, empregando mais de cinco trabalhadores, são obrigadas a caucionar essa responsabilidade, salvo se provarem perante a Inspecção de Seguros que a sua capacidade económica garante suficientemente o risco tomado por conta própria.

A Base XLIII/1 da Lei n.º 2127, de 3-ago.-1965, sobre acidentes de trabalho, avançava[249]:

> 1. (...) as entidades patronais são obrigadas a transferir a responsabilidade pela reparação prevista na presente lei para entidades legalmente autorizadas a realizar este seguro, salvo se lhes for reconhecida capacidade económica para, por conta própria, cobrir os respectivos riscos.

Como se vê, caminhou-se para o seguro obrigatório por acidentes de trabalho. Este foi imposto, sem distinções, pelo artigo 37.º/1 da Lei n.º 100/97, de 3 de setembro, constando hoje do artigo 78.º/1 da Lei n.º 98/2009, de 4 de setembro, que regulamenta o regime da reparação de acidentes de trabalho e de doenças profissionais.

III. Mais lenta foi a determinação de um seguro obrigatório no domínio da responsabilidade civil por acidentes de viação.

A imputação objetiva era antiga, como dá conta o preâmbulo do Decreto-Lei n.º 165/75, de 28 de março[250]:

---

[248] DG I Série, n.º 174, de 27-jul.-1936, 859-864 (860/II).
[249] DG I Série, n.º 172, de 3-ago.-1965, 1071-1078 (1077/I).
[250] DG I Série, n.º 74, de 28-mar.-1975, 476-477.

§ 8.º A doutrina lusófona e a evolução legislativa

No domínio dos acidentes de circulação há muito que entre nós vigora a responsabilidade objectiva, mas não raro à vítima, ao exercer o direito ao ressarcimento, depara-se-lhe a insolvência do devedor.

Urge, assim, a adopção de medidas que completem o regime, no sentido de que seja certa e quanto possível célere a reparação dos lesados.

Este objectivo somente se conseguirá tornando obrigatória a garantia financeira da responsabilidade civil originada na circulação terrestre de veículos a motor e prevendo a actuação de determinadas instituições quando ela não exista, se desconheça o causador do acidente ou surjam outros obstáculos ao ressarcimento dos lesados. Na generalidade dos países europeus existe já uma legislação estruturada em tais princípios.

E prossegue:

O presente diploma vem suprir essa lacuna no nosso direito. Obedece, em geral, às regras definidas na Convenção Europeia Relativa ao Seguro Obrigatório da Responsabilidade Civil em Matéria de Veículos a Motor, assinada em Estrasburgo pelos membros do Conselho da Europa. Embora Portugal não tenha ainda a ela aderido, julgou-se oportuna a observância das suas directivas: não só porque consagra soluções desejáveis, como porque se afigura vantajosa a aproximação legislativa dos países em causa, geograficamente unidos e cada vez mais ligados pelo intercâmbio turístico e económico, com amplo recurso aos meios terrestres de comunicação.

Isto posto, o artigo 1.º/1 do referido Decreto-Lei n.º 165/75 veio dispor:

1. Os veículos terrestres a motor, sem reboques e semi-reboques só podem circular na via pública ou em locais, públicos ou privados, abertos ao público ou a certo número de pessoas com direito de os utilizar desde que, nos termos do presente diploma, seja efectuado seguro, em sociedade legalmente autorizada, da responsabilidade civil que possa resultar da sua utilização.

A obrigação de seguros impende sobre o proprietário do veículo. Trata-se de legislação hoje atualizada.

A lei vigente prevê diversas outras hipóteses de seguros obrigatórios. No sítio do ISP, podem ser confrontadas muitas dezenas de disposições nesse sentido.

IV. A obrigatoriedade de concluir contratos de seguro impõe uma dogmática especial. O cerne da contratação reside na sua liberdade. Ora, um dever de contratar é, no fundo, uma obrigação de prestar aquilo que, supostamente, o contrato implicará. Veremos as consequências dogmáticas deste aparente insólito[251].

31. A supervisão dos seguros

I. A supervisão dos seguros é antiga. D. João III, ao criar o cargo de escrivão dos seguros (15-out.-1523)[252], visava já um acompanhamento oficial dessa matéria. Novas achegas surgiram com D. Sebastião e a instituição do ofício de corretor de seguros (15-fev.-1578)[253], assim se articulando a (velha) Casa dos Seguros. O acompanhamento público prosseguiu, no século XVIII, com a nova Casa dos Seguros de Lisboa (1758)[254].

II. Não se trata de verdadeira supervisão. Esta implica o acompanhamento, com poder de fiscalização e de sanção, pelo Estado, das seguradoras, com o fito de sindicar a observância das *leges artis*, isto é: das regras científicas que devem dar corpo à gestão dos seguros, de modo a assegurar a sua solvência e o seu regular funcionamento.

III. Uma verdadeira regulação dos seguros foi introduzida pelo Decreto de 21-out.-1907[255]. Trata-se de um diploma extenso (88 artigos), ordenado em dez capítulos:

    I – Das condições gerais do exercício da indústria de seguros (1.º a 11.º);
    II – Das sociedades mútuas (12.º a 17.º);
    III – Do funcionamento e da fiscalização das sociedades de seguros (18.º a 38.º);
    IV – Da fusão de sociedades e da transferência das operações sociais (39.º e 40.º);

---

[251] *Infra*, 765 ss..
[252] *Supra*, 80.
[253] *Supra*, 83.
[254] *Supra*, 85.
[255] Pode ser confrontado em Aureliano Strecht Ribeiro, *Código Comercial Português Anotado* cit., 3, 5-22. Quanto à *occasio legis*, Albino Lapa, *Seguros em Portugal* cit., 119 ss..

§ 8.º A doutrina lusófona e a evolução legislativa 113

V – Da revogação da autorização concedida às sociedades de seguros e da respectiva liquidação (41.º a 48.º);
VI – Das sociedades estrangeiras de seguros (49.º a 56.º);
VII – Do Conselho de Seguros (57.º a 63.º);
VIII – Disposições gerais (64.º a 68.º);
IX – Disposições penais (69.º a 76.º);
X – Disposições transitórias e finais (77.º a 88.º).

IV. A lógica da supervisão era logo introduzida pelo artigo 1.º, que dispunha:

> A indústria de seguros só poderá ser exercida por sociedades anónimas de responsabilidade limitada ou por sociedades mútuas, que para isso legalmente se constituem e sejam autorizadas nos termos do presente decreto.

O § 1.º admitia resseguros por sociedades estrangeiras não autorizadas; o § 2.º fixava a regra da exclusividade: as seguradoras não podiam explorar outro ramo de negócio; o § 3.º permitia atos complementares, bem como os:

> (...) relativos a salvados, à reedificação ou reparação de prédios sinistrados e ao emprego das respectivas reservas ou capitais.

O capital social mínimo era de 500.000$00 réis, para as sociedades (4.º). A autorização prévia cabia ao Ministro da Fazenda, regulando-se o procedimento (5.º), especialmente cauteloso para o seguro de vidas (5.º, § 2.º).

V. O funcionamento e a fiscalização eram cuidadosos. Previa-se um fundo de reserva (18.º), reservas matemáticas (19.º e 20.º) e reservas de garantia (21.º).
A revogação dependia do não funcionamento, da falta de depósitos ou de reservas ou do não pagamento de impostos (41.º).
O Conselho de Seguros era presidido por um administrador da Caixa Geral de Depósitos e tinha competência alargada no plano consultivo e no das propostas (57.º).
A evolução subsequente será abaixo considerada, a propósito das seguradoras e da supervisão[256].

---

[256] *Infra*, 380 ss..

32. A experiência brasileira

I. O Direito brasileiro dos seguros, na sequência das regras compreendidas no Código Civil, veio desenvolver a matéria dos seguros em múltiplos diplomas. Vamos dar uma panorâmica da matéria até à segunda metade do século XX. Temos:

- Decreto n.º 14.593, de 31-dez.-1920, regulamento para a exploração e fiscalização da indústria de seguros;
- Decreto n.º 21.828, de 4-set.-1932, aprova o regulamento de seguros;
- Decreto n.º 85, de 14-mar.-1935, aprova o regulamento que estabelece as normas a que devem obedecer as operações de seguro contra acidentes no trabalho;
- Decreto n.º 164, de 15-mai.-1935, altera disposições do Decreto n.º 85, de 14-mar.-1935;
- Decreto-Lei n.º 483, de 8-jun.-1938, Código do Artigo, cujo artigo 114.º, com a modificação introduzida pela Lei n.º 2.866, de 13-set.-1956, proíbe exclusão dos riscos de navegação aérea;
- Decreto-Lei n.º 926, de 5-dez.-1938, dispõe sobre a constituição, funcionamento e fiscalização das sociedades cooperativas de seguros;
- Decreto-Lei n.º 1.186, de 3-abr.-1939, cria o Instituto de Resseguros do Brasil;
- Decreto-Lei n.º 1.805, de 27-nov.-1939, aprova os Estatutos do Instituto de Resseguros do Brasil e cria neste um Conselho Fiscal, e dá outras providências;
- Decreto-Lei n.º 2.063, de 7-mar.-1940, regulamenta as operações de seguros privados e sua fiscalização;
- Decreto-Lei n.º 2.765, de 9-nov.-1940, dispõe sobre a quitação de empregadores para com as instituições de seguros sociais;
- Decreto-Lei n.º 2.865, de 12-dez.-1940, artigo 3.º, autoriza o IPASE a operar em seguros privados;
- Decreto-Lei n.º 3.250, de 8-mai.-1941, dispõe sobre reservas das sociedades de seguros e de capitalização;
- Decreto-Lei n.º 3.784, de 30-out.-1941, regula a aceitação das retrocessões do Instituto de Resseguros do Brasil;
- Decreto-Lei n.º 3.908, de 8-dez.-1941, dispõe sobre as sociedades mútuas de seguro;
- Decreto-Lei n.º 4.608, de 22-ago.-1942, dispõe sobre as sociedades mútuas de seguros;
- Decreto-Lei n.º 4.609, de 22-ago.-1942, estabelece a garantia subsidiária do Governo Federal às sociedades mútuas de seguros e dá outras providências;

- Decreto-Lei n.º 1.569, de 5-out.-1942, sobre seguros de acidentes;
- Decreto-Lei n.º 5.216, de 22-jan.-1943, modifica o artigo 3.º do Decreto n.º 86, de 1935;
- Decreto-Lei n.º 5.384, de 8-abr.-1943, dispõe sobre os beneficiários do seguro de vida;
- Decreto-Lei n.º 6.319, de 6-mar.-1944, dispõe sobre os prazos de depósito e seguro contra riscos de incêndio de mercadorias depositadas em Armazéns Gerais, e dá outras providências;
- Decreto-Lei n.º 6.388, de 30-mar.-1944, dispõe sobre a extinção dos resseguros no ramo de vida, após o início das operações do Instituto de Resseguros do Brasil no referido ramo;
- Decreto-Lei n.º 6.400, de 3-abr.-1944, autoriza o Instituto de Resseguros a organizar a Bolsa Brasileira de Seguros;
- Decreto-Lei n.º 7.377, de 13-mar.-1945, dispõe sobre o ativo das sociedades mútuas de seguro;
- Decreto-Lei n.º 7.526, de 7-mai.-1945, Lei Orgânica dos Serviços Sociais do Brasil;
- Decreto-Lei n.º 7.551, de 15-mai.-1945, dispõe sobre a matéria do Decreto-Lei n.º 7.036, de 10-nov.-1944, em face das disposições do Decreto-Lei n.º 7.526, de 7-mai.-1945;
- Decreto-Lei n.º 18.809, de 5-jun.-1945, regulamenta a Lei de Acidentes do Trabalho;
- Decreto-Lei n.º 9.735, de 4-set.-1946, consolida a legislação relativa ao Instituto de Resseguros do Brasil e dá outras providências;
- Decreto n.º 21.810, de 4-set.-1946, reforma os Estatutos do Instituto de Resseguros do Brasil;
- Decreto n.º 24.469, de 4-2-1948 – altera a redação do artigo 47.º dos Estatutos do Instituto de Resseguros do Brasil, aprovado pelo Decreto n.º 21.810, de 1946;
- Lei n.º 599-A, de 26-dez.-1948, dá nova redação aos artigos 22.º, 23.º, 44.º, 95.º e 112.º do Decreto-Lei n.º 7.036, de 10-nov.-1944 (Lei de Acidentes do Trabalho). – Vide Decreto-Lei n.º 293, de 28-fev.-1967;
- Decreto n.º 31.981, de 23-dez.-1952.
- O Regulamento Geral dos Institutos de Pensões e Aposentadorias foi expedido pelo Decreto n.º 35.448, de 1-mai.-1954;
- Lei n.º 4.594, de 29-dez.-1964, que regula a profissão de corretor de seguros;
- Condições especiais para o seguro de edifícios em condomínio, vide Portaria n.º 33, de 27-jul.-1964, do Departamento Nacional de Seguros Privados e Capitalização;
- Seguro agrícola, vide Decreto n.º 55.801, de 26-fev.-1965.

– Decreto n.º 63.260, de 20-set.-1968, dispõe sobre o regime de penalidades aplicáveis às Sociedades Seguradoras, aos corretores de seguro e às pessoas que deixarem de realizar os seguros legalmente obrigatórios;
– Decreto n.º 56.900, de 28-dez.-1965 e Portaria n.º 136, de 6-jun.-1966, sobre normas para funcionamento das Companhias de Seguro;
– Seguro obrigatório de mercadorias transportadas, *vide* Decreto n.º 5.901, de 29-jun.-1940 e Decreto n.º 58.952, de 25-abr.-1966;
– Decreto-Lei n.º 73, de 21-nov.-1966, dispõe sobre o Sistema Nacional de Seguros Privados, regula as operações de seguros e resseguros, e dá outras providências;
– Decreto n.º 60.459, de 13-mar.-1967, regulamenta o Decreto-Lei n.º 73, de 21-nov.-1966, com as modificações introduzidas pelos Decretos-Leis n.º 168, de 14-fev.-1967 e n.º 296, de 28-fev.-1967;
– os estatutos do Instituto de Resseguros do Brasil foram reformados pelo Decreto n.º 60.460, de 13-mar.-1967;
– seguros de renda temporária em colonização – artigo 53.º do Decreto n.º 59.428, de 27-out.-1966.

II. Diplomas ulteriores podem ser confrontados na bibliografia acima indicada[257].

33. A experiência angolana

I. No período colonial operavam, em Angola, vinte e seis companhias de seguros. Aquando da independência, o Decreto n.º 17/78, de 1 de fevereiro, operou a sua fusão na Empresa Nacional de Seguros de Angola, U.E.E.. Ficou ainda estabelecido um monopólio da atividade seguradora, a favor do Estado.

A evolução sócio-económica e política subsequente levou à abertura do sector dos seguros. A Lei n.º 1/00, de 3 de fevereiro, veio dar corpo jurídico às potencialidades daí resultantes: aprovou a Lei Geral da Atividade Seguradora. Damos nota do seu conteúdo:

Capítulo I – Disposições gerais (1.º a 9.º);
Capítulo II – Controle e supervisão da atividade (10.º a 12.º);
Capítulo III – Das seguradoras (13.º a 39.º);
Capítulo IV – Resseguro e cosseguro (40.º);

---

[257] *Supra*, 44-45.

Capítulo V – Mediação e corretagem de seguros e de resseguros (41.º a 44.º);
Capítulo VI – Transgressões (45.º);
Capítulo VII – Disposições finais e transitórias (46.º a 53.º).

A supervisão dos seguros cabe ao Ministro das Finanças (10.º), sendo executada pelo Instituto de Supervisão dos Seguros, por ele tutelado (11.º). A Lei Geral prevê esquemas adequados, paralelos aos que vigoram nos países de orientação germânica.

II. A Lei n.º 1/00, de 3 de fevereiro, previa a preparação de um diploma sobre resseguro e cosseguro. O Governo desempenhou-se, adotando o Decreto n.º 6/00, de 2 de março, precisamente sobre esses dois tipos de seguros.

Seguiu-se, através do Decreto n.º 2/02, de 11 de fevereiro, o regime do contrato de seguro. Elegantemente, o legislador angolano apresentou esse diploma como uma regulamentação do título XV do livro 2.º, do Código Comercial de 1888. Tem a ordenação seguinte:

Capítulo I   – Disposições gerais (1.º a 22.º);
Capítulo II – Seguros de danos em coisas (23.º a 32.º);
Capítulo III – Seguros de responsabilidade civil (33.º a 36.º);
Capítulo IV – Seguros de pessoas (37.º a 47.º);
Capítulo V – Disposições finais (48.º a 57.º).

III. O Decreto-Lei n.º 4/98, de 30 de janeiro, criou o Instituto de Supervisão de Seguros. Este viu o seu Estatuto Orgânico aprovado pelo Decreto-Lei n.º 63/04, de 28 de Setembro.

IV. A reforma dos seguros angolana prosseguiu, depois, com o Decreto executivo n.º 7/03, de 24 de janeiro: aprovou o regulamento sobre a mediação e corretagem de seguros. Comporta:

Capítulo I   – Disposições gerais (1.º a 4.º);
Capítulo II – Dos mediadores (5.º a 9.º);
Capítulo III – Dos agentes, angariadores e corretores de seguros (10.º a 18.º);
Capítulo IV – Do capital social mínimo (19.º);
Capítulo V – Da celebração de contratos de seguros através de mediadores (20.º a 23.º);

Capítulo VI – Dos direitos, obrigações e responsabilidades do mediador (24.º a 27.º);
Capítulo VII – Das remunerações (28.º a 32.º);
Capítulo VIII – Da carteira de seguros (33.º e 34.º);
Capítulo IX – Da fiscalização e das transgressões de mediação e corretagem de seguro e resseguro (35.º a 39.º);
Capítulo X – Disposições finais (40.º a 44.º).

V. Temos, por fim, a matéria atinente ao seguro obrigatório de responsabilidade civil automóvel. Vigora o Decreto n.º 35/09, de 11 de agosto. Eis o sumário do seu teor:

Capítulo I – Objeto e âmbito do seguro obrigatório (1.º a 12.º);
Capítulo II – Contrato de seguro e da prova (13.º a 21.º);
Capítulo III – Normas processuais (22.º a 24.º);
Capítulo IV – Fiscalização e penalidades (25.º a 31.º);
Capítulo V – Disposições finais (32.º a 37.º).

Este diploma foi reajustado pelo Decreto Presidencial n.º 83/11, de 25 de abril, que alterou os artigos 11.º, 14.º e 20.º, bem como o artigo 23.º do seu anexo n.º 3.

VI. O Direito angolano dos seguros dispõe de fontes precisas e atualizadas, que cobrem a generalidade da matéria. Tal como se constatou a propósito da Lei Geral, estamos perante diplomas claros e bem sistematizados, que traduzem o domínio da matéria por parte dos seus autores materiais. O Direito angolano está claramente inserido, também nos seguros, no universo do sistema lusófono de Direito, ele próprio próximo do sistema germânico. Impõe-se um intercâmbio académico e profissional entre os especialistas de seguros dos diversos países lusófonos.

34. A experiência cabo-verdiana

I. Cabo Verde destaca-se, no panorama dos Direitos lusófonos e, mais longe, a nível mundial, como uma potência no domínio das leis de seguros.

Logo em 1978, o Decreto-Lei n.º 48/78, de 1 de julho, veio regular o contrato de seguro, libertando-o das peias do Código Comercial. O diploma foi retocado pelo Decreto-Lei n.º 12/2003, de 14 de abril[258].

---

[258] *Vide* Jorge Carlos Fonseca, *Eficácia do contrato de seguro no Direito cabo-verdiano*, Themis, 2004, 95-144.

§ 8.º A doutrina lusófona e a evolução legislativa 119

O acesso e o exercício da atividade seguradora foi objeto do Decreto--Lei n.º 52-F/90, de 4 de julho. Este diploma surgia completado pelo Decreto-Lei n.º 70/99, de 15 de novembro, quanto às garantias financeiras e pelo Decreto-Lei n.º 101-R/90, de 23 de novembro, relativo à fiscalização e a sanções.

O seguro automóvel obrigatório resulta do Decreto-Lei n.º 85/78, de 22 de setembro, alterado pelo Decreto-Lei n.º 106/89, de 30 de dezembro. A tarifa foi adotada pelo Decreto-Lei n.º 88/97, de 31 de dezembro.

II. No ano de 2010, Cabo Verde levou a bom termo uma revisão geral do seu Direito dos seguros.

O Decreto Legislativo n.º 3/2010, de 17 de maio, aprovou o novo regime jurídico de acesso e exercício da atividade seguradora, revogando os Decretos-Leis n.º 52-F/90, de 1 de julho, n.º 70/99, de 15 de novembro e n.º 101-B/90, de 23 de novembro (160.º). Trata-se de um diploma de fôlego, cuja arrumação geral importa divulgar:

Título I – Disposições gerais e supervisão e fiscalização da atividade seguradora (1.º a 6.º):
Capítulo I – Disposições gerais (1.º a 3.º);
Capítulo II – Supervisão e fiscalização da atividade seguradora (4.º a 6.º).
Título II – Acesso à atividade seguradora (7.º a 59.º):
Capítulo I – Condições de acesso à atividade seguradora (7.º a 51.º);
Capítulo II – Registo especial (52.º a 59.º).
Título III – Condições de acesso da atividade seguradora (60.º a 121.º):
Capítulo I – Garantias financeiras (60.º a 102.º);
Capítulo II – Fiscalização das garantias financeiras (103.º a 105.º);
Capítulo III – Insuficiência de garantias financeiras (106.º a 116.º);
Capítulo IV – Disposições diversas (117.º a 121.º).
Título IV – Sanções (122.º a 156.º):
Capítulo I – Ilícito penal (122.º e 123.º);
Capítulo II – Contra-ordenações (124.º a 156.º).
Título V – Disposições finais e transitórias (157.º a 161.º).

Como particularidade interessante, verifica-se que a autoridade de supervisão de seguros é o Banco de Cabo Verde (4.º/1). Temos concretizada a unificação das supervisões bancária e dos seguros, levada a cabo em diversos países europeus.

III. O Decreto-Lei n.º 25/2010, de 2 de agosto, rege a área sensível da mediação de seguros. Assim:

Capítulo I   – Disposições gerais (1.º a 6.º);
Capítulo II   – Mediadores em geral (7.º a 16.º);
Capítulo III – Agentes de seguros (17.º a 28.º);
Capítulo IV   – Angariadores de seguros (29.º e 30.º);
Capítulo V   – Corretores de seguros (31.º a 37.º);
Capítulo VI   – Fiscalização e sanções (38.º a 45.º);
Capítulo VII – Disposições diversas, transitórias e finais (46.º a 51.º).

O diploma é antecedido por um interessante preâmbulo, que explicita os pontos fundamentais. E como aí se diz, são observadas as melhores práticas universais, também neste domínio.

IV. O Decreto-Lei n.º 35/2010, de 6 de Setembro, veio aprovar o novo Regime Geral do Contrato de Seguro, revogando o Decreto-Lei n.º 48/78, de 1 de julho, e regras conexas. Trata-se de um diploma preambular. O Regime Geral em si, preenche 238 artigos e ordena-se como segue:

Título I   – Regime comum (1.º a 130.º):
    Capítulo I   – Disposições preliminares (1.º a 14.º);
    Capítulo II   – As partes, o segurador e a pessoa segura (15.º a 19.º).
    Capítulo III – Formação do contrato (20.º a 38.º);
    Capítulo IV   – Conteúdo do contrato (39.º a 65.º);
    Capítulo V   – Cosseguro (66.º a 73.º);
    Capítulo VI   – Resseguro (74.º a 77.º);
    Capítulo VII – Seguro de grupo (78.º a 90.º);
    Capítulo VIII – Seguro de assistência (91.º e 92.º);
    Capítulo IX   – Vigência do contrato (93.º a 96.º);
    Capítulo X   – Efeitos em relação a terceiros (97.º e 98.º);
    Capítulo XI   – Transmissão do seguro (99.º a 101.º);
    Capítulo XII – Sinistro (102.º a 114.º);
    Capítulo XIII – Cessação do contrato (115.º a 126.º);
    Capítulo XIV – Disposições complementares (127.º a 130.º).
Título II – Seguro de danos (131.º a 184.º):
    Capítulo I   – Parte geral (131.º a 143.º);
    Capítulo II   – Parte especial (144.º a 184.º).
Título III – Seguro de pessoas (185.º a 237.º):
    Capítulo I   – Disposições comuns (185.º a 195.º);
    Capítulo II   – Seguro de vida (196.º a 219.º);

Capítulo III – Seguro de acidentes e de saúde (220.º a 230.º);
Capítulo IV – Seguro de capitalização (231.º a 37.º).
Título IV – Disposições finais (238.º).

O Regime Geral do Contrato de Seguro cabo-verdiano corre a matéria, com um nível dogmático elevado, obedecendo aos cânones em vigor na União Europeia.

35. A experiência macaense

I. Da experiência de Macau, vamos reter o Código Comercial de 1999. Esse diploma, que tem versões oficiais em chinês e em português, comporta um Livro III, sobre a atividade externa da empresa. Aí, ocorre um Título XVIII, sobre o contrato de seguro (962.º a 1063.º). As razões que, na altura, levaram à elaboração de um Código que comportasse a generalidade das leis comerciais do Território explicam a manutenção, na forma, do sistema napoleónico ou de Veiga Beirão.

II. A sistematização do Título XVIII em causa é a seguinte:

Capítulo I – Disposições gerais (962.º a 994.º);
Capítulo II – Seguro contra danos (995.º a 1027.º):
    Secção I – Disposições gerais (995.º a 1017.º);
    Secção II – Seguro contra fogo (1018.º e 1019.º);
    Secção III – Seguro de crédito (1020.º a 1023.º);
    Secção IV – Seguro de responsabilidade civil (1024.º a 1027.º).
Capítulo III – Seguro de pessoas (1028.º a 1059.º):
    Secção I – Disposições gerais (1028.º a 1030.º);
    Secção II – Seguro de vida (1031.º a 1054.º);
    Secção III – Seguro contra acidentes pessoais e contra doença (1055.º a 1059.º).
Capítulo IV – Seguro de grupo (1060.º a 1063.º).

O regime macaense dos seguros representa um aperfeiçoamento relativamente ao Direito anterior, com inclusão de novos vetores, como o da tutela do consumidor.

36. A experiência moçambicana

I. Moçambique procedeu a uma codificação geral do Direito dos seguros. Quanto sabemos, será o único País lusófono a dar esse passo.
A Lei n.º 3/2003, de 21 de janeiro, veio regular o acesso e o exercício da atividade seguradora e da atividade de mediação: matéria regulamentada pelo Decreto n.º 41/2003, de 10 de dezembro.
O Código Comercial de 2005 optou por não regular os seguros. Estes mantiveram-se, pois, pelo Código Veiga Beirão de 1888.

II. O Decreto-Lei n.º 1/2010, de 31 de dezembro, aprovou o Regime Jurídico dos Seguros. O artigo 2.º (Abrangência) explicita:

O regime jurídico dos seguros compreende as normas de âmbito institucional, relativas às condições de acesso e de exercício da atividade seguradora e sua mediação, bem como as normas de âmbito material, atinentes ao contrato de seguro.

O Decreto-Lei n.º 1/2010 atribui ao Ministro das Finanças a tutela dos seguros (4.º) e cria, como entidade de supervisão, o ISSM ou Instituto de Supervisão de Seguros de Moçambique. Extinguiu a Inspeção-Geral de Seguros, criada pelo Decreto n.º 42/99, de 20 de julho.

III. Passando ao Regime Jurídico dos Seguros temos, em síntese, a ordenação seguinte:

Livro I – Condições de acesso e exercício da atividade seguradora e da respetiva mediação (1.º a 78.º):
Título I – Disposições gerais (1.º a 12.º);
Título II – Condições de acesso e exercício da atividade seguradora (13.º a 78.º):
Capítulo I – Seguradoras e resseguradoras com sede na República de Moçambique (13.º a 20.º);
Capítulo II – Seguradoras ou resseguradoras com sede no exterior (21.º a 23.º).
Capítulo III – Garantias prudenciais (24.º a 30.º);
Capítulo IV – Escrituração (31.º a 37.º);
Capítulo V – Transformação, auditoria externa e liquidação (38.º a 40.º);
Capítulo VI – Micro-seguro (41.º a 58.º);

Capítulo VII – Mediação de seguros (59.º a 64.º);
Capítulo VIII – Infrações (65.º a 78.º).
Livro II – Regime Jurídico do Contrato de Seguro (79.º a 260.º):
Título I – Parte geral (79.º a 180.º):
Capítulo I   – Disposições preliminares (79.º a 81.º);
Capítulo II   – Formação do contrato de seguro (82.º a 107.º).
Capítulo III   – Execução do contrato de seguro (108.º a 147.º);
Capítulo IV   – Seguro de grupo (148.º a 154.º);
Capítulo V   – Cessação e prescrição do contrato de seguro (155.º a 161.º);
Capítulo VI   – Lei aplicável ao contrato de seguro (162.º a 167.º);
Capítulo VII – Sigilo e arbitragem (168.º e 169.º);
Capítulo VIII – Distribuição do risco seguro (170.º a 180.º).
Título II – Parte especial/Seguros de danos, seguros de pessoas e operações de capitalização (181.º a 260.º):
Capítulo I   – Seguros de danos (181.º a 218.º);
Capítulo II   – Seguros de pessoas (219.º a 257.º).
Capítulo III – Operações de capitalização (258.º a 260.º).

Segue-se, ainda, um anexo com um glossário.

III. A codificação geral dos seguros constitui uma iniciativa legislativa do maior relevo. Facilita uma interpretação e uma aplicação alargadas da matéria dos seguros: uma aspiração de todos os estudiosos da matéria.

O conteúdo do diploma revela, por seu turno, uma regulação adequada, conforme com os atuais conhecimentos, na matéria.

37. A experiência santomense

I. Em S. Tomé e Príncipe, cabe relevar, desde logo, o Decreto-Lei n.º 21/80, de 10 de maio. Este diploma veio criar um Sistema Único de Seguros Nacional, que abrange toda a atividade seguradora e resseguradora.

O Decreto-Lei n.º 22/80, de 10 de maio, criou a Empresa de Seguros e Resseguros da República Democrática de S. Tomé e Príncipe, denominando-a "A Compensadora" e dotando-a de um Estatuto.

II. No plano institucional, o Decreto-Lei n.º 47/98, de 31 de dezembro, veio regular as condições de acesso da atividade seguradora e estabelecer as regras de funcionamento do respetivo mercado.

Damos nota do seu teor:

Capítulo I   – Disposições gerais (1.º a 8.º);
Capítulo II   – Superintendência, coordenação e fiscalização da atividade seguradora (9.º a 15.º);
Capítulo III – Condições de acesso à atividade seguradora (16.º a 42.º);
Capítulo IV   – Registo geral (43.º a 49.º);
Capítulo V   – Condições de exercício da atividade seguradora (50.º a 85.º);
Capítulo VI   – Transformação de seguradoras (86.º a 89.º);
Capítulo VII – Regime de intervenção (90.º a 94.º).
Capítulo VIII – Liquidação (95.º a 102.º);
Capítulo IX   – Infrações (103.º a 125.º);
Capítulo X   – Disposições finais e transitórias (126.º a 131.º).

III. A entidade de supervisão dos seguros é o BC ou Banco Central de S. Tomé e Príncipe.

A Lei Santomense é clara e bem arrumada. Contém ainda regras simples sobre aspetos circundantes.

38. Conspecto geral

I. Aparentemente, a consideração das experiências jurídicas lusófonas permite detetar diversas situações, no tocante aos seguros. Temos:

– manutenção de regras contratuais do Código Comercial de 1888: Guiné e São Tomé;
– inclusão do regime material dos seguros no Código Civil (Brasil, 2002) ou no Código Comercial (Macau, 1999);
– lei geral para o Direito institucional dos seguros (Angola, 2000; Cabo Verde, 2010; Portugal, 1998; São Tomé, 1998);
– lei geral sobre o contrato de seguro (Angola, 2002; Cabo Verde, 2010; Portugal, 2008);
– lei geral de seguros (Moçambique, 2010).

Além disso, surgem leis avulsas sobre o seguro automóvel (Angola, 2009; Cabo Verde, 1997; Portugal, 2007), sobre resseguro e cosseguro (Angola, 2000) e sobre a mediação de seguros (Angola, 2003; Cabo Verde, 2010; Portugal, 2007).

II. Para além da efetiva variedade formal e tendo em conta diversas especificidades que traduzem adaptações às realidades de cada País, surge uma flagrante proximidade que traduz, no campo dos seguros, a pertença à grande família lusófona.

Afigura-se desejável o intercâmbio académico, científico e profissional entre os países da Comunidade Lusófona.

CAPÍTULO IV
SISTEMAS DE SEGUROS E DIREITO EUROPEU

§ 9.º SISTEMAS DE SEGUROS

39. Generalidades; o Direito inglês

I. Os diversos Direitos dos seguros tendem a seguir a ordenação geral dos sistemas de Direito no Mundo[259]. Têm, no entanto, especificidades. Além das vicissitudes histórico-culturais que estão na base da diferenciação dos sistemas, os seguros sofreram, ainda, um suplemento de causalidades, base de uma distanciação suplementar. A integração europeia forçou, todavia, a uma aproximação recente.

II. O sistema inglês ou da *common law* distingue-se por ter conhecido, apenas, uma primeira receção do Direito romano, interferida pela pré-receção canónica. As eventualidades políticas britânicas levaram a um especial modo de decidir dos tribunais, refugiados numa teia de precedentes. O contrato teve uma evolução tardia, enquanto a responsabilidade civil só com dificuldade se veio a libertar de uma tipicidade arcaica dos *torts*. Mau grado estes fatores de bloqueio, a expansão marítima inglesa e o dinamismo sócio-económico da sociedade britânica vieram a originar soluções novas e, por vezes, pioneiras, relativamente aos Direitos continentais. Na complexidade causal originada por elementos contrapostos, há que situar o surgimento do Direito inglês dos seguros.

---

[259] *Tratado* I, 181 ss..

III. Como foi adiantado[260], os seguros ingleses desenvolveram-se, a partir do século XVII, assentes nos usos do comércio e na tradição mutualista das guildas. Deve explicitar-se que os usos do comércio têm uma eficácia marcada. Mesmo quando o Estado recuse os seus tribunais para a aplicação das regras usuais, estas funcionam de modo espontâneo: o comerciante que as desconsidere ver-se-á excluído da praça e do mundo dos negócios, pelos seus pares. O desenvolvimento da matéria, a necessidade de diferenciar soluções e a conveniência em montar esquemas fidedignos capazes de suscitar a confiança, a longo prazo, dos operadores acabariam por exigir leis complexas. Essas leis tornavam-se mais flagrantemente necessárias depois de crises ou de escândalos financeiros.

IV. Na origem do Direito inglês dos seguros esteve o comércio marítimo. Em 1720, deu-se o *crash* da South Sea Company. Seguiu-se-lhe a adoção do *Bubble Act*[261], desse mesmo ano, que autorizou as duas companhias Royal Exchange and London Assurance e que proibiu as companhias não autorizadas por carta do Rei.

Os seguros em si, designadamente no plano contratual e no da sua execução, mantiveram-se assentes nos usos. Coube a Lord Mansfield[262] modernizar o Direito inglês, com intervenções decisivas no campo comercial, no Direito de autor e no Direito dos seguros, através de decisões formuladas enquanto Lord Chief Justice. Assente na boa-fé, Lord Mansfield trouxe, para o campo da *Common Law* e dos tribunais do Estado, matéria deles arredada, como os seguros.

O caso liderante foi o Carter v. Boehm[263]. Carter era o governador do Fort Malborough, em Samatra, construído pela British East India Company. Concluiu um seguro com Boehm, para a hipótese de o Forte ser tomado por inimigos. Verificou-se, pela prova produzida, que Carter sabia que o Forte fora construído de modo a poder resistir a ataques de nativos: mas não de potências europeias. Os franceses tomaram o Forte, mas Boehm recusou cumprir o seguro.

---

[260] *Supra*, 65 ss..
[261] De 9-jun.-1720, confrontável na *Net*; *vide* Ron Harris, *The Bubble Act: Its Passage and Its Effects on Business Law*, The Journal of Economic History 54 (1994), 610-627.
[262] Mais precisamente William Murray (1705-1793), Conde de Mansfield.
[263] Confrontável na *Net*.

Lord Mansfield deu-lhe razão:

> Good faith forbids either party by concealing what he privately knows, to draw the other into a bargain from his ignorance of that fact, and his believing the contrary.

A regra segundo a qual, no seguro, o objeto garantido deve existir, aquando da contratação e com o perfil acordado, é antiga; surge várias vezes formulada em Pedro de Santarém, dois séculos antes de Lord Mansfield[264]. A grande novidade de Lord Mansfield foi a de ter inserido os seguros na *Common Law*, dando-lhe a dimensão mundial do Império Britânico. Recordamos, ainda, que o próprio Lord Mansfield foi o responsável pela supressão da autonomia do Direito comercial inglês, integrando-o na *Common Law*[265]. Os seguros seguiram esse mesmo caminho.

V. A substância do Direito material dos seguros ou do contrato de seguro mantém-se assente em precedentes, na base dos quais a doutrina constrói um sistema coerente de princípios[266].

O legislador interveio, em aspetos institucionais. Em 1871, foi adotado, pelo Parlamento, o primeiro *Lloyd's Act*; o segundo data de 1911: ambos instituíam uma sociedade de seguradores, com objetivos de coordenação, de entreajuda e de troca de informações. Novo *Lloyd's Act* intervém, em 1982, visando adaptar a instituição às realidades[267].

A área delicada do seguro de vida tem, ainda hoje, o selo do *Insurance Companies Act*, de 1774. Surgem, depois, vários diplomas, relativos a seguros marítimos e terrestres.

No campo institucional, cumpre citar o *Insurance Companies Act*, de 1982.

VI. Nos Estados Unidos, o Direito dos seguros herdou as características dos seus antecedentes britânicos. Em 1-nov.-1869, o Supremo Tribunal Federal, no caso Paul v. Virgínia, decidiu que a matéria dos seguros não

---

[264] Pedro de Santarém, *Tratado dos seguros*, trad. port. cit., 63 e *passim*.

[265] Wolfgang Fikentscher, *Methoden des Rechts in vergleichender Darstellung*, II – *Anglo-amerikanische Recht* (1975), 40, Volker Triebel, *Englisches Handels- und Wirtschaftsrecht* (1978), 18 e Roy Goode, *Commercial Law*, 4.ª ed. (2011), 7.

[266] Malcolm A. Clarke, *The Law of Insurance Contracts* (1994), CXXV + 872 pp., com muitos elementos.

[267] Os textos respetivos são comodamente confrontáveis na *Net*.

era comercial: não se sujeitaria, com isso, à jurisdição federal[268]. E na base deste precedente, o Direito dos seguros foi remetido para os diversos Estados federados, num incidente que só nos anos quarenta do século XX pôde ser ultrapassado, mas que mantém sequelas. Deve ser referido o papel da NAIC (*National Association of Insurance Commissioners*), criada pouco depois do "incidente" de 1869 e destinada a procurar uma certa uniformidade regulativa nos seguros, no plano geral da União[269].

40. O Direito alemão

I. Como foi referido aquando da evolução histórica[270], no Direito alemão, a matéria dos seguros não-marítimos não encontrou abrigo nas grandes codificações comerciais: nem no ADHGB, de 1861, nem no HGB, de 1898[271]. Mercê das particularidades jurídico-políticas que acompanharam o oitocentos germânico, prevaleceu a ideia de que quer o contrato de seguro, quer a supervisão estadual sobre a indústria seguradora, careciam de leis especiais. Assim surgiram a Lei da Supervisão dos Seguros (*Versicherungsaufsichtgesetz* ou VAG), de 12-mai.-1901[272] e a Lei do Contrato de Seguro (*Versicherungsvertragsgesetz* ou VVG), de 30-mai.-1908[273].

O projeto da VAG (então dito de uma lei sobre as empresas privadas de seguros), de 1900, foi publicado nessa ocasião, tendo sido reimpresso, em 1963, acompanhado de interessantes elementos quanto à sua discussão[274].
O projeto de lei dos seguros, enriquecido por uma circunstanciada justificação de motivos, foi publicado em 1903[275]. O diploma tornou-se pos-

---

[268] Confrontável na *Net*.
[269] Susan Randall, *Insurance Regulation on the United States: Regulatory Federalism and the National Association of Insurance Commissioners*, Florida, State University Law Review 26 (1999), 626-699, confrontável na *Net*.
[270] *Supra*, 73 ss..
[271] Ernst Bruck/Hans Möller, *Kommentar zum Versicherungsvertragsgesetz*, 8.ª ed. (1961); *vide* von Gierke, *Versicherungsrecht* cit., 22.
[272] Em especial, Walter Rohrbeck (org.), *50 Jahre materielle Versicherungsaufsicht nach dem Gesetz vom 12. Mai 1991* (1952), dois volumes, 364 + 384 pp..
[273] Logo na altura: Stephan Gerhard e outros, *Kommentar zum Deutschen Reichsgesetz über den Versicherungs-Vertrag* (1908), XXXV + 818 pp., acima citada.
[274] *Motive zum Versicherungsaufsichtgesetz*, Berlim (1963), 403 pp..
[275] *Entwurf eines Gesetzes über den Versicherungsvertrag/Amtliche Ausgabe* (1903), 206 pp.. *Vide* Otto Bähr, *Entwurf eines Reichsgesetzes über den Versicherungsvertrag*, AbürgR VII (1893), 1-63.

sível pelo desenvolvimento maduro da doutrina que o antecedeu[276]: sem paralelo nos restantes Direitos da época.

II. A VVG de 1908 sofreu, ao longo dos anos, numerosas alterações[277]. Todavia, manteve-se como o ponto de referência do Direito material dos seguros[278]. Durante a sua vigência, muito mudou[279], com relevo para o diploma sobre cláusulas contratuais gerais (1976) e que levou a repensar as condições gerais dos seguros, decisivas para o seu funcionamento.

No essencial, ganhou corpo, primeiro através da jurisprudência e, depois, da lei, uma permanente preocupação de tutela do consumidor. Foram incrementados e substancializados os deveres de informação e admitiu-se um direito de resolução, por parte do tomador do seguro, no período inicial de vigência do contrato.

Os avanços do Direito material dos seguros alemão repercutiu-se em vários instrumentos europeus, da área da tutela do consumo. Por essa via e pela receção de elementos científicos, estamos na presença de um fator importante do progresso do Direito dos seguros, com reflexos diretos no sistema lusófono.

III. Após cuidadosos trabalhos preparatórios[280], foi aprovada uma nova Lei para a Reforma do Contrato de Seguro (*Gesetz zur Reform des Versicherungsvertragsrechts* ou VVG), em 23-nov.-2007, em vigor desde 1-jan.-2008[281]. Foram reforçados os direitos do tomador e do segurado

---

[276] Em especial: Victor Ehrenberg, *Versicherungsrecht* (1893), XII + 536 pp..

[277] Erich R. Prölss/Anton Martin, *Versicherungsvertragsgesetz/Kommentar*, 26.ª ed. (1998), 1.

[278] Como obra básica, ainda hoje: *Berliner Kommentar zum Versicherungsvertragsgesetz*, org. Heinrich Honsell (1999), com mais de 2500 pp. e que inclui a Lei austríaca.

[279] Wolfgang Römer/Theo Langheid/Roland Rixecker, *Versicherungsvertragsgesetz*, 4.ª ed. (2014), XXXII + 1411 pp., Peter Koch, introdução à recolha da Beck, *Privatversicherungsrecht*, 21.ª ed. (2015), IX ss. e Reinhard Benger, *Versicherungsvertragsgesetz* cit., 44.ª ed., 5 ss..

[280] *Vide* Wolfgang Römer, *Zu ausgewählten Probleme der VVG-Reform*, VersR 2006, 740-745 e 865-870, com referência ao *Referentenwurf* de 13-Mar.-2006 e Jörg Funk, *Angewählte Fragen aus dem Allgemeinen Teil zum neuen VVG aus der Sicht einer Rechtsabteilung*, VersR 2008, 163-169.

[281] Manfred Wandt, *Versicherungsrecht*, 5.ª ed. (2011), 5; Winfried-Thomas Schneider, em Roland Michael Beckmann/Annemarie Matusche-Beckmann, *Versicherungsrechts-Handbuch*, 3.ª ed. (2015), LXXXI + 3360 pp., 35 ss..

e incrementados os deveres de informação[282]; procedeu-se à delimitação dos privilégios das seguradoras, designadamente do princípio "tudo ou nada"[283]; atendeu-se à europeização da matéria[284].

A VVG de 2007 foi alterada, neste momento e por último, pela Lei de 77-jul.-2015[285]. Temos uma jurisprudência crescente, na base dos textos mais recentes[286].

IV. Como resultado, o Direito dos seguros, formalmente dividido em Direito institucional ou da supervisão[287] e em Direito do contrato de seguro, constitui, há muito, na Alemanha, uma disciplina autonomizada. Dotada de cultura especializada, de publicações específicas e de uma literatura particular muito densa, a experiência alemã assume aqui um papel largamente pioneiro.

41. Os Direitos francês e italiano

I. Nos países latinos, a evolução foi mais lenta. Como vimos, o *Code de Commerce* francês ocupou-se da matéria dos seguros num título X do seu Livro II, referente ao comércio marítimo: artigos 332.º a 396.º[288]. Tratava-se, efetivamente, de matéria específica do Direito marítimo, que não

---

[282] Winfried-Thomas Schneider, no *Versicherungsrechts-Handbuch* cit., 3.ª ed., 41-42.

[283] *Idem*, 48.

[284] Ulrike Mönnich, no Beckmann, *Versicherungsrechts-Handbuch* cit., 2.ª ed., § 2 (77 ss., com muitas indicações).

[285] Uma recolha, (quase) atualizada e já citada, é a publicada pela editora Beck, *Privatversicherungsrecht*, 21.ª ed. (2015), XXX + 465 pp..

[286] *Vide* Theo Langheid/Christoph Müller-Frank, *Rechtsprechungsübersicht zum Versicherungsvertragsrecht seit 2009*, NJW 2010, 344-349 e Theo Langheid, *Erste Rechtsprechung zum reformierten VVG*, NJW 2011, 3265-3269; uma referência obrigatória é Erich R. Prölss/Anton Martin, *Versicherungsvertragsgesetz*, 29.ª ed. (2015), XXVIII + 2887 pp...

[287] Cuja base é, ainda, a Lei de 12-Mai.-1901, com numerosas alterações, republicada em 17-dez.-1992, alterada, neste momento, por último, pela Lei de 31-ago.-2015, e conhecida pela sigla VAG (*Versicherungsaufsichtsgesetz*); *vide* a introdução de Detlef Kaublach à 16.ª ed. da Beck, *Versicherungsaufsichtsgesetz* (1996), XXV ss., e a introdução de Reimer Schmidt ao monumental comentário de Erich R. Prölss, *Versicherungsaufsichtsgesetz*, 11.ª ed. (1997), 1 ss..

[288] *Vide Les cinq codes* cit., 428 ss..

podia ser pura e simplesmente transposta para o campo terrestre. Os seguradores desenvolveram a sua atividade na base da liberdade contratual, impondo, aos segurados, cláusulas consideradas draconianas, com danos para a atividade seguradora francesa[289].

II. A matéria do contrato de seguro foi objeto da Lei de 13-jul.-1930. Seguiram-se numerosas intervenções avulsas, de tal modo que uma lei de 8-nov.-1955 previa já a codificação dos múltiplos textos vigentes[290]. Todavia, seria necessário o impulso derivado da primeira leva de Diretrizes comunitárias – as de 1973 – para que a tarefa fosse iniciada. Três decretos de 16-jul.-1976 deram azo a um corpo externo conhecido como *Code des Assurances*[291]. Este conheceu diversas alterações, marcadas, designadamente, pelo ritmo das transposições comunitárias[292].

III. A experiência italiana surgiu próxima da francesa. O Código de Comércio de 1865, inspirado no *Code* napoleónico, apenas considerou os seguros marítimos. Já o Código de 1882 veio tratar os seguros terrestres – artigos 417.º a 453.º – e os marítimos – artigos 604.º a 641.º. No tocante aos primeiros, inspirou-se na Lei Belga, de 1874[293].

Uma Lei de 4-abr.-1912 criou o *Istituto Nazionale delle Assicurazioni* (I.N.A.), com o monopólio dos seguros de vida: uma solução abandonada em 1923.

IV. A reforma de fundo adveio do Código Civil de 1942: este regula o contrato de seguro no capítulo XX do título III do Livro sobre as obrigações[294]. Os seguros sociais são remetidos para leis especiais, constando

---

[289] Yvonne Lambert-Faivre/Laurent Leveneur, *Droit des assurances*, 12.ª ed. (2005), 159.

[290] Yvonne Lambert-Faivre, *Droit des assurances*, 9.ª ed. (1995), 73.

[291] *Vide* Yvonne Lambert-Faivre/Laurent Leveneur, *Droit des assurances* cit., 13.ª ed., 161.

[292] Para uma versão consolidada: Louis Perdrix, *Code des assurances* (ed. Dalloz), 21.ª ed. (2015), XXXI + 1986 pp., com os índices.

[293] Sobre toda esta matéria, Gasperoni, *Contratto di assicurazione* cit., 569 e Luigi Farenga, *Diritto delle assicurazioni private*, 3.ª ed. (2010), 17 ss..

[294] Quanto ao Direito italiano vigente, com indicações, Gianguido Scalfi, *Assicurazione (contratto di)*, DDP/SCom I (1990), 333-366 (334 ss.) e Pietro Rescigno (org.), *Codice civile*, 7.ª ed. (2008), 3363 ss..

os marítimos do Código de Navegação. O seguro automóvel obrigatório advém, igualmente, de lei especial.

O Direito institucional resulta do "Texto Único das Leis sobre o Exercício dos Seguros Privados", de 13-fev.-1959. Subsequentemente, registam-se inúmeras intervenções legislativas, ditadas, designadamente, pela transposição de textos comunitários[295]. O Decreto Legislativo n.º 209, de 7 de setembro de 2005, modificado e integrado no Decreto Legislativo n.º 56, de 29 de fevereiro de 2008, deu corpo ao denominado Código dos Seguros: um diploma que comporta o Direito institucional dos seguros e diversas normas relativas ao contrato de seguro, que não constam do Código Civil[296].

42. Síntese

I. Impõe-se uma síntese. No fundamental, podemos apontar três grandes sistemas de Direito dos seguros: o inglês, o alemão e o latino.

O sistema inglês caracteriza-se por desconhecer o seguro como um contrato especificamente comercial. Além disso, a dogmática dos seguros assenta numa elaboração típica da *Common Law*, apoiada em precedentes e na construção de regras que eles permitem. A supervisão é recente, denotando-se a influência comunitária continentalizante.

II. O sistema alemão confere uma marcada autonomia ao contrato de seguro, posicionando-o na base de uma disciplina jurídica autónoma. A supervisão dos seguros e a especialidade do seguro privado deram, muito cedo, azo a leis especiais, permitidas por uma doutrina madura e por uma dogmática elaborada.

---

[295] As fontes italianas podem ser vistas em Paolo Marlotti/Giorgio Losco, *Codice dei contratti assicurativi/Compendio normativo e giurisprudenziale comentato* (1999), sujeito embora a atualização, com base, p. ex., em Luigi Farenga, *Codice della assicurazioni*, 15.ª ed. (2015), 1086 pp...

[296] *Vide* Maria Francesca Mazziteli (org.), *Diritto delle assicurazioni private*, 8.ª ed. (2010), 19 ss., com a estrutura do Código. Quanto aos textos legais: podem ser confrontados comodamente em Massimo Drago (org.), *Codice delle assicurazioni* (2011), 431 ss., com índice e leis complementares e em Luigi Farenga, *Codice della assicurazioni* cit., 15.ª ed., 25 ss.; aspetos práticos constam de Sandro Merz, *Manuale pratico e formulario dell'assicurazione della responsabilità civile* (2015), XXXV + 1237 pp...

A defesa do consumidor e, em geral, a dos aderentes não-comerciantes, perante as condições gerais das seguradoras, foi autonomizada pelos tribunais, encontrando reflexo na Lei sobre as Cláusulas Contratuais Gerais, de 1976, depois transposta para o Código Civil (reforma de 2001).

III. Nos países latinos, com exemplo na França e na Itália, o contrato de seguro diluiu-se, nos códigos comerciais, entre os diversos contratos. A doutrina foi mais frágil, hesitando em dar-lhe uma autonomia de raiz. O seu desenvolvimento ficou muito aquém do ocorrido na Alemanha, enquanto certas modalidades de seguro, como o de vida, defrontaram-se em obstáculos de tipo sócio-cultural, que dificultaram o seu desenvolvimento. Com o tempo, o seguro marítimo perdeu o papel de matriz, surgindo uma dogmática assente na jurisprudência e, mais tarde, em leis.

Também tardiamente fez a sua aparição o Direito da supervisão dos seguros.

IV. Antecipando alguns elementos, vamos posicionar o Direito português no cadastro dos grandes sistemas dos seguros.

À partida, o Direito português integrava-se nos Direitos latinos. Os seguros surgiram no Código Ferreira Borges, em 1833, ainda que com um desenvolvimento e uma amplidão claramente superiores ao Código de Comércio francês. O Código Veiga Beirão, de 1888, deu-lhes uma dimensão vincada, aproximando-o do Direito italiano.

Todavia, no século XX, primeiro, o Direito civil (1903) e, depois, o Direito comercial (1950) efetuaram uma migração decisiva, para o estilo alemão. Apesar de acantonado numa área comercial pouco visada pelos grandes doutrinadores, o Direito dos seguros não podia deixar de sentir essa influência. Importantes fatores exógenos, como a Lei das Cláusulas Contratuais Gerais, de 1986, de tipo alemão, vieram bulir com os diversos seguros.

O Direito da supervisão dos seguros conheceu um desenvolvimento especial, nos finais do século XX, desenvolvimento que prossegue, no século XXI. Apresenta uma feição marcadamente europeia, porquanto resulta da transposição de diversas diretrizes, na base da reforma levada a cabo pela Lei n.º 147/2015, de 9 de setembro. Quanto ao contrato de seguro: em 2008 surge a LCS, claramente apoiada no anteprojeto da nova lei alemã, então em estudo.

Podemos pois concluir pela proximidade do sistema português, perante o Direito alemão dos seguros, num dado consentâneo, de resto, com a própria natureza do sistema lusófono.

§ 10.º DIREITO EUROPEU DOS SEGUROS

43. Bases gerais e evolução

I. As instituições europeias vieram a ocupar-se do Direito dos seguros. Cumpre dar breve conta das bases gerais em que assenta a elaboração europeia dos seguros e dar nota da sua evolução.

A Europa jurídica dos nossos dias surgiu com o Tratado de Roma, assinado em 25-mar.-1957, entre a Alemanha, a Bélgica, a França, a Holanda, a Itália e o Luxemburgo, para entrar em vigor em 1-jan.-1958. Visava-se a instituição de um mercado comum, através da abolição de fronteiras económicas. Admitia-se, com esse objetivo, uma produção normativa autónoma, assente, todavia, numa regra de unanimidade.

Em 1986, foi adotado o Ato Único Europeu, para vigorar após 1-jul.- -1987. Tratava-se, desta feita, de estabelecer um mercado único europeu, através da supressão dos numerosos entraves que persistiam. O Tratado de Roma era modificado, fixando-se a data de 31-dez.-1992 para a conclusão do mercado único.

Seguiu-se, em 7-jan.-1992, o Tratado de Maastricht, agora subscrito por doze Estados: além dos seis fundadores tínhamos, também, a Dinamarca, a Grécia, a Espanha, a Irlanda, Portugal e o Reino Unido. Nasce a União Europeia.

Sobrevém outro alargamento, em 1995: Áustria, Finlândia e Suécia. Novos esforços integracionistas derivam dos Tratados de Amesterdão (1997) e de Nice (2000), ganhando uma dimensão superior com a moeda única (2002). Em 1-mai.-2004, a União Europeia alarga-se: Chéquia, Chipre, Eslováquia, Eslovénia, Estónia, Hungria, Letónia, Lituânia, Malta e Polónia[297]. Num quinto alargamento, vieram para a União a Bulgária e a

---

[297] Outras indicações podem ser confrontadas em *Direito europeu das sociedades*, 13 ss..

Roménia. Em 2007, foi assinado o Tratado de Lisboa, rejeitado por um referendo irlandês, mas depois aprovado por novo referendo, da mesma Irlanda.

II. O Direito europeu dos seguros assenta em dois pilares básicos: a liberdade de estabelecimento e a liberdade de prestação de serviços.

A liberdade de estabelecimento resulta do artigo 49.º do Tratado do Funcionamento da União. Ela abrange[298]:

– a liberdade de desenvolver individualmente atividades económicas num Estado-membro que não o da nacionalidade;
– a liberdade de constituir e de gerir empresas, designadamente sociedades, num Estado-membro que não o da nacionalidade;
– a liberdade, para as sociedades de um Estado-membro, de desenvolver a sua atividade noutro ou noutros Estados-membros;
– a liberdade para constituir agências, sucursais ou filiais em territórios de Estados-membros que não o de origem.

A liberdade de estabelecimento, na língua portuguesa, possibilita uma aproximação à ideia de "estabelecimento" e, portanto, de articulação entre meios humanos e materiais, para uma atividade produtiva[299]. Na língua alemã, o sentido não é coincidente: *Niederlassungsfreiheit* melhor ficaria traduzido por liberdade de instalação. Temos, assim, a ideia do desenvolvimento de atividades (não-subordinadas) no próprio local, por oposição à colocação, no mercado de um Estado, de serviços oriundos de outro (liberdade de prestação de serviços)[300].

---

[298] Christian Tietje, *Niederlassungsfreiheit*, em Dirk Ehlers, *Europäische Grundrechte und Grundfreiheiten* (2003), 240-267; anteriormente, Peter Behrens, *Niederlassungsfreiheit und Internationales Gesellschaftsrecht*, RabelsZ 52 (1988), 498-525 (508 ss.); em língua francesa: Christian Gavalda/Gilbert Parleani, *Droit des affaires de l'Union européenne* (2002), 135 ss.; em português: Alexandre Mota Pinto/Manuel Lopes Porto/ Gonçalo Anastácio, *Tratado de Lisboa anotado e comentado* (2012), 316 ss..

[299] Em francês fala-se, na verdade, em *liberté d'établissement*; todavia, o nosso estabelecimento comercial é o *fonds de commerce*, pelo que a aproximação pode ser evitada.

[300] Quanto à delimitação da liberdade de estabelecimento perante as outras liberdades fundamentais: Wolfgang Gross, *Niederlassungsrecht (Art. 3 lit. c, Art. 52 ff. EWG- -Vertrag) im Gemeinsamen Markt*, AG 1990, 530-538 (531).

A liberdade de estabelecimento tem, como manifestações mais típicas e elevadas, as liberdades de exercício de profissões liberais[301] e de empresa[302].

A livre circulação de serviços ocorre nos artigos 56.º a 62.º do Tratado[303]. Ficam abrangidas as atividades industriais, comerciais, artesanais e liberais (57.º). O artigo 59.º/II desenvolve:

> Sem prejuízo do disposto no capítulo relativo ao direito de estabelecimento, o prestador de serviços pode, para a execução da prestação, exercer, a título temporário, a sua atividade no Estado onde a prestação é realizada, nas mesmas condições que esse Estado impõe aos seus próprios nacionais.

III. Por via do artigo 288.º, o Conselho e a Comissão adotam regulamentos, obrigatórios e diretamente aplicáveis, e diretrizes: dirigidas aos Estados, estas carecem de transposição, para as diversas ordens internas, sendo então possível proceder a adaptações.

Esses instrumentos intervieram em áreas sensíveis, designadamente na dos seguros. Neste momento, contamos mais de quarenta diretrizes diretamente viradas para a matéria seguradora. Delas decorrem normas e princípios que, em conjunto com os regulamentos pertinentes e com o Direito português interno resultante de transposições e adaptações, dão corpo ao Direito europeu dos seguros[304]. Este, em rigor, é Direito interno, embora de inspiração europeia.

Tudo isto provoca – entre nós como nos restantes membros da União – uma europeização do Direito dos seguros, no seu todo[305].

---

[301] Andreas Nachbaur, *Art. 52 EWGV-Mehr als nur ein Diskriminierungsverbot?*, EuZW 1991, 470-472.

[302] Wolfgang Gross, *Niederlassungsrecht* cit., 530/I.

[303] Eckard Pache, *Dienstleistungsfreiheit*, em Dirk Ehlers, *Grundrechte und Grundfreiheiten* (2003), 268-289.

[304] Em geral e como obras de referência: Yvonne Lambert-Faivre/Laurent Leveneur, *Droit des assurances* cit., 13.ª ed., 61 ss., Anton K. Schnyder, *Europäisches Banken- und Versicherungsrecht/Eine systematische-vergleichende Darstellung* (2005), 230 pp., com muitas indicações e Frank J. Püttgen, *Europäisiertes Versicherungsvertragsschlussrecht* (2011), 526 pp. (32 ss.).

[305] *Vide* Ulrike Mönnisch, em Roland Michael Beckmann/Annemarie Matusche-Beckmann, *Versicherungsrechts-Handbuch* cit., 2.ª ed., 77 ss..

44. As fontes comunitárias na área da supervisão

I. Como área de eleição no domínio dos seguros, o legislador escolheu o domínio da supervisão. Aí, as diretrizes são agrupadas, pela doutrina da especialidade, em três séries[306]:

1.ª série: a liberdade de estabelecimento;
2.ª série: a liberdade de prestação de serviços;
3.ª série: a licença única.

Esta sequência não reflete, de modo direto, a relevância das diretrizes em jogo para o contrato de seguro; de todo o modo, ela dá corpo cronológico à política comunitária para o sector, devendo ser retida[307].

II. A liberdade de estabelecimento é uma dinâmica do Tratado de Roma, nos seus artigos 49.º e seguintes. Ao seu abrigo e no domínio dos seguros, nós encontramos as diretrizes seguintes, também conhecidas como as primeiras diretrizes de coordenação seguradora:

> *Diretriz n.º 64/225, de 25 de fevereiro*, relativa à liberdade de estabelecimento e de livre prestação de serviços, no domínio do resseguro[308];
> *Diretriz n.º 73/239, de 24 de julho*, ou Primeira Diretriz do Conselho, relativa ao exercício da atividade seguradora no ramo não-vida[309]; foi completada pela Diretriz n.º 73/240, de 24 de julho, quanto à liberdade de estabelecimento[310] e modificada pela Diretriz n.º 76/580, de 29 de junho[311];

---

[306] Yvonne Lambert-Faivre/Laurent Leveneur, *Droit des assurances* cit., 13.ª ed., 69 ss.. As fontes podem ainda ser confrontadas em Anton K. Schnyder, *Europäisches Banken- und Versicherungsrecht* cit., § 2 (11 ss.), embora com outra ordenação.

[307] As diretrizes dos seguros, abaixo referenciadas em português, são confrontáveis em língua alemã no Prölss/R. Schmidt, *VAG-Kommentar* cit., 11.ª ed., 1270 ss. e em língua italiana em Antigono Donati/Adelmo Kohler, *Codice delle leggi sulle assicurazioni private*, 4.ª ed. (1993), 685 ss.. Algumas diretrizes dos seguros podem ser vistas, em língua portuguesa, em Paulo Ventura, *Legislação sobre seguros e actividade seguradora* (1990), 473 ss. e em António Menezes Cordeiro/Carla Morgado, *Leis dos seguros anotadas* (2002), 591-977; deve proceder-se a uma permanente atualização, através da *Eur-Lex*.

[308] JOCE N.º 56, 878-883, de 4-abr.-1964.
[309] JOCE N.º L 228, 3-19, de 16-ago.-1973.
[310] JOCE N.º L 228, 20-22, de 16-ago.-1973.
[311] JOCE N.º L 189, 13-14, de 13-jul.-1976.

Diretriz n.º 79/267, de 5 de março, ou Primeira Diretriz do Conselho, relativa ao exercício da mesma atividade, no ramo vida[312]; hoje está revogada pela Diretriz n.º 2002/83, de 5 de novembro[313]. Esta Diretriz foi alterada pela n.º 2008/19, de 11 de março[314], no que toca às competências da Comissão.

Estas diretrizes definem quadros mínimos que as seguradoras devem satisfazer, de modo a aproximar os regimes diferentes nos diversos Estados da União.

III. Seguiu-se a liberdade de prestação de serviços, nos termos dos artigos ex-4.º e seguintes do Tratado[315]. Desta feita não se jogava a possibilidade de livre estabelecimento, dentro da União, de empresas seguradoras mas, antes, a da prestação de serviços em qualquer ponto da União, independentemente do local do estabelecimento. Para tanto, era conveniente uma (certa) aproximação entre os regimes do próprio contrato de seguro, tanto mais que estava em causa a tutela do consumidor. Esta, a não ser prosseguida, de modo uniforme, em toda a União, iria provocar distorções, a nível de concorrência[316]. Assim surgiu a segunda leva de diretrizes dos seguros ou segundas diretrizes de coordenação seguradora:

Diretriz n.º 88/357/CEE, de 22 de junho, ou Segunda Diretriz do Conselho, relativa à coordenação de disposições legislativas respeitantes a seguros não-vida[317]; alterou a Diretriz n.º 73/239[318];
Diretriz n.º 90/619/CEE, de 8 de novembro, ou Segunda Diretriz do Conselho, relativa à coordenação de disposições legislativas respeitantes ao seguro direto de vida[319].

---

[312] JOCE N.º L 63, 1-18, de 13-mar.-1979.
[313] JOCE N.º L 345, 1-51, de 19-dez.-2002.
[314] JOCE N.º L 76, 44-45, de 19-mar.-2008.
[315] Yvonne Lambert-Faivre/Laurent Leveneur, *Droit des assurances* cit., 13.ª ed., 74 ss..
[316] Para uma referência às dificuldades suscitadas pela preparação destas diretrizes, vide Yvonne Lambert-Faivre/Laurent Leveneur, *Droit des assurances* cit., 13.ª ed., 73 ss..
[317] JOCE N.º L 172, 1-14, de 4-jul.-1988; esta Diretriz alterou a n.º 73/239/CEE.
[318] *Vide* Jürgen Basedow/Wolfgang Drasch, *Das neue Internationale Versicherungsvertragsrecht*, NJW 1991, 785-795.
[319] JOCE N.º L 330, 50-61, de 29-nov.-1990.

IV. Ainda as Segundas Diretrizes não haviam sido transpostas nos diversos países e segue-se a terceira leva, imposta pelo mercado único dos seguros, em vigor no dia 1-jul.-1994.

As Terceiras Diretrizes visam a denominada licença única ou passaporte comunitário[320]. Assim:

Diretriz n.º 92/49/CEE, de 18 de julho[321], ou Diretriz licença única para o sector não-vida ou, ainda, Terceira Diretriz Não-Vida;
Diretriz n.º 92/96/CEE, de 10 de novembro[322], ou Diretriz licença única para o sector vida ou, ainda, Terceira Diretriz Vida.

V. Estas Diretrizes tiveram sobretudo influxo no plano institucional: abaixo referiremos o modo por que foram transpostas. No tocante ao contrato de seguro propriamente dito, o seu papel conservou-se modesto.

Surgiu ainda uma Proposta de Diretriz de Coordenação do Contrato, de 28-jul.-1979, depois modificada em 30-dez.-1980: foi abandonada. O próprio preâmbulo da Terceira Diretriz Não-Vida refere que a harmonização do Direito do contrato de seguro não é condição prévia à realização do mercado único dos seguros[323].

VI. A complexidade originada por esta sucessão de diplomas levou as instâncias comunitárias a encarar a sua codificação. Por isso surgiu, no sec-

---

[320] Wulf-Henning Roth, *Die Vollendung des europäischen Binnenmarkts für Versicherung*, NJW 1993, 3028-3033 (3029 ss.) e Yvonne Lambert-Faivre/Laurent Leveneur, *Droit des assurances* cit., 13.ª ed., 75-76.

[321] JOCE N.º L 228, 1-23, de 11-ago.-1992; altera as Diretrizes n.º 73/239/CEE e n.º 88/357/CEE.

[322] JOCE N.º L 360, 1-27, de 9-dez.-1992; altera as Diretrizes n.º 79/267/CEE e n.º 90/619/CEE.

[323] José Vasques, *Contrato de seguro* (1999), 28. Mais precisamente: segundo o considerando (19) – JOCE N.º L 360, 3, de 9-dez.-1992,

> (...) a harmonização do direito do contrato de seguro não constitui condição prévia para a realização do mercado interno dos seguros; que, por conseguinte, a possibilidade facultada aos Estados-membros de imporem a aplicação do seu próprio direito interno aos contratos de seguro no âmbito dos quais sejam assumidos compromissos no seu território é suscetível de prestar garantias suficientes aos tomadores de seguros;

tor dos seguros de vida, a Diretriz n.º 2002/83/CE, de 5 de novembro[324], pontualmente alterada pela Diretriz n.º 2008/19/CE, de 11 de março[325].

A Diretriz n.º 2002/83/CE é um diploma extenso, antecedido por um largo e elucidativo preâmbulo. Reparte-se por 74 artigos, assim distribuídos:

Título I   – Definições e âmbito de aplicação (1.º a 3.º);
Título II   – Acesso à atividade do seguro de vida (4.º a 9.º);
Título III   – Condições de exercício da atividade de seguros (10.º a 39.º);
Título IV   – Disposições relativas ao Direito de estabelecimento e à livre prestação de serviços (40.º a 50.º);
Título V   – Regras aplicáveis às agências ou sucursais estabelecidas no interior da comunidade e de empresas, de sede social fora da comunidade (51.º a 57.º);
Título VI   – Regras aplicáveis às filiais de uma empresa-mãe sujeita à ordem jurídica de um País terceiro e à aquisição de participações por essa empresa-mãe (58.º e 59.º);
Título VII   – Disposições transitórias e diversas (60.º e 61.º);
Título VIII – Disposições finais (62.º a 74.º).

Seguem-se, ainda, seis anexos.

O domínio da supervisão obteve, ainda, outros instrumentos comunitários, que passamos a enumerar. Assim:

– *Diretriz n.º 2002/12, de 5 de março*, relativa à margem de solvência aplicável às empresas de seguro de vida[326];
– *Diretriz n.º 2002/13, de 5 de março*, relativa à margem de solvência aplicável às empresas de seguro não-vida[327];
– *Diretriz n.º 2002/87, de 16 de dezembro*, relativa à supervisão complementar de instituições de crédito, empresas de seguro e empresas de investimento de um conglomerado financeiro[328]; foi alterada pela Diretriz n.º 2008/25, de 11 de março[329], no que respeita à competência da Comissão;

---

[324] JOCE N.º L 345, 1-51, de 19-dez.-2002. *Vide* Lambert-Faivre/Leveneur, *Droit des assurances* cit., 13.ª ed., 76.
[325] JOUE N.º L 76, 44-45, de 11-mar.-2008.
[326] JOCE N.º L 77, 11-16, de 20-mar.-2002.
[327] JOCE N.º L 77, 17-22, de 20-mar.-2002.
[328] JOCE N.º L 35, 1-27, de 16-dez.-2002.
[329] JOUE N.º L 81, 40-41, de 20-mar.-2008.

– *Regulamento n.º 358/2003, de 27 de fevereiro*, relativo à aplicação do artigo 81.º/3 do Tratado a certas categorias de acordos, decisões e práticas concentradas no sector dos seguros[330].

As Diretrizes dos seguros 2002/12 e 2002/13 ficam conhecidas, no conjunto, como Solvência I: por oposição à então futura Diretriz 2009/138, cognominada Solvência II.

VII. No seu conjunto, os diplomas referidos permitem concluir que a área da supervisão dos seguros está, hoje, plenamente europeizada. Trata-se de um fenómeno que se tornou patente com a terceira série de diretrizes dos seguros[331]. A crescente integração entre a banca, os seguros e o mercado mobiliário tornou especialmente oportuna a montagem de uma instância única de supervisão, para essas três áreas. Os britânicos foram os primeiros, tendo depois surgido um projeto alemão[332], mais tarde convertido em lei[333]. O problema da supervisão integrada dos conglomerados financeiros suscita uma atenção especial[334]. Mas temos outras áreas de crescimento da matéria, com relevo para a supervisão das ofertas de empresas estrangeiras, feitas através da Internet[335].

45. A reforma de 2009/2014 (Solvência II)

I. A multiplicação de instrumentos comunitários no domínio dos seguros (da ordem das cinco dezenas), levou o legislador europeu a um esforço de racionalização e de codificação. Paralelamente, manifestaram-se, a partir de 2008, necessidades de reforço das garantias e das ações de supervisão prudencial. Embora de modo não tão direto como na banca,

---

[330] JOCE N.º L 53, 8-16, de 28-fev.-2003.

[331] Knut Hohlfeld, *Die Zukunft der Versicherungsaufsicht nach Vollendung des Binnenmarkts*, VersR 1993, 144-150 (145 ss.).

[332] Jens-Hinrich Binder, *Die geplante deutsche Allfinanzaufisicht und der britische Prototyp*, WM 2001, 2230-2238.

[333] *Direito bancário*, 5.ª ed., 94.

[334] Schnyder, *Europäisches Banken- und Versicherungsrecht* cit., 132 ss., pelo prisma dos seguros.

[335] Gerald Spindler, *Versicherungsaufsicht über Internetangebote ausländischer Versicherer*, VersR 2002, 1049-1055 (1049/I ss.).

o sector dos seguros ressentiu-se, fortemente, com a crise financeira e, depois, económica.

II. Nessa linha, após alguma preparação, foi publicada a Diretriz 2009/138, de 25 de novembro de 2009, relativa ao acesso à atividade de seguros e resseguros e ao seu exercício (Solvência II) (reformulação)[336].
Trata-se de um diploma extenso, técnico e de alguma complexidade. Comporta um preâmbulo com 142 pontos explicativos da reforma, 311 artigos, dos quais alguns de assinalável extensão e VII anexos, por vezes desdobrados em partes.

III. Pela sua relevância, vamos dar conta do seu conteúdo[337]:

Título I	– Disposições gerais relativas ao acesso e ao exercício das atividades de seguro direto e resseguro (1.º a 177.º):
Capítulo I	– Objeto, âmbito de aplicação e definições (1.º a 13.º);
Capítulo II	– Acesso à atividade (14.º a 26.º);
Capítulo III	– Autoridades de supervisão e disposições gerais (27.º a 39.º);
Capítulo IV	– Condições de exercício da atividade (40.º a 72.º);
Capítulo V	– Exercício simultâneo de seguro de vida e não-vida (73.º e 74.º);
Capítulo VI	– Regras relativas à avaliação dos elementos do ativo e do passivo, provisões técnicas, fundos próprios, requisito de capital de solvência, requisito de capital mínimo e regras de investimento (75.º a 135.º);
Capítulo VII	– Empresas de seguros e resseguros ou em situação irregular (136.º a 144.º);
Capítulo VIII	– Direito de estabelecimento e liberdade de prestação de serviços (145.º a 161.º);
Capítulo IX	– Sucursais estabelecidas na comunidade de empresas de seguros ou resseguros com sede fora da comunidade (162.º a 175.º);

---

[336] JOCE N.º L 335, 1-155. *Vide* Albina Candian/Alberto Tita, *La compliance delle imprese assicurative nel quadro europeo, tra Solvency II, EIOPA, e direttiva Omnibus*, DEDA 2011, 3-30 e a publicação do FMA – Österreichische Finanzmarktaufsicht, *Solvency II Handbuch/Eine Einführung in das neuen europäische Versicherungsaufsichtsrecht* (2012), XIV + 118 pp., 1 ss..
[337] FMA, *Solvency II Handbuch* cit., 9 ss..

Capítulo X – Filiais de empresas de seguros e de resseguros sujeitas à ordem jurídica de um país terceiro e aquisições de participações por essas empresas (176.º e 177.º).

Título II – Disposições específicas relativas aos seguros e resseguros (178.º a 211.º):
Capítulo I – Lei aplicável e condições dos contratos de seguro direto (178.º a 186.º);
Capítulo II – Disposições específicas dos seguros não-vida (187.º a 207.º);
Capítulo III – Disposições específicas dos seguros de vida (208.º e 209.º);
Capítulo IV – Regras específicas dos resseguros (210.º e 211.º).

Título III – Supervisão das empresas de seguros e de resseguros que fazem parte de um grupo (212.º a 266.º):
Capítulo I – Supervisão de grupos: definições, casos de aplicação, âmbito e níveis (212.º e 217.º);
Capítulo II – Situação financeira (218.ºç a 246.º);
Capítulo III – Medidas para facilitar a supervisão do grupo (247.º a 259.º);
Capítulo IV – Países terceiros (260.º a 264.º);
Capítulo V – Sociedades gestoras de participações de seguros mistas (265.º e 266.º).

Título IV – Saneamento e liquidação de empresas de seguros (267.º a 296.º):
Capítulo I – Âmbito de aplicação e definições (267.º e 268.º);
Capítulo II – Medidas de saneamento (269.º a 272.º);
Capítulo III – Processo de liquidação (273.º a 284.º);
Capítulo IV – Disposições comuns (285.º a 296.º).

Título V – Disposições diversas (297.º a 304.º).

Título VI – Disposições transitórias e finais (305.º a 312.º):
Capítulo I – Disposições transitórias (305.º a 308.º);
Capítulo II – Disposições finais (309.º a 312.º).

IV. No plano jurídico-científico, a Diretriz 2009/138 não comporta novidades efetivas. Assiste-se a uma densificação regulativa, ao estilo das "leis" europeias subsequentes à crise espoletada em 2007, pelos *sub pri-*

mes californianos. Entretanto, a persistência da crise e as movimentações dos *lobbies* nos corredores de Bruxelas levaram a que, mesmo antes da sua entrada em vigor, a Diretriz Solvência II (portanto: a 2009/138) fosse objeto de duas propostas de alteração:

– a proposta de 19-jan.-2011, que altera as Diretrizes 2003/71 e 2009/138, no que respeita às competências da Autoridade Europeia de Seguros e Pensões Complementares de Reforma e da Autoridade Europeia de Valores Mobiliários e dos Mercados[338];
– a proposta de 16-mai.-2012, que altera a Diretriz 2009/138, no que respeita às datas de transposição e entrada em aplicação e à data da revogação de certas diretrizes[339]; tais datas passam para 1-jan.-2014.

Essas e outras iniciativas deram lugar às seguintes alterações, introduzidas na Diretriz 2009/138:

– *Diretriz 2011/89*, de 16-nov.-2011, relativa à supervisão complementar das entidades financeiras de um conglomerado financeiro[340];
– *Diretriz 2013/23*, de 13-mai.-2013: procede a adaptações, devido à adesão da Croácia[341];
– *Diretriz 2013/58*, de 11-dez.-2013: concretizou a proposta de 16-mai.-2012, quanto às datas da transposição e de aplicação e à data de revogação de certas diretrizes[342];
– *Diretriz 2014/51*, de 16-abr.-2014: alterou diversas diretrizes e regulamentos relativos a reguladores europeus, entre os quais a EIOPA[343].

Mau grado a denotada instabilidade, surgiram múltiplos estudos sobre a Solvência II e a sua transposição, designadamente: na área da

---

[338] Proposta COM (2011) 8 final.
[339] Proposta COM (2012) 217 final.
[340] JOUE N.º L 326, 113-141, de 8-dez.-2011.
[341] JOUE N.º L 158, 362-364, de 13-mai.-2013.
[342] JOUE N.º L 341, 1-3, de 13-dez.-2013.
[343] JOUE N.º L 153, 1-61, de 22-mai.-2014.

governance[344], da *compliance*[345], da harmonização da supervisão[346] e dos juízos de risco e de solvência[347]. Na Alemanha, esteve em discussão um projeto relativo à transposição da Solvência II[348]. Daí resultaram mais estudos, tendo sido focados pontos atinentes à proporcionalidade[349], às qualificações requeridas para o conselho de vigilância (equivalente, *grosso modo*, ao nosso conselho geral e de supervisão)[350], às posições dominantes[351], à informação das autoridades de supervisão no plano europeu[352] e, de novo, à inevitável *compliance* [353].

---

[344] Sonke Gödeke, *Das (neue) Governance-System nach Solvency II*, VersR 2010, 10-18, historiando a matéria (10/II ss.), referindo os princípios (11/II ss.) e formulando dúvidas quanto a uma nova *governance* (17/II) e FMA, *Solvency II Handbuch* cit., 57 ss.. No que toca à *governance*, vide Direito das sociedades 1, 3.ª ed., 889 ss..

[345] Birgit Reese/Christian Ronge, *Aufgaben und Struktur der Compliance-Funktion im Versicherungsunternehmen unter besonderer Berücksichtigung von Solvency II*, VersR 2011, 1217-1234 e Jürgen Bürkle, *Vorgaben der Richtlinie Solvabilität/II für die Compliance in Versicherungsunternehmen*, em AAVV, Düsseldorf Vorträge zum Versicherungsrecht (2011), 1-20.

[346] Meinrad Dreher, *Die Vollharmonisierung der Versicherungsaufsich durch Solvency II*, VersR 2011, 825-834 e Jürgen Bürkle, *Die Zukunft der materiellen Versicherungsaufsicht in Deutschland*, VersR 2011, 1469-1478 (1473 ss.).

[347] Meinrad Dreher/Christoph Ballmaier, *Die unternehmenseigene Risiko- und Solvabilitätsbeurteilung (ORSA) nach Solvency II und VAG 2012*, VersR 2012, 129-143 e Manfred Wandt/David Sehrbrock, *Die Umsetzung des Verhaltnismässigkeitsgrundsatzes der Solvency II Richtlinie*, VersR 2012, 802-822.

[348] Joachim Grote/Martin Schaaf, *Zum Referentwurf der 10. VAG Novelle zur Umsetzung der Solvency II – Richtlinie in deutsches Recht/eine erste Analyse*, VersR 2012, 17-28.

[349] Manfred Wandt/David Sehrbrock, *Die Umsetzung des Verhältnismäßigkeitsgrundsatzes der Solvency II Richtlinie im VAG-Regierungsentwurf*, VersR 2012, 802-809.

[350] Wolfgang Krauel/Thomas N. Broichhausen, *Zu den Qualifikationsanforderungen an Ansichtsräte in Versicherungsunternehmen vor dem Hintergrund von Solvency II/ Eine Analyse anlässlich der Vorlage des Regierungsentwurfes des Versicherungsaufsichsgesetzes*, VersR 2012, 823-829.

[351] Meinrad Dreher, *Begriff und Inhaber der Schlüsselfunktionen nach Solvency II und VAG 2012*, VersR 2012, 933-942 e *Die aufsichtsbehördliche Kontrolle der Inhaber von Schlüsselfunktionen nach Solvency II und künftigen VAG*, VersR 2012, 1061-1072.

[352] Andreas Decker, *Unterrichtungs- und Informationsrechte der deutschen Aufsichtsbehörden gegenüber europäischen Versicherungsunternehmen bei Markteintritt und Funktionsausgliedrung*, VersR 2013, 287-293.

[353] Martin Wolf, *Zur Aufgabenverteilung zwischen den Governance-Funktionen von Versicherungsunternehmen nach der Solvency-II-Richtlinie-Überlegungen am Beispiel der Funktionen Compliance, Risikomanagement und interne Revision*, VersR 2013, 678-685 e

V. O Direito europeu da supervisão dos seguros foi ainda enriquecido pelo Regulamento Delegado (UE) 2015/35, da Comissão, de 10-out.-2014, que completa a Diretriz 2009/138 ou Solvência II[354]. Com regras pormenorizadas e anexos que somam 797 páginas no *Jornal Oficial da União Europeia*, este instrumento ilustra o pesado nível regulamentador de Bruxelas. Os custos de transação que tudo isso provoca nas empresas seguradoras e nas entidades nacionais de supervisão são elevados. Para os cidadãos e o público em geral, bem como para a generalidade dos práticos na área dos seguros, esta profusão constitui um universo impenetrável. Quanto a saber se daí resulta mais solidez para o sistema financeiro: sem uma supervisão planetária, é difícil. O futuro o dirá.

46. A Autoridade Europeia de Supervisão (EIOPA)

I. A crise de 2007/2014 veio demonstrar que a harmonização do Direito institucional de seguros era insuficiente. Falta uma entidade de supervisão transnacional, de nível europeu, capaz de assegurar um respeito efetivo pelas regras prudenciais dos seguros. Desde 2000, de resto, multiplicavam-se recomendações nesse sentido. Porém, só com as lições da crise foi possível avançar nessa linha.

Após preparatórios[355], foram criadas três Autoridades Europeias de Supervisão:

- a ESMA (*European Securities and Market Authority*), pelo Regulamento 1095/2010, de 24 de setembro, para o sector mobiliário;
- a EBA (*European Banking Authority*), pelo Regulamento 1093/2010, de 24 de setembro, para a banca;
- a EIOPA (*European Insurance and Occupational Pensions Authority*), pelo Regulamento 1094/2010, de 24 de setembro, para os seguros[356].

Andreas Decker, *Begriff, Aufgaben und Rechtsnatur der versicherungsaufsichtsrechtlichen Compliance nach Solvency II*, VersR 2013, 929-944.

[354] Regulamento Delegado 2015/35, de 10-out.-2014, JOUE N.º L 12, 1-797, de 17-jan.-2015.

[355] A iniciativa partiu da Comissão Europeia, que designou um Comité presidido por La Larosière. O projeto consta de COM (2009), 502 final; *vide*, ainda, Gerrit Forst, *Zum Verordnungsvorschlag der Kommission über eine europäische Versicherungsaufsicht*, VersR 2010, 155-162.

[356] JOCE N.º L-331, 48-83, de 15-dez.-2010.

O primeiro presidente eleito da EIOPA, atualmente em funções, é o Dr. Gabriel Bernardino, do ex-ISP. A sede da EIOPA fica em Frankfurt.

II. A EIOPA foi constituída pelo Regulamento 1094/2010[357], acima referido. No competente preâmbulo indicam-se, com proficiência, os objetivos fundamentais da iniciativa[358]. São eles:

- obtenção de uma melhor proteção dos consumidores[359], restaurando a confiança no sistema financeiro;
- prossecução de um nível de regulação e de supervisão elevado, que tenha em conta a diversidade de interesses e de instituições;
- providenciar a harmonização e a coerência das regras financeiras aplicáveis na União;
- reforçar a *compliance* nos seguros[360];
- supervisão dos grupos externos;
- promoção de uma supervisão coordenada e responsiva, por parte da União.

III. O Regulamento 1094/2010, relativo à EIOPA, tem o seguinte esquema:

Capítulo I – Criação e estatuto jurídico (1.º a 7.º);
Capítulo II – Atribuições e competências de autoridade (8.º a 39.º);
Capítulo III – Organização (40.º a 53.º);
Capítulo IV – Organismos competentes das Autoridades Europeias de Supervisão (54.º a 59.º);
Capítulo V – Vias de recurso (60.º e 61.º);
Capítulo VI – Disposições financeiras (62.º a 66.º);
Capítulo VII – Disposições gerais (67.º a 75.º);
Capítulo VIII – Disposições transitórias e finais (76.º a 82.º).

---

[357] Natascha Sasserath-Alberti, *EIOPA-Verordnung: Rechtliche Herausforderung für die Praxis*, VersR 2012, 524-535.

[358] Vide Julius Goldmann/Kai Purnhagen, *EIOPA/Die neue europäische Versicherungsaufsicht*, VersR 2012, 29-33 e Natascha Sasserath-Alberti/Helge Hartig, *EIOPA – Verordnung: Rechtliche Herausforderungen für die Praxis*, VersR 2012, 524-535.

[359] Meinrad Dreher, *Versicherungsaufsichtsrecht und Verbraucherschutz im Solvency II und EIOPA System*, VersR 2013, 401-412.

[360] Jürgen Bürkle, *Auswirkungen von EIOPA-Zeitlinien auf die Compliance in Versicherungsunternehmen*, VersR 2014, 529-537.

As "atribuições e competências da Autoridade" (8.º, 9.º e 10.º) são algo tímidas. No fundo, tem poderes de estudo, de análise, de acompanhamento e de coordenação. As medidas genéricas que preconize são submetidas à Comissão. Digamos que lhe falta soberania própria. Temos um embrião interessante de uma entidade europeia de supervisão, que depende de uma futura evolução política reforçada da União Europeia.

Mau grado esta reserva, cabe salientar a Diretriz 2010/78, de 24 de novembro, relativa à matéria da supervisão europeia[361].

47. Organismos e entidades internacionais

I. Na preparação de textos internacionais, precedendo os competentes estudos de Ciência aplicada e de Direito comparado, são decisivos os organismos e as entidades internacionais do sector, de natureza privada ou pública. Vamos referir as mais significativas:

AIDA: Associação Internacional de Direito dos Seguros: constituída no Luxemburgo, em 1960, hoje com sede em Londres, ela está organizada por secções, estando presente em 71 países; a secção portuguesa data de 1970.

CEA: Comité Européen des Assurances: criado em 1953, Bruxelas, ele agrupa 33 associações nacionais de seguradores, num total de mais de 5.000 companhias europeias as quais representam para cima de 1.100 biliões de euros de prémios e 7.200 biliões de investimentos, ultrapassando cem mil empregos; tem um papel importante no apoio à Comissão Europeia, no campo dos seguros, defendendo os interesses dos seguradores.

Groupe: Groupe Consultatif Actuariel Européen: fundado em 1978, com sede em Bruxelas, ele liga as associações atuariais da União Europeia; procede a estudos e a recomendações legislativas europeias, na sua área.

IAIS: International Association of Insurance Supervisors: criada em 1994, com sede em Basileia, ela agrupa reguladores e supervisores de cerca de 140 países; visa promover uma supervisão global e eficiente e contribuir para a estabilidade financeira mundial; devem-se-lhe a pre-

---

[361] JOUE N.º L-331, 120-161, de 15-dez.-2010.

paração de princípios e de *standards* internacionais, particularmente na área da supervisão.

Project Group "Restatement of European Insurance Contract Law", criado em Innsbruck pelo Prof. Fritz Reichert-Facilides (1929-2003), colaborador da Comissão Europeia e autor dos *Principles of European Insurance Contract Law*, abaixo referidos.

The Geneves Association: The International Association for the Study of Insurance Economics, criada em Paris, em 1973, resulta de uma iniciativa conjunta de grandes seguradoras europeias e de universidades, com vista ao estudo da economia dos seguros; é responsável por estudos significativos na área do risco e da regulação.

48. O Direito material dos seguros

I. No domínio do Direito material dos seguros, também se verificou um influxo comunitário. Desde logo no sector sensível dos seguros relativos à circulação automóvel, onde devemos contar com cinco diretrizes:

1.ª Diretriz do seguro de responsabilidade civil automóvel ou *Diretriz n.º 72/166, de 24 de abril*[362];
2.ª Diretriz ou *Diretriz n.º 84/5, de 13 de junho*[363];
3.ª Diretriz ou *Diretriz n.º 90/232, de 14 de maio*[364];
4.ª Diretriz ou *Diretriz n.º 2000/26, de 16 de maio*[365];
5.ª Diretriz ou *Diretriz n.º 2005/14, de 11 de maio*[366], veio alterar as quatro diretrizes anteriores.

Estas diretrizes foram revogadas e substituídas pela Diretriz n.º 2009/103, de 16 de setembro[367], que codificou a matéria relativa ao seguro automóvel. Será considerada a propósito desse tipo de seguro[368].

---

[362] JOCE N.º L 103, 1-4, de 2-mai.-1972.
[363] JOCE N.º L 8, 17-20, de 11-jan.-1984.
[364] JOCE N.º L 129, 33-35, de 19-mai.-1990.
[365] JOCE N.º L 181, 65-74, de 20-jul.-2000; o texto desta Diretriz e o das três anteriores pode ser confrontado em Menezes Cordeiro/Carla Morgado, *Leis dos seguros* cit., 591 ss., 672 ss., 718 ss. e 941 ss., respetivamente.
[366] JOCE N.º L 149, 14-28, de 11-jun.-2005.
[367] JOCE N.º L 263, 11-31, de 16-set.-2009.
[368] *Infra*, § 86.º e ss..

Toda esta matéria foi transposta para a ordem interna portuguesa: designadamente, por último, pelo Decreto-Lei n.º 291/2007, de 21 de agosto[369], abaixo referido.

II. Para além deste sector bem demarcado, o Direito europeu tem influências materiais em vários planos[370]. Em primeiro lugar, no tocante ao Direito de conflitos, que procurou corresponder à nova situação[371]. Após prolongados preparatórios, acabou por vir à luz, no Regulamento (CE) n.º 593/2008, de 17 de junho[372], sobre a lei aplicável às obrigações contratuais, conhecido como Roma I, um artigo 7.º relativo ao Direito internacional dos seguros, abaixo examinado[373].

De seguida, manifestou-se uma normal permeabilidade entre os planos institucional e material. O sector europeu dos seguros representa 30% do valor mundial dos prémios: logo após os Estados Unidos, onde ascendem aos 35%[374]. Compreende-se o peso que, nos próprios contratos, acabam por ter as mudanças na supervisão[375].

Uma influência direta adveio da regulamentação comunitária sobre cláusulas contratuais gerais, que teve um influxo nas nutridas condições gerais dos seguros[376], particularmente nas cláusulas ambíguas[377]. Foram

---

[369] Alterado pelo Decreto-Lei n.º 153/2008, de 6 de agosto.

[370] Dirk Looschelders, *Europäisches Privatrecht und deutsches Versicherungsvertragsrecht – aktuelle Problemfelder, Entwicklungen und Perspektiven*, VersR 2013, 653-661.

[371] Fritz Reichert-Facilides, *Zur Kodifikation des deutschen internationalen Versicherungsvertragsrechts*, IPRax 1990, 1-18 e *Gesetzesvorschlag zur Neuregelung des deutschen Internationalen Versicherungsvertragsrechts*, VersR 1993, 1177-1182.

[372] JOUE N.º 177, 6-16, de 4-jul.-2008.

[373] *Infra*, 501 ss..

[374] Ulrich Hübner/Annemarie Matusche-Beckmann, *Auswirkungen des Gemeinschaftsrechts auf das Versicherungsrecht*, EuZW 1995, 263-273 (263/I).

[375] Roland Michael Beckmann, *Auswirkungen des EG-Rechts auf das Versicherungsvertragsrecht*, ZEuP 1999, 809-833 (810 ss.).

[376] Thomas Fausten, *Grenzen der Inhaltskontrolle Allgemeiner Versicherungsbedingungen*, VersR 1999, 413-419, Eva-Maria Kieninger, *Nochwals: Grenzen der Inhaltskontrolle Allgemeiner Versicherungsbedingungen*, VersR 1999, 951-953; anteriormente, já Hübner/Matusche-Beckmann, *Auswirkungen des Gemeinschaftsrechts* cit., 269/II ss.; na sequência: Beckmann, *Auswirkungen des EG-Rechts* cit., 814 ss..

[377] Jürgen Basedow, *Transparenz als Prinzip des (Versicherungs-) Vertragsrecht*, VersR 1999, 1045-1055 (1047/I).

ampliadas as exigências de transparência[378] e de informação[379]. Também o sector dos resseguros foi visado[380].

Em ambiência comunitária, toda a realização do Direito é infletida. A interpretação dos diversos instrumentos faz-se em termos sistemáticos e comparatísticos[381], o que implica conhecer as diretrizes pertinentes e as ordens dadoras. A proteção do consumidor é um dado permanente[382], intensificando-se perante as modernas técnicas de contratação à distância[383]. Também os resseguros sofrem esta inflexão[384].

49. Um Código europeu dos seguros? Os PEICL

I. Põe-se, por fim, o problema de uma uniformização direta do Direito material dos seguros, já acima referido.

Em 1979, a Comissão apresentou uma proposta de diretriz com vista à coordenação das disposições legislativas, regulamentares e administrativas, relativas ao contrato de seguro[385], surgindo, no ano seguinte, uma proposta modificada[386].

---

[378] Peter Präve, *Versicherungsbedingungen und Transparenzgebot*, VersR 2000, 138-144 (139/I, quanto a regras não claras e 142/II, quanto a desequilíbrios desproporcionados).

[379] Markus Müller, *Ein Weg zu mehr Transparenz für Verbraucher und mehr Wettbewerb im Versicherungssektor*, VersR 2003, 933-939 (934/I).

[380] Daniela Weber-Rey/Corinna Baltzer, *Aktuelle Entwicklungen im Versicherungsaufsichtsrecht/Aufsicht über Rückversicherungen und an Versicherungen beteiligte Unternehmen*, WM 2006, 205-213 e Dirk Looschelders, *Grundfragen des deutschen und internationalen Rückversicherungsvertragsrechts*, VersR 2012, 1-9.

[381] Harald Herrmann, *Auslegung europäisierten Versicherungsvertragsrechts*, ZEuP 1999, 663-688 (663 ss.); há que ter em conta o influxo anglo-saxónico: Carl Friedrich Nordmeier, *Zur Auslegung von Versicherungsverträgen nach englischem Recht*, VersR 2012, 143-150.

[382] Beckmann, *Auswirkungen des EG-Rechts* cit., 827 ss..

[383] Peter Mankowski, *Internationales Versicherungsvertragsrecht und Internet*, VersR 1999, 923-932. Vide infra, 608 ss..

[384] Peter Mankowski, *Internationales Rückversicherungsvertragsrecht*, VersR 2002, 1177-1187.

[385] JOCE N.º C 190, 2-13, de 28-jul.-1979 = COM (1979) 355.

[386] JOCE N.º C 355, 30-39, de 31-dez.-1980 = COM (1980) 854.

A proposta de diretriz material dos seguros, de 1979, comportava um breve preâmbulo explicativo e quinze artigos. Em síntese, têm o teor seguinte:

1.º excluir do seu âmbito os seguros relativos a transportes e a créditos e as cauções;
2.º conteúdo da apólice e de alterações supervenientes;
3.º declaração do risco a fazer pelo tomador, aquando da conclusão, elementos de conhecimento superveniente e consequências da omissão;
4.º declarações de agravamentos supervenientes de risco, a cargo do tomador e consequências da omissão;
5.º reembolso de somas indevidamente pagas, nos termos do artigo anterior;
6.º diminuição superveniente do risco; prémio;
7.º falta de pagamento do prémio; quinze dias antes de aplicação de sanções;
8.º deveres do tomador de minimizar as consequências do sinistro;
9.º prazo razoável para participação do sinistro;
10.º circunstâncias que permitem a denúncia ou a resolução;
11.º segurado diferente do tomador;
12.º derrogabilidade das regras da diretriz, quando a favor do tomador, do segurado ou de um terceiro;
13.º prazo de 18 meses para a transposição;
14.º comunicação à Comissão das medidas legislativas de transposição;
15.º Estados-Membros são os destinatários.

A proposta modificada de 1980 conservou os grandes traços da anterior, de 1979. Limitou-se, no essencial, a complementar e a desenvolver alguns dos seus preceitos.

As questões causadas pela diversidade de sistemas jurídico-privados eram inultrapassáveis, o que levou a Comissão a dar prioridade aos aspetos institucionais[387]. A proposta foi abandonada.

Não obstante, os especialistas sublinham que, mesmo sem diretrizes, os diversos Estados têm vindo a rever os Direitos materiais internos, no sentido de uma aproximação. Parece importante, nessa linha, a pressão da

---

[387] Yvonne Lambert-Faivre/Laurent Leveneur, *Droit des assurances* cit., 13.ª ed., 73-74 e Schnyder, *Europäisches Banken- und Versicherungsrecht* cit., 198 ss..

§ *10.º Direito europeu dos seguros* 155

doutrina, progressivamente sensibilizada. Além disso, o Conselho Económico e Social preparou, em 2004, um anteprojeto de recomendação sobre o "Direito europeu do contrato de seguro"[388], que conduziu à recomendação de 15-dez.-2004[389].
Trata-se de uma área para a qual a Comissão de Reforma dos Seguros, que conduziu à LCS, foi cuidadosa. Em diversos países, desenvolveram-se estudos, com relevo para a experiência alemã: em 11-out.-2006, foi tornado público um projeto governamental relativo a um novo regime do contrato de seguro[390], que desembocou na nossa já conhecida Lei de 2008. O Direito europeu teve influência na reforma, embora seja evidente a manutenção do cunho tradicional alemão.

III. No âmbito dos trabalhos semi-oficiais tendentes à preparação de um código civil europeu, no campo das obrigações[391], foi decidido, de acordo com a técnica alemã tradicional, deixar de parte o Direito dos seguros[392-393]. As dificuldades e o subsequente abandono do projeto de diretriz material dos seguros de 1979/1980 deixaram margem para diversos estudos e reflexões sobre a matéria[394].
Pela sua capacidade de iniciativa e de movimentação nos meios de Bruxelas, o *Project Group* criado em Innsbruck, na Áustria, pelo profes-

---

[388] Schnyder, ob. cit., 199.

[389] INT/2002. Vide Helmut Heiss, *Europäischer Versicherungsvertrag/Initiativstellungnahme des Europäischen Wirtschafts- und Sozialausschusses verabschiedet*, VersR 2005, 1-4.

[390] Theo Langheid, *Auf dem Weg zu einem neuen Versicherungsvertragsrecht*, NJW 2006, 3317-3322.

[391] *Tratado* VI, 241 ss.. Esse "código civil" abrangeria a generalidade dos contratos comerciais.

[392] Também o projeto relativo à codificação europeia do Direito do consumidor fez, pelas mesmas razões, idêntica opção; vide COM (2010) 348, final.

[393] Christian Armbrüster, *Das Versicherungsrecht im Common Frame of Reference*, ZEuP 2008, 775-812 (775).

[394] Assim, Harald Herrmann, *Auslegung europäisierten Versicherungsrechts*, ZEuP 1999, 663-668, Roland Michael Beckmann, *Auswirkungen des EG-Rechts auf das Versicherungsvertragsrecht*, ZEuP 1999, 809-833 (832-833, focando a limitada dimensão material existente), Helmut Heiss, *Europäischer Versicherungsvertrag/Initiativstellungnahme des Europäischen Wirtschafts- und Sozialausschusses verabschiedet*, UusR 2005, 1-4, e a obra coletiva organizada por Fritz Reichert-Facilides/Anton K. Schnyder, *Versicherungsrecht in Europa/Kernperspektiven am Ende des 20. Jahrhundert* (2000), V + 294 pp., com contributos de onze autores.

sor alemão Fritz Reichert-Facilides (1929-2003) e prosseguido, depois do seu falecimento, por colaboradores de reconhecida competência, ganhou protagonismo e aprontou uns "princípios do Direito europeu do contrato de seguro" (PEICL[395]), disponíveis, numa primeira versão, na Net, desde 2007[396]. Os PEICL foram finalmente publicados em 2009, preparados oficialmente pelo *Project Group Restatement of European Insurance Contract Law*, agora presidido por Helmut Heiss[397].

Os PEICL foram preparados em língua inglesa. Em três partes, surge o articulado, com notas e explicações. Seguem-se, depois, traduções em 12 línguas[398]. *A latere*, os PEICL já foram publicados em diversos outros idiomas, não-comunitários, designadamente em árabe, em chinês, em japonês e em russo.

Cumpre dar uma breve ideia do seu sistema[399]. Assim:

    Parte I – Disposições comuns a todos os contratos incluídos nos princípios comuns do Direito europeu dos contratos de seguro:
    Capítulo I   – Disposições introdutórias;
    Capítulo II – Fase pré-contratual e duração do contrato de seguro;
    Capítulo III – Mediadores de seguros;
    Capítulo IV – O risco segurado;
    Capítulo V – Prémio de seguro;
    Capítulo VI – Sinistro;
    Capítulo VII – Prescrição.
    Parte II – Disposições comuns a todos os contratos incluídos nos princípios comuns do Direito europeu dos contratos de seguro:
    Capítulo VIII – Capital seguro e valor seguro;
    Capítulo IX – Direito à indemnização;

---

[395] Sigla correspondente a *Principles of European Insurance Contract Law*.

[396] Christian Armbrüster, *Das Versicherungsrecht im Common Frame of Reference* cit., 776; este Autor – idem, 776 a 801 – fez, já então, uma análise do seu conteúdo. O documento foi ainda publicado como *Vorschlag eines Europäischen Modellgesetzes für Versicherungsverträge*, VersR 2008, 328-329.

[397] *Principles of European Insurance Contract Law* (PEICL), ed. por Jürgen Basedow e outros (2009), LXVIII + 668 pp..

[398] A tradução em português – PEICL cit., 501-526 – pode, também, ser confrontada na Net.

[399] Vide Pedro Pais de Vasconcelos, *O Projeto Restatement e o ambiente do Direito dos seguros em Portugal* (s/d), 6 pp., confrontável na Net.

Capítulo X – Sub-rogação;
Capítulo XI – Seguro a favor de terceiro;
Capítulo XII – Risco seguro.
Parte III – Disposições comuns ao seguro de prestações convencionadas.

IV. Os PEICL elegem uma via que surgira já na proposta da Comissão relativa a um Regulamento sobre o Contrato de Compra e Venda[400]: a natureza opcional[401]. Efetivamente, segundo o seu artigo 1:102, os princípios comuns são aplicados quando as partes assim o estipularem, não obstante as limitações de escolha da lei em Direito internacional privado. A opção é feita em bloco. O artigo 1:103 admite algumas regras injuntivas, com relevo para as que combatam a fraude. Trata-se, porém, de um ponto ainda em aberto.

Quanto ao resto: iremos, a propósito de cada solução de Direito positivo, confrontar o Direito vigente com os PEICL. Adiantamos que o texto é equilibrado e fez uma súmula entre alguns Direitos continentais, no tocante ao contrato de seguro. Materialmente, e tal como sucede com o "Direito civil europeu", estamos perante um Direito alemão simplificado, escrito em inglês. Tanto basta para que, perante um jurista lusófono, ele não surja como um corpo estranho.

V. Os PEICL já originaram alguns estudos de Direito dos seguros, feitos por ângulos distintos[402]. Tal como temos vindo a recomendar perante os textos semi-oficiais de "Direito civil europeu", há que estudar essa matéria com atenção e humildade universitárias.

Prometendo novos avanços, a Comissão Europeia, por decisão de 17-jan.-2013, criou um grupo de peritos para se ocupar do Direito europeu dos contratos de seguro[403]. Os "peritos" em causa publicaram um

---

[400] COM (2011), 635 final; *vide*, aí, o artigo 3.º. Sobre essa proposta: *Tratado* VI, 2.ª ed., 252 ss..

[401] Holger Fleicher, *Optionales europäiches Privatrecht* ("28. Modell"), RabelsZ 76 (2012), 235-252 (251).

[402] Assim, a recolha feita por Helmut Heiss/Mandeep Lakhan, *Principles of european insurance contract law: a model optional instrument* (2011), VIII + 152 pp.; *vide*, em especial, do mesmo Helmut Heiss, *Optional europäischen Versicherungsrecht*, RabelsZ 76 (2012), 316-338.

[403] JOUE N.º C 16, 6-8, de 19-jan.-2013.

relatório final, com dados interessantes e que pode ser confrontado com vantagem[404].
Todavia, impõem-se algumas prevenções. São elas:
- a afirmação, algo repetida[405], de que a diversidade de Direitos prejudica o mercado único deveria ser mais justificada, no plano dos factos; nos grandes riscos, o problema não se põe; nos seguros de massas, ele não se afigura consistente: o segurador que não venha ao encontro dos seus consumidores merece suspeição;
- a unificação legislativa deve ser acompanhada pela unidade científica e linguística: ora isso nem é possível, nem parece conveniente para a lusofonia;
- os trabalhos "unificadores" têm sido criticados pela excessiva celeridade, pela opacidade das pessoas que os conduzem e pela sujeição a critérios políticos[406]; devemos ter presente que as instâncias europeias, mormente a Comissão, totalmente incapazes de intervir na crise do euro e na problemática complexa que lhe subjaz, procuraram justificar a sua existência com intervenções legislativas desnecessárias[407];
- a Ciência Jurídica lusófona tem sido totalmente marginalizada dos comparatismos que presidem aos projetos; ora a experiência portuguesa tem tudo a perder em abdicar, servilmente, do universo dos Direitos lusófonos;
- finalmente e no campo dos seguros: as leis nacionais estão já "europeizadas"; tudo reside, agora, em problemas linguísticos e nas condições gerais dos seguros.

Feitas as prevenções: o Direito europeu dos seguros, mesmo a nível de projeto, constitui um instrumento jurídico-científico incontornável, na Ciência do Direito dos seguros.

---

[404] *Final Report of the Commission Expert Group on European Insurance Contract Law* (2014), 83 pp., confrontável na *Net*.

[405] *Vide* Helmut Heiss, *Optional europäischen Versicherungsrecht* cit., 317.

[406] *Vide* Walter Doralt, *Strukturelle Schwächen in der Europäisierung des Privatrechts/Ein Prozessanalyse der jüngeren Entwicklungen*, RabelsZ 74 (2010), 260-285 (266 ss., 270 ss. e 275 ss.).

[407] A opcionalidade – *videi* Helmut Heiss, *Optional europäischen Versicherungsrecht* cit., 326 – surge, evidentemente, como um primeiro passo: no horizonte está, sim, a supressão dos Direitos nacionais.

PARTE II

OS SEGURADORES

CAPÍTULO I
AS ENTIDADES SEGURADORAS EM GERAL

§ 11.º EVOLUÇÃO HISTÓRICA

50. As primeiras companhias (séc. XVIII)

I. As primeiras companhias seguradoras privadas permanentes surgiram, entre nós, nos finais do século XVIII. Até lá, os contratos de seguros eram celebrados por comerciantes, isolados ou de modo agrupado, mas sem uma especialização racional.

O alvará régio que, em 11 de agosto de 1791, oficializou a Casa dos Seguros de Lisboa, permitiu a constituição de companhias particulares seguradoras, sujeitas a homologação real[408].

II. Na sequência desse diploma, formaram-se as primeiras companhias de seguros portuguesas. Foram elas[409]:

– a *Companhia Permanente de Seguros em Lisboa*, fundada logo em 1791 por Camilo João Queirós, José Barbosa de Amorim e Francisco Palyart, negociantes conhecidos e com experiência; esta Companhia assumiu seguir o modelo da *Royal Exchange Assurance*, de Londres e tomou a forma de sociedade por ações: 60 contos de réis de capital, logo elevados para 150; como particularidade interessante, ela assumiu uma responsa-

---

[408] Reunido na *Collecção de Leys*, tomo IV, não paginado. *Vide* os *Artigos que formão a Regulação da Casa dos Seguros da Praça de Lisboa, propostos, e approvados no restabelecimento da Casa em 1758, e authorizados pelo § 3. do Alvará de 11 de Agosto de 1791, como parte do mesmo Alvará*, 7 pp..

[409] Os elementos subsequentes constam de A. H. de Oliveira Marques, *Para a História dos seguros* cit., 241-257.

bilidade limitada ao fundo social (capital social) o que levou a problemas aquando da sujeição à Junta dos Seguros; D. João, Príncipe Regente, despachou-a formalmente, em 17-out.-1792; em 1798 ainda existia mas, parece, já não em 1799;
- *Policarpo e Quintela*, de Policarpo José Machado e do Barão de Quintela;
- *Caldas, Machado, Gildemeester Dlz. e C.ª*, virada para os incêndios, formada a 27-jan.-1792, por doze anos[410]; em 1802 já não funcionaria;
- *Pontes, Fortunato, Prego & C.ª*, fundada em 1792 e transformada, em 1796, na *Companhia de Seguros Esperança*; terá subsistido dois anos;
- *Carvalho, Guillot & C.ª*, datada de 1792 e que se manteve até 1798;
- *Companhia de Seguros Marítimos*, constituída em 16-nov.-1796, com um capital de 192 contos, em 32 ações de 6 c., detidas por 22 sócios, todos estrangeiros; operou até 1804;
- *Companhia de Seguros União*, de 1796, com o capital de 150 contos e que se fundiu, em 1798, com a *Companhia de Seguros Bom Conceito*;
- *Companhia de Seguros Tranquilidade Recíproca*, formada em 22-fev.-1797, com 240 contos distribuídos por ações; ainda operava, em 1807, tendo soçobrado com as invasões francesas;
- *Companhia de Seguros Bom Conceito*, de 1797, com o capital de 400 contos, titulado por ações; fundiu-se com a *União*, acima referida e deu lugar à *Nova Companhia Bom Conceito*, liquidada em 1808, mas antecessora da *Companhia de Seguros Bonança*, que se manteve até aos nossos dias;
- *Queirós, Barbosa e Companhia*, de 1798 a 1801;
- *Barros, Rossi, Freire, Dias & C.ª*, de 1801 a 1808;
- *Companhia do Sossego Comum*, de 1804 a 1811;
- *Companhia de Seguros Indemnidade*: surge em 1804 e não sobrevive às invasões francesas;
- *Companhia de Seguros Bons Amigos*: de 1804 às invasões francesas;
- *Companhia de Seguros Boa Fé*: criada em 1806, desaparece, também, com as invasões;
- *Salgado, Barros, Pedro, Sousa & C.ª*: de 1806 às invasões;
- *Companhia de Seguros Bonança*: adveio da *Nova Companhia Bom Conceito* e ainda hoje subsiste, fundida com a Império, do Grupo Caixa Geral de Depósitos e, depois, alienada a interesses chineses.

III. Como se vê, num curto espaço de tempo, surgiram quase duas dezenas de seguradoras, de duração efémera. Todas elas foram autorizadas, nos termos das leis então em vigor.

---

[410] Os seus estatutos podem ser vistos em A. H. de Oliveira Marques, *Para a História dos seguros* cit., 245-246.

§ 11.º *Evolução histórica*   163

Várias conclusões são possíveis. Desde logo, constata-se uma relativa popularização do negócio dos seguros: o surto registado deixa entender a existência de muitas pessoas envolvidas. De seguida, havia, nos seguros, uma oportunidade de negócio: as companhias então formadas tinham, na origem, comerciantes experientes e conhecedores do seu tempo. Quanto à forma jurídica: ora surgem sociedades simples, ora sociedades por ações, podendo estas ter responsabilidade limitada ou ilimitada. Na época, não havia uma clara tipificação das sociedades comerciais.

A volatilidade demonstrada pelas primeiras companhias de seguros pode explicar-se:

– pela tradição dos seguros como operações destinadas a uns quantos negócios e não como uma verdadeira atividade industrial institucionalizada;
– pela pequena dimensão que assumiam;
– pela invasão e ocupação do País por tropas estrangeiras, num episódio marcado pelas pilhagens e pela destruição gratuita.

51. O século XIX

I. O século XIX viveu dominado, no campo dos seguros, pela sucessiva publicação dos Códigos comerciais: o de Ferreira Borges (1833)[411] e o de Veiga Beirão (1888)[412]. A matéria teve algum desenvolvimento, sem ultrapassar esses diplomas, no plano legal[413]. O progresso verificou-se, fundamentalmente, no desenvolvimento do Direito societário[414], base de qualquer seguradora privada.

II. No domínio da vigência do Código Ferreira Borges, as companhias (isto é, as sociedades anónimas) dependiam (546.º) de:

(…) autorização especial do governo, e aprovação da sua instituição.

As seguradoras que assumissem a forma de companhia ficavam, automaticamente, sujeitas à fiscalização do Estado. Nesse período, toda-

---

[411] *Supra*, 93 ss..
[412] *Supra*, 98 ss..
[413] Focando os seguros mútuos: Emídio da Silva, *Seguros mútuos* cit., 198 ss..
[414] *Direito das sociedades* 1, 3.ª ed., 131 ss..

via, surgiram poucas sociedades[415], sendo que as seguradoras nem estavam obrigadas a adotar a forma de sociedades anónimas.

A liberdade de constituição de sociedades anónimas foi estabelecida pela Lei de 22-jun.-1867[416]. Esta, no seu artigo 2.º, dispunha:

> As sociedades anonymas constituem-se pela simples vontade dos associados, sem dependencia de previa autorisação administrativa e approvação dos seus estatutos, e regulam-se pelos preceitos d'esta lei.

O seu § único excetuava as sociedades que tivessem como fim adquirir bens imóveis, para os conservar no seu domínio e posse por mais de dez anos. Para além desta situação, que se liga às regras sobre a amortização dos bens de mão-morta, o artigo 58.º da mesma Lei de 22-jun.-1867 proibia o governo de, por ato administrativo, fazer cessar o exercício de qualquer sociedade anónima livremente constituída.

Tínhamos um esquema liberal puro.

III. A situação veio a modificar-se nos finais do século XIX, mercê, sobretudo, das crises cíclicas que vinham a ocorrer.

O *crash* de 1891 foi rico em consequências. Ocorreram situações de insolvência na Companhia Real dos Caminhos de Ferro, do Banco Lusitano e do Banco do Povo[417]. Esses eventos levaram o Visconde de Carnaxide, então deputado, a apresentar um projeto de lei,

> (...) destinado a evitar, quanto possível, que as sociedades anonymas, quer bancos, quer companhias, possam continuar a coberto da limitação da sua responsabilidade e da inefficacia da actual fiscalisação, a defraudar os seus credores, ou sejam depositantes, ou sejam obrigacionistas[418].

---

[415] Armando de Castro, *Sociedades anónimas*, DHP VI (1979), 51-53 (52), informa que no ano de 1849, só havia oito sociedades anónimas no País, das quais apenas uma era industrial.

[416] Diversas indicações sobre a aprovação desta lei e o seu conteúdo podem ser confrontadas em *Direito das sociedades* I, 120 ss.. A própria lei pode ser confrontada em COLP, Anno de 1867, 173-180.

[417] Segundo informa o Visconde de Carnaxide, *Sociedades Anonymas* cit., 17-18, a primeira foi reparada com um convénio fundado em lei especial, a segunda foi enfrentada com uma concordata e a terceira ficou sem solução.

[418] Antonio Baptista de Sousa, *Projecto de lei relativo à fiscalização de sociedades anonymas* (1892), 3.

A ideia seria admitir, no caso de crise, a intervenção do Governo, através de comissários especiais. Levantaram-se vozes de crítica, com relevo para José Benevides que preferiria:

(...) uma determinação precisa e rigorosa da responsabilidade civil e penal dos directores e fiscaes das sociedades anonymas (...)[419].

De todo o modo, o Decreto de 12 de Julho de 1894, relativo a *instituições bancárias* e visando combater:

O desvairamento da especulação [que] invadiu o mundo inteiro acarretando consigo, como resultado, transformar por vezes instituições destinadas a fomentar o commercio e auxiliar o trabalho, em instrumentos provocadores das ruinas (...)[420],

adotou a proposta do Visconde, em parte, e no tocante àquelas instituições – artigos 14.º e 15.º[421]. O esquema foi retomado pela Lei de 3 de Abril de 1896 – artigos 15.º e 16.º[422].

IV. No que respeita, mais precisamente, ao sector dos seguros: mostrou-se necessário providenciar uma fiscalização especializada. A particular natureza da atividade seguradora não se contenta com um mero acerto de contas: há que verificar, no terreno, se as boas práticas profissionais exigidas pela assunção profissional de riscos são observadas.
Para tanto, houve que aguardar pelo século XX.

52. O século XX e a supervisão

I. O século XX ficou, desde logo, marcado pelo já referido Decreto de 21-out.-1907. Este diploma, que introduziu uma verdadeira regulação dos seguros, fixava, no seu artigo 1.º, a regra básica que se retranscreve:

---

[419] José Benevides, *Um projecto de lei e a responsabilidade na gerência das sociedades anonymas* (1893), 27.
[420] *Vide* o *Relatório*, em CLP 1894, 214-217 (214). Faz-se, aí, referência ao projeto de Baptista de Sousa – ob. cit., 215 – em termos que provocaram o protesto deste – cf. Visconde de Carnaxide, *Sociedades Anonymas* (1913), 19-20.
[421] CLP 1894, 217-219 (219, 1.ª col.).
[422] CLP 1894, 57-59 (58).

A indústria de seguros só poderá ser exercida por sociedades anónimas de responsabilidade limitada ou por sociedades mútuas, que para isso legalmente se constituem e sejam autorizadas nos termos do presente decreto.

Seguiam-se outras regras, já referidas[423]. Mas esse diploma, mesmo com as alterações introduzidas pela Lei de 9-set.-1908[424], não resolveu as questões mais graves, nem as que seriam induzidas pela Grande Guerra (1914-1918). Explica o preâmbulo do Decreto n.º 17:555, de 5-nov.-1929 (publicado, pois, durante a Ditadura Militar, já com Oliveira Salazar na pasta das Finanças)[425]:

> O presente diploma vem dar remédio a uma situação desastrosa que se prolonga, pode dizer-se, há vinte e um anos.
> Publicado em 1907 o decreto que fixava as bases para o exercício e fiscalização da indústria de seguros, deve reconhecer-se que a melhor parte dos seus objectivos se encontra ainda hoje por atingir.
> Sucessivos diplomas inutilizaram nos seus pontos essenciais aquele decreto, merecendo especial referência a lei de 9 de setembro de 1908, que revogou e alterou os seus mais salutares preceitos. Além disso, a desvalorização da moeda, a anarquia das sociedades criadas durante a época tumultuosa da guerra, a perturbação profunda dos espíritos e dos costumes a que aquela deu lugar, a invasão do mercado nacional por uma legião de companhias estrangeiras, vieram criar uma situação difícil em que assumem aspectos sobremaneira graves muitos dos males que o decreto de 21 de outubro de 1907 se propunha resolver.

E prossegue:

> Urgia remediar estes males e prover às necessidades ùltimamente surgidas, começando primeiro que tudo por garantir à indústria seguradora um ambiente de prestígio e confiança indispensável para que ela possa desenvolver-se satisfatòriamente, em concorrência com as companhias estrangeiras que, num regime de favoritismo, fruto da desordem de muitos anos, se vieram multiplicando no nosso País. Por êsse caminho se enveredou francamente na certeza de que as medidas decretadas, constituindo o mínimo das

---

[423] *Supra*, 112 ss..
[424] Mais tarde criticado por Oliveira Salazar.
[425] DG I Série, n.º 254, de 5-nov.-1929, 2277-2282 (2277-2278).

providências requeridas, não podem deixar de ser bem acolhidas por quantos se empenham pelo honesto desenvolvimento das sociedades de seguros.

II. O diploma explicava, depois, que, mercê da emergência, se abdicava, para já, de preparar um Código dos Seguros. Eram adotadas medidas de reforço das reservas técnicas e da responsabilidade das sociedades. A Inspeção de Seguros recebia poderes de fiscalização acrescidos. Ampliava-se, ainda, a tributação.

III. O passo subsequente foi dado pelo Decreto-Lei n.º 24:041, de 20-jul.-1934: criou o Grémio dos Seguradores. A ideia subjacente é clara: a indústria dos seguros exige solidez, acompanhamento e um constante aperfeiçoamento dos serviços a seu cargo[426]. Para tanto, previa-se a associação das seguradoras, atribuindo-lhe poderes públicos de orientação, de fiscalização, de fixação de tarifas mínimas e de prestação de diversos serviços.

O Grémio dos Seguradores foi reformulado e reforçado pelo Decreto-Lei n.º 26:484, de 31-mar.-1936. Este, agora de clara filiação obrigatória, sujeitava-se, por seu turno, à tutela do Ministro das Finanças.

IV. O Decreto-Lei n.º 30:690, de 27-ago.-1940, veio dispor sobre a realização de seguros por empresas não autorizadas. Determinava o seu artigo 1.º:

> É proibida a agenciação, corretagem ou qualquer outra espécie de mediação e ainda a simples tentativa de colocação de seguros para empresas ou entidades não autorizadas nos termos da lei portuguesa.
> Fica igualmente proibida a colocação de seguros feita pelo próprio segurado nas empresas ou outras entidades a que se refere a primeira parte deste artigo.

O legislador de 1940 foi sensível, relativamente às pessoas que estivessem de boa-fé. Assim, o § 1.º, desse mesmo artigo, mandava:

> O segurado pode eximir-se à respectiva responsabilidade provando que agiu na ignorância de que a empresa ou entidade com quem contratou não estava autorizada.

---

[426] *Vide* o preâmbulo no DG I Série, n.º 143, de 20-jun.-1934, 853-854.

O diploma previa diversas sanções para o exercício não autorizado da atividade seguradora. Quanto aos contratos de seguro celebrados com tais entidades estava-se, aparentemente, perante uma invalidade mista. Dispunha, com efeito, o artigo 5.º do Decreto-Lei n.º 30:690, aqui em causa[427]:

> Não terão seguimento nos tribunais, em organismos corporativos ou de coordenação económica, e em quaisquer estações oficiais ou perante quaisquer entidades, a pedido ou no interesse do segurado, os processos ou requerimentos relativos a pessoas ou bens que, verificando-se estarem seguros, se não prove que o estão em sociedades autorizadas (...)

Na verdade, o próprio segurado podia prevalecer-se do seguro, não se permitindo que a seguradora, confrontada com um sinistro, recusasse a indemnização, invocando a sua própria situação irregular.

Torna-se ainda interessante referir o artigo 3.º do diploma em jogo:

> Poderá requerer-se à Inspecção de Seguros a permissão de contratar quaisquer seguros com sociedades não autorizadas quando as que o estão não os queiram ou possam aceitar ou só os aceitem a taxas consideradas excessivas.

Pela sua própria natureza, certos seguros tinham de ser contratados no estrangeiro ou com empresas estrangeiras. O artigo 3.º, § 1.º, acautelava, em tal eventualidade, as contribuições e taxas que seriam devidas ao Estado.

V. O Decreto-Lei n.º 37:470, de 6-jul.-1949 veio instituir a Inspeção-Geral de Crédito e de Seguros, a qual absorvia a antiga Inspeção de Seguros. Esta foi reformulada pelo Decreto-Lei n.º 46 493, de 18-ago.-1965, sendo os seus poderes reforçados pelo Decreto-Lei n.º 47.413, de 23-dez.--1966. Aprofundaremos este organismo a propósito da supervisão[428].

VI. O passo seguinte foi dado por Marcello Caetano, no âmbito das tentativas renovadoras que ainda assumiu. Surge, nessa linha, a Lei n.º

---

[427] Eduarda Ribeiro, em Romano Martinez, *LCS Anotada* cit., 2.ª ed., 83, entende, no entanto, que o preceito reafirmava a invalidade do seguro, em tal eventualidade.
[428] *Infra*, 309 ss..

2/71, de 12 de abril, que veio estabelecer o regime da atividade de seguros e resseguros. Dispunha a sua Base I:

    1. A actividade de seguros em território português só pode ser exercida por sociedades anónimas de responsabilidade limitada ou mútuas, nacionais ou estrangeiras, que para isso legalmente se constituam e tenham obtido autorização ministerial.
    2. A actividade resseguradora em território português só pode ser exercida:

    a) Por sociedades anónimas de responsabilidade limitada legalmente autorizadas para a exploração de resseguros;
    b) Por sociedades de seguros, no âmbito das autorizações obtidas para a exploração de seguro directo, ou de harmonia com as autorizações que para o efeito lhes forem dadas.

    3. Não depende de autorização a colocação de resseguros em sociedades estrangeiras, ainda que não autorizadas em território português.
    4. Fica ressalvada a legislação sobre previdência social de qualquer modalidade e sobre as diferentes mútuas de seguro agrícola.

A Base VI fixava o princípio da exclusividade das seguradoras facultando-lhes, todavia, a prática de atos e contratos complementares, como os respeitantes a salvados, à reedificação e reparação de prédios e veículos, à manutenção de serviços clínicos e à aplicação das suas reservas e capitais.

Os seguros do Estado e outras pessoas públicas deviam ser celebrados em sociedades de seguros nacionais (VIII); só os tribunais portugueses tinham competência para conhecer de ações relativas a contratos de seguro celebrados em território nacional ou respeitantes a pessoas ou entidades que, à data dos mesmos contratos, nele fossem residentes ou domiciliadas, ou a bens nele existentes (IX).

As mútuas de seguros eram autonomizadas e explicitadas (X), sujeitando-se as sociedades estrangeiras à lei portuguesa, quanto à atividade praticada em território nacional (XI).

O capital social realizado das sociedades anónimas de seguros nacionais não podia ser inferior a 30 000 contos (XII/1). Tem interesse citar a Base XVIII:

    1. São nulos:

    a) Os contratos de seguro que tenham por objecto ou fim a cobertura de responsabilidade criminal ou disciplinar, ou seus efeitos;

b) Os contratos de seguro de estupefacientes e outras drogas perigosas para a saúde pública, por parte ou a favor de quem não esteja autorizada a propriedade, posse ou simples detenção ou destino;
c) Os contratos de seguro em sociedades ou noutros seguradores não autorizados em território português;
d) Todas as formas de corretagem, agenciação ou angariação de contratos de seguro referidos nas alíneas anteriores.

2. Quando em determinado território português, as sociedades existentes não queiram ou não possam aceitar seguros ou só os aceitem a taxas consideradas excessivas, poderão ser permitidos contratos com sociedades autorizadas em território português diferente ou não autorizadas no País.

53. A nacionalização de 1975

I. O movimento militar que, em 25-abr.-1974, pôs termo à II República ou Estado Novo pretendeu, segundo as declarações feitas nesse mesmo dia pelos responsáveis, abolir o regime autoritário até então existente. As grandes reformas de fundo ficaram remetidas para mais tarde, depois de o Povo ter a possibilidade de se pronunciar em eleições livres.

Apanhado no entrecruzar do xadrez mundial existente, o País tornou-se numa presa fácil para os grandes blocos da época, que cobiçavam, em especial, as Ilhas Atlânticas e os Estados de África. Antes de quaisquer eleições, os órgãos político-militares foram tomados por forças radicais próximas do sovietismo, que desencadearam uma coletivização da economia.

II. Em 11-mar.-1975, alguns oficiais pretenderam-se manifestar contra o curso político-militar do País. Foram denunciados, seguindo-se um contragolpe que radicalizou o curso dos acontecimentos. Aproveitando a despolitização geral, um autonomeado Conselho da Revolução nacionalizou os bancos comerciais portugueses, pelo Decreto-Lei n.º 132-A/75, de 14 de março.

No dia seguinte, foi a vez do sector segurador português, através do Decreto-Lei n.º 135-A/75, de 15 de março.

Lê-se no preâmbulo desse diploma, que fica na História:

> Considerando o elevado volume de poupança privada retido pelas sociedades de seguros e que tem sido aplicado não em benefício das classes trabalhadoras mas com fins especulativos e em manifesto proveito dos grandes grupos económicos;

Considerando a proliferação de sociedades de seguros constituídas, que têm conduzido a uma concorrência desleal com perigo até para a própria solvabilidade dessas empresas;

Considerando a necessidade de proporcionar maior segurança aos capitais confiados às sociedades de seguros através dos prémios arrecadados, garantindo, assim, o integral pagamento dos capitais seguros;

Considerando que as elevadas somas de capital em poder das sociedades de seguros devem ser aplicadas em investimentos com interesse nacional e, portanto, em benefício das camadas da população mais desfavorecidas, no cumprimento do Programa do Movimento das Forças Armadas;

Considerando a necessidade de tais medidas terem em atenção a realidade nacional e a capacidade demonstrada pelos trabalhadores de seguros na apreciação de situações irregulares no domínio da gestão que ocorreram em algumas companhias de seguros e que já haviam imposto até a intervenção do Estado;

Considerando, ainda, que interessa deixar inalteradas as relações com companhias de seguros estrangeiras que detêm participações significativas no capital de companhias de seguros nacionais;

Considerando finalmente a necessidade de salvaguardar os interesses legítimos dos segurados;

(...)

O artigo 1.º do diploma dispunha:

São nacionalizadas todas as companhias de seguros com sede no continente e ilhas adjacentes, com excepção:

a) Das Companhias de Seguros Europeia, Metrópole, Portugal, Portugal Previdente, A Social, Sociedade Portuguesa de Seguros e O Trabalho, dada a significativa participação de companhias de seguros estrangeiras no seu capital;

b) Das agências das companhias de seguros estrangeiras autorizadas para o exercício da atividade de seguros em Portugal;

c) Das mútuas de seguros.

O Decreto-Lei n.º 306/75, de 21 de junho, extinguiu o Grémio dos Seguradores. O artigo 3.º/1 previa a transferência, "... para a instituição ou instituições que venham a ser criadas em sua substituição ..." – alínea *a*) – das funções que devam subsistir.

III. Nessa mesma ocasião, verificavam-se importantes alterações na banca, com reflexos nos seguros. O Decreto-Lei n.º 132-A/75, de 14 de março, nacionalizara a banca comercial portuguesa. O Decreto-Lei n.º 301/75, de 20 de junho, assentando na nacionalização do Banco de Portugal[429] e na da banca comercial, veio extinguir a Inspeção-Geral de Crédito e Seguros. A Inspeção de Crédito transitou para o Banco de Portugal[430], mantendo-se a Inspeção de Seguros no Ministério das Finanças – artigo 1.º/3 e, hoje, ASF.

As funções prudenciais do antigo Grémio dos Seguradores foram transferidas para uma nova entidade[431]: o Instituto Nacional de Seguros, depois Instituto de Seguros de Portugal.

IV. Damos nota, de seguida, da situação resultante da nacionalização levada a cabo pelo Decreto-Lei n.º 135-A/75, de 15 de março[432]:

a) Empresas de seguros com sede em Portugal, nacionalizadas:
A Mutual, Companhia de Seguros
A Pátria, Companhia de Seguros
A Seguradora Industrial, Companhia Nacional de Seguros
Atlas, Companhia de Seguros
Câmara Resseguradora Portuguesa
Companhia de Seguro de Créditos
Companhia de Seguros Açoreana
Companhia de Seguros Aliança Madeirense
Companhia de Seguros Argus
Companhia de Seguros Bonança
Companhia de Seguros Comércio e Indústria
Companhia de Seguros Confiança
Companhia de Seguros Douro
Companhia de Seguros Fidelidade
Companhia de Seguros Garantia Funchalense
Companhia de Seguros Império
Companhia de Seguros Mutualidade
Companhia de Seguros Ourique
Companhia de Seguros Sagres
Companhia de Seguros Soberana

---

[429] Levada a cabo pelo Decreto-Lei n.º 452/74, de 13 de setembro.
[430] *Manual de Direito bancário*, 1.ª ed. (1998), 107.
[431] Pelo Decreto-Lei n.º 11-B/76, de 13 de janeiro, depois de expirado o prazo fixado pelo Decreto-Lei n.º 306/75, de 21 de junho.
[432] Dados coligidos e organizados pelo ex-ISP; agradece-se a gentil autorização dada para a sua inclusão nesta obra.

§ 11.º *Evolução histórica* 173

Companhia de Seguros Tagus
Companhia de Seguros Tranquilidade
Companhia de Seguros Ultramarina
Companhia de Seguros União
Companhia de Seguros Vitalícia
Companhia de Seguros A Mundial
Companhia de Seguros A Nacional
Continental de Resseguros
Equidade, Companhia Portuguesa de Resseguros
O Alentejo, Companhia de Seguros
Prudência, Companhia Portuguesa de Resseguros
Universal de Seguros e Resseguros

b) Empresas de seguros com sede em Portugal, não nacionalizadas (capitais estrangeiros)

Companhia de Seguros A Social
Companhia de Seguros Europeia
Companhia de Seguros Garantia
Companhia de Seguros Metrópole
Companhia de Seguros Portugal
Companhia de Seguros Portugal Previdente
Companhia de Seguros Sociedade Portuguesa de Seguros
O Trabalho, Companhia de Seguros

c) Mútuas de seguros com sede em Portugal, não nacionalizadas

Mútua dos Armadores da Pesca do Arrasto
Mútua dos Armadores da Pesca da Sardinha
Mútua dos Navios Bacalhoeiros
Mútua dos Pescadores

d) Empresas de seguros estrangeiras existentes em Portugal à data da nacionalização

Alpina
Angolana
Assicurazioni Generali
Caledonian Insurance Company
Commercial Union Assurance Company Limited
Eagle star Insurance Company Limited
España, S.A. (Compañia Nacional de Seguros)
Guardian Assurance Comapny Limited

L'Union des Assurances de Paris – IARD
L'Union des Assurances de Paris – Vie
La Baloise – Compagnie de Seguros (Basler Versicherungs-Gesellschaft)
La Equitativa (Fundación Rosillo) – Ramo Vida
La Equitativa (Fundación Rosillo) – Riscos Diversos
La Préservatrice
La Union Y El Fénix Español
Legal & General Assurance Society Limited
Les Assurance Nationales – IARD
Les Assurances Nationales – Vie
London Guarantee & Accident Company Limited
Norwich Union Fire Insurance Society Limited
Pearl Assurance Company Limited
Phoenix Assurance Company Limited
Royal Exchange Assurance
Royal Insurance Company Limited
Sun Insurance Office Limited
The Motor Union Insurance Company Limited
The Northern Assurance Company Limited
The Prudential Assurance Company Limited
The Scottish Union & National Insurance Company
The World Marine & General Insurance PLC
Victoria Lebensversicherung Aktiengesellschaft

54. A reprivatização

I. O esquema coletivista resultante da Revolução de 1975 foi entronizado pela Lei n.º 46/77, de 8 de julho, que veio vedar, a empresas privadas e outras entidades da mesma natureza, a atividade económica em determinados sectores. O artigo 3.º principiava, logo, pela atividade bancária e seguradora[433].

II. A socialização portuguesa de 1974/75 ocorreu com décadas de atraso. Processou-se em franco contraciclo, quer sócio-económico, quer

---

[433] A Lei n.º 46/77, de 8 de julho, foi regulamentada pelo Decreto-Lei n.º 519-H1/79, de 29 de dezembro. Este diploma ora atendia ao espírito da União Europeia, da qual o País se pretendia aproximar, ora apelava à restritiva Lei n.º 46/77.

geo-estratégico. Restabelecida, com a Constituição de 1976, a democracia formal, bastaria aguardar o funcionamento das normas e a tradicional permeabilidade do País – que conta muitos milhões de concidadãos no estrangeiro – às ideias europeias, para inverter as opções. Isso sucedeu bem mais depressa do que seria expectável, na época.

III. Efetivamente, a restritiva Lei n.º 46/77 foi alterada ao ritmo da subsequente evolução política. A Lei n.º 2/80, de 14 de março (Sá Carneiro), autorizou o Governo a modificar aquele diploma. O prazo por esta fixado foi prorrogado pela Lei n.º 13/80, de 27 de junho, tendo sido necessária nova autorização: a da Lei n.º 11/83, de 16 de agosto. O artigo 3.º da Lei n.º 46/77 foi alterado, abrindo a banca e os seguros à iniciativa privada.

Subsequentemente, há a registar:

O Decreto-Lei n.º 214/86, de 2 de agosto, facultou, aos estrangeiros, todos os sectores económicos não vedados à iniciativa privada. A Lei n.º 110/88, de 29 de setembro (Cavaco Silva), veio permitir, novamente, a alteração da Lei n.º 46/77. Seguiu-se o Decreto-Lei n.º 449/88, de 10 de dezembro, que, para além de outras medidas, permitiu a gestão privada de empresas nacionalizadas. Nova autorização legislativa adveio da Lei n.º 28/91, de 17 de julho, facultando o Decreto-Lei n.º 339/91, de 10 de setembro, que liberalizou o transporte aéreo. A autorização seguinte adveio da Lei n.º 58/93, de 6 de agosto, base do Decreto-Lei n.º 372/93, de 20 de outubro. A Lei n.º 46/77, de 8 de julho, foi revogada pela Lei n.º 88-A/97, de 25 de julho. Foram necessários 22 anos para pôr termo ao sonho estatista de 1975.

IV. As reprivatizações foram tomando corpo, em paralelo. A Lei n.º 84/88, de 20 de julho, permitiu a transformação das empresas públicas em sociedades anónimas. A Lei n.º 11/90, de 5 de abril, fixou a Lei Quadro das Privatizações.

No plano dos seguros, damos o exemplo da Companhia de Seguros Mundial Confiança, EP. O Decreto-Lei n.º 271/90, de 7 de setembro, transformou-a em SA. O Decreto-Lei n.º 2/92, de 14 de janeiro, aprovou a alienação da totalidade das suas ações, em termos regulamentados pela RCM n.º 4/92, de 23 de janeiro, publicada a 27 desse mês.

Noutro esquema, temos a COSEC/Companhia de Seguros de Crédito, EP, transformada em SA pelo Decreto-Lei n.º 411/89, de 23 de novembro, o qual logo facultou a alienação a privados de parte do seu capital social. O Decreto-Lei n.º 68/92, de 27 de abril, permitiu a alienação do restante.

A Lei Quadro das Privatizações foi profundamente revista e republicada pela Lei n.º 50/2011, de 13 de setembro.

Tal como sucedeu noutros sectores, o domínio dos seguros foi marcado, no último quartel do século XX, pela nacionalização e subsequente reprivatização das empresas. Reconhece-se, hoje, que esse movimento de acordeão teve, como efeito prático, a destruição do capitalismo nacional. Ficou aberta a porta ao internacional, numa sequência rematada pela Crise de 2007/2014.

A História dirá se há responsáveis.

§ 12.º O REGIME VIGENTE

55. Conspecto geral

I. O regime das sociedades seguradoras resulta do Regime jurídico de acesso e exercício da atividade seguradora e resseguradora ou RGAS – o legislador propõe a sigla insonora RJASR – aprovado como anexo I à Lei n.º 147/2015, de 9 de setembro, para entrar em vigor no dia 1-jan.- -2016. O RGAS de 2015 substituiu o anterior RGAS, que fora aprovado pelo Decreto-Lei n.º 94-B/98, de 17 de abril, com alterações subsequentes, designadamente as introduzidas pelo Decreto-Lei n.º 2/2009, de 5 de janeiro, que o republicou em anexo[434]. Para além de novidades, oportunamente sublinhadas, o RGAS de 2015 veio alterar a numeração dos artigos e, por vezes, a redação de preceitos claros: sem menosprezo pelo imenso trabalho que representou para os seus ilustres autores materiais, esses pontos só complicam a tarefa dos aplicadores.

O RGAS[435], no seu artigo 5.º/1, *a*) e *b*), define:

– "empresa de seguros", adiante também designada por seguradora, [é] qualquer empresa que tenha recebido uma autorização administrativa para o exercício da actividade seguradora e resseguradora;
– "empresa de resseguros", adiante também designada por resseguradora, [é] qualquer empresa que tenha recebido uma autorização administrativa para o exercício da actividade resseguradora; (...).

II. O RGAS fixa o acesso à atividade seguradora e resseguradora. Admite, no artigo 3.º/1 e 2, que essa atividade possa ser exercida:

– por sociedades anónimas autorizadas;
– por mútuas de seguros ou de resseguros, autorizadas;

---

[434] Depois dela, houve alterações provenientes da Lei n.º 28/2009, de 19 de junho,
[435] De ora em diante, as referências ao RGAS terão em vista o de 2015.

– por sucursais de empresas de seguros estrangeiras, com sede na União Europeia, desde que cumpridas as exigências dos Estados respetivos;
– por sucursais de empresas de seguros ou de resseguros estrangeiras, com sede fora da União Europeia, autorizadas;
– por empresas de seguros ou empresas de resseguros públicas ou de capitais públicos, criadas por lei portuguesa, em condições equivalentes às empresas de Direito privado;
– por empresas de seguros ou de resseguros que adotem a forma de sociedade europeia.

Subsequentemente, no Título II sobre as condições de acesso à atividade seguradora, em capítulos sucessivos, o RGAS ocupa-se de: sociedades anónimas de seguros ou de resseguros (50.º a 57.º) e mútuas de seguros ou de resseguros (58.º e 59.º).

Outras entidades habilitadas a agir como seguradoras surgem no título V, sobre atividades "transfronteiras"[436]: sucursais de empresas portuguesas na União (183.º a 194.º) ou em países terceiros (195.º a 199.º), sucursais europeias em Portugal (195.º a 210.º) e sucursais extraeuropeias em Portugal (211.º a 233.º).

III. O RGAS visa, ainda, a livre prestação de serviços, definida [artigo 5.º/1, *n*)] como:

(...) a operação pela qual uma empresa de seguros cobre ou assume, a partir da sua sede social ou de uma sucursal situada no território de um Estado membro, um risco ou um compromisso situado ou assumido no território de um outro Estado membro;

As várias hipóteses de prestação de serviços surgem no título V, sobre atividades "transfronteiras" (183.º a 291.º).

IV. O RGAS rege, depois, as condições de exercício da atividade seguradora (Título III, 63.º a 159.º). Surgem, aí, múltiplos preceitos relati-

---

[436] A expressão "transfronteiras" não existe: diz-se, em vernáculo, transfronteiriças. Não obstante, o RGAS de 2015, quebrando a linguagem já firmada, entre nós, na transposição de textos comunitários, usa por vezes essa locução: na epígrafe do Título V, na da secção III do capítulo I do Título VII e na da subsecção II da secção III do capítulo II do mesmo Título VII.

vos às companhias de seguros e ao seu funcionamento, além de preceitos que visam o próprio contrato de seguro.
Há, pois, que lidar sempre com o RGAS, no seu conjunto.

56. O objeto das seguradoras

I. O artigo 47.º/1, relativo às seguradoras (e às resseguradoras), explica que as mesmas:

> (...) são empresas financeiras que têm por objeto exclusivo o exercício da atividade seguradora, bem como operações dela diretamente dependentes, com exclusão de qualquer atividade comercial.

A atividade seguradora não é diretamente definida. Os elementos histórico e sistemático da interpretação permitem, todavia, considerar que se trata:

– de uma atividade profissional;
– desenvolvida em torno da prática dos seguros.

II. A "profissionalidade" advém de se tratar de uma atividade desenvolvida de acordo com regras objetivas de adequação e de funcionalidade, por pessoas habilitadas a fazê-lo. Implica o domínio das *leges artis* ou regras da arte.

A profissão reside, aqui, na celebração de contratos de seguros, na qualidade de segurador. A receção de seguro extrai-se do artigo 1.º da LCS, que retoma o § 1 da VVG alemã, remontando, por aí, ao velho ALR prussiano. Vamos recordá-lo:

> (...) o segurador cobre um risco determinado do tomador do seguro ou de outrem, obrigando-se a realizar a prestação convencionada em caso de ocorrência do evento aleatório previsto no contrato, e o tomador do seguro obriga-se a pagar o prémio correspondente.

O contrato de seguro é, ele próprio, infletido pela celebração profissional. Como tem sido sublinhado, o contrato de seguro isolado seria uma espécie de aposta; quando concluído em união, por banda da seguradora, toma uma feição industrial proveitosa para todas.

O seguro pode, pois, ser abordado como atividade seguradora, expressão da sua entrega a empresas especializadas, como é reafirmado desde o início do século XX[437].

III. A atividade seguradora implica a possibilidade de concluir os diversos contratos de seguros.

O contrato de seguro está, em princípio, sujeito à autonomia privada. Todavia, as cautelas que a atividade seguradora exige levam o legislador a tipificar, em função de diversos critérios, os contratos de seguro.

A distinção fundamental contrapõe os ramos "não-vida" ao ramo "vida"; este último tem a ver com riscos que se prendam com a vida, a incapacidade ou outras eventualidades ligadas a uma pessoa singular; os primeiros com os demais riscos.

A matéria surge hoje nos artigos 8.º e 9.º, que passamos a transcrever:

Artigo 8.º
Ramos Não-Vida

Os seguros Não-Vida incluem os seguintes ramos:

a) «Acidentes», incluindo os acidentes de trabalho e as doenças profissionais, nas modalidades de prestações convencionadas, prestações indemnizatórias, combinações dos dois tipos de prestações e pessoas transportadas.

b) «Doença», que compreende as modalidades prestações convencionadas, prestações indemnizatórias e combinações dos dois tipos de prestações;

c) «Veículos terrestres», com exclusão dos veículos ferroviários, que abrange os danos sofridos por veículos terrestres motorizados e por veículos terrestres não motorizados;

d) «Veículos ferroviários», que abrange os danos sofridos por veículos ferroviários;

e) «Aeronaves», que abrange os danos sofridos por aeronaves;

f) «Embarcações marítimas, lacustres ou fluviais», que abrange os danos sofridos por embarcações marítimas, lacustres ou fluviais;

g) «Mercadorias transportadas», que abrange os danos sofridos por mercadorias, bagagens ou outros bens, qualquer que seja o meio de transporte;

---

[437] *Supra*, 68 ss.; *vide* Eduarda Ribeiro, em Romano Martinez, *LCS Anotada* cit., 2.ª ed., anot. 16.ª (82 ss.).

h) «Incêndio e elementos da natureza», que abrange os danos sofridos por outros bens que não os referidos nas alíneas *c)* a *g)*, quando causados por:
  i) Incêndio;
  ii) Explosão;
  iii) Tempestade;
  iv) Elementos da natureza, com exceção da tempestade;
  v) Energia nuclear;
  vi) Aluimento de terras;
i) «Outros danos em coisas», que abrange os danos sofridos por outros bens que não os referidos nas alíneas *c)* a *g)*, quando causados por evento distinto dos previstos no número anterior;
j) «Responsabilidade civil de veículos terrestres motorizados», que abrange a responsabilidade resultante da utilização de veículos terrestres motorizados, incluindo a responsabilidade do transportador;
k) «Responsabilidade civil de aeronaves», que abrange a responsabilidade resultante da utilização de aeronaves, incluindo a responsabilidade do transportador;
l) «Responsabilidade civil de embarcações marítimas, lacustres ou fluviais», que abrange a responsabilidade resultante da utilização de embarcações marítimas, lacustres ou fluviais, incluindo a responsabilidade do transportador;
m) «Responsabilidade civil geral», que abrange qualquer tipo de responsabilidade que não os referidos nas alíneas *j)* a *l)*;
n) «Crédito», que abrange as seguintes modalidades:
  i) Insolvência;
  ii) Crédito à exportação;
  iii) Vendas a prestações;
  iv) Crédito hipotecário;
  v) Crédito agrícola;
o) «Caução», que abrange as seguintes modalidades:
  i) Caução direta;
  ii) Caução indireta;
p) «Perdas pecuniárias diversas», que abrange as seguintes modalidades:
  i) Riscos de emprego;
  ii) Insuficiência de receitas;
  iii) Mau tempo;
  iv) Perda de lucros;
  v) Persistência de despesas gerais;
  vi) Despesas comerciais imprevistas;
  vii) Perda de valor venal;

viii) Perda de rendas ou de rendimentos;
ix) Outras perdas comerciais indiretas;
x) Perdas pecuniárias não comerciais;
xi) Outras perdas pecuniárias;
q) «Proteção jurídica», que abrange a cobertura de despesas e custos de assistência jurídica;
r) «Assistência», que abrange as seguintes modalidades:
  i) Assistência a pessoas em dificuldades no decurso de deslocações ou ausências do domicílio ou do local de residência habitual;
  ii) Assistência a pessoas em dificuldades em circunstâncias distintas das referidas na subalínea anterior.

Artigo 9.º
Ramo Vida

O ramo Vida inclui os seguintes seguros e operações:

a) Seguro de vida:
  i) Em caso de morte, em caso de vida, misto e em caso de vida com contrasseguro;
  ii) Renda;
  iii) Seguros complementares dos seguros de vida, nomeadamente, os relativos a danos corporais, incluindo-se nestes a incapacidade para o trabalho, a morte por acidente ou a invalidez em consequência de acidente ou doença;
b) Seguro de nupcialidade e seguro de natalidade;
c) Seguros ligados a fundos de investimento, que incluem os seguros das modalidades previstas nas subalíneas *i)* e *ii)* da alínea *a)* quando ligados a um fundo de investimento;
d) Operações de capitalização, que abrangem a operação de poupança, baseada numa técnica atuarial, que se traduza na assunção de compromissos determinados quanto à sua duração e ao seu montante, como contrapartida de uma prestação única ou de prestações periódicas previamente fixadas;
e) Operações de gestão de fundos coletivos de pensões, que abrangem:
  i) A operação que consiste na gestão, por uma empresa de seguros, de investimentos e, nomeadamente, dos ativos representativos das reservas ou provisões de organismos que liquidam prestações em caso de morte, em caso de vida, ou em caso de cessação ou redução de atividade;
  ii) As operações de gestão de fundos coletivos de pensões, quando conjugadas com uma garantia de seguro respeitante à manutenção do capital ou ao pagamento de um juro mínimo.

IV. A classificação legal acima apontada visa sujeitar os vários ramos a regras diversificadas e imperativas: quer no plano institucional, quer no material.

A inclusão de um concreto seguro nalgum dos ramos considerados torna-se de uma relevância basilar. Por isso, o artigo 10.º, sob a designação de exclusividade, determina que:

> (...) os riscos compreendidos em cada um dos ramos referidos nos artigos anteriores não podem ser classificados num outro ramo.

De todo o modo, o artigo 11.º admite que as seguradoras, que explorem determinado ramo ou modalidade, cubram, através da mesma apólice, riscos acessórios.

57. A exclusividade; natureza financeira; atividades conexas

I. Os artigos 47.º e 52.º, *a*), determinam que as seguradoras tenham o exercício da atividade seguradora como objeto exclusivo. Ou seja: profissionalmente, não devem ter nenhuma outra.

As seguradoras, enquanto pessoas coletivas envolvidas num tipo complexo de atividade comercial, carecem de celebrar os mais diversos contratos: compra ou arrendamento de instalações, recheio, fornecimentos vitais, informática, trabalho, mandatos vários, publicidade, mediações e agências e assim por diante. Todas as atuações necessárias ficam envolvidas, sendo certo que elas não quebram a ideia de exclusividade.

II. Estas considerações explicam que o próprio artigo 47.º/1 atribua, às seguradoras, a natureza de "empresas financeiras". O qualificativo "financeiro" implica que, no seu núcleo, elas apenas lidem com dinheiro: calculam os riscos e os prémios; celebram seguros; recolhem os prémios; constituem reservas; e pagam o acordado, quando haja sinistros.

A sua atividade traduz-se num certo manuseio do dinheiro, o qual faculta uma taxa de remuneração para os capitais investidos e recolhidos. Não se trata de "finança" em geral, ou cairíamos na banca; antes e tão-só o que está implicado na assunção científica de riscos. Mas apenas esta assunção – com as operações instrumentais sempre envolvidas – pode constituir o objeto exclusivo das seguradoras.

III. O artigo 8.º/1, 2.ª parte, do RGAS de 1998 habilitava as seguradoras a exercer, ainda, (...) *atividades conexas ou complementares da de seguro ou resseguro* (...). Exemplifica com atos ou contratos relativos a[438]:

– salvados, isto é, ao que reste de um objeto totalmente danificado e que deve ser substituído;
– reedificação e reparação de prédios;
– reparação de veículos;
– manutenção de postos clínicos;
– aplicação de provisões, reservas e capitais.

As quatro primeiras atividades eram claramente complementares. Há que providenciar quanto aos salvados, enquanto a reedificação ou reparação de prédios, a reparação de veículos ou a manutenção de postos clínicos operam como formas de assunção do risco e de pagamento da competente indemnização.

Já a "aplicação de provisões, reservas e capitais" constituía uma extensão clara do objeto nuclear das seguradoras, só explicável pela sua natureza financeira. Ainda que de modo indireto (através de aplicações), as seguradoras acabam por surgir, no palco das atividades económicas, envolvidas nas mais diversas áreas. O RGAS em vigor não explicita estes pontos. Todavia, eles resultam do artigo 47.º/1, quando, à atividade seguradora, ele associa as operações dela diretamente decorrentes.

58. O objeto das resseguradoras

I. As resseguradoras estão muito próximas das seguradoras, com a especialidade de se virarem para o resseguro. Este vem definido no artigo 72.º da LCS:

O resseguro é o contrato mediante o qual uma das partes, o ressegurador, cobre riscos de um segurador ou de outro ressegurador.

Trata-se de uma definição inspirada no artigo 2.º/1, *a*), § 1 da Diretriz 2005/68, de 16 de novembro, mas que corresponde à tradição decorrente do artigo 430.º do Código Veiga Beirão[439].

---

[438] Tratava-se de um preceito retirado da Base VII da Lei n.º 2/71, de 12 de abril.
[439] Eduarda Ribeiro, em Romano Martinez, *LCS Anotada* cit., 2.ª ed., 310.

II. Considera-se de boa gestão que a seguradora dilua o seu risco em instituições especializadas: as resseguradoras. Essa prática é particularmente útil quando ocorram sinistros em larga escala (inundações ou terramotos, como exemplos), com decorrências para as quais as seguradoras não estão preparadas. Perante catástrofes que impliquem danos de biliões de euros, apenas as grandes resseguradoras internacionais estão em condições de mobilizar os fundos necessários.

III. Às resseguradoras aplicam-se, com as necessárias adaptações, as considerações acima feitas e decorrentes do artigo 8.º/1. Trata-se de puras entidades financeiras vocacionadas para um manuseio comercial especializado de dinheiro e que apenas a título conexo ou complementar podem exercer outras atividades.

O artigo 8.º/4 foi um pouco mais longe na conformação das possíveis atividades conexas. Admite:

> (...) a prestação aos clientes de consultoria em matéria estatística ou atuarial, a análise ou pesquisa de riscos, o exercício de funções de gestão de participações sociais e atividades relacionadas com atividades [sic] do sector financeiro.

O RGAS de 2015 já não contém uma regra desse tipo. Houve uma certa preocupação de limitar as (res)seguradoras ao *core business* dos seguros, vedando alargamentos.

59. A capacidade

I. Quando se limita o objeto de uma pessoa coletiva, seja ela uma sociedade, uma associação ou qualquer outra, tem-se naturalmente em vista que a mesma não se movimente fora da competente área: para proteção dela própria e de terceiros.

Os artigos 160.º, do Código Civil e 6.º/1, do Código das Sociedades Comerciais, fixam o denominado princípio da especialidade: a capacidade das pessoas coletivas em geral e a das sociedades abrangeria (apenas) os direitos e as obrigações necessários ou convenientes à prossecução dos seus fins.

II. O princípio da especialidade deriva, historicamente, da doutrina *ultra vires*, de origem britânica e da problemática continental dos bens de mão-morta.

Nos países anglo-saxónicos, a personalidade coletiva começou por surgir por outorga do Parlamento ou equivalente. Requeria-se uma lei específica, lei essa que definia o objetivo da entidade em criação e que fixava os poderes que, em consonância, lhe eram reconhecidos. Se, na atuação concreta, a entidade praticasse atos que ultrapassassem o acervo que lhe fora concedido, eles eram *ultra vires*: ultrapassavam as forças da própria entidade, não a vinculando[440]. Em linguagem continental, podemos dizer que teria sido ultrapassada a sua capacidade de gozo.

Nos países latinos, especialmente em França, verificou-se um fenómeno diverso. Ao longo da Idade Média, iam sendo deixados bens a conventos e a ordens religiosas, entidades pioneiras no domínio da personalidade coletiva. Tais bens – particularmente quando imóveis – saíam do mercado normal: não mais eram transacionados, tinham uma produtividade que podia ser limitada e, além disso, não pagavam impostos, uma vez que ficavam envolvidos nos privilégios da Igreja. Eram os bens de *mão-morta*. Ao longo da História, os reis foram aprontando regras tendentes a limitar tais bens e, designadamente: sujeitando a prévia autorização régia a sua aquisição, pelas referidas entidades. Este estado de coisas ainda se refletia no Código Napoleão cujo artigo 910.º, versão original, dispunha:

> As disposições entre vivos ou por testamento, a favor de hospícios dos pobres de uma comuna ou de um estabelecimento de utilidade pública não produzirão efeitos enquanto não forem autorizadas por um decreto imperial.

Já as deixas à Igreja haviam sido proibidas, tendo-se procedido, ao longo da Revolução, à venda compulsiva dos seus bens.

Na sequência destas medidas, vamos encontrar, no Direito francês, uma referência a um princípio da especialidade, limitador da capacidade de gozo de (certas) pessoas coletivas, princípio esse que, muitas vezes, é referido já sem uma menção às origens[441].

III. Os bens de mão-morta obtiveram, em Portugal, leis que remontam ao século XIV[442]. Intensificaram-se com o liberalismo, sempre em

---

[440] Franklin A. Gevurtz, *Corporation Law* (2000), 21 ss..
[441] Murad Ferid/Hans Jürgen Sonnenberger, *Das französische Zivilrecht*, 1/1, 2.ª ed. (1994), 374, Jean Carbonnier, *Droit civil/Les personnes*, 21.ª ed. (2000), 396 ss. e Henri e Léon Mazeaud/Jean Mazeaud/François Chabas, *Leçons de Droit civil – I/2, Les personnes*, 8.ª ed. por Florence Laroche-Gisserot (1997), 353.
[442] *Vide* a Lei de D. Dinis, de 10-jul.-1324, *Ord. Af.* II, tit. XIII = ed. Gulbenkian, II, 174-176 (175). Mais elementos constam do *Direito das sociedades*, 1, 376 ss..

termos limitativos[443] e repercutiram-se no artigo 35.º do Código Civil de Seabra (1867)[444].

No século XX, as limitações à capacidade das pessoas coletivas perderam o seu sentido. O reconhecimento da sua personalidade passou a ser automático, cabendo aos interessados, sem controlo, fixar os objetivos sociais que bem entendessem. Além disso, a evolução dos costumes levou a que, na prática, não fossem feitas deixas significativas de bens imóveis a instituições eclesiásticas e benemerentes.

Por isso, seguindo de resto a indicação de outros países, aquando da preparação do Código Civil de 1966, o Prof. Ferrer Correia prescindiu do princípio da especialidade: a capacidade das pessoas coletivas estender-se-ia a todos os direitos e obrigações que, segundo a natureza das coisas ou a índole da sua disciplina legal, não fossem inseparáveis da personalidade singular[445]. Não obstante o acerto da opção, Antunes Varela, nas denominadas revisões ministeriais do anteprojeto do Código Civil, reintroduziu o princípio da especialidade. O legislador, ao preparar o que seria o Código das Sociedades Comerciais de 1986, não atentou em toda esta problemática e recopiou o dito princípio da especialidade.

IV. Toda a doutrina posterior tenta reduzir a especialidade. Esta deve, de resto, ser compaginada com as regras comunitárias atinentes à capacidade das sociedades e à tutela de terceiros e que constam hoje de leis europeias, devidamente transpostas.

Quando o objeto de uma sociedade limite a sua capacidade (de gozo), o resultado afigurar-se-ia radical: seriam nulos todos os atos por ela praticados e que não se inserissem nesse objeto. Como poderia um terceiro, que contratasse com a sociedade, aferir de tal validade? Ficam envolvidas discussões complexas. Entende-se, assim, que salvo tratando-se de atos claramente indissociáveis da personalidade singular ou manifestamente vedados por lei, a pessoa coletiva fica sempre vinculada, tutelando-se a confiança de terceiros. Os administradores e outros representantes da pessoa coletiva, que tenham agido fora do objeto social, são responsáveis, em termos que afloram no artigo 6.º/4, do Código das Sociedades Comerciais.

---

[443] Carta de Lei de 4-abr.-1861, Colp 1861, 155-157 (155) e Carta de Lei de 22-jun.--1866, artigo 7.º, COLP 1866, 254-256 (255).

[444] José Dias Ferreira, *Código Civil Portuguez Annotado*, I, 2.ª ed. (1894), 49-52.

[445] António Ferrer Correia, *Pessoas colectivas/Anteprojecto dum capítulo do novo Código Civil*, BMJ 67 (1957), 247-281 (248).

Além disso, a responsabilidade administrativa ou disciplinar da própria pessoa coletiva pode ser envolvida.

V. No caso das empresas de seguros, o exercício de atividades que não integrem o seu objeto legal dá azo a uma contraordenação muito grave, nos termos do artigo 371.º, *a*). Além disso, a ASF pode desencadear diversas medidas de fiscalização e de recomposição.

Os atos jurídicos praticados que se incluam nas tais atividades que transcendam o objeto legal (aliás: social, mas imposto por lei) são válidos, salvo conluio com o terceiro. Poderá ainda a empresa prevaricadora ser emprazada para desfazer o ato: vendendo, por exemplo, o que não devia ter comprado.

§ 13.º AUTORIZAÇÃO, REGISTO, VICISSITUDES E SUPERVISÃO

60. Autorização e registo

I. Como foi referido, as seguradoras devem ser autorizadas pelo Estado (pela ASF), para se poderem constituir e operar. Infere-se dos artigos 183.º e seguintes que:

– a autorização dada às anónimas de seguros, às mútuas de seguros e às empresas públicas de seguros é válida para todo o território da União Europeia: trata-se de uma decorrência do passaporte comunitário, abaixo estudado[446];
– a autorização inicial é concedida ramo a ramo.

As diversas especificidades surgem a propósito de cada tipo de seguradora.

II. As empresas seguradoras estão sujeitas a registo comercial, em consonância com a forma jurídica que assumam. Além disso, elas estão sujeitas a inscrição na Autoridade de Supervisão de Seguros, nos termos dos artigos 42.º e seguintes. Daí decorre toda uma publicidade, ficando as visadas adstritas a remeter os documentos que suportem os elementos a registar.

61. Vicissitudes e supervisão

I. A alteração dos estatutos de empresas de seguros, quando tenha a ver com a firma ou denominação, com o objeto, com a redução do capital

---

[446] *Infra*, 272.

social, com a criação de categorias de ações ou alteração das existentes, com a estrutura da administração ou da fiscalização, com a limitação dos poderes dos órgãos de administração ou com a dissolução, fica sujeita a autorização prévia da ASF (161.º/1). As restantes alterações devem ser simplesmente comunicadas à mesma ASF, no prazo de cinco dias (161.º/2).

II. A atividade seguradora exercida por empresas com sede em Portugal ou que decorra em Portugal (20.º/1) fica sujeita à supervisão da ASF (.º/1), sem prejuízo dos poderes atribuídos à CMVM, quanto a contratos de seguro ligados a fundos de investimento (20.º/2).

62. Situações especiais e papel das sociedades anónimas

I. O RGAS não se aplica às atividades e entidades referidas no artigo 4.º:

1. O presente regime não se aplica:

   a) Às operações de entidades de previdência e assistência, que concedam prestações variáveis consoante os recursos disponíveis e em que a contribuição dos aderentes é estabelecida com um valor fixo;
   b) À atividade de resseguro exercida ou integralmente garantida pelo Estado português ou por outro Estado membro quando atue, por razões de interesse público, na qualidade de ressegurador de último recurso, designadamente quando tal intervenção é exigida face a uma situação do mercado em que é inviável a obtenção de uma cobertura comercial adequada;
   c) Às operações de seguros de crédito à exportação por conta ou com a garantia do Estado português, ou quando este for segurador;
   d) Às entidades que garantam unicamente prestações em caso de morte que não excedam o valor médio das despesas de um funeral, ou sejam concedidas em espécie, desde que cumulativamente o volume bruto anual de prémios emitidos não exceda € 1 000 000 e o valor total bruto de provisões técnicas, sem dedução dos montantes recuperáveis de contratos de resseguro e entidades com objeto específico de titularização de riscos de seguros, não exceda € 5 000 000, sem prejuízo do disposto nos números seguintes.

2. O presente regime é aplicável às entidades referidas na alínea d) do número anterior se:

a) Um dos montantes fixados for excedido durante três anos consecutivos;

b) A entidade exercer atividade seguradora em território de outro Estado membro através de sucursal ou em regime de livre prestação de serviços;

c) A entidade que pretende obter autorização para exercer atividade seguradora cujo volume bruto anual de prémios emitidos ou provisões técnicas sem dedução dos montantes recuperáveis de contratos de resseguro e entidades com objeto específico de titularização de riscos de seguros estime ultrapassar um dos montantes durante os cinco anos subsequentes à autorização.

3. O presente regime deixa de se aplicar às entidades referidas na alínea *d)* do n.º 1 em relação às quais a Autoridade de Supervisão de Seguros e Fundos de Pensões (ASF) verifique que cumprem cumulativamente as condições seguintes:

a) Nenhum dos montantes previstos na alínea *d)* do n.º 1 tenha sido excedido durante três anos consecutivos;

b) Não se estimar que algum desses montantes seja excedido durante os cinco anos subsequentes à verificação.

4. O presente regime não se aplica às atividades de assistência prestadas por empresas que reúnam cumulativamente as seguintes condições:

a) A assistência ser prestada por ocasião de um acidente ou de uma avaria que afetem um veículo automóvel, caso o acidente ou avaria ocorra no território português;

b) A responsabilidade pela assistência estar limitada às seguintes operações:
  i) A reparação da avaria no local, utilizando o prestador da garantia, na maior parte dos casos, pessoal e material próprios;
  ii) O transporte do veículo até ao local de reparação mais próximo ou mais apropriado, onde a reparação possa ser efetuada, bem como o eventual acompanhamento, utilizando normalmente o mesmo meio de socorro, do condutor e dos passageiros até ao local mais próximo a partir do qual possam prosseguir a sua viagem por outros meios;
  iii) O transporte do veículo, eventualmente acompanhado do condutor e dos passageiros, até ao respetivo domicílio, ponto de partida ou destino original no interior do território português;

c) A assistência não ser prestada por uma empresa sujeita à aplicação do presente regime.

5. Nos casos referidos nas subalíneas *i*) e *ii*) da alínea *b*) do número anterior, a condição de o acidente ou avaria ter ocorrido no território português não se aplica quando o beneficiário seja membro do organismo que presta a garantia e a reparação da avaria ou o transporte do veículo seja efetuado, mediante simples apresentação do cartão de membro, sem pagamento de qualquer prémio adicional, por um organismo semelhante do país em questão na base de um acordo de reciprocidade.

II. As sociedades anónimas constituem a grande matriz histórica em torno da qual se veio a desenvolver o Direito das sociedades[447]. No plano dos seguros, ela opera como o modelo de referência, que levou, historicamente, à preparação de esquemas de supervisão e à regulação legislativa que atinge o sector. A propósito das anónimas seguradoras, apesar do cuidado posto pelo legislador na sistematização da matéria, encontramos regras aplicáveis às demais empresas do sector.

Devemos ter presente que o Direito sofre uma evolução histórico--cultural marcada por uma complexidade causal que, de momento, escapa à racionalização humana. Por isso, não tem natureza lógico-formal nem é uniforme. Constitui, assim, um suplemento de esforço, no que tange ao aprofundamento do Direito dos seguros.

---

[447] *Direito das sociedades*, 2, 484 e *passim*.

CAPÍTULO II
AS SOCIEDADES ANÓNIMAS DE SEGUROS

§ 14.º FONTES E ELEMENTOS ESSENCIAIS

63. Fontes; o papel do Código das Sociedades Comerciais

I. As sociedades anónimas de seguros ou anónimas seguradoras constituem o tipo básico das empresas de seguros. De acordo com o artigo 11.º/3, elas:

> (...) regem-se pelo presente diploma e, subsidiariamente, pelo Código das Sociedades Comerciais e demais legislação complementar em tudo o que não contrarie este decreto-lei ou quaisquer outras disposições legais específicas da atividade seguradora.

II. Adaptando, à realidade dos seguros, o sistema de fontes das sociedades comerciais, poderemos dizer que, na anónima seguradora se recorre, sucessivamente:

– ao Direito imperativo e, designadamente:
– às regras específicas sobre seguradoras, em especial as contidas no RGAS;
– às regras contidas no título I – parte geral – desse mesmo Código;
– às regras do Código das Sociedades Comerciais aplicáveis aos casos análogos – 2.º, 1.ª parte;
– aos princípios gerais do mesmo Código e aos princípios informadores do tipo adotado – 2.º, 3.ª parte;
– às regras do Código Civil, sobre o contrato de sociedade – 2.º, 2.ª parte;
– à analogia e à norma criada dentro do espírito do sistema – artigo 10.º/1 e 3, do Código Civil;

– ao contrato de sociedade e aos estatutos, sempre que esteja em causa matéria não regulada por lei ou tratada em meras normas legais supletivas;
– às deliberações dos sócios, perante questões não reguladas nem por lei, nem pelo contrato de sociedade, nem pelos estatutos; as deliberações operam, ainda, quando estejam em causa normas supletivas e o contrato de sociedade admita a sua derrogação pelas deliberações referidas, nos termos do artigo 9.º/3, do Código das Sociedades;
– ao Direito supletivo, de acordo com a ordem acima apontada, no exemplo em jogo: RGAS; título IV do Código das Sociedades Comerciais; título I desse Código; analogia dentro do Código em causa; princípios gerais do mesmo Código e informadores do tipo; contrato de sociedade civil; analogia geral e norma criada dentro do espírito do sistema.

III. Tomando à letra o artigo 50.º/1, parecia que, às sociedades anónimas seguradoras, o Código das Sociedades Comerciais teria, sempre, uma aplicação de tipo "subsidiário". No rigor dos princípios, tal aplicação exigiria que, por via do recurso à analogia e aos princípios, se esgotassem as vias de solução perante o Direito principal, antes de recorrer ao subsidiário.

Ora, a consideração das regras contidas no RGAS, quanto a sociedades anónimas, mostra que elas, embora significativas, são escassíssimas. O que é natural: o RGAS, como lhe compete, só se ocupa das especificidades ditadas pelos seguros. O regime geral das sociedades anónimas está histórica e cientificamente pensado para cobrir quaisquer tipos de sociedades e seja qual for o seu objeto social. Se percorrermos, uma por uma, as regras do Código das Sociedades Comerciais aplicáveis às sociedades anónimas, veremos que poucas são aquelas que, mercê do RGAS, dos seus princípios e das leis complementares, perdem aplicação.

A generalidade do Direito aplicável às seguradoras é, pois, o Direito das sociedades, contido no Código das Sociedades Comerciais. Pretender que tudo isso tem aplicação a título subsidiário é levar a imaginação jurídica para além do horizonte. Basta pensar: as seguradoras adquirem personalidade jurídica, têm capacidade jurídica, têm partes no contrato social ou têm elementos necessários nesse mesmo contrato, por aplicação subsidiária dos artigos 5.º, 6.º, 7.º e 9.º do Código das Sociedades Comerciais? Não é credível: a aplicação é direta.

Um Direito dos seguros adulto não tem de afirmar a sua autonomia com recurso a hipérboles linguísticas.

§ *14.º fontes e elementos essenciais* 195

IV. Faltando regras aplicáveis às anónimas seguradoras, seja ex--RGAS, seja ex-CSC, teremos de recorrer ao artigo 2.º deste último Código, com as precisões que, a seu propósito, vêm sendo feitas pela doutrina[448].

64. A firma

I. A firma das seguradoras deve compreender uma expressão da qual resulte, inequivocamente, a atividade seguradora ou a atividade de assistência, como seu objeto (50.º/2).

O RGAS fala, a tal propósito, em "denominação" da sociedade. Mal: as sociedades têm firma e não denominação, de acordo com o uso tecnicamente correto dessas locuções[449]. Veja-se o artigo 275.º do Código das Sociedades Comerciais, Código esse que não está isento de algumas confusões.

Também o RGIC, a propósito das firmas das instituições de crédito, incorre nalguma imprecisão. Mas não vai tão longe quanto o RGAS, uma vez que fala em "firmas e denominações" (11.º).

Receamos que, ao abandonar o vernáculo "firma", o RGAS esteja, subliminarmente, a despromover o comércio e a natureza comercial dos operadores de seguros. Trata-se de uma postura ancestral de desconsideração do comércio, que deve ser combatida.

Essa regra é reforçada pelo artigo 49.º, que veda, a qualquer entidade não autorizada para o exercício da atividade seguradora, quer a inclusão, na respetiva firma ou "denominação", quer no simples exercício da sua atividade, dos termos "empresa de seguros", "seguradora, "segurador", "companhia de seguros", "sociedade de seguros" ou semelhantes (n.º 1); e o uso dessas expressões por qualquer das entidades autorizadas não deve induzir em erro quanto ao âmbito da atividade que podem exercer (n.º 3).

II. Os artigos 50.º/2 e 49.º dão corpo, no domínio dos seguros, ao princípio da veracidade da firma. Quanto aos demais princípios – os da autonomia privada, da obrigatoriedade e normalização, da exclusividade, da estabilidade, da novidade e da unidade[450] – haverá que recorrer às fon-

---

[448] *Direito das sociedades*, 273 ss.; o RGAS de 2015 repete o lapso do seu antecessor.
[449] *Direito comercial*, 357 ss..
[450] *Direito comercial*, 3.ª ed., 388 ss..

tes comerciais, com relevo para o RNPC e para o CSC. Uma vez que se trata de sociedades anónimas, aplica-se em especial o artigo 275.º/1 do CSC: deve surgir a locução "sociedade anónima" ou SA[451].

65. Objeto e constituição

I. As sociedades anónimas de seguros têm por objeto exclusivo o exercício da atividade de seguro direto ou de resseguro, nos termos gerais aplicáveis a todas as empresas de seguros, acima considerados (47.º/1)[452]. Ficam incluídas as operações dela diretamente decorrentes, bem como as atuações acessórias necessárias para levar a cabo as matérias implicadas. Pergunta-se se tudo isso deve ser inserido nos estatutos ou se basta a referência genérica à atividade seguradora, com a explicitação do ramo ou ramos que estejam em causa. A referência genérica é suficiente: tudo o resto resulta da lei. Todavia, os estatutos das grandes seguradoras indicam, por vezes, algumas atuações complementares.

II. Ressalvadas as normas específicas do RGAS, tem aplicação o artigo 11.º do Código das Sociedades Comerciais.

O objeto da seguradora deve constar de indicação corretamente redigida em língua portuguesa. *A contrario*, poder-se-ia inferir daqui que os outros elementos do conteúdo do contrato de sociedade não teriam de preencher esses requisitos. Não é assim. O contrato de sociedade deve ser celebrado por escrito, com reconhecimento presencial das assinaturas – 7.º/1, do CSC. O reconhecimento não pode ser exarado num texto incompreensível: pressupõe-se, naturalmente, que deve estar em português correto. De todo o modo, o artigo 11.º/1, do CSC, só merece aplauso, mesmo quando dispensável.

III. Como objeto devem ser indicadas as atividades que os sócios se proponham para a sociedade – 11.º/2, do CSC. A lei permite que o contrato indique uma série de atividades não efetivas; segundo o n.º 3, compete depois aos sócios, de entre as atividades elencadas no objeto social, escolher aquela ou aquelas que a sociedade efetivamente exercerá, bem como deliberar sobre a suspensão ou a cessação de uma atividade que venha

---

[451] *Manual de Direito das sociedades*, 2, 553 ss., para mais elementos.
[452] *Supra*, 183 ss..

sendo exercida. A prática vai, assim, no sentido de alongar o objeto da sociedade, com toda uma série de hipóteses de atuação.

IV. Já suscitou muitas dúvidas, no plano geral, o tema da aquisição, pela sociedade, de participações sociais noutras sociedades, a qual teria de ser facultada pelo pacto social.

O problema surgia particularmente candente no tocante a participações em sociedades de responsabilidade ilimitada; tais participações poderiam pôr em causa o regime de responsabilidade própria da sociedade participante.

Resolvendo dúvidas, o artigo 11.º/4 a 6, do CSC, veio dispor:

- a aquisição de participações em sociedades de responsabilidade limitada cujo objeto seja igual àquele que a sociedade está exercendo – entenda-se: efetivamente – não depende de autorização no contrato de sociedade nem de deliberação dos sócios, salvo cláusula em contrário;
- a aquisição de participações em sociedade de responsabilidade ilimitada pode ser autorizada, livre ou condicionalmente, pelo contrato social;
- de igual modo, tal autorização pode reportar-se à aquisição de participações em sociedades com objeto diferente do efetivamente exercido, em sociedades reguladas por leis especiais e em agrupamentos complementares de empresas.

Finalmente, o artigo 11.º/6, do CSC, permite que a gestão de uma carteira de títulos, pertencente à sociedade, possa constituir o objeto dela.

No caso das sociedades seguradoras, esse aspeto ficou ainda mais simplificado pelo artigo 8.º/1 do RGAS revogado, *in fine*: permite-se aí, com generalidade, a aplicação de provisões, reservas e capitais. No RGAS vigente, menos claro, há que lidar com o artigo 9.º, *e*).

V. Na constituição das sociedades anónimas seguradoras, há que observar as regras gerais, designadamente o disposto nos artigos 7.º e 272.º do Código das Sociedades Comerciais[453]. Tendencialmente, aplicar-se-ia ainda todo o regime atinente às sociedades em formação, incluindo

---

[453] Vide o *CSC/Clássica*, 2.ª ed., 97 ss. e 795 ss..

as regras sobre sociedades irregulares[454]. Na prática, porém, tudo isso vem a ser infletido pela necessidade de autorização prévia e pelas regras específicas sobre seguradoras. De notar que não têm, aqui, aplicação as regras especiais que permitem a constituição imediata de sociedades[455]. Quanto à constituição *on line*: parece teoricamente possível, visto o artigo 6.º/4 do Decreto-Lei n.º 125/2006, de 29 de julho, que regula a matéria, prever que sejam remetidos documentos que comprovem as autorizações especiais que sejam necessárias – alínea *c*)[456]. Mas a hipótese é remota.

VI. Decisiva é a obtenção de uma autorização específica e prévia, a conceder pela ASF (48.º). Essa autorização depende de determinadas condições e de certos critérios. Torna-se mais fácil transcrever o artigo 52.º:

> A autorização para a constituição de uma empresa de seguros ou de resseguros só pode ser concedida pela ASF se forem cumpridas as seguintes condições:
>
> *a*) A empresa adotar a forma jurídica de sociedade anónima;
> *b*) A empresa ter por objeto exclusivo a atividade seguradora ou resseguradora nos termos do artigo 47.º;
> *c*) A empresa ser dotada com capital social não inferior ao mínimo estabelecido no artigo 60.º, devendo, na data do ato da constituição, encontrar-se integralmente subscrito e realizado o referido montante mínimo;
> *d*) Os acionistas detentores, direta ou indiretamente, de uma participação qualificada demonstrarem capacidade adequada a garantir a gestão sã e prudente da sociedade nos termos do artigo 172.º;
> *e*) A sede estatutária e a administração central da empresa estar localizada em Portugal;
> *f*) Ser apresentado um programa de atividades, de acordo com o disposto no artigo 54.º;
> *g*) Existir disponibilidade de fundos próprios de base elegíveis suficientes para respeitar o limite inferior absoluto do requisito de capital mínimo previsto no n.º 3 do artigo 147.º;

---

[454] *Direito das sociedades*, 515 ss..
[455] A denominada "empresa na hora", adotada pelo Decreto-Lei n.º 111/2005, de 8 de julho (2.º).
[456] *Direito das sociedades*, 604 ss. (607).

h) Ser demonstrado que a empresa está em condições de vir a ser detentora de fundos próprios elegíveis suficientes para satisfazer o requisito de capital de solvência previsto no artigo 116.º;
i) Ser demonstrado que a empresa está em condições de vir a ser detentora de fundos próprios de base elegíveis suficientes para satisfazer o requisito de capital mínimo previsto no artigo 146.º;
j) Ser demonstrado que a empresa está em condições de dispor de um sistema de governação que respeite os requisitos previstos no capítulo I do título III;
k) Sempre que existam relações estreitas entre a empresa e outras pessoas singulares ou coletivas:
  i) Inexistência de entraves, resultantes das referidas relações estreitas, ao exercício das funções de supervisão;
  ii) Inexistência de entraves ao exercício das funções de supervisão fundadas em disposições legislativas, regulamentares ou administrativas de um país terceiro a que estejam sujeitas uma ou mais pessoas singulares ou coletivas com as quais a empresa tenha relações estreitas;
l) Relativamente às empresas de seguros que pretendam cobrir riscos do ramo referido na alínea *j)* do artigo 8.º, com exceção da responsabilidade do transportador, designarem, em cada um dos demais Estados membros, um representante para sinistros, responsável pelo tratamento e regularização, no país de residência da vítima, dos sinistros ocorridos num Estado membro distinto do da residência desta.

Segue-se, depois, toda uma tramitação que examinaremos a propósito da supervisão[457].

66. A sede e as formas locais de representação

I. O RGAS aplica-se a sociedades anónimas de seguros com sede em Portugal [2.º/1, *a)*]. A partir daí, operam as regras gerais sobre a sede e as formas locais de representação, que vamos recordar.

A sede é um dos elementos essenciais do contrato de sociedade – artigo 9.º/1, *e)*, do Código das Sociedades Comerciais. Segundo o artigo 12.º/1 desse mesmo Código, a sede da sociedade deve ser estabelecida em

---

[457] *Infra*, 351 ss..

local concretamente definido. Aliás, pelo artigo 10.º/1, *b*), do RNPC, a sede ou domicílio e o endereço postal de pessoas coletivas estão sujeitos a inscrição no FCPC. Tudo isto está interligado: por razões elementares de polícia, fiscais, comerciais e até pessoais, as sociedades devem ter um local preciso, onde possam ser efetivamente contactadas. Na falta de indicação da sede, surgirá, no caso de sociedades por quotas, anónimas, ou em comandita por ações registadas, a nulidade – 42.º/1, *b*), do Código das Sociedades Comerciais –, ainda que sanável – *idem*, n.º 2; não se poderá, assim, recorrer diretamente ao artigo 159.º do Código Civil que permite, na falta de designação estatutária, recorrer ao lugar em que funcione normalmente a administração principal[458].

II. O artigo 12.º/2, do Código das Sociedades Comerciais, permite que, salvo disposição em contrário no contrato, a administração possa deslocar a sede dentro do território nacional[459]. A partir daí, a mudança de sede exige alteração dos estatutos. O RGAS não exige, neste ponto, autorização prévia da ASF; mas a modificação estatutária em causa deve-lhe ser comunicada no prazo de cinco dias (161.º/1 e 2, do RGAS). Deve ter-se ainda em conta o artigo 56.º desse diploma.

O artigo 12.º/3, do CSC, dispõe que a sede constitua o domicílio da sociedade, sem prejuízo de se estabelecer domicílio especial para determinados negócios.

III. O artigo 13.º/1, do Código das Sociedades Comerciais, prevê "formas locais de representação". Enumera: sucursais, agências, dele-

---

[458] Mas pode-se lá chegar por analogia ou com recurso ao artigo 157.º, do Código Civil: mesmo nula, a entidade viciada poderá valer como sociedade (irregular): sendo, *in concreto*, suficientemente efetiva, ocorre a analogia prevista naquele preceito. Evidentemente: uma "seguradora" irregular não poderia funcionar: os seus responsáveis incorreriam no crime previsto no artigo 356.º do RGAS.

[459] Trata-se da solução do Decreto-Lei n.º 76-A/2006, de 29 de Março. Anteriormente, o contrato poderia autorizar a administração a deslocar a sede, dentro do mesmo concelho ou para concelho limítrofe. A atual redação é mais dinâmica, mas pode originar problemas: imaginemos que, *ad nutum*, a administração decide transferir a sede para uma remota paragem (para as Ilhas ou para o outro extremo do País), designadamente para neutralizar minorias. Impor-se-ia declarar a invalidade da deliberação da administração – solução óbvia, a que alguma jurisprudência não tem atendido, por julgar que apenas as deliberações da assembleia geral são impugnáveis – ou, como alternativa: sustentar, aqui, a presença de uma competência *ex bona fide*, da assembleia geral.

gações e outras formas locais, no território nacional ou no estrangeiro. A criação das diversas formas de representação depende de deliberação dos sócios, quando o contrato a não dispense.

A representação só pode ser levada a cabo por pessoas. No campo comercial, é de esperar que a representação de uma sociedade seja assegurada por mandatário, nos termos dos artigos 231.º e seguintes, do Código Comercial. Recordamos que o mandato comercial pode, ao contrário do civil, envolver, por si, representação[460]. A representação pode, ainda, ser assegurada por trabalhadores, nos termos do artigo 115.º/3, do Código do Trabalho[461]. Temos, finalmente, as figuras dos gerentes, auxiliares e caixeiros, tratados no artigo 248.º, do Código Comercial.

Torna-se difícil fazer corresponder as diversas categorias de "formas locais de representação" a realidades substantivas autónomas. À partida, poderíamos dizer:

– a sucursal traduz um centro autónomo de negócios, podendo mesmo ser personalizada; quando o não seja, ela estará, não obstante, apetrechada para a celebração de todos e quaisquer negócios, traduzindo como que uma sede secundária;
– a agência exprimiria, apenas, um local de angariação de clientela; os negócios assim obtidos seriam encaminhados para a sede propriamente dita, aí sendo concluídos;
– a delegação envolveria "poderes delegados", o que incluiria a representação; ficaria, porém, aquém da sucursal, uma vez que a delegação se limitaria a receber instruções da sede;
– "outras formas de representação" poderiam incluir: secções, interpostos, postos de venda, postos de distribuição e lojas móveis, como meros exemplos.

No caso das seguradoras, a "sucursal" tem um especial relevo, designadamente quando pretenda estabelecer-se na União Europeia, mas fora do País (183.º a 194.º) ou quando se trate de sucursais de países estrangeiros, da União (200.º a 213.º) ou de fora dela (214.º a 233.º), que pretendam estabelecer-se no País. O regime aplicável tem particularidades que devem ser consideradas[462].

---

[460] *Direito comercial*, 650-651.
[461] Pedro Madeira de Brito, em Pedro Romano Martinez e outros, *Código do trabalho anotado*, 8.ª ed. (2009), 327.
[462] *Infra*, 272 ss..

67. O capital social

I. Vamos começar por recordar as regras gerais. Segundo o artigo 9.º/1, do Código das Sociedades Comerciais:

> Do contrato de qualquer tipo de sociedade devem constar:
> (...)
> *f)* O capital social, salvo nas sociedades em nome coletivo em que todos os sócios contribuam apenas com a sua indústria;

O artigo 14.º, na redação introduzida pelo Decreto-Lei n.º 343/98, de 6 de Novembro, dispõe:

> O montante do capital social deve ser sempre e apenas expresso em moeda com curso legal em Portugal.

Este diploma visou diversas adaptações à introdução do euro, em substituição do escudo[463].

Verifica-se, pelo enunciado legal, que o capital social não é um elemento essencial do contrato de sociedade, uma vez que não ocorre nas sociedades em nome coletivo, nas quais todos os sócios apenas contribuam com a sua indústria[464]. Também não há capital nas sociedades civis sob forma civil – 980.º, do Código Civil. Tratar-se-á de um elemento próprio, apenas, das restantes sociedades[465].

II. Em termos materiais, o capital de uma sociedade equivale ao conjunto das entradas a que os diversos sócios se obrigaram ou irão obrigar. Podemos antecipar algumas distinções, neste domínio, sendo certo que as diversas categorias são dominadas pelas sociedades anónimas. Assim:

---

[463] Recorde-se que o euro se rege pelos (todos do Conselho) Regulamentos n.º 1103/97/CE, de 17 de Junho de 1997, n.º 874/98/CE, de 3 de Maio de 1998 e n.º 2866/98/CE, de 31 de Dezembro de 1998. Vide o nosso *O regime jurídico do euro*, RFDUL, 2002.

[464] *Manual de Direito das sociedades* 2, 143 ss. e 147 ss..

[465] Paulo de Tarso Domingues, *Do capital social/Noção, princípios e funções* (1998), 19 ss.; em rigor, não é porém possível considerar o capital como elemento essencial das sociedades de capitais uma vez que as sociedades em nome coletivo comuns também terão o seu capital social.

– o capital diz-se subscrito ou a subscrever, consoante as pessoas interessadas se tenham, já, vinculado ou não às inerentes entradas;
– o capital considera-se realizado ou não realizado em função de terem sido ou não concretizadas as entregas à sociedade dos valores que ele postule;
– o capital é realizado em dinheiro ou em espécie conforme o tipo de entradas a que dê azo.

III. No plano contabilístico, o capital exprime uma cifra ideal que representa as entradas estatutárias, surgindo, como tal, nos diversos instrumentos de prestação de contas[466]. Ele poderá pouco ou nada ter a ver nem com o real património da sociedade em jogo[467], expresso pela relação ativo/passivo, nem com o valor de mercado da mesma sociedade, dependente da sua aptidão para os negócios e fixado segundo as regras da oferta e da procura.

IV. Devemos ainda contar com outras noções de capital. A doutrina distingue[468]:

– o capital contabilístico: cifra que consta do balanço, como passivo, correspondente às entradas realizadas dos sócios; quando por realizar, surgem no ativo;
– o capital estatutário ou nominal: valor inserido nos estatutos e que traduz, de modo abstrato e formal, o conjunto das entradas dos sócios;
– o capital real ou financeiro: expressão dos denominados capitais próprios ou valores de que a sociedade disponha, como seus;
– o capital económico: imagem da capacidade produtiva da sociedade, enquanto empresa ou conjunto de empresas.

Podem ocorrer outras aceções. Assim, há que assentar na natureza polissémica do capital: caso a caso cabe ponderar, perante as leis ou os instrumentos contratuais, qual a concreta aceção em jogo.

---

[466] Sobre esta categoria e as subsequentes, Paulo de Tarso Domingues, *Do capital social* cit., 29 ss..
[467] Francesco Ferrara Jr./Francesco Corsi, *Gli imprenditori e le società*, 14.ª ed. (2009), 244-246.
[468] Paulo de Tarso Domingues, *Do capital social* cit., 32 ss., com terminologia não coincidente.

V. No caso de sociedades anónimas, o capital está dividido em ações, limitando-se a responsabilidade de cada sócio à realização do capital que haja subscrito (271.º, do Código das Sociedades Comerciais)[469]. No tocante ao valor nominal do capital e das ações e às entradas, haveria que observar os artigos 276.º e 277.º, do mesmo Código[470].

Tratando-se de anónimas seguradoras, temos algumas especificidades de monta. Desde logo, segundo o artigo 52.º, c), a autorização para a constituição só pode ser concedida pela ASF desde que a empresa seja:

(…) dotada com capital social não inferior ao mínimo estabelecido no artigo 60.º, devendo na data do ato de constituição, encontrar-se integralmente subscrito e realizado o referido montante.

Quanto a capitais mínimos, basta transcrever o artigo 60.º:

1 – O capital social mínimo, inteiramente realizado, para constituição de sociedades anónimas de seguros é de:

   a) € 2 500 000, no caso de explorar exclusivamente o ramo: Doença, Protecção jurídica ou Assistência;
   b) € 7 500 000, no caso de explorar mais de um dos ramos referidos na alínea anterior ou qualquer outro ou outros ramos de seguros Não-vida;
   c) € 7 500 000, no caso de explorar o ramo Vida;
   d) € 15 000 000, no caso de explorar cumulativamente o ramo Vida com um ramo ou mais ramos Não-vida.

2 – O capital social mínimo, inteiramente realizado, para constituição de uma empresa de resseguros é de:

   a) € 7 500 000, no caso de sociedades anónimas que pretendem exercer atividades de resseguro do ramo Não-Vida ou atividades de resseguro do ramo Vida;
   b) € 15 000 000, no caso de sociedades anónimas que pretendem exercer todos os tipos de atividades de resseguro;
   c) € 3 750 000, no caso de mútuas de resseguros, independentemente do tipo de atividade de resseguro que pretendem exercer.

3 – O capital mínimo, inteiramente realizado, para constituição de mútuas de seguros é de € 3 750 000.

---

[469] *CSC/Clássica*, 2.ª ed., 794-795.
[470] *CSC/Clássica*, 2.ª ed., 801-809.

O artigo 61.º impõe que as ações das seguradoras sejam nominativas. Esse ponto é significativo, uma vez que o requerimento para a obtenção de autorização deve ser instruído com a identificação dos acionistas iniciais [53.º/1, c) e f)] e que se predispõe um controlo dos detentores de participações qualificadas (162.º a 174.º).

§ 15.º A ADMINISTRAÇÃO E A FISCALIZAÇÃO

68. O relevo da administração

I. Uma sociedade anónima de seguros, como qualquer outra sociedade personalizada, traduz um modo coletivo de funcionamento do Direito[471].

Tanto quanto sabemos, apenas a pessoa singular pode acatar normas jurídicas, sentindo a inerente necessidade moral de cumprir as obrigações e desfrutando da liberdade psicológica inerente às permissões. Os progressos da Ciência do Direito e a multiplicação exponencial das normas em presença levaram às construções complexas que subjazem à personalidade coletiva. Com efeito, a personalidade coletiva traduz, antes de mais, a aplicabilidade de um regime. Dirigir uma regra a uma pessoa coletiva implica depois, através desta, o acionamento de muitas outras regras que irão, mais ou menos mediatamente, desembocar em incumbências que recaem sobre pessoas singulares.

II. No centro de toda esta problemática, encontramos a administração. Em termos societários, a administração traduz:

– o conjunto das pessoas que têm a seu cargo a função de administrar uma sociedade; em certos casos, poderá tratar-se de uma pessoa singular única;
– o ato ou o efeito de administrar essa mesma sociedade.

Na primeira aceção, temos a administração subjetiva; no segundo, a objetiva. Em termos subjetivos, pode-se usar a expressão consagrada "administrador". Esta cobre as figuras dos gerentes, dos administradores

---

[471] Subjacente às considerações subsequentes está a ideia de personalidade coletiva que temos vindo a desenvolver; p. ex., *Tratado* IV, 545 ss. e 591 ss.. Mas qualquer outra construção chegaria a conclusões paralelas.

stricto sensu e dos administradores executivos, em função do concreto tipo societário em jogo.

III. Pois bem: o que façam ou deixem de fazer as sociedades, nas mais diversas circunstâncias, lícita ou ilicitamente, é obra dos administradores. O papel da administração assume uma dimensão considerável: por certo que a mais importante de quantas são legitimadas pelo Direito das sociedades e das mais significativas das reconhecidas pelos diversos ramos jurídicos.

O atual discurso jurídico processa-se, necessariamente, num nível de grande abstração. Mas há que apor limites a tal processamento, em nome das realidades da vida e da própria estrutura prática do Direito. Assim, as regras destinadas às sociedades são, no fundo, comandos dirigidos às administrações. As decisões societárias mais relevantes são-no dos administradores. Ora, as sociedades sustentam e controlam a vida social e económica de Estados industriais e pós-industriais. Todo o tecido das organizações humanas está modelado pelas sociedades, num fenómeno que ficou sem alternativa à vista, depois da queda do muro de Berlim e do desmoronar do chamado segundo Mundo. Tudo isto é conhecido e está descrito, embora se mantenha longe dos textos jurídico-comerciais.

IV. Boa parte das especificidades das anónimas seguradoras reside no especial modo de funcionamento das administrações respetivas, com relevo para a natureza regulada da sua atuação.

No desenvolvimento subsequente, vamos pressupor adquiridas as noções gerais sobre a administração das sociedades em geral[472] e sobre a administração das sociedades anónimas[473].

69. O papel da fiscalização

I. O tema da fiscalização das sociedades anónimas foi espoletado pela liberdade de constituição, na segunda metade do século XIX[474]. Nessa ocasião, foram elaborados institutos de controlo interno que, de certo modo, compensassem o perdido controlo estadual.

---

[472] *Direito das sociedades*, 841-1000.
[473] *CSC/Clássica*, 2.ª ed., 1040 ss. e *Manual de Direito das sociedades*, 2, 769 ss..
[474] *Direito das sociedades*, 132 ss..

Nas áreas delicadas, como a dos seguros, o Estado manteve ou readquiriu um papel fiscalizador externo. Todavia, isso não levou a que a fiscalização interna, conduzida por órgãos próprios, perdesse o seu conteúdo. Remetemos a fiscalização em geral para o domínio do Direito das sociedades[475].

II. A fiscalização pode incidir sobre campos distintos. Tomando como ponto de partida a competência conferida pela Lei aos órgãos de fiscalização (420.º, para o conselho fiscal, 423.º-F, para a comissão de auditoria e 441.º, para o conselho geral e de supervisão[476]), podemos distinguir as seguintes áreas de fiscalização:

– a legalidade estrita;
– a regularidade contabilística e patrimonial;
– as políticas contabilísticas e valorimétricas;
– os sistemas de gestão de riscos, de controlo interno e de auditoria interna;
– a gestão *lato sensu*.

III. A legalidade estrita tem a ver com a observância, pela administração, das regras legais e estatutárias e, ainda, com a sua aplicação, pelos diversos órgãos da sociedade. Ficam abrangidos todos os planos: desde a gestão corrente ao cumprimento das regras fiscais e desde as informações aos acionistas à legalidade das deliberações da assembleia.

A regularidade contabilística e patrimonial implica a supervisão de todos os suportes de contas e similares e a ponderação dos elementos apresentados pela administração, à luz da realidade da empresa.

As políticas contabilísticas e valorimétricas fogem já à legalidade estrita: estamos numa área em que são legalmente possíveis vários critérios de avaliação da realidade, cabendo à sociedade escolher os concretamente mais adequados. Trata-se de um domínio técnico, mas no qual jogam já opções político-empresariais próximas da gestão.

Os sistemas de gestão de riscos, de controlo interno e de auditoria interna são próprios das grandes sociedades. A sua montagem e o seu funcionamento requerem o domínio das *leges artis*, isto é, o *know how* próprio

---

[475] *Direito das sociedades*, 1001 ss.; quanto à fiscalização das anónimas, *Direito das sociedades*, 2, 2.ª ed., 793 ss..

[476] *Vide* as correspondentes anotações no *CSC/Clássica*, 2.ª ed. (2011); todos estes artigos pertenciam ao Código das Sociedades Comerciais.

da sociedade onde o problema se ponha. As suas valoração e fiscalização só são possíveis detendo esses mesmos conhecimentos. Sistemas de gestão de riscos, de controlo interior e de auditoria interna na seguradora, por exemplo, funcionam na base de aprofundados conhecimentos da especialidade. O órgão de fiscalização que deles se ocupe deverá estar perfeitamente apetrechado nessa matéria. Não se trata de uma verificação de legalidade estrita, embora esta esteja sempre em causa. Antes compete, também, formular juízos de oportunidade empresarial, no sentido mais amplo.

Na cúpula não-legalista da fiscalização põe-se a análise da própria gestão *lato sensu*. As políticas da empresa são as mais convenientes? A efetivação de certo investimento é oportuna? O pessoal está dimensionado às necessidades da empresa? A retribuição da administração surge adequada?

IV. Levada ao extremo, a fiscalização poderia aproximar-se da própria gestão. Distingue-se, dela, pelo ângulo de abordagem: embora a gestão tenha de se preocupar, em permanência, com a legalidade e com a regularidade do que faça, corrigindo os desvios, o seu papel é o de conduzir a atuação empresarial, descobrindo oportunidades de negócio e incrementando as existentes. Já a fiscalização sindica as opções, assegurando a confiança exterior e corrigindo, no plano interno, o que deva ser corrigido.

Perante opções empresariais possíveis e legítimas, cabe à administração decidir. *Ex post*, a fiscalização fará as observações que entender: mas sem se alhear dos valores da sociedade. Caber-lhe-á ter em especial conta o saber se, perante as escolhas feitas, as atuações intrassocietárias foram coerentes com a sua prossecução.

A particular focagem implícita nos temas da fiscalização levou à utilização do termo anglo-saxónico *compliance*. A *compliance* (de *to comply*, agir de acordo com uma regra ou uma instrução) abrange o conjunto dos procedimentos que[477]:

– identifiquem as atuações devidas, derivadas de leis, de regulamentos, de contratos, de estratégias e de opções políticas;
– acompanhem o seu estado de execução;
– avaliem os riscos e os custos potenciais do não-cumprimento;
– definam prioridades;
– preconizem corretivos para as falhas que ocorram.

---

[477] Anthony Tarantino, *Governance, Risk and Compliance Handbook* (2008), 972 pp. (21 ss. e *passim*).

Não se encontra uma tradução exata para a *compliance*[478]: o problema tem a ver com a capacidade compreensiva das locuções inglesas, que lhes permitem transmitir um conjunto impreciso de realidades, unificadas por uma coloração valorativa. Sob a *compliance* acolhem-se os mais diferentes problemas jurídicos[479], originando decisões de ordem diversa[480]. Numa linha já presente na *corporate governance* norte-americana, não fica clara a distinção entre a ética e o Direito[481].

V. A *compliance* é apontada como uma reação de defesa perante os riscos crescentes de responsabilização que afetam as empresas e as administrações[482]. Particularmente na Alemanha, tomada como exemplo liderante de Direito continental europeu, ela funciona nos planos da prevenção, localização e reação de quanto possa pôr em ação a responsabilidade da empresa e de quem a sirva[483].

Não substitui a fiscalização tradicional, entregue aos seus órgãos especializados. Dá-lhe, todavia, uma coloração mais dinâmica e menos dogmatizada. O peso da *compliance* no universo dos seguros é muito considerável.

---

[478] Nem mesmo na rica língua alemã: Christoph E. Hauschka, *Von Compliance zu Best Practice*, ZRP 2006, 258-261 (258).

[479] Christoph E. Hauschka, *Von Compliance* cit., 261.

[480] Thomas Klindt/Christian Pelz/Ingo Theusinger, *Compliance im Spiegel der Rechtsprechung*, NJW 2010, 2385-2391; temos decisões sobre: a responsabilidade do *compliance officer*; os deveres de organização; o objeto da empresa e os limites de competência da direção; os deveres de cuidado nas decisões empresariais; a minimização da corrupção; o domínio fiscal.

[481] Michael Kort, *Ethik-Richtlinien im Spannungsfeld zwischen US-amerikanischer Compliance und deutschen Konzernbetriebsverfassungsrecht*, NJW 2009, 129-133 (129 ss.).

[482] Christoph E. Hauschka, *Compliance, Compliance Manager, Compliance-Programme: Eine geeignete Reaktion auf gestiegene Haftungsrisiken für Unternehmen und Management?*, NJW 2004, 257-261. Uma menção especial deve ser feita à obra organizada pelo mesmo Christoph E. Hauschka, *Corporate, Compliance. Handbuch der Haftungsvermeidung im Unternehmen* (2007), XLII + 820 pp., com dezenas de artigos.

[483] Klaus Moosmayer, *Compliance. Praxisleitfaden für Unternehmen* (2010), XIV + 124 pp., com rec. Wolfgang J. Schaupensteiner, NJW 2010, 2263-2264. Klaus Moosmayer é *Compliance Operating Officer* e *Chief Counsel Compliance & Investigations* da Siemens AG; expõe a sua experiência no terreno, nesses domínios.

70. Os modelos

I. Segundo o artigo 278.º do Código das Sociedades Comerciais, a administração e a fiscalização das sociedades anónimas podem ser estruturadas segundo uma de três modalidades[484]:

– conselho de administração e conselho fiscal;
– conselho de administração com comissão de auditoria e ROC;
– conselho de administração executivo, conselho geral e de supervisão e ROC.

O primeiro modelo, também dito monista latino, é o tradicional: constava já da Lei das Sociedades Anónimas, de 1867. O conselho de administração, eleito pela assembleia geral, concentra os poderes de representação e de administração. O conselho fiscal surge como um órgão separado, eleito também pela assembleia geral, com poderes de fiscalização.

O segundo modelo, dito monista anglo-saxónico, foi introduzido no Direito português pela reforma de 2006. O conselho de administração é alargado e comporta alguns administradores que, entre si, constituem a comissão de auditoria. Normalmente, no próprio conselho de administração, surgem administradores executivos, que se ocupam da gestão da sociedade: quando isso não suceda, a competência recai no conselho. A fiscalização é assegurada pelo conselho de auditoria. Todos eles são eleitos pela assembleia geral.

O terceiro modelo, facultado pela reforma de 1986, também designado dualista ou germânico, implica, quando puro, um conselho geral e de supervisão eleito pela assembleia geral, conselho esse que, depois, elege a direção ou conselho de administração executivo. A direção tem os poderes correntes de administração e de representação. O conselho geral e de supervisão pode assumir, também, alguns poderes de administração e de representação e, além disso, assegura a fiscalização da sociedade. Numa concretização menos "pura", mas também permitida pela lei portuguesa, quer o conselho geral e de vigilância, quer o conselho de administração executivo podem ser, ambos, eleitos pela assembleia geral.

II. A opção por algum destes modelos cabe aos acionistas, dependendo de juízos de oportunidade. O RGAS não toma posição: apenas prevê

---

[484] *CSC/Clássica*, 2.ª ed., 809 ss. e *Direito das sociedades*, 2, 769 ss., com indicações.

que o projeto de contrato de sociedade ou de estatutos seja remetido, com o requerimento de autorização para a constituição da sociedade, da ASF [53.º/1, b)].

A experiência portuguesa dos últimos anos mostra que o modelo dualista, com eleição do conselho geral e de supervisão e do conselho de administração executivo pela assembleia geral, pode dar lugar a conflitos de competência. Mas não se pode formular um juízo definitivo.

71. Os membros dos órgãos

I. A delicadeza da atividade seguradora leva a que a lei restrinja a possibilidade de desempenho de funções em órgãos de administração ou de fiscalização das seguradoras. Exige-se:

– qualificação adequada, nomeadamente através de experiência profissional ou de habilitação académica (67.º);
– idoneidade (68.º).

Quanto à habilitação académica: a licenciatura em Direito, em Gestão ou em Economia serão suficientes; mas existem outras vias de a preencher. A experiência profissional já implica um juízo de mérito. O artigo 67.º/2, dispõe:

> Presume-se existir qualificação profissional adequada quando a pessoa em causa demonstre deter as competências e qualificações necessárias ao exercício das suas funções, adquiridas através de habilitação académica ou de formação especializada apropriadas ao cargo a exercer e através de experiência profissional cuja duração, bem como a natureza e grau de responsabilidade das funções exercidas, esteja em consonância com as características e seja proporcional à natureza, dimensão e complexidade da atividade da empresa de seguros ou de resseguros.

II. Também o juízo de idoneidade pode levantar dúvidas. O artigo 51.º/2 e 3, dispõe:

> 2. Na avaliação da idoneidade deve atender-se ao modo como a pessoa gere habitualmente os negócios, profissionais ou pessoais, ou exerce a profissão, em especial nos aspetos que revelem a sua capacidade para decidir de forma ponderada e criteriosa, ou a sua tendência para cumprir pontual-

mente as suas obrigações ou para ter comportamentos compatíveis com a preservação da confiança do mercado, tomando em consideração todas as circunstâncias que permitam avaliar o comportamento profissional para as funções em causa.

3. Na apreciação da idoneidade deve ter-se em conta, pelo menos, as seguintes circunstâncias consoante a sua gravidade:

a) Indícios de que a pessoa não agiu de forma transparente ou cooperante nas suas relações com quaisquer autoridades de supervisão ou regulação nacionais ou estrangeiras;

b) Recusa, revogação, cancelamento ou cessação de registo, autorização, admissão ou licença para o exercício de uma atividade comercial, empresarial ou profissional, por autoridade de supervisão, ordem profissional ou organismo com funções análogas, ou destituição do exercício de um cargo por entidade pública;

c) As razões que motivaram um despedimento, a cessação de um vínculo ou a destituição de um cargo que exija uma especial relação de confiança;

d) Proibição, por autoridade judicial, autoridade de supervisão, ordem profissional ou organismo com funções análogas, de agir na qualidade de administrador ou gerente de uma sociedade civil ou comercial ou de nela desempenhar funções;

e) Inclusão de menções de incumprimento na central de responsabilidades de crédito ou em quaisquer outros registos de natureza análoga, por parte da autoridade competente para o efeito;

f) Resultados obtidos, do ponto de vista financeiro ou empresarial, por entidades geridas pela pessoa em causa ou em que esta tenha sido ou seja titular de uma participação qualificada, tendo especialmente em conta quaisquer processos de recuperação, insolvência ou liquidação, e a forma como contribuiu para a situação que conduziu a tais processos;

g) Declaração de insolvência pessoal, independentemente da respetiva qualificação;

h) Ações cíveis, processos administrativos ou processos criminais, bem como quaisquer outras circunstâncias que, atento o caso concreto, possam ter um impacto significativo sobre a solidez financeira da pessoa em causa.

Ainda como elemento auxiliar na concretização do juízo de idoneidade, o artigo 68.º/7 considera-a verificada quando os interessados se encontrem registados junto do Banco de Portugal ou da CMVM, em termos que o atestem, salvo fator superveniente.

III. A lei geral admite que uma pessoa coletiva seja designada administradora de uma sociedade (390.º/4, do Código das Sociedades Comerciais). Nessa eventualidade, ela deve nomear uma pessoa singular para exercer o cargo em nome próprio, respondendo solidariamente pelos atos desta.

Nas anónimas seguradoras: os requisitos de habilitação e de idoneidade devem verificar-se nas pessoas singulares que, assim, sejam nomeadas.

IV. O artigo 69.º permite que a ASF se oponha à acumulação de cargos, por parte dos membros dos órgãos de administração e de fiscalização. Assim será (n.º 1):

(…) caso entenda que a acumulação é suscetível de prejudicar o exercício das funções que o interessado já desempenhe ou as que venha a desempenhar, nomeadamente por existirem riscos graves de conflito de interesses, ou por não se verificar disponibilidade suficiente para o exercício do cargo.

V. Os membros dos órgãos de administração e de fiscalização devem ser registados (também) na ASF, mediante requerimento acompanhado dos competentes meios de prova, relativos aos requisitos legalmente exigíveis (43.º). Prevê-se, aí, a possibilidade de recusa da inscrição, por falta de requisitos (44.º).

72. Sistema de governação e códigos de conduta

I. As particulares sensibilidades do sector dos seguros levaram o legislador a prever, em capítulo próprio regras sobre o sistema de governação. A matéria consta dos artigos 63.º a 80.º do RGAS em vigor, mais desenvolvido do que o seu antecessor.

O teor do artigo 64.º/1 dá uma ideia clara sobre a índole das normas aqui em causa:

As empresas de seguros e de resseguros devem possuir um sistema eficaz, que garanta uma gestão sã e prudente das suas atividades.

II. A gestão sã e prudente infere-se do artigo 64.º/6:

As empresas de seguros e de resseguros devem utilizar sistemas, recursos e procedimentos adequados e proporcionados que lhes permitam adotar as medidas necessárias para assegurar a continuidade e a regularidade do exercício das suas atividades, incluindo o desenvolvimento de planos de contingência.

Seguem-se diversas regras, para além dos requisitos da qualificação (67.º) e da idoneidade (68.º) dos gestores, já referidas. Assim, surgem: a independência dos titulares de cargos (70.º), o sistema de gestão dos riscos (72.º), a autoavaliação do risco e da solvência (73.º), o sistema de controlo interno (74.º), a função atuarial (76.º e 77.º).

III. Os códigos de conduta derivam do artigo 79.º, em termos que parecem dispensar maiores explicações. Dispõe:

> 1 – As empresas de seguros e de resseguros devem estabelecer e monitorizar o cumprimento de códigos de conduta que estabeleçam linhas de orientação em matéria de ética profissional, incluindo princípios para a gestão de conflitos de interesses, aplicáveis aos membros dos órgãos de administração e de fiscalização, aos responsáveis por funções-chave e demais trabalhadores e colaboradores.
> 2 – As empresas de seguros e de resseguros devem divulgar os códigos de conduta que venham a adotar, designadamente através dos respetivos sítios na *Internet*.
> 3 – As empresas de seguros podem elaborar ou adotar, por adesão, os códigos de conduta elaborados pelas respetivas associações representativas.

IV. Qual a natureza destas normas? A propósito dos deveres das instituições de crédito, os artigos 73.º (competência técnica), 74.º (outros deveres de conduta) e 75.º (critério de diligência) do RGIC fixam normas de tipo algo similar[485]. Trata-se de verdadeiras normas suscetíveis de serem violadas?

Ocorre recordar o modo por que, no Direito bancário, são entendidos os deveres de competência técnica (73.º), os "outros deveres" (74.º) e o critério de diligência (75.º, todos do RGIC).
A competência técnica dá azo a deveres de qualidade e de eficiência: o banqueiro deve assegurar ao cliente, em todas as atividades que exerça, "... elevados níveis de competência técnica ...". A lei prossegue que, para tal, o banqueiro há-de dotar "... a sua organização empresarial com os meios

---

[485] *Direito bancário*, 5.ª ed., 344 ss..

materiais e humanos necessários para realizar condições apropriadas de qualidade e eficiência".

Esta norma é importante. A atividade bancária é dominada por parâmetros tecnológicos e culturais em permanente ascensão. Podemos apontar exigências físicas – instalações, acesso, ambiência geral, equipamento informático e de comunicações – exigências de serviços – receção e envio de correspondência, disponibilidade de informações e acesso aos produtos[486] – e exigências bancário-culturais – disponibilidade de produtos, criação de novos serviços, apresentação, urbanidade, adequação e qualidade das prestações bancárias. A prossecução destes objetivos obriga o banqueiro a um esforço permanente de reorganização do trabalho e dos métodos[487] e de formação do seu pessoal[488]. Para oferecer boas condições ao seu cliente, o banqueiro terá de racionalizar os custos o que, no limite, poderá pôr em causa o objetivo pretendido. Trata-se, em suma, da eterna tensão entre a qualidade e o preço, num drama que, bem conhecido já da indústria convencional, chega, agora, também à banca[489]. Particularmente vincado é o tema no domínio do pessoal bancário: uma redução nos custos passa pela utilização de computadores, em substituição dos tradicionais empregados e pelo *outsourcing* e portanto: pelo recurso a prestadores de serviços altamente especializados, mas alheios à instituição bancária considerada[490]. Evidentemente: no limite, o banqueiro perde o capital humano, fundamental para assegurar a sua própria competência técnica[491]. Os grandes banqueiros procuram solucionar o dilema, designadamente, pela especialização de estabelecimentos: lado a lado poderão funcionar balcões para operações cor-

---

[486] "Paleta de produtos", de acordo com a linguagem do sector; *vide* Elmar Müller/ Dagmar Weberer/Egbert Hartmann, *Bankprodukte systematisch strukturieren*, Bank 1998, 592-595.

[487] Em geral, *vide* já Walther Hadding/Franz Häuser, *Rechtsfragen des Giroverhältnisses*, ZHR 145 (1981), 138-173; por último, Daniel Zuber Bühler, *Spannungsverhältnis zwischen Regulierung und Wettbewerbsfähigkeit*, SZW 1996, 201-210, Sabine Reimers-Mortensen, *Strategische Optionen für Direktbanken*, Bank 1997, 132, Jürgen Moormann/Arndt Gossmann, *Erfolgsfaktoren von Reengineering-Projekten*, Bank 1997, 372-376.

[488] Herbert Durstberger/Reinhard Baade, *Personalentwicklung – strategischer Erfolgsfaktor für Banken*, Bank 1997, 146-149.

[489] *Vide* Gunther Tichy, *Rationalisierung in Banken – Reorganisation, outsourcing und Personalabbau*, ÖBA 1996, 696-701.

[490] Além do artigo referido na nota anterior, *vide* Thomas Klanten, *Beschränkung des "outsourcing" durch Arbeitsrecht?*, Sparkasse 1994, 446-448.

[491] Leo Schuster, *Banks are people?*, ÖBA 1996, 907-908.

rentes, de grande público, assentes na mecanização e na rotina, balcões de atendimento personalizado, para operações mais delicadas – crédito para habitação, crédito para o pequeno e médio comércio – e balcões para grandes clientes, a tratar casuisticamente[492]. A mobilidade do banqueiro e a sua capacidade de surgir, no momento certo, perto do cliente, é decisiva[493]. Todas as hipóteses estão em aberto, num devir permanente ditado e temperado pelas regras da arte bancária, da supervisão do banco central, da livre concorrência e da tutela dos utentes.

V. A competência técnica, assim entendida, deve ser aproximada dos deveres prescritos no RGIC quanto às relações com os clientes, sob a epígrafe desnaturada e introduzida pelo Decreto-Lei n.º 1/2008, "outros deveres de conduta" – artigo 74.º – e quanto ao critério de diligência – artigo 75.º.

As relações com os clientes levam o legislador a referir deveres de diligência, de neutralidade, de lealdade, de descrição e de respeito consciencioso dos interesses confiados ao banqueiro. Tais deveres só verbalmente podem ser isolados uns dos outros: a sua associação dá corpo à *ars bancaria* moderna.

O critério de diligência, aparentemente orientado para os administradores e para o pessoal dirigente mas, no fundo, destinado ao próprio banqueiro, enquanto instituição, aponta para a bitola do *banqueiro criterioso e ordenado*. Trata-se da recuperação, com fins bancários, da figura do *bonus pater familias*, prudente, ordenado e dedicado.

VI. Pergunta-se se os artigos 73.º, 74.º e 75.º do RGIC, com o conjunto de deveres de adequação e de eficiência que deles resultam, se podem considerar como verdadeiras normas de conduta, fontes de direitos para os clientes ou se, pelo contrário, serão meras regras programáticas.

O Direito bancário, como Direito moderno e dinâmico, tem de ser preciso nos critérios e nas soluções. Ele não pode compadecer-se com regras vagas e imprecisas como as que temos vindo a examinar, cheias de colocações dilemáticas e de concretizações contraditórias. Se bem se atentar, ape-

---

[492] Herbert Zerwas/Mathias Hanten, *Outsourcing bei Kredit- und Finanzdienstleitungsinstituten*, WM 1998, 1110-1118, Martin Bösch, *Wertpapierabwiclung: Optimierung durch Outsourcing*, Bank 1998, 752-754 e Kirsten Dönch/Martwa Bachmann, *Verwaltung von Investmentdepots – Outsourcing als Lösungsansatz*, Bank 1999, 244-247.

[493] Recorde-se a sugestiva imagem, acima referida a propósito das tendências atuais da banca, do banqueiro no supermercado; vide Grohmann, *Banking in Supermärkten* cit., 406 ss..

nas o mercado poderá, em última instância, afirmar se o banqueiro cumpre ou não os seus deveres de adequação e de eficiência.

Os artigos 73.º, 74.º e 75.º do RGIC são, assim, meras normas programáticas e de enquadramento. Na prática, eles terão de ser completados por outras regras, de natureza legal ou contratual, de modo a dar azo a verdadeiros direitos subjetivos ou, pelo menos, a regras precisas de conduta, suscetíveis de, quando violadas, induzirem responsabilidade bancária. Com essa prevenção, os preceitos em causa são significativos, sendo relevante a atenção que o legislador lhes dispensou. Eles dão ao Direito bancário uma coloração importante que se irá manifestar, depois, nas mais diversas soluções bancárias. Além disso, eles podem combinar-se com outras regras, de modo a proporcionar normas claras e precisas, próprias da área jurídico--económica aqui em estudo[494].

VII. Com estas precisões, regressemos ao Direito dos seguros. Parece--nos claro que os artigos 71.º a 79.º não são estruturalmente diferentes dos seus congéneres bancários. Todos eles visam problemáticas paralelas.

De facto, os artigos 71.º a 79.º do RGAS equivalem à denominada *soft law*: regras que implicam um programa de atuação e um espírito geral de interpretação e de aplicação mas que, só por si, não originam direitos ou posições jurídicas suscetíveis de proteção. Tirando os aspetos processuais, tais normas devem considerar-se incompletas: apenas em conjunto com regras mais concretas é possível, delas, extrair bitolas de conduta exigíveis aos intervenientes.

---

[494] Os artigos 73.º, 74.º e 75.º do RGIC são, assim, "normas incompletas", semelhantes, nesse ponto, ao artigo 64.º do Código das Sociedades Comerciais, quando refere o critério do "... gestor criterioso e ordenado ..." – vide Menezes Cordeiro, *Da responsabilidade civil dos administradores das sociedades comerciais* (1996), 522 e *passim* – expressamente retomado no artigo 75.º do RGIC.

Uma ideia aparentemente diferente, que procura retirar dos preceitos em análise, só por si, deveres suscetíveis de responsabilizar o banqueiro, pode ser confrontada em Manuel Veiga de Faria, *Algumas questões em torno da responsabilidade civil dos bancos pela concessão ou recusa de crédito e por informações, conselhos ou recomendações*, RB 35 (1995), 43-70 (54 ss.).

§ 16.º A DISSOLUÇÃO E A LIQUIDAÇÃO

73. As regras gerais

I. A dissolução das sociedades traduz o ato e o efeito da sua cessação. Ela corresponde a situações materiais muito diversas. Assim, pode tratar-se:
- do desenrolar de um plano combinado desde o início: os sócios previram uma sociedade temporalmente limitada, fixando-lhe um prazo;
- de um acidente de percurso que inviabilize o funcionamento da sociedade, suprimindo-lhe um dos seus elementos essenciais;
- da superveniência de uma situação de esgotamento das forças patrimoniais, gerando a insolvência;
- de uma operação de gestão, que leve os sócios a deter uma iniciativa, para a substituir por outra.

II. O Código das Sociedades Comerciais, na sua versão inicial, distinguia hipóteses de dissolução automática e hipóteses de dissolução por sentença judicial ou por deliberação (141.º e 142.º, versão de 1986). O esquema era criticado pelas delongas que originava. O legislador decidiu intervir. Tal como o Decreto-Lei n.º 111/2005, de 8 de Julho, instituiu o esquema de "constituição de empresas na hora", assim o Decreto-Lei n.º 76-A/2006, de 29 de Março, procurou fixar uma "dissolução na hora". Para o efeito:
- alterou os artigos 141.º e seguintes do Código;
- substituiu a dissolução judicial por uma dissolução administrativa, que corre termos na conservatória do registo comercial;
- adotou um regime jurídico dos procedimentos administrativos de dissolução e de liquidação de entidades comerciais.

III. As regras gerais têm diversos desvios importantes, no tocante às seguradoras. Desde logo, segundo o artigo 2.º/2, *b*), do CIRE, as normas da insolvência não se aplicam às empresas de seguros, e, na medida em que elas não sejam compatíveis com o regime geral para elas previsto. E de seguida encontramos, no RGAS, determinadas regras para que cabe chamar a atenção.

74. A caducidade e a revogação da autorização

I. O artigo 57.º/1 prevê a caducidade da autorização dada pela ASF, para que uma seguradora se possa constituir. Fixa duas hipóteses:
– a de os requerentes expressamente renunciarem a ela;
– a de a empresa não se constituir formalmente, no prazo de seis meses;
– a de ela não dar início à sua atividade, no prazo de doze meses.

Os prazos em questão contam-se da data da publicação da autorização, cabendo a sua verificação à ASF.

A primeira hipótese de caducidade não promove, propriamente, a dissolução da sociedade seguradora: ela ainda não se havia constituído. Já a segunda tem uma efetiva eficácia extintiva.

II. A revogação da autorização pode sobrevir nos casos elencados no artigo 175.º/1. São eles[495]:

> *a*) Ter sido obtida por meio de falsas declarações ou outros meios ilícitos, independentemente das sanções penais aplicáveis;
> *b*) A empresa de seguros ou de resseguros cessar ou reduzir significativamente a atividade por período superior a seis meses;
> *c*) Deixar de estar preenchida alguma das condições de acesso e de exercício da atividade seguradora ou resseguradora exigidas no presente regime;
> *d*) Ocorrerem irregularidades graves no sistema de governação, na organização contabilística, no controlo interno ou na conduta de

---

[495] O artigo 175.º/1 em vigor corresponde ao 19.º/1 do RGAS revogado. O confronto entre os dois preceitos mostra pequenas diferenças de redação que complicam as tarefas dos intérpretes-aplicadores.

mercado da empresa, de modo a pôr em risco os interesses dos tomadores de seguros, segurados, beneficiários ou terceiros lesados, ou as condições normais de funcionamento do mercado segurador;

e) A empresa deixar de cumprir o requisito de capital mínimo e a ASF considerar que o plano de financiamento apresentado é manifestamente inadequado ou a empresa em causa não cumprir o plano de financiamento aprovado no prazo de três meses a contar da verificação do incumprimento do requisito de capital mínimo;

f) Não ser efetuada a comunicação ou ser recusada a designação de pessoa sujeita a registo nos termos do artigo 43.º, caso a mesma exerça atividade que possa pôr em causa a gestão sã e prudente da empresa;

g) A empresa violar as disposições legais, regulamentares ou administrativas que disciplinam a sua atividade, de modo a pôr em risco os interesses dos tomadores de seguros, segurados ou beneficiários ou as condições normais de funcionamento do mercado segurador.

A revogação nunca é automática. Depende de uma decisão da ASF. Além disso, ela opera sem prejuízo quanto a sanções ou a outras soluções aplicáveis.

III. A competência e a forma da revogação constam do artigo 176.º.

§ 17.º AS SOCIEDADES SEGURADORAS PORTUGUESAS

75. As empresas de seguros existentes

I. De acordo com os dados da ASF, referimos as seguintes empresas de seguros nacionais, acompanhadas de um pequeno histórico[496-497]:

ACP-Mobilidade – Sociedade de Seguros de Asistência, SA

2006, A ACP-Mobilidade – Sociedade de Seguros de Assistência, SA, foi constituída para explorar o ramo assistência.

AXA Portugal – Companhia de Seguros, SA

1979, As empresas de seguros nacionalizadas Companhia de Seguros Douro, Mutual, Companhia de Seguros, Companhia de Seguros Ourique, Companhia de Seguros Argus e Companhia de Seguros Tagus fundiram-se, dando origem à Aliança Seguradora, EP.

1987, A sucursal em Portugal da The Prudential Assurance Company Limited (anterior a 1975) encerrou na sequência da transferência da carteira para a sucursal da Eagle Star Insurance Company Limited (anterior a 1975).

1988, Foi constituída a empresa de seguros UAP Portugal – Companhia de Seguros, SA, mediante a transferência da carteira de seguros Não-Vida da sucursal da UAP – L'Union des Assurances de Paris/IARD (anterior a 1975), que encerrou.

1989, A Aliança Seguradora, E.P., é transformada em sociedade anónima, passando a denominar-se Aliança Seguradora, SA.

1992, A empresa de seguros espanhola Aurora Polar, SA de Seguros y Reaseguros foi autorizada a abrir uma sucursal em Portugal.

1995, A Aliança Seguradora, SA, a UAP Portugal – Companhia de Seguros, SA, e a Companhia de Seguros Garantia, SA, (anterior a 1975, esta empresa de segu-

---

[496] Trata-se de dados coligidos e organizados pelo ex-ISP; agradece-se, ao Instituto, a autorização dada para a sua inclusão na presente obra.

[497] *Vide*, ainda, Gisela Lages, *Histórico das empresas de seguros estabelecidas em Portugal entre 1975 e 2011*, Forum 2011, 61-109.

ros não foi nacionalizada – Decreto-Lei n.º 244/76, de 7 de Abril) fundiram--se, dando origem à Aliança UAP – Companhia de Seguros, SA.
1995, A sucursal da Eagle Star Insurance Company Limited foi encerrada, na sequência da transferência de carteira para a sucursal da empresa de seguros Royal Exchange Assurance (anterior a 1975).
1997, A Aliança UAP – Companhia de Seguros, SA, alterou a sua denominação para AXA – Portugal, Companhia de Seguros, SA.
1998, A sucursal em Portugal da empresa de seguros espanhola Aurora Polar, SA de Seguros y Reaseguros transferiu a sua carteira de seguros Não-Vida para a sucursal da empresa de seguros espanhola Axa Gestion de Seguros y Reaseguros, SA, no âmbito da fusão, por incorporação, daquela nesta empresa de seguros, que alterou a sua denominação para Axa Aurora Ibérica, SA de Seguros y Reaseguros.
2000, A carteira da sucursal em Portugal da empresa de seguros Royal Exchange Assurance foi integrada na Axa Portugal – Companhia de Seguros, SA, com consequente encerramento da sucursal.
2000, A sucursal em Portugal da empresa de seguros espanhola Axa Aurora Ibérica, SA de Seguros y Reaseguros transferiu a sua carteira de seguros Não-Vida para a Axa Portugal – Companhia de Seguros, SA, com consequente encerramento da sucursal.

AXA Portugal – Companhia de Seguros de Vida, SA

1979, As empresas de seguros nacionalizadas Companhia de Seguros Douro, Mutual, Companhia de Seguros, Companhia de Seguros Ourique, Companhia de Seguros Argus e Companhia de Seguros Tagus fundiram-se, dando origem à Aliança Seguradora, EP.
1988, Foi constituída a empresa de seguros UAP Portugal – Companhia de Seguros de Vida, SA, mediante a transferência da carteira de seguros Vida da sucursal da UAP – L'Union des Assurances de Paris VIE (anterior a 1975), a qual encerrou.
1989, A Aliança Seguradora, E.P., é transformada em sociedade anónima, passando a denominar-se Aliança Seguradora, SA.
1992, A UAP Portugal – Companhia de Seguros de Vida, SA, alterou a sua denominação para Aliança UAP – Companhia de Seguros de Vida, SA.
1992, A Companhia de Seguros Garantia, SA (anterior a 1975) autorizada a explorar os ramos Não-Vida e Vida, tranferiu a sua carteira de seguros do ramo Vida para a Aliança UAP – Companhia de Seguros de Vida, SA.
1993, A Aliança Seguradora, SA, transferiu a sua carteira de seguros de Vida para a Aliança UAP – Companhia de Seguros de Vida, SA.
1993, Foi autorizada a abertura da sucursal em Portugal da empresa de seguros espanhola Aurora Vida, SA de Seguros y Reaseguros.
1997, A Aliança UAP – Companhia de Seguros de Vida, SA alterou a sua denominação para Axa Portugal – Companhia de Seguros de Vida, SA.
2000, A sucursal em Portugal da empresa de seguros espanhola Axa Aurora Vida, SA de Seguros y Reaseguros (anteriormente denominada Aurora Vida, SA

de Seguros y Reaseguros) transferiu a sua carteira de seguros do ramo Vida para a Axa Portugal – Companhia de Seguros de Vida, SA, com consequente encerramento da sucursal.

BES, Companhia de Seguros, SA

1996, A Espírito Santo – Companhia de Seguros, SA, foi constituída para explorar ramos Não-Vida.

2006, A Espírito Santo Seguros, Companhia de Seguros, SA, alterou a sua denominação social para BES – Companhia de Seguros, SA.

BES – Vida, Companhia de Seguros, SA

1993, A Companhia de Seguros Tranquilidade Vida, SA, foi constituída para explorar o ramo Vida.

2006, A Companhia de Seguros Tranquilidade Vida, SA, transferiu parte da sua carteira para a empresa de seguros constituenda T-Vida – Companhia de Seguros, SA.

2006, A Companhia de Seguros Tranquilidade Vida, SA, alterou a sua denominação social para BES-Vida – Companhia de Seguros, SA.

BPI Vida – Companhia de Seguros de Vida, SA

1991, A Scottish Union – Companhia de Seguros de Vida, SA, foi constituída para explorar o ramo Vida.

1994, A BFE-Seguros, Companhia de Seguros de Vida, SA, foi constituída para explorar o ramo Vida.

1995, A Scottish Union – Companhia de Seguros de Vida, SA, alterou a sua denominação para BPI Vida – Companhia de Seguros de Vida, SA.

1997, A BFE-Seguros, Companhia de Seguros de Vida, SA, foi incorporada, por fusão, na BPI Vida – Companhia de Seguros de Vida, com inerente transferência de carteira.

CARES – Companhia de Seguros, SA

1995, A Companhia de Seguros Tagus – Seguros de Assistência, SA, foi constituída para explorar o ramo assistência.

1998, A Companhia de Seguros Tagus – Seguros de Assistência, SA, alterou a sua denominação para Cares – Companhia de Seguros de Assistência, SA.

2002, A Cares – Companhia de Seguros de Assistência, SA, alterou a sua denominação para Cares – Companhia de Seguros, SA, bem como o seu objeto social para explorar outros seguros dos ramos Não-Vida.

Companhia de Seguros Açoreana, SA

1975, A Companhia de Seguros Açoreana (anterior a 1975), empresa de seguros mista, foi nacionalizada, passando a denominar-se Companhia de Seguros Açoreana, EP.

1980, A Companhia de Seguros Açoreana, EP, transferiu parte da sua carteira de seguros para a Companhia de Seguros Império, correspondente aos seguros cujos riscos e compromissos se situavam no Continente.
1988, A O Trabalho Vida – Companhia de Seguros, SA, foi constituída para explorar o ramo Vida.
1988, A Global – Companhia de Seguros, SA, foi constituída para explorar ramos Não-Vida.
1988, A Global Vida – Companhia de Seguros, SA, foi constituída para explorar o ramo Vida.
1991, A Companhia de Seguros Açoreana, E.P., empresa de seguros mista, é transformada em sociedade anónima, passando a denominar-se Companhia de Seguros Açoreana, SA.
1991, A Mútua dos Navios Bacalhoeiros, Sociedade Mútua de Seguros (anterior a 1975) transformou-se em sociedade anónima, alterando a sua denominação para Oceânica, Companhia de Seguros, SA.
1991, A O Trabalho – Companhia de Seguros, SA, (empresa de seguros mista anterior a 1975) ficou apenas a explorar os ramos Não-Vida, tendo transferido a sua carteira de Vida para a O Trabalho Vida – Companhia de Seguros, SA.
1999, A Oceânica, Companhia de Seguros, SA, foi incorporada, por fusão, na Companhia de Seguros Açoreana, SA.
2001, A O Trabalho Vida – Companhia de Seguros, SA, foi incorporada na Companhia de Seguros Açoreana, SA, com a consequente extinção da sociedade incorporada.
2002, A O Trabalho – Companhia de Seguros, SA, foi incorporada na Companhia de Seguros Açoreana, SA, com a consequente extinção da sociedade incorporada.
2011, A Global – Companhia de Seguros, SA, e a Global Vida – Companhia de Seguros, SA, foram incorporadas na Companhia de Seguros Açoreana, SA, com a consequente extinção das sociedades incorporadas.

Companhia de Seguros Allianz Portugal, SA

1987, As carteiras das sucursais das empresas de seguros do Reino Unido, Scottish Union and National Insurance Company e Norwich Union Fire Insurance Society Limited (anteriores a 1975), foram transferidas, nas datas de vencimento das respetivas apólices, para uma empresa de seguros nacional que se constituiu, para explorar seguros dos ramos Não-Vida, denominada Scottish Union de Portugal, Companhia de Seguros, SA, com consequente encerramento da sucursal da Norwich Union Fire Insurance Society Limited, que prosseguiu a atividade em Portugal, em regime de livre prestação de serviços.
1990, A sucursal em Portugal da empresa de seguros La Union y El Fenix Español (anterior a 1975), autorizada aos ramos Não-Vida e Vida, alterou a sua denominação para La Union y El Fénix Español, Compañia de Seguros y Reaseguros.

1996, A sucursal em Portugal da empresa de seguros francesa Préservatrice Foncière Assurance, TIARD (anterior a 1975) transferiu a sua carteira de seguros para a Sociedade Portuguesa de Seguros, SA.
1997, A Norwich Union Fire Insurance Society Limited alterou a sua denominação social para Norwich Union Insurance Limited.
1997, A A Social – Companhia Portuguesa de Seguros, SA (empresa de seguros mista, anterior a 1975) e a Scottish Union de Portugal, Companhia de Seguros, SA, foram incorporadas, por fusão, na Portugal Previdente – Companhia de Seguros, SA (anterior a 1975), com inerente transferência de carteira e extinção das sociedades incorporadas.
1998, Encerramento formal da sucursal em Portugal da empresa de seguros do Reino Unido, Scottish Union and National Insurance Company.
1999, A Sociedade Portuguesa de Seguros, SA (para a qual foram transferidas as responsabilidades exigíveis relativas aos seguros do ramo Não-Vida da sucursal em Portugal da La Union y El Fénix Español, Compañia de Seguros y Reaseguros, na sequência do cancelamento de todas as apólices do ramo Não-Vida desta) foi incorporada, por fusão, na Portugal Previdente – Companhia de Seguros, SA, que alterou a denominação para Companhia de Seguros Allianz Portugal, SA.
2009, A Norwich Union Insurance Limited alterou a sua denominação social para Aviva Insurance UK Limited.

Companhia de Seguros Fidelidade-Mundial, SA

1975, A sucursal em Portugal da Angolana (anterior a 1975) encerrou na sequência da transferência da sua carteira de seguros para a Companhia de Seguros Mundial.
1975, As companhias de seguros nacionalizadas Companhia de Seguros Mutualidade (anterior a 1975), a Companhia de Seguros Soberana (anterior a 1975), e a Companhia de Seguros Aliança Madeirense (anterior a 1975), fundiram-se, adotando a denominação de Grupo Segurador MSA – EP.
1979, A Companhia de Seguros Mundial e a Companhia de Seguros Confiança fundiram-se, dando origem à Companhia de Seguros Mundial Confiança, EP.
1979, As empresas de seguros nacionalizadas Companhia de Seguros Fidelidade, Grupo Segurador MSA, Seguradora Industrial, Companhia Nacional de Seguros e Atlas, Companhia de Seguros fundiram-se, dando origem à Fidelidade-Grupo Segurador, EP.
1979, As empresas de seguros nacionalizadas Companhia de Seguros Mundial Confiança e Pátria, Companhia de Seguros fundiram-se, dando origem à Companhia de Seguros Mundial Confiança, EP.
1988, A Fidelidade-Grupo Segurador, E.P., é transformada em sociedade anónima, passando a denominar-se Companhia de Seguros Fidelidade, SA.
1990, A Companhia de Seguros Mundial Confiança, EP, é transformada em sociedade anónima, passando a denominar-se Companhia de Seguros Mundial Confiança, SA.

2002, A Companhia de Seguros Mundial Confiança, SA, foi incorporada, por fusão, na Companhia de Seguros Fidelidade, SA, tendo esta alterado a sua denominação para Companhia de Seguros Fidelidade-Mundial, SA.

Companhia de Seguros Tranquilidade, SA

1979, As empresas de seguros nacionalizadas Companhia de Seguros Tranquilidade, Companhia de Seguros Garantia Funchalense e Companhia de Seguros A Nacional, fundiram-se, dando origem à Tranquilidade – Companhia de Seguros, EP.

1986, Foi autorizada a abertura em Portugal de uma sucursal da empresa de seguros Companhia de Seguros Inter-Atlântico, SA, com sede no Brasil, que veio explorar seguros dos ramos Não-Vida.

1989, A Tranquilidade – Companhia de Seguros, EP, é transformada em sociedade anónima, passando a denominar-se Companhia de Seguros Tranquilidade, SA.

1999, A empresa de seguros nacional ESIA – Inter Atlântico – Companhia de Seguros, SA, foi constituída mediante a transferência de carteira da sucursal em Portugal da Companhia de Seguros Inter-Atlântico, SA, que encerrou.

2004, A Esia – Inter-Atlântico, Companhia de Seguros, SA foi incorporada, por fusão, na Companhia de Seguros Tranquilidade, SA.

Companhia Portuguesa de Resseguros, SA

1979, As cinco resseguradoras nacionais que foram nacionalizadas ao abrigo do Decreto-Lei n.º 135-A/75, de 15 de Março, Câmara Resseguradora Portuguesa, Continental de Resseguros, Equidade – Companhia Portuguesa de Resseguros, Prudência – Companhia Portuguesa de Resseguros e Companhia de Seguros Vitalícia foram fusionadas, dando origem à Portugal Re – Companhia de Resseguros, EP.

1982, A Portugal Re – Companhia de Resseguros, EP, foi transformada em sociedade anónima de capitais públicos, sob a denominação de Companhia Portuguesa de Resseguros, SARL.

1989, A Companhia Portuguesa de Resseguros, SARL, alterou a denominação para Companhia Portuguesa de Resseguros, SA.

COSEC – Companhia de Seguro de Créditos, SA

1975, A empresa de seguros nacionalizada Companhia de Seguro de Créditos (anterior a 1975), constituída para explorar os ramos Não-Vida Crédito e Caução, passou a designar-se Companhia de Seguro de Créditos, EP.

1989, A Companhia de Seguro de Créditos, EP, é transformada em sociedade anónima, alterando a sua denominação para COSEC – Companhia de Seguro de Créditos, SA.

Crédito Agrícola Seguros – Companhia de Seguros de Ramos Reais, SA

1994, A Rural Seguros – Companhia de Seguros de Ramos Reais, SA, foi constituída para explorar ramos Não-Vida.

2006, A Rural Seguros – Companhia de Seguros de Ramos Reais, SA, alterou a denominação social para Crédito Agrícola Seguros – Companhia de Seguros de Ramos Reais, SA.

Crédito Agrícola Vida – Companhia de Seguros, SA

1998, A Crédito Agrícola Vida – Companhia de Seguros, SA, foi constituída para explorar o ramo Vida.

Europ Asistance – Companhia Portuguesa de Seguros de Asistência, SA

1993, A empresa de seguros nacional Europ Assistance – Companhia Portuguesa de Seguros de Assistência, SA, foi constituída para explorar o ramo assistência.

Eurovida – Companhia de Seguros de Vida, SA

1988, Foi autorizada a abertura em Portugal de uma sucursal da empresa de seguros francesa Abeille Vie – Société Anonyme d'Assurances Vie et de Capitalisation, que veio explorar o ramo Vida.

1999, A Eurovida BNC-CGU – Companhia de Seguros de Vida, SA, foi constituída para explorar o ramo Vida.

2003, A Eurovida BNC-CGU – Companhia de Seguros de Vida, SA, alterou a sua denominação para Eurovida – Companhia de Seguros de Vida, SA.

2004, A Abeille Vie – Société Anonyme d'Assurances Vie et de Capitalisation alterou a sua denominação social para Aviva Vie – Société Anonyme d'Assurances Vie.

2006, A sucursal em Portugal da empresa de seguros Aviva Vie – Société Anonyme d'Assurances Vie transferiu a totalidade da sua carteira de seguros do ramo Vida para a empresa de seguros de direito português Eurovida – Companhia de Seguros de Vida, SA, com consequente encerramento da sucursal.

Finibanco Vida – Companhia de Seguros de Vida , SA

2007, A Finibanco Vida – Companhia de Seguros de Vida, SA, foi constituída para explorar o ramo Vida.

Generali Vida – Companhia de Seguros, SA

1990, A Generali Vida – Companhia de Seguros, SA, foi constituída para explorar o ramo Vida.

1991, Foi autorizada a abertura em Portugal de uma sucursal da empresa de seguros Vitalício Pensiones – Sociedad Anónima de Seguros y Reaseguros.

1996, A Central Hispano Vida, Sociedad Anónima de Seguros y Reaseguros (anteriormente denominada Vitalício Pensiones – Sociedad Anónima de Seguros y Reaseguros) transferiu a sua carteira de seguros para a Generali Vida – Companhia de Seguros, SA, com consequente encerramento da sucursal.

Groupama Seguros, SA

1991, A GAN Portugal Seguros, SA, foi constituída mediante a transferência de carteira de seguros dos ramos Não-Vida da sucursal em Portugal da GAN

Incendie et Accidents – Compagnie Française d'Assurances et de Réassurances Incendie Accidents et Risques Divers, SA (GAN-IARD) (anterior a 1975 e antes denominada Les Assurances Nationales – IARD), que encerrou.
2005, A GAN Portugal Seguros, SA, alterou a sua denominação social para Groupama Seguros, SA.

Groupama Seguros de Vida, SA

1991, A GAN Portugal Vida – Companhia de Seguros, SA, foi constituída mediante a transferência de carteira de seguros do ramo Vida da sucursal em Portugal da empresa de seguros francesa GAN-VIE – Compagnie Française d'Assurances sur la Vie, SA (anterior a 1975 e antes denominada Les Assurances Nationales – Vie) que encerrou.
2005, A GAN Portugal Vida – Companhia de Seguros, SA, alterou a sua denominação social para Groupama Seguros de Vida, SA.

Império Bonança – Companhia de Seguros, SA

1979, As empresas de seguros nacionalizadas Companhia de Seguros Império (que, entretanto, incorporou a Companhia de Seguros Sagres e a Universal de Seguros e Resseguros) e O Alentejo, Companhia de Seguros fundiram-se, dando origem à Companhia de Seguros Império, EP.
1979, As empresas de seguros nacionalizadas Companhia de Seguros Comércio e Indústria, Companhia de Seguros Bonança, Companhia de Seguros União e Companhia de Seguros Ultramarina fundiram-se, dando origem à Companhia de Seguros Bonança, EP.
1990, A Companhia de Seguros Bonança, E.P., é transformada em sociedade anónima, passando a denominar-se Companhia de Seguros Bonança, SA.
1990, A Companhia de Seguros Império, E.P., é transformada em sociedade anónima, passando a denominar-se Companhia de Seguros Império, SA.
1991, A Companhia de Seguros Bonança, SA, ficou apenas a explorar os ramos Não-Vida, tendo constituído uma nova empresa de seguros, denominada Bonança Vida – Companhia de Seguros, SA, mediante a transferência da sua carteira de seguros de Vida para esta nova empresa de seguros.
1991, A Império Arag – Seguros de Protecção Jurídica, SA, foi constituída para explorar o ramo proteção jurídica.
1992, Foi autorizada a abertura em Portugal de uma sucursal da empresa de seguros alemã Gothaer Versicherungsbank VVAG, que veio explorar ramos Não-Vida.
1992, A Ocidental Auto – Companhia Portuguesa de Seguros, SA, foi constituída para explorar os ramos proteção jurídica e assistência e o grupo de ramos seguro automóvel.
1995, A BPA-Seguros, SA, foi constituída para explorar seguros dos ramos Não-Vida.
1997, A Ocidental Auto – Companhia Portuguesa de Seguros, SA, alterou a sua denominação para Auto Gere – Companhia Portuguesa de Seguros, SA.

2000, A BPA-Seguros, SA, transferiu parcialmente a sua carteira de seguros, à exceção dos Riscos Industriais, para a Ocidental, Companhia Portuguesa de Seguros, SA.
2000, Foi encerrada a sucursal em Portugal da empresa de seguros alemã Gothaer Versicherungsbank VVAG, cujas apólices foram transferidas, na data da renovação, para a então denominada Companhia de Seguros Bonança, SA, e para a Ocidental – Companhia Portuguesa de Seguros, SA.
2001, A BPA-Seguros, SA, alterou a sua denominação para ICI – Companhia de Seguros de Comércio e Indústria, SA.
2001, A Bonança Vida – Companhia de Seguros, SA, e a Companhia de Seguros Bonança, SA, foram incorporadas, por fusão, na Companhia de Seguros Império, SA, mediante a transferência das suas carteiras de seguros, tendo esta alterado a sua denominação para Império Bonança – Companhia de Seguros, SA.
2002, A Império Bonança – Companhia de Seguros, SA, e a Ocidental – Companhia Portuguesa de Seguros, SA, transferiram parcialmente as suas carteiras de seguros dos ramos Não-Vida (grandes riscos) para a ICI – Companhia de Seguros de Comércio e Indústria, SA.
2002, A Império Arag – Seguros de Protecção Jurídica, SA, alterou a sua denominação para CPPJ – Companhia Portuguesa de Seguros de Protecção Jurídica, SA.
2003, A CPPJ – Companhia Portuguesa de Seguros de Protecção Jurídica, SA, transferiu a sua carteira de seguros para a Companhia de Seguros Império Bonança, SA, tendo-se dissolvido de seguida.
2003, A Auto Gere – Companhia Portuguesa de Seguros, SA, foi integrada, por fusão na Companhia de Seguros Império Bonança, SA
2004, A ICI – Companhia de Seguros de Comércio e Indústria, SA, foi incorporada, por fusão, na Império Bonança – Companhia de Seguros, SA.

Liberty Seguros, SA

1992, Foi autorizada a abertura em Portugal de uma sucursal da empresa de seguros espanhola Genesis Seguros Generales, Sociedad Anonima de Seguros y Reaseguros, que veio explorar ramos Não-Vida.
1994, A sucursal da empresa de seguros espanhola La Equitativa (Fundación Rosillo), SA de Seguros de Vida (anterior a 1975) alterou a denominação para La Equitativa, SA de Seguros de Vida.
1994, A sucursal da empresa de seguros espanhola La Equitativa (Fundación Rosillo), SA de Seguros y Reaseguros Riesgos e Diversos (anterior a 1975) alterou a denominação para La Equitativa, SA de Seguros y Reaseguros Riesgos e Diversos.
1996, A empresa de seguros espanhola La Equitativa, SA de Seguros y Reaseguros Riesgos e Diversos foi incorporada, por fusão, na empresa de seguros espanhola Winterthur Seguros Generales, Sociedad Anónima de Seguros y Reaseguros, ficando a sucursal em Portugal da empresa cedente com a denominação da empresa incorporante.

§ 17.° As sociedades seguradoras portuguesas 231

1996, A empresa de seguros espanhola La Equitativa, SA de Seguros de Vida foi incorporada, por fusão, na empresa de seguros espanhola Winterthur Vida, Sociedad Anónima de Seguros sobre la Vida, ficando a sucursal em Portugal da empresa cedente com a denominação da empresa incorporante.
2002, As sucursais em Portugal das empresas de seguros espanholas Winterthur Seguros Generales, Sociedad Anónima de Seguros y Reaseguros e Winterthur Vida, Sociedad Anónima de Seguros sobre la Vida transferiram as suas carteiras de seguros, respetivamente dos ramos Não-Vida e Vida, para a Companhia Europeia de Seguros, SA, (anterior a 1975) com o consequente encerramento das referidas sucursais.
2003, A Companhia Europeia de Seguros, SA, alterou a sua denominação para Liberty Europeia de Seguros, SA.
2003, A sucursal da Genesis Seguros Generales, Sociedad Anónima de Seguros y Reaseguros transferiu parte da sua carteira de seguros, correspondente aos ramos acidentes, veículos terrestres a motor e responsabilidade civil de veículos terrestres a motor para a Lusitania – Companhia de Seguros, SA.
2004, A Liberty Europeia de Seguros, SA, alterou a sua denominação para Liberty Seguros, SA.
2010, A sucursal da Genesis Seguros Generales, Sociedad Anónima de Seguros y Reaseguros transferiu a sua carteira de seguros dos ramos Não-Vida, para a empresa de seguros nacional Liberty Seguros, SA, com o consequente encerramento da sucursal.

Lusitania – Companhia de Seguros, SA

1978, A sucursal da empresa de seguros Caledonian Insurance Company (anterior a 1975) encerrou, na sequência da transferência da sua carteira para a sucursal em Portugal da Guardian Assurance Company Limited (anterior a 1975).
1980, A sucursal em Portugal da London Guarantee & Accident Limited (anterior a 1975) encerrou na sequência da transferência da sua carteira de seguros para a sucursal da Phoenix Assurance Public Limited Company (anterior a 1975).
1982, A sucursal em Portugal da empresa de seguros do Reino Unido, Royal Insurance Company Limited (anterior a 1975), alterou a sua denominação para Royal Insurance PLC.
1984, A sucursal em Portugal da empresa de seguros do Reino Unido, Pearl Assurance Company Limited (anterior a 1975), cessou a atividade em Portugal encerrou na sequência da transferência da sua carteira de seguros para a Companhia de Seguros Portugal, SA (anterior a 1975).
1984, A Companhia de Seguros Portugal, SA, alterou a sua denominação social para Pearl de Portugal, Companhia de Seguros, SA.
1986, A Lusitania – Companhia de Seguros, SA, foi constituída para explorar ramos Não-Vida.
1987, A sucursal em Portugal da Guardian Assurance Company Limited (anterior a 1975) alterou a denominação para Guardian Assurance PLC.
1988, A Real Seguros, SA, foi constituída para explorar ramos Não-Vida.

1992, A Pearl de Portugal, Companhia de Seguros, SA, foi incorporada, por fusão, na Lusitania – Companhia de Seguros, SA.

1992, Foi autorizada a abertura em Portugal de uma sucursal da empresa de seguros espanhola Genesis Seguros Generales, Sociedad Anonima de Seguros y Reaseguros, que veio explorar seguros dos ramos Não-Vida.

1993, A Phoenix Assurance Public Limited Company encerrou a sua sucursal em Portugal, tendo transmitido à sucursal em Portugal da empresa de seguros do Reino Unido, Sun Insurance Office Limited (anterior a 1975), as responsabilidades da sua atividade seguradora em Portugal.

1997, A sucursal em Portugal da Royal Insurance PLC alterou a sua denominação para Royal & Sun Alliance Insurance PLC.

1997, A sucursal da empresa de seguros Guardian Assurance PLC transferiu a sua carteira de seguros para a Guardian Insurance Limited, que abriu uma sucursal em Portugal, com consequente encerramento da sucursal cedente.

1999, A sucursal em Portugal da empresa de seguros do Reino Unido, Guardian Insurance Limited, alterou a sua denominação para Axa General Insurance Limited.

2000, A sucursal em Portugal da empresa de seguros do Reino Unido, Axa General Insurance Limited, transferiu a sua carteira de seguros dos ramos Não-Vida para a Lusitania – Companhia de Seguros, SA, com consequente encerramento da sucursal cedente.

2001, A sucursal em Portugal da empresa de seguros do Reino Unido, Sun Insurance Office Limited, transferiu a sua carteira de seguros dos ramos Não-Vida para a Lusitania – Companhia de Seguros, SA.

2001: 1.ª fase, 2002: 2.ª fase, A sucursal em Portugal da empresa de seguros do Reino Unido, Royal & Sun Alliance Insurance PLC, transferiu, em duas fases, a sua carteira de seguros dos ramos Não-Vida para a Lusitania – Companhia de Seguros, SA.

2004, A Genesis Seguros Generales, Sociedad Anonima de Seguros y Reaseguros transferiu a sua carteira de seguros dos ramos Não-Vida 1, 3 e 10 para a Lusitania – Companhia de Seguros, SA.

2005, A Mútua dos Armadores da Pesca do Arrasto (anterior a 1975) alterou a denominação social para Mutuamar – Mútua de Seguros dos Armadores da Pesca do Arrasto.

2009, A Lusitania, Companhia de Seguros, SA, incorporou, por fusão, a Real Seguros, SA.

2009, Na sequência da transferência da totalidade da carteira da Mutuamar – Mútua de Seguros dos Armadores da Pesca do Arrasto para a Lusitania, Companhia de Seguros, SA, foi revogada a autorização para o exercício da atividade seguradora da Mutuamar – Mútua de Seguros dos Armadores da Pesca do Arrasto, encontrando-se esta sociedade em processo de dissolução e liquidação.

Lusitania Vida, Companhia de Seguros, SA

1987, A Lusitania Vida, Companhia de Seguros, SA, foi constituída para explorar o ramo Vida.

Macif Portugal, Companhia de Seguros, SA

1996, A Euresap – Euresa Portugal, Companhia de Seguros, SA, foi constituída para explorar ramos Não-Vida.
2001, A Euresap – Euresa Portugal, Companhia de Seguros, SA, alterou a sua denominação para Companhia de Seguros Sagres, SA.
2010, A Companhia de Seguros Sagres, SA, alterou a sua denominação para Macif Portugal, Companhia de Seguros, SA.

Mapfre Seguros de Vida, SA

1987, Foi autorizada a abertura em Portugal de uma sucursal da empresa de seguros espanhola Mapfre Vida, Sociedade Anónima de Seguros y Reaseguros sobre la Vida Humana, que veio explorar o ramo Vida.
1991, Foi autorizada a abertura em Portugal de uma sucursal da empresa de seguros holandesa Aegon Levensverzekering, N.V., que veio explorar o ramo Vida.
2003, A sucursal em Portugal da empresa de seguros holandesa Aegon Levensverzekering, N.V., transferiu a sua carteira de seguros para a sucursal em Portugal da empresa de seguros espanhola Mapfre Vida, Sociedade Anónima de Seguros y Reaseguros sobre la Vida Humana, com consequente encerramento da sucursal da empresa cedente.
2009, A Mapfre Portugal Seguros de Vida, SA, foi constituída para explorar o ramo Vida.
2009, A empresa de seguros Mapfre Portugal Seguros de Vida, SA, alterou a sua denominação social para Mapfre Seguros de Vida, SA.
2010, A sucursal em Portugal da Mapfre Vida, Sociedade Anónima de Seguros y Reaseguros sobre la Vida Humana transferiu a sua carteira de seguros do ramo Vida para a Mapfre Seguros de Vida, SA, com consequente encerramento da sucursal.

Mapfre Seguros Gerais, SA

1987, Foi autorizada a abertura em Portugal de uma sucursal da empresa de seguros espanhola Mapfre Caucion y Credito, Compañia Internacional de Seguros y Reaseguros, SA, que veio explorar ramos Não-Vida.
1990, Foi autorizada a abertura em Portugal de uma sucursal da empresa de seguros espanhola Aegon Union Aseguradora, SA de Seguros Y Reaseguros.
1991, Foi autorizada a abertura de uma sucursal em Portugal da empresa de seguros espanhola Mapfre Seguros Generales, Compañia de Seguros Y Reaseguros.
1997, A Mapfre Seguros Gerais, SA, foi constituída para explorar seguros dos ramos Não-Vida, com simultânea transferência de carteira da sucursal em Portugal da empresa de seguros espanhola Mapfre Seguros Generales, Compañia de Seguros Y Reaseguros, e com consequente encerramento desta sucursal.
2001, A sucursal em Portugal da empresa de seguros espanhola Aegon Union Aseguradora, SA de Seguros Y Reaseguros transferiu a sua carteira de seguros Não-Vida para a Mapfre Seguros Gerais, SA, com consequente encerramento da sucursal em Portugal.

2008, A sucursal da empresa de seguros espanhola Mapfre Caucion y Credito, Compañia Internacional de Seguros y Reaseguros, SA, transferiu a sua carteira de seguros para a empresa de seguros nacional Mapfre Seguros Gerais, SA, com consequente encerramento da sucursal.

Médis – Companhia Portuguesa De Seguros De Saúde, SA

1995, A Companhia Portuguesa de Seguros de Saúde, SA, foi constituída para explorar ramos Não-Vida, especializada nos ramos doença e assistência.

1998, A Império Adeslas – Companhia de Seguros de Saúde, SA, foi constituída para explorar ramos Não-Vida.

1999, A Companhia de Seguros Império, SA, transferiu parcialmente a sua carteira de seguros, relativa aos contratos do ramo doença para a Império Adeslas – Companhia de Seguros de Saúde, SA.

2002, A Império Adeslas – Companhia de Seguros de Saúde, SA, foi incorporada, por fusão, na Companhia Portuguesa de Seguros de Saúde, SA, com a consequente extinção da empresa de seguros incorporada.

2005, A Companhia Portuguesa de Seguros de Saúde, SA, alterou a sua denominação social para Médis – Companhia Portuguesa de Seguros de Saúde, SA.

Multicare – Seguros de Saúde, SA

2007, A Multicare – Seguros de Saúde, SA, foi constituída para explorar o ramo doença.

N Seguros, SA

2007, A N Seguros, SA, foi constituída para explorar os ramos Não-Vida.

Ocidental – Companhia Portuguesa de Seguros de Vida, SA

1987, A Ocidental – Companhia Portuguesa de Seguros de Vida, SA, foi constituída para explorar o ramo Vida.

1991, A BPA-Seguros de Vida, SA, foi constituída para explorar o ramo Vida.

2001, A BPA-Seguros de Vida, SA, foi incorporada, por fusão, na Ocidental – Companhia Portuguesa de Seguros de Vida, SA, mediante transferência da sua carteira de seguros de Vida.

Ocidental – Companhia Portuguesa de Seguros , SA

1987, A Ocidental – Companhia Portuguesa de Seguros, SA, foi constituída para explorar ramos Não-Vida.

1992, Foi autorizada a abertura em Portugal de uma sucursal da empresa de seguros alemã Gothaer Versicherungsbank VVAG, que veio explorar ramos Não-Vida.

2000, A BPA-Seguros, SA, transferiu parcialmente a sua carteira de seguros, à exceção dos riscos industriais, para a Ocidental – Companhia Portuguesa de Seguros, SA.

§ 17.º As sociedades seguradoras portuguesas

2000, Foi encerrada a sucursal em Portugal da empresa de seguros alemã Gothaer Versicherungsbank VVAG, cujas apólices foram transferidas, na data da renovação, para a então denominada Companhia de Seguros Bonança, SA, e para a Ocidental – Companhia Portuguesa de Seguros, SA.

Popular Seguros, SA

2006, A Popular Seguros – Companhia de Seguros, SA, foi constituída para explorar ramos Não-Vida.

Real Vida Seguros, SA

1989, A Real Vida Seguros, SA, foi constituída para explorar o ramo Vida.
1990, A sucursal em Portugal da empresa de seguros La Union y El Fenix Español (anterior a 1975), autorizada aos ramos Não-Vida e Vida, alterou a sua denominação para La Union y El Fénix Español, Compañia de Seguros y Reaseguros.
1995, A sucursal em Portugal da empresa de seguros espanhola La Union y El Fénix Español, Compañia de Seguros y Reaseguros transferiu a sua carteira de seguros do ramo Vida para a Real Vida Seguros, SA, tendo encerrado a sua sucursal em Portugal.
1999, A Real Vida Seguros, SA, alterou a sua denominação para BPN – Seguros de Vida, SA.
2003, A BPN – Seguros de Vida, SA, alterou a sua denominação para Real Vida Seguros, SA

Santander Totta Seguros – Companhia de Seguros de Vida, SA

1992, Foi autorizada a abertura de uma sucursal da empresa de seguros espanhola Seguros Genesis, SA de Seguros y Reaseguros para explorar o ramo Vida.
2001, A Santander Central Hispano Seguros – Companhia de Seguros de Vida, SA, foi constituída para explorar o ramo Vida.
2002, A sucursal em Portugal da empresa de seguros espanhola Seguros Genesis, SA de Seguros y Reaseguros encerrou na sequência da transferência da sua carteira de seguros do ramo Vida para a empresa de seguros nacional Santander Central Hispano Seguros – Companhia de Seguros de Vida, SA.
2002, A Santander Central Hispano Seguros – Companhia de Seguros de Vida, SA, alterou a sua denominação social para Totta Seguros – Companhia de Seguros de Vida, SA.
2005, A Totta Seguros – Companhia de Seguros de Vida, SA, alterou a sua denominação para Santander Totta Seguros – Companhia de Seguros de Vida, SA.

Seguradora de Riscos Financeiros, SA

1989, A Seguradora de Riscos Financeiros, SA, foi constituída para explorar ramos Não-Vida.

1993, Foi revogada à Seguradora de Riscos Financeiros, SA, a autorização para o exercício da atividade, tendo a empresa de seguros entrado em processo de liquidação.

Seguro Directo Gere – Companhia de Seguros, SA

1996, A Seguro Directo Gere – Companhia de Seguros, SA, foi constituída para explorar ramos Não-Vida.

Seguros Logo, SA

2007, A Companhia de Seguros Claro, SA, foi constituída para explorar ramos Não-Vida.
2008, A Companhia de Seguros Claro, SA, alterou a denominação para Seguros Logo, SA.

T-Vida – Companhia de Seguros, SA

2006, A T-Vida – Companhia de Seguros, SA, foi constituída para explorar o ramo Vida, no âmbito de um processo de transferência de carteira parcial da BES--Vida, Companhia de Seguros, SA (à data, denominada Companhia de Seguros Tranquilidade Vida, SA).

Via Directa – Companhia de Seguros, SA

1997, A Via Directa – Companhia de Seguros, SA, foi constituída para explorar ramos Não-Vida.

Victoria Seguros de Vida, SA

1992, A Victoria Seguros de Vida, SA, foi constituída para explorar o ramo Vida, mediante a transferência de carteira de seguros de Vida da sucursal em Portugal da Victoria Lebensversicherung Aktiengesellsachft (anterior a 1975; também denominada Victoria – Sociedade Anónima de Seguros de Vida, SA), que encerrou.

Victoria Seguros, SA

1983, A sucursal em Portugal da empresa de seguros do Reino Unido, The Northern Assurance Company Limited (anterior a 1975), encerrou na sequência da transferência da sua carteira de seguros para a sucursal em Portugal da empresa de seguros do Reino Unido, Commercial Union Assurance Company Limited (anterior a 1975).
1987, Foi autorizada a abertura de uma sucursal da empresa de seguros alemã Victoria-Gilde, Sociedade Anónima de Seguros de Saúde (Victoria-Gilde Krankenversicherung Aktiengesellsachft AG).
1988, A Victoria-Gilde, Sociedade Anónima de Seguros de Saúde alterou a sua denominação para Victoria, Sociedade Anónima de Seguros de Saúde.

1990, Foi autorizada a abertura de uma sucursal em Portugal da empresa de seguros do Reino Unido, General Accident Fire & Life Assurance Corporation plc.
1991, Foi autorizada a abertura de uma sucursal em Portugal da empresa de seguros alemã Victoria Versicherung Aktiengesellsachft.
1994, A Victoria Seguros, SA, foi constituída para explorar ramos Não-Vida mediante transferência de carteira da sucursal em Portugal da empresa de seguros alemã Victoria Versicherung Aktiengesellsachft, que encerrou.
1995, A sucursal em Portugal da empresa de seguros alemã Victoria Krakenversicherung Aktiengesellsachft (Victória Sociedade Anónima de Seguros de Saúde) encerrou na sequência da transferência da sua carteira de seguros para a Victoria Seguros, SA.
1999, A sucursal em Portugal da empresa de seguros do Reino Unido, General Accident Fire & Life Assurance Corporation plc, encerrou na sequência da transferência da sua carteira de seguros dos ramos Não-Vida para a sucursal em Portugal da empresa de seguros do Reino Unido, Commercial Union Assurance Company Limited.
1999, A sucursal em Portugal da empresa de seguros do Reino Unido, Commercial Union Assurance Company Limited, alterou a sua denominação, na sequência da mudança de denominação da sede, para CGU International Insurance plc.
2002, A Victoria Seguros, SA, alterou o seu objeto social para gestão de participações sociais e alterou a sua denominação social para Victoria Internacional de Portugal, SGPS, SA, e, simultaneamente transferiu a sua carteira de seguros dos ramos Não-Vida para a nova empresa de seguros que se constituiu para explorar seguros dos ramos Não-Vida, com a mesma denominação social de Victoria Seguros, SA.
2003, A sucursal em Portugal da empresa de seguros do Reino Unido, CGU International Insurance plc, encerrou na sequência da transferência da sua carteira de seguros dos ramos Não-Vida para a Victoria Seguros, SA.

Zurich – Companhia de Seguros, SA

1992, A sucursal em Portugal da empresa de seguros suíça La Baloise – Compagnie de Seguros (anterior a 1975, registada na Suíça com a denominação de Basler Versicherungs-Gesellschaft) encerrou a sua atividade em Portugal, tendo a Companhia de Seguros Metrópole, SA, (anterior a 1975) assumido todas as responsabilidades emergentes da atividade da La Baloise em Portugal.
1998, A Companhia de Seguros Metrópole, SA, alterou a sua denominação para Zurich – Companhia de Seguros, SA.
2009, A Zurich Companhia de Seguros, SA, foi incorporada na empresa de seguros irlandesa Zurich Insurance PLC, com a consequente extinção da incorporada.

Zurich – Companhia de Seguros de Vida, SA

1986, Foi autorizada a abertura em Portugal de uma sucursal da empresa de seguros francesa Eagle Star Vie, SA, que veio explorar o ramo Vida.

1989, Foi autorizada a abertura em Portugal de uma sucursal da empresa de seguros suíça Vita Lebensversichrubngs-Gesellschaft (Vita, Companhia de Seguros de Vida), que veio explorara o ramo Vida.
1993, A empresa de seguros suíça Vita Lebensversichrubngs-Gesellschaft alterou a sua denominação social para Zurich Life Insurance Company Ltd, designação social que passou a ser utilizada pela sucursal em Portugal.
1995, A empresa de seguros nacional DB Vida – Companhia de Seguros de Vida, SA, foi constituída para explorar o ramo Vida.
1995, A empresa de seguros nacional Companhia de Seguros Eagle Star Vida, SA, foi constituída para explorar o ramo Vida, mediante transferência de carteira de seguros de Vida da sucursal em Portugal da Eagle Star Vie.
2003, A sucursal em Portugal da Zurich Life Insurance Company Limited encerrou na sequência da transferência da sua carteira de seguros do ramo Vida para a empresa de seguros nacional Companhia de Seguros Eagle Star Vida, SA.
2003, A DB Vida – Companhia de Seguros de Vida, SA, foi incorporada, por fusão, na Companhia de Seguros Eagle Star Vida, SA.
2003, A empresa de seguros nacional Companhia de Seguros Eagle Star Vida, SA, alterou a sua denominação social para Zurich – Companhia de Seguros de Vida, SA.

II. Neste momento, as empresas de seguros nacionais a operar em Portugal são as seguintes:

Açoreana Seguros, S.A.	Mista
ACP Mobilidade – Sociedade de Seguros de Assistência, S.A.	Não-Vida
Aegon Santander Portugal Não-Vida – Companhia de Seguros, S.A.	Não-Vida
Aegon Santander Portugal Vida – Companhia de Seguros de Vida, S.A.	Vida
Axa Portugal – Companhia de Seguros de Vida, S.A.	Vida
AXA Portugal – Companhia de Seguros, S.A.	Não-Vida
BPI Vida e Pensões – Companhia de Seguros, S.A.	Vida
Caravela – Companhia de Seguros, S.A.	Não-Vida
Companhia de Seguros Allianz Portugal, S.A.	Mista
Companhia de Seguros Tranquilidade, S.A.	Não-Vida
Companhia Portuguesa de Resseguros, S.A.	Não-Vida
Cosec – Companhia de Seguro de Créditos, S.A.	Não-Vida
Crédito Agrícola Seguros – Companhia de Seguros de Ramos Reais, S.A.	Não-Vida
Crédito Agrícola Vida – Companhia de Seguros, S.A.	Vida
Europ Assistance – Companhia Portuguesa de Seguros, S.A.	Não-Vida
Eurovida – Companhia de Seguros de Vida, S.A.	Vida
Fidelidade – Companhia de Seguros, S.A.	Mista
Fidelidade Assistência – Companhia de Seguros, S.A.	Não-Vida
Finibanco Vida – Companhia de Seguros de Vida, S.A.	Vida

Generali – Companhia de Seguros, S.A.	Não-Vida
Generali Vida – Companhia de Seguros, S.A.	Vida
GNB – Companhia de Seguros de Vida, S.A.	Vida
GNB – Companhia de Seguros, S.A.	Não-Vida
Groupama Seguros de Vida, S.A.	Vida
Groupama Seguros, S.A.	Não-Vida
Liberty Seguros, S.A.	Mista
Lusitania Vida, Companhia de Seguros, S.A.	Vida
Lusitania, Companhia de Seguros, S.A.	Não-Vida
Mapfre Seguros de Vida, S.A.	Vida
Mapfre Seguros Gerais, S.A.	Não-Vida
Médis – Companhia Portuguesa de Seguros de Saúde, S.A.	Não-Vida
Multicare – Seguros de Saúde, S.A.	Não-Vida
Mútua dos Pescadores, Mútua de Seguros, C.R.L.	Não-Vida
N Seguros, S.A.	Não-Vida
Ocidental – Companhia Portuguesa de Seguros de Vida, S.A.	Vida
Ocidental – Companhia Portuguesa de Seguros, S.A.	Não-Vida
Popular Seguros – Companhia de Seguros, S.A.	Não-Vida
Real Vida Seguros, S.A.	Mista
RNA Seguros de Assistência, S.A.	Não-Vida
Santander Totta Seguros – Companhia de Seguros de Vida, S.A.	Vida
Seguros Logo, S.A.	Não-Vida
T-Vida – Companhia de Seguros, S.A.	Vida
Via Directa – Companhia de Seguros, S.A.	Não-Vida
Victoria – Seguros de Vida, S.A.	Vida
Victoria – Seguros, S.A.	Não-Vida
Zurich – Companhia de Seguros Vida, S.A.	Vida

III. São empresas estrangeiras a operar em Portugal:

Aachenmunchener Versicherung A.G.	Não-Vida
Acadia International Insurance Company	Não-Vida
ACE Bermuda International Insurance (Ireland) Ltd	Não-Vida
Ace Europe Life Limited – Sucursal em Portugal	Mista
Ace European Group Limited	Não-Vida
Ace European Group Limited (sucursal em Espanha)	Não-Vida
Ace European Group Limited (sucursal em França)	Não-Vida
Ace European Group Limited (sucursal em Itália)	Não-Vida
Ace European Group Limited (sucursal na Alemanha)	Não-Vida
Ace European Group Limited (sucursal na Austria)	Não-Vida

Ace European Group Limited (sucursal na Bélgica)	Não-Vida
Ace European Group Limited (sucursal na Dinamarca)	Não-Vida
Ace European Group Limited (sucursal na Finlândia)	Não-Vida
Ace European Group Limited (sucursal na Holanda)	Não-Vida
Ace European Group Limited (sucursal na Irlanda)	Não-Vida
Ace European Group Limited (sucursal na Noruega)	Não-Vida
Ace European Group Limited (sucursal na Polónia)	Não-Vida
Ace European Group Limited (sucursal na Suécia)	Não-Vida
Ace European Group Limited – Sucursal em Portugal	Não-Vida
Achmea Schadeverzekeringen N.V.	Não-Vida
ACM Vie – Assurances du Credit Mutuel Vie	Vida
Acredia Versicherung AG	Não-Vida
Adriatic-Slovenica, zavarovalna druzba d.d.	Mista
Advo Card Rechsschutzversicherung AG	Não-Vida
Aetna Health Insurance Company of Europe Limited	Não-Vida
Aetna Insurance Company Limited	Não-Vida
AGA International (sucursal na Bélgica)	Não-Vida
AGA International (sucursal na Holanda)	Não-Vida
AGA International SA – Sucursal em Portugal	Não-Vida
Aide Asistencia, Seguros Y Reaseguros, S.A.	Não-Vida
AIG Europe Limited	Não-Vida
AIG Europe Limited	Não-Vida
AIG Europe Limited (sucursal na Hungria)	Não-Vida
AIG Europe Limited (sucursal na República Checa)	Não-Vida
AIG Europe Limited (sucursal em Espanha)	Não-Vida
AIG Europe Limited (sucursal em França)	Não-Vida
AIG Europe Limited (sucursal em Itália)	Não-Vida
AIG Europe Limited (sucursal na Alemanha)	Não-Vida
AIG Europe Limited (sucursal na Austria)	Não-Vida
AIG Europe Limited (sucursal na Bélgica)	Não-Vida
AIG Europe Limited (sucursal na Dinamarca)	Não-Vida
AIG Europe Limited (sucursal na Eslováquia)	Não-Vida
AIG Europe Limited (sucursal na Finlândia)	Não-Vida
AIG Europe Limited (sucursal na Holanda)	Não-Vida
AIG Europe Limited (Sucursal na Noruega)	Não-Vida
AIG Europe Limited (sucursal na Polónia)	Não-Vida
AIG Europe Limited (sucursal na Suécia)	Não-Vida
AIG Europe Limited (sucursal no Liechtenstein)	Não-Vida
AIG Europe Limited (sucursal no Luxemburgo)	Não-Vida

§ 17.º As sociedades seguradoras portuguesas 241

AIOI Nissay Dowa Insurance Company of Europe Limited	Não-Vida
Akzo Nobel Assurantie N.V.	Não-Vida
Algemene Levensherverzekering Maatschappij N.V.	Vida
Allianz Benelux SA/NV	Mista
Allianz Compañia de Seguros Y Reaseguros	Não-Vida
Allianz Elementar Lebensversicherungs AG	Vida
Allianz Elementar Versicherungs AG	Não-Vida
Allianz Global & Corporate Specialty SE	Não-Vida
Allianz Global & Corporate Specialty SE (sucursal em Espanha)	Não-Vida
Allianz Global & Corporate Specialty SE (sucursal em França)	Não-Vida
Allianz Global & Corporate Specialty SE (sucursal em Itália)	Não-Vida
Allianz Global & Corporate Specialty SE (sucursal na Áustria)	Não-Vida
Allianz Global & Corporate Specialty SE (sucursal na Bélgica)	Não-Vida
Allianz Global & Corporate Specialty SE (sucursal na Dinamarca)	Não-Vida
Allianz Global & Corporate Specialty SE (sucursal na Holanda)	Não-Vida
Allianz Global & Corporate Specialty SE (sucursal na Suécia)	Não-Vida
Allianz Global & Corporate Specialty SE (sucursal no Reino Unido)	Não-Vida
Allianz Hungária Biztosító Zártköruen Moköduo Részvénytársaság	Não-Vida
Allianz Hungária Biztosító Zártkörúen Múdödó Részvénytársaság (sucursal na Eslóvenia)	Não-Vida
Allianz IARD	Não-Vida
Allianz Insurance Plc	Não-Vida
Allianz Nederland N.V. (Rotterdam)	Não-Vida
Allianz plc	Não-Vida
Allianz Risk Transfer N.V.	Não-Vida
Allianz Società per Azioni (Allianz S.p.A.)	Não-Vida
Allianz Versicherungs A.G.	Não-Vida
Allianz Worldwide Care SA	Mista
Allianz Worldwide Care SA (sucursal na Irlanda)	Mista
Allied World Assurance Company (Europe) Limited	Não-Vida
Allied World Assurance Company (Europe) Limited (Sucursal no Reino Unido)	Não-Vida
Alte Leipziger Versicherung AG	Não-Vida
Altraplan Luxembourg S.A.	Vida
Amlin Europe N.V.	Não-Vida
Amlin Europe N.V. (sucursal em França)	Não-Vida
Amlin Europe N.V. (sucursal na Bélgica)	Não-Vida
Amtrust Europe Limited	Não-Vida
Amtrust Insurance Luxembourg S.A.	Não-Vida
Amtrust International Underwriters Limited	Não-Vida
ARAG SE – Sucursal em Portugal	Não-Vida

Arca Vita International Limited	Vida
Arch Insurance Company (Europe) Limited	Não-Vida
Arch Insurance Company (Europe) Limited (sucursal em Espanha)	Não-Vida
Arch Insurance Company (Europe) Limited (sucursal na Alemanha)	Não-Vida
ArgoGlobal SE	Não-Vida
Arisa Assurances S.A.	Não-Vida
Ariscom Compagnia di Assicurazioni S.p.A.	Não-Vida
Asefa, S.A. Seguros Y Reaseguros	Não-Vida
Asemas Mutua de Seguros Y Reaseguros a Prima Fija	Não-Vida
ASISA, Asistencia Sanitaria Interprovincial de Seguro, S.A., Sociedad Unipersonal	Não-Vida
Aspen Insurance UK Limited	Não-Vida
Assicurazioni Generali S.p.A. (sucursal na Irlanda)	Não-Vida
Assicurazioni Generali, S.p.A. (sucursal no Reino Unido)	Mista
Assuranceforeningen Gard-Gjensidig	Não-Vida
Assuranceforeningen Skuld (Gjensidig)	Não-Vida
Assurances du Credit Mutuel IARD SA (ACM IARD)	Não-Vida
Assured Guaranty (Europe) Ltd	Não-Vida
Astrazeneca Insurance Company Limited	Não-Vida
Astrenska Insurance Limited	Não-Vida
Atradius Credit Insurance N.V.	Não-Vida
Atradius Credit Insurance N.V. (Sucursal em Espanha)	Não-Vida
Atradius Credit Insurance N.V. (sucursal em França)	Não-Vida
Atradius Credit Insurance N.V. (sucursal em Itália)	Não-Vida
Atradius Credit Insurance N.V. (sucursal na Alemanha)	Não-Vida
Atradius Credit Insurance N.V. (sucursal na Áustria)	Não-Vida
Atradius Credit Insurance N.V. (Sucursal na Bélgica)	Não-Vida
Atradius Credit Insurance N.V. (sucursal na Dinamarca)	Não-Vida
Atradius Credit Insurance N.V. (sucursal na Finlândia)	Não-Vida
Atradius Credit Insurance N.V. (sucursal na Grécia)	Não-Vida
Atradius Credit Insurance N.V. (sucursal na Hungria)	Não-Vida
Atradius Credit Insurance N.V. (sucursal na Irlanda)	Não-Vida
Atradius Credit Insurance N.V. (sucursal na Noruega)	Não-Vida
Atradius Credit Insurance N.V. (sucursal na Polónia)	Não-Vida
Atradius Credit Insurance N.V. (sucursal na Rep. Eslovaca)	Não-Vida
Atradius Credit Insurance N.V. (sucursal na República Checa)	Não-Vida
Atradius Credit Insurance N.V. (sucursal na Suécia)	Não-Vida
Atradius Credit Insurance N.V. (sucursal no Luxemburgo)	Não-Vida
Atradius Credit Insurance N.V. (sucursal no Reino Unido)	Não-Vida
Aviabel SA	Não-Vida

Aviva Insurance Limited	Não-Vida
Aviva Insurance Limited (sucursal em França)	Não-Vida
Aviva Insurance Limited (sucursal na Holanda)	Não-Vida
Aviva Life International Limited	Vida
Axa Art Insurance Limited	Não-Vida
Axa Art Versicherung Ag	Não-Vida
Axa Art Versicherung AG (sucursal em Espanha)	Não-Vida
Axa Art Versicherung AG (sucursal em França)	Não-Vida
Axa Art Versicherung AG (sucursal em Itália)	Não-Vida
Axa Art Versicherung AG (sucursal na Bélgica)	Não-Vida
Axa Art Versicherung AG (sucursal na Holanda)	Não-Vida
Axa Assistance France Assurances	Não-Vida
Axa Aurora Ibérica S.A. de Seguros Y Reaseguros	Não-Vida
Axa Belgium, S.A.	Não-Vida
Axa Corporate Solutions Assurance (sucursal na Áustria)	Não-Vida
Axa Corporate Solutions Assurance, S.A.	Não-Vida
Axa Corporate Solutions Assurance, S.A. (sucursal em Espanha)	Não-Vida
Axa Corporate Solutions Assurance, S.A. (sucursal em Itália)	Não-Vida
Axa Corporate Solutions Assurance, S.A. (sucursal na Alemanha)	Não-Vida
Axa Corporate Solutions Assurance, S.A. (sucursal no Reino Unido)	Não-Vida
Axa France Iard	Não-Vida
Axa France Vie	Vida
Axa Global Direct Seguros Y Reaseguros – Sucursal em Portugal	Não-Vida
Axa Insurance UK Plc	Não-Vida
Axa Lebensversicherung AG	Vida
Axa Life Europe Limited	Vida
AXA PPP Healthcare Limited	Não-Vida
Axa Seguros Generales, S.A. de Seguros Y Reaseguros	Não-Vida
Axa Versicherungs AG	Não-Vida
Axa Versicherungs AG (sucursal na Bélgica)	Não-Vida
Axa Versicherungs AG (sucursal na Irlanda)	Não-Vida
Axa Versicherungs AG (sucursal no Luxemburgo)	Não-Vida
Axeria Prevoyance	Mista
Axis Specialty Europe SE	Não-Vida
Axis Specialty Europe SE (sucursal no Reino Unido)	Não-Vida
Baloise Belgium NV/SA	Não-Vida
Bâloise Vie Luxembourg, S.A.	Vida
Baltimore Insurance Limited	Não-Vida
Barclays Vida Y Pensiones, Compañia de Seguros, S.A.	Vida

Barclays Vida Y Pensiones, Compañia de Seguros, S.A. – Agência Geral em Portugal	Vida
Basler Securitas Versicherungs-Aktiengesellschaft	Não-Vida
Bayerische Landesbrandversicherung AG	Não-Vida
Bayerischer Versicherungsverband Versicherungsaktiengesellschaft	Não-Vida
BBVASeguros, S.A. de Seguros Y Reaseguros	Mista
Berkshire Hathaway International Insurance Limited	Não-Vida
BMS International Insurance Company Limited	Não-Vida
Borealis Insurance A/S	Não-Vida
Building Block Insurance (Malta) PCC Ltd ("BBI")	Não-Vida
Bupa Insurance Limited	Não-Vida
BUPA Insurance Limited (sucursal em Espanha)	Não-Vida
Bupa Insurance Limited (sucursal na Dinamarca)	Não-Vida
CACI Life Limited	Vida
CACI Non-Life Limited	Não-Vida
Caisse Chirurgicale et Médicale de L'Oise (CCMO)	Mista
Caja de Seguros Reunidos, Compañia de Seguros Y Reaseguros, S.A. "CASER"	Mista
Cali Europe S.A.	Vida
Canterbury Insurance Limited	Não-Vida
Cardif Assurance Vie	Mista
Cardif Assurances Risques Divers	Não-Vida
Cardif Assurances Vie	Vida
Cardif Lux Vie S.A.	Vida
Carraig Insurance Limited	Não-Vida
Carrefour Insurance Limited	Não-Vida
Catlin Insurance Company (Uk) Ltd	Não-Vida
CG Car-Garantie Versicherungs-AG	Não-Vida
Chubb Insurance Company of Europe SE	Não-Vida
Chubb Insurance Company of Europe SE (sucursal em Espanha-Barcelona)	Não-Vida
Chubb Insurance Company of Europe SE (sucursal em França)	Não-Vida
Chubb Insurance Company of Europe SE (sucursal em Itália)	Não-Vida
Chubb Insurance Company of Europe SE (sucursal na Alemanha)	Não-Vida
Chubb Insurance Company of Europe SE (sucursal na Dinamarca)	Não-Vida
Chubb Insurance Company of Europe SE (sucursal na Holanda)	Não-Vida
Chubb Insurance Company of Europe SE (sucursal na Irlanda)	Não-Vida
Chubb Insurance Company of Europe SE (sucursal na Suécia)	Não-Vida
Cigna Europe Insurance Company SA NV	Não-Vida
Cigna Life Insurance Company of Europe SA-NV	Mista
Cna Insurance Company Limited	Não-Vida

Cna Insurance Company Limited (sucursal em França)	Não-Vida
CNA Insurance Company Limited (sucursal em Itália)	Não-Vida
Cna Insurance Company Limited (sucursal na Alemanha)	Não-Vida
Cna Insurance Company Limited (sucursal na Dinamarca)	Não-Vida
Cna Insurance Company Limited (sucursal na Holanda)	Não-Vida
CNP Partners de Seguros Y Reaseguros, S.A.	Mista
Codan Forsikring A/S	Não-Vida
Colombe Assurances, S.A.	Não-Vida
Compagnie Française d'Assurance pour le Commerce Extérieur	Não-Vida
Compagnie Française d'Assurance pour le Commerce Extérieur (Coface) (sucursal em Espanha)	Não-Vida
Compagnie Française d'Assurance pour le Commerce Extérieur (Coface) (sucursal em Itália)	Não-Vida
Compagnie Française d'Assurance pour le Commerce Extérieur (Coface) (sucursal em Portugal)	Não-Vida
Compagnie Française d'Assurance pour le Commerce Extérieur (Coface) (sucursal na Alemanha)	Não-Vida
Compagnie Française d'Assurance pour le Commerce Extérieur (Coface) (sucursal na Austria)	Não-Vida
Compagnie Française d'Assurance pour le Commerce Extérieur (Coface) (sucursal na Bulgária)	Não-Vida
Compagnie Française d'Assurance pour le Commerce Extérieur (Coface) (sucursal na Dinamarca)	Não-Vida
Compagnie Française d'Assurance pour le Commerce Extérieur (Coface) (sucursal na Holanda)	Não-Vida
Compagnie Française d'Assurance pour le Commerce Extérieur (Coface) (sucursal na Hungria)	Não-Vida
Compagnie Française d'Assurance pour le Commerce Extérieur (Coface) (sucursal na Letónia)	Não-Vida
Compagnie Française d'Assurance pour le Commerce Extérieur (Coface) (sucursal na Lituânia)	Não-Vida
Compagnie Française d'Assurance pour le Commerce Extérieur (Coface) (sucursal na Polónia)	Não-Vida
Compagnie Française d'Assurance pour le Commerce Extérieur (Coface) (sucursal na Rep. Checa)	Não-Vida
Compagnie Française d'Assurance pour le Commerce Extérieur (Coface) (sucursal na Rep. Eslovaca)	Não-Vida
Compagnie Française d'Assurance pour le Commerce Extérieur (Coface) (sucursal na Roménia)	Não-Vida
Compagnie Française d'Assurance pour le Commerce Extérieur (Coface) (sucursal na Suécia)	Não-Vida

Compagnie Française d'Assurance pour le Commerce Extérieur (Coface) sucursal na Bélgica)	Não-Vida
Compagnie Française d'Assurance pour le Commerce Extérieur (sucursal no Reino Unido)	Não-Vida
Compagnie Française d'Assurances pour le Commerce Exterieur, Sucursal em Portugal	Não-Vida
Compañia Española de Seguros Crédito a la Exportation, C. Seguros Y Reaseguros (CESCE)	Não-Vida
Compañia Española de Seguros de Credito a la Exportation, S.A. Compañia de Seguros Y Reaseguros (CESCE)	Não-Vida
Compañía Española de Seguros Y Reaseguros de Crédito Y Caución	Não-Vida
Compañia Española de Seguros Y Reaseguros de Crédito Y Caución, S.A.	Não-Vida
Compania Europea de Seguros, S.A.	Não-Vida
Covea Fleet	Não-Vida
Covea Risks	Não-Vida
Credimundi SA/NV	Não-Vida
Crédit Agricole Risk Insurance S.A.	Não-Vida
Danish Crown Insurance A/S	Não-Vida
Delvag Luftfahrtversicherungs AG	Não-Vida
Den Norske Krigsforsikring for Skib Gjensidig Forening	Não-Vida
Deutscher Lloyd Versicherungs AG	Não-Vida
Dialog Lebensversicherungs AG	Vida
DKV Belgium NV/SA	Não-Vida
DKV Deutsche Krankenversicherung AG	Não-Vida
Domestic & General Insurance PLC	Não-Vida
DONAU Versicherung AG Vienna Insurance Group	Mista
DSV Insurance A/S	Não-Vida
E-Cie Vie	Vida
Ecclesiastical Insurance Office Plc	Não-Vida
Electric Insurance Ireland Limited	Não-Vida
Electrolux Försäkringsaktiebolag	Não-Vida
Endurance Worldwide Insurance Limited	Não-Vida
Eni Insurance Limited	Não-Vida
Ergo Direkt Versicherung Aktiengesellschaft	Não-Vida
ERGO Insurance SE	Não-Vida
ERGO Insurance SE (sucursal na Letónia)	Não-Vida
ERGO Insurance SE (sucursal na Lituânia)	Não-Vida
Ergo Versicherung Aktiengesellschaft	Não-Vida
ERGO Versicherung Aktiengesellschaft	Mista
Ericsson Insurance (Försäkring) AB	Não-Vida

ERV Försäkringsaktibolag (publ.)	Não-Vida
España, S.A. – Compañia Nacional de Seguros	Vida
Euler Hermes SA/NV	Não-Vida
Euler Hermes SA/NV (sucursal em França)	Não-Vida
Euler Hermes SA/NV (sucursal em Itália)	Não-Vida
Euler Hermes SA/NV (sucursal na Alemanha)	Não-Vida
Euler Hermes SA/NV (sucursal na Dinamarca)	Não-Vida
Euler Hermes SA/NV (sucursal na Finlândia)	Não-Vida
Euler Hermes SA/NV (sucursal na Holanda)	Não-Vida
Euler Hermes SA/NV (sucursal na Irlanda)	Não-Vida
Euler Hermes SA/NV (sucursal na Suécia)	Não-Vida
Euler Hermes SA/NV (sucursal no Reino Unido)	Não-Vida
Euro Insurances Limited	Não-Vida
Euro-Aviation Versicherungs-AG	Não-Vida
Europaeische Reiseversicherung AG	Não-Vida
Europaeiske Rejseforsikrings A/S	Não-Vida
European Insurance Risk Excess Limited	Não-Vida
Exeter Friendly Society Limited	Não-Vida
Falcon Insurance Limited	Não-Vida
Feuersozietät Berlin Brandenburg Versicherung Aktiengesellschaft	Não-Vida
FIATC, Mutua de Seguros Y Reaseguros a Prima Fija	Mista
Filo Diretto Assicurazioni s.p.a.	Não-Vida
Financial Assurance Company Limited	Mista
Financial Insurance Company Limited	Não-Vida
FM Insurance Company Limited	Não-Vida
Forsikringsselskabet Privatsikring A/S	Não-Vida
Foyer International SA	Vida
Friends Life Limited	Vida
Gan Assurances Iard	Não-Vida
Garant Versicherungs AG	Não-Vida
Gard Marine & Energy Insurance (Europe) AS	Não-Vida
GD Insurance Company Limited	Não-Vida
Gencon Insurance Company International Limited (Gibraltar)	Não-Vida
Generali Belgium Compagnie d' Assurances, S.A.	Mista
Generali España, S.A. de Seguros Y Reaseguros	Mista
Generali IARD	Não-Vida
Generali Italia s.p.a	Mista
Generali Lebenversicherung AG	Vida
Generali Levenverzekering Maatschappij N.V.	Vida

Generali PanEurope Limited	Vida
Generali Versicherung AG	Não-Vida
Generali Versicherung AG	Não-Vida
Generali Vie	Mista
Genworth Financial Mortgage Insurance Limited	Não-Vida
Genworth Financial Mortgage Insurance Limited (sucursal em Espanha)	Não-Vida
Globality S.A.	Não-Vida
Golden Arches Insurance Limited	Não-Vida
Gothaer Allgemeine Versicherung AG	Não-Vida
Great American International Insurance Ltd	Não-Vida
Great Lakes Reinsurance (U.K.) Plc	Não-Vida
Greenval Insurance Company Limited	Não-Vida
Gresham Insurance Company Limited	Não-Vida
Groupama Assurance Credit	Não-Vida
Hansard Europe Ltd	Vida
HCC International Insurance Company Plc	Não-Vida
HCC International Insurance Company Plc (sucursal em Espanha)	Não-Vida
HDI Versicherung AG	Não-Vida
HDI Versicherung AG	Não-Vida
HDI-Gerling Industrie Versicherung AG	Não-Vida
HDI-Gerling Industrie Versicherung AG (sucursal em Espanha)	Não-Vida
HDI-Gerling Industrie Versicherung AG (sucursal em França)	Não-Vida
HDI-Gerling Industrie Versicherung AG (sucursal em Itália)	Não-Vida
HDI-Gerling Industrie Versicherung AG (sucursal na Austria)	Não-Vida
HDI-Gerling Industrie Versicherung AG (sucursal na Belgica)	Não-Vida
HDI-Gerling Industrie Versicherung AG (sucursal na Dinamarca)	Não-Vida
HDI-Gerling Industrie Versicherung AG (sucursal na Grécia)	Não-Vida
HDI-Gerling Industrie Versicherung AG (sucursal na Holanda)	Não-Vida
HDI-Gerling Industrie Versicherung AG (sucursal na Hungria)	Não-Vida
HDI-Gerling Industrie Versicherung AG (sucursal na Irlanda)	Não-Vida
HDI-Gerling Industrie Versicherung AG (sucursal na Noruega)	Não-Vida
HDI-Gerling Industrie Versicherung AG (sucursal na República Checa)	Não-Vida
HDI-Gerling Industrie Versicherung AG (sucursal no Reino Unido)	Não-Vida
HDI-Gerling Verzekeringen N.V.	Não-Vida
Helvetia Assurances S.A.	Não-Vida
Helvetia Compañia Suiza S.A. de Seguros Y Reaseguros	Não-Vida
Helvetia Previsión Sociedad Anonima de Seguros	Não-Vida
Helvetia Schweizerische Versicherungsgesellschaft in Liechtenstein AG	Não-Vida
Helvetia Versicherungs-Aktiengesellschaft	Não-Vida

Highdome PCC Limited	Não-Vida
Hiscox Insurance Company Limited	Não-Vida
Hiscox Insurance Company Limited	Não-Vida
HSB Engineering Insurance Limited	Não-Vida
IF P&C Insurance Company Limited (If Vahinkovakuutusyhtio Oy)	Não-Vida
If Skadeförsakring AB (publ)	Não-Vida
If Skadeförsakring AB (publ) (sucursal em França)	Não-Vida
If Skadeförsakring AB (publ) (sucursal na Alemanha)	Não-Vida
If Skadeförsakring AB (publ) (sucursal na Dinamarca)	Não-Vida
If Skadeförsakring AB (publ) (sucursal na Finlândia)	Não-Vida
If Skadeförsakring AB (publ) (sucursal na Holanda)	Não-Vida
If Skadeförsakring AB (publ) (sucursal na Noruega)	Não-Vida
If Skadeförsakring AB (publ) (sucursal no Reino Unido)	Não-Vida
Imperio Assurances et Capitalisation	Mista
Industria Forsakringsaktiebolag	Não-Vida
Industriforsikring AS	Não-Vida
Infrassure Ltd	Não-Vida
Integrale Luxembourg S.A.	Vida
Integralife UK Limited	Vida
Inter Partner Assistance (sucursal em França)	Não-Vida
Inter Partner Assistance SA (sucursal na Irlanda)	Não-Vida
Inter Partner Assistance, S.A.	Não-Vida
International Diving Assurance Limited	Não-Vida
International General Insurance Company	Não-Vida
International Insurance Company of Hannover SE	Não-Vida
International Insurance Company of Hannover SE (sucursal na Suécia)	Não-Vida
International Insurance Company of Hannover SE (sucursal no Reino Unido)	Não-Vida
International Transport Intermediaries Club Ltd.	Não-Vida
Ironshore Europe Limited	Não-Vida
Ironshore Europe Limited (sucursal no Reino Unido)	Não-Vida
KD Življenje, zavarovalnica d.d.	Vida
Kingfisher Insurance Limited	Não-Vida
Lancashire Insurance Company (UK) Limited	Não-Vida
Länsförsäkringar Sak Försäkringsaktiebolag	Não-Vida
Le Sphinx Assurances Luxembourg, S.A.	Não-Vida
Legalitas Compania de Seguros Y Reaseguros, S.A.	Não-Vida
Liberty Mutual Insurance Europe Limited	Não-Vida
Lifeguard Insurance (Dublin) Limited	Não-Vida
Lighthouse General Insurance Company Limited (Gibraltar)	Não-Vida

Lighthouse Life Assurance Company Limited (Gibraltar)	Vida
LocalTapiola General Mutual Insurance Company	Não-Vida
Lombard International Assurance, S.A.	Vida
London General Insurance Company Limited	Não-Vida
London General Insurance Company Limited	Não-Vida
London General Insurance Company Limited (sucursal em Espanha)	Não-Vida
London General Life Company Limited	Vida
Mannheimer Versicherung AG	Não-Vida
Mapfre Asistencia, Compañia Internacional de Seguros Y Reaseguros, S.A.	Não-Vida
Mapfre Empresas Compañia de Seguros Y Reaseguros, S.A.	Não-Vida
Mapfre Global Risks Compañia International de Seguros Y Reaseguros	Mista
Markel International Insurance Company Limited	Não-Vida
Markel International Insurance Company Limited (sucursal em Espanha)	Não-Vida
Markel International Insurance Company Limited (sucursal na Holanda)	Não-Vida
Markel International Insurance Company Limited (sucursal na Suécia)	Não-Vida
Martinsurance Teoranta	Não-Vida
MELES Insurance A/S	Não-Vida
MetLife Europe Insurance Limited	Não-Vida
MetLife Europe Limited	Mista
Millennium Insurance Company Limited	Não-Vida
Mitsui Sumitomo Insurance Company (Europe) Limited	Não-Vida
Mitsui Sumitomo Insurance Company (Europe) Limited (sucursal em Espanha)	Não-Vida
Mitsui Sumitomo Insurance Company (Europe) Limited (sucursal na Bélgica)	Não-Vida
Mitsui Sumitomo Insurance Company (Europe) Limited (sucursal na Dinamarca)	Não-Vida
Mitsui Sumitomo Insurance Company (Europe) Limited (sucursal na França)	Não-Vida
Mitsui Sumitomo Insurance Company (Europe) Limited (sucursal na Grécia)	Não-Vida
Mitsui Sumitomo Insurance Company (Europe) Limited (sucursal na Holanda)	Não-Vida
Mitsui Sumitomo Insurance Company (Europe) Limited (sucursal na Itália)	Não-Vida
MSIG Insurance Europe AG	Não-Vida
MSIG Insurance Europe AG (sucursal em Espanha)	Não-Vida
MSIG Insurance Europe AG (sucursal em Itália)	Não-Vida
MSIG Insurance Europe AG (sucursal na Bélgica)	Não-Vida
MSIG Insurance Europe AG (sucursal na Eslováquia)	Não-Vida
MSIG Insurance Europe AG (sucursal na França)	Não-Vida
MSIG Insurance Europe AG (sucursal na Holanda)	Não-Vida
Multi Risk Indemnity Company Ltd	Não-Vida
Musaat Mutua de Seguros a Prima Fija	Não-Vida
Mutua de Riesgo Marítimo, Sociedad de Seguros a Prima Fija (Murimar)	Não-Vida

Mutuelle Assurance des Commerçants et Industriels de France et des Cadres et Salariés de l'Industrie et du Commerce (MACIF)	Não-Vida
Mutuelle Générale de l'Education Nationale (MGEN)	Não-Vida
Mytilus Insurance Company Limited	Não-Vida
N.V. Hagelunie	Não-Vida
Nacional Suiza, Compañia de Seguros Y Reaseguros, S.A.	Não-Vida
Nationale – Nederlanden Schadeverzekering Maatschappij N.V.	Não-Vida
Nautilus Indemnity (Ireland) Limited	Não-Vida
Navillus Insurance Company Limited	Não-Vida
New Technology Insurance	Não-Vida
Newell Insurance Limited	Não-Vida
Newline Insurance Company Limited	Não-Vida
Nissan International Insurance Limited	Não-Vida
Noble Insurance Company Limited	Não-Vida
Nokatus Insurance Company Limited	Não-Vida
Norwegian Hull Club – Gjensidig Assuranceforening	Mista
NRV Neue Rechtsschutz-Versicherungsgesellschaft AG	Não-Vida
Nürnberger Allgemeine Versicherungs AG	Não-Vida
Oney Insurance (PCC) Limited	Não-Vida
Oney Life PCC Limited	Vida
Onix Asigurari S.A.	Não-Vida
Orkla Insurance Company Limited	Não-Vida
Pan Insurance Limited	Não-Vida
PartnerRe Ireland Insurance Limited	Não-Vida
Pembroke International Insurance Company Limited	Não-Vida
Petrus Insurance Company Limited	Não-Vida
Pharma International Insurance Limited (PIIL)	Não-Vida
Philip Morris International Insurance (Ireland) Limited	Não-Vida
PI Indemnity Company Ltd	Não-Vida
Pine Indemnity Limited	Não-Vida
Plus Ultra Seguros Generales Y Vida, S.A. de Seguros Y Reaseguros	Não-Vida
Pohjola Insurance Ltd.	Não-Vida
Powszechny Zaklad Ubezpieczen S.A.	Não-Vida
Prevision Sanitaria Nacional P.S.N. Mutua de Seguros Y Reaseguros a Prima Fija – Sucursal em Portugal	Mista
Prévoir – Vie Groupe Prévoir S.A.	Vida
Primelux Insurance, S.A.	Não-Vida
Private Estate Life, S.A.	Vida
PSA Insurance Europe Limited	Não-Vida
PSA Insurance Limited	Não-Vida

PSA Life Insurance Europe Limited	Vida
PSA Life Insurance Limited	Vida
PTI Insurance Company Limited	Não-Vida
QBE Insurance (Europe) Limited	Não-Vida
QBE Insurance (Europe) Limited (sucursal em Espanha)	Não-Vida
QBE Insurance (Europe) Limited (sucursal em França)	Não-Vida
QBE Insurance (Europe) Limited (sucursal em Itália)	Não-Vida
QBE Insurance (Europe) Limited (sucursal na Alemanha)	Não-Vida
QBE Insurance (Europe) Limited (sucursal na Bulgária)	Não-Vida
QBE Insurance (Europe) Limited (sucursal na Dinamarca)	Não-Vida
QBE Insurance (Europe) Limited (sucursal na Estónia)	Não-Vida
QBE Insurance (Europe) Limited (sucursal na Suécia)	Não-Vida
QIC Europe Limited	Não-Vida
Red Disk Insurance Company Limited	Não-Vida
Red Sands Insurance Company (Europe) Limited	Não-Vida
Roeminck Insurance N.V.	Não-Vida
Royal & Sun Alliance Insurance Plc	Não-Vida
Royal & Sun Alliance Insurance Plc (sucursal em Espanha)	Não-Vida
Royal & Sun Alliance Insurance Plc (sucursal em França)	Não-Vida
Royal & Sun Alliance Insurance Plc (sucursal em Itália)	Não-Vida
Royal & Sun Alliance Insurance Plc (sucursal na Alemanha)	Não-Vida
Royal & Sun Alliance Insurance Plc (sucursal na Bélgica)	Não-Vida
Royal & Sun Alliance Insurance Plc (sucursal na Holanda)	Não-Vida
Royale Belge	Não-Vida
SAARLAND Feuerversicherung AG	Não-Vida
Sace Bt S.p.A.	Não-Vida
Samsung Fire & Marine Insurance Company of Europe Ltd	Não-Vida
Scor UK Company Limited	Não-Vida
Seamair Insurance Limited	Não-Vida
Securitas Bremer Allgemeine Versicherungs AG	Não-Vida
Seguros El Corte Inglés, Vida, Pensiones Y Reaseguros, S.A.	Mista
SIAT – Società Italiana di Assicurazioni e Riassicurazioni S.P.A. (Italy)	Não-Vida
Sirius International Försäkringsaktielbolag	Não-Vida
Sirius International Försäkringsaktielbolag (sucursal no Reino Unido)	Não-Vida
Skandia Life S.A.	Vida
Sociedad de Seguros Mutuos Maritimos de Vigo, Mutualidad de Seguros Y Reaseguros a Prima Fija	Não-Vida
Società Reale Mutua di Assicurazioni	Mista
Société D'Assurances Générales Appliquées (Saga) Limited	Não-Vida
Society of Lloyd's	Mista

Society of Lloyd's – Sucursal em Portugal	Não-Vida
Solid Försäkringsaktiebolag	Não-Vida
Solunion Seguros de Crédito, Compañia Internacional de Seguros Y Reaseguros, S.A.	Não-Vida
Sompo Japan Nipponkoa Insurance Company of Europe Limited	Não-Vida
Sompo Japan Nipponkoa Insurance Company of Europe Limited (sucursal na Alemanha)	Não-Vida
Sompo Japan Nipponkoa Insurance Company of Europe Limited (sucursal na Bélgica)	Não-Vida
Sompo Japan Nipponkoa Insurance Company of Europe Limited (sucursal na Holanda)	Não-Vida
Sterling Insurance Company Limited	Não-Vida
Sun Insurance Office Limited	Não-Vida
Sun Insurance Office Limited (sucursal em Itália)	Não-Vida
Sun Life Assurance Company of Canada (U.K.) Limited	Vida
SV Sparkassenversicherung Gebäudeversicherung AG	Não-Vida
Swiss Life (Luxembourg) S.A.	Vida
Swiss Re International SE	Não-Vida
Swisslife Prevoyance et Santé	Não-Vida
Syntonia Insurance AG	Não-Vida
TCS Insurance Company of Ireland Limited	Não-Vida
The Britannia Steam Ship Insurance Association Ltd	Não-Vida
The Marine Insurance Company Limited	Não-Vida
The North of England Protecting & Indemnity Association	Não-Vida
The Shipowners' Mutual Protection and Indemnity Association (Luxembourg)	Não-Vida
The Shipowners' Mutual Strike Insurance Association Europe	Não-Vida
The Solicitors Indemnity Mutual Insurance Association Limited	Não-Vida
The Standard Club Europe Ltd	Não-Vida
The United Kingdom Freight Demurrage and Defence Association	Não-Vida
The United Kingdom Mutual Steam Ship Assurance Association (Europe) Limited	Não-Vida
The West of England Ship Owners Mutual Insurance Association	Não-Vida
Tokio Marine Europe Insurance Limited	Não-Vida
Tokio Marine Europe Insurance Limited (sucursal na Alemanha)	Não-Vida
Tokio Marine Europe Insurance Limited (sucursal na Bélgica)	Não-Vida
Tokio Marine Europe Insurance Limited (sucursal na Espanha)	Não-Vida
Tokio Marine Europe Insurance Limited (sucursal na França)	Não-Vida
Tokio Marine Europe Insurance Limited (sucursal na Holanda)	Não-Vida
Tokio Marine Global Limited	Não-Vida
Torus Insurance (Europe) AG	Não-Vida

Torus Insurance (UK) Limited	Não-Vida
Trade Credit Re Insurance Company	Não-Vida
Trade Credit Re Insurance Company (sucursal em Espanha)	Não-Vida
Trade Credit Re Insurance Company (sucursal no Luxemburgo)	Não-Vida
Tradewise Insurance Company Limited (Gibraltar)	Não-Vida
Travelers Insurance Company Limited	Não-Vida
Trekroner Forsikring A/S	Não-Vida
Tryg Forsikring A/S	Não-Vida
Tryg Forsikring A/S (sucursal na Noruega)	Não-Vida
Tryg Forsikring A/S (sucursal na Suécia)	Não-Vida
Trygg-Hansa Försakringsaktiebolag (Publ)	Não-Vida
TT Club Mutual Insurance Limited	Não-Vida
TVM Verzekeringen N.V.	Não-Vida
UK General Insurance (Ireland) Limited	Não-Vida
UK Insurance Limited	Não-Vida
Unilever Insurances N.V.	Não-Vida
Union de Automóviles Clubs, S.A. de Seguros Y Reaseguros (UNACSA)	Não-Vida
UnipolSai Assicurazioni	Mista
UNIQA Österreich Versicherungen AG	Mista
UPS International Insurance Limited	Não-Vida
USAA Limited	Não-Vida
Vabis Försäkringsaktiebolag	Não-Vida
Vereinte Versicherung AG	Não-Vida
VHV Allgemeine Versicherung AG	Não-Vida
Vienna Insurance Group AG Wienner Versicherung Gruppe	Não-Vida
Visenta Forsakringsaktiebolag	Não-Vida
Vishay Insurance Limited	Não-Vida
Volkswagen Insurance Company Limited	Não-Vida
Volvo Group Insurance (Ireland) Limited	Não-Vida
W.R. Berkley Insurance (Europe) Limited	Não-Vida
White Rock Insurance (Europe) PCC Limited	Não-Vida
White Rock Insurance (Gibraltar) PCC Limited	Não-Vida
Wiener Städtische Versicherung AG Vienna Insurance Group	Mista
Württembergische Versicherung AG	Não-Vida
XL Insurance Company SE	Não-Vida
XL Insurance Company SE (sucursal em Espanha)	Não-Vida
Zurich Eurolife S.A.	Vida
Zurich Insurance Plc	Não-Vida
Zurich Insurance Plc (sucursal em Espanha)	Não-Vida

Zurich Insurance Plc (sucursal em França)	Não-Vida
Zurich Insurance Plc (sucursal em Itália)	Não-Vida
Zurich Insurance Plc (sucursal na Alemanha)	Não-Vida
Zurich Insurance Plc (Sucursal na Bélgica)	Não-Vida
Zurich Insurance Plc (sucursal na Dinamarca)	Não-Vida
Zurich Insurance Plc (sucursal na Finlândia)	Não-Vida
Zurich Insurance Plc (sucursal na Holanda)	Não-Vida
Zurich Insurance Plc (sucursal na Noruega)	Não-Vida
Zurich Insurance Plc (sucursal na Suécia)	Não-Vida
Zurich Insurance Plc (sucursal no Reino Unido)	Não-Vida
Zurich Insurance PLC – Sucursal em Portugal	Não-Vida
Zurich Life Assurance Plc	Vida
Zürich Versicherungs-Aktiengesellschaft	Mista
Zuritel S.P.A.	Não-Vida

CAPÍTULO III
AS MÚTUAS DE SEGUROS

§ 18.° O MUTUALISMO

76. Da tradição medieval ao mutualismo oitocentista

I. O mutualismo previdencial corresponde a uma tradição que remonta à Idade Média e, porventura, mais longe, às Guildas nórdicas e às sociedades mediterrânicas da Antiguidade.

Em Portugal, encontramos demonstrações antigas desse fenómeno, como a das misericórdias[498]. Surgem, ainda, confrarias, de orientação mais diretamente mutualista[499].

II. O mutualismo medieval pode ser ilustrado com a confraria de beneficência, socorro mútuo e piedade, formada em Beja, nos finais do século XIII e reconhecida por carta do Rei D. Dinis, em 28-jul.-1297.

Vamos transcrever o texto de Gama Barros, sobre esta confraria[500]:

> Formavam a confraria todos os homens bons que, vivendo em honra de cavaleiros, segundo o costume da terra, e querendo pertencer á sociedade, contribuissem com os seus donativos para o cumprimento dos encargos, que a instituição se propunha satisfazer. Eram eles os seguintes: 1.° a associação teria uma casa onde se recolhessem pessoas pobres: 2.° morrendo a algum confrade o cavallo, quer fosse em serviço do rei ou do concelho, quer tendo--o á mangedoira prompto para esse serviço quando lhe fosse exigido, o dono do cavalo receberia da sociedade a somma de cincoenta libras para comprar

---

[498] Recordamos o clássico de Costa Gooldophim, *As misericórdias* (1897), 460 pp., referindo especialmente a de Lisboa (15 ss.) e as diversas outras, por distritos (85 ss.). Anotamos que a Misericórdia de Serpa foi instituída em 1505. *Vide supra*, 81 ss..

[499] Fernando Emídio da Silva, *Seguros mútuos* cit., 171 ss..

[500] Henrique da Gama Barros, *História da Administração Pública* cit., V, 2.ª ed., 112-113, onde podem ser confrontadas as fontes.

outro, devendo restituir a differença se o comprava por menos: 3.° adoecendo um confrade, velariam pela sua vida; se a doença ou a velhice o invalidava, ou se cahia em grande pobreza, deviam mantel-o entre si de modo que não descesse da sua condição: 4.° ao confrade fallecido na villa de Beja, ou a sua mulher, acompanhariam á sepultura os confrados que estivessem na villa, e por alma do morto deviam rezar missas de *pater noster* e concorrer com um soldo por cabeça para se cantarem missas de sobre-altar, com essa mesma intenção: 5.° o filho do socio defuncto, se o pae lhe deixava o cavallo e as armas, podia ser admittido na confraria; e tambem o podia ser, na falta de filho, qualquer outro parente, a favor do qual existisse aquelle legado: 6.° fazendo testamento o confrade, devia contemplar a sociedade com alguma deixa não inferior á vintena da quota de que dispozesse: 7.° os associados auxiliar-se-hiam mutuamente quando concorressem no serviço do rei, ou em geral no serviço militar; áquelle que adoecesse de molestia grave, leval-o--hiam a povoado onde podesse ter tratamento; ao que fosse ferido, tiral-o--hiam das mãos dos inimigos esforçando-se por o levarem para a sua terra; se morria, não lhe faltariam com o officio que já fica indicado; se cahia em captiveiro, contribuiriam todos para ajudar o seu resgate: 8.° na partilha dos despojos, que os confrades ganhassem em hoste ou em cavalgada, depois de tirado o quinto que pertencia ao rei, entraria tambem a associação recebendo uma quinta parte: 9.° suscitando-se contenda entre dois confrades, os outros tratariam de os conciliar; e se algum dos contendores não se sujeitava ao juizo dos collegas, incorria na multa que estes lhe impozessem, e a questão resolvia-se pelos meios ordinarios: 10.° o socio que não quizesse continuar a pertencer á associação, pagava duzentos soldos e devia restituir o que houvesse recebido: 11.° para o serviço da sociedade estabeleciam-se tres empregados, um dos quaes serviria de porteiro; a administração ficava a cargo de dois mordomos, que dariam contas annualmente á confraria, e seriam eleitos por dia de S. Thiago: 12.° não chegando para a despesa os rendimentos da sociedade, supprir-se-hia o que faltasse por meio de finta entre os confrades.

II. No século XIX, a supressão das corporações medievais e as faces nefastas da revolução industrial originaram iniciativas renovadas. Desta feita, estavam já disponíveis esquemas científicos, que permitiam um cálculo adequado de riscos, de prémios e de indemnizações.

Nesta linha, foi adotado o Decreto de 28-fev.-1891, sobre associações de socorros mútuos, já examinado[501].

---

[501] *Supra*, 107 ss..

A achega seguinte veio do Decreto de 21-out.-1907 (Martins de Carvalho), que marcou uma nova fase no Direito dos seguros[502].

77. O movimento cooperativo

I. As cooperativas derivam de várias correntes de pensamento de tipo filantrópico, cristão ou científico-social e que tinham em comum o pretender melhorar as condições de vida das classes pobres. Na origem, a constatação que de a união dessas classes permitiria iniciativas de tipo económico, pondo-as ao abrigo seja de patrões, seja de intermediários interessados[503].

Seria possível distinguir a associação de cooperadores para, eles próprios, lançarem processos produtivos (cooperativas de produção), a associação destinada a adquirir produtos, vendendo-os aos cooperadores, com dispensa de intermediários (cooperativas de consumo) e a associação que visa recolher fundos, com fins assistenciais, praticando ainda empréstimos a juros (mais) reduzidos: mútuas de seguros e de crédito.

As cooperativas pressupõem uma filosofia de tipo filantrópico especial, já que se movem no seio de uma sociedade marcada pelo lucro como valor e a todo o custo, usando as armas de todos, mas com fins de benefício para os cooperadores. Tais princípios, que derivam da experiência de Rochdale (1844), ainda hoje são conhecidos como os dos "Probos pioneiros de Rochdale", vindo a ser acolhidos pela Aliança Cooperativa Internacional. Constam do artigo 3.º do Código Cooperativo:

1.º Adesão voluntária e livre;
2.º Gestão democrática pelos membros;
3.º Participação económica dos membros;
4.º Autonomia e independência;
5.º Educação, formação e informação;
6.º Intercooperação;
7.º Interesse pela comunidade.

---

[502] *Vide supra* 112 ss..
[503] Sobre toda esta matéria e a evolução subsequente, entre nós, J. M. Sérvulo Correia, *O sector cooperativo português – Ensaio de uma análise de conjunto*, BMJ 196 (1970), 31-147.
A grande obra de referência é a de Volker Beuthien/Ulrich Hüsken/Rolf Aschermann, *Materialen zum Genossenschaftsgesetz*, 5 volumes.

O movimento teve algum êxito, registando-se experiências diversificadas em Inglaterra, França e Alemanha e, depois, uma expansão a nível mundial.

II. Em Portugal, as cooperativas não derivaram, propriamente, de movimentos basistas ou de iniciativas particulares filantrópicas. Antes foram adotadas e incentivadas pelo Estado. Assim e sob inspiração francesa, surgiu a Lei de 2 de Julho de 1867 (Andrade Corvo)[504].

Referida como a lei basilar do cooperativismo português, a Lei de 2-jul.-1867 tratava as cooperativas em 23 artigos. Segundo o seu artigo 1.º:

> Sociedades cooperativas são associações de número ilimitado de membros e de capital indeterminado e variável instituídas com o fim de mutuamente se auxiliarem os sócios no desenvolvimento da sua indústria, do seu crédito e da sua economia doméstica.

O artigo 6.º permitia que, nos estatutos, fosse estipulada a responsabilidade limitada ou ilimitada dos associados. Essa qualidade era aberta a maiores de 14 anos, sem distinção de sexo – artigo 7.º – sendo pessoal – 7.º, § 4.º. A sociedade constituía-se pelo registo e publicação dos estatutos – 16.º – feitos, respetivamente, em "registo particular" e na folha oficial do Governo, gratuitamente – artigo 3.º.

O diploma parece bastante avançado. Os arcaísmos de que padece têm a ver com a incipiência do Direito das sociedades, nessa época.

III. A matéria foi, depois, integrada no Código Veiga Beirão, que inseriu, no Livro II, Título II, um Capítulo V: "Disposições especiais às sociedades cooperativas"[505]: artigos 207.º a 223.º.

No fundamental, as cooperativas eram sociedades caracterizadas pela variabilidade do capital social e pela ilimitação do número de sócios não podendo, todavia, formar-se com menos de 10; podiam constituir-se de acordo com uma das espécies previstas para as sociedades comerciais –

---

[504] O texto da lei pode ainda ser confrontado em Fernando Ferreira da Costa, *As cooperativas na legislação portuguesa* (*subsídios para o estudo do sector cooperativo português* – 1) (1976), 63-70.

[505] Cunha Gonçalves, *Comentário ao Código Comercial Português*, 1 (1914), 540-557 e José Tavares, *Sociedades e empresas comerciais* cit., 2.ª ed., 249 ss..

artigo 207.º, § 1.º. Cada sócio teria um voto, independentemente do capital que detivesse – artigo 214.º. Finalmente: os lucros realizados pelas sociedades cooperativas estariam isentos de qualquer contribuição – artigo 223.º.

78. O Direito atual

I. As cooperativas cumpriram, assim, durante mais de um século, o seu papel humanista, na qualidade de sociedades especiais.

Após a revolução de 1974-1975, as cooperativas ganharam um novo ânimo: poderiam constituir, em conjunto com as unidades estatizadas, uma alternativa socialista ao modo de produção capitalista. Do Leste da Europa, então comunista, provinham importantes experiências, que cumpriria aproveitar[506]. Simplesmente, isso pressuporia mais do que a confluência das condições objetivas para o florescimento das cooperativas; impunha-se uma ideologia diversa, a qual passaria por uma reconversão linguística. Neste ponto cabe posicionar o movimento que, em conjunto com outros fatores, levaria a que as cooperativas não mais fossem consideradas sociedades.

II. Concluído o período de 1974-1975, as cooperativas, apesar de diversos diplomas extravagantes, mantinham-se no Código Veiga Beirão, como sociedades. No anteprojeto de Ferrer Correia/António Caeiro, de 1970, sobre as sociedades comerciais, as cooperativas conservavam essa mesma natureza[507].

O Código Cooperativo, aprovado pelo Decreto-Lei n.º 454/80, de 9 de outubro, manifestou já uma intenção de retirar as cooperativas do universo das sociedades. No preâmbulo[508], chegou a afirmar-se que a inclusão das cooperativas no Código Veiga Beirão[509] "feria e fere a sensibilidade

---

[506] Particularmente a experiência da ex-RDA: as cooperativas do Leste, dada a ausência de um verdadeiro mercado, não chegaram, porém, a desenvolver uma filosofia capaz de competir com as sociedades anónimas.

[507] Pinto Furtado, *Curso de Direito das sociedades* 5.ª ed., (2004), 149.

[508] Ponto 3: DR I Série n.º 234, de 1980, 3225-3229 (3226/I).

[509] Também citado em Pinto Furtado, *Curso de Direito das sociedades* cit., 5.ª ed., 149.

dos cooperativistas" e "esvaziava aquelas organizações populares do seu conteúdo associativo"[510].

O Código Cooperativo anterior, aprovado pela Lei n.º 51/96, de 7 de setembro, concluiu a evolução, não mais considerando as cooperativas como sociedades. Alguma doutrina, seja por convicção ideológica, seja por mero positivismo exegético, veio aderir. Essa orientação mantém-se no Código Cooperativo vigente, aprovado pela Lei n.º 119/2015, de 31 de agosto.

O Código Cooperativo de 2015 resultou de um Projeto de Lei apresentado pelo CDS e pelo PSD[511]. Visou concretizar a Lei n.º 30/2013 ou Lei de Bases da Economia Social. No essencial, o novo Código corresponde à introdução das seguintes alterações: (1) reduz-se o número de membros para três; (2) acolhe três modelos alternativos de governação, em moldes paralelos aos das sociedades anónimas; (3) fixa-se a designação de um ROC; (4) clarificam-se incompatibilidades; (5) repõe-se a regra do voto por cabeça; (6) estabelece-se o número de delegados a eleger à assembleia geral pelas assembleias sectoriais; (7) ordena-se o conselho de administração como órgão pluripessoal ímpar; (8) permite-se, em cooperativas que tenham até vinte cooperadores, um administrador único e um fiscal único; (9) altera-se o regime de responsabilidade civil pela administração e pela fiscalização.

III. A discussão sobre a natureza jurídica das cooperativas poderia ter uma base dogmática mais profunda. Na Alemanha, rege a Lei de 1 de Maio de 1889, com múltiplas alterações: a matéria nunca esteve em nenhum Código Comercial, nem é, dogmaticamente, tratada em conjunto com as sociedades, a não ser nos manuais tipo Karsten Schmidt, que alargam, até elas, o Direito das sociedades. Além disso, a lei alemã permite que as cooperativas assumam a forma de associações personalizadas, de associações não reconhecidas, de sociedades por quotas ou de sociedades anónimas: não há obrigatoriedade de forma[512]. Adquirem a personalidade pela inscrição no registo das cooperativas. Em suma: perante tal diversidade, não é possível considerar as cooperativas, em bloco, como sociedades, para mais comerciais.

---

[510] Referindo "alguma hipocrisia neste melindre": Pinto Furtado, *Curso de Direito das sociedades* cit., 5.ª ed., 149.
[511] *Projeto de Lei n.º 898/XII*, confrontável no sítio da Assembleia da República.
[512] Karsten Schmidt, *Gesellschaftsrecht*, 4.ª ed. (2002), 1264-1265.

Já nos países do Sul, particularmente em Itália, a tradição era a de inclusão das cooperativas nos códigos comerciais e, depois, no Código Civil. Assim sucede no Código italiano de 1942, que concede um título às "empresas cooperativas e mútuas de seguros" – artigos 2511.º a 2548.º. O artigo 2511.º define as sociedades cooperativas:

> As empresas que tenham escopo mutualístico podem constituir-se como sociedades cooperativas de responsabilidade ilimitada ou limitada, segundo as disposições seguintes.

E de facto, as cooperativas, mau grado a sua posição especial e os princípios próprios a que obedecem, são consideradas sociedades, obtendo tratamento junto dos comercialistas[513].

Também em França, seja por qualificação legal[514], seja pela opção jurídico-científica dos comercialistas[515], as cooperativas são consideradas sociedades. Tudo isso não prejudica o facto de se submeterem a um regime especial.

IV. Regressando ao caso português: as cooperativas visam o exercício em comum de atividades económicas ou equiparáveis – artigo 2.º do CCoop, descontando o comprometimento da linguagem. Além disso, o artigo 7.º do CCoop dispõe, lapidarmente:

> Desde que respeitem a lei e os princípios cooperativos, as cooperativas podem exercer livremente qualquer atividade económica.

Têm evidente base associativa e adquirem a personalidade pelo registo – artigo 17.º do CCoop – e mais precisamente: pelo registo comercial – artigo 4.º do CRCom.

É certo que, pelo pensamento cooperativo clássico, as cooperativas não visariam captar lucros, para distribuir aos sócios, mas antes baixar os custos, de modo a que estes pudessem comprar mais barato ou obter bens

---

[513] Auletta Salanitro, *Elementi di diritto commerciale* (2001), 194 ss., Ferrara/Corsi, *Gli imprenditore e le società* cit., 14.ª ed., 1073, com indicações e Aldo Ceccherini/Stefano Schirò, *Società cooperative e mutue assicuratrici (artt. 2511-2548 c.c.)* (2003), 1 ss..

[514] Artigo 1.º do Estatuto Geral da Cooperação, aprovado pela Lei de 10-set.-1947.

[515] *Vide* Bernard Saintourens, *Sociétés coopératives et sociétés de droit commun*, RS 1996, 1-15 e Philippe Merle, *Droit commercial/Sociétés commerciales*, 9.ª ed. (2003), 13-14.

diretamente ao produtor. Mas, economicamente, isto é obter e distribuir lucros, ainda que por técnicas específicas e sob reconversões linguísticas. E mau grado tal *modus operandi*, ainda podem resultar lucros de tipo clássico, os quais, depois de feitos diversos descontos são, como em qualquer sociedade, distribuídos pelos sócios, ainda que sob a designação de "excedentes": artigo 100.º, segundo o qual "... os excedentes (...) poderão retornar aos cooperadores".

Não há razões conceptuais para não considerar as cooperativas como sociedades. O seu regime, com múltiplas regras especiais é, de todo o modo, de clara inspiração comercial, aplicando-se, subsidiariamente – artigo 9.º do CCoop – o Direito das sociedades anónimas.

V. A discussão sobre a natureza das cooperativas e a assumida opção não-societária – pelo menos, a nível da linguagem – do atual Código Cooperativo poderiam permanecer como uma originalidade cultural: resquício de uma época que fez a sua história. Receamos, porém, que não seja inócua, dadas as especiais características no nosso País.

Existe uma tradição gravosa, de origem medieval e mantida nos Descobrimentos, segundo a qual as classes nobres não podiam comerciar[516]. Esta orientação – que contrasta vivamente com o ocorrido, p. ex., em Inglaterra – contribui para explicar o subdesenvolvimento comercial, financeiro e cultural do País, mau grado o grande afluxo de riqueza operado nos séculos XVI a XVIII. O Marquês de Pombal, procurando inverter esta situação, chegou a decretar a subscrição de capital das sociedades comerciais como modo de aquisição da nobreza[517]. Debalde.

Os tempos mudaram e a antiga estratificação social foi abolida. Todavia, mantém-se larvar a ideia de que o ganho comercial fica aquém, em dignidade, do salário ou do ganho industrial ou agrícola. A ideia foi rejuvenescida com a colocação do lucro comercial (muito) aquém do rendimento do trabalho. Na graduação dos valores originada pelos movimentos coletivizantes e socializantes de 1974-1976, o comércio era desconsiderado: daí o melindre dos "cooperativistas", perante a inclusão das suas sociedades no Código Veiga Beirão[518]. Originou-se, aqui, nova tradição que sobreviveu à

---

[516] As Ordenações chegavam a proibir o comércio ao clero e à nobreza: *Ord. Fil.*, Livro IV, Título XVI = ed. Gulbenkian IV e V, 798/II; *vide Direito comercial*, 87.

[517] *Direito das sociedades*, 1, 114.

[518] A favor: Jorge Henrique Pinto Furtado, *Curso de Direito das sociedades*, 5.ª ed. (2004), 155-157; contra: Jorge Coutinho de Abreu, *Curso de Direito comercial*, 2, 3.ª ed.

§ 18.° O mutualismo   265

queda do Muro de Berlim e ao desabar dos sistemas comunistas de Leste. As tradições devem ser respeitadas: mas só se devem defender as boas. A degradação político-social do comércio não é vantajosa para a nossa comunidade, assim como não o é o permanente fiasco das cooperativas.

VI. Temos, depois, um segundo aspeto a considerar. Em países como a Alemanha, onde o cooperativismo está fortemente radicado e dispõe de uma lei anterior ao próprio Código Comercial e às atuais leis de sociedades, o Direito cooperativo é estudado em sede própria. Dispõe de grandes manuais[519], de inúmeros comentários[520] e de revistas jurídicas especializadas[521]. Entre nós, isso não é viável. Retirar as cooperativas do seio das sociedades é recusar o seu estudo nas universidades. Ficarão fora dos roteiros curriculares, dos manuais e das preocupações diárias das faculdades. Podem surgir estudiosos de monta[522]: mas nada que valha – quer se queira, quer não – a rotina académica que divulgaria os seus princípios junto de todos os jovens licenciados. Retenha-se, também, este ponto: um argumento científico e cultural para a permanência (ou o regresso) das cooperativas à grande casa-mãe das sociedades. De toda a maneira o essencial reside na aplicação, às cooperativas e em tudo o que, no Código Cooperativo, não se disponha de outro modo, do Direito geral das sociedades[523].

(2009), 28-29 e, com algum colorido, no *Código das Sociedades Comerciais em Comentário*, 1 (2010), 45-46. Para uma análise atualizada do estado das questões: Manuel Carneiro da Frada/Diogo Costa Gonçalves, *A acção ut singuli (de responsabilidade civil) e a relação do Direito cooperativo com o Direito das sociedades comerciais*, RDS 2009, 885-922.

[519] Assim: Rolf Steding, *Genossenschaftsrecht* (2002).
[520] Assim: Volker Beuthien/Emil H. Meyer/Gottfried Meulenbergh, *Genossenschaftsgesetz*, 13.ª ed. (2000), 1093 pp. e Eduard Hettrich/Peter Pöhlmann/Bernd Grässer, *Genossenschaftsgesetz*, 2.ª ed. (2001), 574 pp..
[521] Além, naturalmente, do espaço que sempre lhe consagram as revistas de Direito das sociedades em geral.
[522] Tal o caso de Sérvulo Correia, cujo estudo *O sector cooperativo português*, escrito há meio século, se mantém como obra de referência.
[523] Assim, RPt 16-out.-2008 (Pinto de Almeida), CJ XXXIII (2008) 4, 200-206 (206), quanto à ação de responsabilidade contra os administradores, bem como Carneiro da Frada/Costa Gonçalves, *A acção ut singuli* cit., 919-922.

79. A confluência com as mútuas de seguros e as caixas económicas; óbices

I. O pensamento cooperativo é, em rigor, recente. Mas ele confluiu com as mutualidades, de raízes bem mais antigas e com as caixas económicas, pensadas para, no campo bancário, captarem as pequenas poupanças[524].

A ideia de raiz é simples: em vez de se contratarem empresas seguradoras formadas como sociedades anónimas de fins logicamente lucrativos, os interessados associam-se entre si. Formam uma cooperativa que irá acolher os prémios, acudindo aos sinistros, nos termos gerais.

Por essa via, os interessados evitam ter de pagar, ainda que indiretamente, todos os custos inerentes ao funcionamento de uma sociedade anónima. Além disso, os lucros (ditos "excedentes") revertem para os próprios interessados, permitindo baixar os prémios ou majorar as indemnizações. Por fim: o Estado daria apoios diretos ou indiretos incluindo-se, nestes últimos, os benefícios fiscais.

II. A ideia surge, à partida, como excelente. Na prática, porém, dá azo a diversos problemas.

No plano da gestão, uma seguradora implica a contratação de pessoal muito especializado, com salários adequados. As mútuas de seguros, a quererem ser competitivas, acabam por arcar com múltiplos custos operacionais, tal como sucede com as companhias.

No que tange à operacionalidade, verifica-se que a prática dos seguros exige entidades de grande porte financeiro. Apenas com uma certa massa crítica se torna possível assumir o encargo do pagamento de seguros de vida ou de pensões. Ora uma mútua de seguros tem, em regra, poucos associados e estes, também em regra, dispõem de quantias modestas. Noutros países haverá margem para construir mútuas de grandes dimensões. Em Portugal, isso será difícil.

Finalmente, o próprio exercício do poder, dentro da mútua de seguros, torna-a complexa e pouco competitiva. Nas seguradoras anónimas funciona a lógica do capital: por vezes cruel, mas muito eficaz. Nas mútuas, tecem-se relações pessoais e de grupo, alheias a uma lógica económica e que implicam reconduções, nos cargos, à margem de puros critérios de gestão.

---
[524] *Direito bancário*, 5.ª ed., 1180 ss..

III. Tudo isso, com relevo para o problema da dimensão, explica o pouco desenvolvimento das mútuas de seguros, no espaço português. Recentemente, é mesmo patente a sua decadência, tal como sucede, em geral, com o sector cooperativo.

§ 19.º AS MÚTUAS DE SEGUROS

80. Constituição, forma, objeto e fontes

I. O RGAS, assente na tradição, consagrou as mútuas de seguros entre as possíveis formas de empresas seguradoras. Dedica-lhes, à partida, dois preceitos: os artigos 58.º e 59.º. Em tudo o mais, com alguns desvios, tem aplicação o dispositivo referente às anónimas seguradoras.

II. O artigo 58.º dispõe[525]:

> As mútuas de seguros ou de resseguros revestem a forma de sociedade cooperativa de responsabilidade limitada, constituída por documento particular, salvo se forma mais solene for exigida para a transmissão dos bens que representam o seu capital inicial, regendo-se pelo disposto no presente decreto-lei e, subsidiariamente, pelo disposto no Código Cooperativo e demais legislação complementar em tudo o que não contrarie o presente decreto-lei ou outras disposições específicas da atividade seguradora ou resseguradora.

Dele retiramos:

- a forma: trata-se de sociedades cooperativas de responsabilidade limitada;
- o modo de constituição: escrito particular, salvo se forma mais solene for exigida para a transmissão dos bens que constituam o capital inicial;
- o sistema de fontes: aplicam-se, sucessivamente, o RGAS, outras disposições específicas, o Código Cooperativo e, na insuficiência deste, o Código das Sociedades Comerciais e, depois, o próprio Código Civil.

---

[525] O 58.º equivale ao 22.º do anterior RGAS, com duas modificações: a supressão de "sociedade" antes de cooperativa e a introdução expressa de que pode haver mútuas de seguros.

81. As normas do RGAS aplicáveis

I. O próprio RGAS determina, do seu seio, quais as normas aplicáveis: artigo 59.º. Feita a verificação, aplicam-se às mútuas de seguros:

– o artigo 50.º/2: da firma, deve resultar que visam a atividade seguradora;
– o artigo 51.º: a sua constituição depende de autorização prévia específica;
– o artigo 53.º/1, *b*): um capital social não inferior ao previsto no artigo 60.º, realizado no momento da constituição, devendo o restante, se o houver, estar realizado no prazo de seis meses;
– o artigo 52.º, *b*) a *l*): vários requisitos necessários para a autorização;
– os artigos 53.º a 57.º: processo de autorização, decisão, caducidade da autorização, revogação da autorização.

II. O mesmo artigo 59.º delimita, quanto às mútuas de seguros, as regras aplicáveis aos acionistas: o artigo 53.º/1, *c*), apenas é obrigatório quanto aos dez membros fundadores que irão subscrever o maior número de títulos de capital.

III. No que tange às demais regras do RGAS: elas têm uma aplicação de princípio às mútuas de seguros. Estas são genericamente abrangidas pela locução "empresas de seguros", assim caindo sob as diversas previsões.

82. As mutualidades existentes

Neste momento, de acordo com as indicações da ASF, opera apenas, no País, uma mútua de seguros: a Mútua dos Pescadores, Mútua de Seguros, CRL. Temos as referências seguintes:

1994, A Mútua dos Armadores da Pesca da Sardinha (anterior a 1975) foi integrada na Mútua dos Pescadores – Sociedade Mútua de Seguros (anterior a 1975).
2004, A Mútua dos Pescadores – Sociedade Mútua de Seguros alterou a sua forma para cooperativa de responsabilidade limitada, alterando a sua denominação para Mútua dos Pescadores, Mútua de Seguros, C.R.L.

CAPÍTULO IV
AS SITUAÇÕES INTERNACIONAIS

§ 20.º EMPRESAS PORTUGUESAS NA UNIÃO

83. Generalidades; o passaporte comunitário

I. O O RGAS dá uma especial importância às situações internacionais que envolvam as empresas de seguros, designadamente quando esteja em causa a abertura de sucursais ou a livre prestação de serviços.
Relativamente a sucursais, distingue:

– sucursais de empresas nacionais noutros Estados da União Europeia (183.º a 191.º); *idem*, de empresas de resseguros (192.º a 194.º);
– sucursais de empresas de seguros ou de resseguros nacionais fora da União Europeia (195.º a 199.º);
– sucursais em Portugal, de empresas com sede noutros Estados da União (200.º a 209.º); *idem*, de empresas de resseguros (211.º a 213.º);
– sucursais em Portugal, de empresas com sede fora da União (214.º a 233.º).

II. No que tange à livre prestação de serviços, a lei distingue:

– serviços de empresas nacionais de seguros noutros Estados da União Europeia (234.º a 239.º); *idem*, de resseguros (240.º);
– serviços, em Portugal, de empresas com sede noutros Estados da União (241.º a 243.º); *idem*, de resseguros (244.º);
– serviços de resseguros, em Portugal, de empresas não-comunitárias (245.º a 247.º).

III. De acordo com as definições do artigo 5.º/1, temos:

l) Sucursal», a agência, sucursal, delegação ou outra forma local de representação de uma empresa de seguros ou de resseguros, sendo como tal considerada qualquer presença permanente de uma empresa em território da União Europeia, mesmo que essa presença, não tendo assumido a forma de uma sucursal ou agência, se exerça através de um simples escritório gerido por pessoal da própria empresa, ou de uma pessoa independente mas mandatada para agir permanentemente em nome da empresa como o faria uma agência;

n) «Livre prestação de serviços» a operação pela qual uma empresa de seguros cobre ou assume, a partir da sua sede social ou de um estabelecimento situado no território de um Estado membro, um risco ou um compromisso situado ou assumido no território de um outro Estado membro;

No primeiro caso, fica envolvida uma organização permanente com a qual, no sítio considerado, são concluídos os contratos de seguro em causa. No segundo, falta uma organização: a empresa considerada mantém-se no local de origem e aí presta serviços à distância, concluindo, designadamente, contratos.

IV. A ideia básica relativa a toda esta matéria reside no chamado passaporte comunitário.

Os países da União, através da transposição de sucessivas diretrizes institucionais dos seguros, aproximaram as condições objetivas que permitem autorizar empresas seguradoras. Sendo assim, a empresa autorizada a explorar, na sua terra de origem, os seguros, está em condições de o fazer, também, nos outros países da União. Donde a ideia do "passaporte": a autorização dada para um País é válida para os restantes (*vide* o 183.º e seguintes). Necessário é, apenas, que se mostrem cumpridas algumas diligências burocráticas.

84. Notificação e comunicação

I. As empresas de seguros com sede em Portugal e que pretendam estabelecer uma sucursal no território de outro Estado membro da União Europeia devem notificar esse facto à ASF, especificando (183.º):

– o Estado membro em causa;
– o programa de atividades;

– o endereço no Estado membro;
– nome e endereço do mandatário geral da sucursal, o qual deve ter poderes bastantes para obrigar a companhia de seguros perante terceiros e para a representar em face das autoridades e dos tribunais do Estado membro;
– declaração comprovativa de que a empresa se tornou membro do gabinete nacional e do fundo nacional de garantia do Estado membro da sucursal, caso pretenda cobrir, por intermédio dessa sua sucursal, os riscos referidos no artigo 8.º, *j*), exceto a responsabilidade do transportador.

II. Recebida a notificação, a ASF comunica à autoridade de supervisão do Estado membro da sucursal, no prazo de três meses a contar da sua receção, os elementos referidos no artigo 183.º, certificando que a empresa de seguros dispõe do mínimo de margem de solvência, segundo o RGAS (184.º/1).

Simultaneamente, o ISP informa a empresa interessada da comunicação em causa (184.º/2).

III. A ASF recusa a comunicação prevista no artigo 184.º sempre que tenha dúvidas fundadas (185.º):

– sobre a adequação das estruturas administrativas da empresa de seguros;
– sobre a situação financeira da empresa, designadamente quando tenha sido solicitado um plano de reequilíbrio ou quando entender que os direitos dos segurados e dos beneficiários dos contratos de seguro se encontrem em risco;
– sobre a idoneidade, as qualificações ou a experiência profissional dos dirigentes responsáveis e do mandatário geral.

Havendo recusa de comunicação, deve a mesma ser notificada à interessada no prazo de três meses, com a fundamentação (185.º/2).

Os diversos atos possíveis do ISP admitem recurso contencioso, nos termos gerais.

85. Início de atividade e natureza das sucursais

I. As sucursais instaladas em Estados membros da União Europeia podem estabelecer-se e iniciar as suas atividades a partir da receção da comunicação emitida pela autoridade local competente ou, no silêncio desta, dois meses após a receção da informação de que a comunicação da ASF à autoridade local foi efetuada (186.º).

II. As alterações aos elementos referidos no artigo 183.º e que dão corpo à atuação da sucursal devem ser notificadas à ASF e às autoridades locais competentes, reiniciando-se o processo dos artigos 25.º a 27.º e 28.º (29.º).

III. Pergunta-se qual é a natureza das sucursais, aqui eventualmente envolvidas. O artigo 5.º/1, *l*), já transcrito, define "sucursal" em termos suficientemente amplos para abranger as diversas hipóteses. Designadamente, pode ser uma entidade personalizada – *maxime* uma outra sociedade –, uma delegação ou um mero escritório de representação. Importante é que atue em nome e por conta da seguradora propriamente dita ou seguradora principal. Se a sucursal atuar em nome próprio, será já uma sociedade de seguros, havendo que tratá-la como tal.

IV. Os artigos 192.º a 195.º, aditados pela reforma de 2015, ocupam-se do estabelecimento e exercício de atividade no território de outro Estado membro por sucursais de empresas de resseguros com sede em Portugal. Fixam um regime paralelo ao das empresas de seguros.

§ 21.º EMPRESAS DA UNIÃO EUROPEIA EM PORTUGAL

86. Condições gerais

I. Os artigos 200.º a 210.º ocupam-se da hipótese de empresas de seguros com sede em Estados da União Europeia que pretenderem exercer a sua atividade em Portugal, através de sucursais.

À partida, essa hipótese não ofereceria dificuldades de maior: além de corresponder ao exercício da liberdade de estabelecimento, assegurada pelo Tratado de Lisboa, ela estaria consolidada pelo facto de tais seguradoras terem sido autorizadas no País de origem, de acordo com regras semelhantes às portuguesas: todas elas adviram da transposição de instrumentos comunitários. Todavia, o artigo 30.º/1 do RGAS de 1998 tomou precauções: proclamava o princípio de que:

> A atividade, em território português, de empresas de seguros com sede em outro Estado membro deve obedecer às condições de exercício da atividade seguradora e resseguradora estabelecidas para as empresas com sede em Portugal.

Esse preceito foi suprimido no RGAS de 2015, ainda que as suas regras, de facto, se mantenham.

II. Fixado o princípio, segue-se um esquema paralelo ao já referido, para a instalação de sucursais portuguesas noutros países da União. Assim (200.º/1):

– a autoridade competente do País da seguradora interessada notifica a ASF da intenção dela de instalar uma sucursal em Portugal;
– a ASF, sendo o caso, informa aquela autoridade das condições fundadas em interesse geral a que deve obedecer o exercício pretendido; o prazo é de dois meses.

87. Início de atividade, alterações e contribuições

I. No prazo de dois meses referido no artigo 200.º/1, a ASF pode comunicar à empresa estrangeira interessada de que se encontra em condições de iniciar as suas atividades (200.º/1, final). E se, nesse mesmo período, nada disser, pode a empresa iniciar igualmente as suas tarefas [201.º, b)].

II. Alterando-se as condições comunicadas ao abrigo do artigo 200.º/1, deve a empresa de seguros interessada, com 30 dias mínimos de antecedência sobre a sua efetivação, comunicá-lo à ASF (202.º). Tem aplicação o artigo 201.º, acima sumariado.

III. As empresas de seguros estabelecidas em Portugal devem filiar-se e contribuir, nos mesmos termos das autorizadas ao abrigo do RGAS, para qualquer regime destinado a assegurar o pagamento de indemnizações a segurados e terceiros, nomeadamente quanto ao seguro obrigatório de responsabilidade civil automóvel, quanto ao Fundo de Acidentes de Trabalho e quanto ao Fundo de Garantia Automóvel (FAT e FGA, respetivamente) (203.º).

Fica assim assegurada a igualdade de tratamento.

88. Sucursais, em Portugal, de seguradoras europeias

Com base em dados do ex-ISP[526], passamos a indicar as sucursais, em Portugal, de empresas de seguros da União Europeia:

Ace European Group Limited

1986, Foi autorizada a abertura em Portugal de uma sucursal da empresa de seguros belga Cigna Insurance Company of Europe, SA/NV, que veio explorar seguros dos ramos Não-Vida.

1997, Encerramento da sucursal da empresa de seguros Cigna Insurance Company of Europe, SA/NV.

2000, A Cigna Insurance Company of Europe, SA/NV prosseguiu contudo a atividade em Portugal, em regime de livre prestação de serviços, tendo alterado a denominação para Ace Insurance, SA – NV.

---

[526] Agradece-se, ao ex-ISP, a autorização dada para a sua inclusão na presente obra.

2004, A Ace Ina UK Limited alterou a sua denominação social para Ace European Group Limited.
2005, A Ace Insurance, S.A. – N.V. encerrou a atividade em Portugal, em regime de livre prestação de serviços, na sequência da transferência da sua carteira de seguros para a empresa de seguros de direito britânico Ace European Group Limited, que exerce a atividade em Portugal em regime de livre prestação de serviços.
2007, Estabelecimento em Portugal de uma sucursal da empresa de seguros do Reino Unido, ACE European Group Limited, que veio explorar seguros dos ramos Não-Vida.

Ace Europe Life Limited

2009, Estabelecimento em Portugal de uma sucursal da empresa de seguros do Reino Unido, ACE Europe Life Limited, que veio explorar o ramo Vida.

ADA – Ayuda del Automovilista, Sociedad Anónima de Seguros Y Reaseguros

1992, Foi autorizada a abertura em Portugal de uma sucursal da empresa de seguros espanhola Ada – Ayuda del Automovilista, Sociedad Anonima de Seguros y Reaseguros, que veio explorar ramos Não-Vida.

AGA International – Sucursal em Portugal

2007, A empresa de seguros suíça Elvia Reiseversicherungs- Gesellshaft, AG abriu uma sucursal em Portugal para explorar os ramos Não-Vida.
2008, A Elvia Reiseversicherungs-Gesellschaft – Sucursal em Portugal alterou a sua denominação social para Mondial Assistance International AG – Sucursal em Portugal.
2010, A Mondial Assistance International AG alterou a sua sede social para França e a sua denominação social para Mondial Assistance International, SA.
2011, A Mondial Assistance International S.A. alterou a sua denominação social para AGA International.

AIDE Asistencia, Seguros y Reaseguros, SA

1994, Foi autorizada a abertura em Portugal de uma sucursal da empresa de seguros espanhola Aide – Asistencia, Seguros y Reaseguros, S.A., que veio explorar ramos Não-Vida.

Alpina SA

1986, A sucursal em Portugal da empresa de seguros Alpina, SA (anterior a 1975) deixou de ter contratos de seguros em vigor desde 1983, pelo que encerrou.

A.M.A. Agrupación Mutual Aseguradora

2000, Estabelecimento em Portugal de uma sucursal da empresa de seguros espanhola Prevision Sanitaria Nacional, Agrupacion Mutual Aseguradora

(AMA) Mutua de Seguros a Prima Fija, que veio explorar seguros dos ramos Não-Vida.

2010, A Prevision Sanitaria Nacional, Agrupacion Mutual Aseguradora (AMA) Mutua de Seguros a Prima Fija alterou a sua denominação para A.M.A. Agrupación Mutual Aseguradora.

ARAG Compañia International de Seguros y Reaseguros, S.A.

2002, Estabelecimento em Portugal de uma sucursal da empresa de seguros espanhola Arag Compañia International de Seguros y Reaseguros, S.A., que veio explorar ramos Não-Vida.

ASEFA, SA. Seguros y Reaseguros – Sucursal em Portugal

2006, Estabelecimento em Portugal de uma sucursal da empresa de seguros espanhola Asefa, S.A. Seguros Y Reaseguros, que veio explorar ramos Não-Vida.

AXA Life Europe Limited

2008, Estabelecimento em Portugal de uma sucursal da empresa de seguros irlandesa Axa Life Europe Limited, que veio explorar o ramo Vida.

AXERIA Prevoyance

2008, Estabelecimento em Portugal de uma sucursal da empresa de seguros francesa AXERIA Prevoyance, que veio explorar o ramo Vida.

BBVASeguros, S.A. de Seguros y Reaseguros

2003, Estabelecimento em Portugal de uma sucursal da empresa de seguros espanhola BBVASeguros, S.A. de Seguros y Reaseguros, S.A., que veio explorar os ramos Não-Vida e Vida.

Cardif Assurances Risques Divers

1997, Estabelecimento em Portugal de uma sucursal da empresa de seguros francesa Cardif Risques Divers, que veio explorar ramos Não-Vida.

2001, A Cardif Risques Divers alterou a sua denominação social para Cardif Assurances Risques Divers.

Cardif Assurances Vie

1997, Foi autorizada a abertura em Portugal de uma sucursal da empresa de seguros francesa Cardif – Société Vie, que veio explorar o ramo Vida.

2001, A Cardif – Société Vie alterou a sua denominação social para Cardif Assurances Vie.

CNP Barclays Vida y Pensiones, Compañia de Seguros, SA

1992, Foi autorizada a abertura em Portugal de uma sucursal da empresa de seguros espanhola Barclays Vida y Pensiones, Compañia de Seguros, SA, que veio explorar o ramo Vida.

2010, A Barclays Vida y Pensiones, Compañia de Seguros, SA, alterou a sua denominação para CNP Barclays Vida y Pensiones, Compañia de Seguros, SA.

Combined Insurance Company of Europe Limited

2006, Estabelecimento em Portugal de uma sucursal da empresa de seguros irlandesa Combined Insurance Company of Europe Limited, que veio explorar ramos Não-Vida.

2008, A sucursal em Portugal da London General Insurance Company Limited transferiu parte da sua carteira de seguros dos ramos Não-Vida para a sucursal em Portugal da Combined Insurance Company of Europe Limited.

Compagnie Française d'Assurance pour le Comerce Exterieur – COFACE

2000, Estabelecimento em Portugal de uma sucursal da empresa de seguros francesa Compagnie Française d'Assurance pour le Commerce Exterieur – COFACE, que veio explorar ramos Não-Vida.

Compañia Española de Seguros y Reaseguros de Crédito y Caución, SA

1998, Estabelecimento em Portugal de uma sucursal da empresa de seguros espanhola Compañia Española de Seguros y Reaseguros de Crédito y Caución, S.A., que veio explorar ramos Não-Vida.

Compañia Española de Seguros de Credito a la Exportation, SA Compãnia de Seguros y Reaseguros (CESCE)

2002, Estabelecimento em Portugal de uma sucursal da empresa de seguros espanhola Compañia Española de Seguros de Credito a la Exportation, SA Compañia de Seguros y Reaseguros (CESCE), que veio explorar ramos Não-Vida.

Compañia Europea de Seguros, SA

2007, Estabelecimento em Portugal de uma sucursal da empresa de seguros espanhola Compañia Europea de Seguros, SA, que veio explorar ramos Não-Vida.

Consolated Marine & General Insurance Company Limited

1991, Estabelecimento em Portugal de uma sucursal da empresa de seguros do Reino Unido, Consolidated Marine & General Insurance Company Limited.

1997, Foi autorizada a abertura em Portugal de uma sucursal da empresa de seguros do Reino Unido, Financial Insurance Company Limited, que veio explorar ramos Não-Vida.

1998, A sucursal em Portugal da empresa de seguros do Reino Unido, Consolidated Marine & General Insurance Company Limited, encerrou na sequência da transferência da sua carteira de seguros para a sucursal em Portugal da Financial Insurance Company Limited.

ERGO Direkt Versicherung Aktiengesellschaft

2006, Estabelecimento em Portugal de uma sucursal da empresa de seguros alemã Karstadquelle Versicherung AG, que veio explorar ramos Não-Vida.

2008, Foi encerrada a sucursal, tendo a empresa de seguros prosseguido a atividade em Portugal, em regime de livre prestação de serviços.

2010, A Karstadquelle Versicherung AG alterou a sua denominação para Ergo Direkt Versicherung Aktiengesellschaft.

España, SA – Compañia Nacional de Seguros

Anterior a 1975, Foi autorizada a abertura em Portugal de uma sucursal da empresa de seguros espanhola España, SA – Compañia Nacional de Seguros, que veio explorar o ramo Vida.

Financial Assurance Company Limited

1990, Foi autorizada a abertura em Portugal de uma sucursal da empresa de seguros do Reino Unido, Consolidated Life Assurance Company Limited, que veio explorar o ramo Vida.

1997, Estabelecimento em Portugal de uma sucursal da empresa de seguros do Reino Unido, Financial Assurance Company Limited, que veio explorar o ramo Vida.

1998, A sucursal em Portugal da empresa de seguros do Reino Unido, Consolidated Life Assurance Company Limited, transferiu a sua carteira de seguros para a sucursal em Portugal da Financial Assurance Company Limited, tendo posteriormente encerrado.

2004, Estabelecimento em Portugal de uma sucursal da empresa de seguros do Reino Unido Financial, New Life Company Limited, que veio explorar o ramo Vida.

2004, A sucursal da empresa de seguros do Reino Unido, Financial Assurance Company Limited, transferiu a sua carteira de seguros para a sucursal em Portugal da Financial New Life Company Limited, tendo posteriormente encerrado.

2004, A sucursal em Portugal da Financial New Life Company Limited alterou a sua denominação para Financial Assurance Company Limited.

GENERALI – Companhia de Seguros, SpA – Sucursal em Portugal

1991, Foi autorizada a abertura de uma sucursal em Portugal da empresa de seguros espanhola Banco Vitalicio de España Compañia Anonima de Seguros y Reaseguros, com a designação comercial de Grupo Vitalício.

1996, A sucursal em Portugal da empresa de seguros espanhola Banco Vitalicio de España Compañia Anonima de Seguros y Reaseguros encerrou na sequência da transferência da sua carteira de seguros para a sucursal em Portugal da Assicurazioni Generali SpA (anterior a 1975).

2004, A sucursal em Portugal da Assicurazioni Generali SpA, alterou a sua denominação para Generali – Companhia de Seguros, SpA – Sucursal em Portugal.

GENESIS Seguros Generales, Sociedad Anonima de Seguros y Reaseguros

1992, Foi autorizada a abertura em Portugal de uma sucursal da empresa de seguros espanhola Genesis Seguros Generales, Sociedad Anonima de Seguros y Reaseguros, que veio explorar ramos Não-Vida.

2003, A sucursal da Genesis Seguros Generales, Sociedad Anónima de Seguros y Reaseguros transferiu parte da sua carteira de seguros, correspondente aos ramos acidentes, veículos terrestres a motor e responsabilidade civil de veículos terrestres a motor para a Lusitania – Companhia de Seguros, SA.

2010, A sucursal da Genesis Seguros Generales, Sociedad Anónima de Seguros y Reaseguros transferiu a sua carteira de seguros dos ramos Não-Vida, para a empresa de seguros nacional Liberty Seguros, S.A., com o consequente encerramento da sucursal.

Genworth Financial Mortgage Insurance Limited

2005, Estabelecimento em Portugal de uma sucursal da empresa de seguros do Reino Unido, GE Mortgage Insurance Limited, que veio explorar ramos Não-Vida.

2005, A empresa de seguros do Reino Unido, GE Mortgage Insurance Limited, alterou a sua denominação para Genworth Financial Mortgage Insurance Limited.

Gerling-Konzern Allgemeine Versicherungs-Aktiengesellschaft

1992, Foi autorizada a abertura em Portugal de uma sucursal da empresa de seguros alemã Gerling-Konzern Allgemeine Versicherungs-Aktiengesellschaft, que veio explorar ramos Não-Vida.

2004, Foi encerrada a sucursal em Portugal da empresa de seguros alemã Gerling--Konzern Allgemein Versicherungs- Aktiengesellschaft, ficando os contratos de seguros em vigor a ser geridos em regime de livre prestação de serviços.

HDI Haftpflichtverband Der Deutschen Industrie Versicherungsverein Auf Gegenseitigkeit

1992, Foi autorizada a abertura em Portugal de uma sucursal da empresa de seguros alemã Hdi Haftpflichtverband der Deutschen Industrie Versicherungsverein auf Gegenseitigkeit

1998, A empresa de seguros alemã Hdi Haftpflichtverband der Deutschen Industrie Versicherungsverein auf Gegenseitigkeit encerrou a sucursal em Portugal.

Hiscox Insurance Company Limited

2006, Estabelecimento em Portugal de uma sucursal da empresa de seguros do Reino Unido, Hiscox Insurance Company Limited, que veio explorar ramos Não-Vida.

Inter Partner Assistance

1987, Foi autorizada a abertura em Portugal de uma sucursal da empresa de seguros belga Gesa Assistance – Groupe Européen, SA, que veio explorar ramos Não-Vida.
1997, Estabelecimento em Portugal de uma sucursal da empresa de seguros francesa L' Avenir, que veio explorar ramos Não-Vida.
1997, A Gesa Assistance – Groupe Européen, SA, alterou a sua denominação para Inter Partner Assistance.
1998, A L' Avenir alterou a sua denominação para Juridica.
2003, A sucursal em Portugal da Juridica encerrou na sequência da transferência da sua carteira de seguros para a sucursal em Portugal da Inter Partner Assistance.

Legal & General Assurance Society Limited

A empresa de seguros do Reino Unido, Legal & General Assurance Society Limited (anterior a 1975), que notificou para operar em Portugal, através de sucursal, nos ramos Não-Vida, encerrou a respetiva sucursal.

2009, A empresa de seguros Legal & General Assurance Society Limited notificou posteriormente para operar em Portugal, em regime de livre prestação de serviços, no ramo Vida.

Lloyd's – Sucursal em Portugal

2009, Estabelecimento em Portugal de uma sucursal da empresa de seguros do Reino Unido, Society of Lloyd's, que veio explorar ramos Não-Vida, ficando a sucursal registada na Conservatória do Registo Comercial com a denominação Lloyd's – Sucursal em Portugal.

London General Insurance Company Limited

1997, Estabelecimento em Portugal de uma sucursal da empresa de seguros do Reino Unido, London General Insurance Company Limited, que veio explorar ramos Não-Vida.

MAPFRE Asistencia, Compañía Internacional de Seguros y Reaseguros, SA

1992, Foi autorizada a abertura em Portugal de uma sucursal da empresa de seguros espanhola Mapfre Asistencia, Compañia Internacional de Seguros y Reaseguros, SA, que veio explorar ramos Não-Vida.

Mitsui Sumitomo Insurance (London) Limited

1992, Foi autorizada a abertura em Portugal de uma sucursal da empresa de seguros Sumitomo Marine & Fire Insurance Company Europe Limited.
2000, Foi encerrada a sucursal, tendo a empresa de seguros prosseguido a atividade em Portugal, em regime de livre prestação de serviços.

2004, A Sumitomo Marine & Fire Insurance Company Europe Limited alterou a denominação social para Mitsui Sumitomo Insurance (London) Limited.

Mutua de Riesgo Marítimo, Sociedad de Seguros a Prima Fija (MURIMAR)

2009, Estabelecimento em Portugal de uma sucursal da empresa de seguros espanhola Mutua de Riesgo Marítimo, Sociedad de Seguros a Prima Fija (Murimar), que veio explorar seguros dos ramos Não-Vida.

Prevision Sanitaria Nacional P.S.N. Mutua de Seguros y Reaseguros a Prima Fija – Sucursal em Portugal

2008, Estabelecimento em Portugal de uma sucursal da empresa de seguros Prevision Sanitaria Nacional P.S.N. Mutua de Seguros y Reaseguros a Prima Fija, que veio explorar o ramo Vida.

Prevoir – Vie Groupe Prevoir

1996, Estabelecimento em Portugal de uma sucursal da empresa de seguros francesa Prevoir – Vie Group Prevoir, que veio explorar o ramo Vida.

Prima Assurances

2000, Estabelecimento em Portugal de uma sucursal da empresa de seguros francesa Prima Assurances, que veio explorar seguros dos ramos Não-Vida.

2003, Encerrou a sucursal, prosseguindo a atividade em Portugal, em regime de livre prestação de serviços.

SOGECAP, SA – Sucursal em Portugal

2007, Estabelecimento em Portugal de uma sucursal da empresa de seguros francesa Sogecap, SA – Sucursal em Portugal, que veio explorar o ramo Vida.

2009, Foi encerrada a sucursal, tendo a empresa de seguros prosseguido a atividade em Portugal, em regime de livre prestação de serviços.

SOGECAP Risques Divers SA – Sucursal em Portugal

2007, Estabelecimento em Portugal de uma sucursal da empresa de seguros francesa Sogecap Risques Divers SA – sucursal em Portugal, que veio explorar ramos Não-Vida.

2009, Foi encerrada a sucursal, tendo a empresa de seguros prosseguido a atividade em Portugal, em regime de livre prestação de serviços.

Skandia Link, SA de Seguros y Reaseguros

2002, Estabelecimento em Portugal de uma sucursal da empresa de seguros espanhola Skandia Link, SA de Seguros y Reaseguros, que veio explorar o ramo Vida.

2009, Foi encerrada a sucursal, tendo a empresa de seguros prosseguido a atividade em Portugal, em regime de livre prestação de serviços.

The Motor Union Insurance Company Ltd

1994, A sucursal em Portugal da empresa de seguros The Motor Union Insurance Company Ltd (anterior a 1975) foi encerrada.

The World Marine & General Insurance PLC

2000, A sucursal em Portugal da empresa de seguros The World Marine & General Insurance PLC (anterior a 1975) foi encerrada.

Union del Duero, Compañia de Seguros de Vida, SA

1990, Foi autorizada a abertura em Portugal de uma sucursal da empresa de seguros espanhola Union del Duero, Compañia de Seguros de Vida, S.A., que veio explorar o ramo Vida.
2007, A sucursal em Portugal da empresa de seguros espanhola Union del Duero, Compañia de Seguros de Vida, S.A., foi encerrada.

XL Insurance Company Limited

1998, Estabelecimento em Portugal de uma sucursal da empresa de seguros do Reino Unido, Winterthur International Insurance Company Limited, que veio explorar seguros dos ramos Não-Vida.
2001, A Winterthur International Insurance Company Limited alterou a sua denominação para XL Winterthur International Insurance Company Ltd.
2003, A XL Winterthur International Insurance Company Ltd alterou a sua denominação para XL Insurance Company Limited.

Zurich Insurance PLC

2009, Estabelecimento em Portugal de uma sucursal da empresa de seguros irlandesa Zurich Insurance PLC, que veio explorar ramos Não-Vida.
2010, A empresa de seguros nacional Zurich – Companhia de Seguros, SA, foi incorporada, por fusão, na empresa de seguros irlandesa Zurich Insurance PLC, tendo a sua carteira sido transferida para a sucursal em Portugal da Zurich Insurance PLC.

§ 22.º EMPRESAS EXTERIORES À UNIÃO EUROPEIA EM PORTUGAL

89. Autorização prévia específica

I. No caso de sucursais de empresas cuja sede fique fora da União Europeia (ou empresas de um país terceiro), dois fatores concorrem para a aplicação de um regime mais cauteloso:

– não há garantia de que, no País de origem, a seguradora interessada esteja submetida a regras semelhantes às portuguesas e que autorizem a concessão do "passaporte comunitário";
– não há um regime-quadro de reciprocidade que implique um tratamento mais favorecido.

Nestas condições, o artigo 214.º proclama a regra básica: o estabelecimento de tais sucursais depende de autorização prévia da ASF.

A autorização depende das circunstanciadas condições elencadas no artigo 215.º.

II. Pelo Direito anterior – portanto, pelo RGAS de 1998 – exigia-se uma autorização a conceder caso a caso por despacho do Ministro das Finanças. As preocupações de assegurar a total independência do regulador levaram a reforma de 2015 a concentrar essa competência na ASF.

90. Procedimento e mandatário geral

I. O requerimento para a abertura de uma sucursal de empresa cuja sede fique fora da União Europeia deve ser instruído com os elementos comportados no artigo 216.º. Esse preceito, muito desenvolvido, cobre os mais diversos aspetos da potencial atividade da sucursal. Além disso, a empresa interessada deve apresentar um programa de atividades da sucursal (217.º).

II. Faltando elementos, a ASF deve informar o representante da requerente das irregularidades, o qual dispõe de 30 dias para as suprir, sob pena de caducidade e arquivamento do pedido, findo esse prazo (218.º/1). O ISP pode solicitar elementos adicionais e esclarecimentos (218.º/2). Deve, depois, apresentar o seu parecer final, pronunciando-se especialmente sobre a adequação de elementos de informação com a atividade a realizar, no prazo máximo de três meses a contar da data em que o requerimento se encontre completa e corretamente instruído (218.º/3).

Sendo o caso, os governos regionais são ouvidos.

III. À empresa interessada cumpre designar um mandatário geral. Quando este for uma pessoa singular, cabe-lhe indicar, também, um substituto. Posto o que, ambos devem (222.º/1):

– ter residência em Portugal;
– ter qualificação adequada e idoneidade, procedendo-se ao seu registo (por remissão para os 67.º a 70.º).

Sendo o mandatário uma pessoa coletiva, deve esta (222.º/2):

– ser constituída nos termos da lei portuguesa;
– ter como objeto social exclusivo a representação de seguradoras estrangeiras;
– ter a sede principal e a administração efetiva em Portugal;
– designar uma pessoa singular para a representar e o respetivo substituto, ambos com os requisitos exigidos de idoneidade e das habilitações ou experiência.

IV. O mandatário geral deve dispor dos poderes necessários para, em representação e por conta da empresa de seguros, concluir contratos de seguro, de resseguro e de trabalho, assumindo os compromissos dela decorrentes, bem como os poderes para a representarem, judicial e extrajudicialmente.

O mandato não pode ser revogado sem que, em simultâneo, se designe um novo mandatário (222.º/5).

Ocorrendo a insolvência ou cessação de funções do mandatário geral ou da pessoa que o representa deve a empresa de seguros regularizar a situação no prazo máximo de 15 dias (222.º/6).

V. O atual RGAS pormenoriza diversos aspetos regulamentares: condições financeiras (223.º), vantagens para empresas autorizadas em vários Estados membros (224.º), reporte dos documentos de prestação de contas (225.º) e transferência de carteiras (226.º a 231.º).

91. Caducidade da autorização e empresas suíças

I. O RGAS determina a aplicação, às seguradoras extracomunitárias, das demais regras gerais (232.º): há que verificá-las, ponto por ponto.

II. O artigo 233.º prevê um regime especial para as empresas com sede na Suíça. Recordamos que a Suíça, mercê da sua política tradicional de neutralidade, não pertence à União Europeia. Todavia, celebrou com esta uma teia de acordos que a aproximam, nos aspetos não políticos, dos Estados da União. Nessa linha, o artigo 233.º, em causa, fixa um regime intermédio que, designadamente, atende a um certificado a emitir pela autoridade competente do País de origem [233.º/3, c)].

92. Sucursais existentes

Com base em dados da ASF[527], atuam, no País, as seguintes sucursais estrangeiras exteriores à União:

AGA International

2007, A empresa de seguros suíça Elvia Reiseversicherungs-Gesellschaft, AG abriu uma sucursal em Portugal para explorar os ramos Não-Vida.
2008, A Elvia Reiseversicherungs-Gesellschaft – Sucursal em Portugal alterou a sua denominação social para Mondial Assistance International AG – Sucursal em Portugal.
2010, A Mondial Assistance International AG alterou a sua sede social para França e a sua denominação social para Mondial Assistance International, S.A..
2011, A Mondial Assistance International S.A. alterou a sua denominação social para AGA International.

---

[527] Trata-se de dados coligidos e organizados pelo ex-ISP; agradece-se, ao Instituto, a autorização dada para a sua inclusão na presente obra.

American Life Insurance Company

1985, Foi autorizada a abertura em Portugal de uma sucursal de uma da empresa de seguros com sede nos EUA, denominada American Life Insurance Company, que veio explorar o ramo Vida.

Chartis Europe, SA – Sucursal em Portugal

1986, Foi autorizada a abertura em Portugal de uma sucursal da empresa de seguros, com sede nos EUA, American Home Assurance Company (N.Y.), que veio explorar ramos Não-Vida.

1990, Foi autorizada a abertura em Portugal de uma sucursal da empresa de seguros francesa Unat, S.A., que veio explorar seguros dos ramos Não-Vida, tendo recebido a carteira da sucursal em Portugal da American Home Assurance Company (N.Y.), que encerrou.

1992, A Unat, SA, alterou a sua denominação social para AIG Europe, SA.

2009, A sucursal em Portugal da AIG Europe, SA – Sucursal em Portugal alterou a sua denominação para Chartis Europe, SA – Sucursal em Portugal.

PARTE III

A SUPERVISÃO DOS SEGUROS

CAPÍTULO I
A SUPERVISÃO DOS SEGUROS: NOÇÕES BÁSICAS E EVOLUÇÃO

§ 23.º A REGULAÇÃO EM GERAL

93. A regulação económica

I. Uma abordagem atual à ideia da supervisão dos seguros implica noções básicas sobre a regulação. Por aí iremos começar.

A palavra regulação traduz o ato e o efeito de regular, isto é, de estabelecer regras gerais e abstratas de conduta. Contrapõe-se, assim, a permitir – isto é: a nada fazer – e a determinar concretamente – isto é: a dar instruções precisas de atuação.

Nesta aceção original e ampla, podemos dizer que o Direito é, essencialmente, uma regulação: em tal sentido temos usado correntemente esta expressão.

II. Num passo subsequente, podemos referir a regulação económica: desta feita, trata-se ainda de fixar regras gerais e abstratas de conduta, mas de modo economicamente ordenado, isto é: regras destinadas a reforçar ou a contrariar o encadear económico da realidade. Será, assim, regulação o ato ou o efeito de defender ou de contrariar, através de regras gerais a tanto destinadas, a livre concorrência.

Torna-se desde logo percetível que a regulação económica pressupõe, por parte do seu autor – "o regulador":

– um conhecimento, empírico ou científico, das leis que regem a economia ou, pelo menos, certo sector económico;
– uma intenção, assumida ou subconsciente, de aderir a essas leis ou de as contrariar.

III. A ideia de regulação económica pressupõe, por parte do regulador, um programa ou uma "ideia". Regula-se o mercado do pão para permitir que todos, a ele, tenham acesso; regulam-se os medicamentos para conter os lucros das multinacionais farmacêuticas, mas sem inviabilizar os investimentos necessários para a busca de novos fármacos; regula-se o crédito para salvaguardar a estabilidade dos preços; regula-se o mercado financeiro para atestar a confiança no sistema, como exemplos.

Conforme a "ideia" – a ideologia, no sentido mais amplo do termo –, assim se decidirá se se impõe, ou não, uma regulação económica e qual o sentido da mesma. Ainda há outras opções subjacentes, como a de saber a quem cabe a regulação – se ao Estado, se a um organismo público independentemente ou se aos próprios particulares – quem a efetiva e quem a fiscaliza.

IV. A regulação – entenda-se, daqui para a frente: económica – manifestou-se, ao longo da História, das mais diversas formas e com os mais variados objetivos. Torna-se, assim, de definição algo difícil[528], dificuldade essa que intentamos superar com a ideia, acima inserida, da "regulação económica".

Além disso, a regulação tem vindo a drenar, para o seu próprio terreno, a discussão – que até há bem pouco tempo parecia incontornável – sobre o modelo preferível de sociedade e, designadamente, se o mesmo deveria ser capitalista ou socialista. A presença e a intensificação da regulação – *maxime*, com objetivos populares – são reclamadas pelos sucessores do socialismo, enquanto a sua ausência ou, no máximo, uma regulação defensora do próprio mercado são propugnadas pelos herdeiros do capitalismo. Temos, pois, uma temática ideológica subjacente[529] que, embora matizada, mais contribui para nebular a noção: depende do papel que se atribua ao Estado[530] – e, logo, à pessoa individual – no funcionamento da economia.

---

[528] Vide Eduardo Paz Ferreira, *Direito da economia* (2003), 394 ss. e *Regulação económica em Portugal: objecto, instrumentos, problemas e perspectivas/Sumário de uma lição de síntese* (2004), 11, particularmente quando refere as dificuldades na construção de um conceito unitário de regulação.

[529] Elucidativo: José Luís Saldanha Sanches, *A regulação: história breve de um conceito*, ROA 2000, 5-22.

[530] Em geral: Carlos Costa Pina, *Instituições e mercados financeiros* (2004), 99.

Todavia: temos de, da regulação, fazer um instrumento jurídico-científico dogmaticamente aproveitável.

94. Origem e evolução

I. Encontramos, nas mais diversas sociedades organizadas, manifestações de regulação. Em certo sentido, ela terá mesmo antecedido o Direito: antes de legitimar, em abstrato, o contrato, a propriedade e as pessoas, a Humanidade terá feito funcionar as trocas imediatas, disciplinando a sua efetivação.

No Império Romano, em várias ocasiões – e de modo crescente com o avanço do declínio – houve que providenciar quanto a bens essenciais, garantindo o aprovisionamento e tornando-os acessíveis, em contradição com o que resultaria de puras coordenadas económicas. Também ao longo da Idade Média, as corporações tinham, como objetivo, disciplinar a oferta (e a procura) de certos bens, o seu fabrico (a sua qualidade) e o seu destino, de modo a assegurar seja a sua dispersão acessível, seja a rendibilidade das profissões produtoras. Podemos dizer que a regulação é um fenómeno comum em qualquer sociedade organizada.

Mas ela ganharia um novo sentido justamente a partir do momento da sua supressão, pelas revoluções liberais do século XIX. Aí, os inconvenientes de um mercado puro ("não-regulado"), por insuficiência intrínseca (falta de bens não-rendíveis), por autodestruição do mesmo (concentração capitalista e, no limite, monopólio) ou por ataque exterior (concorrência estrangeira ou interferência do Estado) levaram, novamente, a pôr a hipótese de uma (boa) regulação.

II. Como primeiras experiências reguladoras vêm referidas as norte-americanas[531]. Digamos, em traços largos[532], que, na Europa, perante problemas de tipo económico e mau grado o liberalismo oficial, os Esta-

---

[531] Sobre toda esta matéria: Vital Moreira, *Auto-regulação profissional e Administração Pública* (1997), 11 ss., 17 ss., 34 ss. e *passim* e Vital Moreira/Fernanda Maçãs, *Autoridades reguladoras independentes/Estudo e projecto de lei-quadro* (2003), 9 ss., 17 ss. e *passim*. Com indicações: Luís Guilherme Catarino, *Regulação e supervisão dos mercados de instrumentos financeiros/Fundamento e limites do governo e jurisdição das autoridades independentes* (2010), 880 pp., 35 ss..

[532] A presente exposição visa situar a matéria e não, propriamente, um excurso histórico rigoroso, o qual pode ser confrontado na bibliografia citada.

dos intervinham abertamente, praticando, encomendando ou proibindo, eles próprios, atos económicos. Nos Estados-Unidos, o efetivo apego ao liberalismo formal, a dimensão do território, a tradição de liberdade e de auto-organização dos colonos e as próprias vantagens de coordenar as manifestações da livre-iniciativa[533] levaram ao aparecimento de comissões reguladoras independentes[534]. A partir daí, a regulação – que se distinguia da comum regulamentação jurídica pela sua natureza assumidamente económica – passa a contrapor-se, às demais regras, por um critério também subjetivo: agrupa normas dimanadas por entidades diferentes do Estado[535].

III. Na Europa, o fenómeno da regulação é tardio: muitas vezes, ele é associado, nos escritos sobre o tema, às privatizações ocorridas nas duas últimas décadas do século XX e com o seguinte (sub)entendimento: o Estado privatizou; todavia, perante os "malefícios" daí derivados, passou a regular o sector, de modo a prevenir os excessos do liberalismo.

Tais asserções são simplistas: não correspondem à verdade histórica[536], particularmente no sector financeiro e pretendem politizar uma questão que, antes de mais, se reveste de natureza técnica ou, mesmo, científica. A crise financeira e económica de 2007-2009, que assumiu, no sul da Europa, dimensões ainda incontroladas e que se irão prolongar (oxalá) até 2015, demonstrou a necessidade de uma regulação planetária, que tarda e esbateu as antigas fronteitas ideológicas.

---

[533] Tal o caso dos caminhos de ferro, que deram azo, em 1887, à *Interstate Commerce Commission*, para regular ("supervisionar a organização e a gestão") o transporte rodoviário: Vital Moreira/Fernanda Maçãs, *Autoridades reguladoras independentes* cit., 17, nota 10.

[534] Como meros exemplos: o *Federal Reserve Board* (política monetária), a *Securities and Exchange Commission* (mercado mobiliário) e a *Environmental Protection Agency* (ambiente); a origem, a evolução e a naureza destas entidades é facilmente confrontável na *Wikipédia*.

[535] Carlos Costa Pina, *Instituições e mercados financeiros* cit., 135 ss., com elementos.

[536] Ignora, ainda, a regulação existente durante o Estado Novo, nos mais diversos sectores: comissões reguladoras, que disciplinavam as importações; juntas nacionais, que se ocupavam da melhoria da produção e da distribuição; institutos de qualidade, que geriam a excelência de certos produtos, particularmente para a exportação. É certo que, na época, o modelo "de mercado" era oficialmente combatido. Fica, porém, a pergunta: até que ponto o atual surto de "regulações" não radica nos hábitos e nas tradições que mergulham no Estado Novo e, mais além, nas organizações tradicionais?

Deve, ainda, ter-se presente que a regulação, nos Estados dos nossos dias, transcende largamente o campo financeiro[537].

IV. O liberalismo tem diversas fraquezas, entre as quais podemos inserir a irracionalidade dos agentes económicos. No sector financeiro, que envolve os seguros, essa irracionalidade conduz aos chamados "riscos sistémicos": se consta, no mercado, que uma determinada seguradora está em dificuldades, pode haver uma corrida geral ao levantamento dos seguros mobilizáveis, com isso entrando em colapso todo o sistema segurador e, por contágio, o da banca e o mobiliário. Noutra dimensão: podem as seguradoras, com o fito de maximizar os lucros, aumentar desmesuradamente os prémios – o custo do seguro. Com isso deprimem o mercado, coartam os investimentos que exijam segurança e perdem – com todos os outros agentes – dinheiro. Ou podem as seguradoras, para aumentar ou conservar quotas de mercado, baixar inconsideravelmente os mesmos prémios: perdem solidez, assumem riscos em excesso e podem fazer colapsar todo o sector e, depois, o sistema financeiro.

O problema resolveu-se, historicamente, com uma regulação adequada: um corpo de regras, permanentemente adaptáveis, sensíveis às consequências a que conduzam, que não prejudiquem a atividade mas que, no dia-a-dia, combatam os excessos e, sobretudo: deem confiança aos operadores. As regras assim surgidas são obra de especialistas: só estes sabem como "mexer" no sector, sem o afetar. Não valem as grandes opções políticas que animam os parlamentos (ou os governos ditatoriais): as escolhas são técnicas, guiadas pela experiência e pela teoria dos seguros. A regulação distingue-se, assim, da legiferação por ter um conteúdo e uma preocupação técnico-científicos, de acordo com o sector a que se dirija.

Entre nós – como nos outros países europeus – desde o início do século XX se vinha manifestando uma regulação financeira[538] – abrangendo a supervisão bancária e a dos seguros – autonomizada pela natureza

---

[537] Vide, como exemplos: Miguel Sousa Ferro, *Um regulador independente para a segurança radiológica e nuclear: uma obrigação e uma necessidade*, RDPR 2 (2009), 135-148 (143 ss.); Rodrigo Varela Martins, *Os poderes de regulação da ERSE*, RDPR 3 (2009), 81-99 (98 ss.); Marçal Justen Filho, *A regulação portuário no Direito brasileiro*, RDPR 4 (2009), 5-34.

[538] Ou anteriormente; vide José Nunes Pereira, *Regulação do mercado de capitais*, em *ERSE/A regulação em Portugal* (2000), 9-31 (13) e Abel Mateus, *Regulação da moeda e dos mercados financeiros*, idem, 109-125 (109 ss.), bem como a referência de José Simões Patrício, *Direito bancário privado* (2004), 41.

técnica das suas normas, igualmente aplicáveis, fosse qual fosse a natureza (pública ou privada!) da entidade "regulada".

95. O teor e as modalidades

I. Podemos considerar que, mercê da apontada evolução, surge, na regulação, uma confluência dos seguintes vetores[539]:

– estabelecimento de regras com objetivos económicos;
– aprontadas por entidades diferentes das que fazem as leis "normais";
– e com um teor técnico-científico que exige cuidados e preparações diferentes dos dos comuns legisladores.

Podemos, *grosso modo*, considerar que, sendo de origem estruturalmente económica, a regulação permitiu o desenvolvimento de técnicas de ordenação "branda", suscetíveis de utilização em áreas não-económicas ou, à partida, não diretamente económicas. Fala-se, assim, de uma "regulação social", para atuar em áreas como a da comunicação social[540].

II. O fenómeno da regulação é suscetível de diversas classificações e ordenações, em função de distintos critérios[541]. Num primeiro grupo, cumpre distinguir a origem, a autoria e o âmbito da regulação. Quanto à origem, ela pode ser:

– espontânea;
– corporativa;
– legal,

conforme seja adotada livremente pelos interessados (convenções coletivas de trabalho, entre sindicatos e associações de empregadores), seja imposta

---

[539] Luís Guilherme Catarino, *Regulação e supervisão dos mercados de instrumentos financeiros* cit., 287-288, dá uma noção que acentua a limitação da liberdade dos administradores.

[540] Vital Moreira, *Auto-regulação profissional* cit., 39 e Ana Roque, *Regulação do mercado/Novas tendências* (2004), 22 ss..

[541] *Vide* Eduardo Paz Ferreira, *Direito da economia* cit., 400 ss. e Vital Moreira, *Auto-regulação profissional* cit., 39 ss..

pelos interessados (ordens profissionais, antes de legalmente obrigatórias) ou seja produto de uma norma legal.

Quanto à autoria, temos regulações:

– estadual;
– administrativa independente;
– corporativa,

consoante a autoridade reguladora seja o próprio Estado (ou uma entidade dele dependente), uma entidade pública independente do Estado (hoje: o Instituto de Seguros de Portugal) ou uma entidade privada (hoje: o sindicato dos jornalistas).

Quanto ao âmbito, há várias classificações possíveis. Por atividades, temos a regulação:

– geral; e a
– sectorial,

segundo, respetivamente, atinja uma generalidade indistinta de sectores (assim: a concorrência) ou apenas um sector (o segurador). Esta classificação foi expressamente adotada pelo artigo 6.º/4 do Decreto-Lei n.º 10/2003, de 18 de janeiro, que cria a Autoridade da Concorrência e que enumera, nesse preceito, "entidades reguladoras sectoriais", entre as quais o Banco de Portugal, o Instituto de Seguros de Portugal e a Comissão do Mercado de Valores Mobiliários.

Pelo âmbito geográfico, teremos regulações:

– nacional;
– regional;
– europeia;
– internacional,

em obediência ao universo dos "regulados". A regulação exercida pelo Instituto de Seguros de Portugal é nacional, enquanto a que cabe ao Banco Central Europeu é ... europeia.

III. No tocante ao escopo da regulação, podemos distinguir três modalidades:

– para tutela da atividade;
– para tutela de terceiros;
– mista,

conforme ela vise a defesa do próprio sector regulado, de entidades terceiras (p. ex., consumidores) ou, como predomina hoje, ambas essas realidades.

IV. Temos, depois, o objeto de regulação e o modo por que ela seja prosseguida. Quanto ao objeto, a regulação pode ser:

– económica;
– social;
– deontológica,

em consequência com a dimensão da atividade que vise.

O modo por que seja levada a cabo permite várias distinções. Temos regulações:

– estadual;
– independente,

conforme se submeta, ou não, à superintendência do governo[542].
Noutro prisma, ela pode ser:

– rígida;
– informal,

consoante seja ou não publicitada, ou:

– concreta;
– flexível,

segundo dê lugar a determinações específicas ou admita composições.

V. Finalmente, de acordo com a natureza das regras, podemos distinguir:

– supervisão técnica: assegura-se das características de certos bens e serviços; p. ex., os requisitos dos caminhos de ferro ou dos navios;
– técnico-jurídica: prepara normas adaptadas ao sector, em obediência a regras físicas ou da natureza; p. ex., homologação de aeronaves;

---

[542] Cabe referir Carlos Blanco de Morais, *As autoridades administrativas independentes na ordem jurídica portuguesa*, ROA 2001, 101-154.

– prudencial: define bitolas de conduta cautelosa requeridas por ciências humanas especializadas; p. ex., a regulação prudencial dos seguros;
– deontológicas: assegura cânones de conduta profissional;
– legal: preocupa-se com regras gerais, abstratas e objetivas de atuação; p. ex., instrumentos de regulamentação laboral coletiva.

96. O conteúdo da regulação

I. À partida, a regulação consistiria apenas em dimanar certas regras, gerais e abstratas. Todavia, a evolução do fenómeno mostrou que, por razões de eficácia, devia haver outros poderes envolvidos. Assim, temos[543]:

– poderes de informação e de acompanhamento;
– poderes normativos;
– poderes de decisão concreta;
– poderes de fiscalização;
– poderes de sanção.

Os poderes de informação e de acompanhamento permitem à entidade reguladora inteirar-se das situações que caiam sob a sua alçada e acompanhar os desempenhos das entidades "reguladas". Os poderes normativos – o cerne da regulação – dão azo às regras gerais e abstratas preparadas para o sector. Os poderes de decisão concreta facultam autorizações, licenças, proibições, medidas de reestruturação, registos e outras. Os poderes de fiscalização visam apreender a observância do que tenha sido determinado. Finalmente: os poderes de sanção previnem e retribuem violações perpetradas.

II. Estamos no campo da autoridade e, por isso, do Direito público. Têm aplicação os princípios da igualdade, da proporcionalidade, da justiça, da imparcialidade e da boa-fé, prescritos no artigo 266.º/2 da Constituição e isso sem necessidade de reeditar a discussão de saber se se está, ainda, perante a Administração Pública: havendo poderes de autoridade, tanto basta para, materialmente, cairmos nessa norma.

---

[543] Alguns elementos em Vital Moreira/Fernanda Maçãs, *Autoridades reguladoras independentes* cit., 33 ss..

O conteúdo da regulação assume uma relação mútua com a disciplina própria da atividade regulada. E inversamente: esta acusa, no plano das suas soluções, o tipo de regulação que incida no sector. Como veremos, há múltiplas implicações entre o Direito institucional e o Direito material dos seguros; e inversamente.

97. Prós e contras

I. Pergunta-se, por fim, como apreciar o fenómeno da regulação. Em abstrato, pouco se pode avançar: a regulação será um bem ou um mal, conforme as coordenadas que a situem e consoante a forma por que seja exercida. De todo o modo, podemos apontar, como vantagens tendenciais:

– a independência relativamente ao Estado: quando estabelecida, ela põe a regulação ao abrigo da turbulência política e de pressões político-partidárias;
– a competência técnica: servida por especialistas e devidamente apoiada, a regulação pode agir em áreas delicadas para as quais o Estado ou a Administração comum não têm valências;
– a capacidade persuasiva: próxima dos destinatários e prestigiada, a regulação liberta-se da imagem negativa associada ao Estado;
– a flexibilidade: agindo dentro da lei mas aquém dela, a regulação pode preservar sem espartilhar.

II. No sector das desvantagens, temos:

– o despesismo: uma autoridade reguladora, devidamente assessorada, apoiada e instalada (ou não funciona bem) é cara; os seus titulares e demais técnicos devem ser dignamente pagos, como penhor de independência e de capacidade técnica; ora tudo isso acabará ou nos contribuintes ou nos "regulados";
– o corporativismo: escapando ao controlo do Estado, a autoridade reguladora pode cair nas mãos dos "regulados"; passará a defender os interesses da classe ou do sector, em detrimento do interesse geral;
– a burocracia e o imobilismo: temos, na supervisão, mais um elemento de controlo, com exigências formais e perdas de tempo; perante reformas, as entidades supervisoras instaladas – e, para mais, independentes – representam (ou podem fazê-lo) uma trin-

cheira de conservadorismo e de reação a novas ideias; a sua renovação é sempre problemática;
– o autoritarismo: dispondo, para mais, de conceitos abstratos (*maxime*: o interesse público), as supervisões podem descambar num exercício gratuito de demonstrações de poder, prejudicando o sector no seu todo.

III. Nalguns casos, a regulação é inevitável: o sector financeiro (banca e seguros). Noutros, poderemos discutir. A lista das entidades reguladoras, entre nós, todavia, é impressionante. Mobilizam recursos consideráveis e representam um custo elevado, que será suportado, em última instância, pelos agentes produtivos.

Devemos chamar a atenção para um perigo real: o de, no afã de tudo regular, se esquecerem algumas características específicas da nossa Terra e das nossas Gentes. Com frequência, o técnico razoável julga-se superciente, quando promovido a poderes de autoridade. O estudo dá Ciência: a autoridade não: ela só prejudica o estudo. Também com frequência, os dirigentes desenvolvem uma mentalidade policial: desconfiar, descobrir e denunciar. A dimensão do País não justifica certas pretensões: quantos operadores elétricos, ferroviários, de telecomunicações ou outros, de massa crítica viável, será possível pôr em concorrência, num retângulo de 10 milhões de almas? Particularmente pernicioso será o colocar as nossas empresas, por excesso de regulação, em situação de desvantagem perante a concorrência estrangeira.

Cabe ao legislador decidir com prudência, antes de montar (dispendiosos) mecanismos de regulação.

98. A Lei-Quadro dos Reguladores

I. A multiplicação, num pequeno País, de entidades de regulação, empregando milhares de pessoas e nos mais diversos sectores, suscitou a desconfiança dos credores internacionais. Essa desconfiança tomou corpo aquando da intervenção da denominada "Troika", subsequente ao *crash* da dívida pública de 2011.

Com esse pano de fundo, o *Memorando de Entendimento sobre as Condicionalidades de Política Económica* de 17 de maio de 2011, concluído entre o Governo Português de então (José Sócrates) e os representantes da Comissão Europeia, do Banco Central Europeu e do Fundo

Monetário Internacional, consignou, numa rubrica sobre *concorrência, contratos públicos e ambiente empresarial*, o ponto seguinte[544]:

7.21. Garantir que as Autoridades Reguladoras Nacionais (ARN) têm a independência e os recursos necessários para exercer as suas responsabilidades. [T1-2012]. Nesse sentido:

    i. Elaborar um relatório independente (por especialistas reconhecidos internacionalmente) sobre as responsabilidades, recursos e características que determinam o nível de independência das principais ARN. O relatório indicará as práticas de nomeação, as responsabilidades, a independência e os recursos de cada ARN em relação à melhor prática internacional. Abrangerá igualmente o âmbito da actividade dos reguladores sectoriais, os seus poderes de intervenção, bem como os mecanismos de coordenação com a Autoridade da Concorrência; [T4-2011]

    ii. Com base no relatório, apresentar uma proposta para implementar as melhores práticas internacionais identificadas, a fim de reforçar a independência dos reguladores onde necessário e em plena observância da legislação comunitária. [T4-2011]

II. O Governo mandou fazer o referido relatório independente: foi levado a cabo pela consultora de gestão ATKearney, ultrapassando-se o prazo fixado. Em dezembro de 2012, a 6.ª "atualização" do Memorando previu a elaboração de uma lei-quadro sobre reguladores. Esta foi preparada após consulta às diversas entidades de regulação existentes e na base do relatório referido. Surgiu, assim, uma proposta do Governo[545] a qual, após aprovação parlamentar, deu azo à Lei n.º 67/2013, de 28 de agosto: a *Lei-quadro das entidades administrativas independentes com função de regulação de atividade económica dos sectores privado, público e cooperativo*.

O artigo 3.º/3 dessa Lei aponta, como entidades reguladoras: (a) o (então) Instituto de Seguros de Portugal; (b) A CMVM; (c) a Autoridade da Concorrência; (d) a Entidade Reguladora dos Serviços Energéticos; (e) a (então) ICP/ANACOM; (f) o (então) Instituto Nacional de Aviação Civil, IP; (g) o (então) Instituto da Mobilidade e dos Transportes; (h) a Entidade

---

[544] *Memorando de Entendimento sobre as Condicionalidades de Política Económica*, trad. port. (2011), 35 pp., 34.

[545] *Proposta de Lei n.º 132/XII*, de 2013, confrontável no sítio da Assembleia da República.

Reguladora dos Serviços de Águas e Resíduos; (i) a Entidade Reguladora da Saúde.

Ficam fora do âmbito da Lei-Quadro o Banco de Portugal e a Entidade Reguladora para a Comunicação Social, dotados de legislação própria.

III. a Lei-Quadro das Entidades Reguladoras surge em anexo à Lei n.º 67/2013. Comporta 49 artigos, assim arrumados:

Título I – Objeto e âmbito de aplicação (1.º e 2.º);
Título II – Princípios e regras gerais (3.º a 14.º);
Título III – Organização, serviços e gestão (15.º a 49.º):
    Capítulo I – Organização (15.º a 30.º):
        Secção I – Órgãos (15.º);
        Secção II – Conselho de administração (16.º a 26.º);
        Secção III – Comissão de fiscalização e fiscal único (27.º a 30.º);
    Capítulo II – Serviços e trabalhadores (31.º e 32.º);
    Capítulo III – Gestão económico-financeira e patrimonial (33.º a 39.º);
    Capítulo IV – Poderes e procedimentos (40.º a 44.º);
    Capítulo V – Independência, responsabilidade, transparência e proteção do consumidor (45.º a 49.º).

IV. Alguns pontos do conteúdo da Lei-Quadro, em grande parte compilatória, devem ser salientados. Assim:

- as suas normas são imperativas, em princípio, para todos os reguladores (1.º/1), cedendo perante o Direito europeu (2.º/2) e não se aplicando ao Banco de Portugal e à Entidade Reguladora para a Comunicação Social (2.º/3);
- as entidades reguladoras são pessoas coletivas de Direito público, de natureza administrativa e independente (3.º/1), dispondo de autonomia administrativa, financeira e de gestão, de independência orgânica, funcional e técnica, de órgãos, serviços, pessoal e património próprio, detendo poderes de regulação, de regulamentação, de supervisão, de fiscalização e de sanção de infrações e garantindo a proteção dos direitos e interesses dos consumidores (3.º/2);
- a criação de entidades reguladoras é restringida (6.º), devendo ocorrer por lei (7.º/1), com os estatutos a aprovar por decreto-lei do Governo (7.º/3);
- obedecem a um princípio de especialidade (12.º);
- os titulares de órgãos e demais pessoal ficam sujeitos a deveres de diligência e de sigilo (14.º);

– são uniformizados os órgãos (15.º), fixando-se incompatibilidades e impedimentos (19.º), competências (21.º), regras sobre vencimentos (26.º) e fiscalização (27.º);
– prevê-se a atribuição de poderes de autoridade (40.º);
– asseguram-se a independência (45.º), a responsabilidade dos titulares (46.º), a proteção do consumidor (47.º), a transparência (48.º) e a prestação de informação (49.º).

V. A Lei-Quadro dos Reguladores surge como diploma claro e bem ordenado. Todavia, em conjunto com os múltiplos estatutos sectoriais, ela contribui para a cascata legislativa que torna o Direito português um dos mais ricos em fontes.

§ 24.° NECESSIDADE E EVOLUÇÃO

99. As insuficiências do mercado

I. A supervisão dos seguros, tal como sucede com qualquer outra manifestação de regulação, arranca da constatação da inviabilidade de deixar esse sector ao livre jogo do mercado[546].
O mercado é imediatista. Os agentes avaliam a qualidade dos produtos pelo que rendam, no curto prazo. Apenas um esforço de racionalidade, com custos no imediato, permite o funcionamento das seguradoras: grandes aspiradoras de capital, que mantêm adstrito às suas reservas e com margens apertadas de retorno.

II. O livre jogo do mercado daria, no imediato, vantagens às companhias que cobrassem, para o mesmo capital seguro, prémios baixos. O mercado seria incapaz de, no curto prazo, valorizar a solidez das companhias em presença. Cabe ao Estado intervir, através das técnicas próprias da regulação científica.

III. Cumpre ainda ter presente que as companhias de seguros funcionam como entidades financeiras. No seu núcleo essencial – como foi referido[547] – elas lidam com dinheiro: captam os prémios, constituem reservas, aplicam-nas e pagam o acordado, na hipótese de sinistros. O seu negócio é a gestão do risco, através do manuseio de dinheiro recebido dos seus clientes.
As companhias funcionam se houver confiança do público e na medida em que tal suceda. A confiança existe através da ideia de segurança transmitida pelo Direito e pelo Estado.

---

[546] Manfred Wandt, *Versicherungsrecht* cit., 5.ª ed., n.° 61 (22).
[547] *Supra*, 61 ss..

Mas tal confiança tem uma dimensão sistémica. Com efeito, o desabar de uma seguradora faz surgir uma desconfiança geral em relação às demais. Daí, fácil é passar à dúvida sobre o sistema financeiro no seu todo e sobre os valores mobiliários. Uma crise numa seguradora converte-se, por esse fenómeno de contágio sistémico, numa crise financeira, com repercussões imediatas na banca e na bolsa. Tudo isso se passa à margem de um mercado racional: as leis do mercado não conformam a mente humana.

Um sistema viável de seguros, também por esta via, exige uma intervenção regulativa do Estado.

100. O surgimento da supervisão dos seguros

I. Encontrámos, nas competentes rubricas históricas, diversas referências ao Direito institucional dos seguros e à sua montagem, nos vários países[548]. Mais rápida e eficaz na Alemanha, através da manutenção do controlo sobre a formação das sociedades anónimas do sector segurador[549], ela titubeou em França: um exemplo das oscilações registadas nos países do Sul.

> Efetivamente, o controlo do Estado sobre os seguros surgiu, em França, através de uma Lei de 15-fev.-1917: submeteu a autorização prévia as empresas estrangeiras que pretendessem operar no território francês. No fundamental, visava-se evitar, por essa via, qualquer tentativa de espionagem.
> Em 8-ago.-1935, foi estabelecido um controlo sobre as sociedades do sector dos seguros automóvel. Uma fiscalização geral sobre as seguradoras adveio do Decreto-Lei de 14-jan.-1938, da Frente Popular. Novas intervenções ocorreram, durante a Segunda Guerra Mundial.
> Hoje, a supervisão francesa advém da Lei de 8-ago.-1994, modificada pela Lei de 6-mai.-2010[550].

II. A História e o Direito comparado revelam diversas formas de concretizar e de conduzir a supervisão dos seguros. Recorrendo, de novo, à experiência francesa, cuja profiquidade também joga na área dos seguros,

---
[548] *Supra*, 165 ss..
[549] *Supra*, 130 ss..
[550] A evolução francesa neste domínio pode ser confrontada em Bernard Beignier, *Droit des assurances* cit., 53-54.

verifica-se que, historicamente, a primeira entidade incumbida da vigilância dos seguros foi o ministro do trabalho, em 1938. Nesse sentido, jogou o papel dos seguros na área social. Após 1946, essa competência passou para o ministro da economia, que tinha sob a sua alçada a direção dos seguros. Em 1989, foi instituída uma Comissão de Controlo dos Seguros, independente. Sucedeu-lhe, em 2005, a Autoridade de Controlo dos Seguros e das Mútuas (ACAM).

Finalmente, a Lei da Modernização Financeira, de 4-ago.-2008, veio prever a fusão da ACAM com a comissão bancária, instituindo uma Autoridade de Controlo Prudencial.

III. Na experiência alemã, houve uma evolução mais simples, mas com algum paralelismo.

A supervisão dos seguros foi confiada, depois da Segunda Guerra Mundial, ao Departamento Federal de Supervisão dos Seguros ou BAV[551]. Após 1-mai.-2002, o BAV foi fundido com o Departamento da Supervisão Bancária ou BAK[552] e com o Departamento da Supervisão Mobiliária ou BAW[553], dando origem ao BaFin ou *Bundesanstalt für Finanzdienstleistungsaufsicht*.

Hoje, a supervisão da banca, dos seguros e dos valores mobiliários está unificada na Alemanha, à semelhança do que sucede noutros países, como o Japão, a Grã-Bretanha, a Áustria e a Suíça[554].

101. Níveis europeus

I. O Direito europeu dos seguros tem, como foi referido, uma dimensão fundamentalmente institucional. Os seus instrumentos, mormente a nóvel Solvência II ou Diretriz 2009/138, de 25 de novembro, relativa ao acesso à atividade de seguros e resseguros e ao seu exercício, remetem continuamente para a supervisão, definindo-lhe os perfis[555].

---

[551] De *Bundesaufsichtsamt für das Versicherungswesen*.
[552] De *Bundesaufsichtsamt für das Kreditwesen*.
[553] De *Bundesaufsichtsamt für den Wertpapierhandel*.
[554] Jens-Hinrich Binder, *Die geplante deutsche Allfinanzaufsicht und der britisch Prototyp/ein vergleichender Blick auf den deutschen Referentenentwurf*, WM 2001, 2230--2238 (2237-2238, o resumo e o balanço), com múltiplas indicações.
[555] Recordemos Meinrad Dreher, *Die Vollharmonisierung der Versicherungsaufsicht durch Solvency II*, VersR 2011, 825-834. Outras indicações, *supra*, 143 ss..

É justamente nesse ponto que se torna possível proceder a uma certa aproximação entre as diversas empresas de seguros da Europa.

II. Em compensação, a Solvência II como as suas antecessoras, não cura de definir nenhum perfil orgânico para a supervisão.
Nas definições contidas no seu artigo 13.º, limita-se a exarar:

10. Autoridades de supervisão, a autoridade ou autoridades nacionais que exercem, por força de lei ou de regulamentação, a supervisão das empresas de seguros ou de resseguros;

Cabe, pois, ao Direito interno de cada Estado, em consonância com as tradições nacionais respetivas, definir o perfil das suas autoridades de supervisão.

III. Isto dito, parece clara a tendência para uma supervisão integrada. Em Portugal, as particularidades existentes e o espírito particularista das nossas instituições têm dificultado o caminho da unificação. Esta é, todavia, requerida pelas estreitas conexões existentes entre a banca, os seguros e os valores mobiliários. Adiante veremos os (escassos) passos dados.

§ 25.º A EVOLUÇÃO EM PORTUGAL

102. A supervisão dos seguros até 1982

I. Como referido, a própria natureza da indústria seguradora, assente nos grandes números, na confiança no cumprimento futuro das obrigações e na estabilidade dos operadores, obriga a uma supervisão estadual.

Entre nós e com alguns antecedentes, o primeiro regime completo do que hoje se diz supervisão foi estabelecido pelo Decreto de 21 de outubro de 1907. Lapidarmente, dispunha o seu artigo 1.º:

> A indústria dos seguros só poderá ser exercida por sociedades anónimas de responsabilidade limitada ou por sociedades mútuas, que para isso legalmente se constituam e sejam autorizadas nos termos do presente decreto.
> (...)

A autorização requerida deveria ser concedida pelo então Ministro da Fazenda, desde que se verificassem certos requisitos – artigo 5.º. As sociedades de seguros ficavam obrigadas a determinadas reservas matemáticas que permitissem assegurar os seus deveres. Os competentes elementos deviam ser periodicamente remetidos ao Conselho dos Seguros – artigo 35.º. Inobservâncias graves conduziam à revogação da autorização – artigo 41.º.

A supervisão por parte do Estado foi depois confiada à Inspeção de Seguros. Esta recebeu poderes alargados de fiscalização, através do Decreto n.º 17:555, de 5 de novembro de 1929.

Entretanto, ficou claro que a superintendência das seguradoras abrangia dois planos: uma fiscalização estrita, a levar a cabo pelo Estado, através da Inspeção de Seguros, e uma supervisão mais técnica e elevada, conveniente para a harmonia do sector. Esta foi entregue, de acordo com a filosofia do Estado Novo, ao Grémio dos Seguradores, criado pelo Decreto-Lei n.º 24:041, de 20 de junho de 1934.

As atribuições do Grémio dos Seguradores foram alargadas pelo Decreto-Lei n.º 26:484, de 31 de março de 1936. Registamos o artigo 4.º, *a)*, desse diploma, segundo o qual compete ao Grémio dos Seguradores:

> Orientar e fiscalizar a indústria de seguros, zelando o seu prestígio, assegurando a moralidade e a lealdade da concorrência entre as empresas e defendendo o respeito pelos interesses e pelos direitos dos segurados.

Mais tarde, e em paralelo, a Inspeção de Seguros foi integrada na Inspeção-Geral de Crédito e Seguros, criada pelo Decreto-Lei n.º 37.470, de 6 de julho de 1949 e reformulada pelo Decreto-Lei n.º 46 493, de 18 de agosto de 1965[556].

O Decreto-Lei n.º 36:542, de 15 de outubro de 1947, aprovou o quadro da Inspeção do Comércio Bancário. No seu preâmbulo, previa que nela viessem a ser oportunamente integrados os serviços da Inspeção dos Seguros. Entendera-se que seria necessário que aqueles dois serviços formassem uma única organização, com a categoria de Inspeção-Geral, dada a sua importância e dada a "conexão das funções que exercem e dos interesses que fiscalizam"[557]. Volvidas seis décadas, essa foi a via considerada preferível...

Passados dois anos, o Decreto-Lei n.º 37:470, de 6 de julho de 1949, criou a Inspeção-Geral de Crédito e Seguros, onde integrou os serviços da Inspeção de Seguros.

Essa Inspeção-Geral surge reformulada pelo Decreto-Lei n.º 46 493, de 18 de agosto de 1965, cujo preâmbulo sublinha: (1) a acentuada expansão de atividade nos mercados monetário, financeiro e segurador; (2) os meios da Inspeção-Geral tornaram-se não apenas insuficientes como também inadequados para responder às necessidades suscitadas pelo novo condicionalismo económico e financeiro; (3) o comportamento dos mercados monetário e financeiro e a necessidade de tomar medidas urgentes[558]. A Inspeção-Geral de Crédito e Seguros recebeu mais e mais reforçados poderes.

A reforma introduzida pelo Decreto-Lei n.º 47 413, de 23 de dezembro de 1966, levou à atribuição, à Inspeção-Geral, de poderes de tipo policial, na fronteira do jurisdicional.

---

[556] E cujos poderes foram reforçados pelo Decreto-Lei n.º 47.413, de 23 de dezembro de 1966.

[557] Preâmbulo do Decreto-Lei n.º 37:470, de 6 de julho de 1949, DR I Série, n.º 146, de 6 de julho de 1949, 485/II.

[558] Preâmbulo do Decreto-Lei n.º 46 493, de 18 de agosto de 1965, DR I Série, n.º 185, de 18-ago.-1965, 1125/I.

II. O Decreto-Lei n.º 301/75, de 20 de junho, assentando na nacionalização do Banco de Portugal[559] e na da banca comercial, veio extinguir a Inspeção-Geral de Crédito e Seguros. A Inspeção de Crédito transitou para o Banco de Portugal[560], mantendo-se a Inspeção de Seguros no Ministério das Finanças – artigo 1.º/3.

As funções prudenciais do antigo Grémio dos Seguradores foram[561] transferidas para uma nova entidade: o Instituto Nacional de Seguros, criado pelo Decreto-Lei n.º 11-B/76, de 13 de janeiro. As funções do INS, qualificado – artigo 1.º – como "... organismo dotado de personalidade jurídica e autonomia administrativa e financeira", vinham enumeradas no seu artigo 9.º:

a) Adequação da atividade seguradora ao plano económico nacional;
b) Planeamento geral da atividade seguradora e adequação das relações comerciais às exigências nacionais;
c) Estudo da viabilidade técnica para dinamização dos diferentes sectores de seguros;
d) *Contrôle* da gestão financeira global de acordo com o plano económico nacional;
e) Ligação da atividade seguradora com todos os ramos da atividade económica;
f) Coordenação da atividade de todos os ramos de seguros;
g) Coordenação temporária do resseguro;
h) Integração da atividade resseguradora;
i) Integração das estruturas de prevenção;
j) Coordenação temporária do actual Centro de Prevenção e Segurança;
l) Definição de directrizes globais sobre os recursos humanos para otimização da segurança de emprego, formação profissional e criação de novos postos de trabalho;
m) Normalização técnica e administrativa da atividade seguradora.

III. Quanto à fiscalização propriamente dita: o artigo 5.º do Decreto-Lei n.º 11-B/76 previa a possibilidade da sua futura integração no INS.

O "Estatuto" do INS foi aprovado pelo Decreto-Lei n.º 400/76, de 26 de maio. Como se explica no seu preâmbulo, não se optou por uma *holding* das companhias nacionalizadas, por se entender preferível uma

---

[559] Levada a cabo pelo Decreto-Lei n.º 452/74, de 13 de setembro.
[560] Menezes Cordeiro, *Manual de Direito bancário*, 1.ª ed. (1998), 107.
[561] Já depois de expirado o prazo do Decreto-Lei n.º 306/75, de 21 de junho.

estrutura que coordenasse os quatro sectores seguradores existentes: nacionalizado, misto, estrangeiro e mutualista. O INS foi agora definido como pessoa coletiva de direito público, dotada de autonomia administrativa e financeira – artigo 1.º – sendo-lhe cometidas as seguintes atribuições – artigo 6.º:

a) Planear a atividade seguradora e resseguradora, estabelecendo a ligação entre esta atividade e as directivas da política nacional de seguros;
b) Propor planos de reestruturação da atividade seguradora ao Ministro das Finanças;
c) Regular o funcionamento do mercado segurador, para sua adequação aos objetivos da política económica nacional;
d) Promover a normalização técnica e administrativa da atividade seguradora e resseguradora;
e) Definir e fazer executar planos de prevenção e segurança no âmbito do sector de seguros;
f) Definir os princípios para a eventual constituição e funcionamento de empresas que tenham por objeto principal qualquer forma de apoio à atividade seguradora;
g) Elaborar estudos para formação, aproveitamento e desenvolvimento dos recursos humanos do sector de seguros;
h) Emitir, por delegação do Ministro das Finanças, e para realização das atribuições definidas nas alínea c), d), e), f) e g), normas regulamentares que obriguem as empresas do sector;
i) Representar as companhias de seguros e resseguros nacionalizadas na celebração de contratos colectivos de trabalho, em ligação com os representantes das empresas do sector não nacionalizado;
j) Apoiar tecnicamente cada uma das empresas de seguros e resseguros;
k) Arbitrar conflitos entre as diversas empresas sobre as quais o INS exerce coordenação.

Significativamente, dispunha o artigo 29.º do "Estatuto" do INS:

O INS deverá assegurar, provisoriamente, os serviços prestados pelo ex-Grémio, nomeadamente os do Centro de Prevenção e Segurança, Acordo Agrícola, Gabinete Português do Certificado Internacional do Seguro Automóvel, Câmara de Arbitragem do Seguro Automóvel, Pool Atómico e Centro de Documentação da Indústria de Seguros, enquanto não forem criadas estruturas adequadas e, eventualmente, autónomas, de acordo com as disposições do presente decreto-lei.

IV. A hipótese de inserir a Inspeção de Seguros no INS não chegou a concretizar-se. O Decreto-Lei n.º 513-B1/79, de 27 de dezembro, veio criar, no Ministério das Finanças, a Inspeção-Geral de Seguros (IGS), "... sem prejuízo das atribuições do Instituto Nacional de Seguros". Segundo o artigo 2.º do referido diploma, eram atribuições da Inspeção-Geral de Seguros:

a) O estudo e a realização dos atos e serviços necessários, a nível estatal, no sector de seguros e resseguros, compreendendo a auditoria contabilística das empresas de seguros e resseguros, e ainda a fiscalização das atividades do mencionado sector, da mediação respetiva e das atividades relacionadas com aquelas, na parte que às mesmas disser respeito;
b) A iniciativa e a prática dos atos oficiais necessários à regularização das anomalias encontradas, designadamente através ou fazendo-se representar em comissões administrativas das empresas de seguros ou resseguros de que se tratar, nos casos previstos na lei;
c) Os atos que, por delegação, o Ministro das Finanças entenda dever conferir-lhe.

A Inspeção de Seguros era extinta, sucedendo-lhe a nova Inspeção--Geral – artigo 28.º.

A dualidade INS/IGS foi reforçada por diplomas subsequentes: o Decreto-Lei n.º 91/82, de 22 de março, veio aprovar as sanções a aplicar pela IGS, enquanto o Decreto-Lei n.º 98/82, de 7 de abril, veio ocupar-se das provisões técnicas, da margem de solvência e do fundo de garantia, em termos a complementar pelo Instituto Nacional de Seguros.

103. O Instituto de Seguros de Portugal

I. O Decreto-Lei n.º 302/82, de 30 de julho, marcou uma nova orientação. Este diploma extinguiu o Instituto Nacional de Seguros, regulado pelo Decreto-Lei n.º 11-B/76, de 13 de janeiro e a Inspeção-Geral de Seguros, instituída pelo Decreto-Lei n.º 513-B1/79, de 27 de dezembro, criando, em substituição de ambos, o Instituto de Seguros de Portugal. Este é definido como "... instituto público, dotado de personalidade jurídica, com autonomia administrativa e financeira e património próprio".

II. O ISP recebeu largas atribuições e competência, provindas dos seus antecessores. Assim:

Artigo 4.º

Constituem atribuições do ISP:

a) Coordenar e regular, de acordo com as políticas nacionais em matéria económica e financeira, o funcionamento do sector de seguros e resseguros e da respetiva mediação, bem como de atividades complementares daquele sector e que com ele se relacionem;
b) Fiscalizar o sector e atividades referidos na alínea anterior.

Artigo 5.º

1. Cabe ao ISP, no exercício das suas atribuições, praticar todos os atos necessários para o conveniente funcionamento e fiscalização do sector e atividades referidos no artigo anterior.

2. Nos termos do número anterior, compete, nomeadamente, ao ISP:

a) Autorizar a exploração de novos ramos ou modalidades de seguro;
b) Aprovar as bases técnicas, tarifas e condições gerais e especiais dos diversos ramos e modalidades de seguro;
c) Estabelecer apólices uniformes e tarifas obrigatórias para determinados ramos ou modalidades de seguro;
d) Cancelar, a pedido da seguradora, a autorização para a exploração de um ramo ou modalidade de seguro;
e) Emitir pareceres sobre pedidos de transferência de carteiras, alterações de estatutos ou de capital e condições de encerramento das seguradoras e resseguradoras;
f) Desencadear ações de apoio à atividade do sector, designadamente de investigação, e estudos sobre matéria de seguros;
g) Apreciar e emitir parecer acerca das contas de exercício das empresas de seguros e resseguros;
h) Efetuar inspeções ordinárias destinadas a verificar a regularidade técnica, financeira, fiscal e jurídica da atividade das empresas que operam no sector e nas atividades dele complementares, bem como inspeções extraordinárias, quando for caso disso;
i) Praticar os atos oficiais necessários à regularização de anomalias encontradas nas inspeções efetuadas, nomeadamente através de, ou fazendo-se representar, em comissões administrativas, nos casos previstos na lei;
j) Instaurar e instruir processos de transgressão, propondo ao ministro da tutela a aplicação da respetiva sanção, bem como proceder, nos termos legais em vigor, à liquidação das multas aplicadas;
l) Atender, analisar e dar parecer sobre reclamações recebidas por presumível violação das normas reguladoras do sector;

m) Apresentar ao ministro da tutela um relatório anual acerca da atividade desenvolvida pelas seguradoras e resseguradoras no exercício anterior;

n) Apresentar ao ministro da tutela propostas de diplomas legislativos sobre matérias que se prendam com as suas atribuições;

o) Editar uma publicação sobre o sector, da qual constem, obrigatoriamente, os relatórios e contas das empresas de seguros e resseguros, com a consequente dispensa da publicação destes no *Diário da República*;

p) Praticar quaisquer outros atos que lhe sejam cometidos por legislação especial ou que o ministro da tutela entenda nele delegar;

q) Praticar quaisquer outros atos que eram da competência dos extintos Instituto Nacional de Seguros e Inspeção-Geral de Seguros e que sejam, nos termos do artigo 4.º, compatíveis com as suas atribuições;

r) Fazer-se representar em organismos internacionais em que tenham assento os órgãos nacionais de coordenação e fiscalização da atividade seguradora.

3. Encontra-se vedado ao ISP, por força do artigo 4.º, praticar atos cuja competência pertencia ao extinto Instituto Nacional de Seguros e que se prendam, nomeadamente, com os seguintes domínios:

a) Funcionamento do *pool* do seguro de colheitas;

b) Representação das companhias de seguros e resseguros nacionalizadas na celebração de contratos coletivos de trabalho;

c) Gabinete Português do Certificado Internacional do Seguro Automóvel;

d) Prevenção e segurança;

e) Ações de formação, aproveitamento e desenvolvimento dos recursos humanos do sector, desde que se revistam de carácter sistemático.

III. Em 1983 – Decreto-Lei n.º 406/83, de 19 de novembro – o sector privado foi aberto à atividade seguradora. Nessa sequência, foi aprovado o Decreto-Lei n.º 188/84, de 5 de junho, que veio regular o acesso a essa mesma atividade[562].

Posto isso, deu-se uma evolução marcada no Direito institucional dos seguros, mercê da receção dos diversos instrumentos comunitários. Assim:

---

[562] Este diploma foi complementado pelo Decreto-Lei n.º 107/88, de 31 de março, que estabeleceu determinadas sanções.

– Decreto-Lei n.º 85/86, de 7 de maio, que veio harmonizar as classificações dos ramos de seguros, em função das Diretrizes n.ºs 73/239/CEE e 79/267/CEE;
– Decreto-Lei n.º 133/86, de 12 de junho, que veio alterar o Decreto-Lei n.º 91/82, de 22 de março, em função daquelas mesmas Diretrizes;
– Decreto-Lei n.º 352/91, de 20 de setembro, relativo ao livre acesso ao sector dos seguros, em transposição da Diretriz n.º 88/357/CEE.

De notar, ainda, o Decreto-Lei n.º 375/91, de 9 de outubro, que sujeitou à aprovação do ISP certas cláusulas contratuais gerais[563] e o Decreto-Lei n.º 93/92, de 23 de maio, que autorizou as seguradoras, estabelecidas em Portugal, a realizar contratos de seguro e operações em moeda estrangeira[564].

IV. Uma codificação das leis institucionais dos seguros foi levada a cabo pelo Decreto-Lei n.º 102/94, de 20 de abril. Trata-se de um diploma de fôlego – 205 artigos – que revogou numerosa legislação anterior[565] e a que podemos chamar o Regime Geral da Atividade Seguradora de 1994 ou RGAS de 94[566]. O RGAS de 94 repartia-se por cinco títulos:

Título I – Disposições gerais – 1.º a 6.º;
Título II – Condições de acesso à atividade seguradora – 7.º a 60.º;
Título III – Condições de exercício da atividade seguradora – 61.º a 167.º;
Título IV – Disposições aplicáveis ao contrato de seguro – 168.º a 185.º;
Título V – Disposições finais e transitórias – 186.º a 205.º.

O RGAS de 94 veio transpor as Diretrizes da terceira série[567]: as Diretrizes n.º 94/49/CEE, de 18 de junho, n.º 92/96/CEE, de 10 de novembro e n.º 91/674/CEE, de 19 de dezembro. Visou-se a "autorização única" e o aperfeiçoamento da supervisão do Estado.

---

[563] A somar às já previstas no Decreto-Lei n.º 302/82, de 30 de julho, artigo 5.º/2, *b*).
[564] Trata-se de uma medida a inserir no movimento geral da liberdade de câmbios e de operações em moeda estrangeira; *vide* o *Direito bancário*, 5.ª ed., 641 ss..
[565] O elenco dos diplomas revogados consta do seu artigo 204.º, atingindo a generalidade das fontes acima referenciadas.
[566] O próprio legislador apenas intitula o diploma como o que "estabelece o regime de acesso e exercício da atividade seguradora".
[567] A que o próprio preâmbulo chama "da terceira geração".

V. O ISP recebeu, entretanto, um novo "Estatuto", aprovado pelo Decreto-Lei n.º 251/97, de 26 de setembro. Vamos recordar o essencial das suas atribuições e competência, tal como resultam desse diploma, hoje em vigor:

Artigo 4.º
Atribuições

1. São atribuições do ISP:

   a) Assistir o Governo na definição da política para o sector segurador, nele se incluindo as atividades conexas ou complementares da atividade seguradora e resseguradora, os fundos de pensões e a atividade de mediação de seguros;
   b) Implementar e exercer o controlo de execução dessa política;
   c) Regulamentar, fiscalizar e supervisionar a atividade seguradora e resseguradora, as atividades conexas ou complementares da atividade seguradora e resseguradora, os fundos de pensões e a atividade de mediação de seguros;
   d) Colaborar com as autoridades congéneres dos Estados membros da União Europeia, nos termos da legislação comunitária, ou de outros Estados, nos termos de protocolos subscritos pelo ISP;
   e) Colaborar com as demais autoridades nacionais nos domínios da sua competência, nos termos de protocolos subscritos pelo ISP.

2. A supervisão do ISP abrange toda a atividade das empresas a ela sujeitas, incluindo as atividades conexas ou complementares da atividade principal, e é exercida de harmonia com a legislação nacional e comunitária em vigor.

Artigo 5.º
Competência

1. Cabe ao ISP, no exercício das suas atribuições, praticar todos os atos necessários à conveniente regulamentação e fiscalização das atividades e empresas referidas no artigo anterior.

2. Compete ao ISP:

   a) Apresentar ao Governo propostas legislativas sobre matérias das suas atribuições;
   b) Dar parecer ao Ministro das Finanças sobre matérias concernentes às atividades e empresas sujeitas à sua supervisão, e designadamente sobre a constituição, cisão e fusão de empresas de seguro direto e de resseguro e de sociedades gestoras de fundos de pensões, bem como sobre o seu encerramento e liquidação;

c) Pronunciar-se sobre o exercício, por empresas sediadas em Portugal, da atividade seguradora ou resseguradora em outros países;
d) Autorizar a exploração de ramos ou modalidades de seguros e definir apólices uniformes para determinados contratos de seguros;
e) Apreciar e aceitar o depósito de bases técnicas, condições gerais e especiais e condições tarifárias de contratos;
f) Apreciar as contas de exercício das empresas sujeitas à sua supervisão, podendo, por decisão fundamentada, impor retificações;
g) Certificar as empresas sujeitas à sua supervisão;
h) Acompanhar a atividade das empresas sujeitas à sua supervisão e vigiar o cumprimento das normas aplicáveis e a observância das regras de controlo prudencial;
i) Inspecionar, sempre que o entenda conveniente, as empresas sujeitas à sua supervisão, requisitar delas informações e documentos e proceder a averiguações e exames em qualquer entidade ou local, no quadro do desempenho destas funções;
j) Instaurar e instruir processos de transgressão e fixar o montante da respetiva multa;
l) Instaurar e instruir processos de contraordenação e aplicar ou propor as respetivas coimas e sanções acessórias;
m) Suspender as autorizações concedidas e determinar a suspensão temporária ou retirada definitiva de clausulados e condições tarifárias e a comercialização de produtos, quando ocorra violação da lei ou haja risco ilegítimo para os interessados ou para o equilíbrio da exploração da empresa ou do sector;
n) Certificar os agentes de mediação de seguros ou de resseguros e exercer a respetiva supervisão;
o) Atender, analisar e dar parecer sobre pedidos de informação e reclamações que lhe sejam apresentados por particulares ou por organismos oficiais, não resolvidos noutras instâncias, relativamente ao exercício da atividade seguradora, incluindo-se nesta a atividade de mediação e de fundos de pensões;
p) Colaborar com todas as autoridades nacionais e comunitárias nas matérias da sua competência e, em especial, colaborar com o Banco de Portugal e com a Comissão do Mercado de Valores Mobiliários, com vista a assegurar a eficácia e a coerência global da supervisão do sistema financeiro, bem como o Instituto do Consumidor, para assegurar a proteção dos direitos e interesses dos consumidores;
q) Fazer-se representar em organismos internacionais que se ocupem de matérias relacionadas com a supervisão das atividades e empresas referidas no artigo anterior;

r) Assegurar a recolha, tratamento e publicação de dados estatísticos sobre o sector segurador, bem como de outros elementos informativos necessários para fins estatísticos;

s) Gerir o Fundo de Garantia Automóvel (FGA), o Fundo de Atualização de Pensões (FUNDAP) e outros que lhe sejam confiados por lei;

t) Publicar um relatório anual sobre o sector segurador, sua situação económica, financeira e patrimonial e seu enquadramento na situação económica global do País;

u) Elaborar ou patrocinar estudos técnicos relevantes para o desempenho das suas funções;

v) Gerir o sistema de informação de matrículas de automóveis a que se refere o n.º 3 do artigo 39.º do Decreto-Lei n.º 522/85, de 31 de dezembro;

x) Praticar quaisquer outros atos da competência dos ex-Instituto Nacional de Seguros e ex-Inspeção-Geral de Seguros e que sejam, nos termos do artigo 4.º, compatíveis com as suas atribuições;

z) Praticar quaisquer outros atos que lhe sejam cometidos por legislação especial ou que o Ministro das Finanças entenda confiar-lhe por delegação.

3. No âmbito das suas atribuições, o ISP emitirá normas regulamentares, de cumprimento obrigatório pelas entidades sujeitas à sua supervisão, as quais serão publicadas na 2.ª série do *Diário da República*.

VI. O RGAS não chegou a completar quatro anos de vida. Foi substituído pelo Decreto-Lei n.º 94-B/98, de 17 de abril: novo diploma de fôlego, de 247 artigos, a que poderemos chamar o Regime Geral da Atividade Seguradora de 1998 ou RGAS de 98. O preâmbulo deste diploma apontou três razões justificativas para a algo inesperada reforma:

– o facto de o RGAS de 94 não ter abrangido o regime sancionatório da atividade seguradora;
– o facto de ele não ter abarcado a "matéria sensível" do endividamento das empresas de seguro e de resseguro;
– as exigências comunitárias de liberalização e a necessidade de transpor a Diretriz n.º 95/26/CE, de 29 de junho, referente à supervisão.

O RGAS de 98 tem o seguinte conteúdo geral, repartido por sete títulos:

Título I – Disposições gerais – 1.º a 6.º;
Título II – Condições de acesso à atividade seguradora – 7.º a 67.º;
Título III – Condições de exercício da atividade seguradora – 68.º a 175.º;
Título IV – Disposições aplicáveis ao contrato de seguro – 176.º a 193.º;
Título V – Endividamento – 194.º a 201.º;
Título VI – Sanções – 202.º a 235.º;
Título VII – Disposições finais e transitórias – 236.º a 247.º.

Em termos institucionais, têm um relevo especial os artigos 156.º e seguintes, relativos aos poderes de supervisão do Instituto de Seguros de Portugal.

VII. O ISP recebeu novos estatutos, aprovados pelo Decreto-Lei n.º 289/2001, de 13 de novembro. Este diploma veio acolher linhas regulativas europeias, tendo sido alterado pelo Decreto-Lei n.º 195/2002, de 25 de setembro. O ISP foi substituído pela ASF, através do Decreto-Lei n.º 1/2015, de 6 de janeiro, abaixo analisado.

104. As supervisões integrada e complementar e a evolução do RGAS

I. A evolução recente do Direito institucional dos seguros continuou a pautar-se pelas iniciativas europeias. Particularmente candente era a necessidade de assegurar a transposição das já referidas Diretrizes n.º 2002/12, 2002/13 e 2002/83: esta última dando um bom exemplo de consolidação das leis do sector.
O legislador nacional desempenhou-se, através do Decreto-Lei n.º 251/2003, de 14 de outubro. Esse diploma alterou em conformidade o RGAS, adotado pelo Decreto-Lei n.º 94-B/98, de 17 de abril, e aproveitou ainda para modificar outras áreas. O Decreto-Lei n.º 94-B/98 foi republicado em anexo, na sua versão consolidada[568]: uma grande facilidade de consulta.
Da nova versão resulta uma melhor integração internacional das supervisões dos seguros.

II. O RGAS, após a republicação de 2003, foi alterado pelo Decreto--Lei n.º 76-A/2006, de 29 de março: o diploma que procedeu à grande

---

[568] DR I Série-A, n.º 238, de 14-out.-2003, 6781-6834.

reforma do Código das Sociedades Comerciais. Mais concretamente: modificou o seu artigo 22.º/1, de modo a permitir que as mútuas de seguros se possam (tal como as sociedades) constituir por (mero) documento particular.

III. Temos, depois, a Diretriz n.º 2002/87, de 16 de dezembro, relativa à supervisão complementar de instituições de crédito, empresas de seguros e empresas de investimento de um conglomerado financeiro. Desta feita, está em causa uma integração horizontal interna.

O legislador nacional, em sua transposição, adotou o Decreto-Lei n.º 145/2006, de 31 de julho. Em síntese, esse diploma:

– identifica um "conglomerado financeiro" (3.º);
– fixa domínios de supervisão complementar (10.º), depois regulados; são eles:
  – a adequação de fundos próprios;
  – a concentração de riscos;
  – as operações intragrupo;
  – os processos de gestão de riscos;
  – os mecanismos de controlo interno.

Prevê-se uma especial cooperação entre as diversas autoridades de supervisão (19.º). São visados o Banco de Portugal e o Instituto de Seguros de Portugal.

Finalmente, são alterados os artigos 15.º, 44.º, 51.º, 96.º, 98.º, 135.º, 157.º-B a 157.º-D, 172.º-A, 172.º-E e 236.º do Decreto-Lei n.º 94-B/98, de 17 de abril e aditados, ao mesmo diploma, os artigos 172.º-H e 172.º-I.

No nosso País, tal como nos restantes, toda esta matéria vai exigindo, para ser dominada, uma especialização, por parte dos seus cultores.

IV. O Decreto-Lei n.º 291/2007, de 21 de agosto, veio aprovar um novo regime do seguro obrigatório de responsabilidade civil automóvel. Revogou vários diplomas e, ainda, o artigo 66.º/3 do RGAS.

V. Seguiram-se alterações introduzidas pelo Decreto-Lei n.º 357--A/2007, de 31 de outubro. Este diploma, que procedeu a alargada reforma do CVM, alterou os artigos 6.º, 20.º, 131.º-A, 131.º-B, 156.º e 243.º do RGAS, de modo a introduzir referências mais alargadas à CMVM, cujas atribuições se pretendeu ressalvar.

VI. O Decreto-Lei n.º 72/2008, de 16 de abril, aprovou a Lei do Contrato de Seguro. O artigo 6.º, compreende uma norma revogatória que, entre outros pontos, derrogou os artigos 132.º a 142.º e 176.º a 193.º do RGAS. Tratava-se de preceitos dirigidos ao contrato de seguro que, logicamente, passaram para a nova LCS.

VII. O Decreto-Lei n.º 211-A/2008, de 3 de novembro, visou responder à crise de 2007-2015 que, então, grassava, na Europa. Segundo anunciou, ele veio proceder ao reforço dos deveres de informação e de transparência do sector financeiro. Alterou oito diplomas do sector, entre os quais o RGIC, o CVM e o RGAS. No tocante a este último, o referido Decreto-Lei n.º 211-A/2008 modificou os seus artigos 157.º/2 e 3, com renumeração dos números subsequentes e o 206.º/2: no sentido de ampliar as informações a prestar ao ISP e a responsabilizar as pessoas coletivas e as associações não personalizadas por factos dos seus mandatários, representantes e trabalhadores.

VIII. O Decreto-Lei n.º 2/2009, de 5 de janeiro, introduziu uma reforma alargada ao RGAS de 1998, republicando-o, pela segunda vez, em anexo.

Visto tratar-se da versão em vigor até 31 de dezembro de 2015, vamos consagrar-lhe, bem como às alterações posteriores, a rubrica subsequente.

105. As reformas de 2009, 2010 e 2011; balanço

I. O Decreto-Lei n.º 2/2009, de 5 de janeiro, propôs-se transpor a Diretriz 2005/68, de 16 de novembro, relativa ao resseguro. Segundo explica no seu preâmbulo, o resseguro, ao contrário do que já sucedia com o seguro direto, não dispunha de um regime uniformizado que possibilitasse o reconhecimento mútuo e o funcionamento do "passaporte comunitário". Tratava-se, pois, de harmonizar as regras de acesso e de exercício da atividade de resseguro.

O próprio preâmbulo do diploma esclarece que a transposição da Diretriz 2005/68 não representava uma modificação substancial da ordem interna, uma vez que o cerne do novo regime já resultava das leis existentes. Mas não deixou de proceder aos competentes ajustes.

II. Além do resseguro, o Decreto-Lei n.º 2/2009 veio ocupar-se de mais quatro pontos:

– estendeu às empresas de seguros do ramo "vida" o regime de determinação da margem de solvência previsto para as empresas de resseguros e, às do ramo não-vida, o limite mínimo do fundo de garantia das empresas de resseguros, quando estes representem uma parcela significativa no conjunto das suas atividades;
– antecipou a Solvência II, introduzindo alguns princípios em matéria de conduta do mercado e determinados ajustamentos no sistema de governo: em linha com os *Insurance Core Principles* da IAIS (*International Association of Insurance Supervisors*)[569];
– introduziu a figura do provedor do cliente; modificou aspetos da administração, da fiscalização e da acumulação de cargos.

III. Tudo visto, foram alterados os artigos 1.º, 2.º, 4.º a 8.º, 10.º, 14.º, 15.º, 35.º, 37.º, 44.º, 51.º, 52.º, 54.º, 68.º, 93.º, 94.º, 96.º a 99.º, 102.º, 103.º, 105.º, 105.º-A, 106.º, 120.º-I, 124.º, 153.º a 157.º, 157.º-A a 157.º-D, 158.º a 161.º, 166.º, 170.º, 172.º, 172.º-A a 172.º-H, 173.º, 201.º, 236.º a 238.º e 242.º do Decreto-Lei n.º 94-B/98, de 17 de abril. Além disso, foram aditados, ao mesmo diploma, os artigos 38.º-A, 51.º-A, 58.º-A a 58.º-E, 67.º-A, 122.º-D a 122.º-O, 131.º-C a 131.º-F, 151.º -A e 155.º-A.

O Decreto-Lei n.º 2/2009, de 5 de janeiro, procedeu ainda, como foi dito, à segunda republicação do RGAS, isto é, do Decreto-Lei n.º 94-B/98, de 17 de abril.

IV. A Lei n.º 28/2009, de 19 de junho, a posicionar no seio dos diplomas aprovados para enfrentar a crise de 2007-2015, veio rever o regime sancionatório do sector financeiro em matéria criminal e contraordenacional. Alterou, designadamente, o RGIC, o CVM e o RGAS. Quanto a este último, foram modificados os artigos 202.º, 212.º a 214.º e 217.º, no sentido do agravamento das sanções e aditados os artigos 214.º-A, 229.º-A e 229.º-B, ao mesmo Regime Geral, também na área sancionatória.

V. O Decreto-Lei n.º 52/2010, de 26 de maio, veio transpor a Diretriz 2007/44, de 5 de setembro, a qual alterou as Diretrizes 92/49, 2002/83, 2004/39, 2005/68 e 2006/48, no que se refere a normas processuais e critérios para a avaliação prudencial das aquisições e dos aumentos de participações em entidades do sector financeiro.

---

[569] Hoje já substituídos pelo ICP de Outubro de 2011.

Foram atingidos, designadamente e de novo, o RGIC, o CVM e o RGAS. Quanto a este, temos modificações nos artigos 3.º, 13.º, 14.º, 43.º, 44.º, 48.º , 49.º, 50.º e 159.º e o aditamento dos artigos 3.º-A, 3.º-B e 44.º-A: preceitos de extensão muito considerável.

VI. A Lei n.º 46/2011, de 24 de junho, criou o tribunal de competência especializada para a propriedade intelectual e o tribunal de competência especializada para a concorrência, regulação e supervisão. Alterou, entre outros, o artigo 231.º do RGAS, o qual passou a dispor:

> O tribunal da concorrência, regulação e supervisão é o tribunal competente para conhecer o recurso, a revisão e a execução das decisões ou de quaisquer outras medidas legalmente suscetíveis de impugnação tomadas pelas autoridades administrativas em processo de contraordenação.

Com esta alteração, visou-se responder à crítica de que o tribunal de pequena instância não tinha especialização suficiente para conhecer, com eficácia, das questões ligadas aos meandros jurídicos da regulação. O futuro permitirá ajuizar do mérito desta reforma.

VII. Finalmente, o RGAS de 1998 foi alterado pelo Decreto-Lei n.º 91/2014, de 20 de junho. Este diploma veio transpor diretrizes atinentes à supervisão complementar das entidades financeiras de um conglomerado financeiro. Foram modificados os seus artigos 156.º, 172.º-B, 172.º-G e 172.º-I.

VIII. O RGAS denota uma instabilidade marcada. Aparentemente, ela é causada pelo afluxo contínuo de reformas comunitárias: a burocracia de Bruxelas justifica, deste modo, a sua existência.

O observador nacional não pode deixar de enfocar a inutilidade da maioria das normas que vêm sendo transpostas. Perante a realidade pátria, elas não têm nem terão aplicação, por não ocorrerem os factos previstos.

Uma das linhas de evolução denotadas aponta para uma densificação de deveres e de regras de tipo procedimental. Com isso, vem-se reduzir a margem dos supervisores, agravando os custos de funcionamento das empresas seguradoras. No mínimo: estamos perante medidas pró-cíclicas, que apenas verbalmente procuram superar a recessão em curso.

IX. Os inconvenientes manifestos da excessiva regulamentação de Bruxelas devem ser contrabalançados pela divulgação da Ciência do Direito dos Seguros e pelo aprofundamento de uma efetiva cultura de regulação: flexível e eficaz.

A introdução, no plano universitário, de disciplinas de Direito dos seguros constitui um passo decisivo nesse sentido.

CAPÍTULO II
O REGIME DA SUPERVISÃO

§ 26.º **QUADRO BÁSICO**

106. O RGAS de 1998

I. A supervisão, até 31 de dezembro de 2015, resulta, fundamentalmente, do RGAS de 1998 e dos Estatutos da ASF. Vamos centrarmo-nos no primeiro desses dois diplomas.

O RGAS de 1998, no seu Título III sobre as condições do exercício da atividade seguradora (68.º a 175.º-B), contém um Capítulo V, *Supervisão*, com o seguinte sistema normativo (na base da republicação de 2009):

Secção I – Disposições gerais (156.º a 157.º-B);
Secção I-A – Da supervisão complementar em especial (157.º-C e 157.º-D);
Secção II – Sigilo profissional (158.º a 162.º)[570];
Secção III – Empresas de seguros com sede em Portugal (163.º a 165.º);
Secção IV – Empresas de seguros com sede no território de outros Estados membros (166.º a 172.º);
Secção V – Supervisão complementar de empresas de seguros com sede em Portugal (172.º-A a 172.º-I).

Temos, aqui, uma certa heterogeneidade. Ao lado de normas que visam a regulação, surgem regras atinentes à atuação das empresas de seguros, com relevo para o tema do sigilo profissional.

II. A supervisão surge, ainda, pelo menos:

---

[570] O artigo 159.º/2 foi alterado pelo Decreto-Lei n.º 52/2010, de 26 de maio.

– no Título I, *Disposições gerais*, quanto à imputação de votos (3.º-A e 3.º-B[571]);
– no Título II, *Condições de acesso à atividade seguradora* (7.º a 67.º), a propósito da autorização para o exercício das diversas entidades, do controlo dos detentores de participações qualificadas (43.º a 50.º)[572] e de disposições diversas (52.º a 58.º);
– no Título III, *Condições de exercício*, já referido, quanto a garantias prudenciais (68.º a 122.º-O) e quanto aos ramos de seguros e à supervisão de contratos, tarifas e conduta do mercado (123.º a 131.º-F);
– no Título VI, Sanções (202.º a 235.º).

107. Os Estatutos da Autoridade de Supervisão de Seguros (ASF)

A Autoridade de Supervisão de Seguros e Fundos de Pensões (ASF) é a entidade competente para, no espaço português, supervisionar as empresas de seguros, os mediadores de seguros e os fundos de pensões. Ele dispõe de um Estatuto adotado pelo Decreto-Lei n.º 1/2015, de 6 de janeiro.

Nesses Estatutos, encontramos diversas regras relevantes, diretamente, para a regulação dos seguros: em especial, para a determinação do seu âmbito, do seu exercício e do seu escopo.

Dado o relevo da ASF, peça-chave em toda a supervisão dos seguros, ser-lhe-á dedicada uma rubrica própria[573].

108. O RGAS de 2015; objetivos

I. A Lei n.º 147/2015, de 9 de setembro, já referida várias vezes, veio aprovar um novo RGAS, publicado em anexo. Substituindo o anterior RGAS, de 1998, ele entra em vigor no dia 1 de janeiro de 2016. Há, ainda, que lidar com preceitos transitórios.

---

[571] Aditados por esse mesmo diploma.
[572] Alterados por esse mesmo diploma.
[573] *Infra*, 345 ss..

II. Resultante da aprovação, pelo Parlamento, da Proposta de Lei n.º 326/XII, cuja exposição de motivos é útil[574], o novo RGAS visa, essencialmente:

– transpor a Diretriz 2009/138, de 25 de novembro (Solvência II), com as alterações subsequentes[575];
– codificar diversa legislação dispersa;
– clarificar os riscos a que as empresas de seguros e de resseguros estão sujeitas;
– reforçar aspetos de supervisão;
– atentar nos grupos;
– intensificar as "dimensões europeias".

III. Os objetivos do RGAS são básicos para a interpretação desse diploma. Além disso eles contribuem para a interpretação, em geral, dos demais instrumentos normativos úteis para o regime geral dos seguros.

109. Segue; o conteúdo

I. O RGAS equivale a um diploma de grande fôlego. Alterou a numeração do antigo RGAS e modificou vários pontos da sua sistemática. Há que reconstruir hábitos de consulta: neste momento, a maior dificuldade do prático dos seguros é a de localizar, no seu seio, a matéria relevante. Este aspeto leva-nos a disponibilizar o conteúdo geral do diploma: 374 artigos. De resto, o seu quadro sistemático deve ser tido em conta, de acordo com as boas práticas hermenêuticas:

Título I – Disposições gerais (1.º a 46.º):
  Capítulo I – Objeto, âmbito de aplicação, definições e ramos de seguros (1.º a 19.º):
    Secção I – Objeto e âmbito de aplicação (1.º a 3.º);
    Secção II – Exclusões do âmbito de aplicação (4.º);
    Secção III – Definições (5.º a 7.º);
    Secção IV – Ramos de seguros (8.º a 12.º);
    Secção V – Disposições diversas (13.º a 19.º);

---

[574] *Proposta de Lei n.º 326/XII*, 112 pp., 1-7, confrontável no sítio da Assembleia da República.
[575] *Supra*, 143 ss..

Capítulo II – *Supervisão* (20.º a 41.º):
  Secção I – Disposições gerais relativas à supervisão (20.º a 31.º);
  Secção II – Sigilo profissional e troca de informações (32.º a 38.º);
  Secção III – Supervisão de contratos (39.º a 41.º);
Capítulo III – *Registo* (42.º a 46.º).

Título II – *Condições de acesso à atividade seguradora e resseguradora por empresas de seguros com sede em Portugal* (47.º a 62.º):
Capítulo I – *Estabelecimento de empresas de seguros e de resseguros com sede em Portugal* (47.º a 49.º).
Capítulo II – *Sociedades anónimas de seguros ou resseguros* (50.º a 57.º).
Capítulo III – *Mútuas de seguros e de resseguros* (58.º e 59.º).
Capítulo IV – *Capital e reservas* (60.º a 62.º).

Título III – *Condições de exercício da atividade seguradora e resseguradora por empresas de seguros e de resseguros com sede em Portugal* (63.º a 159.º):
Capítulo I – *Sistema de governação das empresas de seguros e de resseguros com sede em Portugal* (63.º a 80.º).
Capítulo II – *Reporte e divulgação pública de informação relativa a empresas de seguros e de resseguros com sede em Portugal* (81.º a 85.º).
Capítulo III – *Condições financeiras das empresas de seguros e de resseguros com sede em Portugal* (86.º a 152.º):
  Secção I – Regras gerais relativas às condições financeiras (86.º a 89.º);
  Secção II – Avaliação dos elementos do ativo e do passivo (90.º);
  Secção III – Provisões técnicas (91.º a 106.º);
  Secção IV – Fundos próprios (107.º a 115.º):
    Subsecção I – Determinação dos fundos próprios (107.º a 110.º);
    Subsecção II – Classificação dos fundos próprios (111.º a 114.º);
    Subsecção III – Elegibilidade dos fundos próprios (115.º);
  Secção V – Requisito do capital de solvência (116.º a 145.º):
    Subsecção I – Regime comum relativo ao requisito de capital de solvência (116.º a 118.º);
    Subsecção II – Cálculo do requisito do capital de solvência com base na fórmula-padrão (119.º a 131.º);

§ 26.º Quadro básico 331

Subsecção III – Cálculo do requisito de capital de solvência com base em modelos internos ou parciais (132.º a 145.º);
Secção VI – Requisito do capital mínimo (146.º a 148.º);
Secção VII – Investimentos (149.º a 152.º).
Capítulo IV – Conduta de mercado das empresas com sede em Portugal (153.º a 159.º).

Título IV – Vicissitudes da atividade seguradora e resseguradora por empresas de seguros com sede em Portugal (160.º a 182.º):
Capítulo I – Alterações (160.º e 161.º).
Capítulo II – Participações qualificadas (162.º a 174.º).
Capítulo III – Revogação (175.º a 177.º).
Capítulo IV – Fusão, cisão e transferência de carteira (178.º a 182.º):
Secção I – Fusão ou cisão (178.º);
Secção II – Transferência de carteira (179.º a 182.º).

Título V – Atividades transfronteiras, direito de estabelecimento e livre prestação de serviços (183.º a 251.º):
Capítulo I – Estabelecimento e exercício de atividade no território de outro Estado membro por sucursais de empresas de seguros com sede em Portugal (183.º a 191.º).
Capítulo II – Estabelecimento e exercício de atividade no território de outro Estado membro por sucursais de empresas de resseguros com sede em Portugal (192.º a 194.º).
Capítulo III – Estabelecimento e exercício de atividade fora do território da União Europeia de sucursais ou outras formas de representação de empresas de seguros ou de resseguros com sede em Portugal (195.º a 199.º).
Capítulo IV – Estabelecimento e exercício de atividade em Portugal por sucursais de empresas de seguros com sede em outro Estado membro (200.º a 210.º).
Capítulo V – Exercício de atividade em Portugal por sucursais de empresas de resseguros com sede em outro Estado membro (211.º a 213.º).
Capítulo VI – Estabelecimento e exercício de atividade em Portugal por sucursais de empresas de seguros e de resseguros de um país terceiro (214.º a 233.º).
Capítulo VII – Livre prestação de serviços no território de outro Estado membro por empresas de seguros com sede em Portugal (234.º a 239.º).

Capítulo VIII – *Livre prestação de serviços no território de outro Estado membro por empresas de resseguros com sede em Portugal* (240.º).
Capítulo IX – *Livre prestação de serviços em Portugal por empresas de seguros com sede em outro Estado membro* (241.º a 243.º).
Capítulo X – *Livre prestação de serviços em Portugal por empresas de resseguros com sede em outro Estado membro* (244.º).
Capítulo XI – *Exercício de atividade de resseguro em Portugal por empresas de seguros e de resseguros de um país terceiro não estabelecido em Portugal* (245.º a 247.º).
Capítulo XII – *Cosseguro comunitário* (248.º a 251.º).

Título VI – *Supervisão das empresas de seguros e de resseguros* (252.º a 303.º):
Capítulo I – *Definições, âmbito de aplicação e níveis de aplicação do regime* (252.º a 257.º):
Secção I – Definições gerais relativas à supervisão de empresas de seguros e de resseguros que fazem parte de um grupo (252.º a 254.º);
Secção II – Níveis de aplicação do regime (255.º a 257.º).
Capítulo II – *Condições financeiras e sistema de governação* (258.º a 283.º):
Secção I – Solvência dos grupos (258.º a 280.º);
Subsecção I – Disposições gerais relativas à solvência dos grupos (258.º e 259.º);
Subsecção II – Escolha do método de cálculo e princípios gerais (260.º a 264.º);
Subsecção III – Aplicação dos métodos de cálculo (265.º a 269.º);
Subsecção IV – Métodos de cálculo (270.º a 273.º);
Subsecção V – Supervisão da solvência (274.º a 280.º);
Secção II – Concentração de riscos e operações intragrupo (281.º e 282.º);
Secção III – Sistema de governação (283.º).
Capítulo III – *Medidas para facilitar a supervisão de grupo* (284.º a 298.º).
Capítulo IV – *Países terceiros* (299.º a 302.º).
Capítulo V – *Sociedades gestoras de participações de seguros mistas* (303.º).

Título VII – Recuperação e liquidação (304.º a 355.º):
Capítulo I – *Empresas de seguros e de resseguros em dificuldade e respetiva prevenção e recuperação* (304.º a 327.º):
  Secção I – Prevenção e medidas de recuperação (304.º a 315.º);
  Secção II – Regime comum das medidas de recuperação (316.º a 320.º).
  Secção III – Dimensão transfronteiras das medidas de recuperação relativas às empresas de seguros (321.º a 327.º).
Capítulo II – *Liquidação de empresas de seguros* (328.º a 355.º):
  Secção I – Disposições gerais relativas à liquidação de empresas de seguros (328.º a 330.º);
  Secção II – Regime material (331.º a 335.º);
  Secção III – Regime processual (336.º a 354.º):
    Subsecção I – Disposições gerais relativas ao regime processual aplicável à liquidação (336.º a 339.º);
    Subsecção II – Dimensão transfronteiras da liquidação (340.º a 354.º);
  Secção IV – Aplicação do regime de liquidação às sucursais de empresas de seguros em país terceiro (355.º).

Título VIII – Sanções (356.º a 374.º):
Capítulo I – *Ilícitos gerais* (356.º e 358.º).
Capítulo II – *Contraordenações* (359.º a 374.º):
  Secção I – Disposições gerais (359.º a 368.º);
  Secção II – Ilícitos em especial (369.º a 374.º).

II. A propósito das diversas rubricas, particularmente na área da supervisão, iremos retomar este *maré magum*: parcialmente.

110. A dispersão sistemática e a reconstrução dogmática

I. A leitura das fontes nacionais atinentes à supervisão dos seguros logo permite detetar alguma dispersão sistemática.

O RGAS contém, de facto, um núcleo central de regras, atinentes à supervisão: nos artigos 252.º a 303.º. Mas além dele, comporta múltiplos preceitos também ligados a essa área, arrumados em função de puros critérios pragmáticos.

O Direito institucional dos seguros corre assim o risco de se limitar a uma pura descrição de regras atinentes aos níveis fiscalizadores do campo dos seguros.

II. A superação possível do estado disperso das fontes passa por alguma dogmatização prévia.
Comecemos pela natureza última da supervisão.
Em termos gerais, ela traduz uma sujeição geral das empresas seguradoras e de outras entidades a elas equiparadas, para os presentes efeitos, a um poder público detido pelo Estado ou por entidades independentes, de tipo público. Na experiência portuguesa atual: a ASF.

III. O artigo 21.º do RGAS de 2015 dispõe, sob a epígrafe "âmbito da supervisão":

> A supervisão compreende, nomeadamente, a verificação da situação de solvência, da constituição de provisões técnicas, dos ativos e dos fundos próprios elegíveis das empresas de seguros e de resseguros, bem como a verificação do regime contabilístico, do sistema de governação e da atuação das mesmas no seu relacionamento com os tomadores de seguros, segurados, beneficiários e terceiros lesados, e do regime aplicável aos grupos seguradores e resseguradores, de acordo com as disposições legais, regulamentares e administrativas em vigor.

Por seu turno, o artigo 25.º do mesmo diploma enuncia os "princípios gerais da supervisão":

> 1. A supervisão baseia-se numa abordagem prospetiva e baseada no risco e abrange a verificação permanente do correto exercício da atividade pelas empresas de seguros e de resseguros e pelos grupos seguradores e resseguradores e do respetivo cumprimento das disposições legais, regulamentares e administrativas aplicáveis.
> 2. Para a supervisão de empresas de seguros e de resseguros a ASF deve dispor e utilizar os instrumentos e práticas de supervisão apropriados, incluindo uma combinação adequada de realização de inspeções nas respetivas instalações e de atividades de outra natureza.
> 3. Os requisitos estabelecidos no presente regime e respetiva legislação ou regulamentação complementar são aplicados de forma proporcional à natureza, dimensão e complexidade dos riscos inerentes à atividade das empresas de seguros e de resseguros.

IV. A natureza do poder de supervisão pressupõe o conhecimento do seu teor. O (longo) artigo 27.º do RGAS de 2015 dá-nos os elementos seguintes, subordinados à epígrafe "poderes gerais de supervisão":

1. No exercício das funções de supervisão, a ASF dispõe de poderes e meios para, em tempo útil e de forma proporcional:

   a) Verificar a conformidade técnica, financeira, contabilística e legal da atividade das empresas de seguros e de resseguros sujeitas à sua supervisão;
   b) Obter informações pormenorizadas sobre a situação das empresas de seguros e de resseguros e o conjunto das suas atividades através, nomeadamente, da recolha de dados, da exigência de documentos relativos ao exercício da atividade seguradora, resseguradora ou de retrocessão ou de inspeções a efetuar nas instalações das empresas;
   c) Adotar, em relação às empresas de seguros e de resseguros, às sociedades gestoras de participações no setor dos seguros, às sociedades gestoras de participações de seguros mistas e às companhias financeiras mistas sob sua supervisão e aos membros dos seus órgãos de administração e de fiscalização, demais pessoas que dirijam efetivamente as empresas ou pessoas que as controlam, todas as medidas, preventivas ou corretivas, adequadas e necessárias para:
      i) Garantir que as suas atividades observam, de forma consistente, as disposições legais, regulamentares e administrativas que lhes são aplicáveis;
      ii) Evitar ou eliminar qualquer irregularidade que possa prejudicar os interesses dos tomadores de seguros, segurados e beneficiários;
   d) Desenvolver os instrumentos quantitativos, para além do cálculo do requisito de capital de solvência, necessários para, no âmbito do processo de supervisão, avaliar a capacidade das empresas de seguros e de resseguros enfrentarem possíveis eventos ou alterações futuras nas condições económicas, que possam influenciar negativamente a sua situação financeira global, bem como exigir que estas realizem os testes correspondentes;
   e) Exigir às empresas de seguros e de resseguros, às sociedades gestoras de participações no setor dos seguros, às sociedades gestoras de participações de seguros mistas e às companhias financeiras mistas sob sua supervisão que corrijam as deficiências ou irregularidades detetadas, designadamente através da emissão de instruções e recomendações;
   f) Garantir a aplicação efetiva das medidas referidas nas alíneas anteriores, se necessário mediante recurso às instâncias judiciais;
   g) Exercer as demais competências previstas no presente regime e legislação complementar.

2. Os poderes referidos no número anterior abrangem as atividades das empresas de seguros e de resseguros que tenham sido subcontratadas.

3. No decurso de inspeções, as entidades sujeitas à supervisão da ASF estão obrigadas a facultar-lhe o acesso irrestrito aos seus sistemas e arquivos, incluindo os informáticos, onde esteja armazenada informação relativa a clientes ou operações, informação de natureza contabilística, prudencial ou outra informação relevante no âmbito das competências da ASF, bem como a permitir que sejam extraídas cópias e traslados dessa informação.

4. A ASF pode exigir a realização de auditorias especiais por entidade independente, por si designada, a expensas da empresa auditada.

5. Sem prejuízo das sanções penais que no caso couberem, a ASF, sempre que tenha fundadas suspeitas da prática de atos ou operações de seguros, de capitalização ou de resseguros, sem que para tal exista a necessária autorização, pode:

a) Promover a publicitação, pelos meios adequados, da identificação de pessoas singulares ou coletivas que não estão legalmente habilitadas a exercer atividades supervisionadas pela ASF;

b) Sem prejuízo da legitimidade atribuída por lei a outras pessoas, requerer a dissolução e liquidação de sociedade ou outro ente coletivo que, sem estar habilitado, pratique atos ou operações de seguros, de capitalização ou de resseguros, sem que para tal exista a necessária autorização.

6. A ASF pode concretizar, através de norma regulamentar, o disposto nos números anteriores.

V. Cabe enfatizar o "processo de supervisão". Melhor do que um resumo, vale o texto da lei:

1. A ASF revê e afere as estratégias e processos estabelecidos pelas empresas de seguros e de resseguros sujeitas à sua supervisão e os respetivos procedimentos de prestação de informação com vista ao cumprimento das disposições legais, regulamentares e administrativas em vigor.

2. A revisão e a aferição referidas no número anterior abrangem:

a) A avaliação dos requisitos relativos ao sistema de governação, incluindo a autoavaliação do risco e da solvência, e dos riscos a que as empresas de seguros e de resseguros estão ou podem vir a estar expostas e da sua capacidade para avaliar esses riscos, tendo em consideração o contexto em que exercem as suas atividades;

b) A verificação da atuação das empresas de seguros no seu relacionamento com os tomadores de seguros, segurados, beneficiários e terceiros lesados;

c) A verificação da conformidade das provisões técnicas, dos requisitos de capital, da avaliação dos elementos do ativo e do passivo, das regras de investimento, dos fundos próprios e do modelo interno total ou parcial, se utilizado, com as disposições legais, regulamentares e administrativas em vigor;
d) A verificação do cumprimento do regime contabilístico aplicável, bem como dos inerentes deveres em matéria de reporte e publicação de documentos contabilísticos.

3. A ASF deve dispor de instrumentos de monitorização adequados, que lhe permitam detetar a deterioração das condições financeiras das empresas de seguros e de resseguros e monitorizar a forma como essa deterioração é corrigida.

4. A ASF avalia a adequação dos métodos e práticas utilizados pelas empresas de seguros e de resseguros para identificar possíveis eventos ou alterações futuras das condições económicas que possam influenciar negativamente a respetiva situação financeira global e a sua capacidade para fazer face a tais eventos ou alterações.

5. As revisões, aferições e avaliações referidas nos números anteriores são efetuadas periodicamente, determinando a ASF a respetiva frequência mínima e âmbito, atendendo à natureza, dimensão e complexidade das atividades das empresas de seguros e de resseguros.

VI. A supervisão dos seguros, tal como sucede nos âmbitos respetivos, com as demais supervisões, não exprime um mero conjunto de poderes do Estado, exercidos sobre determinados sujeitos, com vista a assegurar o cumprimento de regras imperativas, aplicáveis ao sector. Está em jogo, como foi explicado[576], uma regulação científica, isto é, uma regulação que visa o funcionamento adequado de um sensível sector económico-social.

Uma fiscalização de índole puramente administrativa iria coartar o funcionamento das seguradoras, com danos para todos. Trata-se, antes, de um acompanhamento que não contende com a capacidade produtiva dos visados, antes a orientando no sentido exigido pelas *legis artis* ou pelas boas práticas do sector.

VII. A supervisão é, antes de mais, norteada pelos objetivos de solidez, tutela dos tomadores e dos segurados e viabilização da indústria seguradora. Por isso é confiada a profissionais altamente qualificados. A chave

---

[576] *Supra*, 291 ss..

da supervisão está em assegurar o cumprimento das regras, fixando normas complementares, sem atingir o bom funcionamento das seguradoras, nas diversas dimensões em causa.

O risco da supervisão reside num descambar para uma comum fiscalização burocrática, ávida de procedimentos e atenta a pormenores, que apenas venha somar mais um custo de funcionamento. Tal custo, ineluctavelmente, irá ser repercutido no público que, supostamente, deveria ser servido e protegido.

111. A natureza pública

I. As regras relativas à supervisão têm natureza pública[577]. Elas conferem, desde logo, à ASF poderes de autoridade sobre as entidades que lhe estão sujeitas. A ASF, por seu turno, é uma pessoa coletiva do Direito público, dotada de autonomia administrativa e financeira e de património próprio, integrada na administração autónoma[578]. A autonomia foi reforçada pelo RGAS de 2015, que pôs termo à anterior tutela do Ministro das Finanças.

II. Das decisões tomadas pela ASF cabe recurso para os tribunais administrativos. Ressalvam-se as decisões contraordenacionais que dispõem de um Regime Processual específico adotado pelo anexo II à Lei n.º 147/2015, de 9 de setembro. Das decisões tomadas pela ASF cabe recurso para o Tribunal da Concorrência, Regulação e Supervisão (artigo 29.º do Regime Processual em causa), constituído pela Lei n.º 46/2011, de 24 de junho.

III. A natureza pública das regras de supervisão não impede a sua integração no todo mais completo do Direito dos seguros. Com efeito, a supervisão não traduz meros juízos de conformidade com normas imperativas. Os fundamentos mesmos da supervisão implicam a capacidade da ASF de ponderar de mérito: não apenas de legalidade. Ora ponderar de

---

[577] Manfred Wandt, *Versicherungsrecht* cit., 5.ª ed., Nr. 2.
[578] Maria José Rangel de Mesquita, *Direito administrativo dos seguros*, em Paulo Otero/Pedro Gonçalves (coord.), *Tratado de Direito administrativo especial* II (2009), 375-505 (402).

mérito pressupõe jogar com toda a lógica do Direito dos seguros, incluindo as áreas do Direito do contrato de seguro.

A defesa do consumidor assenta em diversas regras privadas, tal como privado é o Direito das cláusulas contratuais gerais. O próprio RGAS contém, de resto, regras que pertencem, pela sua natureza, a esses dois sectores.

A grande aposta do Direito dos seguros do nosso tempo reside, precisamente, no afeiçoar do Direito da supervisão a um complexo mais amplo: predominantemente privado.

§ 27.º A AUTORIDADE DE SUPERVISÃO DE SEGUROS E FUNDOS DE PENSÕES (ASF)

112. O ex-Instituto de Seguros de Portugal

I. O ex-Instituto de Seguros de Portugal (ISP) tinha um Estatuto aprovado pelo Decreto-Lei n.º 289/2001, de 13 de novembro, alterado pelo Decreto-Lei n.º 195/2002, de 25 de setembro. Anote-se, ainda, que o Decreto-Lei n.º 289/2001 veio substituir o anterior Estatuto, de quatro anos de idade: o resultante do Decreto-Lei n.º 251/97, de 26 de setembro.

II. As razões apontadas para uma tão rápida substituição foram:

– a publicação do Decreto-Lei n.º 94-B/98, de 17 de abril, que aprovou o novo RGAS e que reforçou a autonomia do ISP;
– a necessidade de coordenar as três instâncias de supervisão;
– a colocação do ISP sob a tutela do Ministro das Finanças e não já sob a sua superintendência, com ampliação dos poderes atribuídos aos órgãos do ISP;
– o aumento da duração do mandato dos membros do Conselho Diretivo do ISP e a consagração, relativamente a eles, de um regime de inamovibilidade;
– a simplificação do regime contabilístico;
– classificações, atualizações terminológicas e aperfeiçoamentos de ordem sistemática.

III. O Estatuto do ISP tinha a arrumação seguinte:

Capítulo I – Da denominação, natureza, regime e sede (1.º a 3.º);
Capítulo II – Atribuições (4.º a 6.º);
Capítulo III – Estrutura orgânica (7.º a 28.º);
Capítulo IV – Do património, receitas e despesas (29.º a 32.º);
Capítulo V – Da gestão financeira e patrimonial (33.º);

Capítulo VI – Recursos humanos (34.º a 38.º);
Capítulo VII – Disposições gerais (39.º e 40.º).

Estamos perante um tipo de sistematização comum, em organismos desta natureza e que acompanha a dos estatutos das sociedades privadas.

IV. O ISP era apresentado como uma pessoa coletiva de Direito público, dotada de autonomia administrativa e financeira e de património próprio (1.º). Regia-se pelo Estatuto e pelo regulamento interno, observando-se, no que estava especialmente regulado e não for incompatível com essas fontes, as normas aplicáveis às entidades públicas empresariais (2.º/1). Ficava sujeito à tutela do Ministro das Finanças (2.º/2) e tinha sede em Lisboa (3.º).

V. As atribuições do ISP estavam fixadas no artigo 4.º/1:

a) Regulamentar, fiscalizar e supervisionar a atividade seguradora, resseguradora, de mediação de seguros e de fundos de pensões, bem como as atividades conexas ou complementares daquelas;
b) Assistir o Governo e o Ministro das Finanças, a pedido deste ou por iniciativa própria, na definição das orientações a prosseguir na política para o sector segurador, nele se incluindo as atividades conexas ou complementares da atividade seguradora, resseguradora e de mediação de seguros, bem como os fundos de pensões;
c) Executar e exercer o controlo de execução dessa política;
d) Colaborar com as autoridades congéneres de outros Estados nos domínios da sua competência, em particular com as autoridades congéneres dos Estados-Membros da União Europeia;
e) Colaborar com as demais autoridades nacionais nos domínios da sua competência e, em particular, com as outras autoridades de supervisão financeira;
f) Gerir os fundos que lhe sejam confiados por lei.

O n.º 2 desse preceito fazia importantes precisões:

A supervisão do ISP abrange toda a atividade das empresas a ela sujeitas, incluindo as atividades conexas ou complementares da atividade principal, e é exercida de harmonia com a legislação nacional e comunitária em vigor e no sentido do bom funcionamento e da tutela do mercado, garantindo a proteção dos credores específicos de seguros.

VI. O poder regulativo do ISP vem consignado em duas estatuições: artigos 4.º/3 e 5.º.

Segundo o artigo 4.º/3:

> No âmbito das suas atribuições, o ISP emite normas regulamentares de cumprimento obrigatório pelas entidades sujeitas à sua supervisão, as quais são publicadas na 2.ª série do *Diário da República*.

Por seu turno, o artigo 5.º, epigrafado "instruções vinculativas", dispõe:

> 1 – No exercício das suas atribuições, o ISP emite instruções vinculativas para que sejam sanadas as irregularidades de que tenha conhecimento nas empresas sujeitas à sua supervisão, adotando os atos necessários para o efeito.
>
> 2 – São ineficazes os atos praticados em violação de instruções ou proibições específicas emitidas pelo ISP no exercício das suas atribuições.

VII. O ISP pode solicitar, a todas as autoridades públicas, informações e as diligências necessárias para o exercício das suas atribuições (6.º/1). Além disso, ele pode requisitar informações que tenha por relevantes, a quaisquer entidades privadas (6.º/2),

> (...) designadamente a pessoas singulares ou a pessoas coletivas que participem nas empresas sujeitas à sua supervisão ou sejam por elas participadas, a indivíduos ou pessoas coletivas que exerçam actividades que caiba ao ISP fiscalizar, e ainda a revisores oficiais de contas e auditores, à Câmara dos Revisores Oficiais de Contas e ao Instituto dos Atuários Portugueses.

113. A orgânica do ex-ISP

I. O ISP dispunha de uma orgânica interna composta por:

– um conselho diretivo;
– um conselho consultivo;
– uma comissão de fiscalização.

O conselho diretivo exerce a generalidade das atribuições do ISP. Abaixo veremos o tratamento legal da matéria.

O conselho consultivo tinha uma composição heterogénea, constante da artigo 23.º/1 do Estatuto:

a) O presidente do conselho diretivo, que preside, mas sem direito de voto;
b) Um representante do Governo Regional dos Açores;
c) Um representante do Governo Regional da Madeira;
d) Um membro do conselho de administração do Banco de Portugal;
e) Um membro do conselho diretivo da Comissão do Mercado de Valores Mobiliários;
f) O presidente do Instituto do Consumidor;
g) O presidente de uma das associações de defesa dos consumidores;
h) O presidente de uma das associações de empresas de seguros;
i) O presidente de uma das associações de entidades gestoras de fundos de pensões;
j) O presidente de uma das associações de mediadores de seguros;
k) Até três individualidades de reconhecida idoneidade, independência e competência no âmbito das atribuições do ISP, que o Ministro das Finanças entenda conveniente designar.

Cabia-lhe dar parecer sobre questões que lhe sejam submetidas pelo conselho diretivo e apresentar, por iniciativa própria, recomendações e sugestões, no âmbito das atribuições do ISP (24.º).

A comissão de fiscalização era composta por um presidente e dois vogais, dos quais um ROC (26.º). Tem funções típicas de fiscalização (27.º).

II. A competência legalmente atribuída ao conselho diretivo era decisiva para apreender o papel do ISP, no tocante à supervisão e aos domínios que a circundam. A lei distingue "competências" no âmbito:

– da regulamentação (11.º): apresentar propostas legislativas ao Governo e aprovar regulamentos;
– da supervisão (12.º): matéria abaixo explicitada;
– da gestão de fundos: (a) do Fundo de Garantia Automóvel (FGA); (b) do Fundo de Acidentes de Trabalho (FAT); (c) outros (13.º);
– das relações internacionais (14.º);
– da gestão do ISP (15.º);
– outras, com relevo para a estatística, para as publicações e para a realização de estudos (16.º).

III. O Estatuto prevê, ainda, um Conselho Consultivo (23 a 25.º) e a já referida Comissão de Fiscalização (26.º a 28.º).

O artigo 39.º/1 determina que os membros dos órgãos do ISP, os trabalhadores eventuais ou permanentes e todas as demais pessoas ou entidades, públicas ou privadas, que prestem quaisquer serviços ao mesmo ISP, fiquem sujeitos a segredo profissional.

114. A supervisão do ex-ISP

I. As "competências" do conselho diretivo, no âmbito da supervisão, tinham o maior interesse: permitem discernir as diversas facetas da regulação dos seguros.

Cumpre reter o artigo 12.º/1, do Estatuto do ex-ISP. Dispunha:

1 – Compete ao conselho diretivo, no âmbito da atividade de supervisão:

a) Apreciar e decidir sobre operações relativas às empresas sujeitas à supervisão do ISP, designadamente de constituição, cisão e fusão de empresas de seguros e de resseguro e de sociedades gestoras de fundos de pensões, bem como sobre o seu encerramento e liquidação e demais matérias relativas às atividades e empresas supervisionadas;

b) Pronunciar-se sobre o exercício, por empresas sediadas em Portugal, da atividade seguradora, resseguradora ou de fundos de pensões em outros países e autorizar a abertura de agências, sucursais e quaisquer outras formas de representação dessas empresas fora do território da Comunidade Europeia;

c) Autorizar a exploração de ramos ou modalidades de seguros e definir apólices uniformes para determinados contratos de seguros;

d) Apreciar e aceitar o depósito de bases técnicas, condições gerais, especiais e tarifárias de contratos;

e) Apreciar a representação das provisões técnicas das empresas supervisionadas pelo ISP;

f) Apreciar as contas de exercício das empresas sujeitas à supervisão do ISP, podendo, por decisão fundamentada, impor retificações;

g) Certificar as empresas sujeitas à supervisão do ISP;

h) Acompanhar a atividade das empresas sujeitas à supervisão do ISP e vigiar o cumprimento das normas aplicáveis e a observância das regras de controlo prudencial;

i) Determinar a inspeção, sempre que o entenda conveniente ou em cumprimento de disposições legais, das empresas sujeitas à supervisão do ISP, requisitar-lhes informações e documentos e proceder a averiguações e exames em qualquer entidade ou local, no quadro do desempenho destas funções;

j) Suspender as autorizações concedidas e determinar a suspensão temporária ou retirada definitiva de clausulados e condições tarifárias e a comercialização de produtos, quando ocorra violação da lei ou haja risco ilegítimo para os interessados ou para o equilíbrio da exploração da empresa ou do sector;

l) Proceder ao registo dos membros dos órgãos de administração e fiscalização das empresas sujeitas à supervisão do ISP, bem como ao registo dos acordos parassociais entre os acionistas das referidas empresas;

m) Certificar os agentes de mediação de seguros ou de resseguros e exercer a respetiva supervisão;

n) Instaurar e instruir processos de transgressão e fixar o montante da respetiva multa;

o) Instaurar e instruir processos de contraordenação e aplicar as respetivas coimas e sanções acessórias;

p) Exercer as demais competências de supervisão que lhe sejam cometidas por diploma legal.

II. Como se vê, o cerne dos poderes concedidos ao conselho diretivo do ISP exigia, no seu exercício, uma capacidade de decidir quanto ao mérito. Apenas um regulador capaz de dominar as *leges artis* e de controlar as boas práticas do sector estará habilitado a fazê-lo. Tal a aposta da lei portuguesa, na senda, do resto do Direito europeu.

III. A matéria era complementada por diversas normas adotadas pelo ISP, no exercício das suas atribuições. Elas eram facilmente consultáveis, no sítio desse Instituto.

115. A Autoridade de Supervisão de Seguros (ASF) de 2015

I. Na sequência da Lei n.º 67/2013, de 28 de agosto ou Lei-Quadro dos Reguladores, o Decreto-Lei n.º 1/2015, de 6 de janeiro, veio redenominar o ISP: passou a chamar-se Autoridade de Supervisão de Seguros e Fundos de Pensões ou ASF (1.º). Foram aprovados novos estatutos.

Portugal é um velho País europeu, demarcado e estabilizado desde meados do século XIII. Não vemos nenhum inconveniente na conservação das antigas denominações: representam um traço de Cultura e de História e não impedem, minimamente, a evolução e o progresso. Pense-se no exemplo da Inglaterra. Seria muito interessante que o regulador português dos seguros se chamasse *Casa dos Seguros*: designação multissecular, perfeitamente adaptável ao século XXI. As permanentes redenominações – que, em si, nada acrescentam e só complicam – deveriam ser evitadas: aparentam, tantas vezes, novidades que não se comprovam no terreno.

II. Os Estatutos da ASF abrangem 54 artigos ordenados por sete capítulos:

I – Princípios gerais (1.º a 5.º);
II – Missão e atribuições (6.º e 7.º);
III – Estrutura orgânica (8.º a 29.º):
   Secção I – Disposições gerais (8.º a 10.º);
   Secção II – Conselho de administração (11.º a 20.º);
   Secção III – Do conselho consultivo (21.º a 24.º);
   Secção IV – Da comissão de fiscalização (25.º a 29.º).
IV – Trabalhadores (30.º a 34.º);
V – Da gestão financeira e patrimonial (35.º a 43.º);
VI – Deveres gerais, transparência e relação com terceiros (44.º a 49.º);
VII – Vinculação, impugnação de atos e competência jurisdicional e responsabilidade (50.º a 54.º).

III. No plano dos conteúdos, a nova reforma veio alinhar a agora ASF pela Lei-Quadro dos Reguladores de 2013. Foram reforçadas as independências orgânica, funcional e financeira e clarificados diversos pontos.

Cabe ter presente que, em princípio, a Lei n.º 67/2013 prevalece sobre os Estatutos da ASF.

116. O Conselho de Administração da ASF e a supervisão

I. Os Estatutos da ASF de 2015 discriminaram os poderes do agora chamado Conselho de Administração. O extenso artigo 16.º, relativo às suas competências, distingue:

– o âmbito da orientação e da gestão da ASF (n.º 1);
– o domínio da gestão financeira e patrimonial (n.º 2);

§ 27.º A Autoridade de Supervisão de Seguros e Fundos de Pensões (ASF) 347

– a atividade regulatória (n.º 3);
– a atividade de supervisão (n.º 4);
– o domínio sancionatório (n.º 5);
– o campo do relacionamento institucional (n.º 6);
– o apoio aos tomadores de seguros, segurados, subscritores, participantes, beneficiários e lesados (n.º 7);
– o desenvolvimento dos conhecimentos técnicos e respetiva difusão, reforço da literacia financeira e divulgação da informação pública (n.º 8);
– a gestão de fundos (n.º 9).

O elenco é muito extenso e surge desenvolvido, em cada *item*, através de numerosas alíneas.

II. Vamos reter o artigo 16.º/4:

4. Compete ao conselho de administração, no domínio da atividade de supervisão:

a) Aplicar as leis, os regulamentos e os atos de direito da União Europeia aplicáveis ao setor de atividade sob supervisão;
b) Assegurar o cumprimento de deveres legais ou regulamentares ou resultantes de atos de direito da União Europeia a que se encontram sujeitas as entidades sob supervisão, quer a nível prudencial, quer a nível comportamental;
c) Assegurar o cumprimento de qualquer orientação ou instrução emitida pela ASF ou de qualquer outro dever relacionado com o setor de atividade sob supervisão;
d) Praticar os atos de autorização, aprovação, homologação ou registo legalmente previstos;
e) Emitir ordens, proibições ou instruções vinculativas, para que sejam sanadas irregularidades nas entidades sujeitas à supervisão da ASF, sendo nulos os atos praticados em sua violação;
f) Apreciar as contas de exercício das entidades sujeitas à supervisão da ASF, quer para efeitos prudenciais, quer para efeitos de prestação de informação ao mercado;
g) Certificar as entidades sujeitas à supervisão da ASF;
h) Assegurar que a aplicação das leis e regulamentos, e demais normas aplicáveis ao setor de atividade sob supervisão, é fiscalizada e auditada;

i) Determinar a inspeção ou a auditoria das entidades sujeitas à supervisão da ASF, sempre que o entenda conveniente ou em cumprimento de disposições legais;
j) Determinar a requisição de informações e documentos e a promoção de averiguações e exames em qualquer entidade ou local, no quadro da prossecução das atribuições da ASF;
k) Determinar a revogação dos registos ou das autorizações concedidas e determinar a suspensão temporária ou retirada definitiva de clausulados e a comercialização de produtos, quando ocorra violação da lei ou haja risco ilegítimo para os interessados ou para o equilíbrio da exploração da empresa ou do setor.

III. Por seu turno, o artigo 16.º/5 dispõe:

5. Compete ao conselho de administração, no domínio sancionatório:

a) Determinar o desencadeamento dos procedimentos sancionatórios, em caso de infrações a normas legais ou regulamentares;
b) Nos termos dos regimes sancionatórios aplicáveis, determinar a prática dos atos necessários ao processamento e punição das infrações às leis e regulamentos cuja implementação ou supervisão lhe compete, bem como do incumprimento das suas próprias determinações;
c) Aprovar a adoção das medidas cautelares necessárias e das sanções devidas;
d) Denunciar às entidades competentes as infrações cuja punição não caiba no âmbito das suas atribuições e colaborar com estas;
e) Cobrar coimas.

117. Aspetos orgânicos

I. A ASF conservou a orgânica do ISP, ainda que com alguma redenominação: conselho de administração, conselho consultivo e comissão de fiscalização.

O cerne é constituído pelo Conselho de Administração: já vimos as suas competências mais ligadas à supervisão. Os Estatutos, ao estilo da "Troika" dão muita atenção às retribuições (14.º). Compreendem-se as medidas restritivas, em tempos de crise. Todavia: há o maior interesse público em confiar as delicadas tarefas de supervisão às pessoas mais aptas e experientes. Fixar-lhes regimes remuneratórios (mistos) aquém do que podem receber no sector privado, para além da demagogia que isso implica, pode afugentar os melhores gestores. Sublinhe-se, ainda, que os membros do Conselho de Administração incorrem numa série de incompatibilidades e de impedimentos que perduram depois da cessação das suas funções. A designação dos membros do Conselho de Administração obedece ao artigo 17.º/3 a 8, da Lei-Quadro dos Reguladores: um procedimento complexo que visa assegurar escolhas objetivas de pessoas independentes de alto nível.

II. Figura-chave do Conselho de Administração é o seu Presidente (17.º). Para além dos poderes de presidência normais, ele pode, em caso de necessidade, praticar atos próprios do Conselho (17.º/2). Além disso, ele tem um poder de veto sobre as deliberações do órgão a que preside (17.º/3).

III. O Conselho Consultivo pronuncia-se sobre as grandes linhas de orientação estratégica da ASF (21.º). Ele tem uma composição variada (22.º/1); integram-no:

a) O presidente do conselho de administração da ASF, que preside, mas sem direito de voto;
b) Um representante do Governo Regional dos Açores;
c) Um representante do Governo Regional da Madeira;
d) Um membro do conselho de administração do BdP;
e) Um membro do conselho de administração da CMVM;
f) O diretor-geral da DGC;
g) O presidente de uma das associações de defesa dos consumidores;
h) O presidente de uma das associações de empresas de seguros;
i) O presidente de uma das associações de entidades gestoras de fundos de pensões;
j) O presidente de uma das associações de mediadores de seguros;
k) Um representante da Economia Social;
l) Até três individualidades de reconhecida idoneidade, independência e competência no âmbito das atribuições da ASF, designadas, sob proposta do presidente do conselho de administração, pelo membro do Governo responsável pela área das finanças.

IV. A Comissão de Fiscalização é responsável (25.º):

(...) pelo controlo da legalidade, da regularidade e da boa gestão financeira e patrimonial da ASF e de consulta do respetivo conselho de administração nesses domínios.

Ela é composta por um presidente e dois vogais, designados por despacho do membro do Governo responsável pela área das finanças, sendo um dos vogais revisor oficial de contas (26.º/1).

V. A orgânica da ASF, à semelhança do que sucede com a dos mais diversos organismos públicos, acaba por aderir ao grande figurino historicamente desenvolvido a propósito das sociedades anónimas. Embora a lei não o diga: não há inconveniente em, sendo necessário e dentro do espírito da Lei-Quadro dos Reguladores, atender às soluções do Direito privado.

CAPÍTULO III
A DINÂMICA DA SUPERVISÃO DOS SEGUROS

§ 28.º AS VICISSITUDES DAS SEGURADORAS

118. A constituição

I. A constituição das seguradoras depende de autorização da ASF. Para o efeito, há que dirigir a essa Autoridade um requerimento instruído com os diversos elementos, desde que satisfaça certas condições (52.º).
O requerimento deve ser instruído com múltiplos elementos (53.º).

II. A dimensão seguradora resulta, em especial, do programa de atividades que, segundo o artigo 54.º do RGAS, deve instruir o requerimento de autorização. Diz o seguinte:

> 1. O programa de atividades referido no n.º 2 do artigo anterior inclui, pelo menos, os seguintes elementos:
>
> *a)* A natureza dos riscos a cobrir ou dos compromissos a assumir, com a indicação do ramo ou ramos, modalidades, seguros ou operações a explorar;
> *b)* O tipo de acordos de resseguro que a empresa de resseguros se propõe celebrar com empresas cedentes;
> *c)* Os princípios orientadores em matéria de resseguro e retrocessão;
> *d)* Os elementos dos fundos próprios de base que constituem o limite mínimo absoluto do requisito de capital mínimo;
> *e)* A previsão das despesas de instalação dos serviços administrativos e da rede comercial, bem como dos meios financeiros necessários e, caso os riscos a cobrir sejam classificados na alínea r) do artigo 8.º, os meios de que a empresa dispõe para a prestação de assistência.
>
> 2. O programa de atividades deve ainda incluir, para cada um dos três primeiros exercícios:

a) O balanço previsional, com informação separada, pelo menos, para as rubricas de fundos próprios de base, investimentos e provisões técnicas de seguro direto, resseguro aceite e resseguro cedido;
b) A previsão do requisito de capital de solvência baseado no balanço previsional referido na alínea anterior, bem como o método utilizado no cálculo dessa previsão;
c) A previsão do requisito de capital mínimo baseado no balanço previsional referido na alínea a), bem como o método utilizado no cálculo dessa previsão;
d) A previsão dos meios financeiros destinados à cobertura das provisões técnicas, do requisito de capital mínimo e do requisito de capital de solvência;
e) Em relação aos seguros dos ramos Não-Vida e ao resseguro aceite e cedido, a previsão relativa às despesas de gestão que não correspondam a despesas de instalação, nomeadamente as despesas gerais correntes e as comissões, bem como uma estimativa de prémios e sinistros por classe de negócio;
f) Em relação aos seguros do ramo Vida, um plano de que constem previsões pormenorizadas relativas a receitas e despesas, tanto para o seguro direto como para o resseguro aceite e cedido, por classe de negócio.

3. As hipóteses e os pressupostos em que se baseia a elaboração das projeções incluídas no programa previsto nos números anteriores são devida e especificamente fundamentados, incluindo cenários adversos.

III. As projeções referidas no normativo transcrito assentam, necessariamente, em hipóteses e em pressupostos. Devem ser devida e especificamente fundamentadas, nos termos do artigo 54.º/3. Estão envolvidas dimensões de seguros, de finança e do Direito.

IV. A apreciação do processo de autorização, levada a cabo pela ASF, pode envolver consultas a outras entidades: o Banco de Portugal e a CMVM (55.º/6). O BdP é em especial visado quando a projetada empresa de seguros seja uma filial de uma instituição de crédito ou uma filial da empresa-mãe de uma instituição de crédito (*idem*).

A decisão é notificada aos interessados no prazo de seis meses a contar da receção do requerimento ou da receção das informações complementares que tenham sido pedidas, mas nunca depois de decorridos doze meses sobre o pedido inicial (56.º). A ultrapassagem desses prazos constitui presunção de indeferimento tácito.

V. O estabelecimento de seguradoras portuguesas noutros países da União Europeia (47.º a 49.º), de seguradoras de outros países da União em Portugal (192.º a 194.º) e de seguradoras extracomunitárias em Portugal (214.º a 233.º) envolve regras paralelas, conquanto que mais simplificadas[579].

119. As participações e as suas transmissões

I. As seguradoras operam no mercado financeiro. Trata-se de uma área muito sensível, pelos riscos sistémicos que envolve, pela confiança pública que requer e pela mobilização de meios alheios que implica.

Por isso, a supervisão abrange as participações sociais no capital das seguradoras e a sua transmissão. Este domínio foi especialmente visado pela Diretriz 2007/44, de 5 de setembro, que alterou diversas diretrizes parcelares: as 92/49, 2002/83, 2004/39, 2005/68 e 2006/48. No fundamental, ela veio introduzir regras processuais e critérios uniformes aplicáveis à avaliação prudencial dos projetos de aquisição e de aumento de participações qualificadas nas entidades dos sectores bancário, segurador e mobiliário. A finalidade seria a de aperfeiçoar a clareza e a segurança jurídica da avaliação prudencial dos projetos em causa.

Subjacente está a constatação da integração crescente dos três sectores. De resto, tal constatação levou já, em diversos países, à unificação das entidades de supervisão[580].

A Diretriz 2007/44 foi transposta pelo Decreto-Lei n.º 52/2010, de 26 de maio, que introduziu as competentes regras no RGAS de 1998, passando ao seu sucessor.

II. O RGAS de 2015, no artigo 6.º/1, *a*), a propósito de definições societárias, apresenta o que considera uma "relação de controlo ou de domínio", discernindo as diversas possibilidades. Por seu turno, o artigo 6.º/1, *b*) a *g*), define, sucessivamente, "empresa-mãe", "filial", "relação estreita", "participação", "participação qualificada" e "operação intragrupo".

---

[579] *Vide*, ainda, *supra*, 271 ss..
[580] *Supra*, 306 ss..

O artigo 6.º/2 versa a imputação dos direitos de voto, matéria que surge largamente desenvolvida nos artigos 166.º e 167.º.

Trata-se de matéria de alguma complexidade, cujo estudo pormenorizado transcende os propósitos da presente obra, vocacionada para os seguros. Os problemas que aqui se suscitam devem ser entregues a juristas especializados e com experiência.

III. O artigo 162.º do RGAS obriga o interessado em participações qualificadas ou no seu aumento, a comunicar previamente o projeto de aquisição à ASF. Dispõe o artigo 162.º/1 (ex-43.º/1 do RGAS de 1998):

> Qualquer pessoa, singular ou coletiva, ou entidade legalmente equiparada que, direta ou indiretamente, pretenda deter participação qualificada em empresa de seguros ou de resseguros, ou que pretenda aumentar participação qualificada por si já detida, de tal modo que a percentagem de direitos de voto ou de capital atinja ou ultrapasse qualquer dos limiares de 20%, um terço ou 50%, ou de tal modo que a empresa se transforme em sua filial, deve comunicar previamente ao Instituto de Seguros de Portugal o seu projeto de aquisição.

A comunicação deve ser feita sempre que o resultado possa ser alcançado, ainda que não esteja garantido (162.º/2).

IV. A ASF aprecia, depois, a pretensão. Segundo o artigo 163.º/1, *a*), do RGAS, a ASF pode:

> *a*) Opor-se ao projeto, se não considerar demonstrado que a pessoa em causa reúne condições que garantam uma gestão sã e prudente da empresa de seguros ou de resseguros ou se a informação prestada for incompleta;

A decisão é comunicada ao requerente no prazo de 60 dias (163.º/4), valendo a ultrapassagem desse prazo como não oposição ao projeto (163.º/9).

Nas hipóteses de o interessado proceder à aquisição ou ao aumento da participação qualificada sem fazer a comunicação prévia, sem aguardar a resposta à comunicação que haja feito ou mau grado ter havido oposição da ASF, há inibição dos direitos de voto, na margem em que ultrapassem os limites concretamente em causa (168.º/1): sem prejuízo de outras sanções.

Quando o interessado pretenda deixar de deter uma participação qualificada ou tencione diminuir a sua participação de tal modo que ela desça abaixo de 20%, de um terço ou de 50%, deve comunicá-lo previamente ao ISP.

As próprias empresas de seguros devem comunicar à ASF as alterações que envolvam participações qualificadas (171.º).

V. Como se vê, a aquisição e a circulação de participações sociais em seguradoras, quando envolvam qualificações ou controlo, não é livre: depende de um juízo prudencial de "gestão sã e prudente".

Trata-se de um conceito indeterminado, cujo manuseio fica nas mãos da ASF. Todavia, o artigo 172.º dá alguns elementos para a sua concretização. Dispõe:

> Para efeitos do disposto no n.º 1 do artigo 163.º, na apreciação das condições que garantam uma gestão sã e prudente da empresa de seguros ou de resseguros, a ASF tem em conta a adequação e influência provável do requerente na instituição em causa e a solidez financeira do projeto de aquisição em função dos seguintes critérios: (...)

E quanto aos critérios, temos, em síntese: (a) a idoneidade do requerente; (b) a idoneidade e a qualificação profissional dos membros dos órgãos de administração da empresa de seguros, a designar em consequência da aquisição; (c) a solidez financeira do requerente; (d) a capacidade da empresa de seguros de cumprir de forma continuada os requisitos prudenciais aplicáveis; (e) razões suficientes para suspeitas de branqueamento de capitais.

VI. Os acordos parassociais entre acionistas de seguradoras sujeitas à supervisão do ISP, relativos ao voto, devem ser registados no mesmo Instituto, sob pena de ineficácia (46.º/1).

VII. Em conclusão, podemos afirmar que toda a lógica do capitalismo e da livre circulação de capitais cede perante as necessidades da supervisão. Não é possível proceder, de surpresa, à aquisição de seguradoras.

120. A supervisão complementar

I. A natureza financeira dos seguros conduziu a uma interpenetração destes com a atividade bancária. Surgem fenómenos de integração, na origem dos denominados conglomerados financeiros. Estes englobam instituições de crédito, empresas de seguros e empresas de investimento. Os conglomerados põem problemas próprios, no plano da supervisão. Desde logo, eles implicam, no grau mais elevado, o perigo de contágios sistémicos, da área dos seguros para a da banca e a mobiliária e inversamente. De seguida, eles conduzem à insuficiência das vias tradicionais de supervisão, as quais incidiam indissoluvelmente sobre cada empresa, estando especializadas pelos três sectores básicos: banca, seguros e mobiliário.

II. O Conselho Europeu reagiu a esta problemática, aprontando o que seria a Diretriz 2002/87, de 16 de dezembro, relativa à supervisão complementar das instituições de crédito, empresas de seguros e empresas de investimento de um conglomerado financeiro[581].

A Diretriz foi transposta pelo Decreto-Lei n.º 145/2006, de 31 de julho: um diploma de certa extensão (37 artigos), dotado de um anexo sobre adequação de fundos próprios. Este diploma foi alterado em numerosos artigos, pelos Decretos-Leis n.º 18/2013, de 6 de fevereiro e n.º 91/2014, de 20 de junho. Há que, a propósito de cada preceito, verificar, precisamente qual o texto em vigor.

O próprio diploma tem o conteúdo seguinte:

Capítulo I   – Disposições gerais (1.º e 2.º);
Capítulo II – Identificação de um conglomerado financeiro (3.º a 7.º);
Capítulo III – Supervisão complementar (8.º a 31.º):
   Secção I   – Âmbito de aplicação (8.º a 10.º);
   Secção II   – Domínios da supervisão complementar (11.º a 16.º);
   Secção III – Coordenadas (17.º e 18.º);
   Secção IV   – Cooperação (19.º a 23.º);
   Secção V   – Informação (24.º a 26.º);
   Secção VI   – Outras medidas relativas à supervisão complementar (27.º e 28.º);
   Secção VII – Países terceiros (29.º a 31.º).
Capítulo IV – Disposições finais (32.º a 38.º).

III. A primeira preocupação do diploma, para além das definições habituais nos diplomas de origem "europeia", foi o de precisar a ideia de

---

[581] Joce N.º L 35, 1-27, de 16-dez.-2002: foi alterada pela Diretriz 2008/15, de 11 de março, no que respeita à competência da Comissão: JOCE N.º L 81, 40-41, de 20-mar.-2008.

"conglomerado financeiro". Para tanto, o artigo 3.º previu uma cascata de condições. Temos um conglomerado sempre que:

- ele seja liderado por uma entidade regulamentada autorizada na União Europeia: empresa-mãe de uma entidade do sector financeiro, uma entidade detentora de uma participação numa entidade do sector financeiro ou uma entidade ligada a uma entidade do sector financeiro por um relação de grupo – 3.º/1, *a*);
- ele não seja liderado por uma entidade regulamentada autorizada na União Europeia, mas pelo menos uma das filiais do grupo surja como uma entidade regulamentada autorizada nesse espaço e o rácio entre o total do balanço das entidades do sector financeiro regulamentadas e não regulamentadas do grupo e o total do balanço do próprio grupo exceder 40% – 3.º/1, *b*).

Além disso, verificada alguma das duas referidas condições, é ainda necessário, para haver um conglomerado, que se verifiquem um dos seguintes requisitos (3.º/2):

- que, pelo menos, uma das entidades do grupo pertença ao subsector dos seguros e outra ao subsector bancário ou dos serviços de investimento;
- que as atividades consolidadas e ou agregadas do grupo nos referidos subsectores sejam significativas: da ordem dos 10% do total ou de modo a que o total do balanço do subsector menos significativo exceda os 6 mil milhões de euros.

A identificação de um conglomerado passa, ainda, por outras regras: artigos 4.º a 7.º.

IV. A supervisão complementar visa os conglomerados nas condições do artigo 9.º. Abrange a adequação dos fundos próprios (11.º), a concentração de riscos e as operações intragrupo (13.º), os processos de gestão de riscos (15.º) e os mecanismos de controlo interno (16.º).

As diversas autoridades de supervisão com competência para as empresas do conglomerado nomeiam um coordenador (17.º), com funções fundamentalmente de coordenação e de avaliação (18.º). Prevê-se uma cooperação entre as entidades envolvidas (19.º a 27.º), sob sigilo (23.º) e com troca de informações (24.º a 26.º).

V. No que tange aos seguros, o Decreto-Lei n.º 145/2006, de 31 de julho, alterou diversos preceitos do RGAS de 1998 (32.º): 15.º, 44.º, 51.º, 96.º, 98.º, 135.º, 157.º-B a 157.º-D, 172.º-A, 172.º-E e 236.º. As alterações visam, em geral, dar corpo à supervisão complementar, promovendo uma cooperação entre as entidades de supervisão. Foram, ainda, aditados os artigos 172.º-H a 172.º-I, sobre o mesmo tema.

O RGAS dispunha, tudo visto:

– no capítulo VI – supervisão – de uma secção I-A, *da supervisão complementar em especial* (157.º-C e 157.º-D);
– no mesmo capítulo, de uma secção V – *supervisão complementar de empresas de seguros ou de resseguros com sede em Portugal* (172.º-A a 172.º-I).

VI. No RGAS de 2015, a supervisão complementar surge nos artigos 253.º/2 e 255.º/2, com referência ao Direito europeu.

Esta matéria deve ser vista em conjunto, sempre em confronto com as regras comunitárias que lhe subjazem.

121. Alterações e extinção

I. As alterações mais significativas que ocorreram nas seguradoras carecem de prévia autorização da ASF (160.º e seguintes). O artigo 161.º/1, elenca as alterações em causa:

a) Firma ou denominação;
b) Objeto;
c) Redução do capital social;
d) Permissão da exigência de prestações suplementares de capital;
e) Criação de categorias de ações ou alteração das categorias existentes;
f) Estrutura dos órgãos de administração e de fiscalização;
g) Limitação dos poderes dos órgãos de administração ou de fiscalização;
h) Dissolução.

Quanto às restantes alterações estatutárias: elas dispensam a autorização prévia, mas devem ser comunicadas à ASF no prazo de cinco dias após a aprovação.

II. A fusão ou a cisão de empresas de seguros ou de resseguros implicam autorização da ASF. Tal autorização, segundo o artigo 178.º, pode sobrevir desde que as regras básicas se mostrem asseguradas.

III. A dissolução da seguradora por sua própria iniciativa depende, como se viu, de autorização prévia da ASF – 161.º, *h*).

Além disso, a extinção da seguradora pode advir de revogação da autorização de que beneficie, por decisão da ASF (175.º). A revogação, total ou parcial, não prejudica as demais sanções aplicáveis e pode ocorrer quando se verifique alguma das situações previstas no artigo 175.º/1, já acima referido[582].

De novo temos uma manifestação especial dos poderes de supervisão.

---

[582] *Supra*, 220.

SECÇÃO I
O RGAS DE 1998

122. Relevo

O RGAS de 1998 mantém-se em vigor, até ao final de 2015. Além disso, os seus quadros conservam-se presentes no espírito dos especialistas e dos cultores do Direito dos seguros. Assim, na presente edição, vamos conservar o texto dedicado a esse diploma.

§ 29.º AS GARANTIAS PRUDENCIAIS

123. Quadro geral

I. A técnica do seguro pressupõe que o segurador receba e gira os prémios, de modo a dispor dos meios necessários para acudir, em caso de sinistro. A formação e a manutenção de garantias idóneas são, assim, fundamentais para o funcionamento de um sistema adequado de seguros.

O cerne da supervisão assenta neste ponto. Vamos ver o regime do RGAS de 1998, em vigor até 31 de dezembro de 2015.

II. O RGAS de 1998 dedicava o Título II, *Condições de exercício da atividade seguradora e resseguradora*, capítulo I, *garantias prudenciais das empresas de seguros* (68.º a 122.º-E) e capítulo II, *garantias prudenciais das empresas de resseguros* (122.º-F a 122.º-O), ao tema das garantias. O sistema do referido capítulo I é o seguinte:

Secção I – Garantias financeiras (68.º);
Secção II – Provisões técnicas (69.º a 92.º);
Secção III – Margem de solvência (93.º a 101.º);
Secção IV – Fundo de garantia (102.º a 104.º);
Secção V – Fiscalização das garantias financeiras (105.º a 108.º);

Secção VI – Insuficiência das garantias financeiras (108.º-A a 122.º);
Secção VII – Sistema de governo (122.º-A a 122.º-E).

Temos alguma heterogeneidade, derivada, designadamente, da secção VII, algo deslocada: ela foi aditada com o título "outras garantias prudenciais" pelo Decreto-Lei n.º 8-C/2002, de 11 de janeiro (2.º), recebendo o epíteto atual através do Decreto-Lei n.º 2/2009, de 5 de janeiro (4.º/11).

III. A secção I, através do seu único artigo (o 68.º), elenca as garantias financeiras que as empresas de seguros devem exibir (n.º 1):

– provisões técnicas;
– margem de solvência;
– fundo de garantia.

Quando explorem o ramo assistência, elas devem demonstrar, perante o ISP, que dispõem dos meios técnicos adequados (n.º 2).

No ramo "vida": os prémios dos novos contratos devem ser suficientes, segundo critérios atuariais razoáveis e, nomeadamente, o de constituir as provisões técnicas adequadas.

124. Provisões técnicas

I. A ideia básica relativa às provisões técnicas é a seguinte: elas traduzem valores que devem ter um montante que permita, à seguradora, cumprir, na medida do razoavelmente previsível, os compromissos resultantes dos contratos de seguro (69.º/1 do RGAS de 1998). Ficam abrangidas as provisões matemáticas, de modo a ter em conta a atividade no estrangeiro, dentro e fora da União Europeia (69.º/3).

O artigo 70.º/1 refere sete tipos de provisões técnicas, a serem mantidas pelas seguradoras:

a) Provisão para prémios não adquiridos;
b) Provisão para riscos em curso;
c) Provisão para sinistros;
d) Provisão para participação nos resultados;
e) Provisão de seguros e operações do ramo "vida";
f) Provisão para envelhecimento;
g) Provisão para desvios de sinistralidade.

O Ministro das Finanças, por proposta do ISP, pode criar outras provisões técnicas, por portaria (70.º/2).

II. A provisão para prémios não adquiridos inclui a parte dos prémios brutos emitidos, relativamente a cada contrato de seguro em vigor, a imputar a um ou mais exercícios seguintes (71.º).

A provisão para riscos em curso equivale ao montante requerido para fazer face a prováveis indemnizações e encargos, após o termo do exercício e que excedam os prémios não-adquiridos e os prémios exigíveis (72.º).

A previsão para sinistros traduz o valor total de todos os sinistros a regularizar, ocorridos até ao final do exercício (73.º).

A provisão para participação nos resultados inclui os montantes que, a esse título, serão distribuídos (74.º).

A provisão de seguros e operações do ramo vida compreende: (a) a provisão matemática; (b) a provisão em que o risco do investimento é suportado pelo tomador; (c) a provisão para compromissos de taxa (de juro); (d) a provisão de estabilização de carteira (nos contratos de seguro de grupo) (75.º/2 a 9). Recordamos que, de acordo com a técnica dos seguros de vida, a provisão matemática visa garantir os riscos de mortalidade, as despesas administrativas, as prestações garantidas no vencimento ou os valores de resgate garantidos (75.º/6).

A provisão para envelhecimento visa o seguro de doença, de acordo com a técnica do seguro de vida (76.º).

A provisão para desvios de sinistralidade enfrenta sinistralidades excecionalmente elevadas, nos ramos que se prestem a oscilações (77.º/1).

III. As provisões técnicas são calculadas de acordo com regras e princípios próprios, fixados por norma do ISP (78.º)[583]. O RGAS refere princípios para o cálculo das provisões para prémios não adquiridos (79.º), para riscos em curso (79.º-A) e para sinistros (80.º).

O ramo "vida" tem princípios específicos (81.º a 85.º), sendo ainda de enfatizar:

– a continuidade do método: não deve haver alterações anuais descontínuas, com arbitrariedade (86.º), sob pena de se falsearem cálculos e provisões;

– a transparência: as bases e os métodos utilizados no cálculo das provisões técnicas devem ser postas à disposição do público (87.º).

IV. As provisões técnicas não se mantêm (por regra) em dinheiro. Elas devem ser representadas por ativos equivalentes, móveis ou imóveis e con-

---

[583] *Vide* a Norma Regulamentar n.º 14/2003-R, de 17 de junho, alterada pela Norma n.º 1/2011, de 31 de março.

gruentes (88.º/1), devidamente localizados (88.º/2). Tais ativos constituem um património especial, que garante os créditos emergentes dos contratos de seguro e que só podem ser penhorados ou arrestados para o pagamento desses mesmos créditos (88.º/3). Em caso de liquidação, esses créditos gozam de um privilégio especial sobre os bens móveis ou imóveis que representem as provisões técnicas, sendo graduados em primeiro lugar (88.º/5).

Quando suscetíveis de depósito, os ativos representativos das provisões técnicas devem ser depositados em contas próprias, junto de "estabelecimentos de crédito" (88.º/8).

Os critérios de valorimetria dos ativos são fixados pelo ISP (89.º).

As sucursais de seguradoras com sede fora da União Europeia, devem caucionar, à ordem do ISP, as provisões técnicas constituídas, devidamente calculadas e representadas (92.º/1).

125. Margem de solvência

I. A margem de solvência das seguradoras equivale ao património que detenham e que deve ser suficiente, em relação ao conjunto das suas atividades (93.º/1 e 2).

A lei explicita que essa margem, no tocante aos ramos não-vida e para seguradoras com sede em Portugal, compreende (93.º/2 e 96.º/1):

a) O capital social realizado ou, nas mútuas de seguros, o fundo inicial ou capital de garantia efetivamente realizado, acrescido das contas dos associados que satisfaçam cumulativamente os seguintes critérios:

   i) Estipulação nos estatutos que o pagamento aos associados a partir dessas contas só pode ser efetuado desde que tal pagamento não origine a descida da margem de solvência disponível abaixo do nível exigido ou, após a dissolução da empresa, se todas as outras dívidas da empresa tiverem sido liquidadas;

   ii) Estipulação nos estatutos que os pagamentos referidos na alínea anterior, efetuados por outras razões além da rescisão individual de filiação, são notificados ao Instituto de Seguros de Portugal com a antecedência mínima de um mês e podem, durante esse período, ser proibidos;

   iii) Estipulação nos estatutos que as respetivas disposições sobre esta matéria, só podem ser alteradas se não houver objeções do Instituto de Seguros de Portugal, sem prejuízo dos critérios referidos.

b) Os prémios de emissão, as reservas de reavaliação e quaisquer outras reservas, legais ou livres, não representativas de qualquer compromisso;
c) O saldo de ganhos e perdas, deduzido de eventuais distribuições.

Quanto ao ramo "vida", tal património envolve (93.º/2 e 98.º/1):

a) O capital social realizado ou, nas mútuas de seguros, o fundo inicial ou capital de garantia efetivamente realizado, acrescido das contas dos associados que satisfaçam cumulativamente os critérios referidos na alínea *a)* do n.º 1 do artigo 96.º;
b) As reservas, legais e livres, incluindo as reservas de reavaliação, não representativas de qualquer compromisso;
c) O saldo de ganhos e perdas, deduzido de eventuais distribuições.

II. Para além destas regras básicas, a massa de solvência disponível pode igualmente ser constituída pelos elementos constantes do artigo 96.º/2 (não-vida) e do artigo 98.º/2 (vida) e, mediante autorização do ISP, pelos referidos no artigo 96.º/3 (não-vida) e pelo artigo 98.º/3 (vida). As seguradoras que explorem, cumulativamente, os ramos "não-vida" e "vida" devem dispor de uma margem de solvência para cada uma dessas duas atividades (101.º).

III. As sucursais de seguradoras, com sede fora da União Europeia, devem ter uma margem de solvência disponível suficiente, em relação ao conjunto da sua atividade em Portugal (94.º/1). Os ativos correspondentes devem estar localizados no País, até à concorrência do fundo de garantia e, no excedente, na União Europeia.

IV. O modo por que se avaliem os diversos ativos que compõem a margem de solvência é decisivo. De novo a supervisão é chamada a fixar e a fazer respeitar as boas práticas ou as *leges artis*. O artigo 95.º/1 determina que os critérios de valorimetria dos ativos correspondentes à margem de solvência disponível sejam fixados pelo ISP. E ainda o ISP pode, em casos devidamente justificados, reavaliar para valores inferiores todos os elementos elegíveis, para efeitos de margem de solvência disponível: em especial, se se verificar uma alteração significativa do valor de mercado dos seus elementos, desde o final do último exercício (95.º/2).

126. Fundo de garantia

I. O fundo de garantia consiste num conjunto de ativos previstos no artigo 96.º/1 ou 2 e/ou 98.º/1, 2 (103.º), fixados para a margem de solvência. O fundo de garantia faz parte integrante da margem de solvência e corresponde a um terço do valor dessa margem (102.º/2). No entanto, ele não pode ser inferior a determinados valores, fixados no artigo 102.º/2 e 3.

Para o ramo "vida", o fundo de garantia tem, como limite mínimo, € 3.000.000, € 2.250.000 ou € 1.500.000, consoante se trate, respetivamente, de uma empresa pública, de uma sociedade anónima com sede em Portugal, de uma mútua de seguros ou de uma sucursal de empresa exterior à União Europeia (102.º/2).

Para o ramo "não-vida", os valores são semelhantes aos "vida", para a generalidade dos sub-ramos; podem ser um pouco inferiores, perante os restantes (102.º/3).

II. Os montantes mínimos prescritos para o fundo de garantia são revistos anualmente, tendo por base a evolução verificada no índice geral de preços no consumidor para todos os Estados da União, publicados pelo Eurostat, arredondados para um múltiplo de € 100.000 (103.º/4).

III. As sucursais de empresas de seguros com sede fora da União Europeia ficam obrigadas a caucionar, à ordem do ISP, metade dos valores mínimos do fundo de garantia (104.º).

§ 30.º FISCALIZAÇÃO E INSUFICIÊNCIA DAS GARANTIAS FINANCEIRAS

127. A fiscalização

I. O campo das garantias financeiras é decisivo, para o bom funcionamento do sector dos seguros. Impõe-se uma fiscalização especializada, a qual é confiada ao ISP (105.º/1).
Para possibilitar essa fiscalização:

- as seguradoras devem remeter ao ISP todos os elementos de prestação de contas e, ainda, os que sejam definidos por norma (105.º/2);
- o envio deve ser feito até 15 dias após a assembleia geral de aprovação de contas (105.º/3): até 15 de abril, ainda que o relatório e as contas não tenham sido aprovados (105.º/4);
- as contas a enviar ao ISP devem ser certificadas por ROC (105.º/5);
- devem, ainda, ser elaborados balanços e contas de ganhos e perdas trimestrais (105.º/6).

Os elementos relativos à situação da margem de solvência e à representação das provisões técnicas são objeto de comunicação autónoma ao ISP.

II. No caso de sucursais de seguradoras estrangeiras com sede na União Europeia, com atividades em Portugal: o ISP, quando tenha conhecimento de que elas possam comportar risco para a solidez financeira, deve comunicar o facto às autoridades de supervisão competentes (106.º/1), as quais fazem as devidas verificações (106.º/2), com a possível participação do ISP (106.º/3).

III. Quanto a sucursais de seguradoras exteriores à União, cabe ao ISP proceder às verificações em causa (107.º/1). As seguradoras visadas podem solicitar ao Ministro das Finanças os benefícios referidos no artigo 108.º: através do ISP e mediante parecer deste.

128. O risco de insuficiência

I. A supervisão revela uma sua faceta muito relevante, perante as falhas das seguradoras: o ideal está em preveni-las. Nesse sentido, o artigo 108.º-A do RGAS visa o "risco de insuficiência".

O n.º 1 desse preceito prevê que o ISP verifique:

(...) que uma empresa de seguros se encontra em risco de ficar numa situação financeira insuficiente, colocando em causa os direitos dos segurados e beneficiários dos contratos de seguro (...).

Nessa eventualidade, solicita, com um prazo, a apresentação de um plano de reequilíbrio financeiro, fundado em adequado plano de atividades (108.º-A/1). Esse plano deve incluir, pelo menos (108.º-A/2):

a) Balanço e conta de ganhos e perdas previsionais, com informação separada, pelo menos, para as seguintes rubricas:
   i) Capital social subscrito e realizado, investimentos e provisões técnicas de seguro direto, resseguro aceite e resseguro cedido;
   ii) Prémios, proveitos dos investimentos, custos com sinistros e variações das provisões técnicas, tanto para o seguro direto como para o resseguro aceite e cedido;
   iii) Custos de aquisição, explicitando as comissões, e custos administrativos;
b) Previsão dos meios financeiros necessários à representação das provisões técnicas;
c) Previsão da margem de solvência e dos meios financeiros necessários à sua cobertura;
d) A política geral de resseguro.

O plano é submetido ao ISP.

II. Ainda como medida destinada a enfrentar o risco de insuficiência, o artigo 108.º-A/3 prevê que o ISP possa, perante a deterioração financeira de uma seguradora, determinar que ela tenha uma margem de solvência superior à que resultaria dos artigos 97.º e 99.º.

129. A situação de insuficiência

I. A insuficiência financeira de uma seguradora verifica-se quando ela não apresente garantias suficientes. O RGAS distingue a insuficiência de provisões técnicas (110.º), a da margem de solvência (111.º) e a do fundo de garantia (112.º), dispondo, separadamente, para cada uma delas.

II. No geral, verificando-se a insuficiência pela não realização de alguma das garantias financeiras, o ISP,

> (...) tendo em vista a proteção dos interesses dos segurados e beneficiários e a salvaguarda das condições normais de funcionamento do mercado segurador (...)

pode fixar, com prazo e de acordo com o princípio da proporcionalidade, a aplicação de alguma ou de todas as seguintes providências de recuperação e saneamento (109.º/2):

a) Retificação das provisões técnicas ou apresentação de plano de financiamento ou de recuperação, nos termos dos artigos 110.º, 111.º e 112.º;
b) Restrições ao exercício da atividade, designadamente à exploração de determinados ramos ou modalidades de seguros ou tipos de operações;
c) Restrições à tomada de créditos e à aplicação de fundos em determinadas espécies de ativos, em especial no que respeite a operações realizadas com filiais, com entidade que seja empresa-mãe da empresa ou com filiais desta;
d) Proibição ou limitação da distribuição de dividendos;
e) Sujeição de certas operações ou de certos atos à aprovação prévia do Instituto de Seguros de Portugal;
f) Imposição da suspensão ou da destituição de titulares de órgãos sociais da empresa;
g) Encerramento e selagem de estabelecimentos.

III. No decurso do saneamento, o ISP pode convocar a assembleia geral da sociedade visada e aí intervir com propostas (109.º/4). Trata-se de uma curiosa concessão de legitimidade societária, a favor de uma entidade de supervisão.

IV. O ISP pode ainda, confrontado com uma insuficiência de garantias financeiras, tomar medidas deste tipo, relativamente à seguradora em dificuldades:
– restringir ou vedar a disponibilidade dos seus ativos (114.º);

– promover medidas para evitar o início de negócios, em Portugal, por parte de empresas de outros Estados da União, sempre que as autoridades competentes do Estado Membro de origem lhe comuniquem a suspensão ou o cancelamento das autorizações respetivas (115.º);
– impedir a comercialização de novos produtos (116.º);
– designar administradores provisórios (117.º);
– aprovar, em ligação ou não com acionistas, o aumento de capital ou a cedência de participações no mesmo (118.º);
– autorizar a redução do capital (119.º);
– nomear uma comissão de fiscalização (120.º);
– publicitar as suas decisões (120.º-A).

Estas regras são significativas: é importante que constem da Lei. Todavia, a História, quer recente quer remota, mostra que as situações de insuficiência de garantias, tirando eventualidades muito pontuais, só se apuram depois de tudo se ter degradado. E quando isso suceda, as medidas gravosas vêm assustar o mercado, privando a seguradora visada do que ela precisa efetivamente: dinheiro.

Qualquer intervenção do Estado é negativa, em termos de gestão: amplia os problemas. A menos que se tome a medida fundamental, que a Lei não prevê: uma injeção maciça de fundos públicos. Isto dito: cada caso é um caso. Deve ser cuidadosamente estudado.

130. Dimensões transfronteiriças

I. A situação de insuficiência de uma seguradora e as medidas destinadas a enfrentá-la podem ter reflexos transfronteiriços[584]. Impunham-se regras de Direito internacional privado.

A norma básica resulta do artigo 120.º-D:

> 1 – As decisões do Instituto de Seguros de Portugal relativas ao saneamento previstas na presente secção produzem todos os seus efeitos de acordo com a lei portuguesa em toda a União Europeia, sem nenhuma outra formalidade, inclusivamente em relação a terceiros nos demais Estados membros.
> 2 – Os efeitos dessas decisões produzem-se nos demais Estados membros logo que se produzam em Portugal.

---

[584] A expressão "transfronteiras", que chega a surgir na própria lei, por inspiração comunitária, não é português: deve ser evitada.

II. As decisões administrativas relativas ao saneamento indicam elas próprias, quando for caso disso, se abrangem as sucursais da empresa noutros Estados Membros e em que medida (120.º-E). As autoridades de outros Estados devem ser imediatamente avisadas (120.º-F), sendo as competentes medidas publicadas no JOCE (120.º-G).

III. Paralelamente, as medidas de saneamento tomadas pelas autoridades de supervisão de outros Estados Membros produzem efeitos, em Portugal, de acordo com os Direitos respetivos (120.º-H).

IV. Quanto a sucursais, em Portugal, de seguradoras com sede fora da União Europeia, aplicam-se, com as necessárias adaptações, as regras enunciadas. Na hipótese de ocorrer, em simultâneo, saneamento de uma sucursal da mesma seguradora, noutro Estado da União, o ISP procurará coordenar as medidas que se imponham (120.º-L).

131. A revogação da autorização e a insolvência

I. O incumprimento das instruções do ISP, relativas à recuperação e ao saneamento da empresa, a não apresentação dos planos de financiamento ou de recuperação, a sua não aceitação por duas vezes consecutivas ou o não cumprimento desses planos pode implicar (113.º/1):

– a suspensão da autorização para a celebração de novos contratos;
– a aplicação de outras sanções;
– e/ou a revogação, total ou parcial, da autorização para o exercício da atividade seguradora.

II. O regime geral da insolvência não se aplica às seguradoras (121.º/1). Antes há que atentar nas seguintes especialidades (122.º/2[585])[586]:

– é fundamento genérico da declaração de insolvência a manifesta insuficiência do ativo em relação ao passivo (121.º/5);
– o ISP tem legitimidade para requerer a liquidação judicial, em benefício dos sócios;
– o ISP tem legitimidade exclusiva para requerer a insolvência e a dissolução judicial de seguradoras;

---

[585] O artigo 121.º está redigido numa linguagem arcaica e em termos confusos.
[586] Vide Luís Menezes Leitão, *Direito da insolvência*, 4.ª ed. (2012), 87-88.

§ 30.º Fiscalização e insuficiência das garantias financeiras 371

–o ISP tem legitimidade não-exclusiva para requerer a dissolução e a liquidação judicial de entidades que, sem autorização, pratiquem operações reservadas a seguradoras.

Em qualquer caso, a liquidação judicial ou extrajudicial de uma seguradora depende da não-oposição do ISP (121.º/2, início): prevalecem critérios prudenciais, relativamente aos previstos no CIRE[587].

III. As regras do CIRE, sem prejuízo pelas especificidades acima apontadas, têm aplicação no caso de dissolução judicial, de liquidação judicial e de insolvência de seguradoras, com as necessárias adaptações (121.º/3).

Todavia, compete ao ISP a nomeação dos liquidatários judiciais ou extrajudiciais das empresas de seguros. A lógica da supervisão estende-se, pois, até aos momentos finais das seguradoras.

---

[587] Não obstante, o artigo 121.º/5 dispõe que a manifesta insuficiência do ativo, para satisfação do passivo, constitui fundamento de declaração de falência (de insolvência) das empresas de seguros. O artigo 121.º/3, remete para o revogado Código de Processos Especiais de Recuperação de Empresas e de Falência; todavia, o artigo 11.º do Decreto-Lei n.º 53/2004, de 18 de março, convola as remissões para preceitos revogados para os correspondentes preceitos do CIRE.

§ 31.º AS GARANTIAS PRUDENCIAIS DAS RESSEGURADORAS

132. Aspetos gerais

I. A matéria institucional relativa ao resseguro foi visada pela Diretriz n.º 2005/68, de 16 de novembro. Até então, a problemática inerente fora entregue aos legisladores nacionais.

O Decreto-Lei n.º 2/2009 teve, como um dos seus principais objetivos, a transposição, para o RGAS, das regras relativas às empresas de resseguros. Como se explica no seu preâmbulo, pouco havia para avocar. Mas formalmente, foi feita a transposição em causa.

Anote-se que o resseguro não tem expressão, entre nós. As grandes resseguradoras, às quais as empresas nacionais recorrem, são estrangeiras. Haveria interesse em atraí-las para o País. Pelo menos, há lei disponível.

II. O Decreto-Lei n.º 2/2009 alterou diversos artigos do RGAS, de modo a, neles, inserir uma referência expressa ao resseguro: 4.º, 5.º, 6.º, 7.º, 8.º, 10.º, 15.º, 156.º, 157.º, 157.º-A, 157.º-B, 157.º-C, 157.º-D, 158.º, 159.º, 160.º, 161.º, 166.º, 170.º, 172.º, 172.º-A, 172.º-B, 172.º-C, 172.º-D, 172.º-E, 172.º-F, 172.º-G, 236.º, 237.º, 238.º e 242.º.

Além disso e com o mesmo objetivo, ele acrescentou os artigos 58.º-A a 58.º-E, 67.º-A, 122.º-F a 122.º-O e 155.º-A. Trata-se, em geral e tão-só, de adaptar as regras relativas aos seguros diretos, à situação dos resseguros.

133. As garantias das resseguradoras

I. As garantias prudenciais das empresas de resseguros e as sucursais de empresas de resseguros com sede fora da União Europeia, devem dispor de provisões técnicas, de margem de solvência e de um fundo de garantia, nos termos dos artigos 122.º-G e seguintes (122.º-F/1).

II. Às provisões técnicas de resseguradoras com sede em Portugal e de sucursais de resseguradoras com sede fora da União Europeia aplica-se, com as adaptações necessárias, o regime próprio das seguradoras, previsto nos artigos 69.º a 86.º (122.º-G/1). As suas provisões técnicas devem ser representadas por ativos que respeitem os princípios seguintes (122.º-G/2):

a) Ter em conta o tipo de operações efetuadas, em especial a natureza, o montante e a duração dos pagamentos de sinistros previstos, de forma a garantir a suficiência, a liquidez, a segurança, a qualidade, a rentabilidade e a congruência dos investimentos;
b) Garantir a diversificação e dispersão adequadas, de forma a possibilitar uma resposta apropriada às alterações das circunstâncias económicas, em especial à evolução dos mercados financeiros e imobiliários, ou a acontecimentos catastróficos de grande impacto;
c) Manter em níveis prudentes do investimento em ativos não admitidos à negociação num mercado regulamentado;
d) O investimento em produtos derivados contribuir para a redução dos riscos de investimento ou para facilitar uma gestão eficiente da carteira, devendo ser evitada uma excessiva exposição a riscos relativamente a uma única contraparte e a outras operações de derivados e os produtos ser avaliados de forma prudente, tendo em conta os ativos subjacentes, e incluídos na avaliação dos ativos das empresas;
e) Serem suficientemente diversificados, de forma a evitar a dependência excessiva de qualquer ativo, emitente ou grupo de empresas e a acumulação de riscos ou concentração excessiva de riscos no conjunto da carteira.

III. A margem de solvência disponível é remetida para o regime das seguradoras diretas (122.º-H/1), outro tanto sucedendo com a massa de solvência exigida (122.º-I/1).

As diversas regras devem ser ponderadas caso a caso, à luz das particularidades do resseguro, para possibilitar as competentes adaptações.

IV. Quanto ao fundo de garantia: ele corresponde, tal como para as seguradoras diretas, a um terço da margem de solvência, mas com um mínimo de € 3.000.000 (122.º-J/1). No entanto e quanto a este fundo, remete-se, fundamentalmente, para o seguro direto (122.º-J/2 a 5).

134. A fiscalização, o risco de insuficiência e a insuficiência

I. No domínio da fiscalização das garantias financeiras das empresas de resseguros portuguesas, é aplicável o disposto nos artigos 105.º e 105.º-A, relativos à seguradoras diretas: com as devidas adaptações (122.º-L/1). Remissões paralelas são feitas quanto às resseguradoras de outros Estados da União (122.º-L/2) e de fora da União (122.º-L/3).

II. Quando o ISP verifique que uma resseguradora se encontra em risco de ficar numa situação financeira insuficiente, colocando em causa as obrigações decorrentes dos contratos de resseguro, deve a mesma submeter ao Instituto um plano de reequilíbrio da situação financeira, fundado em adequado plano de atividades (122.º-M/1).

Segue-se, com adaptações, o esquema previsto para as seguradoras diretas (122.º-M/2 e 3).

III. A insuficiência das garantias dá azo à aplicação de um regime similar ao das seguradoras diretas (122.º-N/1).

Havendo liquidação da resseguradora, as obrigações decorrentes dos contratos, celebrados através de sucursais ou em regime de livre prestação de serviços, são cumpridas em similitude com os resseguros da empresa--mãe (122.º-N/2).

§ 32.º O ENDIVIDAMENTO

135. Princípio e regime geral

I. A idoneidade das seguradoras obriga ainda a lidar, em termos prudenciais, com o tema do seu endividamento. O RGAS dedica, ao tema, o seu Título V: algo deslocado relativamente à área da regulação prudencial, que lhe compete.

À partida, o endividamento seria livre, regendo-se por regras de boa gestão e de mercado. Mas a dimensão regulativa logo intervém: o artigo 194.º afirma que elas (…) estão *autorizadas* a contrair ou emitir empréstimos (…), mas *nos termos do presente diploma*.

II. O regime geral aplicável consta do artigo 195.º/1:

> O montante dos empréstimos contraídos ou emitidos por uma empresa de seguros, independentemente da sua forma, mas com exclusão dos empréstimos subordinados aceites para constituição da margem de solvência disponível, não pode ultrapassar 50% do seu património livre líquido.

Seguem-se as precisões do artigo 195.º/2:

> Para efeitos do presente título, considera-se que:
>
> *a*) O património de uma empresa de seguros compreende os seguintes elementos:
>   *i*) O capital social realizado, com exclusão das ações próprias;
>   *ii*) Os prémios de emissão;
>   *iii*) As reservas de reavaliação;
>   *iv*) As outras reservas;
>   *v*) Os resultados transitados;
>   *vi*) O resultado do exercício, deduzido de eventuais distribuições;
> *b*) O património livre líquido corresponde ao património, deduzido de toda e qualquer obrigação previsível nos termos legais e regulamentares, das imobilizações incorpóreas e do montante da margem de solvência exigida a constituir.

Precisada a noção de património, para efeitos de endividamento, o legislador passa a ocupar-se desta última realidade. O artigo 195.º/3, explicita:

> Para efeitos do presente título, são equiparados a empréstimos todos os financiamentos obtidos pela empresa de seguros, incluindo os descobertos bancários, que não decorram da sua atividade corrente e que, em substância, tenham a função de empréstimo.

III. A capacidade de endividamento das seguradoras é, ainda, delimitada pelas regras do artigo 195.º/4 a 7. Em síntese, elas dizem-nos o seguinte:

– apenas podem contrair ou emitir empréstimos as empresas em que o património livre líquido não seja inferior a 30% do capital social mínimo obrigatório (n.º 4);
– quando, após a contração ou a emissão de um empréstimo, deixem de estar reunidas as condições para o fazer, as empresas visadas devem, no prazo de 12 meses, executar integralmente o necessário aumento de capital, sob pena de se constituírem em situação financeira insuficiente, para os efeitos dos artigos 109.º e seguintes (n.º 5);
– enquanto não estiverem liquidadas integralmente as obrigações resultantes desse aumento, é proibida a distribuição de dividendos (n.º 6)
– a esse aumento de capital não é aplicável a faculdade constante do artigo 277.º/2 do Código das Sociedades Comerciais (n.º 7): trata-se da faculdade de diferir a realização do capital; a lei pretende que o aumento surta efeito imediato.

136. Regime especial

I. O artigo 196.º prevê um regime dito especial. No essencial, esse regime permite que seja ultrapassado, em endividamento, o limite de 50% do património livre líquido da empresa interessada, mas só até 75% dessa cifra.

II. Para tanto, a deliberação social do endividamento deve ser tomada pela assembleia geral, em termos do artigo 383.º/2 do Código das Sociedades Comerciais (*quorum* constitutivo: um terço do capital social, em primeira convocação) e do artigo 386.º/3 do mesmo Código (exigência de maioria qualificada de dois terços) (196.º/1).

Quando for convocada a assembleia ou, não carecendo esta de convocação, pelo menos 30 dias antes da celebração ou da emissão do empréstimo, devem os termos deste ser comunicados ao ISP (196.º/2).

III. Sempre que, após a contração ou a emissão do empréstimo, seja ultrapassada a percentagem de 75% do património livre líquido em endividamento, tem aplicação o artigo 195.º/5 a 7, acima examinado (196.º/3).

137. Outras regras

I. O endividamento das seguradoras pauta-se, ainda, por outras regras que cumpre relevar. Devemos ter presente que a existência e o nível de tal endividamento, dadas as especiais características do sector dos seguros, põem em jogo os interesses dos tomadores, dos segurados, da sociedade e dos próprios credores da empresa. Compreende-se, por isso, a cautela legislativa.

II. Os elementos documentais competentes são fixados por norma do ISP (197.º).

As empresas em situação financeira insuficiente não podem contrair ou emitir empréstimos, até que se mostrem acauteladas as suas responsabilidades para com os credores específicos dos seguros, salvo autorização do ISP (198.º/1).

O ISP pode, ainda, suspender o cumprimento das obrigações decorrentes dos empréstimos, quando tal se mostre indispensável para acautelar as responsabilidades para com os credores específicos dos seguros (198.º/2). Aflora, aqui, a regra da primazia do cumprimento dos contratos de seguro, já presente no privilégio especial de que as inerentes obrigações desfrutam (88.º/5).

O ISP pode, finalmente, determinar a constituição de um fundo para amortização do empréstimo contraído ou emitido (199.º).

III. Nos prospetos, títulos de empréstimo e demais documentos relativos a empréstimos contraídos ou emitidos, deve constar, de modo explícito, a preferência que os credores específicos de seguros gozam, no caso de liquidação ou de insolvência, bem como os poderes que o ISP tem de suspender o seu cumprimento (200.º). Visa-se, com isso, acautelar a boa-fé dos credores "não-específicos", pela subscrição ou contração de tais empréstimos e, em simultâneo, desincentivar pessoas não especializadas, relativamente a tais operações.

IV. Os títulos de dívida a curto prazo seguem o Decreto-Lei n.º 69/2004, de 25 de março[588] e, ainda, o próprio RGAS (201.º).

Quanto a ações próprias: a sua aquisição só é possível pelas sociedades em que o património livre líquido não seja inferior nem a metade do capital social mínimo obrigatório, nem ao valor necessário para a constituição da margem de solvência exigida (201.º-A). Tais requisitos somam-se, naturalmente, aos previstos pela lei geral das sociedades[589].

V. Os empréstimos contraídos com inobservância das regras aplicáveis às seguradoras, bem como a aquisição de ações próprias à margem do prescrito, conduzem à nulidade das operações em causa (201.º-B/1): uma sanção pesada, que atinge os mutuantes e que mais justifica a publicidade determinada pelo artigo 200.º.

O ISP tem legitimidade para requerer a declaração de nulidade dos empréstimos e das aquisições em jogo, bem como para requerer as providências cautelares necessárias para garantir a eficácia da medida (201.º-B/2).

VI. Quanto a empresas de seguros com sede fora da União Europeia: aos empréstimos contraídos cujo produto seja imputável à atividade das respetivas sucursais em Portugal, aplicam-se, com adaptações, os já examinados artigos 195.º a 200.º (201.º-C/1).

Quando não cumpra os artigos 195.º/1 e 196.º/1 (limites geral e especial de endividamento), a empresa tem seis meses para repor a situação, sob pena de se considerar em situação financeira insuficiente, para efeitos dos artigos 109.º e seguintes (201.º-C/2). E enquanto não for reposta a situação, ela não pode efetuar transferências de fundos para a sede social ou para qualquer sucursal ou filial fora do território nacional, salvo prévia autorização do ISP.

---

[588] Fixa o regime jurídico dos valores representativos de dívida a curto prazo, vulgarmente denominados "papel comercial".

[589] Artigos 316.º e seguintes do Código das Sociedades Comerciais; *vide* Pedro de Albuquerque, *CSC/Clássica*, 2.ª ed., 877 ss..

SECÇÃO II
O RGAS DE 2015

§ 33.º **CONDIÇÕES FINANCEIRAS DAS EMPRESAS DE SEGUROS**

138. O RGAS de 2015

I. As denominadas "garantias prudenciais" foram fortemente alteradas pelo RGAS de 2015. Desde logo, a matéria deixa de constituir uma rubrica específica: surge num capítulo III, intitulado "condições financeiras das empresas de seguros e de resseguros com sede em Portugal", do Título III. Esse capítulo abarca os artigos 86.º a 152.º, com a seguinte ordenação:

Secção I – Regras gerais relativas às condições financeiras (86.º a 89.º);
Secção II – Avaliação dos elementos do ativo e do passivo (90.º);
Secção III – Provisões técnicas (91.º a 106.º);
Secção IV – Fundos próprios (107.º a 115.º):
   Subsecção I – Determinação dos fundos próprios (107.º a 110.º);
   Subsecção II – Classificação dos fundos próprios (111.º a 114.º);
   Subsecção III – Elegibilidade dos fundos próprios (115.º);
Secção V – Requisito do capital de solvência (116.º a 145.º):
   Subsecção I – Regime comum relativo ao requisito de capital de solvência (116.º a 118.º);
   Subsecção II – Cálculo do requisito do capital de solvência com base na fórmula-padrão (119.º a 131.º);
   Subsecção III – Cálculo do requisito de capital de solvência com base em modelos internos ou parciais (132.º a 145.º);
Secção VI – Requisito do capital mínimo (146.º a 148.º);
Secção VII – Investimentos (149.º a 152.º).

II. A preocupação do legislador é a de alinhar pelos textos europeus: louvável, embora as contínuas mudanças de terminologia se traduzam em custos de transação, ficando obnubiladas as verdadeiras alterações de fundo.

139. Regras gerais

I. As regras gerais sobre as condições financeiras das empresas de seguros constam do artigo 86.º. Vamos reter os seus dois primeiros números:

> 1. As empresas de seguros e de resseguros devem constituir provisões técnicas, cumprir o requisito de capital de solvência e o requisito de capital mínimo, e respeitar o regime aplicável, para efeitos prudenciais, à avaliação dos elementos do ativo e do passivo, aos fundos próprios e aos investimentos, nos termos do presente capítulo.
> 2. A ASF pode, através de norma regulamentar, detalhar o regime aplicável às condições financeiras exigidas às empresas de seguros e de resseguros.
> (...)

O objetivo da lei é, pois, o de que as seguradoras disponham de meios para garantir a eventualidade de terem de acudir aos diversos sinistros. Além disso, essa capacidade deve ser publicamente reconhecível: só assim se pode sustentar a confiança no sistema, essencial para o seu funcionamento.

II. Temos, de seguida, os seguintes pontos que, para além do que predispõem, permitem, ainda, apreender os valores gerais aqui em jogo:

- reconhecimento mútuo do seguro (87.º): não podem ser recusados resseguros ou retrocessões com fundamento na falta de solidez das empresas que o pretendam: tal solidez tem-se por adquirida;
- suficiência dos prémios (88.º): devem garantir o equilíbrio técnico, da modalidade de seguro em causa, segundo técnicas atuariais razoáveis;
- exploração cumulativa de ramos vida e não-vida (89.º): deve haver uma gestão distinta para cada um deles, uma vez que têm exigências prudenciais próprias.

140. Avaliação dos elementos do ativo e do passivo

I. Dispõe o 90.º/1:

1. As empresas de seguros e de resseguros devem constituir provisões técnicas em relação a todas as suas obrigações de seguro ou de resseguro.

II. A Lei mostra uma preocupação de realismo. Os valores são os do mercado. Impõe-se uma gestão cautelosa, dadas as flutuações a que ele está sujeito.

141. Provisões técnicas

I. As provisões técnicas correspondem a valores cativos impostos pelo RGAS para assegurar o cumprimento das obrigações das seguradoras. Elas são objeto de especial supervisão da ASF [21.º, 28.º/2, c), 30.º/3, d), 40.º/2, entre outros]. A matéria surge desenvolvida nos artigos 91.º a 106.º.

II. O valor das provisões técnicas surge definido no artigo 91.º/2, em termos de mercado: deve corresponder ao montante anual que a empresa de seguros ou de resseguros teria de pagar se transmitisse imediatamente as suas obrigações de seguro e resseguro para outra empresa de seguros ou de resseguros (91.º/2). Nesse cálculo, devem ainda ser usadas as informações fornecidas pelos mercados financeiros (91.º/3), devendo usar-se de prudência e de objetividade 91.º/4).

III. O RGAS, no quadro sensível das provisões técnicas, remete para duas noções: o cálculo da melhor estimativa (93.º) e o cálculo da margem de risco (94.º). Em síntese:

– o cálculo da melhor estimativa corresponde ao valor esperado dos fluxos de caixa futuros, ponderados pela probabilidade da sua ocorrência;
– o cálculo da margem de risco remete para o valor das provisões técnicas que as empresas de seguros e de resseguros deveriam normalmente exigir para assumir e cumprir as responsabilidades de seguros ou de resseguros.

Seguem-se múltiplos preceitos regulamentares.

142. Fundos próprios

I. Na supervisão das seguradoras, um ponto especial é o dos seus fundos próprios (107.º a 115.º). O RGAS distingue "fundos próprios de base" e "fundos próprios complementares". Os primeiros correspondem ao excesso do ativo sobre o passivo, deduzido do montante das ações próprias detidas pela empresa de seguros ou de resseguros e aos passivos subordinados (108.º). Os segundos são os demais fundos próprios, que podem ser mobilizados para absorver perdas (109.º/1). Incluem (109.º/2): (a) a parte não realizada do capital social ou do fundo inicial não mobilizado; (b) as cartas de crédito e as garantias; (c) outros compromissos juridicamente vinculativos, recebidos pela seguradora.

II. Os fundos próprios complementares, relevantes para a determinação dos fundos próprios, estão sujeitos a aprovação prévia da ASF (110.º/1). O artigo 110.º/2 formula mais um princípio: o montante atribuído a cada elemento dos fundos próprios complementares deve refletir a sua capacidade de absorção de perdas, baseando-se em pressupostos pendentes e realistas.

III. Os fundos próprios são classificados em três níveis, de acordo, designadamente, com os vetores de disponibilidade de subordinação (111.º/2) e de não-oneração (111.º/5): níveis 1, 2 e 3 (112.º). Tudo isso é ponderado quanto à sua elegibilidade.

143. Capital de solvência e capital mínimo

I. Os fundos próprios são, ainda, embricados com o requisito de capital de solvência (116.º a 145.º): uma secção extensa, assim ordenada:

Subsecção I – Regime comum relativo ao requisito de capital de solvência (116.º a 118.º);

Subsecção II – Cálculo do requisito do capital de solvência com base na fórmula-padrão (119.º a 131.º);

Subsecção III – Cálculo do requisito de capital de solvência com base em modelos internos ou parciais (132.º a 145.º);

II. Toda esta matéria, cuja leitura se recomenda aos cultores do Direito dos seguros, tem uma feição regulamentar. Todavia, o legislador de 2015 entendeu introduzi-la na própria Lei.

III. O "capital mínimo" surge como mais uma noção destinada a (re)enquadrar os fundos próprios, de modo a dar solidez às seguradoras (146.º a 148.º). Segundo o artigo 146.º:

> As empresas de seguros e de resseguros devem dispor, nos termos do presente regime, de fundos próprios de base elegíveis suficientes para cobrir o requisito de capital mínimo.

Por seu turno, o capital mínimo (147.º/1) traduz um montante de fundos próprios de base elegíveis abaixo do qual os tomadores de seguros, os segurados e os beneficiários ficam expostos a "um nível de risco inaceitável". O 147.º em causa procede, depois, à fixação de diversos elementos.

144. Investimentos

I. As seguradoras por via das regras apontadas, dispõem de ativos: por vezes muito consideráveis. Devem ser investidos. Manda o artigo 149.º/1: segundo o princípio do gestor prudente, de acordo com certas regras.

Assim, os investimentos devem ser feitos unicamente em ativos e instrumentos cujos riscos possam adequadamente identificar, mensurar, monitorizar, gerir, controlar e comunicar (149.º/2, 1.ª parte).

II. Podendo haver conflitos de interesses, devem prevalecer os dos tomadores de seguro, dos segurados e dos beneficiários (152.º/1). Temos aqui um *favor* que dá corpo a um vetor geral do Direito dos seguros.

§ 34.º SUPERVISÃO DE GRUPOS

145. O RGAS de 2015

I. O RGAS de 2015 reagrupou, no seu título VI, diversa matéria atinente à supervisão das empresas de seguros e de resseguros, que façam parte de um grupo, contida nos artigos 252.º a 303.º.

II. Cumpre dar uma ideia do conteúdo desse Título VI:

Título VI – Supervisão das empresas de seguros e de resseguros (252.º a 303.º):
Capítulo I – Definições, âmbito de aplicação e níveis de aplicação do regime (252.º a 257.º):
Secção I – Definições gerais relativas à supervisão de empresas de seguros e de resseguros que fazem parte de um grupo (252.º a 254.º);
Secção II – Níveis de aplicação do regime (255.º a 257.º).
Capítulo II – Condições financeiras e sistema de governação (258.º a 283.º):
Secção I – Solvência dos grupos (258.º a 280.º);
Subsecção I – Disposições gerais relativas à solvência dos grupos (258.º e 259.º);
Subsecção II – Escolha do método de cálculo e princípios gerais (260.º a 264.º);
Subsecção III – Aplicação dos métodos de cálculo (265.º a 269.º);
Subsecção IV – Métodos de cálculo (270.º a 273.º);
Subsecção V – Supervisão da solvência (274.º a 280.º);
Secção II – Concentração de riscos e operações intragrupo (281.º e 282.º);
Secção III – Sistema de governação (283.º).

Capítulo III – Medidas para facilitar a supervisão de grupo (284.º a 298.º).
Capítulo IV – Países terceiros (299.º a 302.º).
Capítulo V – Sociedades gestoras de participações de seguros mistas (303.º).

146. Noções básicas

Afigura-se-nos útil e esclarecedor consignar as substanciais definições contidas no artigo 252.º (definições). Diz ele:

Para efeitos do presente título, considera-se:

a) «Empresa participante», a empresa que seja uma empresa-mãe, uma empresa que detenha uma participação ou uma empresa ligada a outra empresa por relação da seguinte natureza:

  i) Estarem colocadas sob uma direção única por força de um contrato concluído com esta empresa ou de cláusulas estatutárias daquelas empresas; ou,

  ii) Os respetivos órgãos de administração ou de fiscalização serem compostos na maioria pelas mesmas pessoas que exerciam funções durante o exercício e até à elaboração de contas consolidadas;

b) «Empresa participada», a empresa que seja uma filial, uma empresa na qual é detida uma participação, ou uma empresa ligada a outra empresa por uma relação tal como previsto nas subalíneas *i)* e *ii)* da alínea anterior;

c) «Grupo», o grupo de empresas que:

  i) Consista numa empresa participante, nas suas filiais e nas entidades em que a empresa participante ou as suas filiais detêm participações, bem como as empresas ligadas entre si por uma relação tal como previsto subalíneas *i)* e *ii)* da alínea *a)*; ou,

  ii) Se baseie no estabelecimento de relações financeiras fortes e sustentáveis, contratuais ou não, entre as empresas que o constituem e que pode incluir associações mútuas ou equiparadas, desde que uma dessas empresas exerça efetivamente, através de coordenação centralizada, uma influência dominante sobre as decisões, nomeadamente financeiras, das outras empresas que fazem parte do grupo e o estabelecimento e dissolução de tais relações para efeitos do presente título esteja sujeito a aprovação prévia pelo supervisor do grupo, sendo que a empresa que exerce a coordenação centralizada é considerada a empresa-mãe e as outras empresas são consideradas filiais;

d) «Supervisor do grupo», a autoridade de supervisão responsável pela supervisão do grupo, determinada nos termos do artigo 284.º;

e) «Colégio de supervisores», a estrutura permanente, mas flexível, de cooperação, coordenação e facilitação do processo de decisão respeitante à supervisão de um grupo;

f) «Sociedade gestora de participações no setor dos seguros», a empresa-mãe que não seja uma companhia financeira mista e cuja atividade principal consista na aquisição e detenção de participações em empresas filiais, quando essas empresas sejam exclusiva ou principalmente empresas de seguros, empresas de resseguros ou empresas de seguros ou de resseguros de um país terceiro, sendo pelo menos uma destas filiais uma empresa de seguros ou uma empresa de resseguros;

g) «Sociedade gestora de participações de seguros mista», a empresa-mãe que não seja uma empresa de seguros, uma empresa de resseguros, uma empresa de seguros ou de resseguros de um país terceiro, uma sociedade gestora de participações no setor dos seguros ou uma companhia financeira mista, sendo pelo menos uma das suas filiais uma empresa de seguros ou uma empresa de resseguros;

h) «Companhia financeira mista», a empresa-mãe que não seja uma entidade regulamentada, a qual, em conjunto com as suas filiais, em que pelo menos uma deve ser uma entidade regulamentada com sede estatutária na União Europeia, e outras entidades, constitui um conglomerado financeiro;

i) «Conglomerado financeiro», um grupo ou subgrupo que preenche as condições da alínea 14) do artigo 2.º da Diretiva 2002/87/CE, do Parlamento Europeu e do Conselho, de 16 de dezembro de 2002;

j) «Entidade regulamentada», uma instituição de crédito, uma empresa de seguros ou de resseguros, uma empresa de investimento, uma sociedade gestora autorizada a gerir organismos de investimento coletivo em valores mobiliários ou uma sociedade autorizada a gerir organismos de investimento alternativo;

k) «Empresa-mãe», qualquer empresa na aceção da alínea b) do n.º 1 do artigo 6.º, bem como qualquer empresa que, no parecer das autoridades de supervisão, exerça efetivamente uma influência dominante sobre outra empresa;

l) «Filial», qualquer empresa na aceção da alínea c) do n.º 1 do artigo 6.º, bem como qualquer empresa sobre a qual, no parecer das auto-

ridades de supervisão, uma empresa-mãe exerça efetivamente uma influência dominante;
m) «Participação», qualquer participação na aceção da alínea e) do n.º 1 do artigo 6.º, bem como a detenção, direta ou indireta, de direitos de voto ou de capital numa empresa sobre a qual, no parecer das autoridades de supervisão, é efetivamente exercida uma influência significativa.

147. Condições financeiras e sistema de governação

I. A solvência de grupos recebe, no RGAS de 2015, regras pormenorizadas. Trata-se de preceitos europeus, com pouca aplicação no Retângulo Nacional. Não obstante, o seu relevo para uma teorização dos grupos de sociedades é claro.

II. A solvência do grupo assenta na inclusão da parte proporcional detida pela empresa participante (261.º/1). A dupla utilização de fundos próprios elegíveis é proibida (262.º/1). Tão-pouco podem ser tidos em conta fundos próprios elegíveis para o requisito de capital de solvência que provenham de um financiamento recíproco entre a empresa de seguros ou de resseguros participante e: (a) uma empresa participada; (b) uma empresa participante; (c) uma outra empresa participada das suas empresas participantes (263.º/1).

III. A aplicação dos métodos de cálculo é explicitada nos artigos 265.º a 269.º, seguindo-se os métodos de cálculo (270.º a 273.º).
Seguem-se regras sobre a concentração de riscos e operações intra-grupo (281.º e 282.º) e o sistema de governação (283.º).

148. Medidas para facilitar a supervisão

I. A dispersão dos grupos de seguradoras pode levantar problemas à supervisão. Donde todo um capítulo com medidas destinadas a facilitar a supervisão do grupo (284.º a 294.º).

II. Encontramos, aí, medidas como:
– o supervisor de grupo único, quando haja vários países em causa (284.º);

– o colégio de supervisores (286.º);
– regras de consulta mútua (288.º) e de cooperação (290.º);
– sigilo e informações (291.º a 293.º).

III. Todo este esquema representa uma estrutura pesada, que drena a energia das empresas, para efeitos de supervisão. A Europa terá de encontrar um caminho para uma supervisão eficaz simplificada, que baixe, de vez, os sempre crescentes custos de transação. De outro modo, as seguradoras europeias ficarão em desvantagem, na aldeia global.

§ 35.º RECUPERAÇÃO E LIQUIDAÇÃO

149. Panorama geral do RGAS de 2015

I. A recuperação e a liquidação das empresas seguradoras traduzem um ponto delicado. Com efeito, a insolvência de uma seguradora vem bulir com os interesses dos seus tomadores e segurados. Além disso, ela envolve um risco sistémico, que pode abalar as empresas do sector e, ainda, o próprio sistema financeiro.

II. O RGAS de 2015 dedica um título VII à recuperação e à liquidação. Eis o seu teor geral:

Capítulo I – Empresas de seguros e de resseguros em dificuldade e respetiva prevenção e recuperação (304.º a 327.º):
    Secção I – Prevenção e medidas de recuperação (304.º a 315.º);
    Secção II – Regime comum das medidas de recuperação (316.º a 320.º).
    Secção III – Dimensão transfronteiras das medidas de recuperação relativas às empresas de seguros (321.º a 327.º).
Capítulo II – Liquidação de empresas de seguros (328.º a 355.º):
    Secção I – Disposições gerais relativas à liquidação de empresas de seguros (328.º a 330.º);
    Secção II – Regime material (331.º a 335.º);
    Secção III – Regime processual (336.º a 354.º):
        Subsecção I – Disposições gerais relativas ao regime processual aplicável à liquidação (336.º a 339.º);
        Subsecção II – Dimensão transfronteiras da liquidação (340.º a 354.º);
    Secção IV – Aplicação do regime de liquidação às sucursais de empresas de seguros em país terceiro (355.º).

150. Prevenção e recuperação

I. A prevenção constitui, no Direito como em tudo, sempre o ideal. No tocante à seguradoras, o artigo 304.º prevê a identificação e a notificação da deterioração de condições financeiras por empresas de seguros e resseguros.

As irregularidades de gestão devem ser participadas (305.º). As empresas devem, ainda, avisar a ASF, assim que o capital de solvência deixe de ser cumprido ou logo que exista o risco de incumprimento nos três meses subsequentes (306.º/1). O mesmo regime tem aplicação quanto ao capital mínimo (307.º/1).

II. Perante as insuficiências referidas, a empresa visada deve apresentar, à ASF, um plano de recuperação devidamente fundamentado (306.º/2 e 307.º/2). O conteúdo desse plano é explicitado com minúcia (308.º).

III. A ASF pode determinar medidas de recuperação, exemplificativamente elencadas no artigo 309.º/2. São elas:

a) Indisponibilidade dos ativos, nos termos do artigo seguinte;
b) Restrições ao exercício da atividade, designadamente à exploração de determinados ramos ou modalidades de seguros ou tipos de operações;
c) Restrições à comercialização de novos produtos ou operações de seguros e à aceitação de resseguro;
d) Restrições à renovação, à prorrogação, ao resgate ou reembolso antecipado dos contratos ou operações de seguros existentes, ou à elevação dos respetivos capitais;
e) Restrições à aceitação de créditos e ao investimento em determinados ativos, em especial no que respeite a operações realizadas com filiais, com entidade que seja empresa-mãe da empresa ou com filiais desta ou em relação estreita com esta, bem como com entidades sediadas em jurisdições offshore;
f) Proibição ou limitação da distribuição de dividendos;
g) Sujeição de certas operações ou de certos atos à aprovação prévia da ASF;
h) Realização de uma auditoria à totalidade ou a parte da atividade da empresa, por entidade independente designada pela ASF, a expensas da empresa;
i) Imposição da suspensão ou da destituição de titulares de órgãos sociais da empresa nos termos dos artigos 311.º e 312.º;

§ 35.º Recuperação e liquidação   391

j) Designação de administradores provisórios ou de uma comissão de fiscalização, nos termos dos artigos 311.º e 312.º;
k) Encerramento e selagem de estabelecimentos;
l) Aumento ou redução do capital social nos termos do artigo 313.º;
m) Alienação de participações qualificadas na empresa de seguros ou de resseguros;
n) Alienação de ativos;
o) Transferência parcial de carteira nos termos do artigo 314.º;
p) Alteração nas estruturas legais ou operacionais da empresa de seguros ou de resseguros;
q) Alterações nas estruturas funcionais da empresa de seguros ou de resseguros, nomeadamente pela eliminação ou alteração de cargos de direção de topo ou de responsáveis por funções-chave ou pela cessação da afetação a esse cargo dos respetivos titulares;
r) Alteração na estratégia de gestão da empresa de seguros ou de resseguros.

Tudo isso vem desenvolvido nos artigos subsequentes, articulando-se, ainda, um regime comum das medidas de recuperação (316.º a 320.º), com uma especial publicidade (317.º).

IV. A tomada estrepitosa de medidas de recuperação conduz a uma imediata fuga de capitais: da empresa em dificuldades e das congéneres. As recentes experiências do BES e do BANIF devem levar a uma reflexão sobre o tema.

151. **A liquidação**

I. A dissolução voluntária, bem como a liquidação, judicial ou extrajudicial, de uma empresa de seguros depende de autorização da ASF (328.º/1). Esta tem legitimidade para requerer a liquidação judicial em benefício dos sócios e, em exclusivo, para requerer a liquidação judicial e a insolvência (328.º/1).

II. A decisão de abertura da liquidação implica a revogação da autorização da empresa visada, para o exercício da atividade seguradora (329.º/1).

III. O artigo 331.º dispõe sobre créditos de seguros, nos seguintes e precisos termos:

1. Para efeitos do regime de liquidação de empresas de seguros, consideram-se créditos de seguros quaisquer quantias que representem uma dívida de uma empresa de seguros para com os tomadores de seguros, segurados, beneficiários ou qualquer terceiro lesado que tenha direito de ação direta contra a empresa de seguros decorrente de um contrato ou operação da atividade seguradora, incluindo as quantias provisionadas a favor das pessoas acima mencionadas enquanto não são conhecidos alguns elementos da dívida.

2. São também considerados créditos de seguros as prestações devidas por uma empresa de seguros em resultado da não celebração ou renúncia ao contrato ou da respetiva invalidade.

IV. O regime processual vem explicitado nos artigos 336.º (publicidade da decisão de abertura e da liquidação), 337.º (informação aos credores conhecidos), 338.º (direito à reclamação de créditos) e 339.º (informação regular dos credores). A dimensão transfronteiriça da liquidação é contemplada (340.º a 354.º).

CAPÍTULO IV
A SUPERVISÃO DOS CONTRATOS DE SEGURO

§ 36.º A REGULAÇÃO DOS CONTRATOS

152. A necessidade de regulação

I. O Direito institucional dos seguros não se limita a regular as empresas seguradoras. A realidade em jogo leva a que ele se ocupe, também, dos próprios contratos de seguro.
Para tanto, podemos apresentar três ordens de justificações:

– o equilíbrio do sistema;
– a existência de seguros obrigatórios;
– a tutela dos tomadores e dos segurados.

II. O equilíbrio do sistema dos seguros manifesta-se no plano das seguradoras. Mas ele depende, na base, dos contratos que estas venham a celebrar. Contratos desleixados, mal dimensionados na relação prémio/ /risco coberto ou desadaptados da realidade sócio-económica em que funcionem podem conduzir a desequilíbrios que, fatalmente, irão atingir o sistema.
Dir-se-á que esse tipo de problema é comum a todos os sectores económicos, cabendo à concorrência reestabelecer o equilíbrio. Teoricamente, assim será. Mas a prática dos seguros revela dificuldades: os seguros têm um tipo de funcionamento diferido, de tal modo que a concorrência só se manifesta no longo prazo; ora, nessa altura, pode ser tarde para introduzir inflexões ou para mudar de seguradora.
Além disso, os contratos de seguro assentam em grandes números e numa normalização inevitável. Também aqui o funcionamento da concorrência, eficaz perante situações de atomismo do mercado, ou tarda ou é ineficaz.

A existência de um sistema equilibrado de seguros pressupõe uma regulação que transcenda as seguradoras isoladas. Foi uma lição retirada de inúmeras crises. Enquanto não se consegue uma regulação planetária, ficamo-nos pelas regulações nacionais.

III. Existem, na atualidade, numerosos seguros obrigatórios, isto é: situações em que o exercício de uma atividade ou a detenção de um bem, sendo livres, requerem, no entanto, que o interessado transfira os riscos inerentes a tais ocorrências, para companhias de seguros habilitadas. A série de seguros obrigatórios não pára de crescer[590].

Um contrato "obrigatório" é um contra-senso. Por certo que, nos seguros obrigatórios, o tomador tem a liberdade de escolher a seguradora que entenda. Mas essa liberdade de escolha não esconde a falta de liberdade na própria decisão de contratar.

Por outro lado, a existência de seguros obrigatórios coloca, na esfera das seguradoras globalmente tomadas, uma riqueza imensa: o Estado assegura-lhes um vasto conjunto de valores patrimoniais. Tudo ponderado: não deve o Estado desinteressar-se do modo por que sejam concluídos os seguros obrigatórios. Além do equilíbrio que lhe cabe fazer reinar, ele tem ainda de confirmar que os fins que justificam a obrigatoriedade dos seguros são, de facto, prosseguidos.

IV. Finalmente, temos a tutela dos tomadores e dos segurados. No plano macrossegurador, a confiança é necessária para o funcionamento dos seguros. E ela pressupõe, como temos vindo a observar, uma atuação prestigiada e competente do Estado, através de autoridades independentes devidamente habilitadas.

O plano dos particulares em si deve, também, ser tido em conta. Um contrato de seguro pode envolver aspetos de grande complexidade. Mesmo um especialista hesitará, perante muitas das suas cláusulas, quanto ao seu significado e quanto ao seu eventual papel, no futuro. Podem intervir diversas eventualidades. E de novo o mercado não é suficiente para formar as partes e para aperfeiçoar soluções.

Impõe-se uma tutela adequada dos particulares: tomadores ou segurados, agora na qualidade de consumidores de produtos financeiros, que incluem os contratos de seguro. E esse é, também, um papel do Estado.

---

[590] *Supra*, 109 ss..

153. O sistema do RGAS de 1998

I. A regulação dos contratos de seguro assenta num conjunto de regras dispersas pelo RGAS de 1998. A sua perceção não é imediata. No essencial, ela surge no Título III – *condições de exercício da atividade seguradora e resseguradora*, a saber:

– do capítulo III – *ramos de seguros, supervisão de contratos e tarifas e condutas de mercado* (123.º a 131.º-F);
– do capítulo V – *transferências de carteiras* (148.º a 155.º-A);
– do capítulo VI – *supervisão*, secção II, *sigilo profissional* (158.º a 162.º);
– do capítulo VIII – *concorrência* (175.º-A e 175.º-B).

No Título VI – *sanções*, encontramos igualmente alguns preceitos que relevam para a supervisão dos contratos de seguro.

II. Na republicação do RGAS, levada a cabo pelo Decreto-Lei n.º 2/2009, de 5 de janeiro, não se teve em conta que os artigos 132.º a 142.º (cosseguro) e 176.º a 193.º (disposições aplicáveis ao contrato de seguro) haviam sido revogados pelo artigo 6.º/1, *d*), do Decreto-Lei n.º 72/2008, de 16 de abril, que aprova a Lei do Contrato de Seguro. A matéria em causa passou, como se impunha, para esta última Lei.

O lapso foi corrigido pela Declaração de Retificação n.º 17/2009, de 3 de março, no que ilustra mais uma curiosidade da nossa produção legislativa[591].

III. O RGAS de 1998 foi pensado, aquando da sua elaboração, para se ocupar, embora pelo prisma prudencial, também do contrato de seguro. Além dessa dimensão, recordamos que, na época, o essencial do contrato de seguro resultava, ainda, do Código Comercial de 1888. O legislador sentiu a necessidade de atualizar alguns aspetos e de corrigir outros.

A LCS, adotada em 2008, absorveu, do RGAS, as áreas mais manifestamente relativas ao contrato de seguro e que ela própria passou a reger: os acima referidos artigos 132.º a 142.º e 176.º a 193.º. Mas não expurgou, preceito a preceito, as normas relativas ao contrato em causa: nem seria de

---

[591] A falta de cuidado na revisão dos diplomas legais leva a desenvolver uma teoria geral relativa a gralhas, lapsos, erros e omissões na lei: *Tratado*, I, 811 ss..

esperar que o fizesse. Por isso, o RGAS de 1998 era relevante, em múltiplos aspetos, para o regime do contrato de seguro.

IV. Além desse aspeto próprio das fontes, verifica-se que o Direito dos seguros, enquanto sistema coerente, postula, de modo necessário, conexões substantivas e formais entre o Direito institucional e o Direito individual.

O grande desafio jurídico-científico colocado pelo Direito dos seguros reside, precisamente, na integração dos dois subsistemas em questão.

154. O RGAS de 2015

I. O RGAS de 2015 estabeleceu, como se impunha, alguma ordem nesta matéria. A supervisão dos contratos foi deslocada para as disposições gerais, ocupando a secção III (39.º a 41.º) do capítulo sobre a supervisão.

Aí, o diploma contempla:

– a supervisão de seguros obrigatórios (39.º);
– a supervisão dos restantes seguros (40.º);
– o registo dos contratos (41.º).

II. O artigo 39.º/1 permite à ASF impor, por norma regulamentar, a utilização de cláusulas ou de apólices uniformes para ramos ou modalidades de seguros obrigatórios. Os números subsequentes – 39.º/2 a 39.º/6 – contemplam o procedimento a seguir pelas seguradoras interessadas.

III. O artigo 40.º/1 faculta, à ASF, pedir a comunicação das condições gerais e especiais das apólices, das tarifas, das bases técnicas e dos formulários e outros impressos que as empresas seguradoras se proponham utilizar nas suas relações com os tomadores de seguros ou segurados ou com empresas cadentes ou retrocedentes. Também pode pedir a comunicação das bases técnicas usadas no ramo vida (40.º/2). Tais comunicações não constituem, todavia, condição para o exercício da atividade seguradora (40.º/3).

IV. As empresas de seguros devem manter atualizado o registo eletrónico dos contratos de seguro e operações de capitalização. Os elementos a constar do registo vêm especificados (41.º).

155. Os limites

I. A supervisão dos contratos de seguros tem limites, que devem estar presentes, aquando da interpretação e da aplicação das competentes normas.

A ASF tem competência legal para regular os seguros: pelos prismas dos tomadores, dos segurados, dos seguradores e do sistema. Para tanto, deve ater-se à lei e às *leges artis*. Não cabe à ASF dirimir conflitos de interesses entre as partes em contratos de seguros ou entre as seguradoras e os segurados. Para tanto quedam a autonomia privada e, no limite, os tribunais.

II. Em certas áreas, pode haver sobreposição de planos e de competências. Quando isso suceda, o papel da ASF não afasta o dos tribunais. Por exemplo: segundo o artigo 39.º/1, já referido,

> A ASF pode, no exercício das suas atribuições, impor por forma regulamentar, a utilização de cláusulas ou apólices uniformes para ramos ou modalidades de seguros obrigatórios.

Tais "cláusulas ou apólices uniformes" são, tecnicamente, cláusulas contratuais gerais. Elas sujeitam-se ao regime fixado pelo Decreto-Lei n.º 446/85, de 25 de outubro. As "regras" advenientes da ASF podem ser declaradas nulas, nos termos da LCCG ou, ainda, ser proibidas, através da competente ação inibitória[592].

A supervisão da ASF sobre os contratos visa a tutela do sistema e dos intervenientes nos diversos seguros. Ela não pretende diminuir os direitos das pessoas.

III. A ASF é um regulador. Como sempre sucede com os organismos de regulação ele pode, na linguagem anglo-saxónica, ser "capturado" pelos regulados, isto é: pelas companhias de seguros. Tal "captura" pode ser inconsciente ou subliminar: basta pensar que muitos dos melhores quadros do regulador obtiveram formação profissional em seguradores de grande porte. Natural é que lhes compartilhem os valores e os prismas de abordagem aos problemas.

---

[592] *Infra*, 672 ss..

Pela própria posição que ocupa, a ASF e os seus especialistas, aliás de nível excelente, consideram o tema dos seguros pelo ângulo das empresas. Podem distanciar-se dos particulares. Este risco deve estar presente, para melhor se assegurar o necessário equilíbrio.

IV. A supervisão dos contratos de seguro é necessária e deve ser aprofundada, pelas razões já indicadas. Mas ela deve conter-se nas margens que, por natureza, são as suas. Isto dito: cumpre assinalar que o alargamento desmesurado das informações a prestar na fase contratual, em termos que o tomador normal não acompanha, obriga o regulador a uma maior atuação, para defesa dos consumidores.

§ 37.º AS ÁREAS DE REGULAÇÃO

156. Generalidades; a tipicidade dos ramos

I. A supervisão dos contratos de seguro vai moldar o respetivo regime. Por isso, será tida em conta, na parte dedicada ao contrato de seguro. Alguns pontos mais diretamente ligados à lógica de supervisão devem, contudo, ser desde já adiantados.

II. O RGAS de 2015 enumera, no artigo 8.º, os ramos "não-vida" e, no artigo 9.º, os ramos "vida". Trata-se de preceitos extensos, que aqui damos por reproduzidos.

As enumerações são feitas tendo em conta o tipo de risco em causa, nos distintos ramos. Elas advêm da experiência, tendo sido completadas, ao longo dos tempos. Vamos falar em tipicidade dos ramos de seguros: eles correspondem a descrições típicas dos riscos visados em cada situação.

III. A tipicidade dos ramos tem relevo, desde logo, pelo prisma do exercício da indústria dos seguros.

Segundo o artigo 48.º/1 do RGAS, a atividade do ramo "vida" só pode ser exercida cumulativamente com os ramos "não-vida", referidos no artigo 8.º, *a*) e *b*): acidentes e doença, respetivamente. A técnica do seguro "vida", a que se podem agregar os ramos dos acidentes e da doença, é específica: exige reservas adequadas e postula uma gestão a prazo. Historicamente, vimos que teve dificuldades em afirmar-se nos países latinos. Por isso, a "vida" e a "não-vida" eram exercidas, tradicionalmente, por distintas empresas especializadas. Hoje, as seguradoras podem ser autorizadas a exercer cumulativamente ambos os ramos: mas devem adotar uma gestão distinta para cada uma das atividades (89.º).

A autorização para o exercício da atividade seguradora abrange, em princípio, a totalidade do ramo em causa (48.º/4). São possíveis as delimitações exaradas nesse preceito.

IV. A tipicidade dos ramos reflete-se, depois, numa tipicidade dos contratos e do seu conteúdo. Segundo o artigo 10.º,

> Sem prejuízo do disposto no artigo seguinte, os riscos compreendidos em cada um dos ramos referidos nos artigos anteriores não podem ser classificados num outro ramo.

Os riscos a cobrir pelos contratos devem ser reconduzidos ao ramo a que respeitem; e cada um deles terá a sua apólice, sem que se possam trocar ramos, riscos ou apólices.

A medida visa, desde logo, a normalização dos contratos, essencial para o cálculo dos riscos e para a própria análise da supervisão. Além disso, ela destina-se a proteger os particulares: mais facilmente eles poderão apreender o tipo de seguro que subscrevam.

IV. A tipicidade aqui em causa é aberta. Por um lado, a descrição dos diversos ramos é suficientemente ampla para computar vias distintas de concretização. Por outro, o artigo 11.º permite que as apólices relativas a determinado ramo cubram, também, outros riscos acessórios. Além disso, nada impede que, ao lado dos seguros "típicos", as partes confecionem outros, atípicos[593]: o artigo 11.º da LCS dá margem para tanto. Todavia: exceto nos grandes riscos, a burocracia reinante tornará muito difícil ajustar, com uma seguradora nacional, um seguro que não encaixe nos tipos conhecidos e praticados. O tema deve ser aprofundado no domínio do contrato de seguro[594].

157. Os seguros obrigatórios e os restantes

I. A eventualidade de seguros obrigatórios constitui, só por si, um fator justificativo da regulação dos contratos de seguros.

As seguradoras que pretendam explorar ramos ou modalidades de seguros obrigatórios devem comunicar, à ASF, as condições gerais e especiais das respetivas apólices, bem como das correspondentes alterações (39.º/2).

---

[593] *Vide* Margarida Lima Rego, *Contrato de seguro e terceiros* cit., 283-284.
[594] *Infra*, 723 ss..

A ASF verifica a conformidade legal das apólices comunicadas e fixa um prazo para a alteração das cláusulas que entenda dela carecerem (39.º/3). Verificada a sua conformidade legal, elas são publicadas no sítio da ASF.

II. O artigo 39.º/1, já citado, dispõe:

> A ASF pode, no exercício das suas atribuições, impor, por norma regulamentar, a utilização de cláusulas ou apólices uniformes para ramos ou modalidades de seguros obrigatórios.

A existência de apólices uniformes, impostas pela ASF e isso perante seguros obrigatórios, obrigará a perguntar pela natureza dos "contratos" que se venham a formar nessa base. O problema prende-se com a denominada obrigação de contratar[595]. Já vimos que eles se sujeitam à sindicância das cláusulas contratuais gerais.

III. A ASF pode, com fitos de supervisão, solicitar, às seguradoras, a comunicação sistemática das apólices correspondentes a esses seguros, das tarifas, das bases técnicas e dos formulários e outros impressos que elas se proponham utilizar; a comunicação não é condição para o exercício da atividade (40.º/1). Outros elementos podem ser exigidos (40.º/2 e 3).

158. A conduta de mercado; a concorrência

I. A atuação comercial das seguradoras cai também na alçada da supervisão da ASF. Pretende a lei proteger os consumidores, os seguradores e o sistema, prevenindo práticas concorrenciais que distorçam o mercado.

A publicidade de seguros obedece à lei geral; mas além disso, deve respeitar o fixado em norma da ASF ou, quanto a contratos ligados a fundos de investimento, em regulamento da CMVM, ouvida ASF (156.º/1).

Tais regulamentos visam a proteção dos credores específicos dos seguradores (o tomador e o segurado) e podem abranger os intermediários.

A ASF pode intervir na publicidade, designadamente: (a) prescrevendo as modificações necessárias; (b) ordenando a supressão de ações

---

[595] *Tratado*, II, 4.ª ed., 226 ss., com indicações.

publicitárias; (c) determinando a publicação imediata de retificações apropriadas (156.º/3).

II. Quanto a princípios de conduta de mercado, dispõe o artigo 153.º/1:

> As empresas de seguros devem atuar de forma diligente, equitativa e transparente no seu relacionamento com os tomadores de seguros, segurados, beneficiários ou terceiros lesados.

Elas devem, ainda, definir uma política de tratamento de tomadores de seguros, segurados, beneficiários ou terceiros lesados, assegurando a sua difusão na empresa e no público (154.º/1). Estamos perante manifestações de *soft law*, que devem ser acompanhadas por outras regras.

III. No campo da conduta de mercado, cabe ainda lugar para a tutela do consumidor. Assim, deve haver uma gestão de reclamações (157.º) e um provedor do cliente (158.º): matéria a retomar precisamente a propósito da tutela do consumidor[596].

Deve, ainda, ser conduzida uma política antifraude nos seguros, de acordo com princípios gerais a definir pela ASF (72.º/13).

IV. Podemos aproximar, da área da conduta de mercado, as regras sobre concorrência, especificamente fixadas para as companhias de seguros.

O regime geral da concorrência foi adotado pela Lei n.º 19/2012, de 8 de maio. Ele é aplicável ao sector dos seguros apenas com algumas particularidades que resultam dessa mesma Lei: 36.º/4, *c*) e 39.º/5, *b*). O RGAS de 1998 continha especificidade de monta: segundo o seu artigo 175.º-A/2,

> Não se consideram restritivos da concorrência os acordos legítimos entre empresas de seguros e as práticas concertadas que tenham por objeto as operações seguintes:
>
> *a*) Cobertura em comum de certos tipos de riscos;
> *b*) Estabelecimento de condições tipo de apólices.

Na aplicação das regras da concorrência, as seguradoras e suas associações, deviam ter (175.º-A/3):

---

[596] *Infra*, 667 ss..

(…) sempre em conta os bons usos da respectiva atividade, nomeadamente no que respeite às circunstâncias de risco ou solvabilidade.

Estas regras desapareceram do RGAS de 2015, num reforço da concorrência.

159. Transferência de carteira e sigilo profissional

I. A transferência de carteira, tratada nos artigos 179.º a 182.º, consiste numa forma de cessão da posição contratual própria do contrato de seguro. Ela implica a transmissão de um conjunto de posições contratuais de segurados, de uma empresa para outra ou de sucursais, dependendo de autorização das entidades de supervisão (179.º e 180.º): a ASF, no caso nacional. Os tomadores podem optar pela resolução do contrato, em certas condições (182.º/2). O tema será retomado a propósito das vicissitudes do contrato de seguro[597].

II. A ASF está sujeita a sigilo profissional (32.º a 38.º, 291.º e 354.º). Trata-se de um dever que abrange também as seguradoras e que será considerado a propósito do Direito material dos seguros[598].

---

[597] *Infra*, 761 ss..
[598] *Infra*, 736 ss..

PARTE IV

A MEDIAÇÃO DOS SEGUROS

CAPÍTULO I

A MEDIAÇÃO EM GERAL

§ 38.º NOÇÕES BÁSICAS E EVOLUÇÃO

160. Noções básicas

I. Em sentido amplo, diz-se mediação o ato ou efeito de aproximar voluntariamente duas ou mais pessoas, de modo a que, entre elas, se estabeleça uma relação de negociação eventualmente conducente à celebração de um contrato definitivo. Em sentido técnico ou estrito, a mediação exige que o mediador não represente nenhuma das partes a aproximar e, ainda, que não esteja ligado a nenhuma delas por vínculos de subordinação[599].

II. A mediação pode ser assumida como objeto de um contrato: teremos um contrato de mediação[600]. Mas ela pode, também, ocorrer por uma iniciativa do mediador sem que, previamente, nada tenha sido contratado entre ele e qualquer dos intervenientes: falaremos, nessa eventualidade, em mediação liberal. Poderá, assim, haver mediação com ou sem contrato prévio. A situação normalmente prevista nas leis é a de existir um contrato de mediação[601]: mas não fatalmente.

---

[599] *Vide* Luigi Carraro, *Mediazione e mediatore*, NssDI X (1964), 476-483 (476/I).

[600] Karl Larenz, *Lehrbuch des Schuldrechts* II/1, *Besonderer Teil*, 13.ª ed. (1986), § 54 (395), Wolfgang Fikentscher, *Schuldrecht*, 9.ª ed. (1997), § 84 (599), e Wolfgang Fikentscher/Andreas Heinemann, *Schuldrecht*, 10.ª ed. (2006), § 88, Nr. 1288 (640), quanto ao contrato civil de mediação.

[601] Arnd Weishaupt, *Der Maklervertrag im Zivilrecht*, JuS 2003, 1166-1173 (1167/I) e Dieter Reuter, no *Staudingers Kommentar*, 2, §§ 652-656 (*Maklerrecht*) (2003), prenot. §§ 652 ss., Nr. 1 (6-7) (há uma edição posterior, referida na nota seguinte).

Quando haja contrato de mediação, poderemos estar em face de uma mediação civil[602] ou de uma mediação comercial[603]: pelo menos perante Direitos que, como o alemão, distingam entre esses dois tipos possíveis[604].

III. A mediação é constantemente apontada, em países latinos, como uma das áreas menos estudadas[605], numa asserção particularmente válida, entre nós[606]. Torna-se, assim, conveniente começar por fixar a terminologia[607]. Propomos:

– mediador ou mediador contratado: a pessoa que subscreva um contrato de mediação, obrigando-se a promover um ou mais negócios jurídicos;
– mediador liberal: aquele que, independentemente de qualquer contrato, promova a conclusão de negócios jurídicos;
– comitente ou solicitante: aquele que contrate um mediador, através de um contrato de mediação;
– solicitado: a pessoa junto da qual o mediador vá exercer os seus bons ofícios;
– contrato definitivo: o contrato cuja celebração seja prosseguida pelo mediador.

---

[602] Tratada nos §§ 652 a 656 do BGB; *vide* Hartwig Sprau, no Palandt, *BGB*, 74.ª ed. (2015), Einf. v. §§ 652 ss. (1096 ss.), Herbert Roth, no *Münchener Kommentar zum BGB*, 4, 5.ª ed. (2009), 2163 ss. e, como especial obra de referência, Dieter Reuter, no Staudinger, §§ 652-656 (*Maklerrecht*) (2010), 340 pp..

[603] *Idem*, nos §§ 93 a 104 do HGB; *vide* Klaus J. Hopt, no Baumbach/Hopt, *Handelsgesetzbuch*, 35.ª ed. (2012), §§ 93 ss. (490 ss.), Gerrick von Hoyningen-Huene, no *Münchener Kommentar zum HGB*, 1, 3.ª ed. (2010), 1474 ss. e Chris Thomale, no Heidel//Schall, HGB (2011), 628 ss..

[604] Hugo Glaser/Theodor Warncke, *Das Maklerrecht in der Praxis/Grundzüge, Rechtsprechung und Schriftum*, 5.ª ed. (1973), 25 ss..

[605] Umberto Azzolina, *Le mediazione*, 2.ª ed. (1955), 1.

[606] Veja-se a nota de abertura de Manuel J. G. Salvador, *Contrato de mediação* (1964), 9; esta obra continua, passados cinquenta anos, a ser um dos poucos escritos relativos à mediação em geral, na nossa Terra. De todo o modo e de data mais recente, cumpre citar Carlos Lacerda Barata, *Contrato de mediação*, em *Estudos do Instituto de Direito do Consumo*, coord. Luís Menezes Leitão 1 (2002), 185-231.

[607] Também Manuel J. G. Salvador, *Contrato de mediação* cit., 34 ss.. Como elemento de consulta: Walter Mäschle, *Maklerrecht/Lexikon des öffentlichen und privaten Maklerrechts* (2002), 504 pp., incluindo um anexo com as leis mais diretamente relevantes.

Na tradição portuguesa, o mediador era o corretor. Assim nos surgia essa matéria, no Código Comercial de Ferreira Borges (1833)[608] e no de Veiga Beirão (1888)[609]. Todavia, o corretor correspondia a um mediador público, especialmente encartado, pelo Estado, para o exercício de determinadas funções. Iremos mantê-lo com esse alcance, sendo ainda de adiantar que a locução aparece a propósito do mercado mobiliário[610].

IV. Leis especiais permitem introduzir diversas categorias de mediadores. Sem preocupação de exaustão, adiantamos:

- os mediadores de seguros: Decreto-Lei n.º 144/2006, de 31 de julho, alterado pelo Decreto-Lei n.º 359/2007, de 2 de novembro;
- os mediadores imobiliários: Decreto-Lei n.º 212/2004, de 20 de agosto, alterado e republicado pelo Decreto-Lei n.º 69/2011, de 15 de junho;
- os mediadores financeiros: artigos 289.º e seguintes do CVM.

Caso a caso teremos de apurar se estamos perante uma verdadeira mediação.

161. Direito romano e Direito intermédio

I. A mediação deve ser tão antiga quanto o comércio. As suas presença e eficácia surgiriam tão óbvias que se dispensava, no Direito romano, prever qualquer regulação complexa sobre o tema. Mas ele era conhecido[611]. O mediador era o *proxeneta*: de *pro-xeneo*, dar hospitalidade, assistir, tratar. Provém o termo do verbo grego προξενέω: o interessar-se por qualquer coisa, proteger-se alguém ou o visar-se um determinado fim[612].

---

[608] Artigos 944.º e 1432.º e seguintes, por exemplo.
[609] Artigos 64.º e seguintes.
[610] Mais precisamente: sociedades corretoras e sociedades financeiras de corretagem (artigo 293.º/2 do CVM).
[611] Azzolina, *Le mediazione*, cit., 2.ª ed. 3 ss. e Hendrik Philipp Fröber, *Die Entstehung der Bestimmungen des BGB über den Maklervertrag (§§ 652-654 BGB) und die Rechtsprechung des Reichsgerichts zum neuen Maklerrecht* (1997), 28 ss..
[612] Com muitos elementos: Rainer Burghardt, *Proxeneta/Untersuchung zum römischen Maklerrecht* (1995), 165 pp..

Nas fontes, o *proxeneta* surge tratado por Ulpiano, em fragmentos inseridos nos *digesta*[613]. Retemos[614]:

> D. 50.14.2. Si proxeneta intervenerit faciendi nominis, ut nulli solent, videamus an possit quasi mandator teneri[615].
>
> (...)

Proxeneta faciendi nominis: intervinha de modo a promover a constituição de vínculos obrigacionais. Ulpiano retinha, depois, dois troços:

– a licitude da atuação do *proxeneta*, cuja responsabilidade se limitava à obtenção da relação final;
– a atribuição eventual do direito a uma compensação.

Os fragmentos de Ulpiano não constituem uma articulação sistemática de mediação. Um tanto ao sabor romano e na falta de um sistema externo de exposição, a matéria surgia tópica: centrada nalguns problemas exemplares. Todavia, fica ilustrada a antiguidade do fenómeno e as linhas essenciais da temática que ele implica. O *proxeneta* poderia ser incluído no grupo extenso das *artes liberales*, remuneradas pelo seu trabalho[616]. No período tardio surgiu a figura do agente oficial, de natureza diversa[617].

II. No Direito intermédio, a mediação foi sendo retomada por glosadores e comentadores.

O seu tratamento sistemático ficou a dever-se ao pós-humanista Benvenuto Stracca, autor, em 1558 da obra *De proxenetis et proxeneticis*[618]. O *proxeneta* é apresentado na sua posição de intermediário relativamente às partes – ou futuras partes. Pressupunha-se a existência de normas estatutárias densas, nas diversas cidades italianas onde, na Idade Média, surgiu o

---

[613] Vide Massimo Brutti, *Mediazione (storia)*, ED XXVI (1976), 12-33 (13-16).
[614] *Corpus iuris civilis*, ed. Theodor Mommsen, 1, 8.ª ed. (1899), 855/II-856/I.
[615] Quanto à discussão dos textos: Rainer Burghardt, *Proxeneta* cit., 4 ss..
[616] Vide Walter Erdmann, *Freie Berufe und Arbeitsverträge in Rom*, SZRom 66 (1948), 567-571, ainda que sem referir expressamente a figura.
[617] Detlef Liebs, *Ämterkauf und Ämterpatronage in der Spätantike*, SZRom 95 (1978), 158-186.
[618] Inserido em Benvenuti Stracchae, *De mercatura, cambiis, sponsionibus, creditoribus ... decisiones et tractatus varii. Ad quorum calcem nunc accessere einsdem Benvenuti Stracchae de assecurationibus, proxenetis adque proxeneticis*, Tractatus Ius (1669), 82-114, apud Bruti, *Mediazione (storia)* cit., 12/II.

Direito comercial[619]. Os mediadores proliferaram, depois, por toda a Europa Ocidental. Vamos encontrá-los nas atuais Bélgica e Holanda, em Espanha (corredores), na Provença e, por fim, em Inglaterra[620]. Na Alemanha, assiste-se a um seu especial desenvolvimento nos séculos XVII e XVIII[621]. Importante ainda foi a ideia da profissionalidade do mediador, então sedimentada[622]. O mediador não era o intermediário casual: antes o que, dessa função, fizesse exercício habitual remunerado. Estava preparado o terreno que, nas fases evolutivas subsequentes, conduziria à intervenção do Estado.

162. Os Direitos nacionais modernos

I. A profissionalização dos mediadores dá-lhes a chave do comércio. Os Estados nacionais modernos cedo se aperceberam da importância da figura. Por isso, chamaram a si uma regulação que, nos inícios, cabia à auto-organização do comércio citadino.

O exemplo liderante vem-nos de França. Ainda na Idade Média, surgiram os primeiros regulamentos régios: Filipe o Belo (1305-1312) e Carlos VI (1415). Seguiram-se, já na Idade Moderna, o édito de Carlos IX (1572) e o Decreto de Henrique IV. Finalmente, a mediação cairia nas Ordenanças de Colbert, de 1673 e de 1681. No fundamental, estas intervenções legislativas seguiam o curso seguinte[623]:

– consideravam o exercício da mediação como de natureza pública;
– exigiam autorização, limitando o seu exercício;
– atribuíam poderes especiais de autenticação de documentos, aos próprios mediadores;
– em certa altura, chegaram a reconhecer a hereditariedade dos cargos.

---

[619] Bruti, *Mediazione (storia)* cit., 13/II.

[620] Kurt Toebelmann, *Beiträge zur Geschichte des Maklerrechts nach süddeutschen Quellen*, ZHR 70 (1911), 133-183 e J. A. van Houtte, *Les courtiers au moyen âge. Origines et caractéristiques d'une institution commerciale en Europe occidentale*, RHD 1936, 105-141 (106 ss., com muitas indicações).

[621] Mario Axmann, *Maklerrecht und Maklerwesen bis 1900/Eine rechtshistorische Untersuchung insbesondere der bürgerlichen Quelle* (2004), 23 ss..

[622] Azzolina, *Le mediazione*, 2.ª ed. cit., 4-5.

[623] Azzolina, *Le mediazione*, 2.ª ed. cit., 6. Vide Dieter Reuter, Staudinger, *Maklerrecht* cit., Nr. 72 ss. (38 ss.).

II. Na Revolução francesa, tudo isso foi abolido: uma lei de 2-17--mar.-1791 proclamou a liberdade de trabalho, alargando-a à mediação. Mas logo leis de 20-out.-1795 e de 19-abr.-1801, constatando os inconvenientes causados pela integral liberalização, em especial na área dos câmbios, limitaram o número de inscrições e atribuíram, ao primeiro cônsul, o poder de designação[624].

O Código de Comércio de Napoleão, de 1808, não interveio no fundo desta problemática. O seu artigo 77.º limita-se a regras de enquadramento, sem definir o mediador (*courtier*)[625]. Dispõe:

> Há mediadores de mercadorias,
> Mediadores de seguros,
> Mediadores intérpretes e condutores de navios
> Mediadores de transportes por terra e por água.

Os preceitos subsequentes definiam os papéis respetivos, tendo vindo, ao longo do tempo, a sofrer alterações e inúmeros aditamentos. Seria possível distinguir entre mediadores livres, não ajuramentados e não inscritos em listas oficiais e os mediadores inscritos. No Direito marítimo surgem mediadores privilegiados: oficiais públicos.

III. O aprofundamento dogmático da mediação caberia à doutrina alemã, no século XIX[626]. Aí ficaria clara a dupla problemática da mediação:

– a sistematização teórica da relação de mediação, com os direitos e deveres inerentes à atividade de relacionar, com independência, dois ou mais sujeitos;

---

[624] *Idem*, loc. cit.. Aquando da Restauração, uma Lei de 28-mai.-1816 regressou ao sistema antigo de hereditariedade do cargo; na prática, a multiplicação dos mediadores não autorizados ganhou fôlego, regressando-se a uma liberalização de princípio pela Lei de 18-jul.-1866.

[625] Jean Escarra, *Cours de Droit commercial* (1952), 708.

[626] Cumpre referir: Paul Laband, *Die Lehre von den Mäklern, mit besonderer Berücksichtigung des Entwurfs zum deutschen Handelsgesetzbuche*, ZdR 20 (1861), 1-65 (1 ss.), onde pode ser confrontada a evolução do instituto, Goldschmidt, *Ursprünge des Mäklerrechts. Insbesondere: Sensal*, ZHR 28 (1882), 115-130 e R. Ehrenberg, *Makler, Hosteliers und Börse in Brügge vom 13. bis zum 16. Jahrhundert*, ZHR 30 (1885), 403-468, também com muitos elementos. *Vide* L. Goldschmidt, *Handbuch ds Handelsrechts* A – *Universalgeschichte des Handelsrechts* (1891, reimp., 1973), 251 ss. e Axmann, *Maklerrecht und Maklerwesen bis 1900* cit., 19.

§ 38.º Noções básicas e evolução   413

— o relevo público da função, que justifica determinadas intervenções do Estado.

Laband, publicista, veio sublinhar, na mediação, uma evolução que, partindo de bases romanistas de tipo jurídico-obrigacionista, apontaria para uma funcionalização de tipo público[627]: uma orientação que passaria ao ADHGB de 1861[628].

Ainda desta época datam as primeiras discussões sobre a natureza da mediação. Primeiro reconduzida ao mandato[629], a mediação acabaria por ser reconhecida como um contrato autónomo, assim sendo tratada nas codificações comerciais mais avançadas do século XIX.

IV. Fixados estes exemplos, cabe esclarecer que, a nível mais geral, as funções de corretor foram-se articulando seguindo vários sistemas[630]. Assim:

— o sistema privado, próprio dos países anglo-saxónicos: a função de corretor é livre, ficando aberta a qualquer interessado;
— o sistema público: os corretores são nomeados pelo Governo ou pela Câmara de Comércio: tal os casos da França ou de Espanha;
— o sistema misto: lado a lado, temos corretores oficiais e corretores públicos: a Alemanha.

Haveria ainda, países significativos que, como a Itália, evoluíram do sistema privado para o público: um ponto que, abaixo, será considerado.

---

[627] Laband, *Die Lehre von den Mäklern* cit., 14 ss. e 22 ss.; Laband atribuía a publicização da figura à influência germânica.

[628] O desenvolvimento na legislação dos Estados alemães anterior ao ADHGB pode ser confrontado em Axmann, *Maklerrecht und Maklerwesen bis 1900* cit., 30 ss.. Indicações, também, em Dieter Reuter, Staudinger *Maklerrecht* cit., Nr. 73 (39).

[629] Anton Friedrich Justus Thibaut, *System des Pandekten Rechts*, 1 (1805), 2, 6.ª ed. (1823), § 866 (287-288); tratar-se-ia de um especial mandatário, usado para proporcionar negócios e ao qual seria devido um honorário chamado *proxeneticum*. Outras indicações em Paul Laband, *Die Lehre von den Mäklern* cit., 7-8 e nota 18.

[630] Quando à discussão sobre qual o sistema preferível, no princípio do século XX, vide Ruy Ulrich, *Da bôlsa e suas operações* (1906) e Adelino da Palma Carlos, *Direito comercial*, apontamentos coligidos sobre as prelecções do Exmo. Sr. Dr. Barbosa de Magalhães ao curso do 4.º ano jurídico de 1924-1925 (1924), 302.

163. Codificações civis e comerciais; justificações da figura

I. A mediação conheceu consagrações comerciais e civis distintas, nalguns ordenamentos europeus influentes.

No Direito alemão, a mediação ficou consagrada, no artigo 66.º do ADHGB de 1861, como o exercício de um ofício público[631]. O BGB de 1896 tentou uma especial via: quebrando com a dupla tradição do oficialato público e da natureza comercial, ele veio admitir uma mediação civil[632]: uma inovação no campo europeu. Paralelamente, o HGB de 1897 privatizou a mediação comercial, consagrando-a nos seus §§ 93 e seguintes. Todavia, mantêm-se sectores regulados, em áreas de atividade mais sensível. Até à reforma de 1998, a mediação comercial dependia da qualidade de comerciante de quem a praticasse; daí em diante, a comercialidade resulta da natureza do negócio visado[633]. A matéria já antes havia sido ponderada, em termos de reforma[634]: aliás, fracassada[635]. Registe-se, ainda, que estamos perante um sector que apresenta grande importância prática, designadamente na Alemanha[636]. Aí multiplicam-se os tratados e manuais especificamente dirigidos à mediação[637] e a várias das suas modalidades[638].

---

[631] Gerrick von Hoyningen-Huene, no *HGB/Münchener Kommentar*, 1, cit., 3.ª ed. § 93, Nr. 6 (1476). *Vide* Axmann, *Maklerrecht und Maklerwesen bis 1900* cit., 55 ss..

[632] Dieter Reuter, no Staudinger *Maklerrecht* cit., Nr. 73 (39). *Vide* Fröber, *Die Entstehung der Bestimmungen des BGB über den Maklervertrag* cit., 33; quanto à origem dos §§ 652 a 654 do BGB *vide*, aí, 49 ss..

[633] Von Hoyningen-Huene, ob. e loc. ult. cit..

[634] Max Vollkommer, *Das neue Maklerrecht – ein Vorbild für die Überarbeitung des Schuldrechts?*, FS Larenz 80 (1983), 663-703, chegando a falar em despedida tácita do BGB (699).

[635] Dieter Reuter, no Staudinger, *Maklerrecht* cit., prenot. §§ 652 ss., Nr. 75 (40-41).

[636] Assim, além do já citado Glaser/Warncke, *Das Maklerrecht in der Praxis*, temos, como exemplo, Walter Dehner, *Das Maklerrecht in der neuen Rechtsprechung* (1987).

[637] Referimos: Peter Schwerdtner, *Maklerrecht*, 3.ª ed. (1987), 247 pp., Igor Petri/ Michael Wieseler, *Handbuch des Maklerrechts/für Makler und deren Rechtsberater* (1998), 710 pp., Uwe Bethge, *Maklerrecht in der Praxis*, 2.ª ed. (1999), 303 pp. e Hans Christian Ibold, *Maklerrecht/Immobilien – Partnerschaften – Kapitalanlage* (2003), 300 pp..

[638] Com referência especial à mediação imobiliária: além da última obra citada na nota anterior, *vide* Robert Dyckerhoff/Jürgen George Brandt, *Das Recht des Immobilienmaklers*, 7.ª ed. (1973), 231 pp..

§ 38.º Noções básicas e evolução 415

II. No Direito italiano, o Código de Comércio de 1865 retomou o esquema napoleónico, ainda que com um maior desenvolvimento[639]. Já o Código de Comércio de 1882 dedicou, à mediação, o título V do Livro I (artigos 29.º a 35.º), ocasionando um surto de estudos especializados[640]. A regulamentação aí estabelecida surge bastante simples e visa o mediador em si. A construção do correspondente contrato, quando exista, é desempenho doutrinário.

Na revisão legislativa subsequente, a matéria da mediação chegou a ser inserida no anteprojeto de Código de Comércio: artigos 94.º a 101.º. Com o subsequente abandono da ideia de proceder a uma revisão autónoma do Código de Comércio, a matéria passou para o Código Civil[641]: artigos 1754.º a 1765.º.

III. Embora inserida entre os contratos em especial, as normas relativas à mediação não se ocupam, diretamente, do correspondente contrato: antes versam, na tradição do revogado Código de Comércio, a situação jurídica do mediador.

Quebrando uma anterior tradição liberal, a Lei italiana n.º 39, de 3 de fevereiro de 1989, veio estabelecer um regime restritivo: a mediação fica reservada a profissionais inscritos em determinada lista, dotados de requisitos legalmente fixados[642].

IV. A função do mediador assenta na própria essência da livre concorrência[643]: só não seria necessária numa economia inteiramente planificada[644]. Na verdade, o mercado não pode funcionar se a oferta e a procura não entrarem em contacto, de modo a comporem os preços mais favoráveis para todos os intervenientes. Todavia, a presença de intermediários interessados, nos diversos negócios, é sentida como um peso, quer pelos produtores, quer pelos consumidores finais. A legitimidade das comissões por eles cobradas é questionada[645]. A jurisprudência já tem sido acusada

---
[639] Azzolina, *Le mediazione*, cit., 2.ª ed. 7.
[640] Uma referência: Leone Bolaffio, *Dei mediatori*, 2.ª, 3.ª e 4.ª ed. (1919), incluído em *Il codice di commercio commentato*, coord. Leone Bolaffio/Cesare Vivante.
[641] Angelo Luminoso, *La mediazione*, 2.ª ed. (2006), 1.
[642] Adolfo di Majo, *Codice civile*, 20.ª ed. (2006), 503; o texto da Lei n.º 39, de 3-fev.-1989, pode ser confrontado em Bruno Trosi, *La mediazione* (1995), 205-209.
[643] Schwerdtner, *Maklerrecht*, cit., 3.ª ed. 8.
[644] Ibold, *Maklerrecht* cit., 23.
[645] Dieter Reuter, no Staudinger *Maklerrecht* cit., prenot. §§ 652 ss., Nr. 3 (8-9).

como pretensamente hostil aos mediadores (*Maklerfeindlich*)[646]. A própria evolução semântica do clássico *proxeneta*, na língua portuguesa, é sintomática e dispensa glosas.

Tudo isto deve ser evitado. Particularmente entre nós, o mediador arca com a desconsideração histórica que atinge todo o comércio e que cumpre contrariar. O mediador tem um papel básico na economia e no comércio. A disciplina jurídica da mediação deve ser estudada. A função da mediação deve, como qualquer outra, ser exercida com correção e dentro da ética dos negócios. Também por isso não se justifica o desinteresse jurídico-científico a que a matéria tem sido votada. Anote-se, por fim, que os progressos da eletrónica e da informação permanente *on line* põem em crise a mediação tradicional[647]. Cabe aos mediadores adaptarem-se, integrando-se nos grandes circuitos da sociedade de informação e da nossa Aldeia Global.

---

[646] Ibold, *Maklerrecht* cit., 34.
[647] Ibold, *Maklerrecht* cit., 27.

§ 39.º A ESPECIALIZAÇÃO

164. Mediação mobiliária; intermediação financeira

I. O Código Comercial deu o tom mais geral à função dos corretores, no nosso Direito. A evolução subsequente foi marcada pela manutenção da intervenção do Estado e pela especialização crescente dos diversos tipos de corretagem. Em síntese, passamos a indicar a evolução, até aos nossos dias.

II. O importante Decreto de 10-out.-1901 (Hintze Ribeiro) aprovou o *Regimento do offício de corretor*[648]. Esse diploma dispunha, no seu artigo 4.º:

> Os corretores são de tres especies:
> 1.º Corretores de cambios, fundos publicos e particulares, creditos e obrigações mercantis;
> 2.º Corretores de navios, seguros e transportes;
> 3.º Corretores de mercadorias e suas vendas.

Podia, todavia, ser nomeado um corretor com valência em duas ou três das apontadas áreas.

Em princípio haveria concurso para o ofício de corretor, a correr na Direção-Geral do Comércio e Indústria (9.º). Os candidatos teriam de exibir conhecimentos de francês e inglês bem como, em certos casos, de alemão (13.º/4). Haveria provas públicas perante um júri (15.º), com pontos sorteados (18.º). A nomeação seria feita por decreto, recaindo sobre os melhores classificados (19.º). O Regimento desenvolvia, depois, os diversos aspetos já inseridos no Código Comercial.

---

[648] Colp 1901, 715-722; da mesma data, temos o *Regulamento do serviço e operações de Bolsas de fundos publicos e particulares e outros papeis de credito*, idem, 722-727.

III. Na evolução subsequente, os corretores foram especializados em três grandes troncos: valores mobiliários, seguros e sector imobiliário. Quanto aos valores mobiliários, o tema passou para o Decreto-Lei n.º 8/74, de 14 de janeiro, que veio regular a organização e o funcionamento das bolsas de valores, bem como estabelecer o Regimento do Ofício de Corretor[649]. Retemos alguns aspetos:

– os corretores das bolsas de valores são os intermediários oficiais das operações que nelas têm lugar (91.º/1);
– poderia haver sociedades corretoras (92.º/1);
– os corretores são nomeados por despacho do Ministro das Finanças (94.º/1), podendo haver concursos (95.º/1);
– as obrigações do corretor são especificadas (106.º), surgindo diversas proibições (110.º);
– previam-se câmaras de corretores, abrangendo todos os que exerçam a sua capacidade profissional junto de uma bolsa.

O Decreto-Lei n.º 8/74, de 14 de janeiro, revogou expressamente o Decreto de 10 de outubro de 1901 e o Regimento do Ofício de Corretor. Estes diplomas não funcionavam, apenas, no domínio do então chamado Direito da bolsa. Alargavam-se aos seguros, aos transportes e às mercadorias. Todavia, com esta revogação, o Código Comercial ficou lei imperfeita. O sistema português, com exceção da bolsa, entraria numa época de liberalização.

IV. O Decreto-Lei n.º 8/74 foi revogado pelo Decreto-Lei n.º 142-A/91, de 10 de abril, que aprovou o Código do Mercado de Valores Mobiliários (artigo 24.º). Esse mesmo preceito revogou os artigos 64.º a 81.º do Código Comercial, mas (apenas):

(...) no que se refere às bolsas de valores, seus corretores e operações sobre valores mobiliários.

A *contrario sensu*, caberia concluir que esses preceitos se mantiveram em vigor para os outros sectores. No entanto, a generalidade dos compiladores considerou que os citados artigos 64.º a 81.º do Código

---

[649] DG I Série, n.º 11, de 14-jan.-1974, 42(1)-42(23).

Comercial haviam sido revogados no seu todo[650]. Não foi assim. Os deveres consignados no Código Comercial, que não necessitavam do revogado Regulamento de 1901, mantiveram-se em vigor, para os mediadores que não constassem do elenco mobiliário.

V. Finalmente, o Código do Mercado de Valores Mobiliários foi revogado pelo Decreto-Lei n.º 486/99, de 13 de novembro – artigo 15.º/1, *a*). A antiga matéria dos corretores das bolsas surge agora a propósito da intermediação financeira (289.º a 351.º), havendo ainda que contar com regulamentos e legislação complementar[651].

165. Mediação dos seguros (remissão)

Segue-se a mediação dos seguros, cuja autonomia, sempre presente, veio a ser formalizada a partir de 1975, obtendo, mais tarde, um regime próprio, em aperfeiçoamento crescente.

Hoje, ele consta do Decreto-Lei n.º 144/2006, de 31 de junho, alterado pelo Decreto-Lei n.º 359/2007, de 2 de novembro, em numerosos preceitos, no seu artigo 94.º, pela Lei n.º 46/2011, de 24 de junho, que criou um tribunal de competência especializada para a concorrência, regulação e supervisão no seu artigo 66.º, pelo Decreto-Lei n.º 1/2015, de 6 de janeiro e nos seus artigos 75.º e 81.º a 96.º pela Lei n.º 147/2015, de 9 de setembro. A matéria será abaixo considerada[652].

166. Mediação imobiliária

I. O sector imobiliário foi, curiosamente, o primeiro a obter uma regulamentação especializada, atinente à mediação. Ela foi aprovada pelo Decreto-Lei n.º 43 767, de 30 de junho de 1961[653]. Dispunha o seu artigo 1.º:

---

[650] *Vide* os de resto cuidadosos António Caeiro/M. Nogueira Serens, *Código Comercial/Código das Sociedades Comerciais/Legislação Complementar*, 5.ª ed. (1992), 15. A referência manter-se-ia nas edições subsequentes; cf., na 16.ª ed. (2005), 13.

[651] Sobre a evolução legislativa recente, *vide* António Barreto Menezes Cordeiro, *Direito dos valores mobiliários* 1 (2015), 123 ss..

[652] *Infra*, 445 ss..

[653] DG I Série, n.º 150, de 30-jun.-1961, 774-775.

A atividade comercial de mediador na compra e venda de bens imobiliários e na realização de empréstimos com garantia hipotecária, mobiliária ou imobiliária, só pode ser exercida por pessoas singulares ou sociedades de reconhecida idoneidade, que tenham obtido autorização prévia do Ministro das Finanças, mediante portaria.

O diploma continha diversas regras especificamente dirigidas aos mediadores. O contrato de mediação propriamente dito não era objeto de preceitos legais. No mesmo ano, o Decreto-Lei n.º 43 902, de 8 de setembro, veio dispor sobre a caução a que os mediadores imobiliários ficavam adstritos[654].

II. Com alguns aditamentos, o regime básico de 1961 vigorou por mais de trinta anos. O "incremento significativo que se tem verificado na atividade de mediação imobiliária" conduziu à reformulação do seu "enquadramento legislativo": tal o preâmbulo do Decreto-Lei n.º 285/92, de 19 de dezembro, que levou a cabo tal tarefa[655]. Esse diploma vinha definir a atividade visada (2.º):

(...) entende-se por mediação imobiliária a atividade comercial em que, por contrato, a entidade mediadora se obriga a conseguir interessado para a compra e venda de bens imobiliários ou para a constituição de quaisquer direitos reais sobre os mesmos, para o seu arrendamento, bem como na prestação de serviços conexos.

O exercício de tal atividade ficava dependente de licenciamento, a obter junto do Conselho de Mercados de Obras Públicas (CMOPP).

III. O Decreto-Lei n.º 285/92 compreendia ainda outros aspetos dignos de interesse jurídico-científico. O artigo 5.º adstringia os mediadores ao uso da "denominação"[656], "mediador imobiliário" ou "sociedade de mediação imobiliária". O artigo 6.º elencava os seus deveres, na linha do que tradicionalmente constava do Código Comercial, para os corretores.

O artigo 10.º, de forma pioneira, regulava o contrato de mediação imobiliária. Fazia-o nos termos seguintes:

---

[654] DG I Série, n.º 209, de 8-set.-1961, 1162-1163.
[655] DR I Série-A, n.º 292, de 19-dez.-1992, 5858-5861.
[656] Tratando-se, como se trata, de entidades comerciais, o termo correto deveria ser "firma".

1. O contrato de mediação imobiliária está sujeito à forma escrita.
2. Do contrato constam obrigatoriamente as seguintes menções:

a) Identificação das partes;
b) Objeto e condições do exercício da mediação;
c) Forma de remuneração;
d) Prazo de duração do contrato.

3. Qualquer quantia entregue pelo interessado à entidade mediadora, no âmbito da prestação do respetivo serviço, presume-se que tem carácter de sinal.
4. Tratando-se de contratos com uso de cláusulas contratuais gerais, o mediador imobiliário deve enviar cópia dos respetivos projetos ao CMOPP e ao Instituto Nacional de Defesa do Consumidor.
5. O contrato deve ser assinado em duplicado, sendo um exemplar entregue ao interessado e destinando-se o outro a arquivo, após inscrição no livro de registos a que se refere a alínea *d*) do n.º 1 do artigo 6.º.
6. A omissão da forma legalmente prescrita, bem como do disposto no n.º 4, gera a nulidade do contrato, não podendo esta, contudo, ser invocada pela entidade mediadora.

Este texto foi reconhecido como tendo tipificado o contrato de mediação[657], pelo menos no campo imobiliário. Não regula toda a matéria em jogo, designadamente a da remuneração que, na linha do entendimento anterior e tradicional, é feita depender do resultado da intervenção do mediador[658].

IV. Também no sector da mediação imobiliária se faria depois sentir a permanente capacidade interventora do nosso legislador. Assim, ainda não se haviam completado 7 anos sobre o Decreto-Lei n.º 285/92, de 19 de dezembro, quando surge um novo regime: o do Decreto-Lei n.º 77/99, de 16 de março[659]. Este diploma, segundo o próprio legislador, visou[660]:

– o reforço da capacidade empresarial das entidades mediadoras;
– a adoção da forma societária;
– maiores requisitos para o acesso à atividade;

---

[657] RCb 7-out.-1997 (Silva Graça), BMJ 470 (1997), 692-693.
[658] STJ 31-mar.-1998 (Ribeiro Coelho), BMJ 475 (1998), 680-688 (686).
[659] DR I Série, n.º 63, de 16-mar.-1999, 1434-1441.
[660] Quanto ao regime fixado por este diploma: Lacerda Barata, *Contrato de mediação* cit., 210 ss..

– melhor identificação das empresas, dos seus representantes e dos seus prestadores de serviços;
– clarificar o momento e as condições de remuneração;
– reforçar o sistema das garantias;
– criar uma comissão arbitral para o reembolso de garantias indevidamente recebidas;
– estabelecer novos deveres das empresas;
– instituir novas sanções.

O licenciamento seria concedido pelo Instituto de Mercados de Obras Públicas e Particulares e do Imobiliário (IMOPPI) (8.º/1). O diploma manteve, com alterações (desnecessárias), a definição da mediação imobiliária (3.º/1). A remuneração depende da "... conclusão e perfeição do negócio visado pelo exercício da mediação ..." (19.º/1). O contrato de mediação imobiliária manteve a exigência da forma escrita (20.º/1) e viu alargar o seu conteúdo com diversas indicações (20.º/2). Pode ser acordado um regime de exclusividade (20.º/3 e 4).

O Decreto-Lei n.º 258/2001, de 25 de setembro, alterou os artigos 11.º, 16.º, 29.º e 38.º do Decreto-Lei n.º 77/99, de 16 de março[661].

V. Pouco depois, a Lei n.º 8/2004, de 10 de março, autorizou o Governo a regular o exercício das atividades de mediação imobiliária e de angariação imobiliária[662]. O Governo desempenhou-se, aprovando o que seria o Decreto-Lei n.º 211/2004, de 20 de agosto: com uma nova regulação para a atividade de mediação imobiliária.

O legislador explicou-se: dificuldades burocráticas teriam dificultado a aplicação do regime de 1999 enquanto, por outro lado, teriam ocorrido "grandes transformações do mercado imobiliário" e "um grande desenvolvimento"[663]. Temos, agora, um diploma extenso, em 58 artigos, assim ordenados:

---

[661] DR I Série-A, n.º 223, de 25-set.-2001, 6079-6080.
[662] DR I Série-A, n.º 59, de 10-mar.-2004, 1293-1294.
[663] Temos vindo, de modo repetido, a criticar a tendência para os preâmbulos grandiloquentes e autolaudatórios: passados anos, perdem qualquer alcance e ficam, para sempre, na nossa folha oficial. Os preâmbulos querem-se claros, chãos e técnicos: nunca políticos. *In casu*: o Decreto-Lei n.º 211/2004 surgiu, precisamente, numa fase de depressão do mercado imobiliário.

Capítulo I – Disposições gerais (1.º a 4.º);
Capítulo II – Atividade de mediação imobiliária:
  Secção I – Licenciamento (5.º a 13.º);
  Secção II – Exercício da atividade (14.º a 21.º);
  Secção III – Responsabilidade civil e seguro de responsabilidade civil (22.º e 23.º).
Capítulo III – Atividade de angariação imobiliária:
  Secção I – Inscrição (24.º a 30.º);
  Secção II – Condições de exercício da atividade (31.º a 35.º).
Capítulo IV – Taxas e registo (36.º e 37.º);
Capítulo V – Fiscalização e sanções:
  Secção I – Responsabilidade contra-ordenacional (38.º a 48.º);
  Secção II – Responsabilidade criminal (49.º e 50.º).
Capítulo VI – Disposições finais e transitórias (51.º a 58.º).

VI. Vamos reter apenas algumas notas sobre o novo diploma. A atividade imobiliária é agora definida (2.º/1) como:

> (...) aquela em que, por contrato, uma empresa se obriga a diligenciar no sentido de conseguir interessado na realização de negócio que vise a constituição ou aquisição de direitos reais sobre bens imóveis, a permuta, o trespasse ou o arrendamento dos mesmos ou a cessão da posição em contratos cujo objeto seja um bem imóvel.

A terminologia tradicional foi alterada (sem vantagens): segundo o artigo 2.º/4 chama-se, agora, "interessado" ao solicitado e "cliente" ao mandante. Os artigos 3.º e 4.º apresentam, ainda, uma contraposição entre:

– a empresa de mediação imobiliária: a que tenha por atividade principal a acima definida;
– a angariação imobiliária: a prestação de serviços necessários para a preparação e cumprimento de contratos de mediação imobiliária.

Mantém-se a necessidade de licenciamento junto do IMOPPI (5.º). Os requisitos de ingresso são ampliados (6.º). Complicam-se as regras relativas à remuneração (18.º), conservando-se, no essencial, as atinentes ao contrato de mediação imobiliária (19.º).

Os angariadores obtêm diversas regras próprias (31.º e seguintes). O sector sofreu com a complexidade introduzida. Todavia, apenas cinco anos volvidos o legislador se decidiu a intervir, em nome da simplificação:

o Decreto-Lei n.º 69/2011, de 15 de junho, alterou diversos preceitos do Decreto-Lei n.º 211/2004, o qual foi republicado como anexo.

VII. A mediação imobiliária sofre um especial influxo europeu[664]. A ideia de um mercado único europeu continuou bloqueado pela existência de múltiplos regimes restritivos, diferentes de país para país. Visando harmonizar o acesso à prestação de serviços, foi adotada a Diretriz n.º 2006/123, de 12 de dezembro[665]. Essa Diretriz foi transposta pelo Decreto-Lei n.º 92/2010, de 26 de julho, o qual (1.º/1) veio estabelecer os princípios e as regras para simplificar o livre acesso e exercício das atividades de serviços realizados em território nacional. Esse diploma, comporta, entre outros aspetos, medidas de desburocratização e simplificação (5.º e seguintes).

O regime do Decreto-Lei n.º 92/2010 veio repercutir-se na intermediação imobiliária. Deu origem ao Decreto-Lei n.º 15/2013, de 8 de fevereiro, que fixou um novo regime para a mediação imobiliária. Tem o seguinte conteúdo:

Capítulo I – Disposições gerais (1.º a 3.º);
Capítulo II – Exercício da atividade por prestadores estabelecidos em Portugal (4.º a 20.º):
  Secção I – Licenciamento (4.º a 12.º);
  Secção II – Condições do exercício da atividade (13.º a 20.º);
Capítulo III – Prestadores estabelecidos noutros Estados do Espaço Económico Europeu (21.º e 22.º);
Capítulo IV – Colaboradores de empresas de mediação imobiliária (23.º a 25.º);
Capítulo V – Fiscalização e sanções; responsabilidade contraordenacional (26.º a 35.º);
Capítulo VI – Disposições gerais e transitórias (36.º a 45.º).

O exercício da atividade de mediação imobiliária depende de inscrição no Instituto da Construção e do Imobiliário, I.P. (InCI) (4.º). O contrato de mediação imobiliária está sujeito à forma escrita e tem o conteúdo obrigatório prescrito no artigo 16.º/2.

Tudo isto é importante para uma teorização geral da mediação comercial.

---

[664] *Vide* Erwin Seiler/Stephan Kippes/Heinz Rehkugler, *Handbuch für Immobilienmakler und Immobilienberater*, 3.ª ed. (2015), 770 pp..
[665] JOUE N.º 376, L 36-68, de 27-dez.-2006.

167. Mediação monetária

I. Também no sector monetário surgiu uma regulação para a respetiva mediação. O Decreto-Lei n.º 164/86, de 26 de junho[666], veio invocar, no seu preâmbulo, que o correto funcionamento do mercado monetário interbancário,

> (...) recomenda a intervenção especializada de mediadores profissionais que contribuam para a racionalização do mercado, prevenindo alongadas negociações multilaterais, centralizando a oferta e a procura, promovendo a sua transparência, a rápida e eficiente formação dos preços, a fluidez e o sigilo das transações.

E prossegue:

> As empresas mediadoras dos mercados monetários assumem-se essencialmente como corretoras, isto é, agem sempre e necessariamente por conta de outrem. Não são, por isso, entidades parabancárias, o que as dispensa de estruturas financeiras que àquelas se exige (...)

Isto posto, fixou-se um regime simples, assente nos pontos seguintes:

– exigência de forma de sociedade anónima ou por quotas (1.º/1);
– *idem*, de exclusividade e de exercício por conta de outrem (1.º/2 e 3);
– incompatibilidade (3.º);
– registo no Banco de Portugal (4.º).

Este último recebe poderes de fiscalização (10.º).

II. A aprovação, pelo Decreto-Lei n.º 298/92, de 31 de dezembro, do Regime Geral das Instituições de Crédito e Sociedades Financeiras, permitiu a aprovação de um novo regime: mais simplificado. Tal foi o papel do Decreto-Lei n.º 110/94, de 28 de abril[667].

No sector bancário caminha-se, pois, num sentido inverso ao dos outros sectores, já examinados.

---

[666] DR I Série, n.º 144, de 26-jun.-1986, 1510-1512.
[667] DR I Série-A, n.º 98, de 28-abr.-1994, 2050-2051.

168. Mediação de jogos sociais do Estado

I. A concluir o levantamento dos regimes específicos para as mediações, cumpre relevar o regulamento dos jogos mediadores dos jogos sociais do Estado, aprovado pela Portaria n.º 313/2004, de 23 de março[668].

Em causa está o exercício da mediação dos jogos, isto é, dos serviços de assistência (1.º/2):

> (...) com vista à celebração do contrato de jogo entre o Departamento de Jogos da Santa Casa da Misericórdia de Lisboa (DJSCML) e o jogador, recebendo o preço das apostas e procedendo ao pagamento de prémios de jogo, nos termos da lei e do regulamento de cada um dos jogos sociais do Estado.

II. A autorização para a atividade de mediação em causa tem natureza administrativa, sendo concedida, por escrito, pelo DJSCML (2.º/1). Os deveres e incumbências dos mediadores estão fixados, bem como as sanções que se lhes apliquem.

Também neste caso, para além da mediação, estão envolvidas diversas prestações de serviços.

---

[668] DR I Série-B, n.º 70, de 23-mar.-2004, 1653-1657.

§ 40.º DOGMÁTICA GERAL

169. Aceções e modalidades

I. O desenvolvimento anterior logo permitiu verificar que a mediação, conquanto que centrada num núcleo expressivo, assume diversas aceções e modalidades. Vamos tentar clarificar essa matéria, base de qualquer estudo dogmático consistente.

A contraposição entre os diversos sistemas continentais e a própria evolução nacional logo mostram que, na mediação, cumpre distinguir à cabeça:

– a mediação simples;
– a mediação profissional.

Na primeira, o ato ou o efeito de mediar é levado a cabo por qualquer pessoa, sem especiais preparação ou condicionalismo, dentro do espaço jurídico. Na segunda, encontramos uma pessoa que, de forma organizada, lucrativa e tendencialmente exclusiva, utiliza a mediação como modo de vida. Pela natureza das coisas, a mediação profissional torna-se muito mais eficaz, sobretudo em áreas que impliquem investimentos alargados nos domínios da prospeção do mercado e do conhecimento das suas realidades.

A atenção dos Estados, desde os séculos XV e XVI, tem-se virado para a mediação profissional. Ela pode, na verdade, representar o domínio total de determinados sectores comerciais. E caso se torne obrigatória: ela permitirá um controlo eficaz sobre esses sectores, assegurando um bom rendimento aos mediadores.

II. De seguida, passamos a contrapor:

– a mediação liberal;
– a mediação dependente;
– a mediação oficial.

Na mediação liberal, o mediador age por si, sem qualquer vínculo: opera como um comerciante autónomo, seja ele uma pessoa singular ou coletiva. Na linguagem da mediação imobiliária fala-se, simplesmente, em empresa de mediação; na dos seguros, em corretor [3.º do Decreto-Lei n.º 211/2004 e 8.º, c) do Decreto-Lei n.º 144/2006].

Na mediação dependente, o mediador está ligado a uma organização por um vínculo de prestação de serviço, seja em relação ao mediador propriamente dito (angariador imobiliário, artigo 4.º do Decreto-Lei n.º 211/2004), seja em relação à entidade que irá celebrar o contrato final [mediador de seguros ligado – 8.º, a), do Decreto-Lei n.º 144/2006], seja ainda em relação a esta mesma entidade ou de outros mediadores [agentes de seguros – 8.º, b), do mesmo Decreto-Lei n.º 144/2006].

Na mediação oficial, o mediador é designado por um ato administrativo, encontrando-se em posição funcionalizada pública. Tal o caso dos mediadores dos jogos sociais do Estado (2.º da Portaria n.º 313/2004, de 23 de março).

III. Relevante é ainda a contraposição, que já encontrámos de modo repetido, entre:

– a mediação espontânea;
– a mediação contratada.

Na mediação espontânea, o mediador põe, por iniciativa sua e sem que ninguém lho tivesse solicitado, duas ou mais pessoas em contacto, promovendo entre elas a negociação e a conclusão de um contrato que a ambas interessasse.

Na mediação contratada, o mediador celebra, previamente, um contrato com algum dos envolvidos, comprometendo-se a localizar e a interessar um cocontratante, promovendo, com este, a conclusão contratual definitiva. Podemos, ainda, subdistinguir:

– a mediação contratada unilateral, quando o mediador tenha celebrado o contrato de mediação apenas com um dos interessados no negócio final;
– a mediação contratada bilateral, quando o tenha feito com ambos os interessados.

Esta última hipótese é frequente no sector imobiliário, onde os interessados compradores se dirigem a agências de mediação imobiliária (8.º/1 do Decreto-Lei n.º 211/2004) em busca de potenciais contratos, agências essas que, previamente, já haviam celebrado contratos de mediação com empresas construtoras ou com proprietários potenciais vendedores ou locadores.

IV. Havendo contrato de mediação, cumpre distinguir:

– a mediação pura: o mediador obriga-se, simplesmente e numa situação de independência e de equidistância em relação às partes, a conseguir a celebração de certo negócio definitivo[669];
– a mediação mista ou combinada: o mediador, para além dos serviços de mediação propriamente dita, exerce ainda uma atuação por conta de outrem (mandato), podendo igualmente assumir outros serviços: desde a publicidade, à prestação de apoio jurídico.

Neste último caso, haverá que procurar, à luz de diplomas especiais, quando os haja, qual o exato âmbito da figura.

Anote-se, ainda, que a mediação mista pode ser uma atuação interessada, no sentido do solicitador ao qual, inclusive, o mediador poderá estar ligado, institucionalmente ou por contrato[670], incluindo, até, meios de representação. Já não será uma verdadeira mediação: falaremos em mediação imprópria.

170. Mediação civil e mediação comercial

I. Como vimos, a lei alemã distingue a mediação civil e a mediação comercial[671]. Na primeira, conter-se-iam as regras gerais[672], equivalendo a segunda às especialidades requeridas pelo comércio[673]. Nos Direitos latinos, a tradição era a da presença da mediação apenas nas leis comerciais.

---

[669] O mediador é, essencialmente, imparcial: Lacerda Barata, *Contrato de mediação* cit., 196 ss..

[670] Tal o caso paradigmático do "mediador de seguro ligado" (Decreto-Lei n.º 144/2006, de 31 de julho), próximo dos antes chamados "angariadores de seguros".

[671] Dieter Reuter, no Staudinger, *Maklerrecht* cit., §§ 652-656, prenot. § 652 ss., Nr. 24 ss. (19 ss.).

[672] von Hoyningen-Huene, *HGB/Münchener Kommentar* cit., 1, 3.ª ed., § 93, Nr. 14 ss. (1478 ss.).

[673] *Idem*, Nr. 24 ss. (1480 ss.).

De resto – e em especial na nossa lei: mais do que a mediação era, em princípio, tratado apenas o mediador.

II. Nada impede a celebração, ao abrigo da liberdade contratual (405.º/1, do Código Civil), de um contrato de mediação puramente civil. Ele traduziria a obrigação de uma das partes de encontrar um interessado para a celebração, com o comitente, de um contrato definitivo.

Tratar-se-ia de um contrato preparatório, a inserir na sequência processual lado a lado com outras hipóteses, como o contrato-promessa, o pacto de opção ou o pacto de preferência e que apenas teria como a especificidade a intromissão, nessa sequência, de um terceiro: o mediador.

As partes incluiriam, nele, as cláusulas que lhes aprouvesse. No silêncio do contrato, nenhum inconveniente haveria em recorrer à lei comercial, procurando regras de aplicação analógica[674].

III. Na normalidade dos casos, a mediação é comercial. Por uma de duas vias:

- ou por se tratar de um mediador – portanto: um comerciante – no exercício da sua atividade comercial; não haverá qualquer dúvida quando o mediador seja uma sociedade: teremos uma comercialidade subjetiva[675];
- ou por estar em causa alguma das modalidades de mediação tipificadas em leis comerciais especiais: mediação mobiliária, dos seguros, imobiliária, monetária e de câmbios e de jogos sociais: a comercialidade será objetiva[676], coincidindo, em regra, com a subjetiva.

IV. O artigo 230.º do Código Comercial dispõe:

Haver-se-ão por comerciais as empresas, singulares ou coletivas, que se propuserem:
(...)
3.º Agenciar negócio ou leilões por conta de outrem em escritório aberto ao público, e mediante salário estipulado;
(...)

---

[674] *Vide Direito comercial*, 147 ss..
[675] *Idem*, 219 ss..
[676] *Idem*, 207 ss..

Já se tem, neste preceito, pretendido ver uma referência à mediação[677]. A assim ser, tratar-se-ia de um ato subjetivamente comercial, visto a interpretação geral a dar ao artigo 230.º em causa[678]. Parece-nos todavia claro que o troço citado (230.º/3.º) não coincide nem com a mediação nem com os mediadores, à época ditos "corretores". Antes abrange diversas figuras de prestação de serviço.

171. Mediação típica e mediação atípica

I. Podemos distinguir, hoje, entre situações típicas de mediação e situações atípicas. As primeiras reportam-se às modalidades que tenham consagração legal: as mediações mobiliárias, de seguros, imobiliária e dos jogos sociais, como exemplos. As restantes serão atípicas. Normalmente, as situações típicas são, ainda, nominadas: dispõem de *nomen iuris*.

II. Nos nossos tribunais, as situações de mediação mais frequentes são as mediações imobiliárias. Elas movimentam valores consideráveis – os tribunais documentam uma comissão de 5% sobre o preço de venda e, ainda, 10% sobre um hipotético sobrepreço[679] – e, pela maneira incipiente por que ocorrem ou pela diversidade do resultado a que podem conduzir, dão azo a dúvidas. Até ao aparecimento do Decreto-Lei n.º 285/92, de 19 de dezembro, os tribunais proclamavam a mediação (em geral) como inominada e atípica: teria deixado de o ser, após esse diploma[680]. Surgem, porém, espécies relativas à mediação na área dos seguros, designadamente para fixar a sua diferença em relação à angariação de seguros[681], à corre-

---

[677] J. P. Remédio Marques, *Direito comercial* (1995), 388 e RCb 22-mai.-2001 (José Alexandre Reis), CJ XXVI (2001) 3, 16-19 (18/I).
[678] *Direito comercial*, 214 ss..
[679] P. ex.: STJ 16-out.-2003 (Araújo Barros), Proc. 03B2813.
[680] STJ 17-jan.-1995 (Martins da Costa), Proc. 085913 = BMJ 443 (1995), 353-363 (362) = CJ/Supremo III (1995) 1, 25-28 (28/I) e STJ 31-mai.-2001 (Abel Freire), CJ/Supremo IX (2001) 2, 108-111 (110/I).
[681] STJ 22-fev.-1979 (Rodrigues Bastos), BMJ 284 (1979), 257-261 (260) = Proc. 067615 e STJ 10-mar.-1981 (Moreira da Silva), Proc. 068845, este último explicitando que o contrato de angariação, celebrado em 31-out.-1973, não era afetado pela nacionalização dos seguros, ocorrida em março de 1975.

tagem de seguros[682] e ao agente de seguros[683]. Toda esta matéria deve ser sindicada perante os concretos diplomas aplicáveis.

III. No tocante a mediações atípicas, os nossos tribunais permitem documentar as que se reportem[684]:

– à venda de um automóvel[685];
– à aquisição de frascos para produtos farmacêuticos[686];
– a encontrar, no mercado, determinados livros[687];
– à compra e venda de máquinas industriais e de têxteis[688];
– à contratação de determinado serviço de fornecimento de gás[689].

A prática não-judicial permite apurar muitas outras situações de mediação atípica, designadamente no campo das antiguidades.

Tudo isto mostra a necessidade de se apurar um regime geral para o tipo de contrato aqui em análise.

172. Figuras afins

I. A boa explicitação do contrato de mediação leva a distingui-lo das figuras afins. Tradicionalmente, a fronteira é traçada em relação ao man-

---

[682] STJ 1-jun.-2000 (Sousa Lamas), CJ/Supremo VIII (2000) 2, 278-279 (279/I): consequentemente, as portarias de extensão relativas a instrumentos de regulação coletiva de seguros e de corretagem não abrangem os mediadores.

[683] STJ 13-mar.-2003 (Reis Figueira), Proc. 03A1048: aqui no âmbito do Decreto-Lei n.º 388/91.

[684] Quanto a possíveis objetos de mediação (incluindo a matrimonial), Ibold, *Marklerrecht* cit., 34 ss. e 158 ss., de modo desenvolvido.

[685] STJ 5-fev.-1981 (Daniel Ferreira), Proc. 068845.

[686] STJ 19-jan.-2004 (Camilo Moreira Camilo), CJ/Supremo XII (2004) 1, 27-29 (28-29) = Proc. 03A4092: diz-se aí que o contrato de mediação:

(...) pressupõe essencialmente, a incumbência, para uma pessoa, de conseguir interessado para certo negócio, feito pelo mediador, entre o terceiro e o comitente e a conclusão do negócio, entre estes, como consequência adequada da atividade do mediador.

[687] STJ 2-mai.1978 (Bruto da Costa), BMJ 277 (1978), 171-173 (173) = Proc. 167100, focando a diferença em relação ao contrato de trabalho e STJ 4-mar.-1980 (Aquilino Ribeiro), Proc. 068299, distinguindo do mandato.

[688] STJ 12-jan.-1994 (Figueiredo de Sousa), Proc. 084244.

[689] STJ 28-fev.-1978 (Acácio Carvalho), BMJ 274 (1978), 223-232 (228-229) = Proc. 066989.

dato e à agência[690], parecendo-nos ainda útil a distinção perante o contrato de trabalho.

II. A mediação pressupõe, por parte do obrigado, uma atuação material[691]. Além disso, configura-se como um contrato aleatório, só dado azo a retribuição quando tenha êxito. A sua distinção em face do mandato fica facilitada[692]:

– o mandato pressupõe uma atuação jurídica por conta do mandante; a mediação implica condutas materiais;
– o mandatário age por conta do mandante; o mediador atua por conta própria;
– o mandato pode ser acompanhado por poderes de representação; a mediação, a sê-lo, será uma mediação imprópria.

De todo o modo e como veremos, a mediação é, por essência, uma prestação de serviço[693]. Assim, ela acabará por cair no artigo 1156.º do Código Civil: as regras do mandato, precedendo adequada sindicância, ser-lhe-ão aplicáveis.

III. A mediação é, por si, um contrato inorgânico: não dá azo a nenhuma especial organização, nem pressupõe uma relação duradoura. Além disso, ela postula uma posição de independência do mediador. Podemos, por estes ângulos, distingui-la do contrato de agência[694]. Assim:

---

[690] Vide Bruno Trosi, *La mediazione* cit., 185 ss. e Angelo Luminoso, *La mediazione*, cit., 2.ª ed. 199 ss..

[691] STJ 28-nov.-1978 (Santos Victor), Proc. 067438 e STJ 27-nov.-1990 (Menéres Pimentel), Proc. 079468. O mediador é um "cooperador material": STJ 13-jul.-1988 (Pinheiro Farinha), Proc. 075988.

[692] STJ 4-mar.-1980 (Aquilino Ribeiro), Proc. 068299.

[693] No Direito alemão surge a figura geral do *Geschäftsbesorgungsvertrag* (contrato para a obtenção de um negócio): §§ 675 a 676, ao qual a mediação poderia ser reconduzida. Vide Glaser/Warncke, *Das Maklerrecht in der Praxis*, cit., 5.ª ed. 62. Quanto à *Geschäftsbesorgung* dispomos, neste momento, de Andreas Begmann e outros, no *Staudingers Kommentar*, 2, § 657-704 (2006): uma obra densa, em 1236 pp..

[694] António Pinto Monteiro, *Contrato de agência (anteprojecto)*, BMJ 360 (1986), 43-139 (85).

– a agência pressupõe um quadro de colaboração ou de organização duradouro, entre o principal e o agente; a mediação assenta num negócio pontual, apenas eventualmente duradouro[695];
– o agente deve agir de modo empenhado, por conta do principal; o mediador, na pureza do instituto, mantém-se equidistante;
– a agência é compatível com poderes de representação, o que não sucede com a mediação;
– a agência tem esquemas típicos de retribuição[696], que não ocorrem na mediação; designadamente: o agente só é remunerado, em regra, quando o contrato definitivo seja cumprido, o que não sucede na mediação.

Na prática, sucede que a mediação e a agência podem combinar-se[697]. Sucede ainda que certos autodesignados mediadores são, na realidade, agentes. Caso a caso haverá que ponderar a realidade existente. De todo o modo, a diferenciação da mediação perante a agência faculta a distinção em face de outros contratos de distribuição: a concessão e a franquia.

IV. O mediador é, por fim, um profissional independente. Não está sob a direção do comitente. Não haverá qualquer confusão com o contrato de trabalho[698]. Sucederá, porém e em certos casos, que o mediador se venha a colocar na subordinação económica do comitente. Nessa altura, a exata pesquisa de subordinação jurídica terá de ser encetada na base dos indícios da laboralidade e privilegiando sempre, em última instância, a vontade das partes contratantes.

---

[695] STJ 31-mar.-1998 (Ribeiro Coelho), BMJ 475 (1998), 680-688 (685).
[696] Vide *Direito comercial*, 699 ss..
[697] Assim: STJ 9-dez.-1993 (José Magalhães), BMJ 432 (1993), 332-341 (338).
[698] STJ 2-mai.-1978 (Bruto da Costa), Proc. 067100.

§ 41.º REGIME E NATUREZA

173. Requisitos

I. Qualquer pessoa pode, independentemente de haver um contrato de mediação, operar como intermediário num determinado negócio: por iniciativa própria e sem que ninguém lhe tivesse pedido. Põe-se, pois, um curioso problema de ordem prática: o da determinação da própria existência de um contrato de mediação[699]. Assim:

– para haver mediação, é mister que o mediador tenha recebido uma incumbência[700], expressa ou tácita[701];
– é necessário que se tenha chegado a um contrato nesse sentido[702], sob pena de haver meras negociações[703];
– admitindo-se, todavia, que a mediação exista mesmo quando não se alcance o negócio definitivo em vista[704].

Na hipótese de uma mediadora que tenha sido contratada pelo terceiro interessado, não há contrato de mediação entre ela e o vendedor[705].

II. Quanto aos requisitos e principiando pelas partes:

---

[699] Quanto à formação do contrato de mediação: Schwerdtner, *Maklerrecht*, cit., 3.ª ed. 23 ss. e Ibold, *Maklerrecht* cit., 38 ss.; na sequência iremos apoiarmo-nos na jurisprudência portuguesa.
[700] STJ 19-jan.-2004 (Camilo Moreira Camilo), Proc. 03A4092.
[701] STJ 12-jun.-1964 (Simões de Carvalho), Proc. 059956.
[702] Portanto: a um acordo de vontades: STJ 24-jun.-1993 (Miranda Gusmão), Proc. 084937 e RLx 14-abr.-2011 (Ondina Carmo Alves), Proc. 761/07.6.
[703] RLx 24-jun.-1993 (Cruz Broco), CJ XVIII (1993) 3, 139-142 (141).
[704] STJ 3-nov.-1993 (Martins da Fonseca), Proc. 083579.
[705] RLx 30-set.-2003 (Pimentel Marcos), CJ XXVIII (2003) 4, 99-102 (102/I).

– a exigência de licenciamento ou equivalência, mormente no campo imobiliário, só se aplica a profissionais: não ao mediador esporádico e ocasional[706];
– na hipótese de surgir um "profissional" não autorizado: poderá haver sanções contra este, mas o contrato de mediação, em si, não é nulo[707].

III. No tocante à forma: a mediação, enquanto contrato atípico, não se sujeita a qualquer forma específica. Todavia, o artigo 10.º/1 do Decreto-Lei n.º 285/92, de 19 de dezembro, relativamente à mediação imobiliária, veio exigir a forma escrita[708]. A inobservância desta exigência não pode, no entanto, ser invocada pela entidade mediadora (10.º/6[709] e 19.º/8 do Decreto-Lei n.º 211/2004 e artigo 16.º/5 da Lei n.º 15/2013, de 8 de fevereiro, hoje em vigor); a sua invocação pelo interessado, para não pagar a comissão pode, todavia, constituir abuso do direito[710]. Logo, também o não poderá ser nem por qualquer interessado, nem *ex-officio*: apenas pelo cliente do mediador (comitente)[711]. Estamos, pois, perante uma nulidade atípica[712]. Além disso, tendo sido obtido êxito com a mediação, mesmo havendo nulidade formal do contrato, como não é possível restituir os serviços prestados, a comissão sempre seria devida[713]. Há um claro *favor negotii*, por parte da nossa jurisprudência, o qual é, inclusive, prosseguido também através de regras de Direito transitório[714].

---

[706] STJ 5-nov.-1974 (Albuquerque Bettencourt), BMJ 241 (1974), 265-268 = Proc. 065342 e STJ 1-jun.-1983 (Lopes Neves), Proc. 070279, ambos com referência ao Decreto-Lei n.º 43 767, de 30 de junho de 1961.

[707] STJ 18-mar.-1987 (Machado Soares), CJ/Supremo V (1997) 1, 158-160 (159/II) = Proc. 96A700.

[708] Dieter Reuter, *Staudingers Kommentar*, 2, §§ 652-656 cit., §§ 652-653, Nr. 19 (64-65).

[709] STJ 7-jul.-1999 (Nascimento Costa), Proc. 99B552.

[710] REv 30-jun.-2011 (Maria Alexandra Moura Santos), Proc. 126/09.5.

[711] STJ 29-abr.-2003 (Reis Figueira), Proc. 03A918 e STJ 31-mar.-2004 (Silva Salazar), Proc. 04A647.

[712] RPt 7-set.-2010 (Maria da Graça Mira), Proc. 8/07.5.

[713] STJ 20-abr.-2004 (Azevedo Ramos), Proc. 04A800.

[714] RCb 28-jan.-2003 (Alexandre Reis), CJ XXVII (2003) 1, 18-21 (20), a propósito do aparecimento do Decreto-Lei n.º 77/99, de 16 de março.

IV. Nos casos de mediação sujeitos a maiores densidades regulativas, haverá que atentar bem nos competentes regimes. Pense-se nos casos da mediação mobiliária e na dos seguros.

174. Cláusulas típicas e boa-fé

I. Há poucas regras diretamente aplicáveis ao contrato de mediação[715]. Mesmo tratando-se das modalidades especiais tipificadas na lei: o legislador ocupa-se, sobretudo, da figura do mediador, determinando, para este, deveres e encargos. O contrato é deixado em segundo plano.

A jurisprudência tem reclamado, perante essa escassez regulativa, a aplicação sucessiva[716]:

– das estipulações das partes;
– das normas de aplicação analógica;
– dos princípios gerais das obrigações;
– da decisão judicial integradora.

Pela nossa parte, recordamos que a mediação é, antes de mais, uma prestação de serviço. Na falta de outras regras, haverá sempre que fazer apelo ao previsto para o mandato, por via do artigo 1156.º, do Código Civil.

II. A mediação pode ser acompanhada, a título de cláusula típica, pela exclusividade[717]. Nessa altura, o comitente compromete-se a, com referência ao projetado negócio, não contratar mais nenhum mediador. A cláusula de exclusividade poderá ainda ser reforçada quando, além de não recorrer a outros intermediários, o comitente se obrigue, também, a não descobrir, ele próprio, um terceiro interessado. Nada disse se presume: deverá ser clausulado e, havendo dúvidas, provado por quem tenha interesse na situação considerada. Havendo exclusividade, surge a presunção (de facto) de

---

[715] Donde a afirmação corrente de estarmos perante uma disciplina de base jurisprudencial: Ibold, *Maklerrecht* cit., 29.

[716] STJ 9-mar.-1978 (Daniel Ferreira), BMJ 275 (1978), 183-190 (187) = Proc. 066824, STJ 9-dez.-1993 (José Magalhães), Proc. 083924 e STJ 16-nov.-2000 (Simões Freire), Proc. 0131229.

[717] STJ 26-fev.-2002 (Moitinho de Almeida), Proc. 02B2469 e STJ 21-jan.-2003 (Reis Figueira), Proc. 02A3281.

que a atividade do mediador contribuiu para a aproximação das partes, facilitando o negócio e revertendo o ónus da prova para os mediados[718].

III. Os interessados são vivamente incitados a prever no contrato tudo quanto lhes interesse. Entre as hipóteses normais avultam:

– a indicação de preço mínimo por que o comitente aceite contratar[719];
– a fixação da comissão, normalmente em percentagem sobre o negócio definitivo; na sua falta, recorrer-se-á ao habitualmente praticado, nas situações semelhantes à considerada[720];
– a indicação de um prazo de vigência; quando não o façam, haverá que recorrer às regras do mandato.

IV. Em toda a relação de mediação, haverá que observar o princípio da boa-fé (762.º/2, do Código Civil), com todos os deveres acessórios que daí decorrem[721]. Assim e designadamente:

– há que prestar todas as informações pertinentes entre as partes; as mediações sujeitas a regimes tipificados na lei comportam determinações reforçadas e mais precisas de informações; de todo o modo e em geral, as informações relevantes sempre terão de ser prestadas;
– as partes devem manter-se leais[722], prevenindo condutas que possam inviabilizar o escopo do negócio; particularmente, não pode o comitente tornar impossível o negócio definitivo[723]; isso equivaleria a não agir de boa-fé na pendência de uma condição[724];

---

[718] RLx 8-abr.-2010 (Rui da Ponte Gomes), Proc. 2983/07.

[719] STJ 19-jan.-2004 (Camilo Moreira Camilo), CJ/Supremo XII (2004) 1, 27-29 (28-29): se o mediador lograr um preço inferior e o comitente se recusar a confirmar a encomenda, fica revogada a mediação.

[720] Funciona o artigo 1158.º/2, do Código Civil, aplicável por via do artigo 1156.º, do mesmo diploma.

[721] Bethge, *Maklerrecht in der Praxis*, cit., 2.ª ed. 73 ss., Petri/Wieseler, *Handbuch des Maklerrecht* cit., 135 ss. e Dieter Reuter, *Staudingers Kommentar*, 2, §§ 652-656 cit., prenot. §§ 652 ss., Nr. 9 (10).

[722] Quanto aos deveres de lealdade na mediação: Burkard W. Pauge, *Handelsvertreter und Makler/Prokura und Handlungsvollmacht*, 2.ª ed. (1991), 88.

[723] RCb 8-jun.-2004 (Custódio M. Costa), CJ XXIX (2004) 3, 25-28 (27).

[724] RCb 23-abr.-2002 (Alexandre Reis), CJ XXVII (2002) 2, 30-33 (32-33).

– a mediação não pode constituir pretexto para desencadear ou potenciar situações de concorrência.

V. Um ponto importante e delicado é, na mediação, o da proteção do terceiro solicitado. Este não é parte no contrato. Todavia, tem uma tripla proteção:

– o próprio contrato de mediação só se considera cumprido se o contrato definitivo for regularmente obtido: tal não sucede quando o mediador use de dolo, altura em que não há direito à comissão[725];
– a lei obriga a esclarecer devidamente os terceiros solicitados, em várias situações legalmente previstas[726]; quando isso não suceda, há responsabilidade, *ex vi* 485.º do Código Civil[727];
– a boa-fé contratual protege, também, o próprio terceiro; será uma manifestação do efeito protetor de terceiros[728].

A ética dos negócios, que dá corpo à cláusula dos bons costumes[729], manda que o mediador respeite, sempre, o terceiro solicitado. Dele depende o mercado e, em geral: todo o progresso da vida económica.

175. A retribuição

I. A mediação, particularmente quando comercial, é onerosa. Cabe às partes, no contrato, prever com toda a precisão[730]:

– qual a retribuição devida;
– em que circunstâncias ela deva ser paga;
– em que momento terá lugar a sua satisfação.

---

[725] REv 3-jun.-2002 (Ana Luísa Geraldes), CJ XXVII (2002) 3, 255-259 (258).
[726] RPt 29-mai.-2003 (Pinto de Almeida), CJ XXVIII (2003) 3, 177-182 (179/II).
[727] Jorge Sinde Monteiro, *Responsabilidade por conselhos, recomendações ou informações* (1989), 384 ss..
[728] *Vide* o nosso *Tratado* VII, 650 ss. e Sinde Monteiro, *Responsabilidade* cit., 518 ss.; esta figura vem também referida no acórdão citado na nota anterior.
[729] *Vide Direito comercial*, 544 ss..
[730] Lacerda Barata, *Contrato de mediação* cit., 201 ss..

A retribuição efetiva-se, muitas vezes, através de uma comissão sobre o preço do negócio definitivo: donde o dizer-se, correntemente, apenas comissão[731].

Aquando da retribuição e do seu pagamento, há que contar com os deveres fiscais envolvidos: retenção na fonte (quando seja o caso) e IVA.

II. Na falta de estipulação das partes ou na sua insuficiência, há toda uma ponderação jurisprudencial que permite precisar as proposições seguintes[732]:

– a retribuição só é devida com a conclusão do contrato definitivo: não bastam esforços nesse sentido[733];
– a atividade do mediador deve ser causa adequada ao fecho do contrato definitivo[734]; ou então: este deve alcançar-se como efeito de intervenção do mediador[735];
– a remuneração é devida mesmo que o contrato definitivo não venha a ser cumprido[736];
– *idem*, na hipótese de só não se ter concluído o negócio definitivo por causa imputável ao comitente[737];
– a subsequente declaração de nulidade do contrato, por causa não imputável à mediadora, não afeta o direito desta à retribuição[738];

---

[731] Em Itália, diz-se "provisão" (*provvizione*): *vide* Luminoso, *La mediazione* cit., 2.ª ed. 93 ss.; na Alemanha, usa-se essa mesma expressão (*Provision*): Dieter Reuter, no Staudinger *Maklerrecht* cit., §§ 652, 653, Nr. 76 ss. (104 ss.).

[732] Os pressupostos da "provisão" podem ser seguidos, por exemplo, em Schwerdtner, *Maklerrecht* cit., 3.ª ed. 80 ss..

[733] STJ 31-mar.-1998 (Ribeiro Coelho), BMJ 475 (1998), 680-688 (686) e RLx 17-fev.-2011 (Maria Amélia Ameixoeira), Proc. 3452/07.

[734] STJ 28-fev.-1978 (Acácio Carvalho), BMJ 274 (1978), 223-232 (229).

[735] RPt 28-set.-1993 (Almeida e Silva), BMJ 429 (1993), 876 e REv 8-jul.-2010 (Bernardo Domingos), Proc. 214/08.

[736] STJ 11-nov.-1993 (Martins da Fonseca), Proc. 085387, STJ 5-jun.-1996 (Metello de Nápoles), Proc. 088410, STJ 11-mar.-1999 (Lemos Triunfante), Proc. 99A154.

[737] RLx 27-jan.-2004 (Pimentel Marcos; vencido: Santos Martins), CJ XXIX (2004) 1, 87-91 (90) e RLx 24-mai.-2011 (Maria Teresa Soares), Proc. 11231/08.5.

[738] RLx 20-jan.-2011 (António Valente), Proc. 5237/04.

− havendo um concurso de causas que conduzam à celebração do negócio pretendido, a comissão será devida desde que a atuação do mediador também tenha contribuído para o êxito final[739];
− o negócio definitivo poderá, na mediação imobiliária, ser um simples contrato-promessa ou, antes, a escritura final: depende da interpretação do contrato de mediação[740].

III. Complementarmente, cabe ainda explicitar outros aspetos, também ligados à retribuição e ao seu pagamento. Assim:
− o contrato de mediação pode reportar-se a um negócio definitivo que recaia sobre coisa futura[741];
− o próprio solicitante não cumpre o contrato de mediação se bloquear o contrato definitivo[742];
− cabe ao mediador fazer a prova de que a conclusão do negócio definitivo resultou da sua intervenção[743];
− não cumpre o contrato o mediador que, embora tendo desenvolvido uma atuação útil inicial, venha, depois, empatar a celebração do contrato definitivo[744];
− a alteração subjetiva de uma das partes no negócio não exclui, só por si, a comissão[745].

IV. O pagamento da comissão ao mediador dependerá de haver uma relação contratual entre este e o contratante final − ou algum deles[746]. Na sua falta, poderemos fazer apelo à gestão de negócios. Qualquer paga-

---

[739] STJ 9-dez.-1993 (José Magalhães), BMJ 432 (1993), 332-341 (338), STJ 16-nov.-2000 (Simões Freire), Proc. 0131229, STJ 31-mai.-2001 (Abel Freire), CJ/ /Supremo IX (2001) 2, 108-111 (110/I), RLx 18-dez.-2001 (Pais do Amaral), CJ XXVI (2001) 5, 115-117 (117/I), STJ 28-mai.-2002 (Dionísio Correia), Proc. 02B1609 e RLx 27-jan.-2004 (Pimentel Marcos), CJ XXIX (2004) 1, 87-91 (89/II).

[740] REv 24-mar.-1994 (Ribeiro Luís), CJ XIX (1994) 2, 260-262 (261/I), RPt 20-mar.-1995 (Lúcio Teixeira), BMJ 445 (1995), 611, STJ 5-jun.-1996 (Metello de Nápoles), Proc. 088410 e STJ 11-mar.-1999 (Lemos Triunfante), Proc. 99A154.

[741] RCb 8-jun.-2004 (Custódio M. Costa), CJ XXIX (2004) 3, 25-28 (26/I e II).

[742] STJ 8-mar.-2005 (Lopes Pinto), Proc. 05A375.

[743] RCb 7-out.-1997 (Silva Graça), BMJ 470 (1997), 692-693.

[744] STJ 17-mar.-1967 (Oliveira Carvalho), BMJ 165 (1967), 331-334 (334), ao abrigo do Direito então vigente, mas em termos sempre atuais.

[745] RPt 8-set.-2011 (Maria de Jesus Correia), Proc. 340957/10.2.

[746] STJ 15-out.-1980 (Daniel Ferreira), Proc. 068787.

mento terá, então, uma diversa natureza, devendo efetivar-se nos quadros desse instituto[747].

176. A cessação

I. O contrato de mediação cessa pelas razões que, nele, as partes tenham querido inserir[748]. Quando nada digam, teremos de recorrer às regras gerais. Assim:

- quando pactuado para um concreto negócio, ele cessa caso esse negócio se obtenha ou, ainda, na hipótese de ele se tornar definitivamente impossível;
- independentemente disso, o contrato termina pelo incumprimento definitivo de qualquer das partes.

II. Mais complexa será a hipótese de se acordar numa mediação duradoura: destinada, por exemplo, a concluir todos os negócios que uma determinada entidade venha a fazer. Propomos o seguinte:

- por via do artigo 1156.º do Código Civil, haverá que recorrer às regras do mandato: o solicitante poderá revogar o contrato mas, uma vez que ele também foi celebrado no interesse do mediador, terá de haver justa causa para a revogação (1170.º/2);
- por aplicação analógica do artigo 28.º do Decreto-Lei n.º 178/86, de 3 de julho, relativo à agência e, ainda, em concretização da boa-fé: por denúncia, com a antecedência aí indicada.

A revogação indevida equivale ao incumprimento, com todas as consequências daí advenientes.

III. A mediação é, em regra, *intuitu personae*. Cessa com a morte ou a extinção de qualquer das suas partes.

---

[747] *Direito das obrigações* 2 (1986, reimp.), 22 ss. e *Tratado* II/3, 93 ss..

[748] Quanto à mediação civil e perante o Direito austríaco (embora com referência aos quadros comuns): Wolfgang Fromherz, *Der Zivilmaklervertrag* (1990), 84 ss..

177. Características e natureza

I. O périplo anterior permite apresentar as características do contrato de mediação[749]. Trata-se, fundamentalmente, de uma prestação de serviços materiais, onerosa, aleatória e *intuitu personae*. Outras características dependem do tipo de mediação concretamente em causa.

II. No tocante à sua natureza[750]: há um debate clássico, com incidência em Itália, que contrapõe as teorias negociais[751], não-negociais[752] e mistas[753]. Boa parte do problema põe-se pelo facto de as leis – particularmente o Código Civil italiano – tratarem a figura da mediação e não, como se impunha, o contrato do mesmo nome. Além disso, novas dúvidas ocorrem pelo facto de não se poder imputar, ao mediador, uma obrigação de resultado: a obtenção de um contrato entre terceiros[754].

III. Perante o Direito português e em face das muitas dezenas de decisões judiciais que cobrem o assunto – e que vão ao encontro de dados jurídico-científicos imediatos – não temos quaisquer dúvidas em concluir pela sua natureza contratual e com o perfil pré-anunciado.

Fora de um contrato de mediação, qualquer intermediário que "alcance" um negócio entre terceiros apenas poderá, tudo visto, beneficiar do estatuto de gestor de negócios.

---

[749] Lacerda Barata, *Contrato de mediação* cit., 222 ss..
[750] Elementos: Bethge, *Maklerrecht* cit., 53.
[751] Alessandro Jordano, *Struttura essenziale della mediazione*, RDComm LV (1957), 1, 209-217 (209 ss.).
[752] Giuseppe Mirabelli, *Promessa unilaterale e mediazione*, RDComm LI (1953), 2, 165-183 (165 ss.).
[753] Com indicações, *vide* Luminoso, *La mediazione* cit., 2.ª ed. 41 ss..
[754] Cesare Tumedei, *Del contrato di mediazione*, RDComm XXI (1923), 1, 113-142 (138 ss.).

CAPÍTULO II
A MEDIAÇÃO DOS SEGUROS

§ 42.º GENERALIDADES, DIREITO EUROPEU E EVOLUÇÃO LUSÓFONA

178. Aspetos gerais

I. A extrema popularização do contrato de seguro leva a que, na sua celebração, intervenham, muitas vezes, mediadores[755].

Pode-se ir mais longe: desde o início, a indústria seguradora assentou numa teia de mediadores, que procediam à aproximação entre elas e os interessados[756]. As companhias seguradoras são, no fundo, entidades financeiras, que articulam o risco e o dinheiro: não têm vocação para desenvolver, no terreno, os inúmeros contactos que conduzem à conclusão dos seguros. No século XIV, já se documenta a mediação dos seguros, a qual esteve presente na Península Ibérica, nos Países Baixos, na Alemanha e em Inglaterra[757].

II. À partida, o mediador de seguros é um mediador comercial. Nos países cujas leis versam a mediação em geral, parece impor-se a recondu-

---

[755] Vide Ettore Pedicini, *Il broker di assucurazioni* (1998), X + 198 pp..

[756] Como obra de referência, ainda hoje: Heinz-A. Griess/Mario Zinnert, *Der Versicherungsmakler/Position und Funktion aus rechtlicher und wirtschaftlicher Sicht*, 3.ª ed. (1997), X + 813 pp.; vide, aí, 3 ss..

[757] *Idem*, 37 ss.. Alguns elementos: Frank Baumann/Matthias Beenken/Hans-Ludger Sandkühler, *Profi-Handbuch Maklermanagement* (2010), 315 pp., 20.

ção do primeiro ao segundo[758]. A aproximação não deve ser conceitualizada: enquanto o mediador comum é um intermediário equidistante das partes, o mediador dos seguros projeta-se, pela natureza do seu negócio, no hemisfério dos tomadores[759].

O BGH alemão foi sensível a este estado de coisas tendo, em 1985, declarado o mediador dos seguros como um gestor fiduciário do tomador do seguro[760].

As particularidades da mediação dos seguros, que aqui ficam patentes, prendem-se com as particularidades do negócio[761]: a imaterialidade dos bens em jogo[762] e a abstração do risco[763]. O mediador assume deveres majorados de informação e de esclarecimento[764]. Além disso, a relação que ele estabelece com o tomador não cessa com a conclusão do negócio mediado: antes surge, entre ele e o mediador, uma relação duradoura, com deveres de acompanhamento e de ajuda[765].

Impõe-se uma mentalidade de serviço[766], com projeções no regime.

---

[758] Jessika Orth, *Qualitätsmanagement für Versicherungsmakler/Ein konzept für kleine und mittelständische Unternehmen* (2002), XVI + 325 pp. (11 ss.).

[759] Wolfgang Traub, *Marktfunktion und Dienstleistung des Versicherungsmaklers//auf der Grundlage informationsökonomischer Ergebnisse* (1995), XII + 255 pp., 24 ss..

[760] BGH 22-mai.-1985, VersR 1985, 930-932 (930-931).

[761] *Vide* o hoje clássico Wilhelm Gauer, *Der Versicherungsmakler und seine Stellung in der Versicherungswirtschaft* (1951), 134 pp., 34 ss. e Annemarie Matusche, *Pflichten und Haftung des Versicherungsmaklers*, 3.ª ed. (1993), XXXVII + 224 pp., 14 ss. e *passim*.

[762] Dieter Farny, *Versicherungsbetriebslehre*, HdV 1988, 1015-1023 (1020) e Heinrich Stremitzer/Karl C. Ennsfellner, *Gedanken zur kundenorientierten Qualität von Versicherungsdienstleistungen*, FS Walter Karten (1994), 381-399 (385).

[763] *Idem*, 389.

[764] A articular com os da seguradora; ele tem, todavia, o contacto com o tomador; *vide* Christian F. Huckele, *Die vorvertraglichen Aufklärungs-, Beratungs- und Informationspflichten im Versicherungsrecht/unter besonderer Berücksichtigung der Verhaltenspflichten der Banken in der Anlageberatung und des zukünftigen Vermittlerrechts im Versicherungswesen* (2005), XXVI + 179 pp., 66 ss..

[765] Gert A. Benkel/Peter Reusch, *Der Einfluss der Deregulierung der Versicherungsmärkte auf die Haftung des Versicherungsmaklers*, VersR 1984, 1013-1017 (1014), alinhando os diversos deveres que se prolongam no tempo.

[766] Griess/Zinnert, *Der Versicherungsmakler* cit., 3.ª ed. 13 ss..

III. A mediação dos seguros cedo veio a obter, nos diversos espaços jurídicos[767], um tratamento diferenciado. Pretendeu-se atender as especificidades do sector e agir, através da mediação, na própria substancialidade dos contratos.

Hoje, a mediação dos seguros surge como uma área especializada no Direito dos seguros, que tem vindo a obter níveis próprios de regulação e de supervisão. O próprio Direito europeu ocupou-se do assunto, em termos abaixo explanados.

179. Direito europeu

I. O Direito europeu ocupou-se da mediação dos seguros por via dos princípios da liberdade de estabelecimento e da livre prestação de serviços. Tal o alcance da Diretriz 77/92, de 13 de dezembro de 1976[768]. Ficou previsto que essa Diretriz vigoraria até à entrada em vigor das disposições relativas à coordenação das regulamentações nacionais respeitantes ao acesso às atividades de agentes e corretores de seguros e ao seu exercício.

Seguiu-se a recomendação 92/48, da Comissão, de 18 de dezembro de 1991[769], relativa a mediadores dos seguros. Embora não vinculativa, ela contribuiu para a aproximação das disposições nacionais referentes aos requisitos e ao registo dos mediadores de seguros, uma vez que foi seguida por diversos Estados-Membros.

II. Após múltiplos estudos foi aprontada[770] e publicada a Diretriz 2002/92, relativa à mediação dos seguros[771].

No competente preâmbulo, o legislador europeu focou as seguintes linhas de força:

---

[767] Quanto à experiência suíça, com elementos comparatísticos: Helmut Studer, *Die Rechtsstellung des Versicherungsbrokers in der Schweiz* (2000), XXXVIII + 230 pp., 10 ss. e passim. No que toca à inglesa: Jürgen Sieger, *Die Rechtsstellung des englischen Versicherungsmaklers (insurance broker)* (1983), LI + 183 pp., especialmente 81 ss..

[768] JOCE N.º L-26, de 31-jan.-1977, 14-19.

[769] JOCE N.º L-9, de 15-jan.-2003, 3-9.

[770] O historial relativo aos antecedentes da Diretriz podem ser confrontados em Maximilian Teichler, *Das zukünftige Vermittlerrecht*, VersR 2002, 385-392 (385/I).

[771] Sintetizando o significado da Diretriz: Manfred Wandt, *Versicherungsrecht*, cit., 5.ª ed. 145 ss..

– a subsistência de diferenças consideráveis, entre os diversos Estados-Membros, no tocante à mediação de seguros, as quais impediriam o bom funcionamento do mercado único;
– o facto de várias pessoas e instituições, tais como agentes, corretores e operadores de banca-seguros poderem distribuir produtos de seguros: todas elas devem ser abrangidas pela Diretriz;
– os mediadores de seguros devem estar registados na autoridade competente de cada Estado-Membro, devendo satisfazer requisitos de competência e de boa reputação e dispor de um seguro de responsabilidade civil e de capacidade financeira;
– cabe prever obrigações de informação dos mediadores aos seus clientes;
– devem existir procedimentos adequados e eficazes de reclamação e de recurso para resolução de litígios entre mediadores e seus clientes.

III. Fixado o sentido geral da Diretriz 2002/92, cabe atentar no seu conteúdo: dezoito artigos, distribuídos por quatro capítulos:

I – Âmbito de aplicação e definições (1.º e 2.º);
II – Condições de registo (3.º a 11.º);
III – Informações a prestar pelos mediadores (12.º e 13.º);
IV – Disposições finais (14.º a 18.º).

Do capítulo I, cumpre consignar a definição de "mediação de seguros" (2.º/3/I):

(…) as atividades que consistem em apresentar, propor ou praticar outro ato preparatório da celebração de um contrato de seguro, ou em celebrar esses contratos, de apoiar a gestão e execução desses contratos, em especial em caso de sinistro.

Por seu turno, "mediador de seguros" é (2.º/5):

(…) qualquer pessoa singular ou coletiva que inicie ou exerça, mediante remuneração, a atividade de mediação de seguros;

A Diretriz 2002/92 autonomiza o que chama "mediadores de seguros ligado". Será (2.º/7/I):

§ 42.º Generalidades, direito europeu e evolução lusófona

(...) qualquer pessoa que exerça uma atividade de mediação de seguros, em nome e por conta de uma empresa de seguros ou de várias empresas de seguros, caso os produtos não sejam concorrentes, mas que não receba prémios nem somas destinadas ao cliente e atue sob a inteira responsabilidade dessas empresas de seguros, no que se refere aos respetivos produtos.
(...)

IV. O capítulo II, formalmente relativo a condições de registo, acaba por conter regras que vão para além desse domínio. O artigo 3.º cuida efetivamente do registo: deve efetuar-se junto da autoridade competente de cada Estado-Membro (n.º 1).

Passa aos requisitos profissionais dos mediadores (4.º), os quais incluem formação profissional[772] e as medidas necessárias para proteger os clientes da incapacidade de um mediador de seguros para transferir o prémio da empresa de seguros ou para transferir o montante da indemnização ou do estorno do prémio para o segurado (4.º/4).

O livre estabelecimento é assegurado, prevendo-se a notificação, pela autoridade competente do Estado-Membro de origem à do Estado de acolhimento, da intenção de um mediador de exercer atividade neste último (6.º).

As autoridades competentes dependem de cada Estado-Membro (7.º) e ficam desenhadas sanções para o exercício clandestino da mediação (8.º).

Os Estados-Membros trocam informações (9.º) e promovem procedimentos de reclamação (10.º) e de resolução extrajudicial de litígios (11.º).

V. O capítulo III especifica as informações a prestar pelos mediadores aos seus clientes. Ficam incluídas:

- informações sobre o próprio mediador e as suas relações com a seguradora (12.º/1);
- conselhos aos clientes e seu enquadramento (12.º/2 e 3);
- condições de informação (13.º), isto é: (a) em papel ou outro suporte duradouro acessível; (b) com clareza e exatidão e de forma compreensível; (c) na língua do Estado-Membro em causa ou noutra convencionada pelas partes.

---

[772] Maximilian Teichler, *Das zukünftige Vermittlerrecht* cit., 392/II, sublinhando que este aspeto exige transposição, no Direito alemão.

VI. As disposições finais compreendem a existência de recurso judicial perante medidas tomadas relativamente a mediadores (15.º) e o prazo de transposição, fixado em 15-jan.-2005 (16.º).

180. Evolução lusófona

I. A mediação dos seguros sempre teve, no Direito lusófono, um tratamento diferenciado. Desde o século XVI (D. Sebastião) que a oficialização da figura do corretor de seguros[773] denota o interesse público da função de mediação nessa área. Também a Casa dos Seguros e, sobretudo, a Nova Casa dos Seguros (Marquês de Pombal)[774] são claras disciplinas da mediação dos seguros.

Todavia, as pressões generalizadoras das codificações levaram a que a mediação de seguros se diluísse no ofício de corretor em geral, acima examinado[775].

II. Com o desenvolvimento dessa matéria, a jurisprudência começou por ver, na mediação dos seguros, um contrato de mandato[776], com diversas aplicações[777]. Havia que ir mais longe, o que requereria, naturalmente, a intervenção do legislador.

Em 27-ago.-1975, um despacho do Subsecretário de Estado do Tesouro veio estabelecer a obrigatoriedade de inscrição dos mediadores de seguros. Não era este o meio jurídico para enquadrar o problema. E assim surgiu o Decreto-Lei n.º 145/79, de 23 de maio: o primeiro diploma a regular "as condições e o modo como pode ser exercida em Portugal a atividade de mediação de seguros"[778].

Na base da regulamentação pesaram as seguintes considerações:

– a reestruturação do sector dos seguros;
– a intervenção de mediadores na grande maioria dos contratos de seguro;
– a necessidade de profissionalização.

---

[773] *Supra*, 85 ss..
[774] *Supra*, 87.
[775] *Supra*, 417 ss..
[776] STJ 21-abr.-1953 (Rocha Ferreira), BMJ 36 (1953), 375-376 (376).
[777] RLx 5-mar.-1981 (Miguel Montenegro), CJ VI (1981) 3, 26-29 (27/II).
[778] Preâmbulo: DR I Série, n.º 118, de 23-mai.-1979, 1059-1065 (1059/I).

A mediação de seguros vem definida como (1.º/1):

(...) a atividade tendente à realização, à assistência ou à realização e assistência de contratos de seguro entre pessoas, singulares ou coletivas, e as seguradoras.

A mediação de seguros ficou reservada aos mediadores inscritos no então INS (6.º/1), não podendo, em especial, ser exercida por companhias de seguros e resseguros, agências de companhias estrangeiras e mútuas de seguros (1.º/2).

III. Os mediadores de seguros foram repartidos por duas categorias (3.º/1):

– agente de seguros: o mediador, pessoa singular ou coletiva, que faz a prospeção e a realização de seguros, presta assistência ao segurado, efetua a cobrança dos prémios e a prestação de outros serviços, se assim o tiver acordado com a seguradora (31.º);
– corretor de seguros: o mediador, pessoa coletiva que forma uma organização comercial e administrativa própria, na qual empregue um ou mais trabalhadores profissionais de seguros (36.º); tem uma competência mais alargada, a qual inclui (40.º):
  – dar informações às seguradoras para a análise de riscos, para a prevenção e segurança e para a instrução de processos de sinistro;
  – colaborar com os peritos e prestar assistência aos agentes que coloquem seguros;
  – fornecer ao então INS uma série de elementos.

Os direitos (13.º) e os deveres (14.º) do mediador foram objeto de alongadas seriações.

IV. O primeiro regime dos mediadores de seguros vigorou por 6 anos. Foi substituído por novo regime, adotado pelo Decreto-Lei n.º 336/85, de 21 de agosto[779]. Segundo o preâmbulo deste diploma, pretendeu-se intervir nos seguintes domínios:
– no da moralização da atividade;
– no da exigência da sua profissionalização;

---

[779] DR I Série, n.º 191, de 21-ago.-1985, 2700-2708.

– no do reforço da disciplina do mercado;
– no da defesa dos interesses das partes envolvidas.

O novo diploma veio estabelecer três categorias de mediadores (2.º):

– o agente de seguros: faz prospeção, visa realizar seguros, presta assistência ao segurado e pode cobrar prémios;
– angariador: *idem*, mas sendo trabalhador de seguros;
– corretor: uma pessoa coletiva, devidamente autorizada e com funções alargadas (45.º).

Em nome da moralização, foi vedada a mediação de seguros nos contratos a celebrar com entidades do sector público (5.º). A lei seguiu a técnica de enumerar os direitos e os deveres dos mediadores em geral (6.º e 7.º) e, depois, de precisar as posições dos vários tipos de mediadores.

Foram ainda regulados diversos aspetos práticos atinentes às inscrições e às sanções.

O Decreto-Lei n.º n.º 336/85, de 21 de agosto, foi alterado pelo Decreto-Lei n.º 172-A/86, de 30 de junho[780] (22.º, 23.º e 26.º, tendo ainda sido aditado o artigo 24.º-A), no sentido de alargar a mediação nos seguros a cidadãos de outros países comunitários. Deve ainda apontar-se o Decreto-Lei n.º 386/89, de 9 de novembro[781], também de origem comunitária, e que veio reger a livre prestação de serviços no âmbito dos Estados-Membros.

V. Passados mais 6 anos: o legislador entendeu dispensar um novo diploma regulador da mediação dos seguros. Fê-lo através do Decreto-Lei n.º 388/91, de 10 de outubro[782]. Jogaram – diz o legislador – nesse sentido, vários fatores:

– a presença de novos canais de distribuição de seguros, com relevo para as instituições de crédito e as estações de correios;
– a oportunidade de colocar num único instrumento, as regras aplicáveis à mediação de seguros;
– o reforço da profissionalização;

---

[780] DR I Série, n.º 147, de 30-jun.-1986, 1550(2)-1550(3).
[781] DR I Série, n.º 258, de 9-nov.-1989, 4910-4911.
[782] DR I Série, n.º 233, de 10-out.-1991, 5265-5275.

– a liberalização do sistema da comissão, "... que passa a ser negociado livremente entre as seguradoras e os mediadores";
– a especialização "não-vida", "vida";
– a abertura aos EIRL e às cooperativas;
– a atualização das sanções.

O sistema em vigor foi alterado em função destes vetores. Manteve-se, naturalmente, a necessidade de inscrição do ISP (3.º/1), bem como a tripartição em agentes, angariadores e corretores.

O novo regime absorveu a matéria comunitária, passando a ascender a 60 artigos.

V. O novo diploma atingiu a excecional longevidade de mais de quinze anos. Vigorou até ser substituído pelo Decreto-Lei n.º 144/2006, de 31 de julho[783]: um diploma de fôlego (107 artigos), abaixo examinado, alterado pelo Decreto-Lei n.º 359/2007, de 2 de novembro, pela Lei n.º 46/2001, de 24 de julho, pelo Decreto-Lei n.º 1/2015, de 16 de janeiro e pela Lei n.º 147/2015, de 9 de setembro[784].

---

[783] DR I Série, n.º 146, de 31-jul.-2006, 5391-5416.
[784] *Infra*, 455 ss..

§ 43.º AS FONTES EM VIGOR

181. A Lei n.º 10/2006, de 4 de abril

I. O Estado português veio a transpor a Diretriz 2002/92 já com atraso: ultrapassou o prazo de 15 de janeiro de 2005 que esta previa (16.º/1).

II. O primeiro passo foi dado pela Lei n.º 11/2006, de 4 de abril, assim sumariada:

> Autoriza o Governo a regular o acesso e o exercício da atividade de mediação de seguros ou de resseguros e a adaptar o regime geral das contraordenações às especificidades desta atividade na sequência da transposição da Diretiva n.º 2002/92/CE, do Parlamento Europeu e do Conselho, de 9 de Dezembro, relativa à mediação de seguros.

Nesta linha, o artigo 1.º da Lei n.º 11/2006 autorizou o Governo, no âmbito da atividade da mediação de seguros e de resseguros:

> *a)* Instituir um regime para o acesso e exercício da atividade de mediação de seguros e de resseguros adequado a garantir a efetiva proteção dos interesses de todos os intervenientes do mercado e, em especial, dos tomadores, segurados e beneficiários de seguros, associados, participantes e beneficiários de fundos de pensões;
> *b)* Definir o regime jurídico das contraordenações, incluindo os aspetos processuais.

A Lei n.º 11/2006 precisou, depois, o sentido e a extensão da autorização quanto ao regime de acesso e de exercício (2.º) e quanto às contraordenações (3.º).

O diploma tem relevo interpretativo, no tocante ao regime da mediação dos seguros que, em seu seguimento, foi adotado pelo Decreto-Lei n.º 144/2006, de 31 de julho[785].

182. O Decreto-Lei n.º 144/2006, de 31 de julho

I. O Decreto-Lei n.º 144/2006, de 31 de julho, define, no seu preâmbulo, algumas das linhas de força a que veio dar corpo.

Em primeiro lugar, tratou da transposição da Diretriz 2002/92. Esse aspeto era relativamente simples. Mas o legislador decidiu aproveitar essa

> (...) oportunidade para a revisão global do atual ordenamento jurídico nacional em matéria de mediação de seguros, uma vez que se reconhece que o mesmo carece de atualização face à evolução do mercado segurador, às novas técnicas de comercialização de seguros e às exigências de aumento da confiança no mercado, mediante o incremento da profissionalização, da credibilidade e da transparência na actividade de mediação de seguros.

Como vem sendo habitual, os preâmbulos dos diplomas tomam um certo teor encomiástico. Será excessivo considerar um "aumento de confiança no mercado". Não obstante, o regime fixado é cuidadoso.

II. A materialidade do diploma é expressa, sempre no seu preâmbulo, por referência a seis pontos:

(a) evitar o desalinhamento com o regime jurídico predominante nos outros Estados da União, ainda que contemplando as especificidades do mercado português;
(b) manter condições de concorrência equitativa entre os mediadores sediados em Portugal, em face dos operadores dos demais Estados;
(c) simplificar e racionalizar os recursos e aumentar a eficácia da supervisão da mediação de seguros;
(d) corresponsabilizar todos os intervenientes no mercado segurador;

---

[785] Vide José Vasques, *Novo regime jurídico da mediação de seguros* (2006), 261 pp., Luís Poças, *Aspectos da mediação de seguros*, em *Estudos de Direito dos seguros* (2008), 119-249 (133 ss.) e J. C. Moitinho de Almeida, *O mediador na conclusão e execução do contrato de seguro*, em *Contrato de seguro/Estudos* (2009), 153-189.

(e) proporcionar as exigências em face dos benefícios que delas decorrem;
(f) diminuir a assimetria de informação entre o mediador de seguros e o tomador do seguro.

III. Ponto significativo, devidamente enfatizado pelo legislador é o facto de, para o futuro, qualquer atuação material de mediação de seguros, incluindo a desenvolvida pela banca-seguros, se sujeitar às condições de acesso e de exercício consignadas no Decreto-Lei.

Os mediadores de seguros passam a comportar três categorias distintas, fundamentalmente em função das maiores ou menores dependência ou vinculação à sseguradoras. Temos:

– o mediador de seguros: exerce em nome e por conta de uma seguradora ou, com autorização desta, de várias ou, ainda, em complemento da sua atividade profissional; atua sob a responsabilidade da seguradora;
– o agente de seguros: exerce em nome e por conta de uma ou mais empresas de seguros, nos termos de um contrato com elas concluído, podendo receber prémios ou somas destinadas a tomadores, a segurados e a beneficiários;
– o corretor de seguros: exerce de forma independente, nos termos de uma análise imparcial.

IV. Salientam-se os aspetos do "passaporte europeu" e os deveres de informação "detalhados" bem como as condições em que elas devam ser transmitidas.

Adiante veremos a sistemática do diploma e as regras por ele instituídas.

183. A regulamentação do ex-ISP

I. O Decreto-Lei n.º 144/2006, de 31 de julho, foi regulamentado pelo então ISP, através do Regulamento 16/2007, Norma regulamentar n.º 17/2006-R[786], acompanhado por seis anexos[787]. Trata-se de um texto de

---

[786] DR 2.ª série, n.º 20, de 29-jan.-2007, 2357-2360.
[787] *Idem*, 2360-2365.

alguma complexidade, formalmente ordenado em 51 artigos arrumados por seis capítulos:

I – Disposições gerais (1.º);
II – Acesso (2.º a 22.º);
III – Exercício (23.º a 38.º);
IV – Registo (31.º a 38.º);
V – Supervisão (39.º a 42.º);
VI – Disposições finais (43.º a 51.º).

Encontraremos aspetos do regime regulamentar fixado a propósito do diploma.

II. Os anexos da Norma 17/2006-R têm a ver:

I – Informação a constar do formulário de inscrição de pessoa singular;
II – *Idem*, de pessoa coletiva;
III – Conteúdos mínimos dos cursos sobre seguros;
IV – Elementos a incluir no registo de mediadores de seguros e de resseguros;
V – Elementos de informação para efeito do controlo das participações qualificadas;
VI – Taxas por serviços de supervisão da atividade de mediação de seguros.

III. A norma 17/2006-R foi sucessivamente alterada pelas seguintes normas regulamentares:

– Norma 17/2008-R, de 29 de dezembro[788]: tem a ver com custos, com informações para a supervisão e com diversos agentes;
– Norma 15/2009-R, de 30 de dezembro[789]: regula o relato financeiro dos mediadores de seguros ou de resseguros e altera alguns preceitos da Norma 17/2006-R;
– Norma 23/2010-R, de 29 de dezembro[790]: procede a modificações pontuais na área dos pagamentos;
– Norma 7/2011-R, de 8 de setembro[791]: modifica o artigo 47.º, quanto à remuneração da comissão técnica dos cursos.

---

[788] DR 2.ª série, n.º 8, de 13-jan.-2009, 1349-1351.
[789] DR 2.ª série, n.º 7, de 12-jan.-2010, 1478-1480.
[790] DR 2.ª série, n.º 251, de 29-dez.-2010, 63.132-63.133.
[791] DR 2.ª série, n.º 184, de 23-set.-2011, 38.279.

§ 44.º O DECRETO-LEI N.º 144/2006, DE 31 DE JULHO

184. Sistema e alterações

I. O Decreto-Lei n.º 144/2006, de 31 de julho, constitui um pequeno código da mediação de seguros, de boa qualidade técnica. Comporta 107 artigos, arrumados em sete capítulos, nos termos seguintes:

I – Disposições gerais (1.º a 6.º);
II – Condições de acesso à atividade de mediação de seguros ou de resseguros (7.º a 27.º);
III – Condições de exercício (28.º a 45.º);
IV – Registo (46.º a 57.º);
V – Supervisão (58.º a 67.º);
VI – Sanções (68.º a 96.º);
VII – Disposições finais (97.º a 107.º).

II. Temos uma sistematização clara, de tipo funcional. Embora amparado na lógica da Diretriz 2002/92, o Decreto-Lei n.º 144/2006 apresenta-se mais escorreito, em termos de ordenação. E isso apesar de ter uma densidade superior à do diploma comunitário.

III. O Decreto-Lei n.º 144/2006 foi alterado pelo Decreto-Lei n.º 359/2007, de 2 de novembro: mais precisamente nos seus artigos 11.º, 14.º, 19.º, 34.º, 38.º, 39.º, 44.º, 59.º, 97.º, 102.º, 103.º e 107.º. De um modo geral, visou-se um ajuste no sentido da flexibilização da matéria.

Nova alteração adveio da Lei n.º 46/2011, de 24 de junho. Foi atingido o artigo 94.º: a instância competente para conhecer do recurso de decisões, despachos e demais medidas tomadas pelo ISP passa a ser o Tribunal da concorrência, regulação e supervisão.

IV. O Decreto-Lei n.º 1/2015, de 6 de junho, que aprovou o estatuto da ASF, revogou o artigo 66.º do Decreto-Lei n.º 144/2006 (8.º): um preceito relativo a taxas de supervisão.

V. Finalmente (e neste momento), a Lei n.º 147/2015, que adotou o novo RGAS, revogou, daquele diploma [34.º, *e*)], os artigos 75.º (Direito subsidiário quanto às contraordenações) e os artigos 81.º a 96.º, relativos ao processo de contraordenação e sanções acessórias.

185. Disposições gerais

I. No tocante a disposições gerais, o Decreto-Lei n.º 144/2006, de 31 de julho, veio regular, de modo sucessivo:

- o objeto (1.º);
- o âmbito (2.º);
- as exclusões (3.º);
- a extensão (4.º);
- as definições (5.º);
- a autoridade competente para o exercício da supervisão (6.º).

Encontramos, na distribuição como no estilo, uma configuração habitual nas diretrizes comunitárias, configuração essa que, depois, tende a transparecer nos diplomas de transposição.

II. O objeto do diploma é fixado em três pontos, que dão corpo a outros tantos números do artigo 1.º. São eles:

- as condições de acesso e de exercício da atividade de mediação de seguros ou de resseguros, no território da União Europeia, por pessoas singulares ou coletivas, residentes ou sediadas em Portugal;
- as condições de exercício, no território português, da mediação de seguros ou de resseguros, por mediadores registados em outros Estados-membros da União Europeia;
- a transposição da Diretriz n.º 2002/92/CE, de 9 de dezembro.

O artigo 2.º alarga o âmbito do diploma: mais precisamente determinando que as regras aplicáveis aos mediadores que, estando registados noutros Estados da União, pretendam exercer atividades em Portugal, se apliquem, também, aos mediadores registados em Estados associados à União Europeia.

III. O diploma tem, depois, uma delimitação negativa de aplicação, na linha da Diretriz 2002/92. Segundo o seu artigo 3.º, ele não se aplica (n.º 1):

– às atividades exercidas por seguradoras relativamente aos seus próprios produtos – *a*);
– às informações ocasionais prestadas no contexto de outra atividade profissional, desde que não impliquem assistência na celebração ou na execução de um seguro ou não traduza a gestão, regularização ou peritagem de seguros – *b*);
– às mediações relativas a riscos ou a responsabilidades fora da União Europeia – *c*).

Além disso, o diploma também não se aplica (n.º 2) a situações que reúnam, cumulativamente, os pontos seguintes:

– o contrato requer, apenas, o conhecimento da cobertura fornecida pelo seguro – *a*);
– não se tratando de um seguro de vida – *b*);
– nem prevendo qualquer cobertura de responsabilidade civil – *c*);
– não sendo o profissional, principalmente, um mediador de seguros – *d*);
– o seguro é complementar de um bem ou serviço e cubra – *e*):

   – risco de avaria ou de perda de bens por ele fornecidos ou de danos a esses bens; ou
   – risco de danos ou de perda de bagagens e demais riscos associados a uma viagem reservada junto do fornecedor podendo, então, o seguro cobrir a vida ou responsabilidade civil, desde que se trate de cobertura acessória em relação à cobertura principal dos riscos associados à viagem;

– o montante do prémio anual não exceder € 500 e a duração máxima do seguro, incluindo renovações, não exceder 5 anos.

Ficam especialmente abrangidos seguros contratados através de empresas *rent a car* e seguros de viagem.

IV. O diploma analisa-se, ainda, com exceção do disposto na secção V do capítulo II – exercício da atividade no território de outros Estados-Membros por mediador de seguros ou de resseguros registado em Portugal –, com as "devidas adaptações":

   (...) ao acesso e exercício da atividade de mediação no âmbito de fundos de pensões geridos, nos termos legais e regulamentares em vigor, por empresas de seguros ou sociedades gestoras de fundos de pensões autorizadas a operar no território português.

V. No tocante a definições, o artigo 5.º dá-nos nada menos do que dezassete, por vezes bastante circunstanciadas. Define: empresa de seguros, empresa de resseguros, mediação de seguros, mediação de resseguros, mediador de seguros, mediador de resseguros, pessoa diretamente envolvida na atividade de mediação de seguros ou de resseguros, carteira de seguros, contrato de seguro, tomador de seguro, grandes riscos, Estado-Membro de origem, Estado-Membro de acolhimento, Estado membro de compromisso, autoridades competentes, participação qualificada e suporte duradouro.

As definições são dadas para maior segurança de aplicação do diploma e dentro da já referida técnica comunitária. Elas não se afastam do uso técnico-jurídico comum das competentes expressões. De todo o modo, vamos reter a definição de mediação de seguros. É ela – 5.º, c):

> (...) qualquer atividade que consista em apresentar ou propor um contrato de seguro ou praticar outro ato preparatório da sua celebração, em celebrar o contrato de seguro, ou em apoiar a gestão e execução desse contrato, em especial em caso de sinistro.

VI. Finalmente: o artigo 6.º aponta, como autoridade competente para o exercício da supervisão aqui em análise, o Instituto de Seguros de Portugal. Executa-se, deste modo, mais um dispositivo contido na Diretriz 2002/92.

§ 45.º OS REQUISITOS DOS MEDIADORES

186. O acesso

I. As condições de acesso à atividade de mediação de seguros ou de resseguros obtiveram, da lei em estudo, um tratamento pormenorizado: 21 artigos, por vezes longos e densos, ordenados por cinco secções:

I – Disposições gerais (7.º a 9.º);
II – Condições comuns de acesso (10.º a 14.º);
III – Condições específicas de acesso (15.º a 21.º);
IV – Mediadores de seguros ou de resseguros registados em outros Estados membros da União Europeia (22.º e 23.º);
V – Exercício de atividade no território de outros Estados membros por mediador de seguros ou de resseguros registados em Portugal (24.º a 27.º).

Para a presente exposição, iremos seguir uma ordenação de tipo exegético e descritivo. Depois veremos certos pormenores importantes, como o das categorias de mediadores.

Quanto às condições gerais de acesso, o artigo 7.º enuncia o fundamental: estão habilitadas:

– as pessoas singulares ou coletivas, com residência ou sede em Portugal, devidamente inscritas no registo de mediadores do ISP;
– mediadores registados em outros Estados membros, que cumpram as formalidades da secção IV (22.º e 23.º).

II. Nas categorias (8.º) distingue a lei:

– o mediador de seguros ligado;
– o agente de seguros;
– o corretor de seguros.

O mediador de seguros ligado exerce a sua atividade, sem receber prémios ou somas destinadas aos tomadores, segurados ou beneficiários e:

(i) em nome e por conta de uma empresa de seguros ou, com autorização desta, de várias empresas de seguros e atuando sob a inteira responsabilidade dela ou delas;

(ii) em complemento da sua atividade profissional, sempre que o seguro seja acessório do bem ou serviço fornecido no âmbito dessa atividade, e ajam sob a inteira responsabilidade de uma ou várias empresas de seguros, no que se refere à mediação dos respetivos produtos.

III. O agente de seguros exerce a sua atividade em nome e por conta de uma ou mais empresas de seguros ou de outro mediador de seguros, nos termos do ou dos contratos que celebre com essas entidades. Há um apelo ao contrato de agência, regulado pelo Decreto-Lei n.º 178/86, de 3 de julho, alterado pelo Decreto-Lei n.º 118/93, de 13 de abril[792].

O problema põe-se, em especial, no tocante à aplicabilidade, ao agente de seguros, das regras sobre representação aparente constantes do artigo 23.º/1 do Decreto-Lei n.º 178/86. A jurisprudência dominante respondia pela negativa[793]. Todavia, a LCS, no seu artigo 30.º/3, veio fixar o regime oposto. Dispõe esse preceito:

> O contrato de seguro que o mediador de seguros, agindo em nome do segurador, celebre sem poderes específicos para o efeito é eficaz em relação a este se tiverem existido razões ponderosas, objetivamente apreciadas, tendo em conta as circunstâncias do caso, que justifiquem a confiança do tomador do seguro de boa-fé na legitimidade do mediador de seguros, desde que o segurador tenha igualmente contribuído para fundar a confiança do tomador do seguro.

---

[792] *Direito comercial*, 746 ss..

[793] STJ 18-dez.-2007 (Urbano Dias), Proc. 07A4305, aplicando Direito anterior ao Decreto-Lei n.º 144/2006, considera inaplicável à mediação de seguros, o artigo 23.º/1 do Decreto-Lei n.º 178/86 (representação aparente), dadas as diferenças entre as duas figuras. No mesmo sentido: RLx 22-mai.-2007 (Isabel Salgado), Proc. 297/2007-7 e RLx 13-dez.-2007 (Folque Magalhães), Proc. 6576/2007-1.

Estamos muito próximos do artigo 23.º/1 do Decreto-Lei n.º 118/86[794] como, de resto, é reconhecido e assumido pelos autores materiais da LCS[795]. Abaixo retomaremos o tema[796]. A LCS reporta a representação aparente ao mediador em geral e não, apenas, ao agente de seguros. Há que estar atento a esta dimensão, verificando em que medida ela é aplicável.

IV. O corretor de seguros procede de forma independente em face das empresas de seguros, baseando a sua atividade numa análise imparcial de um número suficiente de seguros disponíveis no mercado, que lhe permita aconselhar o cliente tendo em conta as suas necessidades específicas.

Há um *crescendo* no tocante ao nível de atividade e, daí, de exigência. Um bom corretor constituirá, para o particular que movimente diversos seguros, um trunfo inegável: desde que ele seja sério e competente.

As três categorias de mediadores dispõem de regras próprias relativas ao registo, no ISP: veja-se a Norma Regulamentar do ISP n.º 17/2006-R, artigos 2.º a 5.º, 6.º a 10.º e 11.º a 14.º, respetivamente.

187. A especialização e o acesso

I. Os mediadores podem inscrever-se (9.º):

– apenas no âmbito do ramo "Vida"[797];
– apenas no de todos os ramos "Não-vida";
– no de todos os ramos.

II. No tocante às condições comuns de acesso, prescreve a lei[798]:

– quanto a pessoas singulares: nacionalidade portuguesa ou de outro Estado comunitário ou de terceiro Estado, havendo reciprocidade; maioridade ou equivalente; capacidade para o exercício; qualificação adequada; reconhecida idoneidade; não-incompatibilidade; pode-se, ainda, recorrer a um EIRL (10.º);

---

[794] *Direito comercial*, 756-757.
[795] Eduarda Ribeiro, em Romano Martinez, *LCS anotada* cit., 2.ª ed. 198 ss., especialmente 210 ss..
[796] *Infra*, 656 ss..
[797] O qual inclui (9.º/2) o âmbito dos fundos de pensões.
[798] José Vasques, *Novo regime jurídico da mediação de seguros* cit., 107 ss..

§ 45.º Os requisitos dos mediadores

– quanto a pessoas coletivas: constituição segundo a lei portuguesa como sociedade por quotas ou sociedade anónima com ações nominativas; idoneidade; administradores ou outras pessoas envolvidas na mediação com as condições prescritas para o acesso de pessoas singulares, salvo a nacionalidade; os restantes administradores, com idoneidade (11.º/1); admitem-se, ainda, sociedades europeias, cooperativas e agrupamentos complementares de empresas, bem como outra forma compatível com o exercício de atividades sujeitas à supervisão do Banco de Portugal, do Instituto de Seguros de Portugal ou da Comissão do Mercado de Valores Mobiliários (11.º/2, na redação dada pelo Decreto-Lei n.º 359/2007, de 2 de novembro).

A qualificação adequada passa pelos diversos pontos do artigo 12.º: bastante circunstanciado. O artigo 13.º ocupa-se da idoneidade, a qual se prende com a ausência de cadastro. O artigo 14.º, por fim, fixa incompatibilidades. *Grosso modo*, o mediador não pode:

– pertencer aos órgãos sociais ou ao quadro de pessoal de uma empresa de seguros ou da ASF;
– exercer funções como perito de sinistros, atuário ou auditor de empresa de seguros.

Além disso, a inscrição numa das categorias de mediadores é incompatível com a inscrição noutra (14.º/2): uma incompatibilidade alargada a outras funções cruzadas (14.º/3 a 5).

III. Passando às condições específicas de acesso, o legislador distingue[799]:

– acesso à categoria de mediador ligado (15.º e 16.º);
– acesso à categoria de agente de seguros (17.º e 18.º);
– acesso à categoria de corretor de seguros (19.º e 20.º).

Trata-se de regras úteis para determinar o preenchimento das respetivas categorias, acima examinadas, à luz do artigo 8.º.

---

[799] Luís Poças, *Aspectos da mediação de seguros* cit., 139 ss..

IV. O acesso, em Portugal, à atividade de mediadores registados noutros países e, na Europa, de mediadores registados em Portugal (22.º a 27.º), depende de comunicações a efetuar entre os diversos organismos de supervisão. Estamos perante uma consequência lógica da existência do passaporte comunitário.

188. O exercício

I. Sob o título de "condições de exercício", o legislador regulou diversos aspetos da atividade da mediação de seguros. Arrumou a matéria – bastante vasta e densa – em três secções:

       I – Direitos e deveres (28.º a 38.º);
       II – Do exercício da atividade (39.º a 43.º);
       III – Das carteiras de seguros (44.º e 45.º).

Quanto aos direitos, o artigo 28.º enumera:

– obter das empresas de seguros todos os elementos, informações e esclarecimentos necessários;
– ser informado, pelas seguradoras, da resolução dos contratos por si intermeados;
– receber as remunerações respeitantes aos contratos da sua carteira cujos prémios não esteja autorizado a receber;
– descontar, quando autorizado, as suas remunerações dos prémios que receba.

II. A matéria dos deveres é ordenada em termos jurídico-subjetivos. Temos:

– deveres gerais (29.º), entre os quais avultam deveres profissionais e burocráticos;
– deveres para com as seguradoras e outros mediadores (30.º), com relevo para a informação, a prestação de contas e a lealdade;
– deveres para com os clientes (31.º), incluindo a informação, o aconselhamento e a conduta profissional.

O dever de informação é desfibrado, no tocante ao cliente, nos diversos *items* do artigo 32.º: 6 números com um total de 13 alíneas[800]. As informações devem ser prestadas nas condições do artigo 33.º, que incluem, como novidade, a possibilidade de inclusão em CD-ROM, DVD e disco rígido. Temos, ainda:

– deveres para com a ASF (34.º, alterado pelo Decreto-Lei n.º 359//2007);
– deveres específicos do corretor (35.º);
– direitos e deveres do mediador de resseguros (36.º);
– deveres da empresa de seguros (37.º) e da de resseguros (38.º).

III. Quanto ao exercício da atividade, a lei regula aspetos diversos. Em síntese, o panorama é o seguinte:

– intervenção de vários mediadores no contrato de seguro: vigora uma regra de responsabilidade solidária, com colocação do contrato na carteira do mediador que o coloque na empresa de seguros; exige-se um contrato escrito entre agentes e seus mediadores; exclui-se comediação na hipótese de um mediador ligado (39.º);
– consagra-se o direito de o tomador escolher livremente o mediador (40.º); e o direito deste de deixar a atividade relativamente a um ou mais contratos da sua carteira (41.º);
– a movimentação de fundos, acessíveis a algumas categorias de mediadores, é objeto de regras especiais (42.º).

O artigo 43.º permite, aos consumidores, as vias extrajudiciais de litígios que venham a ser criadas.

IV. As carteiras de seguros têm um regime especial. O artigo 44.º permite que elas sejam total ou parcialmente transmitidas, por contrato escrito. A transmissão deve ser comunicada à empresa de seguros e aos tomadores, com uma antecedência mínima de 60 dias: uma e outros podem recusar até 30 dias antes da transmissão.

O artigo 45.º, muito interessante, ocupa-se da cessação dos contratos com as empresas de seguros, atribuindo, ao mediador cessante e em

---

[800] Julius Böckmann/Patrick Ostendorf, *Probleme für Versicherungsvermittler bei ihrer Statusbestimmung als Vertreter oder Makler und den daraus resultierenden Informationspflichter nach dem neuen Recht*, VersR 2009, 154-159.

certas condições, uma indemnização de clientela. Segundo o seu n.º 2, tal indemnização tem lugar quando: (a) cesse um contrato de mediação; (b) o mediador tenha angariado novos clientes ou aumentado substancialmente o volume de negócios existente; (c) a seguradora venha a beneficiar, após a cessação, da atividade do mediador. A indemnização é fixada equitativamente, não podendo ser inferior ao dobro da remuneração média anual nos últimos cinco anos (n.º 4), sendo excluída quando o mediador tenha resolvido o contrato sem justa causa ou quando tenha havido cessão da posição contratual (n.º 5). Há alguma jurisprudência[801].

V. A atuação dos mediadores é ainda pautada por cláusulas contratuais gerais: as denominadas condições gerais dos seguros (CGS), que dominam este sector. Relativamente a elas, opera a sindicância prevista pela Lei das Cláusulas Contratuais Gerais[802].

189. O registo

I. Os mediadores de seguros estão, como vimos de modo repetido, sujeitos a inscrição, na ASF. O Decreto-Lei n.º 144/2006, de 31 de julho, veio regular condignamente a matéria, no seu capítulo IV. A matéria surge ordenada em três secções, num esquema funcional:

I – Disposições gerais (46.º a 48.º);
II – Alterações (49.º a 54.º);
III – Suspensão e cancelamento (55.º a 57.º).

Quanto a disposições gerais, o diploma reafirma o ISP como a autoridade responsável pelo registo, atribuindo-lhe poder regulamentar (46.º). Surge um certificado de registo com os seus elementos (47.º), sendo ainda tratado o acesso à informação disponibilizada pelo registo (48.º).

II. As alterações sobrevindas, nos elementos relativos às condições de acesso, devem ser comunicadas no prazo de 30 dias ao ISP; isto posto elas

---

[801] RLx 28-jun.-2013 (Tomé Almeida Ramião), Proc. 697/12 e RLx 13-mar.-2014 (António Martins), Proc. 645/09.
[802] Carsten Hösker, *Maklerbedingungen und AGB-Recht*, VersR 2011, 29-41.

podem, segundo a sua natureza, dar lugar à alteração dos elementos registados, a averbamento ao registo ou à sua suspensão e cancelamento (49.º).

A extensão da atividade do mediador a outro ramo ou a outros ramos diferentes daquele para que foi inicialmente autorizado depende de adequada qualificação, seguindo o competente processo o prescrito para a inscrição no registo de cada uma das categorias (50.º). Um esquema paralelo ocorre com a extensão a outra empresa de seguro, distinguindo-se entre o mediador ligado (51.º) e o agente de seguros (52.º).

Prevê-se o controlo das participações qualificadas em corretor de seguros ou em mediador de resseguros, por remissão para os artigos 43.º a 50.º do RGAS, aprovado pelo Decreto-Lei n.º 94-B/98, de 17 de abril (53.º).

O artigo 54.º distingue duas hipóteses de averbamento ao registo:

– a extensão da atividade do mediador;
– a identificação do ou dos Estados membros da União Europeia onde o mediador, registado em Portugal, exerça a sua atividade: por sucursal ou em regime de livre prestação de serviços.

III. A suspensão do registo, prevista no artigo 55.º, ocorre:

– a pedido do mediador, quando pretenda interromper a atividade por período não superior a dois anos;
– quando surjam situações de incompatibilidade;
– quando cessem todos os contratos, celebrados pelo mediador ligado, nos termos do artigo 15.º;
– a título de sanção acessória.

Quanto ao cancelamento, tratado no artigo 56.º: ele verifica-se:

– a pedido expresso do mediador;
– por sua morte, liquidação do EIRL ou dissolução de sociedade;
– por a inscrição ter sido obtida através de declarações falsas ou inexatas;
– por falta superveniente de alguma das condições de acesso ou de exercício de atividade;
– por impossibilidade de, por tempo superior a 90 dias, o ISP o contactar;
– a título de sanção acessória;
– por o corretor de seguros não cumprir o dever de dispersão da carteira.

A suspensão e o cancelamento têm, por efeito, a transmissão automática dos direitos e dos deveres sobre os contratos em que interveio o mediador, para as empresas de seguros que deles sejam partes; estas empresas devem comunicar essa decorrência aos tomadores visados (57.º/1); os direitos e deveres em causa retornam ao mediador quando seja levantada a suspensão, salvo se o tomador tiver, entretanto, escolhido outro mediador (57.º/2).

IV. Como foi referido, a temática do registo, na ASF, dos mediadores de seguros é largamente tratada na Norma Regulamentar n.º 17/2006-R, de 29 de dezembro: artigos 2.º a 15.º. As respetivas regras estão diferenciadas em função do tipo de mediador: ligado, agente ou corretor e, ainda, mediador de resseguros. Essas regras são relevantes no domínio da fixação dos requisitos de cada categoria.

§ 46.º SUPERVISÃO, SANÇÕES E OUTROS ASPETOS

190. A supervisão

I. O artigo 58.º fixa poderes de supervisão do ex-ISP, sem prejuízo do previsto no respetivo Estatuto e no próprio Decreto-Lei n.º 144/2006, de 31 de julho[803]. São poderes extensos que cobrem:

– a verificação da conformidade técnica e das condições de funcionamento;
– a obtenção de informações pormenorizadas;
– a adoção das medidas necessárias para salvaguarda das leis e dos regulamentos;
– a fixação de regras contabilísticas;
– a emissão de instruções e recomendações, para a sanação de irregularidades.

II. A supervisão de mediadores instalados em outros Estados-Membros é regulada no artigo 59.º, alterado pelo Decreto-Lei n.º 359/2007, de 2 de novembro. Paralelamente, prevê-se:

– a cooperação com as outras autoridades competentes (60.º);
– a troca de informações (61.º).

III. A utilização de informações confidenciais tem o âmbito restrito especificado na lei (62.º), assegurando-se o sigilo profissional (63.º), com determinadas exceções (64.º).

A ASF pode analisar pedidos de informação e reclamações dos consumidores e respetivas associações contra os mediadores, dando parecer: no âmbito das suas competências (65.º).

---

[803] José Vasques, *Novo regime jurídico da mediação de seguros* cit., 104 ss..

IV. Finalmente: preveem-se taxas de supervisão (66.º) e assegura-se a possibilidade de recurso judicial dos atos administrativos do ISP.

191. As sanções

I. A matéria das sanções apresenta um tratamento cuidado. Tem quatro secções:

I – Disposições gerais (68.º a 75.º);
II – Ilícitos em especial (76.º a 80.º);
III – Processo (81.º a 92.º, revogados);
IV – Impugnação judicial (93.º a 96.º, revogados).

Quanto às disposições gerais, encontramos os preceitos habituais, em áreas desta natureza. Fixa-se o âmbito (68.º), a aplicação no espaço (69.º), a responsabilidade (70.º), a graduação da sanção (71.º), a reincidência (72.º), o cumprimento do dever omitido (73.º) e o concurso de infrações (74.º).

A título subsidiário (75.º), aplicar-se-á o regime geral das contraordenações: anteriormente, por via do artigo 75.º, revogado pela Lei n.º 147/2015, de 9 de setembro; hoje, segundo o artigo 32.º do Regime Processual do Sector Segurador, adotado por essa mesma Lei (3.º).

II. Os ilícitos em especial são fixados por deveres violados, sendo ordenados em:

– contraordenações leves (76.º);
– contraordenações graves (77.º);
– contraordenações muito graves (78.º).

Entre estas sobressai, à cabeça, o exercício da mediação de seguros por entidade não registada – 78.º, *a*). Mas são contempladas outras hipóteses extremas, como os atos intencionais de gestão ruinosa – 78.º, *c*).

A negligência e a tentativa são puníveis (79.º). A lei prevê, ainda, a aplicabilidade, conjuntamente com as coimas, de sanções acessórias (80.º), entre as quais a suspensão e o cancelamento do registo.

III. No domínio do processo, vigora o Regime Processual anexo à Lei n.º 147/2015, a qual revogou os anteriores artigos 81.º a 92.º do Decreto-

-Lei n.º 144/2006. A competência para o processamento das contraordenações e a aplicação das coimas e sanções cabe à ASF (7.º), com largos poderes de instrução (8.º) e com atribuições cautelares (9.º).

A mera advertência é possível, perante situações pouco graves (11.º); a execução da sanção pode, também, ser suspensa (21.º).

IV. A aplicação de sanções é passível de impugnação judicial (28.º e seguintes). O tribunal competente é o Tribunal da concorrência, regulação e supervisão (29.º), podendo o juiz decidir por despacho, nas condições do artigo 30.º. A ASF pode intervir, por representante, na fase contenciosa (31.º).

192. Disposições finais e transitórias

I. O diploma em estudo encerra com um sétimo e último capítulo: disposições finais e transitórias. O artigo 97.º começa por se ocupar da atualização dos valores previstos a propósito do acesso às categorias de agente e de corretor de seguros (17.º e 19.º): deverão ser atualizados de cinco em cinco anos, de acordo com a evolução do índice europeu de preços no consumidor, publicado pelo Eurostat. A atualização prevista é automática, verificando-se a primeira em 15-jan.-2008.

II. O artigo 98.º contém uma regra sobre a transferência de direitos para os segurados. Dispõe:

> Nas situações em que o tomador do seguro coincide com o mediador do seguro, os direitos do tomador do seguro transferem-se para os segurados.

III. O regime sancionatório é aplicável aos factos anteriores, puníveis como contraordenações nos termos da legislação ora revogada e em relação aos quais ainda não tenha sido instaurado qualquer processo: sem prejuízo de aplicação da lei mais favorável (99.º).

IV. O novo diploma é "plenamente aplicável" aos mediadores que o forem à data da sua entrada em vigor, nos termos do Decreto-Lei n.º 388/91, de 10 de outubro (100.º). O artigo 101.º prevê, depois, um regime transitório geral:

– os mediadores autorizados que não se encontrem nas incompatibilidades previstas no artigo 14.º e que contratem determinado seguro de responsabilidade civil são oficiosamente inscritos no ISP (n.º 1);
– quando registados após 2000 devem, adicionalmente, demonstrar a sua idoneidade (n.º 2); quando pessoa coletiva, devem-se mostrar preenchidos os requisitos do diploma quanto a administradores e para pessoas diretamente envolvidas na mediação (n.º 3).

Num ponto importante: o artigo 101.º/5 prevê, para efeitos de registo oficioso, as seguintes equivalências, perante as categorias da lei anterior:

– angariadores de seguros: a mediador de seguros ligado;
– agente de seguros: a agente de seguros;
– corretor de seguros: a corretor de seguros.

Ficam, assim, patentes as evoluções terminológicas.

Segundo o artigo 101.º/7, cabe ao ISP, através de norma regulamentar, no quadro dos princípios definidos neste capítulo e no respeito pelos direitos adquiridos, definir:

> (...) as restantes matérias necessárias ao enquadramento nas novas categorias de mediadores, das pessoas singulares ou coletivas autorizadas a exercer atividade de mediação de seguros nos termos do Decreto-Lei n.º 388/91, de 10 de outubro.

O artigo 102.º[804] fixa determinadas regras transitórias para os mediadores de seguros ligados e para os agentes de seguros, que venham a ser oficiosamente inscritos: têm 180 dias para certas adaptações, podendo ainda manter, até final de 2008, contratos de seguro colocados em empresas com as quais deixem de poder operar em face dos novos requisitos legais.

O artigo 103.º, por seu turno, fixa regras transitórias para os corretores de seguros; adiante voltaremos ao assunto.

V. É revogado o Decreto-Lei n.º 388/91, de 10 de outubro (106.º), prevendo-se 180 dias de *vacatio* (107.º/1). O novo regime entrou em vigor às 0 horas do dia 28 de janeiro de 2007.

---

[804] Com alterações introduzidas pelo Decreto-Lei n.º 359/2007, de 2 de novembro.

193. Problemas de aplicação

I. O País ficou dotado de um impressionante regime relativo à mediação dos seguros. Caberá, agora, primeiro pela exegese e, depois, pela construção científica, apurar os perfis das atuais categorias de mediadores. Estiveram em aberto, questões como a de saber se os banqueiros podem continuar, diretamente, a comercializar contratos de seguro, ao abrigo do artigo 4.º/1, *m*), do RGIC, que não foi, formalmente, revogado. Haveria argumentos num e noutro sentido, tendo o Decreto-Lei n.º 359/2007, de 2 de novembro, optado pela positiva.

II. A lentidão da justiça leva a que, no Outono de 2015 haja escassa jurisprudência publicada de tribunais superiores sobre a mediação de seguros, à luz do Decreto-Lei n.º 144/2006. Não obstante, afigura-se útil fazer um breve apanhado de decisões significativas sobre a mediação de seguros, de modo a ilustrar o tipo de questões que ela suscita. Assim:

> *RLx 21-abr.-1999*: o mero exercício da mediação de seguros não permite a aplicação de portarias de extensão relativas à indústria dos seguros, resseguros e corretagem de seguros[805];
>
> *STJ 13-mai.-2003*: cabe ao mediador e não à seguradora, que nenhum contrato celebrou, avisar o interessado da não-conclusão de qualquer contrato de seguro[806];
>
> *STJ 4-dez.-2003*: os atos praticados no exercício da atividade mediadora de seguros são comerciais; aplica-se-lhes o regime da solidariedade previsto no artigo 100.º do Código Comercial[807];
>
> *RLx 20-set.-2007*: o agente de seguros, ao contrário da corretora, não pode celebrar contrato em nome e por conta da seguradora[808];
>
> *RLx 17-abr.-2008*: em princípio (antes do Decreto-Lei n.º 144/2006) o mediador não celebra contratos em nome e por conta da seguradora; mas pode celebrar desde que exista acordo entre ambos[809];

---

[805] RLx 21-abr.-1999 (Dinis Roldão), CJ XXIV (1999) 2, 164-167 (167).
[806] STJ 13-mai.-2003 (Reis Figueira), Proc. 03A1048.
[807] STJ 4-dez.-2003 (Ferreira de Almeida), Proc. 03B3693.
[808] RLx 20-set.-2007 (Granja da Fonseca), Proc. 6040/2007.6.
[809] RLx 17-abr.-2008 (Pedro Lima Gonçalves), Proc. 8700/2007-8.

RCb 17-jun.-2009: comete o crime de abuso de confiança o mediador que dissipa o prémio recebido do tomador, em vez de o entregar à seguradora[810];

RGm 9-fev.-2012: o mediador que não cumpra pontualmente o dever de enviar à seguradora a proposta de alteração de um contrato, responde pelo dano sofrido pelo proponente; a seguradora não fica obrigada[811];

RLx 9-fev.-2012: o agente de seguros pode, com a concordância tácita ou expressa da seguradora, celebrar contratos de seguro em nome e por conta dela; tendo a seguradora aceite como bom o pagamento feito ao agente e emitido a respetiva apólice, há validação de contrato[812];

RLx 28-jun.-2013: o agente de seguros pode ter direito, aquando da cessação do contrato, à indemnização de clientela prevista no artigo 45º/2 do Decreto-Lei n.º 144/2006[813];

RLx 13-mar.-2014: delimita a indemnização de clientela[814];

RCb 10-fev.-2015: a remuneração do mediador de seguros não equivale a um salário: não existe uma relação de trabalho[815].

Como se vê, o essencial da litigiosidade existente tem a ver com a formação do contrato de seguro. Apenas nesse plano se concretiza o procedimento das mediadoras. O seu papel é, de todo o modo, omnipresente.

---

[810] RCb 17-jun.-2009 (Fernando Ventura), Proc. 3172/05.4.
[811] RGm 9-fev.-2012 (Manso Rainho), Proc. 170/92.2.
[812] RLx 9-fev.-2012 (Sousa Pinto), Proc. 960/07.
[813] RLx 28-jun.-2013 (Tomé Almeida Ramião), Proc. 697/12.
[814] RLx 13-mar.-2014 (António Martins), Proc. 645/09.
[815] RCb 10-fev.-2015 (Moreira do Carmo), Proc. 1829/10.

PARTE V

O CONTRATO DE SEGURO

CAPÍTULO I
O DIREITO MATERIAL DOS SEGUROS

§ 47.º PARÂMETROS GERAIS

194. Contrato de seguro e Direito material dos seguros

I. A vigente LCS, de 2008, evita definir contrato de seguro. No seu artigo 1.º, epigrafado conteúdo típico, limita-se a dispor:

> Por efeito do contrato de seguro, o segurador cobre um risco determinado do tomador do seguro ou de outrem, obrigando-se a realizar a prestação convencionada em caso de ocorrência do evento aleatório previsto no contrato, e o tomador do seguro obriga-se a pagar o prémio correspondente.

Esta fórmula, confessadamente[816] inspirada no § 1 do VVG alemão de 2007 (ou no seu projeto)[817], acaba por remontar à noção constante do artigo 1672.º do Código Ferreira Borges (1833)[818].

---

[816] Pedro Romano Martinez, na *Lei do Contrato de Seguro Anotada*, 2.ª ed. (2011), 39.

[817] Segundo o § 1 do *Versicherungsvertragsgesetz* de 2008, epigrafado "deveres contratuais típicos",

> O segurador obriga-se, pelo contrato de seguro, a assumir um determinado risco do tomador do seguro ou de um terceiro através de uma prestação, que ele, aquando da verificação do acordado caso assegurado, deve realizar. O tomador do seguro fica obrigado a pagar ao segurador o prémio acordado.

[818] Cujo teor recordamos:

> O seguro é um contracto, pelo qual o segurador se obriga para com o segurado, mediante um prémio, a indemnizal-o d'uma perda ou damno, ou da privação d'um lucro esperado, que possa sofrer por um evento incerto.

II. Corresponde a uma boa técnica legislativa prevenir definições estritas. No caso dos seguros, a própria doutrina torna-se cautelosa: evita definições precisas e fórmulas conceituais[819], acolhendo-se à indicação de elementos característicos[820].

O problema radica na génese histórico-cultural do tipo "seguro". Como resulta das competentes rubricas históricas, o atual contrato de seguro congrega figuras surgidas ao longo da História, em locais diversos e visando enfrentar situações distintas. Nessas circunstâncias, as várias "definições" são levadas a privilegiar ora um ora outro dos aspetos em presença, consoante as visões ou os propósitos dos seus autores[821].

III. Dir-se-á que, não obstante, o contrato de seguro apresenta uma evidente unidade e uma inegável coerência interna, bem superiores às de outros tipos contratuais, que ninguém tem dificuldade em definir. Assim é. Mas surgem, daí, óbices que explicam o bloqueio:

– o seguro está rodeado de normas imperativas e de regras estritas; as dúvidas de fronteira vêm bulir com esses elementos, recomendando cuidados;
– o contrato de seguro, por razões abaixo explanadas, não consegue abandonar as ideias de "risco" e de "interesse": indutoras de uma série de dificuldades.

Podemos fechar o círculo: o artigo 1.º da LCS, tal como o seu congénere do § 1 do VVG, não define, com recurso aos clássicos *genus proximum* e *differentia specifica*, o contrato de seguro; dá, dele, uma ideia geral-concreta, através do apontamento das suas principais características. Noutros termos: usa o método tipológico[822].

---

[819] Margarida Lima Rego, *Contrato de seguro e terceiros* cit., 31 ss. e 61 ss., com indicações, bem como em *O contrato e a apólice de seguro*, em *Temas de Direito dos seguros*, por ela coordenado (2012), 15-37 (17 ss.). Vide, ainda, Peter Jabornegg, *Wesen und Begriff der Versicherung im Privatversicherungsrecht*, FS Gerhard Frotz (1993), 551--578 (552, com muitas indicações na nota 1) e Johannes Wälder, *Über das Wesen der Versicherung/Ein methodologischer Beitrag zur Diskussion um den Versicherungsbegriff* (1971), 143 pp., 80 ss., depois de examinar, detidamente, definições de doze autores.

[820] Peter Jabornegg, *Wesen und Begriff der Versicherung* cit., 577.

[821] Em especial, Johannes Wälder, *Über das Wesen der Versicherung* cit., 81-85; vide os "resultados", 126 ss..

[822] Horts Baumann, em Brück/Möller, *VVG* I, §§ 1-32, 9.ª ed. (2008), § 1, Nr. 15 (291).

A doutrina alemã congratula-se com o facto de o VVG, de 2008, ter evitado definir o seguro, limitando-se a dar alguns elementos definitórios[823]. Com efeito, não só seria difícil encontrar uma fórmula satisfatória como também se tornaria impossível abarcar os desenvolvimentos futuros.

Muito citada é a definição do BGH[824], recuperada pelo Tribunal Federal Administrativo alemão[825]:

> Há relação contratual de seguro quando alguém, como segurador, se obrigue, contra retribuição, a efetuar uma prestação pecuniária a outro, no caso de um acontecimento incerto, que, além disso, corresponda a um risco económico de uma pluralidade de pessoas ameaçadas pelo mesmo risco e a assunção do risco traduza um cálculo assente na lei dos grandes números.

A jurisprudência sublinha ainda que o contrato de seguro tem uma dimensão de prestação de serviço e origina uma relação duradoura[826].

195. Direito material dos seguros

I. O contrato de seguro é o cerne do Direito material dos seguros[827]. A doutrina explica que o contrato de seguro tem, para o Direito material dos seguros, um papel mais importante do que o da compra e venda de coisa para o contrato de compra e venda em geral, como exemplo[828]. O "seguro" não é uma realidade palpável: antes surge imaterial e abstrato.

---

[823] Wolfgang Römer, em Römer/Langheid/Rixecker, *Versicherungsvertragsgesetz*, 4.ª ed. (2014), § 1, Nr. 5 (47).

[824] BGH 12-mar.-1964, VersR 1964, 497-500 (498/I e II).

[825] BVerwG 12-mai.-1992, VersR 1993, 1217-1218 (1217/II218/I) = NJW 1992, 2978-2979 (2978/II).

[826] BGH 16-mar.-1988, VersR 1988, 1281-1283 (1282/I).

[827] A expressão "material" funciona, aqui, por oposição a "institucional" e não, naturalmente, a "processual": um dado que resulta do contexto. Referir Direito material dos seguros tem a vantagem, para além do que se diz no texto, de permitir o paralelo com o "Direito bancário material", contraposto ao "Direito bancário institucional". A doutrina alemã fala em "Direito privado dos seguros". Mas isso pressuporia que o demais Direito dos seguros (designadamente o institucional e o relativo às seguradoras) fosse público, o que não é totalmente o caso. Não haverá designações perfeitas: mas há que assentar nalgumas. Feitas estas precisões, falaremos indiferentemente em Direito do contrato de seguro ou em Direito material dos seguros.

[828] Manfred Wandt, *Versicherungsrecht* cit., 5.ª ed. Nr. 9 (3).

A única forma de o captar é, justamente, através do contrato que lhe dá a forma.

Noutros termos: o "seguro" não é um bem natural, sobre o qual se faça, depois, incidir o Direito e a sua Ciência. O seguro é, ele próprio, um "produto jurídico"[829].

De acordo com diversa literatura, Meinrad Dreher recorda que, para o seguro (enquanto produto), foram apontadas as características seguintes[830]: abstrato, impalpável[831], bem económico abstrato, invisível[832], bem imaterial, bem incorpóreo e prestação espiritual. Em boa verdade, este tipo de qualificativos pode ser usado a propósito de diversas obrigações. No domínio dos seguros, dada a centralidade desse conceito, o papel da locução "seguro", enquanto figuração linguística de um complexo histórico-cultural e jurídico-científico rico e abstrato, surge ampliado.

II. O Direito material dos seguros tem um desenho mais amplo do que o (mero) Direito do contrato de seguro. Com efeito, ele abrange as áreas pré-contratuais e pós-contratuais. Ocupa-se, ainda, da responsabilidade civil associada. Num perímetro mais lato, o Direito material dos seguros abrangeria a própria intermediação.

III. O Direito material dos seguros é, seguramente e como temos repetidamente verificado, Direito privado. Civil ou comercial?

Tecnicamente, os atos praticados pelas seguradoras, porquanto sociedades, são comerciais: artigos 2.º (... *contratos e obrigações dos comerciantes* ...) e 13.º (*São comerciantes* ... 2.º *as sociedades comerciais*), ambos do Código Comercial. E o próprio contrato de seguro encontrava-se, até 2008, regulado no Código Comercial: era objetivamente mercantil (2.º, 1.ª parte, do mesmo Comercial). O facto de, hoje, ele constar de uma lei extravagante não deveria alterar essa sua natureza.

---

[829] Donde o clássico de Meinrad Dreher, *Die Versicherung als Rechtsprodukt/Die Privatversicherung und ihre rechtliche Gestaltung* (1991), XVIII + 353 pp., especialmente 145 ss..

[830] Meinrad Dreher, *Die Versicherung als Rechtsprodukt* cit., 147.

[831] Manfred Werber, *Die Bedeutung des AGBG für die Versicherungswirtschaft*, VersR 1986 1-7 (1 e 2).

[832] Manfred Werber, *Die AVB im Rahmen der Diskussion über die Allgemeinen Geschäftsbedingungen*, FG Hans Möller 65. (1972), 511-535 (529).

§ 47.º Parâmetros gerais

IV. A tendência atual vai, todavia, no sentido de reconduzir o contrato de seguro ao Direito civil. Ou, se se preferir: de fazer, dele, um contrato especial, assente no Direito civil e não no comercial[833].

Os vetores gerais, como a facilidade de circulação, a tutela da aparência, o reforço dos vínculos e a sujeição a um foro especial não funcionam, perante o seguro. Pelo contrário: ele tem vindo a aproximar-se de um Direito de tutela do consumidor. Contrariando um Direito comercial puro e duro, o Direito material dos seguros surge cheio de cautelas, de informações, de respeito pela parte fraca e de possibilidades de arrependimento. Na sua substância, ele assenta em cláusulas contratuais gerais, cujo regime é Direito civil. Tal o sentido do artigo 3.º da LCS.

Em suma: domina a tutela do tomador e do segurado e não a do comércio; manifestam-se os vetores do Direito do consumo; opera o regime das cláusulas contratuais gerais. A evolução segue efetivamente o rumo de fazer, do Direito material dos seguros, um Direito especial relativamente ao Civil e não uma manifestação do Direito comercial[834].

As secções de comércio não são, de resto, competentes para conhecer as causas relativas a seguros[835].

V. Assinale-se, por fim, que o Código Civil comporta nove referências ao seguro, no sentido de contrato de seguro:

702.º (seguro de coisa hipotecada): quando o devedor se obrigue a segurar a coisa hipotecada e não o faça ou quando deixe rescindir o contrato por falta de pagamento do prémio, tem o credor de segurá-la à custa do devedor; mas se o fizer por um valor excessivo, pode o devedor exigir a redução do contrato aos limites convenientes;
938.º/1 (venda de coisa em viagem): mencionada essa circunstância e se figurar entre os documentos entregues a apólice de seguro contra os riscos de transporte, aplicam-se, supletivamente, certas regras;
938.º/3 (*idem*): prevê a hipótese de o seguro cobrir apenas parte dos riscos;

---

[833] Vide o clássico Hermann Eichler, *Vom Zivilrecht zum Versicherungsrecht*, FG Hans Möller 65. (1972), 177-200 (177 ss.).

[834] Um tanto nesse sentido: Romano Martinez, *Lei do Contrato de Seguro Anotada* cit., 2.ª ed. artigo 4.º, II (44).

[835] A Lei da Organização do Sistema Judiciário, aprovada pela Lei n.º 62/2013, de 26 de agosto, substituindo a anterior Lei n.º 3/99, apenas comete ao tribunal da concorrência, regulação e supervisão a competência para conhecer dos recursos de decisões da ASF [112.º/1, *f*)] e, ao tribunal marítimo, matérias de seguros de navios [113.º/1, *f*)]; quanto às secções de comércio, *vide* o artigo 127.º dessa lei.

1429.º (seguro obrigatório na propriedade horizontal): contra o risco de incêndio do edifício, quer quanto às frações autónomas, quer relativamente às partes comuns;

1436.º (funções do administrador): verificar a existência do seguro contra o risco de incêndio, propondo à assembleia o montante do capital seguro;

1481.º (seguro de coisa no usufruto): se o usufrutuário tiver feito o seguro da coisa ou pago os prémios pelo seguro já feito, o usufruto transfere-se para a indemnização devida pelo segurador;

1481.º/2 (edifício): o proprietário pode reconstruí-lo, transferindo-se o usufruto para o novo edifício; mas se a soma despendida for superior à indemnização, o direito do usufrutuário será proporcional a esta;

1481.º/3 (prémios pagos pelo proprietário): a este pertence por inteiro a indemnização que for devida;

1733.º/1 (bens incomunicáveis): São excetuados da comunhão, *e)* os seguros vencidos a favor da pessoa de cada um dos cônjuges ou para cobertura de riscos sofridos por bens próprios.

196. A integração de lacunas; o Direito subsidiário

I. A natureza civil ou comercial do seguro tem algum interesse a propósito da integração das lacunas. Nos termos do artigo 4.º da LCS, epigrafada "Direito subsidiário":

> Às questões sobre contratos de seguro não reguladas no presente regime nem em diplomas especiais aplicam-se, subsidiariamente, as correspondentes disposições da lei comercial e da lei civil, sem prejuízo do disposto no regime jurídico de acesso e exercício da atividade seguradora.

A questão do Direito subsidiário, na área dos seguros, já foi enfrentada a propósito das fontes aplicáveis às sociedades seguradoras[836] e às mútuas de seguros[837]. Vamos ver a situação quanto ao Direito material dos contratos de seguro[838].

---

[836] *Supra*, 193 ss..
[837] *Supra*, 268 ss..
[838] *Vide* Hans Möller, *Subsidiarität*, FS Karl Sieg (1976), 407-420.

II. O Direito lusófono, numa tradição que remonta às Ordenações e à Lei da Boa Razão (18-ago.-1769), tem uma certa predileção pela arrumação de fontes, em relações de subsidiariedade. Nas áreas mais próximas, recordamos que o Direito civil é subsidiário do Direito comercial[839] e que as normas do Código Civil sobre contrato de sociedade são subsidiárias relativamente às sociedades comerciais[840]. Já no próprio Direito dos seguros, o Código das Sociedades Comerciais é subsidiário relativamente às seguradoras anónimas (50.º/3, do RGAS) e o Código Cooperativo é-o no que tange às mútuas de seguros (58.º do mesmo RGAS)[841], enquanto, por outro lado, remete, a título subsidiário, para o Código das Sociedades Comerciais (9.º, do CCoop).

Tudo isto deve, não obstante a sua impressividade, ser reconduzido às dimensões devidas, como tem vindo a ser afirmado nos lugares próprios.

III. Apenas uma disciplina suficientemente desenvolvida, coerente e completa, pode aspirar a ter um "Direito subsidiário". Efetivamente, a relação de subsidiariedade pressupõe que o Direito (mais) especial tenha fontes específicas, princípios autónomos e vias de integração analógica puramente interna. Somente na falta de soluções próprias se passaria ao Direito subsidiário: vejam-se os artigos 3.º e 2.º dos Códigos Comercial e das Sociedades Comerciais, respetivamente.

Imaginemos normas simples, relativas, por exemplo, a um contrato civil. Se faltar uma solução, não se recorre, "subsidiariamente", ao Direito comum das obrigações: este aplica-se diretamente. Com a seguinte (e importante) consequência prática: a aplicação subsidiária só é possível depois de, dentro da disciplina considerada, se ter esgotado o recurso à

---

[839] Artigo 3.º do Código Comercial:

Se as questões sobre direitos e obrigações comerciais não puderem ser resolvidas, nem pelo texto da lei comercial, nem pelo seu espírito, nem pelos casos análogos nela prevenidos, serão decididas pelo direito civil.

Vide *Direito comercial*, 229 ss..
[840] Artigo 2.º do Código das Sociedades Comerciais:

Os casos que a presente lei não preveja são regulados segundo a norma desta lei aplicável aos casos análogos e, na sua falta, segundo as normas do Código Civil sobre o contrato de sociedade no que não seja contrário nem aos princípios gerais da presente lei nem aos princípios informadores do tipo adotado.

Vide *Direito das sociedades*, 1, 273 ss..
[841] *Supra*, 193 e 268, respetivamente.

analogia e aos princípios; já a direta opera de imediato, sempre que falte a norma especial.
Quid iuris quanto ao Direito material dos seguros?

IV. O Direito material dos seguros desenvolveu-se, na periferia, em torno de questões concretas que não eram encaradas pelo Direito comum. Apurou uma linguagem própria e uma técnica particularizada. Depende da Ciência atuarial, com supostos matemáticos e cálculo das probabilidades. Exige uma supervisão pública e inscreveu, entre os seus valores, a tutela do tomador do seguro e a do segurado.

No seu conjunto, tudo isto se articula em termos harmónicos, que a Ciência do Direito irá afeiçoar. Havendo lacunas, há que procurar, dentro do próprio subsistema "Direito material dos seguros", os casos análogos e, na falta destes, os princípios[842]. Não havendo solução: aplica-se o Direito civil (predominantemente) ou o Direito comercial, a título subsidiário. Funciona o artigo 4.º da LCS.

V. No dilema Direito civil/Direito comercial, o fiel da evolução histórica inclina-se para o primeiro. Os seguros constituem, hoje, um negócio comum, que atinge todos os cidadãos, até por imposição legal. Caso a caso haverá que verificá-lo.

No tocante à posição da seguradoras, mas sem que isso afete o equilíbrio da relação, o Direito comercial pode ser convocado.

197. O título de aplicação do Direito civil (ou comercial)

I. O Direito civil tem uma aplicação alargada no campo dos seguros: e não apenas a título subsidiário. Cabe esclarecer este ponto.

O Direito material dos seguros, enquanto Direito especial, ocupa-se, apenas, dos pontos que requeiram uma solução particularizada, perante os valores em jogo. No restante, funciona o Direito comum. Assim, no concernente à formação do contrato: os artigos 16.º e seguintes da LCS predispõem um regime adequado. Mas não regem as declarações de vontade e os vícios na transmissão ou na formação da vontade: isso é regime civil.

---

[842] Quanto à integração de lacunas, *Tratado* I, 737 ss..

Aqui não há qualquer lacuna: o Direito dos seguros não regula, nem tinha de regular. O Direito civil aplica-se a título direto e não a título subsidiário.

II. Quanto, por exemplo, ao pagamento do prémio: funcionam regras específicas – artigos 51.º e seguintes – que atendem à realidade em jogo. Surgindo um caso omisso, há que resolvê-lo, por analogia ou com recurso aos princípios, dentro do próprio Direito dos seguros. Não sendo possível, recorre-se ao Direito civil: a título subsidiário.

A distinção é importante e exprime, até às últimas consequências, a lógica da subsidiariedade.

III. O Direito civil, quando aplicado a título direto, funciona enquanto tal. No caso de ter aplicação a título subsidiário, há que passá-lo pelo crivo das normas e dos princípios dos seguros. Nos casos mais simples, tudo funciona de imediato. Nos restantes, há que proceder a cuidadas valorações.

198. A interpretação e a aplicação

I. As tendências atuais são contrárias à confeção de regras específicas, no tocante à interpretação da lei. Há muito rejeitadas no Direito comercial, elas têm vindo a ser excluídas de disciplinas que, classicamente, lhes eram favoráveis. O Direito do trabalho serve de exemplo. Na verdade, as normas gerais de interpretação e de aplicação (artigo 9.º, do Código Civil)[843] são suficientemente elásticas para permitir a adequação às diversas disciplinas normativas.

Multiplicar as formulações induz complicações suplementares tendo, no horizonte, o irrealismo metodológico. Os agentes de aplicação distanciam-se de floreados inúteis e, num movimento complementar, afastam-se de quaisquer questões metodológicas.

II. O Direito material dos seguros segue, deste modo, as regras gerais da interpretação e da aplicação da lei. Nos escritos especializados salienta-se, logo à partida, que o Direito material dos seguros assenta em

---

[843] *Tratado* I, 671 ss..

condições gerais do contrato[844]. Interpretar e aplicar as leis dos seguros passa, necessariamente, por tais condições (cláusulas) gerais. Ora, relativamente a estas, estaria ultrapassada a interpretação comum[845], sendo substituída por uma interpretação mais adequada[846]. Designadamente, haveria que validar:

– o entendimento que lhes daria o tomador médio, sem especiais conhecimentos de Direito dos seguros;
– assentando, em primeira linha, no teor verbal das cláusulas, de modo a prevenir que ele seja confrontado com pormenores desconhecidos[847].

Com isso, pretende-se prevenir uma orientação mais funcional, que procuraria indagar o escopo económico das condições em jogo[848].

III. A opinião dominante inclina-se, hoje, para a aplicação, às condições gerais dos seguros, das regras sobre a interpretação das cláusulas contratuais gerais[849]: vale a opinião do tomador médio, sem especiais conhecimentos técnicos relativos a seguros e aos interesses dos seguros[850]. Não podem ser consideradas circunstâncias que o tomador não conheça[851]. Outros aspectos serão considerados, a propósito da interpretação das condições gerais dos seguros (cgs)[852].

IV. Como pontos a reter ficam, desde já, os seguintes:

---

[844] Referidas, nas obras alemãs, largamente pioneiras neste domínio, pela sigla AVB (*Allgemeine Versicherungsbedingungen*).
[845] Wolfgang Römer, em Römer/Langheid, *VVG Kommentar* cit., 4.ª ed. Vor § 1, Nr. 15 (7).
[846] BGH 17-dez.-2008, VersR 2009, 341-342 (341/I) e BGH 10-nov.-2010, VersR 2011, 67-69 (68/I, n.º 20).
[847] BGH 18-fev.-2009, VersR 2009, 623-625 (624/I).
[848] Wolfgang Römer, em Römer/Langheid, *VVG Kommentar* cit., 4.ª ed. Vor § 1, Nr. 16 (7-8).
[849] *Idem*, Nr. 20 (8-9).
[850] BGH 23-jun.-1993, BGHZ 123 (1994), 83-92 (85) = NJW 1993, 2369-2371 (2369-2370);
[851] BGH 17-mai.-2000, VersR 2000, 1090-1092 (1091/II), anot. Egon Lorenz, *idem*, 1092-1093 = MDR 2000, 1248-1250 (1249/II).
[852] *Infra*, 668 ss..

– a interpretação e a aplicação das leis dos seguros obedecem aos parâmetros gerais do Código Civil;
– a concretização das leis (materiais) dos seguros passa, em regra, por condições gerais dos seguros, que têm regras próprias de interpretação.

199. O papel das condições gerais dos seguros (cgs)

I. As condições gerais dos seguros (cgs) são as cláusulas contratuais gerais (ccg) usadas, no campo do Direito dos seguros, para a conclusão dos respetivos contratos. Mantemos, em nome da tradição pioneira dos seguros, a designação "condições gerais", preterida (e bem) pelo Decreto-Lei n.º 446/85, de 25 de outubro[853], para prevenir confusões com a "condição" vertida no artigo 270.º do Código Civil. No campo dos seguros, a articulação cgs não permite nenhuma ambiguidade.

As cgs são proposições pré-elaboradas, postas à disposição dos tomadores de seguros e que estes se limitam a propor ou a aceitar, aquando da celebração de contratos de seguros[854]. Em regra, pela técnica da contratação no campo dos seguros, o tomador faz propostas, subscrevendo cgs.

II. As cgs, como temos sublinhado, apresentam uma especial complexidade interna. São de leitura e de entendimento difíceis, mesmo para juristas formados. A doutrina recente sublinha que ninguém tem o encargo de ler e de entender tais cgs[855]: defende-se, mesmo, um direito a uma legítima ignorância (Christoph Grigoleit)[856]. Cabe ao Estado incumbir-se da lealdade e da adequação das cgs usadas, através da lei e das decisões dos tribunais. Este aspeto, do maior relevo, será abaixo considerado[857].

III. De momento, interessa sublinhar que o Direito material dos seguros passa, em regra, pelo crivo de cgs. A LCS, particularmente nas áreas

---

[853] Este diploma, alterado pelos Decretos-Leis n.º 220/95, de 31 de agosto e n.º 249/99, de 7 de julho, aprovou o regime (ou lei) das cláusulas contratuais gerais; designamo-lo pela sigla LCCG.
[854] Vide a noção pressuposta pelo artigo 1.º/2 da LCCG.
[855] Wolfgang Römer, em Römer/Langheid, *Versicherungsvertragsgesetz* cit., 4.ª ed. Vor § 1, Nr. 1 (2).
[856] Hans Christoph Grigoleit, Conferência proferida em S. Paulo, Maio de 2012.
[857] *Infra*, 661 ss. e 672 ss..

não marcadas pela imperatividade absoluta (12.º) ou pela imperatividade relativa (13.º), só intervém num segundo plano.

Será pois irrealista firmar uma exposição geral apenas na base da LCS. Desde o século XIX que a técnica jurídica dos seguros exige a intervenção ativa de cgs[858]. Este dado deve manter-se presente, em todo o desenvolvimento subsequente.

---

[858] Peter Präve, *Versicherungsbedingungen und AGB-Gesetz* (1998), LIII + 296, Nr. 1 (1).

§ 48.º DIREITO INTERNACIONAL PRIVADO DOS SEGUROS

200. Os valores internacionais privados e a sua renovação

I. O Direito internacional privado de tipo tradicional era marcado por um grande formalismo. O progresso levado a cabo por Savigny e pelos restantes grandes doutrinadores dos conflitos de normas desembocara em esquemas puramente automáticos de fixação do Direito aplicável. Indiferentemente às saídas que, de facto, ele provocasse, o sistema de conflitos remetia os problemas concretos para os diversos Direitos, de acordo com meras conexões pré-firmadas.

Com o tempo, foram-se gerando tensões: protestava-se contra um esquema de normas totalmente abstrato e formal, que laborava sem consideração pelos valores últimos da justiça e do Direito. As reações mais sérias processaram-se depois da II Guerra Mundial. Num primeiro tempo, procurou-se elaborar um conjunto de princípios harmoniosos, com conteúdo material, que correspondessem às necessidades da justiça internacional e dos demais valores em presença[859].

II. Na busca de vetores materiais que pudessem combater o formalismo irreal em que descambara o clássico Direito internacional privado, houve progressos. Mas eles foram escassos. Para essa escassez contribuíam três práticas, habituais no sistema de normas de conflitos derivado da revolução savignyana, e que só muito lentamente têm sido revistas:

– a prática da desarticulação (*"dépeçage"*, *"Zersplitterung"*), que se traduz na aplicação, a uma única situação da vida, de várias leis

---

[859] *Vide* os escritos clássicos de Konrad Zweigert, *Die dritte Schule in internationalen Privatrecht/Zur neueren Wissenschaftsgeschichte des Kollisionsrechts*, FS Raape (1948), 35-52, Günther Beitzke, *Betrachtungen zur Methodik im Internationalprivatrecht*, FS Smed (1952), 1-22 e Gerhard Kegel, *Begriffs- und Interessenjurisprudenz im internationalen Privatrecht?*, FS H. Lewald (1953), 259-288.

diversificadas; por exemplo, a um contrato relativo a imóveis poderia haver que aplicar, à capacidade das partes, a lei pessoal de cada uma delas, à forma do negócio, à lei do local da celebração, à sua substância, a lei escolhida pelas partes, aos seus efeitos reais, a lei de localização dos bens e ao processo, a *lex fori*[860];
– a indiferença pelas soluções proporcionadas: o Direito internacional privado seria um simples "Direito de Direitos"; apenas estes últimos poderiam proporcionar soluções para os litígios, as quais escapariam às normas de conflitos[861];
– o irrealismo da pretensão da correta aplicação, por um tribunal, da lei estrangeira; num levantamento muito citado, feito por Max Rheinstein, de 40 decisões consideradas modelares e, como tais, inseridas nos manuais norte-americanos sobre conflitos de leis, em que tribunais dos Estados Unidos aplicaram Direito estrangeiro, em 32, a aplicação foi mal feita[862].

III. Este último aspeto tem grande importância. Como pedir, por exemplo, a um tribunal francês que aplique o artigo 437.º/1 do Código Civil, quando a jurisprudência de França sempre tem negado a possibilidade de, em nome da alteração superveniente de circunstâncias, bloquear contratos regularmente celebrados e sendo ainda certo que se está na presença de um instituto que apenas os tribunais, num paciente labor de decisões contínuas, podem concretizar? Ou como pretender que um tribunal alemão aplique o artigo 483.º/1 do mesmo Código, quando falta, em absoluto, no ordenamento alemão, uma cláusula geral de responsabilidade civil, com uma consequente necessidade de criar múltiplos institutos substitutivos, sem cujo funcionamento um jurista alemão ficará perdido?

Acrescente-se, ainda, que não se joga, apenas, um problema de conhecimento material do Direito estrangeiro a aplicar – conhecimento esse que exige, muitas vezes, uma vida de estudo e de prática e que não se pode improvisar. Há, candente, um problema de legitimidade: como

---

[860] Fritz von Schwind, *Von der Zersplitterung des Privatrechts durch das internationales Privatrecht und ihrer Bekämpfung*, RabelsZ 23 (1958), 449-465 (449 ss.).

[861] Por todos, refira-se o insuspeitamente clássico Konrad Zweigert, no seu sugestivo estudo *Zur Armut des internationalen Privatrechts an sozialen Werten*, RabelsZ 37 (1973), 435-452 (438 ss.).

[862] Konrad Zweigert, *Zur Armut des internationalen Privatrechts an sozialen Werten* cit., 450.

pode um tribunal estrangeiro estatuir perante querelas de jurisprudência e de doutrina, providenciar viragens jurisprudenciais, integrar lacunas ou, até, providenciar a concretização de conceitos indeterminados? Não pode. A aplicação do Direito é viva e exige um compartilhar de valores sociais que apenas cada tribunal, dentro do seu próprio ordenamento, pode pôr em prática[863].

IV. A consciência crescente dos problemas acima seriados provocou movimentos de reforma do pensamento jurídico internacional privado. Tais movimentos são, hoje, pacíficos, fazendo parte do património universal sobre normas de conflitos.

Uma primeira renovação foi requerida pela influente escola norte-americana sobre conflitos de leis. David Cavers questiona que, perante um conflito de leis, se recorra a um esquema de pura remissão automática: antes haveria que procurar a lei que proporcionasse, em concreto, a solução mais justa[864]. E na mesma linha, Robert Leflar preconiza que, num conflito de leis, se procure a melhor regra, de acordo com critérios pensados[865]. Aliás, sempre segundo Leflar, a manipulação das normas de conflitos, como modo de conseguir aplicar a lei considerada mais justa, seria sempre prática corrente; melhor se tornaria, pois, reconhecer esse estado de coisas e procurar os vetores a que a escolha se devesse subordinar.

V. Em aberto ficou a determinação dos critérios que pudessem proporcionar novas escolhas, que superassem as fraquezas dos métodos tradicionais. Nessa busca, Brainerd Currie defende a aplicação prioritária da *lex fori*, sempre que estivessem em causa interesses do Estado, tomados em lata aceção[866]. Rematando toda esta evolução, Albert Ehrenzweig

---

[863] Ou seja: a aplicação de lei estrangeira ou é mecânica – e vai contra as diretrizes da atual Ciência do Direito – ou é criativa – e torna-se incontrolável, sendo de duvidosa legitimidade.

[864] David F. Cavers, *A critique of the choice-of-law problem*, Harward Law Review, 47 (1933/34), 173-208 = Picone/Wengler, *Internationales Privatrecht* (1974), 126-172 (149).

[865] Robert A. Leflar, *Choice influencing considerations in conflict law*, New York University Law Review 41 (1966), 300-302; um extrato deste escrito pode ser confrontado na recolha de Picone/Wengler, *Internationales Privatrecht* cit., 173-180.

[866] Brainerd Currie, *Notes on methodes and objectives in the conflicts of laws*, Duke Law Journal 1959, 171-191 = Picone/Wengler, *Internationales Privatrecht* cit., 309-332.

proclama a primazia da *lex fori* como a regra fundamental do Direito de conflitos[867].

Os esquemas propostos pelos estudiosos norte-americanos foram divulgados e acolhidos em todo o Mundo[868]. Processou-se aí, aliás, um novo desenvolvimento dos temas implicados.

Há consenso quanto à necessidade de abandonar um Direito internacional privado que estatua indiferente às saídas que implique. Basta atentar na necessidade de preservar a ordem pública internacional própria da *lex fori*: de outra forma, aliás, não haveria normas proibitivas: as partes sempre poderiam contornar qualquer proibição legal através da remissão para uma lei em que não houvesse equivalente norma proibitiva.

VI. Também a conveniência em dar um maior peso à *lex fori* tem sido genericamente acolhida. Visa-se combater, em especial, o recurso à discutível técnica da "desarticulação" e o logro consistente na pretensão da aplicabilidade, por tribunais nacionais, de leis estrangeiras. Como foi detidamente referido, tal aplicação é puramente aparente, conduzindo a resultados inesperados. A primazia da lei do foro torna as decisões mais previsíveis, com vantagens claras para a justiça e a segurança.

201. O DIP dos seguros; evolução geral europeia

I. O contrato de seguro pode ter conexões com mais de uma ordem jurídica. Põe-se, então, o problema de saber qual a lei aplicável. Intervém, nessa eventualidade, o Direito internacional privado (DIP) dos seguros: um corpo de regras e de princípios que, perante uma colisão de normas provenientes de diversos espaços jurídicos, proclama aquela que, *in concreto*, tenha aplicação.

---

[867] Albert A. Ehrenzweig, *A proper law in a proper forum*, Oklahoma Law Review 18 (1965), 340-352 = Picone/Wengler, *Internationales Privatrecht* cit., 323-342.

[868] Tal o sentido geral da recolha de Picone/Wengler, *Internationales Privatrecht* (1974). Além disso refiram-se Frank Vischer, *Die Kritik an der herkömmlichen Methode des internationalen Privatrechts*, FS German (1969), 287-307 (293 ss.), Eckard Rehbinder, *Zur Politisierung des IPR*, JZ 1973, 151-158 (152 ss.) e Konrad Zweigert, no seu sugestivo estudo *Zur Armut des internationalen Privatrechts an sozialen Werten* cit., 438 ss.. *Vide*, ainda, Ferrer Correia, *Considerações sobre o método do Direito internacional privado*, em *Estudos vários de Direito* (1982), 309-398 (380 ss. e *passim*) e Rui Moura Ramos, *Direito internacional privado e Constituição* (1980), 37 ss..

As normas de conflitos relativas aos seguros têm uma complexidade acentuada[869]. Às particularidades do próprio DIP, somam-se as múltiplas conexões que um contrato de seguro pode apresentar: conexões pessoais (o segurador, o tomador, o segurado, a pessoa segura e os outros eventuais beneficiários podem ter leis pessoais próprias e distintas), objetivas (o lugar da celebração, o risco coberto, o sinistro, o interesse em jogo, o local do pagamento do prémio e o do eventual ressarcimento, no caso de sinistro) e processuais (o foro competente)[870]. Ora o seguro tem uma unidade específica: sem coesão, torna-se inviável proceder aos delicados cálculos atuariais que, dos seguros, fazem uma Ciência específica.

Tudo isso é, ainda, potenciado por regras de Direito público, particularmente as atinentes à supervisão, que têm aplicação territorial imediata e por normas de defesa do consumidor, também de teor imperativo. O DIP dos seguros constitui, deste modo, uma subdisciplina especializada, com uma literatura particular considerável[871] [872].

II. O DIP dos seguros começou por obedecer às regras gerais do DIP, relativas às obrigações[873]. A situação era complicada, no plano europeu, particularmente na Alemanha, onde o DIP das obrigações só em 1986 foi

---

[869] Nesse sentido, Jürgen Basedow/Wolfgang Drasch, *Das neue Internationale Versicherungsvertragsrecht*, NJW 1991, 785 795 (785), Manfred Wandt, *Versicherungsrecht*, 5.ª ed. cit., Nr. 161 (64), Wulf-Henning Roth, *Internationales Versicherungsvertragsrecht*, em Roland Michael Beckmann/Annemarie Matusche-Beckmann, *Versicherungsrecht Handbuch*, 3.ª ed. (2015), § 4 (197-259), Nr. 2 (200-201).

[870] Robert Merkin, *The Proper Law of Insurance and Reinsurance Contract*, em F. D. Rose, *New Foundations of Insurance Law/Current Legal Problems* (1987), XVII + 106 pp., 61-79.

[871] Em Dieter Martiny, *Rom I – Verordnung*, no *Münchener Kommentar zum BGB*, 10, 5.ª ed. (2010), 717-720, a propósito do artigo 7.º de Roma I, dedicado aos seguros, podem ser confrontadas quase duas centenas de títulos, referentes ao DIP dos seguros. Muitas indicações constam, também, de Dirk Looschelders, *Internationales Versicherungsvertragsrecht*, no *Münchener Kommentar zum VVG* I, §§ 1-99 (2010), 531-580 (531-532).

[872] Como obra de referência, ainda que desatualizada, cabe referir a habilitação de Wulf-Henning Roth, *Internationales Versicherungsvertragsrecht/Das Versicherungsverhältnis im internationalen Vertragsrecht – Zugleich ein Beitrage zum Schutz des schwächeren Vertragspartners im IPR und zur Dientsleistungsfreiheit in der Europäischen Gemeinschaft* (1985), XXIX + 817 pp..

[873] Ulrich Kramer, *Internationales Versicherungsvertragsrecht* (1995), LXXXI + 303 pp., 10 ss..

codificado[874]. Operavam, na época, as diversas conexões, com as dificuldades que, no seguro, tal situação representa[875].

O desencontro das regras de conflitos atinentes aos seguros, num pano de fundo em que a própria harmonização do Direito material dos seguros se mostrava inviável, punha em causa o direito de livre estabelecimento, garantido pelo Tratado de Roma[876]. Coube, por isso, ao Direito europeu adotar iniciativas tendentes a harmonizar os DIP dos Estados-Membros.

A primeira iniciativa tomou corpo num anteprojeto do *Comité Européen des Assurances* (CEA), de 1967[877-878]. Num texto muito simples[879], para além da escolha das partes, dava-se relevância à Lei do domicílio do tomador; quando o bem seguro fosse imóvel, prevalecia a lei da situação e, em face de semoventes, a do registo[880].

Seguiu-se a preparação do que seria a Convenção de Roma sobre a Lei Aplicável às Obrigações Contratuais[881]. A sua necessidade e o seu conteúdo foram ponderados, explicando-se os seus preceitos, ponto por ponto[882].

---

[874] Heinrich Dörner, *Internationales Versicherungsvertragsrecht/Kommentar zu den Artikeln 7 bis 15 EGVVG mit Materialien* (1997), XV + 164 pp., 15 ss.; havia que recorrer, então, aos princípios gerais que, lentamente, tinham sido firmados pela doutrina e pela jurisprudência.

[875] Joachim Richter, *Internationales Versicherungsvertragsrecht/Eine kollisionsrechtliche Untersuchung unter besonderer Berücksichtigung des Rechts der Europäischen Gemeinschaften* (1980), XXIII + 273 pp. (incluindo, 187 ss., uma série de anexos), 34 ss..

[876] Wulf-Henning Roth, *Dienstleistungsfreiheit und Allgemeininteresse im europäischen internationalen Versicherungsvertragsrecht*, em Fritz Reichert-Facilides, *Aspekte des internationalen Versicherungsvertragsrechts im Europäischen Wirtschaftsraum* (1994), XII + 179 pp., 1-41.

[877] Joachim Richter, *Internationales Versicherungsvertragsrecht* cit., 139 ss..

[878] O CEA foi criado em 1953; agrupa, hoje, 33 associações nacionais de seguros, representando mais de 5.000 companhias europeias de seguros e de resseguros: 1.100 biliões de euros de faturação, 1.00.000 de trabalhadores e 7.200 biliões de euros de investimento na economia.

[879] O texto pode ser confrontado na RGAT 38 (1967), 241-242; consta, também, de um anexo a Joachim Richter, ob. cit., 187-188.

[880] Regido pela Lei do Estado respetivo.

[881] O anteprojeto da Comissão, de 1974, pode ser visto em RabelsZ 38 (1974), 211-219.

[882] Ole Lando, *The EC Draft Convention on the Law Applicable to Contractual and Non-contractual Obligations/Introduction and Contractual Obligations*, RabelsZ 38 (1974), 6-55.

Um dos aspetos que se manteve subjacente, mas que viria a revelar importância, décadas volvidas, aquando da codificação do DIP dos seguros, foi o da tutela da parte fraca no contrato[883].

III. Cumpre, depois, assinalar a Convenção de Roma sobre a Lei Aplicável às Obrigações Contratuais, de 19-jun.-1980[884]. Vocacionada para funcionar perante as diversas obrigações contratuais, ela excecionou, todavia, os seguros.
Dispõe o artigo 1.º/3 e 4, desse instrumento:

> 3. O disposto na presente Convenção não se aplica a contratos de seguro que cubram riscos situados nos territórios dos Estados-membros da Comunidade Económica Europeia. Para determinar se um risco se situa nestes territórios, o tribunal aplicará a sua lei interna.
> 4. O n.º anterior não se aplica aos contratos de resseguro.

Portanto: a Convenção de Roma aplica-se aos contratos de resseguro e, ainda, aos seguros relativos a riscos situados fora da União Europeia.

IV. A lei aplicável aos contratos de seguro obteve uma regulação diversificada na Segunda Diretriz, relativa à coordenação de disposições legislativas respeitantes a seguros não-vida ou Diretriz 88/357, de 22 de junho[885].
Para facilidade de consulta, consignamos o artigo 7.º dessa Diretriz:

> 1. A lei aplicável aos contratos de seguro abrangidos pela presente directiva e que cubram riscos situados nos Estados-membros será determinada de acordo com as seguintes disposições:
> a) Sempre que o tomador do seguro tiver a sua residência habitual ou a sua administração central no território do Estado-membro onde o risco se situa, a lei aplicável ao contrato de seguro é a desse mesmo

---

[883] Bernd von Hoffmann, *Über den Schutz des Schwächeren bei internationalen Schuldverträgen*, RabelsZ 38 (1974), 396-420 e Jan Kropholler, *Das Kollisionsrechtliche System des Schutzes der schwächeren Vertragspartei*, RabelsZ 42 (1978), 534-661, com indicações.
[884] JOCE N.º L 266, 36-54, de 9-out.-1980.
[885] JOCE N.º L 172, 1-14, de 4-jul.-1988; esta Diretriz alterou a 73/239, de 24 de julho.

Estado-membro. Todavia, sempre que a legislação desse Estado o permitir, as partes poderão escolher a lei de outro país;
b) Sempre que o tomador do seguro não tiver a sua residência habitual ou a sua administração central no Estado-Membro onde o risco se situa, as partes do contrato de seguro têm o direito de aplicar, quer a lei do Estado-membro onde o risco se situa, quer a lei do país onde o tomador tiver a sua residência habitual ou a sua administração central;
c) Sempre que o tomador do seguro exerça uma atividade comercial, industrial ou liberal e o contrato cubra dois ou mais riscos, relativos a essas atividades e situados em diversos Estados-Membros, a liberdade de escolha da lei aplicável ao contrato estende-se às lais desses Estados-Membros e do país onde o tomador tiver a sua residência habitual ou a sua administração central;
d) Não obstante as alíneas b) e c), sempre que os Estados-Membros referidos nessas alíneas concedam uma maior liberdade de escolha da lei aplicável ao contrato, as partes poderão invocar essa liberdade;
e) Não obstante as alíneas a), b) e c), sempre que os riscos cobertos pelo contrato se circunscrevam a sinistros que possam ocorrer num Estado-Membro diferente daquele onde o risco se situa, tal como definido na alínea d) do artigo 2g., será sempre permitido às partes aplicarem a legislação do primeiro Estado;
f) Relativamente aos riscos referidos na alínea d), subalínea i), do artigo 5g. da Primeira Diretiva, as partes do contrato poderão escolher qualquer lei;
g) Sempre que todos os outros elementos da situação, no momento daquela escolha, se encontrarem localizados num único Estado-Membro, a lei escolhida pelas partes nos casos referidos nas alíneas a) ou f) não poderá prejudicar as disposições imperativas desse Estado, ou seja, as disposições que a lei desse Estado não permita que sejam derrogadas por contrato;
h) A escolha referida nas alíneas anteriores deve ser expressa ou resultar inequivocamente das cláusulas do contrato ou das circunstâncias da causa. Se não for esse o caso, ou se não tiver sido feita qualquer escolha, o contrato reger-se-á pela lei do país que com ele apresente maiores afinidades, de entre aqueles países que entrem em linha de conta nos termos das alíneas anteriores. Todavia, se uma parte do contrato puder separar-se do resto do contrato e apresentar uma maior afinidade com outro de entre os países que entrem em linha de conta nos termos das alíneas anteriores, poder-

-se-á aplicar a essa parte do contrato, a título excecional, a lei desse outro país. Presume-se que o contrato apresenta maiores afinidades com o Estado-Membro onde o risco se situa;

i) Sempre que um Estado integre diversas unidades territoriais e cada uma delas possua as suas próprias regras de direito em matéria de obrigações contratuais, cada unidade é considerada como um país para efeitos da determinação da lei aplicável por força da presente diretiva.

Nenhum Estado-Membro cujas diferentes unidades territoriais tenham as suas próprias regras de direito em matéria de obrigações contratuais será obrigado a aplicar as disposições da presente diretiva aos conflitos que surjam entre as legislações dessas unidades.

2. O presente artigo não pode prejudicar a aplicação da legislação do país do juiz que rege imperativamente a situação, qualquer que seja a lei aplicável ao contrato.

Se a legislação de um Estado-Membro o previr, pode ser dada execução às disposições imperativas da lei do Estado-membro onde o risco se situa ou de um Estado-membro que imponha a obrigação de seguro, se e na medida em que, segundo a legislação desses países, essas disposições forem aplicáveis independentemente da lei que rege o contrato.

Sempre que o contrato cubra riscos situados em mais do que um Estado-membro, o contrato é considerado, para aplicação do presente número, como representando diversos contratos, em que cada um dirá apenas respeito a um único Estado-Membro.

3. Sob reserva dos números anteriores, os Estados-Membros aplicarão aos contratos de seguro referidos na presente diretiva as respetivas regras gerais de direito internacional privado em matéria de obrigações contratuais.

Como se vê, trata-se de regras especiais, que operam sobre as normas comuns de conflitos, da área das obrigações[886]. O próprio artigo 7.º/3 da Diretriz 88/357, acima transcrito, explicita-o. Era importante, quer perante o referido artigo 7.º, quer em face do dispositivo da Convenção de Roma, de 1980, saber onde localizar o "risco". Tal o papel do artigo 2.º da Diretriz 88/357 que define "Estado-Membro onde o risco se situa", na sua alínea *d*):

---

[886] Volker Hahn, *Die "europäischen" Kollisionsnormen für Versicherungsverträge/ Untersuchung der Art. 7 ff. EGVVG unter besonderer Berücksichtigung des zwingenden Rechts* (1992), XXII + 165 pp., 15.

– O Estado-membro onde se encontrem os bens, sempre que o seguro respeite, quer a imóveis, quer a imóveis e ao seu conteúdo, na medida em que este último estiver coberto pela mesma apólice de seguro:
– o Estado-membro de matrícula, sempre que o seguro respeite a veículos de qualquer tipo,
– o Estado-membro em que o tomador tiver subscrito o contrato, no caso de um contrato de duração igual ou inferior a quatro meses relativo a riscos ocorridos durante uma viagem ou férias, qualquer que seja o ramo em questão,
– o Estado-membro onde o tomador tenha a sua residência habitual ou, quando o tomador for uma pessoa coletiva, o Estado-Membro onde se situe o estabelecimento da pessoa coletiva a que o contrato se refere, em todos os casos não explicitamente referidos nos travessões anteriores;

Embora referida de modo algo discreto – 7.º/1, a), *in fine* –, vigorava, em primeira linha, a autonomia das partes, na escolha da lei aplicável[887].

V. Também a Diretriz 2002/83, de 5 de Novembro[888], relativa ao sector "vida", veio ocupar-se, expressamente, de conflitos de leis. Transcrevemos, de seguida, o seu artigo 32.º, precisamente epigrafado "lei aplicável":

1. Aos contratos relativos às atividades referidas na presente diretiva aplica-se a lei do Estado-Membro do compromisso. Todavia, sempre que a legislação desse Estado o permita, as partes podem optar pela lei de outro país.
2. Sempre que o tomador seja uma pessoa singular e resida habitualmente num Estado-Membro diferente do da sua nacionalidade, as partes podem optar pela lei do Estado-Membro da nacionalidade do tomador.
3. Quando um Estado compreender várias unidades territoriais com normas jurídicas próprias em matéria de obrigações contratuais, cada unidade será considerada como um país para efeitos de identificação da lei aplicável por força da presente diretiva.
Um Estado-Membro em que diferentes unidades territoriais tenham normas jurídicas próprias em matéria de obrigações contratuais não é

---

[887] Anton K. Schnyder, *Parteiautonomie im europäischen Versicherungskollisionsrecht*, em Facilides, *Aspekte des internationalen Versicherungsvertragsrechts* (1994) cit., 49-68; *vide* Robin C. G. J. Morse, *Party Autonomy in International Insurance Contract Law in the EC* (1993), XXI + 258 pp., 23-51.
[888] JOCE N.º L 345, 1-53, de 19-dez.-2002.

obrigado a aplicar a presente diretiva aos conflitos que surjam entre as legislações dessas unidades.
4. O presente artigo não pode prejudicar a aplicação das normas jurídicas do país do tribunal que regula imperativamente a situação, independentemente da lei aplicável ao contrato.
Se a legislação de um Estado-Membro o previr, pode ser dada execução às disposições imperativas da lei do Estado-Membro do compromisso se, e na medida em que, de acordo com a legislação desse Estado, essas disposições forem aplicáveis independentemente da lei que rege o contrato.
5. Sem prejuízo do disposto nos n.os 1 a 4, os Estados-Membros aplicarão aos contratos de seguro que são objeto da presente diretiva as correspondentes normas gerais de direito internacional privado em matéria de obrigações contratuais.

202. Roma I (2008)

I. A evolução do DIP dos seguros estava suficientemente madura para se encarar a sua codificação, completa e uniforme, em toda a União Europeia. Tal foi alcançado pelo Regulamento (CE) n.º 593/2008, de 17 de junho, sobre a lei aplicável às obrigações contratuais (Roma I)[889].

Logo no preâmbulo, o ponto 33 esclarece:

> Quando um contrato de seguro que não cubra um grande risco cobrir mais do que um risco dos quais pelo menos um se situe num Estado--Membro e pelo menos um num país terceiro, as disposições especiais do presente regulamento relativas aos contratos de seguros apenas se deverão aplicar ao risco ou aos riscos situados no Estado-Membro ou nos Estados--Membros relevantes.

Roma I é, hoje, a peça fundamental, no domínio do DIP dos seguros[890].

---

[889] JOCE N.º L 177, 6-16, de 4-jul.-2008. A má qualidade do português é patente e habitual, em textos comunitários. Para uma visão de conjunto de Roma II (responsabilidade civil), Ansgar Staudinger/Björn Steinrätter, *Europäisches Internationales Privatrecht/Die Rom-Verordnungen*, JA 2011, 241-248.

[890] Vide Luís de Lima Pinheiro, *Direito internacional privado*, II – *Parte especial*, 3.ª ed. (2010), 315 ss. e Felix Ganzer, *Internationale Versicherungsprogramme/Strukturen, privatrechtliche Beurteilung und aufsichtsrechtliche Zulässigkeit* (2012), 103 ss..

A inclusão do DIP dos seguros no Regulamento Roma I foi tardia[891]. Efetivamente, a proposta da Comissão de 15-dez.-2005[892] não abarcava a matéria dos seguros. Existiam, contudo, já sugestões nesse sentido[893]. A ideia da proposta era a de manter as normas constantes das Diretrizes 88/357 e 2002/83 e que já haviam sido transpostas para os diversos ordenamentos europeus[894]. Seguiram-se críticas e novas indicações[895].

A inserção da matéria dos seguros em Roma I, finalmente ocorrida, manteve-se nas baias da anterior regulação comunitária[896]. Não ficou isenta de críticas[897].

---

[891] Vide Dieter Martiny, *Münchener Kommentar zum BGB*, 10, cit., 5.ª ed. 721, com indicações e Christian Armbrüster, *Europäisches Internationales Versicherungsvertragsrecht*, em Prölss/Martin, *VVG/Kommentar*, 28.ª ed. (2010) cit., 1153 ss. (1177 ss., Nr. 1); na 29.ª ed. (2015), esse desenvolvimento foi confiado a Christian Armbrüster; vide, aí, 1155 ss.. Entre nós, Arnaldo Costa Oliveira, em Romano Martinez, *LCS Anotada* cit., 2.ª ed. 47.

[892] COM (2005) 650, final, 24 pp.; o artigo 22.º, a), por remissão para o anexo I, ressalvava as Diretrizes 88/357 e 2002/13; vide Helmut Heiss, *Das Kollisionsrecht der Versicherungsverträge nach Rom I und II*, VersR (2003), 185-188.

[893] Jürgen Basedow/Jens M. Scherpe, *Das internationale Versicherungsvertragsrecht und "Rom I"*, FS Andreas Heldrich (2005), 511-526 (518 ss.).

[894] Helmut Heiss, *Reform des internationalen Versicherungsvertragsrecht*, ZVersWiss 96 (2007), 503-534.

[895] Max Planck Institut for Comparative and International Privat Law, *Comments on the European Commission's Proposal for a Regulation of the European Parliament and the Council on the Law Applicable to Contractual Obligations (Rome I)*, RabelsZ 71 (2007), 226-344 (277-278).

[896] Stefan Perner, *Das internationale Versicherungsvertragsrecht nach Rom I*, IPRax 2009, 218-222, referindo, todavia, que ficou aquém das expectativas.

[897] Helmut Heiss, *Versicherungsverträge in "Rom I": Neuerliches Versagen des europäischen Gesetzgebers*, FS Jan Kropholler (2008), 459-480 e Martin Fricke, *Das internationale Privatrecht der Versicherungsverträge nach Inkrafttreten der Rom-I – Verordnung/Grundzüge*, VersR 2008, 443-454 (454), explicando, entre outros aspetos, que teria bastado traçar uma linha entre contratos com consumidores e os restantes. Do mesmo Martin Fricke, *Kollisionsrecht im Umbruch/Perspektiven für die Versicherungswirtschaft*, VersR 2005, 726-741, defendendo que o então planeado Roma I deveria reformar as conexões do DIP dos seguros e *Das Versicherungs-IPR im Entwurf der Rom-I – Verordnung – ein kurzer Überblick über die Änderungen*, VersR 2006, 745-751.

II. Roma I dedica, aos contratos de seguro, o seu artigo 7.º[898]: um preceito extenso, que procura condensar as especialidades apuradas no desenvolvimento anterior.

Desde logo, verifica-se que o artigo 7.º comporta um largo espectro de aplicação. Ele funciona independentemente de o risco coberto se situar num Estado-Membro e a todos os outros contratos de seguro que cubram riscos situados no território dos Estados-Membros (n.º 1). O artigo 7.º de Roma I não se aplica:

– a contratos de resseguro (7.º/1, *in fine*);
– a contratos que cubram um grande risco, matéria hoje definida no artigo 13.º/27 da Diretriz 2009/138, de 25 de novembro (Solvência II), os quais se regulam pela lei escolhida pelas partes (7.º/2, § 1).

Se elas não optarem, o contrato é regulado pela lei do País em que o segurador tenha a sua residência habitual (7.º/2, § 2,1), salvo se o contrato apresentar uma conexão manifestamente mais estreita com um País diferente (7.º/2, § 2, 2)[899]. Trata-se da solução mais lógica para os grandes riscos: as partes têm a possibilidade de optar; não o fazendo, privilegia-se a lei do segurador, que fixa, também, a supervisão.

III. Nos restantes contratos de seguro, as partes podem escolher a lei aplicável, mas dentro das margens seguintes (7.º/3)[900]:

a) A lei de qualquer dos Estados-Membros em que se situa o risco no momento da celebração do contrato;
b) A lei do país em que o tomador do seguro tiver a sua residência habitual;
c) No caso do seguro de vida, a lei do Estado-Membro da nacionalidade do tomador de seguro;
d) No caso de contratos que cubram riscos limitados a eventos que ocorram num Estado-Membro diferente daquele em que o risco se situa, a lei desse Estado-Membro;

---

[898] Em geral, o já citado Dieter Martiny, *Münchener Kommentar zum BGB*, 10, cit., 5.ª ed. 716 ss. e Jan Eheing, PWW/BGB, 7.ª ed. (2012), 3164-3167. Vide Dirk Looschelders, *Internationales Versicherungsvertragsrecht* cit..

[899] Dieter Martiny, *Münchener Kommentar zum BGB*, 10, cit., 5.ª ed. Art. 7 Rom I-VO, Nr. 21 (728).

[900] *Idem*, Nr. 27 a 31 (729-730).

e) Nos casos em que o tomador de seguro de um contrato abrangido pelo presente número exerça uma atividade comercial, industrial ou uma profissão liberal e o contrato cubra dois ou mais riscos relativos a essas actividades e profissão e situados em diversos Estados-Membros, a lei de qualquer dos Estados-Membros em causa ou a lei do país em que o tomador do seguro tiver a sua residência habitual.

Admite, porém, o artigo 7.º/3/2 que, nas hipóteses referidas nas alíneas *a*), *b*) ou *e*), caso os Estados-Membros para cujas leis se remete confiram uma maior liberdade de escolha da lei aplicável ao contrato de seguro, as partes se possam, disso, prevalecer[901].

Estamos perante uma liberdade de escolha limitada. As particularidades do seguro e a preocupação em proteger o tomador e o segurado a tanto conduzem[902]. Recorde-se que tudo isto é regido por cgs, de tal modo que a liberdade cerceada é, de facto, a do segurador.

IV. Na presença de seguros obrigatórios, o legislador europeu redobrou de cuidado. Dispõe o artigo 7.º/4[903]:

> 4. As seguintes regras adicionais aplicam-se a contratos de seguro que cubram riscos relativamente aos quais um Estado-Membro imponha a obrigação de seguro:
>
> a) O contrato de seguro não dá cumprimento à obrigação de subscrever um seguro, a menos que respeite as disposições específicas relativas a esse seguro que tenham sido estabelecidas pelo Estado-Membro que impõe a obrigação. Caso haja uma contradição entre a lei do Estado-Membro onde o risco se situa e a do Estado-Membro que impõe a obrigação de subscrever um seguro, prevalece esta última;
> b) Em derrogação dos n.ºs 2 e 3, um Estado-Membro pode estabelecer que o contrato de seguro é regulado pela lei do Estado-Membro que impõe a obrigação de subscrever um seguro.

---

[901] Martin Fricke, *Das internationale Privatrecht der Versicherungsverträge* cit., VersR 2008, 448/II e Stefan Perner, *Das internationale Versicherungsvertragsrecht nach Rom I* cit., 221-222.

[902] *Vide* Ole Lando, *Mandatory Rules Governing Insurance Contracts and Private International Law*, em Fritz Reichert-Facilides/Hans Ulrich Jessurun d'Oliveira, *International Insurance Contract Law in the EC* (1991), XXI + 258 pp., 101-112 e Marc Fallon, *The Law Applicable to Compulsory Insurance and Life Assurance: Some Peculiarities*, idem, 113-135.

[903] Dieter Martiny, *Rom I-VO* cit., 7, Nr. 37-41 (731-732).

Esta regra aplica-se aos seguros relativos a grandes riscos.

V. Havia, ainda, que prever a hipótese de um contrato de seguro cobrir riscos situados em mais do que um Estado-Membro. Dispõe o artigo 7.º/5 de Roma I:

> 5. Para efeitos do terceiro parágrafo do n.º 3 e do n.º 4, se o contrato de seguro cobrir riscos que se situam em mais do que um Estado-Membro, o contrato é considerado como constituindo vários contratos relativos, cada um deles, a um só Estado-Membro.

O artigo 7.º/6 definia o País onde se situa o risco por remissão para o artigo 2.º, d), da Segunda Diretriz n.º 88/357, de 22 de junho; no caso do seguro de vida, valia como tal o País do compromisso, na aceção do artigo 1.º/1, g) da Diretriz 2002/83. Hoje, opera o artigo 13.º/13 e 14, respetivamente, da Diretriz 2009/13, de 25 de novembro.

VI. Finalmente, assinalamos que o artigo 6.º de Roma I diz respeito à lei aplicável aos contratos de consumo. Um seguro atinente a um consumidor poderia apelar aos dois preceitos: ao 6.º, por ser de consumo e ao 7.º, por ser seguro. Pelas regras gerais, prevalece este último. Todavia, é interessante procurar harmonizar os dois preceitos[904].

203. Evolução lusófona

I. Vamos fixar o início da evolução contemporânea do DIP dos seguros no Código Veiga Beirão. Dispunha o artigo 4.º desse diploma[905]:

> Os atos de comércio serão regulados:
>
> 1.º Quanto à substância e efeitos das obrigações, pela lei do lugar onde forem celebrados, salva convenção em contrário;
> 2.º Quanto ao modo do seu cumprimento, pela do lugar onde esta se realizar;

---

[904] Frank Böttger, *Verbraucherversicherungsverträge/Vergleich der beiden Anknüpfungsregime nach Art. 6 und Art. 7 Rom-I-Verordnung und Vorschlag für eine zukünftig einheitliche Anknüpfung*, VersR 2012, 156-164 (163-164, o resumo)

[905] Luiz da Cunha Gonçalves, *Comentário ao Código Comercial* cit., 1, 29 ss..

3.º Quanto à forma externa, pela lei do lugar onde forem celebrados, salvo nos casos em que a lei expressamente ordenar o contrário.

§ único. O disposto no n.º 1 não será aplicável quando da sua execução resultar ofensa ao direito público português ou aos princípios da ordem pública.

Este preceito destrinçava as conexões fundamentais relevantes, no domínio dos contratos. Durante muitas décadas, na falta de preceitos específicos de DIP, este preceito era aproveitado para, dele, se retirarem vetores básicos, aplicáveis às obrigações.

O artigo 4.º do Código Comercial, por elementares razões sistemáticas, preenchia o DIP dos seguros.

II. O Código Civil de 1966 veio distinguir as regras internacionais privadas relativas aos negócios jurídicos (35.º e seguintes) e às obrigações delas provenientes (41.º e 42.º). No fundamental, temos as conexões seguintes:

(a) a vontade das partes, explícita ou implícita (41.º/1), ainda que limitada à existência de um interesse sério dos declarantes ou à de uma conexão, com algum dos elementos do negócio jurídico, atendíveis no domínio do DIP (41.º/2);
(b) supletivamente, vale a lei da residência comum habitual das partes (ou a do declarante, nos negócios unilaterais) (42.º/1);
(c) na falta de residência comum, vale a lei da parte que atribua o benefício, nos negócios gratuitos e, nos restantes, a lei do lugar da celebração (42.º/2).

Aparentemente, o Direito comercial privilegiava o lugar da celebração, enquanto o civil optava pelo da residência habitual.

III. Uma referência expressa ao DIP dos seguros adveio da Convenção de Roma sobre a Lei Aplicável às Obrigações Contratuais, de 1980, que Portugal só ratificou em 1994[906].

---

[906] DPR n.º 1/94, de 3-fev. e RAR n.º 3/94, de 4-nov.-1993, DR I série-A, n.º 28, de 3-fev.-1994, 520; quanto ao texto da Convenção, *idem*, 522-527 = JOCE N.º L-266, 36-42, de 9-out.-1980.

IV. O passo decisivo na autonomização de um DIP lusófono dos seguros adveio da receção do Direito europeu, mais precisamente: da Diretriz 88/357, levada a cabo pelo Decreto-Lei n.º 352/91, de 20 de setembro. Este diploma comportava um capítulo IV, sobre a lei aplicável ao contrato. Previa:

- a possibilidade de as partes acolherem a lei aplicável (41.º/2 e 42.º/2), por acordo expresso ou tácito (44.º/1);
- a aplicação da lei portuguesa, quando o tomador tenha, em Portugal, a sua residência habitual (41.º/1);
- a aplicação da lei da residência do tomador ou do risco, à escolha das partes, perante tomadores não-residentes (42.º/1);
- a pluralidade de riscos originava regras embricadas (43.º);
- a ordem pública portuguesa era ressalvada (45.º);
- aos seguros obrigatórios aplicar-se-ia a lei portuguesa (46.º);
- subsidiariamente, aplicar-se-iam as regras gerais de DIP sobre obrigações contratuais (47.º) e, portanto: as do Código Civil.

Este dispositivo passou, depois, ao RGAS aprovado pelo Decreto-Lei n.º 102/94, de 20 de abril[907]. A matéria constava dos artigos 180.º a 185.º deste diploma, notando-se um maior desenvolvimento, designadamente no que tange à ordem pública (184.º). Reencontramo-lo no RGAS de 1998 (Decreto-Lei n.º 94-B/98, de 17 de Abril), artigos 188.º a 193.º, onde permaneceria até ser revogado pelo artigo 6.º/2, *d*), do Decreto-Lei n.º 72/2008, de 16 de Abril: o diploma que aprovou a LCS.

V. O DIP português das relações contratuais foi, depois, substituído pelo Regulamento (CE) n.º 593/2008, de 17 de junho: Roma I. Como vimos, Roma I ocupa-se, no seu artigo 7.º, expressamente, dos contratos de seguro. Nos termos do seu artigo 28.º, ele é aplicável aos contratos celebrados após 17 de Dezembro de 2009.

VI. A LCS, publicada em 16 de Abril de 2008, para entrar em vigor em 1 de janeiro de 2009, regulou circunstanciadamente a lei aplicável ao contrato de seguro: artigos 5.º a 10.º[908]. Em síntese:

---

[907] O qual, no seu artigo 204.º, *h*), revogou o Decreto-Lei n.º 352/91, de 20 de setembro.
[908] Em especial: Arnaldo Costa Oliveira, em Romano Martinez, *LCS Anotada* cit., 2.ª ed. 44 ss. e Nuno Andrade Pissarra, *Direito aplicável*, em Margarida Lima Rego, *Temas de Direito dos seguros* (2012), 65-102, ambos com muitos elementos.

– ao contrato de seguro aplicam-se as normas gerais do DIP em matéria de obrigações contratuais, nomeadamente as decorrentes de convenções internacionais e de atos comunitários que vinculem o Estado português, com as especificidades dos artigos seguintes (5.º); este preceito tem um alcance escasso, uma vez que, por via do artigo 8.º da Constituição, o Direito internacional e o europeu prevalecem sobre as normas internas[909];
– o critério básico é o da liberdade de escolha (6.º/1), com uma série de especificações (6.º/2 a 4) e com limites (7.º): interesse sério ou conexão atendível[910];
– na falta de escolha, funciona a lei do Estado com o qual o contrato esteja em mais estreita conexão (8.º/1), privilegiando-se os riscos que corram em Portugal (8.º/2, 1.ª parte) ou a residência do tomador, em Portugal, nos seguros de pessoas (8.º/2, 2.ª parte), com auxílio de presunções (8.º/3), seguindo-se regras para a cobertura de riscos em Portugal e noutros Estados (8.º/4)[911];
– as normas (portuguesas) que tutelem os interesses públicos, designadamente os dos consumidores, quando os contratos em jogo cubram riscos situados em território português ou, nos seguros de pessoas, tendo o tomador residência habitual no País, aplicam-se sempre (normas de aplicação imediata) (9.º)[912];
– os seguros obrigatórios na ordem jurídica portuguesa, regem-se pela lei de Portugal (10.º)[913].

No fundamental, o legislador de 2008 procurou acolher o tecido retirado ao RGAS de 1998, com alguns aperfeiçoamentos. Em causa estava a transposição de regras comunitárias.

204. Síntese: a aplicação temporal do DIP dos seguros

I. A partir de 17 de dezembro de 2009, o DIP dos seguros aplicável é o proveniente do Regulamento Roma I. Este Regulamento prevalece

---

[909] Nuno Andrade Pissarra, *Direito aplicável* cit., 65-66.
[910] *Idem*, 75-83; Arnaldo Costa Oliveira, em Romano Martinez, *LCS Anotada* cit., 2.ª ed. 52-57.
[911] *Idem*, 83-87 e 57-59, respetivamente.
[912] *Idem*, 87-99 e 59-63, respetivamente.
[913] *Idem*, 99-102 e 64-66, respetivamente.

sobre o Direito interno (8.º da Constituição). Além disso, as diretrizes que se ocupavam da matéria foram revogadas pela Diretriz 2009/138, de 25 de novembro, a qual manda aplicar o Regulamento em causa a todos os Estados-Membros, no tocante aos seguros (178.º)1.

II. O dispositivo da LCS – portanto, os seus artigos 5.º a 10.º – aplica-se a contratos celebrados entre 1 de janeiro de 2009 e 17 de Dezembro desse mesmo ano. Antes da primeira das referidas datas, o panorama é o seguinte, tendo em conta a data da celebração do seguro em causa:

- até 1 de junho de 1967, aplica-se o artigo 4.º do Código Veiga Beirão (1888);
- após essa data, aplica-se o referido artigo 4.º, eventualmente complementado pelos artigos 35.º e seguintes e 41.º e 42.º, do Código Civil;
- depois de 1 de setembro de 1994, aos contratos cujos riscos fiquem fora da União Europeia, aplicam-se os artigos 3.º, 4.º e 5.º da Convenção de Roma[914];
- depois de 1 de novembro de 1991, a contratos cujos riscos se situem em Portugal ou noutro Estado da União, aplicam-se os artigos 41.º a 47.º do Decreto-Lei n.º 352/91, de 20 de setembro[915];
- depois de 1 de junho de 1994, e a esses mesmos contratos, aplicam-se os artigos 180.º a 185.º do Decreto-Lei n.º 102/94, de 20 de abril (o RGAS de 1994)[916];
- depois de 22 de abril de 1998, e ainda a esses mesmos contratos, aplicam-se os artigos 188.º a 193.º do Decreto-Lei n.º 94-B/98, de 17 de abril (o RGAS de 1998)[917].

A sucessão de regimes, no tocante ao DIP dos seguros, constitui um desafio para os analistas mais atentos[918].

---

[914] Nuno Andrade Pissarra, *Direito aplicável* cit., 68.
[915] *Vide* o artigo 51.º do Decreto-Lei n.º 352/91, de 20 de setembro.
[916] *Vide* o artigo 205.º do Decreto-Lei n.º 102/94, de 20 de abril.
[917] Aplica-se o regime comum de *vacatio*.
[918] O Direito intertemporal relativo ao DIP dos seguros suscita, também, problemas aos outros ordenamentos; quanto ao alemão, *vide* Hulf-Henning Roth, *Internationales Versicherungsvertragsrecht* cit., Nr. 26 ss. (191 ss.).

§ 49.º AS NORMAS IMPERATIVAS

205. O princípio geral da autonomia privada

I. O contrato de seguro assenta na autonomia privada ou, segundo a linguagem do artigo 11.º, na liberdade contratual. As regras inseridas na LCS ou, em geral, nos demais diplomas de seguros, têm um alcance supletivo: funcionam, apenas, na medida em que não sejam afastadas por cláusulas em contrário.

A sujeição do contrato de seguro à autonomia privada não carece de norma específica: decorre da natureza da matéria. Existe, todavia, uma tradição nacional de o reafirmar. O artigo 1540.º do Código Civil de Seabra (1867) dispunha[919]:

> O contracto de risco ou de seguro, que não disser respeito a objectos commerciaes, será regulado pelas regras geraes dos contractos estabelecidas no presente codigo.

O Código Comercial de Veiga Beirão (1888), no seu artigo 427.º, retomava[920]:

> O contrato de seguro regular-se-á pelas estipulações da respectiva apólice não proibidas pela lei, e, na sua falta ou insuficiência, pelas disposições deste Código.

II. Enquanto contrato, o seguro beneficiaria do artigo 405.º do Código Civil, relativo à liberdade contratual.

---

[919] José Dias Ferreira, *Codigo Civil Portuguez Annotado*, III, 2.ª ed. (1898), 144-145, sublinhando que, com este preceito, o seguro deixava de ser exclusivamente comercial e Luiz da Cunha Gonçalves, *Tratado de Direito civil*, VIII (1934), 300-305.

[920] Luiz da Cunha Gonçalves, *Comentário ao Código Comercial Português*, II (1916), 538 ss., com muitos elementos.

Este ponto tem um relevo que transcende a mera técnica jurídica[921]. Ontologicamente, o contrato é uma manifestação de liberdade das pessoas, exprimindo a livre produção de efeitos jurídicos. Axiologicamente, ele vale por si. Assente em ricas expressões históricas, que vão desde a Ordem Divina ao sociologismo, o contrato é, tudo visto, a fonte mais profunda da jurídico-positividade.

III. O artigo 11.º, a abrir uma secção intitulada "imperatividade", comporta, sob a epígrafe "princípio geral", a regra seguinte:

> O contrato de seguro rege-se pelo princípio da liberdade contratual, tendo carácter supletivo as regras constantes do presente regime, com os limites indicados na presente secção e os decorrentes da lei geral.

O preceito apenas concretiza um princípio pacífico[922]. Mas a sua reafirmação é importante.

Na verdade, o contrato de seguro está cercado por normas de regulação provenientes do ISP e pelas cgs, usadas pelos seguradores. A margem dos particulares, em especial a dos tomadores de seguros, sofre uma compressão mais rigorosa do que sucede em áreas paralelas, como a da banca.

IV. A supletividade geral[923] que enforma as regras contratuais pode ser contraditada[924]:

– por normas expressamente injuntivas;

---

[921] Sobre toda essa matéria, com indicações: *Tratado* VII, § 12.º.

[922] Pedro Romano Martinez, *Lei do contrato de seguro anotada* cit., 2.ª ed. 66-67.

[923] A natureza supletiva (ou dispositiva) das regras relativas aos contratos mereceu uma série de investigações de relevo; assim: Johannes Cziupka, *Dispositives Vertragsrecht//Funktionsweise und Qualitätmerkmale gesetzlicher Regelungsmuster* (2010), XXII + 552 pp., sublinhando que o Direito dispositivo se encontra num ponto de tensão entre a autonomia e o Direito cogente (21) e fazendo uma aplicação da análise económica ao tema (261 ss.); Stefan Bechtold, *Die Grenzen zwingenden Vertragsrechts/Ein rechtsökonomischer Beitrag zu einer Rechtsetzungslehre des Privatrechts* (2010), XV + 425 pp., focando a presença de um Direito contratual vinculativo por razões económicas (47 ss.) e Florian Möslein, *Dispositives Recht* (2011), XX + 640 pp., analisando a bipolaridade do Direito supletivo: espaço de autonomia (45 ss.) e poder de regulação heterónomo (69 ss.); além disso, retemos a análise de disposições sobre o Direito supletivo (159 ss.) e a regulação, também, por Direito supletivo (335 ss.).

[924] *Direito das obrigações* 1, 71 ss..

– por princípios gerais, redutíveis à ordem pública, que assumam natureza imperativa e se reflitam nas regras aplicáveis;
– por normas que visem a tutela de terceiros.

Tudo isto opera no Direito dos seguros. Fica o desconto adveniente das omnipresentes cgs e dos requisitos "risco" e "interesse". Estes requisitos, abaixo analisados[925], restringem a liberdade de estipulação (e a de celebração) presente no sector. A referência expressa do artigo 11.º tem, assim, o relevo prático de prevenir interpretações extensivas ou, até, latas, dos requisitos em causa.

206. A imperatividade absoluta

I. A LCS ocupa-se, explicitamente, da natureza imperativa ou não imperativa das suas normas[926]. Distingue, nesse universo:

– a imperatividade absoluta (12.º): as normas que a assumam não podem, de todo, ser afastadas por convenção em contrário;
– a imperatividade relativa (13.º): as normas em jogo podem ser substituídas por cláusulas contratuais, mas apenas se estas estabelecerem um regime mais favorável ao tomador do seguro, ao segurado ou ao beneficiário da prestação do seguro.

II. Antes de mais considerações, impõe-se relevar a lista das normas que o próprio artigo 12.º/1 proclama como absolutamente imperativas. Esse preceito foi alterado pela Lei n.º 147/2015, de 9 de setembro (7.º), no sentido de acrescentar o 38.º/1; além disso, procedeu a alterações formais: para pior e totalmente dispensáveis. São pois:

– artigo 16.º: necessidade de autorização legal do segurador;
– artigo 32.º: forma do contrato;
– artigo 34.º: entrega da apólice;
– artigo 36.º: redação e língua da apólice;

---

[925] *Infra*, §§ 51.º e 52.º ss..

[926] Em especial: Joana Galvão Teles, *Liberdade contratual e seus limites – Imperatividade absoluta e imperatividade relativa*, em Margarida Lima Rego, *Temas de Direito dos seguros* (2012), 103-115 (109 ss.).

§ 49.º As normas imperativas 513

– artigo 38.º/1: a apólice de seguro (só) poderia ser nominativa ou à ordem[927];
– artigo 43.º: necessidade de um interesse digno de proteção legal;
– artigo 44.º: nulidade perante a inexistência do risco;
– artigo 54.º/1: modo de pagar o prémio;
– artigo 59.º: a cobertura dos riscos depende do prévio pagamento do prémio;
– artigo 61.º: falta de pagamento do prémio;
– artigo 80.º/2 e 3: *idem*, nos seguros de grupo;
– artigo 117.º/3: proibições de resolução após certos sinistros;
– artigo 119.º: dever de sigilo.

A consideração deste elenco mostra estarem em jogo normas que correspondem a vetores imperativos. Digamos que se desenha uma "ordem pública de seguros". Esta ordem é particularmente atuante nos seguros de massas; quanto aos seguros de grandes riscos (5.º/3, do RGAS), o artigo 12.º/2 retira a imperatividade aos artigos 59.º e 61.º.

III. A inobservância das regras seriadas no artigo 12.º pode provocar:

– a nulidade das cláusulas prevaricadoras, mas com aproveitamento do contrato, por via da redução (292.º), da conversão (293.º, ambos do Código Civil) ou da repristinação da regra que a cláusula indevida tenha pretendido afastar (13.º da LCCG);
– a nulidade de todo o contrato, quando o seu (re)aproveitamento não seja possível;
– o aproveitamento de todo o contrato, mas não como sendo de seguro.

IV. Pergunta-se se o elenco do artigo 12.º/1 é exaustivo ou se é possível, para além dele, apurar outras regras imperativas. Com a devida cautela, deve entender-se que o elenco em causa é exemplificativo ou "não

---

927 Aparentemente, a reforma do RGAS de 2015 decidiu abolir as apólices ao portador; assim, suprimiu-as no 38.º/1 e 3 e no 208.º/1, *c*) e *f*). Todavia, manteve-as nos artigos 96.º/2 e 181.º e introduziu-as, de novo, no artigo 158.º/2. A própria Lei n.º 147/2015 pensaria que já não haveria, no futuro, apólices ao portador, dizendo ressalvar as existentes à data da sua entrada em vigor (31.º). Em suma: uma confusão evitável, já que nada obrigava a mexer na LCS.

pretende ser totalmente exaustivo" (Romano Martinez)[928]. Com efeito, são ainda imperativas[929]:

- as normas de remissão para outros diplomas (3.º e 4.º);
- as normas de qualificação ou de ordenação dos seguros (76.º e 173.º);
- as normas que remetam para o RCS (207.º);
- as normas incompletas, quando o fator de compleição conduza à imperatividade (148.º);
- em geral, as normas estruturantes, em cuja ausência faltará qualquer seguro.

Deve-se manter presente o facto de os seguros serem dominados pelas cgs. E assim sendo, há que lidar com o elenco das proibições constantes da LCCG (15.º, 18.º, 19.º, 21.º e 22.º). Estas implicam, consabidamente, a aplicação de um regime diferenciado[930].

V. A existência de normas absolutamente imperativas coloca o problema de saber se o Direito português reconhece e manda aplicar, no território nacional, regras imperativas estrangeiras. O problema discutiu-se, na Alemanha, perante regras francesas que determinam a inclusão, nas coberturas, de danos provocados por terroristas[931].

A resposta afigura-se positiva, desde que operem as competentes conexões e não haja contrariedade à ordem pública internacional.

207. A imperatividade relativa

I. À imperatividade absoluta contrapõe-se a relativa: a que surge na presença de normas de "mínimos", isto é, de normas que possam ser derrogadas por cláusulas que estabeleçam um regime mais favorável ao

---

[928] Pedro Romano Martinez, *LCS anotada* cit., 2.ª ed. 67-68.
[929] O VVG alemão não elenca os preceitos imperativos; cabe à doutrina apontá-los, sublinhando que são pouco numerosos; vide: Jürgen Prölss, em Prölss/Martin, *VVG//Kommentar*, 28.ª ed. (2010) cit., Vorbem. I, Nr. 2 (1); Christian Armbrüster, *idem*, 29.ª ed. (2015) cit., Einl 1, Nr. 5-9 (5); Manfred Wank, *Versicherungsrecht* cit., 5.ª ed. Nr. 158 (61).
[930] *Infra*, 675 ss..
[931] Christian Armbrüster, *Geltung ausländischen zwingenden Rechts für deutschem Recht unterliegende Versicherungsverträge/Insbesondere: zwingender Einschluss von Terrorrisiken in die Sachversicherung nach französischem Recht*, VersR 2006, 1-17 (17).

tomador do seguro, ao segurado ou ao beneficiário da prestação de seguro. A ideia de normas de mínimos surge no Código do Trabalho e já foi usada no domínio do arrendamento urbano. Ela assenta no princípio de que, no sector considerado, existe uma parte fraca (*in casu*, o tomador do seguro, o segurado ou o beneficiário da prestação de seguro[932]), que o legislador pretende proteger. Essa margem é inderrogável, sob pena de ceder perante as cgs. Mas se as cláusulas contratuais concretamente adotadas se revelarem (ainda) mais favoráveis para a parte fraca, *nihil obstat*[933].

II. Tem interesse relevar as normas feridas de imperatividade relativa:

– artigo 17.º: representação do tomador do seguro;
– artigos 18.º a 26.º: informações do segurador, do tomador do seguro e do segurado;
– artigo 27.º: valor do silêncio do segurador;
– artigo 33.º: integração de mensagens publicitárias;
– artigo 35.º: consolidação do contrato no silêncio do tomador;
– artigo 37.º: texto da apólice e sua compleitude;
– artigo 46.º: sinistro doloso;
– artigo 60.º: aviso de pagamento;
– artigo 78.º: dever de informar, nos seguros de grupo;
– artigo 79.º: incumprimento desse dever;
– artigos 86.º a 90.º: regras sobre o seguro contributivo;
– artigos 91.º, 92.º/1, 93.º e 94.º: regras sobre a alteração do risco;
– artigos 100.º a 104.º: regras sobre a participação do sinistro e a realização da prestação do segurador;
– artigo 107.º/1, 4 e 5: estorno do prémio por cessação antecipada;
– artigo 111.º/2: consentimento do segurado para a revogação do acordo;
– artigo 114.º: limitações à denúncia;
– artigo 115.º: aviso prévio de denúncia;
– artigo 118.º: livre resolução;

---

[932] Pedro Romano Martinez, *LCS anotada* cit., 2.ª ed. 69; Joana Galvão Teles, *Liberdade contratual e seus limites* cit., 114 ss..

[933] O VVG isola, no seu § 18, as "convenções excecionantes" (*Abweichende Vereinbarungen*), relativas às normas a que a doutrina chama "meio-vinculativas" (*halb zwingend*): precisamente aquelas que não são afastáveis em detrimento do tomador do seguro, mas que o podem ser em seu favor. *Vide* Jürgen Prölss, em Prölss/Martin, *VVG/ /Kommentar*, 28.ª ed. (2010) cit., Vorbem. I, Nr. 3 (1), Manfred Wank, *Versicherungsrecht* cit., 5.ª ed. Nr. 159 (61-63) e Roland Rixecker, em Römer/Langheid, *VVG/Kommentar* cit., 4.ª ed. § 18 (162-163).

- artigo 126.º: salvamento (afastamento e verificação do sinistro);
- artigo 127.º: obrigação de reembolso;
- artigo 132.º: sobresseguro;
- artigo 133.º: pluralidade de seguros;
- artigo 139.º/3: delimitação temporal da cobertura;
- artigo 146.º: direito do lesado (ação direta), nos seguros obrigatórios;
- artigo 147.º: meios de defesa do segurador, nesses seguros;
- artigo 170.º: menções especiais nos seguros de proteção jurídica;
- artigo 178.º: informação sobre exames médicos, nos seguros de pessoas;
- artigo 185.º: informações pré-contratuais no seguro de vida;
- artigo 186.º: *idem*, na vigência do contrato;
- artigo 188.º/1: incontestabilidade de omissões ou inexatidões negligentes, passados dois anos;
- artigo 189.º: erro sobre a idade da pessoa segura;
- artigo 202.º: pagamento do prémio, nos seguros de pessoas;
- artigo 217.º: cessão de contrato, nos seguros de pessoas.

Feita a competente análise, confirma-se a presença de normas de proteção especialmente dirigidas ao tomador, ao segurado ou ao beneficiário do seguro. Não cabe usar tais normas para bloquear o estabelecimento de tutelas (ainda) mais elevadas do que o resultante da lei.

Pela mesma ordem de ideias, o artigo 13.º/2 considera não imperativas as disposições do n.º 1, nos seguros de grandes riscos[934].

208. Seguros proibidos

I. O artigo 14.º/1, 1.ª parte, começa por ressalvar as regras gerais sobre a licitude do conteúdo negocial. Tem aplicação o artigo 280.º do Código Civil, cujos números 1 e 2 determinam a nulidade do negócio jurídico cujo objeto (incluindo o conteúdo) seja física ou legalmente impossível, contrário à lei ou indeterminável ou, ainda, contrário à ordem pública ou ofensivo dos bons costumes[935]. Para além dos quadros gerais civis, que têm aqui aplicação direta, o artigo 14.º/1 fixa proibições específicas para

---

[934] Arnaldo Costa Oliveira, em Romano Martinez, *LCS Anotada* cit., 2.ª ed. 70-71.
[935] *Tratado* II, 4.ª ed., 541 ss..

os seguros[936]. Os respetivos contratos são proibidos, quando cubram os riscos seguintes:

a) Responsabilidade criminal, contraordenacional ou disciplinar;
b) Rapto, sequestro e outros crimes contra a liberdade pessoal;
c) Posse ou transporte de estupefacientes ou drogas cujo consumo seja interdito;
d) Morte de crianças com idade inferior a 14 anos ou daqueles que por anomalia psíquica ou outra causa se mostrem incapazes de governar a sua pessoa.

O artigo 14.º/2 explicita que a proibição de seguros que cubram responsabilidade criminal, contraordenacional ou disciplinar não se alarga à responsabilidade civil eventualmente associada. Na mesma linha, o artigo 14.º/3 prescreve que as proibições do n.º 1, b) (rapto e outros crimes contra a liberdade pessoal) e c) (posse ou transporte de estupefacientes ou drogas de consumo interdito) não abrangem as prestações estritamente indemnizatórias. Por seu turno, o artigo 14.º/4 permite a cobertura do risco de morte por acidente de crianças com idade inferior a 14 anos, quando contratada por instituições escolares, desportivas ou de natureza análoga, que dela não sejam beneficiárias.

II. As proibições do artigo 14.º da LCS tiveram a sua origem no (revogado) artigo 192.º do RGAS de 1998[937]. Este preceito surgia no âmbito de um capítulo relativo à lei aplicável ao contrato de seguro. Fixadas as regras, o seu n.º 1 dispunha:

> A lei aplicável aos contratos de seguro que cubram riscos situados em território português ou em que Portugal seja o Estado membro do compromisso não poderá envolver ofensa dos princípios fundamentais da ordem pública internacional do Estado Português.

---

[936] Vide João de Matos Viana, *Seguros proibidos*, em Margarida Lima Rego, *Temas de Direito dos seguros* (2012), 117-129.

[937] O artigo 192.º do RGAS foi revogado precisamente pelo Decreto-Lei n.º 72/2008, de 16 de abril, que aprovou a LCS: mais precisamente pelo seu artigo 6.º/2, d). Recordamos que por lapso, depois retificado, o revogado artigo 192.º ainda surge na republicação levada a cabo pelo Decreto-Lei n.º 2/2009, de 5 de janeiro. Toda esta matéria foi substituída pelo RGAS de 2015.

O n.º 3 do mesmo artigo 192.º explicitava:

São tidos como contrários à ordem pública os contratos de seguro que garantam, designadamente, qualquer dos seguintes riscos:

a) Responsabilidade criminal ou disciplinar;
b) Rapto;
c) Posse ou transporte de estupefacientes e drogas cujo consumo seja interdito;
d) Inibição de conduzir veículos;
e) Morte de crianças com idade inferior a 14 anos, com exceção das despesas de funeral;
f) Com ressalva do disposto na alínea anterior, morte de incapazes, com exceção das despesas de funeral.

A ideia do legislador de 1998 era a seguinte:

– as situações de responsabilidade criminal ou aparentada e o rapto não são seguráveis: haveria como que um alijar de consequências ou um incentivo à prática de atos gravemente censuráveis;
– a morte de crianças ou de incapazes não ocasiona danos patrimoniais (donde a ressalva das despesas de funeral); segurá-la poderia atingir a segurança dos visados[938].

III. O legislador de 2008 aproveitou as citadas disposições do RGAS de 1998: reformulou-as e converteu-as em proibições internas[939]. A sua justificação sumária radica no seguinte:

– a responsabilidade criminal, contraordenacional ou disciplinar (a) não pode ser objeto de seguro: perderia as suas funções de prevenção geral e especial e de retribuição, uma vez que quer o agente quer os terceiros aperceber-se-iam de que o facto punível seria compensado pela indemnização do seguro;
– o rapto, o sequestro e os outros crimes contra a liberdade das pessoas (b) não são seguráveis porque, de outro modo, se incenti-

---

[938] O artigo L 132-3 do *Code des assurances* francês proíbe a todos contratar um seguro no caso de morte de um menor de idade inferior a doze anos, de um maior sob tutela ou de uma pessoa hospitalizada em estabelecimento psiquiátrico; vide o *Code des assurances* da Dalloz, 17.ª ed. (2011), 150, bem como Leonor Cunha Torres, em Romano Martinez, *LCS Anotada* cit., 2.ª ed. 72, com indicações relativas às leis espanhola e belga.

[939] Romano Martinez, *LCS Anotada* cit., 2.ª ed. 73-75.

variam as inerentes práticas criminosas: os malfeitores saberiam, de antemão, que os beneficiários iriam receber, das seguradoras, meios materiais para poderem pagar os resgates;
- a posse ou transporte de estupefacientes e de drogas de consumo interdito (c) não permitem seguros sob pena de se incentivar a sua prática, contrabalançando as penas da lei;
- a morte de crianças de idade inferior a 14 anos ou de pessoas que, por anomalia psíquica ou outra causa, se mostrem incapazes de governar a sua pessoa (d) depara com o artigo 43.º/3: no seguro de vida, a pessoa segura, que não seja beneficiária, tem ainda de dar o seu consentimento para a cobertura do risco, salvo quando o contrato resulte do cumprimento de disposição legal ou de instrumento de regulação coletiva de trabalho; de outro modo, o seguro tornaria interessante a morte de outrem, tanto mais que o menor de 14 anos ou o incapaz não podem dar um consentimento válido[940].

IV. As proibições das alíneas *a)*, *b)* e *c)* do artigo 14.º/1 não se justificam perante a responsabilidade civil associada à primeira e em face de pagamentos meramente indemnizatórios, nas duas últimas: donde as delimitações negativas do artigo 14.º/2 e 3.

No tocante a crianças com idade inferior a 14 anos: o artigo 14.º/4 permite a cobertura do risco de morte, desde que contratada por instituições escolares, desportivas ou de natureza análoga. Nessa eventualidade cessa, efetivamente, a razão de ser das proibições.

V. Resta notar que o RGAS de 2015 já não se ocupou do tema dos seguros proibidos: bem.

209. Práticas discriminatórias

I. O artigo 15.º equivale a um longo preceito destinado a proibir, na celebração, na execução e na cessação do contrato de seguro, as práticas discriminatórias[941].

---

[940] Pedro Romano Martinez, *LCS Anotada* cit., 2.ª ed. 75, sublinhando o risco moral que envolve o seguro de vida de pessoas fragilizadas e que leva o legislador a proibi-lo.

[941] *Vide* Francisco Luís Alves, *A discriminação e a avaliação do risco nos seguros*, RDES 2011, 213-315 e Margarida Torres Gama, *Proibição de práticas discriminatórias*, em Margarida Lima Rego, *Temas de Direito dos seguros* (2012), 131-141.

O princípio da igualdade (que implica a não-discriminação) surge no artigo 13.º da Constituição. Além disso, devemos ter presentes:

– a Lei n.º 46/2006, de 28 de agosto, que veio proceder à prevenção e à proibição da discriminação, direta ou indireta, em razão de deficiência, em todas as suas formas; foi regulamentada pelo Decreto-Lei n.º 34/2007, de 15 de fevereiro;
– a Lei n.º 14/2008, de 12 de março, que transpôs a Diretriz 2004/113, de 13 de dezembro, a qual proíbe e previne a discriminação em função do sexo; de referir, ainda, a Diretriz 2000/43, de 29 de junho, quanto à não-discriminação em função da raça ou da origem;
– a Lei n.º 9/2015, de 11 de fevereiro, que veio "implementar" na ordem interna a decisão do Tribunal de Justiça da União Europeia de 1 de março de 2011[942], considerando inválido o artigo 5.º/2 da Diretriz 2004/113[943]; alterou o artigo 6.º da Lei n.º 14/2006.

A não-discriminação deu azo a leis específicas, nos diversos países[944] e originou uma dogmática própria[945]. O princípio e os vetores legislativos que o concretizam repercutiram-se, como era inevitável, no domínio dos seguros[946].

II. A Lei n.º 46/2006, de 28 de agosto, veio, segundo o seu sumário, proibir e punir a discriminação em razão da deficiência e da existência de risco agravado de saúde. O artigo 1.º precisa o seu objeto. A Lei aplica-se a todas as pessoas singulares e coletivas, públicas e privadas (2.º). A discriminação direta surge quando uma pessoa com deficiência seja objeto de trata-

---

[942] Proc. C-236/09 = VersR 2011, 377.
[943] Esse preceito permitia certas diferenciações em função do sexo; vide Alexander Beyer/Tobias Britz, *Zur Umsetzung und zu den Folgen des Unisex-Urteils des EuGH*, VersR 2013, 1219-1227.
[944] No caso da Alemanha, vigora o *Allgemeines Gleichbehandlungsgesetz*, de 14--ago.-2006, modificado pela Lei de 5-fev.-2009: vide Georg Maier-Reimer, *Das Allgemeine Gleichbehandlungsgesetz im Zivilrechtsverkehr*, NJW 2006, 2577-2583, com indicações.
[945] *Idem*, 2579 ss. (2581/II, quanto aos seguros). Incontornável: Gregor Thüsing, *Allgemeines Gleichbehandlungsgesetz*, no *Münchener Kommentar zum BGB* 1, 6.ª ed. (2012), 2275-2614, com indicações.
[946] Em especial: Florian Krömmelbein, *Der versicherungsrechtliche Gleichbehandlungsgrundsatz zwischen Deregulierung und Diskriminierung* (2007), XXII + 401 pp., especialmente 61 ss. e *passim*; vide, ainda, Christian Armbrüster, em Prölss/Martin, *VVG/ /Kommentar* cit., 29.ª ed., Einl. I, Nr. 296-348 (56-63).

mento menos favorável do que o que seja ou tenha sido dado a outra pessoa em situação comparável; a indireta decorre de uma disposição, critério ou prática aparentemente neutra, que seja capaz de colocar o deficiente em desvantagem comparativa (3.º). As práticas discriminatórias são elencadas, exemplificativamente (4.º), cabendo, na alínea c), uma referência ao seguro. A discriminação no trabalho e no emprego é cuidadosamente enfocada (5.º). Seguem-se diversas regras processuais e de sanção.

A Lei n.º 14/2008, de 12 de março, proíbe e sanciona a discriminação, em função do sexo, no acesso a bens e serviços e o seu fornecimento; transpõe para a ordem interna a Diretriz 2004/113, de 13 de dezembro. As discriminações em função do sexo são vedadas (4.º), incluindo o assédio (4.º/4). Seguem-se regras de responsabilidade, de sanções contraordenacionais e acessórias e processuais.

Resta acrescentar que a prática jurisdicional permite localizar o problema da discriminação, sobretudo, nas áreas laborais[947] e na do assédio ou *mobbing*[948].

III. No que tange aos seguros, o artigo 4.º da Lei n.º 46/2006, de 28 de agosto, considera prática discriminatória contra pessoas com deficiência:

c) A recusa ou o condicionamento de venda, arrendamento ou subarrendamento de imóveis, bem como o acesso ao crédito bancário para compra de habitação, assim como a recusa ou penalização na celebração de contratos de seguros;

Ainda quanto a seguros, o artigo 6.º da Lei n.º 14/2008, de 12 de março, epigrafado regime geral dos contratos de seguro e outros serviços financeiros, dispõe:

1 – A consideração do sexo como fator de cálculo dos prémios e prestações de seguros e outros serviços financeiros não pode resultar em diferenciações nos prémios e prestações.

2 – Sem prejuízo do número anterior, são todavia admitidas diferenciações nos prémios e prestações individuais de seguros e outros serviços financeiros desde que proporcionadas e decorrentes de uma avaliação do risco baseada em dados atuariais e estatísticos relevantes e rigorosos.

---

[947] Assim: STJ 12-out.-2011 (Fernandes da Silva), Proc. 343/04 e RCb 10-mai.-2012 (Manuela Fialho), Proc. 518/11.
[948] RLx 14-set.-2011 (Maria João Romba), Proc. 420/09; quanto ao *mobbing* e ao *bullying*, Tratado IV, 169 ss..

3 – Os dados atuariais e estatísticos consideram-se relevantes e rigorosos para o efeito previsto no número anterior quando obtidos e elaborados nos termos de norma regulamentar emitida para o efeito pelo Instituto de Seguros de Portugal.
4 – A admissibilidade do regime previsto no n.º 2 é objeto de revisão cinco anos após a entrada em vigor da presente lei.

No fundo, a Lei permite uma diferenciação de tratamento em função do sexo, desde que assente em dados científico-seguradores atinentes ao risco (n.º 2), devidamente elaborados segundo norma regulamentar do ISP[949].

Surge ainda o artigo 7.º (coberturas de gravidez e maternidade), assaz redundante:

Os custos relacionados com a gravidez e a maternidade não podem resultar numa diferenciação de prémios e prestações dos contratos de seguro e outros serviços financeiros.

IV. Sob este pano de fundo, o artigo 5.º, precisamente epigrafado "proibição de práticas discriminatórias", veio, em síntese[950]:

– proibir, na celebração, na execução e na cessação do contrato de seguro, as práticas discriminatórias, em violação do princípio da igualdade (n.º 1);
– definir as práticas discriminatórias: um tratamento, em razão de deficiência ou risco agravado de saúde, menos favorável do que o dado a outra pessoa, em situação comparável (n.º 2);
– ressalvar as práticas e técnicas de avaliação, seleção e aceitação de riscos próprios do segurador, objetivamente fundamentadas, tendo por base dados estatísticos e atuariais rigorosos, considerados relevantes nos termos dos princípios da técnica seguradora (n.º 3);
– obrigar a prestar informações adequadas, no caso de recusa de celebração de um contrato ou de agravamento do respetivo prémio, em razão de deficiência ou de risco agravado de saúde (n.º 4);

---

[949] Vide a Norma 8/2008-R, de 6 de agosto, DR II série, n.º 157, de 14 de agosto de 2008, 36 355-36 357.
[950] Quanto ao preceito, com indicações, Leonor Cunha Torres, em Romano Martinez, *LCS Anotada* cit., 2.ª ed. 77-78 e Arnaldo Costa Oliveira, em Romano Martinez, *LCS Anotada* cit., 2.ª ed. 78-80. Vide RPt 12-out.-2010 (João Ramos Lopes), Proc. 3376/09.

– permitir, em caso de divergências atinentes à matéria, a intervenção de uma comissão tripartida (n.º 5) que elabora um parecer (n.ºs 6 a 8);
– remeter a não-discriminação em função do sexo para legislação especial (n.º 9).

V. O princípio da igualdade adstringe o Estado. No domínio civil, cada um contrata com quem quiser, independentemente da racionalidade dos seus critérios. Todavia, há que prevenir preferências historicamente perversas, designadamente as atinentes à etnia ou a opções ideológicas.

A recente multiplicação de leis antidiscriminatórias, justamente nos países onde o problema não se põe, corresponde à necessidade de afirmação de parlamentos e de instâncias transnacionais, cada vez mais arredados de verdadeiras opções de fundo e aos quais falta coragem para intervir nos países onde a discriminação, designadamente das mulheres, é um facto oficial.

Isto dito: a área dos seguros é sensível, dada a sua massificação e, muitas vezes, a sua obrigatoriedade. Faz todo o sentido que o Estado defenda a igualdade substancial: qualquer diferenciação deve ser fundada em cálculos objetivos de risco.

CAPÍTULO II
OS ELEMENTOS DO CONTRATO

§ 50.º **AS PARTES E OS TERCEIROS**

210. O segurador

I. Retomemos os elementos definitórios da lei. Esta refere as partes[951], surgindo, primeiramente, o segurador, isto é, a entidade que, a troco de uma remuneração (o prémio), acolhe o risco.

O artigo 16.º/1, de acordo com as regras já examinadas do RGAS, dispõe:

> O segurador deve estar legalmente autorizado a exercer a atividade seguradora em Portugal, no âmbito do ramo em que atua, nos termos do regime jurídico de acesso e exercício da atividade seguradora.

Em termos materiais, o segurador deve ser um profissional – se se quiser, uma empresa – que lida, em moldes científicos, com os grandes números[952].

II. Evidentes necessidades de segurança levam a lei a tipificar, de modo estrito, as entidades que podem exercer o comércio dos seguros. Recordamos que, segundo o artigo 3.º/1 e 2 do RGAS, a atividade seguradora ou resseguradora em Portugal só pode ser exercida por: (a) sociedades

---

[951] Christian Armbrüster, *Parteien des Versicherungsvertrages*, em Roland Michael Beckmann/Annemarie Matusche-Beckmann, *Versicherungsrechts-Handbuch*, 3.ª ed. (2015), § 6, 389-436, com indicações.

[952] Margarida Lima Rego, *Contrato de seguro* cit., 302 ss.; Eduarda Ribeiro, em Romano Martinez, *Lei do Contrato de Seguro* cit., 2.ª ed. anot. 16.º, especialmente 86 ss..

anónimas; (b) mútuas de seguros; (c) sucursais de empresas com sede em Estados-Membros da União Europeia; (d) sucursais de empresas com sede fora da União Europeia; (e) empresas públicas ou de capitais públicos; (f) sociedades europeias: em todos estes casos, desde que autorizadas ou desde que cumpram certos requisitos[953].

III. Pergunta-se qual o sentido dogmático da limitação da figura do segurador às entidades autorizadas, referidas na lei. Haverá, por essa via, uma concessão de capacidade (de gozo), num plus necessário para a celebração de contratos de seguro?

    Não é possível, aqui, fazer um paralelo total com o comércio bancário. Segundo o artigo 8.º/1, do RGIC, só as instituições de crédito podem exercer a atividade de receção, do público, de depósitos ou outros fundos reembolsáveis, para utilização por conta própria. As restantes operações bancárias (8.º/2) são acessíveis a qualquer pessoa, mas não a título profissional.

    Salvo o caso particular dos depósitos, podemos dizer que apenas a profissão de banqueiro está sujeita a autorização. Os atos bancários, em si, são livres.

Sem a autorização legal, não é possível, como segurador, celebrar um contrato de seguro: mesmo que único. Fazê-lo constitui crime, punido com prisão até cinco anos[954].

IV. A resposta à questão acima colocada advém do artigo 16.º/2:

> Sem prejuízo de outras sanções aplicáveis, a violação do disposto no número anterior gera nulidade do contrato, mas não exime aquele que aceitou cobrir o risco de outrem do cumprimento das obrigações que para ele decorreriam do contrato ou da lei caso o negócio fosse válido, salvo havendo má-fé da contraparte.

Estamos perante uma invalidade mista. A nulidade (pura) vedaria quaisquer efeitos jurídicos. Ora o artigo 16.º/2 é claro: embora nulo, o contrato deve ser cumprido pelo segurador aparente. A solução é adequada,

---

[953] *Supra*, 177 ss..
[954] Artigo 356.º do RGAS de 2015.

tanto mais que o segurador aparente pode ser uma sociedade de prestígio ou, até, uma entidade seguradora que não obteve a devida autorização[955].

Ora, se estivéssemos perante uma incapacidade verdadeira, o contrato seria irremediavelmente nulo. Recordamos que as incapacidades protegem o próprio: não terceiros.

Podemos concluir, em linha com a dogmática bancária, que a necessidade de autorização dirigida a entidades tipificadas equivale a uma proibição geral de fechar contratos de seguro, dirigida a todas as demais entidades: e não à atribuição de uma especial capacidade de gozo[956].

211. A representação aparente do segurador

I. O segurador pode ser representado, nos termos comuns. Em geral, sê-lo-á, na qualidade de grande sociedade anónima.

Põe-se o problema, assaz frequente, de o contrato ser celebrado, pelo lado do segurador, pelo mediador de seguros, agindo em nome dele, sem poderes para o ato[957]. Nos termos prescritos (artigo 268.º/1, do Código Civil[958]), o contrato é ineficaz em relação ao segurador, enquanto não for, por este, ratificado.

A lei facilita a consolidação do seguro: nos termos do artigo 30.º/2, considera-se o contrato ratificado se o segurador, tendo conhecimento da celebração do contrato e do seu conteúdo, não manifestar ao tomador de boa-fé, no prazo de cinco dias, a sua "oposição". Há, pois, o encargo de declarar a não-ratificação. Em moldes científicos, diz-se tomador de boa-fé aquele que, na conclusão do seguro, desconheça, sem culpa, a falta de poderes do mediador falso representante.

II. O artigo 30.º/3 firma uma interessante situação de representação aparente. Dispõe:

> O contrato de seguro que o mediador de seguros, agindo em nome do segurador, celebre sem poderes específicos para o efeito é eficaz em relação

---
[955] Pedro Romano Martinez, *LCS anotada* cit., 2.ª ed. 94; quanto à atipicidade da nulidade, *idem*, 96.
[956] Vide *Direito comercial*, 271-272.
[957] *Supra*, 463.
[958] *Tratado* V, 109 ss..

a este se tiverem existido razões ponderosas, objetivamente apreciadas, tendo em conta as circunstâncias do caso, que justifiquem a confiança do tomador do seguro de boa-fé na legitimidade do mediador de seguros, desde que o segurador tenha igualmente contribuído para fundar a confiança do tomador do seguro.

Trata-se de uma regra próxima da do artigo 23.º do Decreto-Lei n.º 178/86, de 3 de julho, relativo ao contrato de agência que, com oportunidade, veio resolver dúvidas jurisprudenciais existentes[959].

212. O tomador do seguro

I. O tomador do seguro é a pessoa que celebra, com o segurador, o contrato de seguro[960]. Nos termos gerais, pode ser uma pessoa singular ou coletiva. Cada uma dessas duas categorias coloca problemas próprios, que devem ser esclarecidos.

O tomador singular deve ter capacidade de exercício bastante. Hoje, o seguro pode ser considerado um negócio corrente; como tal, é acessível a menores não-representados, nos termos do artigo 127.º/1, do Código Civil, devidamente interpretado[961]: pelo menos, no tocante a seguros de massas. No funcionamento do seguro, haverá que atentar na natureza dos diversos atos que se perfilem[962].

O tomador coletivo pode ser confrontado com o problema dos atos gratuitos e das garantias. A pessoa coletiva, normalmente uma sociedade, vai assumir a obrigação de pagar um prémio. Não sendo ela a beneficiária, essa operação vai desenhar-se como uma liberalidade ou como uma

---

[959] *Supra*, 463, nota 793.

[960] Christian Armbrüster, *Parteien des Versicherungsvertrages* cit., Nr. 12 ss. (765 ss.).

[961] *Tratado* IV, 469 ss.. Dada a burocratização das companhias de seguros, o menor não-representado que pretenda concluir um seguro verá, provavelmente, a sua proposta recusada. Não há, todavia, base legal para isso.

[962] Quanto a diversos problemas de seguros tomados por menores: Friedrich Asmuth, *Der Minderjährige im Versicherungsrecht* (1939), 103 pp., referindo a sua capacidade limitada (14) e a responsabilidade pelos encargos (*Obligenheiten*) (51) e Michaela Melina Müller, *Die Minderjährigen im Versicherungsvertragsrecht* (2008), XXVI + 243 pp., ocupando-se da necessidade de autorização (34) e da invalidade especial em jogo (63), frisando a natureza sinalagmática do seguro (129) e enfocando, por exemplo, que o mesmo não pode receber, por si, o pagamento devido no caso de sinistro (242).

garantia prestada a terceiros. Cabe trabalhar com o artigo 6.º do Código das Sociedades Comerciais[963]: uma sociedade pode tomar um seguro a favor de um terceiro, desde que, nisso, tenha um interesse próprio (6.º/3). Em regra, é o que sucede sempre que se trate de um seguro a favor de um seu trabalhador: o seguro assume, então, uma dimensão remuneratória.

No caso de um seguro de responsabilidade civil dos administradores, os seus encargos não podem ser assumidos pela sociedade, dentro da margem do capital mínimo garantido (396.º/2, do Código das Sociedades Comerciais)[964].

II. O artigo 17.º da LCS, à semelhança de outras leis europeias[965], dá uma especial atenção ao fecho de um contrato de seguro, através de um representante do tomador. Essa eventualidade é frequente, sucedendo ainda que, muitas vezes, há representação sem poderes: ocorrem seguros obrigatórios, que devem ser concluídos imediatamente, para o exercício de diversas atividades, sem que se torne possível assumir poderes formais de representação.

O artigo 17.º/1 em causa começa por tomar posição na velha querela entre a teoria do dono do negócio e a da representação[966]. Havendo representação, quais são os elementos subjetivos relevantes: os do dono do negócio ou os do representante? As duas teorias respondem, respetivamente, pela primeira e pela segunda hipótese. O artigo 259.º/1, do Código Civil, dá prevalência à teoria da representação, embora com uma cedência à teoria do dono; dispõe:

> À exceção dos elementos em que tenha sido decisiva a vontade do representado, é na pessoa do representante que deve verificar-se, para efeitos de nulidade ou anulabilidade da declaração, a falta ou vício da vontade, bem como o conhecimento ou ignorância dos factos que podem influir nos efeitos do negócio.

O artigo 17.º/1 veio, todavia, optar por um somatório puro das duas teorias:

---

[963] *Direito das sociedades*, I, 381 ss.; *Código das Sociedades Comerciais Anotado*, 2.ª ed. (2011), 95 ss..

[964] *Idem*, 1058 ss..

[965] Assim: o § 20 do VVG alemão; os artigos 1890.º e 1891.º do Código Civil italiano; o artigo 112-1 do Código dos Seguros francês.

[966] *Tratado* V, 84.

Sendo o contrato de seguro celebrado por representante do tomador do seguro, são oponíveis a este não só os seus próprios conhecimentos mas também os do representante.

À partida, não aplaudimos a confeção, nos temas de índole especial, de dogmáticas diversas da civil: só complicam. Neste ponto, resta admitir que o legislador optou por uma solução especialmente favorável aos seguradores, dado o perigo de combinações ou de fraudes. O tomador não pode escudar-se com a ignorância do representante e vice-versa.

III. O artigo 17.º/2 versa a representação sem poderes. Desta feita, a LCS limita-se a concretizar, perante a realidade dos seguros, o dispositivo geral do artigo 268.º, do Código Civil[967]. Sublinhamos[968]:

- mantém-se a regra civil básica da ineficácia do negócio celebrado sem poderes, perante o dono do negócio (tomador) e da sua revogabilidade pela outra parte (segurador), enquanto não houver ratificação;
- a ratificação pode ocorrer mesmo depois do sinistro, salvo dolo do tomador, do representante, do segurado ou do beneficiário (17.º/2, 1.ª parte);
- deve ser fixado um prazo para a ratificação não inferior a cinco dias, pelo segurador e antes de ocorrer o sinistro (17.º/2, 2.ª parte); expirado esse prazo, a ratificação já não é possível.

IV. O artigo 17.º/3 prevê a hipótese de o segurador desconhecer a falta de poderes do representante. Nessa eventualidade, fica este obrigado ao prémio *pro rata temporis*, isto é, correspondente ao período de tempo decorrido, até ao momento em que o segurador receba ou tenha conhecimento da recusa de ratificação.

213. O segurado

I. O contrato de seguro é celebrado entre o segurador e o tomador do seguro, relativamente a um certo risco. Esse risco pode reportar-se à

---

[967] *Tratado* V, 109 ss..
[968] *Vide* Pedro Romano Martinez, *LCS anotada* cit., 2.ª ed. 97 ss..

esfera do próprio tomador ou à de outra pessoa. Tal eventualidade obriga a isolar outro figurante: o segurado. A matéria presta-se a imprecisões, terminológicas e de fundo[969]. Aproveitando a noção implícita no artigo 1.º, definimos o segurado como a pessoa em cuja esfera se situa o risco visado pelo seguro em causa.

II. O tomador pode segurar o seu próprio risco: será o tomador-segurado. Mas pode agir por conta de outrem[970], no sentido de visar uma eventualidade (risco) que se poderá produzir, primariamente, na esfera deste: o segurado (simples)[971]. Nas fórmulas de Margarida Lima Rego, nos seguros de danos, o segurado é a pessoa em cuja esfera se buscam os danos; nos de capitais, a pessoa em cuja esfera se buscam os beneficiários[972].

Digamos que a figura do segurado permite fixar a esfera jurídica onde corre o risco relevante para o contrato de seguro em jogo.

O segurado não se confunde com a pessoa segura: esta equivale, nos seguros de vida (ou de doença), à pessoa cujo decesso (ou doença) integra o sinistro previsto.

> Um exemplo: um patrocinador de uma equipa de futebol celebra um contrato de seguro pelo qual, na hipótese de morte do guarda-redes antes do final do campeonato, o clube respetivo recebe um determinado capital para contratar um substituto. Temos: segurador, a companhia que assume o risco; tomador, o próprio patrocinador; segurado, o clube; pessoa segura, o guarda-redes.

Repare-se que o risco "humano" aqui figurado corre pelo próprio guarda-redes: o de morrer. Mas o risco contratado, isto é, o risco seguro é o da equipa de futebol ficar sem guarda-redes antes do final do campeonato. Por isso, é ela a "segurada".

---

[969] Margarida Lima Rego, *Contrato de seguro e terceiros* cit., 46 ss., cuja orientação merece ser seguida, com as adaptações constantes do texto, designadamente, a referência ao risco.

[970] Victor Ehrengerg, *Die Versicherung für fremde Rechnung/Ein Beitrage zur Lehre von der Stellvertretung*, JhJb 30 (1891), 422-482; este Autor (*idem*, 425 ss.) distingue o seguro celebrado por conta de outrem do seguro a favor de terceiro. Bem.

[971] *Vide* o § 43 do VVG; Roland Rixecker, em Römer/Langheid, *VVG* cit., 4.ª ed. 423 ss..

[972] Margarida Lima Rego, *Contrato de seguro e terceiros* cit., 48.

III. Em termos práticos, quando um tomador se apresente a celebrar um contrato por conta de outrem (o segurado), põe-se o problema de saber se ele age em nome próprio ou em nome do segurado. Na primeira hipótese teremos uma efetiva dissociação entre tomador e segurado; na segunda, configura-se uma representação, com ou sem poderes.

Visando enfrentar o problema, dispõe o § 43 do VVG[973]:

(1) O tomador do seguro pode concluir o contrato de seguro no seu próprio nome para outrem, com ou sem designação da pessoa do segurado (seguro por conta alheia).

(2) Quando o contrato de seguro seja concluído para outrem, mesmo quando este seja designado, considera-se, na dúvida, que o tomador do seguro agiu não como representante, mas no próprio nome, por conta alheia.

(3) Quando não resulte das circunstâncias que o contrato de seguro foi concluído para outrem, ele vale como fechado por conta própria.

Estas fórmulas são úteis, para melhor apreender a figura do segurado. Quando o tomador aja em nome deste (*contemplatio domini*), há representação (com ou sem poderes); quando não, atua *nomine proprio*, sendo o visado (mero) segurado.

Fica ainda em aberto a hipótese de um mandato sem representação e a de uma gestão de negócios não representativa. Em qualquer dos casos, o tomador deve ceder essa sua posição ao segurado, o qual ficará, então, como tomador-segurado (artigos 1181.º/1 e 471.º, ambos do Código Civil).

IV. Os artigos 47.º e 48.º distinguem entre o seguro por conta própria e o seguro por conta de outrem. Para tanto, considera o primeiro desses preceitos que, na conta própria, o contrato tutela "o interesse próprio do tomador". A expressão "interesse" presta-se a dúvidas. Além disso, como certeiramente considera Margarida Lima Rego, não é possível apresentar como segurado aquele cujo interesse seja seguro para, de seguida, se informar que na falta de interesse, o contrato é nulo (43.º/1): na falta de interesse, como saber quem é o segurado? O "interesse" será, assim, um requisito de validade e não um elemento definidor da qualidade de segurado[974].

---

[973] Jürgen Prölss/Dominik Klimke, em Prölss/Martin, *VVG/Kommentar* cit., 28.ª ed., § 43 (392 ss.), Dominik Klimke, *idem* cit., 29.ª ed., § 43 (374 ss.) e Roland Rixecker, em Römer/Langheid, *VVG* cit., 4.ª ed., 423-432.

[974] Margarida Lima Rego, *Contrato de seguro e terceiros* cit., 47.

O artigo 47.º/2 aproxima, como princípio, o tomador do segurado: se o contrário não resultar do contrato ou das circunstâncias atendíveis, o seguro tem-se por contratado por conta própria. O artigo 47.º/3 coloca dúvidas delicadas, a delucidar a propósito do conceito de "interesse"[975].

V. No seguro por conta de outrem (48.º/1), o tomador atua por conta do segurado, determinado ou indeterminado. O tomador é a parte no contrato, cumprindo as obrigações dele resultantes, exceto as que só possam caber ao segurado (48.º/2)[976]. Salvo estipulação em contrário, o segurado é o beneficiário: o tomador não pode exercer os direitos emergentes do contrato sem o consentimento do segurado, mesmo que tenha a posse da apólice (48.º/3).

A LCS estabelece, de seguida, diversas regras relativas ao tomador do seguro e ao segurado: serão abaixo examinadas[977].

214. Os (outros) beneficiários; cautelas terminológicas

I. O contrato de seguro pode ser celebrado de tal modo que a prestação a que o segurador fique adstrito, no caso de um sinistro, caiba não ao tomador, mas a um terceiro. Será, nessa eventualidade, um contrato a favor de terceiro, altura em que este se diz terceiro beneficiário[978].

Mas outros intervenientes podem ser beneficiários do seguro, independentemente de surgirem visados pelo contrato: por exemplo, eles são designados pelo terceiro beneficiário.

A qualidade de beneficiário advém, ainda e em certas situações, de sucessão *mortis causa*.

II. O beneficiário será, em regra, o próprio tomador. Havendo segurado, também em regra, surgirá este como beneficiário: o artigo 48.º/3 da LCS predispõe-o, de resto, a título supletivo. Mas não necessariamente.

---

[975] *Infra*, 557 ss..
[976] É o que sucede, designadamente, com o dever de comunicar ao segurador o agravamento do risco (93.º/1), o qual, em certos casos, só será do conhecimento do segurado.
[977] *Infra*, 627 ss..
[978] Margarida Lima Rego, *Contrato de seguro e terceiros* cit., 53 ss..

Retomando o exemplo do seguro contratado sobre a vida do guarda-redes do clube de futebol. Poderia ficar estipulado que, morrendo este antes do fim do campeonato, o capital acordado seria pago a um outro patrocinador para que este apoiasse a contratação de novo guarda-redes. Teríamos então: segurador, tomador do seguro (primeiro patrocinador), segurado (o clube), pessoa segura (o guarda-redes) e beneficiário (o segundo patrocinador).

III. As flutuações linguísticas são muito intensas: a plasticidade dos contratos de seguro, de resto, a isso se presta. Como resultado prático:

– os autores usam fórmulas cautelosas, de modo a não trocarem "segurado", "beneficiário", "pessoa segura" e "terceiro beneficiário"; em geral, evitam precisões;
– a própria lei recorre a designações ambíguas, para não se comprometer; por exemplo, o artigo 1.º da LCS refere (…) *um risco* (…) *de outrem*, sem dizer se se trata do segurado ou de terceiro[979].

Nestas condições, sempre que a designação precisa do interveniente seja necessária, recomendamos o uso de perífrases e de explicações: tantas quantas as bastantes para que não quedem dúvidas.

---

[979] *Vide* Romano Martinez, *LCS anotada* cit., 2.ª ed. 40.

§ 51.º O RISCO

215. O risco no Direito civil

I. Prosseguindo pelos elementos definidores da lei (artigo 1.º da LCS) encontramos a referência ao risco: (...) o segurador cobre *um risco determinado* do tomador de seguro ou de outrem (...).

O risco surge em áreas distintas do ordenamento. No Código Civil, cumpre apontar as referências seguintes:

- 45.º/1 *(responsabilidade contratual)*: a responsabilidade fundada *no risco* é regulada pela lei do Estado onde decorreu a principal atividade causadora do prejuízo;
- 437.º/1 *(alteração das circunstâncias)*: implica que a modificação não esteja coberta *pelos riscos* próprios do contrato;
- 499.º *(disposições aplicáveis)*: aos casos de responsabilidade *pelo risco*;
- 503.º/1 *(acidentes causados por veículos)*: quem tiver a direção efetiva de um veículo responde *pelos riscos* próprios deste;
- 506.º/1 *(colisão de veículos)*; a responsabilidade é repartida na proporção *do risco* de cada um dos veículos;
- 507.º/1 *(responsabilidade solidária)*: no caso de várias pessoas responderem *pelo risco*;
- 519.º/1 *(direitos do credor na solidariedade entre devedores)*: se demandar apenas um dos devedores pela totalidade da dívida, não pode agir judicialmente contra os outros, salvo se houver alguma razão atendível como a insolvência ou *o risco* de insolvência do demandado;
- 629.º/3 *(mandato de crédito)*: é lícito ao encarregado recusar o cumprimento do encargo, sempre que a situação patrimonial dos outros contraentes ponha *em risco* o seu futuro direito;
- 633.º/2 *(reforço da fiança)*: se o fiador nomeado mudar de fortuna, de modo que haja *risco de insolvência*, tem o credor a faculdade de exigir o reforço da fiança;

648.º *(liberação do fiador ou prestação de caução)*: b) se *os riscos* da fiança se agravarem sensivelmente;
654.º *(obrigação futura)*: o fiador, enquanto a obrigação se não constituir, tem a possibilidade de liberar-se da garantia, se a situação patrimonial do devedor se agravar, em termos de pôr *em risco* os seus direitos eventuais contra este;
673.º *(uso de coisa empenhada)*: se o credor proceder de forma a que a coisa corra *o risco* de perder-se ou deteriorar-se, pode o credor exigir caução idónea ou o depósito da coisa em poder de terceiro;
796.º *(risco de perecimento ou de deterioração da coisa)*: regula a suportação *do risco*, nas diversas hipóteses de transmissão das coisas;
797.º *(promessa de envio)*: idem, no caso de tal promessa;
807.º/1 *(inversão do risco)*: no caso de mora;
815.º/1 *(mora do credor)*: o *risco de impossibilidade* superveniente da prestação não imputável a dolo do devedor, corre pelo credor;
851.º/1 *(compensação)*: pode abranger a dívida de terceiro caso o declarante esteja em *risco de perder* o que é seu, em consequência de execução por dívida de terceiro;
938.º/1 *(venda da coisa em viagem)*: refere a apólice de seguro contra *os riscos*;
938.º/3 *(idem)*: põe a hipótese de o seguro cobrir apenas parte *dos riscos*;
984.º *(entradas para a sociedade)*: regula a execução da prestação, a garantia e *o risco* da coisa;
1126.º/1 *(parceria pecuária)*: corre pelo proprietário *o risco* de os animais perecerem, se inutilizarem ou diminuírem de valor;
1352.º/2 *(obras defensivas das águas)*: obrigação de fazer ou de tolerar tais obras, sempre que seja necessário despojar algum prédio de materiais cuja acumulação ou queda estorve o curso das águas com prejuízo *ou risco* de terceiro;
1429.º/1 *(seguro obrigatório, na propriedade horizontal)*: regula-o, quanto *ao risco* de incêndio do edifício;
1436.º/1 *(funções de administrador)*: verificar a existência de seguro *contra o risco* de incêndio, propondo à assembleia o montante do capital seguro;
1465.º/1 *(usufruto sobre direito ou sobre capitais levantados)*: o usufrutuário administra esses valores como entender, desde que preste caução; corre por sua conta *o risco* da perda da soma usufruída;
1733.º/1 *(bens incomunicáveis)*: são excetuados da comunhão, *e*) os seguros vencidos em favor da pessoa de cada um dos cônjuges ou para cobertura *de riscos* sofridos por bens próprios.

II. Como se vê, o Código Civil refere, fundamentalmente, o risco em cinco blocos:

– a responsabilidade pelo risco, no sentido de imputação objetiva de danos, isto é, independentemente de culpa: artigos 45.º/1, 499.º e 507.º/1;
– o risco como eventualidade de perda ou deterioração de uma coisa, ou da impossibilidade de uma prestação: diretamente: 437.º/1, 796.º, 797.º, 815.º/1, 984.º, 1126.º/1 e 1465.º/1 ou por inversão: 807.º/1 e 815.º/1;
– o risco envolvido num contrato de seguro: 938.º/1, 938.º/3, 1429.º/1, 1436.º/1 e 1733.º/1;
– o risco como potencialidade causadora de danos: 503.º/1 e 506.º/1;
– o risco enquanto eventualidade agravada de insolvência: 519.º/1, 633.º/2 ou de atentado à integridade de um direito: 629.º/3, 648.º, 654.º, 851.º/1, 1352.º/2.

III. Quando usado para denominar a responsabilidade objetiva ou para traduzir a hipótese de perda ou de deterioração da coisa ou de impossibilidade de uma prestação, "risco" tem, no Direito civil, sentidos técnicos precisos.

Enquanto potencialidade causadora de danos ou enquanto eventualidade agravada de insolvência ou de atentado à integridade de um direito, o "risco" apresenta-se como um conceito indeterminado. O sentido do seu preenchimento não oferece dúvidas: trata-se da face negativa de uma álea considerável.

Finalmente, o risco envolvido num contrato de seguro remete para a nossa disciplina: o Direito material dos seguros.

216. O risco no seguro

I. Apesar de uma presença reforçada nos códigos civis, têm tardado as teorias gerais sobre o risco[980]. Podemos assim considerar que o Direito dos seguros se viu constrangido a elaborar a sua própria teoria do risco,

---

[980] Alguns estudos têm surgido, no domínio da alteração das circunstâncias, cabendo citar a habilitação de Ingo Koller, *Die Risikozurechnung bei Vertragsstörungen in Austauschverträgen/Eine Untersuchung zur Rechtsfortbildung auf dem Gebiet der materiellen Leistungserschwerung, Zweckstörung sowie Schadensersatzhaftung bei Sach- und Dienstleistungen* (1979), XVII + 474 pp.. Como obra geral de referência, ainda hoje se

no que constitui um dos mais interessantes contributos desta disciplina jurídico-científica para a Ciência do Direito.

II. No campo dos seguros, o papel do risco é nuclear, sendo enfatizado, como se infere da própria lei[981]. O risco funciona, aí e desde logo, mais como uma noção intuitiva, destinada a colocar o contrato em *modus assicurationis*, do que como um conceito precisamente definível.

A indefinição que tem atingido a noção de "risco" provém, desde logo, da sua etimologia.

No Direito romano, a eventualidade de um acontecimento incerto era expresso pelo termo *alea*[982]. A hipótese de um evento negativo equivalia a *periculum* ou a *damnum*[983]. E de facto, no Direito romano, surgiam já esquemas coerentes de atribuição do risco (do *periculum*) em diversas áreas, com relevo para a compra e venda[984], para a locação[985] e para contratos bilaterais[986]. Mas não havia uma teoria geral, sendo mesmo apontado um quadro contraditório, nas compilações justinianeias[987].

No período intermédio, *periculum* também foi usado[988]. Mas recorreu-se ao latim *riscus*, baixo latim *risicus*, *rischium* ou *rischum*, para exprimir a mesma ideia[989]. Na base, temos o grego de origem frísia ρίσκος (*riskos*), que exprimia um cofre, normalmente de madeira, onde se guardavam

---

mantém a habilitação de Martin Henssler, *Risiko als Vertragsgegenstand* (1994), XXX + 784 pp..

No plano da responsabilidade civil, ainda uma habilitação: a de Rüdiger Wilhelmi, *Risikoschutz durch Privatrecht/Eine Untersuchung zur negatorischen und deliktischen Haftung unter besonderer Berücksichtigung von Umweltschäden* (2009), XVII + 430 pp..

[981] Luís Poças, *O dever de declaração inicial do risco no contrato de seguro* (2013), 86 ss..

[982] Aldo Boselli, *Alea*, NssDI I/1 (1974, reimp.), 468-476 (468/I).

[983] Manlio Sargenti, *Rischio (diritto romano)*, ED XL (1989), 1126-1132 (1126).

[984] Franz Haymann, *Textkritische Studien zum römischen Obligationenrecht/Periculum est emptoris*, SZRom 41 (1920), 44-185 (63 ss.) e Emil Seckel, *Die Gefahrtragung beim Kauf im klassischen römischen Recht*, SZRom 47 (1927), 117-263 (121 ss.).

[985] Max Kaser, *Periculum locatori*, SZRom 74 (1957), 155-200.

[986] Emilio Betti, *Zum Problem der Gefahrtragung bei zweiseitig verpflichtenden Verträgen*, SZRom 82 (1965), 1-23, onde também é usado o termo *periculum*.

[987] Manlio Sargenti, *Rischio (diritto romano)* cit., 1126.

[988] Italo Birocchi, *Rischio (diritto intermedio)*, ED XL (1989), 1133-1143 (1134/II).

[989] Du Cange, *Glossarium Mediae et Infimae Latinitatis* VI (1883/1887, reimp., 1954), 194/III; *rischium* e *rischum* surgem no século XIII, estando na base das equivalentes expressões nas atuais línguas latinas e nos próprios inglês (*risk*) e alemão (*Risiko*).

§ 51.º O risco

jóias e dinheiro[990]. Daí, passou-se ao latim *riscus*, onde tinha sensivelmente o mesmo sentido[991]; os etimologistas acentuam que o *riscus* era sobretudo usado pelas mulheres, contrapondo-se ao *fiscus*: a cesta onde era guardado o dinheiro da casa.

A ligação entre o *riscus* (cofre) e os perigos ou eventualidades em que ele poderia incorrer levou a que estes fossem designados por aquele, num fenómeno de contágio semântico conhecido, em linguística, como metonímia[992].

Surgem, no entanto, outras etimologias para "risco"[993], ainda que menos óbvias e documentadas[994].

III. Tecnicamente, considera-se que a álea exprime uma margem de flutuação nos eventos futuros, implicando uma possibilidade de vantagens, com a inerente probabilidade de uma perda. Sendo assim, o risco exprimiria a vertente negativa da álea: a do perigo de um mal[995]. Risco pode, deste modo, ser definido como a probabilidade de diminuição, numa situação previamente considerada. Toma corpo numa de cinco eventualidades:

– na supressão ou na diminuição de uma vantagem;
– no não-surgimento de uma vantagem;
– no aumento de uma desvantagem;
– no não-desaparecimento de uma desvantagem;
– no desaparecimento menor de uma desvantagem.

O risco não tem de ser reportado a eventos futuros; mas quando assente em factos passados (ou presentes), estes não podem ser do conhecimento de quem corra o risco: ou já não haverá probabilidades, mas certezas.

O risco é uma realidade compreensiva. Apesar das aproximações lógicas acima efetuadas, ele exprime, antes de mais, um sentir sócio-eco-

---

[990] Hjalmar Frisk, *Griechisches Etymologisches Wörterbuch* II (1970), 659.
[991] Hug, *Riscus*, PWRE 24/2 (1914), 923.
[992] *Semântica*, GEPB XXVIII (s/d), 202-212 (205) e *Metonímia*, GEPB XVII (s/d), 123.
[993] É comum a afirmação, nos dicionários etimológicos correntes, da incerteza quanto à origem do termo "risco".
[994] *Vide* Margarida Lima Rego, *Contrato de seguro* cit., 68.
[995] Aldo Boselli, *Alea* cit., 468/I; José Vasques, em Romano Martinez, *Lei do Contrato de Seguro Anotada* cit., 2.ª ed. 246.

nómico relativo ao devir humano e aos desconfortos a que ele possa estar associado.

A aproximação compreensiva ao risco não impede uma consideração analítica dos seus elementos. Margarida Lima Rego, na monografia que dedicou ao contrato de seguro, distingue: (a) a possibilidade; (b) o desvalor. A possibilidade reporta a incerteza: quanto à ocorrência (*incertus an*), quanto ao momento (*incertus quando*) e quanto à magnitude (a dimensão das consequências)[996]; o desvalor implica a relevância das incertezas que suscitem um sentir negativo[997]. O desvalor implica um juízo de risco; daí, advém: (a) a perceção (informação/ação)[998]; (b) a subjetividade, com a inevitabilidade da ação humana[999]; (c) a falta de informação (ou não haveria incerteza)[1000]; (d) a prognose, virada para o futuro ou o conhecimento (futuro) do facto passado[1001]. Podem ser referidas características adicionais, como a elementaridade, a pureza, a exogeneidade e a casualidade[1002].

Todos estes elementos são importantes e permitem conhecer melhor o risco, enquanto elemento incontornável do contrato de seguro. Insistimos, todavia em que, ontologicamente, a perceção do risco antecede a análise dos seus elementos. Trata-se de um elemento compreensivo, dentro da terminologia que temos vindo a propor[1003].

IV. A apresentação do risco como a eventualidade desfavorável, desagradável ou, pelo menos, com um custo associado, deve ser tomada num prisma de seguro. O "risco" pode ser um evento feliz, como a nupcialidade ou a natalidade; o seguro visa, então, enfrentar despesas, logicamente desfavoráveis.

Cumpre ainda temperar a noção pelo prisma humano. Nada é certo. Filósofos de várias épocas enfatizam o devir humano e a insegurança básica e generalizada que daí deriva[1004]. A essa luz, tudo seria segurá-

---

[996] Margarida Lima Rego, *Contrato de seguro* cit., 69 ss..
[997] *Idem*, 75 ss..
[998] *Idem*, 79 ss..
[999] *Idem*, 85 ss..
[1000] *Idem*, 100 ss..
[1001] *Idem*, 118 ss..
[1002] *Idem*, 130 ss..
[1003] *Tratado* I, 869 ss..
[1004] Hirokichi Innami, *Philosophische Untersuchungen über die Zufälligkeit*, FG Hans Möller 65. (1972), 301-309 (301 ss.).

vel, a título de risco. Por exemplo: o desaparecimento da atmosfera pela explosão de uma supernova, a queda de um asteróide semelhante ao que extinguiu os dinossauros, há 63 milhões de anos, ou um ataque de extraterrestres são possíveis e, logo, seguráveis.

Há risco quando, em termos humanos, a eventualidade (tomada como) desfavorável seja possível e caso, como tal, ela seja levada a um contrato válido. Digamos que há uma dificuldade de princípio, dada a irracionalidade do elemento humano[1005], a qual é ultrapassada pelo juízo de validade que recaia sobre o contrato de seguro[1006].

V. Uma definição do contrato de seguro que dispensasse o risco seria, formalmente, inatacável: o "segurador" obrigar-se-ia, contra um "prémio", a realizar, a favor do beneficiário, uma prestação convencionada, no caso de ocorrer determinado evento aleatório. Mas tal contrato, a ser juridicamente viável, redundaria numa simples aposta.

A justificação significativo-ideológica do seguro reside na cobertura do risco, consubstanciado em determinado interesse. Este elemento justifica a atenção e a tutela do Estado, através de toda uma máquina de supervisão. Além disso, ele está presente nos mais diversos meandros do Direito material de seguros, afeiçoando regras contratuais imperativas e supletivas, promovendo princípios e sindicando soluções.

Como qualquer Direito: o dos seguros tem um núcleo axiológico que, ao conjunto, dá uma coloração.

217. A falta ou a supressão do risco

I. O Código Veiga Beirão, a propósito do que chamava "seguros contra riscos" (432.º a 441.º), consagrava a essencialidade desse elemento, ainda que sem o definir.

Segundo o artigo 436.º:

> O seguro é nulo se, quando se concluir o contrato, o segurador tinha conhecimento de haver cessado o risco, ou se o segurado, ou a pessoa que fez o seguro, o tinha da existência do sinistro.

[1005] Günther Schmidt, *Über die Schwierigkeiten, vernünftig mit Risiken umzugehen*, FS Walter Karten (1994), 27-38.
[1006] Elmar Helten, *Ist Risiko ein Konstrukt? Zur Qualifizierung des Risikobegriffes*, FS Walter Karten (1994), 19-26.

Em ambos os casos não há risco, por falta de incerteza: não há que calcular probabilidades. E o § único desse preceito acrescentava:

> No primeiro caso deste artigo o segurador não tem direito ao prémio; no segundo não é obrigado a indemnizar o segurado, mas tem direito ao prémio.

Tratava-se de uma nulidade atípica: mau grado a invalidade radical, o segurador obtinha o prémio pelas despesas que sofreu e para desincentivar a fraude.

II. Podia suceder que faltasse o risco sem que nenhuma das partes disso tivesse consciência. Dispunha o artigo 437.º do Código de 1888:

> O seguro fica sem efeito:
> 1.º Se a cousa segura não chegar a correr risco;
> (...)

Nessa eventualidade, o segurador tinha direito a metade do prémio, mas não superior a meio por cento da quantia segurada.

III. No seguro de vidas (455.º a 462.º, do referido Código), o risco era também um elemento essencial, ainda que não referido. Segundo o artigo 461.º,

> Se a pessoa, cuja vida se segura, já estiver morta ao tempo da celebração do contrato, este não subsiste, ainda que o segurado ignorasse o falecimento, salvo havendo convenção em contrário.

Outros preceitos poderiam ser referidos.

IV. A LCS deu um tratamento mais sistematizado à necessidade do risco[1007]. Desde logo, versou o tema no regime comum, assim conseguindo a sua aplicação a todo o contrato.

Segundo o seu artigo 44.º, epigrafado "inexistência do risco"[1008]:

[1007] Em especial: Margarida Lima Rego, *O risco e as suas vicissitudes*, em *Temas de Direito dos seguros* (2012), 275-297 (277 ss.).

[1008] Vide José Vasques, em Romano Martinez, *LCS anotada* cit., 2.ª ed. 246 ss..

– o seguro é nulo se, aquando da celebração, o segurador, o tomador ou o segurado tiverem conhecimento de que o risco cessou (n.º 1); *a fortiori*, assim será se algum deles tiver conhecimento de que o risco nunca existiu;
– o segurador não cobre sinistros anteriores à data da celebração do contrato quando o tomador ou o segurado deles tiverem conhecimento nessa data (n.º 2);
– o contrato não produz efeitos relativamente a um risco futuro que não chegue a existir (n.º 3).

Perante estas eventualidades, a LCS fixa consequências diversificadas, em consonância com a boa ou a má-fé dos envolvidos. Boa-fé deve entender-se, nos termos gerais subjetivo-éticos hoje pacíficos[1009], como o desconhecimento não-culposo de uma determinada realidade, isto é, como a ignorância concreta que não derive da violação de deveres de cuidado e de diligência, ao caso aplicáveis. Assim e nos três casos referidos no artigo 44.º/1, 2 e 3 (portanto: nulidade por conhecimento de que, aquando da celebração, o risco cessaria; inoperacionalidade perante o conhecimento, por alguma das partes, de que houve sinistro anterior à data da celebração do contrato; ineficácia relativamente a um risco futuro que não chegue a existir):

– o tomador do seguro (de boa-fé) tem direito à devolução do prémio pago, deduzido das despesas necessárias à celebração do contrato, suportadas pelo segurador de boa-fé;
– o segurador de boa-fé tem o direito de reter o prémio pago pelo tomador de má-fé.

Trata-se de um sistema que resulta do artigo 44.º/4 e 5. Quando o segurado tenha conhecimento, aquando da celebração do contrato de seguro, de que ocorreu o sinistro, presume-se a má-fé do tomador (44.º/6). A presunção pode ser ilidida, nos termos gerais. Para além deste caso, a má-fé não se presume: deve ser demonstrada, através dos competentes factos, por quem dela se queira prevalecer.

[1009] *Tratado* I, 964 ss..

218. Outros pontos de relevância do risco

I. O risco representa um elemento que acompanha todo o desenvolvimento do contrato de seguro. Vamos reter alguns pontos mais significativos, tal como resultam da LCS.

No domínio das informações preliminares:

– o segurador, sem prejuízo das menções obrigatórias a incluir na apólice, deve prestar todos os esclarecimentos exigíveis e informar o tomador das condições do contrato, nomeadamente do âmbito do risco que se propõe cobrir [18.°, b)];
– o tomador está obrigado, antes da celebração do contrato, a declarar com exatidão todas as circunstâncias que conheça e razoavelmente deva ter por significativas para a apreciação do risco, pelo segurador (24.°/1).

II. Na vigência do contrato, a LCS explicita os pontos seguintes[1010]:

– o segurador e o tomador ou o segurado devem comunicar reciprocamente as alterações do risco relativas ao objeto das informações pré-contratuais prestadas (91.°/1);
– ocorrendo uma diminuição inequívoca e duradoura do risco, com reflexo nas condições do contrato, deve o segurador, assim que disso tenha conhecimento, diminuir o prémio do seguro (92.°/1) em termos acordados ou podendo, na falta de acordo, o tomador resolver o contrato (92.°/2);
– existindo um agravamento do risco, devem todas as circunstâncias a tal relativas ser comunicadas ao segurador, no prazo de catorze dias, desde que elas, a serem conhecidas inicialmente, tivessem podido influir na decisão de contratar ou nas condições do contrato (93.°/1), podendo então o segurado propor a modificação do contrato ou resolvê-lo (93.°/2).

III. Na presença de um sinistro, cujos verificação ou agravamento tenham sido influenciados pelo intensificar do risco, cabe ao segurador:

[1010] Quanto a alterações supervenientes do risco, Reimer Schmidt, *Veränderungen des Versicherten Risikos während der Laufzeit des Versicherungsvertrages/Zugleich eine Gedankenskizze zur Systematik des Versicherungsvertragsrechts*, FS Hans Möller 65. (1972), 443-462 e Gerrit Winter, *Gedanken zur Gefahrenänderung* cit., 537-559.

– cobrir o risco, se o agravamento tiver sido correta e tempestivamente comunicado – 94.º/1, *a*);
– cobrir parcialmente o risco, na proporção em que o prémio cobrado divirja do prémio que deveria ter sido fixado se o mesmo fosse conhecido, caso o agravamento não tivesse sido correta e tempestivamente comunicado – 94.º/1, *b*);
– recusar a cobertura no caso de dolo do tomador ou do segurado, mantendo o direito aos prémios vencidos – 94.º/1, *c*).

Em qualquer dos dois primeiros casos, o segurador não fica obrigado à sua prestação se, resultando o agravamento de facto do tomador ou do segurado, ele demonstrar que, em caso algum, celebra contratos que cubram riscos semelhantes aos agravados (94.º/2).

IV. A extinção do risco implica a caducidade do contrato de seguro (110.º/1). A LCS explicita que tal extinção do risco se verifica, designadamente, no caso de morte da pessoa segura, de perda total do bem seguro e da cessação da atividade objeto do seguro (110.º/2).

Evidentemente: a caducidade não impede, pelo menos nos dois primeiros casos, a cobertura do risco concretizado, se esse for o objeto do contrato.

V. Surgem, ainda, a propósito dos diversos seguros, preceitos relevantes reportados ao risco. Particularmente visado é o seguro de vida, cujo regime da LCS comporta uma subsecção a tanto dedicada (188.º a 193.º).

§ 52.º O INTERESSE

219. Generalidades; quadro terminológico

I. O artigo 43.º/1, da LCS, epigrafado "interesse", dispõe:

O segurado deve ter um interesse digno de proteção legal relativamente ao risco coberto, sob pena de nulidade do contrato.

Qualquer contrato de seguro pressupõe um segurado: seja ele o tomador ou um terceiro. Logo, por clara injunção legal, o "interesse" é arvorado a elemento necessário do seguro.

O que seja esse interesse, qual o seu papel e que regras condiciona é matéria que agitou a doutrina dos seguros durante muitas décadas[1011].

Antes de aprofundar o tema à luz do Direito dos seguros, cabe ordená-lo, pelo menos na medida do possível, dentro da Ciência jurídica em geral.

II. O interesse traduz uma relação ou ligação entre dois pólos. Etimologicamente, advém de *id quod inter esse*: o que fica entre[1012].

Por exemplo, diz Ulpiano[1013]

[1011] Com ricas indicações, Rudolf Gärtner, *Die Entwicklung der Lehre vom versicherungsrechtlichen Interesse von den Anfängen bis zum Ende des 19. Jahrhunderts*, ZVersW 52 (1963), 337-375 (341 ss.); uma referência deve ser feita à obra de Margarida Lima Rego, *Contrato de seguro e terceiros* cit., 191 ss., também com muitas indicações.

[1012] Brigitte Keuk, *Vermögenschaden und Interesse* (1972), 276 pp., 52.

[1013] Ulpiano, D. 19.1.1.pr = Okko Behrends e outros, *Corpus iuris civilis*, ed. bil. latim/alemão, III (1999), 515.

§ 52.° O interesse   547

Si res vendita non tradatur, in quod interest agitur, hoc est quod rem habere interest emptoris: hoc autem interdum pretium egreditur, si pluribus interest, quam res valet vel empta est[1014].

No período intermédio, incluindo o do humanismo jurídico, o interesse manteve uma presença discreta nos textos jurídicos.

Donnellus dá-lhe um certo ênfase: o que interessa (*quod interest*) releva, para efeitos processuais e de fundo. *Id quod interest in facto, non in jure consistere: hoc utrumque quid sit* [1015].

Podemos dizer que, ao longo dos séculos, a locução "interesse" tinha um uso cómodo, em Direito, próximo do seu sentido comum; o de uma relação de necessidade ou de apetência, entre uma pessoa com necessidades ou com desejos, perante uma realidade (um *quid*) capaz de os satisfazer.

III. Em meados do século XIX, a expressão "interesse" conheceu um grande incremento. Apontamos duas tradições, que para tal contribuíram: o utilitarismo de Bentham e o positivismo jurídico de Jhering.

Jeremy Bentham (1748-1832) foi um filósofo e jurista inglês, que marcou a passagem do jusnaturalismo britânico para a contemporaneidade. Conhecido pelo utilitarismo, Bentham intentou, ainda que por via não-dogmática, aproximar o Direito da realidade.
Rudolf von Jhering (1818-1892) foi um jurista alemão, cujo nome ficou ligado a uma renovação metodológica profunda (a jurisprudência dos interesses) e a quem se devem descobertas jurídicas fundamentais: desde a natureza da posse à *culpa in contrahendo*. Renovou institutos básicos, com relevo para o direito subjetivo e a personalidade coletiva.

Bentham procurou reagir contra o jusnaturalismo anterior que, assente em postulados abstratos de tipo racional, pretendia deduzir todo o edifício jurídico-social a uns quantos princípios básicos: Deus criou o

---

[1014] Em português: Se a coisa vendida não for traditada, ir-se-á agir nesse interesse, isto é, no interesse do comprador de ter essa coisa; esse interesse, contudo, é ultrapassado caso o valor ou o preço da coisa seja superior àquilo por que foi comprado.
[1015] Hugo Donellus, *Opera omnia, Commentatorium de iure civile*, IX (ed. 1832; o original é dos finais do século XVI), 811-814 (814).

homem à Sua imagem e semelhança; logo os homens são bons, livres e iguais; a sua sujeição ao Estado deriva da celebração de um contrato, que institui o soberano e as bases do Direito. Bentham contrapõe que não se documenta tal contrato; o homem procura a sua felicidade, através da maximização das utilidades que originam os interesses de cada um; na base da experiência, é possível determinar a melhor via para a salvaguarda de tais interesses[1016].

Jhering, por seu turno, afirmou-se contra a por ele próprio denominada jurisprudência dos conceitos e que consistia em apresentar as soluções jurídicas como o resultado de uma subsunção em estruturas formais, deduzidas de conceitos mais elevados. A isso contrapôs o autor a necessidade de verificar os interesses subjacentes às diversas situações, procedendo à sua ponderação em face das disposições legais[1017]. Essa busca de interesses reais levou Jhering a reformular o conceito de direito subjetivo (interesse legalmente protegido)[1018] e de pessoa coletiva (modo de posicionar os interesses indeterminados ou gerais, como forma de os tornar operacionais, perante o direito judicial de ação)[1019], em termos que teriam uma influência duradoura[1020].

Jhering, ultrapassando o racionalismo tardio de Bentham[1021], trabalhava dogmaticamente o Direito, isto é: estudava-o com a preocupação efe-

---

[1016] Jeremy Bentham, *An introduction to the Principles of Morals and Legislation* (1789; utiliza-se a ed. de 1823, reed. em 1908), 411 pp., onde o termo *interest* surge, de modo repetido: a propósito das pessoas e a propósito da sociedade. Bentham não abordava o Direito enquanto tal, tendo dirigido múltiplas críticas ao grande comentador, Sir William Blackstone (1723-1780).

[1017] Em especial: Rudolf von Jhering, *Der Zweck im Recht* 1 (1877), XVI + 557 pp. e 2 (1883), XXX + 716 pp.; com indicações, *Tratado* I, 437 ss..

[1018] Rudolf von Jhering, *Geist des römischen Rechts auf den verschiedenen Stufen seiner Entwicklung* III/1, 6.ª e 7.ª eds. (1924), 332 (a 1.ª ed. é de 1861).

[1019] Rudolf von Jhering, *Geist des römischen Rechts* cit., 338 ss. (340 e 341).

[1020] *Tratado* I, 876 ss. e IV, 573 ss., respetivamente.

[1021] Ou iluminismo tardio, nas palavras de Franz Wieacker, *Privatrechtsgeschichte der Neuzeit*, 2.ª ed. (1967, reimp., 1996), 449. De todo o modo, Helmut Coing, *Bentham's importance in the development of "Interessen jurisprudenz" and general jurisprudence*, em The irish jurist 1 (1966), 336-351 (336 ss.), sonda a hipótese de uma influência de Bentham em Jhering, designadamente através da tradução alemã de Friedrich Eduard Beneke (1798-1854), *Grundsätze der Civil- und Criminal-Gesetzgebung, aus den Handschriften des englischen Rechtsgelehrten Jeremias Bentham, herausgegeben vomn Etienne Dumont/ Nach der zweiten, verbesserten und vermehrten Auflage für Deutschland bearbeitet und mit Anmerkungen* 1 (1830), XXXII + 443 pp., no seu título completo; como se vê, trata-se

§ 52.° O interesse   549

tiva de solucionar, cientificamente, casos concretos. Fez escola, lançando, no domínio em causa, a jurisprudência dos interesses. Coube a Philipp Heck (1858-1943) aprofundar e divulgar essa orientação[1022].

No essencial, Heck deixa-nos as ideias seguintes. Os conceitos formulados pela Ciência do Direito não são causais de soluções a que se chegue. Na origem, temos interesses, objeto de ponderação pelo legislador. Deste modo, a realização do Direito passa pela identificação dos interesses discutidos em cada caso e pela determinação das escolhas de interesses feitas pelo legislador. Heck não dá uma definição lapidar (dogmaticamente utilizável) de interesse: antes a evita. Trata-se de "interesses" em sentido amplo, de modo a abranger aspetos humanos, económicos, morais e religiosos, merecedores de regulação jurídica.

No terreno, a jurisprudência dos interesses acabaria por valorizar uma interpretação de tipo histórico-subjetivo: torna-se fundamental conhecer a vontade concreta do legislador, no tocante às pretendidas ponderações de interesses. Mais importante (e criticável): a jurisprudência dos interesses descambou num positivismo radical, procurando irradicar, do universo da realização do Direito, a "Filosofia", isto é: tudo quanto não constasse da lei, na versão "vontade real do legislador".

IV. Na sequência da evolução registada quanto a "interesse", de Bentham a Heck, fica-nos uma ideia apreciativa e omnipresente. Os custos para a sua precisão e, daí, para a sua dogmaticidade, são evidentes.

Podemos distinguir três usos básicos para interesse:

- o interesse como uma representação de ordem geral, que visa exprimir entidades de natureza económica, sem as identificar e pressupondo uma atuação não-aparente (subterrânea); por exemplo: os grandes interesses dominam o Mundo;
- o interesse como bordão de linguagem, que permite ao discurso jurídico arrimar-se em algo de objetivo (isto é, alheio ao sujeito), mas sem o designar; por exemplo: os interesses (e não os concei-

---

de uma edição criativa, dirigida ao público alemão; compreende-se, aí, na I secção, a rubrica *Von dem Principe der Moral und der Gesetzgebung* (27 ss.), com as ideias gerais da utilidade (27 ss.), sobre o escopo do Direito civil (239 ss.): corresponde a *An introduction to the Principles of Morals and Legislation*.

[1022] As obras básicas de Heck, a sua evolução e a literatura circundante podem ser confrontadas no *Tratado* I, 437 ss..

tos) são causais das soluções, numa locução cara à jurisprudência dos interesses;
– o interesse em sentido preciso.

As palavras não são perigosas: o perigo reside no que digam ou no que calem. Deste modo, o uso meramente retórico de "interesse", para além de prejudicar a dogmática dessa locução, esconde metadiscursos vazios ou exonerantes. Dizer, concentradamente, que os interesses das empresas controlam governos pode surgir como algo de profundo. Mas nada exprime, a não ser desconsideração pelo sistema político.

O recurso a interesse como bordão de linguagem, incluindo em textos legais, origina dúvidas e debates. Recordamos, como paradigma, o artigo 64.º/1, do Código das Sociedades Comerciais[1023]:

> 1 – Os gerentes ou administradores da sociedade devem observar:
> (...)
> b) Deveres de lealdade, no interesse da sociedade, atendendo aos interesses de longo prazo dos sócios e ponderando os interesses dos outros sujeitos relevantes para a sustentabilidade da sociedade, tais como os seus trabalhadores, clientes e credores.

A multiplicação de "interesses" impede uma dogmatização capaz: fica a ideia da remissão para os diversos lugares normativos envolvidos.

V. Em sentido preciso, temos três aceções de interesse:

– interesse subjetivo: a relação de apetência que se estabelece entre uma pessoa, que tem desejos e o objeto capaz de os satisfazer;
– interesse objetivo: a relação de adequação que surge entre uma pessoa, que tem necessidades (reais e constatáveis) e a realidade apta a resolvê-las;
– interesse técnico: a realidade apta a satisfazer desejos ou necessidades e que, sendo protegida pelo Direito, dá lugar, quando desrespeitada, a um dano.

[1023] *CSC/Clássica*, 2.ª ed., 253 ss. e *Direito das sociedades* I, 863 ss..

Este último sentido afigura-se-nos o mais adequado[1024]. Mas podemos encarar os demais desde que, pelo contexto em que ocorram, não surjam confusões.

220. O interesse no Direito civil

I. No Código Civil, o termo "interesse" (ou "interesses") surge em 83 artigos. Além disso, ele refere, em 75 preceitos, "interessado" ou "interessados". Damos nota dos mais significativos:

Parte Geral

41.º/2 (obrigações provenientes de negócios jurídicos): a designação das partes só pode recair sobre lei cuja aplicabilidade corresponda *a um interesse sério* dos declarantes ou que esteja em conexão com alguns dos elementos do negócio jurídico, atendíveis no domínio do direito internacional privado;

72.º/2 (direito ao nome): o titular do nome não pode usá-lo de modo *a prejudicar os interesses* de quem tiver nome total ou parcialmente idêntico; nestes casos, o tribunal decretará as providências que, segundo juízos de equidade, melhor *conciliem os interesses em presença*;

92.º/2 (curadoria provisória): havendo *conflito de interesses* entre o ausente e o curador (...) deve ser designado um curador especial;

94.º/2 (direitos e obrigações do curador provisório): compete ao curador provisório requerer os procedimentos cautelares e intentar as ações que não possam ser retardadas *sem prejuízo dos interesses do ausente*;

176.º/1 (privação do direito de voto): o associado não pode votar, por si ou como representante de outrem, nas matérias em que haja *conflito de interesses* entre a associação e ele (...);

212.º/2 (fundos civis): as *rendas ou interesses* que a coisa produz em consequência de uma relação jurídica;

261.º/1 (negócio consigo mesmo): é anulável o negócio jurídico celebrado pelo representante consigo mesmo (...) a não ser (...) ou que o negócio exclua por sua natureza a possibilidade de um *conflito de interesses*;

265.º/3 (extinção da procuração): se a procuração tiver sido conferida também no interesse do procurador ou de terceiro, não pode ser revogada *sem acordo do interessado*, salvo ocorrendo justa causa;

[1024] Paulo Mota Pinto, *Interesse contratual negativo e interesse contratual positivo* 1 (2008), 528-529 e *passim*.

286.º *(nulidade)*: a nulidade é invocável a todo o tempo *por qualquer interessado* e pode ser declarada oficiosamente pelo tribunal;

287.º/1 *(anulabilidade)*: só têm legitimidade para arguir a anulabilidade as pessoas *em cujo interesse a lei a estabelece* (...);

305.º/1 *(oponibilidade da prescrição por terceiro)*: a prescrição é invocável pelos credores e por terceiros com *legítimo interesse* na sua declaração, ainda que o devedor a ela tenha renunciado;

336.º/1 *(ação direta)*: não é lícita quando *sacrifique interesses superiores* aos que o agente visa realizar ou assegurar;

340.º/3 *(consentimento do lesado)*: tem-se por consentida a lesão quando esta se deu no *interesse do lesado*;

353.º/2 *(capacidade e legitimação para a confissão)*: a confissão feita pelo litisconsorte é eficaz, se o litisconsórcio for voluntário, embora o seu efeito se restrinja *ao interesse do confitente*;

376.º/1 *(força probatória)*: os factos compreendidos na declaração consideram-se provados na medida em que forem *contrários aos interesses do declarante*.

Direito das obrigações

398.º/2 *(conteúdo da prestação)*: a prestação não necessita de ter valor pecuniário; mas deve corresponder a *um interesse do credor, digno de proteção legal*;

443.º/1 *(contrato a favor de terceiro)*: por meio de contrato, pode uma das partes assumir perante outra, que tenha na promessa *um interesse digno de proteção legal*, a obrigação de efetuar uma prestação a favor de terceiro;

448.º/2 *(revogação pelos contraentes)*: o direito de revogação pertence ao promissário; se, porém, a promessa foi feita *no interesse de ambos* os outorgantes, a revogação depende do consentimento do promitente;

464.º *(gestão de negócios)*: dá-se a gestão de negócios, quando uma pessoa assume a direção de negócio *no interesse e por conta do respetivo dono*, sem para tal estar autorizada;

465.º *(deveres do gestor)*: o gestor deve: *a)* Conformar-se com *o interesse* e a vontade, real ou presumível, *do dono* do negócio (...);

466.º/2 *(responsabilidade do gestor)*: considera-se culposa a atuação do gestor, quando ele agir em *desconformidade com o interesse* ou a vontade, real ou presumível, do dono do negócio;

468.º/1 *(obrigações do dono do negócio)*: se a gestão tiver sido exercida *em conformidade com o interesse* e a vontade, real ou presumível, do dono do negócio, é este obrigado a reembolsar (...);

§ 52.° O interesse

483.°/1 (responsabilidade civil): aquele que, com dolo ou mera culpa, violar ilicitamente (...) qualquer disposição *destinada a proteger interesses alheios* (...);

502.° (danos causados por animais): quem no *seu próprio interesse* utilizar quaisquer animais responde pelos danos que eles causarem (...);

503.° (acidentes causados por veículos): aquele que tiver a direção efetiva de qualquer veículo e o utilizar *no seu próprio interesse*, responde pelos danos;

507.°/2 (responsabilidade solidária): nas relações entre os diferentes responsáveis, a obrigação de indemnizar reparte-se *de harmonia com o interesse de cada um* na utilização do veículo;

509.°/1 (danos causados por instalações de energia e gás): aquele que tiver a direção efetiva de instalação destinada à condução ou entrega de energia elétrica ou de gás e a utilizar *no seu interesse*, responde;

575.° (apresentação de documentos): as disposições relativas à apresentação de coisas são extensivas aos documentos, desde que o requerente tenha *um interesse jurídico atendível* no exame deles;

605.°/1 (legitimidade dos credores): os credores têm legitimidade para invocar a nulidade dos atos praticados pelo devedor (...) desde que *tenham interesse na declaração de nulidade*;

607.° (credores sob condição suspensiva ou a prazo): o credor sob condição suspensiva e o credor a prazo apenas são admitidos a exercer a sub-rogação quando mostrem *ter interesse* em não aguardar a verificação da condição ou o vencimento do crédito;

610.° (efeitos da pauliana em relação ao credor): julgada procedente a impugnação, o credor tem direito à restituição dos bens *na medida do seu interesse*;

682.° (entrega de documentos): o titular do direito empenhado deve entregar ao credor pignoratício os documentos comprovativos desse direito que estiverem na sua posse e em cuja conservação *não tenha um interesse legítimo*;

738.°/1 (privilégios mobiliários especiais): os créditos por despesas de justiça *feitas diretamente no interesse comum* dos credores, para a conservação, execução ou liquidação de bens imóveis, têm privilégio sobre estes bens;

743.°: idem, quanto a imóveis;

767.°/1 (quem pode fazer a prestação): a prestação pode ser feita tanto pelo devedor como *por terceiro, interessado ou não* no cumprimento da obrigação;

770.° (prestação feita a terceiro): a prestação feita a terceiro não extingue a obrigação, exceto: *d)* se o credor vier a aproveitar-se do cumprimento e não tiver *interesse fundado* em não a considerar como feita a si próprio;

787.º/1 *(direito à quitação)*: quem cumpre uma obrigação tem direito à quitação, devendo a mesma contar de documento autêntico ou autenticado ou ser provida de reconhecimento notarial, se aquele que cumpriu *tiver nisso interesse legítimo*;

788.º/1 *(restituição do título; menção do cumprimento)*: extinta a dívida, tem o devedor o direito de exigir a restituição do título da obrigação; se o cumprimento for parcial, ou o título conferir outros direitos ao credor, ou este tiver, por outro motivo, *interesse legítimo na conservação* dele, pode o devedor exigir que o credor mencione no título o cumprimento efetuado;

792.º/2 *(impossibilidade temporária)*: a impossibilidade só se considera temporária enquanto, atenta a finalidade da obrigação, *se mantiver o interesse do credor*;

793.º/2 *(impossibilidade parcial)*: porém, o credor que *não tiver, justificadamente, interesse no cumprimento* parcial da obrigação pode resolver o negócio;

808.º/1 *(perda do interesse do credor ou recusa do cumprimento)*: se o credor, em consequência de mora, *perder o interesse* que tinha na prestação (...) considera-se para todos os efeitos não cumprida a obrigação;

808.º/2 *(segue)*: *a perda do interesse na prestação é apreciada objetivamente*;

871.º/2 *(eficácia da confusão em relação a terceiros)*: se houver, a favor de terceiro, direitos de usufruto ou de penhor sobre o crédito, este subsiste, não obstante a confusão, na medida em que o *exija o interesse do usufrutuário* ou do credor pignoratício;

871.º/3 *(idem, quanto à fiança)*: se, na mesma pessoa, se reunirem as qualidades de devedor e fiador, fica extinta a fiança, exceto se o credor *tiver legítimo interesse na subsistência da garantia*;

871.º/4: *idem, quanto à hipoteca)*;

882.º/3 *(entrega da coisa e documentos)*: se os documentos contiverem outras *matérias do interesse do vendedor*, é este obrigado a entregar pública-forma da parte respeitante a coisa ou direito objeto de venda ou fotocópia de igual valor;

1169.º *(pluralidade de mandantes)*: sendo dois ou mais os mandantes, as suas obrigações para com o mandatário são solidárias, se o mandato tiver sido conferido *para assunto de interesse comum*;

1170.º/2 *(revogabilidade do mandato)*: se o mandato tiver sido conferido *também no interesse do mandatário* ou de terceiro, não pode ser revogado pelo mandante sem acordo do interessado, salvo ocorrendo justa causa;

1173.º (mandato coletivo): sendo o mandato conferido por várias pessoas e para assunto *de interesse comum*, a revogação só produz efeito se for realizada por todos os mandantes;

1175.º (morte ou interdição do mandante): não fazem caducar o mandato quando este tenha sido *também conferido no interesse do mandatário ou de terceiro*;

1193.º (terceiro interessado no depósito): se a coisa foi depositada *também no interesse do terceiro* e este comunicou ao depositário a sua adesão, o depositário não pode exonerar-se restituindo a coisa ao depositante sem conhecimento do terceiro.

Direitos reais

1344.º/2 (limites materiais dos prédios): o proprietário não pode proibir os atos de terceiro que, pela altura ou profundidade a que têm lugar, *não haja interesse em impedir*;

1352.º (obras defensivas de águas): todos os proprietários que participam do benefício das obras são obrigados a contribuir para as despesas delas, *em proporção do seu interesse* (...);

1424.º/1 (encargos de conservação e fruição na propriedade horizontal): salvo disposição em contrário, as despesas necessárias à conservação e fruição das partes comuns do edifício e ao pagamento de *serviços de interesse comum* são pagas pelos condóminos (...);

1436.º (funções do administrador na propriedade horizontal): são funções do administrador, g) regular o uso das coisas comuns e *a prestação de serviços de interesse comum*;

1464.º/1 (usufruto de capitais postos a juro): o usufrutuário de capitais postos a juro *ou a qualquer outro interesse* (...) tem o direito de perceber os frutos correspondentes à duração do usufruto;

1568.º/1 (mudança de servidão): o proprietário dominante pode exigir a mudança da servidão para sítio diferente (...) *se não prejudicar os interesses* do proprietário dominante (...).

Direito de família

1651.º/2 (casamentos admitidos a registo): são admitidos a registo, a requerimento de quem *mostre legítimo interesse* no assento, quaisquer outros casamentos que não contrariem os princípios fundamentais da ordem pública internacional do Estado português;

1881.º/2 (poder de representação dos pais): *se houver conflito de interesses* cuja resolução dependa de autoridade pública, entre qualquer dos pais e o filho, ou entre filhos (...) são os menores representados por um ou mais curadores;

1956.º (protutor): compete-lhe *c)* representar o menor em juízo ou fora dele, quando os *seus interesses estejam em oposição* com os do tutor (...).

Direito das sucessões

2236.º/1 (em caso de disposição testamentária): sujeita a condição resolutiva, o tribunal pode impor ao herdeiro ou legatário a obrigação de prestar caução *no interesse daqueles* a favor de quem a herança ou legado será deferido (...);

2236.º/2: idem, *no caso de condição suspensiva*;

2238.º/2 (administração): não sendo prestada a caução prevista no artigo 2236.º, a administração da herança ou legado compete àquele *em cujo interesse a caução devia ser prestada*;

2291.º/2 (alienação ou oneração de bens na substituição fideicomissária): o tribunal pode autorizá-las em caso de evidente necessidade ou utilidade para o fiduciário, *contanto que os interesses do fideicomissário* não sejam afetados.

Temos ainda referência ao *interesse público* (79.º/1, 445.º e 1366.º/2), ao *interesse social* (157.º e 188.º/1) e à *concessão de interesse privado* (1560.º/2).

II. Algumas das referências a "interesse", no Direito civil, originam teorizações complexas: pense-se no interesse do *dominus*, na gestão de negócios[1025] ou nas normas destinadas a proteger interesses alheios, na responsabilidade civil[1026].

Em termos gerais, podemos dizer que o legislador recorre a "interesse" sempre que pretenda exprimir uma posição ativa, apreciativa ou vantajosa para o sujeito considerado e que suscite o reconhecimento ou a proteção do Direito. O legislador teria muitas dificuldades em fazê-lo analiticamente: temos direitos subjetivos, proteções reflexas, expectativas, realidades juridicamente reconhecidas, vantagens patrimoniais indefinidas e valores pessoais também indeterminados.

As referências civis a "interesse" permitem concluir que, de um modo geral, elas correspondem a áreas dominadas por valores complexos, inexprimíveis em termos linguísticos claros. Ao referir "interesses", o legislador optou por remeter para o intérprete-aplicador, no momento da realização do Direito, a tarefa da sua determinação.

[1025] *Tratado* VIII, 93 ss..
[1026] *Tratado* VIII, 448 ss..

III. Mas além disso, a menção civil a "interesse" passa-nos uma mensagem dirigida ao que o engenho humano faça ou possa fazer para defesa e incremento da sua posição. Digamos que o plano significativo-ideológico do interesse é constituído pelas projeções do sujeito "interessado" no Mundo que o rodeie, projeções essas que o Direito civil considera. Em cada norma haverá que, tecnicamente, determinar o alcance do interesse.

221. O interesse no Direito dos seguros: origem e evolução

I. Perante a diversidade flutuante do sentido de "interesse", pergunta-se pela utilidade de o introduzir, no coração do Direito dos seguros, fazendo, dele, um elemento necessário do competente contrato. A resposta, antecipando, é dupla: por um lado, o interesse adquiriu, nos seguros, um estatuto histórico-cultural; por outro, ele serve os propósitos do legislador de, com algumas indicações, remeter para o intérprete-aplicador a concretização de certos valores. Afigura-se, porém, que mau grado este duplo papel (cultural e dogmático), o "interesse", nos seguros, está hoje em regressão.

II. Nos primórdios do tratamento jurídico-científico dos seguros, particularmente em Pedro de Santarém, o grande problema a enfrentar era o de os legitimar, perante a proibição dos juros e em face da condenação do jogo e da aposta. Pedro de Santarém optou pelo esquema da compra e venda: o segurador assume, contra dinheiro, o risco de um infortúnio[1027].
Conquistado o seguro, punha-se, todavia, uma questão: como impedir que alguém segurasse, a seu favor, bens alheios? Nessa eventualidade, o sinistro seria muito benvindo, transformando-se num lucro puro e simples. O seguro, aparentemente correto, ter-se-ia revelado um jogo.
A resposta foi procurada por Casaregis.

Giuseppe Lorenzo Maria de Casaregis (1670-1737), natural de Florença, notabilizou-se como professor, como magistrado e como jurista. Ficou conhecido, em especial, pelas suas obras sobre Direito marítimo[1028]

[1027] Pedro de Santarém, *Tratado dos seguros*, ed. Moses Amzalak cit., 28 ss..
[1028] Giuseppe Lorenzo Maria de Casaregis, *Il consolato del mare* (1720), 485 pp., mais índices, acompanhado de explicações suas.

e sobre câmbio e falência[1029]. Além disso, avulta o *Discursus*, abaixo referido: obra escrita em latim – e não em italiano, como as antecessoras – provavelmente pela ideia do seu autor de lhe grangear uma maior divulgação nos meios cultos da época.

Efetivamente, Casaregis preocupava-se em distinguir o seguro propriamente dito do *contractus sponsionis*. Este, por não corresponder a um dano efetivo, não seria seguro[1030]. A tal propósito, Casaregis refere, ainda que incidentalmente, o termo "interesse". Por exemplo[1031]:

> Pluribus ab hinc mensibus consulti fuimus super hoc dubia, si de tempore assicurationibus factae assecurationis, sed post eam superveniret, dato casu finistri, an valeat assecuratio[1032].

O termo "interesse" surge algumas dezenas de vezes no *Discursus* de Casaregis: mas poucas a propósito do seguro[1033]. Haverá, pois, algum entusiasmo por parte de Gärtner, ao enfatizar o papel de Casaregis no interesse do seguro[1034].

[1029] Idem, *Il cambista instruito per ogni caso de fallimento* (1723), 402 pp..

[1030] Joseph Laurentii Mariae de Casaregis, *Discursus legales de commercio in duos tomos distributi*, ed. Florença (1719), Discurso VII, 45 ss.. Quanto a Casaregis, além das obras abaixo citadas, cabe referir o escrito básico de Hans-Peter Schwintowski, *Der private Versicherungsvertrag zwischen Recht und Markt/zugleich eine Analyse der Konstruktionsprinzipien des privaten Versicherungsvertrages unter Berücksichtigung des Wettbewerbsrechts und des europäischen Rechts* (1987), 338 pp., 46.

[1031] Casaregis, *Discursus legales* cit., 45/II, n. 16.

[1032] Portanto: Fomos consultados, há vários meses sobre esta dúvida se, ao tempo em que foi feito o seguro não houvesse interesse sobre o bem do seguro, mas depois ela sobrevier no caso considerado, então vale o seguro.

[1033] Por exemplo, *Disc*. IV, Nr. 1:
> Sicuti enim principale fundamentum assecurationis est risicum, seu interesse assecuratorum, sine quo non potest subsistere assecuratio.

E *Disc*. IV, n.º 4-5:
> Nam assecuratio pro forma exigit existentiam interesse, seu dominii assecuratorum.

[1034] Rudolf Gärtner, *Die Entwicklung der Lehre vom versicherungsrechtlichen Interesse* cit., 343; como explica Margarida Lima Rego, *Contrato de seguro e terceiros* cit., 191, nota 421, Gärtner procurou descobrir, em Straccha, antecedentes quanto ao emprego de "interesse" nos seguros.

III. A necessidade de, no contrato de seguro, introduzir um elemento moralizador a que se chamaria "interesse" foi, entretanto, sentido na prática, no Direito inglês. A expansão marítimo-militar britânica foi acompanhada pela generalização dos seguros. Estes, todavia, eram usados, fora da sua função normal, como puras apostas praticadas sobre o êxito das expedições marítimas e sobre a vida das pessoas[1035]. Procurando emendar tal desvio, o *Marine Insurance Act*, de 1745, veio considerar[1036]:

(...) it hath been found by Experience, that the making Assurances, Interest or no Interest, or without further Proof of Interest than the Policy, hath been productive of many pernicious Practices (...)

dispondo:

(...) no Assurance or Assurances shall be made by any Person or Persons, Bodies Corporate (...) Interest or no Interest, or without further Proof of Interest (...).

Essa proibição foi alargada a outros tipos de seguro pelo *Life Insurance Act*, de 1774[1037].

Do próprio teor da lei de 1745 resulta que a referência a *interest* adveio da anterior prática contratual. O interesse no seguro assenta, pois, nos usos.

IV. A opção terminológica britânica pelo interesse ou pela exigência, no seguro, de um *insurable interest,* modelou, mais tarde, o Direito continental. Coube a Wilhelm Benecke, na sua monumental obra sobre os seguros[1038], aprofundar o tema[1039].

[1035] Margarida Lima Rego, *Contrato de seguro e terceiros* cit., 192-194, com indicações.

[1036] O texto consta da Net, sendo confrontável em Lowry/Rawlings/Merkin, *Insurance Law* cit., 3.ª ed. 178 e, em trad. port., na obra de Margarida Lima Rego, *Contrato de seguro e terceiros* cit., 192-193, nota 424.

[1037] O texto, em trad. port., consta de Margarida Lima Rego, *Contrato de seguro e terceiros* cit., 193, nota 425.

[1038] Wilhelm Benecke, *System des Assekuranz- und Bodmereiwesens/aus den Gesetzen und Gebräuchn Hamburgs und der worzüchsten handelnden Nationen Europas, so wie aus der Natur des Gegenstandes entwickelt*, 1 (1810), XIV + 502 pp., 2 (1807), XIV + 456 pp., 3 (1808), XVI + 567 pp. e 4 (1810), XXIV + 572 pp..

[1039] O pensamento de Wilhelm Benecke pode ser confrontado em Rudolf Gärtner, *Die Entwicklung der Lehre vom versicherungsrechtlichen Interesse* cit., 348-351 e em Mar-

Considerando o problema do seguro em geral, Benecke vem dizer[1040]:

O seguro pressupõe sempre o interesse do segurado.

E, mais adiante[1041]:

(...) nenhum seguro pode ocorrer sem interesse. O acerto desta afirmação decorre da natureza das coisas. O seguro implica, designadamente, indemnização; mas a indemnização pressupõe perda, necessariamente perda no interesse. Quando, portanto, se fale de seguros sem interesse, vê-se facilmente que não se pode entender com isso um seguro verdadeiro mas apenas um abusivo.

Mas além do interesse geral, aferido pela existência de um prejuízo, Benecke apura, ainda, um interesse específico, presente nos seguros de danos. Desta feita, tratar-se-ia de fixar uma relação entre o segurado concreto e a coisa segura[1042]: poderia ser proprietário (interesse do proprietário), usufrutuário (*idem*, do usufrutuário) ou outro. O interesse concreto permitiria aferir a medida real do prejuízo e, daí, do valor seguro.

V. Em suma: exigir-se-ia, para qualquer seguro, que o segurado tivesse prejuízo com o termo (ou a deterioração) da realidade segura (o interesse geral), sob pena de não se tratar de seguro, mas de mera aposta. E além disso, pelo menos nos seguros de danos, caberia fixar o interesse concreto, isto é, a precisa relação existente entre o segurado e a coisa segura.

222. Evolução subsequente; o interesse restrito

I. A ideia de um interesse geral difuso visava, no fundo, retomar o tema da distinção do seguro, perante a mera aposta. Mas essa dimensão veio a perder espaço, à medida que se radicou, na cultura e na Ciência do Direito, a legitimidade do instituto dos seguros.

---

garida Lima Rego, *Contrato de seguro e terceiros* cit., 204-206; a ponderação de Benecke consta de Gärtner, ob. cit., 353-355.
[1040] Wilhelm Benecke, *System des Assekuranz- und Bodmereiwesens* cit., 1, 208.
[1041] *Idem*, 1, 289-290.
[1042] *Idem*, 214 e *passim*.

§ 52.º O interesse 561

Victor Ehrenberg vai definir precisamente o interesse, no seguro, como a[1043]:

(...) relação, por força da qual alguém (o ch. Interessado), através de um facto previsto num contrato de seguro (o sinistro), pode sofrer um prejuízo patrimonial.

Para que não quedem dúvidas: no seguro não há interesses sem interessados[1044]. Daí resulta, entre outros aspetos, que possam coexistir interesses diferentes sobre o mesmo objeto[1045], designadamente e como exemplo, o do proprietário e o do usufrutuário, seguráveis independentemente um do outro.

II. O tema foi ganhando força: os interesses seriam o cerne de todo o seguro. Wilhelm Kisch, que dedicou ao tema um completo volume[1046], explica[1047]:

Os bens ou valores económicos (como meio de satisfação de necessidades) ganham o carácter de interesses através da relação com os sujeitos económicos (os portadores das necessidades).

E prossegue[1048]:

Interesses são os bens da vida, considerados sob o ponto de vista da sua conexão com os sujeitos, aos quais eles servem (os interessados).

Os interesses teriam fundamentalmente natureza económica[1049], podendo não ser atuais[1050]. Eles não constituiriam o motivo do contrato,

---

[1043] Victor Ehrenberg, *Das "Interesse" im Versicherungsrecht*, FG Rudolph Sohm (1915), 1-70 (5), cit., também, em Margarida Lima Rego, *Contrato de seguro e terceiros* cit., 208, nota 468. Vide Hans-Peter Schwintowski, *Der private Versicherungsvertrag* cit., 46.
[1044] Victor Ehrenberg, *Das "Interesse" im Versicherungsrecht* cit., 9.
[1045] *Idem*, 62 ss.. Alfred Manes, *Versicherungslexikon* (1909), XV + 1682 col., 332, refere interesse praticamente apenas a propósito do duplo seguro.
[1046] Wilhelm Kisch, *Handbuch des Privatversicherungsrechtes*, 3. Band: *Die Lehre von dem Versicherungsvertragsinteresse* (1922), XIX + 636 pp..
[1047] *Idem*, 8.
[1048] *Idem*, loc. cit..
[1049] *Idem*, 61 ss..
[1050] *Idem*, 74.

mas sim o seu conteúdo[1051]. O problema da sua falta[1052], inicial[1053] ou superveniente[1054], dá azo a todo um regime.

O desenvolvimento da dogmática dos seguros na base do interesse, cada vez mais tomado em sentido técnico, prossegue: seria o fator subjetivo do conceito de dano material, delimitando o valor seguro[1055].

Ernst Bruck, conhecido como iniciador do monumental comentário à lei alemã do contrato de seguro de 1908[1056], proclamou o interesse como um conceito central no seguro, explicitando os quatro pontos básicos em que haveria consenso[1057]: (1) o interesse é a relação que se estabelece entre um sujeito e um objeto; (2) essa relação deve ter um certo valor para a pessoa; (3) nem toda a relação é segurável, de acordo com a ordem jurídica nacional; (4) tal relação só tem um papel quando corra perigo.

A tecnicização de interesse permitiu, entre outros aspetos, o afinamento dogmático do seguro múltiplo, a aferir perante a unicidade do interesse[1058].

III. A evolução do interesse do seguro, na Alemanha, permite documentar o progresso da dogmática jurídica, através de sucessivas operações de delimitação e de diferenciação conceitual. Numa primeira fase, o interesse surge como uma referência genérica, algo informe, destinada a dar uma cobertura legitimadora ao negócio dos seguros. Seguidamente, ele evolui em dois sentidos: mantém a aceção geral, mas ganha contornos técnico-jurídicos, enquanto instrumento útil (e, depois, necessário) para delimitar o objeto do seguro e para precisar o seu regime. Finalmente, o interesse acantona-se a esta última aceção: os seguros atingiram a sua maioridade, dispensando justificações "ideológicas"; apenas a vertente técnica se justifica.

[1051] *Idem*, 180 ss..
[1052] *Idem*, 200 ss..
[1053] *Idem*, 211 ss..
[1054] *Idem*, 222 ss..
[1055] Albert Ehrenzweig, *Moderne Entwicklungsbestrebungen im Recht des Versicherungsvertrages* (1925), 90 pp., 22 e 23.
[1056] Atualmente Ernst Bruck/Hans Möller, *Versicherungsvertragsgesetz/Grosskommentar*, 9.ª ed., a partir de 2008, nove volumes com quase 10.000 páginas.
[1057] Ernst Bruck, *Das Interesse, ein Zentralbegriff der Versicherung* (1931), 64 pp., 3-6.
[1058] Wilhelm Kisch, *Die mehrfache Versicherung desselben Interesses* (1935), VIII + 238 pp., 51 e 52.

Fica a pergunta: não haverá que, numa quarta fase, dispensar a expressão, polissémica e sempre inquietante, de "interesse"? Exprimindo este a relação entre o segurado e o valor seguro, não será mais indicado dizê-lo *expressis verbis*, dispensando o ecrã do "interesse"?

Parece-nos evidente que, nos tratamentos mais recentes sobre os seguros, os interesses ora não merecem referências abertas[1059], ora são acantonados a representações estritas[1060]. Os PEICL também não conferem, ao interesse, nenhum papel especial.

IV. Esta se nos afigura ser a evolução mais completa do tema, nos ordenamentos jurídicos continentais mais influentes, na Europa. Também os PEICL não dão, ao interesse, qualquer papel. Resta saber se os demais ordenamentos europeus, designadamente o lusófono, conhecem este depurar do interesse. A mera transposição não é possível[1061].

223. A evolução lusófona

I. No Direito lusófono, particularmente pela influência britânica, sempre presente no Direito dos seguros e que se intensificou com o Código Comercial de Ferreira Borges (1833), o interesse ocupa, desde cedo, um papel nuclear. Segundo o artigo 1675.º do Código Ferreira Borges:

> Se aquelle, por quem o seguro é feito, não tem interesse na cousa segurada, o seguro é nullo.

O tema é retomado no Código Comercial de Veiga Beirão (1888). No que respeita ao seguro de danos, dispunha o artigo 428.º desse Código:

[1059] Como exemplos: Manfred Wandt, *Allgemeines Versicherungsrecht*, em Wolfgang E. Halm/Andreas Engelbrecht/Frank Krahe, *Handbuch des Fachanwalts Versicherungsrecht*, 3.ª ed. (2008), LXXVI + 2324 pp. (1-263) e Oliver Meixner/René Steinbeck, *Allgemeines Versicherungsrecht*, 2.ª ed. (2011), XXVII + 272 pp..

[1060] Assim, Mathias Schmidt, *Transport- und Speditionsversicherungsrecht*, em Halm/Engelbrecht/Krahe, *Handbuch des Fachanwalts Versicherungsrecht* cit., 3.ª ed. (2008) 429-516 (460, Nr. 44): interesse é um conceito central no seguro de danos: o objeto do seguro é todo o interesse avaliável em dinheiro.

[1061] Margarida Lima Rego, *Contrato de seguro e terceiros* cit., 212-213.

O seguro pode ser contratado por conta própria ou por conta de outrem.

§ 1.º Se aquele por quem ou em nome de quem o seguro é feito não tem interesse na cousa segurada, o seguro é nulo.
(...)
§ 3.º Se o interesse do segurado for limitado a uma parte da cousa segura na sua totalidade ou do direito a ela respeitante, considera-se feito o seguro por conta de todos os interessados, salvo àquele o direito de haver a parte proporcional ao prémio.

Quanto ao "seguro de vidas", mandava o artigo 456.º:

A vida de uma pessoa pode ser segura por ela própria ou por outrem que tenha interesse na conservação daquela.

II. A doutrina tradicional identificava o interesse referido, no artigo 428.º do Código Veiga Beirão, a propósito do seguro de danos, como a especial relação existente entre o segurado e a coisa segura: propriedade, usufruto ou, até, detenção ou fruição em nome alheio[1062].

Já quanto ao interesse requerido para o seguro de vidas, ele poderia ser[1063]:

(...) tanto pecuniário, como afectivo, proveniente de laços de família ou de outra espécie; pois não se pode sustentar que este interesse é "platónico, aéreo, impalpável", como dizem os que só admitem o interesse pecuniário (...)

Havia, pois, uma tradição de alargar o interesse a todo o tipo de seguros, fazendo, dele, todavia, um requisito estrito.

III. O artigo 43.º/1 da LCS, já citado, recolheu os antecedentes, determinando, em sede geral:

O segurado deve ter um interesse digno de proteção legal relativamente ao risco coberto, sob pena de nulidade do contrato.

[1062] Luiz da Cunha Gonçalves, *Comentário ao Código Comercial* 2 (1916), 515.
[1063] *Idem*, 616.

Trata-se de uma regra absolutamente imperativa (12.º)[1064].

No seguro de danos, o interesse configura-se como uma relação existente entre o segurado e o valor patrimonial seguro: uma orientação sufragada pelo artigo 47.º/1. A lei não refere esse tipo de relação: tendencialmente, tratar-se-á de propriedade ou de outra forma de titularidade, incluindo posições ativas em obrigações ou em valores imateriais. Admitimos que possa, até, tratar-se de uma relação ilícita: por exemplo, o possuidor de má-fé, mesmo violento (ladrão), pode ter interesse digno de proteção legal em segurar a coisa: ele é responsável pelo que possa suceder-lhe, mesmo sem culpa sua (1269.º, do Código Civil, *a contrario*).

Retemos alguns exemplos de "interesses" inabituais[1065] que, do nosso ponto de vista, permitiriam seguros válidos, perante o Direito português:

(a) o presidente de uma destilaria escocesa, no âmbito de uma promoção, promete pagar uma quantia elevada a quem primeiro avistasse o monstro de Loch Ness: preocupado, depois, com o risco criado, decidiu assegurar-se para a eventualidade de o monstro ser, mesmo, observado: o seguro foi feito;

(b) o produtor de um filme de terror (Macabre, 1958), mediante um prémio total de $ US 15.000, segurou a vida de todos os espectadores, contra a eventualidade de morrerem de medo, durante a exibição do filme: isso na base de que haveria oito mortos ...; o interesse era o (não-) pagamento das indemnizações em que poderia ser condenado[1066];

(c) o realizador Stanley Kubrick contratou um seguro contra a eventualidade de, antes da estreia do célebre filme *2001 – Odisseia no Espaço* (1968) ser descoberta vida extraterrestre inteligente;

(d) discute-se se o *mobbing* e as suas consequências podem ser acidentes de trabalho, doenças profissionais ou simples doenças, para efeitos de seguro[1067];

[1064] *Vide* José Vasques, em Romano Martinez, *LCS anotada* cit., 2.ª ed. 242.

[1065] Os três primeiros são retirados de Margarida Lima Rego, *Contrato de seguro e terceiros* cit., 73-74, onde podem ser confrontadas as fontes.

[1066] Seguros deste tipo têm, obviamente, uma dimensão promocional. Recordamos que, aquando da estreia, em Lisboa, do filme de William Friedkin, *O exorcista* (1974), no então Cinema Caleidoscópio, foi colocada, à porta, uma ambulância, para a eventualidade de alguns espectadores se sentirem mal.

[1067] *Vide* Stefan A. Brams, *Mobbing am Arbeitsplatz: Ein Fall für die Krankentagegeldversicherung?*, VersR 2009, 744-752 (752/II)): não; haveria, sim, pretensões contra

(e) pergunta-se se o "síndrome da classe económica", isto é, a morte súbita de passageiros, na sequência de longas viagens de avião em classe económica e, portanto, em posição sentada e sem se poderem mexer, responsabiliza as companhias, com as subsequentes consequências seguradoras[1068]; o caso foi espoletado pela morte de Emma Christoffersen, de 28 anos, no decurso do voo Sidney//Londres, de 20 horas, em classe económica, por trombose: a doutrina opina pela não-responsabilidade.
(f) registamos, ainda, seguros relativos à responsabilidade pelo prospeto[1069], a temas ambientais[1070] e à responsabilidade pela confiança[1071].

Parece-nos claro que as situações inabituais podem ser seguráveis, por via contratual. Tratando-se, porém, de seguros gerais, que não as especifiquem entre os riscos cobertos, funciona uma leitura favorável às seguradoras.

IV. O interesse tem, no Direito material dos seguros, determinados papéis dogmáticos bem característicos. Assim:

– o seguro diz-se por conta própria, quando o contrato tutele o interesse do tomador (47.º/1); *a contrario*, o seguro diz-se por conta alheia quando o interesse visado seja o de terceiro[1072];
– sendo o interesse do tomador parcial, mas o seguro for contratado, na sua totalidade, por conta própria, o contrato considera-se feito

---

o patrão ou contra os colegas; do mesmo Autor, *Mobbing am Arbeitsplatz – in dubio pro Arbeitgeber?*, VersR 2010, 880-886.

[1068] Helmut P. Kahlert/Lorenz Hast, *Die haftungsrechtlichen Folgen des sogennanten "Economy-Class-Syndroms"*, VersR 2001, 559-561 (560/I e 561/I) e Thomas Mühlbauer, *Nochmals: Die haftungsrechtlichen Folgen des sogennanten "Economy-Class-Syndroms"*, VersR 2001, 1480-1485 (1485/II).

[1069] Volker Hahn, *Die Versicherbarkeit von Prospekthaftungsansprüche bei der Emission von geschlossenen Fonds*, VersR 2012, 393-399.

[1070] Lothar Knopp, *Klimaschutzpolitik in der Sachgasse – mit einem Fokus auf die Versicherungswirtschaft*, VersR 2012, 150-156 e Markus Burckhardt/Lucia Sommerer, *Klimawandelklagen in den USA*, VersR 2013, 1107-1110.

[1071] Dirk Looschelders, *Aktuelle Probleme der Vertrauensschadensversicherung//Deckungsumfang, Risikoausschlüsse und zeitliche Grenzen des Versicherungsschutzes*, VersR 2013, 1069-1078.

[1072] O seguro por conta de outrem vem referido no artigo 48.º embora, aí, a lei não apele ao interesse.

§ 52.º *O interesse* 567

por conta de todos os interessados, salvo disposição legal em contrário (47.º/3);
— no seguro de coisa, o dano a atender para determinar a prestação devida pelo segurador é o do valor do interesse seguro ao tempo do sinistro (130.º/1), podendo, em certas margens, as partes acordar no valor do interesse seguro (131.º/1);
— quando um mesmo risco relativo a um mesmo interesse e por idêntico período esteja seguro por vários seguradores, o tomador do seguro ou o segurado deve informar dessa circunstância todos os seguradores, do sinistro (133.º/1).

Embora em medida menor do que no Direito civil, também no dos seguros a referência legal a *interesse* implica uma remissão do intérprete-aplicador para um processo de concretização, a realizar em cada caso concreto. Afigura-se, isso dito, clara a existência de dois núcleos significativos distintos:

— o interesse geral que permite determinar a pessoa do segurado e cuja presença justifica, em termos significativo-ideológicos, a existência do seguro, com todo o investimento privado e público que ele implica;
— o interesse específico que se identifica com o valor do capital seguro.

V. Na prática, o interesse (ou a falta dele) tem sido usado, pelos tribunais, para invalidar seguros de acidentes de automóvel em que não se tenha curado de, como segurado, colocar o proprietário ou o efetivo utilizador do veículo. Nesse sentido, cumpre referir alguma jurisprudência do Supremo: STJ 22-mar.-2007[1073], STJ 20-jan.-2010[1074] e STJ 31-mar.-2011[1075].

Isto dito, o proprietário, mesmo quando não utilize o veículo, tem sempre interesse na sua integridade[1076], numa afirmação extensiva a titulares de outros direitos relativos à coisa[1077].

[1073] STJ 22-mar.-2007 (Silva Salazar), Proc. 07A230.
[1074] STJ 20-jan.-2010 (Alberto Sobrinho), Proc. 471/2002.
[1075] STJ 31-mar.-2011 (Moreira Alves), Proc. 269307.
[1076] RCb 14-jan.-2014 (Catarina Gonçalves), Proc. 1131/10.
[1077] RCb 3-mar.-2015 (Henrique Antunes), Proc. 15/13.9.

CAPÍTULO III
A RELAÇÃO DE SEGURO

§ 53.º PRÉMIO, COBERTURA DE RISCO E INDEMNIZAÇÃO

224. Generalidades

I. Entre os elementos do contrato inscreve-se o seu conteúdo, isto é, o conjunto das regras que, por via do seguro, se aplicam às partes ou a terceiros. O conteúdo do contrato de seguro assume uma feição muito vincada, unindo as partes e, eventualmente, terceiros, numa relação duradoura característica. Por isso, optamos por isolar a relação de seguro: com a ressalva de se tratar, ainda e a título de conteúdo, de um elemento contratual.

No estudo da relação de seguro, há que lançar mão da tecnologia disponível na área das teorias gerais do negócio e das obrigações. Nos seguros como noutras áreas privadas muito especializadas, verifica-se, por vezes, a manutenção de arcaísmos, que conservam em vida questões solucionadas já pela Ciência civil. Isto dito: o recurso aos quadros civis gerais só pode operar com cautelas. O Direito dos seguros desenvolveu, ao longo dos anos e mercê de uma prática intensiva, terminologias autónomas e conceitos próprios.

II. O conteúdo do contrato de seguro comporta, à semelhança dos outros contratos[1078], dados normativos e dados voluntários. Os primeiros correspondem a regras aplicáveis *ex lege*, isto é, às que o Direito associa à situação jurídica de seguro, independentemente de uma expressa vontade negocial nesse sentido. Os segundos advêm das cláusulas ajustadas e fixadas pelas partes.

[1078] *Tratado* II, 4.ª ed., 537 ss..

Os dados normativos, por seu turno, são supletivos ou injuntivos, consoante fiquem, ou não, na disponibilidade das partes. Como vimos, a LCS elenca preceitos injuntivos, a completar, eventualmente, à luz das regras gerais[1079].

Os dados voluntários, por seu turno, subdividem-se em necessários e eventuais: os primeiros equivalem a fatores que, embora na disponibilidade das partes, têm de, por elas, ser fixados, sob pena de incompleitude: por exemplo, o prémio; os segundos abarcam elementos que as partes poderão incluir no negócio se o entenderem: por exemplo, a cláusula de um terceiro beneficiário.

III. Todos estes dados podem ser isolados, para efeitos de análise. Mas não se perca de vista que eles funcionam em conjunto. Mesmo na prática dos negócios, os contratantes partem do todo para os dados periféricos. Além disso estamos, no universo dos seguros, perante uma atividade regulada pelo Estado e normalizada por condições gerais. A articulação de dados legais e normativos e das subdivisões que os animam torna-se mais teórica do que real. Opera, tão-só, como auxiliar de análise.

IV. Para além dos diversos componentes, o contrato de seguro origina direitos e obrigações para as partes que o tenham concluído. Estamos perante uma relação obrigacional complexa, com prestações a cargo de ambas. Podemos, com alguns complementos, fazer apelo aos quadros gerais das obrigações[1080], abaixo retomados[1081]. Temos:

– prestações principais: devidamente nominadas, elas dão corpo à estrutura básica da relação de seguro; na linguagem do artigo 1.º, temos o prémio, a cargo do tomador e a cobertura do risco e a indemnização, a cargo do segurador;
– prestações secundárias: condutas previstas por lei ou pelo contrato e que visam possibilitar, reforçar ou optimizar as prestações principais; por exemplo, o dever, a cargo do segurador, de formalizar o contrato, através da emissão da apólice de seguro (32.º/2); o qualificativo "secundário" não deve ser tomado como traduzindo uma categoria inferior, uma vez que a correspondente prestação pode

---

[1079] *Supra*, 512 ss..
[1080] *Tratado* VI, 319 ss..
[1081] *Infra*, 579 ss..

ser decisiva para o funcionamento do contrato; trata-se, tão-só, de uma diferenciação terminológica;
– deveres acessórios: condutas exigíveis a ambas as partes, por via da boa-fé e do conjunto normativo em jogo.

V. A estrutura basicamente obrigacional da relação de seguro explica que toda a disciplina aqui em causa possa ser explicada com recurso a jogos de prestações e de deveres acessórios. Intervém, aqui, um duplo fator de pragmatismo. Por um lado, cabe analisar com eficácia a LCS, o que pressupõe seguir a sua lógica interna, muito funcionalizada à dinâmica do seguro; por outro, cumpre ter em boa conta a diferenciação histórico-cultural dos seguros.

Em qualquer dos casos, a bússola civil tem sempre a maior utilidade.

225. O prémio

I. Como foi antecipado, o artigo 1.º da LCS, ao referir o "conteúdo típico" do contrato de seguro, explicita:

– o segurador cobre um risco determinado, obrigando-se a realizar a prestação convencionada em caso de ocorrência do evento aleatório previsto no contrato;
– o tomador do seguro obriga-se a pagar o prémio correspondente.

A prestação a cargo do segurador presta-se a múltiplas dúvidas. Começaremos, por isso, por analisar a do tomador do seguro.

II. A utilização do termo "prémio" no contrato de seguro tem sido objeto de discussões, quanto à sua origem[1082]. A expressão é universal: *premium*[1083], *Prämie*[1084], *prime*[1085] ou *premio*[1086], nas línguas inglesa, alemã, francesa e italiana, respetivamente.

[1082] José Vasques, *Contrato de seguro* cit., 242.
[1083] Malcolm A. Clarke, *The Law of Insurance Contracts* cit., 2.ª ed. 293 ss..
[1084] §§ 35 ss. do VVG; *vide* Ulrich Knappmann, em Prölss/Martin, *VVG* cit., 29.ª ed., 343 ss..
[1085] Yvonne Lambert-Faivre/Laurent Leveneur, *Droit des assurances* cit., 12.ª ed. 328 ss..
[1086] Artigo 1882.º do *Codice Civile*; *vide* Enrico Steindl, *Il contratto di assicurazione*, 2.ª ed. (1990), 153 ss., Pietro Rescigno (org.), *Codice civile*, 7.ª ed. (2008), 1, 3366 ss. e Luigi Farenga, *Manuale di diritto delle assicurazioni private*, 4.ª ed. (2015), 197 ss..

Prémio advém do latim *praemium*, de *prae* (prévio, preliminar ou primeiro) + *emo* (tomar para si ou capturar) e que, inicialmente, significava a parte da presa tomada ao inimigo e retirada, em primeiro lugar, para ser oferecida ao vencedor ou à divindade que assegurou a vitória. Passou, depois, a exprimir algo que era dado ou tomado em primeira linha ou lugar.

Nos seguros, a utilização do termo prémio poderá ter um sentido profundo: o tomador começa por pagar uma certa quantia, transferindo o risco para o segurador. Como veremos, o prémio deve mesmo ser pago em momento prévio: depois de decorrido o momento "perigoso", saber-se-á já se houve ou não "sinistro". O seguro não faz, então, qualquer sentido.

A expressão *prémio* está etimologicamente ligada ao pagamento preliminar.

III. As disposições comuns relativas ao prémio constam dos artigos 51.º a 57.º: serão considerados a propósito da execução do contrato[1087]. Para já, apenas se enfoca o artigo 51.º/1: o prémio é a contrapartida da cobertura acordada e inclui tudo o que seja contratualmente fixado como devido pelo tomador do seguro: a cobertura do risco, os custos de aquisição, de gestão e de cobrança e os encargos relacionados com a emissão da apólice.

226. A cobertura do risco

I. O artigo 1.º dispõe que, por efeito do contrato de seguro, o segurador cobre um risco determinado do tomador do seguro ou de outrem.

Os meandros do risco e do seu papel geral no contrato de seguro foram acima analisados[1088]. Pergunta-se agora, concretamente, o que entender por "cobertura do risco". Tomado à letra, o artigo 1.º em causa daria a resposta: cobrir um risco é obrigar-se a realizar a prestação convencionada em caso de ocorrência do evento aleatório previsto no contrato, isto é e na linguagem corrente, pagar a indemnização.

A resposta não é tão simples. Está em causa uma área tradicionalmente controversa do Direito dos seguros.

[1087] *Infra*, 738 ss.; desde já referimos Margarida Lima Rego, *O prémio*, em *Temas de Direito dos seguros* (2012), 191-212.
[1088] *Supra*, 537 ss..

II. "Cobertura do risco" é um arranjo vocabular, hoje frequente, para exprimir a situação jurídica do segurador após a conclusão do contrato de seguro e enquanto não sobrevém nenhum sinistro. Essa situação jurídica tem dado azo, ao longo da breve mas movimentada História dos seguros, às mais diversas explicações[1089].

Uma primeira explicação, dita teoria da prestação[1090], assimila o dever do segurador a um *facere*. Trata-se de uma orientação que encontramos em autores como Victor Ehrenberg[1091] ou Franz Helpenstein[1092] e que reaparece, sob outras vestes, até aos nossos dias[1093]. Através do seguro, o tomador, mediante um preço (o prémio), compra o bem "segurança". Esse bem não tem existência física: antes resulta de condutas (prestações), a cargo do segurador. Que condutas? Só por si, a teoria da prestação não o explica. Mas tem uma vantagem: posiciona os seguros na área dos serviços. Descritivamente, logo se intui que o segurador, em troca do prémio, vai prestar um serviço profissional ao segurado, proporcionando-lhe vantagens que podem ser descritas como "segurança", "assunção de risco" ou "cobertura de risco"[1094].

[1089] Vide Meinrad Dreher, *Die Versicherung als Rechtsprodukt* cit., 84 ss. e Walter Schmidt-Rimpler, *Die Gegenseitigkeit bei einseitig bedingten Verträgen/insbesonderer beim Versicherungsvertrag* (1968), 86 pp., 11 ss., onde pode ser confrontada mais de uma dezena de teorias. Com uma feição histórica, Franz Büchner, *Zum Begriff und zum Beginn der Versicherung*, FS Karl Sieg (1976), 111-125 (111 ss.); em síntese, Horst Baumann, *Vertragstypische Pflichten*, em Bruck/Möller, VVG cit., 9.ª ed. Nr. 27 ss. (295).

[1090] Uma versão larga da teoria da prestação pode ser confrontada em Adrian Hungerbühler, *Die Aequivalenz von Leistung und Gegenleistung im Versicherungsvertrag* (1972), 110 pp., 13-14.

[1091] Victor Ehrenberg, *Der Begriff des Versicherungsvertrages*, LZ 1907, 160-175 (166, 170 e *passim*) e *Die juristische Natur der Lebensversicherung*, ZHR XXXII (1886), 409-489 e XXXIII (1887), 1-127 (429 e 470-473), com a noção e os elementos do seguro em geral.

[1092] Franz Helpenstein, *Theorie der Versicherung: Privat- und Sozialversicherung//Ein Beitrag zur Theorie des Bedürfnisses und der Versicherung*, VersArch 5 (1930), 1-34 e 6 (1930), 55-78 (34 e *passim*).

[1093] Adrian Hungerbühler, *Die Aequivalenz von Leistung und Gegenleistung* cit., 13, refere, a propósito da teoria da prestação, autores como Ehrenberg, Ehrenzweig, Julius von Gierke, Kisch, Koenig, Prölss, Grieshaber, Bruck e Möller.

[1094] Franz Haymann, *Leistung und Gegenleistung im Versicherungsvertrag/Eine Grundfrage des Privatversicherungsrechts* (1933), 103 pp., 12-14.

III. Como segundo bloco de teorias, evoluídas da primeira, temos as de prestação em dinheiro (ou noutro valor): a *Geldleistungstheorie*[1095]. No fundo, o segurador ficaria obrigado a pagar a indemnização ao beneficiário, no caso de se verificar o facto aleatório (o sinistro) previsto no contrato. Essa indemnização seria o produto de uma obrigação condicionada: depende de um facto incerto: *incertus an* e *incertus quando*.

A construção da obrigação do segurador como prestação condicionada suscita rejeição, por parte dos estudiosos do Direito dos seguros[1096]. Por várias razões:

– ela implicaria contrapor a uma prestação certa (o prémio) uma prestação condicionada (a indemnização); ora, na lógica da condição, toda a vontade das partes ficaria condicionada;
– a aleatoriedade da indemnização é intrínseca à lógica do seguro; ora, a verdadeira condição surge como cláusula típica eventual; não essencial;
– o seguro vale por si, independentemente da concretização da "prestação condicionada".

Parece claro que não há, no seguro, uma vontade condicionada[1097]. Mas afigura-se evidente a presença de uma prestação dependente de um facto futuro e incerto e, nesse sentido, "condicionada", em termos suspensivos. Não pode alijar-se a aplicabilidade das regras civis sobre a condição, contidas nos artigos 270.º e seguintes, do Código Civil, na medida em que não sejam absorvidas ou substituídas por explícitas regras dos seguros. Por exemplo: quando o tomador do seguro ou o segurado provoquem dolosamente o sinistro, o segurador não é (em princípio) obrigado a efetuar a prestação indemnizatória (46.º/1); é patente a concretização do artigo 275.º/2, do Código Civil: a condição provocada, contra as regras da boa-fé, por aquele a quem aproveita tem-se como não verificada. Todas as demais regras sobre a condição encontram reflexos no regime dos seguros: verificá-lo-emos à medida que a matéria vá surgindo.

[1095] Em especial, Hans Möller, *Moderne Theorien zum Begriff der Versicherung und des Versicherungsvertrages*, ZVersW 51 (1962), 269-289 (281); outras indicações em Margarida Lima Rego, *Contrato de seguro e terceiros* cit., 324 ss..

[1096] Margarida Lima Rego, *Contrato de seguro e terceiros* cit., 325.

[1097] *Tratado* II, 4.ª ed., 617 ss., quanto à condição e ao seu regime.

O óbice da teoria da prestação em dinheiro é o de ela não explicar plenamente o conteúdo da posição do segurador. Com efeito e sem exaustividade:

– uma vez concluído o seguro, surge uma relação complexa entre as partes, de tipo duradouro;
– ao abrigo dessa relação, o segurador fica adstrito a deveres de informação e de assistência, de tipo contratual;
– para poder honrar a prestação indemnizatória eventual, o segurador fica adstrito a montar e manter toda uma estrutura organizativa, a recolher fundos e a geri-los, de modo a assegurar as garantias legais e a poder libertar as somas necessárias aos pagamentos a que tenha de fazer face;
– independentemente do sinistro, a existência do seguro representa um bem para o segurado: por vezes, dada a obrigatoriedade do seguro, esse bem será mesmo necessário, para o acesso a certas atividades.

Tudo isto ultrapassa, quer jurídica, quer socialmente, qualquer prestação em dinheiro, mesmo condicionada.

IV. A dimensão complexa e contínua da atividade exigida ao segurador levou à formulação da teoria da gestão de negócio (*Geschäftsführungstheorie*): primeiro por Hermann Eichler[1098] e, ulteriormente, por Wolfgang Schünemann[1099].

O raciocínio de base é simples. Pelo contrato de seguro, o segurador não assume, simplesmente, um dever de indemnizar eventuais sinistros, contra um prémio. Essa atuação implica toda uma organização, uma captação de múltiplos prémios e uma gestão adequada para, em caso de sinistros, libertar os fundos necessários. Temos: (a) uma atividade económica autónoma, (b) no interesse alheio, (c) sem se aplicar explicitamente outro regime e (d) a título oneroso[1100]. O recurso ao contrato de gestão é facilitado por o Código Civil alemão consagrar expressamente essa figura, no

---

[1098] Hermann Eichler, *Versicherung als Geschäftsbesorgung*, FS Hans Carl Nipperdey I (1965), 237-255 (247 ss., 255). *Vide* Walter Schmidt-Rimpler, *Die Gegenseitigkeit bei einseitig bedingten Verträgen* cit., 27.
[1099] Wolfgang Schünemann, *Rechtsnatur und Pflichtenstruktur des Versicherungsvertrages*, JZ 1995, 430-434 (432/II).
[1100] Hartwig Sprau, *Palandt/BGB*, 74.ª ed. (2015), § 675, Nr. 2-6 (1135).

seu § 675[1101]. Tudo isto pode ser complementado pela natureza fiduciária que sempre assume a atuação do segurador: a gestão de dinheiros (economicamente) alheios, com o inerente dever de os otimizar[1102].

A recondução do seguro a um contrato de gestão surge algo artificiosa. É verdade que o segurador deve corresponder a uma empresa capaz de reunir e de gerir os prémios: elemento necessário para que possa assumir compromissos, perante os segurados. Mas o tomador do seguro não tem quaisquer pretensões relacionadas com a gestão. O contrato não lhe dá, nesse domínio, nenhuma posição. Numa relação obrigacional como a do seguro, isso exprime a ausência, por parte do segurador, de um dever específico, nesse sentido. Haverá, porventura, deveres gerais, de ordem legal, sob a supervisão do Estado: mas não pretensões subjetivas.

A referência a um contrato de gestão não se deve, todavia, perder. Mesmo os críticos da sua aplicação ao seguro reconhecem que, no seguro, há elementos de uma gestão de negócio[1103]. Este será, pois, um fator a ter em conta, no estudo da posição do segurador.

V. Fica-nos a ideia de espelho pela contrapartida da suportação do risco (ou *Gefahrtragungsentgelt*). Esta fórmula, que remonta aos estudiosos do esquema da prestação/contraprestação no contrato de seguro[1104], tem múltiplas formulações[1105]. Ela procura a (difícil) bissetriz entre a ideia de uma obrigação de conforto, duradoura e a sua hipotética concretização, na hipótese de, ao sinistro, se acudir com uma indemnização[1106]. Digamos que o dever de suportar o risco ou de dar a segurança que isso

---

[1101] Oliver Fehrenbacher, PWW/BGB, 7.ª ed. (2012), § 675 (1373 ss.).

[1102] Jürgen Prölss, *Der Versicherer als "Treuhänder der Gefahrengemeinschaft"/ /Zur Wahrnehmung kollektiver Belange der Versicherungsnehmer durch den Privatversicherer*, FS Karl Larenz 80. (1983), 487-535 (491 ss., com diversas indicações).

[1103] Hans-Peter Schwintowski, *Die Rechtsnatur des Versicherungsvertrages*, JZ 1996, 702-710 (703/I e 705/I).

[1104] Franz Haymann, *Leistung und Gegenleistung im Versicherungsvertrag* cit., 14 ss., e *passim*.

[1105] Walter Schmidt-Rimpler, *Die Gegenseitigkeit bei einseitig bedingten Verträgen* cit., 39-50, alinha sete formulações, antes de oferecer a sua própria; desse mesmo Autor vide o artigo *Über einige Grundbegriffe des Privatversicherungsrechts/Studien zu einem System des Privatversicherungsrechts*, em Friedrich Klausing/Hans Carl Nipperdey/Artur Nussbaum, *Beiträge zum Wirtschaftsrecht* II (1931), 1211-1259 (1230 e 1247-1248).

[1106] Vide, ainda, Fritz Reichert-Facilides, *Zur Konkretisierung der Gefahrtragungsschuld des Versicherers/Eine zivilrechtliche Studie*, FS Karl Sieg (1976), 421-434 (421 ss.).

implica é tomado com um alcance material alargado e não, apenas, como uma atuação formal[1107].

227. O sinistro e a indemnização

I. Concluindo os elementos típicos do seguro, tal como adiantados pelo artigo 1.º da LCS, cumpre referir o sinistro e a indemnização.

Diz-se sinistro a (...) *ocorrência do evento aleatório previsto no contrato* (...) (1.º) ou (...) *a verificação, total ou parcial, do evento que desencadeia o acionamento da cobertura de risco prevista no contrato* (99.º).

O termo "sinistro" advém do latim *sinister*, que significa o lado esquerdo. De acordo com os presságios latinos, os voos das aves, caso estas optassem pela esquerda, eram prenúncio de desgraça. Por isso, em diversas línguas românicas, sinistro ou equivalente evoluiu, semanticamente, para exprimir a ideia de um acontecimento infausto ou de uma eventualidade desagradável.

Nos idiomas não-latinos recorre-se, a propósito da concretização do risco que origina a prestação do segurador, igualmente a termos depreciativos: *loss* ou *casualty*, em inglês e *Versicherungsfall*, em alemão. Esta última expressão é, de resto, a menos envolvida.

A anotação negativa do termo sinistro deve ser aproximada dos níveis significativo-ideológicos que, no seguro, envolvem as ideias de risco e de interesse seguro.

II. Apesar de a referida conotação negativa não ser inóqua, o sinistro deve ser tomado, simplesmente, como a concretização do risco seguro[1108]. Ele depende do acordado pelas partes, estando delimitado pelas ideias subjacentes ao risco assumido e ao interesse seguro. Nessas margens, podem as partes acordar nos mais diversos cenários de sinistros.

Deve-se ter em conta a tipificação dos ramos de seguros, levada a cabo pelo legislador, com fitos de supervisão[1109]. Além disso, a necessidade de normalização, derivada da própria natureza científica do seguro

---

[1107] Horst Baumann, em Brück/Möller, *VVG* cit., I, 9.ª ed. § 1.º, Nr. 35 (297-298).
[1108] Egon Lorenz, *Der subjektive Risikoausschluss durch § 61 VVG und die Sonderregulung*, VersR 2000, 2-11 (3/I).
[1109] *Supra*, 350 ss..

de massas, contribuiu para uma delimitação dos sinistros possíveis. Com este condicionamento, compete às partes no contrato de seguro configurar o risco e o interesse e, daí, o sinistro.

III. Ocorrido o sinistro, cabe ao segurador (...) *realizar a prestação convencionada* (...) (1.º). Tradicionalmente, tal prestação é dita indemnização: ela visaria remover o dano correspondente à concretização do risco. Essa asserção surge concreta em face dos seguros de danos (123.º e seguintes): mas com a precisão de a prestação do segurador, limitada ao dano derivado do sinistro, se comportar ainda dentro do capital seguro (128.º).

A recondução da indemnização devida pelo segurador, perante o sinistro, aos valores próprios do Direito dos seguros é efetivada através do risco e do interesse seguro. Nesses limites, ela depende da liberdade contratual das partes.

§ 54.º A RELAÇÃO GLOBAL DE SEGURO

228. Generalidades; o *instrumentarium* disponível

I. A relação de seguro comporta o prémio, a cobertura de risco, a eventualidade do sinistro e a indemnização dele resultante. Esses dados são, todavia, insuficientes para transmitir a ideia de relação em causa, por forma a suportar a dogmática subsequente.

Afigura-se que as construções tradicionais do Direito dos seguros, particularmente desenvolvidas na doutrina alemã, podem ser rejuvenescidas e melhoradas com recurso ao *instrumentarium* hoje disponibilizado pelo moderno Direito das obrigações e pelo vizinho e também atual Direito bancário.

II. O seguro apresenta-se, quer histórica quer dogmaticamente, como uma relação obrigacional complexa. Frente a frente temos duas partes, adstritas a condutas recíprocas. Tais condutas não se apresentam como casuais: elas prosseguem um programa prefixado, ainda que adaptável, em função do evoluir da realidade a que se reportam.

A relação obrigacional tem uma estrutura cuja discussão remonta ao Direito romano[1110]. Em releituras aprofundadas nos séculos XIX e XX, propuseram-se, para explicar o vínculo obrigacional, leituras pessoalistas (o credor tem direito a uma conduta do devedor), leituras realistas (o credor tem direito ao património do devedor), leituras mistas (a obrigação postula um vínculo de débito e uma respondência) e diversas reconstruções.

Hoje acentua-se a natureza complexa da obrigação, em termos que passamos a sintetizar[1111].

[1110] *Tratado* VI, §§ 17.º e seguintes.
[1111] *Tratado* VI, § 21.º, onde podem ser confrontadas as pertinentes indicações.

III. Como ponto de partida, a obrigação adstringe o devedor a deveres, isto é, à necessidade moral de adotar certas atitudes. Uma observação imediata logo revela que não há adstrições "simples": a não serem erráticas, quaisquer atuações têm um objetivo, o que implica logo uma diferenciação de atos. Uma obrigação, mesmo aparentemente elementar, dá lugar a condutas especificadas, em função de elementos intrínsecos, de elementos extrínsecos e de fatores linguísticos.

No plano intrínseco, as obrigações envolvem, pela natureza das coisas e para serem consequentes, atuações diversificadas. A entrega de uma coisa, por exemplo, implica deslocações, acomodações, contactos e disponibilidade para uma série de imponderáveis. Tudo isso pode ser juridicamente discernível, tendo um regime ditado pela finalidade da atuação e pela ambiência existente.

No plano extrínseco, as obrigações, designadamente as contratuais, são conformadas pela sua fonte. O objetivo prosseguido pelas partes e o modo de o alcançar são determinantes, assim se originando novas e mais variadas condutas.

Temos, ainda, de ter presente o fator linguístico. Uma obrigação envolve comunicação entre seres humanos. Em si, ela é um vínculo abstrato, impercetível pelos sentidos. Ela tem de ser conformada através da linguagem. Ora, dependendo do idioma utilizado, verifica-se que, em regra, há que recorrer a perífrases ou a adjunções vocabulares para exprimir uma ideia. Daí resultam novas complexidades, uma vez que cada vocábulo tende a manifestar uma ação simples.

IV. A ideia de obrigação como um vínculo relativo a uma prestação deve ser complementada: por razões intrínsecas, dispositivas ou linguísticas, qualquer obrigação dá azo a diversas prestações. Será um feixe de obrigações?

Na linguagem como no pensamento que ela conforma, a obrigação (complexa) surge enquanto unidade. Ela opera como um sistema que comporta, em torno de um ponto de vista unitário (normalmente, o fim prosseguido pelas partes), as diversas prestações que o sirvam. Tal unidade é relevante: para permitir uma comunicação operacional entre seres humanos e para fixar um regime jurídico coerente.

Aqui temos a prestação principal: aquela que, pelas apontadas razões intrínsecas (natureza das coisas), dispositivas (conformação da fonte, em regra, contrato) e linguísticas (a disponibilidade de locuções típicas para a comunicar) funciona como o ponto de vista unitário, em torno do qual se irá organizar o complexo obrigacional.

As atuações que compõem esse complexo serão as prestações secundárias.

V. A obrigação (complexa) é reconhecida pelo Direito. Este protege-a e concede uma série de meios, às partes envolvidas, para a sua efetivação. Mas fá-lo pró-ativamente. As partes (ambas as partes) devem conformar-se com os valores fundamentais da ordem jurídica. Não só a obrigação deve ser efetivada em função do programa material subjacente como, também, há que prevenir danos, a pretexto da presença de vínculos obrigacionais. A inserção do vínculo obrigacional, complexo no ordenamento faz surgir novos constrangimentos para as partes, linguisticamente veiculados através da ideia de deveres acessórios, ditados pela boa-fé.

Tais deveres, na sua dupla face de motor de efetivação do programa obrigacional e de tutela contra a vulnerabilidade derivada da confiança obrigacional, constituem um todo complexo, sem o qual o vínculo mais sólido perderia o sentido.

Hoje, reconhece-se que a obrigação pode subsistir sem prestações principais e secundárias: apenas assentes em deveres acessórios. É o que sucede nos vínculos *in contrahendo*, na eventualidade de insubsistência da prestação principal e em situações de pós-eficácia.

VI. A ideia de obrigação não corresponde a uma definição abstrata: antes a uma formulação geral-concreta, exteriorizada através de características marcantes.

Descritivamente, apontamos, na obrigação, um núcleo e um halo. O núcleo é formado pela prestação principal. O halo subdivide-se:

– um halo central, composto pelos deveres secundários ou instrumentais, destinados a reforçar o dever de prestar principal e neste (ou no contrato) encontrando a sua fonte;
– um halo periférico, assente em deveres acessórios, impostos pelo sistema como reconhecimento da juridicidade do vínculo.

O núcleo e o halo central obtêm-se pela interpretação do contrato, com as normas a tanto dirigidas; o halo periférico advém da interpretação da lei e da concretização dos conceitos indeterminados pertinentes.

VII. Ainda uma palavra quanto à ideia atual de "prestação" (principal). Classicamente, a prestação era uma conduta humana, isto é, uma ação. Todavia, a construção do que possa ser um "direito a uma conduta alheia" soçobra em múltiplas dificuldades, práticas e filosóficas. Além disso, verificou-se que a obrigação pode visar não uma ação, mas uma omissão ou, até, uma suportação.

Assim, opta-se por definir a prestação como a concessão de uma vantagem a outrem, no quadro de uma relação específica entre duas pessoas.

VIII. A aplicação desta técnica obrigacional, conquistada após dois séculos de intensa discussão, afigura-se decisiva, para modernizar o Direito dos seguros. A ideia de obrigação complexa, concebível e operacional mesmo na falta de prestações principais, permite explicar muito da relação de seguro e, designadamente: qual o seu sentido e qual a sua subsistência na falta de um sinistro e da prestação de indemnização que dele decorre.

229. Uma relação duradoura

I. Uma prestação requer, sempre, algum tempo para se concretizar. Em termos jurídicos, o diferimento daí resultante pode não ter significado: tudo se passa como se ela fosse de execução instantânea, extinguindo-se logo de seguida, a própria obrigação. A hipótese inversa também é possível: a execução da prestação prolonga-se por um período de tempo alongado, com relevância jurídica, isto é, com reflexos no seu regime. A obrigação diz-se duradoura[1112].

II. Dentro das obrigações duradouras, a prestação prolongada pode assumir uma de duas feições:

– contínua: exige uma atuação permanente, *quotidie et singulis momentis* ou, pelo menos, quando o cumprimento decorra, juridicamente, sem quebras de continuidade; tal o caso da obrigação de guarda da coisa, a cargo do depositário – 1187.º, *a*), do Código Civil;

[1112] Quanto às relações duradouras, à sua evolução e à sua dogmática, *Tratado* VI, § 41.º, onde podem ser confrontadas as competentes indicações.

– sucessiva: o cumprimento opera em momentos distintos, separados no tempo por intervalos juridicamente relevantes: será o caso da obrigação de pagamento de renda ou aluguer – 1038.º, a), do mesmo Código.

Em função do objeto da relação duradoura, podemos abrir distinções úteis quanto ao seu objeto. Assim[1113]:

– a relação de fornecimento, traduzida em sucessivas transferências de propriedade sobre coisas corpóreas;
– a relação de serviço, caracterizada por um *facere* prolongado;
– a relação-quadro, que implica atos jurídicos sucessivos, no seu desenvolvimento.

III. As obrigações duradouras têm uma dogmática relativamente recente. Embora conhecidas por Savigny[1114], elas apenas foram desenvolvidas e divulgadas, já no século XX, por Otto von Gierke[1115]. No fundamental, elas teriam as especificidades seguintes:

– nas obrigações instantâneas, o cumprimento opera como causa de extinção; nas duradouras, ele ocorre de modo constante, antes as reforçando;
– as obrigações duradouras envolvem abstenções e prestações positivas;
– as obrigações duradouras têm formas específicas de extinção.

A dogmática das obrigações duradouras foi-se desenvolvendo. Por ventura aquém do esperado: existe uma especialização marcada das relações duradouras mais marcantes, dobrada por regras imperativas, que dificulta generalizações. Pense-se nas relações de arrendamento, nas de trabalho, nas societárias e, como abaixo veremos, nas de seguro.

No Direito alemão, apenas a reforma do BGB de 2001/2002 logrou consagrar uma referência geral às relações duradouras. Recolhendo um

---

[1113] Georg Fuchs-Wissemann, *Die Abgrenzung des Rahmenvertrages vom Sukzessivlieferungsvertrag* (1980), 19 ss. e 91 ss..

[1114] Friedrich Carl von Savigny, *Obligationenrecht als Theil des heutigen Römischen Rechts* 1 (1851), § 28, 2 (302).

[1115] Otto von Gierke, *Dauerndes Schuldverhältnis*, JhJb 64 (1914), 355-411 e *Die Wurzeln des Dientsvertrages*, FS Brunner 1914, 37-68 (41 ss.).

princípio jurisprudencialmente consagrado, o § 314/I, do BGB, veio dispor[1116]:

> Cada parte num contrato pode, independentemente do prazo, pôr termo a uma relação duradoura com base num fundamento importante. Existe fundamento importante quando, à parte denunciante, não possa ser exigida a manutenção da relação contratual até ao seu termo ou até ao decurso de um prazo de denúncia, de acordo com as circunstâncias do caso concreto e sob a ponderação dos interesses de ambos.

IV. A relação de seguro é comumente apresentada como uma relação duradoura[1117]. Efetivamente e por definição, ela opera de modo diferido: desde a conclusão do contrato de seguro até (pelo menos) ao sinistro, medeia um espaço de tempo juridicamente relevante, durante o qual decorrem atos de cumprimento.

Mas a partir dessa constatação, a natureza duradoura da relação não tem conduzido a um especial progresso na dogmática dos seguros. Afigura-se-nos que essa quiescência deve ser superada através da aplicação dos atuais instrumentos obrigacionais e do aproveitamento da experiência acumulada no domínio da relação bancária complexa.

230. Os encargos (*Obliegenheiten*)

I. Na construção da relação complexa de seguro, articulam-se direitos e deveres de ambas as partes. Mas além disso, surgem posições passivas irredutíveis à ideia de dever e que conduzem à introdução de um novo conceito: o de encargo.

[1116] De mencionar: Günther Beitzke, *Nichtigkeit, Auflösung und Umgestaltlung von Dauerrechtsverhältnissen* (1948), 78 pp., Günther Wiese, *Beendigung und Erfüllung von Dauerschuldverhältnissen*, FS Nipperdey I (1965), 837-851 e Hartmut Oetker, *Das Dauerschuldverhältnis und seine Beendigung/Bestandsaufnahme und kritische Würdigung einer tradierten Figur des Schuldrechtsdogmatik* (1994), XXXIII + 757 pp.. Quanto a anotações: Christian Grüneberg, no *Palandt BGB*, 74.ª ed. (2015), § 314 (537 ss.), e Dieter Medicus/Michael Stürner, no *PWW/BGB*, 7.ª ed. (2012), § 314 (574 ss.).

[1117] Como exemplo: Walter Schmidt-Rimpler, *Die Gegenseitigkeit bei einsitig bedingten Verträgen* cit., 68, Manfred Werber/Gerrit Winter, *Grundzüge des Versicherungsvertragsrechts* (1986), XIV + 149 pp., Nr. 45 (17) e, entre nós, Margarida Lima Rego, *Contrato de seguro e terceiros* cit., 449 ss..

§ 54.º *A relação global de seguro*

Preconizamos "encargo" como equivalendo a *Obliengenheit* (à letra: incumbência)[1118]. A *Obliengenheit* era utilizada, nos séculos XVIII e XIX, para exprimir as funções dos soberanos e dos oficiais superiores, que lhes cabia exercer.

Com a lei dos seguros alemã de 1908, a doutrina foi confrontada com posições jurídicas, designadamente na esfera do tomador, que este devia exercer se pretendesse beneficiar de certas vantagens: por exemplo, a participação do sinistro. Não eram deveres, uma vez que o seu "cumprimento" não podia ser exigido pelo segurador e a sua "omissão" não ocasionava, por si, qualquer dever de indemnizar[1119].

A doutrina do princípio do século XX começou a analisar situações concretas de encargos[1120], interrogando-se sobre a sua natureza[1121]. A matéria foi acolhida e retomada na doutrina suíça dos seguros[1122].

[1118] *Tratado* I, 918 ss..

[1119] Como obra de referência, com muitos elementos, Susanne Hähnchen, *Obliegenheiten und Nebenpflichten/Eine Untersuchung dieser besonderen Verhaltensanforderungen im Privatversicherungsrecht und im allgemeinen Zivilrecht unter besonderer Berücksichtigung der Dogmengeschichte* (2010), XXI + 351 pp.. Existe uma bibliografia inabarcável, uma vez que o tema das *Obliegenheiten* dá corpo a um campo dogmaticamente em aberto no Direito dos seguros (e no Direito civil); em Helmut Heiss, *§ 28 – Verletzung einer vertraglichen Obliegenheit*, no Bruck/Möller, *VVG-Kommentar* I, §§ 1-32, 9.ª ed. (2008), 788-890 (789-791), podem ser confrontadas muitas dezenas de títulos sobre o tema, outro tanto sucedendo em Mandfred Wandt, no *Münchener Kommentar zum VVG* I, §§ 1-99 (2010), 1217-1359 (1217-1220). *Vide*, ainda, Sven Marlow, *Grundlagen zu den Obliegenheiten des VN*, em Roland Michael Beckmann/Annemarie Matusche-Beckmann, *Versicherungsrechts-Handbuch*, 3.ª ed. (2015), § 13 (717-765).

[1120] Werner Moschel, *Die Obliegenheiten in dem Gesetz über den Versicherungsvertrag* (1922, dact.), VI + 111 pp. e Henrich Krebs, *Die Stellung des Versicherten und seine Beziehungen zum Versicherer bei der Versicherung für fremde Rechnung unter besonderer Berücksichtigung der Obliegenheiten* (1934), 74 pp..

[1121] Johannes Arens, *Zum Wesen der Obliengenheiten im Versicherungsrecht* (1940), 66 pp.. *Vide* Hans Schack, *Deutsches Versicherungsrecht/Übersicht über deutsches Schrifttum und deutsche Rechtsprechung zum Gesetz über den Versicherungsvertrag vom 30. Mai 1908 seit dem Umbruch des Jahres 1933 bis Ende Juni 1938* (1938), 272 pp., 48 ss..

[1122] August Kern, *Die Rechtsnatur der versicherungsrechtlichen Obliegenheiten* (1949), 121 pp. e Roland Schaer, *Rechtsfolgen der Verletzung versicherungsrechtlicher Obliegenheiten* (1972), 164 pp..

O *Reichtsgericht* deu-lhe guarida[1123], passando a usá-la como uma forma de tutelar o tomador do seguro[1124].

A grande viragem para uma teoria geral dos encargos, com uma presença no Direito civil, ficou a dever-se a Reimer Schmidt, numa obra incontornável publicada em 1953 e que veio dar consistência metodológica e, até, jurídico-filosófica a esta figura[1125]. Seguiram-se aplicações no Direito civil[1126] e novos aprofundamentos no Direito dos seguros[1127] e no Direito comum[1128], bem como estudos comparatísticos, que permitiram revelar o universalismo da ideia[1129].

[1123] *Vide infra*, 588, a referência a algumas decisões. Outras indicações em Susanne Hähnchen, *Obliengenheiten* cit., 147 ss..

[1124] Tobias Prang, *Der Schutz der Versicherungsnehmer bei der Auslegung von Versicherungsbedingungen durch das Reichtsgericht* (2003), 337 pp., 66 ss..

[1125] Reimer Schmidt, *Die Obliengenheiten/Studien auf dem Gebiet des Rechtszwanges im Zivilrecht unter besonderer Berücksichtigung des Privatversicherungsrecht* (1953), XXII + 338 pp.. *Vide* a rec. Josef Esser, AcP 154 (1955), 49-52. A análise do mito de Reimer Schmidt pode ser confrontada em Susanne Hähnchen, *Obliengenheiten* cit., 9 ss..

[1126] Gerhard Weichselbaumer, *Die Obliengenheiten im Bürgerlichen Gesetzbuch und im Handelsgesetzbuch* (1959), VI + 208 pp..

[1127] Dieter Bertsch, *Die Abgrenzung von Risikobeschränkungen und vertraglich begründeten Berücksichtigung des Rechts der allgemeinen Haftpflichtversicherung* (1964), XV + 82 pp., Michael Kalka, *Die Nebenpflichten im Lebensversicherungsvertrage/ Zugleich ein Beitrag zur Frage der Obliengenheiten des Versicherungsrechts* (1964), 223 pp., Ulf Michael Stultenberg, *Zur Abgrenzung und Modifizierung von vertraglich vereinbarten Obliengenheiten* (1973), XVII + 161 pp., Gerd Kühbort, *Die Obliengenheiten des Versicherungsnehmers in der Rechtsschutzversicherung beim und nach dem Eintritt eines Versicherungsfalles* (1988), XXX + 277 pp., René Steinbeck, *Die Sanktionierung von Obliengenheitsverletzungen nach dem Alles-oder-Nichts- Prinzip* (2007), XIX + 237 pp. (13 ss.) e Gerhard Liening, *Versicherungsvertragliche Obliengenheiten im Spannungsfeld von Vertragspflicht und Vertragsstrafe* (1992), XXIX + 131 pp..

[1128] Andreas Nelle, *Neuverhandlungspflichten/Neuverhandlungen zur Vertragsanpassung und Vertragsergänzung als Gegenstand von Pflichten und Obliengenheiten* (1993), XXXIII + 340 pp..

[1129] Silvia Buck, *Die Obliengenheiten im spanischen Versicherungsrecht/Eine rechtsvergleichende Untersuchung zwischen deutschem und spanischem Recht* (2003), 329 pp. e Giesela Rühl, *Obliengenheiten im Versicherungsvertragsrecht/auf dem Weg zum Europäischen Binnenmarkt für Versicherungen* (2004), XXVII + 400 pp., onde se procede a uma comparação entre o Direito alemão e o inglês: na conclusão do contrato (37 ss.), na sua execução (141 ss.) e no sinistro (249 ss. e 285 ss.).

§ 54.º A relação global de seguro 587

As *Obliengenheiten* estão presentes nos diversos contornos dos seguros, em dezenas de artigos[1130] e são tratadas nos manuais[1131], cabendo saudar grandes monografias de enquadramento[1132]. Além disso, elas são, hoje, património civil[1133].

II. O encargo prefigura uma conduta de uma das partes, prevista no contrato ou em regras aplicáveis. Tal conduta é necessária, para a produção de um determinado efeito. Todavia, se for inobservada, a contraparte não tem nem o direito de pedir a sua execução judicial, nem o de exigir uma indemnização. As consequências da inobservância de encargo exaurem-se na não obtenção do efeito de cuja produção se trate ou na sua não obtenção por inteiro[1134].

Não se perfila, todavia, um ónus. Desde logo porque os ónus são preferencialmente reservados para as leis processuais. E de seguida porque o regime dos encargos, na medida em que pode relevar, aquando do seu não-"cumprimento", a culpa do "faltoso" se aproxima mais do dos deveres.

Tomemos o exemplo, já referido, da participação do sinistro, agora perante a LCS. O artigo 100.º/1 dispõe que a verificação do sinistro deve ser comunicada ao segurador, pelo tomador, pelo segurado ou pelo beneficiário, no prazo fixado no contrato ou, na falta deste, nos oito dias imediatos ao do conhecimento. Além disso, na participação devem ser explicitadas as

---

[1130] Por exemplo: Ulrich Knappmann, *Rettungsobliengenheiten und Rettungskostenersatz bei der Vorestreckung*, VersR 2002, 129-133, Ansgar Hamann, *Anderung im Obliengenheitenrecht/Auswirkungen aud die Praxis in der Betrugsabwehr*, VersR 2010, 1149-1152 e Thomas Majerle, *Die vertragliche Obliengenheiten, den Umfallort nicht zu verlassen, in der Kaskoversicherung*, VersR 2011, 1492-1497.

[1131] Por exemplo: Hermann Eichler, *Versicherungsrecht*, 2.ª ed. (1976), 38 ss., Hans-Leo Weyers/Manfred Wandt, *Versicherungsvertragsrecht*, 3.ª ed. (2003) e Manfred Wandt, *Versicherungsrecht* cit., 5.ª ed. 201-236.

[1132] Susanne Hähnchen, *Obliengenheiten und Nebenpflichten/Eine Untersuchung dieser besonderen Verhaltungsanforderungen im Privatversicherungsrecht und im allgemeinen Berücksichtigung der Dogmengeschichte* (2010), XXI + 351 pp., já citada.

[1133] Por exemplo: Dirk Olsen, no *Staudingers Kommentar zum BGB*, 2 – *Einleitung zum Schuldrecht*; §§ 241-243 (2009), § 241, Nr. 120-132 (167-172), com muitas indicações, Dieter Medicus, *Allgemeiner Teil des BGB/Ein Lehrbuch*, 10.ª ed. (2010), Nr. 59 (29-30) e Manfred Wolf/Jörg Neuner, *Allgemeiner Teil des Bürgerlichen Rechts*, 10.ª ed. (2012), § 19, Nr. 38-40 (201-211).

[1134] Em Helmut Heiss, no Bruck/Möller, *VVG* cit., I, § 28, Nr. 23 (802-806), pode ser vista uma lista extensa de *Obliengenheiten*, com base na jurisprudência.

circunstâncias, as causas e as consequências do sinistro (n.º 2) e as informações relevantes solicitadas pelo segurador (n.º 3). E se estes "deveres" não forem cumpridos? O artigo 101.º admite que, nessa eventualidade, o contrato possa prever a redução da prestação do segurador (n.º 1) ou até a perda da cobertura, se houver não-execução dolosa ou se tiver ocorrido dano significativo para o segurador (n.º 2). O artigo 102.º/3 e 4 prevê ressalvas.

Embora a lei fale, repetidamente, em "deveres" e em "incumprimento", a propósito da participação do sinistro, parece claro que não se trata de uma obrigação propriamente dita. O segurador não pode exigir o seu cumprimento: logo, não há um crédito à participação ou uma pretensão nesse sentido. Além disso, ele não é ressarcido pelo seu incumprimento. O que sucede é, antes, o facto de o segurado ou outro beneficiário, na falta do acatamento do encargo, não poder desfrutar da indemnização: no todo ou em parte.

Não se trata de subtilezas: o interessado tem o "direito" de não fazer a participação. Pode convir-lhe: imagine-se que não quer perder bónus (hipótese frequente) ou que o sinistro ocorreu em circunstâncias que prefere manter secretas, sem com isso violar a lei (por exemplo: um acidente pouco significativo num local onde era suposto o segurado não se encontrar). O encargo não se confunde, pois, com o dever.

III. A precisa natureza dos encargos, levantou dúvidas. Surgem diversas teorias[1135], que podemos sistematizar em:

– a teoria da pressuposição[1136];

[1135] Hermann Eichler, *Versicherungsrecht* cit., 2.ª ed. 40 ss.; Manfred Wandt, *Versicherungsrecht* cit., 5.ª ed. Nr. 541-544 (203-205); Helmut Heiss, no Bruck/Möller, *VVG* cit., I, § 28, Nr. 36-45 (811-814); Susanne Hähnchen, *Obliengenheiten* cit., 131 ss., 169 ss., 203 ss. e 233 ss..

[1136] Sven Marlow, *Grundlagen zu den Obliengenheiten* cit., Nr. 4 (661), com indicações. Cumpre fazer uma referência particular à habilitação de Dirk Looschelders, *Die Mitantwortlichkeit des Geschädigten im Privatrecht* (1999), XLII + 681 pp., 224 ss. (229 ss.); Peter Schimikowski, *Versicherungsvertragsrecht*, 4.ª ed. (2009), Nr. 176 (124); Joachim Felsch, em Wilfried Rüffer/Dirk Halbach/Peter Schimikowski, *Versicherungsvertragsgesetz/Handkommentar* (2009), § 28, Nr. 5 (237); Jürgen Prölss, em Prölss/Martin, *VVG/Kommentar* cit., 28.ª ed., § cit., 28.ª ed., Nr. 38 (302).

Esta posição surge, ainda, na jurisprudência: RG 25-jan.-1904, RGZ 56 (1904), 346-357, RG 28-jun.-1904, RGZ 58 (1905), 343-348 (346), RG 19-jun.-1931, RGZ 133 (1931), 117-124 (122) e BGH 13-jun.-1957, BGHZ 24 (1957), 378-386 (382) = VersR 1957, 458-459 (458/II) = NJW 1957, 1233-1235 (124/I).

– a teoria da vinculação[1137]
– a teoria do dever mitigado[1138];
– a teoria do dever acessório[1139];
– a teoria do encargo.

Segundo a teoria da pressuposição, o cumprimento de um encargo seria simplesmente um pressuposto objetivo para a obtenção dos direitos do tomador. Digamos que o interesse do "cumprimento" residiria aqui não na esfera do "credor" (do segurador), como seria curial, mas na do próprio "devedor".

A teoria da vinculação toma o encargo como uma obrigação comum ou como um dever que cumpre executar.

A teoria do dever mitigado sustenta antes que o encargo traduz uma adstrição jurídica de força reduzida.

A teoria do dever acessório tem sido propugnada por alguma doutrina mais recente, acima referida, que aproveita avanços jurídico-científicos recentes do Direito das obrigações. Os deveres acessórios, ao contrário dos deveres de prestar, principal e secundários, não dão sempre azo a pretensões de cumprimento ou de indemnização. Podem ter consequências variáveis. Com esta amplitude, eles poderiam absorver as *Obliengenheiten*.

A teoria do encargo descobre, nesta figura, algo dotado de natureza própria, que só perde se for reconduzido a conceitos preexistentes.

IV. Aparentemente domina ainda, na doutrina dos seguros (alemã) e por força da inércia, a teoria da pressuposição. Na verdade, o regime dos encargos, embora não esteja generalizadamente referido na lei, não se confunde com o dos deveres e isso mau grado a lei – designadamente a portuguesa – usar expressões como "deveres" ou até "está obrigado" (24.º/1)[1140]. Falar em "deveres amortecidos" pouco adianta: seriam, na mesma, deveres, conquanto que de direção diversa. Mas também não se trata de "pressuposições" neutras: o Direito, quando prescreve encargos,

---

[1137] *Vide* indicações em Susanne Hähnchen, *Obliegenheiten* cit., 173 ss.; a ideia de vinculação resultou do VVG de 1908 que fala, explicitamente, em deveres.

[1138] Reimer Schmidt, *Die Obliegenheiten* cit., *maxime* 314-315.

[1139] Helmut Heiss, no Bruck/Moller, *VVG* cit., I, 9.ª ed. § 28, Nr. 46 (815) e, particularmente, Susanne Hähnchen, *Obliegenheiten* cit., 233 ss..

[1140] Este tipo de redação explica-se por a doutrina portuguesa não se ter ainda ocupado com o tema das *Obliegenheiten*.

visa orientar as condutas humanas, ainda que através de uma técnica específica e deixando ao visado a plena liberdade de decidir. A recondução aos deveres acessórios implica o alargamento destes, com perdas dogmáticas. Embora acessórios, estes deveres derivam do sistema e devem ser acatados.

Ficamo-nos, pois, pela teoria do encargo: uma figura passiva, de exercício facultativo, posta pelo Direito como modo de prosseguir um certo resultado. O regime é sempre causal, relativamente à qualificação. Vamos proceder a uma contraprova. Assim e por exemplo:

A violação, pelo segurador, dos deveres de informação e de esclarecimento previstos nos artigos 18.º a 22.º dá lugar a responsabilidade civil (23.º/1); trata-se de verdadeiros deveres jurídicos, que integram a relação de seguro complexa; já a inobservância dolosa dos deveres de informação a cargo do tomador do seguro ou do segurado (24.º) dá azo à anulabilidade do contrato (25.º/1) ou à não cobertura (25.º/3), enquanto a negligência pode originar alterações ao contrato (26.º/1), a sua cessação (26.º/2), a cobertura parcial ou a não cobertura do sinistro (26.º/4); desta feita, temos encargos, que integram, também, a relação complexa.

O conceito de encargo corresponde a uma das mais interessantes criações do Direito dos seguros. Hoje, ele pertence à teoria geral do Direito privado.

231. Da relação complexa à relação geral

I. A conclusão de um contrato de seguro origina uma relação complexa, entre as partes. Essa relação envolve:
- prestações principais: o prémio, a cobertura do risco e a indemnização, no caso de sinistro;
- prestações secundárias: as diversas condutas requeridas às partes, para a boa execução do programa assumido, por via legal ou por via contratual e cuja inobservância dá azo a pretensões de cumprimento e/ou de indemnização;
- encargos: as condutas que as partes, normalmente o tomador, devem assumir, para conseguir certos efeitos contratual ou legalmente previstos;

– deveres acessórios: as atuações exigíveis, às partes, por via dos valores fundamentais do sistema, veiculados através do princípio da boa-fé.

As situações individuais, designadamente a do segurador, são ainda enriquecidas por elementos funcionais, que transcendem a relação *inter partes*. Intervém, aqui, o elemento "gestão de negócios": o segurador deve recolher os prémios e proceder, com eles, a uma gestão prudente, de modo a poder acudir, em caso de sinistro. Inscreve-se, ainda e nesta dimensão, a sujeição à supervisão do Estado (do ISP), num conjunto que complementa uma tutela reflexa, de que beneficia o tomador.

Todas estas condutas são orientadas em função do escopo fundamental do contrato: a assunção, onerosa e profissional, do risco.

II. Independentemente da concreta conclusão de um contrato de seguro, as partes (o segurador, diretamente ou através de um mediador e o tomador) ficam envolvidas numa relação ainda mais vasta do que a relação contratual complexa. Chamar-lhe-emos a relação geral ou global de seguro.

Neste ponto, podemos lançar mão, enquanto elemento auxiliar de construção científica, da figura da relação bancária geral[1141]. Entre um banqueiro e o seu cliente não são concluídos, em regra, meros atos bancários singulares. Antes surge um fluxo de negócios, cuja construção científica tem vindo a evoluir. No início do século XX, foi sustentada a existência de um contrato bancário geral: o banqueiro e o seu cliente dariam, voluntariamente, corpo a um quadro contratual normativo, no qual se inscreveriam, depois, as múltiplas operações bancárias que animam a banca: conta, depósitos, giro bancário, transferências, emissão de cheques, emissão de cartão bancário, aconselhamento, crédito e tantas outras. A existência de tal contrato bancário geral seria particularmente clara na Alemanha, uma vez que, desde 1937, os diversos bancos adotaram cláusulas contratuais gerais uniformes, que regulavam todo o procedimento bancário, desde a abertura de conta até à cessação da relação. A ideia de contrato bancário geral entrou, depois, em regressão: acusada de artificialismo e de proporcionar uma ideia de que o banqueiro poderia ficar obrigado a conceder crédito. Em sua substituição, foi propugnada uma teoria de relação bancária legal: por força da boa-fé, entre o banqueiro e o seu cliente estabelecer-se-ia uma relação

---

[1141] *Direito bancário*, 5.ª ed. (2014), 253 ss., onde podem ser confrontadas quer a evolução do tema, quer diversas indicações legais, doutrinárias e jurisprudenciais.

de confiança. Por via dela, ambas as partes ficariam adstritas a especiais deveres de informação e de lealdade. Mais recentemente, voltou a surgir um pensamento de tipo contratual: afinal, o banqueiro e o seu cliente constroem, voluntariamente, uma relação de negócios, em cujo âmbito se vão, depois, inscrever os diversos atos bancários.

De facto, qualquer relação bancária pressupõe um contrato inicial: o contrato de abertura de conta. No âmbito desse contrato são, depois, praticados os diversos atos, seja como mera execução do quadro previamente acordado, seja como negócios dotados de autonomia. São atos de execução, eventualmente inseridos no âmbito de cláusulas típicas, os diversos depósitos, a conta-corrente bancária, o giro bancário, os pagamentos e os recebimentos, as transferências, a emissão de cheque e a emissão de cartão. São negócios dotados de autonomia a concessão de crédito e as atuações parabancárias, designadamente as operações com títulos de crédito e com valores mobiliários. Tudo isto é dobrado por deveres acessórios de lealdade e de informação, ditados pela boa-fé.

III. A relação geral do seguro surge, em regra, com os contactos pré-contratuais. Logo nessa ocasião, em paralelo com o que resultaria da boa-fé *in contrahendo* (227.º/1, do Código Civil), ocorrem deveres de informação e esclarecimento a cargo do segurador (18.º a 23.º) e encargos de informação a cargo do tomador ou do segurado (24.º a 26.º). O contrato conclui-se, em certas circunstâncias, mesmo no silêncio do segurador (27.º). Uma vez celebrado por um ano, ele prorroga-se, sucessivamente, por períodos idênticos, salvo cláusula em contrário (41.º/1), considerando-se um contrato único (41.º/3). Na vigência do contrato, cabem deveres de informação, designadamente relativos a alterações do risco (91.º a 94.º). Após a cessação do contrato, podem subsistir certas adstrições (106.º/1). Toda a relação, mesmo que o contrato não surja, é pontuada por um dever de sigilo (119.º/1).

IV. Além dos aspetos sumariados, deve atentar-se em que, nos nossos dias, a tendência vai no sentido da conclusão de vários seguros. O cidadão comum toma seguros diversos: obrigatórios, de responsabilidade civil automóvel e de incêndio em propriedade horizontal e facultativos mas comuns, como seguros relativos a imóveis adquiridos a crédito, seguros de vida a favor do banqueiro, seguros de saúde, seguros multi-riscos e outros. Além disso, são frequentes outros seguros, como o de responsabilidade profissional, o de caça e os de viagem. Uma empresa concluirá nos mais diversos seguros de responsabilidade civil, de acidentes de trabalho, de responsabilidade automóvel e relativos a imóveis. Sem dificuldade, uma sociedade média pode concluir dezenas de contratos de seguro. Temos uma carteira, pelo lado do tomador.

Os seguros contratados em série são-no, em regra, com o mesmo segurador. Este pode dispor de pacotes, destinados a fidelizar e a motivar os seus clientes. Aprofundada a relação, é frequente os seguros serem contratados por telefone, procedendo-se, depois, à emissão da competente apólice. Em suma: ocorre uma relação geral de seguro, em cujo âmbito se vão, depois, inscrever diversos contratos de seguro.

V. A existência de uma relação geral de seguro não será tão impressiva como a que surge, no Direito bancário, na sequência de um contrato de abertura de conta. Mas ela não é inóqua. Havendo uma relação geral de seguro, reforçadas ficam as confianças das partes. Os deveres de informação, de esclarecimento e de acompanhamento esmorecem, por um lado, uma vez que estamos entre pessoas que se apreciam e que conhecem os produtos em jogo. Mas por outro, acodem deveres de lealdade e de informação, relativos a anomalias inesperadas.

Tudo isso deve ser tido em conta, na concretização dos regimes aplicáveis.

§ 55.º FUNÇÃO E NATUREZA DO SEGURO

232. A função do seguro

I. O tema da função do seguro anda muitas vezes envolvido com o da natureza da prestação do segurador. De facto, a resposta a este último ponto pode refletir ou implicar uma determinada função. Todavia, para melhor cercar a problemática em causa, afigura-se interessante abordar separadamente o prisma da função.

II. Num primeiro momento, o seguro tinha uma função de jogo[1142]: permitia a alguma das partes ganhar, perante a eventual ocorrência do sinistro e do momento em que tal sucedesse. Com a industrialização dos seguros, costumam-se apontar as seguintes[1143]:

– a teoria indemnizatória;
– a teoria da necessidade eventual;
– a teoria dualista;
– a teoria do risco.

Segundo a teoria indemnizatória, o seguro teria, por função, a de suprir o dano, caso ele ocorresse. Surgem várias objeções. Em primeiro lugar, o termo "indemnização", aplicado à prestação da seguradora, no caso de sinistro, não é tecnicamente ajustado. O segurador paga o capital seguro: não "indemniza". Seguidamente, não se apura uma proibição direta de, por via do seguro, o beneficiário poder obter uma vantagem

---

[1142] Peter Jabornegg, *Wesen und Begriff der Versicherung* cit., 555.
[1143] Luca Buttaro, *Assicurazione in generale*, ED III (1958), 427-454 (431 ss.), J. C. Moitinho de Almeida, *O contrato de seguro no Direito português e comparado* (1971), 10 ss. e Manfred Werber/Gerrit Winter, *Grundzüge des Versicherungsvertragsrechts* cit., 3-4, como exemplos de três distintas literaturas.

ou um enriquecimento[1144]: apenas há que observar certas regras (128.º a 136.º), que não se confundem com o prescrito no domínio da indemnização (562.º a 572.º, do Código Civil). Por fim, temos toda a área do seguro de pessoas que, assumidamente, não depende do dano nem postula prestações indemnizatórias (175.º/2).

III. Para a teoria da necessidade eventual, o seguro visaria enfrentar eventualidades com que o segurado fosse confrontado[1145]. Desta feita, tem-se em vista o seguro de pessoas, numa primeira linha. A "necessidade" acaba, todavia, por ser trocada pelo capital seguro, enquanto o "eventual" tem a ver com o sinistro. Aplicada ao seguro de danos, a necessidade eventual aproxima-se do dano e da sua indemnização, incorrendo nas críticas tecidas, acima, à teoria da indemnização.

IV. Tenta-se, então, partir do princípio que cada uma das duas teorias (a da indemnização e a da necessidade eventual) diz o que a outra cala. A saída estaria numa fórmula mista: o seguro teria funções indemnizatórias e assistenciais, consoante o tipo ou ramo de seguro em presença[1146]. São as teorias dualistas. Na raiz, elas assentam num pressuposto inexato: o de que as teorias da indemnização e da necessidade eventual são, tão-só, incompletas. Não é (apenas) isso: elas não retratam, intrinsecamente, o papel do seguro, que não surge, nem indemnizatório, no seguro de danos, nem paliativo de necessidades, no de pessoas.

V. A saída é procurada na teoria do risco: o segurador assumiria um risco do segurado, em troca do prémio[1147]. O tema do risco, enquanto elemento típico do contrato de seguro, foi acima estudado[1148]. Pergunta-se, agora, se é possível arvorá-lo ao papel de função do próprio seguro.

[1144] Recordamos a monografia clássica de Rudolf Gärtner, *Das Bereicherungsverbot/Eine Grundfrage des Versicherungsrechts* (1970), 183 pp., 153 ss., 158.
[1145] Além das indicações resultantes das obras citadas na penúltima nota, *vide* Peter Jabornegg, *Wesen und Begriff der Versicherung* cit., 559 e Gianghido Scalfi, *Assicurazione (contratto di)*, DDP/SCom I (1980), 333-366 (335).
[1146] Yvonne Lambert-Faivre/Laurent Leveneur, *Droit des assurances*, 13.ª ed. (2011), 51 ss.; quanto à "combinação", Peter Jabornegg, *Wesen und Begriff der Versicherung* cit., 564.
[1147] Ernst Bruck/Hans Möller, *Kommentar zum Versicherungsvertragsgestz*, 8.ª ed. (1961), 110 e Gianghido Scalfi, *Assicurazione* cit., 336.
[1148] *Supra*, § 51.º.

Em termos matriciais, a resposta é positiva. O seguro busca a sua própria legitimidade na transferência do risco para uma entidade profissionalmente habilitada a gerir os meios necessários para lhe suportar as consequências. Os contratos de seguro assumem, como função objetiva, esse endossar do risco. Temos contudo a consciência de que se está perante uma visão tendencial do problema: a do segurado. Em termos globais, o seguro surge como um produto financeiro, a colocar no mercado. O segurador capta meios que irá gerir, dentro de certas margens. E essa gestão implica uma movimentação no mercado.

Digamos, em síntese: o seguro tem uma função financeira, prosseguida, no essencial, através de uma gestão científica do risco.

233. A natureza sinalagmática

I. A questão da natureza sinalagmática do contrato de seguro já preencheu um núcleo problemático básico da nossa disciplina[1149]. Essa natureza resultava de clássicos, como Pedro de Santarém, que apresentava o seguro como a compra do perigo[1150] ou como Pothier, que posicionava o prémio como o preço dos riscos[1151]. Depois de flutuações, ela foi reafirmada: o tomador obrigava-se a pagar um prémio, em troca da assunção do risco, pelo segurador.

Afigura-se, porém, haver uma inversão. A sinalagmaticidade é afirmada não como uma decorrência da troca do prémio pelo risco, mas como

---

[1149] Recordamos os já citados Walter Schmidt-Rimpler, *Über einige Grundbegriffe des Privatversicherungsrechts/Studien zu einem System des Privatversicherungsrechts*, em Friedrich Klausing/Hans Carl Nipperdey/Artur Nussbaum, *Beiträge zum Wirtschaftsrecht* II (1931), 1211-1259 (1255) e *Die Gegenseitigkeit bei einseitig bedingten Verträgen/ insbesonderer beim Versicherungsvertrag* (1968), 86 pp., Franz Haymann, *Leistung und Gegenleistung im Versicherungsvertrag/Eine Grundfrage des Privatversicherungsrechts* (1933), 103 pp., 11 ss., Adrian Hungerbühler, *Die Aequivalenz von Leistung und Gegenleistung im Versicherungsvertrag* (1972), 102 pp. e Wolfgang Schünemann, *Rechtsnatur und Pflichtenstruktur des Versicherungsvertrages*, JZ 1995, 430-434 (431/I). Entre nós, Margarida Lima Rego, *Contrato de seguro e terceiros* cit., 351 ss. e 455 ss., com indicações.

[1150] Pedro de Santarém, *Tratado dos seguros* cit., parte I, 7 (35, na ed. de 1971), referindo também o risco.

[1151] Robert-Joseph Pothier, *Traité du contrat d'assurance* (ed. Marselha, 1810), Parte 1, 2 (= ed. 1971, 88).

uma cripto-justificação para apresentar o risco como algo de permutável por dinheiro. Consideramos, pois, o tema como estando em aberto.

II. Comecemos por fixar as noções. Em Direito civil[1152], diz-se sinalagmático[1153] o contrato que implique prestações recíprocas, de tal modo que as partes se apresentem, simultaneamente, como credora e devedora, uma da outra. Pelo prisma de cada uma delas, poder-se-á falar em prestação e contraprestação, sendo o sinalagma a relação de reciprocidade que, entre elas, se estabeleça. Assim, serão sinalagmáticos os contratos de compra e venda e de locação, nos quais as partes são, ambas, credoras e devedoras: da entrega da coisa e do preço e da concessão do gozo da coisa e da renda ou aluguer, respetivamente. Nos contratos não-sinalagmáticos falta essa reciprocidade de prestações: tal sucede no contrato de sociedade e, em geral, nos contratos gratuitos.

Por razões circunstanciais chama-se, por vezes e na nossa literatura, aos contratos sinalagmáticos, também, "bilaterais" e aos não-sinalagmáticos, "unilaterais"[1154]. Todos os contratos são negócios bilaterais, pelo que essas locuções devem ser evitadas.

III. Nos contratos sinalagmáticos cabe ainda distinguir o sinalagma genético do funcional[1155]:

– o sinalagma genético manifesta-se aquando da conclusão do contrato: traduz a projeção da reciprocidade na vontade das partes, levando-as a assumir a prestação para obter o direito à contraprestação;
– o sinalagma funcional opera durante toda a vida do contrato, sendo percetível nas obrigações duradouras: uma prestação vai sendo realizada para que a contraprestação seja percebida.

[1152] *Tratado* VII, n.º 56, com indicações.

[1153] As locuções sinalagma e sinalagmático vêm do grego συναλλάγμα, a qual exprimia um acordo de que emergiam vinculações mútuas; *vide* Eva Cantarella, *Obbligazione (diritto greco)*, NssDI XI (1968), 544-554 (547).

[1154] Quanto à origem desta confusão, que remonta a questões linguísticas do Código Napoleão: *Tratado* II/2, 195 ss..

[1155] Karl Larenz, *Lehrbuch des Schuldrechts*, I – *Allgemeiner Teil*, 14.ª ed. (1987), § 15, I (203), por todos.

Todas estas categorias serão puramente linguísticas, se não se projetarem no regime. A tal propósito, vamos começar pelo sinalagma funcional. Quando ele exista, operam os seguintes institutos:

– a exceção do não cumprimento do contrato, desde que não haja prazos diferentes para o cumprimento (428.º/1) ou não ocorra a perda do benefício do prazo (429.º/1, ambos do Código Civil);
– a possibilidade de resolução do contrato, perante a impossibilidade superveniente da prestação, por causa imputável ao devedor (801.º/2, do mesmo Código); esta solução alarga-se, em regra, às situações de incumprimento, quando não se estabeleça outra solução.

Já a possibilidade de cessão da posição contratual, por vezes associada, na doutrina, à (pretensa) natureza sinalagmática do seguro, não tem a ver com a sinalagmaticidade do contrato. O artigo 424.º/1, do Código Civil, reporta a cessão da posição contratual ao "contrato com prestações recíprocas" para, à falta de melhor, fazer a distinção entre essa figura e a cessão de créditos. Basta, pois, que haja prestações de parte a parte, sem necessidade de estabelecimento do nexo sinalagmático.

Quanto ao sinalagma (meramente) genético: ele tem escassa projeção no funcionamento do contrato[1156]. O não-cumprimento de uma prestação não legitima, à partida, a resolução do contrato (886.º, aplicável aos diversos contratos onerosos, por via do artigo 939.º, ambos do Código Civil). Quando muito, ele teria um papel na determinação dos vícios da vontade ou na dogmática da alteração das circunstâncias (437.º/1, do Código Civil), através da equivalência das prestações[1157].

Como figura intermédia entre o sinalagma e o não-sinalagma, cabe referir o chamado sinalagma imperfeito. Ele manifesta-se em contratos geneticamente não-sinalagmáticos, mas em cujo funcionamento pode surgir uma certa reciprocidade. Será o caso do mandato gratuito em que, não obstante, o mandante deve reembolsar o mandatário das despesas e do prejuízo que este haja sofrido – 1167.º, c) e d) – ou do comodato, quando o comodatário deva restituir a coisa, no termo – 1135.º, h), ambos do Código Civil.

[1156] Recordamos Fritz Rittner, *Über die Entbehrlichkeit des sog. genetischen Synalagmas*, FS Heinrich Lange (1970), 213-238 (234 ss.).

[1157] Wolfgang van den Daele, *Probleme des gegenseitigen Vertrages/Untersuchung zur Äquivalenz gegenseitiger Leistungspflichten* (1968), 23, 40 e *passim*.

IV. Com estes elementos, regressemos ao contrato de seguro. Releva o regime: só deste se poderá inferir a sua eventual sinalagmaticidade. Há regras especiais. De todo o modo, sublinhamos, no essencial:

– quanto ao prémio: a cobertura dos riscos depende do seu prévio pagamento (59.º); a falta de pagamento inicial ou da primeira fração deste, na data do vencimento, determina a resolução automática do contrato (61.º/1) ou, tratando-se de anuidade subsequente ou da sua primeira fração, implica a não-prorrogação do contrato (61.º/2); *idem*, quanto ao não-pagamento de um prémio adicional, resultante de uma modificação contratual, quanto à eficácia da alteração (61.º/4);
– quanto ao risco: o contrato é nulo caso haja conhecimento de que, aquando da celebração, o risco cessou (44.º/1); além disso, ele caduca quando, supervenientemente, o risco se extinga (110.º/1).

Estes elementos são suficientes para se poder afirmar, perante o regime, que o contrato de seguro postula um sinalagma funcional: prémio por risco. A falta de um desses elementos detém o outro, pondo em crise o contrato.

V. Já o sinalagma genético não é tão claro. Multiplicam-se os seguros obrigatórios, onde seria imaginativo ver projeções de reciprocidade. A grande maioria da população celebra, por exemplo, seguros de responsabilidade automóvel para poder circular: não para gerir o risco. E nos próprios seguros facultativos dominam, nas partes, as representações financeiras. Também se afigura irreal descobrir equivalências entre as prestações: tudo depende da verificação (aleatória) do sinistro.

Mas como o aspeto genético está em regressão, podemos considerar o contrato de seguro, globalmente, como sinalagmático.

234. A onerosidade e a aleatoriedade

I. O contrato de seguro tem natureza onerosa. Ambas as partes surportam esforços económicos, ainda que não sejam rigorosamente paralelos. O tomador paga o prémio. O segurador mantém toda uma estrutura de gestão e, verificando-se o sinistro, paga a indemnização convencionada.

A figura da compra e venda está sempre presente (939.º, do Código Civil), embora exista uma forte componente de serviços, que apela ao mandato (oneroso, 1158.º/1, do mesmo Código). Podemos mesmo ir mais longe: o seguro e a sua técnica permitem conferir natureza patrimonial a realidades que, à partida, não a teriam. Pense-se na vida humana.

II. O contrato de seguro tem sido considerado aleatório. Com efeito, uma importante prestação – o pagamento da indemnização, pelo segurador – depende da verificação (ou do conhecimento) de um facto futuro e incerto: o sinistro.

Na realidade, não é assim. O contrato de seguro atribui, a ambas as partes, vantagens patrimoniais, independentemente do sinistro. O segurador recebe o prémio. O segurado alija o risco e pode ordenar a sua vida em função do inerente benefício. A dimensão financeira interessa a todos.

O contrato de seguro é, pois, um contrato sinalagmático que, no seu funcionamento, comporta um fator de aleatoriedade.

235. Dimensões parafiscal e financeira

I. Uma discussão em torno da função e da natureza do seguro fica incompleta se não se referenciar a dimensão e o papel social do sector segurador.

Atentemos no seguro obrigatório de acidentes de trabalho. Através dele, o Estado montou um sistema universal de assistência aos trabalhadores, nos casos de acidentes ou de doenças profissionais. Os custos desse sistema são suportados, num primeiro momento, pelas entidades empregadoras. Estas, pela natureza das coisas, irão repercutir os inerentes custos nos seus produtos e nos serviços que prestem. Os destinatários finais acabam, deste modo, por arcar com o custo económico resultante de acidentes de trabalho e de doenças profissionais: um custo acrescido, de resto, pela necessidade de manter em funcionamento as seguradoras, com o seu capital, que deve ser remunerado, os seus administradores e os seus trabalhadores.

Considerações paralelas têm cabimento, a propósito do seguro obrigatório de responsabilidade civil automóvel. Outras áreas seguradoras podem ser convocadas.

II. Através do seguro, designadamente quando obrigatório, o Estado promove uma distribuição social do risco e exerce, de forma indireta, um papel assistencial. Existe mesmo uma tendência recente para descartar, em estruturas privadas de tipo segurador, funções que, num Estado social de Direito, seriam assumidas por este. À medida que, submersa pelo desemprego, pela quebra demográfica e pelo aumento da esperança de vida, a segurança social desaba, o Estado apela ao sistema segurador como alternativa.

Podemos descobrir uma dimensão parafiscal nos seguros. Eles representam encargos direta ou indiretamente obrigatórios, com os quais são asseguradas ou complementadas funções do Estado.

III. Os seguros funcionam, ainda, como produtos financeiros. Eles traduzem a captação de meios monetários, junto do público e providenciam a sua aplicação, com retornos.

A permeabilidade entre os seguros e a banca é conhecida[1158]. A ideia de bancassurance, suportada em conglomerados, desafia as supervisões tradicionais. Além dessa particularidade, a montante, temos, a jusante, os reflexos que a natureza financeira dos seguros não pode deixar de ter nas situações jurídicas singulares.

As realidades financeiras requerem medidas que protejam os particulares. Os custos reais e os benefícios envolvidos são quantificáveis, pelo menos em certa margem. Cabe ao Estado providenciar para que tudo seja esclarecido.

IV. As dimensões parafiscal e financeira dos seguros convocam, para esta disciplina jurídica, certos valores básicos do Direito do Estado. Recordamos o artigo 268.º/1 da Constituição, com o seu apelo à legalidade, à proporcionalidade e à boa-fé.

Na interpretação das diversas regras e na sua concretização, estas dimensões devem estar presentes. Os particulares são os grandes mentores de todo o sistema. Devem ser preservados.

Os seguros, com as suas dimensões enriquecidas pelas realidades sócio-económicas que veiculam vão, por seu turno, interferir na responsabilidade civil. Múltiplas decisões dos tribunais explicam-se, nessa área,

---

[1158] Entre nós, a interpenetração entre os seguros e a banca era já sublinhada por Pedro Martinez, *Teoria e prática dos seguros* (1953), 25-26; *vide*, com indicações, Rita Gonçalves Ferreira da Silva, *Do contrato de seguro de responsabilidade civil geral/seu enquadramento e aspectos jurídicos essenciais* (2007), 48 ss. e João Calvão da Silva, *Banca, bolsa e seguros*, I, 3.ª ed. (2012), 25 ss..

pela presença processual e material das seguradoras[1159]. Tudo funciona em espiral, com reflexos nos diversos meandros da concretização da lei.

[1159] Ulrich Magnus, *The Impact of Social Security Law on Tort Law* (2003), X + 314 pp., com contribuições de doze autores de países diferentes e Kenneth S. Abraham, *The Liability Century/Insurance and Tort Law from the Progressive Era to 9/11* (2008), 274 pp..

CAPÍTULO IV
A FORMAÇÃO DO CONTRATO

SECÇÃO I
OS DEVERES DE INFORMAÇÃO

§ 56.º O SISTEMA DE FONTES RELATIVAS À INFORMAÇÃO

236. Generalidades; a *culpa in contrahendo* (*cic*)

I. A formação do contrato de seguro é antecedida por uma série de deveres de informação, a cargo de ambas as partes. Tais deveres encontram um assento explícito nas recentes reformas legislativas[1160], sendo mesmo apresentados como tendo um papel central na atual proteção do segurado[1161]. Essa matéria deve sofrer um tratamento jurídico-científico, sendo reconduzida aos grandes vetores que dão corpo à para-contratualidade a qual, de resto, vem, por eles, a ser enriquecida.

II. Na base de toda esta temática encontramos o instituto geral da *culpa in contrahendo* (*cic*)[1162]. Apresentada como uma descoberta de Jhering, em 1861, a *cic* explica-nos que, antes da conclusão eventual de um contrato e independentemente da validade do que venha a ser concluído,

---

[1160] *Vide* o preâmbulo do Decreto-Lei n.º 72/2008, de 16 de abril, que aprovou a LCS, ponto V. Sobre toda esta matéria, dispomos hoje de uma excelente monografia: Luís Manuel Pereira Poças, *O dever de declaração inicial do risco no contrato de seguro* (2013), 961 pp.; vide, aí, 45 ss., 143 ss..

[1161] Manfred Wandt, *Versicherungsrecht* cit., 5.ª ed. Nr. 262 (102); Hans-Peter Schwintowski, *Informationspflichten des Versichers*, em Roland Michael Beckmann//Annemarie Matusche-Beckmann, *Versicherungsrecht-Handbuch*, 3.ª ed. (2015), § 18 (979--1021)

[1162] *Tratado* II, 4.ª ed., 207 ss. com indicações.

há, entre as partes, determinados deveres que cumpre respeitar, sob pena de responsabilidade.

A *cic* veio dar corpo a diversas orientações dos tribunais comerciais alemães, ditadas por questões práticas, que não podiam ficar sem solução. Ela ocasionou um debate teórico intenso, até aos nossos dias. Mas porventura mais importante foi o campo prático da sua aplicação. Na base de uma experiência jurisprudencial com quase dois séculos, podemos destrinçar, na fase pré-contratual, três grandes categorias de deveres:

– deveres de proteção;
– deveres de informação;
– deveres de lealdade.

Em síntese, eles correspondem às preocupações que seguem.

III. Na fase das negociações tendentes à eventual conclusão de um contrato surge, entre as partes envolvidas, uma situação de proximidade apta a criar uma relação de confiança. Conquanto variável, essa confiança tem, como efeito, o levar os envolvidos a baixar as suas defesas naturais, tornando-se vulneráveis. A sua segurança, pessoal ou patrimonial, pode estar em causa: temos os casos clássicos de acidentes sofridos por interessados, aquando da visita a lojas ou a armazéns, ou de danos causados a objetos que, com fitos pré-negociais, eles confiaram à contraparte. A recondução destas situações à comum responsabilidade civil aquiliana não é satisfatória: obriga os lesados a provar a atuação ilícita e culposa do comerciante envolvido. A alternativa *cic* surge mais equilibrada: entende-se que, por via da boa-fé, há uma específica obrigação de proteção, que envolve as partes. Ocorrendo um dano, presume-se a culpa (e, logo, a ilicitude) do dono do local ou da pessoa colocada em posição de poder causar danos à contraparte.

IV. A conclusão de um contrato pressupõe que as partes estejam na posse de todas as informações pertinentes, conhecendo a matéria. Em causa estão – ou poderão estar – elementos relativos ao produto, ao mercado, à assistência pós-contrato, aos colaboradores e, até, aos aspetos jurídicos envolvidos. Além disso, não é aceitável que, na fase pré-contratual, as partes induzam o parceiro em erro, por ação ou por omissão. A proximidade pré-contratual envolve confiança. Além disso, as negociações devem ser materialmente conduzidas para o seu campo próprio: ninguém é obrigado a contratar; mas quando aceite negociar, deve fazê-lo com seriedade. Temos, aqui, um inesgotável campo de deveres de informação.

A jurisprudência veio a intensificar tais deveres, quando se trate de proteger uma parte, particularmente vulnerável, perante outra, mais poderosa. Na prática impôs-se, aqui, uma área importante de tutela do consumidor, assente na boa-fé.

V. Finalmente, ainda na fase dos preliminares, verifica-se a possibilidade de, a coberto da proximidade criada, alguma das partes desenvolver condutas desviantes e nocivas, isto é: atuações facultadas pelas negociações, mas que com elas não tenham a ver e que prejudiquem a contraparte. Pense-se, por exemplo, em quebras do sigilo ou em atuações de concorrência inadmissíveis. Também aqui podemos inscrever a quebra abrupta e injustificada das negociações ou o seu arrastamento sem objetivos.

VI. A *cic* pode ser negativamente delimitada por acordos preliminares que as partes entendam concluir. Tais acordos podem respeitar à metodologia das negociações ou a aspetos, parcelares ou de conjunto, sobre os quais haja acordo. Fala-se, em tal eventualidade, numa contratação mitigada[1163]. Os acordos preliminares devem ser concluídos de boa-fé e, na sua execução, deve igualmente ser observado esse princípio básico do ordenamento. Trata-se de regras naturalmente aplicáveis no domínio do Direito dos seguros[1164].

237. Os diplomas dos seguros

I. O seguro é uma realidade imaterial[1165]. Assim sendo, ele fica totalmente dependente das informações que, a seu propósito, as partes venham a trocar. Além disso, ele envolve uma assunção de risco, mediante uma série de cláusulas que prevejam as eventualidades que se pretendam cobrir. Há, pois, que conhecer a situação existente no terreno, quanto a todos os elementos que respeitem à compleição e à dimensão do risco. Ao tomador

---

[1163] *Tratado* II, 4.ª ed., 304 ss..
[1164] Heinrich Dörner, em Beckmann/Matusche-Beckmann, *Versicherungsrechts--Handbuch*, 3.ª ed. (2015), § 9, Nr. 64 (538); *vide*, anteriormente: Giesela Rühl, *Die vorvertragliche Anzeizepflicht: Empfehlungen für ein harmonisiertes europäisches Versicherungsvertragsrecht*, ZVersWiss 94 (2005), 479-516 e Jan Dirk Harke, *Versicherungsvertragliche Anzeizepflicht und Garantiehaftung für culpa in contrahendo*, ZVersWiss 94 (2005), 391-424.
[1165] *Supra*, 481-482.

cabe esclarecer esses domínios. Por seu turno, o segurador deve dar conta dos meandros, por vezes complexos, que irão tomar corpo no contrato.

II. A necessidade de uma prévia troca de informações, relativamente à conclusão de um contrato de seguro, resultava já do Código Comercial de 1888. Segundo o seu artigo 429.º,

> Toda a declaração inexata, assim como toda a reticência de factos ou circunstâncias conhecidas pelo segurado ou por quem faz o seguro e que teriam podido influir sobre a existência ou condições do contrato tornam o seguro nulo.

A sanção, como veremos[1166], era convolada, pela jurisprudência, para a (mera) anulabilidade. Releva, agora, sublinhar a necessidade de, previamente, se transmitirem todos os "factos ou circunstâncias" conhecidos pelo tomador e que possam influir na celebração ou nas condições do seguro.

O artigo 426.º dispunha sobre a apólice de seguro, circunstanciando, em oito números, os diversos elementos que ela deveria conter. Esta técnica tinha, em si, virtualidades informativas: a minuta da apólice teria de, num momento prévio, ser comunicada ao tomador, o qual obteria, assim, conhecimentos básicos sobre o contrato em jogo. Na hipótese do "seguro de vidas", o artigo 457.º determinava menções especiais, a levar à apólice.

III. O dispositivo do Código Comercial foi, ainda que a título subsidiário, enriquecido pelo Código Civil de 1966. Este diploma, na sequência de um circunstanciado estudo de Vaz Serra, veio acolher, no seu artigo 227.º/1, a *cic*: nos preliminares como na formação do contrato, devem as partes proceder de boa-fé, sob pena de responsabilidade civil[1167]. Abaixo veremos como conjugar a *cic* com as regras específicas relativas aos seguros.

IV. No plano específico dos seguros, cabe assinalar o Decreto-Lei n.º 102/94, de 20 de abril, que aprovou o primeiro RGAS. No seu artigo 171.º, ele elencava uma série de deveres pré-contratuais, a cargo do segurador. Esses deveres foram ampliados e precisados pelo Decreto-Lei n.º 176/95,

---

[1166] *Infra*, 628 ss..
[1167] *Tratado* II, 4.ª ed., 267 ss..

de 26 de julho, relativo ao regime do contrato de seguro. Nos seus artigos 2.º a 7.º, surgem múltiplas informações, a prestar ao tomador. Além disso, os seus artigos 8.º a 16.º comportam normas relativas à "transparência" dos seguros, no que se oferecia como mais uma série de informações a divulgar.

O RGAS de 1998 – portanto, o adotado pelo Decreto-Lei n.º 94-B/98, de 17 de abril, – veio, nos seus artigos 176.º a 181.º, retomar os deveres de informação previstos pelo seu antecessor: o RGAS de 1994.

As regras relativas à prestação de informações, na fase pré-contratual do seguro, atingiram, com isso, o zénite. Coube à LCS, em 2008, simplificar o sistema, ordenando, nos seus artigos 18.º a 26.º, os diversos deveres de informação em geral, complementados pelos artigos 177.º e 178.º, quanto ao seguro de pessoas. Foram revogados os artigos relativos aos seguros, constantes do Código Comercial, os artigos 1.º a 5.º e 8.º a 25.º, do Decreto-Lei n.º 176/95, de 26 de julho, bem como os artigos 176.º a 181.º, do RGAS de 1998 (artigo 6.º do Decreto-Lei n.º 72/2008, de 16 de abril).

228. As condições gerais, a tutela do consumidor e os contratos à distância

I. Os contratos de seguro são celebrados, em regra, na base de condições gerais do seguro (cgs). Tem aplicação a Lei sobre Cláusulas Contratuais Gerais (LCCG), aprovada pelo Decreto-Lei n.º 446/85, de 25 de outubro, o qual prevê, a cargo dos utilizadores de tais cláusulas (o segurador), deveres de comunicação e de informação (5.º e 6.º). Além disso, o tomador é, muitas vezes, o elo final do circuito económico, apresentando-se como consumidor. Beneficia, nessa ocasião, da Lei de Defesa dos Consumidores (LDC), aprovada pela Lei n.º 24/96, de 26 de junho[1168]. A LDC prevê, no seu artigo 7.º, a obrigação de prestar, aos consumidores, diversas informações, além de atribuir, ao Estado, incumbências nesse campo. O artigo 8.º compreende o dever pré-contratual, a cargo do prestador de serviços,

---

[1168] O artigo 9.º/7 da Lei n.º 24/96 foi objeto da Retificação n.º 16/96, de 29 de outubro, DR I Série-A, n.º 263, de 13-nov.-1996, 4010/I; os seus artigos 17.º/4 e 18.º/1, *p*) foram revogados pela Lei n.º 85/98, de 16 de dezembro (Estatuto Fiscal Cooperativo), a qual foi revogada, por seu turno, pela Lei n.º 64-B/2011, de 30 de dezembro; os seus artigos 4.º e 12.º foram alterados pelo Decreto-Lei n.º 67/2003, de 8 de abril (compra e venda de bens de consumo), o qual foi alterado e republicado pelo Decreto-Lei n.º 84/2008, de 21 de maio.

de informar de forma clara, objetiva e adequada, o consumidor, nomeadamente sobre as características, composição e preço do serviço, bem como sobre o período de vigência do contrato.

A matéria é ainda complementada pelo Decreto-Lei n.º 57/2008, de 26 de março, que estabelece o regime jurídico aplicável às práticas comerciais desleais das empresas nas relações comerciais com os consumidores, em transposição da Diretriz 2005/29, de 11 de maio. O diploma fixa, nos seus artigos 6.º a 12.º, as práticas desleais, com relevo para as enganosas (7.º a 10.º) e para as agressivas (11.º e 12.º). É particularmente enganosa a que omita uma informação com requisitos substanciais para uma decisão esclarecida do consumidor ou que a apresente de modo pouco claro, ininteligível ou tardio – 9.º/1, a) e b).

II. O contrato de seguro pode ser celebrado à distância. Tal eventualidade obriga a convocar o Decreto-Lei n.º 24/2014, de 14 de fevereiro, que substituiu o hoje revogado Decreto-Lei n.º 143/2001, de 26 de abril, alterado e republicado pelo Decreto-Lei n.º 82/2008, de 20 de maio. Esse diploma comporta um capítulo II (artigos 4.º a 21.º), precisamente sobre contratos celebrados à distância[1169].

Mas o Decreto-Lei em causa não se aplica à comercialização de serviços financeiros, feita à distância[1170]. Quanto a esse sector, dispõe o Decreto-Lei n.º 95/2006, de 29 de maio, que veio transpor a Diretriz 2002/65, de 23 de setembro[1171]. Esse diploma foi alterado, no seu artigo 2.º, d), pelo Decreto-Lei n.º 242/2012, de 7 de novembro (5.º) e, no seu artigo 19.º, pela Lei n.º 14/2012, de 26 de março (2.º). Segundo o artigo 2.º, c), d) e e), do referido Decreto-Lei n.º 95/2006, são:

c) "Serviços financeiros" qualquer serviço bancário, de crédito, de seguros, de investimento ou de pagamento e os relacionados com a adesão individual a fundos de pensões abertos;
d) "Prestador de serviços financeiros" as instituições de crédito e sociedades financeiras, os intermediários financeiros em valores mobiliários, as

---

[1169] *Direito comercial*, 3.ª ed., 615 ss..
[1170] Artigo 2.º/2, a).
[1171] Pedro Romano Martinez, *Celebração de contratos à distância e o novo regime do contrato de seguro*, RDES 2009, 3-4, 85-116 (107 ss.), J. C. Moitinho de Almeida, *A celebração à distância do contrato de seguro*, em *Contrato de seguro/Estudos* (2009), 37-75 e Eduarda Ribeiro, em Romano Martinez, *LCS Anotada* cit., 2.ª ed. 106 ss., transcrevendo os preceitos relevantes.

empresas de seguros e resseguros, os mediadores de seguros e as sociedades gestoras de fundos de pensões;

e) "Consumidor" qualquer pessoa singular que, nos contratos à distância, atue de acordo com objetivos que não se integrem no âmbito da sua atividade comercial ou profissional.

III. O Decreto-Lei n.º 95/2006, de 29 de maio, clara e expressamente aplicável aos seguros, decompõe-se em 44 artigos, assim ordenados:

Título I – Disposições gerais (1.º a 10.º):
    Capítulo I – Objeto e âmbito (1.º a 5.º);
    Capítulo II – Utilização de meios de comunicação à distância (6.º a 10.º).
Título II – Informação pré-contratual (11.º a 18.º).
Título III – Direito de livre resolução (19.º a 25.º).
Título IV – Fiscalização (26.º a 29.º).
Título V – Regime sancionatório (30.º a 38.º):
    Capítulo I – Disposições gerais (30.º a 34.º);
    Capítulo II – Ilícitos de mera ordenação social (35.º e 36.º);
    Capítulo III – Disposições processuais (37.º e 38.º).
Título VI – Direito aplicável (39.º e 40.º).
Título VII – Disposições finais e transitórias (41.º a 44.º).

No que agora está em causa, assinalamos o Título II, informação pré-contratual, que comporta os preceitos seguintes:

    11.º Forma e momento da prestação da informação;
    12.º Clareza da informação;
    13.º Informação relativa ao prestador de serviços;
    14.º Informação relativa ao serviço financeiro;
    15.º Informação relativa ao contrato;
    16.º Informação sobre mecanismos de proteção;
    17.º Informação adicional;
    18.º Comunicações por telefonia vocal.

Sublinhe-se, ainda, o artigo 9.º, que obriga a que, quando o consumidor seja português[1172], a informação pré-contratual e as demais comunicações relativas ao contrato sejam efetuadas em língua portuguesa, salvo se o consumidor aceitar outro idioma e o artigo 10.º que comete o ónus da

---

[1172] Por interpretação extensiva, deve ler-se "seja português ou nacional de um Estado cuja língua oficial seja o português".

prova de ter sido cumprida a obrigação de informação, ao prestador (aqui, ao segurador).

239. Quadro geral das informações em Direito

I. A matéria das informações tem-se desenvolvido, na Ciência Jurídica, em torno da obrigação de informar (573.º, do Código Civil), da *culpa in contrahendo* (217.º/1, do mesmo Código)[1173] e, em disciplinas especializadas como o Direito bancário[1174], na base de diplomas específicos. Afigura-se que o Direito dos seguros, dotado do mais extenso e pesado dispositivo legal relativo a informações, pode dar um poderoso contributo, nesta matéria.

Antes, porém, de sondar os meandros dos diplomas relativos aos seguros, torna-se útil e vantajoso recordar o quadro geral das informações em Direito.

II. O dever de informação assume esquemas jurídicos diferenciados. De acordo com a sua fonte, ele pode ser:

– contratual;
– legal.

A informação contratual resulta de um negócio em cujo conteúdo, como prestações principais ou secundárias, se inscreva, precisamente, a obtenção e a comunicação de informações, por uma parte à outra. Trata-se de uma possibilidade genericamente prevista pelo artigo 485.º/2, do Código Civil. Pense-se num contrato de aconselhamento económico ou jurídico ou, até, numa prestação de serviço de detetive.

A informação legal emerge de simples factos cuja existência desencadeie a aplicação de normas que mandem informar. Aí, temos duas hipóteses:

– a existência de conceitos indeterminados ou de cláusulas gerais legais;
– a ocorrência de uma lei estrita.

[1173] *Tratado* VI, § 47.º.
[1174] *Direito bancário*, 5.ª ed., 396 ss. e *passim*.

No primeiro caso, as informações impõem-se na concretização de conceitos como o da boa-fé (227.º/1 e 762.º/2, ambos do Código Civil): sob a forma de deveres acessórios, as partes devem trocar todas as comunicações necessárias para prevenir danos pessoais ou patrimoniais e, ainda, para que a efetiva materialidade das negociações ou a da obrigação em jogo não sejam prejudicadas.

No segundo, encontramos preceitos legais que mandam informar. Eles podem ser especiais: por exemplo, o dever do gestor de prestar, ao *dominus*, todas as informações relativas à gestão – 465.º, *d*), do Código Civil – ou o dever do locatário de informar imediatamente o locador de vícios na coisa, de perigos que a possam atingir ou de terceiros que se arroguem direitos a ela, quando o facto seja ignorado pelo locador – 1038.º, *h*): trata-se, fundamentalmente, de prestações secundárias, incluídas em relação mais vasta. E podem, ainda, ser gerais, como sucede com o 573.º, do Código Civil: altura em que a informação surge como prestação principal.

III. Quanto ao conteúdo, o dever de informação pode ser:

– indeterminado;
– predeterminado.

No primeiro caso, não é possível conhecer previamente o seu conteúdo: apenas o desenrolar da situação permitirá fazê-lo. É o que sucede, em geral, com o dever de informação acessória das obrigações (762.º/2) ou com as informações *in contrahendo* (227.º/1). No segundo, a predeterminação é viável: pense-se no dever de comunicar a receção tardia da aceitação (229.º/1) ou a cedência lícita da coisa locada – 1038.º, *g*), todos do Código Civil. Entre os dois extremos, há inúmeras graduações possíveis.

Ainda quanto ao conteúdo do dever de informar, podemos contrapor:

– deveres de informação substanciais;
– deveres de informação formais.

Na informação substancial, o obrigado está adstrito a veicular a verdade (que conheça), descrevendo-a em termos acessíveis e úteis para o destinatário da mesma. Na formal, o obrigado apenas deve transmitir uma mensagem prefixada ou, se se quiser, "codificada": recebi ou não recebi, por exemplo. Caberá ao informado inferir, daí, o que possa ser útil.

A substancialidade tende a variar na razão inversa da precisão: quanto mais precisa a informação, mais seco e formal será o dever que a comparte acolhe; quanto mais imprecisa, maiores as exigências de substancialidade, ou não terá um conteúdo útil.

IV. A autoria da informação permite-nos contrapor a sua determinação:

– autónoma;
– heterónoma.

No primeiro caso, o próprio obrigado tem o encargo de fixar os contornos e o conteúdo da informação, o que deverá ir fazendo à medida que a situação de base progrida: lembremos a *culpa in contrahendo*. No segundo, os elementos relativos à informação impõem-se ao sujeito a ela adstrito. Podemos distinguir:

– a determinação automática;
– a determinação pelo próprio beneficiário.

No primeiro caso, o teor da informação decorre do que vá sucedendo: é o que sucede com a receção tardia da aceitação (229.º/1, do Código Civil). No segundo, compete aos interessados fazer perguntas: tal a situação dos sócios de sociedades anónimas que desejem ser informados, na assembleia geral (291.º/1, do CSC).

V. Por fim, quanto à natureza da informação, relativamente à sua inserção numa obrigação em sentido amplo; ela pode:

– surgir como objeto de uma prestação principal (573.º);
– aparecer como teor de uma prestação secundária – 1038.º, *h*);
– ocorrer como dever acessório, *ex bona fide* (762.º/2, todos do Código Civil).

240. A articulação das fontes e a sua dogmatização

I. As necessidades de informação, no domínio dos seguros, já acima foram explicadas pela natureza das coisas e pela delicadeza da matéria envolvida. Trata-se de uma matéria que concita uma literatura especializada, ainda que predominantemente descritiva, desde os anos trinta[1175] ao nosso século[1176], incluindo elementos nacionais[1177].

A dogmatização da matéria, mormente pela utilização do *instrumentarium* disponível, está, todavia, ainda em aberto.

II. No quadro vigente, são tendencialmente aplicáveis às informações a prestar, na fase pré-contratual do seguro, as fontes seguintes:

– o artigo 227.º/1, do Código Civil, quanto à *cic*;
– o artigo 573.º, do mesmo Código, sobre a obrigação legal de informação;
– os artigos 5.º e 6.º da LCCG sempre que, como é, aliás, habitual, o contrato de seguro se conclua por adesão a cgs;
– o artigo 8.º/1 da LDC, quando o tomador seja consumidor; a matéria é complementada pelo artigo 9.º/1, *a*) e *b*), do Decreto-Lei n.º 57/2008, de 26 de março, que proíbe a omissão ou a insuficiência de informação como prática comercial enganosa e, como tal, vedada;
– os artigos 31.º, 32.º e 33.º do Decreto-Lei n.º 144/2006, de 31 de julho, sobre os deveres de informar do mediador, relativamente ao tomador;
– os artigos 11.º a 18.º do Decreto-Lei n.º 95/2006, de 29 de maio, quando esteja em causa a celebração de seguros à distância;

[1175] *Inter alia*: Ludger Küpper-Fahrenberg, *Die Verletzung der vorvertraglichen Anzeigepflicht durch Dritte im Versicherungsrecht* (1937), XIII + 43 pp. (2 ss.) e Hans Schack, *Deutsches Versicherungsrecht/Übersicht über deutsches Schriftum und deutsche Rechtsprechung zum Gesetz über den Versicherungsvertrag vom 30-Mai. 1908 seit dem Umbruch des Jahres 1933 bis Ende Juni 2938* (1938), 272 pp., 42 ss. (*cic*) e 77 ss. (deveres de indicação pré-contratuais).

[1176] Christian Huckele, *Die vorvertraglichen Aufklärungs-, Beratungs- und Informationspflichten im Versicherungsrecht/unter besonderer Berücksichtigung der Verhaltenspflichten der Banken in der Anlageberatung und zukünftigen Vermittlerrechts im Versicherungswesen* (2005), XXVI + 179 pp., 44 ss., 66 ss. e 134 ss. e *passim*; a matéria é desenvolvida nas obras gerais e nos comentários e em múltiplos artigos, citados ou a citar.

[1177] Júlio Gomes, *O dever de informação do (candidato a) tomador de seguro na fase pré-contratual, à luz do Decreto-Lei n.º 72/2008, de 16 de Abril*, em Estudos em Homenagem ao Professor Doutor Carlos Ferreira de Almeida, II (2012), 387-445 e Joana Galvão Teles, *Deveres de informação das partes*, em Margarida Lima Rego, *Temas de Direito dos seguros* (2012), 213-273.

– o artigo 2.º do Decreto-Lei n.º 211-A/2008, de 3 de novembro, quando o seguro em jogo possa ser considerado um "produto financeiro complexo";
– os artigos 11.º e seguintes da LCS.

Estas referências não são exaustivas. Há ainda que lidar com múltiplos preceitos contidos no RGAS e na LCS, bem como com regras mobiliárias e com as normas pertinentes do ISP.

III. Perante esta proficiência, pergunta-se como se articulam as diversas fontes em presença[1178]. A resposta deverá depender da natureza das normas concorrentes e da determinação do seu escopo, o que envolve a sua dogmatização[1179].

Frente a frente, temos três teorias:
– a teoria da consumpção;
– a teoria da especialização;
– a teoria do escopo das normas.

A teoria da consumpção diz-nos que o concurso de deveres de informação se resolve dando a prevalência às normas que se ocupem do sector considerado. Tais normas iriam consumir, no seu campo de aplicação, os valores compreendidos nas regras gerais[1180]. Levada ao seu termo, esta teoria diria que, no campo dos seguros, apenas se aplicariam os deveres de informação previstos na LCS. Tais deveres, de resto muito amplos, teriam tido a preocupação de esgotar os valores prosseguidos pela *cic* civil e pela tutela do consumidor. Esta orientação não colhe apoio legal. O artigo 19.º da LCS prevê que, sendo o seguro celebrado à distância, às informações nela própria previstas acresçam as previstas no regime especial e portanto,

---

[1178] Perante um quadro legislativo geral bastante semelhante ao nosso, Friedrich Schoch, *Neuere Entwicklungen im Verbraucherinformationsrecht*, NJW 2010, 2241-2248 (2247/II), explica que existem cerca de 30 diplomas sobre informações a prestar; isso coloca problemas de coerência, de competência, de codificação, de transparência e de imagem.

[1179] Dominik Schäfers, *Das Verhältnis der vorvertraglichen Anzeigepflicht (§§ 19 ff. VVG) zur Culpa in contrahendo*, VersR 2010, 301-308 (303/I ss. e 308/I e II).

[1180] Assim, Eduarda Ribeiro, em Romano Martinez, *LCS Anotada* cit., 2.ª ed. 19.º, n.º 4 (110), entende que o artigo 8.º/1 da LDC comporta um dever genérico "... claramente consumido pelos deveres de informação específicos previstos no art. 18.º do RJCS".

no Decreto-Lei n.º 95/2006, de 29 de maio (n.º 1). E surgindo o tomador do seguro como consumidor, acrescem as informações previstas noutros diplomas, designadamente na LDC (n.º 2). Podemos considerar que a própria LCS se assume como visando, apenas, a tutela das partes em seguros. Na restante matéria, valeriam os diplomas competentes. Não há consumpção.

IV. A teoria da especialização parte da prevalência da lei especial sobre a lei geral, no campo de aplicação da primeira. Distingue-se da consumpção por ser analítica, isto é: norma a norma, verifica-se se existe uma regra especial para os seguros, dando-lhe precedência, quando a resposta seja positiva. A especialização é puramente formal. Com isso, origina problemas práticos. Por exemplo: o tomador viola o artigo 24.º/1, da LCS: não dá informações exatas sobre aspetos relevantes do risco. Segue-se o regime das omissões ou inexatidões dolosas (25.º) e negligentes (26.º). Há responsabilidade civil, por via do artigo 227.º/1, do Código Civil? Analiticamente, os artigos 25.º e 26.º da LCS são *lex specialis* relativamente aos artigos 252.º (erro sobre os motivos), 253.º (dolo) e 254.º (efeitos do dolo), todos do Código Civil. O artigo 227.º/1, *in fine* (*cic*), fica de fora, pelo que o tomador seria, ainda, civilmente responsável. Todavia, o Direito dos seguros ensina que os "deveres" do artigo 24.º da LCS são, na realidade, meros encargos (*Obliegenheiten*). Logo, não há dever de indemnizar. A teoria da especialização falha por se contentar, no caso do concurso de deveres de informar, com uma ponderação de âmbito de aplicação. Falta um critério material ou uma chave para encontrar tal critério.

V. Fica a teoria do escopo das normas em presença. Perante qualquer norma relativa a deveres de informar, há que indagar qual o objetivo por ela prosseguido. Este é, em regra, determinado pelo seu regime, através da interpretação, dominada, como é sabido, pelo elemento teleológico. À luz destas considerações, perante cada regra específica dos seguros, deveremos interrogar a lei sobre o seu escopo. Se for o de proteger o consumidor de produtos de seguros, a regra aplica-se, em detrimento das de defesa do consumidor; se se tratar da tutela da confiança, ela opera com sacrifício da própria *cic*.

Em cada caso, a teoria do escopo permite encontrar soluções verosímeis e justificadas.

241. Natureza e limites; o direito à legítima ignorância

I. Os deveres de informar dão corpo a relações obrigacionais específicas. Eles relacionam duas pessoas em concreto: o segurador e o tomador. Têm base legal, o que não atinge a natureza obrigacional assumida.

No que não seja infletido por regras especiais dos seguros, designadamente no estabelecimento de (meros) encargos, as obrigações de informação seguem o regime geral do Direito civil. A responsabilidade que resulte da sua inobservância é obrigacional (798.º e seguintes) e não aquiliana (483.º e seguintes, ambos do Código Civil): um dado importante, particularmente por originar a preciosa presunção de culpa, sem a qual ficará bloqueada, na prática, qualquer responsabilização do segurador.

Este aspeto deve estar sempre presente, sob pena de irrealismo. Sirva de lição o sucedido com a *cic*. A origem teórica do instituto residiu, precisamente, em ultrapassar, na prática, as limitações da responsabilidade aquiliana, particularmente no plano da prova. Ignorando essa evidência, alguma doutrina nacional continua a insistir na natureza aquiliana da responsabilidade *ex* 227.º/1, indiferente às consequências práticas dessa opção. Ora, se a responsabilidade fosse aquiliana, o artigo 227.º/1 era despiciendo: bastaria o 483.º. Além disso, na falta de vínculos específicos, não é possível predeterminar condutas. A *Realpolitik* faz parte de uma consequente realização do Direito.

II. Sem prejuízo pela determinação precisa dos deveres de informação pré-contratuais, cumpre ponderar a sua imensa complexidade[1181]. Não é credível que algum segurador consiga desenvolver, com êxito, a sua atividade, se se preocupar com a escrupulosa informação prevista em múltiplos diplomas legais. No mínimo, assustaria e afugentaria a sua clientela. A simples leitura passiva das cgs representa, logo por si, um feito.

Por outro lado, nada obriga o tomador a acolher toda (ou, sequer, alguma) a informação disponibilizada. Ele informar-se-á se quiser e ouvirá o que se lhe diga, também, se o pretender.

Deve ainda acrescentar-se que o excesso de informação é contraproducente. Se se transmitir um dado a uma pessoa, ela escutará e, se for considerado relevante, retê-lo-á. Mas se ela for confrontada com dezenas

---

[1181] *Vide* Friedrich Schoch, *Neuere Entwicklungen im Verbraucherinformationsrecht* cit., 2241 ss. e *passim*.

de elementos, ignorá-los-á ou esquecê-los-á rapidamente. O mecanismo do esquecimento foi montado, pela evolução, para defesa do cérebro humano e das pessoas. O tomador tem, como qualquer particular, consumidor e/ou aderente a cgs, o direito à legítima ignorância (Grigoleit)[1182]. Basta-lhe confiar no segurador e nas leis do Estado.

III. Este estado de coisas tem consequências, em três níveis:

– obriga o segurador a ser seletivo no cumprimento dos deveres de informar, numa regra que também se aplica ao tomador; na prática, perante cada tipo de seguro, haverá um ou dois "alertas" que podem levar a contraparte a ponderar; *summo rigore*, é isso que deve ser dito;
– conduz a que apenas em concreto se possa ajuizar da direção e da intensidade da informação[1183];
– implica que o Estado, através das suas leis, através das ações inibitórias, nas cgs e através da supervisão, mantenha elevados padrões de tutela da parte fraca.

Os tribunais, quando chamados a decidir, devem ter estas dimensões em conta.

[1182] *Vide*, sobre o tema, Jörg Neuner, *Das Recht auf Uninformiertheit/Zum privatrechtlichen Schutz der negativen Informationsfreiheit*, ZfPW 2015, 257-281.
[1183] Thomas Pfeiffer, *Was kann ein Verbraucher?/Zur Relevanz von Informationsverarbeitungskapazitäten im AGB-Recht und darüber hinaus*, NJW 2011, 1-7. No limite, poder-se-á dizer que o fator sorte joga um papel na inclusão da matéria nos contratos: mais do que o seu entendimento; *vide* Hubert Schmidt, *Einbeziehung von AGB im Verbraucherverkehr*, NJW 2011, 1633-1639 (1639/II).

§ 57.º OS DEVERES DE INFORMAÇÃO DO SEGURADOR

242. As informações a prestar

I. A LCS, à semelhança das demais leis dos seguros[1184], compreende, nos seus artigos 18.º a 23.º, um enunciado extenso dos deveres de informação a cargo do segurador e desenvolve o regime aplicável. O artigo 18.º, em termos expressamente assumidos como exemplificativos, enumera onze pontos objeto de informação ao tomador. O segurador deve informá-lo[1185]:

a) *Da sua denominação e do seu estatuto legal*. Serviu de fonte o artigo 179.º/1, *a*), do RGAS, relativo ao ramo "vida" e que fora já generalizado pelo artigo 3.º/1, do Decreto-Lei n.º 176/95, de 26 de julho, aos seguros de acidentes pessoais e de doença. O preceito do RGAS referia "denominação ou firma"; o legislador de 2008 decidiu corrigir para "denoninação": mal, uma vez que as sociedades, como comerciantes, têm firma e não denominação; ora a generalidade (ainda que nem sempre) dos seguradores, como sociedades, têm firma. O "estatuto legal" implicará qualquer complementação que não resulte, logo, da firma ou da denominação.

b) *Do âmbito do risco que se propõe cobrir*. Trata-se de uma menção a inserir na apólice, por via do revogado artigo 426.º, § único, do Código Comercial; a regra reaparece no artigo 37.º/1, *d*), a propósito da apólice; todavia, afigura-se que, em sede de informação, o âmbito do risco deve ser transmitido em termos claros e não técnicos; por exemplo, o denominado seguro "contra todos os

---

[1184] Assim, os §§ 6 e 7 do VVG alemão e o artigo L-112-2 do *Code des assurances* francês; *vide*, quanto às respetivas doutrinas, Roland Rixecker, em Römer/Langheid, *VVG/Kommentar* cit., 4.ª ed. 70 ss. e Yvonne Lambert-Faivre/Laurent Leveneur, *Droit des assurances* cit., 13.ª ed. N. 130 ss. (12 ss.) e Muriel Chagny/Louis Perdrix, *Droit des assurances*, 3.ª ed. (2014), 87 ss., respetivamente.

[1185] *Vide* Eduarda Ribeiro, em Romano Martinez, *LCS* cit., 2.ª ed. 101 ss..

riscos", no campo automóvel, não abrange "todos", mas apenas os especificados.

c) *Das exclusões e limitações de cobertura*. Esta alínea complementa a anterior: os riscos são, muitas vezes, indicados pela positiva e pela negativa (exclusões).

d) *Do valor total do prémio ou, não sendo possível, do seu método de cálculo, assim como das modalidades de pagamento do prémio e das consequências da falta de pagamento*. Este elemento remonta ao teor da apólice, no Código Comercial (artigo 426.º, § único, 7.º), reaparecendo, a esse propósito, no artigo 37.º/2, *h*), da LCS; o artigo 2.º do Decreto-Lei n.º 176/95, de 26 de julho, também se ocupava da matéria, bem como o artigo 179.º/1, *g*), *h*) e *i*) do RGAS de 1998; recordamos que tudo isto foi revogado.

e) *Dos agravamentos ou bónus que possam ser aplicados no contrato, enunciando o respetivo regime de cálculo*. Estamos perante uma informação que complementa a enunciada na alínea anterior.

f) *Do montante mínimo do capital nos seguros obrigatórios*. Tal montante é fixado por lei; não obstante, a sua informação torna-se importante, para prevenir que o tomador subscreva uma apólice por um montante superior, convencido de que (só) assim cumpre uma obrigação legal.

g) *Do montante máximo a que o segurador se obriga em cada período de vigência do contrato*. Desta feita, temos a "quantia segurada" que, segundo o revogado artigo 426.º, § único, 6.º, do Código Comercial, devia constar do artigo 37.º/1, *j*), a propósito da apólice.

h) *Da duração do contrato e do respetivo regime de renovação, de domínio e de livre resolução*. Este elemento é básico, nas apólices, como já resultava do artigo 426.º, § único, 5.º, do Código Comercial, e da alínea *e*) do artigo 179.º/1, do RGAS de 1998; a novidade reside na capacidade analítica de discernir diversos institutos que podem pôr termo ao contrato: ainda que não todos.

i) *Do regime de transmissão do contrato*. Encontramos, neste ponto, uma informação da maior utilidade, já que os particulares são, muitas vezes, confrontados com dúvidas quanto à transferência do seguro relativo a bens alienados.

j) *Do modo de efetuar reclamações, dos correspondentes mecanismos de proteção jurídica e da autoridade de supervisão*. A regra remonta ao revogado artigo 179.º/1, *p*), do RGAS de 1998, e tem uma utilidade considerável, até como autodisciplina do segurador.

l) *Do regime relativo à lei aplicável, nos termos estabelecidos nos artigos 5.º a 10.º, com indicação da lei que o segurador propõe que seja escolhida.* A lei aplicável deve constar da apólice – artigo 37.º/1, *l*). O preceito inspirou-se no artigo 179.º/1, *q*), do RGAS de 1998, embrulhando-se em explicitações desnecessárias, em parte herdadas do normativo revogado. "Regime relativo à lei aplicável" implica ministrar elementos de DIP, totalmente dispensáveis; bastaria a lei aplicável e, sendo o caso, elementos quanto a esta; a referência aos artigos 5.º a 10.º (aliás, de muito escassa aplicação[1186]) sempre foi redutora, já que há (como havia) outros elementos a ter em causa. "Indicação da lei que o segurador propõe que seja escolhida" esquece que, pela técnica dos seguros, a "proposta" é formulada pelo tomador e não pelo segurador.

O artigo 20.º dispõe sobre o dever do segurador informar o tomador do local e do nome do Estado em que se situa a sede social e o respetivo endereço bem como, se for caso disso, da sucursal através da qual o contrato seja celebrado e do respetivo endereço. Trata-se de regras de origem comunitária[1187] e que constavam já dos artigos 176.º/1, 178.º/1 e 179.º/1, *b*) e *c*), do RGAS de 1998.

Assinale-se ainda que a própria LCS contém, designadamente na parte especial, outros deveres de informação, a cargo do segurador. É o que sucede na área sensível dos seguros de vida[1188], como se alcança do seu artigo 185.º.

II. Resulta do corpo do artigo 18.º que o elenco referido é exemplificativo: "nomeadamente". Esse mesmo corpo refere ainda:

– sem prejuízo das menções a incluir na apólice; tais menções constam do artigo 37.º; ora, sendo o texto da apólice previamente conhecido pelo tomador, teremos, já aí, um importante elemento de informação;

[1186] *Supra*, 508 ss..

[1187] *Vide* Eduarda Ribeiro, em Romano Martinez, *LCS* cit., 2.ª ed. 112 ss.. A origem comunitária explica a menor elegância do português, designadamente o inabitual "nome do Estado".

[1188] Christoph Brömmelmeyer, *Vorvertragliche Informationspflichten des Versicherers/insbesondere in der Lebensversicherung*, VersR 2009, 584-589 (588/II ss.), acentuando a necessidade de transparência quanto aos custos.

– todos os esclarecimentos exigíveis; entende-se "exigíveis" pela Ordem Jurídica, dadas as circunstâncias objetivas do seguro projetado ou pelo tomador, em face da concreta situação em que ele se encontre.

III. Como foi referido[1189], os deveres de informação elencados no artigo 18.º concorrem com os resultantes de várias outras fontes: o artigo 19.º ressalva-o, de resto de modo expresso.

De acordo com a preconizada teoria do escopo das normas, há que verificar se o específico objeto informativo, pressuposto pelas regras concorrentes, foi alcançado. Sendo a resposta positiva, ficam dispensadas as demais informações.

IV. O dispositivo legal, até pelo papel pedagógico que assume nos cultores dos seguros, é importante. Insistimos, porém, em que o excesso de informação é contraproducente. Os particulares não seguem os longos discursos: estão mesmo dispensados de o fazer, em nome da "legítima ignorância" que a doutrina tem vindo a reclamar.

Por isso, se necessário com intervenção da boa-fé *in contrahendo*, cabe ao segurador selecionar, com critério, os pontos decisivos da informação a prestar.

243. O modo de prestar informações

I. A prestação de informações tem uma eficácia variável: depende, designadamente, da apresentação por que chegue ao destinatário. A LCS, atenta a esse facto, dispôs expressamente, no artigo 21.º, sobre o modo de prestar as informações. Adiantamos já que, pela forma ampla por que o artigo 21.º/1, 1.ª parte, vem redigido e perante o espírito do preceito, esse "modo de prestar" não visa, apenas, as informações constantes do artigo 18.º: estão em causa todas as que devam ser dadas ao tomador, na fase pré-contratual, seja qual for a sua fonte. Esta matéria é de imperatividade relativa (13.º/1), podendo, pois, ser substituída por soluções mais favoráveis ao tomador. Perante grandes riscos, ela é supletiva (13.º/2).

[1189] *Supra*, 605 ss..

II. O artigo 21.º/1 exige informações: (a) claras; (b) por escrito; (c) em língua portuguesa[1190]; (d) antes de o tomador se vincular. Essa regra constava do corpo do artigo 179.º/1, *in fine*, do RGAS de 1998, de ascendência comunitária[1191]. O n.º 2 do mesmo artigo faculta, às autoridades de supervisão (portanto: ao ISP), o poder de, por regulamento, fixar regras quanto ao suporte das informações a prestar ao tomador do seguro. O n.º 3 dispensa, por remissão para o 36.º/2, o uso da língua portuguesa quando (a) as partes estejam de acordo quanto a essa possibilidade e (b) o tomador o solicite.

III. Nos seguros à distância, o modo de prestar informações segue o disposto sobre a comercialização de contratos financeiros, à distância. Operam, pois, as regras predispostas no Decreto-Lei n.º 95/2006, de 29 de maio. Temos o quadro seguinte[1192]:

– sendo o tomador português (ou de outro País de língua portuguesa), a informação pré-contratual e os demais elementos e comunicações são prestados em língua portuguesa, salvo se ele aceitar outro idioma; não sendo o caso, deve ser indicado o idioma ou idiomas em que é transmitida a informação (9.º do Decreto-Lei n.º 95/2006);
– deve-se usar, antecipadamente, o papel ou outro suporte duradouro (*idem*, 11.º/1), exceto se a iniciativa partir do tomador e não for possível fazê-lo antes da conclusão, altura em que esta obrigação deve ser cumprida logo depois da celebração (*idem*, 11.º/3);

[1190] A possibilidade de, na contratação, poderem ser usadas línguas não familiares a todas as pessoas envolvidas, com os subsequentes mal entendidos e confusões, origina os denominados riscos linguísticos: uma matéria muito estudada; como obra de referência, com muitas indicações, Michael Kling, *Sprachrisiken im Privatrechtsverkehr/Die wertende Verteilung sprachbedingter Verständnisrisiken/Das Vertragsrecht* (2008), XXXI + 694 pp.; *vide*, aí, 5 (risco linguístico), 14 e 30 ss. (regras sobre o risco linguístico, particularmente de fonte europeia), 238 ss. (risco linguístico na formação do contrato) e 312 ss. (*idem*, na sua interpretação). Subsequentemente: Georg Maier-Reimer, *Vertragsprache und Sprache des anwendbaren Rechts*, NJW 2010, 2545-2550 (2545/II: limites entre a Língua e o Direito) e Christian Armbrüster, *Fremdsprachen im Gerichtsverfahren*, NJW 2011, 812-818 (818/ /II: a regra do uso de alemão não se alarga aos meios de prova, sendo admissível o inglês).
[1191] Eduarda Ribeiro, em Romano Martinez, *LCS* cit., 2.ª ed. 115-116.
[1192] *Vide* Eduarda Ribeiro, ob cit., 117-118.

– a informação deve identificar, de modo inequívoco, os objetivos comerciais do segurador, de modo adaptado ao meio de comunicação adotado e segundo a boa-fé (*idem*, 12.º).

IV. Finalmente: a proposta de seguro deve conter menção comprovativa de que as informações devidas foram prestadas antes do contrato (21.º/5). Na falta de tal menção, haverá um elemento relevante no sentido de que a informação devida não foi prestada[1193].

244. O dever especial de esclarecimento

I. O artigo 22.º prevê um denominado dever especial de esclarecimento. Trata-se do dever de aconselhamento (*conseil*[1194] ou *Beratung*[1195]) previsto noutras leis europeias e no PEICL[1196], cuja origem remonta aos artigos 31.º, *b*) e 32.º/2, *a*) a *c*), 4 e 5 do Decreto-Lei n.º 144/2006, de 31 de julho e, por aí, à Diretriz 2002/92, de 9 de dezembro [artigo 12.º/1, *e*), designadamente][1197]. Esse dever exige um manuseio cuidado[1198].

II. O artigo 22.º/1, 2.ª parte, prevê que o segurador, na fase pré-contratual, aconselhe (pois disso se trata) o tomador acerca de quais as modalidades de seguro, de que disponha, são convenientes para a concreta cobertura pretendida. Este dever acode (22.º/1, 1.ª parte): (a) na medida

---

[1193] *Idem*, 119.

[1194] Yvonne Lambert-Faivre/Laurent Leveneur, *Droit des assurances* cit., 13.ª ed. n.º 128 e 129 (125-127); a lei francesa endossa esse dever ao intermediário.

[1195] Roland Rixecker, em Römer/Langheid, *VVG/Kommentar* cit., 4.ª ed. 70 ss. e *Beratungspflichten des Versichers*, em Roland Michael Beckmann/Annemarie Matusche-Beckmann, *Versicherungsrechts-Handbuch* cit., 3.ª ed. § 18 (1023-1047), Jürgen Prölss, em Prölss/Martin, *VVG/Kommentar* cit., 28.ª ed. § 6 (128 ss.). e Mathis Rudy, *idem* cit., 29.ª ed., § 6 (119 ss.). Vale o § 6.º do VVG, de 2008.

[1196] PEICL, ed. cit., 2:202 e 2:203; *vide* ed. Jürgen Basedow e outros, versão port. de Pedro Pais de Vasconcelos, 512-513.

[1197] Arnaldo Costa Oliveira/Eduarda Ribeiro, em Romano Martinez, *LCS* cit., 2.ª ed., 120.

[1198] *Vide* Manfred Werber, *Beratungspflichten und Haftungsberchränkung*, VersR 2010, 553-559 (558/II, concluindo que, no silêncio da lei, a reparação deve ser total) e Philipp Küster, *Die vorvertragliche Beratungspflicht des Versicherers nach § 6, Abs. 1 und 2 VVG*, VersR 2010, 730-735.

em que a complexidade da cobertura, (b) o montante do prémio a pagar, ou (c) o capital seguro o justifiquem e (d) o meio de contratação o permita.

No âmbito desse dever cabe ao segurador (22.º/2): (a) responder a todos os pedidos de esclarecimento, efetuados pelo tomador[1199] e (b) chamar a atenção deste para o âmbito da cobertura, designadamente exclusões, períodos de carência, regime de cessação por vontade do segurador e, nos casos de sucessão ou modificação do contrato, para os riscos de rutura de garantia.

Havendo proposta de cobertura de diferentes tipos de risco, deve o segurador explicar com pormenor a relação entre eles (22.º/3).

III. O dever especial de esclarecimento não funciona (22.º/4):

– nos contratos relativos a grandes riscos;
– naqueles em que intervenha mediador.

Neste último caso, cabe ao mediador o especial aconselhamento, nos termos do regime de mediação, acima referido.

IV. O dever especial de esclarecimento, apesar da sua evidente utilidade, representa um perigo para o tomador. Quando endossado a um mediador, ainda se poderia fazer apelo a uma afirmada equidistância entre o tomador e o segurador. Mas o segurador não é imparcial: antes parte no contrato. A doutrina recomenda, por isso, que o aconselhamento seja muito objetivo, deixando ao tomador a liberdade de escolha. O aconselhamento é particularmente útil pela negativa: de forma a evitar que, por erro, o tomador se dirija para um produto que não lhe permita cobrir os riscos pretendidos ou que o faça em termos desnecessariamente onerosos.

245. O incumprimento; a aplicabilidade do Direito civil

I. O artigo 23.º fixa as consequências do incumprimento, pelo segurador, dos deveres de informação e de esclarecimento. Fá-lo distinguindo duas grandes classes de deveres[1200]:

[1199] Arnaldo Costa Oliveira/Eduarda Ribeiro, em Romano Martinez, *LCS* cit., 2.ª ed. 123.

[1200] *Vide* Arnaldo Costa Oliveira/Eduarda Ribeiro, em Romano Martinez, *LCS* cit., 2.ª ed. 127 ss..

– os de informação e de esclarecimento previstos na própria LCS: o seu inadimplemento conduz à responsabilidade civil, nos termos gerais (23.º/1);
– o dever de informação figurado nos artigos 19.º a 22.º: a inobservância confere, então, ao tomador, o direito de resolver o contrato, salvo se: (a) a falta do segurador não tenha, razoavelmente, afetado a decisão de contratar ou (b) a cobertura haja sido acionada por terceiro (23.º/2).

O artigo 23.º/3 explicita o regime da resolução especial aqui prevista: (a) deve ser exercida no prazo de trinta dias a contar da receção da apólice; (b) tendo efeitos retroativos; (c) e cabendo, ao tomador, a devolução da totalidade do prémio pago: óbvio, aliás (433.º e 434.º/1, 1.ª parte, ambos do Código Civil).

II. Aparentemente úteis, estes dispositivos surgem, a uma melhor reflexão, muito restritivos, desprotegendo o tomador. E como não terá sido essa a intenção legislativa, há que interpretá-los de modo adequado. Principiemos pela resolução.

Pelo regime civil, a informação ou o aconselhamento inadequados podem conduzir a erro (251.º e 252.º) ou, até, a erro qualificado por dolo (253.º e 254.º, todos do Código Civil). O seguro daí resultante poderia ser anulado no prazo de um ano (287.º/1) ou, mesmo, a todo o tempo, enquanto o contrato não estiver cumprido (287.º/2). A anulação tem efeitos retroativos, devendo ser restituído tudo o que tiver sido prestado (289.º/1, todos, também, do Código Civil). Este regime é mais favorável do que o da resolução, a decidir nos trinta dias subsequentes à receção da apólice. Além disso, bem pode suceder que só após esses trinta dias o tomador se aperceba do défice de informação. Ora, pelo regime civil, o tomador, depois de se aperceber do erro, teria um ano para anular o contrato, recebendo quanto houvesse pago.

Nestes termos, deve-se entender:

– que o regime especial de resolução, previsto no artigo 23.º/2 e 3 da LCS, não afasta o regime geral da anulação por erro, sempre que se verifiquem os seus pressupostos, nos termos da lei civil;
– que a especial resolução aqui prevista depende da simples invocação, pelo tomador, da falta de informação; ao segurador cabe o ónus de provar o contrário; de outro modo, ela nem teria utilidade.

Esclareça-se que, confrontado, no curto prazo de um mês, com uma alegação de falta de informação, qualquer segurador devolve, de imediato, o prémio que haja recebido. Evita maiores despesas e desliga-se de um cliente menos confortável. A resolução aqui prevista, embora delimitada à violação dos deveres previstos nos artigos 19.º a 22.º, é aplicável, por analogia (e sempre sem prejuízo do regime civil), a outros deveres de informação específicos dos seguros: tais os constantes do artigo 185.º[1201].

III. Quanto à responsabilidade civil (23.º/1): a referência aos "termos gerais" poderia indiciar uma saída aquiliana. Mas não: estamos perante vínculos específicos, pelo que a responsabilidade em causa é a obrigacional (artigos 798.º e seguintes, do Código Civil)[1202]. Há presunção de culpa (e de ilicitude), contra o segurador. De outro modo, a regra não terá funcionamento prático.

[1201] Nesse sentido, Arnaldo Costa Oliveira/Eduarda Ribeiro, em Romano Martinez, *LCS* cit., 2.ª ed. 129.

[1202] Em abono, Romano Martinez, *LCS anotada* cit., 2.ª ed. 130.

§ 58.º OS DEVERES DE INFORMAÇÃO DO TOMADOR OU DO SEGURADO

246. Generalidades; as reticências (Código Veiga Beirão)

I. O seguro envolve uma técnica complexa e múltiplas derivações. Os deveres de informação requeridos ficam, pela natureza das coisas, a cargo do segurador. Mas ele envolve, ainda, uma delimitação do risco e do interesse relevante e, ainda, um conhecimento da dimensão do próprio risco. Esta dimensão, também pela natureza das coisas, envolve um conhecimento que ao tomador (ou ao segurado) é acessível, em primeira linha. As competentes informações devem ser levadas ao conhecimento do segurador. Só assim este poderá formar uma decisão de contratar, precisando os contornos da cobertura e do prémio[1203].

II. A matéria dos deveres de informação do tomador, tradicionalmente apelidada de "reticências" deste, tinha um especial assento no Código Comercial de 1888 (Veiga Beirão).

[1203] Recordamos, designadamente: Eduard Wagenmann, *Grund und rechtliche Struktur der Anzeigepflicht des Versicherungsnehmers beim Abschluss des Versicherungsvertrages nach dem Reichsgesetz über den Versicherungsvertrag vom 30. Mai 1908* (1914), XI + 64 pp.; Ludger Küpper-Fahrenberg, *Die Verletzung der vorvertraglichen Anzeigepflicht durch Dritte im Versicherungsrecht* (1937), XIII + 43 pp., 5 ss., quanto à responsabilidade do tomador; Hans Schack, *Deutsches Versicherungsrecht* (1938), 272 pp., 77 ss., com indicações doutrinárias e jurisprudenciais; Christian F. Huckele, *Die vorvertraglichen Aufklärungs- Beratungs- und Informationspflichten* (2005), XXVI + 179 pp., 21 ss.; Oliver Brand, *Grenzen der vorvertraglichen Anzeigepflichten des Versicherungsnehmers*, VersR 2009, 715-721; Dirk Looschelders, *Aktuelle Probleme der vorvertraglichen Anzeigepflicht des Versicherungsnehmers*, VersR 2011, 697-705 (705/II, focando a intenção legislativa de proteger o tomador e fixando, quanto ao segurador, uma cuidada ponderação de interesses) e *Die vorvertragliche Anzeigepflicht des Versicherungsnehmers nach der VVG-Reform* (2011), 1-25. As indicações relativas a tratados e a comentários surgem abaixo, no texto.

Assim, segundo o seu revogado artigo 429.º:

> Toda a declaração inexacta, assim como toda a reticência de factos ou circunstâncias conhecidas pelo segurado ou por quem fez o seguro, e que teriam podido influir sobre a existência ou condições do contrato tornam o seguro nulo.
> § único. Se da parte de quem fez as declarações tiver havido má fé o segurador terá direito ao prémio.

O âmbito da obrigação de informar era claramente definido com recurso a dois fatores: ele abrange (a) todos os factos ou circunstâncias conhecidas pelo tomador e (b) suscetíveis de influir na celebração ou no conteúdo do contrato[1204]. Podemos completar a fórmula de 1888, acrescentando que não se tratava, apenas, de "factos conhecidos"; ficam incluídos, também, os factos que o tomador devesse conhecer.

III. A sanção para as reticências do tomador era, aparentemente, a nulidade[1205]. Todavia, em 1888, não estava ainda clara a contraposição entre nulidade e anulabilidade: tudo era reconduzido à nulidade embora, progressivamente, se viessem a distinguir as nulidades absolutas das relativas.

Compreendia-se que as reticências do segurado, capazes de falsear totalmente o contrato, devessem ser sancionadas com uma invalidade. Mas não se entenderia porquê um desvio tão grande em relação aos regimes do erro e do dolo – artigos 252.º e 254.º do Código Civil – que remetem, mesmo nos casos mais graves, para a anulabilidade. Por isso, devia prevalecer a interpretação atualista que, no artigo 429.º, via uma simples anulabilidade[1206].

IV. O artigo 429.º teve especial aplicação no domínio dos chamados seguros de acidentes de trabalho por folhas de férias: um empregador

---

[1204] Vide Arnaldo Pinheiro Torres, *Ensaio sobre o contrato de seguro* (1939), 102 ss., com interessantes elementos da época.

[1205] Com base nesse preceito, a jurisprudência referia, por vezes, a nulidade, sem distinguir se absoluta ou se relativa. Assim, STJ 2-fev.-1959 (Simões Figueirinhas; vencido: Campos de Carvalho), BMJ 84 (1959), 523-527 (525).

[1206] Nesse sentido, RLx 28-fev.-1991 (Silva Salazar), CJ XVI (1991) 1, 172-175 (173/II), indicando outra jurisprudência, STJ 3-mar.-1998 (Silva Paixão), CJ/Supremo VI (1998) 1, 103-107 (106/I), RCb 3-mai.-2005 (Távora Vítor), CJ XXX (2005) 3, 5-8 (8/II) e RCb 21-set.-2010 (Teles Pereira), Proc. 357/08.

efetua o seguro em causa em função do número de trabalhadores que indica, sem precisar os nomes, dada a existência de flutuações; poderá ser levado a fornecer um número inferior ao real, de modo a pagar um prémio menor[1207]. Em compensação, se a seguradora aceitou fazer esse seguro sem indicação dos nomes, tem de assumir os riscos de fraudes que não possa provar[1208]. A jurisprudência temperava, nalguns casos, a invalidade por reticências falando em "nulidade parcial": no fundo, pretendia-se proteger a pessoa segura[1209]. Além disso, a reticência deve reportar-se ao momento da conclusão do contrato: se, posteriormente, forem admitidos mais trabalhadores, poderá haver sanções diversas: mas não a da invalidade do próprio contrato[1210]. A atual prática dos seguros permite ainda apurar outras áreas onde o problema das reticências assume relevo. Assim:

– no domínio dos seguros de vida: há invalidade se o segurado, no questionário clínico, omitir que já lhe havia sido extirpada parte do estômago[1211] ou que padecia de uma malformação cardíaca congénita[1212]; todavia, é ónus da seguradora provar que o segurado já conhecia, aquando do questionário clínico, a presença da doença que o iria vitimar[1213], precisando os elementos que demonstram o conhecimento da patologia, pelo tomador[1214]; até há pouco, tais situações eram pouco frequentes[1215], dada a imposição dos exames

---

[1207] STJ 26-jul.-1955 (Manuel Malgueiro), BMJ 50 (1955), 445-453 (452) e RPt 9-nov.-1992 (José Correia), CJ XVII (1992) 5, 261-263 (263).

[1208] RLx 30-jul.-1986 (Pedro Macedo), CJ XI (1986) 4, 204-205 (204/II).

[1209] STJ 16-nov.-1993 (Cura Mariano), BMJ 431 (1993), 467-471 (470): um caso de omissão do número exato de bombeiros seguros.

[1210] REv 9-abr.-2003 (Gonçalves da Rocha), CJ XXVIII (2003) 2, 264-266 (265/I e 265/II). Idem quanto ao envio tardio da folha de férias, ainda que com dúvidas: STJ 30-out.-2002 (Mário Torres; vencidos: Ferreira Neto e Dinis Nunes), CJ/Supremo X (2002) 3, 267-269 (268-269).

[1211] REv 13-fev.-2003 (Fernando da Conceição Bento), CJ XXVIII (2003) 1, 246-248 (247/II).

[1212] STJ 8-jun.-2010 (Barreto Nunes), Proc. 90/2002.GIS1.

[1213] STJ 4-mar.-2004 (Santos Bernardino), CJ/Supremo XII (2004) 1, 102-104 (104/I).

[1214] RLx 24-nov.-2009 (Ana Resende), Proc. 1165/07.

[1215] No entanto, vide STJ 20-jun.-1967 (Correia Guedes), BMJ 168 (1967), 323-326 (324-325): considerou-se nulo o contrato de seguro de vida, de que beneficiaria a mulher, por o marido ter faltado à verdade sobre o seu grave estado nosológico.

médicos; tais exames permitirão, em princípio, despistar qualquer patologia[1216];
– no dos veículos automóveis: há invalidade se o segurado omitir que já tivera três acidentes recentes[1217] ou que não é ele o condutor habitual, sendo que este último tem carta há menos de dois anos[1218].

Todavia: para efeitos do artigo 429.º e seguintes, segundo Cunha Gonçalves[1219], a reticência só interferia na validade do negócio se influísse na sua celebração ou no seu teor[1220], cabendo, à seguradora, o ónus de o demonstrar[1221].

Pela mesma lógica, o agravamento do risco devia ser comunicado à seguradora: uma solução que deriva do artigo 446.º, no tocante ao seguro contra incêndios e que já tem sido alargada sob invocação do artigo 429.º[1222].

V. Pode acontecer que a proposta de seguro preenchida pelo tomador esteja incompleta. A jurisprudência não via, aí, a má-fé que justifique a sanção do artigo 427.º, § único[1223], considerando ainda válido o contrato, desde que o segurador o tenha admitido, nessas condições[1224].

Não se considera celebrado um contrato apenas com base na declaração de rescisão de anterior seguro com outra seguradora[1225].

[1216] Temos conhecimento de casos de encarniçamento na exigência de exames médicos complementares inúteis. Cabe aos particulares atingidos exercer os seus direitos, se necessário junto do ISP ou da própria Ordem dos Médicos, quando os clínicos acedam, contra as *leges artis*, a exigências de seguradoras ou de bancos.

[1217] RCb 23-mar.-2004 (Távora Vítor), CJ XXVIII (2004) 2, 22-24 (22-23).

[1218] RCb 20-abr.-2004 (Ferreira Barros), CJ XXVIII (2004) 2, 28-31 (30).

[1219] Cunha Gonçalves, *Comentário* cit., 2, 541.

[1220] RGm 9-mar.-2005 (Maria Rosa Tching), CJ XXX (2005) 2, 279-283 (282/I); anteriormente: RCb 5-nov.-2002 (Tomás Barateiro), CJ XXVII (2002) 5, 9-14 (11/II).

[1221] STJ 17-nov.-2005 cit., CJ/Supremo XIII, 3, 123/II.

[1222] RLx 23-jan.-2003 (Tibério Silva), CJ XXVIII (2003) 1, 73-75 (74/II): não foi avisada a seguradora da instalação de um novo armazém em local isolado e sem vigilância.

[1223] STA 5-mar.-1968 (Veiga Rodrigues), AcD 77 (1968), 689-693 (692).

[1224] STA 29-jun.-1976 (Tomás de Resende), AcD 78 (1968), 1319-1321 e RLx 5-fev.-1982 (Prazeres Pais), CJ VII (1982) 1, 171-173 (172-173).

[1225] REv 17-jun.-2004 (Fernando Bento), CJ XXVIII (2004) 3, 252-255 (254/I).

VI. Finalmente, o artigo 429.º do Código Comercial é aplicável aos contratos de seguro concluídos antes da entrada em vigor da LCS[1226]. Trata-se de solução corretamente sufragada pela jurisprudência uma vez que, de outro modo, teríamos uma manifestação de retroatividade contrária à vontade das partes e às regras transitórias gerais (12.º/1, do Código Civil).

247. A declaração inicial do risco

I. O domínio dos deveres de informação, a cargo do tomador ou do segurado, mereceram uma cuidada atenção ao legislador de 2008[1227]. A larga experiência disponível permitia-o e as insuficiências do Código Veiga Beirão recomendavam-no.

O artigo 24.º/1 começa por dispor que[1228]:

> O tomador do seguro ou o segurado está obrigado, antes da celebração do contrato, a declarar com exatidão todas as circunstâncias que conheça e que razoavelmente deva ter por significativas para a apreciação do risco pelo segurador.

Ao contrário do que sucede com as informações a cargo do segurador, que obtiveram, na lei, elementos alargados (artigo 18.º e outros, como o artigo 185.º), o legislador optou por, no caso das informações a cargo do tomador, indicar apenas o objetivo. Ficam abrangidas todas as circunstâncias que relevem para a apreciação do risco, pelo segurador. Tecnicamente, temos uma obrigação genérica de informação, definida pelo escopo. A lei pôs-lhe, todavia, dois limites cumulativos, para evitar que ela tenda para o infinito:

[1226] RLx 23-out.-2014 (Teresa Pardal), Proc. 9609/10.3.
[1227] Sobre toda esta matéria, dispomos da monografia fundamental já referida: Luís Manuel Pereira Poças, *O dever de declaração inicial do risco no contrato de seguro* (2013), 961 pp.. Com elementos comparatísticos vide, aí, 233 ss..
[1228] *Vide*, com úteis indicações, Arnaldo Costa Oliveira, em Romano Martinez, *LCS anotada* cit., 2.ª ed. 131 ss.. O preceito resulta muito semelhante ao § 19 (1), 1.ª parte, do VVG alemão; *vide* Christian Rolfs, em Bruck/Möller, *VVG/Kommentar* cit., I, §§ 1-32, 9.ª ed. § 19 (626-688), com muita bibliografia (626-627), Jürgen Prölss, em Prölss/Martin, *VVG/Kommentar* cit., 28.ª ed. § 19 (218 ss.), Christian Armbrüster, *idem* cit., 29.ª ed., § 19 (201 ss.) e Theo Langheid, em Römer/Langheid, *VVG* cit., 4.ª ed. 164 ss..

– ficam abrangidas todas as circunstâncias que o tomador conheça;
– o que razoavelmente deva ter por significativas, para a apreciação do risco pelo segurador.

II. Existe algum dever de indagação, a cargo do tomador? A lei não o refere. O artigo 26.º/1, ao prever omissões ou inexatidões negligentes, pressupõe, todavia, um dever de cuidado, a cargo do tomador, no que tange à comunicação e ao conhecimento. A intensidade desse dever depende das circunstâncias, valendo a diligência do *bonus pater familias*[1229]. Mas não a acentuamos: o tomador não é um guardião do segurador, nem este espera que assim seja. Deve comportar-se com a honestidade própria do cidadão comum, que não tem de acentuar quanto lhe seja desfavorável.

Quanto à bitola da "razoabilidade", na seleção das circunstâncias que deva ter por "significativas"? Também aqui não é expectável que o tomador se arvore em serviçal do segurador. De novo apelamos para o *bonus pater familias* e para o senso comum. Como abaixo verificaremos: o segurador, melhor do que ninguém, sabe o que é significativo para o cálculo do risco que (apenas) ele irá fazer. Por isso, coloca perguntas.

III. No domínio das informações a prestar pelo tomador havia, tradicionalmente, duas hipóteses[1230]:

– a das declarações espontâneas;
– a dos questionários.

Pela primeira, o tomador do seguro deveria prestar todas as informações razoavelmente relevantes: pela segunda, ele deveria responder, com verdade, aos questionários que o segurador lhe submetesse. A favor deste último sistema, sustenta-se que apenas o segurador deve saber quais os elementos a ter em conta na avaliação do risco, avaliação essa que, de resto, ele próprio vai efetuar. Contra, argumenta-se que lhe podem escapar elementos essenciais, que só o tomador conheça. Para prevenir o problema,

---

[1229] *Tratado* VI, 484 ss..

[1230] Arnaldo Pinheiro Torres, *Ensaio sobre o contrato de seguro* cit., 31 ss., Moitinho de Almeida, *O contrato de seguro* cit., 73 ss., Filipe Albuquerque Matos, *As declarações reticentes e inexactas no contrato de seguro*, em Estudos Prof. Doutor António Castanheira Neves II (2008), 457-499 (466), Arnaldo Costa Oliveira, em Romano Martinez, *LCS anotada* cit., 2.ª ed. 132-133 e Luís Poças, *O dever de declaração inicial do risco* cit., 360 ss..

o segurador pode ser levado a preparar questionários desmesurados, aos quais o tomador não saiba ou não possa responder.

Há que fazer uma opção legislativa. Ora, neste ponto, a evolução geral do Direito dos seguros segue a via de incrementar a tutela do tomador do seguro, tendencialmente consumidor e que mais não fez, no fundo, do que acolher quanto lhe seja remetido. Emblemática é a evolução do Direito alemão. O § 16 do velho VVG de 1908 consignava um "dever de informação espontâneo", por parte do tomador, relativo a todas as circunstâncias perigosas, independentemente das perguntas do segurador. Recaía, sobre ele, o risco de decidir o que merecia ser comunicado, num verdadeiro encargo de conteúdo indeterminado. Pretendendo melhor tutelar o consumidor, o VVG de 2008 inverteu o sistema: o tomador deve informar sobre as circunstâncias relevantes que conheça e que lhe sejam perguntadas, num questionário, pelo segurador[1231].

O legislador português não acolheu a solução alemã. Pena: não é credível que as seguradoras, após muitas décadas de experiência, não consigam montar questionários satisfatoriamente completos[1232]. Com efeito, a LCS veio combinar os dois sistemas: questionários, complementados com um dever geral de revelar tudo o que, embora neles não se contenha, possa ser relevante para o cálculo do risco. A não ser temperada pela boa-fé e pela própria lógica do mercado, esta combinação revela-se desfavorável para o tomador, que nunca poderá ter a certeza de beneficiar de um seguro. Aliás e no limite, se o segurador souber *tudo*, já não há risco que possa assumir.

IV. Tendencialmente, podemos dizer que os questionários predominam nos seguros de pessoas. E sendo um questionário respondido com seriedade e de boa-fé, nada mais haverá, em princípio, a acrescentar. Não obstante, a LCS, no seu artigo 24.º/2, explicita que, mau grado o questionário, ainda há que dar cumprimento ao artigo 24.º/1. Simplesmente, havendo o tal questionário, tudo o que razoavelmente se possa ter como

---

[1231] Manfred Wandt, *Versicherungsrecht* cit., 5.ª ed., Nr. 787 (277) e Theo Langheid, em Römer/Langheid, *VVG* cit., 4.ª ed., § 19, Nr. 4-5 (160).

[1232] Também crítico perante esta opção da Lei: J. C. Moitinho de Almeida, *O novo regime jurídico do contrato de seguro. Breves considerações sobre a protecção dos segurados*, em *Contrato de seguro/Estudos* (2009), 11-36 (13-14), afirmando que o complicado esquema estabelecido vai onerar os tribunais; mas não apenas (nem sobretudo): um litígio quanto ao (não) pagamento de uma indemnização por suposta violação da declaração inicial do risco (24.º/3) demorará, em média, dez anos até encontrar uma decisão final. O seguro torna-se quase inútil!

significativo para a apreciação do risco consta dele próprio. Consciente desse óbice, o artigo 24.º/3 vem temperar a justaposição entre o questionário e o dever de, espontaneamente, prestar as informações. Dispõe que, tendo aceitado o contrato, o segurador, salvo dolo do tomador ou do segurado, com o propósito de obter uma vantagem, não pode prevalecer-se:

(a) da omissão de resposta a uma pergunta;
(b) da resposta imprecisa a uma questão demasiado genérica;
(c) da incoerência ou da contradição evidentes, nas respostas;
(d) de respostas ("factos") que o seu representante saiba inexatas ou que, tendo sido omitidas, ele conheça;
(e) de circunstâncias conhecidas pelo segurador, especialmente se públicas e notórias.

V. A matéria das informações a cargo do tomador ou do segurado acaba, assim, por ter uma elevada tecnicidade. Por isso, o segurador deve, antes da celebração do contrato, esclarecer a contraparte acerca do dever referido no n.º 1: o de informar tudo o que seja conhecido e razoavelmente relevante, bem como do regime do seu incumprimento (24.º/4). Se o não fizer, esse mesmo preceito remete, no seu final, para a responsabilidade civil, nos termos gerais. Mas os "termos gerais" conduzem, antes, a que o segurador que omita explicar, ao tomador, o sentido, o conteúdo e as consequências da declaração inicial do risco não possa, depois, prevalecer-se das insuficiências dessa declaração, sempre com ressalva do dolo ou negligência grosseira da contraparte ou do segurado.

VI. Resta esclarecer a natureza do "dever" da declaração inicial do risco[1233]. A lei reporta-se-lhe como um dever. Diz mesmo, de modo quiçá demasiado enfático[1234] que, com referência à declaração inicial do risco, que o tomador do seguro ou o segurado *está obrigado*. Tal semântica

---

[1233] Sobre o tema, Luís Manuel Pereira Poças, *O dever de declaração inicial do risco* cit., 643 ss., com muitas indicações. Este Autor defende que se trata de um dever e não de um "ónus", figura que entende não se distinguir de um encargo. *Summo rigore*, afigura-se-nos que Pereira Poças acaba por aproximar o dever de declaração inicial do risco de um dever acessório o que lhe permitirá, no tocante ao encargo, subscrever uma teoria semelhante à de Susanne Hähnchen (*vide supra*, 589). Mas como optou por não autonomizar o encargo do ónus, não dá esse passo: com pena para a nossa doutrina.

[1234] Dizemos "demasiado" porque estamos perante um tema de grande sensibilidade doutrinária; ora cabe ao legislador fixar regimes claros e, se o entender, incisivos:

terá derivado da inspiração no § 1a do VVG alemão, epigrafado dever de informação (*Anzeigepflicht*), justamente a propósito da declaração pré-contratual de risco. A doutrina corrige: ao contrário do que resulta do título, trata-se de um encargo legal[1235].

Perante o Direito português, afigura-se-nos necessário fazer uma distinção, neste domínio.

Nos seguros obrigatórios, o dever de declarar inicialmente o risco surge como uma obrigação legal autónoma, isto é: como fruto de um dever de prestar principal, de base legal. A obrigação (legal) de segurar um risco é, logicamente, precedida pela obrigação de precisar esse risco: ou não haverá seguro obrigatório que valha.

Já nos seguros voluntários comuns, estamos em face de um encargo, com o sentido que, acima, lhe atribuímos. O regime da declaração inicial de risco não é o de um comum dever jurídico: dar-lhe essa mesma designação implica renunciar à possibilidade de diferenciar as qualificações em função dos regimes, com prejuízo para a diferenciação das soluções.

Na verdade, as consequências da omissão ou das inexatidões, mesmo dolosas, relativamente à declaração inicial do risco são – como abaixo melhor será visto – apenas internas, isto é, ao nível do funcionamento do seguro. Elas não conduzem à responsabilidade civil[1236], assim como não dão corpo a qualquer pretensão judicialmente atuável, do segurador, de obter os elementos informativos em falta. Estamos perante um encargo[1237]. Cabe ter presente que o "encargo" não implica (ao contrário do ónus!) um desinteresse, por parte do Direito, quanto ao resultado. O Direito pretende que o encargo seja "cumprido"; mas recorre, para tanto, a uma técnica diferente da do dever.

248. Reticências dolosas

I. Mantemos a locução tradicional "reticências" para designar o não-cumprimento do dever de declaração inicial do risco ou o seu cum-

---

mas não é função sua a de tomar partido em questões jurídico-científicas e, para mais, de construção conceitual.

[1235] Ou *gesetzliche Obliengenheit*; vide Manfred Wandt, *Versicherungsrecht* cit., 5.ª ed., Nr. 7872 (276).

[1236] A menos que a declaração insuficiente ou inexata venha, por si, a preencher outras previsões normativas extrasseguros (p. ex., crimes como o de burla ou fraudes fiscais), altura em que têm aplicação os competentes regimes.

[1237] *Supra*, 584 ss..

primento imperfeito. Uma disciplina jurídica é, sempre, um produto da cultura: como tal, deve preservar o seu estilo próprio.

A LCS foi cuidadosa, neste domínio. Veio distinguir entre omissões e inexatidões dolosas (25.º) e negligentes (26.º). Deve entender-se que o legislador usou as categorias civis gerais de dolo e de negligência[1238]. Recordamos que, no dolo, o agente procede voluntariamente contra a norma em causa. Na negligência, o agente atinge o bem jurídico, protegido pela norma, por não haver observado as regras de cuidado aplicáveis. A sua vontade não foi dirigida direta, necessária ou eventualmente contra a norma jurídica em jogo; acabou, todavia por não a acompanhar, mercê da inobservância da diligência exigível.

A distinção entre o dolo e a negligência é básica, no Direito penal: em princípio, os crimes exigem dolo; só em casos especiais a lei prevê tipos negligentes[1239]. Já no Direito civil, a diferenciação tem parcos efeitos, uma vez que a responsabilidade surge quer haja dolo, quer mera negligência (483.º/1, do Código Civil). Apenas marginalmente surge alguma relevância: por exemplo, havendo negligência, pode haver uma certa (e prudente) redução da indemnização (494.º, do Código Civil). Por isso, é com o maior interesse que o civilista se debruça sobre esta particularidade da LCS.

II. Dispõe o artigo 25.º/1, da LCS:

> Em caso de incumprimento doloso do dever referido no n.º 1 do artigo anterior, o contrato é anulável mediante declaração enviada pelo segurador ao tomador do seguro.

A previsão é, pois, a de o tomador, direta, necessária ou eventualmente, ter optado por não efetuar, com verdade e completeza, a declaração inicial de risco. Relativamente ao Direito anterior, há uma dupla evolução: por um lado, não releva toda e qualquer reticência mas, apenas, a que tiver sido perpetrada com dolo; por outro, esclarece-se, na linha das doutrina e jurisprudência fixadas, que não se trata de nulidade, mas de anulabilidade.

[1238] *Tratado* VIII, 470 ss..
[1239] *Vide* o artigo 13.º do Código Penal.

Na base da nova solução temos uma interessante transposição conceitual, assente em similitudes linguísticas. Em português como noutros idiomas latinos, o tema "dolo" tem dois alcances jurídicos distintos[1240]: o "dolo-maquinação" (*Tauschung*), presente nos artigos 253.º e 254.º do Código Civil, próprio de quem, nas negociações, induziu ou conservou em erro a contraparte e o "dolo-culpa" (*Vorsatz*), patente no artigo 483.º/1 do mesmo Código e que exprime a censura dirigida a quem, direta, necessária ou eventualmente, decida violar uma norma e leve até ao fim esse desígnio. O dolo-maquinação exprime uma ação com um certo teor negativo; o dolo-culpa uma censura que recai sobre certa ação.

O Direito alemão dos seguros invalida, através da impugnabilidade (anulabilidade), o "dolo-astucioso" (*arglistige Täuschung*) que atinja o segurador[1241]. A locução, no Direito civil (§ 123/I, do BGB), exprime a promoção voluntária (dolosa, *vorsätzliche*) de um erro, na contraparte[1242]. Temos, pois, uma evolução para o dolo-culpa. A dificuldade está, aí, em identificar as normas (precisas) violadas.

A LCS não teve dificuldade em apontar tais normas: as que, no artigo 24.º/1, obrigam à declaração inicial de risco: completa e verídica.

III. Pergunta-se, ainda, se as reticências dolosas devem destinar-se a enganar o segurador, conseguindo, à custa deste, uma vantagem para o tomador (em regra: a de pagar um prémio inferior), para o segurado ou para outros beneficiários. A lei não exige o prejuízo para o segurador. Todavia, se as reticências não tiverem quaisquer consequências, a eventual anulação pode ser abusiva. Afigura-se, pois, excessiva a solução do artigo 25.º/5: a de que, havendo dolo do tomador ou do segurado com o propósito de obter uma vantagem, o prémio é devido até ao termo do contrato. É certo que ela corresponde ao revogado artigo 429.º, § único, do Código Comercial:

> Se da parte de quem fez as declarações tiver havido má-fé, o segurador terá direito ao prémio.

[1240] Vide a síntese muito clara de Romano Martinez, *LCS Anotada* cit., 2.ª ed. 161 ss..

[1241] Theo Langheid, em Römer/Langheid, *VVG/Kommentar* cit., 4.ª ed. § 22 (233 ss.). Na jurisprudência: Theo Langheid/Christoph Müller-Frank, *Rechtsprechungsübersicht zum Versicherungsvertragsrecht 2009*, NJW 2010, 344-349 (345/II).

[1242] Manfred Wolf/Jörg Neuner, *Allgemeiner Teil des Bürgerlichen Rechts* cit., 10.ª ed. § 41, Nr. 100 (477) e Christian Armbrüster, no *Münchener Kommentar zum BGB*, 6.ª ed. (2012), § 123, Nr. 13 (1229).

Todavia, dado o aperfeiçoamento legislativo, ela não se justifica. A lei civil não castiga "intenções", nem "propósitos". Temos de vencer, também neste ponto, as ancestrais tendências retaliatórias.

IV. O final do artigo 25.º/1 aponta a consequência das reticências dolosas: o contrato é anulável[1243] mediante declaração enviada pelo segurador ao tomador do contrato. Trata-se de uma anulabilidade *sui generis*, uma vez que ela se distancia, em diversos aspetos, do regime comum[1244]. Assim:

- a anulação opera mediante declaração enviada ao tomador do seguro: pela nossa parte, não aderimos, no Direito civil, à ideia de que a anulação exige uma ação judicial, no que traduziria uma inacreditável benesse para os prevaricadores[1245]; de todo o modo, a expressa indicação de que (só) por uma declaração se provoca o efeito anulatório é uma especialidade;
- não tendo havido sinistro, o prazo para a anulação é de três meses a contar do conhecimento do incumprimento (25.º/2) e não de um ano (287.º/1, do Código Civil); expirado esse prazo sem anulação, o vício fica sanado, como confirma o artigo 25.º/3;
- a anulação não tem eficácia restitutória: o segurador tem direito ao prémio devido até ao final do prazo para a anulação, salvo se tiver ocorrido dolo ou negligência grosseira do segurador ou do seu representante (25.º/4) ou, na hipótese punitiva do artigo 25.º/5, acima referida, direito ao prémio até ao termo do contrato.

V. Estas últimas soluções devem ser interpretadas de modo a restringir a perceção de prémios, em contratos de seguro que não subsistam, por terem sido anulados. Além do insólito dogmático, elas podem chegar a resultados de extrema injustiça, uma vez que não permitem graduações. Os particulares comuns têm a maior dificuldade em litigar. Assim:

[1243] Leia-se: o contrato é anulado; anulável era ele, *ab initio* e independentemente da declaração.

[1244] Talvez a Lei pudesse, por isso e à semelhança do VVG alemão, ter optado pela resolução do contrato.

[1245] *Tratado* I/1, 3.ª ed., 862 ss.; há outras opiniões; deve impor-se, todavia, a solução do § 143 do BGB, mais harmónica: e nenhum preceito legal exige o recurso ao tribunal. *Vide*, sobre o tema, Arnaldo Costa Oliveira, em Romano Martinez, *LCS anotada* cit., 2.ª ed. 155 ss..

– se o segurador (ou o seu representante) agiu com negligência, a qual tenha induzido às reticências, não cabe nem a anulação nem, muito menos, a retenção do prémio;
– o ónus da prova do dolo e dos "propósitos" cabe, sempre, ao segurador.

Em qualquer dos casos, não há responsabilidade civil do tomador, salvo se estiverem em causa crimes ou outras normas. Lidamos, no Direito dos seguros e pelo prisma do tomador, com simples encargos, como vimos[1246].

249. Reticências negligentes

I. Como foi referido, a LCS diferenciou a hipótese de não-cumprimento negligente do artigo 24.º/1: artigo 26.º[1247]. Tal eventualidade pressupõe, como se viu, a inobservância de deveres de cuidado, ao caso aplicáveis. Havendo reticências negligentes, cabe ao segurador uma alternativa (26.º/1):

– ou propõe uma alteração ao contrato fixando um prazo não inferior a 14 dias para o envio da aceitação ou quando a admita, da contraproposta (a);
– ou faz cessar o contrato demonstrando que, em caso algum, celebra contratos para a cobertura de riscos relacionados com o facto omitido ou declarado inexatamente.

II. A cessação do contrato opera 30 dias após o envio da declaração de cessação ou 20 dias após a receção, pelo tomador do seguro, da proposta de alteração, caso não responda (26.º/2).

Cessando o contrato, o prémio é devolvido *pro rata temporis* atendendo à cobertura havida (26.º/3), isto é: proporcional ao tempo a que corresponde. Trata-se do afloramento da regra geral sobre estorno do prémio, prevista no artigo 107.º/2, da LCS.

[1246] *Supra*, 584 ss..
[1247] *Vide* Arnaldo Costa Oliveira, em Romano Martinez, *LCS anotada* cit., 2.ª ed. 171 ss..

III. Se, antes da cessação do contrato ou da sua alteração, ocorrer um sinistro cujas verificação ou consequências hajam sido influenciadas por facto relativamente ao qual tenha havido reticências negligentes, uma de duas (26.º/4):

- o segurador cobre o sinistro na proporção da diferença entre o prémio pago e o que seria devido (a);
- o segurador demonstra que, em caso algum, teria celebrado o contrato se conhecesse a realidade: não cobre o sinistro e fica vinculado à devolução do prémio.

A hipótese de, verificado o sinistro, o segurador não indemnizar, invocando reticências negligentes, é muito grave: é evidente que, a não ter havido sinistro, o segurador faria seu o prémio, na totalidade. Além disso, essa hipótese prejudica a confiança do público nos seguros. A prova deve ser clara, ficando a cargo, nos termos gerais, do segurador[1248].

IV. Resta saber qual a natureza da "cessação do contrato". Dado o regime, cabe concluir por uma anulação *sui generis*, total ou parcial. Ela tem, como contrapeso, o encargo da declaração inicial do risco, a cargo do tomador.

A delicadeza da cessação, que tende a ser apurada e invocada aquando da ocorrência do sinistro, leva a que ela não possa ser alegada, nos seguros obrigatórios de responsbalidade civil, quando anterior a esse mesmo sinistro. Tal a solução geral do artigo 147.º[1249], especialmente focada no artigo 22.º do Decreto-Lei n.º 291/2007, de 21 de agosto, relativo à responsbalidade civil automóvel, área onde tem mais aplicação[1250].

[1248] RPt 27-jan.-2015 (Maria Amália Santos), Proc. 184/12.
[1249] José Vasques, em Romano Martinez, *LCS anotada* cit., 2.ª ed. 496.
[1250] RGm 10-nov.-2011 (Rita Romeiro), Proc. 3389/09.2.

SECÇÃO II
A ADESÃO ÀS CONDIÇÕES GERAIS DOS SEGUROS

§ 59.º OS SEGUROS E AS CONDIÇÕES GERAIS

250. As condições gerais dos seguros; funções

I. As leis dos seguros, tal como os códigos civis, prefiguram contratos que resultam de propostas e aceitações, feitas em total liberdade e ajustadas pelas partes de modo a traduzir o ponto de encontro de vontades a que hajam chegado.

Na realidade do tráfego jurídico, o modelo singular de contratação não é, em regra, o praticado. Nos sectores mais emblemáticos da economia – os dos seguros, da banca e dos transportes – por razões de ordem diversa, não há margem para um livre exercício da autonomia privada. Os interessados limitam-se a aderir a esquemas contratuais pré-elaborados pelos fornecedores dos serviços e produtos pretendidos: os seguradores, os banqueiros e os transportadores. Temos um modelo coletivo de contratação, efetivado através da adesão a cláusulas contratuais gerais.

Cláusulas contratuais gerais são, pois, proposições contratuais pré-elaboradas e rígidas – no sentido de não admitirem alterações negociadas – que interessados indeterminados se limitam a subscrever, para efeitos da conclusão do contrato que pretendam. Por respeito para com a tradição seguradora, falaremos, quanto às cláusulas contratuais usadas no sector aqui em estudo, em cláusulas gerais dos seguros ou cgs[1251].

[1251] *Supra*, 489 ss..

II. Temos encontrado, por diversas vezes, referência às cgs[1252]. Como explicado, elas infletem praticamente todos os contratos de seguro, modelando a margem deixada em aberto pelas leis – particularmente pela LCS – de acordo com técnicas de contratação muito experimentadas e em permanente aperfeiçoamento.

A grande justificação para o emprego de cláusulas contratuais gerais tem sido procurada na contratação em massa. A celebração, em contínuo, de centenas de contratos não é compaginável com qualquer formação singular de cada um deles. As partes limitam-se, querendo contratar, a aderir às cláusulas. O fenómeno da contratação de massa é uma constante no comércio bancário e na área dos transportes. Já assim não sucede com os seguros. Estes, embora numerosos, pressupõem contactos prévios individualizados e, quiçá, demorados. Comprovam-no, de resto, os numerosos deveres pré-contratuais de informação e de aconselhamento, que vimos enxamearam os preliminares negociais. Nada disso seria pensável aquando da prática de atos bancários comuns (depósitos, operações com cheques ou com cartões ou transferências, como exemplos) ou da contratação de um transporte coletivo.

III. Nos seguros, o recurso a cgs satisfaz, sobretudo, as exigências de racionalização, de segurança e, até, de igualdade[1253].

Desde o século XIX – com a profissionalização dos seguros – ficou claro que os cálculos atuariais exigem uma multiplicidade de situações idênticas[1254]. O segurador não poderia fixar tabelas de riscos e de prémios se cada contrato fosse um caso distinto dos restantes. Há uma exigência de racionalização, subjacente aos seguros e que, às cgs, confere um papel ontológico. Essa racionalização permite, de resto, que se exerça a supervisão do Estado e que o seguro possa, no mercado, ser apresentado como

---

[1252] *Supra*, 20, 489 ss., 504, 512, 514, 607 e 617, p. ex..

[1253] Meinrad Dreher, *Die Versicherung als Rechtsprodukt* cit., 162 ss., Peter Präve, *Versicherungsbedingungen und AGB-Gesetz* (1998), 1 e Peter Schimikowski, *Versicherungsvertragsrecht* cit., 4.ª ed. Nr. 19 (13). Em geral, *vide* Thomas Pfeiffer, em Manfred Wolf/Walter F. Lindacher/Thomas Pfeiffer, *AGB-Recht/Kommentar*, 5.ª ed. (2009), XXIV + 2440 pp., 1. Teil, Einleitung, Nr. 1 ss. (1 ss.).

[1254] Entre as referências mais antigas às cgs referimos Albert Ehrenzweig, *Moderne Entwicklungsbestrebungen im Recht des Versicherungsvertrages* (1925), 90 pp., 7; ainda no domínio dos seguros, antes da Lei de 1976: Manfred Werber, *Die AVB im Rahmen der Diskussion über die allgemeinen Geschäftsbedingungen*, FG Hans Möller (1972), 511-535.

um "produto"[1255]. A própria dimensão financeira dos seguros, hoje inquestionável e reafirmada pelas próprias leis, disso depende.

A presença das cgs confere segurança aos particulares aderentes e promove a confiança nos produtos dos seguros. Cada particular sabe que não está só, perante as fatalmente impessoais companhias de seguros. Subscreve produtos que outros aceitaram, numa lógica de sistema tutelado pelo Estado e pelo Direito. Além disso, os inúmeros aspetos que não têm base legal surgem objetivados nas cgs, podendo ser estudados e interpretados com solidez. A doutrina fala, a tal propósito, numa função de preenchimento de lacunas[1256].

A literatura jurídica atual salienta ainda o papel das cgs no igual tratamento dos interessados. Designadamente no domínio dos seguros obrigatórios, seria gravoso aceitar tratamentos discriminatórios. A existência de cgs, utilizáveis apenas como modelos e na base de uma seleção objetiva, assegura-o.

IV. O recurso a cgs é, ainda, uma peça importante no domínio da tutela, já antiga, do tomador de seguros[1257] e, nos nossos dias, do consumidor de seguros[1258]. Uma proteção dispensada caso a caso, em função do teor diferenciado de cada contrato seria impensável: os seus custos paralizariam o sector. Mas jogando-se com cgs, ela é viável, no âmbito da Lei sobre as Cláusulas Contratuais Gerais e de outros esquemas de controlo.

Interessa, por fim, sublinhar que o esquema das cgs abre as portas à planificação e à autorregulação dos seguradores[1259]. Na sua elaboração, as

---

[1255] Recorde-se o hoje já clássico livro de Hans-Peter Schwintowski, *Der private Versicherungsvertrag zwischen Recht und Markt* (1987), 337 pp..

[1256] Manfred Wolf/Jörg Neuner, *Allgemeiner Teil des Bürgerlichen Rechts* cit., 10.ª ed. § 47, Nr. 3 (552).

[1257] Assim, Tobias Prang, *Der Schutz der Versicherungsnehmer bei der Auslegung von Versicherungsbedingungen durch das Reichsgericht* (2003), 337 pp., 25-26.

[1258] *Vide*, como exemplos, Stefan Hoffmann, *Verbraucherschutz nach dem Wegfall der Vorabkontrolle Allgemeiner Versicherungsbedingungen* (1998), XXXVIII + 316 pp.; em 1994, a desregulação levou a que as cgs não carecessem de aprovação prévia pela supervisão, o que intensificou o papel da lei sobre ccg; vide Harry Schmidt, em Peter Ulmer/Hans-Erich Brandner/Horst-Diether Hensen, *AGB-Recht/Kommentar zu den §§ 305-310 BGB*, 11.ª ed. (2011), XXVI + 2026 pp., *Allgemeine Versicherungsbedingungen*, 1765-1783, Nr. 1 (1766).

[1259] Thomas Hoeren, *Selbstregulierung im Banken- und Versicherungsrecht* (1995), XXVII + 366 pp., 105 ss..

companhias aprontam os esquemas mais adequados, à luz das coordenadas da arte dos seguros e do bom governo das sociedades.

Cabe ainda acrescentar que o sector dos seguros dispõe de uma imensa experiência, no tocante ao manuseio e ao aperfeiçoamento da contratação com recurso a cgs[1260]. Contribui, dessa forma, para o aperfeiçoamento da Ciência jurídico-privada.

V. Pergunta-se pela natureza das cgs, na linha da das ccg. Na opinião dominante, não se trata de normas: apenas de condições contratuais de natureza negocial[1261]. De facto, as ccg retiram a sua jurídica positividade da vontade das partes: pode preencher a ideia formal da liberdade contratual, embora não a material[1262].

Mas não se deve esquecer que as cgs, tal como as ccg em geral, são, na origem, uma recolha de usos. Uma vez em aplicação, as ccg revelam, pela interpretação, normas gerais e abstratas. São uma fonte mediata do Direito, porquanto retiram, não de si próprias, mas da vontade das partes, o seu poder regulativo. Mas este poder é inegável: elas revelam as normas (gerais e abstratas) que permitem resolver casos concretos. Estamos próximos do que denominamos diplomas privados[1263].

251. Dogmática básica e perigos envolvidos

I. Feito o enquadramento das cgs perante a realidade seguradora, cabe analisar o seu concreto regime, hoje vigente. Para tanto, vamos principiar com a sua dogmática básica. Recordamos que o regime geral das condições dos seguros é de natureza civil[1264].

[1260] Com indicações, referimos ainda as menções aos grandes comentários: Roland Michael Beckmann, *Allgemeine Versicherungsbedingungen*, em Bruck/Möller, *Versicherungsvertragsgesetz* I, §§ 1-32, 9.ª ed. (2008), 132-230 (134 ss.) e Jürgen Prölss, em Erich R. Prölss/Anton Martin, *Versicherungsvertragsgesetz/Kommentar*, 28.ª ed. (2010), Vorben I,. Nr. 13 ss. (3 ss.).

[1261] Manfred Wolf/Jörg Neuner, *Allgemeiner Teil des Bürgerlichen Rechts* cit., 10.ª ed. § 4, Nr. 22 (26-27) e § 47, Nr. 1 (552).

[1262] Kathleen Sedlmeier, *Rechtsgeschäftliche Selbstbestimmung im Verbrauchervertrag* (2012), XX + 582 pp., 23, quanto às "autonomias formal e material".

[1263] *Tratado* I, 547 ss..

[1264] Quanto às ccg, com indicações, remetemos para o *Tratado* II, 4.ª ed., 357 ss..

As cláusulas contratuais gerais são um conjunto de proposições pré-elaboradas que proponentes ou destinatários indeterminados se limitam a propor ou a aceitar. A noção básica pode ser decomposta em vários elementos esclarecedores. Assim e com adaptação aos seguros:

– a generalidade: as cgs destinam-se ou a ser propostas a destinatários indeterminados ou a ser subscritas por proponentes indeterminados; no primeiro caso, os seguradores propõem a uma generalidade de pessoas certos negócios, mediante a simples adesão às cgs; no segundo, os seguradores declaram aceitar apenas propostas que lhes sejam dirigidas nos moldes das condições pré-elaboradas, sendo esta a conjunção que, em regra, ocorre no campo dos seguros, no qual o tomador surge como proponente; podem, naturalmente, todos os intervenientes ser indeterminados, sobretudo quando as cláusulas sejam recomendadas por terceiros; entre nós, todavia, as cgs são, em regra, obra dos seguradores;
– a rigidez: as cgs devem ser recebidas em bloco pelos tomadores que as subscrevam ou aceitem; eles não têm possibilidade de modelar o seu conteúdo, introduzindo, nelas, alterações[1265].

Não havendo generalidade, assistir-se-ia a uma simples proposta feita por alguém decidido a não aceitar contrapropostas enquanto, na falta de rigidez, teríamos um comum exercício de liberdade negocial.

II. Além das características apontadas, outras há que, não sendo necessárias, surgem, contudo, com frequência nas cgs; assim:

– a desigualdade entre as partes: o segurador, que recorre às "suas" cgs goza, em regra, de larga superioridade económica e jurídico-científica em relação ao tomador aderente;
– a complexidade: as cgs alargam-se por um grande número de pontos; por vezes, elas cobrem com minúcia todos os aspetos contratuais, incluindo a determinação da lei aplicável e o foro competente para dirimir eventuais litígios;

[1265] Em RCb 29-fev.-2012 (Barateiro Martins), Proc. 1324/09.7, apontam-se as características da predisposição unilateral e da generalidade, afirmando-se que a rigidez não é necessária mas, tão-só, habitual; todavia, na falta de rigidez (concreta) já não haverá ccg; antes acordos singulares que prevalecem, nos termos do artigo 7.º da LCCG.

– a natureza formulária: as cgs constam, com frequência, de documentos escritos extensos, nos quais o aderente se limita a especificar escassos elementos de identificação.

III. As cgs justificam-se pelas necessidades de racionalização subjacentes à própria indústria dos seguros, em termos acima explanados.

Mas o poder que o recurso às condições gerais coloca nas mãos dos seguradores é considerável: as cgs são mais relevantes para a comunidade jurídica, do que muito do predisposto na própria LCS.

Os abusos que tal estado de coisas potencia são evidentes. Os tomadores que se limitem a aderir às cláusulas têm, logo à partida, uma escassa liberdade para o fazer. Tal liberdade é mesmo nula, perante seguros obrigatórios. As cgs podem ainda ocorrer em espaços de monopólios ou de oligopólios, difundindo-se, mesmo fora deles, a áreas generalizadas. De seguida, eles conhecem mal – ou não conhecem de todo – as cláusulas a que aderem. Poucos tomadores terão lido, sequer, as cgs relativas aos seguros contratados. E por fim, o próprio teor das cláusulas é tal que os aderentes ficam desprotegidos perante o incumprimento do utilizador ou, simplesmente, perante o próprio lapso ou os azares da fortuna.

IV. Apesar dos pontos críticos acima formulados, as cgs são inevitáveis: delas depende a aplicação das leis dos grandes números, base técnico-científica da atividade seguradora.

Não pode, porém, o Direito, alhear-se delas: põem problemas diferentes, que a teoria geral do negócio jurídico, tal como ainda consta, por exemplo, do Código Civil português de 1966, não estava, de todo, preparada para enfrentar. As diversas ordens jurídicas, seja qual for o sistema em que se integrem, têm correspondido ao fenómeno[1266].

252. Evolução geral; leis específicas; Direito europeu

I. O problema das cláusulas contratuais gerais foi-se implantando e desenvolvendo ao longo do século XX, nos diversos países europeus[1267].

[1266] Por um prisma de Direito comparado, vide Zweigert/Kötz, *Einführung in die Rechtsvergleichung*, 3.ª ed. (1996), 325 ss..

[1267] Zweigert/Kötz, *Einführung in die Rechtsvergleichung* cit., 3.ª ed. 327 ss.. Vide, ainda, Hélène Bricks, *Les clauses abusives* (1982).

A evolução pode ser tipificada em quatro fases:

– aplicação das regras gerais;
– autonomização jurisprudencial;
– pequena referência legal;
– regime legal completo.

A aplicação das regras gerais surge como solução natural, enquanto o fenómeno das cláusulas for desconhecido ou enquanto se negar o seu reconhecimento. Os diversos problemas que elas suscitem devem, então, ser enquadrados à luz das regras comuns de celebração dos negócios: apela-se à boa-fé, aos bons costumes, ao dolo, ao erro ou à usura, etc., Mas esses institutos, pensados para a contratação singular, são, aqui, pouco eficientes. As cgs constituem um modo específico de formação dos contratos. Pretender aplicar-lhes as regras relativas à comum negociação é injusto e inconveniente: equivale a tratar de modo igual o que tem diferenças. Além disso, haveria que ponderar judicialmente os contratos de seguro singulares, um por um, com o que se desmotivaria a generalidade dos tomadores de seguros.

Não se infira daí que os princípios gerais não consigam, pelo menos teoricamente, solucionar alguns problemas das cgs: eles podem ser concretizados de uma ou de outra forma, facultando, consoante a via que tomem, regras diferenciadas. As soluções particulares que vieram a ser encontradas para as cláusulas contratuais gerais e que, mais tarde, tiveram consagração jurisprudencial ou mesmo legal resultaram da simples concretização dos princípios gerais. Mas a Ciência do Direito permite, hoje, uma maior ambição.

II. A autonomização jurisprudencial, em regra antecedida ou acompanhada de um conveniente tratamento doutrinário, equivale à obtenção, através dos tribunais, de soluções particularmente adequadas ao problema das cgs. As decisões iniciais fundam-se nos princípios, mas exprimem já um regime diferenciado, capaz de se analisar num corpo de regras autónomas.

Dois aspetos foram, em particular, conquistados, por via jurisprudencial:

– a exclusão de condições não-cognoscíveis;
– a condenação de condições despropositadas.

As cláusulas contratuais gerais que, aquando da celebração, os aderentes não conhecessem nem pudessem conhecer não podiam considerar-se incluídas nos contratos. Por seu turno, as cláusulas despropositadas, que contra a corrente geral do negócio nele sejam introduzidas, frustrando os seus objetivos normais, devem ser invalidadas[1268]. A autonomização jurisprudencial caracterizou, por largo tempo, os sistemas vigentes em França e na Alemanha[1269].

III. A pequena referência legal equivale ao sistema italiano, à luz da versão inicial do Código Civil de 1942. O seu artigo 1341.º tomava medidas[1270]:

– que conduziam à ineficácia das cláusulas impossíveis de conhecer por parte do aderente;
– que incentivavam a uma tomada de consciência por parte do aderente, quando se tratasse de adotar cláusulas que lhe pudessem ser prejudiciais.

[1268] Georges Berlioz, *Le contrat d'adhésion* (1973), 117 ss..
[1269] Eugène Gaudemet, *Droit des obligations* (1968), 54 ss. e Müller-Graff, *Das Gesetz zur Regelung des Rechts der Allgemeinen Geschäftsbedingungen*, JZ 1977, 245-255 (245 ss.).
[1270] Diz o artigo 1341.º do Código Civil italiano:

As condições gerais do contrato predispostas por um dos contraentes são eficazes para com o outro se no momento da conclusão do contrato este as conhecer ou teria devido conhecer, usando a diligência normal.
Em qualquer caso não têm efeito, se não forem especificamente aprovadas por escrito, as condições que estabelecem, a favor de quem as predispôs, limitações de responsabilidades, faculdade de rescindir o contrato ou de suspender a sua execução ou que sancionem para com o outro contraente, caducidades, limitações à faculdade de opor exceções, restrições à liberdade contratual nas relações com terceiros, prorrogações ou renovação tácita do contrato, cláusulas compromissórias ou derrogações à competência da autoridade judiciária.

Quanto à doutrina, *vide* A. Genovese, *Contratto di adezione*, ED X (1962), 1 ss., M. Dossetto, *Contratto per adesione*, NssDI IV (1960), 536, A. Giordano, *I contratti per adesione* (1951) e, com outros elementos, C. Massimo Bianca, *Diritto civile*, III – *Il contratto* (1987, reimp.). 340 ss., Umberto Morello, *Condizioni generali di contratto* no DDP/ /SCiv, III (1990), 334-396 e novamente Bianca, *Condizioni generali di contratto (tutela dell'aderente)*, idem, 397-403.

Assinale-se que a Lei italiana de 6-fev.-1996 aditou, ao Código Civil, um capítulo sobre contratos com consumidores onde são reguladas as "cláusulas vexatórias". Mais tarde, essa matéria foi transferida para um Código do Consumidor, de 2005. *Vide*, aí, os artigos 33.º a 38.º.

O esquema foi importante e mostrou a atenção dada, pelo legislador civil, a um problema que, de facto, não mais podia ser ignorado pelo Direito. Não resolvia, contudo, todas as questões. A consciencialização do aderente, aquando da adoção de cláusulas contratuais gerais, foi importante; mas surgiu insuficiente; além disso, é irrealista pretender uma sua efetivação universal: basta pensar que as cláusulas contratuais gerais presidem, muitas vezes, a contratos celebrados por comportamentos concludentes, nos quais a possibilidade de conhecimento das cláusulas, ainda que exista, não é, na normalidade social, concretizada. Mesmo quando desconhecedor das desvantagens em que, eventualmente, possa incorrer, o aderente tende a ser levado a subscrever ou a aceitar as cláusulas contratuais gerais que se lhe apresentem, seja por necessidade, seja na esperança de não se deparar com quaisquer problemas que o obriguem a procurar apoio no texto do contrato.

Havia que enfrentar, com frontalidade, o verdadeiro problema: certas cláusulas são intrinsecamente injustas ou inconvenientes; e por isso, elas devem ser bloqueadas pelo Direito, seja qual for a consciência que delas houvesse, aquando da conclusão[1271].

IV. A experiência universal mostrou que o tema das cgs, tal como o das cláusulas contratuais gerais, devia ser encarado com um corpo adequado de regras, a tanto destinado e que essas regras não podem ater-se à mera forma de conclusão dos contratos, antes penetrando na sua própria substância, isto é, nas soluções que, uma vez concluídos, eles propiciem.

Os diversos países adotaram leis a tanto destinadas[1272], havendo mesmo recomendações internacionais nesse sentido[1273]. Não se entende como se poderia manter Portugal à margem desse movimento.

Em abstrato, eram possíveis duas soluções:

[1271] E desde que, naturalmente, elas tenham provindo de cláusulas contratuais gerais; doutra forma, o problema será o da contratação em geral.

[1272] Assim, a Lei alemã, das cláusulas contratuais gerais (AGBG) de 1976, a Lei austríaca de proteção do consumidor de 1978, a Lei francesa de 1978 e a Lei inglesa de 1974. Podem ser confrontados elementos em Zweigert/Kötz, *Einführung* cit., 3.ª ed., 329 ss.; os textos essenciais das leis francesa, inglesa e alemã, acompanhados de traduções italianas, constam de C. M. Bianca, *Le condizioni generali di contrato*, 1 (1979), 291 ss.. Embora desatualizada, esta recolha tem interesse jurídico-científico.

[1273] *Vide* a Recomendação do Conselho da Europa de 16-nov.-1976 e, hoje, a Diretriz 93/13/CEE, de 5 de abril de 1993, abaixo examinada.

– a prévia aprovação das cláusulas contratuais gerais, para que possam, legitimamente, ser utilizadas[1274];
– a sujeição das cláusulas a um controlo normalmente de tipo jurisdicional, depois de terem sido incluídas num determinado contrato[1275].

No seu estado puro, qualquer destas soluções tem inconvenientes. A primeira conduz, com facilidade, a uma administrativização dos negócios jurídicos, dependentes, na sua concreta configuração, de mais uma instância de controlo do Estado, o qual já está, aliás, bem provido de esquemas de intervenção. A segunda tudo deixa depender da iniciativa de cada aderente: ora esta é problemática, uma vez que, de um modo geral, os particulares hesitam em encetar dispendiosos e incertos processos judiciais, para tutelar interesses que, isoladamente tomados, não têm relevância económica.

V. Por tudo isto, as leis mais avançadas vieram ensaiar soluções duplas.

Por um lado, elas permitem que o subscritor, em concreto, de cláusulas contratuais gerais possa, em juízo, apresentar a injustiça a que isso tenha conduzido, exigindo medidas. Por outro, elas facultam esquemas de apreciação abstrata da idoneidade das condições, independentemente da sua concreta inclusão em contratos; este esquema funciona, designadamente, graças à intervenção de associações de tutela do consumidor e é exercido pelos tribunais. Em Portugal, cumpre sublinhar a ação do Ministério Público, a quem a lei confere legitimidade para solicitar, aos tribunais, a apreciação abstrata das condições. Consegue-se, assim, suprir uma certa fraqueza ainda denotada pelas associações de defesa do consumidor.

Em qualquer dos casos, é particularmente importante a elaboração de listas de condições que, por experiência, se tenham mostrado indesejáveis ou injustas. Tais listas vieram sedimentar, aliás, muitas vezes, uma jurisprudência anterior. De outro modo, tudo redundaria na vaguidade, nociva ao tráfego jurídico.

[1274] Tal era o esquema da antiga República Democrática Alemã; a Lei francesa n.º 78-23, artigo 35.º, previa a intervenção do Conselho de Estado para vedar certas cláusulas consideradas abusivas.

[1275] Tal o esquema alemão do AGBG, adotado, também, em Portugal.

VI. A partir da década de oitenta do século XX deu-se uma nova viragem[1276]. No início, as cgs impuseram-se mercê da necessidade de fixar, *a latere*, um ordenamento adequado para os seguros. A autoridade legislativa do Estado era dobrada por instâncias empresariais, despidas de legitimidade política. As leis intervieram para restabelecer o equilíbrio, corrigindo abusos.

Posteriormente impôs-se, com valores autónomos, uma ideia de tutela do consumidor[1277]. A tónica da generalidade, que primeiro justificara as intervenções legislativas corretoras, veio a ceder espaço à da pré-formulação: trata-se de um esquema indireto destinado a proporcionar, dentro de cada contrato, a sindicância direta à luz do Direito do consumo. Na verdade, os negócios celebrados com consumidores, pela própria natureza das coisas, tendem a ser pré-formulados, não admitindo negociação.

À luz desta filosofia, foi preparado um instrumento comunitário: a Diretriz n.º 93/13/CEE, do Conselho, de 5 de abril de 1993[1278]. Esse instrumento teve duas finalidades[1279]:

– estabelecer um *minimum* de uniformidade na tutela dispensada através das leis sobre cláusulas contratuais gerais, nos diversos Estados da União;
– introduzir a específica dimensão da tutela do consumidor.

VII. Quanto ao primeiro ponto, ele tem sido justificado com a necessidade de facilitar a concorrência: as leis de tutela são, hoje, um fator importante na determinação dos custos das empresas; a presença de variações significativas de Estado para Estado surge como um obstáculo à livre atuação económica.

O segundo emerge de uma certa filosofia garantística, perante o consumidor. Destinatário último de toda a produção económica, o consumidor pode facilmente ser enganado na sua confiança, em face das solicitações do

---

[1276] Como escrito pioneiro: Jan Hellner, *Rechtlicher Konsumentenschutz in der Privatversicherung*, FG Hans Möller 65. (1972), 283-300.

[1277] Quanto à ambiência europeia que a tal conduziu: *Tratado* I, 320 ss.. Uma síntese: Johannes Hager, *Grundlagen des Deutschen Verbraucherschutzes*, JA 2011, 721-727.

[1278] Quanto aos antecedentes desta Diretriz, *vide* Joaquim de Sousa Ribeiro, *O problema do contrato/As cláusulas gerais e o princípio da liberdade contratual* (1997), 585 ss.. A Diretriz está publicada no JOCE N.º L 95, 29-34, de 21-abr.-1993.

[1279] *Vide* Manfred Wolf, em Wolf/Lindacher/Pfeiffer, *AGB-Recht/Kommentar* cit., 5.ª ed. 2233-2376.

mercado. Multiplicam-se as leis e as intervenções doutrinárias, de tal modo que podemos, hoje, falar, com autonomia, num Direito do consumidor[1280]. Tal o sentido geral da Diretriz n.º 93/13[1281]. Este documento comunitário incorre, todavia, em diversas críticas. Desde logo, ele visou a tutela do consumidor e não, em geral, a do aderente a cláusulas: de seguida, veio misturar, no seu texto, o tema das cláusulas contratuais gerais com o dos contratos pré-formulados, no prisma da tutela do consumidor. Por fim, ele utilizou conceitos que dificilmente podem ser usados num sentido comum no espaço comunitário, com relevo para o da boa-fé[1282]. A Diretriz optou ainda pela terminologia francesa "cláusulas abusivas".

VIII. Apesar de generalizadamente criticada, a Diretriz veio sendo, como competia, acolhida nos diversos Estados. Em França, a transposição foi feita pela Lei de 1-fev.-1995, que reescreveu totalmente a matéria atinente às cláusulas[1283]. Na Alemanha, tal tarefa levou-se a cabo por uma Lei de 19-jul.-1996, que limitou ao mínimo as modificações introduzidas no AGBG de 1976[1284]. Em Itália, a transposição foi feita pela Lei n.º 52, de 6-fev.-1996, que introduziu, no Código Civil, um novo capítulo – o XIV bis – no título relativo aos contratos em geral, sobre os contratos do consumidor, com cinco artigos. A literatura italiana conheceu, com essa reforma,

---

[1280] Em especial, veja-se a Lei n.º 24/96, de 31 de julho, com Ret. n.º 16/96, de 13 de novembro. *Vide supra*, 607 ss..

[1281] Quanto à Diretriz n.º 93/13, *vide*, com indicações, Peter Schlosser, em Michael Coester/Dagmar Coester-Waltjen/Peter Schlosser, *Staudingers Kommentar zum BGB*, 2, §§ 305-310 (*Recht der Allgemeinen Geschäftsbedingungen* (2006), 936 pp., Vorbem § 305 ff., Nr. 9 (5).

[1282] De tal modo que se torna conveniente trabalhar com o texto nas traduções francesa, alemã e italiana – além da portuguesa. O texto nas três primeiras línguas referidas pode ser confrontado em Ugo Ruffolo (org.), *Clausole "vessatorie" e "abusive"* (1997), em conjunto com diversa documentação importante.

[1283] François Terré/Philippe Simler/Yves Lequette, *Droit civil/Les obligations*, 10.ª ed. (2009), n.º 320 ss. (335 ss.), com indicações.

[1284] A literatura alemã é, a larga distância, liderante no domínio das cláusulas contratuais gerais e problemas conexos. Existem dezenas de comentários, além de monografias e artigos especializados que podem ser confrontados. *Vide*, com indicações, Jürgen Basedow, no *Münchener Kommentar zum BGB*, 2, 6.ª ed. (2012), 1083-1191 e Wolfgang Wurmnest, *idem*, 1191-1391.

uma extraordinária expansão[1285]. A matéria transitou para o Código do Consumidor de 2005.

As leis sobre cláusulas contratuais gerais, embora jovens, num prisma histórico, atingiram a maturidade científica. Não se confirmaram quaisquer receios de insegurança, derivados dos poderes que as leis reconhecem, aos tribunais, para sindicar o conteúdo dos contratos[1286].

Em compensação, pela facilidade de análise precipitada e pelas implicações políticas imediatas que a referência à tutela do consumidor pode suscitar, as cláusulas constituem uma área de desenvolvimentos superficiais fáceis. Há que manter o sentido das realidades e a ligação umbilical ao Direito e à sua Ciência.

O Direito dos seguros, área por excelência de aplicação das condições gerais, dotado de larga experiência neste domínio, constitui uma disciplina científica que muito tem para dar, ao Direito civil, nesta área sensível.

[1285] Assim, além da obra organizada por Ugo Ruffolo, *Clausole "vessatorie" e "abusive"* (1997), a obra coletiva coligida por Guido Alpa/Salvatore Patti, *Le clausole vessatorie nei contratti con i consumatori*, 2 volumes (1997), bem como Antonio Tullio, *Il contratto per adesione/Tra il diritto comune dei contratti e la novella sui contratti dei consumatori* (1997), 19 ss..

[1286] *Vide*, Helmut Heinrichs, *Die Entwicklung des Rechts der Allgemeinen Geschäftsbedingungen im Jahre 1998*, NJW 1999, 1596-1611.

§ 60.º A LEI DE 1986

253. Antecedentes, aspetos gerais e evolução

I. As referências doutrinárias, em Portugal, às cláusulas contratuais gerais, datam dos anos vinte do século XX[1287]. Por influência francesa, falava-se em "contratos *de* adesão"; a locução é imprópria, por dar ideia de um problema de conteúdo (ex., contrato *de* compra e venda, *de* doação, *de* sociedade, etc.) e não de modo de celebração. Melhor seria, pois, falar em contratos *por* adesão. A expressão germânica "condições negociais gerais" (*Allgemeine Geschäftsbedigungen*, conhecida pela sigla AGB) não é tecnicamente satisfatória: a "condição" tem um sentido técnico preciso que, aqui, não se verifica – o dos artigos 270.º e ss. do Código Civil – e podem estar em causa atos não-negociais (embora se trate sempre de contratos). Tão-pouco se deve falar em cláusulas gerais dos contratos, que propiciam novas confusões: desta feita, com conceitos indeterminados ou muito extensos, que vêm referidos na doutrina como "cláusulas gerais".

Tudo visto, parece satisfatória a fórmula, proposta por Almeida Costa, de cláusulas contratuais gerais, que consta da lei portuguesa. Por razões de tradição e uma vez que, hoje, já não é possível haver confusões, mantemos, nesta nossa disciplina, a locução "condições gerais dos seguros".

II. Referenciadas pela doutrina, as cláusulas contratuais gerais eram remetidas, na falta de outros esquemas, para certos princípios gerais capazes de as enfrentar, pelo menos em termos teóricos: estava-se, pois, numa fase de mero recurso às soluções comuns.

Teria sido possível, com base nessas soluções, proceder a concretizações que, aos poucos, sedimentassem um corpo autónomo de decisões, adaptadas às novas realidades. Isso não sucedeu. Num ambiente marcado pelo escasso interesse da doutrina e por quase nula insistência dos interes-

---

[1287] *Tratado* II, 4.ª ed., 420 ss..

§ 60.º A Lei de 1986   655

sados, verificou-se que os tribunais, instados apenas ocasionalmente sobre o assunto, davam por pacífico tudo quanto se contivesse nas cláusulas contratuais gerais. O problema era agravado, nas condições gerais dos seguros, pelo facto de elas serem aprovadas pela autoridade de supervisão. Tinham o selo da autoridade do Estado o qual, teoricamente, ainda asseguraria a sua justiça.

Tal panorâmica era danosa para os particulares e, em especial, para os consumidores. Por isso se reclamava uma intervenção legislativa cuidada, que solucionasse o problema e integrasse o que, pela evolução económico-social, podia ser considerado como uma verdadeira lacuna regulativa.

III. Assim surgiu o Decreto-Lei n.º 446/85, de 25 de outubro, que aprovou o regime das cláusulas contratuais gerais[1288]. Embora de feição geral, este diploma tem um relevo, direto e muito significativo, nos seguros[1289]. A sua feitura obedeceu, a traços largos, a algumas opções prévias, que se passam a anunciar:

– o tema das cláusulas contratuais gerais carecia, em Portugal, de uma intervenção legislativa tão cuidada quanto possível: desde a industrialização que as cláusulas se haviam generalizado, com todos os problemas que isso sempre acarreta, sem que o legislador civil de 1966 regulasse, no mínimo, o fenómeno e sem que, da parte da jurisprudência, se observasse a produção de um corpo de decisões capazes de dar uma resposta; a doutrina era praticamente unânime nesse sentido, numa posição confirmada pelo Direito comparado e por recomendações de organismos internacionais;

– a intervenção a realizar tinha de assumir uma base doutrinária; ao contrário de experiências estrangeiras, que procederam a uma codificação legislativa da jurisprudência anterior, esta faltava, entre nós;

[1288] O circunstancialismo objetivo que rodeou o tema das cláusulas contratuais gerais consta do *preâmbulo* do diploma; elementos subjetivos podem ser confrontados na *nota prévia* de Almeida Costa em Almeida Costa/Menezes Cordeiro, *Cláusulas contratuais gerais/Anotação ao Decreto-Lei n.º 446/85, de 25 de Outubro* (1986), 5-6. O diploma, como anunciado, será referido pela sua sigla LCCG.

[1289] J. C. Moitinho de Almeida, *Cláusulas contratuais gerais e contrato de seguro*, em *Contrato de seguro/Estudos* (2009), 77-113.

– a intervenção legislativa procuraria concretizar os grandes princípios civis já existentes que, por vaguidade ou indeterminação, não impulsionavam a jurisprudência; essa concretização poderia ser máxima quando se tratasse de fixar proibições absolutas; mas ela teria de ser mais comedida perante proibições dependentes de valorações, a efetivar na decisão concreta;
– a intervenção não seria incluída no Código Civil, antes se articulando como um diploma extravagante; por conseguinte, ela teria de apresentar uma estruturação completa, minimamente harmoniosa, tanto mais que ela não tem aplicação meramente civil;
– a intervenção legislativa teria o cuidado de não proceder a opções doutrinárias mas, apenas, de elaborar preceitos tão claros quanto possível;
– a intervenção legislativa procuraria colher os ensinamentos da experiência, conjugando uma fiscalização singular com uma fiscalização preventiva.

A lei portuguesa das ccg derivou destas opções. Embora o modelo alemão – reconhecidamente, o mais eficaz na defesa dos consumidores e o tecnicamente mais elaborado – tenha sido aproveitado, o diploma nacional procurou, por um lado, atender às realidades do País e, por outro, aproveitar os ensinamentos que a crítica ao AGBG de 1976 possibilitava.

Resta acrescentar que a lei portuguesa das cláusulas contratuais gerais conta já cerca de trinta anos de aplicação. Não se concretizaram as vozes de Cassandra que previram graves dúvidas e inseguranças, mercê dos conceitos indeterminados usados pelo legislador.

No fundo, a LCCG depende – como, de resto, qualquer outra lei – da Ciência do Direito que a vá aplicar. Ora o século XX legou, aos vindouros, a capacidade de lidar, em termos jurídico-científicos, com conceitos indeterminados. Há que assumi-lo. A aplicação da Lei alemã de 1976, hoje integrada no BGB, assente numa jurisprudência inabarcável que, pacientemente, tem concretizado os diversos conceitos indeterminados nela incluídos, permite documentá-lo[1290], particularmente no campo dos seguros[1291].

[1290] Vide Friedrich Graf von Westphalen, *AGB-Recht im Jahr 2008*, NJW 2009, 2355-2362.

[1291] Vide Günter Bauer, *Rechtsentwicklung bei den Allgemeinen Bedingungen für die Rechtsschutzversicherung bis Anfang 2010*, NJW 2010, 1337-1341, *idem, bis Anfang 2011*, NJW 2011, 1415-1418 e *idem, bis Anfang 2012*, NJW 2012, 1699-1702.

IV. Já com a lei das cláusulas contratuais gerais em plena aplicação, foi adotada a Diretriz n.º 93/13/CEE, de 5 de abril de 1993, "relativa às cláusulas abusivas nos contratos celebrados com os consumidores"[1292], acima referido.

Trata-se de uma Diretriz do Conselho que assenta em considerandos esclarecedores assim sintetizados:

– os diversos Estados-membros têm regras diversas sobre cláusulas contratuais gerais o que, no mercado único, provoca distorções na concorrência;
– essa diversidade não acautela as posições dos consumidores que podem não conhecer as diversas leis;
– finalmente, os tribunais devem dispor dos meios necessários para pôr cobro à aplicação de cláusulas abusivas.

Os dois primeiros artigos da Diretriz fixam o âmbito de aplicação e acertam definições.

O artigo 3.º/1 apresenta o que seja uma "cláusula abusiva", nos termos seguintes:

> Uma cláusula contratual que não tenha sido objeto de negociação individual é abusiva quando, a despeito de exigência de boa-fé, der origem a um desequilíbrio significativo em detrimento do consumidor, entre os direitos e obrigações das partes decorrentes do contrato.

A apreciação será efetuada tendo em conta as diversas circunstâncias relevantes e o conjunto das cláusulas – artigo 4.º. As cláusulas devem ser redigidas com clareza – 5.º. Segundo o artigo 7.º da Diretriz, os Estados-Membros devem providenciar para que, no interesse dos consumidores e dos profissionais concorrentes, existam meios adequados e eficazes para pôr termo à utilização de cláusulas abusivas. Eles podem – artigo 8.º – adotar ou manter disposições mais rigorosas, para assegurar

---

[1292] JOCE n.º L 95/29, de 21-abr.-1993, 29-34. O texto desta Diretriz consta, ainda, de O Direito 127 (1995), 315-324. *Vide*, sobre a mesma, Inocêncio Galvão Telles, *Das condições gerais dos contratos e da Directiva Europeia sobre as cláusulas abusivas*, O Direito 127 (1995), 297-314. A Diretriz provocou alterações nas diversas leis comunitárias; p. ex., no caso alemão, Dagmar Coester-Waltjen, *Änderungen im Recht der Allgemeinen Geschäftsbedingungen*, Jura 1997, 272-275 e Hans Werner Eckert, *Das neue Recht der Allgemeinen Geschäftsbedingungen*, ZIP 1996, 1238-1241.

um nível de proteção mais elevado para o consumidor. A Diretriz contém um anexo onde são seriadas as diversas cláusulas a proibir. Salvo aspetos pontuais e de técnica jurídica, pode considerar-se que a lista da Diretriz fica aquém da portuguesa – Decreto-Lei n.º 446/85: esta, além de mais completa, apresenta-se dotada de maior grau de analitismo. Em rigor, não teria sido necessário alterar o Decreto-Lei n.º 446/85, de 25 de outubro, para satisfazer a Diretriz n.º 93/13/CEE. De todo o modo – e bem – sempre se fizeram alguns ajustamentos, de forma a aproximar os diplomas. Além disso, aproveitou-se para introduzir melhoramentos recomendados pela experiência dos então dez anos de vigência da LCCG. Daí surgiu o Decreto-Lei n.º 220/95, de 31 de agosto[1293].

Entre as alterações significativas por ele introduzidas cumpre referir, até pelo relevo no campo dos seguros, a supressão do artigo 3.º/1, c), que excluía da fiscalização judicial as "cláusulas impostas ou expressamente aprovadas por entidades públicas com competência para limitar a autonomia privada". Pela nossa parte, já perante a redação inicial, havíamos sustentado uma interpretação restritiva desse preceito: a autonomia privada só pode ser limitada por uma lei formal, dotada de cobertura constitucional. Essa interpretação restritiva nem sempre era a adotada nos tribunais, de tal forma que importantes contratos, designadamente no campo dos seguros, escapavam à sindicância[1294]. Por indicação comunitária, foram estabe-

---

[1293] Nessa ocasião, registou-se uma tentativa infeliz de substituir totalmente o Decreto-Lei n.º 446/85 por um diploma que surgia como tradução não técnica da Diretriz Europeia, de nível reconhecidamente inferior; vide Galvão Telles, *Das condições gerais* cit., 298, referindo-se ao diploma nacional e ao texto comunitário, acrescenta "... mandando a justiça dizer que o texto português leva de longe vantagem, no plano da técnica legislativa, ao texto comunitário". O projeto tentado, entre outras particularidades bizarras, suprimia, pura e simplesmente, a referência à boa-fé, cerne de todo o controlo e, ainda por cima, mantida pela própria Diretriz que se pretendia transpor!

O Decreto-Lei n.º 220/95, de 31 de agosto, foi objeto da Declaração de Retificação n.º 114/95, de 31 de agosto. Quanto à LCCG, após a revisão de 1995, vide Almeida Costa, *Nótula sobre o regime das cláusulas contratuais gerais após a revisão do diploma que instituiu a sua disciplina*, separata de DJ, 1997.

[1294] RPt 30-jul.-1987 (Aragão Seia), CJ XII (1987) 4, 226-229: um caso em que o falso disparo, numa pedreira, projetou uma pedra de 12 kg numa trajetória de 500 m., até rebentar uma janela e atingir uma criança na cama, a qual ficou com sequelas permanentes; a companhia de seguros fez valer uma cláusula que a ilibava de danos morais, a qual, tendo sido aprovada pelo ISP, escaparia à sindicância judicial, por via do artigo 3.º/1, c), da Lei; STJ 20-abr.-1993 (Martins da Costa), BMJ 426 (1993), 483-489 (o seguro de colheitas assenta em cláusulas que, pela mesma razão, seriam insindicáveis); STJ 22-jun.-

lecidas regras especiais para determinados contratos financeiros – artigo 22.º/2, *a*) e 3, *a*) e *b*), em termos abaixo examinados. Suprimiram-se referências relativas a conflitos espaciais de normas, tornadas inúteis pela entrada em vigor, entre nós, da Convenção de Roma sobre a Lei Aplicável às Obrigações Contratuais (mais tarde substituída por Roma I) e elevou--se o valor máximo das sanções pecuniárias compulsórias. Finalmente, previu-se um registo das decisões judiciais que tenham proibido cláusulas contratuais gerais ou que tenham declarado a sua nulidade[1295].

Ainda em nome do Direito europeu, foram introduzidas, na LCCG, novas alterações: pelo Decreto-Lei n.º 249/99, de 7 de julho. Serão abaixo consideradas, a propósito dos contratos pré-formulados[1296].

254. Âmbito e inclusão nos contratos singulares

I. A LCCG visou uma aplicação de princípio a *todas* as cláusulas – artigo 1.º[1297]; o artigo 2.º especifica que elas ficam abrangidas independentemente:

– da forma da sua comunicação ao público; tanto se abarcam os formulários como, p. ex., uma tabuleta de aviso ao público;

-1993 (Martins da Costa), CJ/Supremo I (1993) 2, 164-166 (de teor semelhante); RLx 8-fev.-1996 (Santos Bernardino), CJ XXI (1996) 1, 114-116 (*idem*; aquando da elaboração deste acórdão, já a alínea *c*) do artigo 3.º/1 da Lei havia sido revogada pelo Decreto-Lei n.º 220/95, de 31 de agosto; porém, o acórdão entendeu que visto o artigo 12.º do Código Civil, a lei nova não tinha, aqui, aplicação; pela nossa parte e pelo que ficou dito, não teríamos dúvida em conferir, à "revogação" da alínea *c*), na margem aqui em causa, um sentido interpretativo e, portanto, uma aplicação retroativa.

Em compensação, em STJ 5-jul.-1994 (Machado Soares), CJ/Supremo II (1994) 3, 41-44 (42/1), entendeu-se, bem, que a aprovação pelo Banco de Portugal dos contratos-tipos de locação financeira, então prevista pelo artigo 4.º/2 do Decreto-Lei n.º 171/79, de 6 de junho, hoje revogado, não isentava as inerentes cláusulas de uma ponderação jurisdicional, nos termos da LCCG.

[1295] A Portaria n.º 1093/95, de 6 de setembro, incumbiu o Gabinete de Direito Europeu do Ministério da Justiça de "... organizar e manter atualizado o registo das cláusulas contratuais abusivas".

[1296] *Infra*, 689 ss..

[1297] Quanto à noção de ccg: RGm 15-fev.-2006 (Maria Rosa Tching), CJ XXXI (2006) 1, 283 287 (286/I).

– da extensão que assumam ou que venham a apresentar nos contratos a que se destinem;
– do conteúdo que as enforme, isto é, da matéria que venham regular;
– de terem sido elaboradas pelo proponente, pelo destinatário ou por terceiros.

Algumas matérias ficariam, no entanto, necessariamente excluídas da disciplina das cláusulas contratuais gerais, seja por razões formais – artigo 3.º/1, alíneas *a*) e *b*) – seja em função da matéria – artigo 3.º/1, alíneas *c*), *d*) e *e*), na redação hoje em vigor. As alíneas *a*) e *b*) – portanto: cláusulas aprovadas pelo legislador e cláusulas resultantes de convenções internacionais – são fáceis de entender: prendem-se à hierarquia das fontes. As alíneas *c*), *d*) e *e*), já têm a ver com a problemática do consumo. De facto, o diploma sobre ccg funciona perante situações patrimoniais privadas que se ligam, de modo vincado, ao fenómeno geral da circulação dos bens e dos serviços. Retiraram-se, por isso, do seu âmbito de aplicação, as situações jurídicas públicas, bem como as situações familiares e sucessórias; as regulamentações coletivas do trabalho[1298], por seu turno, que representam já, por si, uma particular proteção dos trabalhadores, foram respeitadas. A exceção do artigo 3.º/1, *c*) – "Contratos submetidos a normas de direito público" – deve ser limitada ao preciso alcance dessas normas: um contrato que tenha aspetos públicos e privados incorrerá, nestes últimos, na LCCG. A exceção do artigo 3.º/2, *d*) – "Cláusulas de instrumento de regulamentação coletiva de trabalho" – não tem, por efeito, o remover a LCCG, em absoluto, do Direito do trabalho; garante apenas que os níveis laborais coletivos não sejam limitados pelo dispositivo da LCCG. Na margem deixada em branco pelos aludidos instrumentos laborais coletivos, na qual seja, pois, operante o recurso a cláusulas contratuais gerais, tem aplicação a LCCG, dentro do sistema das fontes jurídico-laborais[1299]. Esta ideia veio a ser acolhida pelo legislador, em 2003[1300].

[1298] No essencial, as convenções coletivas de trabalho – portanto, convénios celebrados entre associações sindicais e patronais – e que visam, nos termos da lei, regular múltiplos aspetos das situações jurídicas de trabalho.

[1299] *Manual de Direito do trabalho*, § 15.º; no mesmo sentido: RLx 28-jun.-1995 (Carlos Hortas), CJ XX (1995) 3, 192-194 (193/2) e RPt 17-jun.-2002 (Sousa Peixoto), CJ XXVII (2002) 3, 236-238 (237/II).

[1300] Hoje artigo 105.º do Código do Trabalho de 2009, correspondente ao 96.º, do de 2003.

§ 60.° A Lei de 1986 661

Finalmente, deve ter-se em conta que, mesmo quando a LCCG não tenha aplicação, ela vale como instrumento auxiliar de aplicação, muito útil sobretudo quando se trate de concretizar conceitos indeterminados, como o da boa-fé. Esta tem sempre aplicação assegurada em todo o ordenamento.

II. Na sua redação primitiva, a LCCG continha um artigo 3.°/1, c), segundo o qual ele não se aplicaria a cláusulas impostas ou expressamente aprovadas por entidades públicas com competência para limitar a autonomia privada.

Na altura, sustentámos a necessidade de interpretar restritivamente este preceito: dada a tendência para fazer aprovar numerosos modelos contratuais por entidades com poderes de supervisão, áreas inteiras de cláusulas ficariam sem controlo[1301]. Não obstante, diversa jurisprudência veio, com base neste preceito, excluir a aplicação da LCCG do sector dos seguros[1302], numa orientação depois corrigida[1303]. Em compensação, os tribunais não excluíram a sindicância sobre contratos bancários cujos modelos haviam sido aprovados pelo Banco de Portugal[1304].

Também já se entendeu que a LCCG não se aplicaria a negócios unilaterais e, mais precisamente, a concursos públicos[1305]. A afirmação não pode, todavia, ser feita com generalidade apriorística. A LCCG nada tem de excecional, antes correspondendo a uma concretização dos princípios gerais. Assim, caso a caso haverá que ponderar se, por analogia, as regras da LCCG são aplicáveis a negócios unilaterais[1306]. Ora a analogia parece impor-se nos casos em que – como precisamente sucede nos concursos públicos – os particulares adiram a negócios unilaterais e, nessa base, façam investimentos de confiança, agindo em consequência.

[1301] Vide o nosso *Teoria geral do Direito civil*, 2.ª ed. (1990), 40 ss..

[1302] Além dos casos citados, *supra*, 658-659, nota 1294, *vide* RPt 30-jan.-1997 (Saleiro de Abreu), CJ XXII (1997) 1, 224-226 (também referente a apólices aprovadas pelo ISP).

[1303] STJ 8-mar.-2001 (Oliveira Barros), CJ/Supremo IX (2001) 1, 154-159 (157/II) e STJ 7-out.-2010 (Serra Baptista), Proc. 1583/106.7.

[1304] Veja-se o já referido STJ 5-jul.-1994 (Machado Soares), CJ/Supremo II (1994) 2, 170-174 = *idem*, 3, 40-44, num caso de locação financeira, com cláusula penal excessiva e RLx 7-jul.-1994 (Rodrigues Codeço), CJ XIX (1994) 4, 79-81, num caso semelhante ao anterior.

[1305] RLx 27-nov.-1997 (Narciso Machado), CJ XXII (1997) 5, 110-113 (112/II).

[1306] Nesse sentido, Peter Schlosser, no Staudinger II, §§ 305-310 cit., que alarga essa possibilidade a atos não negociais.

III. O recurso a cláusulas contratuais gerais não deve fazer esquecer que elas questionam, na prática, apenas a liberdade de estipulação e não a liberdade de celebração.

Assim, elas incluem-se nos diversos contratos que as utilizem – os contratos singulares – apenas na conclusão destes, mediante a sua aceitação – artigo 4.º da LCCG: não são, pois, efetivamente incluídas nos contratos as cláusulas sobre que não tenha havido acordo de vontades.

As cláusulas contratuais gerais inserem-se, no negócio jurídico, através dos mecanismos negociais típicos. Por isso, os negócios originados podem ser valorados, como os restantes, à luz das regras sobre a perfeição das declarações negociais: há que lidar com figuras tais como o erro, a falta de consciência da declaração ou a incapacidade acidental[1307].

IV. Dada a delicadeza do modo de formação em jogo, não basta a mera aceitação exigida para o Direito comum: é necessária, ainda, uma série de requisitos postos pelos artigos 5.º e seguintes da LCCG[1308].

De facto, a inclusão depende ainda[1309]:

– de uma efetiva comunicação – artigo 5.º;
– de uma efetiva informação – artigo 6.º;
– da inexistência de cláusulas prevalentes – artigo 7.º.

[1307] Vide Dirk Schroeder, *Die Einbeziehung Allgemeiner Geschäftsbedingungen nach dem AGB-Gesetz und die Rechtsgeschäftslehre* (1983) e Christian Spruss, *Die Einbeziehung Allgemeiner Geschäftsbedingungen im deutschen Recht unter besonderer Berücksichtigung der europäischen Rechts und des UN-Kaufrechts* (2010), XVIII + 736 pp., 121 ss.. Nos negócios entre empresas, há especificidades: Hubert Schmidt, *Einbeziehung von AGB im unternehmerischen Geschäftswerkehr*, NJW 2011, 3329-3334.

[1308] A "observância do disposto neste capítulo", inserida no final do artigo 4.º da LCCG, diz respeito à *inclusão* das cláusulas nos contratos singulares, i. é.: elas incluem-se pela aceitação, mas *apenas quando* observado o disposto no capítulo em causa; considerando o preceito ambíguo, vide Raúl Ventura, *Convenção de arbitragem e cláusulas contratuais gerais*, ROA 46 (1986), 5-48 (24), que, no entanto, parece chegar, por via interpretativa, à mesma conclusão.

[1309] Trata-se do equivalente ao atual § 305 do BGB; vide Peter Schlosser, em Coester/Coester-Waltjen/Schlosser, *Staudingers Kommentar*, 2, §§ 305-310 cit., § 305 (13 ss.), Thomas Pfeiffer, em Manfred Wolf/Walter F. Lindacher/Thomas Pfeiffer, *AGB-Recht/ Kommentar* cit., 5.ª ed. § 305 (85 ss.), Peter Ulmer/Mathias Habersack, *AGB-Recht* cit., 11.ª ed. § 305, Nr. 101 ss. (207 ss.), Jürgen Basedow, no *Münchener Kommentar zum BGB* cit., 2, 6.ª ed. Vor § 305 (1083 ss.) e § 305 (1103 ss.) e Jürgen Niebeling, *AGB-Recht/ Anwaltkommentar* (2012), XVII + 493 ss., § 305 (3 ss.).

III. O ponto de partida para as construções jurisprudenciais dos regimes das cláusulas contratuais gerais residiu na condenação de situações em que, ao aderente, nem haviam sido comunicadas as cláusulas a que era suposto ele ter aderido. Foi também a partir daqui que a doutrina iniciou uma elaboração autónoma sobre as cláusulas contratuais gerais.

A exigência de comunicação vem especificada no artigo 5.°, que referencia:

– a comunicação na íntegra – n.° 1;
– a comunicação adequada e atempada, de acordo com bitolas a apreciar segundo as circunstâncias – n.° 2.

Em casos-limite não haverá dúvidas: a remissão para tabuletas inexistentes ou afixadas em local invisível não corresponde a uma comunicação completa; a rápida passagem das cláusulas num visor não equivale à comunicação adequada; a exibição de várias páginas de um formulário, em letra pequena e num idioma estrangeiro, seguida da exigência de imediata assinatura, não integra uma comunicação atempada. Já a assinatura de um clausulado, "bem impresso, perfeita e completamente legível, sendo as letras de tamanho razoável e razoável, também, o respetivo espaçamento" satisfaz as exigências legais[1310].

O grau de diligência postulado por parte do aderente – e que releva para efeitos de calcular o esforço posto na comunicação – é o comum – artigo 5.°/2, *in fine*: deve ser apreciado *in abstracto*, mas de acordo com as circunstâncias típicas de cada caso, como é usual no Direito civil[1311].

No plano dos seguros, estas regras acrescem às dos artigos 18.° e seguintes, da LCS.

V. Alguma jurisprudência permite apurar melhor o funcionamento dos artigos 5.° e 6.° da LCCG, particularmente no sector dos seguros. Assim:

[1310] RLx 14-nov.-1996 (Manso Rodrigues), CJ XXI (1996) 5, 93-95 (94/1), a propósito de uma cláusula de arbitragem.

[1311] P. ex., há que ter mais cautelas perante um operário indiferenciado do que em face de um advogado experiente; mas em qualquer desses casos deve atender-se a um operário abstrato e a um advogado abstrato, correspondentes aos padrões sociais (e não aquele particular operário, que poderá ser extremamente inteligente e assim mais entendido do que o advogado concreto, particularmente obtuso).

– o ónus de que houve comunicação cabe ao segurador[1312];
– o dever de informação previsto nesses preceitos deve ser solicitado nos limites da boa-fé, não sendo exacerbado[1313];
– nos seguros de grupo/vida, o dever de informar próprio das cgs assiste, em primeira linha, ao segurador[1314];
– o artigo 5.º implica a comunicação integral das cláusulas[1315], de modo adequado[1316] e com antecedência suficiente[1317];
– o utilizador de cláusulas não cumpre o seu dever de informação, se não provar que a minuta do contrato foi entregue[1318];
– está em causa, também, a prova, a cargo do segurador, dos factos que consubstanciam o cumprimento dos deveres de comunicação e de informação[1319].

VI. O artigo 5.º/3, melhor precisado pela alteração introduzida pelo Decreto-Lei n.º 220/95, de 31 de agosto, dispõe sobre o melindroso ponto do ónus da prova: o utilizador que alegue contratos celebrados na base de cláusulas contratuais gerais deve provar, para além da adesão em si, o efetivo cumprimento do dever de comunicar[1320] – vide o artigo 342.º do Código Civil. O cumprimento desse dever, designadamente no sector dos seguros, prova-se através de indícios exteriores variáveis, consoante as circunstâncias. Assim perante seguros correntes e em face de clientes dotados de instrução básica, a presença de formulários assinados pressupõe que eles os entenderam; caberá, então, a estes demonstrar quais os óbices. Já perante um ancião analfabeto, impõe-se um atendimento mais demorado e personalizado[1321]. É possível, neste ponto, fazer a ponte entre o dever de comunicar, o dever de informar, abaixo referido e as regras dos artigos 18.º, 21.º e 22.º, da LCS. E como tal dever, ainda que legal, é específico,

---

[1312] RPt 11-set.-2008 (Freitas Vieira), Proc. 0833796; RLx 26-fev.-2015 (Ilídio Martins), Proc. 738-13.2.
[1313] RCb 17-nov.-2009 (Carlos Moreira), Proc. 2925/07.
[1314] RPt 1-fev.-2010 (Anabela Luna Carvalho), Proc. 3405/06.
[1315] STJ 24-mar.-2011 (Granja da Fonseca), Proc. 1582/07.
[1316] STJ 28-abr.-2009 (Fonseca Ramos), Proc. 2/09.1.
[1317] RCb 6-mar.-2012 (Regina Rosa), Proc. 97/10.5.
[1318] RPt 8-mar.-2012 (Leonel Serôdio), Proc. 2/09.1.
[1319] RPt 13-mar.-2014 (José Manuel de Araújo Barros), Proc. 195/11.
[1320] STJ 28-abr.-2009 (Fonseca Ramos), Proc. 2/09.
[1321] Vide STJ 8-abr.-2010 (Lopes do Rego), Proc. 3501/06.3: os artigos 5.º e 6.º da LCCG apreciam-se em concreto, perante o nível das pessoas envolvidas.

o seu incumprimento envolve presunção de culpa, nos termos do artigo 799.º/1 do Código Civil.

A conclusão esclarecida do contrato – base de uma efetiva autodeterminação – não se contenta com a comunicação das cláusulas; estas devem ser efetivamente entendidas; para o efeito, a LCCG prevê um dever de informação[1322]: o utilizador das cláusulas contratuais gerais deve conceder a informação necessária ao aderido, prestando-lhe todos os esclarecimentos solicitados, desde que razoáveis[1323].

Tanto o dispositivo do artigo 5.º como o do artigo 6.º correspondem a uma concretização do artigo 227.º/1, do Código Civil. Para além de menos indeterminados, os deveres legais ora estabelecidos têm um regime diferente: quando não sejam cumpridos não surge apenas um dever de indemnizar, ao contrário do imposto pelo artigo 227.º, do Código Civil; o artigo 8.º permite, se bem se vir, ir mais longe.

VII. No domínio dos seguros, os deveres de informação, constantes dos artigos 5.º e 6.º da LCCG, devem ser compaginados com algumas normas especiais. Assim sucede no caso do seguro de grupo, definido no artigo 76.º como aquele que cobre um conjunto de pessoas, ligadas ao tomador do seguro por um vínculo que não seja o de segurar. Nessa eventualidade, o tomador surge como um "organizador" profissionalizado, do grupo. Nessa sequência, o artigo 78.º/1, correspondente ao revogado artigo 4.º do Decreto-Lei n.º 176/95, de 26 de julho, dispõe que:

> Sem prejuízo do disposto nos artigos 18.º a 21.º, que são aplicáveis com as necessárias adaptações, o tomador do seguro deve informar os segurados sobre as coberturas contratadas e as suas exclusões, as obrigações e os direitos em caso de sinistro, bem como sobre as alterações ao contrato, em conformidade com um espécimen elaborado pelo segurador.

O n.º 3 do mesmo preceito remete para o tomador do seguro provar que forneceu as informações referidas.

Perante normas especiais tão claras, a jurisprudência tem entendido, com grande consonância, que o artigo 4.º/1 e 2 do Decreto-Lei n.º 176/95

[1322] Como exemplo: STJ 8-mai.-2003 (Ezagüy Martins), CJ/Supremo XI (2003) 2, 34-38 (36).

[1323] Aplicações destes deveres podem ser confrontadas em Raúl Ventura, *Convenção de arbitragem* cit., 37 ss..

(hoje 789.º/1 e 3, da LCS) prevalece sobre o artigo 5.º da LCCG: nos seguros de grupo, cabe ao tomador e não ao segurador, informar os segurados do teor das cgs. Nesse sentido, decidiram STJ 13-jan.-2011[1324], RCb 9-jan.-2012[1325], RCb 27-mar.-2012[1326] e STJ 29-mai.-2012[1327].

255. Cláusulas prevalentes e cláusulas excluídas

I. As partes que subscrevam cláusulas contratuais gerais podem, em simultâneo, acordar, lateralmente, noutras cláusulas específicas. Tal eventualidade nada tem de remoto, embora, no plano dos seguros, ela opere por adesão a novas cláusulas já preparadas, assim se mantendo o regime das ccg.

O dispositivo do artigo 7.º determina uma prevalência das cláusulas específicas sobre as gerais[1328]: a lei, consciente de que, na presença de tais cláusulas, a vontade das partes se inclinou, com toda a probabilidade, para elas[1329], sancionou o que seria já uma lição da experiência[1330].

De certa forma, constituem uma categoria autónoma as cláusulas voluntárias necessárias, isto é: aquelas cuja presença seja essencial para a perfeição do negócio (por exemplo, o preço na compra e venda) e que, como tal, não dispensem um acordo individualizado. Assim, em RPt 20-jun.-2011, entendeu-se que a informação relativa ao montante do salário, num seguro de acidentes de trabalho, não caía sob a alçada dos artigos 5.º e 6.º da LCCG[1331]

[1324] STJ 13-jan.-2011 (Serra Baptista), Proc. 1443/04.6.
[1325] RCb 9-jan.-2012 (Carvalho Martins), Proc. 27/10.4.
[1326] RCb 27-mar.-2012 (Carvalho Martins), Proc. 2783.03.4.
[1327] STJ 29-mai.-2012 (Garcia Calejo), Proc. 7615/06.1.
[1328] Peter Ulmer/Mathias Habersack, *AGB-Recht* cit., 11.ª ed. § 305, Nr. 39 ss. (175 ss.), com muitas indicações.
[1329] Tobias Miethaner, *AGB oder Individualvereinbarung/Die gesetzliche Schlüsselstelle "im Einzeln" angehandelt*, NJW 2010, 3121-3127 (3127/II, o resumo).
[1330] Assim, não há ccg se se demonstrar que determinada fiança foi, de facto, discutida e negociada com o banqueiro: STJ 13-mai.-2008 (Fonseca Ramos), Proc. 08A1287, cabendo, ao interessado em prevalecer-se da cláusula, provar que houve negociação e não mera adesão: RCb 20-mar.-2012 (Manuel Capela), Proc. 2421/09.4, num caso de fiança *omnibus*.
[1331] RPt 20-jun.-2011 (Paula Leal de Carvalho), Proc. 514/09.7.

II. A presença, num contrato celebrado com recurso a cláusulas contratuais gerais, de dispositivos que não tenham sido devidamente comunicados ou informados não corresponde ao consenso real das partes: ninguém pode dar o seu assentimento ao que, de facto, não conheça ou não entenda. Deve-se, contudo, ter presente que, mesmo nessas situações de falta de vontade há, em termos formais, um assentimento. Pelo Direito comum, várias seriam as soluções a encarar: elas iriam desde a mera indemnização – artigo 227.º/1 – até à anulabilidade por erro – artigos 247.º e 251.º – passando pela ausência de efeitos, por falta de consciência da declaração – artigo 246.º. Segundo a LCCG, segue-se a solução mais fácil da pura e simples exclusão dos contratos singulares atingidos – artigo 8.º, *a*) e *b*). Digamos que, por esta via, há um controlo quanto à inclusão de ccg, nos contratos singulares[1332]. A jurisprudência sufraga esta orientação[1333].

As alíneas *c*) e *d*) penalizam, por seu turno, as "cláusulas-surpresa"[1334-1335] e as que constam de formulários, depois da assinatura dos contratantes[1336] e, *a fortiori*, as que surjam nas costas do formulário assinado[1337]: em ambos os casos se verifica um condicionalismo externo que inculca, de novo, a ideia da inexistência de qualquer consenso.

III. A exclusão, no contrato singular, das cláusulas referenciadas no artigo 8.º da LCCG, põe o problema da subsistência do contrato em causa.

[1332] Christian Spruss, *Die Einbeziehung Allgemeiner Geschäftsbedingungen* cit., 78 ss..

[1333] RCb 14-out.-2014 (Luís Cravo), Proc. 20/11.

[1334] São as *überreichende Klauseln*, referidas no § 305c, do BGB; *vide*, todas com indicações, Peter Schlosser, no *Staudingers Kommentar* cit., § 305c (109 ss.), Walter F. Lindacher, em Wolf/Lindacher/Pfeiffer, *AGB-Recht/Kommentar*, cit., 5.ª ed. § 305c (191 ss.), Peter Ulmer/Carsten Schäfer, em Ulmer/Brandner/Hensen *AGB-Recht* cit., 11.ª ed. § 305 (350 ss.), Jürgen Basedow, no *Münchener Kommentar zum BGB* 2, cit., 6.ª ed. § 305c (1154 ss.) e Jürgen Niebeling, *AGB-Recht/Anwaltkommentar* cit., § 305c (19 ss.).

[1335] Em STJ 11-mar.-2010 (Santos Bernardino), Proc. 1860/07, a propósito do seguro de grupo/vida, exige-se que esteja envolvida uma verdadeira "surpresa".

[1336] STJ 7-mar.-2006 (João Moreira Camilo), CJ/Supremo XIV (2006) 1, 110-113 (111/I), STJ 21-mar.-2006 (Alves Coelho), CJ/Supremo XIV (2006) 1, 145-148 e RCb 18-nov.-2008 (Emídio Francisco Santos), CJ XXXIII (2008) 5, 16-19 (18/II).

[1337] RLx 9-fev.-2006 (Luís Espírito Santo), CJ XXXI (2006) 1, 94-98 (96/II) e RLx 22-mar.-2007 (Fátima Galante), CJ XXXII (2007) 2, 93-96 (95/I) e STJ 7-jul.-2009 (Oliveira Rocha), Proc. 369.09, sublinhando, todavia, que essa eventualidade, para produzir efeitos, deve ser alegada.

O princípio básico, no domínio das ccg, é o do maior aproveitamento possível dos contratos singulares: estes são, muitas vezes, de grande relevo ou mesmo vitais para os aderentes, os quais seriam mesmo prejudicados quando o legislador, querendo pôr cobro a injustiças, viesse multiplicar as nulidades[1338]. O princípio em causa aflora nos artigos 9.º e 13.º. O artigo 9.º da LCCG determina que quando, por força do artigo 8.º, se assista à não-inclusão de cláusulas contratuais gerais nos contratos singulares estes se mantenham, em princípio. Nas áreas desguarnecidas pela exclusão, haverá que recorrer, sucessivamente[1339]:

– às regras supletivas aplicáveis;
– às regras da integração dos negócios jurídicos.

Caso estas soluções de recurso sejam insuficientes ou conduzam a resultados contrários à boa-fé, a nulidade é inevitável – artigo 9.º/2. Queda acrescentar que, nos contratos de seguros, torna-se mais complicado do que, nos restantes, evitar a nulidade: faltam regras supletivas aplicáveis e a integração não é possível, perante proposições muito técnicas.

256. Interpretação e integração

I. O artigo 10.º da LCCG dispõe sobre a interpretação e a integração das cláusulas contratuais gerais, remetendo implicitamente para os artigos 236.º e ss., do Código Civil.
Esse preceito releva a dois níveis:

– impede as próprias cláusulas contratuais gerais de engendrarem outras regras de interpretação[1340];
– remete para uma interpretação que tenha em conta apenas o contrato singular[1341].

[1338] Harry Schmidt, *Vertragsfolgen der Nichteinbeziehung und Unwirksamkeit von Allgemeinen Geschäftsbedingungen* (1986), 21 ss., 28 ss. e *passim*.

[1339] RLx 29-out.-2009 (Teresa Albuquerque), Proc. 6644/04.4.

[1340] O artigo 18.º, *e*), tem, efetivamente, outro alcance.

[1341] Assim, RPt 14-jan.-1997 (Araújo Barros), CJ XXII (1997) 1, 204-208 (206/2), considerando aplicável, a propósito da interpretação das cláusulas, a regra habitual da doutrina da impressão do destinatário.

Ambos os aspetos são importantes: o primeiro, por ter conteúdo dispositivo próprio; o segundo, por cortar cerce uma dúvida bem conhecida da doutrina especializada e que se prende com o perpétuo confronto entre as tendências generalizadora e individualizadora da justiça: a primeira tendência exigiria que as ccg fossem interpretadas em si mesmas – sobretudo quando completas – de modo a obter soluções idênticas para todos os contratos singulares que se venham a formar com base nelas; a segunda, pelo contrário, abriria as portas a uma interpretação singular de cada contrato em si, com o seguinte resultado, paradoxal na aparência: as mesmas cláusulas contratuais gerais poderiam propiciar, conforme os casos, soluções diferentes.

O artigo 10.º da LCCG aponta para a segunda solução. A prazo, isso deverá levar os utilizadores de cláusulas contratuais gerais, que estejam particularmente ciosos da normalização, a desenvolver, ao pormenor, os seus formulários, de modo a prevenir hiatos interpretativos. É uma vantagem. No Direito dos seguros, este vetor é prosseguido com proficiência, adensando, permanentemente, os formulários.

A necessidade de interpretar as cgs no âmbito de cada contrato em si e não no plano das condições gerais, como se de lei se tratasse é aparentemente contraditada por apelos a uma (certa) objetivação na interpretação[1342], também invocada na área dos seguros[1343].

A nosso ver, esse fenómeno, que é necessário, explica-se pelas áreas onde as ccg (e, em especial, as cgs) são utilizadas. No campo dos seguros, da banca e dos transportes não é viável validar circunstâncias particulares e "vontades reais" atendidas, dada a impessoalidade da contratação. A melhor defesa para os aderentes pode ser a primazia do primeiro entendimento, isto é, do sentido que o cidadão comum logo dá, às cláusulas, após uma leitura simples, sem especiais conhecimentos da sua parte.

II. O artigo 11.º da LCCG precisa a temática das cláusulas ambíguas remetendo, sem limitação, para o entendimento do aderente normal. Esse preceito faz ainda correr, contra o utilizador, os riscos particulares de uma

---

[1342] Meinrad Dreher, *Die Auslegung von Rechtsbegriffen in Allgemeinen Geschäftsbedingungen*, AcP 189 (1989), 342-385 (360), Peter Schlosser, no Staudinger II, §§ 305-310 cit., § 305 c, Nr. 126 (151) e Peter Ulmer/Carsten Schäfer, *AGB-Recht* cit., 11.ª ed. § 305 c, Nr. 67 (403-404).
[1343] Robert Koch, *Die Auslegung von AVB*, VersR 2015, 133-145.

ambiguidade insanável. Trata-se de uma regra tradicional[1344], expressa desde os romanos através de brocardos como *ambiguitas contra stipulatorum* e que se veio a consolidar na jurisprudência dos diversos ordenamentos. As leis modernas sobre cláusulas contratuais gerais têm-se limitado a codificá-las[1345]: assim sucedeu com o § 5.º da AGBG alemão – hoje: § 305c/II do BGB[1346] – e com o artigo 11.º da LCCG.

III. O recurso à regra *contra stipulatorum*, embora útil e legítimo, tende a ser matizado[1347]. Repugna à Ciência do Direito a confeção de subsistemas de interpretação. Assim, só haverá ambiguidade se as regras comuns dos artigos 236.º e seguintes do Código Civil não resolverem o problema[1348], de modo que ela seja efetiva[1349]. Na presença de matéria clara, não há que recorrer ao artigo 11.º da LCCG[1350]. Mas esse preceito foi útil para decidir um caso em que o segurador pretendia exonerar-se por o veículo furtado não ter um GPS, com localizador, a funcionar: o contrato não era claro nessa exigência: *in dubio contra proferentum*[1351].

[1344] Olaf Meyer, *Contra Proferentem? Klares und weniger klares zu Unklarheiten regel*, ZHR 174 (2010), 108-143 (109: a ideia remonta a Celso).

[1345] *Vide* Christoph Krampe, *Die Unklarheitenregel/Bürgerliches und römisches Recht* (1983); quanto à clareza das cláusulas, BGH 18-jun.-1986, WM 1986, 1194-1197 (1196) e BGH 24-nov.-1988, WM 1988, 1780-1784; entre nós, fazendo aplicação da *ambiguitas contra stipulatorum*, no domínio das cláusulas contratuais gerais, *vide* RLx 28-jun.--1995 (Carlos Hortas), CJ XX (1995) 3, 192-194 (193/2), STJ 11-mai.-2001 (Quirino Soares), CJ/Supremo IX (2001) 2, 92-95 (94) e RGm 15-fev.-2006 (Maria Rosa Tching), CJ XXI (2006) 1, 283-287 (287/II). Outras indicações: *Tratado* II, 4.ª ed., 438 e *passim*.

[1346] Peter Ulmer/Carsten Schäfer, em Ulmer/Brandner/Hensen *AGB-Recht Kommentar* cit., 11.ª ed. § 305, Nr. 61 ss. (397 ss.).

[1347] Olaf Meyer, *Contra Proferentem?* cit., 143.

[1348] STJ 11-jul.-2006 (Nuno Cameira), Proc. 06A1646.

[1349] RCb 3-mar.-2009 (Graça Santos Silva), Proc. 2839/08.0 e RCb 10-mar.-2009 (Graça Santos Silva), Proc. 3078/08.5.

[1350] STJ 29-out.-2009 (Lopes do Rego), Proc. 2157/06.8.

[1351] RLx 15-mar.-2012 (Vaz Gomes), Proc. 1509/08.3.

§ 61.º CONDIÇÕES GERAIS NULAS E PROIBIDAS

257. Nulidade e proibição; sistema geral

I. O cerne da LCCG reside na proibição de certas cláusulas. Tendo introduzido alguns desvios ao que resultaria do regime geral, a LCCG sentiu a particular necessidade de reafirmar o princípio geral da *nulidade* das cláusulas que contundam com a proibição – artigo 12.º. Mas desde logo se previu a hipótese de novos desvios ("... nos termos deste diploma"). Esses desvios inserem-se no regime da nulidade e têm a ver com o princípio, acima referenciado, do maior aproveitamento dos contratos singulares.

A nulidade de cláusulas inseridas em contratos singulares deveria acarretar a invalidade do conjunto, salvo a hipótese de redução – artigo 292.º. Os inconvenientes para o aderente poderiam multiplicar-se, como se viu a propósito da não inclusão de certas cláusulas. Por isso se fixou o regime esquematizado que se segue – artigo 13.º/1 e 2 e artigo 14.º da LCCG:

– o aderente pode escolher entre o regime geral (nulidade com hipótese de redução) ou a manutenção do contrato;
– quando escolha a manutenção, aplicam-se, na parte afetada pela nulidade, as regras supletivas;
– caso estas não cheguem, faz-se apelo às normas relativas à integração dos negócios;
– podendo, tudo isto, ser bloqueado por exigências da boa-fé, posto o que se seguirá o esquema da redução, se for, naturalmente, possível; caso contrário, terá de se perfilar a nulidade.

II. Em termos práticos e na generalidade dos negócios de massa, os dispositivos que determinam a nulidade das cláusulas contratuais gerais proibidas e que, depois, intentam a recuperação dos contratos singulares atingidos, só funcionarão perante negócios de vulto. No domínio dos negócios correntes do dia-a-dia, nenhum consumidor iria mover uma custosa e sempre incerta ação para fazer valer a nulidade de alguma cláusula. Apenas o reconhecimento de novos níveis nesta problemática permitirá enfrentar o campo da defesa dos consumidores; aí intervém a ação inibitória, prevista nos artigos 25.º e seguintes da LCCG. Através desta ação, as entidades referidas no artigo 26.º – associações de defesa do consumidor, outras associações e Ministério Público – podem pedir judicialmente a proibição das cláusulas vedadas, independentemente da contratação que tenham originado.

No domínio dos seguros, a ação inibitória tem sido usada, com êxito, pelo Ministério Público, para conseguir a proibição de cláusulas que conduzam a exclusões de responsabilidade perante a vida e a saúde de pessoas[1352] ou as cláusulas que permitam, ao segurador, resoluções *ad nutum* ou penalidades despropositadas[1353]. Deve todavia reconhecer-se que as inibitórias são pouco frequentes no sector dos seguros: as seguradoras têm vindo a adequar as cgs à lei. Além disso e ao contrário do que sucede na banca ou nos transportes, os contratos de seguro, por não serem negócios de massa nem do dia-a-dia, justificam uma sindicância individualizada.

III. A LCCG ficaria impraticável se não concretizasse, em moldes materiais, as cláusulas que considera proibidas. Porventura mais relevante do que as precisas enumerações é o sistema geral utilizado na proibição.

A lei distinguiu, para efeitos de proibições e para além da proibição geral das cláusulas contrárias à boa-fé (15.º e 16.º):

– as relações entre empresários ou os que exerçam profissões liberais, singulares ou coletivos, ou entre uns e outros, quando intervenham apenas nessa qualidade e no âmbito da sua atividade específica – artigo 17.º;
– as relações com consumidores finais e, genericamente, todas as não abrangidas pela caracterização acima efetuada – artigo 20.º.

A distinção tem um duplo relevo. Por um lado, permite facultar a essas duas categorias uma proteção diferenciada, com maior adaptação à

[1352] RCb 23-jan.-2008 (Inácio Martins), Proc. 52/00.3.
[1353] STJ 13-jan.-2005 (Pires da Rosa), Proc. 04B196 e STJ 11-out.-2005 (Lucas Coelho), Proc. 04B1685; de notar que, nestes casos e na pendência do processo, a seguradora alterou as cgs, de modo a expurgá-las da nulidade; o Supremo entendeu, todavia, que não havia lugar à inutilidade superveniente da lide.

sua natureza. Por outro, deixa claro que a lei portuguesa dispensa uma proteção geral; assim se distingue da alemã, cujas proibições específicas não se aplicam, perante empresários (e pessoas coletivas públicas), segundo o § 310 do BGB[1354]. Entende-se que estes, mais informados, podem agir livremente no seio da autonomia privada. As condições existentes em Portugal são diferentes, havendo que dispensar uma proteção ao próprio empresário. No domínio da distribuição, as ccg são, sobretudo, utilizadas por grandes empresas, nas suas relações com pequenos empresários, que merecem uma certa proteção.

IV. Na proibição das cláusulas[1355], a lei, na redação dada pelo Decreto-Lei n.º 220/95, de 31 de agosto, adotou o seguinte sistema:

– isolou as disposições comuns por natureza, aplicáveis a todas as relações;
– elencou determinadas proibições relativas às relações entre empresários ou entidades equiparadas;
– passando às relações com consumidores finais, a lei determinou a aplicação de todas as proibições já cominadas para as relações entre empresários e, além disso, prescreveu novas proibições.

Temos, assim, um princípio comum, assente na boa-fé. Além disso, o dispositivo relativo aos empresários funciona como um mínimo aplicável em todas as circunstâncias; posto o que, tratando-se de relações com consumidores finais ou de situações não redutíveis às primeiras – p. ex., relações entre meros particulares – haverá que aplicar várias outras proibições.
O teor geral das proibições segue as linhas seguintes:

– nas relações entre empresários deixa-se, às partes, a maior autonomia, apenas se prevenindo, nesse domínio, que elas se exoneram da responsabilidade que, porventura, lhes caiba;
– nas relações com consumidores finais, houve que ir mais longe: para além da intangibilidade da responsabilidade, foram assegurados outros dispositivos de proteção.

[1354] Peter Ulmer/Carsten Schäfer, em Ulmer/Brandner/Hensen *AGB-Recht Kommentar* cit., 11.ª ed. § 310 (1150 ss.). *Vide* Wolf Neuner, *Allgemeiner Teil* cit., 10.ª ed. § 47, Nr. 25 (557) e Nr. 59 (564).
[1355] No domínio dos seguros e em face da LCCG, *vide* Ana Serra Calmeiro, *Das cláusulas abusivas no contrato de seguro* (2014), 110 pp..

V. Outro aspeto tecnicamente importante tem a ver com a estruturação das ccg proibidas e assenta numa contraposição entre cláusulas absolutamente proibidas e cláusulas relativamente proibidas:

- as cláusulas absolutamente proibidas não podem, a qualquer título, ser incluídas em contratos através do mecanismo de adesão – artigos 18.º e 21.º da LCCG;
- as cláusulas relativamente proibidas não podem ser incluídas em tais contratos desde que, sobre elas, incida um juízo de valor suplementar que a tanto conduza; tal juízo deve ser formulado pela entidade aplicadora, no caso concreto, dentro do espaço para tanto indiciado pelo preceito legal em causa – artigos 19.º e 22.º da LCCG.

A diferenciação fica clara perante o conteúdo das normas em presença; assim:

- o artigo 18.º da LCCG proíbe, na alínea a), as cláusulas que excluam ou limitem, de modo direto ou indireto, a responsabilidade por danos causados à vida, à integridade moral ou física ou à saúde das pessoas; sempre que apareça uma cláusula com tal teor, ela será proibida e, daí, nula;
- o artigo 19.º da LCCG proíbe, também na alínea a), as cláusulas que estabeleçam, a favor de quem as predisponha, prazos excessivos para a aceitação ou rejeição das propostas; apenas em concreto e perante uma realização dos valores aqui figurados, se poderá afirmar a "excessividade de determinado prazo".

Esta clivagem é estrutural e não se vê como evitá-la: enquanto nalguns casos a simples presença de determinada cláusula pode, desde logo, ser afastada, noutros tal só sucede quando a cláusula em causa assuma uma dimensão negativa; o mesmo prazo pode ser excessivo, ou não, consoante o tipo de contrato em jogo.

O legislador procurou, depois, ir tão longe quanto possível na enumeração das diversas cláusulas absolutas ou relativamente proibidas; competirá, agora, à jurisprudência encontrar um meio termo entre as vertentes generalizadora e individualizadora da justiça.

VI. Uma questão complexa tem a ver com as vias de concretização utilizadas no domínio das cláusulas relativamente proibidas. Por um lado, estas dependem de juízos concretos; mas por outro não quis o legislador que se caísse em cláusulas de equidade, que tudo subordinassem a certas impressões do caso concreto, numa situação que, desde logo, inviabilizaria a ação inibitória no tocante às cláusulas relativamente proibidas.

A referência ao "quadro negocial padronizado" pretende, justamente, explicitar que a concretização das proibições relativas deve operar perante as cláusulas em si, no seu conjunto e segundo os padrões em jogo[1356]; por exemplo, em face de um formulário de compra e venda de um automóvel, há que ponderar: se o prazo de entrega é excessivo, tendo em conta *esse tipo de venda* (e não aquela venda concreta), se a cláusula penal é excessiva, etc.. Tratando-se de um automóvel usado, a ponderação será feita de acordo com o padrão "venda de veículos usados", etc..

258. A proibição de contrariedade à boa-fé

I. O núcleo da LCCG é constituído pelo princípio geral do seu artigo 15.º:

São nulas as cláusulas contratuais gerais contrárias à boa-fé.

O artigo 16.º indica vias de concretização:

Na aplicação da norma anterior devem ponderar-se os valores fundamentais do direito, relevantes em face da situação considerada, e, especialmente:

    a) A confiança suscitada, nas partes, pelo sentido global das cláusulas contratuais em causa, pelo processo de formação do contrato singular celebrado, pelo teor deste e ainda por quaisquer outros elementos atendíveis;

    b) O objetivo que as partes visam atingir negocialmente, procurando-se a sua efetivação à luz do tipo de contrato utilizado.

A remissão para a boa-fé equivale a delegar no juiz o poder de, perante cada cláusula, concretizar os valores gerais do sistema. Ela

---

[1356] Pode ver-se uma correta aplicação desta técnica, então de ponta, em RPt 23-nov.-1993 (Matos Fernandes), CJ XVIII (1993) 5, 225-230 (229-230), precisamente a propósito de um contrato de locação financeira.

remonta à criação pretoriana dos *bonae fidei iudicia* e, no campo das ccg, acolhe a experiência alemã. Esta, ainda antes de haver uma lei geral sobre ccg (a qual só surgiu em 1976), controlava as cláusulas através do princípio geral da boa-fé nas obrigações, constante do § 242 do BGB. O § 9 da AGBG acolheu-o, num preceito que, em 2001, passou para o § 307/1 e 2[1357].

Tem interesse conhecer o texto do § 307/1 e 2, do BGB. Quer pelo papel que tiveram nas leis da Europa subsequentes, quer para melhor se ponderarem as especificidades da LCCG portuguesa. Dispõe o preceito germânico:

> (1) As proposições em condições negociais gerais são ineficazes quando, contra as regras da boa-fé, prejudiquem desproporcionadamente o parceiro contratual do utilizador. Também pode ocorrer um prejuízo desproporcionado quando a proposição não seja clara e entendível.
> (2) Na dúvida, é de considerar um prejuízo desproporcional quando uma proposição:
>
> 1. Não seja conciliável com princípios fundamentais da regulação da qual se afaste;
> 2. Limite direitos ou deveres essenciais que resultem da natureza do contrato de tal modo que a obtenção do escopo contratual fique em perigo.

No campo contratual, torna-se inviável prever todas as cgs que possam surgir como inaceitáveis, perante os valores básicos do Direito. Havia, por isso, que prever uma referência geral, com vias de concretização, que não pusessem em risco a futura evolução da matéria[1358].

Como temos vindo a acentuar, a Ciência do Direito atual dispõe de meios para, com garantias de cientificidade, concretizar conceitos indeterminados. Não há qualquer risco para a segurança jurídica: as preven-

---

[1357] Michael Coester, no Staudinger II, §§ 305-310 cit., § 307, Nr. 1 (209) e Andreas Fuchs, no Ulmer/Brandner/Hensen, *AGB-recht/Kommentar* cit., 11.ª ed. § 307, Nr. 1 (568).

[1358] Hermann-Josef Bunte, *Entwicklungen im Recht der Allgemeinen Geschäftsbedingungen – Ein Erfahrungsbericht nach 5 Jahren AGB-Gesetz*, BB Beilage Nr. 13/82 (1982), 2 ss. e, por último e com várias indicações, Thomas Becker, *Die Auslegung des § 9 Abs. 2 AGB-Gesetz* (1986) e Hans W. Micklitz, *La loi allemande relative ao régime juridique des conditions générales des contrats du 9 Décembre 1976/Bilan de onze anées d'aplication*, RIDC 41 (1989), 101-122 (110 ss.).

ções contra as temidas "cláusulas em branco" não têm, hoje, significado. Verifica-se ainda que, mau grado a lista extensa de proibições concretas, a cláusula geral da boa-fé tem a maior utilidade prática. Ilustram-no as múltiplas decisões judiciais, tomadas em sua concretização.

III. As alíneas 16.º, *a*) e *b*), configuram as duas grandes vias de concretização da boa-fé: a tutela da confiança e a primazia da materialidade subjacente[1359]. Afigura-se haver aqui um ganho relativamente à Lei alemã, que acentua mais vincadamente este segundo aspeto, descurando a confiança[1360]. Estes vetores não excluem quaisquer outros, que possam ser reconduzidos aos valores fundamentais comunicados pela boa-fé. Em jogo temos, sempre, a procura de soluções justificadas e controladas pelo Direito e não algo que se aproxime do arbítrio ou de uma equidade informe, no sentido da denominada "justiça" do caso concreto.

IV. Como exemplos de cláusulas invalidadas por contrariedade à boa-fé (artigos 15.º e 16.º da LCCG), temos:

- diversas proposições patentes num formulário relativo ao "eurocheque" e ao inerente cartão, pelas quais o titular "se obrigava" a não contestar os montantes originados pela sua utilização, presumindo-se, ainda, que a utilização do cartão por terceiros era sempre consentida pelo próprio ou, por ele, culposamente facilitada, ainda que se provasse não haver culpa do titular[1361]; cláusulas deste tipo vieram, de resto, a ser expurgadas pelas próprias instituições utilizadoras;
- a cláusula que caia sob o artigo 15.º pode ser oficiosamente apreciada pelo Tribunal; todavia, não se considerou, aí, contrária à boa-fé a cláusula que, num seguro, impõe uma desvalorização de 40% a um veículo pesado, ao fim de dez meses[1362];
- a cláusula que, num seguro de invalidez, requer um estado de invalidez permanente não inferior a 75% e, cumulativamente, a

---

[1359] *Da boa fé*, 1234 ss. e 1252 ss., cuja orientação é, assim, sufragada pelo legislador.

[1360] Na verdade, a tutela da confiança, fortemente ancorada na doutrina e na jurisprudência, não necessita de arrimos legais; todavia, na panorâmica portuguesa de 1985, tudo isso estava, ainda, confinado a escassas pesquisas jurídico-científicas.

[1361] RPt 21-out.-1993 (Carlos Matias), BMJ 430 (1993), 510, o sumário.

[1362] STJ 24-jun.-2010 (Bettencourt de Faria), Proc. 5611/03.0.

impossibilidade de subsistência sem o apoio permanente de uma terceira pessoa[1363];
– a cláusula que, ainda num seguro de invalidez, inserida nas condições especiais, limita o conceito de invalidez, definido nas condições particulares, surge muito restritiva[1364]; em situações deste tipo, não só se frustra a expectativa do segurado, que vê falhar o seguro precisamente quando iria precisar dele, como ainda se deixa o contrato celebrado sem fim útil;
– a cláusula que, num contrato com consumidores, mande aplicar o artigo 102.º, § 3, do Código Comercial, que, hoje, remete para juros altos, é possível, nos contratos concluídos entre empresas e consumidores[1365].

259. As condições gerais proibidas

I. O sistema geral acima sumariado desenvolve-se, depois, em catálogos de proibições específicas. Das combinações dos diversos parâmetros resultam as quatro hipóteses básicas contempladas na lei:

– cláusulas absolutamente proibidas entre empresários e equiparados – artigo 18.º[1366];
– cláusulas relativamente proibidas entre empresários e equiparados – artigo 19.º[1367];

[1363] STJ 7-out.-2010 (Serra Baptista), Proc. 1583/06.7.
[1364] STJ 29-mar.-2011 (Alves Velho), Proc. 313/07.
[1365] RLx 5-mai.-2011 (Aguiar Pereira), Proc. 2152/10.2.
[1366] O preceito equivale ao § 309 do BGB, que prevê as proibições "sem possibilidade de valoração"; *vide* Dagmar Coester-Waltjen, no *Staudingers Kommentar* cit., 2, §§ 305-310, § 309, 558-721; Jens Dammann, em Wolf/Lindacher/Pfeiffer, *AGB-Recht/ Kommentar* cit., 5.ª ed. § 309 (561 ss.); Andreas Fuchs, em Ulmer/Brandner/Hensen *AGB-Recht* cit., 11.ª ed. § 309, Nr. 3 e 4 (921-945), Guido Christensen, *idem*, § 309, Nr. 7, 8 e 9 (980-1105) e Mathias Habersack, *idem*, § 309, Nr. 10 a 13 (1105-1144): como se vê, a matéria atinge tais dimensões que as diversas proibições absolutas são analisadas por especialistas diferentes; Wolfgang Wurmnest, no *Münchener Kommentar zum BGB* cit., 2, 6.ª ed. § 309 (1367 ss.).
[1367] Corresponde ao § 308 do BGB, relativo a proibições "com possibilidade de valoração"; *vide* Dagmar Coester Waltjen, no *Staudingers Kommentar* cit., 2, §§ 305-310, § 308 (489-558), Jens Dammann, em Wolf/Lindacher/Pfeiffer, *AGB Recht/Kommentar*, cit., 5.ª ed. § 308 (420 ss.); Harry Schmidt, em Ulmer/Brandner/Hensen *AGB Recht* cit.,

– cláusulas absolutamente proibidas nas relações com consumidores finais – artigo 21.°;
– cláusulas relativamente proibidas nas relações com consumidores finais – artigo 22.°.

As proibições fixadas para as relações entre empresários e equiparados aplicam-se, também, nas relações com consumidores finais.

II. O legislador procurou ir tão longe quanto possível no aprontar das proibições exaradas na LCCG, numa orientação que, assumida desde o início, foi reforçada em 1995. Para tanto, não recorreu a uma metodologia de tipo dedutivo: antes aproveitou várias experiências científicas, firmadas na resolução de problemas concretos e, designadamente, na prática do AGBG alemão, integrada no BGB pela reforma de 2001/2002 e sedimentada há quatro décadas. De resto, as suas formulações são, seguramente, mais precisas do que as deste, como resulta de uma simples leitura objetiva e cotejada dos dois textos. As diversas proibições específicas relevam, fundamentalmente, do Direito das obrigações. A sua simples leitura mostra, contudo, um enorme papel para o Direito dos seguros, globalmente dominado, hoje em dia, por condições gerais dos contratos.

III. O artigo 18.° da LCCG começa, nas suas alíneas *a*), *b*), *c*) e *d*), por proibir as chamadas cláusulas de exclusão ou da limitação da responsabilidade. Particularmente inpressivas são as duas primeiras alíneas, que determinam a nulidade das cláusulas que afastem a responsabilidade por danos pessoais ou patrimoniais aquilianos. A sua aplicação ao universo dos seguros é, todavia, questionável: os danos visados são os causados no âmbito do contrato de que se trate e não aqueles que não se incluam numa cobertura de risco. Por exemplo: se o tomador, dentro das instalações do segurador, no momento da assinatura, cai no soalho encerado, sem culpa própria, não vale uma cláusula de exclusão de responsabilidade. Mas já assim não será perante danos pessoais ou patrimoniais que nada tenham a ver com o segurador, e que não constem da cobertura[1368].

11.ª ed. § 308 (814-893); Wolfgang Wurmnest, no *Münchener Kommentar zum BGB* cit., 2, 6.ª ed. § 308 (1320-1367).

[1368] Temos, pois, dúvidas quanto ao decidido na RCb 23-jan.-2008 (Inácio Martins), Proc. 52/00.3, que considerou nula, perante o artigo 18.°, *a*) e *b*) da LCCG, a cláusula relativa à responsabilidade por uso de foguetes, quando os danos resultassem de falta de cui-

Quanto às quatro alíneas, no seu conjunto: o legislador pretendeu deixar, entre empresários, dominar uma autonomia privada alargada, mas com a responsabilidade inerente aos danos causados[1369]. Boa parte das regras agora firmadas transcende o domínio das ccg, aplicando-se a todos os contratos, independentemente do seu modo de celebração. Vejam-se, neste sentido, os artigos 809.º e seguintes do Código Civil[1370]. De todo o modo, a jurisprudência não considerou contrárias a essas proibições as cláusulas que presumam não haver culpa do banqueiro quando se avarie uma máquina ATM[1371]. Já são nulas as cláusulas que exonerem o banqueiro de responsabilidades por uso abusivo subsequente a furto ou a extravio: o dinheiro depositado pertence ao banqueiro[1372].

---

dado; não conhecemos suficientemente esse caso; mas a nulidade, a impor-se, viria através dos artigos 15.º e 16.º: um seguro de foguetes que não funcione no caso de falta de cuidado será inútil: não permite prosseguir o fim visado pelas partes. No bom sentido, quanto à justificação, temos RPt 31-jan.-2012 (M. Pinto dos Santos), Proc. 8728/09.3, que invalida a exclusão de cobertura se não forem cumpridas normas de segurança, explicando que ela:

> (...) esvazia consideravelmente o contrato de seguro e beneficia, desmedida e injustificadamente, a posição contratual da seguradora, pondo em perigo a finalidade visada com a celebração do contrato.

[1369] Várias das decisões hoje existentes sobre cláusulas proibidas tem, precisamente, a ver com proposições que pretendiam excluir a responsabilidade. Assim: RLx 11-jun.-1992 (Luís Fonseca), CJ XVII (1992) 3, 201-202, relativo a múltiplas cláusulas abusivas usadas por uma empresa fornecedora de gás, entre as quais uma exoneratória; STJ 6-mai.-1993 (Figueiredo de Sousa), BMJ 427 (1993), 509-515 = CJ/Supremo I (1993) 2, 90-91, idem, confirmando o acórdão anterior; RLx 27-jun.-1995 (Dinis Nunes), CJ XX (1995) 3, 137-139 (138), em que foram julgadas nulas cláusulas alargadas de irresponsabilidade, usadas por uma lavandaria; RLx 14-mar.-1996 (Torres Veiga), CJ XXI (1996) 2, 81-84, julgando nula uma cláusula pela qual uma empresa de entrega rápida de correio se desresponsabilizava, em caso de atraso, pelos lucros cessantes assim provocados.

[1370] Em RLx 6-abr.-1989 (Costa Raposo), CJ XIV (1989) 2, 124-127, decidiu-se que era nula a cláusula pela qual uma pessoa, cujo nome saíra trocado, na lista telefónica, assim originando vários danos, prescindira previamente, de qualquer indemnização, precisamente por via do artigo 809.º do Código Civil. Temos aqui um exemplo de como, jurisprudencialmente, é possível, na base de princípios gerais, suprir a ausência de um diploma sobre cláusulas contratuais gerais; a LCCG não era, ainda, aqui aplicável.

[1371] RLx 9-out.-1997 (Ponce Leão), CJ XXII (1997) 4, 106-111 (108/II), revogada, nesse ponto, por STJ 3-dez.-1998 (Armando Lourenço), CJ/Supremo V (1998) 3, 140-145 (143/II).

[1372] RLx 9-out.-1997 cit., CJ XXII, 4, 110, confirmado aqui por STJ 3-dez.-1998 cit., 143/I. Cf. STJ 14-fev.-2002 (Ferreira de Almeida), CJ/Supremo X (2002) 1, 98-102

A alínea *e*) visa evitar que se procure conseguir, por via interpretativa, aquilo que as partes não podem diretamente alcançar. Na verdade, a hermenêutica dos contratos regula-se por regras próprias, constituintes por natureza, e que se incorporam nos modelos finais de decisão. Deixá-la ao sabor das cláusulas era permitir, afinal, manipular as decisões em jogo. Anote-se ainda que esta regra tem a ver com a interpretação de qualquer preceito, provenha ele, ou não, de adesão a cláusulas predispostas.

As alíneas *f*), *g*), *h*) e *i*) têm a ver com os institutos da exceção do não cumprimento do contrato (428.º ss.), da resolução por incumprimento (432.º ss.)[1373], do direito de retenção (754.º ss.) e das faculdades de compensação (847.º ss.) e de consignação em depósito (841.º ss., todos do Código Civil). Trata-se de institutos que garantem ou reforçam o cumprimento das obrigações. A sua manutenção – com proibição, pois, de cláusulas que pretendam excluí-las – impõe-se pela mesma ordem de ideias que levou a vedar a eliminação da responsabilidade. De novo se deve ter em conta que a possibilidade de excluir estes institutos é, no mínimo, duvidosa já perante as próprias regras gerais. O legislador pretendeu, contudo, evitar hesitações, neste ponto sensível.

A alínea *j*) visa evitar obrigações perpétuas ou – o que seria ainda pior – obrigações cuja duração ficasse apenas dependente de quem recorra às cláusulas contratuais gerais. Pode sustentar-se – há, aliás, boas razões nesse sentido – que só são viáveis obrigações perpétuas quando a lei o permita ou o imponha: de outro modo, as partes estariam a despojar-se da sua liberdade. A lei esclareceu em definitivo esse ponto, no campo das cláusulas.

A alínea *l*) pretende, por fim, prevenir que, a coberto de esquemas de transmissão do contrato, se venha a limitar, de facto, a responsabilidade. Bastaria, na verdade, transferir a posição para uma entidade que não tenha adequada cobertura patrimonial para, na prática, esvaziar o conteúdo de qualquer imputação de danos[1374].

(101/I e 102/I), RLx 15-mai.-2003 (Lúcia de Sousa), CJ XXVIII (2003) 3, 81-84 e RLx 13-nov.-2003 (Francisco Magueijo), CJ XXVIII (2003) 5, 61-63.

[1373] *Vide* STJ 19-set.-2006 (João Camilo), CJ/Supremo XIV (2006) 3, 59-63.

[1374] *Vide* STJ 6-mai.-1993 (Figueiredo de Sousa), CJ/Supremo I (1993) 2, 90-91 = = BMJ 427 (1993), 509-515 onde também surgiam cláusulas com este vício: foram julgadas absolutamente nulas, na linguagem da LCCG.

IV. O artigo 19.º da LCCG reporta-se a proibições relativas no quadro das relações entre empresários. Como foi referido, apenas um juízo de valor, feito dentro da lógica de cada tipo negocial em jogo, permitirá restabelecer a justiça dentro do contrato.

As alíneas *a*) e *b*) têm a ver com prazos dos contratos. No decurso desses prazos, uma das partes fica submetida à vontade da outra. Em concreto, pode compreender-se que assim deva ou possa ser. A justificação, contudo, desaparece quando os prazos sejam demasiado alongados. O *quantum* admissível depende, como é claro, de cada tipo negocial em jogo.

A alínea *c*) proíbe cláusulas penais desproporcionadas aos danos a ressarcir. O artigo 812.º já permitia a sua redução segundo juízos de equidade. Essa solução não é imaginável perante o tráfego negocial de massas; aí, a pura e simples nulidade das cláusulas com o recurso subsequente às regras legais supletivas permite uma solução direta, clara, fácil e justa, em cada situação. Trata-se de uma proibição muito aplicada perante contratos de locação financeira, cujas cláusulas gerais incluíam, por vezes, cláusulas penais draconianas[1375].

A rapidez do tráfego de massas justifica que, por vezes, se dispensem formais declarações de vontades, substituindo-as por outros indícios. Os comportamentos concludentes têm aqui particular relevo. Mas a situação torna-se inadmissível quando se recorra a factos insuficientes para alicerçar a autonomia privada. Caso a caso será necessário indagar dessa suficiência: tal o sentido da alínea *d*).

A garantia das qualidades da coisa cedida ou de serviços prestados pode ser posta na dependência do recurso a terceiros; pense-se, por exemplo, na garantia dos automóveis, que exige a realização regular de operações de manutenção feitas por agentes autorizados ou representantes. No entanto, em certos casos, tal sujeição apenas irá equivaler a um meio oblíquo de limitar a responsabilidade. Caso a caso, nos termos da alínea *e*), haverá que o demonstrar.

[1375] Tal o caso decidido em STJ 5-jul.-1994 (Machado Soares), CJ/Supremo II (1993) 3, 41-44 (43/2): considerou-se desproporcionado que, num contrato de locação financeira, se tivesse inserido, por via de uma cláusula contratual geral, a regra pela qual, perante o incumprimento do locatário, haveria lugar, além da resolução, ao pagamento de rendas vencidas, com juros e de rendas vincendas. Para outras indicações jurisprudenciais *vide* o *Direito bancário*, 5.ª ed., 516 ss. e, como exemplo, STJ 2-mai.-2002 (Sousa Inês), CJ/Supremo X (2002) 2, 43-44 (44/II).

A alínea *f)* trata da denúncia, isto é, da faculdade de, unilateralmente e sem necessidade de justificação, se pôr termo a uma situação duradoura. Essa faculdade, quando a outra parte tenha feito investimentos ainda não amortizados, pode colocá-la nas mãos da primeira. Assim, quando seja injusta, é nula. A jurisprudência entende que não é esse o caso perante cláusulas bancárias que permitam ao banqueiro, como proprietário dos cartões de crédito, exigir a sua restituição, em caso de uso abusivo ou indevido[1376]. Já no campo dos seguros, foi julgada nula a cláusula que permita a denúncia sem um pré-aviso proporcionado[1377].

O estabelecimento de um tribunal competente que envolva graves inconvenientes para uma das partes, em razão da distância ou da língua, por exemplo, deve ser justificado por equivalentes interesses da outra parte. Quando tal não suceda, a competente cláusula é nula, nos termos da alínea *g)*. De acordo com interpretação preconizada por Miguel Teixeira de Sousa, tal cláusula é extensiva ao tribunal arbitral[1378].

As limitações das alíneas *h)* e *i)* têm a ver com a concessão de poderes excessivos e exorbitantes a uma das partes.

Em todos estes casos de proibição relativa, deve entender-se que, perante a sua concretização, toda a cláusula em jogo é afetada. Não há, pois, qualquer hipótese de se reduzir a cláusula aos máximos admitidos pela lei das cláusulas contratuais gerais: isso iria dar lugar a enormes dúvidas de aplicação, nunca se podendo conhecer de antemão o Direito aplicável. Quando caia sob a alçada de uma proibição, ainda que relativa, a cláusula é toda nula, seguindo-se a aplicação do Direito supletivo que ela pretendera afastar, nos termos gerais.

V. Nas relações com consumidores finais aplicam-se as proibições acima referenciadas e, ainda, as constantes dos artigos 21.º e 22.º, com as alterações introduzidas pelo Decreto-Lei n.º 220/95, de 31 de agosto.

As proibições absolutas inseridas nas alíneas *a)*, *b)*, *c)* e *d)* do artigo 21.º visam assegurar que os bens ou serviços pretendidos pelo consumidor

---

[1376] RLx 9-out.-1997 cit., CJ XXII, 4, 109/I.

[1377] RCb 17-abr.-2012 (Barateiro Martins), Proc. 5060/09.6.

[1378] Já se tem entendido que cairia sob esta proibição a instituição de crédito que, tendo sede em Lisboa ou no Porto, fixasse, em cláusulas contratuais gerais, como foro competente, as Comarcas dessas Cidades: seria inconveniente para o aderente que nelas não residisse. Leia-se o texto todo da alínea *g)*: parece um claro caso de escola em que as vantagens de uma das partes compensam as desvantagens da outra. A LCCG não visa uma tutela dos pequenos: procura, sim, a justiça contratual.

final são, de facto, os que ele vai alcançar. Por seu turno, as alíneas *e)*, *f)*, *g)* e *h)* pretendem garantir a manutenção eficaz de uma tutela adequada, prevenindo a possibilidade de recurso a vias oblíquas para defraudar a lei[1379]. Particularmente visadas nas proibições judiciais são as cláusulas que, relativamente aos cartões bancários, alterem o regime do risco – artigo 21.°, *f)*[1380] ou estabeleçam a veracidade dos extratos emitidos pela máquina[1381].

As proibições relativas do artigo 22.°/1 acentuam, também, esta mesma via. Nas relações com consumidores finais, não se trata, apenas, de negar a exclusão de responsabilidade: há que, pela positiva, assegurar a própria obtenção do bem, já que a obtenção de uma indemnização é, aqui, problemática. As diversas alíneas especificam pontos nos quais, segundo a experiência, os consumidores mais facilmente podem ver em perigo a sua posição[1382]. Assim, é nula a cláusula inserida em condições gerais bancárias e que permita ao banqueiro, sem pré-aviso, cancelar um cartão de crédito: artigo 22.°/1, *b)*[1383].

Também aqui têm aplicação as considerações acima feitas sobre a nulidade plena das cláusulas que caiam sob a alçada de proibições relativas.

260. A ação inibitória e a sua importância

I. A nulidade das cláusulas contratuais gerais mostra-se, como foi referido, insuficiente para garantir a posição dos consumidores finais.

[1379] Temos nulidades induzidas de alterações das regras do risco e do ónus de prova – atuais alíneas *f)* e *g)*, do artigo 21.° – em RLx 9-jun.-1994 (Flores Ribeiro), CJ XIX (1994) 3, 107-109 –, em condições relativas ao uso de eurocheque e do inerente cartão. Na mesma linha, RLx 16-jun.-1994 (Noronha Nascimento), CJ XIX (1994) 3, 121-127, STJ 20-jun.-1995 (Pais de Sousa), CJ/Supremo III (1995) 2, 136-138 e RLx 26-nov.-1998 (Jorge Santos), CJ XXIII (1998) 5, 109-112 (111/II), STJ 3-dez.-1998 cit., CJ/Supremo V, 3, 143/I, RLx 20-abr.-1999 (Pimentel Marcos), CJ XXIV (1999) 2, 110-117 (112/II), STJ 17-jun.-1999 (Abílio Vasconcelos), CJ/Supremo VI (1999) 2, 148-150 (149) e STJ 23-nov.-1999 (Garcia Marques), CJ/Supremo VI (1999) 3, 100-108, num acórdão excelente e muito bem documentado.

[1380] STJ 19-nov.-2002 (Azevedo Ramos), CJ/Supremo X (2002) 3, 135-139 (137/II) e RLx 10-abr.-2003 (Pinto de Almeida), CJ XXVIII (2003) 2, 190-197 (196/I): um acórdão muito bem tirado.

[1381] RLx 19-jan.-2006 (Manuel Gonçalves), CJ XXXI (2006) 1, 80-82.

[1382] Em STJ 6-mai.-1993 já citado, considerou-se também nula uma cláusula que permitia elevações unilaterais de preços – atual artigo 22.°/1, *e)*, da LCCG.

[1383] RLx 26-nov.-1998 cit., CJ XXII, 5, 111/II.

A LCCG inseriu, por isso, um remédio mais eficaz: a ação inibitória que faculta, quando proceda, a proibição judicial da utilização de certas cláusulas, independentemente da sua inclusão em contratos singulares.

II. A matéria é desenvolvida nos artigos 25.º e seguintes da LCCG. No essencial, eles permitem que as entidades referidas no artigo 26.º – associações de defesa do consumidor, associações sindicais, profissionais ou de interesses económicos legalmente constituídas e Ministério Público – possam pedir judicialmente a proibição do recurso a certas cláusulas, independentemente de, em concreto, elas serem utilizadas. O artigo 26.º/2 não tem preocupações doutrinárias: visa, sim, regular a extensão do caso julgado.

O Ministério Público tem sido, na prática, o grande motor das ações inibitórias já intentadas[1384]. Registam-se, ainda, ações intentadas pela DECO – Associação Portuguesa para a Defesa do Consumidor[1385]. A Lei admite a proibição provisória – artigo 31.º – para enfrentar situações que requeiram uma rápida composição. São ainda regulados os aspetos atinentes à legitimidade passiva, ao tribunal competente, à forma de processo e isenções e à parte decisória da sentença – artigos 27.º a 30.º. Segundo o n.º 2 deste preceito, a pedido do Autor, o vencido pode ser condenado a dar publicidade à proibição pelo modo e durante o tempo que o tribunal determine[1386].

[1384] Assim: RLx 11-jun.-1992 (Luís Fonseca), CJ XVII (1992) 3, 201-202; STJ 6-mai.-1993 (Figueiredo de Sousa), CJ/Supremo I (1993) 2, 90-91 = BMJ 427 (1993), 509-515; RLx 16-jun.-1994 (Noronha Nascimento), CJ XIX (1994) 3, 121-127; STJ 20-jun.-1995 (Pais de Sousa), CJ/Supremo III (1995) 2, 136-138; RLx 27-jun.-1995 (Dinis Nunes), CJ XX (1995) 3, 137-139; RLx 26-nov.-1998 (Jorge Santos), CJ XXIII (1998) 5, 109-112; RLx 4-fev.-1999 (Arlindo Rocha), CJ XXIV (1999) 1, 104-109; RLx 20-abr.-1999 (Pimentel Marcos), CJ XXIV (1999) 2, 110-117; STJ 17-jun.-1999 (Abílio Vasconcelos), CJ/Supremo VII (1999) 2, 148-150; a série prossegue até hoje. STJ 23-nov.-1999 (Garcia Marques), CJ/Supremo VII (1999) 3, 100-108. Todos estes acórdãos deram azo a dezenas de aplicações de regras proibitivas. Mas recentemente, o número de ações inibitórias tem vindo a diminuir: um fenómeno normal, uma vez que os utilizadores de cláusulas expurgaram, os seus textos, de irregularidades; mas *vide*: STJ 20-jan.-2010 (Salazar Casanova), Proc. 3062/05, quando as cláusulas relativamente proibidas, que também podem ser visadas por inibitórias, STJ 31-mai.-2011 (Fonseca Ramos), Proc. 854/10 e STJ 2-jun.-2011 (Sebastião Póvoas), Proc. 851/09, que considera a ação inibitória como *species* do *genus* ação popular.

[1385] Assim: RLx 9-out.-1997 (Ponce de Leão), CJ XXII (1997) 4, 106-111 e STJ 3-dez.-1998 (Armando Lourenço), CJ/Supremo VI (1998) 3, 140-145

[1386] Esta regra tem sido considerada conforme com a Constituição; cf. STJ 23-nov.-2000 (Sousa Inês), CJ/Supremo VIII (2000) 3, 133-139 (138/I) e RLx 24-jun.-2004

III. Decidida a proibição, as cláusulas atingidas não mais podem ser incluídas em contratos – artigo 32.º – incorrendo os utilizadores em sanções pecuniárias compulsórias se não respeitarem tal proibição – artigo 33.º[1387]. As decisões judiciais são comunicadas para efeito de registo – artigo 34.º – existindo, para isso, um serviço de registo – artigo 35.º.

O artigo 36.º da LCCG – artigo 34.º, antes da reforma introduzida pelo Decreto-Lei n.º 220/95, de 31 de agosto – veio prever um esquema de aplicação da lei no tempo que ressalva os contratos singulares anteriormente celebrados[1388].

A eficácia da LCCG é, a nível jurisdicional, apreciável. Vai, todavia, bem mais longe do que o resultante das já significativas proibições judiciais. A existência da Lei e a sua divulgação levou as grandes empresas a estudar e a rever cuidadosamente as cláusulas contratuais gerais por elas praticadas, de modo a expurgar as nulidades.

Houve, desta forma, ganhos consideráveis, no tocante à justeza contratual, no País. E nunca a segurança jurídica foi ameaçada pelo diploma.

IV. O cuidado posto, pelos seguradores, na preparação das cgs levam a que, nos últimos anos, poucas sejam as ações inibitórias a elas relativas. Damos fé das seguintes:

– RLx 29-mar.-2011: considera admissível a cláusula que, num seguro de vida PPR/E, fixa como competente o foro do local da emissão da apólice (Lisboa)[1389];
– RLx 30-nov.-2011: julgou proibida, por contrariedade à boa-fé (15.º da LCCG), a cgs que imputa, ao tomador e não às pessoas seguras, uma autorização expressa para o segurador recolher e tratar informações e registos informáticos relativos a dados pessoais[1390];

(Graça Amaral), CJ XXIX (2004) 3, 122-126 (126/II). O próprio Tribunal Constitucional já se pronunciou: TC n.º 360/2001, de 12 de julho (Vítor Nunes de Almeida), DR II Série, n.º 264, 18.789-18.790, de 14-nov.-2001.

[1387] Sanções essas que se aplicam quando o utilizador use cláusulas substancialmente idênticas às proibidas: STJ 21-out.-2008 (Alves Velho), Proc. 08A2933.

[1388] RPt 9-jun.-1993 (Fernandes Magalhães), CJ XVIII (1993) 3, 226-229 e STJ 30-abr.-1996 (Aragão Seia), CJ/Supremo IV (1996) 2, 43-44 (44/I).

[1389] RLx 29-mar.-2011 (Graça Araújo), Proc. 48.07.4.

[1390] RLx 30-nov.-2011 (Jorge Leal), Proc. 1401/09.4.

– RLx 5-jul.-2012: proíbe a cgs que, embora já substituída, impunha o fornecimento de informações, em área tutelada da reserva da vida privada[1391].

261. As regras legais específicas

I. A LCCG, na versão derivada do Decreto-Lei n.º 220/95, de 31 de agosto, compreende algumas regras especificamente financeiras, que interessa referenciar.

Trata-se de regras que advêm do ponto 2 do anexo à Diretriz n.º 93/13/CEE, de 5 de abril, e que têm, de resto, uma clara origem alemã.

II. O artigo 22.º/1 da LCCG, nas suas alíneas *c*) e *d*), considera relativamente proibidas as cláusulas que:

c) Atribuam a quem as predisponha o direito de alterar unilateralmente os termos do contrato, exceto se existir razão atendível que as partes tenham convencionado;
d) Estipulem a fixação do preço de bens na data da entrega, sem que se dê à contraparte o direito de resolver o contrato, se o preço final for excessivamente elevado em relação ao valor subjacente às negociações;

Nesse seguimento, o n.º 2 do mesmo artigo ressalva, em derrogação da alínea *c*) em causa:

– o direito do fornecedor dos serviços financeiros de alterar a taxa de juro ou o montante de quaisquer outros encargos aplicáveis, desde que correspondam a variações do mercado e sejam comunicadas de imediato, por escrito, à contraparte;
– a atribuição, a quem as predisponha, do direito de alterar unilateralmente o conteúdo de um contrato de duração indeterminada, contanto que se preveja o dever de informar a contraparte com pré-aviso razoável e se lhe dê a faculdade de resolver o contrato.

Esta última isenção opera perante determinados seguros. Há, contudo, que assegurar a informação prévia.

III. Por seu turno, o artigo 22.º/3 da LCCG ressalva, em derrogação das alíneas *c*) e *d*) do n.º 1:

[1391] RLx 5-jul.-2012 (Jorge Vilaça), Proc. 2393/09.5.

– as transações referentes a valores mobiliários ou a produtos e serviços cujo preço dependa da flutuação de taxas formadas no mercado financeiro;
– os contratos de compra e venda de divisas, de cheques de viagem, ou de vales postais internacionais expressos em divisas.

Num e noutro caso, trata-se de realidades cujas flutuações o adquirente pode querer assumir. A normalização do tráfego financeiro e a rapidez requerida pelos atos aí em causa justificam que, para o efeito, se possa recorrer a cláusulas contratuais gerais.

IV. Finalmente, o artigo 22.º/4 ressalva cláusulas de indexação, "... quando o seu emprego se mostre compatível com o tipo contratual onde se encontrem inseridas e o mecanismo de variação do preço esteja explicitamente descrito". Compreende-se o sentido da derrogação: tal como nas hipóteses acima examinadas temos, aqui, uma sobreposição de necessidades de tipo económico.

Em todos estes casos, o legislador pressupõe sempre que não deixe de haver algum controlo. Simplesmente, tal controlo será levado a cabo por outras normas que não as referenciadas no artigo 22.º/1, c) e d). Em última instância, conserva-se, sempre operacional, a nulidade das cláusulas contrárias à boa-fé.

262. A prática portuguesa

I. Na prática portuguesa faltam, por ora, condições gerais comuns às diversas seguradoras. Cada segurador elabora e aperfeiçoa as cgs que utilize. Os aperfeiçoamentos derivam, por vezes, de situações práticas, que revelaram falhas e incompleitudes.

Com base numa amostragem de cgs usadas, designadamente, pelos seguradores (então) do Grupo Caixa Geral de Depósitos (Fidelidade, Mundial, Império e Bonança), do ex-Grupo Espírito Santo (Tranquilidade) e do grupo Banco Comercial Português (Ocidental), podemos apontar:

– diversos seguros de danos, incluindo, como exemplos, o seguro de multirriscos empresas e o seguro casa (multirriscos habitação);
– seguros de responsabilidade civil geral, seguros obrigatórios de responsabilidade civil (condições gerais), seguro de incêndio e elementos da natureza e seguro do transportador rodoviário;

- seguros de responsabilidade civil profissional, condições gerais, área jurídica, advogados, magistrados judiciais e magistrados do ministério público;
- seguros de responsabilidade civil dos administradores, gerentes e diretores;
- seguros de caução direta e de caução para corretores;
- seguros de acidentes de trabalho para trabalhadores por conta de outrem e por trabalhadores independentes;
- seguro automóvel;
- seguro de acidentes pessoais e de vida;
- seguros marítimos.

II. A configuração das cgs é variável. De um modo geral, elas são desenvolvidas e minuciosas. Surgem numa linguagem acessível a não-especialistas, dotados de cultura e de letras médias.

Em termos de apresentação, as cgs são mais convidativas do que as cgs bancárias. Além disso, os seguradores disponibilizam, em escritos impressos, informações circunstanciadas. Dão, assim, cumprimento às copiosas obrigações de informar previstas na LCS.

III. Quanto ao fundo, as cgs respaldam, em geral, o interesse dos seguradores: além de normalizarem o risco, é esse o seu papel. Há que prestar especial atenção à delimitação dos riscos cobertos e às cláusulas de exclusão.

Finalmente, há um encadeamento de condições gerais, de condições específicas e de condições particulares que se torna necessário para a determinação do clausulado a considerar. Os particulares aderentes não devem hesitar em formular todas as questões necessárias para esclarecer dúvidas. Um papel importante compete, neste nível, aos mediadores de seguros.

263. Os contratos de seguros pré-formulados

I. O contrato pré-formulado é aquele que uma das partes proponha à outra, sem admitir contrapropostas ou negociações. Aproxima-se das condições gerais pela rigidez; distingue-se delas pela falta de generalidade.

Quando apresentado a um consumidor, o contrato pré-formulado coloca problemas semelhantes aos das cláusulas contratuais gerais. Por isso, o artigo 9.º/3 da LDC mandava aplicar a esse tipo de contratos o regime das cláusulas contratuais gerais, através de uma ponderação feita nos termos do seu n.º 2. Trata-se de uma regra aplicável no sector dos seguros.

II. Posto isto, verifica-se que o tema dos contratos pré-formulados veio a ser encarado, pela Diretriz n.º 93/13, de 5 de abril, acima referida, de modo um tanto indiferenciado. Dispôs a Diretriz em causa que toda a cláusula:

> (...) que não tenha sido objeto de negociação individual é considerada abusiva quando, a despeito da exigência de boa-fé, der origem a um desequilíbrio significativo em detrimento do consumidor, entre os direitos e obrigações das partes decorrentes do contrato.

Esta fórmula atinge as cláusulas contratuais gerais. Mas atinge, ainda, as cláusulas rígidas, a incluir nos contratos pré-formulados, tal como acima os definimos. A grande novidade da Diretriz n.º 93/13 foi, pois, a de alargar aos contratos pré-formulados a defesa dispensada aos contratos por adesão. Com uma particularidade: em ambos os casos, a defesa apenas funciona perante consumidores.

III. O dispositivo referente aos contratos pré-formulados foi transposto para os diversos ordenamentos europeus. No caso alemão, a Lei de 19-jul.-1996 introduziu, no AGBG, um § 24ª; este preceito, com algumas especificações, determinou a aplicabilidade da Lei às condições contratuais pré-formuladas, dirigidas a consumidores[1392]. Hoje, a matéria consta do § 310 (3, N. 2), do BGB[1393].

Em Itália, a transposição foi feita pela Lei n.º 52, de 6 de fevereiro de 1996, que introduziu alterações no Código Civil[1394]. O legislador seguiu uma técnica diversa: em vez de tocar no dispositivo relativo às cláusulas

---

[1392] Vide Peter Schlosser, no Staudinger, *AGBG*, 13.ª ed. (1998), 758 ss.. Vide Horst Locher, *Begriffsbestimmung und Schutzzweck nach dem AGB-Gesetz*, JuS 1997, 389-392.

[1393] Peter Schlosser, no Staudinger II, §§ 305-310 cit., § 305, Nr. 17 (26) e § 310, Nr. 61 ss. (744 ss.) e Peter Ulmer/Carsten Schäfer, em Ulmer/Brandner/Hensen *AGB-Recht* cit., 11.ª ed. § 310, Nr. 79 ss. (1186 ss.).

[1394] Vide a introdução de Guido Alpa/Salvatore Patti a *Le clausole vessatorie* cit., tomo I, XVII-LV. A matéria transitou para os artigos 33.º e seguintes do Código do consumo, aprovado pelo Decreto Legislativo n.º 206, de 5-set.-2005. Vide Enzo Maria Tripodi/ Claudio Belli, *Codice del consumo/commentario del D. Lgs. 6 settembre 2005, n.º 206* (2006), 199 ss..

contratuais gerais, optou por introduzir uma rubrica sobre contratos de consumidores. E aí, respeitando os usos linguísticos, optou-se pela expressão *cláusulas vexatórias*. Nestes termos – artigo 1469 bis, do Código italiano:

> No contrato concluído entre o consumidor e o profissional, que tenha por objeto a cessão de bens ou a prestação de serviços, consideram-se vexatórias as cláusulas que, mau grado a boa-fé, determinem, a cargo do consumidor, um significativo desequilíbrio dos direitos e das obrigações derivados do contrato.

Qualquer uma das duas vias acima exemplificadas é possível, para assegurar a transposição da Diretriz n.º 93/13. De todo o modo e como foi dito, este instrumento saiu tecnicamente incorreto: justapôs, contra a tradição jurídica europeia, áreas problemáticas diversas.

IV. O legislador português, quando reformulou o Decreto-Lei n.º 445/85, de 25 de outubro, com o fito de transpor a Diretriz n.º 93/13, deparou com o seguinte problema: ou mutilava a LCCG, que boas provas dera de si e à qual a doutrina e a jurisprudência se haviam acostumado, ou garantia, através de alterações discretas, o funcionamento da LCCG perante as cláusulas vexatórias rígidas, incluídas em contratos com consumidores. Optou pela segunda hipótese, no Decreto-Lei n.º 220/95, de 31 de agosto.

A referência a consumidores vinha já no artigo 20.º da versão inicial da LCCG: também aí o legislador português se antecipou ao alemão e ao comunitário.

Posto isso, atente-se no artigo 1.º/2 da LCCG na versão de 1995: o ónus da prova da prévia negociação de uma cláusula recaía sobre quem pretendesse prevalecer-se do seu conteúdo. Ficava bem entendido que, a não se fazer tal prova, se aplicaria o regime das cláusulas contratuais gerais. Interpretado no seu conjunto, o artigo 1.º da LCCG podia, assim, funcionar perante contratos pré-formulados[1395]. Uma interpretação conforme com as diretrizes comunitárias faria o resto[1396].

A LCCG, na versão de 1995, estava, pois, municiada para se aplicar a contratos pré-formulados.

[1395] Almeida Costa, *Direito das Obrigações*, 12.ª ed. (2009), 262-264.
[1396] Winfried Brechmann, *Die richtlinienkonforme Auslegung* (1994), 320 pp. e Stefan Grundmann, *EG-Richtlinie und nationales Privatrecht*, JZ 1996, 274-287.

V. Todavia, o importante residia noutra dimensão. O tema dos contratos pré-formulados, tal como resulta da Diretriz n.º 93/13, *não pertence às cláusulas contratuais gerais*. É, antes, um ponto de defesa do consumidor. E por isso, na LDC, acima examinada, vamos encontrar os seguintes preceitos:

Artigo 9.º
Direito à proteção dos interesses económicos

1 – O consumidor tem direito à proteção dos seus interesses económicos, impondo-se nas relações jurídicas de consumo a igualdade material dos intervenientes, a lealdade e a boa-fé, nos preliminares, na formação e ainda na exigência dos contratos.

2 – Com vista à prevenção de abusos *resultantes de contratos pré-elaborados*, o fornecedor de bens e o prestador de serviços estão obrigados:
 a) À redação clara e precisa, em carateres facilmente legíveis, das cláusulas contratuais gerais, incluindo as inseridas em contratos singulares;
 b) À não inclusão de cláusulas em contratos singulares que originem significativo desequilíbrio em detrimento do consumidor.

3 – A inobservância do disposto no número anterior fica sujeita ao regime das cláusulas contratuais gerais.
(...)

Como se vê, no local próprio, o legislador tratava os contratos pré-formulados e remetia o seu regime para a LCCG, já preparada para os receber. Apenas por desconhecimento se poderia, pois, vir afirmar que o Estado português não havia transposto o regime da Diretriz n.º 93/13, para a sua ordem interna.

VI. O desconhecimento da LDC e a incapacidade de interpretar convenientemente os textos portugueses vigentes levaram a Comissão Europeia a dirigir ao Estado português determinadas missivas: estaria em causa uma transposição insuficiente da Diretriz n.º 93/13/CEE, por não se terem referido, de modo expresso, os contratos pré-formulados. Servil e desnecessariamente, legislou-se de imediato. Através do Decreto-Lei n.º 249/99, de 7 de julho, foi novamente alterada a LCCG. Fundamentalmente, inseriu-se um novo n.º 2, no artigo 1.º, com o seguinte teor:

O presente diploma aplica-se igualmente às cláusulas inseridas em contratos individualizados, mas cujo conteúdo previamente elaborado o destinatário não pode influenciar.

A LCCG foi mutilada sem qualquer necessidade: o preceito agora introduzido já resultava do artigo 9.º/1 a 3, da LDC, acima referido. A Diretriz n.º 93/13/CEE tinha, pois, sido totalmente recebida, como temos vindo a repetir.

Mais grave é, no entanto, o facto de o legislador nacional, no seu afã de mostrar "europeísmo", ter "transposto" erradamente a Diretriz em jogo. Esta aplica-se apenas a contratos pré-formulados concluídos entre empresários e consumidores. O n.º 2 do artigo 1.º da LCCG, introduzida em 1999, não teve a cautela de o precisar. Tal como está, parece aplicar-se a todo e qualquer contrato pré-formulado. Teria um imenso impacto nos seguros, complicando, inclusive, todas as conclusões dos grandes negócios. Será, pois, conveniente recorrer a uma interpretação restritiva do preceito invocando, no limite, a necessidade de conformação com a Diretriz n.º 93/13.

§ 62.º CONTRATAÇÃO ELETRÓNICA

264. A contratação por computador e pela *internet*

I. No tráfego jurídico atual usam-se, correntemente, meios eletrónicos: seja para os preliminares contratuais, seja para a celebração de contratos, seja, por fim, para a sua execução. Na origem, o fenómeno é civil[1397]: nessa sede deve ser tratado[1398]. No entanto, ele assume a sua maior expressão justamente em detrimento do Direito comercial clássico. Cumpre referir os seus vetores fundamentais, precisamente pelo prisma mercantil.

Como é de constatação geral, os contratos podem ser concluídos através de autómatos ou de computadores[1399]. No início do século XX surgiram dispositivos automáticos que, mediante a introdução de dinheiro, distribuíam determinados bens aos interessados. A subsequente evolução alargou o tipo de operações facultadas pelos autómatos: que estes asseguram múltiplos fornecimentos de bens e serviços, na base de "contratos" de complexidade crescente. As utilidades proporcionadas vão desde o simples fornecimento de coisas móveis, passando pelos múltiplos serviços

---

[1397] Salvatore Sica/Pasquale Stanzione (org.), *Commercio elettronico e categorie civilistische* (2002), 417 pp..

[1398] A matéria atinente ao comércio eletrónico foi introduzida no BGB alemão, constando, hoje, do seu § 312e; *vide* Hans-W. Micklitz/Klaus Tonner, *Vertriebsrecht/Haustür-, Fernabsatzgeschäfte und elektronischer Geschäftsverkehr (§§ 312-312f; 355-359 BGB)/Handkommentar* (2002), 170 ss..

[1399] Larenz/Wolf, *Allgemeiner Teil des bürgerlichen Rechts*, 9.ª ed. (2004), 583 ss., agora Manfred Wolf/Jörg Neuner, 10.ª ed. (2012), § 37, Nr. 57 ss. (431 ss.), Bork, *Allgemeiner Teil* cit., 2.ª ed. 235-236 e Medicus, *Allgemeiner Teil des bürgerlichen Rechts*, 10.ª ed. (2010), 148 ss.. *Vide*, entre nós, as referências de Carlos Ferreira de Almeida, *Texto e enunciado* 3 (1990), 812-813. O comércio eletrónico tem vindo a aumentar continuamente, tendo-se previsto que, em 2004, ultrapasse, só nos Estados Unidos, a cifra dos 1.000 biliões de dólares; cf. o prefácio de Victor Ukmar a Giorgio Sacerdoti/Giuseppe Marino, *Il commercio elettronico/Profili giuridici e fiscali internazionali*, 2001.

implícitos num "estacionamento automático" e até à obtenção de bens, informações ou outras realidades – reservas, câmbios, operações bancárias, etc. – através de acesso a um computador.

Na aparência, os autómatos praticam meras operações materiais; sabe-se, contudo, que tais operações traduzem uma atividade negocial regulada pelo Direito.

II. Tradicionalmente, a contratação com recurso a autómatos pode ser explicada por uma de duas formas[1400]:

– a teoria da oferta automática;
– a teoria da aceitação automática.

Segundo a teoria da oferta automática, comum até há pouco tempo, a simples presença de um autómato pronto a funcionar, mediante adequada solicitação feita por um utente, deve ser vista como uma oferta ao público: acionado o autómato, o utente aceitaria a proposta genérica formulada pela entidade a quem fosse cometida a programação.

A teoria da aceitação automática, preconizada por Medicus[1401], coloca o problema em termos inversos. Explica esse Autor que o simples acionar do autómato – por exemplo, através da introdução de uma moeda – não provoca necessariamente a conclusão do contrato; tal só sucederá se o autómato não estiver vazio, isto é, se se encontrar em condições de fornecer o bem solicitado. Por consequência, o contrato só se concluiria através do funcionamento do autómato, cabendo ao utente a formulação da proposta. A instalação prévia do autómato representaria, tão-só, uma atividade preparatória: não uma proposta irrevogável.

A discussão pode surgir um tanto circular; tem, no entanto, interesse prático. De facto, se o autómato representar uma oferta ao público, há contrato com a simples aceitação; qualquer falha subsequente surgirá como uma violação do contrato perpetrada pela pessoa que recorra a autómatos para celebrar os seus negócios[1402]. Pelo contrário, se o autómato se limitar

---

[1400] Já perante a *Internet*: Stefania Giova, *Qualificazione dell'oferta in internet: offerta al pubblico o invito ad offrire?*, em Sica/Stanzione, *Commercio elettronico* (2002), 105-115.
[1401] Dieter Medicus, *Allgemeiner Teil* cit., 10.ª ed. 148.
[1402] E a menos que a falha seja de tal modo patente que implique, nas palavras de Ferreira de Almeida, *Texto e enunciado* cit., 3, 813, um sinal que contradiga a própria oferta.

a receber propostas, não há violação contratual no caso de não funcionamento: apenas se assistirá, então, a uma não-aceitação. Com a generalização da automação, temos cenários em que contratos de vulto são inteiramente celebrados por autómatos. Várias regras podem então depender de saber quem funciona como proponente e quem opera como aceitante[1403].

III. Perante os princípios clássicos da automação, a presença de um autómato constituiria uma autêntica oferta ao público. A pessoa responsável pelo autómato desfrutaria, ao programá-lo, de liberdade de estipulação, podendo propor o que entender; pelo contrário, o utente apenas poderia aceitar ou recusar a "proposta" automática, colocando-se numa posição semelhante à de aceitante. Acresce ainda que o autómato não tem liberdade de decisão para aceitar ou recusar uma proposta: as opções competentes foram feitas pelo programador e só por este podem ser alteradas. A última palavra seria do utente, num paralelo claro com a aceitação.

Mas essa orientação constitui, tão-só, um ponto de partida. Um autómato pode ser programado para responder a solicitações distintas, por forma adaptada a cada uma delas. Ainda aí seria possível ver a presença de várias ofertas ao público – tantas quantas as opções do utente. Mas a situação complicar-se-ia quando a "oferta" fosse ilimitada, podendo o autómato corresponder a inúmeras solicitações dos utentes: nesta altura, a estes caberia a iniciativa, limitando-se o autómato a aceitar ou a recusar.

No limite, o autómato é programável para tomar decisões, sendo ainda perfeitamente concebível um negócio "celebrado" entre autómatos – entre computadores – devidamente programados para o efeito.

Os quadros da oferta ao público só podem explicar os primeiros passos dos negócios celebrados com recurso a autómatos. Em esquemas mais elaborados, o autómato reproduz a vontade do seu programador ou da pessoa a quem as atuações deste sejam imputáveis. Nessa medida, a declaração feita através do autómato pode ser proposta ou aceitação ou, mais genericamente, pode ser de qualquer tipo[1404], consoante a vontade dos programadores.

Os únicos limites que o Direito opõe a este prolongamento da vontade humana têm a ver com a forma prescrita para certas celebrações negociais.

[1403] O facto de os autómatos operarem na base de cláusulas contratuais gerais, que procurem resolver os diversos problemas que se venham a pôr, não retira interesse à natureza das declarações que eles traduzam.

[1404] Com inclusão de uma declaração com destinatário determinado.

§ 62.º *Contratação eletrónica* 697

IV. A contratação por meios eletrónicos ou através da *internet*[1405] não se confunde, em si, com a efetuada através de autómato ou de computador, embora, por vezes, lhe esteja associada. De todo o modo, adiantamos que ela tem sido enquadrada com recurso ao Direito vigente[1406], ainda que com particularismos[1407]. Assim, a declaração de vontade feita por computador ou por meios de comunicação eletrónica vale como tal[1408]. E naturalmente, terão aplicação as regras referentes ao erro e ao dolo, nas declarações. A matéria foi em parte tratada pelo Decreto-Lei n.º 7/2004, de 7 de Janeiro, alterado pelo Decreto-Lei n.º 62/2009, de 10 de março e pela Lei n.º 46/2012, de 29 de agosto, abaixo referido[1409].

A contratação pela *internet* conheceu uma evolução que cumpre referenciar.

Num primeiro momento, a *internet* era encarada como mero meio de comunicação. As declarações de vontade eram, simplesmente, transmitidas por essa via[1410]. Os problemas daqui resultantes eram similares aos da comunicação por correio ou pelo telefone. Designadamente: o contrato

---

[1405] Sobre a *Internet* e o Direito, com múltiplos elementos: Markus Köhler/ Hans-Wolfgang Arndt, *Recht des Internet*, 2.ª ed. (2000) e, como obra de referência, Georg Borges, *Verträge im elektronischen Geschäftsverkehr/Vertragsabschluss, Beweis, Form, Lokalisierung, anwendbares Recht* (2003), 1052 pp.. Em Itália, dispomos dum importante conjunto de estudos, de Carlo e Fulvio Sarzana di S. Ippolito, publicado, sob um prefácio de Vittorio Novelli, com o título *Profili giuridico del commercio via Internet* (1999), Sacerdoti/Marino, *Il commercio elettronico* cit., Giovanni Mocci, *Operazioni commerciali via internet* (2001) e Sica/Stanzione, *Commercio elettronico e categorie civilistiche*, também já citado. Entre nós, cumpre referir a obra coletiva *As telecomunicações e o Direito na sociedade de informação* (1999), numa excelente organização de António Pinto Monteiro.

[1406] Jochen Taupitz/Thomas Kritter, *Electronic Commerce – Probleme bei Rechtsgeschäften im Internet*, JuS 1999, 839-846 (846).

[1407] Referimos o escrito estimulante de Lorenzo Cavalaglio, *La formazione del contratto/Normative di protezione ed efficienza economica* (2006), 256 pp., especialmente 115 ss..

[1408] Mathias Kuhn, *Rechtshandlungen mittels EDV und Telekommunikation/Zurechenbarkeit und Haftung* (1991), 54 ss. (81). Vide ainda a obra, já antiga mas ainda útil, de Renato Clarizia, *Informatica e conclusione del contratto* (1985), 59 ss..

[1409] *Infra*, 703. O artigo 22.º do diploma foi alterado pelo Decreto-Lei n.º 62/2009, de 10 de Março.

[1410] Jörg Fritzsche/Hans M. Maizer, *Angewählte zivilrechtliche Probleme elektronisch signierter Willenserklärung*, DNotZ 1995, 3-25 (8), Wolfgang Fritzmeyer/Sven-Erik Heun, *Rechtsfragen des EDI/Vertragsgestaltung: Rahmenbedingungen im Zivil-, Wirtschafts- und Telekommunikationsrechte*, CR 1992, 129-133 (129 ss.); EDI é a sigla de *ele-*

poder-se-ia ter como celebrado entre presentes ou entre ausentes consoante a proposta e a aceitação fossem separadas por algum lapso de tempo juridicamente relevante[1411].

No passo seguinte, o computador é programado de tal modo que, ele próprio, receba e processe a declaração do interessado, estando em condições de a aceitar. Temos uma declaração do computador ou automatizada[1412]. O exemplo mais claro é o das livrarias eletrónicas que, de modo automático, negoceiam livros. A declaração eletrónica é imputável à pessoa que programou ou mandou programar o computador[1413].

Põe-se, por fim, o problema da prova das declarações de vontade automáticas. Vale a livre apreciação do juiz, sendo de reter, todavia, que os programas disponíveis permitem imprimir documentos explícitos e circunstanciados, que poucas pessoas poderão "manipular" e que, em geral, fazem fé do neles exarado[1414]. A lei facilita a posição dos particulares: em geral, o ónus da prova corre contra o fornecedor (artigo 12.º do Decreto-Lei n.º 143/2001, de 26 de Abril).

V. A facilidade com que, designadamente através da *Internet*, se podem adquirir bens ou serviços e assumir os inerentes encargos, em termos imediatamente eficazes através da utilização de cartões bancários, obriga os Estados a adotar regras de proteção aos utentes[1415].

Com essa finalidade, foi aprovada a Diretriz n.º 97/7/CE, do Parlamento Europeu e do Conselho[1416]. Este diploma atinge, de facto, o

---

tronic data interchange e Sven-Erik Heun, *Die elektronische Willenserklärung/Rechtliche Einordnung, Anfechtung und Zugang*, CR 1994, 595-600 (595).

[1411] Larenz/Wolf, *Allgemeiner Teil* cit., 9.ª ed.584.

[1412] Jörg Fritzsche/Hans M. Maizer, *Angewählte zivilrechtliche Probleme* cit., 15, Helmut Köhler, *Die Problematik automatisierter Rechtsvorgänge, insbesondere vom Willenserklärungen*, AcP 182 (1982), 128-171 (132 ss.) e Sven-Erik Heun, *Die elektronische Willenserklärung* cit., 595 e 597 ss..

[1413] Jochen Taupitz/Thomas Kritter, *Electronic Commerce – Probleme bei Rechtsgeschäften im Internet*, JuS 1999, 839-846 (840).

[1414] Sven-Erik Heun, *Die elektronische Willenserklärung* cit., 599 ss. e Peter Mankowski, *Zum Nachweis des Zugangs bei elektronischen Erklärungen*, NJW 2004, 1901-1907.

[1415] Retemos: Giovanni Sciancalepore, *La tutela del consumatore: profili evolutivi e commercio elettronico*, em Sica/Stanzione, *Commercio elettronico* (2002), 179-218, bem como Salvatore Vigliar, *Consumer protection e transazioni on-line: breve analisi della policy comunitaria, idem*, 219-237.

[1416] JOCE N.º L 144, 19-27, de 4-Jun.-1997. *Vide* NJW 1998, 212-215, bem como o escrito de Helmut Köhler, *Die Rechte des Verbrauchers beim Teleshopping (TV-Shopping,*

chamado comércio eletrónico[1417]: *internet*, telefone e *telefax*[1418]. No fundamental, ele fixa deveres de informação acrescidos e atribui ao adquirente um direito à resolução do contrato, caso se venha a arrepender, supervenientemente, da sua celebração.

Esta Diretriz foi transposta para o Direito alemão, tomando assento no próprio BGB, através da Lei de 30-Mar.-2000[1419]. A reforma foi importante: levou à inclusão, na lei civil fundamental, das noções de consumidor e de empresário e permitiu a unificação do regime da resolução por arrependimento do consumidor[1420].

VI. No Direito português, a transposição foi efetuada pelo Decreto-Lei n.º 143/2001, de 26 de Abril[1421], hoje substituído pelo Decreto-Lei n.º 24/2014, de 14 de fevereiro, que abrangeu, ainda, outras matérias. Este diploma trata de aspetos heterogéneos que têm, em comum, o figurarem negócios concluídos à distância, por via automática ou não mas, em qualquer caso, fora do estabelecimento.

Trata-se de um diploma em 35 artigos, assim ordenados:

Capítulo I – Disposições gerais (1.º a 3.º);
Capítulo II – Dos contratos celebrados à distância e dos contratos celebrados fora do estabelecimento comercial (4.º a 21.º);
Capítulo III – Outras modalidades de venda (22.º a 26.º);
Capítulo IV – Práticas proibidas (27.º a 29.º);
Capítulo V – Fiscalização, contraordenações e sanções (30.º e 35.º).

Internet-Shopping), NJW 1998, 185-190. A Diretriz n.º 97/7/CE foi complementada (por vezes: em sobreposição) pela Diretriz n.º 2000/31/CE, de 29 de Junho, JOCE N.º L 200, 35-38, de 8 de Ago.-2000, abaixo referida.

[1417] *Vide* o estudo fundamental de Stephan Lorenz, *Im BGB viel Neues: Die Umsetzung der Fernabsatzrichtlinie*, JuS 2000, 835-843 (836); *vide* Köhler/Arndt, *Recht des Internet* cit., 2.ª ed. 37 ss..

[1418] Ou, em geral, o *e-commerce*.

[1419] Além dos escritos de Micklitz/Tonner e de Lorenz, já citados, Klaus Tonner, *Das neue Fernabsatzgesetz – oder: System statt "Flickenteppisch"*, BB 2000, 1415-1420 e Peter Bülow/Markus Artz, *Fernabsatzverträge und Strukturen eines Verbraucherprivatrechts im BGB*, NJW 2000, 2049-2056. A matéria acabaria por ser envolvida pela reforma de 2001/2002, na sequência da transposição da Diretriz n.º 2000/35.

[1420] Uma apreciação fortemente positiva de reforma emerge de Lorenz, *Im BGB viel Neues* cit., *maxime* 843.

[1421] Ret. n.º 13 C/2001, de 31 de Maio.

Em anexo, o diploma contém dois formulários: de informação sobre o direito de resolução e sobre a declaração de livre resolução do contrato.

No tocante ao âmbito de aplicação, registe-se a limitação do consumidor às pessoas singulares – 3.º, *a*); não há justificação para isso: a sociedade que, fora do seu âmbito profissional, encomende livros ou músicas pela *internet* (oferta a sócios ou a clientes) tem direito a idêntica proteção. De resto, o anteprojeto do Código do Consumidor permitiria, aqui, um alargamento.

265. Seguros à distância

I. A matéria relativa à contratação de seguros à distância já foi acima referida, a propósito do direito à informação[1422]. Vamos agora ponderá-la sob o prisma da conclusão do contrato.

A origem recente do regime aplicável à contratação de serviços financeiros à distância reside na Diretriz 2002/65, de 23 de setembro[1423]. Este instrumento surge sumariado como Diretriz relativa à comercialização à distância de serviços financeiros prestados a consumidores e que altera as Diretrizes 90/619, 97/7 e 98/27[1424].

A Diretriz 2002/65 comporta um longo preâmbulo explicativo, em 34 pontos. No essencial, ele enfatiza as virtualidades do mercado interno, sublinhando que uma das suas principais manifestações concretas, tanto para os consumidores como para os prestadores de serviços financeiros, reside precisamente na comercialização, à distância, de produtos financeiros.

Os consumidores têm interesse no acesso, sem discriminações, à mais ampla gama possível de serviços financeiros disponíveis na União, de modo a escolher os que mais se adequem às suas necessidades. Mas a sua liberdade de escolha requer um elevado nível de proteção da sua confiança. Essencial – na linguagem do preâmbulo – é que os consumidores possam negociar e contratar com prestadores estabelecidos noutros Estados-Membros.

Os serviços financeiros têm uma natureza desmaterializada que se presta particularmente à venda à distância, rematando o preâmbulo[1425]:

[1422] *Supra*, 608 ss..
[1423] JOCE N. L-271, 16-24, de 9-out.-2002.
[1424] *Vide* Manfred Wandt, *Versicherungsrecht* cit., 5.ª ed. Nr. 304, 311 e 321 (121, 123 e 126-127), com indicações.
[1425] N. (5).

(...) o estabelecimento de um quadro jurídico aplicável à comercialização à distância de serviços financeiros deverá contribuir para aumentar a confiança do consumidor no recurso às novas técnicas de comercialização à distância de serviços financeiros, como o comércio eletrónico.

Procede, depois, a um sumário das medidas tomadas.

II. A Diretriz 2002/65, de 23 de setembro, abrange 23 artigos. O seu objetivo é a aproximação das disposições legislativas, regulamentares e administrativas dos Estados-Membros, relativos à comercialização à distância de serviços financeiros prestados a consumidores (1.º/1). Procede a definições (2.º), das quais destacamos:

a) "Contrato à distância": qualquer contrato relativo a serviços financeiros, celebrado entre um prestador e um consumidor, ao abrigo de um sistema de venda ou prestação de serviços à distância organizado pelo prestador que, para esse contrato, utilize exclusivamente um ou mais meios de comunicação à distância, até ao momento da celebração do contrato, inclusive;
b) "Serviço financeiro": qualquer serviço bancário, de crédito, de seguros, de pensão individual, de investimento ou de pagamento;
(...)
d) "Consumidor": qualquer pessoa singular que, nos contratos à distância, atue de acordo com objetivos que não se integrem no âmbito da sua atividade comercial ou profissional;
(...)
f) "Suporte duradouro": qualquer instrumento que permita ao consumidor armazenar informações que lhe sejam pessoalmente dirigidas, de um modo que, no futuro, lhe permita um acesso fácil às mesmas durante um período de tempo adequado aos fins a que as informações se destinam e que permita a reprodução inalterada das informações armazenadas;
(...)

O artigo 3.º prescreve uma extensa lista de informações a prestar ao consumidor, antes da celebração do contrato à distância, com informações adicionais (4.º), a comunicar em suporte duradouro (5.º).

O consumidor dispõe de um direito de livre rescisão, no prazo de 14 dias, aumentado para 30 nos casos de seguros de vida e de pensões individuais (6.º/1).

Fica proibida a prestação de serviços não pedidos (9.º) e de comunicações não previamente autorizadas (10.º). O consumidor não pode renunciar aos direitos conferidos pela Diretriz (12.º).

III. O Decreto-Lei n.º 95/2006, de 29 de maio, alterado pontualmente pela Lei n.º 14/2012, de 26 de março e pelo Decreto-Lei n.º 242/2012, de 7 de novembro, visou transpor a Diretriz 2002/65, de 23 de setembro. Fê-lo, aliás, fora de prazo[1426]. Comporta uma sistematização em capítulos, acima sumariada[1427], bem como algumas definições, inspiradas nas da Diretriz[1428].

No que tange à utilização de meios de contratação à distância, salientamos os pontos seguintes:

– o consumidor pode, em qualquer momento da relação contratual, alterar o meio de comunicação, desde que a alteração seja compatível com o contrato ou com o serviço financeiro prestado (6.º);
– é proibida a prestação de serviços não solicitados (7.º), bem como comunicações automáticas não previamente autorizadas (8.º)
– sempre que o consumidor seja português (ou súbdito de um País de língua portuguesa, por interpretação extensiva), a informação pré-contatual deve ser prestada em língua portuguesa, salvo se o consumidor aceitar a utilização de outro idioma (9.º);
– o ónus da prova da informação cabe ao prestador (10.º).

A informação pré-contratual é pormenorizada, tendo sido considerada no competente capítulo[1429].

IV. Muito significativo é o direito de livre resolução (19.º a 25.º), presente, aliás, nos diversos contratos de consumo. O artigo 19.º explicita esse direito:

> O consumidor tem o direito de resolver livremente o contrato à distância, sem necessidade de indicação do motivo e sem que possa haver lugar a qualquer pedido de indemnização ou penalização do consumidor.

[1426] Fixado, pelo artigo 21.º/1 da Diretriz, em 9-Out.-2004.
[1427] *Supra*, 609.
[1428] *Supra*, 608-609.
[1429] *Supra*, 623 ss..

Esta regra conflui com a do artigo 118.º, da LCS[1430]. O artigo 20.º do Decreto-Lei n.º 95/2006 fixa, para a livre resolução, um prazo de 14 dias, elevado para 30 no caso de seguros de vida ou de adesão a fundos de pensões abertos. O direito de livre resolução é afastado no tocante a uma série de serviços que implicam flutuações no mercado (22.º); no campo dos seguros, são excluídos dos da resolução livre os de viagem e de bagagem – 22.º, b).

O direito de livre resolução caduca quando o contrato tenha sido integralmente cumprido (23.º); quando exercido, extingue todos os efeitos do contrato, desde a sua celebração (24.º).

V. O Decreto-Lei n.º 95/2006 compreende regras sobre a fiscalização (26.º a 29.º), atribuindo competência, no respetivo âmbito, ao ISP (26.º/1). Comporta, ainda, o regime sancionatório (30.º a 38.º).

Subsidiariamente, remete para o Decreto-Lei n.º 7/2004, de 7 de janeiro, alterado pelo Decreto-Lei n.º 62/2009, de 10 de março e pela Lei n.º 46/2012, de 29 de agosto, relativo à prestação de serviços da sociedade de informação e para a CVM (39.º).

266. Balanço

I. O recurso a meios eletrónicos para efetuar comunicações juridicamente operacionais intensifica-se. O próprio Estado dá o exemplo: cada vez mais as declarações relevantes, para efeitos fiscais e sociais são realizadas pela *Internet*. Com problemas: não se pode supor que todos os cidadãos tenham computador e saibam servir-se dele. De todo o modo, os ganhos em custos laterais e para a comodidade das pessoas são evidentes.

II. No plano da contratação, o recurso a meios eletrónicos surge irreversível. É certo que ele terá ficado aquém do inicialmente esperado. No tocante a bens tangíveis, com relevo para os bens de consumo do dia-a-dia, funciona o denominado fetichismo das mercadorias: os interessados gostam de as ver, antes de adquirir. No plano dos produtos financeiros, com relevo para os seguros, não haverá, em princípio, tais óbices. O problema reside nas hipóteses – sem dúvida que ampliadas, de contratação menos refletida.

[1430] *Infra*, 774 ss..

III. O Direito da *Internet*, após uma fase de arranque mais vincada, parece ter atingido um andamento de cruzeiro[1431]. Existem hipóteses de fraude diversas[1432], com responsabilidades várias[1433]. Particularmente delicado é contratar sem conhecer, com a devida segurança, a figura do interlocutor. Assinalamos, todavia, que no sector financeiro, as fraudes têm ficado muito aquém do inicialmente receado.

Afigura-se, deste modo, que o essencial da contratação de seguros à distância coloca um tema de defesa do consumidor. Essa consideração surge reforçada perante os regimes de informação e de resolução, acima assinalados.

[1431] Helmut Hoffmann, *Die Entwicklung des Internet-Rechts bis Mitte 2009*, NJW 2009, 2649-2655; idem, *bis Mitte 2010*, NJW 2010, 2706-2712; idem, *bis Mitte 2011*, NJW 2011, 2623-2628; idem, *bis Mitte 2012*, NJW 2012, 2773-2778.

[1432] Felix Buchmann/Christian F. Majer/Johannes Hertfelder/Anna Vögelein, *"Vertragsfallen" im Internet/Rechtliche Würdigung und Gegenstrategien*, NJW 2009, 3189-3194.

[1433] Assim, Georg Borges, *Rechtsscheinhaftung im Internet*, NJW 2011, 2400-2403.

SECÇÃO III
CONCLUSÃO E FORMA DO CONTRATO

§ 63.º A CONCLUSÃO DO CONTRATO

267. A técnica seguradora; a "proposta"

I. Na conclusão de um contrato de seguro, é seguida uma técnica própria do sector. O tomador apresenta-se como candidato ao contrato e apresenta, ao segurador, uma proposta. É óbvio que a proposta só será considerada se obedecer a um figurino prefixado pelo próprio segurador e vertido em cgs. Não obstante, a técnica é essa: o segurador fica colocado na posição de destinatário de uma proposta contratual, apreciando-a e, eventualmente, aceitando-a.

A aludida técnica suscitava problemas delicados, no caso do silêncio do segurador. Recordamos que podem, inclusive, estar em causa seguros obrigatórios. Por isso, ela foi objeto de reconhecimento e de regulação: primeiro pelo revogado artigo 17.º/1, do Decreto-Lei n.º 176/95, de 26 de julho e, hoje, pelo artigo 17.º/1 da LCS, em vigor.

II. A "inversão dos seguros", que leva a que os seguradores, grandes incentivadores da sua atividade, como é da natureza das coisas, surjam como simples destinatários de propostas, explica-se pelo tipo de bem em jogo. O seguro visa uma cobertura de riscos. Ora só o candidato a tomador pode escolher o tipo de risco a cobrir e, através da competente declaração, definir-lhe os contornos. Apenas perante uma proposição que reúna esses elementos é possível apreender a matéria, de modo a, pela aceitação, concluir um eventual contrato.

III. Deve todavia frisar-se que a declaração a emitir pelo candidato a tomador do seguro, dita "proposta", não tem de corresponder a uma verdadeira proposta contratual em sentido técnico: completa e firme[1434].

A prática dos seguros conhece situações em que a "proposta" do tomador está ainda incompleta: por depender de elementos que apenas o segurador pode fornecer, com relevo, em certos casos, para o cálculo do prémio. Nessa eventualidade, a "resposta" do segurador será, ela, a verdadeira "proposta".

Nos casos em que o futuro tomador formule uma efetiva proposta, pode o segurador responder com uma contraproposta[1435]. Assim sucederá, designadamente, quando resolva inserir novas condições para a cobertura pretendida. O surgimento do seguro exige, em tal eventualidade, uma aceitação, por parte do tomador[1436].

IV. No Direito dos seguros como noutras áreas[1437], há que estar prevenido para a hipótese de derivas linguísticas, isto é: designações próprias de certos conceitos podem, nas áreas periféricas, ser usadas para traduzir realidades não rigorosamente coincidentes com o sentido de origem. A "proposta de seguro" pode, assim, traduzir uma verdadeira proposta contratual ou, tão-só, ser uma declaração inicial do candidato a tomador.

268. O silêncio do segurador

I. Sendo a proposta do candidato a tomador uma verdadeira proposta, dirigida ao segurador, este teria, em abstrato, quatro hipóteses:

– ou aceita e, com isso, conclui-se o contrato de seguro;
– ou rejeita e cai a proposta, enquanto tal;
– ou faz uma contraproposta, hipótese a que deve ser reconduzida a "aceitação" com modificações suficientemente precisas; a contraproposta envolve a rejeição da proposta inicial;
– ou nada faz.

Neste último caso, deveriam seguir-se as normas do artigo 228.º/1, do Código Civil, que fixa regras para a duração da proposta. Expirado o prazo, a proposta caduca: não há contrato.

[1434] *Tratado* II, 4.ª ed., 318 ss..
[1435] *Idem*, 334 ss..
[1436] RGm 20-jan.-2011 (Helena Melo), Proc. 1797/09.8
[1437] Assim, no Direito bancário; *vide* o *Direito bancário*, 5.ª ed., 233 ss..

II. As regras civis admitem que o contrato possa surgir sem uma declaração formal de aceitação. Tal sucede quando a proposta, a própria natureza ou circunstâncias do negócio ou os usos tornem dispensável essa declaração, bastando que a conduta da outra parte mostre a intenção de aceitar a proposta (234.º, do Código Civil). No campo dos seguros, isso ocorre, por exemplo, se perante a proposta do candidato a tomador, o segurador responder emitindo a apólice.

III. A natureza dos valores em jogo não se basta, nos seguros, com o regime civil. Os seguradores podem consistir em companhias muito burocratizadas, onde o movimento dos papéis seja de difícil controlo. Além disso, lida-se com seguros obrigatórios. Em suma: a posição do candidato a tomador ficaria desamparada quando, a uma proposta sua, o segurador não respondesse. Mesmo que, daí, decorresse a caducidade da proposta pelo decurso do prazo, pouco se adiantaria: caber-lhe-ia formular outra proposta ou procurar outro segurador? E se o seguro for obrigatório? Havia que fixar um regime de proteção ao tomador e, em simultâneo, que incentivar o segurador, quando em desacordo com a proposta, a manifestar-se.

IV. A questão foi encarada pelo legislador através do artigo 17.º/1, do Decreto-Lei n.º 176/95, de 26 de julho. Segundo esse preceito:

> No caso de seguros individuais em que o tomador seja uma pessoa física e sem prejuízo de poder ser convencionado outro prazo, considera-se que, decorridos 15 dias após a receção da proposta de seguro sem que a seguradora tenha notificado o proponente da aceitação, da recusa ou da necessidade de recolher esclarecimentos essenciais à avaliação do risco, nomeadamente exame médico ou apreciação local do risco ou da coisa segura, o contrato se considera celebrado nos termos propostos.

A intenção era boa, mas o preceito saiu anómalo. Em Direito, não se diz "pessoa física": antes singular. "Quinze dias" é um prazo convolado, pelo artigo 279.º, *d*), do Código Civil, para duas semanas e, logo, para catorze dias. Finalmente, o contrato só se poderia formar se a proposta for (então sim) uma verdadeira proposta: completa e firme.

V. Estas anomalias foram, em boa hora, corrigidas pelo artigo 27.º/1 da LCS[1438]. Para além da correção dos lapsos formais, a formação do

---

[1438] *Vide* Romano Martinez, *LCS anotada* cit., 2.ª ed. 179-180.

contrato de seguro, no silêncio do segurador durante 14 dias contados da receção da proposta, depende agora:

– de ela ser feita em impresso do próprio segurador: fica, assim, determinado, com formal segurança, a identidade do destinatário; daí dependem, também, as cgs aplicáveis;
– devidamente preenchido e acompanhado dos documentos que o segurador tenha indicado como necessários; temos, assim, uma proposta completa;
– e de ela ter sido entregue ou recebida no local indicado pelo segurador: previne-se, deste modo, que venha a surgir um contrato por puro extravio, e sem que, de facto, o segurador possa ter qualquer consciência.

O artigo 27.º/2 admite, ainda, que o segurador tenha "autorizado" a proposta feita de outro modo, indicando as informações e os documentos necessários à sua compleitude: o contrato formar-se-á, nessa eventualidade, nos termos do artigo 27.º/1, desde que o tomador tenha seguido as instruções do segurador.

VI. A simples proposta, mesmo quando completa, nos termos fixados pelo artigo 27.º/1 e 2, pode requerer condições contratuais (gerais) e tarifas que, dela, não constem. O legislador apoia o tomador: segundo o artigo 27.º/3, o contrato irá reger-se pelas condições contratuais e pela tarifa do segurador, em vigor na data da celebração (14 dias após a receção da proposta).

VII. Por cautela, o artigo 27.º/4 admite que, mau grado toda a tramitação prescrita para que surja um contrato no silêncio do segurador, este venha demonstrar que, em caso algum, celebra contratos com as características constantes da proposta. Nessa eventualidade, não há contrato. Pode, sim, haver lugar a responsabilidade civil, designadamente por *culpa in contrahendo*.

269. **A mediação**

I. A generalidade dos contratos de seguros é celebrada com a intervenção de mediadores. Nessa eventualidade, o artigo 28.º remete para o regime comum. Fá-lo nos seguintes termos:

Sem prejuízo da aplicação das regras contidas no presente regime, ao contrato de seguro celebrado com a intervenção de um mediador de seguros é aplicável o regime jurídico de acesso e de exercício da atividade de mediação de seguros.

Na sua simplicidade, este preceito contém uma regra da maior importância: a da primazia da própria LCS sobre as regras da mediação. Recordamos que estas constam do Decreto-Lei n.º 144/2006, de 31 de julho, com as alterações introduzidas pelo Decreto-Lei n.º 359/2007, de 2 de novembro e pela Lei n.º 147/2015, de 9 de setembro[1439].

II. Em termos de celebração de um contrato de seguro, a presença de um mediador envolve, a cargo deste, uma série de deveres prescritos no Decreto-Lei n.º 144/2006. Designadamente:

– os deveres gerais, próprios da sua condição (29.º);
– os deveres para com os seus clientes, designadamente nas áreas da informação e do aconselhamento (30.º);
– os deveres para com os mesmos clientes, relativos à sua qualidade de mediador e aspetos conexos (31.º, todos do Decreto-Lei n.º 144/2006).

Os deveres de informação próprios do mediador acrescem aos previstos no artigo 29.º da LCS[1440]. Naturalmente: quando os deveres de informação a cargo do segurador sejam cumpridos pelo mediador, nada mais haverá a acrescentar.

III. A mediação dos seguros deve constituir um bordão social e economicamente útil: quer para o tomador, quer para o segurador. Como temos vindo a explicar, o negócio do segurador não é, nuclearmente, o de angariar clientes, através de uma rede de contactos. Esse será o papel de um profissional da mediação, devidamente habilitado. Em caso algum a presença deste pode funcionar como um fator de perturbação dos toma-

---

[1439] *Supra*, 458 ss., para onde se remete; podem, aí, ser confrontados diversos elementos. Recordamos José Vasques, *Novo regime jurídico da mediação de seguros* (2006), J. C. Moitinho de Almeida, *O mediador na conclusão e execução do contrato de seguro*, em *Contrato de seguro/Estudos* (2009), 153-189 e Eduarda Ribeiro, em Romano Martinez, *LCS anotada* cit., 2.ª ed.181-197.

[1440] *Vide* Eduarda Ribeiro, em Romano Martinez, *LCS anotada* cit., 2.ª ed. 193-197.

dores ou de encarecimento dos produtos. Neste como noutros pontos, é importante o funcionamento da concorrência e o da supervisão do ISP.

270. A representação aparente

I. Havendo mediador, torna-se fundamental saber se este tem poderes de representação do segurador. Tendo-os, ele está em condições de celebrar o contrato. As diversas regras relativas à conclusão do contrato, incluindo os deveres de informar e as consequências do silêncio perante a proposta do tomador, têm aqui aplicação, só que reportadas ao mediador.

Nessa linha, o artigo 29.º, do Decreto-Lei n.º 144/2006, de 31 de julho, coloca logo, à cabeça dos deveres gerais do mediador de seguros:

> *a)* Celebrar contratos em nome da empresa de seguros apenas quando esta lhe tenha conferido, por escrito, os necessários poderes;
> (...)

II. Questão delicada é a que surge quando, indevidamente, o mediador aja em nome do segurador, mas sem ter poderes para o efeito. Ocupando-se do tema, o artigo 30.º/1 começa por remeter para o regime geral da representação sem poderes (268.º/1, do Código Civil): o negócio é ineficaz em relação ao segurador se não for, por ele ratificado.

Mas o regime geral não podia ser seguido até ao fim. No domínio dos seguros, para além da proteção a prestar ao tomador, põe-se um problema de raiz: em regra, ninguém dá pelas irregularidades enquanto não houver sinistro. E havendo, torna-se pesado descobrir (então) que não há contrato. Tivesse a notícia surgido mais cedo: o tomador tomaria as medidas convenientes, contratando validamente com o segurador.

Por isso, o artigo 30.º/2 considera ratificado o contrato de seguro se, estando o tomador de boa-fé[1441], o segurador não lhe manifestar, no prazo de cinco dias contados a partir do seu conhecimento do contrato irregularmente concluído, a sua oposição.

III. Discutia-se a possibilidade de, aos contratos concluídos pelo mediador, em situação de representação aparente, aplicar o esquema previsto, nessa eventualidade, para o contrato de agência, por via dos artigos

---

[1441] Ou seja: desconhecendo, sem culpa, a falta de poderes de representação do mediador.

22.º e 23.º/1, do Decreto-Lei n.º 178/86, de 3 de julho[1442]. A analogia era flagrante, mas defrontava um óbice dogmático: o de se entender que os correspondentes preceitos da agência tinham natureza excecional.

O problema foi resolvido pelo artigo 30.º/3. Há representação aparente, com a consequência de os contratos celebrados pelo mediador de seguros, em nome do segurador, mas sem poderes específicos para o efeito, ser eficaz em relação a este, independentemente de ratificação, desde que:

– o tomador esteja de boa-fé, ou seja: desconheça, sem culpa, a falta de poderes do mediador;
– o tomador confie na existência dos poderes de representação em falta, na base de razões ponderosas, objetivamente apreciadas, tendo em conta as circunstâncias do caso;
– e o segurador tenha contribuído igualmente para fundar a confiança do tomador.

IV. O artigo 30.º/3 fixa um modelo de tutela da confiança que recorre aos vetores gerais que, perante o princípio geral da boa-fé, permitem fazê-lo.

Com as devidas cautelas, temos admitido que ele possa ser aplicado noutras áreas, designadamente através da ideia de representação institucional[1443]. O Direito dos seguros dá, também aqui, um apoio à teoria geral do Direito civil.

271. As mensagens publicitárias

I. Afigura-se-nos que, ainda a propósito da formação do contrato, cabe referir as mensagens publicitárias.

A publicidade traduz uma técnica, um crescente apuramento, que visa levar os potenciais interessados à conclusão de determinados negócios[1444]. A mensagem publicitária surge, apenas, como um incitamento à contratação: ela não se confunde com uma proposta contratual: falta-lhe um destinatário e, em regra, falecem-lhe as necessárias firmeza e compleitude.

[1442] *Vide supra*, 527 ss., com indicações, bem como Rui Mascarenhas Ataíde, *A responsabilidade do "representado" na representação tolerada/Um problema de representação sem poderes* (2008), 332 pp..
[1443] *Tratado* V, 2.ª ed., (2015), 142 ss..
[1444] *Tratado* II, 4.ª ed., 519 ss..

Pode todavia suceder que uma mensagem publicitária seja tão incisiva e completa que o consumidor se convença de estar em presença de uma verdadeira proposta: se aceitar, tem o produto pretendido, nas condições anunciadas. Por isso, o artigo 7.º/5 da Lei de Defesa do Consumidor[1445] veio dispor:

> As informações concretas e objetivas contidas nas mensagens publicitárias de determinado bem, serviço ou direito consideram-se integradas no conteúdo dos contratos que se venham a celebrar após a sua emissão, tendo-se por não escritas as cláusulas contratuais em contrário.

Compreende-se o alcance da medida, bem como as suas finalidades. Por um lado, protege-se a confiança do consumidor; por outro, incentiva-se o utilizador de mensagens publicitárias a não recorrer a proposições concretas que, depois, não tencione honrar.

II. A LCS acolheu, no seu artigo 33.º/1, esse dispositivo da LDC. Nos seguintes e precisos termos[1446]:

> O contrato de seguro integra as mensagens publicitárias concretas e objetivas que lhe respeitem, ficando excluídas do contrato as cláusulas que as contrariem, salvo se mais favoráveis ao tomador do seguro ou ao beneficiário.

Em rigor, o preceito seria dispensável. O artigo 7.º/5 da LDC é suficientemente amplo para abarcar, também, os seguros. Mas clarifica o tema. Além disso, permite a precisão do final do artigo 33.º/1: as cláusulas que contrariem a mensagem publicitária prevalecem sobre esta, quando sejam mais favoráveis ao tomador.

III. A referência da LCS às mensagens publicitárias e à sua integração nos contratos de seguro permitiu, ainda, que o artigo 33.º/2 lhes apusesse limites temporais. Assim, a mensagem publicitária (já) não se integra nos contratos:

[1445] Ou Lei n.º 24/96, de 31 de julho, alterada, por último, pela Lei n.º 47/2014, de 28 de julho, que a republicou em anexo.
[1446] Vide José Vasques, em Romano Martinez, *LCS anotada* cit., 2.ª ed. 220.

– quando, elas próprias, fixem um período de vigência que se mostre ultrapassado;
– quando haja decorrido um ano entre o fim da sua emissão e o contrato de seguro.

O regime é claro. Cabe às seguradoras dosear as mensagens publicitárias que entendam fazer[1447].

___

[1447] Sobre a publicidade dos seguros, *vide* o (então) ISP, Norma Regulamentar n.º 3/2010-R, de 18 de março, no DR 2.ª série, n.º 58, de 24-mar.-2010, 15.006-15.008.

§ 64.º A FORMA DO CONTRATO E A APÓLICE

272. O regime do Código Veiga Beirão (1888)

I. O regime vigente no tocante à forma do contrato de seguro e à apólice resulta da experiência anterior. Vamos recordá-la.

Segundo o artigo 426.º do Código Comercial, hoje revogado, o contrato de seguro devia ser reduzido a escrito, num instrumento que constituiria a apólice de seguro. O seu § único explicitava que a apólice devia ser datada e assinada pelo segurador e enunciar determinados elementos, abaixo referidos.

A apólice é, pois, um documento do qual consta o contrato de seguro. Dado o facto de os contratos de seguro resultarem, em regra, da adesão a cláusulas contratuais gerais tendo, também em regra, natureza formulária, a apólice surge, muitas vezes, impressa.

O contrato de seguro tinha, assim, natureza formal[1448]: sujeitava-se à forma escrita, sob pena de nulidade, nos termos gerais[1449].

Um assento de 22-jan.-1929, do Supremo Tribunal de Justiça[1450], veio explicitar que:

> A minuta de contrato de seguro equivale para todos os efeitos à apólice.

Apesar de, por essa via, não se dispensar a aceitação da seguradora[1451], havia uma efetiva atenuação das exigências formais.

[1448] Aurelio Donato Candian, *Forma e assicurazione/Un contributo in tema di contratti a prova formale* (1988).

[1449] STJ 10-dez.-1957 (Lencastre da Veiga), BMJ 72 (1958), 420-425 (424), RCb 25-jan.-1978 (Gama Vieira), CJ XIII (1978), 260-262 (261/I), STJ 22-fev.-1979 (Rodrigues Bastos), BMJ 284 (1979), 257-261 (260) e RLx 6-mar.-1996 (Ventura de Carvalho), CJ XXII (1996) 2, 161-162.

[1450] STJ(P) 22-jan.-1929 (Arez), COF 28 (1929), 23-24.

[1451] STJ 15-jul.-1986 (Moreira da Silva), BMJ 359 (1986), 731-735 (734).

Assim, a forma não seria requerida quanto à mudança do proprietário do automóvel – desde que a seguradora a conhecesse e tivesse aceitado[1452] – ou quanto à extinção do seguro por venda do veículo, a provar por qualquer modo[1453]. Todavia, à partida, as alterações ao contrato de seguro só podem ser feitas por escrito[1454]. A eventual falta de forma de um contrato pode dar azo a situações nas quais o vício não possa ser invocado, por *venire contra factum proprium*[1455].

O contrato de seguro podia ainda surgir, nos termos gerais, de troca de correspondência entre o segurador e o tomador. A "apólice" era, então, constituída pelo conjunto carta/resposta.

II. O conteúdo da apólice devia compreender os elementos referenciados no artigo 426.º, § único, do Código Comercial. A saber:

1.º O nome ou firma, residência ou domicílio do segurador;
2.º O nome ou firma, qualidade, residência ou domicílio do que faz segurar;
3.º O objeto do seguro e a sua natureza e valor;
4.º Os riscos contra que se faz o seguro;
5.º O tempo em que começam e acabam os riscos;
6.º A quantia segurada;
7.º O prémio do seguro;
8.º E, em geral, todas as circunstâncias cujo conhecimento possa interessar o segurador, bem como todas as condições estipuladas pelas partes.

III. O elenco do Código Veiga Beirão foi completado pelos longos enunciados do Decreto-Lei n.º 176/95, de 26 de julho. Esse diploma reporta-se às "condições gerais ou especiais do contrato": através da adesão, as "condições" integram-se no contrato singular que venha a ser celebrado.

Tratando-se de seguros do ramo vida, a apólice devia, por essa via, conter os elementos seriados nos artigos 10.º a 13.º; perante o ramo não-vida, valiam os artigos 13.º a 16.º.

Vamos consignar apenas o essencial.

Quanto ao ramo vida, dispunha o artigo 10.º do referido Decreto-Lei n.º 176/95:

[1452] STJ 10-mar.-1977 (João Moura), BMJ 265 (1977), 257-259.
[1453] RLx 24-abr.-1990 (Herlânder Martins), CJ XV (1990) 2, 156-157 (156/II).
[1454] STJ 29-jan.-1952 (Campelo de Andrade), BMJ 29 (1952), 267-272 (271).
[1455] STJ 28-set.-1995 (Joaquim de Matos), RLJ 129 (1996), 13-19.

1. Das condições gerais e ou especiais dos contratos de seguro do ramo "Vida" devem constar os seguintes elementos, se aplicáveis:

a) Definição dos conceitos necessários ao conveniente esclarecimento das condições contratuais;
b) Âmbito do contrato;
c) Obrigações e direitos do tomador do seguro, do segurado, do beneficiário e da empresa de seguros;
d) Início da produção de efeitos e período de duração do contrato;
e) Condições de prorrogação, renovação, suspensão, caducidade, resolução e nulidade do contrato;
f) Condições, prazo e periodicidade do pagamento dos prémios;
g) Obrigações e direitos das partes em caso de sinistro;
h) Definição das opções;
i) Cláusula de incontestabilidade;
j) Direitos e obrigações do tomador do seguro em caso de agravamento do risco;
l) Condições em que o beneficiário adquire o direito a ocupar o lugar do tomador do seguro;
m) Condições de revalidação, resgate, redução, adiantamento e transformação da apólice;
n) Condições de liquidação das importâncias seguras;
o) Cláusula que indique se o contrato dá ou não lugar a participação nos resultados e, no primeiro caso, qual a forma de cálculo e de distribuição desses resultados;
p) Cláusula que indique se o tipo de seguro em que se insere o contrato dá ou não lugar a investimento autónomo dos ativos representativos das provisões matemáticas e, no primeiro caso, indicação da natureza e regras para a formação da carteira de investimento desses ativos;
q) Cláusula relativa ao direito de renúncia;
r) Lei aplicável ao contrato, eventuais condições de arbitragem e foro competente;
s) Os elementos referidos no n.º 1 do artigo 2.º.

(...)

Quanto ao ramo não-vida, mandava o artigo 13.º do diploma em causa[1456]:

[1456] O Decreto-Lei n.º 176/95, de 26 de julho, não terá aplicação no domínio dos acidentes de trabalho: RCb 17-out.-2002 (Serra Leitão), CJ XXVII (2002) 4, 60-62 (61).

Das condições gerais e ou especiais dos contratos de seguro dos ramos "Não-vida" devem constar os seguintes elementos:

a) Definição dos conceitos necessários ao conveniente esclarecimento das condições contratuais;
b) Âmbito do contrato;
c) Obrigações e direitos do tomador do seguro, do segurado, do beneficiário e da empresa de seguros;
d) Validade territorial da cobertura;
e) Direitos e obrigações do tomador do seguro em caso de agravamento do risco;
f) Início da produção de efeitos e período de duração do contrato;
g) Condições de prorrogação, renovação, suspensão, caducidade, resolução e nulidade do contrato;
h) Condições, prazo e periodicidade do pagamento dos prémios;
i) Forma de determinação do valor do seguro ou o seu modo de cálculo;
j) Obrigações e direitos das partes em caso de sinistro;
l) Lei aplicável ao contrato, eventuais condições de arbitragem e foro competente.

IV. *Quid iuris* quando, numa concreta apólice, faltasse algum dos elementos que, por via do Código Comercial ou do Decreto-Lei n.º 176/95, dela devesse constar?

Ferir o contrato de nulidade, invocando violação de lei – artigos 280.º/1 e 294.º do Código Civil – seria solução violenta: em regra, tal "nulidade" só seria descoberta quando o segurador fosse chamado a cobrir um sinistro. Entendíamos, por isso, que as prescrições do Decreto-Lei n.º 176/95 tinham o sentido da tutela do consumidor, sendo sancionadas como contraordenações pelos artigos 212.º e seguintes do RGAS de 98, na medida em que integrassem, também, deveres neste prescritos. A falta de algum dos elementos obrigatórios não invalidaria a apólice, desde que ela pudesse ser suprida, com recurso às regras gerais.

No tocante ao Código Comercial: a ausência de elementos nele referenciados, a não poder ser completada, envolveria a nulidade do contrato: por indeterminabilidade do seu objeto.

273. Forma e apólice no Direito vigente

I. O regime do Código Veiga Beirão foi alterado pela LCS. O seu artigo 32.º/1 prescreve que a validade do contrato de seguro não depende da observância de forma especial. Com isso, reintegra-se a regra geral do consensualismo, prevista no artigo 219.º, do Código Civil[1457]. Evidentemente: o que se ganha em simplicidade perde-se, depois, em insegurança e em ulteriores delongas: basta pensar no que representaria reconstituir, na base da memória das pessoas, um contrato de seguro, mesmo simples. Por isso, a lei manteve a exigência tradicional da apólice; segundo o artigo 32.º/2[1458]:

> O segurador é obrigado a formalizar o contrato num instrumento escrito, que se designa por apólice de seguro, e a entregá-lo ao tomador do seguro.

Tal apólice deve ser datada e assinada pelo segurador (32.º/3).

II. No Direito anterior, o contrato de seguro devia ser celebrado por escrito. A LCS retirou essa exigência, condição de validade *ad substantiam*. Manteve a apólice, que deve constar de um instrumento escrito: apenas necessário *ad probationem*[1459]. O regime aplicável, abaixo examinado, mostra que, faltando a apólice, o contrato de seguro e o seu conteúdo podem ser provados por qualquer meio em Direito admitido.

Resulta do regime da apólice, abaixo considerado, que a mesma visa consolidar o seguro. Em princípio, vale tudo o que constar da apólice e não vale o que nela for omitido. Trata-se de um ponto fundamental, para viabilizar a prática dos seguros, protegendo o tráfego jurídico e a confiança de todos os envolvidos.

274. Emissão e entrega; a consolidação

I. A emissão da apólice constitui um dever do segurador, qualificado como acessório[1460]. Além de emitida, a apólice deve ser entregue ao tomador (32.º/2), nos prazos seguintes (34.º/1)[1461]:

[1457] Romano Martinez, *LCS anotada* cit., 2.ª ed. 219; este Autor, reconhecendo que a medida não tem grande alcance prático, dada a exigência de apólice, sublinha que ela veio, também, "implicar um impulso para a desmistificação do papel".

[1458] *Vide* preceitos equivalentes no § 3.º/1 do VVG e no artigo L-112-2 do Código francês, bem como, respetivamente, Roland Rixecker, em Römer/Langheid, *VVG/Kommentar*, 4.ª ed. (2014), 56 ss. e Yvonne Lambert-Faivre/Laurent Leveneur, *Droit des assurances*, 13.ª ed. (2011), n.º 223 ss. (211 ss.).

[1459] José Vasques, em Romano Martinez, *LCS anotada* cit., 2.ª ed. 217.

[1460] Manfred Wandt, *Versicherungsrecht* cit., 5.ª ed. Nr. 425 (165).

[1461] José Vasques, em Romano Martinez, *LCS anotada* cit., 2.ª ed. 221-223.

– aquando da celebração do contrato, nos termos gerais;
– ou sendo enviada ao tomador no prazo de 14 dias, nos seguros de riscos de massa, salvo motivo justificado;
– no prazo acordado, nos seguros de grandes riscos.

O artigo 32.º/2 refere um "instrumento escrito", sem especificar. Infere-se do artigo 34.º/2 que ele deve estar exarado em papel ou, quando convencionado, em suporte eletrónico duradouro.

Independentemente da entrega inicial, pode o tomador do seguro exigir a apólice a todo o tempo, mesmo após a cessação do contrato (34.º/5). Esta hipótese deve – como quaisquer outras – ser temperada pela boa-fé.

II. Havendo atraso na entrega da apólice, o segurado não pode opor cláusulas que não constem de documento escrito assinado pelo tomador ou a ele anteriormente entregue (34.º/4). Paralelamente: entregue a apólice, não são oponíveis, pelo segurador, cláusulas que dela não constem, sem prejuízo do regime do erro negocial (34.º/3).

Além disso e na hipótese de atraso, enquanto a apólice não for entregue: pode o tomador resolver o contrato, com efeito retroativo e com direito à devolução do prémio pago, na totalidade (34.º/6).

III. A apólice é, juridicamente, um ato unilateral não-negocial. De facto, ela traduz uma ação simples do segurador e não implica liberdade de estipulação[1462]: deve corresponder ao contrato celebrado. Aplica-se-lhe, não obstante, o regime dos negócios (295.º, do Código Civil), incluindo as regras sobre a falta e os vícios da vontade (240.º a 257.º, do mesmo Código). Ou seja: em eventuais óbices do contrato de seguro, ainda haverá que somar os problemas que possam afetar a apólice.

Para obviar às consequências que, daí, derivariam para o comércio jurídico, o artigo 35.º fixa uma regra de consolidação do contrato[1463]: decorridos 30 dias sobre a data da entrega da apólice, sem que o tomador alegue qualquer desconformidade entre o teor dela e o acordado, só são invocáveis divergências que resultem de documento escrito ou de outro suporte eletrónico.

[1462] *Tratado* II, 4.ª ed., 85 ss..
[1463] José Vasques, em Romano Martinez, *LCS anotada* cit., 2.ª ed. 224-225.

275. Redação, língua e texto

I. O artigo 36.º/1 determina o modo de redação da apólice. Elenca as qualidades seguintes: (a) compreensível; (b) concisa e rigorosa; (c) em caracteres bem legíveis; (d) usando linguagem corrente, sempre que não seja imprescindível o uso de termos legais ou técnicos. A ideia do legislador é simples: a apólice deve ser de apreensão imediata e de interpretação objetiva simples, não apenas pelo tomador (que pode ser um especialista), mas por qualquer terceiro.

II. Pela mesma ordem de ideias, a apólice deve ser redigida em português[1464], salvo se o tomador a solicitar noutro idioma, na sequência de um acordo anterior à sua emissão (36.º/2). Não fica na pura disponibilidade do tomador pedir uma apólice noutra língua (latim, grego clássico ou sânscrito, por exemplo), de seu alvedrio: terá de haver um convénio nesse sentido.

Mas se o seguro for obrigatório, terá de ser entregue uma versão em português, que prevalece sobre qualquer outra (36.º/3): só assim será acessível a terceiros e às autoridades públicas.

III. O texto da apólice deve incluir tudo o acordado pelas partes, designadamente as condições gerais, especiais e particulares (37.º/1)[1465].

Posto isso, a lei indica os elementos mínimos (37.º/2):

a) A designação de "apólice" e a identificação completa dos documentos que a compõem;
b) A identificação, incluindo o número de identificação fiscal, e o domicílio das partes, bem como, justificando-se, os dados do segurado, do beneficiário e do representante do segurador para efeito de sinistros;
c) A natureza do seguro;
d) Os riscos cobertos;
e) O âmbito territorial e temporal do contrato;
f) Os direitos e obrigações das partes, assim como do segurado e do beneficiário;
g) O capital seguro ou o modo da sua determinação;
h) O prémio ou a fórmula do respectivo cálculo;

[1464] *Vide*, quanto à língua, *supra*, 610 e 622.
[1465] Sobre todo o artigo 37.º: José Vasques, em Romano Martinez, *LCS anotada* cit., 2.ª ed. 227-233.

i) O início de vigência do contrato, com indicação de dia e hora, e a sua duração;
j) O conteúdo da prestação do segurador em caso de sinistro ou o modo de o determinar;
l) A lei aplicável ao contrato e as condições de arbitragem.

Além disso, a apólice deve ainda incluir, em caracteres destacados e de maior dimensão do que os restantes (37.º/3):

a) As cláusulas que estabeleçam causas de invalidade, de prorrogação, de suspensão ou de cessação do contrato por iniciativa de qualquer das partes;
b) As cláusulas que estabeleçam o âmbito das coberturas, designadamente a sua exclusão ou limitação;
c) As cláusulas que imponham ao tomador do seguro ou ao beneficiário deveres de aviso dependentes de prazo.

IV. A falta dos elementos previstos no artigo 37.º/1, 2 ou 3, sem prejuízo do dever de entregar a apólice e da responsabilidade a que haja lugar dá, ao tomador, o direito de resolver o contrato, nos termos do artigo 23.º/2 e 3: preceito relativo ao incumprimento dos deveres de informação e de esclarecimento (137.º/4). Este regime confirma que a apólice tem, ainda, um papel de informação, relativamente ao tomador.

O artigo 37.º/4, *in fine* dá, ainda e no caso de incompleitude da apólice, o direito, ao tomador, de exigir, a todo o tempo, a sua correção.

V. O artigo 37.º/2 refere os elementos gerais de qualquer apólice de seguro, seja qual for a concreta modalidade em causa. A lista de elementos aí elencados pode ser complementada, em função do seguro em causa: 151.º (incêndio), 154.º/1 (colheitas), 154.º/2 (pecuário), 158.º (transporte), 170.º a 172.º (proteção jurídica), 187.º (vida) e 206.º/3 (fundos de investimento).

276. Apólice nominativa, e à ordem; apólice ao portador

I. A apólice contém, em princípio, a referência ao beneficiário do seguro: tomador ou segurado: diz-se nominativa. As partes podem estipular que seja emitida à ordem (38.º/1 na redação dada pela Lei n.º 147/2015, de 9 de setembro): à ordem, permite a transferência dos direitos contratuais do endossante, podendo o contrato permitir o endosso parcial (38.º/2). A redação inicial do artigo 38.º/1 permitia expressamente apólices ao portador, explicitando o artigo 38.º/3, revogado pela Lei n.º 147/2015, que a transferência operava, então, pela entrega do título respetivo (38.º/3). Estas modalidades têm importância, por exemplo, nos seguros de transporte de mercadorias, quando o próprio título de transporte se transmita. Estamos próximos dos títulos de crédito[1466].

    II. A Lei n.º 147/2015 decidiu, aparentemente, suprimir as apólices ao portador. Assim e nesse sentido, alterou o artigo 38.º/1 e revogou o 38.º/3. Procedeu, igualmente, ao seu expurgo no artigo 208.º/1, *c*) e *f*). Todavia, manteve a referência aos títulos ao portador nos artigos 96.º/2 e 181.º e introduziu-as, ex novo, no artigo 158.º/2. Como adiantado, a própria Lei n.º 147/2015 pensaria que, no futuro, já não haveria apólices ao portador, optando por ressalvar as existentes à data da sua entrada em vigor (31.º).

    Mau grado estas confusões, as apólices ao portador parecem manter-se: têm utilidade no domínio dos seguros de transporte de mercadorias.

    III. A apólice, mesmo nominativa, deve ser entregue, pelo tomador do seguro, a quem lhe suceda, no caso de cessão da posição contratual. Havendo cessão de crédito, o tomador deve entregar cópia da apólice (38.º/4). Temos concretizações, adaptadas, do artigo 586.º, do Código Civil.

[1466] José Vasques, em Romano Martinez, *LCS anotada* cit., 2.ª ed. 234.

CAPÍTULO IV
O CONTEÚDO DO CONTRATO

§ 65.º PRINCÍPIOS GERAIS

277. O conteúdo

I. Diz-se conteúdo de um negócio a regulação por ele desencadeada, isto é: o conjunto das regras que, por via da sua celebração, tenham aplicação ao espaço jurídico que as partes entenderam reger[1467]. Consegue-se, deste modo, o tratamento conjunto da matéria contratual, por oposição ao puro somatório das cláusulas que contenha e de preceitos legais, imperativos ou supletivos que, por via daquele negócio, ganhem aplicação.

Do conteúdo deve distinguir-se o objeto; este tem a ver não com a regulação em si, mas com o *quid* sobre que irá recair a relação negocial propriamente dita[1468].

Por exemplo, celebrado um contrato de compra e venda, verifica-se que:

– as regras aplicáveis, por via dele, às partes, constituem o seu conteúdo; assim, a transmissão da propriedade e as obrigações de entrega da coisa e do preço – artigo 879.º;
– a coisa ou o direito transmitidos formam o seu objeto.

Deve frisar-se que a doutrina troca, muitas vezes, o conteúdo pelo *objeto*, utilizando esta última expressão de modo informe.

O próprio Código Civil, no seu artigo 280.º, menciona o objeto negocial com o fito de referenciar o conteúdo e o objeto propriamente

---

[1467] *Tratado* II, 4.ª ed., 537 ss..
[1468] *Vide* Inocêncio Galvão Telles, *Manual dos contratos em geral* (2002), 407.

dito. Trata-se, no entanto, de realidades patentemente distintas: a Ciência do Direito requer que se evite a confusão.

II. O conteúdo do negócio analisa-se, essencialmente, em elementos normativos e em elementos voluntários. Os elementos normativos correspondem às regras aplicáveis *ex lege*, isto é, àquelas que o Direito associe à celebração dos negócios, independentemente de uma expressa vontade negocial nesse sentido. Os elementos voluntários têm a ver com as regras aprontadas e fixadas pelas próprias partes.

Os elementos normativos podem, ainda, ser de uma de duas espécies: ou elementos injuntivos, sempre que eles não fiquem na disponibilidade das partes nem possam, por isso, ser por elas afastados ou elementos supletivos, quando a sua aplicação se destine a suprir o silêncio ou a insuficiência do clausulado negocial.

Os elementos voluntários, por seu turno, subdividem-se em necessários e eventuais: no primeiro caso, eles correspondem a fatores que, embora na disponibilidade das partes, tenham, por elas, de ser fixados, sob pena de incompleitude do negócio – por exemplo: o preço, na compra e venda; no segundo, eles integram elementos que as partes poderão incluir no negócio se entenderem – por exemplo: a condição.

III. Estes elementos devem ser separados apenas para efeitos de análise. O negócio jurídico constitui, no seu conteúdo como noutros aspetos, uma unidade que não se deve perder de vista. Designadamente nos campos melindrosos da interpretação e da aplicação, essa unidade impõe-se, com múltiplos efeitos práticos.

O negócio jurídico é composto por cláusulas. Podemos distinguir entre cláusulas em sentido formal e cláusulas em sentido material: as primeiras correspondem a proposições apresentadas vocabularmente como autónomas, em regras numeradas pelas próprias partes; as segundas equivalem a conjunções normativas que não podem ser divididas, sob pena de se perder o seu teor ontológico.

Torna-se possível efetuar um estudo da temática contratual na base das cláusulas, operando diversas distinções e apontando regimes. Um esforço útil, sendo de reter que a cláusula assume a sua plenitude dentro do contexto sistemático e funcional do negócio a que pertença.

278. A tipicidade dos ramos

I. O contrato de seguro constitui, em si mesmo, um contrato típico: os seus aspetos básicos constam da lei (tipo legal). Todavia, ele é suscetível de abranger um sem número de situações distintas, em função da variabilidade dos seus elementos essenciais.

Esta característica dá, ao Direito dos seguros, uma especial complexidade: ele opera como uma disciplina de sobreposição capaz de acompanhar quaisquer outras, na dimensão "seguro".

II. O RGAS, para efeitos de supervisão e seguindo uma tradição antiga, distingue ramos de seguros. A contraposição básica opõe os ramos "não-vida" (8.º) aos ramos "vida" (9.º).

Os seguros "não-vida" incluem os ramos seguintes (8.º):

a) «Acidentes», incluindo os acidentes de trabalho e as doenças profissionais, nas modalidades de prestações convencionadas, prestações indemnizatórias, combinações dos dois tipos de prestações e pessoas transportadas.
b) «Doença», que compreende as modalidades prestações convencionadas, prestações indemnizatórias e combinações dos dois tipos de prestações;
c) «Veículos terrestres», com exclusão dos veículos ferroviários, que abrange os danos sofridos por veículos terrestres motorizados e por veículos terrestres não motorizados;
d) «Veículos ferroviários», que abrange os danos sofridos por veículos ferroviários;
e) «Aeronaves», que abrange os danos sofridos por aeronaves;
f) «Embarcações marítimas, lacustres ou fluviais», que abrange os danos sofridos por embarcações marítimas, lacustres ou fluviais;
g) «Mercadorias transportadas», que abrange os danos sofridos por mercadorias, bagagens ou outros bens, qualquer que seja o meio de transporte;
h) «Incêndio e elementos da natureza», que abrange os danos sofridos por outros bens que não os referidos nas alíneas *c)* a *g)*, quando causados por:
   i) Incêndio;
   ii) Explosão;
   iii) Tempestade;
   iv) Elementos da natureza, com exceção da tempestade;

v) Energia nuclear;
vi) Aluimento de terras;

i) «Outros danos em coisas», que abrange os danos sofridos por outros bens que não os referidos nas alíneas *c)* a *g)*, quando causados por evento distinto dos previstos no número anterior;

j) «Responsabilidade civil de veículos terrestres motorizados», que abrange a responsabilidade resultante da utilização de veículos terrestres motorizados, incluindo a responsabilidade do transportador;

k) «Responsabilidade civil de aeronaves», que abrange a responsabilidade resultante da utilização de aeronaves, incluindo a responsabilidade do transportador;

l) «Responsabilidade civil de embarcações marítimas, lacustres ou fluviais», que abrange a responsabilidade resultante da utilização de embarcações marítimas, lacustres ou fluviais, incluindo a responsabilidade do transportador;

m) «Responsabilidade civil geral», que abrange qualquer tipo de responsabilidade que não os referidos nas alíneas *j)* a *l)*;

n) «Crédito», que abrange as seguintes modalidades:
  i) Insolvência;
  ii) Crédito à exportação;
  iii) Vendas a prestações;
  iv) Crédito hipotecário;
  v) Crédito agrícola;

o) «Caução», que abrange as seguintes modalidades:
  i) Caução direta;
  ii) Caução indireta;

p) «Perdas pecuniárias diversas», que abrange as seguintes modalidades:
  i) Riscos de emprego;
  ii) Insuficiência de receitas;
  iii) Mau tempo;
  iv) Perda de lucros;
  v) Persistência de despesas gerais;
  vi) Despesas comerciais imprevistas;
  vii) Perda de valor venal;
  viii) Perda de rendas ou de rendimentos;
  ix) Outras perdas comerciais indiretas;
  x) Perdas pecuniárias não comerciais;
  xi) Outras perdas pecuniárias;

q) «Proteção jurídica», que abrange a cobertura de despesas e custos de assistência jurídica;

r) «Assistência», que abrange as seguintes modalidades:
   i) Assistência a pessoas em dificuldades no decurso de deslocações ou ausências do domicílio ou do local de residência habitual;
   ii) Assistência a pessoas em dificuldades em circunstâncias distintas das referidas na subalínea anterior.

Por seu turno, o ramo "vida" abarca os seguros e operações seguintes (9.º):
   a) Seguro de vida:
      i) Em caso de morte, em caso de vida, misto e em caso de vida com contrasseguro;
      ii) Renda;
      iii) Seguros complementares dos seguros de vida, nomeadamente, os relativos a danos corporais, incluindo-se nestes a incapacidade para o trabalho, a morte por acidente ou a invalidez em consequência de acidente ou doença;
   b) Seguro de nupcialidade e seguro de natalidade;
   c) Seguros ligados a fundos de investimento, que incluem os seguros das modalidades previstas nas subalíneas i) e ii) da alínea a) quando ligados a um fundo de investimento;
   d) Operações de capitalização, que abrangem a operação de poupança, baseada numa técnica atuarial, que se traduza na assunção de compromissos determinados quanto à sua duração e ao seu montante, como contrapartida de uma prestação única ou de prestações periódicas previamente fixadas;
   e) Operações de gestão de fundos coletivos de pensões, que abrangem:
      i) A operação que consiste na gestão, por uma empresa de seguros, de investimentos e, nomeadamente, dos ativos representativos das reservas ou provisões de organismos que liquidam prestações em caso de morte, em caso de vida, ou em caso de cessação ou redução de atividade;
      ii) As operações de gestão de fundos coletivos de pensões, quando conjugadas com uma garantia de seguro respeitante à manutenção do capital ou ao pagamento de um juro mínimo.

III. Os ramos de seguros acima elencados não podem ser classificados num outro ramo: é o princípio da exclusividade (10.º, do RGAS). Todavia, o artigo 11.º permite que, numa mesma apólice, sejam cobertos riscos acessórios.

Pergunta-se se, para além dos seguros referidos nos artigos 8.º e 9.º do RGAS, ainda podem ser concluídos outros. A leitura dos diversos "ramos" mostra que alguns deles têm um conteúdo residual, tornando-se difícil congeminar figuras que, de todo, não se possam reconduzir a algum deles. Formalmente, todavia, a lei não proíbe a criação de novos seguros, por vontade das partes. Pelo contrário: o já analisado artigo 11.º da LCS[1469] consagra, de modo amplo, a liberdade contratual. Inferimos que os artigos 8.º e 9.º do RGAS têm um papel ordenador, mas não injuntivo. A tipicidade de ramos que deles resulta é uma tipicidade exemplificativa, no plano do conteúdo. Quando, porém, se acolha um dos tipos referenciados, a tipicidade é efetiva, conquanto que aberta. Ou seja: há que respeitar o desenho legal do tipo, sem prejuízo de, no seu conteúdo, ser possível proceder a adaptações, de acordo com a vontade das partes.

279. O risco e o interesse

I. Os diversos conteúdos possíveis para os contratos de seguro distinguem-se, primacialmente, em função do risco coberto. A noção de risco já foi analisada[1470]. Fica-nos a ideia de que se trata de uma eventualidade tomada como desvantajosa (ou por um ângulo desvantajoso) e cujas consequências se pretende repercutir numa esfera jurídica diversa da que, inicialmente, a sofra ou deva sofrer.

Também verificámos que, segundo as coordenadas ainda presentes na LCS, deve haver um "interesse digno de proteção legal", por parte do segurado e relativamente ao risco coberto (43.º/1). Esse interesse transmite a ideia de uma justificação significativo-ideológica para o seguro e a de uma relação entre o segurado e o valor que justifique a transferência do risco[1471].

II. O artigo 43.º/2 refere o seguro de danos: aquele cujo interesse respeite à conservação ou à integridade de coisa, direito ou património seguros. Esta noção, quiçá limitativa[1472], abrange os números 3 a 18 da enumeração feita pelo artigo 123.º do RGAS. A evolução do Direito dos seguros, como foi visto, vai no sentido de se trabalhar com "riscos" e não

---

[1469] *Supra*, 510.
[1470] *Supra*, 537 ss..
[1471] *Supra*, 557 ss..
[1472] Ela terá de ser interpretada, pelo menos, de modo a abranger os lucros esperados; veja-se, de resto, o artigo 152.º, quanto ao seguro de colheitas.

com "interesses". Seria possível construir a noção de seguro de danos do artigo 43.º/2 com base no risco.

III. O artigo 43.º/3 não refere o seguro de pessoas – que a própria LCS, 175.º a 217.º, contrapõe ao de danos – mas, tão-só, o seguro de vida, prescrevendo que a pessoa segura, que não seja beneficiária, deva dar o seu consentimento para a cobertura do risco, salvo quando o contrato resulte do cumprimento de disposição legal ou de instrumento de regulação coletiva de trabalho: pense-se no seguro de acidentes de trabalho.

IV. O risco é um elemento essencial do conteúdo do contrato de seguro. A sua inexistência tem consequências já estudadas[1473], referidas, *inter alia*, no artigo 44.º.

Com estas precisões, fica entendido que o contrato de seguro tem um conteúdo norteado em função do risco. Toda uma teia de deveres de informação, de parte a parte, destina-se, precisamente, a explicitar o risco em causa. E esse elemento deve, ainda, constar obrigatoriamente da apólice – 37.º/2, *d*).

280. Condições gerais, especiais e particulares; exclusões

I. A técnica dos seguros leva a que os contratos se organizem em:

– condições gerais: englobam as cláusulas comuns a um certo ramo de contratos, praticado pelo segurador considerado;
– condições especiais: abrangem as cláusulas próprias do tipo de contrato em jogo;
– condições particulares: identificam o contrato celebrado através das suas diversas coordenadas: partes, segurado, pessoa segura, risco assumido, interesse e, eventualmente, cláusulas acordadas.

II. O tipo de contrato celebrado não pode ser alterado através das condições especiais e das particulares (45.º/1). Temos, aqui, mais uma manifestação da tipicidade aberta, acima aludida[1474]. Trata-se de uma norma que remonta ao artigo 9.º do Decreto-Lei n.º 176/95, de 26 de

---

[1473] *Supra*, 566-567.
[1474] *Supra*, 400.

julho. O preceito estava, então, epigrafado "legalidade": uma designação que desapareceu da LCS, mais liberal. A razão de ser do respeito pelo tipo deve ser procurada na transparência: pretende evitar-se que se recorra a uma designação típica, para segurar um risco a ela alheio. Tal o sentido da "exclusividade" prevista no artigo 10.º do RGAS[1475].

III. O artigo 45.º/2 permite a exclusão da cobertura, entre outros, de riscos derivados de guerra, de insurreição e de terrorismo. Essa possibilidade de exclusão fará sentido nos seguros obrigatórios; nos restantes, está na disponibilidade das partes. E mesmo nos obrigatórios, há que atender a regimes especiais: tal o caso do seguro para transportadoras aéreas e operadores de aeronaves, previsto no Regulamento 785/2004, de 21 de abril[1476], segundo cujo artigo 4.º/1, 2.ª parte:

> Os riscos cobertos incluirão atos de guerra, terrorismo, sequestro de aeronaves, atos de sabotagem, apreensão ilícita de aeronaves e distúrbios do foro civil.

Impõem-se algumas distinções. Os riscos derivados de guerra ou de insurreição, a que poderíamos somar o de catástrofes generalizadas (sismo, tsunami, queda de asteróide ou furacão), seriam afastados porque, pela extensão e pelo número de sinistros que ocasionariam, ficariam fora de qualquer previsão razoável, pondo em risco as práticas atuariais. Segurar tais riscos poderia pôr em crise a solvabilidade do segurador, com prejuízo para todos e para o sistema. Mas um bom segurador afastará o problema, com adequado agravamento no prémio e com recurso ao resseguro.

Já os riscos de terrorismo são localizados[1477]. No fundo, trata-se de vandalismo, com (pretensas) motivações políticas e dirigidas, também, a pessoas. Afigura-se possível um tratamento diferenciado. Em qualquer

---

[1475] Romano Martinez, *LCS anotada* cit., 2.ª ed., 250, justifica ainda a medida com recurso ao princípio da boa-fé, para evitar um *venire contra factum proprium*.

[1476] Joce N.º L-138, 1-6, de 30-abr.-2004 (4/I); *vide* Romano Martinez, *LCS anotada* cit., 2.ª ed. 250.

[1477] O "terrorismo" foi acrescentado pela lei de 2008. O Código Comercial, no seu artigo 437.º, 4.º, apenas afastava o tumulto,

> Se o sinistro for ocasionado por guerra ou tumulto de que o segurador não tivesse tomado o risco.

dos casos, o risco é sempre "controlável", através da fixação do capital do seguro e de uma adequada contração de resseguros.

281. **Atos dolosos**

I. O artigo 437.º, 3.º, do Código Comercial, previa que o seguro ficasse sem efeito,

> Se o sinistro tiver sido causado pelo segurado ou por pessoa por quem ele seja civilmente responsável.

O preceito visava prevenir jogos ou fraudes, obtidas com recurso a seguros. Subjacente está ainda o princípio, assente na boa-fé, de que ninguém deve ser beneficiado pelo ilícito próprio. Esse vetor tinha ainda mais razão de ser no domínio dos seguros de vida. Segundo o art. 458.º, sempre do Código Comercial,

> O segurador não é obrigado a pagar a quantia segura:
> (...)
> 2.º Se aquele que reclama a indemnização foi autor ou cúmplice do crime de morte da pessoa, cuja vida se segurou.
> (...)

III. A questão não é, todavia, tão-simples. Há que atender a múltiplas circunstâncias e, ainda, a quem for o beneficiário do seguro. Por isso, o artigo 46.º/1 da LCS, cujo teor se inscreve no que podemos considerar a delimitação negativa do contrato de seguro, veio dispor que o segurador não é obrigado a efetuar a prestação convencionada em caso de sinistro[1478]:

(a) causado dolosamente pelo tomador do seguro ou pelo segurado; a exclusão não se aplica quando haja mera negligência, mesmo grosseira; por exemplo, o acidente causado por excesso de velocidade não é um "sinistro dolosamente causado", porque a vontade do agente era, simplesmente, andar depressa; o legislador decidiu ir mais longe, esclarecendo, no artigo 141.º, que havendo causa de exclusão de culpa ou de ilicitude, não há dolo: o que já resultaria das regras gerais;

[1478] *Vide* José Vasques, em Romano Martinez, *LCS anotada* cit., 2.ª ed. 251-252.

(b) salvo disposição legal ou regulamentar em sentido diverso: visam-se situações de seguro obrigatório, que protegem terceiros de quaisquer eventualidades: assim, se o tomador decide provocar um acidente, não há razão para que os lesados não sejam indemnizados pelo seguro obrigatório de responsabilidade civil, pela mesma ordem de ideias: artigo 148.º;

(c) e salvo convenção em contrário não ofensiva da ordem pública: será o caso da exclusão do suicídio com cobertura por morte, quando ocorrido até um ano após a celebração do contrato, exclusão essa que pode ser afastada por cláusula em contrário (191.º/1);

(d) quando a natureza da cobertura o permita: haverá que atender ao risco em jogo, como já resulta dos exemplos anteriores.

IV. O artigo 46.º/2 atendeu à figura do beneficiário, que pode não coincidir com a do tomador ou com a do segurado. Por isso, prescreve que, quando ele tenha causado dolosamente o dano, não tem direito à reparação.

282. Seguro por conta própria e por conta de outrem

I. No seguro por conta própria, o contrato tutela o interesse próprio do tomador do seguro (47.º/1); no seguro por conta de outrem, o tomador atua por conta do segurado, determinado ou indeterminado (48.º/1). O paralelismo não é perfeito: o inverso de "interesse próprio" será o "interesse alheio" e, não o "atuar por conta de outrem". Bastará recordar a figura do mandato no interesse do próprio mandatário. Tudo isto ilustra as dificuldades em dogmatizar a ideia de interesse, bem com as derivas linguísticas, patentes no Direito dos seguros.

O artigo 47.º configura a hipótese de coincidência entre o tomador e o segurado, o qual será, ainda, beneficiário: as respetivas definições constavam do artigo 1.º do Decreto-Lei n.º 176/95, de 26 de Julho, revogado pela LCS. A hipótese da coincidência presume-se, por via do artigo 47.º/2, resultando já do artigo 428.º, § 2.º, do Código Comercial.

Pode o interesse do tomador ser parcial e o seguro, na sua totalidade, por conta própria: o artigo 47.º/3 considera então o contrato feito por conta de todos os interessados, salvo disposição legal ou contratual em contrário.

II. Cumpre ter presente que, neste preceito, "interesse" significa, em Direito dos seguros, a relação especial existente entre o tomador e o valor seguro[1479]; por exemplo, a propriedade ou a titularidade de um crédito. Neste ponto, o Direito dos seguros tem de ser muito preciso, sob pena de confundir o seu próprio núcleo.

A imprecisão jurídico-científica domina a doutrina portuguesa. Com o devido respeito, é frequente a obscuridade dos textos em que ilustres autores intentam explicar a atuação por conta de outrem e no interesse alheio. Apontamos três causas objetivas: (a) a manutenção da ideia de interesse sem uma prévia e clara dogmatização da matéria; (b) a deriva linguística, que conduz à utilização de conceitos civis, fora do seu alcance consagrado; são atingidos conceitos como "agir por conta de" e, até, "contrato a favor de terceiro"; (c) as próprias necessidades práticas do Direito dos seguros, que não se deixam espartilhar em conceitos firmes; essa problemática pode ser ultrapassada com recurso à fluidez conceitual. Sublinhamos o § 43 do VVG alemão, bastante mais claro (até por não referir "interesse")[1480]:

(1) O tomador do seguro pode concluir o contrato de seguro em nome próprio para outrem, com ou sem designação da pessoa do segurado (seguro por conta alheia).
(2) Quando o contrato de seguro seja concluído para outrem, mesmo quando designado, considera-se, na dúvida, que o tomador do seguro agiu não como representante, mas em nome próprio por conta alheia.
(3) Quando não resulte das circunstâncias que o contrato de seguro deva ter sido concluído para outrem, ele vale como concluído por conta própria.

III. No seguro por conta de outrem, vamos entender que o tomador atua no interesse (técnico-segurador) de outra pessoa: o segurado, seja ele determinado ou indeterminado[1481]. Surge a dissociação entre o tomador e o segurado, dissociação essa que há de resultar do próprio contrato. E como "interesse" significa, em "seguros" titularidade, o seguro por conta de outrem redunda em atribuir, ao terceiro considerado, uma vantagem tutelada pelo Direito. O seguro por conta de outrem é, pois, uma modalidade

---

[1479] *Supra*, 565 ss..
[1480] Roland Rixecker, em Römer/Langheid, *VVG/Kommentar* cit., 4.ª ed. § 43 (423 ss.).
[1481] Sobre toda esta matéria, *vide* Margarida Lima Rego, *Contrato de seguro e terceiros* cit., 688 ss., com muitas indicações.

de contrato a favor de terceiro[1482]. No que não haja especificidades das leis dos seguros, têm aplicação os artigos 443.º e seguintes, do Código Civil[1483].

A questão de saber se os seguros por conta alheia coincidem sempre com os contratos de seguro a favor de terceiros, se se trata de noções diferentes, se há seguros a favor de terceiros que não operem por conta alheia ou se há seguros por conta alheia que não sejam a favor de terceiros constitui um tema clássico de controvérsia[1484].

Chamamos a atenção para dois pontos prévios: (a) a denominada navalha de Ockam; (b) o papel dos seguros na elaboração da figura do contrato a favor de terceiros. Quanto à navalha de Ockam: *entia non sunt multiplicanda*, isto é, não se devem multiplicar os conceitos, para além do necessário[1485]; caberá evitar, sem utilidade dogmática, desfasamentos entre "por conta de outrem" e "a favor de terceiros". No que tange ao papel dos seguros na elaboração do contrato a favor de terceiro: foi justamente a pujança da doutrina alemã dos seguros que permitiu, ao Direito civil, a elaboração e o aperfeiçoamento dessa fórmula contratual. Seria uma ironia histórica que o Direito dos seguros, a pretexto de tecnicidades, se viesse a distanciar do contrato a favor de terceiro (re)elaborando a categoria do contrato por conta alheia que, com ele, não coincidisse.

Isto dito: o contrato a favor de terceiro deve ser entendido à luz da ideia ampla de obrigação. Quando o artigo 444.º/1, do Código Civil, afirma que o terceiro "adquire o direito à prestação" está a usar "prestação" em sentido lato. Não se trata, tão-só, da prestação principal mas, antes, de qualquer outra vantagem tutelada pelo Direito[1486].

Perante essa noção ampla, o seguro por conta de outrem é, sempre, uma modalidade de contrato a favor de terceiro.

IV. Havendo seguro por conta de outrem, cabe ao tomador cumprir as obrigações resultantes do contrato (48.º/2), com especial relevo para o

---

[1482] Roland Rixecker, em Römer/Langheid, *VVG/Kommentar* cit., 4.ª ed. § 43, Nr. 5 (426) e Manfred Wandt, *Versicherungsrecht* cit., 5.ª ed. Nr. 686 (248-249) e *passim*.
[1483] *Tratado* VII, 553 ss..
[1484] *Vide*, entre nós, Margarida Lima Rego, *Contrato de seguro e terceiros* cit., 734 ss., especialmente 745 ss., onde a Autora defende a existência, entre as duas noções, de círculos cessantes.
[1485] Máxima atribuída a William of Ockam (1288-1348), franciscano, inspirado em S. Tomás, numa linha que remonta a Averroes e a Aristóteles. A expressão "navalha de Ockam" surgiu no século XIX.
[1486] *Tratado* VI, 2.ª ed., 328 ss..

pagamento do prémio. Ficam ressalvadas as obrigações que só possam ser cumpridas pelo segurado: normalmente, encargos (*Obliegenheiten*). Já os direitos emergentes do contrato cabem ao segurado, não podendo o tomador, mesmo na posse da apólice, exercê-los sem o consentimento daquele (48.º/3). Fecha-se, assim, a lógica do contrato a favor de terceiro.

Não obstante, o tomador continua a ser a parte. Salvo estipulação em contrário, ele pode opor-se à prorrogação automática do contrato, denunciando-o mesmo contra a vontade do segurado (48.º/4).

Quanto aos meios de defesa: o artigo 48.º/5, retomando o disposto no artigo 449.º, do Código Civil, dispõe que, salvo disposição contratual em contrário, são oponíveis ao segurado:

– os meios de defesa resultantes do contrato de seguro;
– mas não os que advenham de outras relações entre o segurador e o tomador do seguro.

O regime dos artigos 48.º/2 a 5 é aplicável nos seguros "por conta de quem pertencer" e naqueles em que o contrato tutele, indiferentemente, um interesse próprio ou alheio.

V. Os seguros por conta de outrem eram ilustrados, classicamente, com o seguro de vida. Hoje, um exemplo muito praticado é o seguro D & O (de *Directors and Officers Insurance*). Trata-se de um seguro de responsabilidade civil, contratado pelas empresas, a favor dos titulares dos seus órgãos e, ainda, de pessoal dirigente. Considerado um verdadeiro contrato a favor de terceiros, com particularidades, os seguros D & O visam cobrir as múltiplas hipóteses de responsabilização dos titulares de cargos dirigentes, por atos praticados no exercício das suas funções. Eles dão lugar a vasta literatura e muita jurisprudência[1487].

[1487] Vide, por todos, Horst Ihlas, *D&O: Directors & Officers Liability*, 2.ª ed. (2009), 847 pp., em geral e Michael Gruber, *D-&-O Versicherung mit internationalen Bezügen* (2012), XXXII + 439 pp., Karl-Georg Loritz, *Das Claim-made-Prinzip in der D&O-Versicherung und das deutsche AGB-Recht*, VersR 2012, 385-393, Christian Armbrüster, *Verteilung nicht ausreichender Versicherungssummen in D&O-Innenhaftungsfällen*, VersR 2014, 1-8 e Oliver Lange, *Die verbrauchte Versicherungssumme in der D&O-Versicherung*, VersR 2014, 1413-1426, quanto ao seguro. Entre nós: Pedro Pais de Vasconcelos, *D & O Insurance: o seguro de responsabilidade civil dos administradores e outros dirigentes da sociedade anónima*, em Estudos Inocêncio Galvão Telles/90 anos (2007), 1168-1175 e

283. Dever de sigilo e comunicações

I. No conteúdo do contrato de seguro inscrevem-se, ainda, deveres de natureza legal: os relativos ao sigilo e os atinentes às comunicações entre as partes.

O dever de sigilo, a cargo do segurador, consta do artigo 119.º/1 da LCS: ele deve guardar segredo de todas as informações de que tenha tomado conhecimento no âmbito da celebração ou da execução de um contrato de seguro, ainda que o contrato não se tenha celebrado, seja inválido ou tenha cessado. Esse dever impende, ainda, sobre os administradores, trabalhadores, agentes e demais auxiliares do segurador, não cessando com o termo das respetivas funções (119.º/2).

O sigilo do segurador estava já previsto noutros diplomas com relevo para os artigos 32.º a 38.º do RGAS[1488].

II. O dever de sigilo é importante, nos seguros; não atinge aí, todavia, a acutilância assumida no Direito bancário, onde o Estado, por populismo e por cupidez fiscal, lhe tem vindo a vibrar sucessivos golpes[1489]. Tal dever sempre resultaria da boa-fé contratual (ou pré- ou pós-contratual). Mas além disso, ele é uma decorrência do direito fundamental à intimidade privada. A generalização dos seguros aos mais diversos campos, com relevo para o da saúde, permite, ao segurador, conhecer em pormenor a vida dos tomadores e segurados. Revelar informações sem autorização tem, assim, a maior gravidade.

III. O artigo 120.º regula a forma de efetivar comunicações, no âmbito do regime do contrato de seguro. Como regra, elas devem ser efetuadas por escrito ou ser prestadas de modo a que, delas, fique um registo duradouro (n.º 1): solução óbvia, mas curiosa, quando se sabe que o próprio contrato de seguro não depende de forma escrita.

O segurador só está adstrito a enviar as comunicações previstas no RCS se o destinatário estiver identificado no contrato, considerando-se

---

Maria Elisabete Gomes Ramos, *O seguro de responsabilidade civil dos administradores/ /Entre a exposição ao risco e a delimitação da cobertura* (2010), 586 pp..

[1488] Outras indicações: José Pereira Morgado, em Romano Martinez, *LCS anotada* cit., 2.ª ed. 412.

[1489] Vide *Direito bancário*, 5.ª ed., 352 ss., bem como *Sigilo bancário: fica a saudade?*, Cadernos O Direito (2013), em publicação.

validamente efetuadas as remetidas para o respetivo endereço, constante da apólice (120.º/2)[1490].

[1490] Sobre o preceito, com observações críticas, José Pereira Morgado, em Romano Martinez, *LCS anotada* cit., 2.ª ed. 415-418 e Romano Martinez, *idem*, 418.

§ 66.º O PRÉMIO

284. Noção e características

I. O prémio é a contrapartida da cobertura acordada. Constitui um elemento essencial do contrato de seguro, tendo sido referido, a tal propósito[1491]. O artigo 51.º/1 dá, dele, uma noção ampla; abrange:

– os custos de cobertura do risco ou prémio *stricto sensu*;
– os custos de aquisição, de gestão e de cobrança do seguro ou da posição de tomador;
– os encargos relacionados com a emissão da apólice.

Aos prémios acrescem, ainda, os encargos fiscais e parafiscais, a suportar pelo tomador de seguro (51.º/2).

O Decreto-Lei n.º 176/95, de 26 de julho, nas definições que apresentava, no seu artigo 1.º, distinguia:

> *m)* "Prémio comercial" – custo teórico médio das coberturas do contrato, acrescido de outros custos, nomeadamente de aquisição e de administração do contrato, bem como de gestão e cobrança;
> *n)* "Prémio bruto" – prémio comercial, acrescido das cargas relacionadas com a emissão do contrato, tais como fracionamento, custo da apólice, atas adicionais e certificados de seguro;
> *o)* "Prémio ou prémio total" – prémio bruto acrescido das cargas fiscais e parafiscais e que corresponde ao preço pago pelo tomador do seguro à seguradora pela contratação do seguro;
> (…)

Aparentemente, a noção de prémio do artigo 51.º/1 corresponde à de prémio bruto e a do artigo 52.º/2, à do prémio total, na linguagem de 1995.

[1491] *Supra*, 571 ss., com indicações sobre a origem da expressão.

A LCS simplificou a matéria, a qual já havia sido simplificada em relação ao Direito anterior[1492]. Em Cunha Gonçalves distinguia-se: (a) o prémio puro, equivalente ao preço do risco suportado; (b) o prémio bruto, que incluía ainda a carga, isto é, o equivalente às despesas de administração e aos lucros do segurador; (c) o prémio de inventário, correspondente ao prémio puro, com as despesas de administração; (d) o prémio comercial, que traduz a cifra a pagar pelo tomador.

Dada a polissemia sempre presente e a tendência atual para somar custos sobre custos, cabe ao segurador explicar, claramente, qual o prémio real, a suportar pelo tomador e qual a sua composição.

II. O prémio pode ser único ou periódico. Na primeira hipótese, ele pode ainda ser pago de uma vez ou fracionadamente. Pode ser fixo ou variável. O artigo 52.º/1 deixa essa matéria à autonomia privada: salvo disposição legal em contrário, o montante do prémio e as regras sobre o seu cálculo e determinação são estipulados no contrato.

Ele corresponde ao período da duração do contrato, sendo devido por inteiro (52.º/3) e podendo ser fracionado (52.º/4): regras supletivas, uma vez que dependentes da vontade das partes[1493].

III. Pode o prémio não estar determinado no contrato ou surgir, aí, apenas insuficientemente indicado. Seguir-se-ia, por via do artigo 939.º, o artigo 883.º/1, ambos do Código Civil:

> (...) vale como preço contratual o que o vendedor normalmente praticar à data da conclusão do contrato ou, na falta dele, o do mercado ou bolsa no momento do contrato e no lugar em que o comprador deva cumprir; na insuficiência destas regras, o preço é determinado pelo tribunal, segundo juízos de equidade.

Essas mesmas regras têm aplicação quando as partes se hajam reportado ao preço justo (883.º/2).

O artigo 52.º/3, desviando-se das regras (sábias) do Código Civil, alinhou como fatores a atender na fixação do prémio omisso no contrato:

– adequação e proporcionalidade aos riscos a cobrir;

[1492] Luiz da Cunha Gonçalves, *Comentário ao Código Comercial* cit., 2, 534.
[1493] Trata-se de normas retomadas do artigo 3.º do Decreto-Lei n.º 142/2000, de 15 de julho.

– cálculo no respeito dos princípios da técnica seguradora;
– eventuais especificidades de certas categorias de seguros;
– circunstâncias concretas dos riscos assumidos.

A hipótese de um contrato de seguro ser celebrado sem indicação do prémio é, seguramente, rara[1494]. Além do mais, ela implicaria a inobservância do artigo 37.º/1, *h*), que inclui o prémio ou a fórmula do respetivo cálculo, entre os elementos mínimos da apólice. Quando suceda: a solução mais indicada é a de recorrer aos prémios que o segurador fature, habitualmente, por seguros do tipo considerado, como manda o Código Civil. O artigo 52.º/3 compõe um modelo de decisão totalmente dependente do segurador: não vemos que a cifra daí resultante possa dispensar o acordo do tomador.

285. Aspetos gerais e evolução

I. O pagamento do prémio deveria obedecer às regras comuns do cumprimento das obrigações pecuniárias. Mas surgem especificidades.

Em princípio e como vimos a propósito da etimologia da expressão "prémio", o pagamento deve ser feito num momento prévio ao da assunção do risco[1495]. Nesse sentido, temos duas razões de fundo:

– é justamente juntando e gerindo os prémios pagos por múltiplos tomadores, que o segurador pode enfrentar algum sinistro que ocorra;
– além disso, passado o momento perigoso, torna-se muito difícil, para o segurador, cobrar o prémio: este já não corresponderá, então, a qualquer álea.

A matéria de pagamento depende ainda, em larga medida, do tipo de seguro em causa. Determinados seguros de vida apresentam prémios facultativos: apenas variará o capital a indemnizar.

II. O Código Veiga Beirão continha uma importante regra quanto ao pagamento do prémio de seguros: o artigo 445.º[1496].

[1494] José Pereira Morgado, em Romano Martinez, *LCS anotada* cit., 2.ª ed. 267.
[1495] *Supra*, 572.
[1496] O preceito estava inserido na secção II, relativa aos seguros quanto ao fogo, quando se tratava de um preceito manifestamente geral; alguma doutrina não tinha dúvi-

Segundo esse preceito,

O contrato de seguro, quando o segurado não pagar no prazo estipulado o respetivo prémio, considerar-se-ha insubsistente, se, depois de avisado o segurado por carta registada ou por algum meio usado em direito, este, dentro dos trinta dias posteriores ao aviso, não satisfizér aquêle prémio.

§ único. Se o segurador não usar da faculdade concedida nêste artigo, considerar-se-há subsistente o contrato, ficando-lhe direito salvo ao prémio em atraso e juros de móra.

Tal regra, apesar de algumas hesitações[1497], veio a ser entendida como injuntiva, pela jurisprudência[1498]: não admitiria cláusula em contrário. Ela dava uma proteção muito alargada aos segurados. Com efeito, estes:

– mau grado o não-pagamento do prémio, ainda tinham cobertura durante, pelo menos, trinta dias;
– a rescisão pelo não-pagamento só operava depois de o segurado ter conhecimento da comunicação[1499];
– a rescisão é recipienda: exige a sua chegada às mãos do segurado[1500];
– a exigência de carta registada implica que o segurador tenha de provar que o destinatário a recebeu[1501].

III. O sistema, mormente com a popularização do seguro processada após 1974/1975, provou mal. Conforme resulta do preâmbulo do Decreto-Lei n.º 162/84, de 18 de maio, assistiu-se a uma crescente dificuldade de cobrança dos prémios, com danos para a atividade seguradora. Prosseguia esse preâmbulo[1502]:

---

das em generalizá-lo, criticando a sua inserção: Cunha Gonçalves, *Comentário* cit., 2, 535. Outra propendia para uma interpretação mais restritiva: *vide* Moitinho de Almeida, *O contrato de seguro* cit., 123 ss..

[1497] STJ 8-abr.-1949 (Raúl Duque), BMJ 12 (1949), 381-385 (384-385).
[1498] STJ 18-mar.-1960 (Morais Cabral), BMJ 95 (1960), 283-289 (288) e STJ(P) 28-abr.-1961(Morais Cabral), BMJ 106 (1961), 315-319, num assento que resolveu, na época, a questão. *Vide* o parecer do MP 2-mai.-1960 (Simões de Oliveira), BMJ 106 (1960), 301-305 (305).
[1499] RPt 14-jan.-1977 (Afonso Liberal), CJ II (1973), 69-70 (70/I).
[1500] RPt 18-out.-1983 (Alexandre Herculano), CJ VIII (1983) 4, 260-263.
[1501] STJ 15-nov.-1989 (Solano Viana), BMJ 391 (1989), 628-631 (630).
[1502] DR I Série, n.º 115, de 18-mai.-1984, 1615/II.

À dificuldade de cobrança dos prémios acresce que, de acordo com a legislação em vigor, são da responsabilidade das seguradoras os sinistros ocorridos durante o período em que o prémio já vencido se encontre em dívida, já que o contrato se mantém plenamente em vigor até ao momento em que a seguradora, utilizando a faculdade conferida no artigo 445.º do Código Comercial, o considere insubsistente mediante aviso prévio dirigido ao segurado.

O legislador, referindo a "natureza social" do contrato de seguro, propôs-se, assim, estabelecer um sistema "mais operacional" para as seguradoras. Tal o papel do Decreto-Lei n.º 162/84, de 18 de maio, que, no seu artigo 12.º/2, revogou o citado artigo 445.º[1503]. Estabelecia, no essencial, um período de mora de 45 dias, seguido de outro, de suspensão, de 90 dias, após o que ocorreria a resolução. O aviso de receção relativo à comunicação de suspensão era uma formalidade insubstituível (5.º)[1504], enquanto o artigo 9.º do diploma proibia que, fora do ramo vida, a pessoa em mora, num determinado seguro, pudesse celebrar um outro[1505].

IV. Os prazos do Decreto-Lei n.º 162/84 foram considerados demasiado longos. Com esse fundamento, esse diploma foi totalmente substituído pelo Decreto-Lei n.º 105/94, de 23 de abril[1506]. Este diploma, no essencial, fixava um período de 60 dias durante os quais, havendo mora do segurado, o contrato ainda se manteria em vigor: seria resolvido automaticamente, mantendo-se a mora, no termo desse período – artigo 5.º.

Todavia, este regime terá propiciado dezenas de milhares de ações judiciais, anualmente instauradas para a cobrança de prémios[1507]. Assim surgiu o Decreto-Lei n.º 142/2000, de 15 de julho, que visou estabelecer um regime mais adequado para os seguradores, substituindo o do Decreto-Lei n.º 105/94. A produção legislativa nacional mantém-se imbatível.

[1503] Quanto a este diploma, vide Paulo Ventura, *Legislação sobre seguros* cit., 269 ss..
[1504] STJ 19-mar.-2002 (Quirino Soares), CJ/Supremo X (2002) 1, 142-144 (144/II).
[1505] STJ 10-mai.-2001 (Barata Figueira), CJ/Supremo IX (2001) 2, 60-62.
[1506] Quanto a este diploma, vide José Vasques, *Contrato de seguro* cit., 242 ss..
[1507] *Vide* o preâmbulo do Decreto-Lei n.º 142/2000, de 15 de julho, DR I Série-A, n.º 162, de 15-jul.-2000, 3219.

286. O regime do Decreto-Lei n.º 142/2000 (versão 2005)

I. O Decreto-Lei n.º 142/2000, de 15 de julho, foi sucessivamente alterado pelos Decretos-Leis n.º 248-B/2000, de 12 de outubro e n.º 150/2004, de 29 de junho. Todavia, passados cinco anos, o problema das moras no pagamento dos prémios e da litigiosidade daí resultante continuava por resolver. Visando solucionar a questão, o Decreto-Lei n.º 122/2005, de 29 de julho, alterou largamente o Decreto-Lei n.º 142/2000, republicando-o em anexo.

O Decreto-Lei n.º 142/2000, de 15 de julho, comportava 15 artigos, que foca diversos aspetos dos prémios de seguro e do seu pagamento. Ele aplica-se – artigo 1.º/2 – a todos os contratos de seguro, com exceção dos respeitantes a seguros de colheitas, ao ramo "vida" e aos seguros temporários, celebrados por períodos inferiores a 90 dias.

II. Os prémios deviam ser pagos, pelo tomador do seguro, diretamente ao segurador ou a outra entidade por este expressamente designada para o efeito – artigo 2.º/1. Trata-se, no fundo, do regime geral do artigo 769.º do Código Civil, com a especificidade de o terceiro autorizado a receber poder não surgir como representante.

O artigo 3.º do Decreto-Lei n.º 142/2000 consagrava o princípio da indivisibilidade do prémio[1508]: o prémio correspondente a cada período de duração era devido por inteiro, sem prejuízo de, na apólice, se prever um pagamento fracionado e salvas as hipóteses de anulação ou de resolução do contrato – artigo 3.º.

O prémio ou fração inicial eram devidos na data da conclusão do contrato – 4.º/1; os prémios ou frações subsequentes, nas datas fixadas na apólice – 5.º/1.

III. Apenas após o pagamento do prémio ou da fração inicial se verificava a cobertura dos riscos, salvo outra convenção que não podia, todavia, retroagir esses efeitos a um momento anterior ao da receção da proposta – 6.º/1 e 2.

A data, a forma e o valor dos pagamentos deviam ser comunicados aos tomadores, com 60 dias de antecedência – 7.º/1, sendo de 30, em certos casos – 7.º/2. O competente aviso referiria as consequências da falta

---

[1508] Vide, quanto ao alcance e limites desse princípio, Moitinho de Almeida, *O contrato de seguro* cit., 129 ss. e José Vasques, *Contrato de seguro* cit., 248.

de pagamento do prémio ou fração (7.º/3), recaindo, sobre a seguradora, o ónus da prova do seu envio (7.º/4).

A falta de pagamento do prémio ou frações subsequentes desencadeia um regime específico[1509], que cabe transcrever – artigo 8.º:

1. A falta de pagamento do prémio de anuidades subsequentes, ou da primeira fração deste, impede a renovação do contrato, que por esse facto se não opera, e o não pagamento de uma qualquer fração do prémio no decurso de uma anuidade determina a resolução automática e imediata do contrato, na data em que o pagamento dessa fração era devido.

Havia que estar prevenido: a solução é a inversa da antes vigente[1510].

IV. Tratando-se de seguros obrigatórios do ramo de acidentes de trabalho, a não renovação ou a resolução do contrato por falta de pagamento de prémio devia ser comunicada à então Inspeção-geral de Trabalho (9.º). Perante seguros obrigatórios do ramo automóvel, esses mesmos eventos haviam de ser comunicados à Direção-Geral de Viação, para efeitos policiais, que incluíam a apreensão do veículo (9.º-A). Estávamos perante medidas draconianas, que tiveram efeitos úteis.

Ocorrendo a resolução do contrato, mantinha-se a obrigação do tomador de pagar os prémios em dívida (10.º)[1511].

Compreendia-se o rigor da lei, designadamente no tocante à não-renovação ou à resolução automáticas, pelo não pagamento do prémio ou de sua fração. Todavia, há regras gerais que não podiam ser afastadas: são estruturantes da lógica de qualquer ordenamento civilizado. Assim, a não-renovação ou a resolução automática pressupõem a culpa do tomador, a qual se presume. Mas pode ser ilidida[1512].

[1509] Recaindo a resolução sobre contratos de seguro obrigatórios, havia que disso informar os departamentos estaduais competentes, nos termos abaixo apontados, no texto.

[1510] Antes, a simples mora no pagamento do prémio não dava lugar ao direito de resolução do contrato: STJ 10-fev.-2005 (Lucas Coelho), CJ/Supremo XIII (2005) 1, 71-73 (73/I).

[1511] Quanto ao período de "tolerância", à luz da lei anterior, *vide* STJ 26-jun.-1997 (Torres Paulo), CJ/Supremo V (1997) 2, 138-139 (139/I).

[1512] Veja-se o caso discutido (e bem) decidido em RGm 12-mar.-2003 (Teresa Pais), CJ XXVIII (2003) 2, 269-272 (271/I): convencionara-se o pagamento de prémios por transferência bancária; por lapso no número das contas, detetado mas não avisado pelo

Havendo prémio em dívida, podem os seguradores, mesmo perante seguros obrigatórios, recusar a aceitação de contratos de seguro – 11.º[1513-1514].

Como se vê, o prolixo Direito português dos seguros vinha a oscilar, no tocante às regras de pagamento dos prémios: ora atende mais à tutela dos segurados, ora é sensível aos interesses dos seguradores. A mais recente evolução ia, todavia, no sentido destes últimos.

287. Modo de pagamento

I. Antes de verificar como toda esta complexa matéria ficou arrumada na LCS, cumpre analisar o modo de pagamento do prémio.

O prémio, pela sua natureza de preço, é, normalmente figurado em dinheiro. Nas leis portuguesas, existe uma tendência para impor mesmo esse tipo de pagamento, contrariando uma anterior possibilidade de pagamento em géneros, serviços ou qualquer outra forma acordada pelas partes[1515].

O Decreto-Lei n.º 162/84, de 18 de maio, abaixo referido, dispunha, no seu artigo 1.º/2:

> Apenas são admitidas as seguintes formas de pagamento dos prémios de seguro: numerário, cheque bancário, cartão de crédito, transferência bancária ou vale postal.

Explicava Paulo Ventura que este enunciado se reportava a meios que o segurador era obrigado a aceitar: nada o impediria de acordar quaisquer outros esquemas[1516]. Tal norma desapareceu do Decreto-Lei n.º 105/94, de

---

banco, não foi feito determinado pagamento. A situação não era imputável ao tomador, pelo que não se justifica a resolução. Esta doutrina é aplicável perante a lei nova.

[1513] As empresas podem, diretamente ou através de associações representativas, instituir "mecanismos" que permitam identificar os tomadores inadimplentes – 11.º/3 e 4.

[1514] Trata-se de uma solução menos drástica do que a do artigo 9.º do Decreto-Lei n.º 162/84, de 18 de maio, que proibia a celebração de tais contratos; se fossem celebrados, a jurisprudência – RLx 26-mai.-1992 (Joaquim Dias), CJ XVII (1992) 3, 191-193 (192/I) –, chegou a considerá-los nulos: solução formalmente correta que, todavia, prejudicava os terceiros acidentados.

[1515] Cunha Gonçalves, *Comentário* cit., 2, 533.

[1516] Paulo Ventura, *Legislação sobre seguros* cit., 271.

23 de abril, que revogou o Decreto-Lei n.º 162/84. Em sua substituição, surge uma outra segundo a qual:

> Apenas são admitidas como formas de pagamento dos prémios de seguro as que vierem a ser fixadas por portaria do Ministro das Finanças.

Em execução desta norma, a Portaria n.º 76/94 (2.ª Série), de 16 de maio, veio manter a lista do Decreto-Lei n.º 162/84, acrescentando o cartão de débito[1517]. O sistema conserva-se no Decreto-Lei n.º 142/2000, de 15 de junho, desta feita no artigo 2.º/2, completado pela Portaria n.º 1371/2000 (2.ª série), de 12 de setembro.

II. Sempre estranhámos estas soluções: num sistema adulto, não se entende a necessidade de uma portaria do Ministro das Finanças para que um segurador possa aceitar pagamentos em numerário, cheque bancário, cartão de crédito ou débito, transferência bancária ou vale postal. Melhor seria que a Lei enunciasse o princípio do prémio em dinheiro, ficando o modo de pagamento (incluindo a dação ou a *datio pro solvendo*) na disponibilidade das partes.

III. A Lei do Contrato de Seguro de 2008 acabou por aceitar toda esta herança. O artigo 54.º/1 enumera, como modo de pagamento do prémio de seguro: (a) numerário; (b) cheque bancário; (c) transferência bancária; (d) vale postal; (e) cartão de crédito ou de débito ; (f) outro meio eletrónico de pagamento[1518]. Nos seguros de pessoas, é lícito convencionar outros meios e modalidades de pagamento, desde que respeitem as regras em vigor: 54.º/6.

Entrando por esta via, a LCS veio explicitar várias regras ligadas aos meios de pagamento usados. Assim[1519]:

– o pagamento por cheque considera-se salvo boa cobrança, retroagindo à data da sua receção (54.º/2);
– o pagamento por débito em conta fica subordinado à condição de não anulação posterior, por retratação do autor, no quadro legal que o permita (54.º/3);

[1517] José Vasques, *Contrato de seguro* cit., 245.
[1518] Esta regra é absolutamente imperativa: artigo 12.º da LCS.
[1519] José Pereira Morgado, em Romano Martinez, *LCS anotada* cit., 2.ª ed.271-272.

– a falta de cobrança de cheque ou a anulação do débito equivale à falta de pagamento do prémio, salvo o artigo 57.º/4 (54.º/4).

O artigo 54.º/5 admite a extinção da dívida do prémio por compensação, recordando-lhe os requisitos e o regime[1520]. No entanto, contra o artigo 847.º/3, do Código Civil, exige a liquidez da dívida. Sempre temos defendido a intocabilidade das regras básicas das obrigações: contribuem para a insegurança do sistema e para a dificuldade em difundir uma dogmática capaz.

Fica a pergunta: não poderá a "dívida do prémio" extinguir-se por dação em cumprimento, por consignação em depósito, por novação, por remissão ou por confusão? A resposta afigura-se-nos claramente afirmativa. Como, tecnicamente, não há pagamento, escapa-se à regra (absolutamente imperativa) do artigo 54.º/1.

IV. Todo este quadro, surpreendentemente estrito e pormenorizado, relativo ao modo de pagamento do prémio deve ser reconduzido à problemática de fundo, abaixo tratada: a do crónico atraso no pagamento dos prémios. O legislador pretendeu evitar que, através de subterfúgios, tal pagamento não seja devidamente efetuado, antes de qualquer sinistro.

V. O prémio pode ser pago por terceiro, interessado ou não no contrato, sem que o segurador possa recusar o recebimento (55.º/1). Tal a solução, de resto, do artigo 767.º/1, do Código Civil. O contrato de seguro pode atribuir ao terceiro interessado[1521] o direito de pagar o prémio já vencido, num período não subsequente a 30 dias após a data do pagamento (55.º/2): tal pagamento repõe o contrato em vigor, podendo dispor-se que restabelece a cobertura, entre as datas de vencimento e de pagamento (55.º/3). Todavia, o segurador não cobre o sinistro ocorrido entre a data do vencimento e a data do pagamento do prémio, (sinistro esse) de que o beneficiário tivesse conhecimento (55.º/4)[1522].

[1520] *Vide* os nossos *Da compensação no Direito civil e no Direito bancário* (2003), 105 ss. e *Tratado* IX, 443 ss..

[1521] Portanto: "titular de direitos ressalvados no contrato".

[1522] José Pereira Morgado, em Romano Martinez, *LCS anotada* cit., 2.ª ed. 273-275.

288. Vencimento e mora

I. O prémio inicial ou a primeira fração deste é devida na data da celebração do contrato: salvo cláusula em contrário (53.º/1). As frações seguintes do prémio inicial, o prémio de anuidades subsequentes e as sucessivas frações deste são devidos nas datas estabelecidas no contrato (53.º/2). Finalmente, a parte variável do prémio, relativa a acerto do valor ou a alteração do contrato, é devida na data indicada no respetivo aviso (53.º/3).

Trata-se de regras simples, que advieram dos artigos 4.º/1 e 5.º/1 e 2 do Decreto-Lei n.º 142/2000, de 15 de junho.

II. Recebido o prémio, o segurador emite o recibo correspondente, o qual pode, se necessário, ser provisório (56.º/1). Sendo o prémio pago por cheque ou por débito em conta: o recibo ou a declaração ou certificado relativos à existência do contrato comprovam o pagamento efetivo, se a quantia for percebida pelo segurador (56.º/2).

As regras sobre recibos e quitações dão corpo ao prescrito no artigo 787.º, do Código Civil. Devem ser tomadas como imperativas. Na prática, elas tutelam importantes valores do tomador, particularmente no caso dos seguros obrigatórios.

III. Segundo o artigo 57.º/1, a falta de pagamento do prémio, na data do vencimento, constitui o tomador do seguro em mora. Há, aqui, uma objetivação das regras civis: pelo artigo 804.º/1, do Código Civil, a mora surge quando a prestação (a) ainda possível, (b) não seja efetuada no tempo devido, (c) por causa que seja imputável ao tomador. No Direito dos seguros, a mora por falta de pagamento no vencimento é inevitável. Aplicam-se as regras gerais, designadamente a obrigação de reparar os danos (804.º/1). Mas além disso, há fortes consequências de Direito dos seguros, para as quais se prevê um regime especial.

Esse regime não se aplica, salvo convenção e desde que a tanto não se oponha a natureza do vínculo[1523]: (a) ao seguro de vida; (b) aos seguros de colheita e pecuário, em que o prémio seja pago com o produto de receitas; (c) aos seguros de cobertura de grandes riscos. Este preceito retoma, em parte, os artigos 1.º/2 do Decreto-Lei n.º 142/2000, de 15 de julho.

[1523] José Pereira Morgado, em Romano Martinez, *LCS anotada* cit., 2.ª ed. 278-279.

IV. A ideia clássica resulta do artigo 59.º: a cobertura dos riscos depende do prévio pagamento do prémio. Retoma-se, em termos incisivos, o artigo 6.º/1 do Decreto-Lei n.º 142/2000: mantêm-se as razões que justificaram esta norma, acima referidas[1524]. Dada a gravidade do regime, o segurador deve, na vigência do contrato, avisar, por escrito, o tomador, do montante a pagar, bem como da forma e do lugar do pagamento, com uma antecedência mínima de 30 dias relativamente à data do vencimento do prémio ou da sua fração (60.º/1). E desse aviso devem constar, de modo legível, as consequências do não-pagamento (60.º/2). Tendo-se previsto o pagamento de frações de periodicidade igual ou inferior a três meses, basta a emissão, aceitação e envio da competente documentação (60.º/3). Retoma-se, pois, o artigo 3.º do Decreto-Lei n.º 142/2000.

Na falta de pagamento, segue-se o regime do artigo 61.º:

– a falta de pagamento do prémio inicial ou da primeira fração determina a resolução automática do contrato, a partir da data da sua celebração (n.º 1); a lei sublinha essa retroatividade, para vincar bem que não há qualquer cobertura;
– a falta de pagamento das anuidades subsequentes, ou da primeira fração, impede a prorrogação do contrato (n.º 2);
– a falta de pagamento implica a resolução automática do contrato, na data do vencimento de (n.º 3):

   (a) uma fração do prémio, no decurso de uma anuidade;
   (b) um prémio de acerto ou parte de um prémio de montante variável;
   (c) um prémio adicional, resultante de uma modificação do contrato, funda um agravamento do risco.

– a falta de pagamento de um prémio adicional resultante de uma modificação do contrato determina a ineficácia desta (n.º 4).

Tudo isto retoma as medidas draconianas do artigo 8.º do Decreto-Lei n.º 142/2000, de 15 de julho, acima examinadas. Mantêm-se a dupla finalidade de reduzir os litígios pelo não-pagamento e de salvaguardar a solvência dos seguradores[1525]. O (bom) exemplo do Direito dos seguros

---

[1524] *Supra*, 743.
[1525] Romano Martinez, *LCS anotada* cit., 2.ª ed. 281.

poderia ser aproveitado noutras áreas onde campeiam as moras no pagamento de obrigações.

289. Prescrição

I. O artigo 121.º/1 fixa uma prescrição, do direito do segurador ao prémio, no prazo de dois anos, a contar do seu vencimento. Essa regra deve ser conjugada com outras, como a do artigo 61.º/1, que determina a resolução automática do contrato, no caso de falta de pagamento do prémio inicial. Haverá pois que verificar, em cada situação, se há, realmente, algum prémio em mora.

II. Os restantes direitos derivados do contrato de seguro prescrevem em cinco anos, a contar da data em que o titular teve conhecimento do direito (sistema subjetivo), sem prejuízo da prescrição ordinária (vinte anos: sistema objetivo)[1526].

De notar que os direitos do lesado contra o segurador prescrevem nos prazos de prescrição fixados no Código Civil (145.º).

[1526] Quanto a estas noções: *Tratado* V, 2.ª ed., (2015), 153 ss..

§ 67.º O SINISTRO E A INDEMNIZAÇÃO

290. Noção

I. O sinistro equivale à verificação, total ou parcial, dos factos compreendidos no risco assumido pelo segurador (99.º)[1527].

Em certos casos, essa verificação pode não ser diretamente possível – p. ex.: um grave acidente em que não se possa recuperar ou identificar o cadáver. Teremos, por isso, de equiparar ao sinistro a probabilidade muito séria da ocorrência dos factos que o integrem.

Em regra, o sinistro equivalerá precisamente à descrição configurativa que conste do contrato. Noutros casos, haverá que fazer uma justaposição valorativa, de tal modo que o contrato cumpra a função que todos esperavam dele, aquando da celebração. Eis alguns casos mais complexos, decididos pelos nossos tribunais:

- considera-se entrada furtiva num local defeso o facto de alguém, que trabalhava na casa em causa, penetrar num sítio a que não tinha acesso e daí retirar objetos[1528];
- fica excluída a cobertura relativamente a acidentes ocorridos no desempenho de tarefas não incluídas no contrato de seguro, mas que o trabalhador aceitou desempenhar[1529];
- há sinistro se a dona de um cão passa a trela para a mão de outra pessoa, a qual vem a ser arrastada pelo animal[1530];
- o seguro de garagista ou de *stand* não cobre danos ocorridos no próprio veículo[1531];

[1527] Arnaldo Costa Oliveira, em Romano Martinez, *LCS anotada* cit., 2.ª ed. 373-377.
[1528] RPt 15-fev.-2001 (Pires Condesso), CJ XXVI (2001) 1, 217-219 (218/II).
[1529] STJ 3-mai.-2001 (Victor Devesa), CJ/Supremo IX (2001) 2, 269-272 (270/I).
[1530] RLx 18-dez.-2002 (Arlindo Rocha), CJ XXVII (2002) 5, 119-122 (120-121).
[1531] REv 19-mai.-2005 (Fernando Bento), CJ XXX (2005) 3, 252-254 (253-254).

– o seguro de trabalho não abrange, se os não referir, os danos não-patrimoniais[1532].

II. Há que ter o maior cuidado na conclusão do contrato, particularmente por banda do tomador. Este deverá propor a inclusão de todos os riscos que pretenda ver, efetivamente, cobertos[1533]. Finalmente: a interpretação do universo do "sinistro" deve ser feita de acordo com a boa-fé e deve atender às valorações gerais da sociedade, devidamente concretizadas pelo juiz.

291. A participação

I. O segurado, pela natureza das coisas, está numa situação privilegiada para se aperceber da ocorrência do sinistro. Ora este deve ser levado, o mais cedo possível, ao conhecimento do segurador: só assim este poderá tomar as medidas necessárias para minorar os danos. Além disso, apenas nos momentos imediatamente subsequentes ao evento, é viável, muitas vezes, apurar a extensão do dano e o processo etiológico donde ele derive.

Por tudo isto, o artigo 100.º/1 impõe que o tomador, o segurado ou o beneficiário participem, ao segurador, o sinistro, nos oito dias imediatos àquele em que ele ocorreu ou àquele em que, do mesmo, tenham conhecimento, se outro prazo não constar do contrato. Era, *grosso modo*, a solução do artigo 440.º, do Código Comercial.

Na participação, devem ser explicitadas as circunstâncias da verificação do sinistro, as eventuais causas da sua ocorrência e as respetivas consequências (100.º/2), bem como todas as informações relevantes que o segurador solicite (100.º/3)[1534].

II. Como temos vindo a defender, o "dever" de participar o sinistro é, na realidade, um encargo (*Obliegenheit*). O interessado tem plena liberdade para decidir, em função dos seus interesses, se lhe convém fazer, ou não, a participação. Quando não o faça, incorre no artigo 101.º.

[1532] RLx 30-jun.-2005 (Fernanda Isabel Pereira), CJ XXX (2005) 3, 122-124 (124/I).
[1533] Com indicações, Romano Martinez, *LCS anotada* cit., 2.ª ed. 377-379.
[1534] Arnaldo Costa Oliveira, em Romano Martinez, *LCS anotada* cit., 2.ª ed. 380-385.

III. Se a participação não fosse feita nos referidos 8 dias, o Código Comercial determinava que o segurado respondesse pelos danos que causasse ao segurador, com a demora – artigo 440.º. Tratava-se de uma sanção bastante efetiva, uma vez que o segurador apenas teria de descontar esses danos, na indemnização que iria pagar. O artigo 440.º era imperativo[1535]. A sanção não podia, designadamente pelas condições gerais, ser alargada ao ponto de se considerar ineficaz o seguro, por falta de participação atempada[1536].

O artigo 101.º da LCS veio prever uma solução mais forte, em defesa dos interesses do segurador. Com efeito, o seu artigo 101.º fixa as regras seguintes:

– o contrato pode prever a redução da prestação do segurador, atendendo ao dano que a não-participação (... *o incumprimento dos deveres fixados no artigo anterior* ...; todavia, trata-se de encargos) (n.º 1);
– o contrato pode igualmente prever a perda de cobertura se o incumprimento for doloso e tiver determinado um dano significativo (n.º 2); tal preceito, que se explica por a LCS não conhecer a ideia básica de encargo, deve ser interpretado no sentido de "dolo" equivaler à intenção maléfica de causar danos ao segurador.

Essas regras não são aplicáveis se o segurado tiver conhecimento do sinistro por outra via ou se o obrigado provar que não podia ter, razoavelmente, feito a participação em tempo (101.º/3). Além disso, elas não são oponíveis aos lesados em caso de seguro obrigatório de responsabilidade civil, salvo o regresso do segurador (101.º/4).

IV. Verificado o sinistro, o segurado ou o tomador, consoante a concreta situação ocorrida, têm o dever, *ex bona fide* – artigo 762.º/2 do Código Civil – de minorar os danos ou de evitar a sua propagação. No limite, o segurador poderá não responder pelo suplemento de danos que o segurado poderia ter prevenido e não evitou: era uma decorrência do artigo 437.º, 3.º, do Código Comercial e, de certo modo, do artigo 46.º/1 da LCS.

Como concretização frequente deste vetor temos o encargo, no seguro automóvel, de o lesado dever providenciar para a rápida reparação

---

[1535] STJ 24-mar.-1992 (Cura Mariano), BMJ 415 (1992), 671-675.
[1536] STJ 25-jul.-1973 (João Moura), BMJ 229 (1973), 203-206 (204-205).

do veículo: a seguradora só deverá assumir os custos da imobilização até uma data razoável[1537].

292. A indemnização (pagamento)

I. Constatado o sinistro, o segurador deve pagar ao segurado o capital seguro, até ao limite do dano, quando esse seja o caso. Trata-se da indemnização[1538], a que a LCS chama "pagamento" (102.º/1).

Em rigor, não estamos aqui, sempre, perante o instituto da responsabilidade civil, mas apenas em face do funcionamento de um contrato. O facto de, muitas vezes, estar em jogo a supressão de um dano leva a que se fale em "indemnização", numa tradição que pode ser mantida.

II. A indemnização devia ser paga nos termos previstos no contrato. Em princípio, ocorrerá um pagamento único, que permita ao segurado recuperar o bem seguro, diretamente ou por equivalente. Mas ela poderá abranger prestações sucessivas, em dinheiro ou em espécie, consoante as circunstâncias. Por exemplo, no domínio do seguro automóvel, o sinistrado poderá ter direito ao pagamento de despesas clínicas e ao aluguer de um veículo automóvel, enquanto o veículo sinistrado estiver em reparação. Lamenta-se que o artigo 102.º/1 da LCS, ao referir latamente (…) *após a confirmação da ocorrência do sinistro e das suas causas, circunstâncias e consequências*, possa dar azo a dilações, acrescidas, para mais, pelos trinta dias graciosamente atribuídos pelo artigo 104.º. Há que evitá-las, pela interpretação. Não será justo que a Lei seja tão severa com a mora no pagamento dos prémios e que permita atrasos no da indemnização. Este ponto pode tornar-se dramático, nos (infelizmente: frequentíssimos) acidentes de viação. Crianças órfãs podem ter de esperar anos e anos pela indemnização, até decisão judicial. O artigo 38.º/3 do Decreto-Lei n.º 291/2007, de 21 de agosto, relativo ao seguro automóvel, procurou limitar o problema penalizando, a nível de juros, os seguradores que, chamados a cobrir os danos de um acidente, não apresentem uma "proposta razoável" ou indiquem um montante "manifestamente insuficiente". Porém, o Governo da época, visando respaldar os seguradores, veio preparar e publicar, sob a forma de portaria (a Portaria n.º 679/2009, de 25 de junho),

---

[1537] RLx 21-mar.-2002 (Sousa Grandão), CJ XXVIII (2002) 2, 89-92 (91/II).
[1538] Pedro Romano Martinez, *Direito dos Seguros* cit., 70 ss..

os tais "valores razoáveis". Fixou valores miseráveis, como abaixo melhor será referido[1539].

Tais valores não são vinculativos como, e bem, vem sendo reconhecido pelos tribunais. Só não se percebe o porquê da sua presença no *Diário da República*.

III. A indemnização devia ser paga logo que os danos sejam conhecidos. Se o não for, vencem-se juros de mora[1540]: apenas e à taxa legal[1541]. Deve, ainda, atender-se à desvalorização do dinheiro[1542], operando, se pedida, a correção monetária[1543].

A ética dos seguros manda que os seguradores, enquanto comerciantes diligentes, não retardem artificial ou dilatoriamente o pagamento de indemnizações.

IV. Nos seguros de danos, o cálculo da indemnização, observava as regras dos parágrafos do artigo 439.º[1544]: hoje, dos artigos 128.º e seguintes da LCS. Mais precisamente:

– a indemnização equivale ao valor do interesse seguro ao tempo do sinistro – 130.º/1; o segurado nunca poderá, pois, receber um valor superior, em nome do princípio fixado no artigo 128.º;
– sendo fixado por arbitradores apontados pelas partes, o segurador não o podia contestar; nos outros casos, o valor será determinado por todos os meios de prova admitidos em direito; hoje, em nova inflexão favorável ao segurador, ela é vinculativa para todos (50.º/2).

[1539] *Infra*, § 89.º. Por exemplo: o dano moral máximo pela perda do cônjuge, com 25 anos ou mais de casamento, é de € 25.650, baixando para € 20.520, para quem não haja completado essa cifra; a perda de um filho com idade menor ou igual a 25 anos vale € 15.390! Estamos perante a área mais sombria do Direito privado lusófono. Vide o *Tratado* VIII, 748 ss..

[1540] RCb 30-nov.-1995 (Gomes Alexandre), CJ XX (1995) 5, 72-73.

[1541] RPt 24-mai.-2001 (Leonel Serôdio), CJ XXVI (2001) 3, 198-201 (201/I).

[1542] STJ 6-mai.-1998 (Garcia Marques), CJ/Supremo VI (1998) 2, 68-71.

[1543] STJ 19-mar.-1992 (César Marques; vencido: Fernando Fabião), BMJ 415 (1992), 525-535 (532).

[1544] Trata-se de uma inserção sistemática manifestamente deficiente.

O segurado não pode abandonar ao segurador os objetos salvos do sinistro, não sendo estes incluídos na indemnização – artigo 439.º, § 2.º[1545], do Código Comercial. Tratava-se, todavia, de uma regra supletiva, retomada no artigo 129.º da vigente LCS.

V. Os direitos existentes sobre a coisa alargam-se à indemnização do seguro. Assim, o penhor constituído sobre uma coisa incidirá sobre a indemnização devida pelo segurador[1546]: aflora a regra patente no artigo 692.º/1, do Código Civil, quanto à hipoteca, aplicável ao penhor por via do artigo 678.º, do mesmo diploma.

VI. Por vezes, particularmente nos seguros por danos, a apólice fixa uma franquia, isto é, uma margem não-coberta pela indemnização[1547] e que fica a cargo do segurado. Observa a doutrina deparar-se aqui um estímulo à atitude prudente do segurado e um esquema destinado a prevenir procedimentos burocráticos complexos e dispendiosos, com sinistros de pequeno valor[1548].

VII. Finalmente, o bom segurador, designadamente quando lide com clientes que lhe mereçam confiança, poderá ser levado a suportar sinistros fora das estritas regras em que seria obrigado a fazê-lo.

Trata-se de uma tolerância, de certo modo equiparável aos descobertos em conta admitidos pelos banqueiros aos clientes mais sérios ou conceituados, e que não implica nem o reconhecimento de quaisquer direitos, nem o dever de, no futuro, manter tais facilidades. O Direito deve sempre deixar uma margem ao livre desenvolvimento das relações comerciais e empresariais.

VIII. A natureza última da indemnização devida pelo segurador varia em função do concreto tipo de seguro em causa. Assim, num seguro de responsabilidade civil, o segurador constitui-se, havendo sinistro, devedor de uma indemnização em sentido próprio (137.º). Aplica-se o competente

---

[1545] STJ 20-mai.-2004 (Ferreira de Almeida), CJ/Supremo XII (2004) 2, 67-71 (70/II).

[1546] STJ 1-abr.-1955 (Baltasar Pereira), BMJ 46 (1955), 667-671.

[1547] Em RPt 4-abr.-2002 (Pinto de Almeida), CJ XXVII (2002) 2, 208-211 (209/II) entendeu-se que determinada franquia operava em função do capital proporcional ao valor seguro e não do capital total do contrato.

[1548] José Vasques, *Contrato de seguro* cit., 309.

regime. Num seguro de pessoas, o segurador terá, mais simplesmente, de pagar o capital seguro.

293. A sub-rogação do segurador

I. O segurador que pague uma indemnização pela perda ou deterioração da coisa segura fica sub-rogado em todos os direitos do segurado contra o terceiro causador do sinistro[1549]. Por seu turno, o segurado respondia perante o segurador por todos os atos que possam prejudicar esses direitos – artigo 441.º[1550], do Código Comercial, retomado nos artigos 136.º, 144.º e 165.º da LCS.

Fala-se, a esse propósito – sem total rigor dogmático[1551] – no direito de regresso do segurador.

> Recordamos que, havendo sub-rogação, há uma transmissão do (mesmo) crédito a favor do novo credor; pelo contrário, o direito de regresso equivale a um novo direito de crédito, distinto do anterior[1552]. Resultam, daí, diferenças de regime: havendo sub-rogação transmitem-se, para o novo credor, as garantias e outros acessórios do crédito (594.º e 582.º, do Código Civil), ao contrário do que sucede no direito de regresso. Também pode haver consequências no plano da prescrição, uma vez que o início da contagem dos prazos é distinto[1553].

II. A sub-rogação do segurador nos direitos que o segurado assuma contra terceiros limita-se ao que tenha a ver com a lesão e o seu autor: não se alarga a outros responsáveis[1554], nem ao dono da coisa segura[1555].

[1549] Num acidente: contra todos os responsáveis e não, apenas, contra o causador da morte: STJ 15-mai.-2002 (Garcia Marques), CJ/Supremo IX (2001) 2, 82-87 (83/II).

[1550] STJ 4-out.-2004 (Araújo Barros), CJ/Supremo XII (2004) 3, 39-45 (41/II).

[1551] Embora seja corrente – p. ex., RCb 22-mai.-2001 (José Alexandre Reis), CJ XXVI (2001) 3, 16-19 (19/I): por influência das condições gerais e da própria lei e tendo em conta a anterioridade da doutrina comercial, perante o Código Civil.

[1552] Vide o Tratado VI, 773; a diferença é claramente exposta em RPt 27-abr.-2006 (José Ferraz), CJ XXXI (2006) 2, 187-190 (189/I e 189/II).

[1553] Idem, 190/I.

[1554] STJ 27-jan.-1956 (Baltasar Pereira; vencido: Beça de Aragão), BMJ 53 (1956), 331-335, referindo ainda o artigo 139.º do CE então em vigor.

[1555] STJ 8-jan.-1960 (Sousa Monteiro), BMJ 93 (1960), 313-316 (315-316), recusando a interpretação extensiva ou a aplicação analógica do artigo 441.º.

A casuística dos nossos tribunais superiores permite precisar alguns aspetos, importantes e sempre atuais. Assim:

- o segurador parcial pode agir sozinho em sub-rogação: o artigo 441.º, § único não exigia, nessa eventualidade, uma atuação em conjunto[1556];
- a sub-rogação opera contra todos os terceiros solidariamente responsáveis[1557];
- a procedência da pretensão de um segurador contra o terceiro causador do sinistro, *ex vi* artigo 441.º, exigia a prova do pagamento ao segurado[1558].

III. No caso de responsabilidade civil automóvel obrigatória, especialmente tratada pelo Decreto-Lei n.º 291/2007, de 21 de agosto, regulam-se múltiplas hipóteses de "direito de regresso". Assim, segundo as diversas alíneas do artigo 27.º daquele diploma:

- contra o causador do acidente que o tenha provocado dolosamente;
- contra os autores e cúmplices do roubo, furto ou furto de uso do veículo causador do acidente;
- contra o condutor, se este não estiver legalmente habilitado[1559] ou tiver agido sob a influência do álcool[1560-1561], estupefacientes ou outras drogas ou produtos tóxicos, ou quando haja abandonado o sinistrado[1562].

[1556] STJ 20-abr.-1956 (Eduardo Coimbra), BMJ 56 (1956), 246-248 (247).
[1557] STJ 22-abr.-1966 (Ludovico da Costa), BMJ 156 (1966), 363-366.
[1558] STJ 14-jul.-1987 (Joaquim Figueiredo), BMJ 369 (1987), 549-551.
[1559] STJ 30-set.-1997 (Aragão Seia), CJ/Supremo V (1997) 3, 43-44.
[1560] RLx 28-jun.-1991 (Zeferino Faria), CJ XVI (1991) 3, 178-179, considerando haver tal "regresso" mesmo nos casos de responsabilidade por mero risco.
[1561] RLx 24-out.-1991 (Silva Caldas), CJ XVI (1991) 4, 191-193 (193), RPt 11-mai.-1995 (Cesário de Matos), CJ XX (1995) 3, 215-217 e STJ 14-jan.-1997 (Tomé de Carvalho), CJ/Supremo V (1997) 1, 39-40 (40), exigem, para o presente "regresso", que o excesso de álcool tenha a ver com a causalidade do acidente. Parece bem: trata-se de um regime sancionatório que só faz sentido quando a alcoolémia em jogo tenha a ver com o sinistro.
[1562] STJ 27-jan.-1993 (Cura Mariano), CJ/Supremo I (1993) 1, 104-106 (106/I), RCb 27-set.-1994 (Francisco Lourenço), CJ XIX (1994) 4, 36-38, STJ 4-abr.-1995 (Martins da Costa), CJ/Supremo III (1995) 1, 151-153 (152/II) e STJ 14-jan.-1997 (Ribeiro Coelho), CJ/Supremo V (1997) 1, 57-59 (59) exigindo, igualmente, um nexo entre o abandono do sinistrado e o maior prejuízo.

As alíneas *e)*, *f)*, *g)*, *h)* e *i)* do Decreto-Lei n.º 291/2007 preveem outras hipóteses de "regresso".

IV. O beneficiário do seguro de acidentes pessoais, já indemnizado pela seguradora, não pode demandar o responsável pelo acidente[1563]: é uma consequência da sub-rogação, a qual envolve uma efetiva transmissão do crédito envolvido.

Em termos processuais, é possível, em ação de acidente de viação, o segurador deduzir pedido reconvencional contra o autor ou o responsável e a seguradora deste[1564], intercalando um incidente de intervenção[1565].

[1563] STJ 25-jan.-1974 (Oliveira Carvalho), BMJ 233 (1974), 185-188.
[1564] RLx 17-fev.-1993 (Cruz Broco), CJ XIX (1994) 1, 126-128.
[1565] RCb 22-mar.-1994 (Silva Freitas), CJ XIX (1994) 2, 17-20.

CAPÍTULO V
VICISSITUDES E CESSAÇÃO DO SEGURO

§ 68.º AS VICISSITUDES

294. A alteração do risco

I. As vicissitudes do contrato abrangem as diversas modificações que podem ocorrer, no plano subjetivo ou no objetivo, após a sua conclusão. Seguiremos, quanto possível, a sistemática da LCS. A primeira vicissitude que ocorre é a da alteração do risco: matéria já aflorada, aquando do estudo desse elemento básico do contrato[1566]. Limitar-nos-emos, por isso e agora, a traçar o quadro normativo geral dessa matéria[1567].

II. Perante uma alteração do risco, o primeiro elemento novo é o dever de informação referido no artigo 91.º, desdobrado em: deveres de comunicação mútuos entre as partes, envolvendo o segurado (n.º 1), deveres de informação aos terceiros com direitos ressalvados e aos beneficiários, incluindo alterações contratuais (n.º 2), salvo confidencialidade (n.º 3) e deveres de informação no caso de seguro de grupo (n.º 4).

O dever de informar alterações do risco sempre se imporia, na pendência do contrato, por via da boa-fé (762.º/2, do Código Civil). A LCS autonomiza-o: trata-se, pois, de um dever acessório, expressamente previsto na lei.

[1566] *Supra*, 544 ss..
[1567] Arnaldo Costa Oliveira, em Romano Martinez, *LCS anotada* cit., 2.ª ed. 343 ss..

III. Quando o risco diminua, em termos inequívocos e duradouros, cabe redução do prémio (92.º/1); não havendo acordo quanto ao novo prémio, pode o tomador resolver o contrato (92.º/2). O legislador poderia ter optado pela solução do artigo 52.º/2. Tal como está, ela é desfavorável ao tomador, que arcará com o esforço de ir procurar outro segurador, porventura sem necessidade.

IV. Quando o risco aumente (a lei não diz o *quantum*; há que bilateralizar o artigo 92.º/1: quando aumente em termos inequívocos e duradouros), surge o dever de comunicar, nos termos do artigo 93.º/1: a cargo do tomador ou do segurado, no prazo de 14 dias a contar do conhecimento, desde que as novas circunstâncias, caso fossem conhecidas pelo segurador aquando da celebração do contrato, tivessem podido influir na decisão de contratar ou nas condições do contrato. A regra deve ser aplicada com razoabilidade, uma vez que tal juízo não é acessível ao leigo comum.
Recebida a comunicação, o segurador pode, no prazo de trinta dias: (a) apresentar ao tomador uma proposta de alteração, que este pode aceitar ou recusar em igual prazo, findo o qual se considera aprovada; (b) ou resolver o contrato, demonstrando que em caso algum assume coberturas de riscos como os resultantes do agravamento.

V. Se, antes da cessação ou da alteração do contrato, motivadas pelo agravamento do risco, ocorrer o sinistro (94.º/1): o segurador cobre o risco agravado, se tiver havido comunicação correta e tempestiva do tomador (a); cobre parcialmente o risco, em função da proporção do prémio pago, se faltar tal comunicação (b); não cobre nada, se houver dolo do tomador ou do segurado, "com o propósito de obter uma vantagem", mantendo os prémios (c). Trata-se de uma norma retorciva, que temos por alheia ao espírito do atual Direito dos seguros.
Em qualquer caso, sendo o agravamento do risco devido a facto do tomador ou do segurado, o segurador fica exonerado se provar que em caso algum celebra contratos que cubram riscos como o resultante da nova situação. Uma solução desse tipo exige culpa do tomador ou do segurado.

295. A transmissão do seguro

I. A transmissibilidade das obrigações levantou, ao longo da História, uma série de dúvidas que só com dificuldade foram sendo suplantadas pela

Ciência do Direito[1568]. Esse estado de coisas teve repercussões no Direito dos seguros, retardando a definição do preciso regime da transmissão das inerentes posições contratuais.

II. No Código Comercial de 1888, cabia reter o artigo 431.º:

> Mudando o objeto segurado de proprietário durante o tempo do contrato, o seguro passa para o novo dono pelo facto da transferência do objeto seguro, salvo se entre o segurador e o originário segurado outra cousa for ajustada.

De facto, o contrato de seguro postula prestações recíprocas. Assim, a transmissão de qualquer uma das suas posições sempre implicaria o acordo dos três intervenientes, nos termos do artigo 424.º, do Código Civil. O artigo 431.º do Código Comercial, acima transcrito, consubstanciava uma hipótese de transmissão *ex lege* da posição contratual, ainda que supletivamente consagrada. Essa regra operava perante seguros de coisas. Tratando-se de outras modalidades, designadamente do seguro de responsabilidade civil, ela não pode ter aplicação. Hoje, ela consta do artigo 95.º/2 da LCS, que exige a notificação da transmissão ao segurador, para que se transfira o seguro para o segurado; o 95.º/3, nos restantes casos de transmissão, ressalva o regime do agravamento do risco.

III. Nos demais seguros, é fundamental, para avaliar o risco, a pessoa do segurado: poderá dar mais ou menos garantias de incorrer em danos ou de provocar sinistros. É o que se passa com o seguro de acidentes de viação, considerado pessoal e *intuitu personae*: não se transfere para o novo proprietário só porque houve uma transmissão do veículo automóvel[1569].

[1568] *Tratado* IX, 208 ss..
[1569] Assim: STJ 16-fev.-1971 (Correia Guedes), BMJ 204 (1971) 175-177 (176), STJ 16-mai.-1972 (Campos de Carvalho), BMJ 217 (1972), 151-153, STJ 27-jul.-1973 (Oliveira Carvalho), BMJ 229 (1973), 167-170, STJ 30-nov.-1976 (Oliveira Carvalho), BMJ 261 (1976), 183-186, STJ 17-fev.-1977 (Miguel Caeiro), BMJ 264 (1977), 159-164 (162), STJ 3-mar.-1977 (Daniel Ferreira), BMJ 265 (1977), 202-209, STJ 10-jan.-1978 (Santos Victor), BMJ 273 (1978), 234-238 (237), STJ 16-out.-1979 (Alberto Alves Pinto), BMJ 290 (1979), 418-421 (421), STJ 4-fev.-1982 (Santos Silveira), BMJ 314 (1982), 328-334, STJ 2-dez.-1982 (Ferreira Júnior), BMJ 322 (1983), 315-319 e REv 3-jul.-1990 (Abílio Lopes Cardoso) CJ XV (1990) 4, 297-301 (299/I).

Havia, pois, que recorrer ao regime geral da cessão da posição contratual, que envolve a concordância de todos os intervenientes, e incluindo o segurador: 424.º[1570] do Código Civil, retomado no 95.º/1 da LCS.

O regime de transmissão do seguro, por transferência do bem seguro, aplica-se no caso de transmissão de empresa ou de estabelecimento, relativamente aos seguros a eles associados (95.º/5). O seguro é, assim, um dos elementos a integrar no estabelecimento comercial[1571].

IV. O contrato de seguro pode determinar que, no caso de morte do tomador de seguro, a posição contratual se transmita para o segurado ou para o terceiro interessado (96.º/1): um preceito que, logicamente, não se aplica aos contratos titulados por apólices à ordem ou ao portador, nem aos contratos concluídos em razão da pessoa do tomador do seguro (96.º/2).

A transmissão do seguro em garantia está prevista no artigo 97.º.

Todos estes preceitos são inovatórios, relativamente ao Direito anterior. Poderiam ser dispensados, uma vez que as soluções a que chegam são alcançáveis, na base do Direito civil. Mas a sua presença é útil e clarificadora.

296. A insolvência do tomador ou do segurado

O seguro subsiste após a declaração de insolvência do tomador ou do segurado, salvo convenção em contrário (98.º/1). Todavia e exceto nos seguros de crédito e caução, presume-se que a insolvência constitui um fator de agravamento do risco (98.º/2). Esta última regra, algo insólita (pois se tem sempre aplicação o regime geral!) admite o afastamento da presunção por simples raciocínio: muitas vezes, a insolvência constitui, sim, um caso claro de diminuição do risco: empresas paradas, obras suspensas, frotas imobilizadas e trabalhadores em *lay off*, por exemplo.

[1570] *Tratado* IX, 245 ss..
[1571] *Direito comercial*, 3.ª ed., 329 ss..

§ 69.º A VIGÊNCIA

297. Produção de efeitos e duração

I. A precisa determinação do momento a partir do qual um contrato de seguro produz efeitos pode ser decisivo: dele depende a existência, ou não, de cobertura. Assim, o artigo 39.º da LCS, resolvendo dúvidas, dispõe[1572]:

> Sem prejuízo do disposto nos artigos seguintes e salvo convenção em contrário, o contrato de seguro produz efeitos a partir das 0 horas do dia seguinte ao da sua celebração.

Naturalmente: o prémio, mesmo antecipadamente pago, deve ser calculado com referência a esse mesmo momento. De notar que o artigo 42.º permite que a data do início da cobertura do seguro possa ser fixada pelas partes, sem prejuízo do disposto no artigo 59.º (n.º 1). E faculta, ainda, que as partes possam convencionar que a cobertura abranja riscos anteriores à data da celebração do contrato, sem prejuízo do artigo 44.º.

II. Uma vez celebrado e sempre com ressalva de estipulação diversa das partes, o contrato de seguro vigora pelo período de um ano (40.º). Trata-se, de resto, do regime fixado no § 12.º do VVG alemão, sob o título "período do seguro"[1573].

298. Prorrogação

I. O contrato de seguro celebrado pelo período inicial de um ano prorroga-se, por novos períodos de um ano (41.º/1). Sendo o período infe-

---

[1572] José Pereira Morgado, em Romano Martinez, *LCS anotada* cit., 2.ª ed.235-236.
[1573] Roland Rixecker, em Römer/Langheid, *VVG/Kommentar* cit., 4.ª ed. § 12 (135-136).

rior ou superior a um ano, tal prorrogação não ocorre (41.º/2): tudo salvo cláusula em contrário.

A lei procura interpretar o sentir comum e habitual das partes. Quando se contrata por um ano, dá-se a ideia de um renascer, findo esse lapso de tempo. Se, pelo contrário, se procurar outra baliza temporal: haverá algum fator delimitativo a ter em conta.

II. Havendo prorrogação, considera-se existir um único contrato: o inicial (41.º/3). A regra é válida para qualquer tipo de prorrogação.

§ 70.º A CESSAÇÃO

299. Modos de cessação e efeitos

I. O contrato de seguro cessa nos termos gerais e, designadamente, por caducidade, revogação, denúncia e resolução (105.º)[1574]. A matéria vem tratada, de novo, pela LCS, assim se colmatando uma lacuna das leis anteriores. O legislador tem em vista, nesta regra de enquadramento, o regime geral da cessação das obrigações complexas[1575].

II. A cessação do contrato extingue as obrigações das partes, com ressalva dos deveres pós-eficazes (106.º/1). Não obstante, o segurador deve efetuar a prestação de cobertura do risco, desde que o sinistro seja anterior à cessação ou, com ela, concomitante e ainda que ele tenha sido a causa da cessação em jogo (106.º/2). Pense-se no seguro de vida.

Nos seguros com provisões matemáticas e que permitam o resgate, a cessação do contrato que não dê lugar à indemnização determina uma obrigação do segurador prestar essa provisão, deduzindo os custos da aquisição ainda não concretizados e adicionando-se, a ela havendo lugar, a participação nos resultados, *pro rata temporis*.

III. Salvo outra estipulação, a cessação antecipada dá lugar ao estorno do prémio[1576], salvo tendo havido indemnização ou restituição da provisão por resgate (107.º/1). O estorno é calculado *pro rata temporis* (107.º/2) isto é, proporcionalmente ao período em que ainda funcionou a cobertura. A estipulação em contrário deve, todavia, ter uma razão atendível (107.º/3),

---

[1574] *Tratado* IX, 337 ss., com indicações, com relevo para Pedro Romano Martinez, *Da cessação do contrato*, 2.ª ed. (2006).
[1575] Romano Martinez, *LCS anotada* cit., 2.ª ed. 393.
[1576] *Idem*, 396-397.

(...) como seja a garantia de separação técnica entre a tarifação dos seguros anuais e a dos seguros temporários.

As partes não podem estipular sanções para o tomador que exerça o direito de provocar a cessação antecipada do contrato (107.º/4): uma medida de proteção do tomador.

Finalmente: os seguros de vida, as operações de capitalização e os seguros de doenças de longa duração têm regras próprias (107.º/5).

IV. A cessação do contrato de seguro não prejudica os direitos adquiridos por terceiros, durante a vigência do contrato (108.º/1). O contrato, pela sua natureza ou condições, pode mesmo levar a que terceiros beneficiem da cobertura do sinistro reclamado após a cessação do contrato (108.º/2). A cessação deve, de todo o modo, ser comunicada, pelo segurador, aos terceiros com direitos ressalvados no contrato e aos beneficiários com designação irrevogável, desde que identificados na apólice (108.º/3): um dever que existe, também, relativamente ao segurado distinto do tomador (108.º/4).

V. Resta acrescentar que os termos da LCS, no tocante a toda esta matéria, estão bem construídos e redigidos. Eles podem ser usados, em Direito das obrigações, como úteis auxiliares jurídico-científicos.

300. A caducidade

I. A caducidade deriva de caduco, latim *caducus* (de *cado*, cair): o que cai, o fraco, o transitório e o caduco. A expressão foi introduzida na linguagem jurídica portuguesa apenas no início do século XX, para designar a supressão de determinadas situações. Assumiu, todavia, nas leis e na prática dos autores, dois sentidos diferentes: lato e restrito.

Em sentido lato, a caducidade corresponde a um esquema geral de cessação de situações jurídicas, mercê da superveniência de um facto a que a lei ou outras fontes atribuam esse efeito. Ou, se se quiser: ela traduz a extinção de uma posição jurídica pela verificação de um facto *stricto sensu* dotado de eficácia extintiva.

Em sentido estrito, a caducidade é uma forma de repercussão do tempo nas situações jurídicas que, por lei ou por contrato, devam ser exercidas dentro de certo termo. Expirado o respetivo prazo sem que se verifique o exercício, há extinção.

§ 70.º A cessação

A caducidade pode atingir a fonte de uma obrigação. Quando isso suceda, funcionam as regras próprias da caducidade[1577], devidamente adaptadas.

II. O artigo 109.º sujeita o contrato de seguro à caducidade, nos termos gerais, designadamente no termo do período estipulado (109.º). Além disso e como causas específicas de caducidade, o artigo 110.º[1578] refere:

– a perda do interesse, isto é, da relação entre o segurado e o valor seguro;
– a extinção do risco, nomeadamente (n.º 2) pela morte da pessoa segura, pela perda total do bem seguro e pela cessação da atipicidade do sujeito;
– o pagamento da totalidade do capital seguro para o período de vigência do contrato, sem que se encontre prevista a reposição desse capital.

301. A revogação

I. A revogação é a forma de extinção dos contratos que, tendencialmente, se caracteriza por reunir três traços específicos:

– é livre;
– é discricionária;
– não é retroativa.

A revogação é livre porquanto não depende, para se concretizar, senão de manifestações de vontade para tanto dirigidas. Sendo o contrato um ato jurídico bilateral, a revogação tende, normalmente, a exigir o mútuo consentimento dos contraentes – artigo 406.º/1. Reveste-se, assim, de natureza contratual, recebendo o nome de distrate.

A revogação é discricionária na medida em que, para a sua atuação, não é necessário alegar qualquer fundamento específico[1579].

[1577] *Tratado* V, 2.ª ed., 240 ss..
[1578] Romano Martinez, *LCS anotada* cit., 2.ª ed. 399-400.
[1579] A doutrina refere, no entanto, como hipótese de revogação vinculada, isto é, não discricionária, a revogação da doação por ingratidão do donatário – artigos 970.º e seguintes. Na realidade, pensamos que se trata, aqui, não já de uma variante pura de revo-

A revogação não é retroativa isto é, só produz efeitos para o futuro, ressalvando-se todos aqueles já advenientes da fonte, durante a sua subsistência.

II. A revogação dos contratos tem, por natureza, origem bilateral. Dado o império da autonomia privada, essa afirmação resulta supletiva: as partes podem, na celebração do contrato, estipular que o mesmo possa ser revogado por alguma das partes, ou por qualquer terceiro.

A revogação é também possível em determinadas condições[1580], em relação aos atos unilaterais. Quando tal suceda, a revogação opera, simplesmente, através de uma única declaração de vontade: daquele que promovera o ato unilateral a suprimir.

A revogação unilateral é, assim, possível em relação a propostas contratuais (230.º), a aceitações e rejeições de propostas contratuais (235.º) e a promessas públicas (461.º/1). Em todos estes casos, mantêm-se as características atrás apontadas, para a revogação[1581].

III. O artigo 111.º faz aplicação destas regras gerais ao seguro. A revogação, por acordo das partes, é livre, a todo o tempo. O seu número 2 exige, todavia, a concordância do segurado, identificado na apólice, quando não coincida com o tomador, com exceção do seguro de grupo e das especificidades previstas para o seguro de vida. Pretende-se, no essencial, prevenir conluios destinados a prejudicar terceiros ou para iludir o dever de celebrar seguros obrigatórios[1582].

302. A denúncia

I. A denúncia é uma forma de extinção própria dos contratos de duração indeterminada. Ela caracteriza-se por[1583]:

---

gação, mas de uma supressão do contrato de tipo misto, algo intermédia entre a revogação e a resolução.

[1580] Por isso não se pode falar aqui, com total propriedade, na natureza inteiramente livre da revogação. Mas na realidade, fora do condicionalismo legal, o que se verifica é a necessidade da revogação ser contratual.

[1581] No artigo 461.º/2, parece existir uma forma de revogação vinculada à existência de justa causa. A terminologia é pouco conseguida, tanto mais que no lugar paralelo compreendido no artigo 1140.º se fala em resolução com justa causa.

[1582] Romano Martinez, *LCS anotada* cit., 2.ª ed. 400-401.

[1583] A matéria está especialmente estudada no domínio do contrato de agência: *Direito comercial*, 3.ª ed., 757 ss.

– ser livre e unilateral;
– ser discricionária;
– não ser retroativa.

Verifica-se, desta forma, que a denúncia está bastante próxima da revogação, da qual se distingue, praticamente apenas, por ser sempre unilateral. A sua razão de ser, que explica essa característica, é permitir que qualquer das partes em contrato de duração indefinida ponha cobro à situação por meio de declaração feita, com determinada antecedência, à outra parte.

II. A denúncia deve distinguir-se da oposição à renovação, instituto pelo qual as partes, em contratos a prazo de renovação automática, podem obstar unilateralmente a que tal suceda. Na oposição à renovação não se verifica, logicamente, a supressão de um contrato com a consequente extinção de obrigações, mas tão-só a não constituição de idênticas situações obrigacionais.

III. A LCS dedica, à denúncia, quatro preceitos circunstanciados. O artigo 112.º logo dá um duplo alcance à denúncia: a denúncia como oposição à prorrogação ou denúncia imprópria, da livre iniciativa de qualquer das partes, justamente para obviar a essa mesma prorrogação (n.º 1) e a denúncia como forma de pôr termo a um contrato sem duração determinada, ou denúncia *proprio sensu* (n.º 2). O contrato pode conceder maior liberdade ainda, ao tomador, para decidir a denúncia (n.º 3) enquanto, nos seguros de grandes riscos, a matéria pode ser livremente ajustada pelas partes (n.º 4).

IV. O artigo 114.º fixa limitações à denúncia, limitações essas que não são aplicáveis aos contratos celebrados por um período inicial inferior a cinco anos e prorrogação automática (113.º)[1584]: vale, quanto a estas, a possibilidade de oposição à renovação, *ad nutum*. As limitações: impõem que o contrato sem duração determinada não possa ser denunciado sempre que a livre desvinculação (114.º/1):

– se oponha à natureza do vínculo: o contrato foi celebrado para perdurar até à verificação de certo facto (n.º 2);

[1584] Romano Martinez, *LCS anotada* cit., 2.ª ed. 402-403.

- se oponha à finalidade prosseguida: joga-se um seguro em que o decurso do prazo agrava o risco (n.º 3);
- seja abusiva: ocorra na iminência da verificação do sinistro ou após a verificação de um facto que possa desencadear uma ou mais situações de responsabilidade do segurador (n.º 4).

Essas limitações aplicam-se, igualmente, em relação à denúncia para evitar a prorrogação do contrato celebrado para uma duração inicial igual ou superior a cinco anos (n.º 5).

As regras do artigo 114.º já resultariam da LCCG[1585] e, designadamente, dos seus artigos 15.º e 16.º (boa-fé). A matéria fica, agora, mais clara.

V. O artigo 115.º regula a declaração de denúncia e o aviso prévio que ela deve observar. Corresponde ao artigo 18.º do Decreto-Lei n.º 176/95, de 16 de julho que, todavia, falava em resolução, em não-renovação ou em proposta de renovação em condições diversas das contratadas[1586]. Trata-se de regras relativamente imperativas (13.º/1): podem ser afastadas por soluções mais favoráveis para o tomador. São elas:

- a denúncia deve ser feita por declaração escrita enviada à contraparte (n.º 1, 1.ª parte);
- com uma antecedência mínima de 30 dias relativamente à data da prorrogação do contrato (n.º 1, 2.ª parte);
- não havendo duração determinada ou tendo ela um período inicial igual ou superior a cinco anos, a antecedência mínima é de 90 dias relativamente à data do termo do contrato (115.º/2);
- nessa eventualidade, o contrato cessa decorrido o prazo do aviso prévio ou, tendo havido um pagamento antecipado do prémio relativo a certo período, no termo desse período (115.º/3).

303. **A resolução**

I. A resolução, também chamada rescisão, é uma forma de extinção dos contratos que apresenta as seguintes características:

[1585] *Idem*, 404.
[1586] *Idem*, 405.

§ 70.º A cessação

– é condicionada;
– é tendencialmente vinculada;
– opera retroativamente.

A resolução é condicionada na medida em que apenas se admite quando fundada na lei ou em convenção[1587] – artigo 432.º/1. Por outro lado, surge tendencialmente vinculada na medida em que, para a sua concretização, há que alegar e demonstrar determinado fundamento[1588].

Finalmente – e este é o aspeto que mais claramente a distingue da revogação – a resolução tem eficácia retroativa, isto é, extingue, *ab initio*, as relações contratuais[1589]. Assim o determina o artigo 44.º/1, que ressalva:

– a hipótese de as partes estipularem outra coisa;
– a hipótese de a finalidade que, no caso concreto, seja cometida à resolução, impor a não-retroatividade.

II. O artigo 116.º admite a resolução do contrato de seguro, nos termos gerais, havendo justa causa. Justa causa deve considerar-se um fundamento que integrando os valores profundos do sistema, torne inexigível, à contraparte, a manutenção do vínculo[1590].

III. A resolução após sinistro vem prevista no artigo 117.º[1591]. Ela tem de ser acordada, como possibilidade, para ser levada a cabo após uma sucessão de sinistros (n.º 1), a qual se presume quando ocorram dois sinistros num período de 12 meses, podendo ainda ser acordadas outras "sucessões" (n.º 2). A resolução após sinistro, a exercer pelo segurador, não pode ser convencionada nos seguros de vida, de saúde e de caução e nos seguros obrigatórios de responsabilidade civil (n.º 3).

[1587] Adriano Vaz Serra, *Resolução do contrato*, BMJ 68 (1957), 153-291 (153 ss.).
[1588] João Antunes Varela, *Das obrigações em geral* 2, 7.ª ed., (1997), 275-276; Fernando Pessoa Jorge considera este ponto como primordial para distinguir a revogação da resolução: *Lições de Direito das obrigações* I (1967), 211.
[1589] Adriano Vaz Serra, *Resolução do contrato* cit., 195 ss..
[1590] A doutrina alemã recorre ao regime geral da "denúncia imediata por fundamento importante", prevista no § 314 do BGB (reformado); *vide* Roland Rixecker, em Römer/Langheid, *VVG/Kommentar* cit., 4.ª ed. § 11, Nr. 16 (134).
[1591] Romano Martinez, *LCS anotada* cit., 2.ª ed. 409-410.

A resolução prevista no artigo 117.º/1 não tem eficácia retroativa e deve ser exercida, por declaração escrita, no prazo de 30 dias após o pagamento ou a recusa de pagamento do sinistro (n.º 4).

As diversas limitações quanto à resolução do contrato de seguro não se aplicam aos seguros de grandes riscos (117.º/5). Entende-se, aí, que as partes estão em igualdade, podendo negociar livremente a solução mais adequada.

304. A livre resolução pelo tomador

I. O artigo 118.º prevê a possibilidade de livre resolução do contrato de seguro, pelo tomador, quando este seja uma pessoa singular. Trata-se de uma típica regra de Direito do consumo, conhecida já pelo Direito anterior[1592].

II. O tomador de seguro, pessoa singular, pode resolver o contrato, sem invocar justa causa, nas situações seguintes (118.º/1):

(a) no seguro de vida, de acidentes pessoais e de saúde com uma duração igual ou superior a seis meses, nos 30 dias imediatos à receção da apólice;
(b) nos instrumentos de aforro estruturados, nos 30 dias imediatos à receção da apólice;
(c) nos seguros à distância não referidos, nos 14 dias imediatos à receção da apólice.

Atenção: esses prazos contam-se, todavia, a partir da data da celebração do contrato, desde que o tomador, nessa data, disponha, em papel ou noutro suporte duradouro, de todas as informações relevantes que venham a constar da apólice (118.º/2): uma regra-surpresa, que passa desapercebida, mercê da sua inserção sistemática.

III. O artigo 118.º/3 exclui, do n.º 1, a), os seguros de grupo, enquanto o 118.º/4 afasta a livre resolução dos seguros celebrados à distância com um prazo inferior a um mês e os seguros de viagem e de bagagem.

[1592] Romano Martinez, *LCS anotada* cit., 2.ª ed. 411, com indicações.

IV. A resolução deve ser comunicada ao segurador, por escrito ou por outro meio duradouro que lhe seja disponível e acessível (118.º/5).

Ela tem efeito retroativo, mas parcial, uma vez que, ao segurador, ainda se conhecem os direitos seguintes (118.º/6):

(a) o direito ao prémio *pro rata temporis*, na medida em que tenha suportado o risco, até à resolução;
(b) às despesas razoáveis que tenha efetuado com exames médicos;
(c) aos custos de desinvestimento que, comprovadamente, tenha suportado.

Todavia, já não tem esses direitos no caso de livre resolução do seguro celebrado à distância, exceto no caso de início de cobertura antes do termo do prazo de trinta dias, a pedido do tomador do seguro (118.º/7).

CAPÍTULO VI
A PLURALIDADE DE PARTES

§ 71.º O COSSEGURO

305. Evolução recente

I. O contrato de seguro pode surgir isolado, como modo de transferir um risco para o segurador. Mas ele surge, por vezes, em articulação com outros contratos de seguro, enquanto forma privilegiada de diluir a responsabilidade entre várias entidades.

A primeira hipótese nesse sentido é a do cosseguro. Este faculta uma repartição horizontal de responsabilidades entre vários seguradores que, em conjunto, concluem um determinado contrato.

II. O cosseguro era possibilitado pela autonomia privada. O Decreto-Lei n.º 301/85, de 29 de julho, veio regulá-lo, de modo expresso. O seu preâmbulo apresenta o cosseguro como a:

> (...) participação de várias seguradoras na garantia de um mesmo risco, através de um acordo prévio de vontade entre todas as partes intervenientes, assumindo cada uma das seguradoras uma quota-parte do risco coberto ou do capital garantido (...).

Posto isso, o Decreto-Lei n.º 301/85 fixou algumas regras para o cosseguro.

A possibilidade de cosseguros comunitários foi objeto da Diretriz n.º 78/473/CEE, do Conselho, de 30 de maio. Nesse seguimento, o Decreto-Lei n.º 373/89, de 25 de outubro, veio regular o "cosseguro comunitário", isto é, aquele cujos riscos se situem exclusivamente em território português ou neste e no de outros Estados membros da Comunidade e que sejam seguros por seguradores estabelecidos em diferentes Estados da União. Estes dois diplomas foram revogados pelo artigo 204.º do RGAS de 1994, o qual, nos seus artigos 123.º a 138.º, veio regular o cosseguro.

III. O cosseguro foi novamente vertido no RGAS de 1998: artigos 132.º a 140.º. Por seu turno, os artigos 141.º a 147.º ocuparam-se do cosseguro comunitário.

O artigo 132.º do RGAS definia o cosseguro como:

> (...) a assunção conjunta de um risco por várias empresas de seguros, denominadas cosseguradoras, de entre as quais uma é a líder, sem que haja solidariedade entre elas, através de um contrato de seguro único, com as mesmas garantias e período de duração e com um prémio global.

É admitido em todos os ramos, relativamente a contratos de certa importância – 132.º/2 –, sendo titulado por uma apólice única – 133.º. Cada cosseguradora responde pela quota-parte do risco assumido – 134.º.

A cosseguradora líder tinha funções gerais de exercício de posição contratual conjunta, especificadas no artigo 135.º/1. Entre todos os cosseguradores haveria um acordo regulador – 136.º. Havendo sinistro, a líder procede à liquidação recebendo depois as quotas-partes das restantes – 138.º.

O cosseguro comunitário surgia, como foi dito, nos artigos 141.º e seguintes. Tinha a particularidade de envolver seguradoras estabelecidas em diferentes Estados-Membros da União Europeia (141.º). Seguia-se uma regulação adaptada, de origem comunitária.

306. Noção, apólice única e regime de responsabilidade

I. As regras relativas ao seguro, antes constantes do RGAS, transitaram para o RGS: artigos 62.º a 69.º. O regime conservou-se, tendo sido introduzidas significativas melhorias formais[1593].

O artigo 62.º conserva a noção anterior:

> No cosseguro verifica-se a cobertura conjunta de um risco por vários seguradores, denominados cosseguradores, de entre os quais um é o líder,

---

[1593] Vide Eduarda Ribeiro, em Romano Martinez, *LCS anotada* cit., 2.ª ed. 282 ss..

sem solidariedade entre eles, através de um contrato de seguro único, com as mesmas garantias e idêntico período de duração e com um prémio global.

Temos, como elementos:

– vários seguradores, dos quais um líder;
– um contrato único, com as mesmas garantias, idêntico período de duração e um prémio global;
– uma cobertura conjunta de um risco, sem solidariedade.

Verifica-se, pela existência de um líder, que a conjunção de vários seguradores num mesmo seguro dá azo a uma (pequena) organização, entre eles.

II. O contrato de cosseguro é titulado por uma apólice única: emitida pelo líder, nela devem figurar a quota-parte do risco ou a parte percentual do capital, assumido por cada cossegurador (63.º).

III. O artigo 64.º retoma a não-solidariedade já constante da própria noção de cosseguro: cada cossegurador responde apenas pela quota-parte do risco garantido ou pela parte percentual do capital seguro assumido.

307. O cossegurador líder e o funcionamento do cosseguro

I. O cossegurador exerce, em seu nome e no dos restantes cosseguradores, as funções seguintes relativamente à globalidade do contrato:

a) Receber do tomador do seguro a declaração do risco a segurar, bem como as declarações posteriores de agravamento ou de diminuição desse mesmo risco;
b) Fazer a análise do risco e estabelecer as condições do seguro e a respetiva tarifação;
c) Emitir a apólice, sem prejuízo de esta dever ser assinada por todos os cosseguradores;
d) Proceder à cobrança dos prémios, emitindo os respetivos recibos;
e) Desenvolver, se for caso disso, as ações previstas nas disposições legais aplicáveis em caso de falta de pagamento de um prémio ou de uma fração de prémio;
f) Receber as participações de sinistros e proceder à sua regularização;
g) Aceitar e propor a cessação do contrato.

II. Os cosseguradores podem ainda, por acordo, atribuir outras funções, ao líder (65.º/2).

Quando se preveja que o líder deve proceder, em seu próprio nome e no dos restantes cosseguradores à liquidação global do sinistro, pode a apólice, em derrogação do artigo 65.º/1, *c*), ser assinada apenas por ele, em nome dos restantes, mediante acordo escrito entre todos, mencionado na apólice.

III. A organização dos cosseguradores requer um acordo entre todos celebrado, relativamente a cada contrato de seguro, que defina as relações entre eles e cada um e o líder, donde constem, pelo menos, os seguintes pontos:

(a) valor da taxa de gestão, no caso de o líder ser remunerado;
(b) forma de transmissão de informações e de prestação de contas pelo líder a cada um dos cosseguradores;
(c) sistema de liquidação de sinistros.

IV. O líder é civilmente responsável, perante os restantes cosseguradores, pelos danos decorrentes do não-cumprimento das funções que lhe sejam atribuídas (67.º).

A liquidação de sinistros é feita ou pelo líder, em seu próprio nome e no dos restantes cosseguradores, globalmente – 68.º, *a*) – ou por cada cossegurador, relativamente à quota-parte do risco que garantiu ou à parte percentual do capital assumido – 68.º, *b*).

As ações judiciais resultantes de um contrato de cosseguro são intentadas contra todos os cosseguradores, salvo se o litígio se relacionar com um sinistro e tiver sido adotado o sistema de liquidação global pelo líder (69.º/1). O contrato de cosseguro pode, todavia, estipular que a ação seja intentada contra o líder, em substituição processual dos restantes cosseguradores (69.º/2).

Resta acrescentar que o cosseguro obteve, na lei portuguesa, um tratamento pormenorizado.

O Direito alemão distingue o cosseguro oculto (*verdeckte Mitversicherung*) onde o tomador celebra um único contrato com um segurador o qual, depois, reparte o risco com outros seguradores, do cosseguro aberto, em que cada segurador assume uma quota de risco e reparte o prémio. A opinião dominante vê, aqui, vários contratos coligados: isso não obstante haver um único prémio e uma só apólice. Prevê um líder (*führender*

Versicherer) designado numa *Führungsklausel*, com poderes de representação dos demais. A matéria tem assento nos §§ 77 a 79 do VVG[1594]. Esta área deve ser mais detidamente estudada, entre nós.

308. O cosseguro comunitário

I. O cosseguro comunitário resultou, como vimos, da transposição inicial, feita pelo Decreto-Lei n.º 373/89, de 25 de outubro, da Diretriz 78/473, de 30 de maio[1595]. Do seu preâmbulo, retemos:

> Considerando que se deve facilitar o exercício efetivo da atividade de cosseguro comunitário, através de um mínimo de coordenação, a fim de evitar distorções de concorrência e desigualdades de tratamento, sem prejuízo do regime de liberdade existente entre vários Estados-Membros; (...)

A matéria era tratada em doze artigos, agrupados num título sobre disposições gerais (1.º a 3.º), noutro sobre as condições e modalidade de cosseguro comunitário (4.º a 7.º) e um terceiro com disposições finais (8.º a 12.º). Não havia delimitação de riscos. Todavia, a Diretriz 88/357, de 22 de junho[1596], no seu artigo 26.º/1, limitou o cosseguro comunitário aos grandes riscos (por omissão). Esta limitação não se aplicou a Portugal até 31 de dezembro de 1994, por via do artigo 27.º/2 desta mesma Diretriz: donde a desenvoltura do Decreto-Lei n.º 373/89. O RGAS de 1994 veio a restringir o seguro comunitário aos grandes riscos. A matéria passou, depois, para os artigos 141.º a 147.º do RGAS de 1998[1597].

II. A LCS revogou os artigos 141.º e 142.º do RGAS, acolhendo-os, com pequenas alterações formais, nos seus artigos 70.º e 71.º, respetivamente. O artigo 70.º define o cosseguro comunitário como o que implique cosseguradores estabelecidos em diferentes Estados-Membros da União Europeia, enquanto o artigo 71.º limita esse tipo de cosseguro aos grandes riscos.

[1594] Manfred Wandt, *Versicherungsrecht* cit., 5.ª ed. Nr. 750-751 (264-265) e Theo Langheid, em Römer/Langheid, *VVG/Kommentar* cit., 3.ª ed. §§ 77 ss. (500 ss.).
[1595] JOCE N.º L 151, 25-27, de 7-jun.-1978 = *Leis dos seguros*, 638-642.
[1596] JOCE N.º L 172, 1-14, de 4-jul.-1988 = *Leis dos seguros*, 694-717.
[1597] Toda esta evolução, algo complexa, pode ser confrontada em Eduarda Ribeiro, em Romano Martinez, *LCS anotada* cit., 2.ª ed., 300 ss..

Curiosamente, mantêm-se em vigor os artigos 143.º a 147.º do RGAS, que versam aspetos institucionais e de supervisão, atinentes ao cosseguro comunitário.

§ 72.º O RESSEGURO

309. Noção, forma e regime subsidiário

I. O resseguro[1598] é um contrato de seguro pelo qual o segurador transfere para outro segurador – o ressegurador – total ou parcialmente, o risco de ter de ressarcir um sinistro. O próprio ressegurador pode ressegurar os riscos que recebeu: trata-se de retrocessão[1599].

O esquema do resseguro possibilita uma repartição vertical de responsabilidades. Estava previsto genericamente no artigo 430.º do Código Comercial e, hoje, nos artigos 72.º a 75.º da LCS[1600].

Através de resseguros e de cosseguros, os grandes danos acabam por ser repercutidos em todo um conjunto de entidades ou, se se preferir, no sistema segurador no seu todo. Torna-se assim possível segurar valores muito elevados – pense-se em navios de grande porte, em aeronaves de passageiros ou em grandes construções[1601].

No topo do edifício dominam grandes instituições internacionais, com predomínio, na Europa, das resseguradoras alemãs, que garantem grandes fluxos financeiros.

II. O contrato de resseguro não depende de forma escrita. Não obstante, ele deve ser formalizado num instrumento escrito, identificando os riscos cobertos (74.º). Trata-se de uma forma *ad probationem*, fazendo o "instrumento escrito" as vezes de apólice.

[1598] Giorgio Angeli, *La riassicurazione/Teoria, pratica e tematiche varie*, 2.ª ed. (1981).
[1599] José Vasques, *Contrato de seguro* cit., 52 ss..
[1600] Eduarda Ribeiro, em Romano Martinez, *LCS anotada* cit., 2.ª ed. 310 ss..
[1601] Quanto à evolução histórica e à função do resseguro, *vide* J. C. Moitinho de Almeida, *O contrato de seguro* cit., 405 ss..

Quanto ao regime: o resseguro rege-se pelo contrato e, subsidiariamente (aliás, supletivamente) pelas normas do regime jurídico do contrato de seguro, com ele compatíveis (73.º).

O resseguro é um seguro de danos: o ressegurador assume o risco de o segurador dever suportar o sinistro. Mas já se defendeu, nele, um mandato, uma fiança, uma cessão do contrato ou um negócio associativo[1602].

310. Efeitos perante terceiros

I. Do contrato de resseguro não decorrem quaisquer relações entre os tomadores do seguro e o ressegurador, salvo disposição legal ou estipulação no contrato de resseguro (75.º/1). Quer isso dizer que, do ponto de vista das situações que originam, o seguro e o resseguro são instrumentos independentes[1603]: partes distintas, riscos diversos e prémios diferentes. Assinale-se, ainda, que os resseguradores são estrangeiros, o que confere ao contrato de resseguro um elemento de internacionalidade.

II. O artigo 75.º/2 admite a eficácia da atribuição a terceiros, pelo segurador, da titularidade ou do exercício de direitos que lhe advenham do contrato de resseguro, quando permitida pela lei geral.

[1602] J. C. Moitinho de Almeida, *O contrato de seguro* cit., 409 ss..
[1603] Eduarda Ribeiro, em Romano Martinez, *LCS anotada* cit., 2.ª ed. 321.

§ 73.º O SEGURO DE GRUPO

311. Noção e disposições gerais

I. O contrato de seguro de grupo cobre os riscos de um conjunto de pessoas, ligadas ao tomador do seguro por um vínculo que não seja o de segurar (76.º)[1604]. Temos, pois, uma construção jurídica deste tipo:

– uma relação entre os participantes no grupo (os segurados) e o tomador: trata-se de uma relação de natureza discutida, mas que desemboca na figura da prestação de serviço e do mandato;
– uma relação de seguro, entre o tomador e o segurador.

O seguro de grupo pode funcionar em seguros de danos ou de pessoas.

II. O seguro de grupo pode ser contributivo ou não contributivo (77.º/1). No primeiro caso, resulta do seguro que os segurados suportam, no todo ou em parte, o pagamento do prémio devido pelo tomador (77.º/2). Pode, ainda, ser acordado que os segurados paguem diretamente ao segurador a sua parte do prémio (77.º/3). O seguro não contributivo representa a assunção, pelo tomador (p. ex., entidade patronal) de um risco alheio.

O dever de informar é reequacionado no artigo 78.º. No fundamental, cabe, ao tomador do seguro, informar os segurados sobre as coberturas contratadas, as exclusões e os direitos e obrigações no caso de sinistro, bem como sobre as alterações, em conformidade com um espécimen elaborado pelo segurador (78.º/1). O ónus de provar que as informações devidas foram fornecidas cabe ao tomador (38.º/3), com prejuízo para as próprias normas da LCCG, que atribuem esse papel ao utilizador de cgs (o segurador)[1605].

[1604] Indicações bibliográficas em José Alves de Brito, em Romano Martinez, *LCS anotada* cit., 2.ª ed. 325.
[1605] *Vide supra*, 664.

O incumprimento do dever de informar faz incorrer o responsável em responsabilidade civil (79.º). Aparentemente, visa-se evitar a invalidade, que poderia desorganizar o grupo. Caso a caso haverá que ponderar as normas em causa e o seu escopo, assim se construindo a solução aplicável.

III. O prémio é devido pelo tomador, salvo cláusula que atribua a inerente obrigação aos segurados (80.º/1).

A designação beneficiária é, salvo convenção em contrário e no seguro de pessoas, atribuída à pessoa segura (81.º).

312. A cessação

I. O segurado pode denunciar o vínculo de adesão ao grupo, que lhe respeite, após a comunicação de alterações ao contrato, salvo adesão obrigatória (82.º/1). Tal denúncia não afeta a eficácia do contrato nem cobertura dos restantes segurados (82.º/2), sendo feita por escrito com antecedência de 30 dias, ao tomador ou, quando o contrato o determine, ao segurador (82.º/3).

II. O segurado pode ser excluído do seguro de grupo nos casos seguintes (83.º/1 e 2):

– havendo cessação do vínculo com o tomador;
– quando, no seguro contributivo, não entregue, ao tomador, a quantia que lhe caiba, destinada ao pagamento do prémio;
– na eventualidade de, ele ou o beneficiário, praticarem "atos fraudulentos em prejuízo do segurador ou do tomador".

O contrato de seguro deve definir o procedimento e os efeitos da exclusão" (83.º/3).

III. O tomador do seguro pode fazer cessar o contrato por revogação, denúncia ou resolução, nos termos gerais (84.º/1), comunicando ao segurado a extinção da cobertura daí resultante (84.º/2). A comunicação é feita com a antecedência de 30 dias, no caso de revogação ou denúncia (84.º/3), sob pena de responder pelos danos (84.º/4).

IV. No caso de exclusão do segurado ou de cessação do contrato de seguro de grupo, o segurado tem o direito à manutenção da cobertura de que beneficiava (sendo esse o caso) e nas condições previstas no contrato (85.º).

313. Seguro de grupo contributivo

I. No seguro de grupo contributivo, impõe-se um suplemento de regras (86.º): a posição do segurado deve ser reforçada.

Desde logo, o tomador tem um dever de informar adicional, relativamente aos segurados: das próprias vantagens e de todos os elementos a que um tomador individual teria direito, sob pena de, ele próprio dever suportar a parte do prémio correspondente ao segurado, sem perda das respetivas garantias, até à data da renovação do contrato ou data aniversária (87.º)[1606].

II. A adesão a um grupo contributivo em que o segurado seja uma pessoa singular considera-se efetuada se (88.º/1):

– decorrerem 30 dias após a receção da proposta de adesão pelo tomador;
– sendo este mediador com poderes de representação;
– o segurador não tiver notificado o proponente da recusa ou da necessidade de recolher mais informações, para a avaliação do risco.

O mesmo esquema funciona se, tendo sido solicitadas informações, o segurador não notificar o proponente da recusa, nos 30 dias subsequentes à receção da proposta (88.º/2). Os competentes elementos devem ser fornecidos (88.º/3), sendo o tomador responsável perante o segurador (88.º/4).

III. Da declaração de adesão a um seguro de grupo contributivo, sem prejuízo das suas condições específicas, devem constar todas as condições próprias de um seguro individual análogo (89.º). No fundo, ela deve reportar o que seria o texto de uma apólice (37.º).

IV. Neste mesmo tipo de seguro, o segurado é titular do direito à participação nos resultados contratualmente definida na apólice (90.º/1), na proporção do respetivo contributo para o pagamento do prémio (90.º/2).

[1606] Vide José Alves de Brito, em Romano Martinez, *LCS anotada* cit., 2.ª ed. 337 ss..

PARTE V

OS SEGUROS EM ESPECIAL

314. Ordenação e sequência

I. As diversas modalidades de seguro surgiram, ao longo da História, de acordo com as necessidades da vida comercial. Primeiro acantonadas ao sector marítimo, elas vieram a alargar-se às pessoas e, depois, aos vários riscos terrestres. Não obedeceram a qualquer plano de conjunto ou, sequer, de enquadramento: antes conheceram um desenvolvimento periférico, quiçá empírico. Além disso, faltou uma unidade geográfica: os seguros foram sendo criados nas zonas de maior comercialidade: Itália, Catalunha, Inglaterra e Flandres.

A culminar a dispersão histórica, cultural e geográfica, temos a diversidade científica, manifestada na contemporaneidade, designadamente com as codificações.

II. Perante o relatado, compreende-se a multiplicação de tipos de seguros, de difícil classificação. Quando muito, pode operar-se uma (certa) ordenação, de modo a facilitar o estudo científico da matéria.

Temos, ainda, de contar com um fenómeno recente. Contrariando as tensões pró-periféricas da prática dos seguros, manifestam-se tendências racionalizadoras de sinal contrário. As exigências da supervisão e a cúpula do Direito europeu dos seguros conduziram a tipificações mais estritas.

III. O Direito europeu dos seguros, vertido, como vimos[1607], no RGAS, contrapõe, fundamentalmente, os ramos "Não-vida" (123.º) ao ramo "Vida" (124.º). Os "Não-vida" incluem os ramos seguintes: (1) acidentes; (2) doença; (3) veículos terrestres; (4) veículos ferroviários; (5) aeronaves; (6) embarcações marítimas, lacustres e fluviais; (7) mercadorias transportadas; (8) incêndio e elementos de outra natureza; (9) outros danos em coisas; (10) responsabilidade civil de veículos terrestres a motor; (11) responsabilidade civil de aeronaves; (12) responsabilidade civil de embarcações marítimas, lacustres e fluviais; (13) responsabilidade

---

[1607] *Supra*, 725 ss..

civil geral; (14) crédito; (15) caução; (16) perdas pecuniárias diversas; (17) proteção jurídica; (18) assistência. Cada um destes ramos tem, em regra, modalidades bem marcadas.

Quanto ao ramo "Vida", ele inclui: (124.º), em síntese: (1) vida; (2) nupcialidade e natalidade; (3) fundos de investimento; (4) capitalização; (5) fundos coletivos de reforma; (6) *idem*, conjugados com garantia de seguro. Também aqui surgem múltiplos sub-ramos.

IV. A LCS segue uma ordenação diversa da do RGAS[1608]. No essencial, ela contrapõe o seguro de danos (123.º a 174.º) ao seguro de pessoas (175.º a 217.º).

No seguro de danos, separado em parte geral e parte especial, isola: (1) seguro de responsabilidade civil (137.º a 148.º); (2) o seguro de incêndio (149.º a 151.º); (3) o seguro de colheitas e pecuário (152.º a 154.º); (4) o seguro de transporte de coisas (155.º a 160.º); (5) o seguro financeiro (161.º a 166.º); (6) o seguro de proteção jurídica (167.º a 172.º); (7) o seguro de assistência (173.º e 174.º).

No seguro de pessoas, temos, após algumas disposições comuns: (1) o seguro de vida (183.º a 209.º), com distintas modalidades; (2) os seguros de acidente e de saúde (210.º a 217.º).

V. A contraposição do LCS corresponde, de certo modo, à do VVG alemão[1609], sendo ainda observado, também de alguma forma, na doutrina francesa[1610]. Não é a única possível, numa exposição geral sobre o Direito dos seguros[1611].

No presente estádio do Direito dos seguros lusófono, afigura-se-nos importante divulgar e aprofundar o esquema da LCS, praticado, de resto, pela melhor doutrina alemã. Vamos, pois, atermo-nos a ela.

[1608] *Vide* José Vasques, em Romano Martinez, *LCS anotada* cit., 2.ª ed. 424.

[1609] Römer/Langheid, *VVG/Kommentar* cit., 4.ª ed. §§ 74 ss. (518 ss.).

[1610] Yvonne Lambert-Faivre/Laurent Leveneur, *Droit des assurances*, 13.ª ed. (2011), especialmente 405 ss. e 739 ss..

[1611] Por exemplo, Romano Martinez, *Direito dos seguros* (2006), 123 ss. e 127 ss., recorria ao esquema europeu da contraposição entre o ramo não-vida e o ramo vida.

CAPÍTULO I
OS SEGUROS DE DANOS

§ 74.º PRINCÍPIOS GERAIS

315. A noção de dano

I. A LCS entra na matéria do seguro de danos permitindo que o mesmo possa respeitar a coisas a bens imateriais, a créditos e a quaisquer outros direitos patrimoniais. Temos, à partida, uma limitação a danos patrimoniais[1612]. Deve entender-se que o Direito dos seguros acolhe a noção geral de dano, tal como nos advém do Direito das obrigações: sem prejuízo de, em diversas conjunturas, proceder a adaptações.

II. No Direito civil, diz-se dano a supressão ou a diminuição de uma situação favorável, reconhecida ou protegida pelo Direito[1613]. O dano tem uma dupla dimensão:
– fáctica, expressa pela alteração na realidade objetiva afeta ao prejudicado: destruição de uma coisa, contrafação de um livro ou bloqueio de produção;
– axiológica, traduzida no reconhecimento e na tutela concedidos pelo Direito; normalmente, esta dimensão traduz-se pela presença de um direito subjetivo; pode, todavia, tratar-se de uma pura proteção indireta; por isso, apenas o Direito permite, em definitivo, apontar um certo dano.

[1612] *Vide infra*, 795 ss., quanto aos danos morais.
[1613] Outros elementos: *Tratado* VIII, 511 ss., com bibliografia.

III. O dano pode ser tomado como o prejuízo correspondente às efetivas vantagens inutilizadas ou desviadas do seu destinatário jurídico: é o dano real. Mas pode exprimir a dimensão monetária dessas ocorrências: trata-se do dano de cálculo.

IV. Uma distinção importante contrapõe o dano moral ao dano patrimonial.

Um dano é patrimonial quando a situação vantajosa prejudicada tenha natureza económica; quando assuma, simplesmente natureza espiritual, o dano diz-se não patrimonial ou moral[1614]. A matéria pode ser precisada, explicando-se que o dano moral se reporta a vantagens que o Direito não admita que possam ser trocadas por dinheiro: embora sejam compensáveis, naturalmente, em sede de responsabilidade civil.

V. No universo dos danos, remonta ao Direito romano a distinção entre danos emergentes e lucros cessantes[1615]. O dano emergente é o que resulta da frustração de uma vantagem já existente; o lucro cessante advém da não concretização de uma vantagem que, doutra forma, operaria[1616]. Alguma doutrina põe a tónica desta distinção no momento presente ou futuro em que se verifiquem os interesses atingidos pelo dano (De Cupis), asserção essa que se nos afigura admissível; já levantaria dúvidas, como observa Pessoa Jorge[1617], a afirmação de que os danos emergentes são presentes e os lucros cessantes futuros: o dano pode ser presente e derivar de lucro cessante ou futuro e ser emergente.

[1614] Rötelmann, *Nichtvermögenschaden und Persönlichkeitsrechte nach schweizerischem Recht*, AcP 160 (1961) 366-409 (374 ss.) (danos morais); em geral, vide Erwin Deutsch, *Haftungsrecht*, 2.ª ed. (1996), Nr. 893 ss. (562 ss.); Karl Larenz, *Lehrbuch des Schuldrechts* (1987), 1, 14.ª ed., 428-429; entre nós, vide Pessoa Jorge, *Ensaio sobre os pressupostos da responsabilidade civil* (1968), 373 e bibliografia aí referida.

[1615] Paulo distinguia "(...) *quantum mihi abest quantumque lucrari potui* (...)". Cf. Adriano de Cupis, *Il danno/Teoria generale della responsabilità civile* 1, 3.ª ed. (1979) 257.

[1616] Vaz Serra, *Obrigação de indemnização (Colocação, Fontes, Conceito e espécies de dano, Nexo causal, Extensão do dever de indemnizar, Espécies de indemnização). Direito da abstenção e de remoção*, BMJ 84 (1959), 5-303.

[1617] Fernando Pessoa Jorge, *Ensaio sobre os pressupostos da responsabilidade civil* (1968), 378.

VI. Duas palavras sobre a natureza do dano. Definimos oportunamente o dano como a diminuição de uma qualquer vantagem tutelada pelo Direito. Recordamos ser esta a noção jurídica do dano, a única que ora interessa[1618]. Trata-se, agora, de pesquisar até ao âmago a natureza jurídica do dano, tal como o entendemos. Fundamentalmente, degladiam-se, neste ponto, duas orientações[1619]:

– a do dano abstrato;
– a do dano concreto.

Segundo esta contraposição, a teoria do dano abstrato diria que o dano consistiria na diferença de valores existentes no património, antes ou depois da lesão ou, se se quiser, na diferença entre o valor real do património com a lesão e o seu valor hipotético se lesão alguma tivesse ocorrido. Pelo contrário, a teoria do dano concreto defende, simplesmente, que o mesmo se traduz na lesão de um determinado bem. Hoje, o dano é tomado em concreto. As suas repercussões no património do prejudicado podem ser tidas em conta no dever de indemnizar.

316. O dano no seguro; danos morais

I. O Direito dos seguros parte, como foi dito, da noção civilística de dano. Pergunta-se, todavia, se, designadamente para efeitos de seguro de danos, não haverá determinados afeiçoamentos.

O primeiro consistiria em afastar os danos morais. A própria entrada na matéria, levada a cabo pelo artigo 123.º, parece limitar o seguro de danos a direitos patrimoniais. O Direito alemão confirma, na doutrina maioritária, que o dano moral ("interesses imateriais") não seria segurável, por não se poder quantificar[1620]. Esta visão restritiva advém do próprio BGB, que só admite danos morais indemnizáveis nos casos previstos

---

[1618] Não coincidente: João de Castro Mendes, em face do que escreve em *Do conceito jurídico de prejuízo*, separata do Jornal do Foro (1953), 7-8.

[1619] Em geral entre nós, *vide* Castro Mendes, *Do conceito jurídico do prejuízo* cit., 10 ss.; Pessoa Jorge, *Ensaio sobre os pressupostos da responsabilidade civil* cit., 381 ss.; Gomes da Silva, *O dever de prestar e o dever de indemnizar* (1944), 119 ss..

[1620] Manfred Wandt, *Versicherungsrecht* cit., 5.ª ed. Nr. 661 (242).

na lei (§ 253)[1621]. Entre nós, Margarida Lima Rego sustenta que seriam admissíveis contratos aleatórios relativos a danos morais, mas não como contratos de seguro[1622].

II. Temos de estar prevenidos: existe um forte preconceito contrário aos danos morais (indemnizáveis), patente no Direito alemão e que se repercutiu na forma definida porque o artigo 496.º/1, do Código Civil, refere o tema e nas múltiplas dificuldades doutrinárias que o tema tem ocasionado[1623]. No campo do seguro, em que se pretende evitar a sua conversão em jogo, a lei redobra de cautelas, inseridas numa área já de si minada.

III. Devemos ter presente a *Realpolitik*. No Direito português, não há qualquer problema de excesso de indemnizações ou de seguros: pelo contrário. Uma doutrina com dimensão prática deve procurar, quanto possível, majorar a indemnização e facilitar o funcionamento do sistema financeiro.

Assim, embora acatando a indicação do artigo 123.º, que limita os seguros de danos aos danos patrimoniais, preconizamos os alargamentos seguintes:

- uma noção ampla de dano patrimonial, de modo a poder exprimir qualquer vantagem obtida (licitamente) com dinheiro; por exemplo, o seguro que permita ao segurado, indo de férias, receber uma quantia por cada dia de chuva[1624]: pois se ele pagou para ficar ao Sol e chove, há dano patrimonial segurável; também neste crivo passam os seguros de nupcialidade ou de natalidade: é evidente que as eventualidades de casamento ou de nascimento de uma criança são acontecimentos fastos e, nunca, danos; o objeto do seguro é, todavia, o risco de despesas acrescidas, as quais se podem configurar como danos;
- a inclusão dos danos morais nos seguros de responsabilidade civil; aí, o "dano" correspondente à concretização do risco é o surgimento do dever de indemnizar, que tem natureza patrimonial, independentemente de, na origem, visar compensar danos morais;

[1621] Dieter Medicus, *BGB/PWW Kommentar*, 7.ª ed. (2012), § 253 (388 ss.) e Christian Grüneberg, no *BGB/Palandt Kommentar*, 74.ª (2015), § 253 (323 ss.).

[1622] Margarida Lima Rego, *Contrato de seguro e terceiros* cit., 290.

[1623] *Tratado* VIII, 514 ss..

[1624] *Vide* as dúvidas em Margarida Lima Rego, *Contrato de seguro e terceiros* cit., 289.

– a utilização adequada dos seguros de pessoas: aí, por definição, não há exigência de patrimonialidade.

IV. Em qualquer dos casos, o risco deve ser segurável, traduzindo, na linguagem da lei, um interesse digno de proteção legal. Podemos, nessa medida, remeter para as coordenadas gerais dos seguros, acima apontadas[1625].

317. A identificação; vícios da coisa e seguro conjunto

I. Para efeitos do seguro, o dano correspondente ao risco deve ser claramente identificado. Para tanto, funcionam as regras civis gerais. Todavia, o Direito dos seguros, na base dos concretos problemas que, ao longo dos séculos, tem vindo a enquadrar, dispensa algumas regras especiais.

II. O artigo 124.º ocupa-se dos vícios próprios da coisa segura[1626]. O preceito remonta ao artigo 437.º, do Código Veiga Beirão. No que agora está em causa, dispunha:

O seguro fica sem efeito:
(...)
2.º Se o sinistro resultar de vício próprio conhecido do segurado e por ele não denunciado ao segurador.
(...)

Está em jogo, como foi visto, a necessidade de existência de risco, enquanto elemento essencial do seguro[1627]. O § 2.º do mesmo artigo 437.º, do Código Comercial, completava[1628]:

[1625] *Supra*, 537 ss..
[1626] *Vide* José Vasques, em Romano Martinez, *LCS anotada* cit., 2.ª ed. 426.
[1627] *Supra*, 539 ss..
[1628] Quanto a todo este dispositivo: Luiz da Cunha Gonçalves, *Comentário ao Código Comercial* cit., 2, 529; este Autor entendia que a "metade" a restituir se reportava ao prémio já pago ou que deveria ter sido pago; contra, opinava Arnaldo Pinheiro Torres, *Ensaio sobre o contrato de seguro* cit., 159, explicando que a ideia correspondia a uma pena. O preceito está revogado; de todo o modo, cumpre esclarecer que não há, em princípio, penas privadas, tanto mais que não se exige, aqui, qualquer culpa; além disso, só

O segurado nos oito dias imediatos àquele em que chegou ao seu conhecimento a existência do vício próprio da coisa, que tiver seguro sem essa declaração, deve participá-lo ao segurador, e este pode declarar sem efeito o seguro, restituindo metade do prémio não vencido.

III. A LCS consagrou um regime mais adequado. Com efeito, o seguro pode, pelas regras gerais (44.º/2), reportar-se a um sinistro (logo, aqui: um vício) já existente, aquando da contratação, mas que as partes não conhecessem. Logo, os vícios próprios da coisa segura, quando desconhecidos, não relevam. O problema muda quando os danos sejam causados por vício próprio da coisa segura, existente ao tempo do contrato e (124.º/1):

– o tomador do seguro dele devesse ter conhecimento; e
– não o tenha declarado ao segurador.

Nessa altura, remete a Lei para o regime da declaração inicial ou de agravamento do risco, previstos, respetivamente, nos artigos 24.º a 26.º e 94.º[1629].

IV. Caso o vício próprio da coisa se tiver limitado a agravar o dano, as limitações do artigo 124.º/1 aplicam-se, apenas, à parcela do dano resultante do vício (124.º/2). Tudo isto pressupõe um manuseio cuidado do nexo de causalidade.

V. O artigo 432.º, 1.º, do Código Comercial, já admitia que o seguro pudesse ser feito sobre a totalidade conjunta de muitos objetos. Mas nessa eventualidade, torna-se difícil, para o segurador, perante o dano que atinja uma coisa (um "objeto"), saber se ela se incluía no conjunto segurado. Pelas regras gerais, caberia ao tomador (ou ao segurado) demonstrar essa pertença, já que, havendo sinistro, se trata de um elemento constitutivo do seu direito (342.º/1, do Código Civil).

O artigo 125.º/1, pretendendo prevenir quaisquer dúvidas, veio dizer isso mesmo: ocorrendo o sinistro, cabe ao segurado provar que uma coisa perecida ou danificada pertence ao conjunto de coisas objeto do seguro. E se elas tiverem donos diferentes? Para efeitos de seguro, releva que o contrato vise o conjunto. Por isso, ficam incluídas as coisas de pessoas que

---

se "restitui" o que já se houver recebido. A restituição reportava-se, como queria Cunha Gonçalves, ao prémio já pago e que perdia sentido, com o desaparecimento do seguro.

[1629] *Supra*, 631 ss..

vivam com o segurado, no momento do sinistro, bem como as de trabalhadores do segurado, não excluídos por outra causa. Pense-se num seguro contra roubos e furtos, relativos ao recheio de uma casa: recai sobre as coisas dos familiares do segurado ou dos seus empregados.
Nessa eventualidade, a indemnização compete ao dono da coisa, ou equiparável (125.º/3).

318. Afastamento e mitigação do dano

I. No domínio do seguro de danos, pela natureza das coisas, o tomador ou o segurado têm, em princípio, o controlo da coisa. Na hipótese de sinistro, eles estão em condições de prevenir ou de limitar os danos. A boa-fé na execução dos contratos (762.º/2, do Código Civil), através do dever acessório de proteção, logo determinaria que o tomador ou o segurado empreendessem o razoavelmente possível para o fazer.

O artigo 126.º/1, facilitando a concretização da matéria, di-lo de modo expresso[1630]. Com isso, pretende prevenir o empobrecimento evitável do segurado e, ainda: defender a dimensão social que sempre advém da preservação da riqueza. No limite, a inação do tomador ou do segurado pode constituir ato doloso causador de sinistro, determinando a aplicação do artigo 46.º[1631].

II. Tomado à letra, pareceria que o regime do artigo 126.º só se aplicaria havendo sinistro[1632]. E se o sinistro estiver iminente ou for muito provável? O segurado que possa facilmente evitar o furto de uma jóia só tem o dever de "salvamento" depois do furto, altura em que, provavelmente, já só resta participar o sinistro?

Se a letra do artigo 126.º/1 permite a dúvida, o espírito do sistema e o artigo 762.º/2, do Código Civil (boa-fé na execução do contrato) removê-la-ão. Com efeito, quem tenha o controlo da realidade segura ou quem, sobre ela, possa ter uma atuação, fica sempre obrigado a prevenir os danos, ao abrigo de deveres de tráfego. *A fortiori*, tal vetor opera na presença de um contrato. De resto, as cgs acentuam-no, muitas vezes.

[1630] Os antecedentes desse preceito podem ser confrontados na anotação de Arnaldo Costa Oliveira, em Romano Martinez, *LCS anotada* cit., 2.ª ed. 428-429.
[1631] *Supra*, 753.
[1632] Costa Oliveira, anot. cit., 430, parece propender para essa ideia.

O dever de afastar ou de mitigar o sinistro (e não, apenas, os danos) resulta, de resto, do título da secção II, do capítulo I, do título II, da LCS. Ele aplica-se, também, a quem tenha conhecimento do seguro, na qualidade de beneficiário (126.º/2).

III. Pergunta-se até onde deve ir o esforço do tomador ou do segurado, no sentido de prevenir ou limitar os danos (o sinistro). A lei refere "empregar os meios ao seu alcance". Com que energia? Há que remeter, neste ponto, para as regras gerais de Direito das obrigações, que fixam a medida da diligência requerida, para efeitos de execução da prestação[1633]. Recordamos que, pelas coordenadas científicas dominantes:

– prevalece o esforço cometido ao *bonus pater familias*, tomado como cidadão (ou cidadã) normal, dotado das estruturas morais e psicológicas razoáveis;
– colocado na concreta situação em que o problema se ponha.

Assim, o *bonus pater familias* não vai abandonar os filhos numa casa incendiada, para tentar dominar o fogo; mas não terá dúvidas em usar o extintor, perante um pequeno incêndio na cozinha. Na dúvida, há que privilegiar sempre a segurança das pessoas. Por vezes, as apólices preveem deveres acrescidos, no tocante à prevenção ou à mitigação do perigo.

IV. O incumprimento dos deveres de afastar ou de mitigar o sinistro conduz à aplicação do artigo 101.º/1, 2 e 4 (126.º/3). Esse preceito reporta-se às consequências da falta de participação do sinistro[1634].

VI. O artigo 127.º prevê uma obrigação de reembolso. Segundo o seu n.º 1, o segurador paga ao tomador do seguro, segurado ou beneficiário, as despesas efetuadas no cumprimento do dever de prevenir ou de mitigar o sinistro, desde que razoáveis e proporcionadas e isso mesmo quando os meios empregados se revelem ineficazes (n.º 1). A lógica é clara: tendo assumido o risco do sinistro, o segurador arca com as despesas que visaram evitá-lo ou minimizá-lo. Além disso, compensa-se, de certa forma, a atitude correta dos visados.

[1633] *Tratado* VI, 481 ss., com indicações.
[1634] *Supra*, 753 ss..

O reembolso, verificados os requisitos, é pago antes da data da regularização do sinistro (127.º/2), sendo deduzido ao montante do capital seguro disponível, salvo se as despesas resultarem de determinações concretas do segurador ou se a sua cobertura autónoma resultar do contrato (127.º/3). Sendo o seguro inferior ao interesse seguro, o reembolso é feito na proporção do risco coberto (127.º/4).

§ 75.º O PRINCÍPIO INDEMNIZATÓRIO

319. Conspecto geral; a materialidade

I. Pela sua importância, vamos dedicar uma rubrica ao denominado princípio indemnizatório. A LCS dedica-lhe uma série de normas: artigos 128.º a 136.º. Ficam envolvidos os preceitos seguintes[1635]:

- 128.º prestação do segurador;
- 129.º salvado;
- 130.º seguro de coisas;
- 131.º regime convencional;
- 132.º sobresseguro;
- 133.º pluralidade de seguros;
- 134.º subseguro;
- 135.º atualização;
- 136.º sub-rogação pelo segurador.

II. O princípio indemnizatório tem, fundamentalmente, o seguinte alcance: o seguro de danos visa, apenas e no máximo, suprimir o dano efetivo, sofrido pelo segurado. Ele não deve ir mais além, proporcionando um lucro ao mesmo segurado. Para tanto, temos justificações em três planos:

- no plano histórico, havia que esconjurar a hipótese da usura: se o tomador/segurado recebessem mais do que o dano, estaríamos perante uma retribuição do capital;
- no plano significativo-ideológico, cabia manter o seguro longe do jogo ou da aposta; ora uma indemnização superior ao dano implicaria um intuito de ganho e não, apenas, de transferência de risco;

[1635] Sobre toda esta matéria, *vide* Arnaldo Costa Oliveira, em Romano Martinez, *LCS anotada* cit., 2.ª ed. 438-474, com indicações.

– no plano social, a hipótese de o tomador/segurado lucrarem com o sinistro poderia conduzir a uma multiplicação de fraudes e de desastres, com fitos de enriquecimento.

Sobre este pano de fundo, o artigo 128.º prescreve que a prestação devida pelo segurador fique limitada ao dano decorrente do sinistro, até ao montante do capital seguro. Temos dois limites, valendo o mais baixo: (1) o dano; (2) o capital seguro.

III. O princípio indemnizatório deve ser entendido em termos materiais: o que, em regra, não sucede. Há que ponderar e validar o dano concreto, no sentido de precisas desvantagens sofridas pelo lesado.

Num exemplo infelizmente corrente: num sinistro, é destruído o automóvel do segurado: um modelo corrente que, novo, valerá € 20.000 e, usado com um ano, € 15.000; ao abrigo do artigo 128.º, o segurador irá pagar os € 15.000; mas com essa quantia, o segurado não vai comprar o modelo equivalente em condições (um automóvel com um ano de uso, em bom estado); provavelmente terá de optar ou por um modelo pior, ou por um automóvel novo, perdendo € 5.000. Outro: o lesado restaura um modelo de automóvel corrente mas antigo, com fins de coleção; é destruído num sinistro; o segurador, invocando o montante do dano, não considera o custo do restauro; vai pagar uma quantia mínima, invocando o valor do mercado.

Tudo isto passa impune, uma vez que o cidadão normal não vai intentar azardosas ações contra seguradores, para reaver, ao fim de anos e eventualmente, o valor em falta.

320. Os salvados

I. O artigo 129.º dispõe que o salvado, ou seja, o objeto salvo do sinistro, só pode ser abandonado a favor do segurador se o contrato assim o estabelecer. Era a solução do artigo 439.º, § 2.º, do Código Comercial[1636].

A redação é um pouco anómala: parece claro que o abandono ao segurador é possível se este o aceitar, independentemente do que diga o contrato.

[1636] REv 8-mai.-2008 (D'Orey Pires), Proc. 286/08.

II. Este preceito visa comprimir o princípio indemnizatório. O segurado, ficando com o salvado, verá o valor da indemnização abatido, em correspondência com ele. Tal sucede em função da regra *compensatio lucri cum damno*. Se o lesado ainda conserva alguma vantagem (um "lucro"), ela deve ser compensada na indemnização[1637]. De outro modo, configurar-se-ia um enriquecimento do lesado[1638].

III. De facto, por mísero que seja, o salvado sempre terá algum valor. Mas, também em regra, ele nada valerá para o segurado.

A atribuição do salvado ao segurado visa, ainda, pôr o segurador ao abrigo dos esforços necessários para se desfazer dele. Tudo isto deve, pois, ser temperado pela boa-fé[1639].

321. Interesse seguro e autonomia privada

I. No seguro de coisas, o dano a atender para determinar a indemnização devida, pelo segurador, é o valor do interesse seguro, ao tempo do sinistro (130.º/1). "Interesse" significa, aqui, a parcela de valor que, com referência ao concreto contrato celebrado, tenha o risco coberto[1640]. Assim:

– se o segurado for o usufrutuário, o interesse é o valor correspondente ao usufruto;
– se o segurado for utilizador, está em causa o valor do uso; se for (re)vendedor, vale o valor de troca.

Pode haver vários "interesses" sobre a mesma coisa: matéria clássica que foi delucidada no princípio do século XX[1641].

II. Tratando-se de (mero) seguro de coisas, e havendo sinistro, pode, além do dano emergente, gerar-se um lucro cessante. Nessa eventualidade,

---

[1637] *Tratado* VIII, 730.
[1638] RGm 9-fev.-2012 (Manso Raínho), Proc. 1129/09 e RCb 15-nov.-2011 (António Beça Pereira), Proc. 1452/09, entre muitos outros.
[1639] STJ 9-mar.-2010 (Alves Velho), Proc. 1247/07, onde se procede a diversos ajustes.
[1640] *Supra*, 560 ss..
[1641] *Supra*, 562.

o artigo 130.º/2 determina que o mesmo só seja suportado pelo segurador, se assim for convencionado.

Essa mesma regra aplica-se ao dano da privação do uso do bem (p. ex., furto de automóvel, enquanto este não for restituído ao dono): artigo 130.º/3[1642]. E isso apesar da privação do uso ser um claro dano emergente e não um lucro cessante.

III. O artigo 131.º permite, em certas margens, superar o princípio indemnizatório. Por vezes, torna-se difícil e, sobretudo, pouco eficiente procurar determinar o valor do dano. O preceito em causa permite, às partes, "sem prejuízo do disposto no artigo 128.º e no n.º 1 do artigo anterior" (o 130.º),

(...) acordar no valor do interesse seguro atendível para o cálculo da indemnização, não devendo esse valor ser manifestamente infundado.

Formalmente (a ressalva do artigo 128.º/1), o princípio indemnizatório é respeitado; materialmente, as partes, pelo prisma de fixarem o valor do interesse atendível para o cálculo da indemnização, podem assentar na cifra a considerar, em caso de sinistro, desde que não manifestamente infundada. O artigo 131.º/2 dá dois exemplos de cláusulas que, de facto, superam a ideia pura da indemnização; as partes podem acordar:

– no valor de reconstrução ou de substituição do bem; ou
– em não considerar a depreciação do interesse seguro em função da vetustez ou do uso do bem.

Fica ressalvado o regime de alteração do risco, previsto nos artigos 91.º a 94.º (131.º/3).

[1642] Veja-se a aplicação desta regra em RPt 15-mai.-2012 (Márcia Portela), Proc. 1900/10, no caso do seguro de um automóvel dado em locação financeira. Neste mesmo aresto, julgou-se (e bem) haver abuso do direito, na modalidade de desequilíbrio no exercício, pelo facto de salvados destinados a venda, no valor de € 2.750,00, terem sido parqueados durante mais de cinco anos a € 12/dia, perfazendo-se uma conta, a cargo do segurado, de € 23.532,00, mais IVA.
Vide, ainda, RLx 27-mar.-2012 (Ana Resende), Proc. 131/12.

III. Com estes "desvios", o legislador pretendeu enfrentar as críticas, acima expressas, de que o princípio indemnizatório jogava, no fundo, a favor do segurador, acabando por poder não permitir o ressarcimento do dano efetivo. Mas como só se lhes chega por acordo das partes, mantém-se a censura. Provavelmente, o segurador irá majorar o prémio, para permitir o cômputo adequado do "interesse" seguro.

Apesar destas limitações, estamos numa área relevante de progresso futuro. O desenho do seguro como negócio financeiro tende a libertá-lo da corporeidade de origem. A partir daí, a autonomia privada amplia o seu círculo de aplicação, definindo o âmbito do valor seguro.

O contrapeso desta evolução, que impedirá, em definitivo, o seguro de se tornar numa pura aposta, deverá residir na supervisão adequada.

322. O sobresseguro e a pluralidade de seguros

I. O artigo 132.º/1 configura a hipótese de o capital seguro exceder o valor do interesse seguro[1643]. Nessa eventualidade e ocorrendo um sinistro, a prestação a cargo do segurador não pode exceder o valor do "interesse" em causa.

Nessa eventualidade, as partes podem pedir "a redução do contrato". A redução tem o sentido de invalidação do contrato em quanto exceda o valor do interesse seguro, com a manutenção da restante parte do contrato (292.º, do Código Civil)[1644].

II. A redução aqui em jogo deverá ser retroativa. Não seria justo que o tomador, tendo assegurado um risco inferior ao exarado no contrato, acabasse por pagar um prémio calculado com referência a este último, tendo em vista uma indemnização que nunca poderia receber.

Todavia, o artigo 132.º/2 introduz limitações à restituição do prémio pago em excesso. Assim:

[1643] STJ 24-abr.-2012 (Mário Mendes), Proc. 32/10: há situação de sobresseguro sempre que, *ab initio* ou no decurso do contrato, o objeto do seguro tenha um valor inferior ao declarado, ou seja, um valor inferior àquele pelo qual se encontra seguro; citando já a LCS, o Supremo considera o contrato inválido na parte excedente ou seja, na parte em que o valor ultrapasse o do objeto segurado.

[1644] *Vide* o acórdão citado na nota anterior, não obstante reportado, ainda, ao Código Comercial.

– a restituição dos sobreprémios só opera se o tomador do seguro ou o segurado estiverem de boa-fé, ou seja: se desconhecerem, sem culpa, a existência de sobresseguro;
– a restituição é limitada aos sobreprémios pagos nos dois anos anteriores ao pedido de redução, deduzidos os custos de aquisição, calculados proporcionalmente.

III. De novo aflora, neste preceito, um certo intento punitivo, estranho ao Direito privado. Como atenuante: a má-fé não se presume, devendo ser provada por quem a invoque. Também a limitação a dois anos, havendo – como há – desconto dos custos – parece excessiva. Fica a ideia de que, mesmo de boa-fé, competiria ao tomador evitar o sobresseguro. Assim será se ele tiver sido devidamente informado.

Infere-se, ainda, do artigo 13.º/1 que este preceito pode ser afastado pela vontade das partes, de modo a estabelecer uma solução mais favorável ao tomador: há uma imperatividade meramente relativa.

IV. Com o sobresseguro relaciona-se a pluralidade de seguros, prevista no artigo 133.º. Esta ocorre quando um mesmo risco, relativo ao mesmo interesse, estiver seguro por vários seguradores. Nessa eventualidade:

– o tomador ou o segurado devem informar, dessa circunstância, todos os seguradores, assim que a conheça, bem como aquando da participação do sinistro (n.º 1);
– a omissão fraudulenta de tal informação exonera os seguradores das respetivas prestações[1645] (n.º 2);
– o sinistro é indemnizado por qualquer dos seguradores, à escolha do segurado, dentro dos limites da respetiva obrigação (n.º 3);
– salvo convenção em contrário, os seguradores envolvidos respondem entre si na proporção do que cada um teria de pagar, se houvesse um único contrato.

Além disso, havendo insolvência de um dos seguradores, os demais respondem pela quota-parte, nos termos do artigo 133.º/4 (n.º 5).

[1645] Deve ler-se: exonera os seguradores não-informados; quanto aos restantes, não vemos razões para não cumprirem o contrato.

V. O artigo 133.º é relativamente imperativo (13.º/1): pode ser afastado por cláusula mais favorável ao tomador, salvo o n.º 4, que não lhe diz respeito, diretamente.

Quando os seguradores, perante a pluralidade, limitem o risco que cada um corra, haveria que reduzir proporcionalmente o prémio. A Lei não o diz: não oferece dúvidas, todavia, a aplicação analógica do artigo 132.º. Em última instância, teríamos, sempre, o instituto do enriquecimento sem causa.

323. O subseguro e a atualização

I. Temos um subseguro sempre que o capital seguro for inferior ao valor do objeto seguro. Nessa altura, o segurador, que já tinha a sua responsabilidade limitada ao capital seguro (128.º), ainda se limitará a responder pelo dano (apenas) na respetiva proporção, ressalvando-se a cláusula em contrário (134.º).

De novo se impõe informar bem o tomador de semelhante regime, claramente favorável ao segurador.

> Vamos supor que uma coisa vale 1000 e foi segura por 1000; ocorrendo o sinistro, a indemnização é de 1000. Mas se valer 2000 e o seguro for de 1000, perdendo-se a coisa, a indemnização baixa para 500 ... Semelhante regime só é pensável se, no segundo caso, os prémios forem metade dos do primeiro[1646].

> Esta defesa à *outrance* do segurador terá de ser contrabalançada pela supervisão e pela informação.

II. Justamente para evitar situações de subseguro, o artigo 135.º prevê, no caso do seguro de risco à habitação, a atualização automática do valor do imóvel seguro ou da sua proporção: uma situação que deve, pelo segurador, ser levada ao conhecimento do tomador, com as suas consequências (135.º/2).

O incumprimento destes deveres conduz à não-aplicação do regime do subseguro.

[1646] Todavia, segundo explica Arnaldo Costa Oliveira, em Romano Martinez, *LCS anotada* cit., 2.ª ed. 461, esta solução da proporcionalidade, já prevista no corpo do artigo 433.º, do Código Comercial, tem ainda correspondente na generalidade das leis dos países latinos.

324. A sub-rogação pelo segurador

I. A sub-rogação, regida pelos artigos 589.º e seguintes do Código Civil, é uma forma de transmissão de créditos que opera a favor daquele que cumpra a obrigação do devedor ou com cujos meios a obrigação seja cumprida pelo próprio devedor[1647]. A pessoa colocada na posição do primeiro credor – isto é, o segundo credor, a favor do qual opera a transmissão – diz-se sub-rogada.

A sub-rogação diz-se:

- voluntária, quando proveniente de um acordo entre o sub-rogado (o novo credor) e o antigo credor, que surge, nessa eventualidade, como sub-rogante ou de um acordo entre o novo credor e o devedor, então o sub-rogante;
- legal quando, em vez da declaração sub-rogatória feita pelo antigo credor ou pelo devedor, se verifique que o sub-rogado (592.º/1, do Código Civil): (1) ou garantiu o cumprimento da obrigação; (2) ou tem, por qualquer outra causa, interesse direto ou indireto no crédito.

Noutra distinção civil, a sub-rogação é total quando o sub-rogado assuma, por inteiro, o crédito do credor inicial; surge parcial sempre que tal ocorra relativamente, apenas, a uma parcela do mesmo crédito.

II. Segundo o artigo 136.º/1, o segurador que tiver pago a indemnização fica sub-rogado, na medida do montante desembolsado, nos direitos do segurado contra o terceiro responsável pelo sinistro. Trata-se de uma sub-rogação legal[1648]: além de prescrita na lei, verifica-se que o segurador garante, de facto, a obrigação do responsável.

Para que a sub-rogação seja operacional, é necessário que os direitos do segurado (lesado) contra o terceiro (responsável causador do sinistro) se mantenham intactos. Donde o artigo 136.º/2: o tomador ou o segurado responde, até ao limite da indemnização paga pelo segurador, por ato ou omissão que prejudique a sub-rogação.

[1647] *Tratado* IX, 225 ss., com indicações. A sub-rogação não se confunde com o direito de regresso, em termos que já acima foram explanados: *supra*, 757 ss..
[1648] STJ 9-mar.-2010 (Azevedo Ramos), Proc. 2270/04.

III. A sub-rogação parcial não prejudica o direito do segurado, relativamente à parcela do dano não coberta, quando concorra com o segurador contra o terceiro responsável: salvo convenção em contrário, nos grandes riscos (136.º/3).

IV. O artigo 136.º/4 exceciona à sub-rogação a favor do segurado:

(a) a hipótese de o segurado responder pelo terceiro responsável, nos termos da lei; será o caso do artigo 491.º do Código Civil: os pais respondem pelos danos praticados pelos filhos menores; celebram um seguro; não faria sentido que, em caso de sinistro, o segurador viesse, em nome dos pais, demandar o menor;
(b) o caso de a sub-rogação atuar contra o cônjuge do segurado, contra a pessoa que, com ele, viva em união de facto, ou contra os ascendentes ou descendentes do mesmo segurado que, com ele, vivam em economia comum.

Esta última exclusão não funciona quando a responsabilidade dos terceiros em causa for dolosa ou se encontrar, ela própria, coberta por um contrato de seguro – 136.º/4, *b*), *in fine*.

§ 76.º SEGURO DE RESPONSABILIDADE CIVIL

325. Noção, âmbito e cobertura

I. O artigo 137.º, esclarecendo práticas já conhecidas no Direito anterior, introduz o seguro de responsabilidade civil: nele, o segurador cobre o risco de, na esfera do segurado, se constituir uma obrigação de indemnizar terceiros[1649]. A obrigação de indemnizar, coberta pelo seguro, obedece às regras civis aplicáveis.

II. No domínio dos seguros de responsabilidade civil, importa distinguir:

– os seguros facultativos: puramente dependentes da iniciativa livre do tomador, são-lhes aplicáveis os artigos 137.º a 145.º da LCS;
– os seguros obrigatórios: impostos por lei em áreas sensíveis, eles regem-se pelos referidos preceitos, quando não sejam afastados e, ainda, pelos artigos 146.º a 148.º da mesma LCS; além disso, eles observam o disposto nos diplomas que os imponham.

Para além desta classificação distinguem-se, ainda, diversas modalidades, em função do tipo de responsabilidade em causa: profissional, do produtor, do empreiteiro, do garagista e tantas outras.

II. O âmbito do seguro de responsabilidade civil depende, fundamentalmente, do acordado. Ele garante a obrigação de indemnizar, até ao montante do capital seguro: por sinistro, por período de vigência ou por lesado (138.º/1).

[1649] *Vide*, sobre toda esta matéria, José Vasques, em Romano Martinez, *LCS anotada* cit., 2.ª ed. 474-498.

O dano a atender é, salvo convenção em contrário, o resultante da lei civil (138.º/2).

O regime geral do seguro de responsabilidade civil aplica-se ao seguro de acidentes de trabalho, salvo se o regime deste o afastar (138.º/3). Recordamos que dispõe, neste domínio, a Lei n.º 98/2009, de 4 de setembro.

III. O período de cobertura é fixado pelo artigo 139.º, com larga margem para a autonomia privada. À partida ele cobre a responsabilidade do segurado (n.º 1):

– por factos geradores de responsabilidade civil ocorridos no período de vigência do contrato;
– abrangendo os pedidos de indemnização apresentados após o termo do seguro.

Efetivamente, o pedido de indemnização depende do terceiro: não deve, havendo atraso, ser retirado da cobertura.

As partes podem delimitar o período de cobertura, em função, designadanente, do facto gerador do dano, da manifestação deste ou da sua reclamação (n.º 2). Nesta última hipótese e não estando o risco coberto por contrato posterior, o seguro de responsabilidade civil garante o pagamento de indemnizações resultantes de eventos dolosos desconhecidos das partes e ocorridos na vigência do contrato, ainda que a reclamação seja apresentada no ano seguinte ao termo do contrato (n.º 3). Trata-se de uma disposição destinada a auxiliar os lesados.

326. Defesa jurídica, dolo e pluralidade de lesados

I. Por via do artigo 140.º/1, o segurador de responsabilidade civil pode intervir em qualquer processo judicial ou administrativo em que se discuta a obrigação de indemnizar cujo risco tenha assumido, suportando os custos. O preceito é natural: fixada, em processo, uma determinada responsabilidade civil, o segurador já mais nada poderia fazer: apenas pagar. Seriam possíveis conluios ou, muito simplesmente: o segurado, sabendo gozar da cobertura, poderia descurar a sua defesa, poupando nos custos a ela afetos.

II. O lesado pode demandar diretamente o segurador, isoladamente ou em conjunto com o segurado (140.º):

– quando o contrato de seguro assim o preveja (n.º 2);
– caso o segurado o tenha informado do seguro com um consequente início de negociações entre o lesado e o segurado (n.º 3);
– nas hipóteses de seguro obrigatório (146.º/1), valendo ainda as regras previstas em leis especiais: assim sucede com o artigo 64.º/1 do Decreto-Lei n.º 291/2007, de 21 de agosto, relativo à responsabilidade automóvel; no âmbito aí definido, só o segurador pode, de resto, ser demandado.

O segurado deve prestar, ao segurador, toda a informação que, razoavelmente, lhe seja exigida, abstendo-se de agravar a posição substantiva ou processual do segurador (140.º/6).

III. Podem o segurado e o lesado ter contratos de seguro no mesmo segurador ou, a qualquer título, haver conflitos de interesses: deve o segurado dar a conhecer tais ocorrências aos interessados (140.º/4). Nessa eventualidade, frustrado um acordo, pode o segurado confiar a sua defesa a quem entender, assumindo o segurador, salvo cláusula em contrário[1650], os custos daí decorrentes proporcionais à diferença entre o valor proposto pelo segurador e aquele que o segurado obtenha (140.º/5).

Tudo isto tem a maior gravidade, perante o (aliás: lógico) artigo 140.º/7:

> São inoponíveis ao segurador que não tenha dado o seu consentimento tanto o reconhecimento, por parte do segurado, do direito do lesado como o pagamento da indemnização que a este seja efetuado.

O segurado fica indiretamente adstrito a conceder, ao segurador, o direito de agir processualmente, nos processos resultantes de sinistros cobertos pelas apólices em jogo[1651].

[1650] A "cláusula em contrário" deve ser mais favorável ao segurado; caso contrário é nula, por patente atentado aos bons costumes, na forma de inobservância de normas deontológicas básicas: não pode o segurador descurar a sua função para servir interesses incompatíveis ou em conflito.

[1651] Norma ISP n.º 11/2006-R, publicada como Regulamento n.º 221/2006, DR 2.ª série, n.º 244, de 21-dez.-2006, 29 738-29 741 (29 741/I), relativa ao seguro obrigatório de responsabilidade civil dos titulares de licença para o uso e porte de armas ou sua detenção. Segundo o artigo 19.º/3 desse diploma:

IV. O artigo 141.º não considera dolosa a produção do dano, quando o agente beneficie de uma causa de exclusão da ilicitude ou da culpa. O preceito pareceria surrealista, se não viesse ressalvar o artigo 46.º: com efeito, havendo causa de justificação, não há ilicitude e, logo (*a fortiori*) culpa, para mais na forma de dolo; e ocorrendo causa de excusa, por definição não pode haver dolo.

Já a ressalva do artigo 46.º perturba: há que (re)interpretar com muito cuidado esse preceito: ele apenas pode valer, havendo causa de justificação ou de excusa, como delimitando o risco coberto (e nunca como uma sanção). Nessa eventualidade, isso deve ser comunicado previamente ao tomador, por via do artigo 18.º, *b*).

V. Numa situação de responsabilidade civil, coberta por um seguro, pode haver uma pluralidade de lesados. Nesse caso, quando o valor total das indemnizações ultrapasse o capital seguro, os pagamentos são proporcionalmente reduzidos (142.º/1). Quando tais pagamentos sejam ultrapassados pelo segurador de boa-fé (o que engloba o desconhecimento de outras pretensões), fica o segurador liberado para com os outros lesados, no que exceda o capital seguro.

327. Bónus e agravamentos

I. Na normalidade da vida social, podemos afirmar que a generalidade dos cidadãos nunca incorre em situações de responsabilidade civil. E quanto aos restantes: uma larga maioria raramente o faz. O seguro de responsabilidade civil, designadamente quando seja obrigatório, torna-se, assim, um permanente encargo, próximo da parafiscalidade[1652]. As pessoas pagam para que os seguradores respondam pelos danos causados por uns poucos.

Acontece ainda que cada um, pelo cuidado que ponha no modo de conduzir a sua vida e os seus assuntos, pode, com eficácia, evitar (quase)

O segurado, sob pena de responder por perdas e danos, obriga-se a conceder à seguradora o direito de orientar e resolver os processos resultantes de sinistro cobertos pela apólice, outorgando por procuração bastante os necessários poderes, bem como fornecendo e facilitando todos os documentos, testemunhas e outras provas e elementos ao seu alcance.

[1652] *Supra*, 600 ss..

sempre incorrer em responsabilidade civil a qual, depois, será transferida para o segurador.

Tudo isto conduz à (boa) prática dos bónus e dos agravamentos: o tomador que não dê azo a situações de responsabilidade, pelo menos durante um certo tempo, terá um bónus: um desagravamento no prémio; aquele outro que detenha uma certa sinistralidade, sofrerá um agravamento no mesmo prémio[1653].

II. A prática dos ónus e dos agravamentos deve ser equilibrada, designadamente perante seguros obrigatórios. Ela assume uma clara dimensão de interesse público. Assim, o artigo 24.º/1 do Decreto-Lei n.º 176/95, de 26 de julho, a propósito do seguro obrigatório de responsabilidade civil automóvel, veio dispor:

> Para efeitos da aplicação dos regimes de bónus-malus, só serão considerados os sinistros que tenham dado lugar ao pagamento de indemnizações ou à constituição de uma provisão, desde que, neste último caso, a seguradora tenha assumido a responsabilidade perante terceiros.

Uma norma semelhante constava já da apólice uniforme do seguro obrigatório de responsabilidade civil automóvel, correspondente à Norma n.º 17/2000-R adotada pelo Regulamento interno n.º 2/2001, de 21-dez.-2000: artigo 20.º/2[1654].

Por seu turno, a Parte Uniforme das Condições Gerais da Apólice de Seguro Obrigatório de Acidentes de Trabalho para Trabalhadores por Conta de Outrem, aprovada pela Norma Regulamentar do ISP, n.º 1/2009-R, de 8-jan.-2009, dispunha, na sua cláusula 17.º/3[1655]:

> A alteração do prémio por aplicação das bonificações por ausência de sinistros ou dos agravamentos por sinistralidade, regulados pela tabela e disposições anexas, é aplicada no vencimento seguinte à data da constatação do facto.

[1653] Assim, segundo a tabela anexa às cgs da Fidelidade Mundial Seguros (Grupo Caixa Geral de Depósitos), relativas ao seguro automóvel, o prémio pode ter um agravamento até 60% ou uma redução até 50%, em função da sinistralidade.

[1654] Regulamento interno n.º 2/2001, de 21-dez.-2000, DR, II série, n.º 16, de 19-jan.-2001, 1107-1112 (1110/II).

[1655] Norma Regulamentar n.º 1/2009-R, de 8-jan.-2009, DR 2.ª série, n.º 16, de 23-jan.-2009, 3446-3452 (3449/II).

Idêntica norma surge na Apólice de Seguro Obrigatório de Acidentes de Trabalho para Trabalhadores Independentes, anexo à Norma Regulamentar n.º 3/2009-R, de 5-mar.-2009: artigo 15.º/3[1656].

III. O artigo 143.º veio codificar e generalizar todas estas normas. Para evitar que, a coberto de ónus ou de agravamentos, se viessem restringir em excesso os direitos dos tomadores e dos segurados, prescreveu-se que os bónus e os agravamentos dependiam da efetiva responsabilização do segurador (ou equivalente): não de simples participações ou de meras ocorrências relacionadas.

328. Regresso contra o tomador ou o segurado

I. Numa situação de seguro de responsabilidade civil, pode o segurador ser chamado a indemnizar o terceiro lesado. Nessa eventualidade, ele fica sub-rogado nos direitos do lesado contra o terceiro responsável pelo sinistro (136.º/1). Tecnicamente, isso traduz a regra de que o segurador paga e, com isso, adquire, por sub-rogação, os direitos do lesado contra o agente da lesão.

Situação diversa é a de o segurador, paga a indemnização, verificar que o tomador do seguro ou o segurado haviam causado dolosamente o dano ou tinham, de outra forma, lesado dolosamente o segurador, após o sinistro.

O âmbito desta norma é delimitado pelo artigo 46.º/1 que, salvo disposição ou convenção não ofensiva à ordem pública em contrário, não paga a prestação convencionada, em caso de sinistro causado dolosamente pelo tomador do seguro ou pelo segurado. Mas essa norma logo afirma a existência de exceções.

Por seu turno, o artigo 148.º/1, no seguro obrigatório de responsabilidade civil, determina que a cobertura de atos ou omissões dolosos depende do regime estabelecido em lei ou regulamento; e o n.º 2 desse preceito precisa que, sendo a lei e o regulamento omissos, há cobertura de atos ou omissões dolosas do segurado.

[1656] Norma Regulamentar n.º 3/2009-R, de 5-mar.-2009, DR 2.ª série, n.º 57, de 23-mar.-2009, 10 970-10 974 (10 972/II).

Nessa eventualidade, o artigo 144.º/1 dá, ao segurador, um direito de regresso, relativamente à quantia dispendida, contra o tomador do seguro ou o segurado responsáveis.

II. Esta norma, que teve algum antecedente no artigo 453.º do Código Comercial[1657], veio generalizar manifestações parcelares do mesmo princípio, contido nos artigos 18.º/3 e 79.º/3 da Lei n.º 98/2009, de 4 de setembro (acidentes de trabalho) e 27.º do Decreto-Lei n.º 291/2007, de 11 de agosto (responsabilidade automóvel). Transcrevemos, a título ilustrativo, este último preceito:

ARTIGO 27.º
Direito de regresso da empresa de seguros

1 – Satisfeita a indemnização, a empresa de seguros apenas tem direito de regresso:

a) Contra o causador do acidente que o tenha provocado dolosamente;
b) Contra os autores e cúmplices de roubo, furto ou furto de uso do veículo causador do acidente, bem como, subsidiariamente, o condutor do veículo objeto de tais crimes que os devesse conhecer e causador do acidente;
c) Contra o condutor, quando este tenha dado causa ao acidente e conduzir com uma taxa de alcoolemia superior à legalmente admitida, ou acusar consumo de estupefacientes ou outras drogas ou produtos tóxicos;
d) Contra o condutor, se não estiver legalmente habilitado, ou quando haja abandonado o sinistrado;
e) Contra o responsável civil por danos causados a terceiros em virtude de queda de carga decorrente de deficiência de acondicionamento;
f) Contra o incumpridor da obrigação prevista no n.º 3 do artigo 6.º;
g) Contra o responsável civil pelos danos causados nos termos do n.º 1 do artigo 7.º e, subsidiariamente à responsabilidade prevista na alínea *b)*, a pessoa responsável pela guarda do veículo cuja negligência tenha ocasionado o crime previsto na primeira parte do n.º 2 do mesmo artigo;

[1657] O qual dispunha:

O segurador responde pelas perdas e danos causados por falta ou fraude dos encarregados do transporte dos objetos segurados, salvo o seu regresso contra os causadores.

h) Contra o responsável civil por danos causados a terceiros em virtude de utilização ou condução de veículos que não cumpram as obrigações legais de carácter técnico relativamente ao estado e condições de segurança do veículo, na medida em que o acidente tenha sido provocado ou agravado pelo mau funcionamento do veículo;
i) Em especial relativamente ao previsto na alínea anterior, contra o responsável pela apresentação do veículo a inspeção periódica que, na pendência do contrato de seguro, tenha incumprido a obrigação de renovação periódica dessa apresentação, na medida em que o acidente tenha sido provocado ou agravado pelo mau funcionamento do veículo.

2 – A empresa de seguros, antes da celebração de um contrato de seguro de responsabilidade automóvel, deve esclarecer especial e devidamente o eventual cliente acerca do teor do presente artigo.

III. O direito de regresso não se confunde com a sub-rogação, como temos vindo a explicar[1658]: ao contrário desta, que traduz o acolhimento, na esfera do beneficiário, de um direito preexistente, com todas as suas características, o direito de regresso equivale a uma posição nova, com requisitos próprios de constituição e dotado de regime específico.

329. Prescrição dos direitos do lesado

I. O artigo 145.º determina que, aos direitos do lesado, contra o segurador, se apliquem os prazos de prescrição regulados no Código Civil. Na sua simplicidade, esta regra levanta dúvidas.

II. Desde logo, o lesado não tem, à partida, direitos contra o segurador: ele não é parte no seguro. Todavia, quer a lei (especial), quer o contrato, podem prever a possibilidade de o lesado demandar diretamente o segurador. Independentemente da construção a que se chegue, temos, aqui, um direito do lesado contra o segurador.

III. A partir daqui, o saber quais os prazos aplicáveis, no tocante à prescrição, depende da natureza da responsabilidade envolvida. Tratando-se de uma responsabilidade contratual – o segurado não cumpriu

---

[1658] *Supra*, 757-758.

um contrato e a responsabilidade daí adveniente estava coberta por seguro – caímos no prazo geral de 20 anos (309.º, do Código Civil), a menos que se trate de obrigação sujeita a prazo mais curto. Estando em causa uma responsabilidade aquiliana, aplica-se o artigo 498.º do Código Civil: três anos a partir da data em que o lesado teve conhecimento do direito que lhe compete, embora com desconhecimento da pessoa do responsável e da extinção integral dos danos e, independentemente de qualquer conhecimento, vinte anos desde o facto danoso.

330. Seguros obrigatórios

I. A LCS compreende disposições especiais para os seguros obrigatórios. Algumas correspondem a generalizações de leis específicas, com relevo para o Decreto-Lei n.º 291/2007, de 21 de agosto, relativo à responsabilidade civil automóvel e herdeiro de uma experiente evolução. Vamos apontar o essencial[1659].

II. Em primeiro lugar, o lesado tem o direito de exigir o pagamento da indemnização diretamente ao segurador (146.º/1[1660]): é a ação direta. Já atrás encontrámos essa especialidade, possível por disposição contratual ou legal (140.º/2 e 3). Pois perante seguros obrigatórios, a regra é geral: a lei pretende acautelar a posição dos lesados, o que pressupõe a possibilidade de estes agirem, por si.

De seguida, a indemnização é paga com exclusão dos demais credores do segurado (146.º/2): assim se prossegue na tutela do lesado.

O dano a considerar é o disposto na lei geral: um princípio supletivo (138.º/2) que, aqui, se torna injuntivo (146.º/3).

III. Os seguros obrigatórios são, muitas vezes, objeto de regulamentos específicos e, mesmo, de apólices uniformes, aprovadas pelo ISP[1661] ou pelo próprio Governo[1662]. Quando isso não suceda, o artigo 146.º/4 per-

---

[1659] Sobre toda esta matéria, José Vasques, em Romano Martinez, *LCS anotada* cit., 2.ª ed. 492-499.

[1660] *Vide* a Retificação n.º 32-A/2008, de 11 de junho.

[1661] Assim o anexo à Norma Regulamentar do ISP n.º 3/2009-R, de 5-mar.-2009, no DR 2.ª série, n.º 57, de 23-mar.-2009, 10 970-10 974.

[1662] Assim a Portaria n.º 256/2011, de 5 de julho, que aprovou a apólice de seguro obrigatória de acidentes de trabalho, para trabalhadores por conta de outrem.

mite, às partes, convencionar o âmbito da cobertura, desde que os objetivos da lei sejam respeitados.

IV. As partes podem optar por, na área dominada por um seguro obrigatório facultativo. Nessa eventualidade, a obrigação legal de segurar não se considera cumprida se ele não coincidir com ela ou contiver exclusões contrárias à natureza do seguro obrigatório em causa (146.º/5).

§ 77.º SEGURO DE INCÊNDIO

331. Generalidades e antecedentes

I. Desde a sedentarização da Humanidade e da formação de grandes cidades, com elevadas quantidades de matéria combustível, o incêndio passou a ser um risco coletivo considerável. Os seguros tinham, aí, um papel útil, tendo-se desenvolvido em torno desse pólo[1663].

II. O Código Comercial deu-lhe um tratamento condigno: do seguro contra fogo (442.º a 446.º). Vamos recordar esse dispositivo.
No caso do seguro de incêndio[1664], ficam abrangidos – artigo 443.º[1665]:

– os danos causados pelo incêndio propriamente dito, ainda que este tenha sido provocado pelo segurado ou pela pessoa responsável, desde que sem dolo[1666]; esta regra é importante, constituindo uma exceção ao artigo 437.º, 3.º[1667];

[1663] *Supra*, 65 ss..

[1664] A própria noção de incêndio dá azo a dúvidas; a jurisprudência apela para o sentido comum: combustão de coisas não destinadas, naqueles momento e circunstâncias, a ser consumidas pelo fogo – STJ 27-set.-1994 (Santos Monteiro), CJ/Supremo II (1994), 73-74 (74/II); assim, a oxidação espontânea de certas matérias-primas, sem chama, não seria "incêndio" mas, antes, avaria, podendo cair na exclusão do artigo 437.º, 2.º; *vide* STJ 23-mai.-1971 (Carvalho Júnior), BMJ 205 (1971), 232-235, STJ 27-set.-1994 cit., CJ/Supremo II, 3, 74/I e Cunha Gonçalves, *Comentário* cit., 2, 580.

[1665] *Vide* Carlo Giannattasio, *Assicurazione contro gli incendi*, ED III (1958), 520-527.

[1666] O segurador teria, pois, de provar a responsabilidade, por dolo, do segurado, para se eximir – RLx 3-mai.-1952 (Lopes de Castro), BMJ 33 (1952), 295-301; além disso, o segurador responde por incêndios criminosos causados por terceiros – STJ 13-nov.-1970 (Campos de Carvalho), BMJ 201 (1970), 165-168 (167).

[1667] STJ 9-nov.-1978 (Alves Pinto), BMJ 281 (1978), 359-363 (362).

– os danos resultantes imediatamente do incêndio, como os derivados do calor, do fumo, dos meios de combate ao fogo usados, das remoções de móveis e das demolições executadas pelas autoridades competentes;
– os danos derivados de vício do edifício, ainda que não denunciado, não se provando que, dele, o segurado tivesse conhecimento;
– os danos derivados de raio, de explosões ou de acidentes semelhantes.

III. Ao segurado apenas incumbe provar, quando estejam em causa coisas destinadas ao comércio, segundo o artigo 444.º, todos do Código Comercial:

– o prejuízo sofrido;
– a existência dos objetos seguros ao tempo do incêndio.

Trata-se de uma regra supletiva que traduz um claro *favor mercatoris*.

IV. O agravamento do risco permitia ao segurador, denunciar o contrato ou "... declarar sem efeito o seguro ...", nas palavras do artigo 446.º. Tem o segurado 8 dias para comunicar o agravamento ao segurador[1668] e estes 8 dias para denunciar o contrato: a ultrapassagem dos prazos conduz à anulação ou à conservação do seguro, respetivamente – §§ 1.º e 2.º do artigo 446.º, sempre do Código Comercial.

Deparamos com encargos cruzados que visam a justiça do contrato e a segurança no sector sensível dos incêndios[1669]. A jurisprudência mostra alguma preocupação em, quanto possível, salvaguardar estes seguros[1670].

[1668] Entende-se que a alteração das condições de segurança só têm de ser comunicadas se, daí, resultar um aumento do risco: STJ 8-jul.-2003 (Silva Salazar), CJ/Supremo XI (2003) 2, 129-131 (130/II).

[1669] *Vide* STJ 23-set.-1999 (Quirino Soares), CJ/Supremo VII (1999) 3, 37-40.

[1670] STJ 17-mai.-1960 (Vaz Pereira), BMJ 97 (1960), 385-388 (387-388): num seguro de incêndio, o facto de não se comunicar a transmissão do estabelecimento não constitui reticência, para efeitos do artigo 429.º: apenas conduz à redução do contrato, visto terem sido tirados objetos do local.

332. Noção; seguros obrigatórios

I. No Direito vigente, o artigo 149.º define o contrato de seguro de incêndio: ele tem por objeto a cobertura dos danos causados pela ocorrência de incêndio, no bem identificado no contrato[1671].

Mantém-se, quanto a "incêndio", a noção apurada pela jurisprudência, no domínio dos revogados preceitos do Código Comercial[1672]. Não deixa de haver cobertura pelo facto de o incêndio ser intencionalmente causado por terceiro[1673].

II. O seguro de incêndio pode ser facultativo ou obrigatório. Está, nesta última categoria, o seguro contra o risco de incêndio de prédio em propriedade horizontal, quer quanto às partes comuns, quer quanto às frações autónomas, por determinação do próprio Código Civil (1429.º).

Os seguros de incêndio obrigatórios dão azo a uma apólice uniforme: a aprovada pela Norma n.º 18/2000-R, de 21 de dezembro[1674], alterada pela Norma n.º 13/2005-R, de 18 de novembro[1675]. A Norma n.º 16/2006-R, de 18 de dezembro, adota a Apólice Uniforme relativa a frações autónomas e partes comuns[1676].

333. Âmbito e apólice

I. Seguindo muito do disposto nos preceitos revogados do Código Comercial, o artigo 150.º fixa o âmbito da cobertura do risco de incêndio. Assim, ele compreende:

– os danos causados pelo incêndio, ainda que tenha havido negligência do segurado ou de pessoa por quem ele seja responsável (n.º 1);
– os danos causados no bem seguro em consequência dos meios empregados para o combater (n.º 2/1.ª parte): muitas vezes, a água usada pelos bombeiros danifica partes de prédios não ardidas;

[1671] Sobre toda esta matéria, Romano Martinez, *LCS anotada* cit., 2.ª ed. 499-501.
[1672] *Supra*, nota 1664.
[1673] RPt 2-mar.-2009 (Fernandes do Vale), Proc. 0858042.
[1674] DR, 2.ª série, n.º 16, de 19-jan.-2011, 1112-1116.
[1675] DR, 2.ª série, n.º 234, de 7-dez.-2005, 17 121-17 132.
[1676] DR, 2.ª série, n.º 5, de 8-jan.-2009, 697-703.

– os danos derivados de calor, fumo, vapor ou explosões, em consequência do incêndio (n.º 2/2.ª parte);
– os danos causados por remoções ou destruições executadas por ordem da autoridade competente ou praticadas com fim de salvamento, tudo em decorrência do incêndio ou de factos acima descritos (n.º 2/3.ª parte).

II. Salvo convenção em contrário, o seguro de incêndio cobre ainda os danos causados por raio, explosão ou outro acidente semelhante, mesmo que não acompanhado por incêndio (150.º/2).

III. Tendo em conta as particularidades do risco de incêndio, a apólice do respetivo seguro, além do elencado no artigo 37.º, deve ainda precisar:

a) O tipo de bem, o material de construção e o estado em que se encontra, assim como a localização do prédio e o respetivo nome ou a numeração identificativa;
b) O destino e o uso do bem;
c) A natureza e o uso dos edifícios adjacentes, sempre que estas circunstâncias puderem influir no risco;
d) O lugar em que os objetos mobiliários segurados contra o incêndio se acharem colocados ou armazenados.

IV. Afigura-se urgente estabelecer um esquema obrigatório de seguro contra incêndios florestais, associando-o a esquemas de prevenção.

§ 78.º SEGURO DE COLHEITAS E PECUÁRIO

334. Seguro de colheitas; noções gerais; fontes

I. O Código Comercial dedicava, ao seguro de colheitas, os artigos 447.º a 449[1677]. Fazia-o em termos precisos que, no essencial, transitaram para a atual LCS[1678].

Esta matéria é, ainda, acompanhada por legislação complementar, como o Decreto-Lei n.º 20/96, de 19 de março, que instituiu um sistema integrado de proteção contra as aleatoriedades climáticas (SIPAC). Os seus artigos 4.º, 5.º, 9.º, 13.º e 16.º foram alterados pelo Decreto-Lei n.º 23/2000, de 2 de março.

> Segundo o artigo 2.º do Decreto-Lei n.º 20/96, de 19 de março,
>
> O seguro de colheitas constitui um incentivo ao investimento agrícola e contribui para garantir a estabilidade dos rendimentos dos agricultores, servindo também como instrumento de política agrícola capaz de conduzir a um adequado ordenamento cultural.
>
> Prossegue o artigo 3.º:
>
> O seguro de colheitas é voluntário, assegurando ao agricultor uma indemnização calculada sobre o montante dos prejuízos verificados nas culturas que tenham origem em qualquer dos riscos abrangidos pela respetiva apólice.
>
> O artigo 4.º, alterado pelo Decreto-Lei n.º 23/2000, de 2 de março, precisa o tema dos prémios:
>
> 1 – Os prémios do seguro de colheitas são estabelecidos pelas seguradoras, nos termos das disposições regulamentares em vigor.

[1677] Luiz da Cunha Gonçalves, *Comentário do Código Comercial* cit., 2, 586 ss..
[1678] Sobre toda esta matéria, Romano Martinez, *LCS anotada* cit., 2.ª ed., 501-503.

2 – O Estado bonifica os prémios do seguro de colheitas.

3 – A bonificação pode ser majorada em função dos riscos cobertos, da taxa aplicável, da localização, das variedades, dos meios de prevenção utilizados e da forma de contratação.

O artigo 6.º prevê um fundo de calamidade destinado exclusivamente a compensar os agricultores pelos sinistros provocados por riscos não passíveis de cobertura, no âmbito do seguro de colheitas, nos casos em que seja declarada oficialmente a situação de calamidade.

II. O seguro de colheitas garante uma indemnização calculada sobre o montante de danos verificados em culturas (152.º/1). Normalmente, o sinistro, quando ocorra, advém de calamidades naturais: seca, chuvas, inundações, granizo ou, até, pragas naturais. Cabe ao tomador ou ao segurado, nos termos gerais, fazer a prova de tais ocorrências e dos seus efeitos[1679].

A matéria deve ser integrada através do SIPAC, acima referido.

III. A determinação da indemnização implica alguma cautela, já que nunca se sabe, mesmo na falta de sinistro, qual será a competente colheita. Por isso, o artigo 152.º/2, retomando a solução que advinha do Código Comercial, prescreve que a mesma se faça em função do valor que os frutos de uma produção regular teriam ao tempo em que deveriam ter sido colhidos, se não tem havido sinistro, deduzido dos custos por fazer e das demais poupanças ou vantagens de que o segurado tenha benefício, mercê do sinistro (152.º/2)[1680]. A "dedução" visa evitar que o segurado acabe por beneficiar com a desgraça, o que poria em crise o princípio indemnizatório.

335. Seguro pecuário

I. O seguro pecuário garante uma indemnização calculada sobre o montante de danos verificados em determinado tipo de animais (153.º/1). O seguro pode-se aplicar a crias, se ficar clausulado (153.º/2, início).

[1679] REv 2-jun.-2006 (António Ribeiro Cardoso), Proc. 351/08.6.
[1680] RLx 3-mar.-1988 (Prazeres Pais), CJ XIII (1988) 2, 119-121 (120/II).

II. A indemnização é calculada na base do valor que os animais teriam ao tempo em que, presumivelmente, seriam vendidos ou abatidos, se não houvesse sinistro, deduzido dos custos em que o lesado não haja incorrido e das demais poupanças e vantagens derivadas do sinistro (153.º/2). Temos, aqui, mais um afloramento do princípio indemnizatório.

III. O essencial do seguro pecuário resulta do Decreto-Lei n.º 137/2001, de 24 de abril, que estabeleceu um sistema de seguros pecuário bonificado (1.º). Trata-se de um diploma paralelo ao que estabeleceu o SIPAC, já mencionado[1681].

336. Apólice

I. A apólice do seguro de colheitas e pecuário deve obedecer, nos termos gerais, ao artigo 37.º. Mas além disso, ela deve precisar (154.º/1):

a) A situação, a extensão e a identificação do prédio cujo produto se segura;
b) A natureza do produto e a época normal da colheita;
c) A identificação da sementeira ou da plantação, na eventualidade de já existir à data da celebração do contrato;
d) O local do depósito ou armazenamento, no caso de o seguro abranger produtos já colhidos;
e) O valor médio da colheita segura.

II. A mesma apólice deve, ainda precisar:

a) A identificação do prédio onde se encontra a exploração pecuária ou do prédio onde normalmente os animais se encontram ou pernoitam;
b) O tipo de animal, eventualmente a respetiva raça, o número de animais seguros e o destino da exploração;
c) O valor dos animais seguros.

[1681] *Supra*, 825.

§ 79.º SEGURO DE TRANSPORTE DE COISAS

337. Generalidades e antecedentes

I. O seguro de transporte tem uma genealogia que remonta às origens do comércio marítimo. Hoje, muitas das suas regras pertencem ao acervo geral dos seguros, quedando apenas algumas especialidades.

Deve ainda assinalar-se que o seguro de transporte está muitas vezes associado ao próprio contrato de transporte[1682], com o qual interage[1683].

II. O Código Comercial dedicava os seus artigos 450.º a 454.º ao seguro de transportes por terra, canais ou rios[1684]. Pelo artigo 450.º, ele podia ter, por objeto, o valor dos bens transportados, acrescido das despesas até ao lugar do destino e o lucro esperado.

De seguida, tínhamos as particularidades do artigo 451.º, referentes à apólice. Esta, para além das especificidades gerais do artigo 426.º, devia ainda conter os fatores aí referenciados e que permitiam precisar o risco em jogo.

O risco assumido principiava com a entrega ao transportador e cessava com a restituição feita, por este, ao destinatário – artigo 452.º[1685]: tratava-se, pois, de um seguro especialmente aderente ao contrato de transporte[1686], como tal sendo valorado[1687].

[1682] *Direito comercial*, 3.ª ed., 788 ss..

[1683] Recordem-se certos *incoterms*, designadamente o CIF (*cost, insurance and freight*): *Direito comercial*, 3.ª ed., 797-798.

[1684] Luiz da Cunha Gonçalves, *Comentário do Código Comercial* cit., 2, 591 ss. e Antigono Donati, *Assicurazione trasporti terrestri*, ED III (1958), 663-665.

[1685] STJ 28-jun.-1983 (Aquilino Ribeiro), BMJ 328 (1983), 608-613.

[1686] Por isso, a jurisprudência considerava, para efeitos de seguro, que um passeio em "asa delta" é um desporto e não um transporte; *vide* STJ 18-jun.-1996 (Cardona Ferreira), BMJ 458 (1996), 269-274 (271).

[1687] RLx 25-nov.-1997 (Ponce Leão), CJ XXII (1997) 5, 99-101.

Disposição importante é a do artigo 453.º, sempre do Código Comercial: o risco coberto pelo segurador envolve os danos causados por "falta ou fraude" dos encarregados do transporte dos objetos segurados. Quedará, naturalmente, o direito de regresso contra os causadores dos danos.

III. Para além de outras modalidades de risco[1688], parece-nos cientificamente relevante reter a lição da jurisprudência, quanto a certas variantes em presença. Assim:

– o seguro pode visar qualquer risco, mesmo quando relativo a operações não permitidas noutros países[1689];
– o risco deve ater-se à natureza e finalidade do seguro: o seguro de caçador, mesmo quando alargado desde a saída e até à chegada da pessoa segura, não abrange o facto de o marido da interessada ter morrido num acidente de viação[1690];
– o risco, não havendo exclusões, abrange todas as eventualidades possíveis de desencadear o resultado: é acidente coberto a morte de um futebolista em treinos, causada por rebentamento de aneurisma cerebral[1691];
– todavia, não estão cobertos riscos laterais que manifestamente não caibam no seguro: o seguro de transporte, de Inglaterra, de cavalos de desporto não abrange a eventualidade de um animal escorregar no taipal de um camião: não teria a ver com o transporte em si[1692].

338. Âmbito, legitimidade e período de cobertura

I. A LCS dedica, ao seguro de transporte de coisas, os artigos 155.º a 160.º[1693].

[1688] E de muitas outras, a considerar em obras especializadas sobre Direito dos seguros; vide Giuseppe Fanelli, *Assicurazione (rami minori)*, ED III (1958), 593-608.

[1689] Em STJ 24-jul.-1962 (Bravo Serra), BMJ 119 (1962), 543-548, considerou-se válido o seguro de correspondência relativo a uma carta onde se remetiam notas de dólar, enviando-as para a Argentina, país onde essa prática era proibida.

[1690] STJ 24-nov.-1981 (Aquilino Ribeiro), BMJ 311 (1981), 409-412 (411).

[1691] RCb 30-jun.-1992 (Santos Lourenço), CJ XVII (1992) 3, 134-135 (135/I).

[1692] RLx 8-fev.-1996 (Santos Bernardino), CJ XXI (1996) 1, 114-116 (115/II).

[1693] Sobre toda esta matéria, com indicações, José Alves de Brito, em Romano Martinez, *LCS anotada* cit., 2.ª ed. 504-510, com indicações.

No tocante ao âmbito, ele cobre riscos relativos ao transporte de coisas por via terrestre, fluvial, lacustre ou aérea, conforme o contrato (155.º/1). Os seguros de transporte marítimo mantêm-se em lei especial (por sinal, nos artigos 595.º a 615.º do Código Comercial, não revogados), o mesmo sucedendo com os de envios postais (155.º/2).

II. O seguro pode ser celebrado pelo tomador, por conta do segurado (156.º/1), aplicando-se o regime geral do seguro por conta de outrem (48.º). O contrato deve exarar a qualidade em que o tomador fez segurar a coisa (156.º/2).

III. Na linha do Direito anterior, o segurador assume o risco desde o recebimento das mercadorias pelo transportador e até à sua entrega, no termo do transporte (157.º/1). Pode ser fixado o início da cobertura na saída da mercadoria do armazém ou do domicílio do carregador e o seu termo na entrega no armazém ou residência do destinatário.

339. Apólice, capital seguro e pluralidade de transportes

I. A apólice de seguro de transporte tem particularidades. Além do disposto no artigo 37.º, ela deve especificar (158.º):

a) O modo de transporte utilizado e a sua natureza pública ou particular;
b) A modalidade de seguro contratado, nomeadamente se corresponde a uma apólice «avulso», a uma apólice «aberta» ou «flutuante» ou a uma apólice «a viagem» ou «a tempo»;
c) A data da receção da coisa e a data esperada da sua entrega;
d) Sendo caso disso, a identificação do transportador ou transportadores ou, em alternativa, a entidade a quem caiba a sua determinação;
e) Os locais onde devam ser recebidas e entregues as coisas seguras.

II. O artigo 159.º ocupa-se do capital seguro: na linha do artigo 450.º do Código Comercial mas, porventura, com alguma restrição. Assim, na falta de acordo, o seguro compreende o valor da coisa transportada no lugar e na data do carregamento, acrescido do custo do próprio despacho, até ao local do destino (159.º/1). O seguro pode, ainda, cobrir o lucro cessante, quando avaliado separadamente (159.º/2): mantém-se uma desconfiança ancestral quanto a coberturas de algo que (ainda) não exista.

III. Apesar das especificidades do seguro marítimo, o artigo 160.º, epigrafado "pluralidade de meios de transporte" faz uma aproximação importante. Dispõe que, salvo convenção em contrário, o disposto na secção aplica-se ainda que as coisas sejam transportadas predominantemente por meio marítimo[1694].

[1694] *Vide* os comentários complementares de Romano Martinez, *LCS anotada* cit., 2.ª ed. 510.

§ 80.º SEGURO FINANCEIRO

340. Aspetos gerais e antecedentes

I. O seguro financeiro traduz uma das maiores aproximações dos seguros à finança. O seu papel prático é, a nível mundial, muito importante. Vamos recordar os seus antecedentes, entre nós: eles prendem-se com a génese do seguro de crédito.

II. No seguro de crédito[1695], o segurador assume o risco inerente ao não cumprimento ou ao cumprimento imperfeito, de determinada obrigação[1696]. De facto, o seguro de crédito nuclear surge como uma garantia de obrigação: a lei – artigo 6.º/1 do Decreto-Lei n.º 183/88, de 24 de maio[1697], ainda em vigor – fala, a tal propósito, em seguro de caução[1698]. Trata-se de uma garantia paralela à garantia bancária: só que prestada por uma seguradora, assumindo, por isso, a comissão, a designação de prémio[1699]. Há que atentar no risco seguro: em princípio, apenas o do incumprimento do crédito em jogo[1700].

[1695] *Vide* Michele Fragali, *Assicurazione del credito*, ED III (1958), 528-554.

[1696] STJ 10-dez.-1997 (Costa Marques), CJ/Supremo V (1997) 3, 158-160.

[1697] Este diploma veio rever o regime antes estabelecido pelo Decreto-Lei n.º 169//81, de 20 de junho. Recordamos que ele foi alterado e republicado em anexo pelo Decreto-Lei n.º 214/99, de 15 de julho, sendo depois modificado pelo Decreto-Lei n.º 31/2007, de 14 de fevereiro.

[1698] STJ 2-out.-1997 (Fernando Fabião), CJ/Supremo V (1997) 3, 45-48 e STJ 14-jan.-1998 (César Marques), BMJ 473 (1998), 467-473.

[1699] Januário Gomes, *Assunção fidejussória de dívida/Sobre o sentido e o âmbito da vinculação como fiador* (2000), 76, nota 291.

[1700] STJ 11-jun.-2002 (Nascimento Costa), CJ/Supremo X (2002) 2, 109-111: não abrange, aqui, os sobrecustos correspondentes a determinada ação penal.

Todavia, admite-se um âmbito mais lato para o seguro de crédito. Segundo o artigo 3.º/1 do Decreto-Lei n.º 183/88, através do seguro de crédito podem ser cobertos os riscos seguintes:

a) Não amortização das despesas suportadas com operações de prospeção de mercados, participação em feiras no estrangeiro e constituição de existências em países estrangeiros;
b) Suspensão ou revogação da encomenda ou resolução arbitrária do contrato pelo devedor na fase anterior à constituição do crédito;
c) Falta ou atraso no pagamento dos montantes devidos ao credor;
d) Variações cambiais relativamente a contratos cujo pagamento seja estipulado em moeda estrangeira;
e) Elevação anormal e imprevisível dos custos de produção resultante da alteração das condições económicas que afetem o fabrico dos bens, a execução dos trabalhos ou a prestação dos serviços.

III. O seguro de crédito tem um particular interesse no domínio dos créditos à exportação.

O Estado veio regular aspetos importantes do seguro de crédito através do Decreto-Lei n.º 183/88, de 24 de maio, alterado pelos Decretos-Leis n.ºs 126/91 e 127/91, ambos de 22 de março.

A Diretriz n.º 98/29/CE, de 7 de maio[1701], estabeleceu regras atinentes à harmonização das principais disposições aplicáveis ao seguro de créditos à exportação para operações com cobertura a médio e longo prazo, efetuada por conta ou com o apoio do Estado.

Em transposição dessa Diretriz, foi adotado o Decreto-Lei n.º 214/99, de 15 de julho. Este diploma alterou o Decreto-Lei n.º 183/88, republicando-o em anexo.

IV. O contrato de seguro de crédito devia ter as especificações do artigo 8.º/1 do Decreto-Lei n.º 183/88, além das exigências próprias de todos os seguros. Visa-se, no essencial, identificar o crédito garantido.

O contrato só vigora após o pagamento do prémio inicial – artigo 11.º. Os lucros cessantes e os danos não patrimoniais não são indemnizáveis no âmbito deste seguro – 12.º; nada impede as partes de concluir seguros suplementares, para assegurar tais aspetos.

[1701] JOCE N.º L 148, 22-32, de 19-mai.-1998.

O Estado podia conceder uma garantia prévia à COSEC – Companhia de Seguro de Créditos, SA, especialmente vocacionada para intervir nesse domínio – artigos 15.º e seguintes do Decreto-Lei n.º 183/88.

341. O seguro de crédito e o seguro-caução

I. O artigo 161.º/1 veio apresentar o seguro de crédito em termos algo mais extensos do que o Decreto-Lei n.º 183/88, de 24 de maio[1702]. Pelo seguro de crédito, o segurador indemniza o segurado, nos limites da lei e do contrato, no caso de perdas causadas, nomeadamente, por:

a) Falta ou atraso no pagamento de obrigações pecuniárias;
b) Riscos políticos, naturais ou contratuais, que obstem ao cumprimento de tais obrigações;
c) Não amortização de despesas suportadas com vista à constituição desses créditos;
d) Variações de taxa de câmbio de moedas de referência no pagamento;
e) Alteração anormal e imprevisível dos custos de produção;
f) Suspensão ou revogação da encomenda ou resolução arbitrária do contrato pelo devedor na fase anterior à constituição do crédito.

O n.º 2 do preceito faculta o alargamento, internacional e vertical, do âmbito da cobertura.

II. O seguro-caução é uma modalidade de seguro financeiro – e, mesmo, de seguro de crédito – pelo qual o segurador se obriga a indemnizar o segurado pelos danos patrimoniais sofridos, em caso de falta de cumprimento ou de mora do tomador, em obrigações cujo cumprimento possa ser assegurado por garantia pessoal (162.º).

Estamos, de facto, perante uma garantia muito semelhante à bancária[1703]: mas prestada por um segurador. Depende da apólice o saber-se se é autónoma e se funciona à primeira solicitação.

[1702] Sobre toda a matéria do seguro financeiro, *vide* Leonor Cunha Torres, em Romano Martinez, *LCS anotada* cit., 2.ª ed. 511-516.

[1703] *Direito bancário*, 5.ª ed., 826 ss.. *Vide* Barbara Saccà, *Profili strutturali della garanzia del credito e dinamiche del contratto autonomo di garanzia* (2011), 126 pp..

III. Para facilitar o funcionamento do sistema, o artigo 163.º permite que possam, ao segurador, ser conferidos poderes para reclamar, do tomador ou do segurado, créditos superiores ao capital seguro. Ele deve, todavia e salvo cláusula em contrário, entregar as somas recuperadas ao tomador ou ao segurado, na proporção dos respetivos créditos.

IV. No seguro-caução, o não pagamento, pelo tomador, do prémio ou de parte dele, pode levar a uma situação séria para o segurado, que pode perder a sua garantia. O artigo 164.º/1, sob múltiplas ressalvas, prevê que, nessa eventualidade, o segurador avise o segurado para que este, querendo, pague a dívida num prazo não superior a 30 dias, relativamente à data de vencimento.

342. Reembolso e remissão

I. No seguro de crédito, o segurador fica sub-rogado na medida do montante pago, nos termos do artigo 136.º (165.º/1, 1.ª parte). Havendo sub-rogação parcial, o segurador e o segurado concorrem no exercício dos respetivos direitos, na proporção que a cada um for devida.

II. Quanto ao seguro-caução: além da sub-rogação, pode o contrato prever o regresso do segurador contra o tomador mas sem que, no total, possa exigir mais do que o valor total dispendido (165.º/2).

III. O artigo 166.º remete os seguros de crédito e caução para lei especial e para as disposições da parte geral que não sejam incompatíveis com a sua natureza. O "regime especial" mantém-se o Decreto-Lei n.º 183/88, de 24 de maio, por último alterado pelo Decreto-Lei n.º 31/2007, de 14 de fevereiro, como foi referido.

§ 81.º SEGURO DE PROTEÇÃO JURÍDICA

343. Noção e âmbito

I. O seguro de proteção jurídica, conhecido há muito pela prática, surgiu oficializado no artigo 15.º do Decreto-Lei n.º 176/95, de 26 de junho: o conhecido regime de transparência do seguro. Exaravam-se, aí, algumas regras (15.º e 16.º) mas não, propriamente, um esquema (mais) completo.

II. Ele foi acolhido na LCS[1704]. Segundo o artigo 167.º, ele cobre os custos de prestação de serviços jurídicos, nomeadamente de defesa e representação dos interesses do segurado, assim como as despesas decorrentes de um processo judicial ou administrativo.

III. O seguro pode ser ajustado num dos seguintes sistemas alternativos (168.º):

(a) gestão de sinistros por pessoal distinto (mas pertencente ao segurador);
(b) gestão de sinistros por empresa juridicamente distinta;
(c) livre escolha de advogado.

Não vemos inconveniente em que se remeta para mais tarde, a opção: teremos uma obrigação alternativa, cabendo a escolha, supletivamente, ao devedor (ao segurado): artigo 543.º/2, do Código Civil.

IV. O artigo 172.º alinha situações nas quais o dispositivo sobre seguro de proteção jurídica não tem aplicação.

[1704] Sobre toda esta matéria *vide* Leonor Cunha Torres, em Romano Martinez, *LCS anotada* cit., 2.ª ed. 517-522.

344. Contrato, menções e arbitragem

I. O seguro de proteção jurídica deve constar de um contrato distinto ou de um capital autónomo numa apólice única (169.º). Não pode é surgir como uma simples cláusula num contrato mais vasto: a Lei pretende que, dele, o tomador esteja bem consciente.

II. O contrato (a apólice) de seguro de proteção jurídica deve mencionar expressamente que o segurado tem direito a (170.º/1):

a) Escolher livremente um advogado ou, se preferir, outra pessoa com a necessária habilitação legal para defender, representar ou servir os seus interesses em processo judicial ou administrativo e em qualquer outro caso de conflito de interesses;
b) Recorrer ao processo de arbitragem estabelecido no artigo seguinte em caso de diferendo entre o segurado e o seu segurador, sem prejuízo de aquele intentar ação ou interpor recurso, desaconselhado pelo segurador, a expensas suas, sendo reembolsado das despesas efetuadas na medida em que a decisão arbitral ou a sentença lhe seja mais favorável do que a proposta de solução apresentada pelo segurador;
c) Ser informado atempadamente pelo segurador, sempre que surja um conflito de interesses ou que exista desacordo quanto à resolução do litígio, dos direitos referidos nas alíneas anteriores.

O disposto na transcrita alínea *a*) é dispensável se estiverem reunidas as complexas e numerosas "condições" do artigo 170.º/2.

II. Para conflitos entre o segurador e o segurado, o artigo 171.º prevê o recurso a arbitragem. O contrato deve conter uma cláusula nesse sentido, que permita determinar o regime de arbitragem a adotar (171.º). E se não contiver? Há que recorrer às regras gerais, sob pena de a norma ficar sem alcance prático.

§ 82.º SEGURO DE ASSISTÊNCIA

345. Noção e exclusões

I. O seguro de assistência é apresentado como aquele pelo qual o segurador se compromete a prestar ou proporcionar auxílio ao segurado, no caso de este se encontrar em dificuldades, em consequência de um evento aleatório (173.º).
Normalmente, este tipo de seguro confere ajuda imediata ao segurado em caso de problemas em viagem, facultando cuidados e um repatriamento eficaz.

II. O artigo 174.º exclui, deste seguro:

– a prestação de serviços de manutenção ou de conservação;
– os serviços de pós-venda;
– a mera indicação ou disponibilização, na qualidade de intermediário, de meios de auxílio.

Funciona, pois, a tipicidade própria dos ramos de seguros.

CAPÍTULO II
OS SEGUROS DE PESSOAS

§ 83.º PRINCÍPIOS GERAIS

346. Generalidades; o objeto

I. O seguro de pessoas é um desenvolvimento recente, tecido a partir do seguro de vida. Este tem antecedentes históricos notáveis[1705], distinguindo-se, desde sempre, do seguro de danos. Com efeito, ao passo que, no seguro de danos, se joga uma prestação, isto é, uma aportação patrimonial destinada a suprimir um dano, no seguro de pessoas lida-se com valores humanos de natureza não-patrimonial. Por via desta importante especificidade, todo o contrato fica infletido.

No plano da supervisão, os seguros de pessoas levantam, também, questões delicadas. Recordamos que este tipo de seguro só pôde desenvolver-se quando o conhecimento de leis matemáticas, incluindo a dos grandes números e o cálculo das probabilidades o possibilitaram[1706]. Na presente edição iremos proceder a uma primeira análise dos novos textos vigentes.

II. O Código Comercial de 1888 referia o seguro de vidas e dedicava-lhe os artigos 455.º a 462.º. Na LCS, o tema surge alargado: o título III, relativo ao seguro de pessoas, comporta a matéria seguinte:

Capítulo I – Disposições comuns (175.º a 182.º);
Capítulo II – Seguro de vida (183.º a 209.º):

[1705] *Supra*, 58 ss.. Quanto às origens, referimos, ainda, Luís Poças, *Estudos de Direito dos seguros* (2008), 17 ss..
[1706] *Supra*, 63 ss..

Secção I – Regime comum (183.º a 206.º);
Subsecção I – Disposições preliminares (183.º a 187.º);
Subsecção II – Risco (188.º a 193.º);
Subsecção III – Direitos e deveres das partes (194.º a 206.º).
Secção II – Operações de capitalização (207.º a 209.º).
Capítulo III – Seguro de acidentes e de saúde (210.º a 217.º):
Secção I – Seguro de acidentes pessoais (210.º a 212.º);
Secção II – Seguro de saúde (213.º a 217.º).

Como se vê, todo o título é dominado pelo seguro de vida, que absorve quase 2/3 das suas disposições.

III. Segundo o artigo 175.º, o contrato de seguro de pessoas cobre os riscos relativos à vida, à saúde e à integridade física de uma pessoa ou de um grupo de pessoas nele identificado (n.º 1)[1707].

Logo de seguida, o artigo 175.º/2 assegura uma regra importante, que substitui o princípio indemnizatório próprio do seguro de danos:

> O contrato de seguro de pessoas pode garantir prestações de valor predeterminado não dependente do efetivo montante do dano e prestações de natureza indemnizatória.

Como se vê, é possível, por esta via, compensar danos morais, numa operação direta mais difícil, nos seguros de danos[1708].

IV. O seguro de pessoas pode ser contratado como seguro individual ou como seguro de grupo (176.º/1). Todavia, o seguro que respeite a um agregado familiar ou a um conjunto de pessoas vivendo em economia comum é havido como seguro individual.

347. Declarações e exames médicos

I. No seguro de pessoas, o segurado deve cumprir uma série de deveres de informação. Mas além disso, a celebração do contrato pode

---

[1707] Sobre toda esta matéria, *vide* José Alves de Brito, em Romano Martinez, *LCS anotada* cit., 2.ª ed. 527-537, acompanhado por alguns comentários complementares de Arnaldo Costa Oliveira e de Romano Martinez.

[1708] *Supra*, 795 ss..

§ 83.º Princípios gerais

depender de uma declaração sobre o estado de saúde e de exames médicos a realizar à pessoa segura, com vista à avaliação do risco (177.º/1). À partida, tais exames deveriam evitar, por exemplo, que alguém, em situação terminal, aproveitasse para celebrar um seguro de vida, ruinoso para o segurador. Hoje, e dependendo de orientações dos seguradores e da deontologia dos médicos envolvidos, eles podem tornar-se num *check up* rigoroso e pouco convidativo. Só a supervisão e a Ordem dos Médicos podem agir, amenizando tudo isto.

Quanto a testes genéticos e à utilização de informação genética: é remetida para legislação especial.

II. Os exames médicos devem ser objeto de informação prévia, a fornecer ao candidato. Assim, o segurador deve-lhe entregar, antes dos exames (178.º/1):

a) Discriminação exaustiva dos exames, testes e análises a realizar;
b) Informação sobre entidades junto das quais os referidos atos podem ser realizados;
c) Informação sobre o regime de custeamento das despesas com a realização dos exames e, se for o caso, sobre a forma como o respetivo custo vai ser reembolsado a quem o financie;
d) Identificação da pessoa, ou entidade, à qual devam ser enviados os resultados dos exames ou relatórios dos atos realizados.

Cabe ao segurador a prova de que esta diligência foi cumprida (178.º/2).

III. O resultado dos exames deve ser comunicado à pessoa segura ou a quem esta expressamente indique (178.º/3), por um médico, salvo se as circunstâncias forem já do conhecimento da pessoa segura ou for de supor, pela experiência comum, que já as conhecia (178.º/4). Esta última ressalva é inaceitável: apenas um médico pode entregar (e explicar) resultados de exames. Além do mais, fere-se o direito à tutela da intimidade privada.

O efeito dos exames na decisão do segurador deve ser comunicado ao tomador: apenas o efeito, assim se interpretando restritivamente o artigo 178.º/5.

O segurador não pode recusar-se a fornecer à pessoa segura todas as informações de que disponha quanto à sua saúde, fazendo-o de modo ético e humano (178.º/6). Entenda-se: através de um médico. Até há poucos anos, seguradores havia que consideravam tais exames "secretos".

348. A apólice

I. Nos contratos de seguros de acidentes pessoais e de saúde de longa duração, além das menções obrigatórias e destacadas (37.º), há ainda que precisar, conforme os casos e em caracteres salientes (179.º):

a) A extinção do direito às garantias;
b) A eventual extensão da garantia para além do termo do contrato;
c) O regime de evolução e adaptação dos prémios na vigência do contrato.

II. A apólice no seguro de pessoas não pode ser emitida à ordem ou ao portador.

349. Pluralidade de seguros e sub-rogação

I. O seguro de pessoas tem, ainda, duas importantes particularidades, relativamente ao de danos: admite o "sobresseguro" e veda a sub-rogação.

Segundo o artigo 180.º/1, é possível a pluralidade de seguros ou, se se quiser, são cumuláveis os seguros relativamente ao mesmo risco, salvo convenção em contrário.

Todavia, o tomador ou o segurado devem informar o segurador da existência de tais seguros, relativos ao mesmo risco (180.º/3).

II. O segurador que realize prestações de valor predeterminado no contrato de seguro de pessoas não fica sub-rogado nos direitos do tomador do seguro ou do beneficiário, contra um terceiro que dê causa ao sinistro (181.º): salvo cláusula em contrário, diz a lei[1709].

De facto, a sub-rogação implicaria a transmissão, para o segurador, de elementos de ordem pessoal; quiçá: de personalidade. Cabe ao segurador, perante este estado de coisas, dosear, à luz da Ciência atuarial, o cálculo do prémio.

[1709] Tal cláusula será, provavelmente, contrária à ordem pública; ela implica a cedência de bens de personalidade.

§ 84.º SEGURO DE VIDA

350. **Noção e âmbito**

I. No seguro de vida, o segurador cobre um risco relacionado com a morte ou a sobrevivência da pessoa segura (183.º). Retoma-se, no fundo, o artigo 455.º, § único, do Código Comercial:

> O segurador pode, nos termos deste artigo, tomar sobre si o risco da morte do segurado dentro de certo tempo ou o da prolongação da vida dele além de um termo prefixado.

II. O seguro de vida constitui um tipo dominante de seguro de pessoas. As suas regras podem ser generalizadas a outros tipos de contratos, que se colocam num mesmo plano da vida das pessoas. Assim, segundo o artigo 184.º/1, o disposto sobre o seguro de vida aplica-se aos contratos seguintes:

a) Seguros complementares dos seguros de vida relativos a danos corporais, incluindo, nomeadamente, a incapacidade para o trabalho e a morte por acidente ou invalidez em consequência de acidente ou doença;
b) Seguros de renda;
c) Seguro de nupcialidade;
d) Seguro de natalidade.

Além disso, e salvo quanto aos artigos 185.º (informações pré-contratuais) e 186.º (informações na vigência do contrato), o regime comum (183.º a 206.º) aplica-se também a seguros ligados a fundos de investimento.

351. **Informações e apólice**

I. No seguro de vida, além das informações que o segurador deve prestar, ao abrigo dos artigos 18.º a 21.º, cabem ainda as seguintes (185.º/1):

a) A forma de cálculo e atribuição da participação nos resultados;
b) A definição de cada cobertura e opção;
c) A indicação dos valores de resgate e de redução, assim como a natureza das respetivas coberturas e penalizações em caso de resgate, redução ou transferência do contrato;
d) A indicação dos prémios relativos a cada cobertura, principal ou complementar;
e) O rendimento mínimo garantido, incluindo informação relativa à taxa de juro mínima garantida e à duração desta cobertura;
f) A indicação dos valores de referência utilizados nos contratos de capital variável, bem como do número das unidades de participação;
g) A indicação da natureza dos ativos representativos dos contratos de capital variável;
h) A indicação relativa ao regime fiscal;
i) Nos contratos com componente de capitalização, a quantificação dos encargos, sua forma de incidência e momento em que são cobrados;
j) A possibilidade de a pessoa segura aceder aos dados médicos de exames realizados.

Tais informações são ainda exigíveis nas operações de gestão de fundos coletivos de reforma (185.º/2).

II. As informações referidas no artigo 185.º/1 podem ser majoradas pelo ISP (185.º/3), sendo divulgadas em prospeto adequado (185.º/4).

O segurador deve ainda manter o tomador informado das alterações relevantes na vigência do contrato (186.º/1) e, no termo deste, comunicar-lhe as quantias a que tenha direito e as diligências e documentos necessários para o seu recebimento (186.º/2).

III. Quanto à apólice: além do disposto no artigo 37.º, a apólice do seguro de vida deve indicar (187.º/1):

a) As condições, o prazo e a periodicidade do pagamento dos prémios;
b) A cláusula de incontestabilidade;
c) As informações prestadas nos termos do artigo 185.º;
d) O período máximo em que o tomador do seguro pode exercer a faculdade de repor em vigor o contrato de seguro após a respetiva resolução ou redução;
e) As condições de manutenção do contrato pelos beneficiários em caso de morte, ou pelos herdeiros;

f) Se o contrato dá ou não lugar a participação nos resultados e, no primeiro caso, qual a forma de cálculo e de distribuição desses resultados;

g) Se o contrato dá ou não lugar a investimento autónomo dos ativos representativos das provisões matemáticas e, no primeiro caso, indicação da natureza e regras para a formação da carteira de investimento desses ativos.

Também as cgs são visadas, no plano da informação. Elas devem conter (187.º/2):

a) As obrigações e os direitos das pessoas seguras;
b) A transferência do eventual direito ao valor de resgate para a pessoa segura, no mínimo na parte correspondente à sua contribuição para o prémio, caso se trate de um seguro contributivo;
c) A entrada em vigor das coberturas para cada pessoa segura;
d) As condições de elegibilidade, enunciando os requisitos para que o candidato a pessoa segura possa integrar o grupo.

352. O risco e o seu agravamento; exclusões

I. A declaração inicial de risco tem um regime especial de incontestabilidade. Segundo o artigo 188.º/1, o segurador não pode prevalecer-se de omissões ou inexatidões negligentes na declaração inicial do risco, decorridos dois anos sobre a celebração do contrato, salvo convenção de prazo mais curto[1710]. Com isso, tutela-se o tomador e descongestiona-se o contrato, liberando as forças do segurador para novas angariações. Não obstante este bem fundado, o artigo 188.º/2 retira essa incontestabilidade às coberturas de acidente e de invalidez complementares de um seguro de vida.

II. O erro sobre a idade da pessoa segura é causa de anulabilidade do contrato se divergir dos limites máximo e mínimo fixados pelo segurador, para esse tipo de contrato (189.º/1). Não sendo causa de anulabilidade, a prestação do segurador reduz-se ou o prémio cobrado em excesso é devolvido, consoante o caso (189.º/2).

[1710] *Vide* Arnaldo Costa Oliveira, em Romano Martinez, *LCS anotada* cit., 2.ª ed. 544 ss..

III. O regime geral do agravamento do risco (93.º e 94.º) não é aplicável aos seguros de vida nem, resultando o agravamento do estado de saúde da pessoa segura, às coberturas de acidente e de invalidez por acidente ou doença complementares de um seguro de vida (190.º).

IV. A cobertura da morte por suicídio, ocorrido até um ano após a celebração do contrato, fica excluída, salvo cláusula em contrário (191.º/1). Essa regra aplica-se, na proporção, ao aumento do capital seguro por morte (191.º/2). Visa-se, naturalmente, evitar que o suicida contemple a família com um seguro de vida *ad hoc*; passado um ano, já houve oportunidade para o segurado clarificar as ideias.

V. O autor, cúmplice, instigador ou encobridor do homicídio doloso da pessoa segura, mesmo não consumado, perde o direito à prestação, aplicando-se, salvo convenção em contrário, o regime de designação beneficiária[1711] (192.º). A ideia do legislador não é a de beneficiar o segurador, no caso de homicídio da pessoa segura; visa-se, tão-só, evitar[1712]:

– que os criminosos beneficiem com o próprio ilícito;
– que se incentivem as práticas desse tipo.

Tratando-se de danos corporais provocados dolosamente pelo beneficiário, a prestação reverte para a pessoa segura (193.º): é a mesma lógica[1713].

353. Direitos e deveres das partes; a transmissão

I. O contrato pode prever os pontos seguintes[1714]:

– a redução e o resgate, de modo a o beneficiário poder, a todo o tempo, conhecer o seu valor (194.º);
– a possibilidade de adiantamentos sobre o capital seguro, nos limites da provisão matemática (195.º).

[1711] Previsto no artigo 198.º, abaixo referido.
[1712] *Vide*, em geral, Arnaldo Costa Oliveira, em Romano Martinez, *LCS anotada* cit., 2.ª ed. 555-558.
[1713] *Idem*, 558-560.
[1714] José Vasques, em Romano Martinez, *LCS anotada* cit., 2.ª ed.560 ss., com indicações.

II. A cessão ou a oneração do direito de resgate ou de qualquer outro direito (patrimonial) de que goze o tomador, o segurado ou o beneficiário são possíveis, nos termos gerais (577.º e seguintes, do Código Civil). Deve ser comunicada ao segurador (196.º), em nova manifestação do regime geral.

O tomador pode, salvo convenção em contrário, ceder a sua posição contratual a um herdeiro (197.º/1), com o consentimento do segurador, que procederá a uma ata adicional à apólice (197.º/2).

354. Designação beneficiária e pagamento do prémio

I. A pessoa segura designa o beneficiário do seguro (81.º). Ressalvada essa regra, o tomador ou quem ele indique designa o beneficiário, o que pode ser feito na apólice, em declaração escrita posterior recebida pelo segurador ou em testamento (198.º/1). Não havendo estipulação, o capital seguro, por falecimento da pessoa segura, é prestado (198.º/2):

a) Na falta de designação do beneficiário, aos herdeiros da pessoa segura;
b) Em caso de premoriência do beneficiário relativamente à pessoa segura, aos herdeiros desta;
c) Em caso de premoriência do beneficiário relativamente à pessoa segura, tendo havido renúncia à revogação da designação beneficiária, aos herdeiros daquele;
d) Em caso de comoriência da pessoa segura e do beneficiário, aos herdeiros deste.

No seguro de sobrevivência, o capital seguro é prestado à pessoa segura (198.º/3).

II. A cláusula beneficiária pode ser alterada ou revogada nas condições do artigo 199.º. A ideia geral é a da liberdade de quem designe, salvo se o beneficiário já houver consolidado o seu direito.

O artigo 201.º dispõe sobre a interpretação da cláusula beneficiária, em termos que apresentam clareza.

A designação beneficiária não é afetada pelas relações do tomador do seguro com pessoas estranhas ao benefício; as disposições relativas à colação, à imputação e à redução de liberalidades, assim como à impugnação pauliana só operam no que corresponda às quantias prestadas pelo tomador ao segurador.

III. O tomador deve pagar o prémio nas datas e condições estipuladas no contrato (202.º/1), sendo avisado com o mínimo de 30 dias para o fazer e como o fazer (202.º/2).

Na falta de pagamento, pode o segurador, consoante a situação e o convencionado (203.º/1)[1715]:

(a) resolver o contrato, com o consequente resgate obrigatório;
(b) reduzir o contrato;
(c) transformá-lo num contrato sem prémio.

As condições da apólice fixam o período máximo para o tomador exercer a faculdade de repor o contrato de origem, sem novo exame (203.º/2).

Havendo estipulação beneficiária irrevogável, deve o segurador interpelar o terceiro beneficiário, no prazo de 30 dias, para que ele, querendo, se substitua ao tomador no pagamento em falta (204.º/1); não o fazendo, não lhe pode opor as consequências convencionadas do não-pagamento (204.º/2).

355. Participação nos resultados e captação de aforro

I. Diz-se participação nos resultados o direito, contratualmente definido, de o tomador do seguro, de o segurado ou de o beneficiário auferirem parte dos resultados técnicos, financeiros ou ambos, gerados pelo contrato de seguro ou pelo conjunto de contratos em que aquele se insira (205.º/1). Na vigência do contrato, deve o segurador informar anualmente o tomador sobre o montante de participação nos resultados distribuídos (205.º/2). No caso de cessação, pode haver participação calculada *pro rata temporis* (205.º/3)[1716].

II. Os instrumentos financeiros podem ter associados outros instrumentos de cuja evolução dependa, total ou parcialmente, a sua rendibilidade (206.º/1 e 2): são instrumentos de captação de aforro estruturados[1717].

[1715] Eduarda Ribeiro, em Romano Martinez, *LCS anotada* cit., 2.ª ed. 575-580.
[1716] Eduarda Ribeiro, em Romano Martinez, *LCS anotada* cit., 2.ª ed. 582-588.
[1717] *Idem*, 588-597.

§ 84.º Seguro de vida 849

Além do disposto no artigo 187.º/1 (apólice do seguro de vida), a apólice de seguros ligados a fundos de investimento deve estabelecer (206.º/3):

a) A constituição de um valor de referência;
b) Os direitos do tomador do seguro, quando da eventual liquidação de um fundo de investimento ou da eliminação de uma unidade de conta, antes do termo do contrato;
c) A forma de informação sobre a evolução do valor de referência, bem como a regularidade da mesma;
d) As condições de liquidação do valor de resgate e das importâncias seguras, quer seja efetuada em numerário quer nos títulos que resultam do funcionamento do contrato;
e) A periodicidade da informação a prestar ao tomador do seguro sobre a composição da carteira de investimentos.

356. Operações de capitalização

I. Dizem-se operações de capitalização[1718], segundo se infere do artigo 9.º, d), do RGAS, as que[1719]:

> (...) abrangem toda a operação de poupança, baseada numa técnica atuarial, que se traduza na assunção de compromissos determinados quanto à sua duração e ao seu montante, como contrapartida de uma prestação única ou de prestações periódicas previamente fixadas.

Tais operações são, pelo RGAS, incluídas no ramo "Vida" [9.º, d)]: donde a sua inserção na LCS. Todavia, elas não se encontram ligadas ao risco da morte ou da sobrevivência de uma pessoa, como quereria o artigo 183.º.
Não obstante, a LCS dedica-lhe a secção II (207.º a 209.º) do capítulo relativo ao seguro de vida.

II. O artigo 207.º entra na matéria dispondo que, às operações de capitalização, são subsidiariamente (supletivamente!) aplicáveis o regime

---

[1718] Sobre toda esta matéria vide Eduarda Ribeiro, em Romano Martinez, *LCS anotada* cit., 2.ª ed. 595-610 e Luís Poças, *Seguros de capitalização*, em *Estudos de Direito dos seguros* (2008), 13-116 (44 ss.).
[1719] No RGAS de 1998, essa noção resultava do artigo 124.º/4.

comum do contrato de seguro e o regime especial do seguro de vida, desde que compatíveis com a sua natureza[1720].

Das condições gerais e especiais das operações de capitalização devem constar os elementos seguintes (208.º/1):

a) A identificação das partes;
b) O capital garantido e os respetivos valores de resgate nas datas aniversárias do contrato;
c) As prestações a satisfazer pelo subscritor ou portador do título;
d) Os encargos, sua forma de incidência e o momento em que são cobrados;
e) A indicação de que o contrato confere ou não confere o direito à participação nos resultados e, no primeiro caso, de qual a forma de cálculo e de distribuição desses resultados;
f) A indicação de que o subscritor ou portador do título pode requerer, a qualquer momento, as seguintes informações:

   i) Em contratos de prestação única com participação nos resultados, o valor da participação nos resultados distribuída até ao momento referido no pedido de informação;
   ii) Em contratos de prestações periódicas, a situação relativa ao pagamento das prestações e, caso se tenha verificado falta de pagamento, o valor de resgate contratualmente garantido, se a ele houver lugar, bem como a participação nos resultados distribuídos, se for caso disso;

g) O início e a duração do contrato;
h) As condições de resgate;
i) A forma de transmissão do título;
j) A indicação do regime aplicável em caso de destruição, perda ou extravio do título;
l) As condições de cessação do contrato por iniciativa de uma das partes;
m) A lei aplicável ao contrato e as condições de arbitragem.

Também as condições particulares devem reunir uma série de elementos, expressos nos títulos; são elas (208.º/4):

a) O número respetivo;
b) O capital contratado;
c) As datas de início e de termo do contrato;

[1720] Eduarda Ribeiro, em Romano Martinez, *LCS anotada* cit., 2.ª ed. 601 ss., com a indicação das disposições que, por essa via, são aplicáveis às operações de capitalização.

d) O montante das prestações e as datas da sua exigibilidade, quando periódicas;
e) A taxa técnica de juro garantido;
f) A participação nos resultados, se for caso disso;
g) O subscritor ou o detentor, no caso de títulos nominativos.

III. O artigo 208.º impõe, ainda, uma série de regras:

– os contratos expressos em unidades de conta devem, além dos elementos constantes do artigo 208.º/1, compreender ainda os do artigo 206.º/3 (instrumentos de aforro estruturados);
– tratando-se de títulos ao portador, as condições gerais ou especiais do contrato devem prever a obrigatoriedade de o seu legítimo detentor avisar imediatamente o segurador, em caso de extravio (208.º/3);
– as condições gerais e especiais devem ser identificadas no título emitido no momento da celebração (208.º/5);
– o título pode ser escritural, nos termos regulamentados pela supervisão (208.º/6).

IV. No caso de morte do subscritor do contrato, a sua posição transmite-se para os sucessores, mantendo-se o contrato até ao prazo do vencimento (209.º).

§ 85.º SEGURO DE ACIDENTE E DE SAÚDE

357. Seguro de acidentes pessoais

I. No seguro de acidentes pessoais, o segurador cobre o risco de verificação de lesão corporal, invalidez, temporária ou permanente, ou morte da pessoa segura, por causa súbita, externa e imprevisível (210.º)[1721].

A LCS limita-se praticamente, no tocante ao regime do seguro de acidentes pessoais, a remeter para os artigos 192.º (homicídio), 193.º (danos corporais provocados), 198.º (designação do beneficiário), 199.º/1 e 3 (alteração e revogação da cláusula beneficiária), 200.º (pessoas estranhas ao benefício) e 201.º (interpretação da cláusula beneficiária – 211.º/1).

Também os artigos 126.º (salvamento) e 127.º (obrigação de reembolso), na área do salvamento e da mitigação do sinistro, têm, aqui, aplicação (211.º/2).

II. Regras especiais relativas ao seguro de acidentes pessoais constam do artigo 212.º:

– se o contrato respeitar a terceiro é este, em caso de dúvida, o beneficiário do seguro (212.º/1);
– sendo o tomador o beneficiário, mas não a pessoa segura, deve esta dar o consentimento para o contrato (212.º/2).

358. Seguro de saúde

I. No seguro de saúde, o segurador cobre os riscos relacionados com a prestação de cuidados de saúde (213.º)[1722]. Trata-se de uma matéria muito

---

[1721] Sobre a matéria: José Alves de Brito, em Romano Martinez, *LCS anotada* cit., 2.ª ed. 611-614.

[1722] Sobre esta matéria: José Alves de Brito, em Romano Martinez, *LCS anotada* cit., 2.ª ed. 614-621.

atual, que merece a maior atenção nas diversas doutrinas[1723], especialmente na lusófona[1724].

O legislador tem algum cuidado com a formulação do contrato. Assim, perante um seguro anual renovável, devem, do seu texto, constar de forma bem visível e destacável que (214.º):

a) O segurador apenas cobre o pagamento das prestações convencionadas ou das despesas efetuadas em cada ano de vigência do contrato;
b) As condições de indemnização em caso de não renovação do contrato ou da cobertura da pessoa segura respeitam ao risco coberto no contrato, de acordo com o disposto no artigo 217.º.

II. Pela sua própria natureza, não se aplicam, ao seguro de saúde (215.º):

(a) o regime do agravamento do risco, previsto nos artigos 93.º e 94.º, relativamente às alterações do estado de saúde da pessoa segura;
(b) as obrigações de informação de pluralidade de seguros, prevista no artigo 180.º/2 e 3.

Quanto a doenças preexistentes (216.º):

– sendo conhecidas pela pessoa segura, à data da realização do contrato, elas consideram-se abrangidas pela cobertura, salvo acordo em contrário, genérica ou especificadamente (n.º 1);
– pode o contrato prever um período de carência não superior a um ano para a cobertura de doenças (n.º 2).

III. A cessação do contrato de seguro de saúde é acompanhada por uma certa pós-eficácia. Assim, no caso de não renovação do contrato ou da cobertura (217.º/1),

(...) o segurador não pode, nos dois anos subsequentes e até que se mostre esgotado o capital seguro no último período de vigência do contrato, recusar as prestações resultantes de doença manifestada ou outro facto ocorrido na vigência do contrato, desde que cobertos pelo seguro.

[1723] P. ex., Manfred Wandt, *Versicherungsrecht* cit., 5.ª ed. 453 ss. e Theo Langheid, em Römer/Langheid, *VVG/Kommentar* cit., 4.ª ed. §§ 192 ss. (1197 ss.).

[1724] Recordamos Leonardo Vizeu Figueiredo, *Curso de Direito de saúde suplementar/Manual jurídico de planos e seguros de saúde* (2006), 526 pp..

Para esse efeito, o segurador deve ser informado da doença nos 30 dias imediatos ao termo do contrato, salvo justo impedimento (217.º/2).

A lógica deste preceito é simples: visa-se evitar que, a coberto do termo formal do contrato, se interrompa uma prestação assistencial, necessariamente duradoura, na ocasião em que mais falta faz à pessoa segura. Este risco será tido em conta pelo segurador, aquando da fixação do prémio. A supervisão tem, aqui e de novo, um papel importante.

CAPÍTULO III
O SEGURO DE RESPONSABILIDADE AUTOMÓVEL

359. Enquadramento

I. A presente edição visa divulgar a dogmática geral dos seguros. Afigurou-se útil complementá-la com a descrição dos seguros especiais constantes da Lei do Contrato de Seguro de 2008.

Fora desse diploma ficam algumas modalidades de seguros, com relevo para o seguro de responsabilidade civil por danos causados com automóveis ou, mais simplesmente, o seguro de responsabilidade automóvel.

II. A responsabilidade automóvel, pela elevada sinistralidade e pelas gravosas consequências, pessoais e patrimoniais, que desencadeia, domina hoje boa parte dos esforços dos nossos tribunais e dos juristas que, como advogados, aí prestam o seu serviço. Além disso, ela constitui um ponto relevante do contencioso dos seguradores.

No plano do Direito civil, prática e teoricamente, a responsabilidade civil dotada de cobertura, na área automóvel, tem permitido discernir situações e aprofundar saídas. Por exemplo, temas como os do dano-morte ou do da tutela civil pré-natal da criança desenvolveram-se mercê de acidentes de automóvel. Também temas como a causalidade, os danos morais e o cálculo das indemnizações devem muito a este gravoso sector.

III. Os dados em presença recomendam que se proceda ao prévio enquadramento civilístico dos acidentes de automóvel, aproveitando os recentes desenvolvimentos. Isso permitirá drenar, para o Direito dos seguros, matéria que, de outro modo, poderia ser ultrapassada pela natural especialização dos seguros. Fica, assim, explicada a sequência.

§ 86.º PROBLEMÁTICA GERAL DOS ACIDENTES DE VIAÇÃO

360. Motorização, sinistralidade e Direito

I. Acidente de viação é a expressão consagrada para designar a ocorrência de danos com intervenção de veículos, em regra (mas não necessariamente) motorizados.

Desde a pré-história, os seres humanos faziam-se transportar em animais amestrados, montando-os ou usando-os como animais de tiro[1725]. Ao longo dos tempos, esse fenómeno foi-se incrementando. Daí resultavam, por vezes, acidentes, a enquadrar dentro das regras habituais de repartição dos danos.

A industrialização processada ao longo do século XIX e a invenção, nos finais desse século, do motor de combustão interna, pôs, ao serviço da Humanidade, um esquema de transporte automóvel individual e, praticamente, planetário.

No século XVIII, surgiram os primeiros motores a vapor. Teriam grande expansão através do caminho de ferro: primeiro na Grã-Bretanha e, depois, por todo o Mundo.

O motor de combustão interna, ainda hoje dominante, foi inventado na Alemanha, em 1885, por Karl Friedrich Benz (1844-1929) e Gottlieb Wilhelm Daimler (1834-1900), com o uso da gasolina. Os primeiros automóveis eram caros e de manutenção delicada. Com Henry Ford (1863-1947), procedeu-se à sua produção em massa e por baixo custo. Sobreleva o modelo Ford T, de que foram produzidos, entre 1908 e 1927, mais de 15 milhões de unidades. O Ford A foi fabricado em 1903 e retomado, em termos muitos distintos, entre 1927 e 1931, com mais de 4 milhões de unidades.

Em Portugal, o primeiro automóvel foi importado, em 1895, pelo 4.º Conde de Avilez: um modelo Panhard-Levassor, que ainda se conserva,

---

[1725] O fenómeno foi menos relevante nas Américas, por falta de animais possantes domesticados, semelhantes aos existentes no Velho Mundo.

tendo provocado, na sua primeira viagem, entre Lisboa e Santiago do Cacém, o primeiro acidente: atropelamento de um burro.

II. Ao longo do século XX, a generalização dos processos de montagem, iniciados por Henry Ford, acabou por se radicar em todas as comunidades humanas, dando-se a democratização do automóvel. No Ocidente, todas as pessoas, que não estejam numa situação de total pobreza, podem dotar-se de um automóvel, para uso individual ou familiar. Este movimento, dobrado pelo lançamento de densas redes de comunicações terrestres rodoviárias, alterou profundamente os hábitos, os consumos e as culturas dos povos. A liberdade de cada um ganhou uma dimensão continental. Graças ao automóvel, qualquer pessoa pode, em poucas horas e com toda a comodidade, cobrir distâncias que antes implicariam muitos dias de viagem, com imensos dispêndios, riscos e complicações.

III. O preço é pesado: multiplicam-se os acidentes, com danos pessoais e patrimoniais imensos. Estima-se que, no Planeta, morrem 1,2 milhões de pessoas, por ano, em acidentes de automóvel e que entre 20 e 50 milhões fiquem gravemente feridas ou inválidas: ultrapassa-se a mais mortífera guerra. Na "Europa dos quinze", circulam mais de 200 milhões de automóveis, com 375 milhões de utentes: 1,3 milhões de acidentes por ano, com 40.000 mortos e 1,7 milhões de feridos e danos que ascendem a 160.000 milhões de euros: cerca de 2% do PIB.

Em Portugal, registaram-se, em 2009, 738 mortes, em 2010, 741 mortes e em 2011, 689. Os números caíram para 573, em 2012, 518, em 2013 e 482 em 2014: mas são severos. Desde o ano de 2000, 718.887 pessoas ficaram feridas: 7% da população. Os danos/ano ascenderam já a 4 200 milhões de euros: cerca de 3% do PIB, colocando-se, hoje, nos 2 500 milhões. A faixa etária mais atingida é a dos jovens dos 18 aos 30 anos: a primeira causa de morte para esse segmento da população.

De todo o modo, o número de mortes tem vindo a baixar desde 1991, altura em que atingiam o quíntuplo das cifras atuais. As indicações disponíveis apontam para o custo médio de € 60.000 por acidente, o qual sobe para € 700.000, havendo vítimas mortais e para € 120.000, com feridos graves. Tudo isto recai, em boa parte, no sistema segurador[1726]. Tenha-se presente que o número de acidentes, por ano, ronda os 30.000.

[1726] Uma análise elucidativa consta de Arlindo Alegre Donário/Ricardo Borges dos Santos, *Custo económico e social dos acidentes de viação em Portugal* (2012), 157 pp..

IV. A grande maioria dos acidentes tem natureza puramente humana. Deve dizer-se que os automóveis são fáceis de conduzir: o cérebro humano apreende, com relativa rapidez, todas as funções em jogo, executando-as com destreza, como se do próprio corpo se tratasse. Isso explica os conhecidos cenários de tráfego intenso e rápido, em que tudo se processa em segundos, sem problemas de maior. Todavia: a desatenção, o cansaço, o álcool, o desrespeito pelas regras de circulação, a desconsideração pelo próximo e a falta de educação em sentido próprio multiplicam a ocorrência de acidentes.

A hipocrisia dos legisladores, com exceção do alemão, contribui para a sinistralidade. Atualmente, qualquer automóvel pode, em condições de total segurança, circular a velocidades muito superiores aos máximos legais. Nalguns trajetos, é mesmo perigoso observar esses máximos[1727]: provocam-se, com isso, acidentes. Todavia, o Estado permite (e tributa, com largos ingressos) automóveis concebidos para velocidades muito superiores às da lei. Esta, por impor limites surrealistas, não gera qualquer convicção de obrigatoriedade, sendo largamente inobservada, à luz de todos. Os automobilistas desadaptam-se da realidade, que imporia modelar a velocidade pelas condições existentes: o mesmo troço, deserto e com boas condições atmosféricas, pode, com segurança, ser percorrido a uma velocidade muito superior à que se impõe quando haja tráfego e chuva ou gelo, sendo indiferentes os limites legais.

No horizonte, outro perigo: a extrema comodidade dos automóveis, quando conduzidos a baixo regime, induz sonolência, cansaço e desatenção, numa nova fonte de acidentes.

Exigem-se reformas corajosas, com limites realistas: algo a acertar num plano supranacional.

V. O Direito é chamado a intervir: *a priori* fixando as regras da circulação (os "códigos da estrada"), as normas sobre as vias rodoviárias e os dispositivos aplicáveis aos veículos autorizados a circular; e *a posteriori*, estabelecendo as regras de distribuição dos danos, humanos e patrimoniais, quando ocorram acidentes. Num primeiro momento, afigurou-se que bastariam as regras gerais da responsabilidade aquiliana. Mais tarde, ado-

---

[1727] Para não referir os mínimos: um veículo que viage a 40 km/h numa autoestrada é um autêntico obstáculo móvel, fonte de perigo para o próprio e para todos quantos aí circulem.

taram-se normas especialmente vocacionadas para lidar com o problema. Foram, ainda, instituídos seguros obrigatórios de responsabilidade civil.

VI. No Direito português, temos a apontar a evolução seguinte:

– o Regulamento sobre Circulação de Automóveis, de 3-out.-1901[1728];
– o Regulamento sobre Circulação de Automóveis, de 27-mai.--1911[1729];
– o Decreto n.º 14:988, de 6 de fevereiro de 1928, aprovou o primeiro Código da Estrada[1730];
– o Decreto n.º 15.536, de 14 de abril de 1928, aprovou o segundo Código da Estrada[1731];
– o Decreto n.º 31.406, de 31 de maio de 1930, aprovou o terceiro Código da Estrada[1732];
– o Decreto-Lei n.º 39 672, de 20 de maio de 1954, aprovou o quarto Código da Estrada[1733];
– o Decreto-Lei n.º 114/94, de 3 de maio[1734], por último e pela décima quarta vez (neste momento), alterado pela Lei n.º 116/2015, de 28 de agosto[1735], aprovou o quinto Código da Estrada, hoje em vigor.

Neste Código, ao contrário do que ocorria nos anteriores, não se fixam regras de responsabilidade civil: apenas contraordenações[1736] e a obrigatoriedade de seguro[1737]. A matéria consta, efetivamente, do Código Civil.

[1728] *Collecção Official* 1901, 700-703 (Manuel Francisco de Vargas).
[1729] *Collecção Official* 1911, 1334-1339 (Brito Camacho).
[1730] DG I Série, n.º 30, de 6-fev.-1928, 259-272; a "reparação civil" constava dos artigos 30.º e seguintes, fixando o artigo 30.º um princípio estrito de responsabilidade objetiva.
[1731] DG I Série, n.º 123, de 31-mai.-1928, 1276-1290; a mesma regra surgia no artigo 31.º.
[1732] *Collecção Official* 1930, I, 750-767; a regra ocorre, agora, no artigo 138.º, com limites máximos para as indemnizações.
[1733] DG I Série, n.º 110, de 20-mar.-1954, 569-601; a responsabilidade cessa em caso de culpa do lesado ou de força maior estranha ao funcionamento do veículo (56.º/1).
[1734] DR I Série-A, n.º 102, de 3-mai.-1994, 2162-2190.
[1735] DR 1.ª Série, n.º 168, de 28-ago.-2015, 6504-6507.
[1736] Artigos 131.º e seguintes.
[1737] Artigo 150.º.

361. As imputações básicas de responsabilidade

I. No domínio dos acidentes de viação[1738], há que partir sempre das imputações básicas que nos vêm da Lei geral. Assim, 483.º/1, do Código Civil:

– aquele que, usando um veículo automóvel, ilicitamente, com dolo ou negligência, viole um direito alheio, é obrigado a indemnizar;
– o mesmo sucede se, independentemente de um direito, for violada uma norma de proteção.

Além disso, o condutor de um veículo incorre em responsabilidade contratual, quando o acidente que provoque redunde no incumprimento de obrigações específicas, previamente assumidas. Assim sucede quando ele se tivesse obrigado a transportar pessoas ou mercadorias e não o faça, por se ter envolvido num acidente.

II. As normas do Código da Estrada são, tecnicamente, normas de proteção. Ninguém tem um "direito" abstrato a que outrem cumpra o Código; mas se este for inobservado e, daí, resultarem danos, cai-se na segunda previsão do artigo 483.º/1. Em regra, os danos causados por veículos atingem direitos subjetivos, pelo que a hipótese "normas de proteção" é consumida. Mas deve ser mantida presente.

III. A ilicitude resulta clara perante os danos que traduzam a violação dos direitos subjetivos. A prova requerida pelo artigo 487.º/1 apenas exige a demonstração de factos de onde se infira a causalidade. Como veremos, a lei prevê, no artigo 503.º/1, uma importante presunção de culpa contra o comissário, quando exista.

362. A aplicação da comissão (501.º, do Código Civil)

I. No concreto domínio dos acidentes rodoviários, cumpre salientar a aplicação intensa, aí feita, do instituto da responsabilidade do comitente.

[1738] Em especial: Adriano Vaz Serra, *Fundamento da responsabilidade civil (em especial, responsabilidade por acidentes de viação terrestre e por intervenções lícitas)*, BMJ 90 (1959), 5-322 (147 ss.); vide Filipe de Albuquerque Matos, *O contrato de seguro obrigatório de responsabilidade civil automóvel*, BFD 77 (2001), 377-410 e 78 (2002), 329-640.

Com efeito, podemos distinguir, na circulação de um veículo sob condução humana, três possíveis intervenientes:

- o proprietário do veículo ou, mais latamente, a pessoa que detenha o poder de decidir da sua utilização;
- o condutor material do veículo;
- a pessoa por conta da qual (ou no interesse da qual) se processe a condução.

As três apontadas qualidades podem coincidir: o veículo é conduzido pelo seu dono e no próprio interesse. Em tal eventualidade, as consequências dos danos, ilícitos e culposos, que ele possa provocar são imputáveis ao agente único. Mas podem, igualmente, divergir. Nessa altura, atribuir os danos apenas ao condutor poderá ser fraca solução: multiplicar-se-iam os condutores sem critério e sem património, com grave proliferação de danos. Há que fazer participar os outros intervenientes.

II. O primeiro esquema a tanto destinado é o da aplicação da comissão. Esta deriva do artigo 501.º, do Código Civil[1739] e é referido no seu artigo 503.º/1. Opera nos termos gerais: deve haver uma comissão, com danos imputáveis ao comissário e causados por este no exercício da sua função[1740]. Uma breve ronda pela jurisprudência permitirá verificar a aplicação feita, no domínio dos acidentes de viação, do instituto da comissão:

STJ 23-mar.-1995: um ajudante de motorista, sem autorização daquele, usa o veículo e provoca um acidente: passa a atuar abusivamente, com a direção efetiva do veículo; o proprietário do veículo não é responsável, nem mesmo pelo risco[1741];

RLx 23-mai.-1996: há comissão mesmo quando o comissário abuse das funções que lhe são confiadas; assim, o proprietário comitente de um táxi responde quando o condutor permita que outrem o conduza[1742];

[1739] *Tratado* VIII, 601 ss..

[1740] Maria da Graça Trigo, *Responsabilidade civil do comitente*, em AAVV, *Comemorações dos 35 anos do Código Civil*, III (2007), 153-169 (156 ss.).

[1741] STJ 23-mar.-1995 (Costa Soares), CJ/Supremo III (1995) 1, 135-137; o condutor deixara as chaves na ignição, o que foi considerado irrelevante; todavia, qualquer condutor cuidadoso retira, quando deixa o seu posto, as chaves; poder-se-ia suscitar um problema de violação dos deveres do tráfego; aliás: um veículo sem condutor e com as chaves na ignição é potencialmente perigoso.

[1742] RLx 23-mai.-1996 (Noronha do Nascimento), CJ XXI (1996) 3, 94-97 (96/I).

RPt 20-nov.-1997: havendo um ALD (aluguer de longa duração), o proprietário do veículo não é comitente nem responde, a esse título[1743];

RCb 10-fev.-1998: prova-se, apenas, que o veículo propriedade de uma sociedade era tripulado por certo condutor: isto não chega para se afirmar um vínculo de comissão[1744];

REv 13-jul.-2000: sendo o veículo de uma sociedade conduzido por um sócio, não se prova um vínculo de comissão[1745];

STJ 8-mar.-2007: releva uma relação de comissão entendida no sentido amplo do serviço ou atividade realizados por conta e sob a orientação de outrem, podendo o comissário dar ordens e instruções[1746].

III. O artigo 503.º/3, do Código Civil, formula uma presunção de culpa contra o comissário:

Aquele que conduzir o veículo por conta de outrem responde pelos danos que causar, salvo se provar que não houve culpa da sua parte; se, porém, o conduzir fora do exercício das suas funções de comissário, responde nos termos do n.º 1.

O preceito está mal inserido: como n.º 3 de um artigo relativo a uma responsabilidade pelo risco. Mas é importante.

Este preceito mereceu três assentos[1747]:

STJ (P) n.º 1/83, de 14-abr.-1983: a primeira parte do n.º 3 do art. 503.º do CC estabelece uma presunção de culpa do condutor do veículo por conta de outrem pelos danos que causar, aplicável nas relações entre ele, como lesante, e o titular ou titulares do direito a indemnização[1748];

[1743] RPt 20-nov.-1997 (Gonçalo Silvano), CJ XXII (1997) 5, 192-195 (195/I).
[1744] RCb 10-fev.-1998 (Garcia Calejo), BMJ 474 (1998), 555-556.
[1745] REv 13-jul.-2000 (Maria Laura Leonardo), BMJ 499 (2000), 396/II.
[1746] STJ 8-mar.-2007 (Pereira da Silva), Proc. 06B3988.
[1747] Mário Júlio de Almeida Costa, *Direito das obrigações*, 12.ª ed. (2011), 632-634, nota 1.
[1748] STJ (P) n.º 1/83, de 14-abr.-1983 (Licurgo Augusto dos Santos), DR I Série, n.º 146, 1.º Supl., de 28-jun.-1983, 2328-(1)-2328-(4) = BMJ 326 (1983), 302-307 = Proc. 068989. *Vide* STJ 12-jan.-1984 (Santos Silveira), RLJ 121 (1988), 26-31, anot. Antunes Varela, *idem*, 31-32.

STJ (P) n.º 3/94, de 26-jan.-1994: a responsabilidade por culpa presumida do comissário, estabelecida no art. 503.º, n.º 3, 1.ª parte, do CC é aplicável ao caso de colisão de veículos prevista no art. 506.º, n.º 1, do mesmo Código[1749];

STJ (P) n.º 7/94, de 2-mar.-1994: a responsabilidade por culpa presumida do comissário, nos termos do art. 503.º, n.º 3, do CC, não tem os limites fixados no n.º 1 do art. 508.º do mesmo diploma[1750].

A sucessão é clara: quando um veículo, conduzido por um comissário, se envolva num acidente, presume-se que a culpa é dele. E sendo a responsabilidade do comissário, responde o comitente, nos termos do artigo 500.º. Infere-se ainda que, conduzindo o veículo fora das suas funções de comissário, este passa a detentor, respondendo pelo risco nos termos do 503.º/1 (503.º/3, *in fine*), todos do Código Civil.

IV. Esta solução pode parecer estranha, numa primeira abordagem. Havendo uma colisão entre dois veículos, um conduzido por um comissário e outro pelo dono, porque se irá presumir a "culpa" do primeiro, onerando-o com o encargo da prova da "não-culpa"? Já se levantou mesmo a hipótese de a interpretação dada pelo assento de 14-abr.-1983 ser inconstitucional: o que foi sucessivamente afastado pelos acórdãos do TC n.º 226/92, de 17-jul.[1751], n.º 149/93, de 28-jan.[1752], n.º 374/94, de 11-mai.[1753], n.º 439/94, de 7-jul.[1754], n.º 426/95, de 6-jul.[1755], n.º 668/96,

---

[1749] STJ (P) n.º 3/94, de 26-jan.-1994 (Fernando Fabião), DR I Série-A, n.º 66, de 19-mar.-1994, 1399-1402.

[1750] STJ (P) n.º 7/94, de 2-mar.-1994 (José Martins da Fonseca), DR I Série-A, n.º 98, de 28-abr.-1994, 2061-2064 = BMJ 435 (1994), 40-47(47) = Proc. 076540.

[1751] TC n.º 226/92, de 17-jul. (Messias Bento): não sendo a presunção do artigo 503.º/3 arbitrária, não é inconstitucional por violação do princípio da igualdade; também publicado no BMJ 418 (1992), 420-428.

[1752] TC n.º 149/93, de 28-jan. (António Vitorino): não é nem arbitrária, nem irrazoável; também publicado no BMJ 423 (1993), 138-144.

[1753] TC n.º 374/94, de 11-mai. (Guilherme da Fonseca): não é arbitrária.

[1754] TC n.º 439/94, de 7-jul. (Ribeiro Mendes), com interessantes considerações doutrinárias; também publicado no BMJ 438 (1994), 71-83.

[1755] TC n.º 426/95, de 6-jul. (Monteiro Dinis): nem arbitrária, nem irrazoável.

de 8-mai.[1756], n.º 29/97, de 15-nov.[1757], n.º 439/97, de 19-jun.[1758], n.º 376/2002, de 26-set.[1759] e n.º 229/2004, de 31-mar.[1760].

Com efeito, ponderando a realidade da condução e da mentalidade das pessoas, esta solução, aparentemente desarmónica visa, de facto, restabelecer a igualdade[1761].

V. A lei trabalha com situações típicas. Para descer ao individual há, depois, certos institutos, com relevo para o abuso do direito. Ora, na realidade social, a postura do condutor/proprietário é muito diferente da do condutor/comissário. O proprietário que conduza o seu próprio automóvel sabe quanto lhe custou, quanto custa a manutenção e quanto custa conservá-lo apresentável. Tem um grau de atenção e de diligência elevado, já que o automóvel pessoal é sentido, um pouco, como o prolongamento do próprio corpo. O condutor de automóvel alheio, sobretudo quando o dono seja uma pessoa coletiva, mesmo quando seja sério, torna-se desleixado: conduz com (maior) aspereza, solicitando (mais) o motor, os travões e a direção; descura a manutenção, que não lhe diz respeito; sente, em suma, o veículo como algo de estranho.

Verifica-se ainda que o condutor/comissário é, em regra, um profissional da condução. Tem mais experiência e mais conhecimento, sendo-lhe exigível maior diligência. Em caso de acidente, ele saberá, melhor do que o leigo envolvido na confusão, como proceder: recolhendo elementos, acordando depoimentos e chamando logo as pessoas certas. Em suma: na estrada, nem todos são iguais, uma vez que, lado a lado, ombreiam profissionais e amadores. A presunção de culpa contra o comissário faz, assim, sentido.

[1756] TC n.º 668/96, de 8-mai. (Messias Bento): referindo os acórdãos anteriores.

[1757] TC n.º 29/97, de 15-nov. (Bravo Serra): reportando-se a TC n.º 226/92.

[1758] TC n.º 439/97, de 19-jun. (Guilherme da Fonseca): não é violado o princípio da igualdade.

[1759] TC n.º 376/2002, de 26-set. (Tavares da Costa): posição constante.

[1760] TC n.º 229/2004, de 31-mar. (Fernanda Palma): não é arbitrária ou não justificável; note-se, todavia, que não há unanimidade; veja-se o voto de vencido bem estruturado do Conselheiro Mário de Araújo Torres; todos estes acórdãos podem ser confrontados no sítio do Tribunal Constitucional.

[1761] *Vide* as explicações de João de Matos Antunes Varela, *Das obrigações em geral* (2000), 1, 10.ª ed., 661-662, que, hoje, acompanhamos.

VI. Perante a presunção de culpa do comissário, a qual se repercute no comitente, via 500.°, os tribunais têm sido mais restritivos na caracterização da comissão. Assim, a culpa do condutor só se presume quando o conduza por conta de outrem e não quando apenas conduza um veículo alheio[1762].

A presunção funciona desde que se saiba que o condutor era comissário e isso mesmo quando não seja possível identificá-lo concretamente[1763]. Além disso, temos situações deste tipo:

REv 17-abr.-1997: não é culposa a atitude de um passageiro que se lança para fora de um autocarro em andamento, quando este seguia aceleradamente num declive acentuado e com curvas, nas encostas do Guadiana, sem travões; a culpa é do motorista que descurou a vistoria ao veículo, presumindo-se, se necessário, a sua culpa (503.°/3)[1764];

RPt 21-jun.-2000: há comissão quando o veículo seja conduzido por sócio-gerente, motorista profissional[1765];

STJ 24-jan.-2002: a presunção de culpa do condutor por conta de outrem cede, se se provar a culpa do lesado[1766];

STJ 18-mai.-2006: a expressão "veículo" do artigo 503.°/3 abrange o "comboio"[1767].

363. A responsabilidade pelo risco

I. O artigo 503.°/1, do Código Civil, fixa um caso significativo de responsabilidade pelo risco:

Aquele que tiver a direção efetiva de qualquer veículo de circulação terrestre e o utilizar no seu próprio interesse, ainda que por intermédio de

---

[1762] RPt 23-jun.-1994 (Silva Salazar), CJ XIX (1994) 3, 134-136, RCb 10-fev.-1998 (Garcia Calejo), CJ XXIII (1998) 1, 32-36 e STJ 8-mar.-2007 (Pereira da Silva), Proc. 06B3988.
[1763] STJ 4-jul.-1996 (Bessa Pacheco), CJ/Supremo IV (1996) 2, 226-228 = 3, 135-140.
[1764] REv 17-abr.-1997 (José Rodrigues dos Santos), BMJ 466 (1997), 610.
[1765] RPt 21-jun.-2000 (Pinto de Almeida), Proc. 0030652.
[1766] STJ 24-jan.-2002 (Ferreira Ramos), Proc. 01A3600.
[1767] STJ 18-mai.-2006 (Pereira da Silva), Proc. 06B297. *Vide*, também, RPt 10-mar.-2003 (Fonseca Ramos), Proc. 0350641.

comissário, responde pelos danos provenientes dos riscos próprios do veículo, mesmo que este não se encontre em circulação.

Temos, como requisitos[1768]:
– a direção efetiva do veículo[1769];
– a sua utilização no próprio interesse.

A "direção efetiva" equivale ao controlo material do veículo, a título de posse ou de detenção[1770]. O termo não é o ideal, uma vez que "dirigir" pode significar conduzir: ora, aqui não se trata do ato de conduzir, mas antes de ter o domínio de facto sobre a viatura: basta ver que o risco funciona "mesmo que este não esteja em circulação". Assim, o passageiro do táxi não responde, porque não tem tal controlo. A propriedade do veículo faz presumir a direção efetiva e o interesse na sua utilização pelo dono[1771]: uma presunção *hominis*[1772].

II. A "utilização no próprio interesse" justifica-se para evitar a imputação ao comissário. Sobre este recairá a responsabilidade por ato ilícito, depois repercutida na esfera do comitente; mas não a responsabilidade pelo risco, que apenas a este diz respeito, na valoração legal.

III. A causalidade, como sempre sucede nas situações de imputação objetiva, segue canais próprios. Não há nem "adequação", nem "causalidade provocada", nem "escopo da norma violada"[1773]. Antes se impõe determinar o âmbito dos "riscos próprios do veículo".

Os tribunais dão como exemplos reais de tais riscos:

RLx 22-abr.-1999: a abertura inesperada de um *capot*, em plena autoestrada, é risco próprio do veículo[1774];

[1768] João Antunes Varela, *Das obrigações em geral* cit., 1, 10.ª ed., 656-657.
[1769] O que seja concretamente um veículo, designadamente para efeitos de sujeição ao seguro, depende da funcionalidade; quanto a um *dumper*: STJ 25-mar.-2010 (Alberto Sobrinho), Proc. 112/04.
[1770] Mário Júlio de Almeida Costa, *Direito das obrigações* cit., 12.ª ed. 629.
[1771] RCb 7-jun.-1994 (Paiva Gonçalves), CJ XIX (1994) 3, 31-33.
[1772] *Tratado* V, 2.ª ed., 508 ss..
[1773] *Vide*,. quanto à causalidade, o *Tratado* II/3, 531 ss..
[1774] RLx 22-abr.-1999 (Ferreira Girão), CJ XXIV (1999) 2, 119-121. Além disso e neste mesmo caso: o condutor, surpreendido com a abertura súbita do *capot*, pára em plena

REv 4-mai.-1999: um condutor atrapalha-se com um animal que surge na estrada e, ao desviar-se, colhe um peão; responde *ex* 503.º/1[1775];

RPt 2-jun.-2005: uma derrapagem é um risco próprio do veículo[1776].

Podemos acrescentar que tudo quanto tenha a ver com a circulação é risco próprio do veículo, incluindo as mais inabituais avarias. Além disso, fenómenos como a autocombustão de um veículo armazenado ou a destravagem inexplicada de um veículo parado são "riscos próprios". De igual modo, são riscos próprios as deficiências que possam suceder ao condutor: adormecimento, síncope, cegueira súbita, ataque de epilepsia, decisão de suicídio, paragem cardíaca e assim por diante. A matéria já tem sido apreciada pelos tribunais, não sendo considerada força maior exonerante[1777].

Na presença de um acidente de viação inexplicado, funciona a imputação por risco do artigo 503.º/1: REv 5-mai.-1994[1778] e STJ 23-mar.--2000[1779], como exemplos.

IV. Subjacente à imputação pelo risco, por danos causados por veículos, está a ideia da ilicitude imperfeita. A lei dirige o risco contra quem tem a "direção efetiva" do veículo e, portanto, contra a pessoa que pode prevenir danos, tomando antecipadamente todas as medidas que, para tanto, sejam necessárias.

A confirmá-lo: o artigo 503.º/2, do Código Civil. Tratando-se de pessoa não-imputável, a responsabilidade é filtrada pelo artigo 489.º, do mesmo Código: ela será condenada a reparar os danos por motivo de equidade, se não for possível obter a reparação das pessoas a quem incumba a sua vigilância – e que, aqui, deveriam ter tomado as medidas preventivas adequadas – e isso por forma a não privar o não-imputável dos alimentos necessários.

---

faixa de rodagem na autoestrada, sem pôr o triângulo, sendo abalroado por um veículo: responde pelo facto ilícito.

[1775] REv 4-mai.-1999 (Ferreira Neto), CJ XXIV (1999) 3, 285-286.
[1776] RPt 2-jun.-2005 (Teles de Menezes), Proc. 0532714.
[1777] STJ 27-jul.-1971 (J. Santos Carvalho Júnior), BMJ 209 (1971), 120-123.
[1778] REv 5-mai.-1994 (Araújo dos Anjos), CJ XIX (1994) 3, 267-269.
[1779] STJ 23-mar.-2000 (Ferreira de Almeida), BMJ 495 (2000), 298-301.

364. Os beneficiários da responsabilidade

I. Havendo responsabilidade pelos danos causados por veículos, seja por via delitual, seja por via do risco, pergunta-se quem pode beneficiar das competentes indemnizações. À partida, elas caberão aos lesados. A todos? O Código Civil, no seu artigo 504.º, versão inicial, conduzia ou permitia exclusões. Dispunha[1780]:

> 1. A responsabilidade pelos danos causados por veículos aproveita a terceiros, bem como às pessoas transportadas em virtude de contrato; mas, neste caso, abrange só os danos que atinjam a própria pessoa e as coisas por ela transportadas.
> 2. No caso, porém, de transporte gratuito, o transportador responde apenas, nos termos gerais, pelos danos que culposamente causar.
> 3. São nulas as cláusulas que excluam ou limitem a responsabilidade do transportador pelos acidentes que atinjam a pessoa transportada.

Este preceito alijava qualquer responsabilidade objetiva, em prol dos passageiros gratuitos[1781]. Foi contrariado pela Diretriz n.º 90/232, de 14 de maio, que obrigou a um seguro que cobrisse todos os passageiros[1782]. Por consequência, foi alterado pelo Decreto-Lei n.º 14/96, de 6 de março[1783]:

> 1. A responsabilidade pelos danos causados por veículos aproveita a terceiros, bem como às pessoas transportadas.
> 2. No caso de transporte por virtude de contrato, a responsabilidade abrange só os danos que atinjam a própria pessoa e as coisas por ela transportadas.
> 3. No caso de transporte gratuito, a responsabilidade abrange apenas os danos pessoais da pessoa transportada.
> 4. São nulas as cláusulas que excluam ou limitem a responsabilidade do transportador pelos acidentes que atinjam a pessoa transportada.

[1780] DG I Série, n.º 274, de 25-nov.-1966, 1929/II.

[1781] STJ 3-dez.-1974 (José Garcia da Fonseca), BMJ 242 (1974), 267-269. Além disso, entendia-se que o "transporte gratuito" do artigo 504.º/2 tanto era o derivado de contrato, como o puro transporte de complacência ou de favor: STJ 31-jan.-1980 (Daniel Ferreira), BMJ 293 (1980), 346-353 = RLJ 114 (1981), 24-29, anot. Adriano Vaz Serra, *idem*, 29-32 e 35.

[1782] JOCE N.º L-129, de 19-mai.-1990, 33-35: a terceira diretriz relativa à responsabilidade civil automóvel.

[1783] DR I Série-A, n.º 56, de 6-mar.-1996, 444/I.

II. O artigo 504.º, do Código Civil, citado a propósito de indicar os beneficiários da responsabilidade, procedia, de facto, a algumas limitações. Ainda no domínio da sua redação inicial, a jurisprudência alargara o âmbito da responsabilidade no transporte gratuito: tanto ocorria por culpa provada como por culpa presumida[1784].

A nova redação estendeu a responsabilidade objetiva aos danos causados aos passageiros gratuitos[1785], numa solução mais equilibrada e que, antes, era negada[1786]. Ela só se aplica aos casos ocorridos após a sua entrada em vigor[1787].

III. O artigo 504.º, tomado à letra, exclui, havendo contrato, a responsabilidade por lucros cessantes. Trata-se de uma solução de difícil constitucionalidade e que corresponde a uma preocupação restritiva do legislador.

Finalmente, o artigo 504.º/4, numeração atual, veda as cláusulas de exclusão ou de limitação da responsabilidade do transportador que atinjam a pessoa transportada. *A contrario*, são válidas a exclusão ou a limitação no tocante aos danos que atinjam os bens: uma regra muito usada pela indústria dos transportes.

365. A exclusão de responsabilidade

I. A ideia básica da lei é a de que, no tocante a acidentes de viação, não deve haver danos por indemnizar. Dada a generalização do uso de veículos motorizados e os riscos envolvidos, pretende-se uma socialização lata dos danos envolvidos.

Para prevenir dúvidas, o artigo 505.º, do Código Civil, fixa três casos de exclusão de responsabilidade:

– a aplicação do artigo 570.º, do mesmo Código Civil;
– a imputação do acidente ao lesado ou a terceiro;
– o caso de força maior estranha ao funcionamento do veículo.

[1784] RCb 6-mar.-2001 (Monteiro Casimiro), Proc. 3024/00.
[1785] A tomar em sentido jurídico: STJ 31-jan.-2006 (Azevedo Ramos), Proc. 05A4034.
[1786] STJ 18-set.-2007 (Fonseca Ramos), Proc. 07A1555.
[1787] STJ 11-jul.-2006 (João Camilo), Proc. 06A1876.

A aplicação do artigo 570.º consome a imputação do acidente ao lesado, pelo menos quando haja culpa deste; além disso, fixa algumas consequências de ordem geral, para a hipótese do concurso de "culpas"[1788]. Isto dito: a exclusão de culpa opera quando o acidente for, no todo, imputável ao lesado ou a terceiro, com ou sem culpa deste[1789]. Não basta a presença de culpas concorrentes[1790].

II. Causas de força maior estranhas ao veículo seriam, por exemplo, o desmoronamento da berma, o atentado terrorista que projetasse a viatura contra um prédio ou um tornado que o arremessasse para a assistência de um jogo de futebol. Outras situações, como o súbito aparecimento de um animal ou a presença de óleo na estrada, devem ser computados como riscos do veículo, embora escapem ao controlo do condutor[1791].

Não releva qualquer "caso de força maior": apenas o que seja estranho ao funcionamento do veículo, como diz a lei.

366. A colisão de veículos

I. Sob a epígrafe "colisão de veículos", o artigo 506.º/1, do Código Civil, regula os casos em que sobrevenha tal colisão, mas sem ser possível imputá-la a culpa de nenhum dos condutores intervenientes. Essa eventualidade pode advir de se verificar que, de facto, nenhum teve culpa ou, muito simplesmente, de não se ter conseguido provar[1792] ou atribuir[1793], a qualquer deles, a causa do acidente.

Isto posto, prevê duas hipóteses:

– ambos os veículos contribuíram para os danos;
– apenas um deles lhes deu azo.

[1788] Em geral: José Carlos Brandão Proença, *Culpa do lesado*, em AAVV, *Comemoração dos 35 anos do Código Civil*, III – *Direito das obrigações* (2007), 139-151.
[1789] STJ 31-out.-1978 (Oliveira Carvalho), BMJ 280 (1978), 306-310.
[1790] REv 6-nov.-1974 (s/ind. relator), BMJ 242 (1974), 371.
[1791] Uma referência a acidentes inverosímeis, ocorridos em autoestradas e judicialmente apreciados, pode ser visto no nosso *Igualdade rodoviária e acidentes de viação nas auto-estradas* (2004), 9 ss..
[1792] RPt 21-out.-1999 (Viriato Bernardo), BMJ 490 (1999), 322.
[1793] RCb 2-dez.-2003 (Cardoso de Albuquerque), CJ XXVIII (2003) 5, 23-26.

Na primeira hipótese, a responsabilidade é repartida na proporção em que o risco de cada um dos veículos houver contribuído para os danos. Estes são computados conjuntamente, fazendo-se depois a repartição. Quanto à medida do risco: ela será calculada em função da perigosidade típica de cada veículo: um camião implica mais riscos do que um misto e este mais do que um ligeiro, como exemplos[1794].

Na segunda, a responsabilidade corre por quem, a qualquer título (e, *maxime*, pelo risco, *ex* 503.º/1), responda pelo veículo causador.

II. O preceito funciona, também, perante os danos que a colisão tenha ocasionado em terceiros, sem que se apure a culpa de nenhum dos condutores envolvidos[1795]. Os terceiros em causa serão indemnizados pelos envolvidos na colisão, na proporção dos riscos respetivos.

III. O artigo 506.º/2, do Código Civil, resolve os casos de dúvida: seja na repartição dos riscos, seja na de culpas. Manda que as respetivas medidas sejam consideradas iguais[1796]. Dá-se, com isso, aplicação a uma ideia de socialização équa dos danos produzidos em sociedade.

367. A solidariedade

I. O artigo 507.º/1, do Código Civil, fixa uma regra de solidariedade, quando a responsabilidade pelo risco recaia sobre várias pessoas e isso mesmo quando haja culpa de alguma ou algumas. Se a "culpa" fosse de todas, já haveria solidariedade, por via do artigo 497.º/1, do mesmo Código. A ideia do legislador é fácil de surpreender: pretende-se um máximo de esforço para que os danos resultantes de acidentes de viação sejam, efetivamente, ressarcidos. Para tanto, faz-se correr, pelos corresponsáveis, o risco da insolvência ou da recusa de algum deles. Tudo isto faz, depois, sentido, mercê do seguro obrigatório de responsabilidade automóvel.

II. Quando algum dos corresponsáveis solidários seja chamado a pagar a indemnização, há que regular as relações entre eles. O que pague

---

[1794] *Direito das obrigações* 2, 390.
[1795] STJ 24-jun.-2004 (Ferreira de Almeida), CJ/Supremo XII (2004) 2, 112-115.
[1796] RPt 6-fev.-1991 (Alves Ribeiro), BMJ 404 (1991), 507 e RPt 21-out.-1999 (Viriato Bernardo), BMJ 490 (1999), 322.

tem direito de regresso contra os demais (524.º). Mas tal regresso tem o regime especial que resulta do artigo 507.º/2:

– se todos respondem pelo risco, a indemnização reparte-se entre os responsáveis de harmonia com o interesse de cada um na utilização do veículo;
– se houver culpa de algum ou alguns deles, apenas os culpados respondem; os restantes têm o "direito de regresso pleno" contra eles[1797];
– havendo vários culpados, há que atentar na medida das culpas respetivas: 507.º/2, *in fine*, que remete para o artigo 497.º/2, todos do Código Civil.

III. Quando não se consiga determinar a medida do interesse de cada um, eles presumem-se iguais; e essa mesma igualdade se presume no tocante à medida das culpas. Valem os artigos 497.º/2, *in fine* e 506.º/2, sempre do Código Civil, diretamente ou por analogia.

368. Limites máximos e o seguro obrigatório

I. O artigo 508.º fixa os limites máximos das indemnizações por acidentes de automóveis, baseadas no risco. Na sua redação inicial, esse preceito dispunha[1798]:

> 1. A indemnização fundada em acidente de viação, quando não haja culpa do responsável, tem como limites máximos: no caso de morte ou lesão de uma pessoa, duzentos contos: no caso de morte ou lesão de várias pessoas em consequência do mesmo acidente, duzentos contos para cada uma delas, com o máximo total de seiscentos contos; no caso de danos causados em coisas, ainda que pertencentes a diferentes proprietários, cem contos.
> 2. Se a indemnização for fixada sob a forma de renda anual e não houver culpa do responsável, o limite máximo é de doze contos por cada lesado, não podendo ultrapassar trinta e seis contos quando sejam vários os lesados em virtude do mesmo acidente.

[1797] Pires de Lima/Antunes Varela, *Código Anotado* cit., 1, 4.ª ed., 522.
[1798] DG I Série, n.º 274, de 25-nov.-1966, 1929-1930.

3. Se o acidente for causado por veículo utilizado em transporte coletivo, serão elevados ao triplo os máximos totais fixados nos números anteriores; se for causado por caminho de ferro, ao décuplo.

Este preceito, para além da depreciação monetária[1799], entrou em conflito com a legislação europeia, relativa ao seguro de responsabilidade civil automóvel[1800].

II. A situação foi regularizada pelo Decreto-Lei n.º 59/2004[1801], que deu, ao artigo 508.º em causa, a redação seguinte:

1. A indemnização fundada em acidente de viação, quando não haja culpa do responsável, tem como limite máximo o capital mínimo do seguro obrigatório de responsabilidade civil automóvel.
2. Se o acidente for causado por veículo utilizado em transporte coletivo, a indemnização tem como limite máximo o capital mínimo do seguro obrigatório de responsabilidade civil automóvel estabelecido para os transportes coletivos.
3. Se o acidente for causado por veículo utilizado em transporte ferroviário, a indemnização tem como limite máximo o capital mínimo do seguro obrigatório de responsabilidade civil estabelecido para essa situação em legislação especial

III. As limitações de responsabilidade, nos casos de imputação pelo risco, são admissíveis. Elas visam equilibrar o funcionamento da responsabilidade e, em simultâneo, facilitar a operacionalidade dos seguros. Recorde-se que, neste domínio, eles são obrigatórios.

A matéria, que foi largamente regulada pelo Decreto-Lei n.º 522/85, de 31 de dezembro, com múltiplas alterações[1802], consta hoje do Decreto-Lei n.º 291/2007, de 21 de agosto, com transposição de múltiplas diretrizes comunitárias.

[1799] O "conto" (mil escudos) equivale a cerca de € 5.
[1800] Por isso se falou, na altura, na sua renovação tácita: Nuno Pinto Oliveira, *Revogação tácita do art. 508.º do Código Civil?*, SI 292 (2002), 97-109, de um modo geral recusada pelos tribunais: p. ex., STJ 18-dez.-2002 (Moitinho de Almeida), CJ/Supremo X (2002) 3, 167-168.
[1801] DR I Série-A, n.º 67, de 19-mar.-2004, 1551/I.
[1802] *Manual de Direito comercial*, 2.ª ed. (2007), 826 ss..

§ 87.º EVOLUÇÃO E DIREITO EUROPEU

369. O seguro e a sua evolução

I. A eventualidade de alguém ser responsável por danos causados através da condução de veículos automóveis poderia, nos termos gerais, ser objeto de um seguro de danos e, mais precisamente, de um seguro de responsabilidade civil. A autonomia privada faria o resto.

Pode todavia o interessado, para poupar o prémio, prescindir de qualquer seguro e confiar na própria perícia. Mas em qualquer altura sobrevém um acidente. Os danos podem ser incomensuráveis. A não haver seguro, temos um problema social, em face da eventual insolvência do responsável.

II. Como vimos, os valores em presença levaram o Estado a impor hipóteses de responsabilidade pelo risco. Tais medidas, ficariam, todavia, letra morta quando as entidades obrigadas a indemnizar não tivessem meios para o fazer. Foi, assim, imposta a obrigatoriedade de celebrar determinados seguros, obrigatoriedade essa que se estendeu aos seguros por atos lícitos[1803].

Uma das áreas privilegiadas é a de responsabilidade civil por acidentes de automóvel[1804].

[1803] A matéria integra-se, pois, no sector mais vasto do seguro de responsabilidade civil; cf. Vittorio Angeloni, *Assicurazione della responsabilità civile*, ED III (1958), 554-573, Marco Comporti/Gianguido Scalfi, *Responsabilità civile e assicurazione obbligatoria* (1988) e Daniele de Strobel, *L'assicurazione di responsabilità civile*, 4.ª ed. (1998).

[1804] *Vide*, com elementos comparatísticos, Diogo Leite de Campos, *Seguro de responsabilidade civil fundada em acidentes de viação/Da natureza jurídica* (1971), 41-42. Perante a lei vigente, com muita jurisprudência e elementos complementares: Adriano Garção Soares/José Maia dos Santos/Maria José Rangel de Mesquita, *Seguro obrigatório de responsabilidade civil automóvel*, 3.ª ed. (2006), 1021 pp..

III. O seguro de responsabilidade civil fundada em acidentes de viação[1805] começou por ser obrigatório apenas em certos casos depois previstos no CE de 1954[1806]: transportes coletivos e condução por menores. O seguro obrigatório foi institucionalizado pelo Decreto-Lei n.º 408/79, de 25 de setembro, depois substituído pelo Decreto-Lei n.º 522/85, de 31 de dezembro, já formulado em obediência a diretrizes comunitárias.

IV. O Decreto-Lei n.º 522/85, de 31 de dezembro, conheceu nada menos do que 16 alterações, algumas delas bastante extensas: Decreto-Lei n.º 122-A/86, de 30 de maio, que alterou 14 dos seus artigos; Decreto-Lei n.º 436/86, de 31 de dezembro, que aumentou o capital seguro; Decreto-Lei n.º 81/87, de 20 de fevereiro, quanto aos sujeitos isentos da obrigação de segurar; Decreto-Lei n.º 394/87, de 31 de dezembro, quanto ao capital seguro; Decreto-Lei n.º 415/89, de 30 de novembro, modificando o artigo 27.º; Decreto-Lei n.º 122/92, de 2 de julho, quanto ao Fundo de Garantia Automóvel; Decreto-Lei n.º 18/93, de 23 de janeiro, de novo quanto ao capital seguro; Decreto-Lei n.º 358/93, de 14 de outubro, sobre o mesmo tema; Decreto-Lei n.º 130/94, de 19 de maio, transpondo as Diretrizes n.º 90/232/CEE, de 14 de maio e n.º 91/232/CEE, de 30 de maio; Decreto-Lei n.º 3/96, de 25 de janeiro, quanto ao capital mínimo; Decreto-Lei n.º 68/97, de 3 de abril, quanto ao Fundo de Garantia; Decreto-Lei n.º 368/97, de 23 de dezembro, sobre o mesmo tema; Decreto-Lei n.º 301/2001, de 23 de novembro, relativo ao capital seguro; Decreto-Lei n.º 72-A/2003, de 14 de abril, transpondo a Diretriz n.º 2000/26, de 16 de maio e alterando os artigos 23.º e 27.º; Decreto-Lei n.º 44/2005, de 23 de fevereiro, que reformou o CE, transpôs a Diretriz n.º 2003/20, de 8 de abril e alterou o artigo 34.º/1 e 2; Decreto-Lei n.º 122/2005, de 29 de julho, referente aos prémios de seguros e que alterou o artigo 20.º; Decreto-Lei n.º 83/2006, de 3 de maio, que transpôs a Diretriz n.º 2005/14, de 11 de maio (a 5.ª Diretriz do Seguro Automóvel), modificando os artigos 33.º e 37.º e aditando dois novos capítulos: o II-A (artigos 20.º-A a 20.º-O) e V-A (artigos 35.º-A a 35.º-D). Impunha-se a publicação oficial unificada da versão efetivamente em vigor. A complicação cessou com a sua revogação pelo Decreto-Lei n.º 291/2007, de 21 de agosto.

[1805] Com múltiplos elementos, Günther Bauer, *Die Kraftfahrtversicherung*, 4.ª ed. (1997) e Ernst Stiefel/Edgar Hofmann, *Kraftfahrtversicherung*, 18.ª ed. (2010), 1200 pp., com textos.

[1806] Aprovado pelo Decreto n.º 39 672, de 20 de maio de 1954; no preâmbulo desse diploma, explicou-se, que não se fora mais longe por se exigir uma reorganização da indústria seguradora, não possível no momento. Vide STJ 26-jan.-1954 (Jaime Tomé), BMJ 41 (1954), 374-378.

V. A obrigação de segurar vinha prescrita no artigo 1.º do Decreto-Lei n.º 522/85, de 31 de dezembro: recaía sobre toda a pessoa que pudesse ser civilmente responsável pela reparação de danos patrimoniais e não patrimoniais decorrentes de lesões corporais ou materiais causadas a terceiros por um veículo terrestre a motor, seus reboques ou semirreboques – n.º 1. Sem esse seguro, o veículo não podia circular, devendo ser apreendido nos termos do artigo 32.º. A obrigação impendia sobre o proprietário, usufrutuário ou locatário financeiro – artigo 2.º/1 – embora pudesse ser cumprida por terceiros – n.º 2.

Quando a aceitação do seguro fosse recusada por, pelo menos, três seguradores, o interessado podia dirigir-se ao ISP que indicará as condições do seguro; o segurador não poderia, então, recusar a celebração do contrato – artigo 11.º.

VI. O seguro obrigatório de responsabilidade civil automóvel, sempre no âmbito do Decreto-Lei n.º 522/85, de 31 de dezembro, hoje revogado, cobria os danos emergentes por sinistro e por veículo causador – artigo 5.º – com as exclusões, assaz complexas, do artigo 7.º[1807].

O contrato garantia a responsabilidade civil do tomador do seguro, dos sujeitos da obrigação de segurar e dos legítimos detentores e condutores do veículo – 8.º/1. Ele garantia ainda os danos causados pelos autores de furto, roubo ou furto de uso e os dolosamente causados – n.º 2 – com a exclusão do n.º 3. Como se vê, predominava aqui a dimensão social deste tipo de seguro. A lei previa um capital máximo, sucessivamente elevado[1808] – artigo 6.º/1. Ocorrendo várias vítimas, havia que proceder

---

[1807] Quanto ao âmbito do seguro, perante o Direito anterior: STJ 11-mar.-1960 (Sousa Monteiro), BMJ 95 (1960), 265-271, STJ 10-abr.-1964 (Lopes Cardoso), BMJ 136 (1964), 332-334, STJ 9-jan.-1973 (Carvalho Júnior), BMJ 223 (1973), 165-169 (despesas hospitalares), STJ 4-jan.-1979 (Daniel Ferreira), BMJ 283 (1979), 253-259 (inclusão do reboque) e RCb 30-nov.-1982 (Oliveira Matos), CJ VII (1982) 5, 44-48 (idem); em face do Direito vigente: RPt 4-jul.-1990 (Vaz dos Santos), CJ XV (1990) 4, 239-241 (240-241, quanto a lesões em familiares), RCb 4-fev.-1992 (Virgílio Oliveira), CJ XVII (1992) 1, 91-95 (quanto a reboques), RCb 19-mai.-1992 (Varela Rodrigues), CJ XVII (1992) 3, 113-115 (114/II: não abrange um cabo de aço ligado entre um trator e uma árvore), RPt 27-out.-1992 (Metello de Nápoles), CJ XVII (1992) 4, 262-263 (263/I: não abrange danos de quem tenha contribuído para o auxílo da vítima) e RPt 24-mai.-1994 (Gonçalves Vilar), CJ XIX (1994) 3, 217-219 (218/II: inclui reboques).

[1808] O Decreto-Lei n.º 3/96, de 25 de janeiro, fixou-o em 120.000 c., por sinistro, seja qual for o número de vítimas ou a natureza do dano. O Decreto-Lei n.º 301/2001, de 23 de novembro, passou-o para os € 600.000.

a rateio[1809]. Consequentemente: a seguradora que tivesse conhecimento de vários lesados devia adotar as providências necessárias para reduzir, proporcionalmente, as indemnizações[1810].

370. Direito europeu

I. A responsabilidade civil automóvel não conhece fronteiras. Por isso, ela surgiu como área privilegiada de uniformização material dos seguros: a livre articulação, a concorrência entre seguradoras e a própria integridade dos cidadãos da Europa a tanto obrigava.

Sucederam-se, assim, as diretrizes relativas a esse sector[1811]. Vamos dar nota do seu conteúdo essencial.

II. A 1.ª Diretriz (n.º 72/166, de 24 de abril[1812]) veio validar, em cada Estado-Membro, os seguros automóveis feitos noutro Estado-Membro. Para esse efeito e para além de certas conexões, cada veículo tem o seu estacionamento habitual no Estado onde se encontra matriculado (1.º/4). Posto isso, cada Estado-Membro abster-se-á de fiscalizar o seguro de responsabilidade civil que resulta da circulação de veículos que tenham o seu estacionamento habitual no território de outro Estado-Membro. O artigo 3.º/1 determinava que cada Estado-Membro fixasse um seguro obrigatório para os veículos que nele tivessem o seu estacionamento habitual.

III. A 2.ª Diretriz (n.º 84/5, de 30 de dezembro de 1983[1813]), prescreveu, para o seguro referido no artigo 3.º/1, da sua antecessora, que o mesmo cobrisse os danos materiais e os corporais (1.º/1). Fixava, ainda, montantes mínimos pelos quais o seguro seria obrigatório (1.º/2).

[1809] *Vide* STJ 4-nov.-1992 (Pinto Bastos), CJ XVII (1992) 5, 7-9. Anteriormente, esta orientação (que hoje parece resultar da lei e nem sempre é justa) foi discutida. *Vide* STJ 30-mar.-1973 (Ludovico da Costa), BMJ 225 (1973), 242-245, REv 13-nov.-1980 (Dias da Fonseca), CJ V (1980), 77-78, figurando, todavia, uma hipótese com vários acidentes e STJ 12-mai.-1994 (Sousa Macedo), CJ/Supremo II (1994) 2, 98-100.

[1810] RGm 3-mai.-2006 (Vieira e Cunha), CJ XXXI (2006) 3, 279-281 (281/I).

[1811] *Supra*, 151. *Vide* J. C. Moitinho de Almeida, *Seguro obrigatório automóvel: o Direito português face à jurisprudência do Tribunal de Justiça das Comunidades Europeias*, em *Contrato de seguro/Estudos* (2009), 205-224.

[1812] JOCE N.º L-103, de 2-mai.-1972, 1-4 = *Leis dos seguros*, 591-596.

[1813] JOCE N.º L-8, de 11-jan.-1984, 17-20 = *Leis dos seguros*, 672-677.

IV. A 3.ª Diretriz (n.º 90/232, de 14 de maio[1814]), deu mais um passo. No essencial[1815]:

– determinou que os Estados-Membros tomassem as medidas necessárias para garantir que qualquer apólice de seguro obrigatório de responsabilidade civil abrangesse, na base de um prémio único, todo o território da União (2.º/1);

– ordenou que os mesmos Estados promovessem as medidas necessárias para que as pessoas implicadas num acidente de viação pudessem conhecer, no mais curto espaço de tempo, o nome das empresas seguradoras que cubram o risco automóvel (5.º/1).

V. A 4.ª Diretriz (n.º 2000/26, de 16 de maio[1816], procedeu a avanços práticos importantes. Sempre no essencial[1817]:

– fixou a ação direta: as pessoas lesadas podem demandar diretamente o segurador (3.º);

– determinou que cada segurador tivesse, nos diversos Estados-Membros, um representante para os sinistros (4.º);

– impôs a criação de um organismo de indemnização, na falta de um segurador responsável (6.º).

VI. Finalmente, a Diretriz n.º 2005/14, de 11 de maio[1818], veio introduzir diversos aperfeiçoamentos nas quatro diretrizes da responsabilidade automóvel. Designadamente, atualizou os montantes mínimos dos seguros obrigatórios: um milhão de euros por vítima e cinco milhões por sinistro.

[1814] JOCE N.º L-129, de 19-mai.-1990, 33-35 = *Leis dos seguros*, 718-722.
[1815] *Vide* Rainer Wies, *Die neue Kraftfahrt-Haftpflichtversicherung* (1996), XVII + 98 pp. (5 ss., quanto à obrigatoriedade do seguro).
[1816] JOCE N.º L-181, de 20-jul.-2000, 65-74.
[1817] Maria José Rangel Mesquita, *A proposta de 4.ª directiva automóvel: que contributo para a mobilidade territorial do cidadão europeu*, em Estudos jurídicos e económicos em homenagem ao Professor João Lumbrales (2000), 741-778.
[1818] Disponível no eur-lex, mas sem indicação correta do local da publicação. *Vide* Maria José Rangel Mesquita, *A quinta diretriz automóvel e a ordem jurídica portuguesa*, em AAVV, *20 anos do Código das Sociedades Comerciais*, III (2007), 559-638.

VII. As diversas diretrizes relativas ao seguro automóvel foram revogadas pela Diretriz n.º 2009/103, de 16 de setembro[1819]: um diploma com claros intuitos codificadores. Com 31 artigos, por vezes densos, esta Diretriz cobre as matérias seguintes:

Capítulo 1 – Disposições gerais:

    1.º (definições); 2.º (âmbito de aplicação); 3.º (obrigação de segurar veículos); 4.º (fiscalização do seguro); 5.º (derrogação à obrigação de segurar veículos); 6.º (Serviços Nacionais de Seguros)

Capítulo 2 – Disposições relativas aos veículos que tiverem o seu estacionamento habitual no território de um país terceiro:

    7.º (medidas nacionais); 8.º (documentação relativa a esses veículos)

Capítulo 3 – Montantes mínimos cobertos pelo seguro obrigatório:

    9.º (montantes mínimos)

Capítulo 4 – Indemnização dos danos causados por um veículo não identificado ou relativamente ao qual não tiver sido satisfeita a obrigação de seguro referida no artigo 3.º:

    10.º (organismo responsável pela indemnização); 11.º (litígio)

Capítulo 5 – Categorias específicas de vítimas, cláusulas de exclusão, prémio único, veículos enviados de um Estado-Membro para outro:

    12.º (categorias específicas de vítimas); 13.º (cláusulas de exclusão); 14.º (prémio único); 15.º (veículos enviados de um Estado-Membro para outro)

Capítulo 6 – Declaração, franquia, ação direta:

    16.º (declaração relativa aos sinistros que envolvam responsabilidade civil); 17.º (franquias); 18.º (direito de ação direta)

Capítulo 7 – Indemnização em caso de sinistro resultante de qualquer acidente causado por veículos cobertos pelo seguro referido no artigo 3.º:

    19.º (procedimento para a regularização de sinistros); 20.º (indemnização de pessoas lesadas em Estado-Membro que não o da sua

---

[1819] JOCE N.º L-263, de 7-out.-2009, 11-31.

residência); 21.º (representante para sinistros); 22.º (procedimento indemnizatório); 23.º (centros de informação); 24.º (organismos de indemnização); 25.º (indemnização); 26.º (organismo central); 27.º (sanções)

Capítulo 8 – Disposições finais

28.º (disposições nacionais); 29.º (revogações); 30.º (entrada em vigor)

Estamos perante um pequeno código de Direito do seguro automóvel. Trata-se de matéria transposta para o Direito nacional. O seu conhecimento constitui, a diversos títulos, um auxiliar precioso de interpretação.

371. O Decreto-Lei n.º 291/2007, de 21 de agosto

I. O Decreto-Lei n.º 291/2007, de 21 de agosto[1820], veio alterar o artigo 9.º-A do Decreto-Lei n.º 142/2000, de 15 de julho. Esse preceito tem a ver com a comunicação ao Instituto da Mobilidade e dos Transportes Terrestres da não-renovação ou da resolução de contratos de seguro obrigatório de responsabilidade civil automóvel.

A norma em causa coloca um problema curioso de Direito transitório. O Decreto-Lei n.º 72/2008, de 16 de abril, que aprovou a LCS, revogou o Decreto-Lei n.º 142/2000, de 15 de julho, no seu artigo 6.º/1. Fê-lo especificando as alterações que sobre ele incidiram, entre as quais, por último, o Decreto-Lei n.º 199/2005, de 10 de novembro. Logo, não referiu a modificação adotada pelo Decreto-Lei n.º 291/2007: muito provavelmente porque, quando o texto do Decreto-Lei n.º 72/2008 ficou pronto, ainda não fora aprovada essa alteração; o Ministério não teve o cuidado de o verificar.

Será que o artigo 9.º-A do Decreto-Lei n.º 142/2000, na redação dada pelo Decreto-Lei n.º 291/2007, se mantém em vigor, tanto mais que o seu teor não foi acolhido na LCS?

Tendo em conta a clara intenção de revogação global do esquema dos prémios, votamos pela negativa. Mas o ponto não é óbvio.

[1820] Este diploma foi objeto de oito retificações, algumas das quais de relevo: Retificação n.º 96/2007, de 15 de outubro, no DR 1.ª série, n.º 202, de 19-out.-2007, 7667-7668. Foi alterado, no seu artigo 64.º, pelo Decreto-Lei n.º 153/2008, de 6 de agosto.

II. Mas para além disso, o Decreto-Lei n.º 291/2007, de 21 de agosto, veio, fundamentalmente, aprovar o regime do seguro obrigatório automóvel, revogando vários diplomas, entre os quais o Decreto-Lei n.º 522/85, de 31 de dezembro (94.º)[1821].

Afigura-se útil ter bem presente a geografia desse importante diploma. Assim:

Título II – Do seguro obrigatório[1822]:
Capítulo I – Do âmbito do seguro obrigatório (3.º a 15.º);
Capítulo II – Do contrato de seguro e da prova (16.º a 30.º);
Capítulo III – Da regularização de sinistro (31.º a 46.º);
Capítulo IV – Garantia de reparação de danos na falta de seguro obrigatório (47.º a 63.º);
Capítulo V – Disposições processuais (64.º).

Título III – Da proteção em caso de acidente no estrangeiro:
Capítulo I – Disposições gerais (65.º e 66.º);
Capítulo II – Empresas de seguros (67.º e 68.º);
Capítulo III – Organismo de indemnização (69.º a 75.º).

Título IV – Informação para a regularização de sinistros automóvel (76.º a 79.º).

Título V – Disposições finais:
Capítulo I – Fiscalização e sanção em matéria de ciruculação automóvel (80.º a 83.º);
Capítulo II – Fiscalização e sanções das empresas de seguros (84.º a 89.º);
Capítulo III – Disposições finais e transitórias (90.º a 99.º).

[1821] De entre a bibliografia disponível sobre o tema, referimos: Filipe de Albuquerque Matos, *O contrato de seguro obrigatório de responsabilidade civil automóvel: breves considerações*, em Estudos dedicados ao Prof. Doutor Mário Júlio de Almeida Costa (2002), 601-624; José Alberto Coelho Vieira, *O dever de informação do tomador de seguro em contrato de seguro automóvel*, em Estudos em memória do Prof. Doutor António Marques dos Santos 1 (2005), 999-1024; Adriano Garção Soares/Maria José Rangel Mesquita, *Regime do sistema de seguro obrigatório de responsabilidade civil automóvel/Anotado e comentado* (2008), 472 pp.; Américo Marcelino, *Acidente de viação e responsabilidade civil/Doutrina e jurisprudência*, 11.ª ed. (2012), 720 pp..

[1822] O Título I tem a ver com o objeto do diploma e com a alteração ao Decreto-Lei n.º 142/2000, de 15 de julho.

III. O Decreto-Lei n.º 291/2007, de 21 de agosto, foi alterado pelo Decreto-Lei n.º 153/2008, de 6 de agosto: mais precisamente, no seu artigo 64.º. A pretexto de celeridade processual, a alteração visa conduzir a uma redução das já magras indemnizações pagas por acidentes de viação. A inconstitucionalidade é flagrante[1823], sendo lamentável que se legisle em termos tão ligeiros.

Esperemos que a História possa inverter este estado de coisas.

Na sequência iremos chamar a atenção para algumas particularidades do seguro obrigatório automóvel, centrando alguma atenção no ponto sensível das indemnizações.

[1823] Tendo sido já declarada, por violação à tutela jurisdicional efetiva, pelo TC n.º 383/2012 (Catarina Sarmento e Castro), de 12-jul.-2012, DR 2.ª série-D, n.º 184, de 21-set.-2012, 32 051-32 055: relativamente ao artigo 64.º/7, na redação dada pelo Decreto-Lei n.º 153/2008.

§ 88.º O SEGURO OBRIGATÓRIO

372. Âmbito, contratação e prova

I. A cobertura por um seguro de responsabilidade civil automóvel deve reportar-se a toda a pessoa que possa ser civilmente responsável pela reparação de danos corporais ou materiais causados a terceiros por um veículo terrestre a motor, para cuja condução seja necessário um título específico e seus reboques, com estacionamento habitual em Portugal (4.º/1, do Decreto-Lei n.º 291/2007, de 21 de agosto[1824]). Essa obrigação não se aplica aos responsáveis pela condução de veículos de caminhos de ferro, abrangendo os do metropolitano e a veículos puramente agrícolas ou industriais (4.º/2 a 4)[1825].

Sujeito da obrigação de segurar é o proprietário ou, sendo esse o caso, o usufrutuário, o adquirente com reserva de propriedade ou o locatário financeiro do veículo (6.º/1). A obrigação fica suprida se qualquer outra pessoa celebrar um contrato equivalente eficaz (6.º/2).

Preveem-se, ainda, seguros de garagista (6.º/1 e 7.º), de automobilista (6.º/4) e de provas desportivas (6.º/5 e 8.º).

Ficam isentos os Estados estrangeiros, sob reserva de reciprocidade e o Estado português (9.º/1 e 2): respondem, nessa eventualidade, tal como o faria o segurador.

II. O seguro obrigatório abrange, com base num prémio único e durante todo o período de vigência do contrato, os territórios dos países que tenham aderido ao Acordo entre serviços nacionais de seguros[1826] e, ainda, o trajeto que ligue dois desses países (10.º).

[1824] Daqui em diante, pertencem a esse diploma todos os artigos não acompanhados da fonte, salvo se do contexto resultar outra pertença.

[1825] *Vide supra*, nota 1821.

[1826] A lista desses países é disponibilizada, atualizadamente, pelo ISP, na Internet.

O seguro abrange a obrigação de indemnizar fixada na lei civil, quanto a acidentes ocorridos em Portugal e as fixadas pelas leis aplicáveis ao acidente, nos demais países membros do acordo (11.º/1). Incluem-se danos sofridos por peões, ciclistas e outros utilizadores não motorizados (11.º/2).

O capital mínimo seguro é de € 1 200 000 por acidente para os danos corporais e € 600 000, para os materiais. A partir de 1-dez.-2009, essas cifras subiram para € 2 500 000 e € 750 000, respetivamente e, de 1-jun.-2012, para € 5 000 000 e € 1 000 000, também respetivamente (12.º/1 e 2). Tais valores devem ser compaginados com as indemnizações deprimidas praticadas entre nós[1827]. Havendo vários lesados, de modo a que se ultrapasse o capital seguro, há rateio[1828].

O artigo 14.º determina diversas exclusões e, designadamente, as relativas aos danos dos responsáveis pelo acidente.

O seguro garante a responsabilidade civil do tomador, a do obrigado ao seguro e a dos legítimos detentores e condutores do veículo (15.º/1). Ele garante ainda, com determinadas restrições, as indemnizações devidas pelos autores de furto, roubo, furto de uso do veículo ou de acidentes de viação dolosamente provocados (15.º/2 e 3).

III. As empresas de seguros autorizadas só podem contratar seguros nos termos previstos na lei e nas condições contratuais estabelecidas pelo ISP[1829].

No momento da contratação, deve ser exibido o documento comprovativo da inspeção periódica prevista no artigo 116.º do CE (17.º/1), sob

---

[1827] *Infra*, 893 ss..
[1828] *Vide* STJ 4-nov.-1992 (Pinto Bastos), CJ XVII (1992) 5, 7-9. Anteriormente, esta orientação (que hoje parece resultar da lei e nem sempre é justa) foi discutida. *Vide* STJ 30-mar.-1973 (Ludovico da Costa), BMJ 225 (1973), 242-245, REv 13-nov.-1980 (Dias da Fonseca), CJ V (1980), 77-78, figurando, todavia, uma hipótese com vários acidentes e STJ 12-mai.-1994 (Sousa Macedo), CJ/Supremo II (1994) 2, 98-100. A seguradora, que tenha conhecimento de vários lesados, deve adotar as providências necessárias para reduzir proporcionalmente as indemnizações: RGm 3-mai.-2006 (Vieira e Cunha), CJ XXXI (2006) 3, 279-281 (281/I).
[1829] *Vide* a apólice uniforme do seguro de responsabilidade civil automóvel, aprovado pelo então ISP, através da Norma n.º 17/2000-R, de 21-dez.-2000, DR II série, n.º 16, de 19-jan.-2001, 1107-1112, alterada pela Norma n.º 13/2005-R, de 18-nov.-2005, DR II série, n.º 234, de 7-dez.-2005, 17.121-17.132.

pena de o segurador não poder invocar a sua falta, para efeitos de regresso (17.º/2).

Sempre que a aceitação do seguro seja recusada, pelo menos, por três seguradores, pode o proponente recorrer ao ISP: este indica um segurador, que não pode recusar, sob pena de suspensão do ramo, definindo as condições (18.º/1 e 2).

IV. Ao pagamento do prémio aplicam-se as regras gerais da LCS (19.º). O certificado de tarifação deve ser entregue pelo segurador ao tomador (20.º).

O contrato de seguro não se transmite com a alienação do veículo, cessando os seus efeitos às 24 horas do próprio dia da alienação (21.º/1); o titular do veículo deve avisar o segurador, por escrito e no prazo de 24 horas, da alienação (21.º/2). Esta medida tem um duplo sentido:

– recorda que o seguro tem uma dimensão *intuitu personae*: não é indiferente a pessoa do proprietário ou equivalente;
– combate a fraude que consiste em alienar o veículo, antedatando o negócio, no caso de acidente.

IV. Os documentos comprovativos do registo são minuciosamente regulados (28.º e 29.º), incluindo a aposição de um dístico (30.º).

373. A regularização de sinistros

I. O legislador propõe-se fixar regras e procedimentos destinados a garantir, de forma pronta e diligente, o pagamento das indemnizações devidas pelos seguradores (31.º). O normativo não se aplica a sinistros cujos danos totais ultrapassem o capital mínimo garantido (32.º/1): uma regra a interpretar no sentido de não funcionar, na parcela em que ultrapasse tal mínimo.

Aquando da contratação, o segurador deve prestar informação relevante quanto aos procedimentos adotados no caso de sinistro (33.º/1 a 5)[1830]. Os métodos de avaliação dos danos materiais devem ser razoáveis, adequados e coerentes (33.º/6).

[1830] *Supra*, 618 ss..

II. As obrigações do tomador do seguro e do segurado, no caso de sinistro, equivalem às previstas na LCS[1831], com adaptações. Assim, desde logo, havendo sinistro, eles estão obrigados a:

a) Comunicar tal facto à empresa de seguros no mais curto prazo de tempo possível, nunca superior a oito dias a contar do dia da ocorrência ou do dia em que tenha conhecimento da mesma, fornecendo todas as indicações e provas documentais e ou testemunhais relevantes para uma correta determinação das responsabilidades;
b) Tomar as medidas ao seu alcance no sentido de evitar ou limitar as consequências do sinistro.

Além disso, eles não podem, sob pena de responderem pelos danos:

a) Abonar extrajudicialmente a indemnização reclamada ou adiantar dinheiro, por conta, em nome ou sob a responsabilidade da empresa de seguros, sem a sua expressa autorização;
b) Dar ocasião, ainda que por omissão ou negligência, a sentença favorável a terceiro ou, quando não der imediato conhecimento à empresa de seguros, a qualquer procedimento judicial intentado contra ele por motivo de sinistro a coberto da respetiva apólice.

III. A participação do sinistro deve ser feita em impresso próprio fornecido pelo segurador ou disponível no seu sítio na Internet, em certos termos (35.º).

Comunicado o sinistro, cabe ao segurador agir com prontidão e diligência. Designadamente, ele deve (36.º/1):

a) Proceder ao primeiro contacto com o tomador do seguro, com o segurado ou com o terceiro lesado no prazo de dois dias úteis, marcando as peritagens que devam ter lugar;
b) Concluir as peritagens no prazo dos oito dias úteis seguintes ao fim do prazo mencionado na alínea anterior;
c) Em caso de necessidade de desmontagem, o tomador do seguro e o segurado ou o terceiro lesado devem ser notificados da data da conclusão das peritagens, as quais devem ser concluídas no prazo máximo dos 12 dias úteis seguintes ao fim do prazo mencionado na alínea a);

[1831] Artigos 99.º a 104.º da LCS; *vide supra*, 751 ss..

d) Disponibilizar os relatórios das peritagens no prazo dos quatro dias úteis após a conclusão destas, bem como dos relatórios de averiguação indispensáveis à sua compreensão;

e) Comunicar a assunção, ou a não assunção, da responsabilidade no prazo de 30 dias úteis, a contar do termo do prazo fixado na alínea *a)*, informando desse facto o tomador do seguro ou o segurado e o terceiro lesado, por escrito ou por documento eletrónico;

f) Na comunicação referida na alínea anterior, a empresa de seguros deve mencionar, ainda, que o proprietário do veículo tem a possibilidade de dar ordem de reparação, caso esta deva ter lugar, assumindo este o custo da reparação até ao apuramento das responsabilidades pela empresa de seguros e na medida desse apuramento.

Os prazos das alíneas *b)* a *e)* reduzem-se a metade havendo declaração amigável e duplicam, perante fatores extraordinários (36.º/6).

Havendo danos corporais, deve o segurador (37.º/1):

a) Informar o lesado se entende necessário proceder a exame de avaliação do dano corporal por perito médico designado pela empresa de seguros, num prazo não superior a 20 dias a contar do pedido de indemnização por ele efetuado, ou no prazo de 60 dias a contar da data da comunicação do sinistro, caso o pedido indemnizatório não tenha ainda sido efetuado;

b) Disponibilizar ao lesado o exame de avaliação do dano corporal previsto na alínea anterior no prazo máximo de 10 dias a contar da data da sua receção, bem como dos relatórios de averiguação indispensáveis à sua compreensão;

c) Comunicar a assunção, ou a não assunção, da responsabilidade no prazo de 45 dias, a contar da data do pedido de indemnização, caso tenha entretanto sido emitido o relatório de alta clínica e o dano seja totalmente quantificável, informando daquele facto o tomador do seguro ou o segurado e o terceiro lesado, por escrito ou por documento electrónico.

Cabe ainda observar a tramitação do artigo 37.º/2 a 5.

IV. Quando lhe compita assumir a indemnização, o segurador deve fazer uma proposta razoável (38.º/1); se os seus termos forem manifestamente insuficientes, paga o dobro dos juros entre o proposto e o fixado judicialmente (38.º/3).

O artigo 39.º dispõe para os danos corporais. O pagamento da indemnização deve efetuar-se nos 8 dias subsequentes (43.º/1).

Não assumindo a responsabilidade, deve o segurador fundamentar a decisão (40.º).
A lei dispõe, ainda, quanto à perda total do veículo (41.º) e quanto ao veículo de substituição (42.º).

374. O Fundo de Garantia Automóvel

I. De acordo com a legislação europeia, o artigo 21.º do revogado Decreto-Lei n.º 522/85, de 31 de dezembro, veio prever o Fundo de Garantia Automóvel (FGA). Foi remodelado pelo Decreto-Lei n.º 122-A/86, de 30 de maio e alterado pelo Decreto-Lei n.º 130/94, de 19 de maio.

O FGA visa satisfazer as indemnizações decorrentes de veículos sujeitos ao seguro obrigatório e matriculados em Portugal ou em países não-comunitários que não tenham gabinete nacional de seguros ou cujo gabinete não tenha aderido à Convenção Complementar entre Gabinetes Nacionais[1832], dentro de certos limites[1833-1834]. O FGA integra-se no ISP (hoje: AFS) – 22.º – dando uma dimensão supracontratual aos esquemas da responsabilidade civil automóvel. Em termos processuais: cabe à Ré seguradora o ónus de provar que o sinistro não está seguro; ao FGA assiste o ónus inverso[1835].

Em casos não cobertos pelo FGA intervém o Gabinete Português da Carta Verde[1836]. Todos eles, quando respondam, têm, depois, "direito de regresso"[1837].

Finalmente: o próprio segurador tem direito de regresso nos casos referidos no artigo 19.º do Decreto-Lei n.º 522/85, acima aludidos[1838-1839].

[1832] O FGA tem, assim, responsabilidade subsidiária; vide RCb 2-Dez.-1992 (Santos Lourenço), CJ XVII (1992) 5, 66-67.

[1833] RCb 16-nov.-1993 (Varela Rodrigues), CJ XVIII (1993) 5, 34-36, RLx 18-jan.-1996 (Adélio André), CJ XXI (1996) 1, 90-92 (o FGA responde mesmo quando o veículo causador não esteja identificado) e STJ 9-out.-1996 (Aragão Seia), CJ/Supremo IV (1996) 3, 36-38 (38/II).

[1834] Quanto a veículos matriculados no estrangeiro, cf. STJ 8-fev.-1994 (Martins da Costa), CJ/Supremo II (1994) 1, 88-89.

[1835] STJ 8-mai.-2003 (Ferreira de Almeida), CJ/Supremo XI (2003) 2, 42-46 (44/II).

[1836] Cf. RCb 19-jan.-1995 (Ferreira de Sousa), CJ XX (1995) 1, 54-56 (56/I).

[1837] Cf. REv 9-nov.-1995 (Mota Miranda), CJ XX (1995) 5, 285-287 (286/II).

[1838] Vide infra, 889. Recorde-se que se trata, na realidade, de sub-rogação.

[1839] Além dos casos acima referidos, vide, quanto ao "regresso" por alcoolémia do condutor: RPt 1-jun.-1993 (Matos Fernandes), CJ XVIII (1993) 3, 223-225 e REv 4-jun.-

II. A matéria foi acolhida no Decreto-Lei n.º 291/2007, de 21 de agosto, ora em estudo[1840]. O FGA satisfaz as indemnizações decorrentes de acidentes rodoviários verificados em Portugal e originados (48.º/1):

a) Por veículo cujo responsável pela circulação está sujeito ao seguro obrigatório e, seja com estacionamento habitual em Portugal, seja matriculado em países que não tenham serviço nacional de seguros, ou cujo serviço não tenha aderido ao Acordo entre os serviços nacionais de seguros;
b) Por veículo cujo responsável pela circulação está sujeito ao seguro obrigatório sem chapa de matrícula ou com uma chapa de matrícula que não corresponde ou deixou de corresponder ao veículo, independentemente desta ser a portuguesa;
c) Por veículo cujo responsável pela circulação está isento da obrigação de seguro em razão do veículo em si mesmo, ainda que com estacionamento habitual no estrangeiro.

III. Quando chamado a intervir, o FGA garante, até ao valor mínimo do seguro obrigatório, a satisfação das indemnizações por (49.º/1):

a) Danos corporais, quando o responsável seja desconhecido ou não beneficie de seguro válido e eficaz, ou for declarada a insolvência da empresa de seguros;
b) Danos materiais, quando o responsável, sendo conhecido, não beneficie de seguro válido e eficaz;
c) Danos materiais, quando, sendo o responsável desconhecido, deva o Fundo satisfazer uma indemnização por danos corporais significativos, ou tenha o veículo causador do acidente sido abandonado no local do acidente, não beneficiando de seguro válido e eficaz, e a autoridade policial haja efetuado o respetivo auto de notícia, confirmando a presença do veículo no local do acidente.

-1996 (Abílio Lopes Cardoso), CJ XXI (1996) 3, 291-293 (292-293). Ainda quanto à condução sob efeito do álcool e à sua projeção nos seguros: RCb 21-nov.-1995 (Eduardo Antunes), CJ XX (1995) 5, 42-45.

[1840] Filipe Albuquerque de Matos, *O Fundo de Garantia Automóvel: um organismo para uma vocação eminentemente social*, em Estudos dedicados ao Prof. Doutor Luís Alberto Carvalho Fernandes, 1 (2011), 559-582.

O papel social do FGA, em defesa dos "inocentes"[1841] deve estar sempre presente.

Havendo conflito entre o FGA e um segurador, quanto a saber sobre qual deles recai o dever de indemnizar, deve o Fundo pagar a reparação, sem prejuízo de vir a ser reembolsado pelo segurador, com certas penalizações (50.º/1). Pretende-se, com isso, que a presença do FGA não surja como uma fonte de dúvidas e de litígios, embaraçando a reparação devida aos lesados.

IV. A responsabilidade do FGA sofre determinados limites (51.º) e exclusões (52.º). Quando pague, fica sub-rogado nos direitos do lesado, com diversas complementações (54.º).

Quando haja que suprir pagamentos ao estrangeiro feitos pelo Gabinete Português da Carta Verde, o FGA reembolsa esta entidade, nas condições do artigo 55.º.

O FGA é gerido pelos órgãos do ISP (47.º/3). Tem as receitas elencadas no artigo 58.º e arca com as despesas correspondentes às suas funções, enumeradas no artigo 59.º.

V. O Decreto-Lei n.º 291/2007, de 21 de agosto, comporta numerosos preceitos regulamentares. Ele deve ser lido com cuidado, na sua totalidade, antes da interpretação de qualquer dos seus preceitos.

[1841] STJ 19-jun.-2012 (António Joaquim Piçarra), Proc. 4445/06.4.

§ 89.º O MONTANTE DA INDEMNIZAÇÃO

375. O problema; a tutela da Constituição

I. O seguro de responsabilidade civil tem, em geral, a função de garantir o pagamento de uma indemnização. Esse papel torna-se particularmente visível na responsabilidade civil automóvel, dadas as cifras envolvidas, a sinistralidade existente e os valores materiais e humanos em jogo. Não cabe ao Direito dos seguros construir uma teoria da indemnização: esse é o papel do Direito das obrigações. Dada a equivalência do problema, afigura-se-nos oportuno concluir uma exposição de Direito dos seguros recordando a teoria e a prática das indemnizações, especialmente no nosso País[1842].

II. A responsabilidade civil tradicional visava o ressarcimento do dano. Este moldava a indemnização, tornando-se num conceito central de todo o sistema[1843]. A ampliação dos fins da responsabilidade civil, hoje alargados à retribuição e à prevenção, geral e especial, vem relativizar o dano e flexibilizar a indemnização. Mas em princípio, não deve diminuí-la: pelo contrário[1844]. O dano a considerar e o *quantum* da indemnização não devem, pois, cingir-se às regras específicas, a eles destinadas[1845], ainda

---

[1842] *Tratado* II/3, 429 ss. e 721 ss., para mais indicações.

[1843] De referir os clássicos Horst Neumann, *Die Zivilrechtsschaden*, JhJb 86 (1936/37), 277-346, Albrecht Zeuner, *Schadensbegriff und Ersatz von Vermögensschäden*, AcP 163 (1964), 380-400 (400), sublinhando, de resto, não haver, já, conceitos rígidos e Hans Stoll, *Begriff und Grenzen des Vermögensschädens* (1973), 24 ss..

[1844] Em certos casos, como o do administrador abusivamente destituído que pede a indemnização de um franco – Paris 28-out.-1994, RS 1995, 110 – bastará a condenação. Mas são casos excepcionais e que só operam a pedido do próprio lesado.

[1845] Hermann Honsell, *Herkunft und Kritik des Interessenbegriffs im Schadensersatzrecht*, JuS 1973, 69-75, Götz Leonhard, *Schadensersatz mit Gewinnanspruch?*, VersR

que importantes: há que ter presente o conteúdo geral do sistema, no sector visado, bem como a política da lei, devidamente vertida nas normas a aplicar.

A hipótese de responsabilidade civil deve, sempre, acompanhar quaisquer outras sanções que se estabeleçam[1846], prevenindo-se, a nível legislativo ou a qualquer outro, a sua exclusão[1847]. A redução da responsabilidade suscita, pela mesma razão, sempre reservas[1848]: a não se basear em razões materiais consistentes, não poderá ser admitida[1849]. A presença atuante da indústria seguradora, por seu turno, implicará novas linhas de política legislativa, a ter em conta[1850].

III. Na falta de indemnização, são desamparados, no caso de danos patrimoniais, a garantia da propriedade (62.º/1, da Constituição) e, no dos danos morais, os próprios direitos fundamentais. Se necessário, as competentes normas constitucionais aplicam-se diretamente.

Uma responsabilidade civil atuante é, ainda, um contrapeso à escassa eficiência do Estado: quer na investigação, quer no exercício do *ius puniendi*.

(1983), 415-418 e Dieter Medicus, *Ansprüche auf Schadensersatz*, JuS 1986, 665-673 (671).

[1846] *Vide*, entre os precursores, Heinrich Stoll, *Rücktritt und Schadensersatz*, AcP 131 (1929), 141-185 (183).

[1847] Gerhard Schmidt, *Gegen den Haftungsausschluss*, VersR 1960, 682-686. A nível contratual, a prévia exclusão da responsabilidade civil esbarra com preceitos restritivos, que vão desde o artigo 809.º, do Código Civil, até às regras sobre cláusulas contratuais gerais; no plano legislativo, uma exclusão *ad nutum* será, provavelmente, inconstitucional, por desconsideração do artigo 62.º/1, da Constituição.

[1848] *Vide* Rudolf Fleischmann, *Bemerkungen zum Alles- oder Nichts-Prinzip im Versicherungsrecht*, Karlsruher Forum, VersR 1961 BH 37-39, Elmar Wadle, *Alles-oder-Nichts-Prinzip und Reduktionsklausel/Ein Diskussionsbeitrag*, VersR 1971, 485-493, referindo o papel do escopo de proteção da norma fundamentadora da responsabilidade civil e Werner Rother, *Haftungsbeschränkungen im Schadensrecht* (1965), 29, favorável à adequação e pouco animado com a teoria do escopo da norma.

[1849] Além da bibliografia referida na nota anterior, cf. H. Merz, *Die Schwere des Verschuldens als Massstab für die Schadensersatzpflicht; Bemerkungen aus der Sicht des schweizerischen Rechts*, Karlsruher Forum, VersR 1961, BH 40.

[1850] Wolfgang Frhr/Marshall von Bieberstein, *Haftungsbefreiung im dreispurigen Schadensausgleich/Versicherungsprinzip und Präventivfunktion bei der Haftung des Unternehmens nach § 640 RVO*, VersR 1968, 509-516 (509 ss.) e Eike Hippel, *Schadensausgleich bei Verkehrsunfällen/Haftungsersetzung durch Versicherungsschutz* (1968), 42 ss..

376. A série negra

I. Como elemento estrutural a corrigir, surge a grande parcimónia com que a jurisprudência nacional fixa indemnizações, sobretudo nos casos de danos a pessoas[1851]. Temos vindo a sublinhar este aspeto em obras sucessivas: mas há que insistir.

Eis um panorama dos valores em jogo, cabendo recordar que um "conto" equivale a 1000$ (mil escudos) e a cerca de 5 euros. *STJ 30-jan.-1968*: 150 c., a uma menina de 7 anos, pela morte dos pais[1852]; *STJ 9-fev.-1968*: 176 c. a um homem que ficou com impossibilidade definitiva para o trabalho e incapaz de se deslocar sozinho[1853]; *STJ 5-jul.-1968*: 74.872$40, acrescidos de 50 c. por danos morais, a um menor de 4 anos que perdeu massa encefálica, ficando com problemas para o resto da vida[1854]; *STJ 8-nov.-1968*: um condutor próspero, por sua culpa exclusiva, mata um pai de família saudável, que deixa mulher e dois menores: 190 c.[1855]; *STJ 28-fev.-1969*: além de outros, 60 c., para danos morais, pela amputação de uma perna a um jovem, de 24 anos[1856]; *STJ 27-mai.-1969*: 107.360$00, a um homem de 40 anos, subchefe da polícia, que teve de se aposentar com 70% de incapacidade[1857]; *STJ 13-jan.-1970*: 50 c., de danos morais, para

---

[1851] Jaime de Gouveia, *Da responsabilidade contratual* (1933), 11, abre esse seu livro chamando a atenção para a magreza que a responsabilidade civil apresentava, na nossa Terra, em 1933; passados 25 anos, o Supremo, em STJ 31-out.-1958 (Eduardo Coimbra), BMJ 80 (1958), 403-408 (408), num caso em que a Relação baixara, de 45 para 20 contos, a indemnização com que se pretendia compensar o desfloramento de uma menina de 13 anos, cita Jaime de Gouveia; passados 63 anos, afirmámos, no nosso *Da responsabilidade civil dos administradores* (1996), 550, que o troço referido de Jaime Gouveia mantinha atualidade; e agora, oitenta anos depois, mau grado pequenos progressos, tudo continua na mesma!

[1852] STJ 30-jan.-1968 (Lopes Cardoso), BMJ 173 (1968), 275-277; a moeda tinha, então, outro valor; de todo o modo, a cifra é muito baixa, perante a enorme extensão dos danos.

[1853] STJ 9-fev.-1968 (Oliveira Carvalho), BMJ 174 (1968), 193-196.

[1854] STJ 5-jul.-1968 (Ludovico da Costa), BMJ 179 (1968), 159-164, em sessão conjunta das 3 secções.

[1855] STJ 8-nov.-1968 (Oliveira Carvalho), BMJ 181 (1968), 259-261.

[1856] STJ 28-fev.-1969 (Torres Paulo), BMJ 184 (1969), 267-270.

[1857] STJ 27-mai.-1969 (Albuquerque Rocha), BMJ 187 (1969), 111-116; o Supremo, neste caso, insurgiu-se contra a exiguidade da indemnização e ainda condenou os responsáveis, em 3.000$00, como litigantes de má-fé, por terem conseguido, com uma série de procedimentos dilatórios, protelar, em mais de 6 anos, o seu pagamento.

o menor que ficou com uma incapacidade de 60% e sem o antebraço; este aresto recusou quaisquer indemnizações, por danos morais, ao pai, por "a lei não lhos dar"[1858]; *STJ 16-jan.-1970*: 100 c., de danos morais e patrimoniais, aos pais, por perda de um filho, de 16 anos[1859]; *STJ 19-mai.-1970*: 200 c., por danos materiais e morais, devidos pela morte de um pai de família, que deixa viúva e três filhos menores, de que só receberiam metade, por a vítima ter 50% de culpa, no acidente[1860]; *STJ 9-jun.-1970*: 200 c. para um jovem de 11 anos, que ficou, para sempre, privado de capacidade intelectiva, por culpa exclusiva de um condutor[1861].

II. Trata-se de uma autêntica página negra, na nossa jurisprudência, página essa que, de resto, iria prosseguir, praticamente até hoje. Com uma agravante: ela é pouco conhecida pela doutrina, passando ao lado dos melhores estudos sobre a responsabilidade civil.

A jurisprudência, porém, encetou algumas medidas corretoras, para tentar melhorar os níveis indemnizatórios. Uma delas, provavelmente a mais significativa, consistiu em considerar indemnizável, no caso da morte de uma pessoa, o próprio bem "vida", numa indemnização que, depois, se transmitiria *mortis causa*[1862]. A doutrina tomou posições diversificadas, sobre o assunto, embora, de um modo geral, favoráveis à solução. O argumento mais eloquente, a seu favor, tem a ver com a necessidade de corrigir a exiguidade das indemnizações.

III. Apesar da tentativa de correção, acima sublinhada, a jurisprudência persistiria na escassez indemnizatória. E fê-lo em termos, porventura, agravados, perante a desvalorização monetária dos anos setenta do século XX. Assim:

> *STJ 8-mai.-1974*: 120 c., por danos patrimoniais e 60 c., por danos morais, pela morte do marido, a uma viúva que, sendo de saúde delicada, teria dificuldades em empregar-se[1863]; *STJ 25-nov.-1975*: 75 c., de danos

---

[1858] STJ 13-jan.-1970 (Joaquim de Melo), BMJ 193 (1970), 349-352.
[1859] STJ 16-jan.-1970 (Oliveira Carvalho), BMJ 193 (1970), 359-362.
[1860] STJ 19-mai.-1970 (Albuquerque Rocha), BMJ 197 (1970), 293-300.
[1861] STJ 9-jun.-1970 (Albuquerque Rocha), BMJ 198 (1970), 112-118 (118).
[1862] *Tratado* II/3, 516 ss..
[1863] STJ 8-mai.-1974 (Oliveira Carvalho), BMJ 237 (1974), 201-206; para termos uma ideia da grandeza relativa destes valores, assinale-se que, em STJ 4-jun.-1974 (Arala

morais, por morte de um filho[1864]; *STJ 5-dez.-1975*: baixou de 300 para 160 c. a indemnização, por danos morais, devida à vítima de um acidente[1865]; *STJ 22-nov.-1977*: 600 c., de danos morais e patrimoniais, por amputação de uma perna, de uma menina de 9 anos[1866]; *STJ 7-mar.-1978*: 145.060$00, de danos morais e patrimoniais, pela perda do marido[1867]

IV. Prosseguia, pois, e com energia, a série negra. O Supremo entendeu, então, introduzir um novo corretivo no cômputo das indemnizações: o de atender, na fixação das cifras, à inflação e à desvalorização monetárias[1868]. Com poucos resultados: a depressão indemnizatória prosseguiria, porventura mesmo, de modo agudizado:

> *STJ 19-jun.-1984*: num caso de morte de uma criança de 2 anos, por falta de vigilância, o Supremo baixou, para 150 c., a indemnização devida pelo dano morte, fixada, em 250 c., na Relação; e acrescentou, mesmo, que já atendia, com os 150 c., "(...) à notória perda do poder de compra do dinheiro"[1869]; *STJ 23-mai.-1985*: num acidente, causado por culpa exclusiva do Réu, foi ferida uma grávida de 9 meses, que perdeu, por isso, a criança; a RCb arbitrara uma indemnização de 400 c.; o Supremo considerou-a excessiva ... por entender que o feto não tinha personalidade jurídica; baixou-a, pois, para 280 c.[1870];

Chaves), BMJ 238 (1974), 240-243 (241), se aceitou a fixação, com o voto dos próprios e desde julho de 1972, de vencimentos de gerência, de 25 c. mensais.

[1864] STJ 25-nov.-1975 (Oliveira Carvalho), BMJ 251 (1975), 167-171 (170).
[1865] STJ 5-dez.-1975 (Correia Guedes), BMJ 252 (1976), 129-135; o Supremo ainda sentiu a necessidade de dar a seguinte justificação:

> É forçoso não esquecer que o autor sofreu as dores e sofrimentos dum grande traumatismo, aquelas provenientes de intervenções cirúrgicas que culminaram na ablação duma rótula e as angústias de quem se vê incapacitado de fazer a sua vida, durante 413 dias e da incerteza de que, ao fim e ao cabo, poderia ficar inválido.

Parece inacreditável.
[1866] STJ 22-nov.-1977 (Oliveira Carvalho), BMJ 271 (1977), 212-214 (214).
[1867] STJ 7-mar.-1978 (Rui Côrte-Real), BMJ 275 (1978), 179-182.
[1868] STJ 25-jan.-1983 (Moreira da Silva), BMJ 323 (1983), 385-388 (387), STJ 18-jul.-1985 (Lima Cluny), BMJ 349 (1985), 499-506 e STJ 1-jul.-1986 (Joaquim Figueiredo), BMJ 359 (1985), 672-675.
[1869] STJ 19-jun.-1984 (Rui Côrte-Real), BMJ 338 (1984), 391-395 (394): surrealistas os comentários do próprio acórdão.
[1870] STJ 23-mai.-1985 (Góis Pinheiro), BMJ 347 (1985), 398-402 (402): *idem*.

STJ 5-mai.-1988: considerou que não era exagerada a cifra de 400 c., pela amputação de uma perna, com múltiplos sofrimentos e isso num acidente ocorrido em 1979[1871].

V. Sempre como paliativo, o Supremo foi multiplicando as parcelas indemnizatórias, de modo a conseguir resultados finais mais justos[1872]. Porém, apenas na década de 90 do século XX se chegaria a cifras mais animadoras, embora sempre insuficientes. Assim:

STJ 16-abr.-1991: 3000 c., a um paraplégico[1873]; *STJ 17-nov.-1992*: 10.400 c., por amputação de uma perna[1874]; *STJ 4-fev.-1993*: estimou, num caso de morte, o direito à vida em 1.000 c., danos morais em 1.800 c. e danos patrimoniais em 10.000 c.[1875]; *STJ 26-abr.-1994*: 2.000 c., por atentado ao bom nome e reputação[1876]; *STJ 11-set.-1994*: um caso de um velocipedista que embatera num rebanho e foi colhido por um automobilista, ficando com 41,78% de incapacidade: 8.000 c., com juros e a acrescer a ulteriores indemnizações, a fixar em execução de sentença[1877].

377. A Portaria n.º 679/2009, de 25 de junho

I. A passagem ao euro, facultando comparações mais eficazes com a prática de outros países europeus, deveria ter permitido melhorar os níveis

---

[1871] STJ 5-mai.-1988 (Eliseu Figueira), BMJ 377 (1988), 471-475 (474).

[1872] Assim, em STJ 28-out.-1992 (Sá Nogueira), BMJ 420 (1992), 544-564 – um excelente acórdão – distinguiram-se, como consequência de um acidente de viação, os danos seguintes: danos emergentes, com prejuízos diretos e despesas imediatas, ganhos cessantes, lucros cessantes, custos de reconstituição ou de separação, danos futuros e prejuízos não patrimoniais.

[1873] STJ 16-abr.-1991 (Cura Mariano), BMJ 406 (1991), 618-622; como termo comparativo, registe-se que, no mesmo dia, o Supremo estimou em 400 c., a indemnização devida pela ofensa no bom nome: STJ 16-abr.-1991 (Martins da Fonseca), BMJ 406 (1991), 623-628.

[1874] STJ 17-nov.-1992 (Amâncio Ferreira), BMJ 421 (1992), 414-419.

[1875] STJ 4-fev.-1993 (Costa Raposo), CJ/Supremo I (1993) 1, 128-132.

[1876] STJ 26-abr.-1994 (Carlos Caldas), CJ/Supremo II (1994) 2, 54-59.

[1877] STJ 11-out.-1994 (Cardona Ferreira), CJ/Supremo II (1994) 3, 89-93 (93). De notar que, neste caso, o Supremo já fixou, praticamente, as indemnizações na totalidade que havia sido pedida; processualmente, ele não poderia ir mais além. Cabe, agora, aos interessados uma defesa, mais enérgica e convicta, dos seus direitos.

indemnizatórios. De um modo geral, isso não sucedeu, apesar de, contra as limitações indemnizatórias, se elevarem diversas vozes[1878].
Como elemento de perturbação surgiu a Portaria n.º 377/2008, de 26 de maio, depois alterada pela Portaria n.º 679/2009, de 25 de junho, com tabelas relativas às indemnizações a arbitrar em caso de morte e por danos corporais[1879]. O ensejo de tais diplomas é o seguinte: o artigo 38.º/3 do Decreto-Lei n.º 291/2007, de 21 de agosto, penaliza, como vimos e a nível de juros, os seguradores que, chamados a cobrir os danos de um acidente, não apresentem uma "proposta razoável" ou indiquem um montante "manifestamente insuficiente". Perante isso, o Governo, visando respaldar os seguradores, preparou e publicou, sob a forma de portaria, tabelas com os tais valores razoáveis. Teve o cuidado (1.º/2, da Portaria n.º 377/2008) de dizer que a tabela não impede a fixação de valores superiores: óbvio, pois de outra forma seria gravemente contrária à Constituição: quer orgânica, quer materialmente.

II. As tabelas hoje constantes da Portaria n.º 679/2009, de 25 de junho, não se aplicam aos tribunais nem limitam, minimamente, os direitos das pessoas. Mas são lamentáveis: conseguem fixar valores ainda aquém das já deprimidas cifras obtidas nos tribunais. Pior: cifras máximas, quando seria de esperar, ao menos, que as cifras fossem mínimas. Basta ver as cifras adotadas por danos morais, em caso de morte:

– ao cônjuge com 25 ou mais anos de casamento . . . . € 25.650;
– ao cônjuge com menos de 25 anos de casamento . . . . € 20.520;
– a cada filho com idade menor ou igual a 25 anos . . . . € 15.390;
– a cada filho com maior de 25 anos . . . . € 10.260;
– a cada neto ou outros descendentes . . . . € 5.130.

Os danos morais por perda do feto valem de € 2.596 a € 12.825. O próprio direito à vida cifra-se em € 61.580 até aos 25 anos, € 51.300, dos 25 aos 49, € 41.040 dos 50 aos 75 e € 30.780, a partir dos 75. A portaria contém tabelas por danos corporais e outros: insignificantes. Tudo isto vale como valores máximos!

[1878] Vide Abrantes Geraldes, *Temas da responsabilidade civil* II – *Indemnização de danos reflexos*, 2.ª ed. (2007), 25 ss. e Diogo Leite de Campos, *Os danos causados pela morte e a sua indemnização*, em AAVV, *Comemorações dos 35 anos do Código Civil* III (2007), 133-137 (137).

[1879] Usa-se o tão inestético quão inexplicável termo "danos biológicos".

Esta iniciativa merece um juízo de censura absoluta. O Governo nunca deveria ter intervindo neste domínio, sem critério nem justiça e, aparentemente, sem conhecimento da evolução (penosa) do próprio Direito civil. Entretanto, a opinião pública, anestesiada pelas questiúnculas irrelevantes que têm dominado o País nos últimos anos, deixa passar este grave atentado aos direitos mais sérios e profundos dos cidadãos. Repare-se: falamos de valores máximos oficialmente considerados razoáveis, no domínio da responsabilidade automóvel e isso quando, atualmente e por exigência europeia, o capital mínimo segurado por cada acidente é de € 5 000 000 para danos corporais e de € 2 500 000 para os danos materiais. Parece haver universos paralelos.

III. Como nota de otimismo, referimos o acórdão de 7-fev.-2008, do Supremo, relatado pelo ilustre Conselheiro Dr. Moreira Camilo: a um jovem de 19 anos que ficou com 45% de invalidade permanente, arbitrou € 14.773,75 pela tabela, acrescidos de € 94.570,57, a título de equidade.

As ofertas muito baixas, feitas pelos seguradores, às vítimas de sinistros, agora apoiadas pelas infelizes portarias do Governo, têm ainda uma dimensão da maior injustiça. Elas são propostas a famílias de baixos recursos, desesperadas pelos danos morais e patrimoniais que inesperadamente as atingem e que logo aceitam como único paliativo. Apenas a classe média/alta pode enfrentar um processo de muitos anos contra um segurador para, então, conseguir arrancar um resultado menos deprimente.

Desde as XII Tábuas: a lei existe para proteger os fracos.

Quanto à indústria seguradora: é evidente que, perante a elevada sinistralidade, ela também tem de ser tida em conta. Para isso, há que elevar os prémios: quem não os puder pagar não pode repercutir essa insuficiência nos direitos morais e patrimoniais de terceiros inocentes. Como alternativa (desaconselhável a todos os títulos): o Governo que subsidie os prémios.

378. Dados jurisprudenciais recentes

I. Vamos proceder a uma amostragem daquela que é, hoje, a mais recente jurisprudência do Supremo sobre o cálculo de indemnizações:

STJ 11-jul.-2007: pelo homicídio, em que o agente foi punido com 13 anos de prisão, foram arbitradas: € 35.000 pela supressão da vida; € 10.000 por danos morais da vítima antes de falecer; € 10.000 à viúva por danos morais próprios; € 7.500, a cada um dos dois filhos, por danos morais; em execução de sentença, por lucros cessantes[1880].

STJ 25-jun.-2009: atribui a uma jovem de 21 anos, vítima de acidente culposo, mercê do qual irá ficar com graves sequelas para o resto da vida, € 40.000; explica que seriam € 50.000, pelo direito à vida[1881].

STJ 1-out.-2009: um motorista profissional, ao fazer marcha atrás para entrar na escola com um autocarro "esmaga" uma jovem contra uma coluna, deixando-a paraplégica; pede € 398.112 por danos patrimoniais e € 100.000, por danos não patrimoniais; na 1.ª Instância, consegue € 150.000 e € 100.000, respetivamente; a Relação de Lisboa elevou-os para € 180.000; o Supremo eleva para € 220.000[1882].

STJ 3-dez.-2009: pela morte negligente de um nascituro, numa clínica, foram pedidos, pelos pais, € 50.000 de danos morais e € 75.000 pelo direito à vida da criança; o Supremo acabou por atribuir € 17.500 a cada um, baseado na equidade e em precedentes; diz, expressamente:

> há muito que este Tribunal considera a necessidade de aumentar consideravelmente os montantes indemnizatórios em sede de responsabilidade extracontratual. Tem sido decidido que a compensação por danos não patrimoniais deve ter um alcance significativo e não meramente simbólico, sendo mais que tempo de se acabar com miserabilismos indemnizatórios[1883].

STJ 13-jan.-2010: pela morte negligente de uma pessoa que deixou viúva e filha de três anos: várias importâncias que totalizam € 218.600[1884].

STJ 20-jan.-2010: por um acidente de onde o lesado resultou gravemente incapacitado, foram pedidos € 409.538,02, por danos patrimoniais e morais; a 1.ª Instância condenou em € 93.266,03 por danos patrimoniais e € 25.000 por danos morais; a Relação elevou os danos morais para € 100.000; o Supremo baixou estes para € 85.000, alegando que:

[1880] STJ 11-jul.-2007 (Armindo Monteiro), Proc. 07P1583.

[1881] STJ 25-jun.-2009 (Maria dos Prazeres Beleza), CJ/Supremo XVII (2009) 2, 128-130.

[1882] STJ 1-out.-2009 (Souto Moura), Proc. 1311/05.

[1883] STJ 3-dez.-2009 (Isabel Pais Martins), Proc. 73/99: é muito curioso o apelo deste aresto: a 1.ª Instância condenara em € 125.000; a Relação de Coimbra reduziu para € 50.000; o Supremo, para € 35.000; ora, com o devido respeito, não faz sentido multiplicar apelos contra o miserabilismo e depois, no terreno, decidir indemnizações insignificantes, perante os valores em jogo.

[1884] STJ 13-jan.-2010 (Armindo Monteiro), Proc. 277/01: o acidente deu-se em 26-mai.-2001.

(...) a jurisprudência não pode dar saltos bruscos, sob pena de se colocar em causa o próprio critério de equidade (...)[1885].

STJ 18-mar.-2010: confirma o acórdão da Relação que, relativamente a um acidente de viação causado por um segurado e do qual resultou a morte de um executivo de 45 anos, deixando viúva e filhos, condenou a companhia de seguros do responsável nas seguintes indemnizações: € 29.925 pela perda da vida; € 14.963 por danos não-patrimoniais próprios à viúva; € 9.975 por danos não-patrimoniais próprios a cada um dois dois filhos; € 184.684, à mãe e aos filhos pela perda de rendimentos[1886]; num caso destes, não se foi mais longe pela limitação do capital seguro.

STJ 31-mai.-2012: sublinhando que a Portaria n.º 679/2009, de 25 de junho, tem mero papel extrajudicial, arbitra € 10 000 de indemnização a uma pessoa que, por dano biológico, ficou a carecer de apoio doméstico[1887].

STJ 5-jun.-2012: embora não havendo culpa do condutor, pela morte de uma criança de seis anos em acidente, considerando o Direito europeu e os valores comunitários, atribuiu as seguintes indemnizações: € 50 000 pela perda do direito à vida; € 20 000 por danos morais da vítima, que agonizou durante seis dias penosos; € 40 000 a cada um dos pais por danos morais[1888].

STJ 26-jun.-2012: confirmou uma indemnização de € 32 172,45, sendo € 24 939,89 de danos morais, a uma pessoa colhida numa paragem de autocarros (em 2-nov.-1994!), ficando com incapacidade definitiva (ainda que ligeira); ponderou o tempo decorrido e o facto de a atual crise económica aumentar a angústia das pessoas, justificando melhores indemnizações[1889].

STJ 2-jul.-2012: elevou de € 11 000 para € 37 000 o montante de uma indemnização devida a um lesado que ficou praticamente incapaz para o trabalho[1890].

[1885] STJ 20-jan.-2010 (Mário Cruz), Proc. 60/2002.
[1886] STJ 18-mar.-2010 (Álvaro Rodrigues), Proc. 467/1999; o acidente ocorreu em 11-abr.-1991, vindo a ser definitivamente decidido pelo Supremo 19 anos depois!
[1887] STJ 31-mai.-2012 (Maria dos Prazeres Beleza), Proc. 1145/07.
[1888] STJ 5-jun.-2012 (Orlando Afonso), Proc. 100/10.9; como se vê, foram necessários dezoito anos para fixar, em definitivo, a indemnização.
[1889] STJ 26-jun.-2012 (Salazar Casanova), Proc. 631/1999.
[1890] STJ 2-jul.-2012 (João Camilo), Proc. 5243/09.9.

STJ 5-jul.-2012: confirmou, além de outras condenações, indemnizações de € 20 250,00 por danos patrimoniais futuros e € 90 000,00 por danos não patrimoniais, à vítima de um acidente de viação a qual, de resto, se conformara com o decidido pela Relação *a quo*[1891].

II. É inegável a presença de um certo esforço, no sentido da dignificação das indemnizações: pelo menos para as partes que tenham a força anímica e económica para litigar anos a fio, até ao Supremo. Importante é, ainda, a consciência do problema, por parte dos nossos tribunais. Há, agora, que perder a timidez quanto às cifras. A vida humana não tem preço. Mas quando haja que avaliá-la para efeitos de compensação, a cifra a reter será (atualmente), da ordem do milhão de euros, majorada ou minorada conforme as circunstâncias. Todos os outros danos são, depois, alinhados abaixo desse valor de topo.

III. Entretanto, há que manter, de modo operacional, as várias parcelas indemnizatórias: supressão do bem-vida; danos morais da vítima; danos morais dos familiares referidos no artigo 496.º/2, devidamente alargado pela interpretação[1892]; danos patrimoniais da vítima; danos patrimoniais dos familiares; lucros cessantes.

Não vale a pena dispormos de uma Constituição generosa, de uma rica e cuidada jurisprudência constitucional e de largos desenvolvimentos sobre os direitos de personalidade quando, no terreno, direitos fundamentais como a vida valham menos de € 60.000.

A defesa do sistema segurador faz-se combatendo os acidentes e não as indemnizações.

[1891] STJ 5-jul.-2012 (Álvaro Rodrigues), Proc. 1032/04.5.
[1892] *Tratado* VIII, 519.

ÍNDICE DE JURISPRUDÊNCIA

JURISPRUDÊNCIA PORTUGUESA

Casa da Suplicação

Casa da Suplicação, 23-nov.-1769 (CUNHA), leis aplicáveis ao comércio – 90

Tribunal Constitucional

TC n.º 226/92, de 17-jul. (MESSIAS BENTO), presunção de culpa do comitente – 863, 864
TC n.º 149/93, de 28-jan. (ANTÓNIO VITORINO), presunção de culpa do comitente – 863
TC n.º 374/94, de 11-mai. (GUILHERME DA FONSECA), presunção de culpa do comitente – 863
TC n.º 439/94, de 7-jul. (RIBEIRO MENDES), presunção de culpa do comitente – 863
TC n.º 426/95, de 6-jul. (MONTEIRO DINIS), presunção de culpa do comitente – 863
TC n.º 668/96, de 8-mai. (MESSIAS BENTO), presunção de culpa do comitente – 864
TC n.º 29/97, de 15-nov. (BRAVO SERRA), presunção de culpa do comitente – 864
TC n.º 439/97, de 19-jun. (GUILHERME DA FONSECA), presunção de culpa do comitente – 864
TC n° 360/2001, de 12 de julho (VÍTOR NUNES DE ALMEIDA), publicidade à sentença inibitória – 686
TC n.º 376/2002, de 26-set. (TAVARES DA COSTA), presunção de culpa do comitente – 864
TC n.º 229/2004, de 31-mar. (FERNANDA PALMA), presunção de culpa do comitente – 864
TC n.º 383/2012, de 12-jul. (CATARINA SARMENTO E CASTRO), inconstitucionalidade de regras limitativas à indemnização, no seguro automóvel – 882

Supremo Tribunal de Justiça (Pleno)

STJ (P) 22-jan.-1929 (AREZ), a minuta equivale à apólice – 714
STJ (P) 28-abr.-1961 (MORAIS CABRAL), não-pagamento de prémio; injuntividade – 741
STJ (P) n.º 1/83, de 14-abr.-1983 (LICURGO AUGUSTO DOS SANTOS), presunção de culpa do condutor – 862
STJ (P) n.º 3/94, de 26-jan.-1994 (FERNANDO FABIÃO), colisão de veículos; culpa do comissário – 863
STJ (P) n.º 7/94, de 2-mar.-1994 (JOSÉ MARTINS DA FONSECA), culpa do comissário; limites da indemnização – 863

Supremo Tribunal de Justiça

STJ 8-abr.-1949 (RAÚL DUQUE), não-pagamento do prémio – 741

STJ 29-jan.-1952 (CAMPELO DE ANDRADE), alterações ao seguro; forma escrita – 715
STJ 21-abr.-1953 (ROCHA FERREIRA), mediação de seguros; mandato – 450
STJ 26-jan.-1954 (JAIME TOMÉ), seguro automóvel obrigatório – 875
STJ 1-abr.-1955 (BALTASAR PEREIRA), indemnização do segurador; penhor – 756
STJ 26-jul.-1955 (MANUEL MALGUEIRO), acidentes de trabalho; seguro por folhas de férias – 629
STJ 27-jan.-1956 (BALTASAR PEREIRA; vencido: BEÇA DE ARAGÃO), sub-rogação do segurador – 757
STJ 20-abr.-1956 (EDUARDO COIMBRA), segurador parcial; sub-rogação – 758
STJ 10-dez.-1957 (LENCASTRE DA VEIGA), seguro; natureza formal – 714
STJ 31-out.-1958 (EDUARDO COIMBRA), série negra – 893
STJ 2-fev.-1959 (SIMÕES FIGUEIRINHAS; vencido: CAMPOS DE CARVALHO), reticências – 628
STJ 8-jan.-1960 (SOUSA MONTEIRO), sub-rogação do segurador – 757
STJ 11-mar.-1960 (SOUSA MONTEIRO), sub-rogação do segurador – 876
STJ 18-mar.-1960 (MORAIS CABRAL), não-pagamento do prémio; injuntividade – 741
STJ 17-mai.-1960 (VAZ PEREIRA), seguro de incêndio; transmissão – 822
STJ 24-jul.-1962 (BRAVO SERRA), risco segurável – 829
STJ 10-abr.-1964 (LOPES CARDOSO), âmbito do seguro automóvel – 876
STJ 12-jun.-1964 (SIMÕES DE CARVALHO), mediação – 435
STJ 22-abr.-1966 (LUDOVICO DA COSTA), sub-rogação do segurador; terceiros solidários – 758
STJ 17-mar.-1967 (OLIVEIRA CARVALHO), mediação; cumprimento – 441
STJ 20-jun.-1967 (CORREIA GUEDES), seguro de vida; reticências – 629
STJ 30-jan.-1968 (LOPES CARDOSO), série negra – 893
STJ 9-fev.-1968 (OLIVEIRA CARVALHO), série negra – 893
STJ 5-jul.-1968 (LUDOVICO DA COSTA), série negra – 893
STJ 8-nov.-1968 (OLIVEIRA CARVALHO), série negra – 893
STJ 28-fev.-1969 (TORRES PAULO), série negra – 893
STJ 27-mai.-1969 (ALBUQUERQUE ROCHA), série negra – 893
STJ 13-jan.-1970 (JOAQUIM DE MELO), série negra – 894
STJ 16-jan.-1970 (OLIVEIRA CARVALHO), série negra – 894
STJ 19-mai.-1970 (ALBUQUERQUE ROCHA), série negra – 894
STJ 9-jun.-1970 (ALBUQUERQUE ROCHA), série negra – 894
STJ 13-nov.-1970 (CAMPOS DE CARVALHO), incêndio, reticências; nulidade – 821
STJ 16-fev.-1971 (CORREIA GUEDES), seguro automóvel; transmissão – 763
STJ 23-mai.-1971 (CARVALHO JÚNIOR), conceito de "incêndio" – 821
STJ 27-jul.-1971 (J. SANTOS CARVALHO JÚNIOR), riscos próprios do veículo – 867
STJ 16-mai.-1972 (CAMPOS DE CARVALHO), seguro automóvel; transmissão – 763
STJ 9-jan.-1973 (CARVALHO JÚNIOR), seguro automóvel; âmbito – 876
STJ 30-mar.-1973 (LUDOVICO DA COSTA), seguro automóvel; rateio – 877, 884
STJ 25-jul.-1973 (JOÃO MOURA), falta de participação do sinistro – 753
STJ 27-jul.-1973 (OLIVEIRA CARVALHO), seguro automóvel; transmissão – 763
STJ 25-jan.-1974 (OLIVEIRA CARVALHO), série negra – 759
STJ 8-mai.-1974 (OLIVEIRA CARVALHO), seguro automóvel; beneficiário e responsável pelo acidente – 894

STJ 4-jun.-1974 (ARALA CHAVES), série negra – 894-895
STJ 5-nov.-1974 (ALBUQUERQUE BETTENCOURT), mediação – 436
STJ 3-dez.-1974 (JOSÉ GARCIA DA FONSECA), seguro automóvel; passageiros gratuitos – 868
STJ 25-nov.-1975 (OLIVEIRA CARVALHO), série negra – 895
STJ 5-dez.-1975 (CORREIA GUEDES), série negra – 895
STJ 30-nov.-1976 (OLIVEIRA CARVALHO), seguro automóvel; transmissão – 763
STJ 17-fev.-1977 (MIGUEL CAEIRO), seguro automóvel; transmissão – 763
STJ 3-mar.-1977 (DANIEL FERREIRA), seguro automóvel; transmissão – 763
STJ 10-mar.-1977 (JOÃO MOURA), seguro; alterações; forma – 715
STJ 22-nov.-1977 (OLIVEIRA CARVALHO), série negra – 895
STJ 10-jan.-1978 (SANTOS VICTOR), seguro automóvel; transmissão – 763
STJ 28-fev.-1978 (ACÁCIO CARVALHO), mediação – 432, 440
STJ 7-mar.-1978 (RUI CÔRTE-REAL), série negra – 895
STJ 9-mar.-1978 (DANIEL FERREIRA), mediação; regras – 437
STJ 2-mai.1978 (BRUTO DA COSTA), mediação – 432, 434
STJ 31-out.-1978 (OLIVEIRA CARVALHO), seguro automóvel; imputação a terceiro – 870
STJ 9-nov.-1978 (ALVES PINTO), seguro de incêndio – 821
STJ 28-nov.-1978 (SANTOS VICTOR), mediação – 433
STJ 4-jan.-1979 (DANIEL FERREIRA), seguro automóvel; âmbito – 876
STJ 22-fev.-1979 (RODRIGUES BASTOS), seguro; natureza formal – 431, 714
STJ 16-out.-1979 (ALBERTO ALVES PINTO), seguro automóvel; transmissão – 763
STJ 31-jan.-1980 (DANIEL FERREIRA), seguro automóvel; transporte gratuito – 868
STJ 4-mar.-1980 (AQUILINO RIBEIRO), mediação – 432, 433
STJ 15-out.-1980 (DANIEL FERREIRA), mediação; comissão – 441
STJ 5-fev.-1981 (DANIEL FERREIRA), mediação – 432
STJ 10-mar.-1981 (MOREIRA DA SILVA), angariação de seguros – 431
STJ 24-nov.-1981 (AQUILINO RIBEIRO), âmbito do risco; fim do seguro – 829
STJ 4-fev.-1982 (SANTOS SILVEIRA), seguro automóvel; transmissão – 763
STJ 2-dez.-1982 (FERREIRA JÚNIOR), seguro automóvel; transmissão – 763
STJ 25-jan.-1983 (MOREIRA DA SILVA), série negra – 895
STJ 1-jun.-1983 (LOPES NEVES), mediação – 436
STJ 28-jun.-1983 (AQUILINO RIBEIRO), seguro de transporte; risco; entrega – 828
STJ 12-jan.-1984 (SANTOS SILVEIRA), comissão – 862
STJ 19-jun.-1984 (RUI CÔRTE-REAL), série negra – 895
STJ 23-mai.-1985 (GÓIS PINHEIRO), série negra – 895
STJ 18-jul.-1985 (LIMA CLUNY), série negra – 895
STJ 1-jul.-1986 (JOAQUIM FIGUEIREDO), série negra – 895
STJ 15-jul.-1986 (MOREIRA DA SILVA), seguro minuta – 714
STJ 18-mar.-1987 (MACHADO SOARES), mediação – 436
STJ 14-jul.-1987 (JOAQUIM FIGUEIREDO), prova do pagamento; subrogação do segurador – 758
STJ 5-mai.-1988 (ELISEU FIGUEIRA), série negra – 896
STJ 13-jul.-1988 (PINHEIRO FARINHA), mediação – 433
STJ 15-nov.-1989 (SOLANO VIANA), rescisão por não-pagamento do prémio; ónus da prova da receção da rescisão – 741

STJ 27-nov.-1990 (MENÉRES PIMENTEL), mediação – 433
STJ 16-abr.-1991 (CURA MARIANO), série negra – 896
STJ 16-abr.-1991 (MARTINS DA FONSECA), série negra – 896
STJ 19-mar.-1992 (CÉSAR MARQUES; vencido: FERNANDO FABIÃO), sinistro; indemnização; correção monetária – 755
STJ 24-mar.-1992 (CURA MARIANO), participação de sinistro; atraso – 753
STJ 28-out.-1992 (SÁ NOGUEIRA), série negra – 896
STJ 4-nov.-1992 (PINTO BASTOS), seguro automóvel; rateio – 877, 884
STJ 17-nov.-1992 (AMÂNCIO FERREIRA), série negra – 896
STJ 27-jan.-1993 (CURA MARIANO), seguro automóvel; "regresso" – 758
STJ 4-fev.-1993 (COSTA RAPOSO), série negra – 896
STJ 20-abr.-1993 (MARTINS DA COSTA), cgs; LCCG – 658
STJ 6-mai.-1993 (FIGUEIREDO DE SOUSA), ccg nulas – 681, 684, 685
STJ 22-jun.-1993 (MARTINS DA COSTA), seguro de colheitas – 658-659
STJ 24-jun.-1993 (MIRANDA GUSMÃO), mediação – 435
STJ 3-nov.-1993 (MARTINS DA FONSECA), seguro de colheitas – 435
STJ 11-nov.-1993 (MARTINS DA FONSECA), seguro de colheitas – 440
STJ 16-nov.-1993 (CURA MARIANO), reticências – 629
STJ 9-dez.-1993 (JOSÉ MAGALHÃES), mediação; regras – 434, 437, 441
STJ 12-jan.-1994 (FIGUEIREDO DE SOUSA), mediação – 432
STJ 8-fev.-1994 (MARTINS DA COSTA), FGA; veículos matriculados no estrangeiro – 888
STJ 26-abr.-1994 (CARLOS CALDAS), série negra – 896
STJ 12-mai.-1994 (SOUSA MACEDO), seguro automóvel; rateio – 877, 884
STJ 5-jul.-1994 (MACHADO SOARES), cgs; âmbito da LCCG – 659, 661, 382
STJ 27-set.-1994 (SANTOS MONTEIRO), noção de incêndio – 821
STJ 11-out.-1994 (CARDONA FERREIRA), montante da indemnização – 896
STJ 17-jan.-1995 (MARTINS DA COSTA), mediação – 431
STJ 23-mar.-1995 (COSTA SOARES), seguro automóvel; atuação abusiva – 861
STJ 4-abr.-1995 (MARTINS DA COSTA), seguro automóvel; abandono de sinistrado – 758
STJ 20-jun.-1995 (PAIS DE SOUSA), ccg nulas – 684, 685
STJ 28-set.-1995 (JOAQUIM DE MATOS), vício de forma; *venire* – 715
STJ 30-abr.-1996 (ARAGÃO SEIA), LCCG; FGA; veículo não identificado – 686
STJ 5-jun.-1996 (METELLO DE NÁPOLES), mediação – 440, 441
STJ 18-jun.-1996 (CARDONA FERREIRA), seguro de transporte – 828
STJ 4-jul.-1996 (BESSA PACHECO), comissão – 865
STJ 9-out.-1996 (ARAGÃO SEIA), FGA – 888
STJ 14-jan.-1997 (RIBEIRO COELHO), seguro automóvel; abandono de sinistrado – 758
STJ 14-jan.-1997 (TOMÉ DE CARVALHO), seguro automóvel; "regresso" – 758
STJ 26-jun.-1997 (TORRES PAULO), resolução; prémios em dívida – 744
STJ 30-set.-1997 (ARAGÃO SEIA), seguro automóvel; "regresso" – 758
STJ 2-out.-1997 (FERNANDO FABIÃO), seguro-caução – 832
STJ 10-dez.-1997 (COSTA MARQUES), seguro de crédito – 832
STJ 14-jan.-1998 (CÉSAR MARQUES), seguro financeiro – 832
STJ 3-mar.-1998 (SILVA PAIXÃO), reticências; anulabilidade – 628
STJ 31-mar.-1998 (RIBEIRO COELHO), mediação – 421, 434, 440

Índice de jurisprudência

STJ 6-mai.-1998 (GARCIA MARQUES), indemnização; desvalorização do dinheiro – 755
STJ 3-dez.-1998 (ARMANDO LOURENÇO), ccg proibidas – 680, 684, 685
STJ 11-mar.-1999 (LEMOS TRIUNFANTE), mediação; remuneração – 440, 441
STJ 17-jun.-1999 (ABÍLIO VASCONCELOS), ccg nulas – 984, 685
STJ 7-jul.-1999 (NASCIMENTO COSTA), mediação – 436
STJ 23-set.-1999 (QUIRINO SOARES), seguro de incêndio – 822
STJ 23-nov.-1999 (GARCIA MARQUES), ccg nulas – 684, 685
STJ 23-mar.-2000 (FERREIRA DE ALMEIDA), acidente de viação inexplicado – 867
STJ 1-jun.-2000 (SOUSA LAMAS), mediação – 432
STJ 16-nov.-2000 (SIMÕES FREIRE), mediação; regras – 437, 441
STJ 23-nov.-2000 (SOUSA INÊS), ccg proibida; publicidade – 685
STJ 8-mar.-2001 (OLIVEIRA BARROS), LCCG; aplicação aos seguros – 661
STJ 3-mai.-2001 (VICTOR DEVESA), sinistro; delimitação – 751
STJ 10-mai.-2001 (BARATA FIGUEIRA), mora no prémio; não-celebração de outro contrato – 742
STJ 11-mai.-2001 (QUIRINO SOARES), ccg ambígua – 670
STJ 31-mai.-2001 (ABEL FREIRE), mediação; comissão – 431, 441
STJ 24-jan.-2002 (FERREIRA RAMOS), culpa do lesado – 865
STJ 14-fev.-2002 (FERREIRA DE ALMEIDA), ccg nulas – 680
STJ 26-fev.-2002 (MOITINHO DE ALMEIDA), mediação; exclusividade – 437
STJ 19-mar.-2002 (QUIRINO SOARES), suspensão do contrato; aviso de receção – 742
STJ 2-mai.-2002 (SOUSA INÊS),   – 682
STJ 15-mai.-2002 (GARCIA MARQUES), sub-rogação do segurador – 757
STJ 28-mai.-2002 (DIONÍSIO CORREIA), mediação – 441
STJ 11-jun.-2002 (NASCIMENTO COSTA), seguro financeiro – 832
STJ 30-out.-2002 (MÁRIO TORRES; vencidos: FERREIRA NETO e DINIS NUNES), reticências – 629
STJ 19-nov.-2002 (AZEVEDO RAMOS), ccg nulas – 684
STJ 18-dez.-2002 (MOITINHO DE ALMEIDA), transporte gratuito – 873
STJ 21-jan.-2003 (REIS FIGUEIRA), mediação; exclusividade – 437
STJ 13-mar.-2003 (REIS FIGUEIRA), mediação de seguros – 432
STJ 29-abr.-2003 (REIS FIGUEIRA), mediação; nulidade atípica – 436
STJ 8-mai.-2003 (EZAGÜY MARTINS), ccg; dever de informação – 665
STJ 8-mai.-2003 (FERREIRA DE ALMEIDA), FGA – 888
STJ 13-mai.-2003 (REIS FIGUEIRA), mediação – 475
STJ 8-jul.-2003 (SILVA SALAZAR), agravamento do risco – 822
STJ 16-out.-2003 (ARAÚJO BARROS), mediação – 431
STJ 4-dez.-2003 (FERREIRA DE ALMEIDA), mediação – 475
STJ 19-jan.-2004 (CAMILO MOREIRA CAMILO), mediação; cláusulas – 432, 435, 438
STJ 4-mar.-2004 (SANTOS BERNARDINO), seguro de vida; questionário clínico – 629
STJ 31-mar.-2004 (SILVA SALAZAR), mediação – 436
STJ 20-abr.-2004 (AZEVEDO RAMOS), mediação; comissão – 436
STJ 20-mai.-2004 (FERREIRA DE ALMEIDA), salvados – 756
STJ 24-jun.-2004 (FERREIRA DE ALMEIDA), acidente de viação inexplicado – 871
STJ 4-out.-2004 (ARAÚJO BARROS), sub-rogação do segurador – 757

STJ 13-jan.-2005 (PIRES DA ROSA), ccg proibidas; resolução *ad nutum* – 672
STJ 10-fev.-2005 (LUCAS COELHO), prémio; simples mora – 744
STJ 8-mar.-2005 (LOPES PINTO), mediação – 441
STJ 11-out.-2005 (LUCAS COELHO), ccg proibidas; resolução *ad nutum* – 672
STJ 17-nov.-2005 – 630
STJ 31-jan.-2006 (AZEVEDO RAMOS), seguro automóvel; transporte – 869
STJ 7-mar.-2006 (JOÃO MOREIRA CAMILO), ccg nulas – 667
STJ 21-mar.-2006 (ALVES COELHO), ccg nulas – 667
STJ 18-mai.-2006 (PEREIRA DA SILVA), comissão – 865
STJ 11-jul.-2006 (JOÃO CAMILO), responsabilidade automóvel; transporte gratuito – 869
STJ 11-jul.-2006 (NUNO CAMEIRA), cláusulas ambíguas – 670
STJ 19-set.-2006 (JOÃO CAMILO), ccg nulas – 681
STJ 8-mar.-2007 (PEREIRA DA SILVA), comissão – 862, 865
STJ 22-mar.-2007 (SILVA SALAZAR), interesse no seguro – 567
STJ 11-jul.-2007 (ARMINDO MONTEIRO), indemnização – 899
STJ 18-set.-2007 (FONSECA RAMOS), seguro automóvel; transporte gratuito – 869
STJ 18-dez.-2007 (URBANO DIAS), mediação de seguros – 463
STJ 7-fev.-2008 (JOÃO MOREIRA CAMILO), indemnização – 898
STJ 13-mai.-2008 (FONSECA RAMOS), ccg – 666
STJ 21-out.-2008 (ALVES VELHO), ccg proibidas – 686
STJ 28-abr.-2009 (FONSECA RAMOS), ccg; informação – 664
STJ 25-jun.-2009 (MARIA DOS PRAZERES BELEZA), indemnização – 899
STJ 7-jul.-2009 (OLIVEIRA ROCHA), ccg nulas – 667
STJ 1-out.-2009 (SOUTO MOURA), indemnização – 899
STJ 29-out.-2009 (LOPES DO REGO), cláusulas ambíguas – 670
STJ 3-dez.-2009 (ISABEL PAIS MARTINS), indemnização – 899
STJ 13-jan.-2010 (ARMINDO MONTEIRO), indemnização – 899
STJ 20-jan.-2010 (ALBERTO SOBRINHO), interesse no seguro – 567
STJ 20-jan.-2010 (MÁRIO CRUZ), indemnização – 900
STJ 20-jan.-2010 (SALAZAR CASANOVA), ação inibitória – 685
STJ 9-mar.-2010 (ALVES VELHO), salvado – 804
STJ 9-mar.-2010 (AZEVEDO RAMOS), sub-rogação pelo segurador – 809
STJ 11-mar.-2010 (SANTOS BERNARDINO), cláusula surpresa – 667
STJ 18-mar.-2010 (ÁLVARO RODRIGUES), indemnização – 900
STJ 25-mar.-2010 (ALBERTO SOBRINHO), seguro automóvel; veículo – 866
STJ 8-abr.-2010 (LOPES DO REGO), ccg; informação – 664
STJ 8-jun.-2010 (BARRETO NUNES), seguro de vida ; reticências – 629
STJ 24-jun.-2010 (BETTENCOURT DE FARIA), ccg ; seguros – 677
STJ 7-out.-2010 (SERRA BAPTISTA), cgs nula – 661, 678
STJ 13-jan.-2011 (SERRA BAPTISTA), cgs; informação – 666
STJ 24-mar.-2011 (GRANJA DA FONSECA), cgs; informação – 664
STJ 29-mar.-2011 (ALVES VELHO), cgs nula – 678
STJ 31-mar.-2011 (MOREIRA ALVES), interesse no seguro – 567
STJ 31-mai.-2011 (FONSECA RAMOS), ação inibitória – 685
STJ 2-jun.-2011 (SEBASTIÃO PÓVOAS), ação inibitória – 685

STJ 12-out.-2011 (Fernandes da Silva), discriminação – 521
STJ 24-abr.-2012 (Mário Mendes), sobresseguro – 806
STJ 29-mai.-2012 (Garcia Calejo), cgs; informação – 666
STJ 31-mai.-2012 (Maria dos Prazeres Beleza), indemnização – 900
STJ 5-jun.-2012 (Orlando Afonso), indemnização – 900
STJ 19-jun.-2012 (António Joaquim Piçarra), FGA – 899
STJ 26-jun.-2012 (Salazar Casanova), indemnização – 900
STJ 2-jul.-2012 (João Camilo), indemnização – 900
STJ 5-jul.-2012 (Álvaro Rodrigues), indemnização – 901

Supremo Tribunal Adminstrativo

STA 5-mar.-1968 (Veiga Rodrigues), proposta incompleta – 630
STA 29-jun.-1976 (Tomás de Resende), proposta incompleta – 630

Relação de Coimbra

RCb 25-jan.-1978 (Gama Vieira), seguro; natureza formal – 714
RCb 30-nov.-1982 (Oliveira Matos), seguro automóvel – 876
RCb 4-fev.-1992 (Virgílio Oliveira), seguro automóvel – 876
RCb 19-mai.-1992 (Varela Rodrigues), seguro automóvel – 876
RCb 30-jun.-1992 (Santos Lourenço), âmbito do risco – 829
RCb 2-dez.-1992 (Santos Lourenço), FGA – 888
RCb 16-nov.-1993 (Varela Rodrigues), FGA – 888
RCb 22-mar.-1994 (Silva Freitas), acidente de viação – 759
RCb 7-jun.-1994 (Paiva Gonçalves), veículo; interesse na utilização – 866
RCb 27-set.-1994 (Francisco Lourenço), seguro automóvel; abandono de sinistrado – 758
RCb 19-jan.-1995 (Ferreira de Sousa), FGA – 888
RCb 21-nov.-1995 (Eduardo Antunes), FGA – 889
RCb 30-nov.-1995 (Gomes Alexandre), sinistro; indemnização; juros de mora – 755
RCb 7-out.-1997 (Silva Graça), mediação – 421, 441
RCb 10-fev.-1998 (Garcia Calejo), comissão – 862
RCb 6-mar.-2001 (Monteiro Casimiro), seguro automóvel; transporte gratuito – 869
RCb 22-mai.-2001 (José Alexandre Reis), "regresso" do segurador – 431, 757
RCb 23-abr.-2002 (Alexandre Reis), mediação; lealdade – 438
RCb 17-out.-2002 (Serra Leitão), acidentes de trabalho – 716
RCb 5-nov.-2002 (Tomás Barateiro), reticências; relevo – 630
RCb 28-jan.-2003 (Alexandre Reis), mediação; forma – 436
RCb 2-dez.-2003 (Cardoso de Albuquerque), colisão de veículos – 870
RCb 23-mar.-2004 (Távora Vítor), reticências – 630
RCb 20-abr.-2004 (Ferreira Barros), reticências – 630
RCb 8-jun.-2004 (Custódio M. Costa), mediação; execução – 438, 441
RCb 3-mai.-2005 (Távora Vitor), reticências; anulabilidade – 628
RCb 23-jan.-2008 (Inácio Martins), ação inibitória – 672, 679
RCb 18-nov.-2008 (Emídio Francisco Santos), ccg nulas – 667
RCb 3-mar.-2009 (Graça Santos Silva), cláusulas ambíguas – 670

RCb 10-mar.-2009 (GRAÇA SANTOS SILVA), cláusulas ambíguas – 670
RCb 17-jun.-2009 (FERNANDO VENTURA), mediador; abuso de confiança – 476
RCb 17-nov.-2009 (CARLOS MOREIRA), ccg; ónus da informação – 664
RCb 21-set.-2010 (TELES PEREIRA), reticências; anulabilidade – 628
RCb 15-nov.-2011 (ANTÓNIO BEÇA PEREIRA), salvado – 804
RCb 9-jan.-2012 (CARVALHO MARTINS), cgs; informação – 666
RCb 29-fev.-2012 (BARATEIRO MARTINS), ccg – 645
RCb 6-mar.-2012 (REGINA ROSA), cgs; informação – 664
RCb 20-mar.-2012 (MANUEL CAPELA), ccg – 666
RCb 27-mar.-2012 (CARVALHO MARTINS), cgs; informação – 666
RCb 17-abr.-2012 (BARATEIRO MARTINS), cgs nula – 683
RCb 10-mai.-2012 (MANUELA FIALHO), discriminação – 521
RCb 14-jan.-2014 (CATARINA GONÇALVES), interesse do proprietário no seguro – 567
RCb 14-out.-2014 (LUÍS CRAVO), ccg não comunicadas – 667
RCb 10-fev.-2015 (MOREIRA DO CARMO), remuneração do mediador – 476
RCb 3-mar.-2015 (HENRIQUE ANTUNES), interesse de titulares de direitos no seguro – 567

Relação de Évora

REv 6-nov.-1974 (s/ind. relator), responsabilidade automóvel; culpas concorrentes – 870
REv 13-nov.-1980 (DIAS DA FONSECA), seguro automóvel; rateio – 877, 884
REv 3-jul.-1990 (ABÍLIO LOPES CARDOSO), seguro automóvel; transmissão – 763
REv 24-mar.-1994 (RIBEIRO LUÍS), mediação – 441
REv 5-mai.-1994 (ARAÚJO DOS ANJOS), seguro automóvel; acidente inexplicado – 867
REv 9-nov.-1995 (MOTA MIRANDA), FGA – 888
REv 4-jun.-1996 (ABÍLIO LOPES CARDOSO), seguro automóvel; alcolémia – 888
REv 17-abr.-1997 (JOSÉ RODRIGUES DOS SANTOS), seguro automóvel; culpa do lesado – 865
REv 4-mai.-1999 (FERREIRA NETO), seguro automóvel; acidente inexplicado – 867
REv 13-jul.-2000 (MARIA LAURA LEONARDO), comissão – 862
REv 3-jun.-2002 (ANA LUÍSA GERALDES), mediação; dolo – 439
REv 13-fev.-2003 (FERNANDO DA CONCEIÇÃO BENTO), seguro de vida; reticências – 629
REv 9-abr.-2003 (GONÇALVES DA ROCHA), reticências – 629
REv 17-jun.-2004 (FERNANDO BENTO), proposta insuficiente – 630
REv 19-mai.-2005 (FERNANDO BENTO), sinistro; cobertura – 751
REv 2-jun.-2006 (ANTÓNIO RIBEIRO CARDOSO), seguro de colheitas – 826
REv 8-mai.-2008 (D'OREY PIRES), salvados – 803
REv 8-jul.-2010 (BERNARDO DOMINGOS), mediação – 440
REv 30-jun.-2011 (MARIA ALEXANDRA MOURA SANTOS), mediação – 436

Relação de Guimarães

RGm 12-mar.-2003 (TERESA PAIS), prémio; pagamento – 744
RGm 9-mar.-2005 (MARIA ROSA TCHING), reticências; relevância – 630
RGm 15-fev.-2006 (MARIA ROSA TCHING), cgs – 659, 670
RGm 3-mai.-2006 (VIEIRA E CUNHA), seguro automóvel; rateio – 877, 884
RGm 20-jan.-2011 (HELENA MELO), formação do seguro – 706

RGm 10-nov.-2011 (RITA ROMEIRO), reticências; cessação do contrato – 640
RGm 9-fev.-2012 (MANSO RAÍNHO), princípio indemnizatório – 476, 804

Relação de Lisboa

RLx 3-mai.-1952 (LOPES DE CASTRO), seguro de incêndio; dolo do segurado – 821
RLx 5-mar.-1981 (MIGUEL MONTENEGRO), mediação de seguros; mandato – 450
RLx 5-fev.-1982 (PRAZERES PAIS), proposta incompleta; aceitação – 630
RLx 30-jul.-1986 (PEDRO MACEDO), seguro por folhas de férias – 629
RLx 3-mar.-1988 (PRAZERES PAIS), seguro de colheitas – 826
RLx 6-abr.-1989 (COSTA RAPOSO), ccg; cláusula nula – 680
RLx 24-abr.-1990 (HERLÂNDER MARTINS), seguro automóvel; cessação – 715
RLx 28-fev.-1991 (SILVA SALAZAR), reticências; anulabilidade – 628
RLx 28-jun.-1991 (ZEFERINO FARIA), seguro automóvel; álcool; "regresso" – 758
RLx 24-out.-1991 (SILVA CALDAS), seguro automóvel; "regresso" – 758
RLx 26-mai.-1992 (JOAQUIM DIAS), prémio em divida; cessação do seguro – 745
RLx 11-jun.-1992 (LUÍS FONSECA), ccg; cláusulas abusivas – 680, 685
RLx 17-fev.-1993 (CRUZ BROCO), acidente de viação; sub-rogação – 759
RLx 24-jun.-1993 (CRUZ BROCO), mediação – 435
RLx 9-jun.-1994 (FLORES RIBEIRO), ccg nulas – 684
RLx 16-jun.-1994 (NORONHA NASCIMENTO), ccg nulas – 684, 685
RLx 7-jul.-1994 (RODRIGUES CODEÇO), ccg; cláusula excessiva – 661
RLx 27-jun.-1995 (DINIS NUNES), ccg; cláusulas nulas – 680, 685
RLx 28-jun.-1995 (CARLOS HORTAS), LCCG; âmbito – 660, 670
RLx 18-jan.-1996 (ADÉLIO ANDRÉ), FGA – 888
RLx 8-fev.-1996 (SANTOS BERNARDINO), âmbito do risco; cgs – 659, 829
RLx 6-mar.-1996 (VENTURA DE CARVALHO), seguro; natureza formal – 714
RLx 14-mar.-1996 (TORRES VEIGA), ccg; cláusula nula – 680
RLx 23-mai.-1996 (NORONHA DO NASCIMENTO), comissão; abuso – 861
RLx 14-nov.-1996 (MANSO RODRIGUES), ccg; cláusula de arbitragem – 663
RLx 9-out.-1997 (PONCE DE LEÃO), ação inibitória – 680, 683, 685
RLx 25-nov.-1997 (PONCE LEÃO), seguro de transporte – 828
RLx 27-nov.-1997 (NARCISO MACHADO), ccg; negócios unilaterais – 661
RLx 26-nov.-1998 (JORGE SANTOS), ccg; regra de risco – 684, 685
RLx 4-fev.-1999 (ARLINDO ROCHA), ações inibitórias – 685
RLx 20-abr.-1999 (PIMENTEL MARCOS), cgs nulas – 684, 685
RLx 21-abr.-1999 (DINIS ROLDÃO), mediação de seguro – 475
RLx 22-abr.-1999 (FERREIRA GIRÃO), risco próprio do veículo – 866
RLx 18-dez.-2001 (PAIS DO AMARAL), comissão – 441
RLx 21-mar.-2002 (SOUSA GRANDÃO), cobertura; custos de imobilização – 754
RLx 18-dez.-2002 (ARLINDO ROCHA), sinistro; cobertura – 751
RLx 23-jan.-2003 (TIBÉRIO SILVA), agravamento do risco – 630
RLx 10-abr.-2003 (PINTO DE ALMEIDA), ccg nulas – 684
RLx 15-mai.-2003 (LÚCIA DE SOUSA), ccg nulas – 680
RLx 30-set.-2003 (PIMENTEL MARCOS), mediação – 435
RLx 13-nov.-2003 (FRANCISCO MAGUEIJO), ccg nulas – 680

RLx 27-jan.-2004 (PIMENTEL MARCOS), mediação – 441
RLx 27-jan.-2004 (PIMENTEL MARCOS; vencido: SANTOS MARTINS), comissão – 440
RLx 24-jun.-2004 (GRAÇA AMARAL), ação inibitória; publicidade – 685-686
RLx 30-jun.-2005 (FERNANDA ISABEL PEREIRA), danos morais; cobertura – 752
RLx 19-jan.-2006 (MANUEL GONÇALVES), ccg nulas – 684
RLx 9-fev.-2006 (LUÍS ESPÍRITO SANTO), ccg; inserção no contrato – 667
RLx 22-mar.-2007 (FÁTIMA GALANTE), ccg; inserção no contrato – 667
RLx 22-mai.-2007 (ISABEL SALGADO), representação aparente – 463
RLx 20-set.-2007 (GRANJA DA FONSECA), agente de seguros – 475
RLx 13-dez.-2007 (FOLQUE MAGALHÃES), representação aparente – 463
RLx 17-abr.-2008 (PEDRO LIMA GONÇALVES), mediação de seguros; representação – 475
RLx 24-nov.-2009 (ANA RESENDE), seguro de vida; reticências – 629
RLx 29-out.-2009 (TERESA ALBUQUERQUE), ccg; áreas desguarnecidas – 668
RLx 8-abr.-2010 (RUI DA PONTE GOMES), mediação; exclusividade – 438
RLx 20-jan.-2011 (ANTÓNIO VALENTE), mediação; retribuição – 440
RLx 17-fev.-2011 (MARIA AMÉLIA AMEIXOEIRA), comissão; retribuição – 440
RLx 29-mar.-2011 (GRAÇA ARAÚJO), ccg; foro competente – 686
RLx 14-abr.-2011 (ONDINA CARMO ALVES), mediação – 435
RLx 5-mai.-2011 (AGUIAR PEREIRA), ccg; nulidade – 678
RLx 24-mai.-2011 (MARIA TERESA SOARES), comissão; retribuição – 440
RLx 14-set.-2011 (MARIA JOÃO ROMBA), *mobbing* – 521
RLx 30-nov.-2011 (JORGE LEAL), cgs nula – 686
RLx 9-fev.-2012 (SOUSA PINTO), mediação de seguros; representação – 476
RLx 15-mar.-2012 (VAZ GOMES), cláusulas ambíguas – 670
RLx 27-mar.-2012 (ANA RESENDE), cobertura; lucro cessante – 805
RLx 5-jul.-2012 (JORGE VILAÇA), cgs nula – 687
RLx 28-jun.-2013 (TOMÉ ALMEIDA RAMIÃO), indemnização de clientela do mediador – 468, 476
RLx 13-mar.-2014 (ANTÓNIO MARTINS), indemnização de clientela do mediador – 468, 476
RLx 23-out.-2014 (TERESA PARDAL), reticências; aplicação no tempo da LCS – 631
RLx 26-fev.-2015 (ILÍDIO MARTINS), cgs; ónus da comunicação – 664

Relação do Porto

RPt 14-jan.-1977 (AFONSO LIBERAL), não-pagamento do prémio; rescisão – 741
RPt 18-out.-1983 (ALEXANDRE HERCULANO), rescisão; natureza recipienda – 741
RPt 30-jul.-1987 (ARAGÃO SEIA), danos morais – 658
RPt 4-jul.-1990 (VAZ DOS SANTOS), seguro automóvel; âmbito – 876
RPt 6-fev.-1991 (ALVES RIBEIRO), repartição de riscos – 871
RPt 27-out.-1992 (METELLO DE NÁPOLES), seguro automóvel; âmbito – 876
RPt 9-nov.-1992 (JOSÉ CORREIA), seguro por folhas de férias – 629
RPt 1-jun.-1993 (MATOS FERNANDES), "regresso" do segurador; alcoolémia – 888
RPt 9-jun.-1993 (FERNANDES MAGALHÃES), LCCG; aplicação no tempo – 686
RPt 28-set.-1993 (ALMEIDA E SILVA), mediação – 440
RPt 21-out.-1993 (CARLOS MATIAS), ccg; cláusulas nulas – 677
RPt 23-nov.-1993 (MATOS FERNANDES), ccg; quadro padronizado – 675

RPt 24-mai.-1994 (GONÇALVES VILAR), seguro automóvel; âmbito – 876
RPt 23-jun.-1994 (SILVA SALAZAR), presunção de culpa – 865
RPt 20-mar.-1995 (LÚCIO TEIXEIRA), mediação; negócio final – 441
RPt 11-mai.-1995 (CESÁRIO DE MATOS), seguro automóvel; "regresso" – 758
RPt 14-jan.-1997 (ARAÚJO BARROS), ccg; interpretação – 668
RPt 30-jan.-1997 (SALEIRO DE ABREU), LCCG; apólices aprovadas pelo ISP – 661
RPt 20-nov.-1997 (GONÇALO SILVANO), comissão; ALD – 862
RPt 21-out.-1999 (VIRIATO BERNARDO), colisão de veículos – 870, 871
RPt 21-jun.-2000 (PINTO DE ALMEIDA), comissão – 865
RPt 15-fev.-2001 (PIRES CONDESSO), sinistro; âmbito – 751
RPt 24-mai.-2001 (LEONEL SERÔDIO), sinistro; indemnização; juros de mora; taxa legal – 755
RPt 4-abr.-2002 (PINTO DE ALMEIDA), franquia; proporção – 756
RPt 17-jun.-2002 (SOUSA PEIXOTO), ccg; Direito do trabalho – 660
RPt 10-mar.-2003 (FONSECA RAMOS), comissão; veículo – 865
RPt 29-mai.-2003 (PINTO DE ALMEIDA), mediação; terceiros solicitados – 439
RPt 2-jun.-2005 (TELES DE MENEZES), risco próprio do veículo – 867
RPt 27-abr.-2006 (JOSÉ FERRAZ), sub-rogação e direito de regresso – 757
RPt 11-set.-2008 (FREITAS VIEIRA), LCCG; ónus da comunicação – 664
RPt 16-out.-2008 (PINTO DE ALMEIDA), cooperativas; regime – 265
RPt 2-mar.-2009 (FERNANDES DO VALE), seguro de incêndio – 823
RPt 1-fev.-2010 (ANABELA LUNA CARVALHO), cgs; seguro de vida; informação – 664
RPt 7-set.-2010 (MARIA DA GRAÇA MIRA), mediação; forma – 436
RPt 12-out.-2010 (JOÃO RAMOS LOPES), discriminação – 522
RPt 20-jun.-2011 (PAULA LEAL DE CARVALHO), ccg; informação – 666
RPt 8-set.-2011 (MARIA DE JESUS CORREIA), comissão; alteração negativa – 441
RPt 31-jan.-2012 (M. PINTO DOS SANTOS), ccg; cláusulas nulas – 680
RPt 8-mar.-2012 (LEONEL SERÔDIO), cgs; ónus de informar – 664
RPt 15-mai.-2012 (MÁRCIA PORTELA), lucros cessantes; cobertura – 805
RPt 13-mar.-2014 (JOSÉ MANUEL DE ARAÚJO BARROS), interpretação das cgs – 664
RPt 27-jan.-2015 (MARIA AMÁLIA SANTOS), ónus da prova das reticências – 640

Procuradoria-Geral da República

Parecer do MP 2-mai.-1960 (SIMÕES DE OLIVEIRA), não-pagamento do prémio – 741

JURISPRUDÊNCIA ESTRANGEIRA

Alemanha

Reichsgericht

RG 25-jan.-1904, encargos; pressuposição – 588
RG 28-jun.-1904, encargos; pressuposição – 588
RG 19-jun.-1931, encargos; pressuposição – 588

Bundesgerichtshof

BGH 13-jun.-1957, encargos; pressuposição – 588
BGH 12-mar.-1964, relação de seguro – 481
BGH 22-mai.-1985, mediador de seguros – 446
BGH 18-jun.-1986, ccg; ambiguidade – 670
BGH 16-mar.-1988, relação de seguro – 481
BGH 24-nov.-1988, ccg; ambiguidade – 670
BGH 23-jun.-1993, cgs; interpretação; tomador médio – 488
BGH 17-mai.-2000, cgs; interpretação; circunstâncias que o tomador não conheça – 488
BGH 17-dez.-2008, cgs; interpretação – 488
BGH 18-fev.-2009, cgs; interpretação – 488
BGH 10-nov.-2010, cgs; interpretação – 488

Bundesverwaltungsgericht

BVerwG 12-mai.-1992, relação de seguro – 481

França

1ª Instância

Paris 28-out.-1994, destituição abusiva de administrador – 891

ÍNDICE ONOMÁSTICO

Abraham, Hans Jürgen – 75
Abraham, Kenneth S. – 602
Abravanel-Jolly, Sabine – 46
Abreu, Jorge Coutinho de – 264
Abreu, Saleiro de – 661
Afonso, Orlando – 900
Albuquerque, Cardoso de – 870
Albuquerque, Pedro de – 378
Albuquerque, Teresa – 668
Alexandre, Gomes – 755
Almeida, Cândido Mendes de – 90
Almeida, Carlos Ferreira de – 694, 695
Almeida, Ferreira de – 475, 680, 756, 867, 871, 888
Almeida, José Carlos Moitinho de – 43, 44, 437, 455, 594, 608, 632, 633, 655, 709, 741, 743, 783, 784, 873, 877
Almeida, Pinto de – 265, 439, 684, 756, 865
Almeida, Sara Botelho de – 44
Almeida, Vítor Nunes de – 686
Alpa, Guido – 653, 690
Alves, Francisco Luís – 519
Alves, Francisco Ribeiro – 44
Alves, Moreira – 567
Alves, Ondina Carmo – 435
Alves, Paula Ribeiro – 44
Alvim, Pedro – 45
Amaral, Graça – 686
Amaral, Pais do – 441
Ameixoeira, Maria Amélia – 440
Amzalak, Moses Bensabat – 83, 84, 557
Anastácio, Gonçalo – 137
Andrade, Campelo de – 715
André, Adélio – 888
Angeli, Giorgio – 783

Angeloni, Vittorio – 874
Anjos, Araújo dos – 867
Ankum, H. – 56
Antero, Adriano – 43
Antunes, Eduardo – 889
Antunes, Henrique – 567
Aragão, Beça de – 757
Araújo, Graça – 686
Arens, Johannes – 585
Arez – 714
Armbrüster, Christian – 155, 156, 502, 514, 520, 525, 528, 622, 631, 637, 735
Arndt, Hans-Wolfgang – 697, 699
Artz, Markus – 699
Aschermann, Rolf – 259
Asmuth, Friedrich – 528
Ataíde, Rui Mascarenhas – 711
Atzpodien, Hans Christoph – 75
Axmann, Mario – 411, 412, 413, 414
Azzolina, Umberto – 408, 409, 411, 415

Baade, Reinhard – 216
Bachmann, Martwa – 217
Bähr, Otto – 130
Ballmaier, Christoph – 147
Baltzer, Corinna – 153
Bälz, Kilian Rudolf – 62
Baptista, Serra – 661, 666, 678
Barata, Carlos Lacerda – 408, 421, 429, 439, 443
Barateiro, Tomás – 630
Barros, Araújo – 431, 664, 668, 757
Barros, Ferreira – 630
Barros, Henrique da Gama – 78, 257
Barros, Oliveira – 661

BASEDOW, JÜRGEN – 47, 140, 152, 156, 495, 502, 623, 652, 662, 667
BASTOS, PINTO – 877, 884
BASTOS, RODRIGUES – 431, 714
BAUER, GÜNTHER – 656, 875
BAUMANN, FRANK – 445
BAUMANN, HORTS – 480, 573, 577
BAUMBACH – 408
BECHTOLD, STEFAN – 511
BECKER, THOMAS – 676
BECKMANN, ROLAND MICHAEL – 46, 131, 132, 138, 152, 153, 155, 495, 525, 585, 603, 605, 623, 644
BEENKEN, MATTHIAS – 445
BEGMANN, ANDREAS – 433
BEHRENDS, OKKO – 546
BEHRENS, PETER – 137
BEIGNIER, BERNARD – 33, 46, 64, 65, 68, 71, 96, 306
BEIRÃO, VEIGA – 100, 102, 121, 163, 627
BEITZKE, GÜNTHER – 491, 584
BELEZA, MARIA DOS PRAZERES – 899, 900
BELLI, CLAUDIO – 690
BENECKE, WILHELM – 559, 560
BENEKE, FRIEDRICH EDUARD – 548
BENEVIDES, JOSÉ – 165
BENKEL, GERT A. – 446
BENSA, ENRICO – 60
BENTHAM, JEREMY – 547, 548, 549
BENTO, FERNANDO DA CONCEIÇÃO – 629, 630, 751
BENTO, MESSIAS – 863, 864
BERLIOZ, GEORGES – 648
BERNARDINO, SANTOS – 629, 659, 667, 829
BERNARDO, VIRIATO – 870, 871
BERNOUILLI, JACQUES – 66
BERTSCH, DIETER – 586
BETHGE, UWE – 414, 438, 443
BETTENCOURT, ALBUQUERQUE – 436
BETTI, EMILIO – 538
BEUTHIEN, VOLKER – 259, 265
BEYER, ALEXANDER – 520
BIANCA, C. MASSIMO – 648
BIEBERSTEIN, MARSHALL VON – 892
BINDER, JENS-HINRICH – 143, 307

BIRDS, JOHN – 47, 68
BIROCCHI, ITALO – 538
BISCARDI, ARNALDO – 54
BÖCKMANN, JULIUS – 467
BOGNETTI, GIAN PIERO – 60
BOLAFFIO, LEONE – 415
BONFANTE, LARISSA – 50
BORGES, GEORG – 697, 704
BORGES, JOSÉ FERREIRA – 43, 93, 94, 95, 96, 97
BÖSCH, MARTIN – 217
BOSELLI, ALDO – 538, 539
BÖTTGER, FRANK – 505
BRAMS, STEFAN A. – 565
BRAND, OLIVER – 627
BRANDNER, HANS-ERICH – 643, 667, 670, 673, 676, 678, 690
BRANDT, JÜRGEN GEORGE – 414
BRAUN, HEINRICH – 58, 60
BRECHMANN, WINFRIED – 691
BRECHT, CHRISTOPH HEINRICH – 56, 57
BREMER, F. P. – 57
BRICKS, HÉLÈNE – 646
BRITO, JOSÉ ALVES DE – 785, 787, 829, 840, 852
BRITO, PEDRO MADEIRA DE – 201
BRITZ, TOBIAS – 520
BROCO, CRUZ – 435, 759
BROECKER, HERMANN – 75
BROICHHAUSEN, THOMAS N. – 147
BRÖMMELMEYER, CHRISTOPH – 46, 620
BRUCK, ERNST – 45, 130, 480, 562, 573, 577, 585, 587, 588, 589, 595, 631, 644
BRUTTI, MASSIMO – 410
BUCHMANN, FELIX – 704
BÜCHNER, FRANZ – 51, 60, 64, 71, 73, 573
BUCK, SILVIA – 586
BÜHLER, DANIEL ZUBER – 216
BÜHREN, HUBERT W. VAN – 46
BÜLOW, PETER – 699
BUNTE, HERMANN-JOSEF – 676
BURCKHARDT, MARKUS – 566
BURGHARDT, RAINER – 409, 410
BÜRKLE, JÜRGEN – 147, 149

BUTTARO, LUCA – 594
CABRAL, MORAIS – 741
CAEIRO, ANTÓNIO – 261, 419
CAEIRO, MIGUEL – 763
CALDAS, CARLOS – 896
CALDAS, SILVA – 758
CALEJO, GARCIA – 666, 862, 865
CALERO, FERNANDO SÁNCHEZ – 47
CALMEIRO, ANA SERRA – 44, 673
CAMEIRA, NUNO – 670
CAMILO, CAMILO MOREIRA – 432, 435, 438
CAMILO, JOÃO MOREIRA – 667, 681, 869, 898, 900
CAMPOS, DIOGO LEITE DE – 874, 897
CANARIS, CLAUS-WILHELM – 84
CANDIAN, ALBINA – 144
CANDIAN, AURELIO DONATO – 714
CANTARELLA, EVA – 597
CAPELA, MANUEL – 666
CARBONNIER, JEAN – 186
CARDOSO, ABÍLIO LOPES – 763, 876, 888, 893
CARDOSO, ANTÓNIO RIBEIRO – 826
CARLOS, ADELINO DA PALMA – 413
CARMO, MOREIRA DO – 476
CARNEIRO, MANUEL BORGES – 93
CARRARO, LUIGI – 407
CARVALHO JÚNIOR, J. SANTOS – 821, 867
CARVALHO, ACÁCIO – 432
CARVALHO, ANABELA LUNA – 664
CARVALHO, CAMPOS DE – 628, 763, 821
CARVALHO, OLIVEIRA – 441, 759, 763, 870, 893, 894, 895
CARVALHO, PAULA LEAL DE – 666
CARVALHO, SIMÕES DE – 435
CARVALHO, TOMÉ DE – 758
CARVALHO, VENTURA DE – 714
CASANOVA, SALAZAR – 685, 900
CASAREGIS, GIUSEPPE LORENZO MARIA DE – 557, 558
CASIMIRO, MONTEIRO – 869
CASSANDRO, GIOVANNI – 61, 66
CASTAGNOLA, SEBASTIANO – 60, 101
CASTRO, ARMANDO DE – 164
CASTRO, CATARINA SARMENTO E – 882

CASTRO, GABRIEL PEREIRA DE – 86
CASTRO, LOPES DE – 821
CATARINO, LUÍS GUILHERME – 293, 296
CAVALAGLIO, LORENZO – 697
CAVERS, DAVID F. – 493
CECCHERINI, ALDO – 263
CERAMI, PIETRO – 54, 57
CHABAS, FRANÇOIS – 186
CHAUFTON, ALBERT – 59, 60, 106
CHAVES, ARALA – 894-895
CHEVREAU, EMMANUELLE – 54
CHORÃO, LUÍS BIGOTTE – 92
CÍCERO, MARCO TÚLIO – 55
CLARIZIA, RENATO – 697
CLARKE, MALCOLM A. – 129, 571
CLUNY, LIMA – 895
CODEÇO, RODRIGUES – 661
COELHO, ALVES – 667
COELHO, JOSÉ GABRIEL PINTO – 100
COELHO, LUCAS – 672, 744
COELHO, RIBEIRO – 421, 434, 440, 758
COESTER-WALTJEN, DAGMAR – 652, 657, 662, 678
COESTER, MICHAEL – 652, 662, 676
COIMBRA, EDUARDO – 758, 893
COING, HELMUT – 548
COMPORTI, MARCO – 874
CONDESSO, PIRES – 751
CONSCIÊNCIA, EURICO HEITOR – 43
CONSCIÊNCIA, TERESA ROBOREDO – 43
COPO, ABEL B. VEIGA – 47
CORDEIRO, ANTÓNIO BARRETO MENEZES – 419
CORDEIRO, ANTÓNIO MENEZES – 44, 139, 151, 218, 311, 655
CORREIA, ANTÓNIO FERRER – 187, 261, 494
CORREIA, DIONÍSIO – 441
CORREIA, FERNANDO DA SILVA – 81
CORREIA, J. M. SÉRVULO – 259, 265
CORREIA, JOSÉ – 629
CORREIA, MARIA DE JESUS – 441
CORSI, FRANCESCO – 203, 263
CÔRTE-REAL, RUI – 895
COSTA, BRUTO DA – 432, 434
COSTA, CUSTÓDIO M. – 438, 441

Costa, Fernando Ferreira da – 260
Costa, Ludovico da – 758, 877, 884, 893
Costa, Mário Júlio de Almeida – 654, 655, 658, 691, 862, 866, 881
Costa, Martins da – 431, 658, 659, 758, 898
Costa, Nascimento – 436, 832
Costa, Tavares da – 864
Couilbault, François – 47, 71
Couilbault-Di Tommaso, Stéphanie – 47, 71
Cravo, Luís – 667
Cruz, Guilherme Braga da – 100
Cruz, Mário – 900
Cunha – 90
Cunha, Vieira e – 877, 884
Cupis, Adriano de – 794
Currie, Brainerd – 493
Cziupka, Johannes – 511

Daele, Wolfgang van den – 598
Dauvillier, Jean – 52, 95
Degos, Jean-Guy – 51
Dehner, Walter – 414
Dellacherie, Claude – 66
Demóstenes – 53, 54
Deparcieux, Antoine – 66
Deus, Leonor Futscher de – 44
Deutsch, Erwin – 46, 794
Devesa, Victor – 751
Dias, Joaquim – 745
Dias, Urbano – 463
Dinis, Monteiro – 863
Doberitz, Hugo V. Knebel – 75
Domingos, Bernardo – 440
Domingues, Paulo de Tarso – 202, 203
Donário, Arlindo Alegre – 857
Donati, Antigono – 59, 60, 64, 139, 828
Dönch, Kirsten – 217
Donnellus, Hugo – 547
Doralt, Walter – 158
Dörner, Heinrich – 47, 496, 605
Dossetto, M. – 648
Drago, Massimo – 134
Drasch, Wolfgang – 140, 495

Dreher, Meinrad – 147, 149, 307, 482, 573, 642, 669
Duque, Raúl – 741
Durstberger, Herbert – 216
Dyckerhoff, Robert – 414

Ebel, Wilhelm – 69, 85
Eckert, Hans Werner – 657
Eheing, Jan – 503
Ehrenberg, R. – 412
Ehrenberg, Victor – 131, 561, 573
Ehrenzweig, Albert A. – 493, 494, 562, 573, 642
Eichler, Hermann – 483, 575, 587, 588
Elten, Elmar – 46
Endemann, W. – 84
Engelbrecht, Andreas – 563
Ennsfellner, Karl C. – 446
Erdmann, Walter – 410
Escarra, Jean – 412
Espanha, João – 44
Espinosa, Fernanda – 77
Esser, Josef – 586

Fabião, Fernando – 755, 832, 863
Fallon, Marc – 504
Fanelli, Giuseppe – 829
Farenga, Luigi – 47, 133, 134, 571
Faria, Bettencourt de – 677
Faria, Manuel Veiga de – 218
Faria, Zeferino – 758
Farinha, Pinheiro – 433
Farny, Dieter – 45, 446
Fausten, Thomas – 152
Fehrenbacher, Oliver – 576
Felsch, Joachim – 588
Ferid, Murad – 186
Fernandes, Matos – 675, 888
Ferrara Jr., Francesco – 203, 263
Ferraz, José – 757
Ferreira Júnior – 763
Ferreira, Amâncio – 896
Ferreira, Cardona – 896
Ferreira, Daniel – 432, 437, 441, 763, 868, 876

Ferreira, Eduardo Paz – 292, 296
Ferreira, José Dias – 187, 510
Ferreira, Rocha – 450
Ferro, Miguel Sousa – 295
Fialho, Manuela – 521
Figueira, Barata – 742
Figueira, Eliseu – 896
Figueira, Reis – 432, 436, 437, 475
Figueiredo, Joaquim – 758, 895
Figueiredo, Leonardo Viseu – 45, 853
Figueirinhas, Simões – 628
Fikentscher, Wolfgang – 129, 407
Fleicher, Holger – 157
Fleischmann, Rudolf – 892
Földi, András – 57
Fonseca, Dias da – 877, 884
Fonseca, Granja da – 475, 664
Fonseca, Guilherme da – 863, 864
Fonseca, Jorge Carlos – 118
Fonseca, José Garcia da – 868
Fonseca, Luís – 680, 685
Fonseca, Martins da – 435, 440, 863, 896
Forst, Gerrit – 148
Frada, Manuel Carneiro da – 265
Fragali, Michele – 832
Freire, Abel – 431, 441
Freire, Pascoal José de Melo – 92
Freire, Simões – 437, 441
Freitas, Silva – 759
Frhr, Wolfgang – 892
Fricke, Martin – 502, 504
Frisk, Hjalmar – 539
Fritzmeyer, Wolfgang – 697
Fritzsche, Jörg – 697, 698
Fröber, Hendrik Philipp – 409, 414
Fromherz, Wolfgang – 442
Fuchs, Andreas – 676, 678
Fuchs-Wissemann, Georg – 583
Funk, Jörg – 131
Furtado, Jorge Henrique Pinto – 261, 262, 264

Galante, Fátima – 667
Gama, Margarida Torres – 519
Ganzer, Felix – 501
Gärtner, Rudolf – 84, 546, 558, 559, 560, 595
Gasperoni, Nicola – 59, 133
Gaudemet, Eugène – 648
Gauer, Wilhelm – 446
Gavalda, Christian – 137
Genovese, A. – 648
Geraldes, Abrantes – 897
Geraldes, Ana Luísa – 439
Gerhard, Stephan – 75, 130
Gevurtz, Franklin A. – 186
Giannattasio, Carlo – 821
Gierke, Julius von – 52, 73, 75, 130, 573
Gierke, Otto von – 583
Giordano, A. – 648
Giova, Stefania – 695
Girão, Ferreira – 866
Glaser, Hugo – 408, 414, 433
Gobbi, Ulisse – 106
Gödeke, Sonke – 147
Goldmann, Julius – 149
Goldschmidt, Levin – 56, 84, 412
Gomes, Januário – 832
Gomes, Júlio – 613
Gomes, Rui da Ponte – 438
Gomes, Vaz – 670
Gonçalves, Catarina – 567
Gonçalves, Diogo Costa – 265
Gonçalves, Luiz da Cunha – 43, 101, 102, 104, 260, 505, 510, 564, 630, 739, 741, 745, 797, 798, 821, 825, 828
Gonçalves, Manuel – 684
Gonçalves, Paiva – 866
Gonçalves, Pedro – 44, 338
Gonçalves, Pedro Lima – 475
Goode, Roy – 129
Goodolphim, José Cipriano da Costa – 82, 105
Gossmann, Arndt – 216
Gouveia, Jaime de – 893
Graça, Silva – 421, 441
Graetzer, Jonas – 67
Grandão, Sousa – 754
Grässer, Bernd – 265

GRIESS, HEINZ-A. – 445, 446
GRIGOLEIT, HANS CHRISTOPH – 489, 617
GRÓCIO, HUGO – 70, 71
GROSS, WOLFGANG – 137, 138
GROSTE, WALTER – 51
GROTE, JOACHIM – 147
GRUBER, MICHAEL – 735
GRUNDMANN, STEFAN – 691
GRÜNEBERG, CHRISTIAN – 584, 796
GUEDES, CORREIA – 629, 763, 895
GUERREIRO, MARCELO DA FONSECA – 44
GÜRSES, ÖZLEM – 47
GUSMÃO, MIRANDA – 435

HACKING, IAN – 67
HADDING, WALTHER – 216
HAGEN, OTTO – 75
HAGER, JOHANNES – 651
HAHN, VOLKER – 499, 566
HÄHNCHEN, SUSANNE – 585, 586, 587, 588, 589, 634
HALBACH, DIRK – 46, 588
HALD, ANDREAS – 67
HALLEY, EDMOND – 67
HALM, WOLFGANG E. – 563
HAMANN, ANSGAR – 587
HAMON, GEORGES – 59, 60, 106
HANTEN, MATHIAS – 217
HARKE, JAN DIRK – 605
HARRIS, RON – 128
HARTIG, HELGE – 149
HARTMANN, EGBERT – 216
HAST, LORENZ – 566
HAUSCHKA, CHRISTOPH E. – 210
HÄUSER, FRANZ – 216
HAYMANN, FRANZ – 538, 573, 576, 596
HEINEMANN, ANDREAS – 407
HEINRICHS, HELMUT – 653
HEISS, HELMUT – 155, 157, 158, 502, 585, 587, 588, 589
HELLNER, JAN – 651
HELPENSTEIN, FRANZ – 573
HELTEN, ELMAR – 541
HÉMARD, JOSEPH – 59, 106
HENNING, MAX – 62

HENSEN, HORST-DIETHER – 643, 667, 670, 673, 676, 678, ,690
HENSSLER, MARTIN – 538
HERCULANO, ALEXANDRE – 741
HERRERO, AMELIA CASTRESANIA – 52, 56
HERRMANN, HARALD – 153, 155
HERTFELDER, JOHANNES – 704
HETTRICH, EDUARD – 265
HEUN, SVEN-ERIK – 697, 698
HIPPEL, EIKE – 892
HOEREN, THOMAS – 643
HOFFMANN, BERND VON – 497
HOFFMANN, HELMUT – 643
HOFFMANN, STEFAN – 704
HOHLFELD, KNUT – 143
HONSELL, HEINRICH – 46, 131
HONSELL, HERMANN – 891
HOPT, KLAUS J. – 408
HORTAS, CARLOS – 660, 670
HÖSKER, CARSTEN – 468
HOUTTE, J. A. VAN – 411
HOYNINGEN-HUENE, GERRICK VON – 408, 414, 429
HUBERTY, VIRGINIE – 47, 71
HÜBNER, ULRICH – 152
HUCKELE, CHRISTIAN – 446, 613, 627
HUG – 539
HUNGERBÜHLER, ADRIAN – 573, 596
HÜSKEN, ULRICH – 259
HUVELIN, PAUL – 55, 56, 58, 59
HUYGENS, CRISTIANN – 66

IBOLD, HANS CHRISTIAN – 414, 415, 416, 432, 435, 437
IHLAS, HORST – 735
INÊS, SOUSA – 682, 685
INNAMI, HIROKICHI – 540
IPPOLITO, CARLO SARZANA DI S. – 697
IPPOLITO, FULVIO SARZANA DI S. – 697

JABORNEGG, PETER – 480, 494, 495
JHERING, RUDOLF VON – 547, 548, 603
JORDANO, ALESSANDRO – 443
JORGE, FERNANDO PESSOA – 773, 794, 795
JUSTEN FILHO, MARÇAL – 295

KAHLERT, HELMUT P. – 566
KALKA, MICHAEL – 586
KASER, MAX – 54, 56, 57, 538
KAUBLACH, DETLEF – 132
KEGEL, GERHARD – 491
KERN, AUGUST – 585
KEUK, BRIGITTE – 546
KIENINGER, EVA-MARIA – 152
KIPPES, STEPHAN – 424
KISCH, WILHELM – 561, 562, 573
KLANTEN, THOMAS – 216
KLAUSING, FRIEDRICH – 576, 596
KLINDT, THOMAS – 210
KLING, MICHAEL – 622
KLINGMÜLLER – 53, 55
KNAPPMANN, ULRICH – 571, 587
KNOPP, LOTHAR – 566
KNÜTEL, ROLF – 56
KOCH, PETER – 46, 73, 74, 85, 131
KOCH, ROBERT – 669
KOHLER, ADELMO – 139
KÖHLER, HELMUT – 698
KÖHLER, MARKUS – 697, 699
KOLLER, INGO – 537
KORT, MICHAEL – 210
KRAHE, FRANK – 563
KRAMER, ULRICH – 495
KRAMPE, CHRISTOPH – 670
KREBS, HENRICH – 585
KREJCI, HEINZ – 74
KRITTER, THOMAS – 697, 698
KRÖMMELBEIN, FLORIAN – 520
KROPHOLLER, JAN – 497
KÜHBORT, GERD – 586
KUHN, MATHIAS – 697
KÜPPER-FAHRENBERG, LUDGER – 613, 627
KÜSTER, PHILIPP – 623

LABAND, PAUL – 412, 413
LAGES, GISELA – 222
LAKHAN, MANDEEP – 157
LAMAS, SOUSA – 432
LAMBERT-FAIVRE, YVONNE – 46, 66, 72, 133, 138, 139, 140, 141, 142, 154, 571, 595, 618, 623, 718, 792

LANDO, OLE – 496, 504
LANGE, OLIVER – 735
LANGHEID, THEO – 131, 132, 155, 481, 488, 489, 515, 531, 532, 618, 623, 631, 633, 637, 718, 733, 734, 765, 773, 781, 792, 853
LAPA, ALBINO – 43, 87, 93, 106, 112
LARANJO, FREDERICO – 100
LARENZ, KARL – 407, 597, 694, 698, 794
LAROCHE-GISSEROT, FLORENCE – 186
LEAL, JORGE – 686
LEÃO, PONCE DE – 685, 828
LEFLAR, ROBERT A. – 493
LEITÃO, LUÍS MENEZES – 370, 408
LEITÃO, SERRA – 716
LEONARDO, MARIA LAURA – 862
LEONHARD, GÖTZ – 891
LEQUETTE, YVES – 652
LEVENEUR, LAURENT – 46, 66, 72, 133, 138, 139, 140, 141, 142, 154, 571, 595, 618, 623, 718, 792
LIBERAL, AFONSO – 741
LIEBS, DETLEF – 410
LIENING, GERHARD – 586
LIMA, JOSÉ CAETANO LOBO D'ÁVILA – 42, 51, 105
LIMA, PIRES DE – 872
LINDACHER, WALTER F. – 642, 651, 662, 667, 678
LISBOA, JOSÉ DA SILVA – 42, 85, 86, 91, 92, 98, 103, 104
LITEWSKI, WIESLAW – 54, 55, 56
LÍVIO, TITO – 54, 55, 60
LOCHER, HORST – 690
LOOSCHELDERS, DIRK – 46, 152, 153, 495, 503, 566, 588, 627
LOPES, FERNÃO – 78, 80
LOPES, JOÃO RAMOS – 522
LORENZ, EGON – 488, 577
LORENZ, STEPHAN – 699
LORITZ, KARL-GEORG – 735
LOSCO, GIORGIO – 134
LOURENÇO, ARMANDO – 680, 685
LOURENÇO, FRANCISCO – 758
LOURENÇO, SANTOS – 829, 888

Lowry, John – 47, 65, 559
Luís, Ribeiro – 441
Luminoso, Angelo – 415, 433, 440, 443

Maçãs, Fernanda – 293, 294, 299
Macedo, Pedro – 629
Macedo, Sousa – 877, 884
Machado, Narciso – 661
Magalhães, Fernandes – 686
Magalhães, Folque – 463
Magalhães, José – 434, 437, 441
Magalhães, José Barbosa de – 90, 100, 413
Magnus, Ulrich – 602
Magueijo, Francisco – 680
Maier-Reimer, Georg – 520, 622
Maizer, Hans M. – 697, 698
Majer, Christian F. – 704
Majerle, Thomas – 587
Majo, Adolfo di – 415
Majo, Dario di – 47
Makower, H. – 75
Malgueiro, Manuel – 629
Manes, Alfred – 75, 561
Mankowski, Peter – 153, 698
Marcelino, Américo – 881
Marcos, Pimentel – 435, 440, 441, 684, 685
Marensi, Voltaire Giavarina – 45
Mariano, Cura – 629, 753, 758, 896
Marino, Giuseppe – 694, 697
Marlotti, Paolo – 134
Marlow, Sven – 585, 588
Marques, A. H. de Oliveira – 43, 61, 78, 80, 81, 82, 83, 84, 85, 86, 87, 88, 89, 103, 106, 161, 162
Marques, César – 755, 832
Marques, Costa – 832
Marques, Garcia – 684, 685, 755, 757
Marques, J. P. Remédio – 431
Marques, João Martins da Silva – 77
Martin, Anton – 43, 131, 132
Martinez, Pedro – 43
Martinez, Pedro Romano – 37, 40, 41, 43, 44, 168, 180, 184, 201, 464, 479, 483, 502, 507, 508, 511, 514, 515, 516, 518, 519, 522, 525, 527, 530, 534, 539, 542, 565, 601, 608, 614, 618, 620, 622, 623, 624, 626, 631, 632, 637, 638, 639, 640, 707, 709, 712, 718, 719, 720, 722, 730, 731, 736, 737, 740, 746, 747, 748, 749, 751, 752, 754, 761, 765, 767, 769, 770, 771, 773, 774, 778, 781, 783, 784, 785, 787, 792, 797, 797, 799, 802, 808, 811, 819, 823, 825, 829, 831, 834, 836, 840, 845, 846, 848, 849, 850, 852
Martinez, Wladimir Novaes – 45
Martinho, Rui Leão – 43
Martins, António – 468, 476
Martins, Barateiro – 645, 683
Martins, Carvalho – 666
Martins, Ezagüy – 665
Martins, Herlânder – 715
Martins, Ilídio – 664
Martins, Inácio – 672, 679
Martins, Isabel Pais – 899
Martins, João Valente – 44
Martins, Rafael Tárrega – 45
Martins, Rodrigo Varela – 295
Martins, Santos – 440
Martiny, Dieter – 495, 502, 503, 504
Mäschle, Walter – 408
Mateus, Abel – 295
Matias, Carlos – 677
Matos, Cesário de – 758
Matos, Filipe de Albuquerque – 632, 860, 881, 889
Matos, Joaquim de – 715
Matos, Oliveira – 876
Matta, José Caeiro da – 100
Matusche, Annemarie – 446
Matusche-Beckmann, Annemarie – 46, 131, 138, 152, 495, 525, 585, 603, 605, 623
Mazeaud, Henri – 186
Mazeaud, Jean – 186
Mazeaud, Léon – 186
Mazziteli, Maria Francesca – 134
Medicus, Dieter – 584, 587, 694, 695, 796, 892

MEIXNER, OLIVER – 563
MELLO, SERGIO RUY BARROSO DE – 45
MELO, HELENA – 706
MELO, JOAQUIM DE – 894
MENDES, JOÃO DE CASTRO – 795
MENDES, MÁRIO – 806
MENDES, RIBEIRO – 863
MENDONÇA, JOSÉ XAVIER CARVALHO DE – 98
MENEZES, MIGUEL PINTO DE – 42
MENEZES, TELES DE – 867
MERKIN, ROBERT – 47, 495, 559
MERLE, PHILIPPE – 263
MERZ, H. – 892
MERZ, SANDRO – 47, 134
MESQUITA, MARIA JOSÉ RANGEL DE – 44, 338, 874, 878, 881
MEULENBERGH, GOTTFRIED – 265
MEYER, EMIL H. – 265
MEYER, OLAF – 670
MEYER-TERMEER, A. J. M. – 56
MICKLITZ, HANS W. – 676, 694, 699
MIETHANER, TOBIAS – 666
MIRA, MARIA DA GRAÇA – 436
MIRABELLI, GIUSEPPE – 443
MIRANDA, MOTA – 888
MOCCI, GIOVANNI – 697
MODESTINO – 56
MÖLLER, HANS – 45, 130, 480, 482, 483, 484, 540, 562, 573, 574, 577, 585, 587, 588, 589, 595, 631, 644
MOMMSEN, THEODOR – 57, 58, 410
MÖNNISCH, ULRIKE – 138
MONTEIRO, ANTÓNIO PINTO – 433, 697
MONTEIRO, ARMINDO – 899
MONTEIRO, JORGE SINDE – 439
MONTEIRO, SANTOS – 821
MONTEIRO, SOUSA – 757, 876
MONTENEGRO, MIGUEL – 450
MOORMANN, JÜRGEN – 216
MOOSMAYER, KLAUS – 210
MORAIS, CARLOS BLANCO DE – 298
MOREIRA, CARLOS – 664
MOREIRA, VITAL – 293, 294, 296, 299
MORELLO, UMBERTO – 648

MORGADO, CARLA – 139, 151
MORGADO, JOSÉ PEREIRA – 736, 737, 740, 746, 747, 748, 765
MORSE, ROBIN C. G. J. – 500
MOSCHEL, WERNER – 585
MOSCHETTI, CESARE MARIA – 57
MÖSLEIN, FLORIAN – 511
MOSSA, LORENZO – 106
MOURA, JOÃO – 715, 753
MOURA, SOUTO – 899
MÜHLBAUER, THOMAS – 566
MÜLLER, ELMAR – 216
MÜLLER, MARKUS – 153
MÜLLER, MICHAELA MELINA – 528
MÜLLER-FRANK, CHRISTOPH – 132, 637
MÜLLER-GRAFF – 648
MÜLLER-LUTZ, HEINZ-LEO – 51

NACHBAUR, ANDREAS – 138
NÁPOLES, METELLO DE – 440, 441, 876
NASCIMENTO, NORONHA DO – 684, 685, 861
NEHLSEN-VON STRYCK, KARIN – 61
NELLE, ANDREAS – 586
NETO, FERREIRA – 629, 867
NEUGEBAUER, RALPH – 73, 74
NEUMANN, HORST – 891
NEUNER, JÖRG – 587, 617, 637, 643, 644, 694
NEUNER, WOLF – 673
NEVES, LOPES – 436
NIEBELING, JÜRGEN – 662, 667
NIPPERDEY, HANS CARL – 576, 596
NOGUEIRA, SÁ – 896
NORDMEIER, CARL FRIEDRICH – 153
NOVELLI, VITTORIO – 697
NUNES, BARRETO – 629
NUNES, DINIS – 629, 680, 685
NUSSBAUM, ARTUR – 576, 596

OETKER, HARTMUT – 584
OLIVEIRA, ARNALDO COSTA – 43, 502, 507, 508, 516, 522, 623, 624, 626, 631, 632, 638, 639, 751, 752, 761, 799, 802, 808, 840, 855, 856
OLIVEIRA, HANS ULRICH JESSURUN D' – 504

OLIVEIRA, NUNO PINTO – 873
OLIVEIRA, SIMÕES DE – 741
OLIVEIRA, VIRGÍLIO – 876
OLSEN, DIRK – 587
ORTH, JESSIKA – 446
OSTENDORF, PATRICK – 467

PACHE, ECKARD – 138
PACHECO, BESSA – 865
PAIS, PRAZERES – 630, 826
PAIS, TERESA – 744
PAIXÃO, SILVA – 628
PALMA, FERNANDA – 864
PAOLI, UGO ENRICO – 52
PARDAL, TERESA – 631
PARDESSUS, JEAN-MARIE – 63, 64, 80
PARIZATTO, JOÃO ROBERTO – 45
PARLEANI, GILBERT – 137
PATRÍCIO, JOSÉ SIMÕES – 295
PATTI, SALVATORE – 653, 690
PAUGE, BURKARD W. – 438
PAULO, TORRES – 744, 893
PEDICINI, ETTORE – 445
PEIXOTO, SOUSA – 660
PELZ, CHRISTIAN – 210
PERDIKAS, PANAYOTIS – 60
PEREIRA, AGUIAR – 678
PEREIRA, ANTÓNIO BEÇA – 804
PEREIRA, BALTASAR – 756, 757
PEREIRA, FERNANDA ISABEL – 752
PEREIRA, JOSÉ NUNES – 295
PEREIRA, TELES – 628
PEREIRA, VAZ – 822
PERNER, STEFAN – 502, 504
PERNICE, ALFREDO – 55
PETERS, HORST – 60
PETRI, IGOR – 414, 438
PETRUCCI, ALDO – 54, 57
PFEIFFER, THOMAS – 617, 642, 651, 662, 667, 678
PIÇARRA, ANTÓNIO JOAQUIM – 889
PICONE – 493, 494
PIMENTA, MELISSA CUNHA – 45
PIMENTEL, DIOGO PEREIRA FORJAZ DE SAMPAIO – 42, 104

PIMENTEL, MENÉRES – 433
PINA, CARLOS COSTA – 292, 294
PINHEIRO, GÓIS – 895
PINHEIRO, LUÍS DE LIMA – 501
PINTO, ALBERTO ALVES – 763, 821
PINTO, ALEXANDRE MOTA – 137
PINTO, LOPES – 441
PINTO, PAULO MOTA – 551
PINTO, SOUSA – 476
PIRES, D'OREY – 803
PISSARRA, NUNO ANDRADE – 507, 508, 509
PLATTOLI, LIVIO – 60
POÇAS, LUÍS MANUEL PEREIRA – 43, 44, 455, 465, 538, 603, 631, 632, 634, 839, 849
PÖHLMANN, PETER – 265
POHLMANN, PETRA – 46
POLIDO, WALTER – 45
PORTALIS, JEAN-ETIENNE-MARIE – 69, 71
PORTELA, MÁRCIA – 805
PORTO, MANUEL LOPES – 137
POTHIER, ROBERT-JOSEPH – 69, 596
PÓVOAS, SEBASTIÃO – 685
PRANG, TOBIAS – 586
PRÄVE, PETER – 153, 490, 642
PRINGSHEIM, FRITZ – 53
PROENÇA, JOSÉ CARLOS BRANDÃO – 870
PRÖLSS, ERICH R. – 46, 131, 132, 139, 502, 514, 515, 520, 532, 571
PRÖLSS, JÜRGEN – 514, 515, 532, 576, 588, 623, 631, 644
PRÜSSMANN, HEINZ – 75
PUFENDORF, SAMUEL VON – 70, 71
PURNHAGEN, KAI – 149
PURPURA, GIANFRANCO – 51, 52, 56, 57, 59
PÜTTGEN, FRANK J. – 47, 138

RABE, DIETER – 75
RAÍNHO, MANSO – 476, 804
RAMIÃO, TOMÉ ALMEIDA – 468, 476
RAMOS, AZEVEDO – 436, 684, 809, 869
RAMOS, FERREIRA – 865
RAMOS, FONSECA – 664, 666, 685, 865, 869
RAMOS, MARIA ELISABETE GOMES –
RAMOS, RUI MOURA – 494

RANDALL, SUSAN – 130
RAPOSO, COSTA – 680, 896
RAWLINGS, PHILIPP – 47, 559
RAYNES, HAROLD ERNST – 54, 55, 60, 63, 64, 65, 66
REESE, BIRGIT – 147
REGO, LOPES DO – 664, 670
REGO, MARGARIDA LIMA – 44, 400, 480, 507, 512, 517, 519, 525, 531, 532, 533, 539, 540, 542, 546, 558, 559, 560, 561, 563, 565, 572, 574, 584, 596, 613, 733, 734, 796
REHBEIN, H. – 73
REHBINDER, ECKARD – 494
REHKUGLER, HEINZ – 424
REICHERT-FACILIDES FRITZ – 151, 152, 155, 156, 496, 504, 576
REIMERS-MORTENSEN, SABINE – 216
REINCKE, O. – 73
REIS, JOSÉ ALEXANDRE – 431, 436, 438, 757
RESCIGNO, PIETRO – 133, 571
RESENDE, ANA – 629, 805
RESENDE, TOMÁS DE – 630
REUSCH, PETER – 446
REUTER, DIETER – 407, 408, 411, 413, 414, 415, 429, 436, 438, 440
RIBEIRO, ALVES – 871
RIBEIRO, AQUILINO – 432, 433, 828, 829
RIBEIRO, AURELIANO STRECHT – 43, 104, 112
RIBEIRO, EDUARDA – 168, 180, 184, 464, 525, 608, 614, 618, 620, 622, 623, 624, 626, 709, 778, 781, 783, 784, 848, 849, 850
RIBEIRO, FLORES – 684
RIBEIRO, JOAQUIM DE SOUSA – 651
RICHTER, JOACHIM – 496
RITTNER, FRITZ – 598
RIXECKER, ROLAND – 131, 481, 515, 531, 532, 618, 623, 718, 733, 734, 765, 773
ROCHA, ALBUQUERQUE – 893, 894
ROCHA, ARLINDO – 685, 751
ROCHA, GONÇALVES DA – 629
ROCHA, OLIVEIRA – 667
RODRIGUES, ÁLVARO – 900, 901

RODRIGUES, MANSO – 663
RODRIGUES, VARELA – 876, 888
RODRIGUES, VEIGA – 630
ROHRBECK, WALTER – 130
ROLDÃO, DINIS – 475
ROLFS, CHRISTIAN – 631
ROMBA, MARIA JOÃO – 521
ROMEIRO, RITA – 640
RÖMER, WOLFGANG – 46, 131, 481, 488, 489, 515, 531, 532, 618, 623, 631, 633, 637, 718, 733, 734, 765, 773, 781, 792, 853
RONGE, CHRISTIAN – 147
ROQUE, ANA – 296
ROSA, PIRES DA – 672
ROSA, REGINA – 664
RÖTELMANN – 794
ROTH, HERBERT – 408
ROTH, WULF-HENNING – 141, 495, 496, 509
ROTHER, WERNER – 892
RÜFFER, WILFRIED – 46, 588
RUFFOLO, UGO – 652, 653
RÜHL, GIESELA – 586, 605
RUMMEL, PETER – 74

SÁ, EDUARDO ALVES DE – 100
SACCÀ, BARBARA – 834
SACERDOTI, GIORGIO – 694, 697
SAINTOURENS, BERNARD – 263
SALANITRO, AULETTA – 263
SALAZAR, SILVA – 436, 567, 628, 822, 865
SALAZAR, OLIVEIRA – 166
SALDANHA, EDUARDO DE ALMEIDA – 100
SALGADO, ISABEL – 463
SALVADOR, MANUEL J. G. – 408
SALVIOLI, GIUSEPPE – 51, 64, 80
SANCHES, JOSÉ LUÍS SALDANHA – 292
SANDKÜHLER, HANS-LUDGER – 445
SANTARÉM, PEDRO DE – 42, 63, 83, 84, 85, 86, 89, 103, 129, 557, 596
SANTO, LUÍS ESPÍRITO – 667
SANTOS, EMÍDIO FRANCISCO – 667
SANTOS, JORGE – 684, 685
SANTOS, JOSÉ MAIA DOS – 874
SANTOS, JOSÉ RODRIGUES DOS – 865

SANTOS, LICURGO AUGUSTO DOS – 862
SANTOS, M. PINTO DOS – 680
SANTOS, MARIA ALEXANDRA MOURA – 436
SANTOS, MARIA AMÁLIA – 640
SANTOS, RICARDO BECHARA – 45
SANTOS, RICARDO BORGES DOS – 857
SANTOS, VAZ DOS – 876
SARGENTI, MANLIO – 538
SASSERATH-ALBERTI, NATASCHA – 149
SAVIGNY, FRIEDRICH CARL VON – 491, 583
SCALFI, GIANGUIDO – 133, 595, 874
SCEVOLA, ANTONIO – 60, 101
SCHAAF, MARTIN – 147
SCHACK, HANS – 585, 613, 627
SCHAER, ROLAND – 585
SCHÄFERS, DOMINIK – 614
SCHAPS, GEORG – 75
SCHAUPENSTEINER, WOLFGANG J. – 210
SCHERPE, JENS M. – 502
SCHEWE, DIETER – 59, 60
SCHIMIKOWSKI, PETER – 46, 588, 642
SCHIRÒ, STEFANO – 263
SCHLOSSER, PETER – 652, 661, 662, 667, 669, 690
SCHMIDT, GERHARD – 892
SCHMIDT, GÜNTHER – 541
SCHMIDT, HARRY – 643, 668, 678
SCHMIDT, HUBERT – 617, 662
SCHMIDT, KARSTEN – 262
SCHMIDT, MATHIAS – 563
SCHMIDT, REIMER – 46, 51, 132, 139, 544, 586, 589
SCHMIDT-RIMPLER, WALTER – 573, 575, 576, 584, 596
SCHNEIDER, WINFRIED-THOMAS – 131, 132
SCHNYDER, ANTON K. – 47, 138, 139, 143, 154, 155, 500
SCHOCH, FRIEDRICH – 614, 616
SCHÖPFER, GERALD – 66
SCHROEDER, DIRK – 662
SCHULMAN, GABRIEL – 45
SCHÜNEMANN, WOLFGANG – 575, 596
SCHUSTER, LEO – 216
SCHUSTER, STEPHAN – 53, 55
SCHWERDTNER, PETER – 414, 415, 435, 440

SCHWIND, FRITZ VON – 492
SCHWINTOWSKI, HANS-PETER – 37, 46, 558, 561, 576, 603, 643
SCIANCALEPORE, GIOVANNI – 698
SECKEL, EMIL – 538
SEDLMEIER, KATHLEEN – 644
SEHRBROCK, DAVID – 147
SEIA, ARAGÃO – 658, 686, 758, 888
SEILER, ERWIN – 424
SENE, LIONE TRIDA – 45
SERENS, M. NOGUEIRA – 419
SERÔDIO, LEONEL – 664, 755
SERRA, ADRIANO VAZ – 606, 773, 794, 860, 868
SERRA, BRAVO – 829
SERRA, JOSÉ MANUEL BRAVO – 864
SIBER, HEINRICH – 56
SICA, SALVATORE – 694, 695, 697, 698
SIEGER, JÜRGEN – 447
SILVA, ALMEIDA E – 440
SILVA, FERNANDES DA – 521
SILVA, FERNANDO EMIGDIO DA – 43, 51, 86, 105, 163, 257
SILVA, GRAÇA SANTOS – 670
SILVA, IVAN DE OLIVEIRA – 45
SILVA, J. F. AZEVEDO E – 100
SILVA, JOÃO CALVÃO DA – 44, 601
SILVA, MANUEL GOMES DA – 795
SILVA, MOREIRA DA – 431, 714
SILVA, PEREIRA DA – 862, 865, 895
SILVA, RITA GONÇALVES FERREIRA DA – 43, 601
SILVA, TIBÉRIO – 630
SILVANO, GONÇALO – 862
SILVEIRA, SANTOS – 763, 862
SIMLER, PHILIPPE – 652
SOARES, ADRIANO GARÇÃO – 874, 881
SOARES, COSTA – 861
SOARES, MACHADO – 436, 659, 661, 682
SOARES, MARIA TERESA – 440
SOARES, QUIRINO – 670, 742, 822
SOBRINHO, ALBERTO – 567, 866
SOMMERER, LUCIA – 566
SONNENBERGER, HANS JÜRGEN – 186
SOUSA, ANTONIO BAPTISTA DE – 164, 165

Sousa, Ferreira de – 888
Sousa, Figueiredo de – 432, 680, 685
Sousa, Lúcia de – 680
Sousa, Miguel Teixeira de – 683
Sousa, Pais de – 684, 685
Souto, Alberto – 43, 51, 106
Spindler, Gerald – 143
Sprau, Hartwig – 408, 575
Spruss, Christian – 662, 667
Stanzione, Pasquale – 694, 695, 697, 698
Staudinger, Ansgar – 501
Steding, Rolf – 265
Stefani, Giuseppe – 61
Steinbeck, René – 563, 586
Steindl, Enrico – 571
Steinrätter, Björn – 501
Stevens, Robert – 42, 91
Stiefel – 875
Stoll, Hans – 891
Stoll, Heinrich – 892
Stracchae, Benvenuti – 410
Stremitzer, Heinrich – 446
Strobel, Daniele de – 874
Studer, Helmut – 447
Stultenberg, Ulf Michael – 586
Stürner, Michael – 584
Suetónio – 55, 71
Szlechter, Emile – 51, 52

Tarantino, Anthony – 209
Taupitz, Jochen – 697, 698
Tching, Maria Rosa – 630, 659, 670
Teichler, Maximilian – 447, 449
Teixeira, Lúcio – 441
Teles, Joana Galvão – 512, 515, 613
Telles, Inocêncio Galvão – 657, 658, 723
Terbille, Michael – 46
Terré, François – 652
Theusinger, Ingo – 210
Thibaut, Anton Friedrich Justus – 413
Thomale, Chris – 408
Thüsing, Gregor – 520
Tichy, Gunther – 216
Tietje, Christian – 137
Tita, Alberto – 144

Toebelmann, Kurt – 411
Tomé, Jaime – 875
Tonner, Klaus – 694, 699
Torres, Arnaldo Pinheiro – 43, 628, 632, 797
Torres, Leonor Cunha – 518, 522, 834, 836
Torres, Mário – 629, 864
Traub, Wolfgang – 446
Triebel, Volker – 129
Trigo, Maria da Graça – 861
Tripodi, Enzo Maria – 690
Triunfante, Lemos – 440, 441
Trosi, Bruno – 415, 433
Tullio, Antonio – 653
Tumedei, Cesare – 443

Ude, F. – 56
Ukmar, Victor – 694
Ulmer, Peter – 643, 662, 666, 667, 669, 670, 673, 690
Ulrich, Ruy – 413

Vale, Fernandes do – 823
Valente, António – 440
Valeri, Giuseppe – 60
Varela, João Antunes – 187, 773, 862, 864, 866, 872
Vasconcelos, Abílio – 684, 685
Vasconcelos, Pedro Pais de – 156, 623, 735
Vasques, José – 43, 141, 455, 464, 471, 539, 542, 565, 571, 640, 709, 712, 718, 719, 720, 722, 731, 742, 743, 746, 756, 783, 792, 797, 811, 819, 846
Veiga, Lencastre da – 714
Veiga, Torres – 680
Velho, Alves – 678, 686, 804
Vélissaropoulos, Julie – 53
Ventura, Fernando – 476
Ventura, Paulo – 139, 745
Ventura, Raúl – 662, 665, 742
Viana, João de Matos – 517
Viana, Solano – 741
Victor, Santos – 433, 763

VIEIRA, FREITAS – 664
VIEIRA, GAMA – 714
VIEIRA, JOSÉ ALBERTO COELHO – 881
VIGLIAR, SALVATORE – 698
VILAÇA, JORGE – 687
VILAR, GONÇALVES – 876
VILLELA, ALVARO DA COSTA MACHADO – 42, 51, 105
VISCHER, FRANK – 494
VISCONDE DE CARNAXIDE – 164, 165
VISKY, KAROLY – 56
VÍTOR, TÁVORA – 628, 630
VITORINO, ANTÓNIO – 863
VIVANTE, CESARE – 65, 101, 106, 415
VÖGELEIN, ANNA – 704
VOLLKOMMER, MAX – 414

WADLE, ELMAR – 892
WAGENMANN, EDUARD – 627
WÄLDER, JOHANNES – 480
WANDT, MANFRED – 33, 46, 131, 147, 305, 338, 447, 481, 495, 563, 585, 587, 588, 603, 633, 635, 700, 718, 734, 781, 795, 853
WARNCKE, THEODOR – 408, 414, 433

WEBER-REY, DANIELA – 153
WEICHSELBAUMER, GERHARD – 586
WEISHAUPT, ARND – 407
WENGLER – 493, 494
WERBER, MANFRED – 482, 584, 594, 623, 642
WESTPHALEN, FRIEDRICH GRAF VON – 656
WEYERS, HANS-LEO – 587
WIEACKER, FRANZ – 548
WIES, RAINER – 878
WIESE, GÜNTHER – 584
WIESELER, MICHAEL – 414, 438
WILHELMI, RÜDIGER – 538
WINTER, GERRIT – 544, 584, 594
WOLF, MANFRED – 587, 637, 642, 643, 644, 651, 662, 667, 694
WOLF, MARTIN – 147
WURMNEST, WOLFGANG – 652, 678, 679

ZERWAS, HERBERT – 217
ZEUNER, ALBRECHT – 891
ZIEGLER, KARL-HEINZ – 59, 71
ZINNERT, MARIO – 445, 446
ZWEIGERT, KONRAD – 491, 492, 494, 646, 649

ÍNDICE BIBLIOGRÁFICO

AAVV – *Münchener Kommentar zum Versicherungsvertragsgesetz*, 3 volumes, 2009-2011.
ABRAHAM, HANS JÜRGEN – *vide* SCHAPS, GEORG.
ABRAHAM, KENNETH S. – *The Liability Century/Insurance and Tort Law from the Progressive Era to 9/11*, 2008.
ABRAVANEL-JOLLY, SABINE – *Droit des assurances*, 2013.
ABREU, JORGE COUTINHO DE – *Curso de Direito comercial*, 2, 3.ª ed., 2009;
– no *Código das Sociedades Comerciais em Comentário*, 1 (2010), 45-46.
ALBUQUERQUE, PEDRO DE – no *CSC / Clássica*, 2.ª ed. (2011), 877 ss..
ALMEIDA, CÂNDIDO MENDES DE – *Auxiliar Jurídico servindo de Appendice à Decima Quarta Edição do Codigo Philippino*, vol. I, ed. Rio de Janeiro, 1869, reimp. C. Gulbenkian.
ALMEIDA, CARLOS FERREIRA DE – *Texto e enunciado na teoria do negócio jurídico*, 3 volumes, 1990.
ALMEIDA, JOSÉ CARLOS MOITINHO DE – *O contrato de seguro no Direito português e comparado*, 1971;
– *Contrato de seguro/Estudos*, 2009;
– *O novo regime jurídico do contrato de seguro. Breves considerações sobre a protecção dos segurados*, em *Contrato de seguro/Estudos* (2009), 11-36;
– *A celebração à distância do contrato de seguro*, em *Contrato de seguro/Estudos* (2009), 37-75;
– *Cláusulas contratuais gerais e contrato de seguro*, em *Contrato de seguro/Estudos* (2009), 77-113;
– *O mediador na conclusão e execução do contrato de seguro*, em *Contrato de seguro/ /Estudos* (2009), 153-189;
– *Seguro obrigatório automóvel: o Direito português face à jurisprudência do Tribunal de Justiça das Comunidades Europeias*, em *Contrato de seguro/Estudos* (2009), 205-224.
ALMEIDA, SARA BOTELHO DE – *vide* ESPANHA, JOÃO.
ALPA, GUIDO/PATTI, SALVATORE – *Le clausole vessatorie nei contratti con i consumatori*, 2 volumes, 1997.
ALVES, FRANCISCO LUÍS – *A discriminação e a avaliação do risco nos seguros*, RDES 2011, 213-315.
ALVES, FRANCISCO RIBEIRO – *Direito dos seguros/Cessação do contrato. Práticas comerciais*, 2.ª ed., 2015.
ALVES, PAULA RIBEIRO – *Contrato de seguro à distância/o contrato electrónico*, 2009.
ALVIM, PEDRO – *O seguro e o novo Código Civil*, 2007.

AMZALAK, MOSES BENSABAT – *Pedro de Santarém, Santerna, jurisconsulto português do século XVI*, 1914;
– *O Tratado de Seguros de Pedro de Santarém*, separata dos Anais do ISCEF, XXVI, 1958.
ANASTÁCIO, GONÇALO – vide PINTO, ALEXANDRE MOTA.
ANGELI, GIORGIO – *La riassicurazione/Teoria, pratica e tematiche varie*, 2.ª ed., 1981.
ANGELONI, VITTORIO – *Assicurazione della responsabilità civile*, ED III (1958), 554-573.
ANKUM, H. – *Tabula Pompeiana 13: ein Seefrachtvertrag oder ein Seedarlehen?*, IURA XXIX (1978), 156-173.
ANTERO, ADRIANO – *Comentario ao Codigo Commercial Portuguez*, II, 1915.
Appendice ao Código Commercial Portuguez approvado pela Carta de Lei de 28 de Junho de 1888, 3.ª ed., 1906.
ARENS, JOHANNES – *Zum Wesen der Obliengenheiten im Versicherungsrecht*, 1940.
ARMBRÜSTER, CHRISTIAN – *Geltung ausländischen zwingenden Rechts für deutschem Recht unterliegende Versicherungsverträge/Insbesondere: zwingender Einschluss von Terrorrisiken in die Sachversicherung nach französischem Recht*, VersR 2006, 1-17;
– *Das Versicherungsrecht im Common Frame of Reference*, ZEuP 2008, 775-812;
– *Parteien des Versicherungsvertrages*, em ROLAND MICHAEL BECKMANN/ANNEMARIE MATUSCHE-BECKMANN, *Versicherungsrechts-Handbuch*, 2.ª ed. (2009), § 6, 361-404;
– *Europäisches Internationales Versicherungsvertragsrecht*, em PRÖLSS/MARTIN, *VVG/Kommentar*, 28.ª ed. (2010), 1153 ss.;
– *Fremdsprachen im Gerichtsverfahren*, NJW 2011, 812-818;
– no *Münchener Kommentar zum BGB*, 6.ª ed., 2012;
– *Verteilung nicht ausreichender Versicherungssummen in D&O-Innenhaftungsfällen*, VersR 2014, 1-8.
ARNDT, HANS-WOLFGANG – vide KÖHLER, MARKUS.
Artigos que formão a Regulação da Casa dos Seguros da Praça de Lisboa, propostos, e approvados no restabelecimento da Casa em 1758, e authorizados pelo § 3. do Alvará de 11 de Agosto de 1791, como parte do mesmo Alvará.
ARTZ, MARKUS – vide BÜLOW, PETER.
ASCHERMANN, ROLF – vide BEUTHIEN, VOLKER.
ASMUTH, FRIEDRICH – *Der Minderjährige im Versicherungsrecht*, 1939.
ATAÍDE, RUI MASCARENHAS – *A responsabilidade do "representado" na representação tolerada/Um problema de representação sem poderes*, 2008.
ATZPODIEN, HANS CHRISTOPH – *Die Entwicklung der preussischen Staatsaufsicht über das private Versicherungswesen im 19. Jahrhundert unter besonder Berücksichtigung ihres Verhältnisses zum Wirtschaftsliberalismus*, 1982.
AXMANN, MARIO – *Maklerrecht und Maklerwesen bis 1900/Eine rechtshistorische Untersuchung insbesondere der bürgerlichen Quelle*, 2004.
AZZOLINA, UMBERTO – *Le mediazione*, 2.ª ed., 1955.

BAADE, REINHARD – vide DURSTBERGER, HERBERT.
BACHMANN, MARTWA – vide DÖNCH, KIRSTEN.
BÄHR, OTTO – *Entwurf eines Reichsgesetzes über den Versicherungsvertrag*, AbürgR VII (1893), 1-63.

BALLMAIER, CHRISTOPH – vide DREHER, MEINRAD.
BALTZER, CORINNA – vide WEBER-REY, DANIELA.
BÄLZ, KILIAN RUDOLF – *Versicherungsvertragsrecht im den Arabischen Staaten*, 1997.
BARATA, CARLOS LACERDA – *Contrato de mediação*, em Estudos do Instituto de Direito do Consumo, coord. LUÍS MENEZES LEITÃO 1 (2002), 185-231.
BARROS, HENRIQUE DA GAMA – *História da Administração Pública em Portugal nos Séculos XII a XV*, V, 2.ª ed., s/d.
BASEDOW, JÜRGEN – *Transparenz als Prinzip des (Versicherungs-) Vertragsrecht*, VersR 1999, 1045-1055;
– (org.) *Europäisches Versicherungsvertragsrecht*, 3 volumes, 2002;
– no *Münchener Kommentar zum BGB*, 2, 6.ª ed. (2012), 1083-1191.
BASEDOW, JÜRGEN/DRASCH, WOLFGANG – *Das neue Internationale Versicherungsvertragsrecht*, NJW 1991, 785-795.
BASEDOW, JÜRGEN/SCHERPE, JENS M. – *Das internationale Versicherungsvertragsrecht und "Rom I"*, FS Andreas Heldrich (2005), 511-526.
BAUER, GÜNTHER – *Die Kraftfahrtversicherung*, 4.ª ed., 1997;
– *Rechtsentwicklung bei den Allgemeinen Bedingungen für die Rechtsschutzversicherung bis Anfang 2010*, NJW 2010, 1337-1341;
– *idem, bis Anfang 2011*, NJW 2011, 1415-1418;
– *idem, bis Anfang 2012*, NJW 2012, 1699-1702.
BAUMANN, FRANK/BEENKEN, MATTHIAS/SANDKÜHLER, HANS-LUDGER – *Profi-Handbuch Maklermanagement*, 2010.
BAUMANN, HORTS – em BRÜCK/MÖLLER, *VVG* I, §§ 1-32, 9.ª ed. (2008).
BECHTOLD, STEFAN – *Die Grenzen zwingenden Vertragsrechts/Ein rechtsökonomischer Beitrag zu einer Rechtsetzungslehre des Privatrechts*, 2010.
BECKER, THOMAS – *Die Auslegung des § 9 Abs. 2 AGB-Gesetz*, 1986.
BECKMANN, ROLAND MICHAEL – *Auswirkungen des EG-Rechts auf das Versicherungsvertragsrecht*, ZEuP 1999, 809-813;
– *Allgemeine Versicherungsbedingungen*, em BRUCK/MÖLLER, *Versicherungsvertragsgesetz* I, §§ 1-32, 9.ª ed. (2008), 132-230.
BECKMANN, ROLAND MICHAEL/MATUSCHE-BECKMANN, ANNEMARIE (org.) – *Versicherungsrechts-Handbuch*, 3.ª ed., 2015.
BEENKEN, MATTHIAS – vide BAUMANN, FRANK.
BEGMANN, ANDREAS e outros – no *Staudingers Kommentar*, 2, § 657-704 (2006).
BEHRENDS, OKKO e outros – *Corpus iuris civilis*, ed. bil. latim/alemão, III (1999).
BEHRENS, PETER – *Niederlassungsfreiheit und Internationales Gesellschaftsrecht*, RabelsZ 52 (1988), 498-525.
BEIGNIER, BERNARD – *Droit des assurances*, 2011.
BEIRÃO, VEIGA (referido F. BEIRÃO) – *Codigo Commercial/Apontamentos para a historia das suas fontes*, O Direito 41 (1909), 305-306, 42 (1910), 273-274 e 43 (1911), 2-4, 33-36, 49-52, 81-84, 161-163, 193-195, 273-276 e 289-292.
BEITZKE, GÜNTHER – *Nichtigkeit, Auflösung und Umgestaltung von Dauerrechtsverhältnissen*, 1948;
– *Betrachtungen zur Methodik im Internationalprivatrecht*, FS Smed (1952), 1-22.
BELLI, CLAUDIO – vide TRIPODI, ENZO MARIA.

BENECKE, WILHELM – *System des Assekuranz- und Bodmereiwesens/aus den Gesetzen und Gebräuchn Hamburgs und der worzüchsten handelnden Nationen Europas, so wie aus der Natur des Gegenstandes entwickelt* 1, 1810; 2, 1807; 3, 1808; 4, 1810.

BENEKE, FRIEDRICH EDUARD – *Grundsätze der Civil- und Criminal-Gesetzgebung, aus den Handschriften des englischen Rechtsgelehrten Jeremias Bentham, herausgegeben vomn Etienne Dumont/Nach der zweiten, verbesserten und vermehrten Auflage für Deutschland bearbeitet und mit Anmerkungen* 1, 1830.

BENEVIDES, JOSÉ – *Um projecto de lei e a responsabilidade na gerência das sociedades anonymas*, 1893.

BENKEL, GERT A./REUSCH, PETER – *Der Einfluss der Deregulierung der Versicherungsmärkte auf die Haftung des Versicherungsmaklers*, VersR 1984, 1013-1017.

BENSA, ENRICO – *Le forme primitive della polizza/Ricerche storiche con documenti inediti*, 1925.

BENTHAM, JEREMY – *An introduction to the Principles of Morals and Legislation*, 1789; utiliza-se a ed. de 1823, reed. em 1908.

BERLIOZ, GEORGES – *Le contrat d'adhésion*, 1973.

BERNOUILLI, JACQUES – *Ars conjectandi*, 1713.

BERTSCH, DIETER – *Die Abgrenzung von Risikobeschränkungen und vertraglich begründeten Berücksichtigung des Rechts der allgemeinen Haftpflichtversicherung*, 1964.

BETHGE, UWE – *Maklerrecht in der Praxis*, 2.ª ed., 1999.

BETTI, EMILIO – *Zum Problem der Gefahrtragung bei zweiseitig verpflichtenden Verträgen*, SZRom 82 (1965), 1-23.

BEUTHIEN, VOLKER/HÜSKEN, ULRICH/ASCHERMANN, ROLF – *Materialen zum Genossenschaftsgesetz*, 5 volumes.

BEUTHIEN, VOLKER/MEYER, EMIL H./MEULENBERGH, GOTTFRIED – *Genossenschaftsgesetz*, 13.ª ed., 2000.

BEYER, ALEXANDER/BRITZ, TOBIAS – *Zur Umsetzung und zu den Folgen des Unisex-Urteils des EuGH*, VersR 2013, 1219-1227.

BIANCA, C. MASSIMO – *Le condizioni generali di contrato*, 1, 1979;
– *Diritto civile*, III – *Il contratto*, 1987, reimp.
– *Condizioni generali di contratto (tutela dell'aderente)*, no DDP/SCiv, III (1990), 397-403.

BIEBERSTEIN, MARSHALL VON – vide FRHR, WOLFGANG.

BINDER, JENS-HINRICH – *Die geplante deutsche Allfinanzaufsicht und der britisch Prototyp/ ein vergleichender Blick auf den deutschen Referentenentwurf*, WM 2001, 2230-2238.

BIRDS, JOHN – *Modern Insurance Law*, 9.ª ed., 2013.

BIROCCHI, ITALO – *Rischio (diritto intermedio)*, ED XL (1989), 1133-1143.

BISCARDI, ARNALDO – *Pecunia traiecticia e stipulatio poene*, Labeo XXIV (1978), 276-300.

BÖCKMANN, JULIUS/OSTENDORF, PATRICK – *Probleme für Versicherungsvermittler bei ihrer Statusbestimmung als Vertreter oder Makler und den daraus resultierenden Informationspflichter nach dem neuen Recht*, VersR 2009, 154-159.

BOGNETTI, GIAN PIERO – *Sui primordi dell' assicurazione*, RDComm XXVIII (1930) I, 274-279.

BOLAFFIO, LEONE – *Dei mediatori*, 2.ª, 3.ª e 4.ª ed. (1919), incluído em *Il codice di commercio commentato*, coord. LEONE BOLAFFIO/CESARE VIVANTE.

BONFANTE, LARISSA e outros – *La naissance des écritures/Du cuneiforme à l'alphabet*, 1994.
BORGES, GEORG – *Verträge im elektronischen Geschäftsverkehr/Vertragsabschluss, Beweis, Form, Lokalisierung, anwendbares Recht*, 2003;
– *Rechtsscheinhaftung im Internet*, NJW 2011, 2400-2403.
BORGES, JOSÉ FERREIRA – *Commentarios sobre a legislação portugueza ácerca de seguros marítimos*, 1841.
BÖSCH, MARTIN – *Wertpapierabwiclung: Optimierung durch Outsourcing*, Bank 1998, 752-754.
BOSELLI, ALDO – *Alea*, NssDI I/1 (1974, reimp.), 468-476.
BÖTTGER, FRANK – *Verbraucherversicherungsverträge/Vergleich der beiden Anknüpfungsregime nach Art. 6 und Art. 7 Rom-I-Verordnung und Vorschlag für eine zukünftig einheitliche Anknüpfung*, VersR 2012, 156-164.
BRAMS, STEFAN A. – *Mobbing am Arbeitsplatz: Ein Fall für die Krankentagegeldversicherung?*, VersR 2009, 744-752;
– *Mobbing am Arbeitsplatz – in dubio pro Arbeitgeber?*, VersR 2010, 880-886.
BRAND, OLIVER – *Grenzen der vorvertraglichen Anzeigepflichten des Versicherungsnehmers*, VersR 2009, 715-721.
BRANDT, JÜRGEN GEORGE – *vide* DYCKERHOFF, ROBERT.
BRAUN, HEINRICH – *Geschichte der Lebensversicherung und der Lebensversicherungstechnik*, 1963.
BRECHMANN, WINFRIED – *Die richtlinienkonforme Auslegung*, 1994.
BRECHT, CHRISTOPH HEINRICH – *Zur Haftung der Schiffer im antiken Recht*, SZRom 62 (1942), 391-396.
BREMER, F. P. – *Zur Geschichte des Handelsrechts und der Handelspolitik im Anfang der Römischen Kaiserzeit*, FS Heinrich Thöl (1879), 39-78.
BRICKS, HÉLÈNE – *Les clauses abusives*, 1982.
BRITO, JOSÉ ALVES DE – em ROMANO MARTINEZ, *Lei do contrato de seguro anotada*, 2.ª ed., 2011, 337 ss..
BRITO, PEDRO MADEIRA DE – em PEDRO ROMANO MARTINEZ e outros, *Código do trabalho anotado*, 8.ª ed. (2009), 327.
BRITZ, TOBIAS – *vide* BEYER, ALEXANDER.
BROECKER, HERMANN – *vide* GERHARD, STEPHAN.
BROICHHAUSEN, THOMAS N. – *vide* KRAUEL, WOLFGANG.
BRÖMMELMEYER, CHRISTOPH – *Vorvertragliche Informationspflichten des Versicherers/insbesondere in der Lebensversicherung*, VersR 2009, 584-589;
– *vide* SCHWINTOWSKI, HANS-PETER.
BRUCK, ERNST – *Das Interesse, ein Zentralbegriff der Versicherung*, 1931.
BRUCK, ERNST/MÖLLER, HANS (org.) – *Kommentar zum Versicherungsvertragsgesetz*, 8.ª ed., 1961;
– *Versicherungsvertragsgesetz/Grosskommentar*, 9.ª ed., a partir de 2008, nove volumes.
BRUTTI, MASSIMO – *Mediazione (storia)*, ED XXVI (1976), 12-33.

BUCHMANN, FELIX/MAJER, CHRISTIAN F./HERTFELDER, JOHANNES/VÖGELEIN, ANNA – *"Vertragsfallen" im Internet/Rechtliche Würdigung und Gegenstrategien*, NJW 2009, 3189-3194.

BÜCHNER, FRANZ – *Grundriss der Versicherungsgeschichte*, em WALTER GROSTE/HEINZ-LEO MÜLLER-LUTZ/REIMER SCHMIDT, *Die Versicherung*, 5 volumes (1962-1964);
– *Zum Begriff und zum Beginn der Versicherung*, FS Karl Sieg (1976), 111-125.

BUCK, SILVIA – *Die Obliengenheiten im spanischen Versicherungsrecht/Eine rechtsvergleichende Untersuchung zwischen deutschem und spanischem Recht*, 2003.

BÜHLER, DANIEL ZUBER – *Spannungsverhältnis zwischen Regulierung und Wettbewerbsfähigkeit*, SZW 1996, 201-210.

BÜHREN, HUBERT W. VAN – *Handbuch Versicherungsrecht*, 4.ª ed., 2009.

BÜLOW, PETER/ARTZ, MARKUS – *Fernabsatzverträge und Strukturen eines Verbraucherprivatrechts im BGB*, NJW 2000, 2049-2056.

BUNTE, HERMANN-JOSEF – *Entwicklungen im Recht der Allgemeinen Geschäftsbedingungen – Ein Erfahrungsbericht nach 5 Jahren AGB-Gesetz*, BB Beilage Nr. 13/82 (1982), 2 ss..

BURCKHARDT, MARKUS/SOMMERER, LUCIA – *Klimawandelklagen in den USA*, VersR 2013, 1107-1110.

BURGHARDT, RAINER – *Proxeneta/Untersuchung zum römischen Maklerrecht*, 1995.

BÜRKLE, JÜRGEN – *Die Zukunft der materiellen Versicherungsaufsicht in Deutschland*, VersR 2011, 1469-1478;
– *Vorgaben der Richtlinie Solvabilität/II für die Compliance in Versicherungsunternehmen*, em AAVV, Düsseldorf Vorträge zum Versicherungsrecht (2011), 1-20;
– *Auswirkungen von EIOPA-Zeitlinien auf die Compliance in Versicherungsunternehmen*, VersR 2014, 529-537.

BUTTARO, LUCA – *Assicurazione in generale*, ED III (1958), 427-454.

CAEIRO, ANTÓNIO/SERENS, M. NOGUEIRA – *Código Comercial/Código das Sociedades Comerciais/Legislação Complementar*, 5.ª ed., 1992.

CALERO, FERNANDO SÁNCHEZ (org.) – *Ley de contrato de seguro*, 4.ª ed., 2012.

CALMEIRO, ANA SERRA – *Das cláusulas abusivas no contrato de seguro*, 2014.

CAMPOS, DIOGO LEITE DE – *Seguro de responsabilidade civil fundada em acidentes de viação/Da natureza jurídica*, 1971;
– *Os danos causados pela morte e a sua indemnização*, em AAVV, *Comemorações dos 35 anos do Código Civil* III (2007), 133-137.

CANDIAN, ALBINA/TITA, ALBERTO – *La compliance delle imprese assicurative nel quadro europeo, tra Solvency II, EIOPA, e direttiva Omnibus*, DEDA 2011, 3-30.

CANDIAN, AURELIO DONATO – *Forma e assicurazione/Un contributo in tema di contratti a prova formale*, 1988.

CANGE, CHARLES DU FRESNE DU e outros – *Glossarium Mediae et Infimae Latinitatis* VI, 1883/1887, reimp., 1954.

CANTARELLA, EVA – *Obbligazione (diritto greco)*, NssDI XI (1968), 544-554.

CARBONNIER, JEAN – *Droit civil/Les personnes*, 21.ª ed., 2000.

CARLOS, ADELINO DA PALMA – *Direito comercial*, apontamentos coligidos sobre as prelecções do Exmo. Sr. Dr. Barbosa de Magalhães ao curso do 4.º ano jurídico de 1924-1925, 1924.
CARNEIRO, MANUEL BORGES – *Direito civil de Portugal* 1, 1826.
CARRARO, LUIGI – *Mediazione e mediatore*, NssDI X (1964), 476-483.
CASAREGIS, GIUSEPPE LORENZO MARIA DE – *Discursus legales de commercio in duos tomos distributi*, ed. Florença, 1719;
– *Il consolato del mare*, 1720;
– *Il cambista instruito per ogni caso de fallimento*, 1723.
CASSANDRO, GIOVANNI – *Assicurazione (storia)*, ED III (1958), 420-426.
CASTRO, ARMANDO DE – *Sociedades anónimas*, DHP VI (1979), 51-53.
CASTRO, GABRIEL PEREIRA DE – *Decisiones Supremi/Eminentissimi que Senatus Portugaliae ex Gravissimorum Patrum Responsis Collectae*, 1621.
CATARINO, LUÍS GUILHERME – *Regulação e supervisão dos mercados de instrumentos financeiros/Fundamento e limites do governo e jurisdição das autoridades independentes*, 2010.
CAVALAGLIO, LORENZO – *La formazione del contratto/Normative di protezione ed efficienza economica*, 2006.
CAVERS, DAVID F. – *A critique of the choice-of-law problem*, Harward Law Review, 47 (1933/34), 173-208.
CECCHERINI, ALDO/SCHIRÒ, STEFANO – *Società cooperative e mutue assicuratrici (artt. 2511-2548 c.c.)*, 2003.
CERAMI, PIETRO/PETRUCCI, ALDO – *Diritto commerciale romano/Profilo storico*, 3.ª ed., 2010.
CHABAS, FRANÇOIS – *vide* MAZEAUD, HENRI e LÉON.
CHAGNY, MURIEL/PERDRIX, LOUIS – *Droit des assurances*, 3.ª ed., 2014.
CHAUFTON, ALBERT – *Les assurances: leur passé, leur avenir*, 1, 1884.
CHEVREAU, EMMANUELLE – *La lex Rhodia de iactu: un exemple de la recéption d'une institution étrangère dans le droit romain*, TS 73 (2005), 67-80.
CHORÃO, LUÍS BIGOTTE – *A comercialística portuguesa e o ensino universitário do Direito comercial no século XIX/1 – Subsídios para a História do Direito Comercial*, 1998.
CÍCERO, MARCO TÚLIO – *Epistulae ad familiares* = M. Tulli Cicerionis, *Epistulae, I – Epistulae ad familiares*, ed. W. S. Watt (1982).
CLARIZIA, RENATO – *Informatica e conclusione del contratto*, 1985.
CLARKE, MALCOLM A. – *The Law of Insurance Contracts*, 1994.
Codice di commercio del regno d'Italia, ed. G. Barbèra, Editore, 7.ª ed., 1909.
Codigo Commercial Portuguez seguido dos appendices, ed. Coimbra, Imprensa da Universidade, 1856.
COELHO, JOSÉ GABRIEL PINTO – *Direito Commercial Portuguez*, I, 1914.
COESTER-WALTJEN, DAGMAR – *Änderungen im Recht der Allgemeinen Geschäftsbedingungen*, Jura 1997, 272-275.
COING, HELMUT – *Bentham's importance in the development of "Interessen jurisprudenz" and general jurisprudence*, em The irish jurist 1 (1966), 336-351.
COMPORTI, MARCO/SCALFI, GIANGUIDO – *Responsabilità civile e assicurazione obbligatoria*, 1988.

Consciência, Eurico Heitor/Consciência, Teresa Roboredo – *Sobre seguros/Casos práticos*, 3.ª ed., 2002.
Consciência, Teresa Roboredo – *vide* Consciência, Eurico Heitor.
Copo, Abel B. Veiga – *Tratado del contrato de seguro*, 2009.
Cordeiro, António Barreto Menezes – *Direito dos valores mobiliários* 1, 2015.
Cordeiro, António Menezes – *Direito das obrigações* 1 e 2, 1988;
– introdução à ed. port. de Claus-Wilhelm Canaris, *Pensamento sistemático e conceito de sistema na Ciência do Direito*, 1989;
– *Teoria geral do Direito civil*, 2.ª ed., 1990;
– *Manual de Direito do trabalho*, 1994;
– *Da responsabilidade civil dos administradores das sociedades comerciais*, 1996;
– *O regime jurídico do euro*, RFDUL, 2002;
– *Da compensação no Direito civil e no Direito bancário*, 2003;
– *Direito europeu das sociedades*, 2005;
– *Manual de Direito comercial*, 2.ª ed., 2007;
– *Manual de Direito das sociedades* 2, 2.ª ed., 2007;
– *Introdução ao Direito da prestação de contas*, 2008;
– *Código das Sociedades Comerciais Anotado*, 2.ª ed., 2011;
– *Da boa fé no Direito civil*, 7.ª reimp., 2011;
– *Direito das sociedades* 1, 3.ª ed., 2011;
– *Direito comercial*, 3.ª ed., 2012;
– *Direito bancário*, 1.ª ed., 1998; 4.ª ed., 2012; 5.ª ed., 2014;
– *Tratado de Direito civil*, 10 volumes.
Cordeiro, António Menezes/Morgado, Carla – *Leis dos seguros anotadas*, 2002.
Corpus iuris civilis, ed. Theodor Mommsen, 1, 8.ª ed. (1899), 855/II-856/I.
Correia, António Ferrer – *Pessoas colectivas/Anteprojecto dum capítulo do novo Código Civil*, BMJ 67 (1957), 247-281;
– *Considerações sobre o método do Direito internacional privado*, em *Estudos vários de Direito* (1982), 309-398.
Correia, Fernando da Silva – *Misericórdias*, DHP IV (reimp., 1979), 312-316.
Correia, J. M. Sérvulo – *O sector cooperativo português – Ensaio de uma análise de conjunto*, BMJ 196 (1970), 31-147.
Corsi, Francesco – *vide* Ferrara Jr., Francesco.
Costa, Mário Júlio de Almeida – em Almeida Costa/Menezes Cordeiro, *Cláusulas contratuais gerais/Anotação ao Decreto-Lei nº 446/85, de 25 de Outubro* (1986), 5-6;
– *Nótula sobre o regime das cláusulas contratuais gerais após a revisão do diploma que instituiu a sua disciplina*, separata de DJ, 1997;
– *Direito das Obrigações*, 12.ª ed., 2011.
Costa, Fernando Ferreira da – *As cooperativas na legislação portuguesa (subsídios para o estudo do sector cooperativo português* – 1), 1976.
Couilbault, François/Couilbault-Di Tommaso, Stéphanie/Huberty, Virginie – *Les grands principes de l'assurance*, 12.ª ed., 425 pp., Paris, 2015.
Couilbault-Di Tommaso, Stéphanie – *vide* Couilbault, François.
Cruz, Guilherme Braga da – *A Revista de Legislação e de Jurisprudência/Esboço da sua História*, vol. I, 1975, separata.

CUPIS, ADRIANO DE – *Il Danno/Teoria generale della responsabilità civile* 1, 3.ª ed., 1979.
CURRIE, BRAINERD – *Notes on methodes and objectives in the conflicts of laws*, Duke Law Journal 1959, 171-191.
CZIUPKA, JOHANNES – *Dispositives Vertragsrecht/Funktionsweise und Qualitätmerkmale gesetzlicher Regelungsmuster*, 2010.

DAELE, WOLFGANG VAN DEN – *Probleme des gegenseitigen Vertrages/Untersuchung zur Äquivalenz gegenseitiger Leistungspflichten*, 1968.
DARGENT, LAURENT – *Code des assurances*, introd. (ed. Dalloz), 17.ª ed., 2011.
Das gesamte Privatversicherungsrecht, 2011.
DAUVILLIER, JEAN – *Recherches sur un contrat caravanier babylonien et sur les origines du prêt à la grosse aventure dans l'Antiquité grèque*, Mel. Marty (1978), 341-381.
DECKER, ANDREAS – *Begriff, Aufgaben und Rechtsnatur der versicherungsaufsichtsrechtlichen Compliance nach Solvency II*, VersR 2013, 929-944;
– *Unterrichtungs- und Informationsrechte der deutschen Aufsichtsbehörden gegenüber europäischen Versicherungsunternehmen bei Markteintritt und Funktionsausgliederung*, VersR 2013, 287-293.
Decretal Navigandi, em *Decretalium Gregorii Papae Noni Compilatio*, liv. V, tit. XIX, De usuris, cap. XIX, em *Corpus iuris canonici*, ed. Lugduni, 1614.
DEGOS, JEAN-GUY – *Histoire de la comptabilité*, 1998.
DEHNER, WALTER – *Das Maklerrecht in der neuen Rechtsprechung*, 1987.
DELLACHERIE, CLAUDE – *Pascal et Fermat/La naissance du calcul des probabilités*, s/d.
DEMÓSTENES – *Contra Lacritos* = *Obras*, IV, *Private Orations*, XXVII-XL, versão bilingue grego/inglês, trad. de A. J. MURRAY (reimp., 1965).
DEPARCIEUX, ANTOINE – *Essai sur les probabilités de la vie humaine*, 1746.
Descobrimentos Portugueses/Documentos para a sua História, publicados e prefaciados por JOÃO MARTINS DA SILVA MARQUES, vol. I (1147-1460), 1944.
DEUS, LEONOR FUTSCHER DE – vide ESPANHA, JOÃO.
DEUTSCH, ERWIN – *Haftungsrecht*, 2.ª ed., 1996;
– *Das neue Versicherungsvertragsgesetz*, 6.ª ed., 2008.
DOBERITZ, HUGO V. KNEBEL – vide GERHARD, STEPHAN.
DOMINGUES, PAULO DE TARSO – *Do capital social/Noção, princípios e funções*, 1998.
DONÁRIO, ARLINDO ALEGRE/SANTOS, RICARDO BORGES DOS – *Custo económico e social dos acidentes de viação em Portugal*, 2012.
DONATI, ANTIGONO – *Trattato del diritto delle assicurazioni private* 1, 1952;
– *Assicurazione trasporti terrestri*, ED III (1958), 663-665.
DONATI, ANTIGONO/KOHLER, ADELMO – *Codice delle leggi sulle assicurazioni private*, 4.ª ed., 1993.
DÖNCH, KIRSTEN/BACHMANN, MARTWA – *Verwaltung von Investmentdepots – Outsourcing als Lösungsansatz*, Bank 1999, 244-247.
DONNELLUS, HUGO – *Opera omnia, Commentatorium de iure civile*, IX, ed. 1832; o original é dos finais do século XVI.
DORALT, WALTER – *Strukturelle Schwächen in der Europäisierung des Privatrecht/Ein Prozessanalyse der jüngeren Entwicklungen*, RabelsZ 74 (2010), 260-285.

DÖRNER, HEINRICH – *Internationales Versicherungsvertragsrecht/Kommentar den Artikeln 7 bis 15 EGVVG mit Materialien*, 1997;
– em ROLAND MICHAEL BECKMANN/ANNEMARIE MATUSCHE-BECKMANN, *Versicherungsrechts-Handbuch*, 3.ª ed., 2015.
DOSSETTO, M. – *Contratto per adesione*, NssDI IV (1960), 536.
DRAGO, MASSIMO (org.) – *Codice delle assicurazioni*, 2011.
DRASCH, WOLFGANG – vide BASEDOW, JÜRGEN.
DREHER, MEINRAD – *Die Auslegung von Rechtsbegriffen in Allgemeinen Geschäftsbedingungen*, AcP 189 (1989), 342-385;
– *Die Versicherung als Rechtsprodukt/Die Privatversicherung und ihre rechtliche Gestaltung*, 1991;
– *Die Vollharmonisierung der Versicherungsaufsich durch Solvency II*, VersR 2011, 825-834;
– *Begriff und Inhaber der Schlüsselfunktionen nach Solvency II und VAG 2012*, VersR 2012, 933-942;
– *Die aufsichtsbehördliche Kontrolle der Inhaber von Schlüsselfunktionen nach Solvency II und künftigen VAG*, VersR 2012, 1061-1072;
– *Versicherungsaufsichtsrecht und Verbraucherschutz im Solvency II und EIOPA System*, VersR 2013, 401-412.
DREHER, MEINRAD/BALLMAIER, CHRISTOPH – *Die unternehmenseigene Risiko- und Solvabilitätsbeurteilung (ORSA) nach Solvency II und VAG 2012*, VersR 2012, 129-143.
DURSTBERGER, HERBERT/BAADE, REINHARD – *Personalentwicklung – strategischer Erfolgsfaktor für Banken*, Bank 1997, 146-149.
DYCKERHOFF, ROBERT/BRANDT, JÜRGEN GEORGE – *Das Recht des Immobilienmaklers*, 7.ª ed., 1973.

EBEL, WILHELM – *Glücksvertrag und Versicherung/Zur Geschichte der rechtstheoretischen Erfassung des Versicherungsverhältnisses*, ZVersW 1 (1962), 53-76;
– *Über Sklavenversicherung und Sklavereiversicherung*, ZVersW 52 (1963), 207-330.
ECKERT, HANS WERNER – *Das neue Recht der Allgemeinen Geschäftsbedingungen*, ZIP 1996, 1238-1241.
EHEING, JAN – PWW/BGB, 7.ª ed. (2012), 3164-3167.
EHRENBERG, R. – *Makler, Hosteliers und Börse in Brügge vom 13. bis zum 16. Jahrhundert*, ZHR 30 (1885), 403-468.
EHRENBERG, VICTOR – *Die juristische Natur der Lebensversicherung*, ZHR XXXII (1886), 409-489 e XXXIII (1887), 1-127;
– *Die Versicherung für fremde Rechnung/Ein Beitrage zur Lehre von der Stellvertretung*, JhJb 30 (1891), 422-482;
– *Versicherungsrecht*, 1893;
– *Der Begriff des Versicherungsvertrages*, LZ 1907, 160-175;
– *Das "Interesse" im Versicherungsrecht*, FG Rudolph Sohm (1915), 1-70.
EHRENZWEIG, ALBERT A. – *A proper law in a proper forum*, Oklahoma Law Review 18 (1965), 340-352.
EHRENZWEIG, ALBERT – *Moderne Entwicklungsbestrebungen im Recht des Versicherungsvertrages*, 1925.

EICHLER, HERMANN – *Versicherung als Geschäftsbesorgung*, FS Hans Carl Nipperdey I (1965), 237-255;
– *Vom Zivilrecht zum Versicherungsrecht*, FG Hans Möller 65. (1972), 177-200;
– *Versicherungsrecht*, 2.ª ed., 1976.
ELTEN, ELMAR – vide FARNY, DIETER.
ENDEMANN, W. – *Das Wesen des Versicherungsgeschäfts*, ZHR IX (1866), 284-327.
ENNSFELLNER, KARL C. – vide STREMITZER, HEINRICH.
Entwurf eines Gesetzes über den Versicherungsvertrag/Amtliche Ausgabe, 1903.
ERDMANN, WALTER – *Freie Berufe und Arbeitsverträge in Rom*, SZRom 66 (1948), 567-571.
ESCARRA, JEAN – *Cours de Droit commercial*, 1952.
ESPANHA, JOÃO/DEUS, LEONOR FUTSCHER DE/ALMEIDA, SARA BOTELHO DE – *Colectânea de legislação de seguros – Ramo vida*, 2014.
ESPINOSA, FERNANDA – *Antologia de textos históricos medievais*, 1972.
ESSER, JOSEF – recensão a REIMER SCHMIDT, *Die Obliengenheiten/Studien auf dem Gebiet des Rechtszwanges im Zivilrecht unter besonderer Berücksichtigung des Privatversicherungsrechts* (1953), AcP 154 (1955), 49-52.
Estatutos da Universidade de Coimbra, II, 1772.

FALLON, MARC – *The Law Applicable to Compulsory Insurance and Life Assurance: Some Peculiarities*, em FRITZ REICHERT-FACILIDES/HANS ULRICH JESSURUN D'OLIVEIRA, *International Insurance Contract Law in the EC* (1991), 113-135.
FANELLI, GIUSEPPE – *Assicurazione (rami minori)*, ED III (1958), 593-608.
FARENGA, LUIGI – *Codice della assicurazioni*, 15.ª ed., 2015;
– *Manuale di diritto delle assicurazioni private*, 4.ª ed., 2015.
FARIA, MANUEL VEIGA DE – *Algumas questões em torno da responsabilidade civil dos bancos pela concessão ou recusa de crédito e por informações, conselhos ou recomendações*, RB 35 (1995), 43-70.
FARNY, DIETER – *Versicherungsbetriebslehre*, HdV 1988, 1015-1023.
FARNY, DIETER/ELTEN, ELMAR/KOCH, PETER/SCHMIDT, REIMER – *Handwörterbuch der Versicherung / HdW*, 1988.
FAUSTEN, THOMAS – *Grenzen der Inhaltskontrolle Allgemeiner Versicherungsbedingungen*, VersR 1999, 413-419.
FEHRENBACHER, OLIVER – PWW/BGB, 7.ª ed. (2012), § 675.
FELSCH, JOACHIM – em WILFRIED RÜFFER/DIRK HALBACH/PETER SCHIMIKOWSKI, *Versicherungsvertragsgesetz/Handkommentar* (2009), § 28.
FERID, MURAD/SONNENBERGER, HANS JÜRGEN – *Das französische Zivilrecht*, 1/1, 2.ª ed., 1994.
FERRARA JR., FRANCESCO/CORSI, FRANCESCO – *Gli imprenditori e le società*, 14.ª ed., 2009.
FERREIRA, EDUARDO PAZ – *Direito da economia*, 2003;
– *Regulação económica em Portugal: objecto, instrumentos, problemas e perspectivas/Sumário de uma lição de síntese*, 2004.
FERREIRA, JOSÉ DIAS – *Código Civil Portuguez Annotado*, I, 2.ª ed., 1894; III, 2.ª ed. 1898.
FERRO, MIGUEL SOUSA – *Um regulador independente para a segurança radiológica e nuclear: uma obrigação e uma necessidade*, RDPR 2 (2009), 135-148.

FIGUEIREDO, LEONARDO VISEU – *Curso de Direito de saúde suplementar/Manual jurídico de planos e seguros de saúde*, 2006.
FIKENTSCHER, WOLFGANG – *Methoden des Rechts in vergleichender Darstellung*, II – *Anglo-amerikanische Recht*, 1975;
– *Schuldrecht*, 9.ª ed., 1997.
FIKENTSCHER, WOLFGANG/HEINEMANN, ANDREAS – *Schuldrecht*, 10.ª ed., 2006.
Final Report of the Commission Expert Group on European Insurance Contract Law, 2014.
FLEICHER, HOLGER – *Optionales europäiches Privatrecht* ("28. Modell"), RabelsZ 76 (2012), 235-252.
FLEISCHMANN, RUDOLF – *Bemerkungen zum Alles- oder Nichts-Prinzip im Versicherungsrecht*, Karlsruher Forum, VersR 1961 BH 37-39.
FMA – Österreichische Finanzmarktaufsicht – *Solvency II Handbuch/Eine Einführung in das neuen europäische Versicherungsaufsichtsrecht*, 2012.
FÖLDI, ANDRÁS – *Ammerkungen zum Zusammenhang zwischen der Haftung ex recepto nautarum cauponum stabulariorum und der Haftung für custodia*, RIDA XL (1993), 263-291;
– *Remarks in the legal structure of entreprises im Roman Law*, RIDA XLIII (1996), 179-211.
FONSECA, JORGE CARLOS – *Eficácia do contrato de seguro no Direito cabo-verdiano*, Themis, 2004, 95-144.
FORST, GERRIT – *Zum Verordnungsvorschlag der Kommission über eine europäische Versicherungsaufsicht*, VersR 2010, 155-162.
FRADA, MANUEL CARNEIRO DA/GONÇALVES, DIOGO COSTA – *A acção ut singuli (de responsabilidade civil) e a relação do Direito cooperativo com o Direito das sociedades comerciais*, RDS 2009, 885-922.
FRAGALI, MICHELE – *Assicurazione del credito*, ED III (1958), 528-554.
FREIRE, PASCOAL JOSÉ DE MELO – *Institutiones Juris Civilis Lusitani cum publici tum privati*, Liber I, *De jure publico*, ed. Inácio Freitas, 1815; na trad. port. de MIGUEL PINTO DE MENESES, BMJ 162 (1967);
– idem, Liber IV, *De obligationibus et actionibus*, ed. 1845; na cit. ed. port., BMJ 168 (1967).
FRHR, WOLFGANG/BIEBERSTEIN, MARSHALL VON – *Haftungsbefreiung im dreispurigen Schadensausgleich/Versicherungsprinzip und Präventivfunktion bei der Haftung des Unternehmens nach § 640 RVO*, VersR 1968, 509-516.
FRICKE, MARTIN – *Kollisionsrecht im Umbruch/Perspektiven für die Versicherungswirtschaft*, VersR 2005, 726-741;
– *Das Versicherungs-IPR im Entwurf der Rom-I – Verordnung – ein kurzer Überblick über die Änderungen*, VersR 2006, 745-751;
– *Das internationale Privatrecht der Versicherungsverträge nach Inkrafttreten der Rom-I – Verordnung/Grundzüge*, VersR 2008, 443-454.
FRISK, HJALMAR – *Griechisches Etymologisches Wörterbuch* II, 1970.
FRITZMEYER, WOLFGANG/HEUN, SVEN-ERIK – *Rechtsfragen des EDI/Vertragsgestaltung: Rahmenbedingungen im Zivil-, Wirtschafts- und Telekommunikationsrechte*, CR 1992, 129-133.

FRITZSCHE, JÖRG/MAIZER, HANS M. – *Angewählte zivilrechtliche Probleme elektronisch signierter Willenserklärung*, DNotZ 1995, 3-25.
FRÖBER, HENDRIK PHILIPP – *Die Entstehung der Bestimmungen des BGB über den Maklervertrag (§§ 652-654 BGB) und die Rechtsprechung des Reichsgerichts zum neuen Maklerrecht*, 1997.
FROMHERZ, WOLFGANG – *Der Zivilmaklervertrag*, 1990.
FUCHS, ANDREAS – em PETER ULMER/HANS ERICH BRANDNER/HORST-DIETHER HENSEN, *AGB-Recht/Kommentar zu den §§ 305-310 BGB*, 11.ª ed. (2011), § 307.
FUCHS-WISSEMANN, GEORG – *Die Abgrenzung des Rahmenvertrages vom Sukzessivlieferungsvertrag*, 1980.
FUNK, JÖRG – *Angewähte Fragen aus dem Allgemeinen Teil zum neuen VVG aus der Sicht einer Rechtsabteilung*, VersR 2008, 163-169.
FURTADO, JORGE HENRIQUE PINTO – *Curso de Direito das sociedades*, 5.ª ed., 2004.

GAMA, MARGARIDA TORRES – *Proibição de práticas discriminatórias*, em MARGARIDA LIMA REGO, *Temas de Direito dos seguros* (2012), 131-141.
GANZER, FELIX – *Internationale Versicherungsprogramme/Strukturen, privatrechtliche Beurteilung und aufsichtsrechtliche Zulässigkeit*, 2012.
GÄRTNER, RUDOLF – *Die Entwicklung der Lehre vom Versicherungsrechtlichen Interesse von den Anfängen bis zum Ende des 19. Jahrhunderts*, ZVersW 52 (1963), 337-375;
 – *Das Bereicherungsverbot/Eine Grundfrage des Versicherungsrechts*, 1970.
GASPERONI, NICOLA – *Contratto di assicurazione (in generale)*, NssDI IV (1959), 563-609.
GAUDEMET, EUGÈNE – *Droit des obligations*, 1968.
GAUER, WILHELM – *Der Versicherungsmakler und seine Stellung in der Versicherungswirtschaft*, 1951.
GAVALDA, CHRISTIAN/PARLEANI, GILBERT – *Droit des affaires de l'Union européenne*, 2002.
GENOVESE, A. – *Contratto di adezione*, ED X (1962), 1 ss..
GERALDES, ABRANTES – *Temas da responsabilidade civil, II – Indemnização de danos reflexos*, 2.ª ed., 2007.
GERHARD, STEPHAN/HAGEN, OTTO/DOBERITZ, HUGO V. KNEBEL/BROECKER, HERMANN/ MANES, ALFRED – *Kommentar zum Deutschen Reichsgesetz über den Versicherungs-Vertrag*, 1908.
GEVURTZ, FRANKLIN A. – *Corporation Law*, 2000.
GIANNATTASIO, CARLO – *Assicurazione contro gli incendi*, ED III (1958), 520-527.
GIERKE, JULIUS VON – *Versicherungsrecht/unter Ausschluss der Sozialversicherung*, 1947.
GIERKE, OTTO VON – *Dauerndes Schuldverhältnis*, JhJb 64 (1914), 355-411;
 – *Die Wurzeln des Dientsvertrages*, FS Brunner 1914, 37-68.
GIORDANO, A. – *I contratti per adesione*, 1951.
GIOVA, STEFANIA – *Qualificazione dell'offerta in internet: offerta al pubblico o invito ad offrire?*, em SICA/STANZIONE, *Commercio elettronico* (2002), 105-115.
GLASER, HUGO/WARNCKE, THEODOR – *Das Maklerrecht in der Praxis/Grundzüge, Rechtsprechung und Schriftum*, 5.ª ed., 1973.
GOBBI, ULISSE – *L'assicurazione in generale*, 1898.
GÖDEKE, SONKE – *Das (neue) Governance-System nach Solvency II*, VersR 2010, 10-18.

GOLDMANN, JULIUS/PURNHAGEN, KAI – *EIOPA/Die neue europäische Versicherungsaufsicht*, VersR 2012, 29-33.

GOLDSCHMIDT, LEVIN – *Das receptum nautarum, camponum, stabulariorum/Eine geschichtlich-dogmatische Abhandlung*, ZHR III (1860), 58-118 e 331-385;
– *Ursprünge des Mäklerrechts. Insbesondere: Sensal*, ZHR 28 (1882);
– *Universalgeschichte des Handelsrechts*, parte A do *Handbuch des Handelsrechts*, 3.ª ed., 1891, 2.ª reimp., 1973.

GOMES, JANUÁRIO – *Assunção fidejussória de dívida/Sobre o sentido e o âmbito da vinculação como fiador*, 2000.

GOMES, JÚLIO – *O dever de informação do (candidato a) tomador de seguro na fase pré-contratual, à luz do Decreto-Lei n.º 72/2008, de 16 de Abril*, em Estudos em Homenagem ao Professor Doutor Carlos Ferreira de Almeida, II (2012), 387-445.

GONÇALVES, DIOGO COSTA – vide FRADA, MANUEL CARNEIRO DA.

GONÇALVES, LUIZ DA CUNHA – *Comentário ao Código Comercial Português*, 1, 1914; 2, 1916; 3, 1918;
– *Código Comercial Anotado*, II, 1915;
– *Tratado de Direito civil*, VIII, 1934.

GOODE, ROY – *Commercial Law*, 4.ª ed., 2011.

GOODOLPHIM, JOSÉ CIPRIANO DA COSTA – *A previdência. Associações de Socorro Mútuo, Cooperativas, Caixas de Pensões e Reformas, Caixas económicas*, 1889;
– *As misericórdias*, 1897.

GOSSMANN, ARNDT – vide MOORMANN, JÜRGEN.

GOUVEIA, JAIME DE – *Da responsabilidade contratual*, 1933.

GRAETZER, JONAS – *Edmond Halley und Caspar Neumann/Ein Beitrage zur Geschichte der Sterbetafeln*, reed., 1901.

GRÄSSER, BERND – vide HETTRICH, EDUARD.

GRIESS, HEINZ-A./ZINNERT, MARIO – *Der Versicherungsmakler/Position und Funktion aus rechtlichen und Wirtschaftlicher Sicht*, 3.ª ed., 1997.

GRIGOLEIT, HANS CHRISTOPH – Conferência proferida em S. Paulo, Maio de 2012.

GRÓCIO, HUGO – *De iure belli ac pacis libri tres*, Liv. II, Cap. XII (*De contractibus, acto permutatorii*); ed. de Leipzig, 1758.

GROSS, WOLFGANG – *Niederlassungsrecht (Art. 3 lit. c, Art. 52 ff. EWG-Vertrag) im Gemeinsamen Markt*, AG 1990, 530-538.

GROTE, JOACHIM/SCHAAF, MARTIN – *Zum Referentwurf der 10. VAG Novelle zur Umsetzung der Solvency II – Richtlinie in deutsches Recht/eine erste Analyse*, VersR 2012, 17-28.

GRUBER, MICHAEL – *D-&-O Versicherung mit internationalen Bezügen*, 2012.

GRUNDMANN, STEFAN – *EG-Richtlinie und nationales Privatrecht*, JZ 1996, 274-287.

GRÜNEBERG, CHRISTIAN – no *BGB / Palandt Kommentar*, 74.ª ed., 2015.

GUERREIRO, MARCELO DA FONSECA – *Seguros privados/Doutrina, legislação, jurisprudência*, 2.ª ed., 2004.

GÜRSES, ÖZLEM – *Marine Insurance Law*, 2015.

HACKING, IAN – *The Emergente of Probability/A Philosophical Study of Early Ideas About Probability Induction and Statistical Inference*, 2.ª ed., 2006.

HADDING, WALTHER/HÄUSER, FRANZ – *Rechtsfragen des Giroverhältnisses*, ZHR 145 (1981), 138-173.
HAGEN, OTTO – *vide* GERHARD, STEPHAN.
HAGER, JOHANNES – *Grundlagen des Deutschen Verbraucherschutzes*, JA 2011, 721-727.
HAHN, VOLKER – *Die "europäischen" Kollisionsnormen für Versicherungsverträge/Untersuchung der Art. 7 ff. EGVVG unter besonderer Berücksichtigung des zwingenden Rechts*, 1992;
– *Die Versicherbarkeit von Prospekthaftungsansprüche bei der Emission von geschlossenen Fonds*, VersR 2012, 393-399.
HÄHNCHEN, SUSANNE – *Obliegenheiten und Nebenpflichten/Eine Untersuchung dieser besonderen Verhaltensanforderungen im Privatversicherungsrecht und im allgemeinen Zivilrecht unter besonderer Berücksichtigung der Dogmengeschichte*, 2010.
HALBACH, DIRK – *vide* RÜFFER, WILFRIED.
HALD, ANDREAS – *A history of Probability and Statistics and their Applications before 1750*, 2003.
HALLEY, EDMOND – *An Estimate of the Degrees of the Mortality of Mankind, drawn from curious Tables of the Births and Funerals at the City of Breslaw; with an Attempt to ascertain the Price of Annuities upon lives*, 1693.
HAMANN, ANSGAR – *Anderung im Obliengenheitenrecht/Auswirkungen aud die Praxis in der Betrugsabwehr*, VersR 2010, 1149-1152.
HAMON, GEORGES – *Histoire générale de l'assurance en France et à l'étranger*, 1900.
HARKE, JAN DIRK – *Versicherungsvertragliche Anzeizepflicht und Garantiehaftung für culpa in contrahendo*, ZVersWiss 94 (2005), 391-424.
HARRIS, RON – *The Bubble Act: Its Passage and Its Effects on Business Law*, The Journal of Economic History 54 (1994), 610-627.
HARTMANN, EGBERT – *vide* MÜLLER, ELMAR.
HAST, LORENZ – *vide* KAHLERT, HELMUT P..
HAUSCHKA, CHRISTOPH E. – *Compliance, Compliance Manager, Compliance-Programme: Eine geeignete Reaktion auf gestiegene Haftungsrisiken für Unternehmen und Management?*, NJW 2004, 257-261;
– *Von Compliance zu Best Practice*, ZRP 2006, 258-261;
– *Corporate, Compliance. Handbuch der Haftungsvermeidung im Unternehmen*, 2007.
HÄUSER, FRANZ – *vide* HADDING, WALTHER.
HAYMANN, FRANZ – *Textkritische Studien zum römischen Obligationenrecht/Periculum est emptoris*, SZRom 41 (1920), 44-185;
– *Leistung und Gegenleistung im Versicherungsvertrag/Eine Grundfrage des Privatversicherungsrechts*, 1933.
HEINEMANN, ANDREAS – *vide* FIKENTSCHER, WOLFGANG.
HEINRICHS, HELMUT – *Die Entwicklung des Rechts der Allgemeinen Geschäftsbedingungen im Jahre 1998*, NJW 1999, 1596-1611.
HEISS, HELMUT – *Europäischer Versicherungsvertrag/Initiativstellungnahme des Europäischen Wirtschafts- und Sozialausschusses verabschiedet*, VersR 2005, 1-4;
– *Reform des internationalen Versicherungsvertragsrecht*, ZVersWiss 96 (2007), 503-534;

- *§ 28 – Verletzung einer vertraglichen Obliegenheit*, no BRUCK/MÖLLER, *VVG-Kommentar* I, §§ 1-32, 9.ª ed., 2008;
- *Versicherungsverträge in "Rom I": Neuerliches Versagen des europäischen Gesetzgebers*, FS Jan Kropholler (2008), 459-480;
- *Das Kollisionsrecht der Versicherungsverträge nach Rom I und II*, VersR, 185-188, 2012;
- *Optional europäischen Versicherungsrecht*, RabelsZ 76 (2012), 316-338.

HEISS, HELMUT/LAKHAN, MANDEEP – *Principles of European Insurance Contract Law: A Model Optional Instrument*, 2011.

HELLNER, JAN – *Rechtlicher Konsumentenschutz in der Privatversicherung*, FG Hans Möller 65. (1972), 283-300.

HELPENSTEIN, FRANZ – *Theorie der Versicherung: Privat- und Sozialversicherung/Ein Beitrag zur Theorie des Bedürfnisses und der Versicherung*, VersArch 5 (1930), 1-34 e 6 (1930), 55-78.

HELTEN, ELMAR – *Ist Risiko ein Konstrukt? Zur Qualifizierung des Risikobegriffes*, FS Walter Karten (1994), 19-26.

HÉMARD, JOSEPH – *Théorie et pratique des assurances terrestres* 1, 1924.

HENNING, MAX – *Der Koran*, 2006.

HENSSLER, MARTIN – *Risiko als Vertragsgegenstand*, 1994.

HERRERO, AMELIA CASTRESANIA – *El prestamo maritimo griego y la pecunia traiectia romana*, 1982.

HERRMANN, HARALD – *Auslegung europäisierten Versicherungsrechts*, ZEuP 1999, 663-668.

HERTFELDER, JOHANNES – *vide* BUCHMANN, FELIX.

HETTRICH, EDUARD/PÖHLMANN, PETER/GRÄSSER, BERND – *Genossenschaftsgesetz*, 2.ª ed., 2001.

HEUN, SVEN-ERIK – *Die elektronische Willenserklärung/Rechtliche Einordnung, Anfechtung und Zugang*, CR 1994, 595-600;
- *vide* FRITZMEYER, WOLFGANG.

HIPPEL, EIKE – *Schadensausgleich bei Verkehrsunfällen/Haftungsersetzung durch Versicherungsschutz*, 1968.

HOEREN, THOMAS – *Selbstregulierung im Banken- und Versicherungsrecht*, 1995.

HOFFMANN, BERND VON – *Über den Schutz des Schwächeren bei internationalen Schuldverträgen*, RabelsZ 38 (1974), 396-420.

HOFMANN, EDGAR – *vide* STIEFEL, ERNST.

HOFFMANN, HELMUT – *Die Entwicklung des Internet-Rechts bis Mitte 2009*, NJW 2009, 2649-2655;
- *idem, bis Mitte 2010*, NJW 2010, 2706-2712;
- *idem, bis Mitte 2011*, NJW 2011, 2623-2628;
- *idem, bis Mitte 2012*, NJW 2012, 2773-2778.

HOFFMANN, STEFAN – *Verbraucherschutz nach dem Wegfall der Vorabkontrolle Allgemeiner Versicherungsbedingungen*, 1998.

HOHLFELD, KNUT – *Die Zukunft der Versicherungsaufsicht nach Vollendung des Binnenmarkts*, VersR 1993, 144-150.

HONSELL, HEINRICH (org.) – *Berliner Kommentar zum Versicherungsvertragsgesetz*, 1999.

HONSELL, HERMANN – *Herkunft und Kritik des Interessenbegriffs im Schadensersatzrecht*, JuS 1973, 69-75.
HOPT, KLAUS J. – no BAUMBACH/HOPT, *Handelsgesetzbuch*, 35.ª ed., 2012.
HÖSKER, CARSTEN – *Maklerbedingungen und AGB-Recht*, VersR 2011, 29-41.
HOUTTE, J. A. VAN – *Les courtiers au moyen âge. Origines et caractéristiques d'une institution commerciale en Europe occidentale*, RHD 1936, 105-141.
HOYNINGEN-HUENE, GERRICK VON – no *Münchener Kommentar zum HGB*, 1, 3.ª ed., 2010.
HUBERTY, VIRGINIE – *vide* COUILBAULT, FRANÇOIS.
HÜBNER, ULRICH/MATUSCHE-BECKMANN, ANNEMARIE – *Auswirkungen des Gemeinschaftsrechts auf das Versicherungsrecht*, EuZW 1995, 263-273.
HUCKELE, CHRISTIAN – *Die vorvertraglichen Aufklärungs-, Beratungs- und Informationspflichten im Versicherungsrecht/unter besonderer Berücksichtigung der Verhaltenspflichten der Banken in der Anlageberatung und zukünftigen Vermittlerrechts im Versicherungswesen*, 2005.
HUG – *Riscus*, PWRE 24/2 (1914), 923.
HUNGERBÜHLER, ADRIAN – *Die Aequivalenz von Leistung und Gegenleistung im Versicherungsvertrag*, 1972.
HÜSKEN, ULRICH – *vide* BEUTHIEN, VOLKER.
HUVELIN, PAUL – *Études d'histoire du droit commercial romain/Histoire externe – Droit maritime*, publ. HENRI LÉVY-BRUHL, 1929.
HUYGENS, CRISTIANN – *De ratiociniis in ludi aleae* (1657), no tomo XIV das *Oeuvres complètes*.

IBOLD, HANS CHRISTIAN – *Maklerrecht/Immobilien – Partnerschaften – Kapitalanlage*, 2003.
IHLAS, HORST – *D&O: Directors & Officers Liability*, 2.ª ed., 2009.
INNAMI, HIROKICHI – *Philosophische Untersuchungen über die Zufälligkeit*, FG Hans Möller 65. (1972), 301-309.
IPPOLITO, CARLO SARZANA DI S./IPPOLITO, FULVIO SARZANA DI S. – *Profili giuridico del commercio via Internet*, 1999.
IPPOLITO, FULVIO SARZANA DI S. – *vide* IPPOLITO, CARLO SARZANA DI S..

JABORNEGG, PETER – *Wesen und Begriff der Versicherung im Privatversicherungsrecht*, FS Gerhard Frotz (1993), 551-578.
JHERING, RUDOLF VON – *Der Zweck im Recht* 1, 1877 e 2, 1883;
– *Geist des römischen Rechts auf den verschiedenen Stufen seiner Entwicklung* III/1, 6.ª e 7.ª eds., 1924; a 1.ª ed. é de 1861.
JORDANO, ALESSANDRO – *Struttura essenziale della mediazione*, RDComm LV (1957), 1, 209-217.
JORGE, FERNANDO PESSOA – *Ensaio sobre os pressupostos da responsabilidade civil*, 1968;
– *Lições de Direito das obrigações* I, 1967.
JUSTEN FILHO, MARÇAL – *A regulação portuário no Direito brasileiro*, RDPR 4 (2009), 5-34.

KAHLERT, HELMUT P./HAST, LORENZ – *Die haftungsrechtlichen Folgen des sogenannten "Economy-Class-Syndroms"*, VersR 2001, 559-561.

KALKA, MICHAEL – *Die Nebenpflichten im Lebensversicherungsvertrage/Zugleich ein Beitrag zur Frage der Obliengenheiten des Versicherungsrechts*, 1964.

KASER, MAX – *Periculum locatori*, SZRom 74 (1957), 155-200;
– *Das römische Privatrecht I – Das altrömische, das vorklassische und klassische Recht*, 2.ª ed., 1971.

KAUBLACH, DETLEF – introdução a *Versicherungsaufsichtsgesetz*, 16.ª ed. da Beck, 1996.

KEGEL, GERHARD – *Begriffs- und Interessenjurisprudenz im internationalen Privatrecht?*, FS H. Lewald (1953), 259-288.

KERN, AUGUST – *Die Rechtsnatur der versicherungsrechtlichen Obliengenheiten*, 1949.

KEUK, BRIGITTE – *Vermögenschaden und Interesse*, 1972.

KIENINGER, EVA-MARIA – *Nochwals: Grenzen der Inhaltskontrolle Allgemeiner Versicherungsbedingungen*, VersR 1999, 951-953.

KIPPES, STEPHAN – *vide* SEILER, ERWIN.

KISCH, WILHELM – *Handbuch des Privatversicherungsrechtes*, 3. Band: *Die Lehre von dem Versicherungsvertragsinteresse*, 1922;
– *Die mehrfache Versicherung desselben Interesses*, 1935.

KLANTEN, THOMAS – *Beschränkung des "outsourcing" durch Arbeitsrecht?*, Sparkasse 1994, 446-448.

KLIMKE, DOMINIK – *vide* PRÖLSS, JÜRGEN.

KLINDT, THOMAS/PELZ, CHRISTIAN/THEUSINGER, INGO – *Compliance im Spiegel der Rechtsprechung*, NJW 2010, 2385-2391.

KLING, MICHAEL – *Sprachrisiken im Privatrechtsverkehr/Das wertende Verteilung sprachbedingter Verständnisrisiken/Das Vertragsrecht*, 2008.

KLINGMÜLLER – *Fenus*, PWRE 6/2 (1909), 2187-2206.

KNAPPMANN, ULRICH – *Rettungsobliengenheiten und Rettungskostenersatz bei der Vorestreckung*, VersR 2002, 129-133.

KNOPP, LOTHAR – *Klimaschutzpolitik in der Sachgasse – mit einem Fokus auf die Versicherungswirtschaft*, VersR 2012, 150-156.

KOCH, PETER – *Zur Geschichte der Versicherungsvertragrechtlichen Kodifikationen im Deutschland und Österreicht*, FS Reimer Schmidt (1976), 299-323;
– *Theorie der Versicherung. A – Anfänge der teoretischen Beschäftigung mit der Versicherung, Handwörterbuch der Versicherung/HdV*, 1988;
– introdução à recolha da Beck, *Privatversicherungsrecht*, 21.ª ed., 2015;
– *vide* FARNY, DIETER.

KOCH, ROBERT – *Die Auslegung von AVB*, VersR 2015, 133-145.

KOHLER, ADELMO – *vide* DONATI, ANTIGONO.

KÖHLER, HELMUT – *Die Problematik automatisierter Rechtsvorgänge, insbesondere vom Willenserklärungen*, AcP 182 (1982), 128-171;
– *Die Rechte des Verbrauchers beim Teleshopping (TV-Shopping, Internet-Shopping)*, NJW 1998, 185-190.

KÖHLER, MARKUS/ARNDT, HANS-WOLFGANG – *Recht des Internet*, 2.ª ed., 2000.

KOLLER, INGO – *Die Risikozurechnung bei Vertragsstörungen in Austauschverträgen/Eine Untersuchung zur Rechtsfortbildung auf dem Gebiet der materiellen Leistungserschwerung, Zweckstörung sowie Schadensersatzhaftung bei Sach- und Dienstleistungen*, 1979.

KORT, MICHAEL – *Ethik-Richtlinien im Spannungsfeld zwischen US-amerikanischer Compliance und deutschen Konzernbetriebsverfassungsrecht*, NJW 2009, 129-133.
KÖTZ – *vide* ZWEIGERT.
KRAMER, ULRICH – *Internationales Versicherungsvertragsrecht*, 1995.
KRAMPE, CHRISTOPH – *Die Unklarheitenregel/Bürgerliches und römisches Recht*, 1983.
KRAUEL, WOLFGANG/BROICHHAUSEN, THOMAS N. – *Zu den Qualifikationsanforderungen an Ansichtsräte in Versicherungsunternehmen vor dem Hintergrund von Solvency II/Eine Analyse anlässlich der Vorlage des Regierungsentwurfes des Versicherungsaufsichsgesetze*, VersR 2012, 823-829.
KREBS, HENRICH – *Die Stellung des Versicherten und seine Beziehungen zum Versicherer bei der Versicherung für fremde Rechnung unter besonderer Berücksichtigung der Obliengenheiten*. 1934.
KREJCI, HEINZ – em PETER RUMMEL, *Kommentar zum ABGB*, II (1984), §§ 1288-1292.
KRITTER, THOMAS – *vide* TAUPITZ, JOCHEN.
KRÖMMELBEIN, FLORIAN – *Der versicherungsrechtliche Gleichbehandlungsgrundsatz zwischen Deregulierung und Diskriminierung*, 2007.
KROPHOLLER, JAN – *Das Kollisionsrechtliche System des Schutzes der schwächeren Vertragspartei*, RabelsZ 42 (1978), 534-661.
KÜHBORT, GERD – *Die Obliengenheiten des Versicherungsnehmers in der Rechtsschutzversicherung beim und nach dem Eintritt eines Versicherungsfalles*, 1988.
KUHN, MATHIAS – *Rechtshandlungen mittels EDV und Telekommunikation/Zurechenbarkeit und Haftung*, 1991.
KÜPPER-FAHRENBERG, LUDGER – *Die Verletzung der vorvertraglichen Anzeigepflicht durch Dritte im Versicherungsrecht*, 1937.
KÜSTER, PHILIPP – *Die vorvertragliche Beratungspflicht des Versicherers nach § 6, Abs. 1 und 2 VVG*, VersR 2010, 730-735.

LABAND, PAUL – *Die Lehre von den Mäklern, mit besonderer Berücksichtigung des Entwurfs zum deutschen Handelsgesetzbuche*, ZdR 20 (1861), 1-65.
LAGES, GISELA – *Histórico das empresas de seguros estabelecidas em Portugal entre 1975 e 2011*, Forum 2011, 61-109.
LAKHAN, MANDEEP – *vide* HEISS, HELMUT.
LAMBERT-FAIVRE, YVONNE – *Droit des assurances*, 9.ª ed., 1995.
LAMBERT-FAIVRE, YVONE/LEVENEUR, LAURENT – *Droit des asssurances*, 12.ª ed., 2005; 13.ª ed., 2011.
LANDO, OLE – *The EC Draft Convention on the Law Applicable to Contractual and Non-contractual Obligations/Introduction and Contractual Oblagations*, RabelsZ 38 (1974), 6-55;
– *Mandatory Rules Governing Insurance Contracts and Private International Law*, em FRITZ REICHERT-FACILIDES/HANS ULRICH JESSURUN D'OLIVEIRA, *International Insurance Contract Law in the EC* (1991), 101-112.
LANGE, OLIVER – *Die verbrauchte Versicherungssumme in der D&O-Versicherung*, VersR 2014, 1413-1426.
LANGHEID, THEO – *Auf dem Weg zu einem neuen Versicherungsvertragsrecht*, NJW 2006, 3317-3322;

– *Erste Rechtsprechung zum reformierten VVG*, NJW 2011, 3265-3269;
– em RÖMER/LANGHEID/RIXECKER, *VVG/Kommentar*, 4.ª ed., 2014, 151 ss..
– *vide* RÖMER, WOLFGANG.
LANGHEID, THEO/MÜLLER-FRANK, CHRISTOPH – *Rechtsprechungsübersicht zum Versicherungsvertragsrecht 2009*, NJW 2010, 344-349.
LAPA, ALBINO – *Seguros em Portugal (estudo histórico)*, 1939.
LARANJO, FREDERICO – *Sociedades cooperativas*, 1885.
LARENZ, KARL – *Lehrbuch des Schuldrechts*, I – *Allgemeiner Teil*, 14.ª ed., 1987; II/1, *Besonderer Teil*, 13.ª ed., 1986
LARENZ, KARL/WOLF, MANFRED – *Allgemeiner Teil des bürgerlichen Rechts*, 9.ª ed., 2004.
LEFLAR, ROBERT A. – *Choice influencing considerations in conflict law*, New York University Law Review 41 (1966), 300-302.
LEITÃO, LUÍS MENEZES – *Direito da insolvência*, 4.ª ed., 2012.
LEONHARD, GÖTZ – *Schadensersatz mit Gewinnanspruch?*, VersR (1983), 415-418.
LEQUETTE, YVES – *vide* TERRÉ, FRANÇOIS.
LEVENEUR, LAURENT – *vide* LAMBERT-FAIVRE, YVONE.
LIEBS, DETLEF – *Ämterkauf und Ämterpatronage in der Spätantike*, SZRom 95 (1978), 158-186.
LIENING, GERHARD – *Versicherungsvertragliche Obliengenheiten im Spannungsfeld von Vertragspflicht und Vertragsstrafe*, 1992.
LIMA, JOSÉ CAETANO LOBO D'ÁVILA – *Soccorros mútuos e seguros sociaes*, 1909.
LIMA, PIRES DE/VARELA, ANTUNES – *Código Civil Anotado*, 1, 4.ª ed., 1987
LISBOA, JOSÉ DA SILVA – *Princípios de direito mercantil e leis de marinha para uso da mocidade portugueza/destinado ao commercio, divididos em oito tratados elementares, contendo a respectiva legislação patria, e indicando as fontes originais dos regulamentos maritimos das principais praças da Europa*, tomo 1, 1798 e 2.ª ed., 1815; tomo 2, 1818
LITEWSKI, WIESLAW – *Römisches Seedarlehen*, IURA 24 (1973), 112-183.
LÍVIO, TITO – *Ab urbe condita*, ed. bilingue latim/inglês, trad. FRANK GARDNER MOORE, reimp., 1966.
LOCHER, HORST – *Begriffsbestimmung und Schutzzweck nach dem AGB-Gesetz*, JuS 1997, 389-392.
LOOSCHELDERS, DIRK – *Die Mitantwortlichkeit des Geschädigten im Privatrecht*, 1999;
– *Internationales Versicherungsvertragsrecht*, no *Münchener Kommentar zum VVG* I, §§ 1-99 (2010), 531-580;
– *Aktuelle Probleme der vorvertraglichen Anzeigepflicht des Versicherungsnehmers*, VersR 2011, 697-705;
– *Die vorvertragliche Anzeigepflicht des Versicherungsnehmers nach der VVG-Reform*, VersR 2011, 1-25;
– *Grundfragen des deutschen und internationalen Rückversicherungsvertragsrechts*, VersR 2012, 1-9;
– *Aktuelle Probleme der Vertrauensschadensversicherung/Deckungsumfang, Risikoauschlüsse und zeitliche Grenzen des Versicherungsschutzes*, VersR 2013, 1069-1078;

– *Europäisches Privatrecht und deutsches Versicherungsvertragsrecht – aktuelle Problemfelder, Entwicklungen und Perspektiven*, VersR 2013, 653-661.
Looschelders, Dirk/Pohlmann, Petra – *Versicherungsvertragsgesetz/Kommentar*, 2.ª ed., 2009.
Lopes, Fernão – *Chronica de El-Rei D. Fernando*, ed. 1895.
Lorenz, Egon – *Der subjektive Risikoausschluss durch § 61 VVG und die Sonderregulung*, VersR 2000, 2-11.
Lorenz, Stephan – *Im BGB viel Neues: Die Umsetzung der Fernabsatzrichtlinie*, JuS 2000, 835-843.
Loritz, Karl-Georg – *Das Claim-made-Prinzip in der D&O-Versicherung und das deutsche AGB-Recht*, VersR 2012, 385-393.
Losco, Giorgio – *vide* Marlotti, Paolo.
Lowry, John e outros – *Insurance Law*, 3.ª ed., 2011.
Lowry, John/Rawlings, Philipp/Merkin, Robert – *Insurance Law/Doctrines and Principles*, 3.ª ed., 2011.
Luminoso, Angelo – *La mediazione*, 2.ª ed., 2006.

Maçãs, Fernanda – *vide* Moreira, Vital.
Magalhães, José Barbosa de – *Princípios de Direito Comercial* (Lições, por Assumpção Mattos), 1933;
– *José Ferreira Borges*, em *Jurisconsultos Portugueses do Século XIX*, 2.º vol. (1960), 202-311.
Magnus, Ulrich – *The Impact of Social Security Law on Tort Law*, 2003.
Maier-Reimer, Georg – *Das Allgemeine Gleichbehandlungsgesetz im Zivilrechtsverkehr*, NJW 2006, 2577-2583;
– *Vertragsprache und Sprache des anwendbaren Rechts*, NJW 2010, 2545-2550.
Maizer, Hans M. – *vide* Fritzsche, Jörg.
Majer, Christian F. – *vide* Buchmann, Felix.
Majerle, Thomas – *Die vertragliche Obliengenheiten, den Umfallort nicht zu verlassen, in der Kaskoversicherung*, VersR 2011, 1492-1497.
Majo, Adolfo di – *Codice civile*, 20.ª ed., 2006.
Majo, Dario di (org.) – *Diritto delle assicurazioni private*, 2010.
Makower, H. – *Das allgemeine Deutsche Handelsgesetzbuch nebst den in Preussen ergänzenden Bestimmung*, 1871.
Manes, Alfred – *Versicherungslexikon*, 1909;
– *vide* Gerhard, Stephan.
Mankowski, Peter – *Internationales Versicherungsvertragsrecht und Internet*, VersR 1999, 923-932;
– *Internationales Rückversicherungsvertragsrecht*, VersR 2002, 1177-1187;
– *Zum Nachweis des Zugangs bei elektronischen Erklärungen*, NJW 2004, 1901-1907.
Marcelino, Américo – *Acidente de viação e responsabilidade civil/Doutrina e jurisprudência*, 11.ª ed., 2012.
Marensi, Voltaire Giavarina – *O seguro no Direito brasileiro*, 9.ª ed., 2009;
– *O seguro/a Vida e sua Modernidade*, 2.ª ed., 2011.
Marino, Giuseppe – *vide* Sacerdoti, Giorgio.

MARLOTTI, PAOLO/LOSCO, GIORGIO – *Codice dei contratti assicurativi/Compendio normativo e giurisprudenziale comentato*, 1999.
MARLOW, SVEN – *Grundlagen zu den Obliegenheiten des VN*, em ROLAND MICHAEL BECKMANN/ANNEMARIE MATUSCHE-BECKMANN, *Versicherungsrechts-Handbuch*, 2.ª ed. (2009), 657-708.
MARQUES, A. H. DE OLIVEIRA – *Notas para a História da Feitoria Portuguesa na Flandres, no século XV*, em *Ensaios de História Medieval Portuguesa Portuguesa* (1965), 217-267;
– *Para a História dos seguros em Portugal/notas e documentos*, 1977.
MARQUES, J. P. REMÉDIO – *Direito comercial*, 1995.
MARQUES, JOÃO MARTINS DA SILVA – prefácio a *Descobrimentos Portugueses/Documentos para a sua História*, vol. I (1147-1460), 1944.
MARTIN, ANTON – vide PRÖLSS, ERICH R..
MARTINEZ, PEDRO – *Teoria e prática dos seguros* (1953), 2.ª ed., s/d, mas 1964.
MARTINEZ, PEDRO ROMANO – *Da cessação do contrato*, 2.ª ed., 2006;
– *Direito dos seguros/Apontamentos*, 2006;
– *Direito dos seguros*, 2006;
– *Direito dos seguros/Relatório*, separata da RFDUL, 2006;
– *Celebração de contratos à distância e o novo regime do contrato de seguro*, RDES 2009, 3-4, 85-116.
MARTINEZ, PEDRO ROMANO e outros – *Lei do contrato de seguro anotada*, 1.ª ed., 2009 e 2.ª ed., 2011.
MARTINEZ, WLADIMIR NOVAES – *Manual prático do segurado facultativo*, 2006.
MARTINHO, RUI LEÃO – *A regulação e a supervisão da actividade seguradora e de fundo de pensões*, 2004.
MARTINS, JOÃO VALENTE – *Contrato de seguro/notas práticas*, 2.ª ed., 2011.
MARTINS, RAFAEL TÁRREGA – *Seguro DPVAT/Seguro obrigatório de veículos automotores de vias terrestres*, 4.ª ed., 2009.
MARTINS, RODRIGO VARELA – *Os poderes de regulação da ERSE*, RDPR 3 (2009), 81-99.
MARTINY, DIETER – *Rom I – Verordnung*, no *Münchener Kommentar zum BGB*, 10, 5.ª ed. (2010), 717-720.
MÄSCHLE, WALTER – *Maklerrecht/Lexikon des öffentlichen und privaten Maklerrechts*, 2002.
MATEUS, ABEL – *Regulação da moeda e dos mercados financeiros*, em *ERSE/A regulação em Portugal* (2000), 109-125.
MATOS, FILIPE DE ALBUQUERQUE – *O contrato de seguro obrigatório de responsabilidade civil automóvel*, BFD 77 (2001), 377-410 e 78 (2002), 329-640;
– *O contrato de seguro obrigatório de responsabilidade civil automóvel: breves considerações*, em Estudos dedicados ao Prof. Doutor Mário Júlio de Almeida Costa (2002), 601-624;
– *As declarações reticentes e inexactas no contrato de seguro*, em Estudos Prof. Doutor António Castanheira Neves II (2008), 457-499;
– *O Fundo de Garantia Automóvel: um organismo para uma vocação eminentemente social*, em Estudos dedicados ao Prof. Doutor Luís Alberto Carvalho Fernandes, 1 (2011), 559-582.

MATTA, JOSÉ CAEIRO DA – *Direito Commercial Portuguez*, 1910.
MATUSCHE-BECKMANN, ANNEMARIE – *Pflichten und Haftung des Versicherungsmaklers*, 3.ª ed., 1993;
– *vide* BECKMANN, ROLAND MICHAEL;
– *vide* HÜBNER, ULRICH.
MAX PLANCK INSTITUT FOR COMPARATIVE AND INTERNATIONAL PRIVAT LAW – *Comments on the European Commission's Proposal for a Regulation of the European Parliament and the Council on the law applicable to contractual obligations (Rome I)*, RabelsZ 71 (2007), 226-344.
MAZEAUD, HENRI e LÉON/MAZEAUD, JEAN/CHABAS, FRANÇOIS – *Leçons de Droit civil* – I/2, *Les personnes*, 8.ª ed. por FLORENCE LAROCHE-GISSEROT, 1997.
MAZEAUD, JEAN – *vide* MAZEAUD, HENRI e LÉON.
MAZZITELI, MARIA FRANCESCA (org.) – *Diritto delle assicurazioni private*, 8.ª ed., 2010.
MEDICUS, DIETER – *Ansprüche auf Schadensersatz*, JuS 1986, 665-673;
– *Allgemeiner Teil des BGB/Ein Lehrbuch*, 10.ª ed., 2010;
– *BGB/PWW Kommentar*, 7.ª ed. (2012), § 253.
MEDICUS, DIETER/STÜRNER, MICHAEL – no *PWW/BGB*, 7.ª ed. (2012), § 314.
MEIXNER, OLIVER/STEINBECK, RENÉ – *Allgemeines Versicherungsrecht*, 2.ª ed., 2011.
MELLO, SERGIO RUY BARROSO DE (coord.) – *II Congresso brasileiro de Direito de seguros e previdência*/AIDA – Associação Internacional de Direito de Seguros, 2009.
Memorando de Entendimento sobre as Condicionalidades de Política Económica, 2011.
MENDES, JOÃO DE CASTRO – *Do conceito jurídico de prejuízo*, separata do Jornal do Foro, 1953.
MENDONÇA, JOSÉ XAVIER CARVALHO DE – *Tratado de Direito commercial brazileiro* VII, 1916.
MERKIN, ROBERT – *The Proper Law of Insurance and Reinsurance Contract*, em F. D. ROSE, *New Foundations of Insurance Law/Current Legal Problems* (1987), 61-79;
– *vide* LOWRY, JOHN.
MERLE, PHILIPPE – *Droit commercial/Sociétés commerciales*, 9.ª ed., 2003.
MERZ, H. – *Die Schwere des Verschuldens als Massstab für die Schadensersatzpflicht; Bemerkungen aus der Sicht des schweizerischen Rechts*, Karlsruher Forum, VersR 1961, BH 40.
MERZ, SANDRO – *Manuale pratico e formulario dell'assicurazione della responsabilità civile*, 2015.
MESQUITA, MARIA JOSÉ RANGEL – *A proposta de 4.ª directiva automóvel: que contributo para a mobilidade territorial do cidadão europeu*, em Estudos jurídicos e económicos em homenagem ao Professor João Lumbrales (2000), 741-778;
– *A quinta diretriz automóvel e a ordem jurídica portuguesa*, em AAVV, *20 anos do Código das Sociedades Comerciais*, III (2007), 559-638;
– *Direito administrativo dos seguros*, em *Tratado de Direito administrativo especial*, coord. Paulo Otero e Pedro Gonçalves, 2 (2009), 375-505;
– *vide* SOARES, ADRIANO GARÇÃO.
MEULENBERGH, GOTTFRIED – *vide* BEUTHIEN, VOLKER.
MEYER, EMIL H. – *vide* BEUTHIEN, VOLKER.

MEYER, OLAF – *Contra Proferentem? Klares und weniger klares zu Unklarheiten regel*, ZHR 174 (2010), 108-143.
MEYER-TERMEER, A. J. M. – *Die Haftung der Schiffer im griechischen und römischen Recht*, 1978.
MICKLITZ, HANS W. – *La loi allemande relative ao régime juridique des conditions générales des contrats du 9 Décembre 1976/Bilan de onze anées d'aplication*, RIDC 41 (1989), 101-122.
MICKLITZ, HANS-W./TONNER, KLAUS – *Vertriebsrecht/Haustür-, Fernabsatzgeschäfte und elektronischer Geschäftsverkehr (§§ 312-312f; 355-359 BGB)/Handkommentar*, 2002.
MIETHANER, TOBIAS – *AGB oder Individualvereinbarung/Die gesetzliche Schlüsselstelle "im Einzeln" angehandelt*, NJW 2010, 3121-3127.
MIRABELLI, GIUSEPPE – *Promessa unilaterale e mediazione*, RDComm LI (1953), 2, 165-183.
MOCCI, GIOVANNI – *Operazioni commerciali via Internet*, 2001.
MODESTINO – D. 22.2.1 = ROLF KNÜTEL e outros, *Corpus iuris civilis/Text und Übersetzung* IV (2005), 107
MÖLLER, HANS – *Moderne Theorien zum Begriff der Versicherung und des Versicherungsvertrages*, ZVersW 51 (1962), 269-289;
– *Subsidiarität*, FS Karl Sieg (1976), 407-420;
– vide BRUCK, ERNST.
MOMMSEN, THEODOR – *De collegiis et sodaliciis romanorum*, 1843;
– *Römische Geschichte*, I, 1888;
– *Zur Lehre von der römischen Korporation*, SZRom 25 (1904), 33-51.
MÖNNISCH, ULRIKE – em ROLAND MICHAEL BECKMANN/ANNEMARIE MATUSCHE-BECKMANN, *Versicherungsrechts-Handbuch*, 2.ª ed. (2009), 70 ss..
MONTEIRO, ANTÓNIO PINTO – *Contrato de agência (anteprojecto)*, BMJ 360 (1986), 43-139;
– (org.) *Direito na sociedade de informação*, 1999
MONTEIRO, JORGE SINDE – *Responsabilidade por conselhos, recomendações ou informações*, 1989.
MOORMANN, JÜRGEN/GOSSMANN, ARNDT – *Erfolgsfaktoren von Reengineering-Projekten*, Bank 1997, 372-376.
MOOSMAYER, KLAUS – *Compliance. Praxisleitfaden für Unternehmen*, 2010.
MORAIS, CARLOS BLANCO DE – *As autoridades administrativas independentes na ordem jurídica portuguesa*, ROA 2001, 101-154.
MOREIRA, VITAL – *Auto-regulação profissional e Administração Pública*, 1997.
MOREIRA, VITAL/MAÇÃS, FERNANDA – *Autoridades reguladoras independentes/Estudo e projecto de lei-quadro*, 2003.
MORELLO, UMBERTO – *Condizioni generali di contratto*, no DDP/SCiv, III (1990), 334-396.
MORGADO, CARLA – vide CORDEIRO, ANTÓNIO MENEZES.
MORGADO, JOSÉ PEREIRA – em ROMANO MARTINEZ, *Lei do contrato de seguro anotada*, 2.ª ed. (2011), 412.
MORSE, ROBIN C. G. J. – *Party Autonomy in International Insurance Contract Law in the EC* (1993), 23-51.
MOSCHEL, WERNER – *Die Obliengenheiten in dem Gesetz über den Versicherungsvertrag*, 1922, dact..

MOSCHETTI, CESARE MARIA – *Gubernare navem, gubernare rem publicam*, 1966.
MÖSLEIN, FLORIAN – *Dispositives Recht*, 2011.
MOSSA, LORENZO – *Compendio del diritto di assicurazione*, 1936.
Motive zum Versicherungsaufsichtgesetz, Berlim, 1963.
MÜHLBAUER, THOMAS – *Nochmals: Die haftungsrechtlichen Folgen des sogennanten "Economy-Class-Syndroms"*, VersR 2001, 1480-1485.
MÜLLER, ELMAR/WEBERER, DAGMAR/HARTMANN, EGBERT – *Bankprodukte systematisch strukturieren*, Bank 1998, 592-595.
MÜLLER, MARKUS – *Ein Weg zu mehr Transparenz für Verbraucher und mehr Wettbewerb im Versicherungssektor*, VersR 2003, 933-939.
MÜLLER, MICHAELA MELINA – *Die Minderjährigen im Versicherungsvertragsrecht*, 2008.
MÜLLER-FRANK, CHRISTOPH – vide LANGHEID, THEO.
MÜLLER-GRAFF – *Das Gesetz zur Regelung des Rechts der Allgemeinen Geschäftsbedingungen*, JZ 1977, 245-255.

NACHBAUR, ANDREAS – *Art. 52 EWGV-Mehr als nur ein Diskriminierungsverbot?*, EuZW 1991, 470-472.
NEHLSEN-VON STRYCK, KARIN – *Die venezianische Seeversicherung im 15. Jahrhundert*, 1986.
NELLE, ANDREAS – *Neuverhandlungspflichten/Neuverhandlungen zur Vertragsanpassung und Vertragsergänzung als Gegenstand von Pflichten und Obliengenheiten*, 1993.
NEUGEBAUER, RALPH – *Versicherungsrecht vor dem Versicherungsvertragsgesetz/Zur Entwicklung des modernen Binnenversicherungsrechts im 19. Jahrhundert*, 1990.
NEUMANN, HORST – *Die Zivilrechtsschaden*, JhJb 86 (1936/37), 277-346.
NEUNER, JÖRG – *Das Recht auf Uninformiertheit/Zum privatrechtlichen Schutz der negativen Informationsfreiheit*, ZfPW 2015, 257-281;
– vide WOLF, MANFRED.
NEUNER, WOLF – *Allgemeiner Teil*, 10.ª ed., 2012;
– vide WOLF, MANFRED.
NIEBELING, JÜRGEN – *AGB-Recht/Anwaltkommentar*, 2012.
NORDMEIER, CARL FRIEDRICH – *Zur Auslegung von Versicherungsverträgen nach englischem Recht*, VersR 2012, 143-150.
NOVELLI, VITTORIO – prefácio a CARLO e FULVIO SARZANA DI S. IPPOLITO – *Profili giuridico del commercio via Internet*, 1999.

OETKER, HARTMUT – *Das Dauerschuldverhältnis und seine Beendigung/Bestandsaufnahme und kritische Würdigung einer tradierten Figur des Schuldrechtsdogmatik*, 1994.
OLIVEIRA, ARNALDO COSTA/RIBEIRO, EDUARDA – em ROMANO MARTINEZ, *Lei do contrato de seguro anotada*, 2.ª ed., 2011.
OLIVEIRA, ARNALDO COSTA – *A protecção dos credores de seguros na liquidação de seguradoras/Considerações de Direito constituído e a constituir*, 2000;
– em ROMANO MARTINEZ, *Lei do contrato de seguro anotada*, 2.ª ed., 2011.
OLIVEIRA, NUNO PINTO – *Revogação tácita do art. 508.º do Código Civil?*, SI 292 (2002), 97-109.

OLSEN, DIRK – no *Staudingers Kommentar zum BGB*, 2 – *Einleitung zum Schuldrecht*; §§ 241-243, 2009.
Ordonnance de la Marine du mois d'Aoust 1681, ed. Paris, 1714.
ORTH, JESSIKA – *Qualitätsmanagement für Versicherungsmakler/Ein Konzept für kleine und mittelständische Unternehmen*, 2002.
OSTENDORF, PATRICK – *vide* BÖCKMANN, JULIUS.

PACHE, ECKARD – *Dienstleistungsfreiheit*, em DIRK EHLERS, *Grundrechte und Grundfreiheiten* (2003), 268-289.
PAOLI, UGO ENRICO – *Il prestito marittimo nel dirito attico*, em *Studi di diritto attico* (1930), 7-137.
PARDESSUS, JEAN-MARIE – *Collection de lois maritimes antérieures au XVIII siècle*, 1, 1828; 2, 1824; 3, 1834; 4, 1837; 5, 1839; 6, 1845. A obra teve uma reimpressão, em 1997, da Schmidt Periodicals GmbH.
PARIZATTO, JOÃO ROBERTO – *Seguro/teoria e prática*, 2.ª ed., 2010.
PARLEANI, GILBERT – *vide* GAVALDA, CHRISTIAN.
PATRÍCIO, JOSÉ SIMÕES – *Direito bancário privado*, 2004.
PATTI, SALVATORE – *vide* ALPA, GUIDO.
PAUGE, BURKARD W. – *Handelsvertreter und Makler/Prokura und Handlungsvollmacht*, 2.ª ed., 1991.
PEDICINI, ETTORE – *Il broker di assucurazioni*, 1998.
PELZ, CHRISTIAN – *vide* KLINDT, THOMAS.
PERDIKAS, PANAYOTIS – *Versicherung in den Dokumenten des Notars Rustico de Rusticis in Palermo*, FS Reimer Schmidt (1976), 325-353.
PERDRIX, LOUIS – *Code des assurances*, introd. (ed. Dalloz), 21.ª ed., 2015 ;
 – *vide* CHAGNY, MURIEL.
PEREIRA, JOSÉ NUNES – *Regulação do mercado de capitais*, em *ERSE/A regulação em Portugal* (2000), 9-31.
PERNER, STEFAN – *Das internationale Versicherungsvertragsrecht nach Rom I*, IPRax 2009, 218-222.
PERNICE, ALFREDO – *Zum römischen Gewohnheitsrechte*, SZRom 20 (1899), 126-171.
PETERS, HORST – *Die Geschichte der Sozialversicherung*, 1959.
PETRI, IGOR/WIESELER, MICHAEL – *Handbuch des Maklerrecht/für Makler und deren Rechtsberater*, 1998.
PETRUCCI, ALDO – *vide* CERAMI, PIETRO.
PFEIFFER, THOMAS – em MANFRED WOLF/WALTER F. LINDACHER/THOMAS PFEIFFER, *AGB-Recht/Kommentar*, 5.ª ed. (2009);
 – *Was kann ein Verbraucher?/Zur Relevanz von Informationsverarbeitungskapazitäten im AGB-Recht und darüber hinaus*, NJW 2011, 1-7.
PICONE/WENGLER – *Internationales Privatrecht*, 1974.
PIMENTA, MELISSA CUNHA – *Seguro de responsabilidade civil*, 2010.
PIMENTEL, DIOGO PEREIRA FORJAZ DE SAMPAIO – *Annotações ao Codigo de Commercio Portuguez*, V, 1866.
PINA, CARLOS COSTA – *Instituições e mercados financeiros*, 2004.
PINHEIRO, LUÍS DE LIMA – *Direito internacional privado*, II – *Parte especial*, 3.ª ed., 2010.

PINTO, ALEXANDRE MOTA/PORTO, MANUEL LOPES/ANASTÁCIO, GONÇALO – *Tratado de Lisboa anotado e comentado*, 2012.
PINTO, PAULO MOTA – *Interesse contratual negativo e interesse contratual positivo* 1, 2008.
PISSARRA, NUNO ANDRADE – *Direito aplicável*, em MARGARIDA LIMA REGO, *Temas de Direito dos seguros* (2012), 65-102.
PLATTOLI, LIVIO – *L'assicurazione contra i danni dei transporti terrestri nel medievo*, RDComm XXXII (1934), 422-436.
POÇAS, LUÍS MANUEL PEREIRA – *Aspectos da mediação de seguros*, em *Estudos de Direito dos seguros* (2008), 119-249;
– *Seguros de capitalização*, em *Estudos de Direito dos seguros* (2008), 13-116;
– *O dever de declaração inicial do risco no contrato de seguro*, 2013;
– *Declaração do risco no contrato de seguro: o dever pré-contratual do proponente*, 2 volumes, 2012.
PÖHLMANN, PETER – *vide* HETTRICH, EDUARD.
POHLMANN, PETRA – *vide* LOOSCHELDERS, DIRK.
POLIDO, WALTER – *Seguros para riscos ambientais*, 2005.
PORTALIS, JEAN-ETIENNE-MARIE – *Discours, rapports et travaux inédits sur le Code Civil*, publ. VICONTE FRÉDÉRIC PORTALIS, 1844.
PORTO, MANUEL LOPES – *vide* PINTO, ALEXANDRE MOTA.
POTHIER, ROBERT JOSEPH – *Traité du contrat d'assurance* (ed. Marselha, 1810), Parte 1, 2; = ed. 1971;
– *Traité du contrat d'assurance* (1776, póstumo), em *Œuvres de Pothier*, publ. M. BUGNET, VII, 1847, reimp., 1993.
PRANG, TOBIAS – *Der Schutz der Versicherungsnehmer bei der Auslegung von Versicherungsbedingungen durch das Reichtsgericht*, 2003.
PRÄVE, PETER – *Versicherungsbedingungen und AGB-Gesetz*, 1998;
– *Versicherungsbedingungen und Transparenzgebot*, VersR 2000, 138-144.
Principles of European Insurance Contract Law (PEICL), ed. por JÜRGEN BASEDOW e outros, 2009.
PRINGSHEIM, FRITZ – *Der Kauf mit fremden Geld/Studien über die Bedeutung der Preiszahlung für den Eigentumserwerb nach griechischem und römischem Recht*, 1916.
PROENÇA, JOSÉ CARLOS BRANDÃO – *Culpa do lesado*, em AAVV, *Comemoração dos 35 anos do Código Civil*, III – *Direito das obrigações* (2007), 139-151.
PRÖLSS, ERICH R./MARTIN, ANTON – *Versicherungsvertragsgesetz/Kommentar*, 26.ª ed., 1998; 28.ª ed., 2010; 29.ª ed., 2015.
PRÖLSS, JÜRGEN – *Der Versicherer als "Treuhänder der Gefahrengemeinschaft"/Zur Wahrnehmung kollektiver Belange der Versicherungsnehmer durch den Privatversicherer*, FS Karl Larenz 80. (1983), 487-535;
– em ERICH R. PRÖLSS/ANTON MARTIN, *Versicherungsvertragsgesetz/Kommentar*, 28.ª ed. (2010), Vorbem I.
PRÜSSMANN, HEINZ/RABE, DIETER – *Seehandelsrecht*, 2.ª ed., 1983.
PUFENDORF, SAMUEL VON – *De iure naturae et gentium libri octo*, Liv. 5, cap. IX, § 8 (*de contractu assecurationis*); na ed. de Frankfurt (1684), 763.
PURNHAGEN, KAI – *vide* GOLDMANN, JULIUS.

PURPURA, GIANFRANCO – *Ricerche in tema di prestito marittimo*, em AUPA XXXI (1987), 93-239 = *Studi romanistici in tema di diritto commerciale marittimo* (1996), 185-335;
– *Tabulae Pompeianae 13 e 34: due documenti relativi al prestito marittimo*, em *Atti del XVII Congresso Internazionale di Papirologia* (1989), 1245-1266.
PÜTTGEN, FRANK J. – *Europäisiertes Versicherungsvertragsschlussrecht*, 2011.

RABE, DIETER – *vide* PRÜSSMANN, HEINZ.
RAMOS, MARIA ELISABETE GOMES, *O seguro de responsabilidade civil dos administradores*, 2010.
RAMOS, RUI MOURA – *Direito internacional privado e Constituição*, 1980.
RANDALL, SUSAN – *Insurance Regulation on the United States: Regulatory Federalism and the National Association of Insurance Commissioners*, Florida, State University Law Review 26 (1999), 626-699.
RAWLINGS, PHILIPP – *vide* LOWRY, JOHN.
RAYNES, HAROLD ERNST – *A History of British Insurance*, 2.ª ed., 1964.
REESE, BIRGIT/RONGE, CHRISTIAN – *Aufgaben und Struktur der Compliance-Funktion im Versicherungsunternehmen unter besonderer Berücksichtigung von Solvency II*, VersR 2011, 1217-1234.
REGO, MARGARIDA LIMA – *Contrato de seguro e terceiros/Estudo de Direito civil*, 2010;
– (coord.) *Temas de Direito dos seguros*, 2012;
– *O contrato e a apólice de seguro*, em *Temas de Direito dos seguros*, 2012, 15-37;
– *O prémio*, em *Temas de Direito dos seguros* (2012), 191-212;
– *O risco e as suas vicissitudes*, em *Temas de Direito dos seguros* (2012), 275-297.
REHBEIN, H./REINCKE, O. – *Allgemeines Landrecht für Preussischen Staaten*, III, 5.ª ed., 1894.
REHBINDER, ECKARD – *Zur Politisierung des IPR*, JZ 1973, 151-158.
REHKUGLER, HEINZ – *vide* SEILER, ERWIN.
REICHERT-FACILIDES, FRITZ – *Zur Konkretisierung der Gefahrtragungsschuld des Versicherers/Eine zivilrechtliche Studie*, FS Karl Sieg (1976), 421-434;
– *Zur Kodifikation des deutschen internationalen Versicherungsvertragsrechts*, IPRax 1990, 1-18
– *Gesetzesvorschlag zur Neuregelung des deutschen Internationalen Versicherungsvertragsrechts*, VersR 1993, 1177-1182.
REICHERT-FACILIDES FRITZ/SCHNYDER, ANTON K. – *Versicherungsrecht in Europa/Kernperspektiven am Ende des 20. Jahrhundert*, 2000
REIMERS-MORTENSEN, SABINE – *Strategische Optionen für Direktbanken*, Bank 1997, 132.
REINCKE, O. – *vide* REHBEIN, H..
RESCIGNO, PIETRO (org.) – *Codice civile*, 7.ª ed., 2008.
REUSCH, PETER – *vide* BENKEL, GERT A..
REUTER, DIETER – no *Staudingers Kommentar*, 2, §§ 652-656 (*Maklerrecht*), ed. de 2003 e ed. de 2010.
RIBEIRO, AURELIANO STRECHT – *Código Comercial Português actualizado e anotado*, III, 1940.
RIBEIRO, EDUARDA – em ROMANO MARTINEZ, *Lei do contrato de seguro anotada*, 2.ª ed., 2011;
– *vide* OLIVEIRA, ARNALDO COSTA.

RIBEIRO, JOAQUIM DE SOUSA – *O problema do contrato/As cláusulas gerais e o princípio da liberdade contratual*, 1997.

RICHTER, JOACHIM – *Internationales Versicherungsvertragsrecht/Eine kollisionsrechtliche Untersuchung unter besonderer Berücksichtigung des Rechts der Europäischen Gemeinschaften*, 1980.

RITTNER, FRITZ – *Über die Entbehrlichkeit des sog. genetischen Synalagmas*, FS Heinrich Lange (1970), 213-238.

RIXECKER, ROLAND – *Beratungspflichten des Versichers*, em ROLAND MICHAEL BECKMANN/ ANNEMARIE MATUSCHE-BECKMANN, *Versicherungsrechts-Handbuch*, 2.ª ed. (2009), 952-974

– em RÖMER/LANGHEID/RIXECKER, *VVG/Kommentar*, 4.ª ed. (2014).

ROHRBECK, WALTER (org.) – *50 Jahre materielle Versicherungsaufsicht nach dem Gesetz vom 12. Mai 1991*, dois volumes, 1952.

ROLFS, CHRISTIAN – em BRUCK/MÖLLER, *VVG/Kommentar*, I, §§ 1-32, 9.ª ed. 2008.

RÖMER, WOLFGANG – *Zu ausgewählten Probleme der VVG-Reform*, VersR 2006, 740-745 e 865-870;

– em RÖMER/LANGHEID/RIXECKER, *Versicherungsvertraggesetz*, 4.ª ed., 2014.

RÖMER, WOLFGANG/LANGHEID, THEO/RIXECKER, ROLAND – *Versicherungsvertragsgesetz*, 1997; 3.ª ed., 2012; 4.ª ed., 2014.

RONGE, CHRISTIAN – *vide* REESE, BIRGIT.

ROQUE, ANA – *Regulação do mercado/Novas tendências*, 2004.

RÖTELMANN – *Nichtvermögenschaden und Persönlichkeitsrechte nach schweizerischem Recht*, AcP 160 (1961) 366-409.

ROTH, HERBERT – no *Münchener Kommentar zum BGB*, 4, 5.ª ed., 2009.

ROTH, WULF-HENNING – *Internationales Versicherungsvertragsrecht/Das Versicherungsverhältnis im internationalen Vertragsrecht – Zugleich ein Beitrage zum Schutz des schwächeren Vertragspartners im IPR und zur Dientsleistungsfreiheit in der Europäischen Gemeinschaft*, 1985;

– *Die Vollendung des europäischen Binnenmarkts für Versicherung*, NJW 1993, 3028-3033;

– *Dienstleistungsfreiheit und Allgemeininteresse im europäischen internationalen Versicherungsvertragsrecht*, em FRITZ REICHERT-FACILIDES, *Aspekte des internationalen Versicherungsvertragsrechts im Europäischen Wirtschaftsraum* (1994), 1-41;

– *Internationales Versicherungsvertragsrecht*, em ROLAND-MICHAEL BECKMANN/ ANNEMARIE MATUSCHE-BECKMANN, *Versicherungsrecht-Handbuch*, 2.ª ed. (2009), 177-238.

ROTHER, WERNER – *Haftungsbeschränkungen im Schadensrecht*, 1965.

RÜFFER, WILFRIED/HALBACH, DIRK/SCHIMIKOWSKI, PETER – *Versicherungsvertragsgesetz/ /Handkommentar*, 2.ª ed., 2011.

RUFFOLO, UGO (org.) – *Clausole "vessatorie" e "abusive"*, 1997.

RÜHL, GIESELA – *Obliengenheiten im Versicherungsvertragsrecht/auf dem Weg zum Europäischen Binnenmarkt für Versicherungen*, 2004;

– *Die vorvertragliche Anzeizepflicht: Empfehlungen für ein harmonisiertes europäisches Versicherungsvertragsrecht*, ZVersWiss 94 (2005), 479-516.

SÁ, EDUARDO ALVES DE – *Primeiras explicações do Código Commercial Portuguez de 1888*, vol. I, 1903.

SACCÀ, BARBARA – *Profili strutturali della garanzia del credito e dinamiche del contratto autonomo di garanzia*, 2011.

SACERDOTI, GIORGIO/MARINO, GIUSEPPE – *Il commercio elettronico/Profili giuridici e fiscali internazionali*, 2001.

SAINTOURENS, BERNARD – *Sociétés coopératives et sociétés de droit commun*, RS 1996, 1-15.

SALANITRO, AULETTA – *Elementi di diritto commerciale*, 2001.

SALDANHA, EDUARDO DE ALMEIDA – *Estudos sobre o Direito Commercial Portuguez* I, 1896.

SALVADOR, MANUEL J. G. – *Contrato de mediação*, 1964.

SALVIOLI, GIUSEPPE – *L'assicurazione e il cambio marittimo nella storia del diritto italiano/ Studi*, 1884.

SANCHES, JOSÉ LUÍS SALDANHA – *A regulação: história breve de um conceito*, ROA 2000, 5-22.

SANDKÜHLER, HANS-LUDGER – vide BAUMANN, FRANK.

SANTARÉM, PEDRO DE – *Tractatus perutilis et quotidianus de assecurationibus et sponsoribus*, 1552, com múltiplas edições subsequentes; existe uma tradução em português, por Miguel Pinto de Menezes, com introdução de Moses Bensabat Amzalek, sob o título *O tratado de seguros de Pedro de Santarém* (1958); está ainda disponível uma reimpressão, no latim original, com traduções em português, em inglês e em francês, 2.ª ed., 1971.

SANTOS, JOSÉ MAIA DOS – vide SOARES, ADRIANO GARÇÃO.

SANTOS, RICARDO BECHARA – *Direito de seguro no novo Código Civil e legislação própria*, 2.ª ed., 2008.

SANTOS, RICARDO BORGES DOS – vide DONÁRIO, ARLINDO ALEGRE.

SARGENTI, MANLIO – *Rischio (diritto romano)*, ED XL (1989), 1126-1132.

SASSERATH-ALBERTI, NATASCHA/HARTIG, HELGE – *EIOPA – Verordnung: Rechtliche Herausforderungen für die Praxis*, VersR 2012, 524-535.

SAVIGNY, FRIEDRICH CARL VON – *Obligationenrecht als Theil des heutigen Römischen Rechts* 1, 1851.

SCALFI, GIANGUDO – *Assicurazione (contratto di)*, DDP/SCom I (1980), 333-366.

SCEVOLA, ANTONIO – em SEBASTIANO CASTAGNOLA e outros, *Nuovo codice di commercio italiano*, IV (1889), *Del contratto di assicurazione*, 7 ss.

SCHAAF, MARTIN – vide GROTE, JOACHIM.

SCHACK, HANS – *Deutsches Versicherungsrecht/Übersicht über deutsches Schriftum und deutsche Rechtsprechung zum Gesetz über den Versicherungsvertrag vom 30. Mai 1908 seit dem Umbruch des Jahres 1933 bis Ende Juni 1938*, 1938.

SCHAER, ROLAND – *Rechtsfolgen der Verletzung versicherungsrechtlicher Obliengenheiten*, 1972.

SCHÄFERS, DOMINIK – *Das Verhältnis der vorvertraglichen Anzeigepflicht (§§ 19 ff. VVG) zur Culpa in contrahendo*, VersR 2010, 301-308.

SCHAPS, GEORG/ABRAHAM, HANS JÜRGEN – *Das deutsche Seerecht/Kommentar und Materialsammlung*, II, 3.ª ed., 1962.

SCHAUPENSTEINER, WOLFGANG J. – recensão a KLAUS MOOSMAYER, *Compliance. Praxisleitfaden für Unternehmen* (2010), NJW 2010, 2263-2264.
SCHERPE, JENS M. – *vide* BASEDOW, JÜRGEN.
SCHEWE, DIETER – *Geschichte der sozialen und privaten Versicherung im Mittelalter in den Gilden Europas*, 2000.
SCHIMIKOWSKI, PETER – *Versicherungsvertragsrecht*, 4.ª ed., 2009;
– *vide* RÜFFER, WILFRIED.
SCHIRÒ, STEFANO – *vide* CECCHERINI, ALDO.
SCHLOSSER, PETER – no Staudinger, *AGBG*, 13.ª ed., 1998;
– em MICHAEL COESTER/DAGMAR COESTER-WALTJEN/PETER SCHLOSSER, *Staudingers Kommentar zum BGB*, 2, §§ 305-310 (*Recht der Allgemeinen Geschäftsbedingungen*), 2006.
SCHMIDT, GERHARD – *Gegen den Haftungsausschluss*, VersR 1960, 682-686.
SCHMIDT, GÜNTHER – *Über die Schwierigkeiten, vernünftig mit Risiken umzugehen*, FS Walter Karten (1994), 27-38.
SCHMIDT, HARRY – *Vertragsfolgen der Nichteinbeziehung und Unwirksamkeit von Allgemeinen Geschäftsbedingungen*, 1986;
– em PETER ULMER/HANS-ERICH BRANDNER/HORST-DIETHER HENSEN, *AGB-Recht/ Kommentar zu den §§ 305-310 BGB*, 11.ª ed. (2011).
SCHMIDT, HUBERT – *Einbeziehung von AGB im Verbraucherverkehr*, NJW 2011, 1633-1639;
– *Einbeziehung von AGB im unternehmerischen Geschäftswerkehr*, NJW 2011, 3329-3334.
SCHMIDT, KARSTEN – *Gesellschaftsrecht*, 4.ª ed., 2002.
SCHMIDT, MATHIAS – *Transport- und Speditionsversicherungsrecht*, em HALM/ENGELBRECHT/KRAHE, *Handbuch des Fachanwalts Versicherungsrecht*, 3.ª ed. (2008), 429-516.
SCHMIDT, REIMER – *Die Obliengenheiten/Studien auf dem Gebiet des Rechtszwanges im Zivilrecht unter besonderer Berücksichtigung des Privatversicherungsrecht*, 1953;
– *Veränderungen des Versicherten Risikos während der Laufzeit des Versicherungsvertrages/Zugleich eine Gedankenskizze zur Systematik des Versicherungsvertragsrechts*, FS Hans Möller 65. (1972), 443-462;
– introdução a ERICH R. PRÖLSS, *Versicherungsaufsichtsgesetz*, 11.ª ed., 1997;
– *vide* FARNY, DIETER.
SCHMIDT-RIMPLER, WALTER – *Über einige Grundbegriffe des Privatversicherungsrechts/ Studien zu einem System des Privatversicherungsrechts*, em FRIEDRICH KLAUSING/ HANS CARL NIPPERDEY/ARTUR NUSSBAUM, *Beiträge zum Wirtschaftsrecht* II (1931), 1211-1259;
– *Die Gegenseitigkeit bei einseitig bedingten Verträgen/insbesonderer beim Versicherungsvertrag*, 1968.
SCHNEIDER, WINFRIED-THOMAS – em ROLAND MICHAEL BECKMANN/ANNEMARIE MATUSCHE-BECKMANN, *Versicherungsrechts-Handbuch*, 2.ª ed. (2009), 35 ss..
SCHNYDER, ANTON K. – *Parteiautonomie im europäischen Versicherungskollisionsrecht*, em FRITZ REICHERT-FACILIDES, *Aspekte des internationalen Versicherungsvertragsrechts im Europäischen Wirtschaftsraum* (1994), 49-68;

– *Europäisches Banken- und Versicherungsvertragsrecht/Eine systematische-vergleichende Darstellung*, 2005;
– vide REICHERT-FACILIDES FRITZ.

SCHOCH, FRIEDRICH – *Neuere Entwicklungen im Verbraucherinformationsrecht*, NJW 2010, 2241-2248.

SCHÖPFER, GERALD – *Soziale Schutz im 16.-18. Jahrhundert*, 1976.

SCHROEDER, DIRK – *Die Einbeziehung Allgemeiner Geschäftsbedingungen nach dem AGB-Gesetz und die Rechtsgeschäftslehre*, 1983.

SCHULMAN, GABRIEL – *Planos de saúde/Saúde e contrato na contemporaneidade*, 2009.

SCHÜNEMANN, WOLFGANG – *Rechtsnatur und Pflichtenstruktur des Versicherungsvertrages*, JZ 1995, 430-434.

SCHUSTER, LEO – *Banks are people?*, ÖBA 1996, 907-908.

SCHUSTER, STEPHAN – *Das Seedarlehen in den Gerichtsreden des Demosthenes/Mit einem Ausblick auf die weitere historische Entwicklung des Rechtsinstitutes: dáneion nautikón, fenus nauticum und Bodmerei*, 2005.

SCHWERDTNER, PETER – *Maklerrecht*, 3.ª ed., 1987.

SCHWIND, FRITZ VON – *Von der Zersplitterung des Privatrechts durch das internationales Privatrecht und ihrer Bekämpfung*, RabelsZ 23 (1958), 449-465.

SCHWINTOWSKI, HANS-PETER – *Der private Versicherungsvertrag zwischen Recht und Markt/zugleich eine Analyse der Konstruktionsprinzipien des privaten Versicherungsvertrages unter Berücksichtigung des Wettbewerbsrechts und des europäischen Rechts*, 1987;
– *Die Rechtsnatur des Versicherungsvertrages*, JZ 1996, 702-710;
– *Informationspflichten des Versichers*, em ROLAND-MICHAEL BECKMANN/ANNEMARIE MATUSCHE-BECKMANN, *Versicherungsrecht-Handbuch*, 2.ª ed. (2009), § 18;
– *Bankrecht*, 3.ª ed., 2011.

SCHWINTOWSKI, HANS-PETER/BRÖMMELMEYER, CHRISTOPH (org.) – *Praxiskommentar zum Versicherungsvertragsrecht*, 2.ª ed., 2010.

SCIANCALEPORE, GIOVANNI – *La tutela del consumatore: profili evolutivi e commercio elettronico*, em SICA/STANZIONE, *Commercio elettronico* (2002), 179-218.

SECKEL, EMIL – *Die Gefahrtragung beim Kauf im klassischen römischen Recht*, SZRom 47 (1927), 117-263.

SEDLMEIER, KATHLEEN – *Rechtsgeschäftliche Selbstbestimmung im Verbrauchervertrag*, 2012.

SEHRBROCK, DAVID – vide WANDT, MANFRED.

SEILER, ERWIN/KIPPES, STEPHAN/REHKUGLER, HEINZ – *Handbuch für Immobilienmakler und Immobilienberater*, 3.ª ed., 2015.

SENE, LIONE TRIDA – *Seguro de pessoas/Negativas de pagamento das seguradoras*, 2.ª ed., 2009.

SERENS, M. NOGUEIRA – vide CAEIRO, ANTÓNIO.

SERRA, ADRIANO VAZ – *Resolução do contrato*, BMJ 68 (1957), 153-291;
– *Obrigação de indemnização (Colocação, Fontes, Conceito e espécies de dano, Nexo causal, Extensão do dever de indemnizar, Espécies de indemnização). Direito da abstenção e de remoção*, BMJ 84 (1959), 5-303;

– *Fundamento da responsabilidade civil (em especial, responsabilidade por acidentes de viação terrestre e por intervenções lícitas)*, BMJ 90 (1959), 5-322.
SIBER, HEINRICH – *Interpellatio und mora*, SZRom 29 (1908), 47-113.
SICA, SALVATORE/STANZIONE, PASQUALE (org.) – *Commercio elettronico e categorie civilistische*, 2002.
SIEGER, JÜRGEN – *Die Rechtsstellung des englischen Versicherungsmaklers (insurance broker)*, 1983.
SILVA, FERNANDO EMIGDIO DA – *Seguros mútuos*, 1911.
SILVA, GOMES DA – *O dever de prestar e o dever de indemnizar*, 1944
SILVA, IVAN DE OLIVEIRA – *Curso de Direito do seguro*, 2.ª ed., 2012.
SILVA, J. F. AZEVEDO E – *Commentario ao Novo Codigo Commercial Portuguez*, Fasc. 1.º, *Introdução*, 1888.
SILVA, JOÃO CALVÃO DA – *Banca, bolsa e seguros/Direito europeu e português*, 1, 3.ª ed., 2012.
SILVA, RITA GONÇALVES FERREIRA DA – *Do contrato de seguro de responsabilidade civil geral/seu enquadramento e aspectos jurídicos essenciais*, 2007.
SIMLER, PHILIPPE – *vide* TERRÉ, FRANÇOIS.
SOARES, ADRIANO GARÇÃO/MESQUITA, MARIA JOSÉ RANGEL DE – *Regime do sistema de seguro obrigatório de responsabilidade civil automóvel/Anotado e comentado*, 4.ª ed., 2008.
SOARES, ADRIANO GARÇÃO/SANTOS, JOSÉ MAIA DOS/MESQUITA, MARIA JOSÉ RANGEL DE – *Seguro obrigatório de responsabilidade civil automóvel*, 3.ª ed., 2006.
SOMMERER, LUCIA – *vide* BURCKHARDT, MARKUS.
SONNENBERGER, HANS JÜRGEN – *vide* FERID, MURAD.
SOUSA, ANTONIO BAPTISTA DE – *Projecto de lei relativo à fiscalização de sociedades anonymas*, 1892.
SOUTO, ALBERTO – *Evolução histórica do seguro*, 1919.
SPINDLER, GERALD – *Versicherungsaufsicht über Internetangebote ausländischer Versicherer*, VersR 2002, 1049-1055.
SPRAU, HARTWIG – no Palandt, *BGB*, 71.ª ed. (2012).
SPRUSS, CHRISTIAN – *Die Einbeziehung Allgemeiner Geschäftsbedingungen im deutschen Recht unter besonderer Berücksichtigung der europäischen Rechts und des UN-Kaufrechts*, 2010.
STANZIONE, PASQUALE – *vide* SICA, SALVATORE.
STAUDINGER, ANSGAR/STEINRÄTTER, BJÖRN – *Europäisches Internationales Privatrecht/Die Rom-Verordnungen*, JA 2011, 241-248.
STEDING, ROLF – *Genossenschaftsrecht*, 2002.
STEFANI, GIUSEPPE – *L'assicurazione a Venezia dalle origini alla fine della serenissima*, dois volumes, 1956.
STEINBECK, RENÉ – *Die Sanktionierung von Obliegenheitsverletzungen nach dem Alles-oder-Nichts- Prinzip*, 2007.
STEINDL, ENRICO – *Il contratto di assicurazione*, 2.ª ed., 1990.
STEINRÄTTER, BJÖRN – *vide* STAUDINGER, ANSGAR.
STEVENS, ROBERT – *Ensaio sobre avarias e outras materias conectas com o contracto dos seguros maritimos*, trad. António Julião da Costa, 1824.

STIEFEL, ERNST/HOFMANN, EDGAR – *Kraftfahrtversicherung*, 18.ª ed., 2010.
STOLL, HANS – *Begriff und Grenzen des Vermögensschädens*, 1973.
STOLL, HEINRICH – *Rücktritt und Schadensersatz*, AcP 131 (1929), 141-185.
STRACCHAE, BENVENUTI – *De mercatura, cambiis, sponsionibus, creditoribus ... decisiones et tractatus varii. Ad quorum calcem nunc accessere einsdem Benvenuti Stracchae de assecurationibus, proxenetis adque proxeneticis, Tractatus Ius*, 1669.
STREMITZER, HEINRICH/ENNSFELLNER, KARL C. – *Gedanken zur kundenorientierten Qualität von Versicherungsdienstleistungen*, FS Walter Karten (1994), 381-399.
STROBEL, DANIELE DE – *L'assicurazione di responsabilità civile*, 4.ª ed., 1998.
STUDER, HELMUT – *Die Rechtsstellung des Versicherungsbrokers in der Schweiz*, 2000.
STULTENBERG, ULF MICHAEL – *Zur Abgrenzung und Modifizierung von vertraglich vereinbarten Obliengenheiten*, 1973.
STÜRNER, MICHAEL – *vide* MEDICUS, DIETER.
SUETÓNIO – *De vita caesorum*, V – *Divus Claudius*, XVIII = Suetonius II, ed. bilingue latim/inglês, trad. G. P. GOOLD (1979, reimp.) 2.
SZLECHTER, EMILE – *Le Code de Hammurapi*, SDHI XL (1974), 329-400 e SDHI XLII (1976), 303-400.

TARANTINO, ANTHONY – *Governance, Risk and Compliance Handbook*, 2008.
TAUPITZ, JOCHEN/KRITTER, THOMAS – *Electronic Commerce – Probleme bei Rechtsgeschäften im Internet*, JuS 1999, 839-846.
TEICHLER, MAXIMILIAN – *Das zukünftige Vermittlerrecht*, VersR 2002, 385-392.
TELES, JOANA GALVÃO – *Liberdade contratual e seus limites – Imperatividade absoluta e imperatividade relativa*, em MARGARIDA LIMA REGO, *Temas de Direito dos seguros* (2012), 103-115;
– *Deveres de informação das partes*, em MARGARIDA LIMA REGO, *Temas de Direito dos seguros* (2012), 213-273.
TELLES, INOCÊNCIO GALVÃO – *Das condições gerais dos contratos e da Directiva Europeia sobre as cláusulas abusivas*, O Direito 127 (1995), 297-314.
TELLES, J. H. CORRÊA – *Commentario critico á Lei da Boa Razão, em data de 18 de Agosto de 1769*, 1836, ed. aqui citada; há ed. de 1845 e de 1865.
TERBILLE, MICHAEL – *Versicherungsrecht*, 2.ª ed., 2011.
TERRÉ, FRANÇOIS/SIMLER, PHILIPPE/LEQUETTE, YVES – *Droit civil/Les obligations*, 10.ª ed., 2009.
THEUSINGER, INGO – *vide* KLINDT, THOMAS.
THIBAUT, ANTON FRIEDRICH JUSTUS – *System des Pandekten Rechts*, 1, 1805; 2, 6.ª ed., 1823.
THOMALE, CHRIS – no HEIDEL/SCHALL, HGB (2011), 628 ss..
THÜSING, GREGOR – *Allgemeines Gleichbehandlungsgesetz*, no *Münchener Kommentar zum BGB* 1, 6.ª ed. (2012), 2275-2614.
TICHY, GUNTHER – *Rationalisierung in Banken – Reorganisation, outsourcing und Personalabbau*, ÖBA 1996, 696-701.
TIETJE, CHRISTIAN – *Niederlassungsfreiheit*, em DIRK EHLERS, *Europäische Grundrechte und Grundfreiheiten* (2003), 240-267.
TITA, ALBERTO – *vide* CANDIAN, ALBINA.

TOEBELMANN, KURT – *Beiträge zur Geschichte des Maklerrechts nach süddeutschen Quellen*, ZHR 70 (1911), 133-183.

TONNER, KLAUS – *Das neue Fernabsatzgesetz – oder: System statt "Flickenteppisch"*, BB 2000, 1415-1420;
– vide MICKLITZ, HANS-W..

TORRES, ARNALDO PINHEIRO – *Ensaio sobre o contrato de seguro*, com um prefácio de Marcello Caetano, 1939.

TORRES, LEONOR CUNHA – em ROMANO MARTINEZ, *Lei do contrato de seguro anotada*, 2.ª ed. (2011), 77-78 e 517-522.

TRAUB, WOLFGANG – *Marktfunktion und Dienstleistung des Versicherungsmakler/auf der Grundlage informationsökonomischer Ergebnisse*, 1995.

TRIEBEL, VOLKER – *Englisches Handels- und Wirtschaftsrecht*, 1978.

TRIGO, MARIA DA GRAÇA – *Responsabilidade civil do comitente*, em AAVV, *Comemorações dos 35 anos do Código Civil*, III (2007), 153-169.

TRIPODI, ENZO MARIA/BELLI, CLAUDIO – *Codice del consumo/commentario del D. Lgs. 6 settembre 2005, n.º 206*, 2006.

TROSI, BRUNO – *La mediazione*, 1995.

TULLIO, ANTONIO – *Il contratto per adesione/Tra il diritto comune dei contratti e la novella sui contratti dei consumatori*, 1997.

TUMEDEI, CESARE – *Del contrato di mediazione*, RDComm XXI (1923), 1, 113-142.

UDE, F. – *Das receptum nautarum, ein pactum praetorium*, SZRom 12 (1891), 66-74.

UKMAR, VICTOR – prefácio a GIORGIO SACERDOTI/GIUSEPPE MARINO, *Il commercio elettronico/Profili giuridici e fiscali internazionali*, 2001.

ULRICH, RUY – *Da bôlsa e suas operações*, 1906.

VALERI, GIUSEPPE – *I primordi dell'assicurazione attraverso il documento del 1329*, RDComm XXVI (1928) I, 601-641.

VARELA, JOÃO ANTUNES – *Das obrigações em geral 2*, 7.ª ed., 1997;
– vide LIMA, PIRES DE.

VASCONCELOS, PEDRO PAIS DE – *D & O Insurance: o seguro de responsabilidade civil dos administradores e outros dirigentes da sociedade anónima*, em Estudos Inocêncio Galvão Telles/90 anos (2007), 1168-1175;
– *O Projeto Restatement e o ambiente do Direito dos seguros em Portugal* (s/d), confrontável na Net.

VASQUES, JOSÉ – *Contrato de seguro/Notas para uma teoria geral*, 1999;
– *Direito dos seguros/Regime jurídico da actividade seguradora*, 2005;
– *Novo regime jurídico da mediação de seguros Novo regime jurídico da mediação de seguros*, 2006;
– em ROMANO MARTINEZ, *Lei do Contrato de Seguro Anotada*, 2.ª ed. (2011), 246.

VÉLISSAROPOULOS, JULIE – *Les nauchères grecs. Recherches sur les institutions maritimes en Grèce et dans l'Orient ellénisé*, 1980.

VENTURA, PAULO – *Legislação sobre seguros e actividade seguradora*, 1990.

VENTURA, RAÚL – *Convenção de arbitragem e cláusulas contratuais gerais*, ROA 46 (1986), 5-48.

VIANA, JOÃO DE MATOS – *Seguros proibidos*, em MARGARIDA LIMA REGO, *Temas de Direito dos seguros* (2012), 117-129.
VIEIRA, JOSÉ ALBERTO COELHO – *O dever de informação do tomador de seguro em contrato de seguro automóvel*, em Estudos em memória do Prof. Doutor António Marques dos Santos 1 (2005), 999-1024.
VIGLIAR, SALVATORE – *Consumer protection e transazioni on-line: breve analisi della policy comunitaria*, em SICA/STANZIONE, *Commercio elettronico* (2002), 219-237.
VILLELA, ALVARO DA COSTA MACHADO – *Seguro de vidas (esboço historico, economico e jurídico)*, 1898;
– *Tratado Elementar (Teórico e prático) de Direito internacional privado*, I – Princípios gerais, 1921; e II, 1922.
VISCHER, FRANK – *Die Kritik an der herkömmlichen Methode des internationalen Privatrechts*, FS German (1969), 287-307.
VISCONDE DE CARNAXIDE – *Sociedades Anonymas*, 1913.
VISKY, KAROLY – *Das Seedarlehen und die damit verbundene Konventionalstrafe im römischen Recht*, RIDA 16 (1969), 389-419.
VIVANTE, CESARE – *Il contratto di assicurazione*, 2 – *Le assicurazioni marittime*, 1890;
– *Una nova teoria dei contratti di assicurazione*, RISG XI (1891), 161-190;
– *Trattato di diritto commerciale*, IV – *Le obbligazioni*, 5.ª ed., 1929.
VÖGELEIN, ANNA – vide BUCHMANN, FELIX.
VOLLKOMMER, MAX – *Das neue Maklerrecht – ein Vorbild für die Überarbeitung des Schuldrechts?*, FS Larenz 80 (1983), 663-703.
Vorschlag eines Europäischen Modellgesetzes für Versicherungsverträge, VersR 2008, 328-329.

WADLE, ELMAR – *Alles-oder-Nichts-Prinzip und Reduktionsklausel/Ein Diskussionsbeitrag*, VersR 1971, 485-493.
WAGENMANN, EDUARD – *Grund und rechtliche Struktur der Anzeigepflicht des Versicherungsnehmers beim Abschluss des Versicherungsvertrages nach dem Reichsgesetz über den Versicherungsvertrag vom 30. Mai 1908*, 1914.
WÄLDER, JOHANNES – *Über das Wesen der Versicherung/Ein methodologischer Beitrag zur Diskussion um den Versicherungsbegriff*, 1971.
WANDT, MANFRED – *Allgemeines Versicherungsrecht*, em WOLFGANG E. HALM/ANDREAS ENGELBRECHT/FRANK KRAHE, *Handbuch des Fachanwalts Versicherungsrecht*, 3.ª ed. (2008), 1-263;
– no *Münchener Kommentar zum VVG* I, §§ 1-99 (2010), 1217-1359;
– *Versicherungsrecht*, 6.ª ed., 2015;
– vide WEYERS, HANS-LEO.
WANDT, MANFRED/SEHRBROCK, DAVID – *Die Umsetzung des Verhältnismäßigkeitsgrundsatzes der Solvency II Richtlinie im VAG-Regierungsentwurf*, VersR 2012, 802-809.
WEBERER, DAGMAR – vide MÜLLER, ELMAR.
WEBER-REY, DANIELA/BALTZER, CORINNA – *Aktuelle Entwicklungen im Versicherungsaufsichtsrecht/Aufsicht über Rückversicherungen und an Versicherungen beteiligte Unternehmen*, WM 2006, 205-213.

WEICHSELBAUMER, GERHARD – *Die Obliengenheiten im Bürgerlichen Gesetzbuch und im Handelsgesetzbuch*, 1959.
WEISHAUPT, ARND – *Der Maklervertrag im Zivilrecht*, JuS 2003, 1166-1173.
WENGLER – *vide* PICONE.
WERBER, MANFRED – *Die AVB im Rahmen der Diskussion über die Allgemeinen Geschäftsbedingungen*, FG Hans Möller 65. (1972), 511-535;
 – *Die Bedeutung des AGBG für die Versicherungswirtschaft*, VersR 1986 1-7;
 – *Beratungspflichten und Haftungsberchränkung*, VersR 2010, 553-559.
WERBER, MANFRED/WINTER, GERRIT – *Grundzüge des Versicherungsvertragsrechts*, 1986.
WESTPHALEN, FRIEDRICH GRAF VON – *AGB-Recht im Jahr 2008*, NJW 2009, 2355-2362.
WEYERS, HANS-LEO/WANDT, MANFRED – *Versicherungsvertragsrecht*, 3.ª ed., 2003.
WIEACKER, FRANZ – *Privatrechtsgeschichte der Neuzeit*, 2.ª ed., 1967, reimp., 1996.
WIES, RAINER – *Die neue Kraftfahrt-Haftpflichtversicherung*, 1996.
WIESE, GÜNTHER – *Beendigung und Erfüllung von Dauerschuldverhältnissen*, FS Nipperdey I (1965), 837-851.
WIESELER, MICHAEL – *vide* PETRI, IGOR.
WILHELMI, RÜDIGER – *Risikoschutz durch Privatrecht/Eine Untersuchung zur negatorischen und deliktischen Haftung unter besonderer Berücksichtigung von Umweltschäden*, 2009.
WINTER, GERRIT – *vide* WERBER, MANFRED.
WOLF, MANFRED – em MANFRED WOLF/WALTER F. LINDACHER/THOMAS PFEIFFER, *AGB-Recht/Kommentar*, 5.ª ed. (2009), 2233-2376;
 – *vide* LARENZ.
WOLF, MANFRED/NEUNER, JÖRG – *Allgemeiner Teil des Bürgerlichen Rechts*, 10.ª ed., 2012.
WOLF, MARTIN – *Zur Aufgabenverteilung zwischen den Governance-Funktionen von Versicherungsunternehmen nach der Solvency-II-Richtlinie-Überlegungen am Beispiel der Funktionen Compliance, Risikomanagement und interne Revision*, VersR 2013, 678-685.
WURMNEST, WOLFGANG – no *Münchener Kommentar zum BGB*, 2, 6.ª ed. (2012), 1191-1391.

ZERWAS, HERBERT/HANTEN, MATHIAS – *Outsourcing bei Kredit- und Finanzdienstleitungsinstituten*, WM 1998, 1110-1118.
ZEUNER, ALBRECHT – *Schadensbegriff und Ersatz von Vermögensschäden*, AcP 163 (1964), 380-400.
ZIEGLER, KARL-HEINZ – *Die antike Belege für den Versicherungsvertrag bei Grotius und Pufendorf*, FS Karl Sieg (1976), 589-592.
ZINNERT, MARIO – *vide* GRIESS, HEINZ-A..
ZWEIGERT, KONRAD – *Die dritte Schule in internationalen Privatrecht/Zur neueren Wissenschaftsgeschichte des Kollisionsrechts*, FS Raape (1948), 35-52;
 – *Zur Armut des internationalen Privatrechts an sozialen Werten*, RabelsZ 37 (1973), 435-452.
ZWEIGERT/KÖTZ – *Einführung in die Rechtsvergleichung*, 3.ª ed., 1996.

ÍNDICE IDEOGRÁFICO

ação direta, 878
ação inibitória, 397, 672, 675, 684
acidentes de trabalho, 36, 38, 567, 689, 817
advertências, 9
AIDA, 150
álea, 539
Angola, 116
apólice, 536, 717, 778, 814, 827, 837
– ata adicional, 847
– emissão, 570, 572, 593, 718, 720, 737
– encargos, 572, 738
– entrega, 512
– menções, 620
– modalidades, 764
– natureza, 719
– no Código Veiga Beirão, 606
– no resseguro, 783
– nominativa, 721
– precodificação, 89
– redação e língua, 720
– única, 397, 819, 884
ASF, 328
– aspetos orgânicos, 348
– Conselho de Administração, 346
– estatutos, 328
atos dolosos, 731
atuariais, 150, 361, 380, 495, 522, 642, 730
autonomia privada, 510
Autoridade de Supervisão de Seguros – vide ASF
avaliação, 381

Babilónia, 50
bancassurance, 601
bancos, 35, 100, 170, 591

beneficiários, 533
bibliografia
– estrangeira, 45
– lusófona, 42
bónus, 589, 814, 816
bonus pater familias, 217, 632, 800
Brasil, 86, 98, 114-115, 124

Cabo Verde, 118-121
capital de insolvência, 382
Casa dos Seguros, 85-88
CEA, 150, 496
clássicos lusófonos, 103
cláusulas ambíguas, 152, 669
cláusulas-surpresa, 667
cobertura, 572
codificações comerciais, 89
Código Comercial
– brasileiro (1833), 98
– Ferreira Borges (1833), 93
– Veiga Beirão (1888), 100
Código europeu dos seguros, 153
códigos da estrada, 859
códigos de conduta, 215
colisão de veículos, 870
comissão, 860
comissão (retribuição), 441
Comissão Europeia, 150, 154
Companhias (primeiras), 161
compensação, 536
compensatio, 804
compliance, 147, 149, 209, 210
concorrência, 301, 324, 401, 439
– desleal, 171
condição, 438, 634

condições financeiras, 379
– avaliação do ativo e do passivo, 381
– capital de solvência, 382
– fundos próprios, 382
– investimentos, 381
condições gerais dos seguros, 489 ss., 641 ss., 729
– âmbito, 659
– antecedentes, 654
– Direito europeu, 646
– dogmática básica, 644
– especiais e particulares, 689
– evolução geral, 646
– funções, 641
– interpretação, 668
– papel, 489
– prática portuguesa, 688
– proibidas, 678
contactos pré-contratuais, 592
contemplatio domini, 532
contratação eletrónica, 694
contrato de seguro, 479
– à distância, 700
– a favor de terceiro, 157, 533, 734, 735
– aleatoriedade, 599
– anulação, 625, 637-640, 743, 746, 747, 822
– caducidade, 768
– cessação, 767
– conclusão, 705
– conexões internacionais, 494-496
– conteúdo, 723
– denúncia, 770
– dimensão parafiscal e financeira, 600, 601
– elementos, 525
– forma, 714
– formação, 703
– natureza sinalagmática, 596
– onerosidade, 599
– partes, 525, 528
– pré-formulado, 689
– prorrogação, 735, 749, 765-766, 771-772
– resolução, 772

– – livre, 774
– revogação, 769
– terceiros, 185, 525
– vicissitudes, 761
– vigência, 765
– *vide* apólice
Convenção de Roma, 497, 499, 506, 509, 659
cooperativismo, 105, 259, 265
corporate governance, 147, 210
corretor de seguros (1578), 85
cossegurador, 778-781
cosseguro, 777
– apólice, 778
– evolução, 777
– comunitário, 781
– noção, 778
culpa in contrahendo, 547, 581, 592, 603, 610-612, 621, 708

D & O, 735
D. Dinis, 77
D. Fernando, 77
declaração inicial de risco, 798, 845
DECO, 685
defesa jurídica, 812
designação beneficiária, 793
dever especial de esclarecimento, 623, 624
direito à ignorância, 616
Direito alemão, 130
Direito dos seguros, 33
– divisões básicas, 35
– interpretação, 487
– material, 479
– papel e importância, 37
– pólos, 34
– situação jurídico-científica, 40
– surgimento contemporâneo, 68
Direito europeu dos seguros, 136
– evolução, 136
– fontes, 139
– material, 151
– reforma de 2009/2014, 143
Direito francês, 132
Direito inglês, 127

Direito internacional privado dos seguros, 491
– aplicação temporal, 508
– escola norte-americana, 493
– evolução europeia, 494
– evolução lusófona, 505
– na LCS, 507-508
– Roma I, 501
– – artigo 7.º, 503
– síntese, 508
– valores, 491
– vicissitudes, 495
Direito romano, 49
Direito subsidiário, 484
Diretrizes institucionais, 139-146
Diretrizes materiais, 151-153
doutrina lusófona, 103
– conspecto geral, 124

EIOPA, 148
empresas de seguros portuguesas, 222
empresas suíças, 287
encargos, 584
– teorias, 588-590
endividamento, 375
– regime especial, 376
escrivão dos seguros, 80
esquemas assistenciais, 58
– na Antiguidade, 58
evolução histórica dos seguros, 49
exames médicos, 775, 840, 841

Feitoria da Flandres, 80-82
fiscalização, 366
folhas de férias, 628
Fontes europeias, 139, 530
fraude, 157, 542, 629, 704, 731, 803, 885
Fundo de garantia, 365
Fundo de Garantia Automóvel (FGA), 276, 343, 888-890
fundos próprios, 382

garantias prudenciais, 360
– de resseguradores, 372
– *vide* insuficiência

Grécia antiga, 52
Groupe, 150

IAIS, 150
Idade Média, 59
Idade Moderna, 63
imperatividade, 511
– absoluta, 512
– relativa, 514
– – casos, 512, 515
impresso do segurador, 708
índice bibliográfico, 929
índice de jurisprudência, 903
índice geral, 11
índice ideográfico, 967
índice onomástico, 915
informações, 603
– articulação de fontes, 612
– natureza, 616
– quadro geral, 610
informações do segurador, 618
– a prestar, 618
– articulação de fontes, 612
– – teorias, 614
– incumprimento, 624
– modo de prestar, 621
informações do tomador ou do segurado, 627
– declaração inicial, 631
– generalidades, 627
– natureza, 634-635
– reticências
– – dolosas, 635
– – negligentes, 639
insolvência do tomador, 764
insuficiências de garantias, 367
– risco de, 367
integração de lacunas, 484
interesse, 546, 728
– aceções, 550
– Direito romano, 546-547
– evolução, 560
– generalidades, 546
– geral, 567
– no Direito civil, 551

– no Direito dos seguros, 557
– período intermédio, 547
– restrito, 560
Internet, 48
– contratação pela, 694
– intimidade privada, 736, 841
intuitu personae, 442, 443, 763, 885
ISP (*ex-*), 340
– atribuições, 340
– orgânica, 342
– supervisão, 342

jurisprudência dos interesses, 547, 549, 550

legítima ignorância, 616, 617, 621
leis mutualísticas, 106
lex fori, 492, 493, 494
língua portuguesa, 42, 104, 196, 416, 609, 622, 702

Macau, 121
margem de solvência, 363
mediação dos seguros, 407, 445, 708
– Decreto-Lei n.º 144/2006, 458
– Direito europeu, 447
– evolução lusófona, 450
– fontes, 454
– regulamentação, 456
– sanções, 472
– supervisão, 471
– *vide* mediadores de seguros
mediação em geral, 407
– aceções, 427
– características, 443
– cessação, 442
– civil, 429
– cláusulas típicas, 437
– codificações, 414
– de jogos sociais, 426
– Direito romano, 409
– Direitos nacionais modernos, 411
– figuras afins, 432
– financeira, 419
– imobiliária, 419
– mobiliária, 417

– modalidades, 427
– monetárias, 425
– noções básicas, 407
– requisitos, 435
– retribuição, 439
– típica, 431
mediadores de seguros, 462
– acesso, 462
– especialização, 464
– exercício, 466
– registo, 468
meios eletrónicos, 694, 697, 703
menoridade, 528, 810
mensagem publicitária, 711
Ministério Público, 650, 672, 685, 689
misericórdia de Serpa, 257
misericórdias, 81, 82, 106, 257
mitigação do dano, 799, 800, 852
mobbing, 521, 565, 566
Moçambique, 122
motorização, 856
mútuas de seguros
– constituição, 268
– Direito atual, 261
– e caixas económicas, 266
– movimento cooperativo, 259
– mutualismo, 257
– mútuas existentes, 269
– tradição medieval, 257

nacionalização dos seguradores, 170, 172
navalha de Ockam, 734
normas imperativas, 510
Nova Casa dos Seguros, 85

Obliegenheiten
– *vide* encargos
obrigação complexa, 582
operações de capitalização, 795
ordem pública dos seguros, 513
ordem pública internacional, 494, 507, 514, 516, 732
organismos internacionais, 150

parafiscalidade, 600

participação do sinistro, 515, 585, 587, 800, 807, 886
participação nos resultados, 794
participações sociais, 198, 213, 353-357
passaporte comunitário, 271
Pedro de Santarém, 40, 42, 63, 83-85, 89, 103, 129, 557, 596
PEICL, 153, 156, 157, 563, 623
phoenus nauticum, 54
pluralidade de partes, 777
pluralidade de seguros, 806
Portaria n.º 679/2009, 896
práticas discriminatórias, 519
prémio, 571, 738
– estorno, 449, 639, 767
– etimologia, 740
– evolução, 740
– mora, 748
– noção, 738
– pagamento, 745
– prescrição, 750
– regime do Decreto-Lei n.º 142/2000, 743
– vencimento, 748
prescrição dos direitos do lesado, 818
prestação, 839
– de cuidados de saúde, 852
presunção de culpa, 616, 626, 665, 860, 862, 864, 865
princípio indemnizatório, 802
Project Group, 151
pro rata temporis, 530, 639, 767, 775
proposta
– incompleta, 630, 706
provisões técnicas, 361, 381
proxeneta, 410

questionário, 632, 633, 634
– clínico, 629

recuperação e liquidação, 389
regulação, 291
– áreas, 399
– conteúdo, 299

– económica, 291
– em Portugal, 309
– evolução, 293
– integrada, 320
– lei-quadro, 301
– necessidade, 305
– níveis europeus, 307
– prós e contras, 300
– reformas de 2009, 2010 e 2011, 322
– regime, 301
– teor e modalidades, 296
relação de seguro, 569
– complexa, 579
– duradoura, 582
relação global (ou geral), 579
representação, 433, 529, 836
representação aparente, 527, 710
representação sem poderes, 710, 711
reprivatização de seguradores, 174
resseguradores, 184
resseguro, 783
– efeitos, 784
– noção, 783
reticências
– dolosas, 635
– negligências, 639
revistas, 48
RGAS de 1998, 327, 360
RGAS de 2015, 328, 379
risco, 535, 728
– acessório, 183, 400
– alteração, 761
– cobertura, 572, 811, 829
– etimologia, 538
– falta, 541
– no Direito civil, 535
– no seguro, 537
– relevância, 544
– supressão, 541
riscus, 538-539
Roma I, 501-508, 659

salvados, 803
São Tomé, 123

segurado, 530
segurador
— alterações, 358
— aparente, 526, 527
— atividades conexas, 183
— autorização, 189
— — revogação, 220, 370
— capacidade, 185
— capital mínimo, 382
— constituição, 196, 351
— dimensões transfronteiriças, 369
— evolução histórica, 161
— exclusividade, 183
— extinção, 358
— liquidação, 391
— nacionalização de 1975, 170
— objeto, 179
— participações, 353
— primeiras companhias, 161
— recuperação, 389
— regime vigente, 177
— reprivatização, 174
— século XIX, 163
— século XX, 165
— vicissitudes, 189
— *vide* empresas seguradoras, garantias prudenciais, mútuas de seguros, situações internacionais e sociedades anónimas de seguros, 190
seguro
— antecedentes orientais, 50
— cessação, 765
— de grupo, 785
— — cessação, 786
— — contributivo, 787
— — disposições gerais, 785
— dificuldades jurídico-culturais, 68
— evolução histórico-dogmática, 49
— experiência alemã, 73
— experiência francesa, 71
— função, 594
— Grécia, 52
— História, 49
— natureza imaterial, 481, 605
— natureza sinalagmática, 596, 598

— obrigatórios, 111, 394, 401, 643, 770, 811, 819 ss.
— origem medieval, 59
— por conta de outrem, 532, 564, 734
— por conta própria, 532
— proibidos, 51-519
— prorrogação, 765
— Roma, 54
— transmissão, 762
— vicissitudes, 761
— vigência, 765
seguro-caução, 834
seguros em especial
— de danos, 793
— — de assistência, 838
— — de colheitas, 825
— — de incêndio, 821
— — de proteção jurídica, 836
— — de responsabilidade civil, 811
— — de transporte de coisas, 828
— — financeiro, 832
— — pecuário, 826
— de pessoas, 839
— — apólice, 842
— — de acidente e de saúde, 852
— — de vida, 843
— — — apólice, 843
— — — designação beneficiária, 847
— — — operações de capitalização, 849
— — — participação nos resultados, 848
— — — prémio, 847
— — exames médicos, 840
— — pluralidade de seguros, 842
— — sub-rogação, 757, 809, 842
— de responsabilidade civil automóvel, 855
— — acidentes de viação, 856
— — beneficiários, 868
— — colisão de veículos, 870
— — Direito europeu, 877
— — evolução, 874
— — exclusão de responsabilidade, 869
— — limites máximos, 872

– – montante da indemnização, 891
– – – jurisprudência, 898
– – – série negra, 893
– – seguro obrigatório, 400, 883
sexo, 520-523
sigilo profissional, 403, 605, 736
silêncio do segurador, 706
sinalagma, 596
– funcional, 597, 599
– genético, 597-598
sinistro, 751
– indemnização, 577
– noção, 751
– participação, 752
– sub-rogação do segurador, 757
sistemas de seguros, 127
situações internacionais, 271
– seguradores da União Europeia, 275
– seguradores extra-comunitários, 285
– seguradores portugueses, 271
sobresseguro, 806
sociedades anónimas de seguros, 193
– administração, 206
– caducidade, 220
– capital social, 202
– constituição, 196
– controlo interno, 207, 215, 321, 357
– dissolução, 219
– existentes em Portugal, 173
– firma, 195, 358
– fiscalização, 207
– formas locais de representação, 199
– modelos, 211
– objeto, 196
– organização, 206
– revogação da autorização, 370

– sede, 196
– sistemas de governação, 214
Solvência II, 143, 144, 146, 147, 307, 323, 503
subseguro, 808
sucursais, 273, 276
– existentes, 287
suicídio, 732, 846, 867
supervisão, 291
– complementar, 355
– de grupos, 384
– – medidas para facilitar, 387
– – noções básicas, 385
– dinâmica, 351
– dos contratos, 393
– – RGAS de 2015, 396
– evolução lusófona, 309
– regime, 327
– *vide* regulação
suporte duradouro, 449, 461, 622, 701, 774
surgimento contemporâneo dos seguros, 68

terrorismo, 730
tipicidade dos seguros, 725
tomador, 528
– insolvência, 764
transferência de carteira, 403
transmissão do seguro, 762
transporte gratuito, 868, 869
tutela do consumidor, 607

usura, 647, 802

valores miseráveis, 755
venire contra factum proprium, 715, 730